UTB

UTB 8422

Eine Arbeitsgemeinschaft der Verlage

Böhlau Verlag · Köln · Weimar · Wien
Verlag Barbara Budrich · Opladen · Farmington Hills
facultas.wuv · Wien
Wilhelm Fink · München
A. Francke Verlag · Tübingen und Basel
Haupt Verlag · Bern · Stuttgart · Wien
Julius Klinkhardt Verlagsbuchhandlung · Bad Heilbrunn
Lucius & Lucius Verlagsgesellschaft · Stuttgart
Mohr Siebeck · Tübingen
Orell Füssli Verlag · Zürich
Ernst Reinhardt Verlag · München · Basel
Ferdinand Schöningh · Paderborn · München · Wien · Zürich
Eugen Ulmer Verlag · Stuttgart
UVK Verlagsgesellschaft · Konstanz
Vandenhoeck & Ruprecht · Göttingen
vdf Hochschulverlag AG an der ETH Zürich

Fachlexikon Deutsch als Fremd- und Zweitsprache

Hans Barkowski/Hans-Jürgen Krumm (Hrsg.)

A. Francke Verlag Tübingen und Basel

Prof. Dr. Hans Barkowski ist Professor für Auslandsgermanistik/Deutsch als Fremd- und Zweitsprache an der Friedrich-Schiller-Universität Jena.

Prof. Dr. Hans-Jürgen Krumm ist Professor für Deutsch als Fremd- und Zweitsprache an der Universität Wien.

Redaktionelle Mitarbeit: Anna Peterwerth – Kerstin Rische – Tina Stein

Bibliografische Information der Deutschen Nationalbibliothek

Die Deutsche Nationalbibliothek verzeichnet diese Publikation in der Deutschen Nationalbibliografie; detaillierte bibliografische Daten sind im Internet über http://dnb.d-nb.de abrufbar.

Dischingerweg 5 · D-72070 Tübingen
ISBN 978-3-7720-8322-8

Gedruckt auf chlorfrei gebleichtem und säurefreiem Werkdruckpapier.

Internet: www.francke.de
E-Mail: info@francke.de

Einbandgestaltung: Atelier Reichert, Stuttgart
Satz: Informationsdesign D. Fratzke, Kirchentellinsfurt
Druck und Verarbeitung: CPI – Ebner & Spiegel, Ulm
Printed in Germany

ISBN 978-3-8252-8422-0 (UTB-Bestellnummer)

Vorwort der Herausgeber

Wofür man das „Fachlexikon Deutsch als Fremd- und Zweitsprache" braucht und weshalb wir es gemacht haben

Fachterminologie ist die „Geheimsprache" eines Faches: ohne sie lassen sich Fachtexte nicht lesen, verstehen und produzieren. Der Zugang zu einem Fach erfolgt immer auch mit Hilfe des Werkzeugs „Terminologie". Insofern geht es uns mit dem Fachlexikon in erster Linie darum, ein nützliches Werkzeug für die Bewältigung des fach(sprach)lichen Alltags zu schaffen, so dass die Geheimsprache ihre Geheimnisse preisgibt.

Es ist kein Zufall, dass es für das Fach DaF/DaZ bislang keine dokumentierte Fachterminologie gibt: es handelt sich um ein relativ junges Fachgebiet, bei dem sich die Fachsprache erst allmählich entwickelt. Wir wollen mit dem Fachlexikon daher auch einen Beitrag zur Konsolidierung des Faches leisten und eine Terminologiedebatte anregen, an der sich die Herausgeber wie die Autorinnen und Autoren – und schließlich auch die Nutzer des Lexikons – beteiligen. Viele unserer Fachbegriffe gibt es auch in anderen Disziplinen oder sie finden sich in allgemeiner Bedeutung in der Umgangssprache, man denke an Begriffe wie „Fertigkeiten", „Kompetenz" oder „Äußerung". Das Fachlexikon stellt den Versuch dar, die Spezifik und Bedeutung der Begriffe für das Fachgebiet DaF/DaZ ins Zentrum zu rücken und damit eine präzisere Begriffsverwendung zu etablieren.

Unsere Erfahrungen in der akademischen Lehre haben uns gezeigt, wie unsicher Studierende – bis in die Diplomarbeit oder Masterthese hinein – gerade in unserem interdisziplinären Fachgebiet sind, wenn es um Terminologie geht, und dann schnell einmal im Internet nachgeschlagen wird – nicht immer mit zufriedenstellendem Ergebnis. Dies hat nur zu einem Teil mit der Solidität der Quellen zu tun: auch wer ein eingeführtes, fachwissenschaftlich ausgewiesenes Nachschlagewerk z.B. der Linguistik oder der Psychologie usw. aufsucht, wird immer wieder feststellen, dass der besondere Fokus des Lernens und Lehrens von Fremdsprachen dort – aus deren Perspektive erwartungsgemäß – allenfalls marginale Beachtung findet.

Dabei ist uns – auch in der Zusammenarbeit zwischen Jena und Wien – einmal mehr klar geworden, dass unterschiedliche fachliche Werdegänge und Kontexte zu Unterschieden in der Wahrnehmung des Faches, seiner Schwerpunkte und Perspektiven führen. Es ist ja kein Zufall, dass es ein akzeptiertes Kerncurriculum für Studiengänge des Deutschen als Fremd- und Zweitsprache nicht gibt, sondern immer wieder von den verschiedenen Orientierungen des Faches die Rede ist, die sich an einzelnen Standorten in Forschung und Lehre auch ablesen lassen. Erst recht wird in der internationalen Fachkooperation deutlich, dass die verschiedenen Fachtraditionen zu unterschiedlichen Begriffsverständnissen und -verwendungen führen, wie das an Begriffen wie „Methode" oder „Zweitsprache" exemplarisch ablesbar ist. Ein deutschsprachiges Fachlexikon leistet daher, so hoffen wir, auch einen Beitrag zur Verständigung innerhalb der internationalen Fachgemeinschaft.

An wen es sich wendet

Ob im Kontext von Universitätsausbildung und wissenschaftlicher Lehre, des Unterrichtens von Deutsch als Fremd- oder Zweitsprache oder bei der Entscheidung über Projekte zum Sprachenlernen in Integrationskursen – der Bedarf an fachwissenschaftlich fundiertem Orientierungswissen in einer Welt sich vielfach vernetzender Arbeits- und Entscheidungsfelder ist umfänglich.

Nicht nur bei der Auswahl der Begriffe, sondern auch in unseren Entscheidungen hinsichtlich der Informationsfokussierung und der Lesbarkeit der Einträge haben wir uns davon leiten lassen, dass wir es mit Nutzerinnen und Nutzern zu tun haben – und zu tun haben wollen –, deren Zugänge zum Fach von den unterschiedlichsten beruflichen Zugängen und Ausbildungshintergründen geprägt sind.

Studierende der Auslandsgermanistik und des Deutschen als Fremd- und Zweitsprache gehören dabei nach unserer Vorstellung ebenso zu den Lesern/Nutzern wie solche der Erziehungswissenschaften und des Lehramts, Lehrende und Bereichsleiter in Volkshochschulen ebenso wie in der Sozialarbeit Tätige, aber auch Fachreferenten und Entscheidungsträger in Behörden und politischen Institutionen u.a.m.

Der Informationsbedarf so unterschiedlicher Leser wird unterschiedliche Motive haben und unterschiedlichen „Verwertungsinteressen" verpflichtet sein: Was sie gleichwohl mit Sicherheit eint, ist das Interesse an wissenschaftlich verbürgten und in der Kommunikation belastbaren Inhalten, dargeboten in einer Sprache, die nicht nur den fachlichen „Insider" erreicht. Entsprechende Vorgaben leiteten deswegen unsere Autoren und uns selbst bei der redaktionellen Arbeit.

Nicht jeder will zu einem Gegenstand/Stichwort in gleicher Ausführlichkeit und hinsichtlich der selben Bedeutsamkeiten beraten werden. In unserem Fachlexikon haben wir uns deswegen bemüht, mittels umfänglicher Vernetzung der Einzeleinträge deren „Kontaktpotenziale" zueinander sichtbar werden zu lassen und dabei unsere unterschiedlichen Nutzer in deren verschiedenen Kontexten und Tätigkeitsfeldern vor Augen zu haben. So wird etwa ein politischer Entscheidungsträger, dem im Kontext „Zuwanderungspolitik" der Begriff „Deutsch als Zweitsprache" begegnet, sich erst einmal informieren wollen, was damit der Sache nach genau gemeint ist, dabei erfahren, dass DaZ nicht ganz dasselbe ist wie DaF, und auch diesen Begriff noch einmal nachschlagen, um z.B. in Diskursen über sprachliche Integrationskurse angemessen informiert auftreten und sachlich verankerte Urteile abgeben zu können, während ein Student des Faches Deutsch als Fremd- und Zweitsprache den selben Eintrag aufsuchen mag, um ihn in einer Hausarbeit als wissenschaftlich zitierfähige Definition zu verwenden, oder eine Studentin der Erziehungswissenschaften, um sich auf eine naheliegende „Nebenfrage" im Kontext einer mündlichen Prüfung zum Thema „Förderung von Grundschulkindern mit Migrationshintergrund" vorzubereiten.

Dabei könnte dann der eine oder andere Nutzer über den Verweis auf das Lemma „Spracherwerb" stolpern, aus Neugier dorthin blättern, von dort zur „Gehirnforschung" wandern und schließlich noch wissen wollen, was dieses „MRT", das dort als Forschungstool genannt wird, denn genauer sei …

Weshalb sicher noch viele Wünsche offen bleiben

Wir wünschten, es wäre anders, aber der eine oder andere Benutzer unseres Fachlexikons wird mit großer Wahrscheinlichkeit immer wieder einmal eine der folgenden Erfahrungen machen:

- Sie suchen einen Begriff auf, der aus Ihrer Sicht unbedingt in ein Lexikon der beanspruchten Fachausrichtung hineingehört, und finden ihn nicht;
- Sie begegnen in einem Eintrag einem weiteren – fraglos im Fachkontext unseres Lexikons bedeutsamen und auch keineswegs trivialen – erläuterungsbedürftigen Terminus, finden dazu aber keinen Eintrag;
- andererseits begegnen Ihnen Lemmata, die nach Ihrer Ansicht nicht in unser Fachlexikon gehören, und deren Text auch keine erkennbaren besonderen Bezüge zu Aspekten des Lernens und Lehrens von Fremdsprachen erkennen lässt;
- Sie lesen einen Eintrag und entdecken, dass die darin getroffenen Aussagen nach Ihrer Einschätzung falsch gewichtet sind, nur teilweise zutreffen, zentrale Inhalte und Positionen vermissen lassen …;
- bei der Prüfung der Literatur zu einem Lemma entdecken Sie, dass ausgerechnet Ihre Publikationen trotz größter, vielleicht sogar maßgeblicher Bedeutung für gerade diesen Fachausschnitt nicht berücksichtigt wurden …

Zunächst: Vermutlich sind Sie zu Recht verärgert und wir bitten gewissermaßen vorauseilend darum, für diese Unvollkommenheiten Verständnis aufzubringen, vielleicht, indem Sie sich in unsere Lage versetzen und dabei v.a. folgende Umstände zu unseren Gunsten in Anrechnung bringen:

- den „Pilot-Charakter" unserer Unternehmung: wir konnten nicht auf eine gesicherte Basis an Fachtermini zurückgreifen und mussten permanent auswählen und dabei die Balance zwischen einem allgemeinen Fremdwörterbuch, einem rein linguistischen oder (lern-)psychologischen oder anderen Fachwörterbuch zu halten versuchen;
- die Pluralität wissenschaftlicher Auffassungen: da es sich um namentlich gezeichnete Artikel handelt, haben wir als Herausgeber nur sehr begrenzt harmonisiert und unterschiedliche Akzentuierungen, soweit sie in der Fachdiskussion insgesamt akzeptiert sind, zugelassen;

- die notwendige Begrenzung des je Lemma verfügbaren Platzes, die immer wieder auch zu Verkürzungen führen musste;
- schließlich die Unzulänglichkeiten der Herausgeber, die selbst keineswegs immer übereinstimmende Auffassungen hatten und von denen vielleicht auch das eine oder andere (hoffentlich wenig) in der Abstimmung zwischen Jena und Wien übersehen wurde.

Nutzen Sie also unbedingt in allen diesen und vergleichbaren Fragen unser – mitnichten bloß rhetorisches Angebot –, an Verbesserungen für eine zweite Auflage kritisch und womöglich konstruktiv mitzuwirken und schreiben Sie uns (s.u.)!

Wo und wie die Diskussion weitergehen könnte

Wie schon angesprochen, besteht in unserem Fach noch keineswegs ein Konsens über ein Kerncurriculum und damit auch nicht über die Grenzbereiche, die Wichtigkeit der verschiedenen Bezugsdisziplinen. Auch lassen sich in verschiedenen Teilbereichen Kontroversen ausmachen, die keineswegs alle und eindeutig entschieden sind: das gilt etwa für die Frage der Spracherwerbstheorie(n) mit den entsprechenden – unterschiedlichen! – Konsequenzen für die Rolle von und den Umgang mit Grammatik im Unterricht, das gilt für die Frage, was ein kognitionswissenschaftlicher oder konstruktivistischer Ansatz für unser Fach im Konkreten zu bedeuten habe oder auch für die Bedeutung von empirisch ermittelten Erwerbssequenzen für Entscheidungen/Empfehlungen, die unterrichtliche Sequenzierung des Lernstoffs, die Progression betreffend und für vieles andere mehr. Als Herausgeber mussten wir gleichwohl Entscheidungen treffen und die betrafen v.a. die Auswahl der Stichwörter, leiteten aber durchaus auch die Auswahl der Autorinnen und Autoren. Dabei spielten u.a. Fragen wie die folgenden eine bedeutsame Rolle: Die (angewandte) Sprachwissenschaft und die Grammatologie verfügen über eine lange Fachtradition und eine entsprechend ausdifferenzierte Fachterminologie, während Sprachlehrforschung und Sprachdidaktik als jüngere Disziplinen hier noch Nachholbedarf haben. Dürfen sich solche Ungleichgewichtigkeiten auch in einem Fachlexikon spiegeln oder beeinträchtigen sie als ‚heimlicher Lehrplan' die Diskussion über den Kern de Faches? Lassen sich Deutsch als Fremdsprache mit den traditionell engeren Bezügen zu linguistischen, landeswissenschaftlichen und fremdsprachendidaktischen Kontexten und Deutsch als Zweitsprache mit seinen hinzukommenden sprachenrechtlichen, soziolinguistischen und sozialpsychologischen Dimensionen sinnvoll in einem Fachlexikon zusammenführen?

Mit diesem Fachlexikon legen wir einen ersten Versuch vor, trotz fehlenden Fachkonsenses zu den angesprochenen Gewichtungen und Perspektivierungen Orientierungen anzubieten und Normen zu setzen, die sich ihrerseits durchaus als einer kritischen Prüfung zugänglich verstehen. Dabei ist die Auswahl der Stichwörter das Ergebnis eingehender und engagiert ausgetragener Aushandlungsprozesse zwischen den beiden Herausgebern, wobei die Bedeutung der Termini in deren je eigenem fachlichen Kontext – einschließlich außeruniversitärer Erfahrungen im Kontext von Lehrerweiterbildung, fachpolitischem Engagement und Institutionenberatung – eine leitende Rolle spielte. Aber auch die – in einigen Fällen abgefragten – Bedürfnisse unserer Studierenden und nicht wenige der aus Gesprächen und Korrespondenzen mit einzelnen Autorinnen und Autoren gewonnenen Vorschläge zu weiteren Einträgen fanden Eingang in unsere Begriffsliste. Dabei haben wir bewusst auch ‚historische' Fachbegriffe wie z.B. die „AVSG-Methode" oder regionale Aspekte, wie z.B. den vor allem in Österreich beheimateten Begriff „Fremdsprachenwachstum" einbezogen; schließlich hat auch unser junges Fach bereits eine kleine Fachgeschichte, und die Plurizentrik, die Hinweise auf den deutschen Sprachraum in seinen arealen Differenzierungen, gehört u.E. durchaus zu den bedeutsamen Themen des Faches. Relativ zurückhaltend waren wir gegenüber englischsprachigen Fachbegriffen: diese wurden nur einbezogen, wo sie sich auch im deutschen Sprachgebrauch unseres Faches fest etabliert haben, wie dies z.B. für die „Input-Hypothese" gilt.

An einem Punkt haben wir eine Entscheidung getroffen, der wir selbst zwiespältig gegenüberstehen: Wir mussten aus Platzgründen auf alle Wortetymologien verzichten, obwohl viele davon auch nach unserer Ansicht die Einsicht in den Bedeutungsgehalt eines Terminus erleichtern – und wir haben dies konsequent getan, weil doch allzu viele Autoren mit vielen guten Gründen einen Dispens von dieser Regelung erbaten.

Dass mit unseren Entscheidungen die Diskussion um die Fachbegriffe des Deutschen als

Fremd- und Zweitsprache nicht beendet ist, sondern – hoffentlich – neu aufflammt, ist unser Wunsch. Wobei wir dieses Fachlexikon als ein dynamisches Projekt verstehen, das sich mit seiner Erprobung in der Lehr- und Forschungspraxis durchaus verändern soll und wird.

Dies und das – vor allem: Dankesworte

1.400 Stichwörter, 190 Autorinnen und Autoren – was da an Arbeit auf uns zukam, haben wir damals, als wir 2006 die ersten Überlegungen zum Projekt eines Fachlexikons Deutsch als Fremd- und Zweitsprache anstellten, keineswegs geahnt und nur teilweise überblickt. Zu schaffen war die Arbeit nur, weil wir sie zum Glück nicht allein bewältigen mussten.

Zum einen und allererst ist den Autorinnen und Autoren zu danken, die durchweg konstruktiv mitgespielt haben, bei den Terminabsprachen ebenso wie bei den Kürzungs- und Überarbeitungsverhandlungen, wobei es immer wieder auch zu für beide Seiten interessanten und gewinnbringenden Auseinandersetzungen kam – quasi „Mini-Kolloquien" innerhalb des Buchprojekts.

Ein ganz besonderer Dank gilt unseren Mitarbeiterinnen in Jena und Wien, wobei festgehalten werden muss, dass Jena, was redaktionelle Arbeiten für den gesamten Band betrifft, die Hauptlast getragen hat: war es in der Startphase noch Jacqueline Fiuza da Silva Regis, die den Grundstein der logistischen Basis der „Jena-Wien-Achse" und des gemeinsamen Daten-Pools legte, übernahmen sehr bald Anna Peterwerth, die über lange Zeit das Projekt koordinierte, und Kerstin Rische den „Staffelstab", bis schließlich im September 2008 Tina Stein das Team ergänzte und alle drei gemeinsam die Erstellung des Gesamtmanuskripts zu Händen des Verlags auch unter größter Belastung in bewundernswert effizienter und harmonischer Weise zu einem guten Ende brachten. In Wien haben Ulrike Eder und Andrea Dorner jeweils für kürzere Zeit das Projekt begleitet.

Ein solches Projekt setzt einen Verlag voraus, der bereit ist, neue Wege zu gehen. Wir hatten das Glück, in der Startphase mit Herrn Jürgen Freudl vom Narr Verlag zu beginnen, der uns ermutigt und gleichzeitig viel Freiheit gelassen hat. Frau Susanne Fischer hat dann ab Herbst 2008 ein halbfertiges Projekt übernommen und kompetent zu Ende geführt.

Schließlich gilt ein ganz besonderer, persönlicher Dank Sigrid Illek-Barkowski und Eva-Maria Jenkins-Krumm, unseren Frauen, die nicht nur unsere Stressphasen weit länger als geplant ausgehalten haben und so manche gemeinsame Unternehmung unserem Buchprojekt opfern mussten, sondern uns darüber hinaus (und trotzdem ...) immer wieder entlastet und unterstützt haben.

Dass schließlich auch wir, die Herausgeber, ein Projekt dieser Größenordnung mit seinen besonderen fachlichen Unwägbarkeiten und Herausforderungen, bei dem so viele unvorhersehbare Entscheidungen zu treffen und Kompromisse zu finden waren, mit langem Atem gemeinsam durchgestanden haben, verdankt sich mit Sicherheit auch der in einer fast 40-jährigen Geschichte erprobten und gehärteten fachlichen und freundschaftlichen Beziehung. Auch in diesem Sinne ist dieses Fachlexikon „unser Buch"!

Und natürlich gilt: sofern dieses Buch gelungen ist, so verdanken wir das der Unterstützung Vieler, was dagegen noch fehlerhaft und verbesserungsbedürftig ist, dafür übernehmen wir als Herausgeber die Verantwortung.

Hans Barkowski, Jena *Hans-Jürgen Krumm, Wien*

Nachhaltige Mail-Adresse für Anregungen und Kritik: Fachlexikon DaF/DaZ <barkowski_krumm_fachlex@yahoo.de>

Hinweise zur Benutzung

- Wir haben aus Platzgründen darauf verzichtet, in den Artikeln Doppelformen wie „Lernerinnen und Lerner“ zu verwenden und auch das Binnen-I (LernerInnen) nicht verwendet; es gilt also die „Vereinbarung“ der generischen Interpretation, wonach die maskuline Form für beide Geschlechter gilt. Von einzelnen Autorinnen und Autoren anders gehandhabte Verfahrensweisen wurden von den Herausgebern vereinheitlicht.
- *Nominale* Begriffe werden in der Regel als Einträge im Singular mit ihrem Artikel aufgeführt, um den Nutzern nichtdeutscher Muttersprache damit das Genus anzuzeigen. Lediglich in Fällen, wo die Artikelverwendung zu grammatisch nicht korrekten Ausdrücken führen würde (vgl. Deutscher Akademischer Austauschdienst, *der) bzw. eher ungebräuchlich bzw. semantisch nicht gut vertretbar ist, wie z.B. bei ‚Deutsch als Fremdsprache‘, ist kein Artikel angegeben. Fremdsprachliche Lemmata wie ‚langue‘ usw. sind grundsätzlich ohne Artikel aufgeführt.
- *Adjektivische* Begriffe wie z.B. ‚intransitiv‘ werden in Kleinschreibung präsentiert, um sie – auch hinsichtlich ihres Gebrauchs – von nominalen Begriffen, die von Adjektiven abgeleitet sind, wie z.B. ‚Adverbial‘, unterscheidbar zu machen.
- Begriffe, die in der fachlichen Verwendung sowohl in ausformulierter Form als auch als Kürzel in Gebrauch sind (wie z.B. Deutscher Akademischer Austauschdienst →**DAAD**), wurden grundsätzlich in beiden Formen aufgenommen; dabei findet sich der erläuternde Text in der Regel bei der Lemmavariante, die nach dem Dafürhalten der Herausgeber frequenter verwendet wird.

  Wo dies eine Nutzerin, ein Nutzer unseres Fachlexikons anders „abgespeichert“ hat und deswegen gelegentlich beim ersten Zugriff nur einen Verweis vorfindet, bitten wir um Nachsicht – wie übrigens auch für den Fall, dass ein Verweisbegriff aus einem anderen aufgesuchten Lemma zunächst nur zu einem weiteren Verweis führt: dies haben wir zwar redaktionell zu verhindern versucht und eingehend gegengelesen, aber bei 1.400 Stichwörtern ist uns da sicher manches „durchgerutscht“ ...
- Die *Literaturangaben* je Lemma wurden in einem definierten Verhältnis zum vorgegebenen Umfang eines Lemmas begrenzt und beziehen sich entweder auf im Text angesprochene Literatur oder wurden ausgewählt, um dem Nutzer des Lexikons einen Einstieg in die weitere Beschäftigung mit dem verhandelten Fachgegenstand anzubieten (Service-Funktion).
- Wie in Lexika üblich, wird innerhalb der Lemmata z.T. ausgiebig von konventionalisierten, aber auch von ad hoc „erfundenen“ Abkürzungen Gebrauch gemacht; deren Bedeutung lässt sich im Zweifelsfall in einem dazu eingerichteten *Verzeichnis verwendeter Abkürzungen* nachschlagen.
- Was man sonst noch wissen muss, um unsere Lemmata besser lesen und nutzen zu können, erklären wir i.F. an einem Beispiel, das alle von uns systematisch verwendeten Konventionen der Textgestaltung enthält:

Regens, das: „Regierend“; **1.** Gelegentlich verwendeter allgemeiner grammatischer Terminus für Verben, Präpositionen und Adjektive hinsichtlich ihrer Fähigkeit, die morphologisch-syntaktische Form von Wörtern/Wortgruppen, die in ihrer Nachbarschaft vorkommen, zu regieren (→**Rektion**). Z.B. regiert die Präposition *wegen* das ihr zugeordnete Substantiv hinsichtlich →**Kasus** (hier: Genitiv): *wegen des Wetters*, ist mithin dessen **R.** usw. usf.

Erläuterung:

→**Rektion**

Fettungen von Begriffen wurden ausschließlich für Verweise auf weitere im Fachlexikon enthaltene Begriffe vorgenommen; dabei wird nur auf solche Lemmata hingewiesen, die für den Text, in dem sie stehen, besonders bedeutsam sind; d.h., es können sich in einem Eintrag auch noch andere Begriffe des Fachlexikons befinden, auf die nicht durch Fettung verwiesen wird. Verweise sind durch einen direkt vor dem Verweisbegriff platzierten Pfeil → vom weiteren Text abgesetzt.

R.
Aus Platzgründen werden die Lemmata im weiteren Text ihres Eintrags in der Regel mit **gefettetem** Erstbuchstaben zitiert, wobei das Kürzel unterschiedslos alle jeweils zutreffenden deklinierten Formen vertritt, die bei ungekürzter Schreibung auftreten würden. Bei Begriffen, die in zahlreichen Varianten/Komposita vorkommen, haben Autoren gelegentlich auch zwei Buchstaben als Kürzel verwendet, wie z.B. **Gv.** für den Begriff ‚Grammatikvermittlung'.

wegen des Wetters
Kursivschreibung wurde ausschließlich dann verwendet, wenn sprachliche Ausdrücke ihrerseits Gegenstand von Aussagen sind bzw. zur Erläuterung von Sachverhalten Verwendung finden. Unterstreichungen innerhalb solcher Kursivausdrücke, wie im obigen Beispiel, dienen der besonderen Wahrnehmungsfokussierung im Kontext getroffener Aussagen (hier: Genitiv). Darüber hinaus werden Unterstreichungen nur selten verwendet und erklären sich hinsichtlich ihrer Funktion „vor Ort".

Die *Nummerierungen* innerhalb der Einträge haben in der Regel textgliedernde Funktion. Eine Sonderfunktion haben dagegen **gefettete** Zahlen, wie z.B. **1.** im obigen Beispiel: sie zeigen an, dass der gleiche Terminus in unterschiedlichen Bedeutungen anzutreffen ist und die gegebenen Varianten unter **1.**, **2.** usw. besprochen werden.

I.Ü. waren die Autoren ausschließlich den üblichen Konventionen wissenschaftlicher Textgestaltung verpflichtet und nutzen deren Spielräume, ohne dass die Herausgeber – etwa im Interesse formal motivierter Vereinheitlichung – hier redaktionell Harmonisierungen verfolgt haben.

Abkürzungsverzeichnis

a.a.O.	am angeführten Ort
a.d. Griech.	aus dem (Alt-)Griechischen
a.d. Lat.	aus dem Lateinischen
Ahd.	Althochdeutsch
allg.	allgemein
Bd./Bde.	Band/Bände
bes.	besonders
bezügl.	bezüglich
BRD	Bundesrepublik Deutschland
Bsp.	Beispiel
bspw.	beispielsweise
bzw.	beziehungsweise
CH	Schweiz
D	Deutschland
d.h.	das heißt
ders.	derselbe
DET	Determinativpronomen
didakt.	didaktisch
dgl.	dergleichen
dt.	deutsch
DU	Deutschunterricht
dzgl.	diesbezüglich
einschl.	einschließlich
etc.	et cetera
engl.	englisch
EU	Europäische Union
evtl.	eventuell
f.	für
frz.	französisch
FSU/FU	Fremdsprachenunterricht
Fut.	Futur
GB	Großbritannien
gegr.	gegründet
gen.	genannt
germ.	germanisch
ggf.	gegebenenfalls
Ggs.	der Gegensatz
grammat.	grammatisch
hebr.	hebräisch
Hrsg.	Herausgeber
i.A.	im Allgemeinen
i.d.R.	in der Regel
i.E.	im Einzelnen
i.e.	id est = das bedeutet
i.F.	im Folgenden
i. Ggs. z.	im Gegensatz zu
i.S.	im Sinne
i.Ü.	im Übrigen
i.W./i.Wesentl.	im Wesentlichen
incl./inkl.	inklusive
insbes.	insbesondere
internat.	international
Jh.	Jahrhundert
Konj.	Konjunktiv
lexikal.	lexikalisch
ling.	linguistisch
Lit.	Literatur
MA	Mittelalter
mdl.	mündlich
method.	methodisch
Mio.	Millionen
N	Nomen/Nominal
nat.	national
NP	Nominalphrase
o.	oder
obd.	oberdeutsch
o.gen.	oben genannt
österr.	österreichisch
Perf.	Perfekt
Pers.	Person
Pl.	Plural
Plusq.	Plusquamperfekt
polit.	politisch
Präs.	Präsens
pragmat.	pragmatisch
russ.	russisch
S	Satz
s.	siehe
s.a.	siehe auch
schriftl.	schriftlich
Sg.	Singular
s.i.Ü.	siehe im Übrigen
sog.	sogenannt
syn.	synonym
tw.	teilweise
u.	und
u.a.	unter anderen
u.a.m.	und anderes mehr
u.Ä.	und Ähnliches
u.ä.m.	und ähnliches mehr
u.E.	unseres Erachtens
ugs.	umgangssprachlich
ung.	ungarisch
u.v.a.m.	und vieles andere mehr

urspr.	ursprünglich	wiss.	wissenschaftlich
usf.	und so fort	z.B.	zum Beispiel
usw.	und so weiter	z.T.	zum Teil
v.a.	vor allem	zit.	zitiert
vgl.	vergleiche	zw.	zwischen
vs.	versus	*...	kennzeichnet nicht-korrekte (Beispiel-)Sätze
Wb.	Wörterbuch		

A

ABCD-Thesen, die: im Mai 1990 von Vertretern der Deutschlehrerverbände aus Österreich (A), der Bundesrepublik Deutschland (B), der Schweiz (C) und der Deutschen Demokratischen Republik (D) im Rahmen einer Arbeitsgruppe des →**Internationalen Deutschlehrerverbandes** verabschiedete Thesen zur Rolle der →**Landeskunde** im Deutschunterricht. Die Thesen sind geprägt von der Suche nach Gemeinsamkeiten und Kompromissen zwischen den ideologischen Blöcken, zugleich trugen sie zur Neuorientierung der Landeskunde bei, die darin als ein Prinzip verstanden wird, das sich über die Kombination von Sprachvermittlung und kultureller Information realisieren soll und in Form von Austausch und Begegnung über den Unterricht hinausreicht. Ein wichtiges Anliegen besteht darin, die kulturelle und sprachliche Vielfalt des deutschsprachigen Raums konzeptionell zu berücksichtigen und die einseitige Fokussierung auf ein dominantes Zentrum (die Bundesrepublik) zu vermeiden. Als besonders wichtig für die Entwicklung der Methodik und Didaktik landeskundlichen Unterrichts werden die Kooperation zwischen Fachvertretern und Mittlerverbänden, die bi- und multilaterale Fortbildung und die Lehrwerkentwicklung angesehen. Die Thesen wurden durch drei 1998 erschienene Materialbände „Landeskunde – deutschsprachige Länder" ergänzt. Aus der mit den **ABCD-Thesen** begründeten Zusammenarbeit der deutschsprachigen Länder hat sich das →**D-A-CH-Konzept** entwickelt.

„ABCD-Thesen zur Rolle der Landeskunde im Deutschunterricht" (1990), in: *Fremdsprache Deutsch 3*, 306–308.

Rainer Bettermann

Abhängigkeitsgrammatik, die: s. Dependenzgrammatik

Ablaut, der: auch: Apophonie; regelmäßige Veränderung des →**Stammvokals** in verwandten Wörtern, entstand im Indogermanischen durch Akzentverschiebungen. Im Deutschen tritt der **A.** in →**starken Verben** und den von diesen Verben abgeleiteten Substantiven auf. Der **A.** ist eine Form der inneren →**Flexion** (neben →**Umlaut** und →**Suppletion**). Er dient sowohl zum Ausdruck verbaler →**Flexionskategorien** (→**Konjugation** von starken Verben: *sprechen – sprach – gesprochen*) als auch zur →**Wortbildung** (implizite Ableitungen vom Verbstamm: *sprechen – die Sprache*). Die Regelmäßigkeit des **A.** spiegelt sich in den Ablautreihen wider (z.B. „ie – o – o": *fliegen – flog – geflogen, wiegen – wog – gewogen*; „ei – i (e) – i (e)": *reiten – ritt – geritten, schreiben – schrieb – geschrieben* usw.).

Marina Matthey

Ableitung, die: s. Derivation

Ableitungsaffix, das: Sammelbezeichnung für nicht frei vorkommende, reihenbildende (wiederholt vorkommende) Wortbildungsmorpheme, die bei der →**Derivation** in Verbindung mit einem Grundmorphem/→**Lexem** der Bildung neuer Wörter dienen. Nach der Stellung der **A.** in Bezug auf das Grundmorphem/Lexem unterscheidet man →**Präfixe** (stehen vor der Basis, z.B. *unlesbar*), →**Suffixe** (stehen nach der Basis, z.B. *Gesundheit*) und →**Infixe** (werden in die Basis eingefügt, z.B. *entscheidungsunfreudig*).

Für eine Kombination aus Präfix und Suffix, wie z.B. in *Gerede* findet man darüber hinaus die Bezeichnung Zirkumfix.

Erben, J. (2000), *Einführung in die deutsche Wortbildungslehre*, 4., aktualisierte und ergänzte Aufl., Berlin.

Renate Freudenberg-Findeisen

absolutes Verb: Verb, das typischerweise nur durch ein →**Subjekt** ergänzt werden muss, damit ein grammatisch richtiger →**Satz** entsteht: *Anton schläft*. Von solchen originär **a.V.** zu unterscheiden sind Verben, die man **a.** gebraucht nennt. Das sind Verben, die typischerweise außerdem ein Objekt verlangen: *Anton isst einen Apfel.*, die aber auch ohne Objekt vorkommen können: *Anton isst (gerade).*, vgl. dagegen: *Anton bringt das Buch. – *Anton bringt.* Den Begriffen **a.** – **a.** gebraucht entsprechen die allgemeineren Begriffe →**transitiv** – →**intransitiv** gebraucht und innerhalb der →**Valenzgrammatik** die Begriffe der →**Wertigkeit** und der →**obligatorischen** und →**fakultativen Ergänzung**.

Klaus Welke

Abtönungspartikel, die: s. Partikel

Acquisition: engl. für „Erwerb(en)", in der Bedeutung von →**Spracherwerb** auch im deutschen Sprachraum verwendet: Für den Erstsprach(en)erwerb postuliert Chomsky den Language Acquisition Device (→**LAD**), einen Spracherwerbsmechanismus, der dem Kind in Verbindung mit der Universalgrammatik ermöglicht, die Grammatik jeder natürlichen Sprache zu erwerben. **A.** bedeutet hier u.a. die Parameterfixierung, die auf Grund angeborenen sprachlichen Wissens zu einer Kerngrammatik der Erstsprache führt. Aus dem →**Input** erschlossen werden hingegen „periphere" (Rand-)Erscheinungen der Grammatik (z.B. unregelmäßige Verben, Idiome) und der Wortschatz der Sprache (Klann-Delius 1999, 53). Für den Zweitspracherwerb stellt Krashen die „**A.**/Learning Hypothesis" auf, die streng dichotomisch zwischen →**Lernen und Erwerben** unterscheidet. ‚„Learning" kann nicht **A.** werden' (Krashen 1985, 48): Bewusst, explizit und formal Gelerntes kann nicht in der natürlichen Kommunikation eingesetzt werden. Er postuliert, einzige Quelle von **A.** sei verständlicher Input, was er in seinem „Natural Approach" für den Unterricht zu operationalisieren versucht. Chomsky und Krashen wurden vielfach kritisiert und alternative Erklärungsmodelle entwickelt.

Klann-Delius, G. (1999), *Spracherwerb*, Stuttgart. – Krashen, S.D. (1985), *The Input Hypothesis: Issues and Implications*, London.

Klaus-Börge Boeckmann

Adjektiv, das: Bezeichnung für eine bestimmte Unterklasse der Wortarten; aus semantischer Sicht bezeichnen **A.** Merkmale bzw. Eigenschaften von Personen, Dingen, Vorgängen usf. **A.** können in unterschiedlicher syntaktischer Funktion verwendet werden und zwar 1. attributiv; 2. adverbial und 3. prädikativ. In attributiver Verwendung ist ein **A.** Teil nominaler Ausdrücke wie in *das morgige Wetter* und passt sich hinsichtlich der morphologischen Markierung seinem Bezugsnomen hinsichtlich →**Genus**, →**Numerus** und →**Kasus** an; eine weitere Einflussgröße für das Deklinationsparadigma (→**Deklination**) der **A.** ist mit der Definitheit/Indefinitheit eines nominalen Ausdrucks verbunden, vgl. *ein schöner Mann*/*der schöne Mann*; *gute Zeiten*/*die guten Zeiten*; zusätzliche Differenzierungen ergeben sich in Abhängigkeit von weiteren Artikelwörtern (→**Artikel**). Mit der hohen Komplexität des Deklinationsparadigmas attribuierter Nominale geht einher, dass deren standardgerechte Beherrschung mit langen Lern-/Erwerbszeiten verbunden ist und besonderer Förderung bedarf, darunter durch intensives, häufiges und regelmäßiges Üben; parallel dazu sollten entsprechende Lernerproduktionen nicht mit einem zu hohen Korrektheitsanspruch belastet werden. Dem gegenüber gehören der adverbiale – *Gestresste schlafen schlecht*. – sowie der prädikative Gebrauch – *Lerner sind verletzlich*. – nicht zu den prominenten Lernschwierigkeiten beim Erwerb des Deutschen. Zur Unterscheidung adverbial verwendeter **A.** von Vertretern der Wortart →**Adverb** ist der Versuch zielführend, die zu prüfenden Ausdrücke versuchsweise attributiv zu verwenden: vgl. *Ich radle eifrig/gern – Ich bin ein eifriger/*gerner Radler.*

Sabira Levin

Adressat, der: in synonymem Gebrauch auch ‚Rezipient'; **1.** Begriff aus der Satzanalyse und dort der Perspektive zugeordnet, →**semantische Rollen** samt ihrer morphosyntaktischen Formmerkmale in Relation zueinander zu identifizieren und zu beschreiben; im Deutschen wird der **A.** v.a. mittels Dativ markiert: *Warum schreibst du mir* (A.) *nie?*, es finden sich aber auch präpositionale Realisierungen: *Sei nett zu deiner Großmutter!*; *Für dich mache ich gern einen Umweg*. Dabei gilt der Terminus nicht nur im Fall positiver Zuwendungen (→**Benefaktiv**), sondern auch für semantische Verhältnisse wie in *Mir wurde schon drei Mal mein Fahrrad geklaut.* (→**Malefaktiv**). **2.** Bezeichnung für Lernende, wenn betont werden soll, dass der Unterricht gezielt auf ihre Vorkenntnisse und Bedürfnisse ausgerichtet ist (→**Lernorientierung**).

Hans Barkowski

Adverb, das: häufig als Umstandswort bezeichnet, da **A.** ein Geschehen, Objekt o.ä. bezüglich seiner Umstände (wo, wann, wie, warum, usw.) näher beschreiben. I.d.R. sind **A.** nichtflektierbar und satzgliedfähig (z.B. *Susanne wohnt dort.*). Sie regieren keinen Kasus und kongruieren nicht. Gemäß ihrer wörtlichen Bedeutung sind **A.** etwas, das Gesagtem hinzugefügt wird, sie befinden sich aber syntaktisch nicht immer in dessen Nähe. Neben den Verben modifizieren **A.** auch Adjektive, andere **A.**, Substantive oder auch ganze Sätze, z.B. vielleicht, sehr, leider. Die lexikalische Klasse der **A.** ist eine offene Klasse. Neue Mitglieder werden vor allem über die Wortbildungsmorpheme *-weise/-erweise, -wärts, -maßen, -halber, -s* gebildet (→**Wortbildung**).

Hoffmann, L. (2007), „Adverb", in: Hoffmann, L. (Hrsg.), *Handbuch der deutschen Wortarten*, Berlin/New York, 223–264.

Mandy Höhle

Adverbial, das: auch: a. Bestimmung, A.bestimmung, a. Ergänzung, a. Angabe, freies A.: bezeichnet eine Satzgliedfunktion, im Gegensatz zu dem mit dem A. häufig verwechselten →**Adverb**, das eine Wortart darstellt (→**Satzglied**). A. können im Valenzrahmen eines Wortes angelegt sein, sie sind dann nicht weglassbar, z.B. *Klaus begibt sich* [*nach draußen*]. vs. **Klaus begibt sich*. Meist treten A. jedoch als →**Angaben** im Satz auf und modifizieren lediglich den sprachlichen Ausdruck. Syntaktisch beziehen sich A. entweder auf Verben (z.B. *Klaus kocht* [*gut*].) oder auf ganze Sätze (z.B. [*Glücklicherweise*] *kocht Klaus heute.*). Semantisch drücken sie die Umstände eines Geschehens aus. U.a. wird nach der Art und Weise (→**Modal-A.**), nach dem Grund (Kausal-A.), nach Ortsangaben (→**Lokal-A.**) und Zeitangaben (→**Temporalangabe-A.**) differenziert. Formal treten A. als Adverbien (z.B. *Klaus tanzt gern.*), als →**Nominalphrasen** (z.B. *Klaus tanzte die ganze Nacht.*), als →**Präpositionalphrasen** (z.B. *Der Nachtclub liegt am anderen Ende der Stadt.*) oder als Nebensätze (z.B. *Klaus tanzte, bis der Morgen graute.*) auf.

Eisenberg, P. (2006), *Grundriss der deutschen Grammatik, Bd. 2, Der Satz*, 3. Aufl., Stuttgart/Weimar.

Mandy Höhle

Affix, das: zum Wortstamm hinzutretendes Formelement. A. sind gebundene, d.h. nicht frei vorkommende →**Morpheme**. Je nach der Stelle im Wort unterscheidet man →**Präfixe** (*Un-rat*), Infixe (auch „Fugenelement" -s und -n: *Abschied-s-fete, Diele-n-fenster*), →**Suffixe** (*Freund-schaft*) und →**Zirkumfixe** als Kombinationen von Prä- und Suffix (*ge-gang-en, Ge-red-e*). Der Funktion nach unterscheidet man 1. derivative bzw. Ableitungsaffixe als →**Wortbildungsmorpheme** und 2. Flexionsaffixe (syn. zu Flexionsmorpheme) als Wortformbildungsmorpheme (s.a. →**Flexion**). Bedeutend für den Fremdsprachenerwerb sind derivative A. wie z.B. „-heit", „-keit" im Bereich der Substantivbildung u.a. für die Genuszuweisung und „-bar", „-ig", „-lich" bei den Adjektiven für die Bedeutungserschließung.

Sabira Levin

Affrikata/Affrikate, die: enge Verbindungen von einem →**Explosiv** (Sprenglaut) mit folgendem →**Frikativ** (Reibelaut). Im engeren Sinne zählen dazu nur Lautverbindungen, die an gleicher oder ähnlicher Artikulationsstelle gebildet werden und sprachhistorisch aus dem Explosiv entstanden sind. Im Deutschen sind dies [pf] und [ts], im Schweizerdeutschen auch [kx]. Die A. [pf] ist in der Aussprache des Deutschen als Fremdsprache häufig problematisch, da sie nur in wenigen Sprachen auftritt. [ts] ist zwar in vielen Ausgangsmuttersprachen vertreten, hier bereitet jedoch die Buchstaben-Laut-Zuordnung Schwierigkeiten: international <z> → [z], nur deutsch <z> → [ts].

Beate Lex

Agens, das: bezeichnet in semantisch fokussierenden Sprachbeschreibungen, so z.B. in der →**Kasusgrammatik**, den Aktanten (den Handelnden oder den Verursacher einer Handlung) im →**Satz**. Das A. ist keine syntaktische Funktion, sondern eine →**semantische Rolle**. Das A. ist deswegen auch nicht automatisch →**Subjekt** des Satzes, wie folgende Beispiele zeigen: 1. *Paula streichelt die Katze.*; 2. *Die Katze wird von Paula gestreichelt.*. Im ersten Satz ist *Paula* das A., da sie aktiv handelt, und gleichzeitig auch das Subjekt. Im zweiten Satz ist *Paula* nicht Subjekt, wohl aber das A. *Die Katze* ist im zweiten Satz hingegen das Subjekt, nicht aber A., sondern →**Patiens.** Die Unterscheidungen A. vs. Patiens sowie A. vs. Subjekt sind im DaF-Kontext v.a. bei der Vermittlung des →**Passivs** von Bedeutung.

Marina Matthey

Agentiv, der: Als A. wird in der →**Kasusgrammatik** jener →**Tiefenkasus** bezeichnet, der den Ausführenden oder den Verursacher der durch das →**Verb** beschriebenen Handlung oder Tätigkeit bezeichnet (s.a. →**Agens**). Anders als die Kasus im Verständnis und Kontext des traditionellen Kasusbegriffs (z.B. Nominativ) ist der A. nicht morphologisch, sondern durch seine →**semantische Rolle** im →**Satz** definiert, z.B.: 1. *Der Lehrer lobt Anja.*; 2. *Anja wurde vom Lehrer gelobt.* In beiden Sätzen steht *der Lehrer* im A.

Marina Matthey

Agglutination, die: bezeichnet eine Verbindung von zwei oder mehreren Morphemen zu einem neuen Wortgebilde. Die Morpheme werden aneinandergefügt ohne zu verschmelzen, d.h. sie sind dabei keinen oder nur geringfügigen Veränderungen unterworfen und die einzelnen Teile bleiben leicht segmentierbar (→**Juxtaposition**). Agglutinierenden Affixen wird ein einfaches Form-Funktion-Verhältnis zugeschrieben, d.h. einem agglutinierenden Affix entspricht i.d.R. nur ein Bedeutungsmerkmal, und für jedes Bedeutungsmerkmal steht auch nur ein Affix (oft in mehreren Varianten) zur Verfügung.

Die grammatische Struktur der sog. →**agglutinierenden Sprachen** (wie z.B. Türkisch, Ungarisch, Finnisch, Estnisch oder Mongolisch) ist dadurch sehr systematisch und weitgehend regelmäßig.

Das Deutsche ist eine fusionierende Sprache, trägt aber auch agglutinierende Züge. Z.B. werden der Komparativ der Adjektive (*das schöne Wetter – das schön-er-e Wetter; bei schönem Wetter – bei schön-er-em Wetter*) oder auch das Präteritum der schwachen Verben (in der 1. und 2. Ps. Sg. und im Pl.: *ich kaufe – ich kauf-t-e; du kaufst – du kauf-t-est; wir kaufen – kauf-t-en; ihr kauft – kauf-t-et*) mit agglutinierenden Suffixen realisiert (vgl. Eisenberg 2006, 156, 370 und 403).

Eisenberg, P. (2006), *Grundriss der deutschen Grammatik, Bd. 1: Das Wort*, 3. Aufl., Stuttgart/Weimar.

Sabine Dengscherz

agglutinierende Sprache: synthetischer Sprachtyp, der durch die Ankettung von →**Affixen** (v.a. Suffixen) an den Wortstamm gekennzeichnet ist. Sprachelemente sind leicht segmentierbar: Wortstamm und Affixe haben klar erkennbare Formen und Grenzen, Affixe tragen i.d.R. nur eine einzige grammatische Bedeutung. **A.S.** schneiden im →**Sprachvergleich** als besonders regelmäßige Sprachen ab.

Weitere typische Eigenschaften nach Haarmann (1976, 57) sind: zahlreiche wortbildende Suffixe und nominale Verbalformen (Partizipien, Infinitive), wenige Formwörter (z.B. Postpositionen, Konjunktionen, Personalpronomina); die unmarkierte Wortfolge ist SOV (Subjekt – Objekt – Verb).

Als typische Vertreter der **a.S.** gelten Türkisch und Ungarisch. Durch die Aneinanderkettung von mehreren Suffixen können komplexe Wort-Satz-Gebilde entstehen (z.B. ung. *Fel-világ-os-ít-hat-ná-lak. – Ich könnte dich aufklären.*). Agglutinierend sind u.a. die uralischen Sprachen, zu denen die finnisch-ugrischen (Ungarisch, Finnisch, Estnisch, Ostjakisch etc.) und die samojedischen Sprachen (Nenzisch, Enzisch etc.) gehören, sowie die altaischen Sprachen, die in Turksprachen (Türkisch, Kirgisisch, Usbekisch, Jakutisch etc.), mongolische (Ordoss, Burjatisch, Kalmückisch etc.) und tungusische Sprachen (Evenkisch, Mandschu etc.) unterteilt werden (vgl. Ineichen 1991, 49f. und 140ff.).

Haarmann, H. (1976), *Grundzüge der Sprachtypologie*, Stuttgart. – Ineichen, G. (1991), *Allgemeine Sprachtypologie*, Darmstadt.

Sabine Dengscherz

Agrammatismus, der: Störungsform der Sprachfähigkeit (→**Aphasie**), bei der der Satzbau betroffen ist. **A.** gilt als Leitsymptom der Broca-Aphasie (→**Brocasches Zentrum**). Zusammenhängende Äußerungen bestehen zumeist nur aus Einwortsätzen oder kurzen Wortgruppen aus wenigen Inhaltswörtern (Substantive, Verben, Adjektive). Funktionswörter dagegen (Konjunktionen, Präpositionen, Artikel etc.) treten kaum auf. Die Inhaltswörter erscheinen i.d.R. unflektiert in ihrer Grundform. Die syntaktische Struktur ist stark vereinfacht bzw. sind syntaktische Zusammenhänge in Sätzen von Patienten mit diesem Störungsbild kaum erkennbar, da nicht nach grammatischen Relationen wie Subjekt, Objekt, Hauptsatz oder Nebensatz differenziert wird (Untersucher: *Was sind jetzt ihre Probleme?* Patient: *Fuß, Hand, Schreiben, Rechnen schwer*). Die Äußerungen dieser Patienten sind stark elliptisch. Deshalb wird der agrammatische Satzbau häufig auch als Telegrammstil bezeichnet. Die Erkenntnisse der Neuropsychologie aus Sprachstörungsbildern wie dem **A.** haben Sprachtheoretiker (so z.B. Pinker) veranlasst anzunehmen, dass das menschliche Gehirn Sprache mithilfe eines Regel- und eines Wortspeichers generiert: Der **A.** sei jene Störungsform, bei der Teile des Regelzentrums geschädigt seien. Aus diesem Grund komme es zur Bildung syntaktisch inkorrekter Sätze. Der Wortspeicher dagegen sei von der Störung nicht betroffen, Patienten mit **A.** hätten demnach keine Probleme Inhaltswörter zu produzieren.

Goldenberg, G. (2007), *Neuropsychologie, Grundlagen, Klinik, Rehabilitation*, 4. Aufl., München/Jena. – Pinker, S. (2006), *Wörter und Regeln, Die Natur der Sprache*, Paderborn.

Mandy Höhle

AILA: s. Association Internationale de Linguistique Appliquée

AKDaF: s. Arbeitskreis DaF/DaZ in der Schweiz

Akkulturation, die: im weiteren Sinne die Annäherung von zwei Kulturen, im engeren Sinne die Annäherung eines Individuums an eine Zweit- bzw. Fremdkultur, die im Gegensatz zur Enkulturation (dem „Hineinwachsen" in die Eigenkultur) ein vergleichsweise bewusster und ergebnisoffener Vorgang ist. Berry (1997) unterscheidet verschiedene **A.**-strategien je nach der Aufrechterhaltung eigener kultureller Charakteristika bzw. der Bewertung des Kontakts mit anderen Gruppen: Integration, Assimilation, Separation und Marginalisierung. **A.** als Vorgang der Erweiterung der eigenen Identität wird heute oft im Zusammenhang mit der Integration von Migranten thematisiert. Der Prozess verläuft oft krisen- und konflikthaft und kann auch die Gestalt eines Kulturschocks annehmen. Der Akkulturationsstress kann durch verschiedene Faktoren erhöht werden (vgl. Layes 2003, 128), so etwa durch von der Aufnahmegesellschaft gestellte hohe Anforderungen an die sprachliche und kulturelle Assimilation von Einwanderern.

Berry, J.W. (1997), „Immigration, Acculturation, and Adaptation", in: *Applied Psychology*, Jg. 46, Nr. 1, 5–34. – Layes, G. (2003), „Interkulturelles Lernen und Akkulturation (1.8)", in: Thomas, A./Kinast, E.-U./Schroll-Machl, S. (Hrsg.), *Handbuch interkulturelle Kommunikation und Kooperation. Bd. 1: Grundlagen und Praxisfelder*, Göttingen u.a., 126–137.

Klaus-Börge Boeckmann

Akronym, das: auch: Initialwort; Kurzwort, aus sprachökonomischen Gründen aus den Anfangsbuchstaben einer Wortgruppe oder eines →**Kompositums** gebildet, wie z.B. *DSH* für *Deutsche Sprachprüfung für den Hochschulzugang ausländischer Studienbewerber*. **A.** unterscheiden sich hinsichtlich des Grades ihrer intersubjektiven Konventionalisiertheit auf einer breiten Skala zwischen internationaler Geltung (z.B. *DIN* in DIN A4 u.ä.), Festlegung innerhalb einer Sprachgemeinschaft (in D z.B. *GmbH* für *Gesellschaft mit beschränkter Haftung*), intersubjektiv (relativ) einheitlichem Gebrauch in Fachdiskursen (z.B. *DaZ* für *Deutsch als Zweitsprache* im Kontext der Sprachlehr- und Lernforschung) bis hin zu Ad-hoc-Bildungen ohne jede Geltung außerhalb ihrer aktuellen und personalisierten Kontexte.

Kerstin Rische

AKS: s. Arbeitskreis der Sprachenzentren, Sprachlehr- und Fremdspracheninstitute e.V.

Aktionsart, die: semantisch basierte Kategorie der Verbklassifizierung, unter der verbal konnotierte Bedeutungsaspekte versammelt werden; bei deutschen Verben betrifft dies u.a. die zeitliche Verlaufssituierung (Anfang: *einschlafen*; Dauer: *wohnen*; Ende: *aufstehen*) bzw. die Abgeschlossenheit/Nichtabgeschlossenheit (*blühen*; *verblühen*) von Ereignissen, Handlungen usw. Weitere zu nennende Aspekte: Iterativität/→**Frequenz** (*flattern*; *hüpfen*); Dynamik (*sitzen/sich setzen*). Im Ggs. zur Art der Realisierung vergleichbarer semantischer Konnotation in →**Aspektsprachen** wird die **A.** im Deutschen i.d.R. nicht morphologisch bzw. morphosyntaktisch markiert, sondern auf lexikalisch-semantischer Ebene (vgl. aber: *ist gefahren* vs. *hat gefahren*). Die Klassifizierung der Verben nach **A.** – aber auch deren typologische Subklassifizierung selbst – gehört nicht zu den abschließend und einheitlich definierten fachlichen Wissensbeständen.

Eisenberg, P. (1993), *Grundriß der deutschen Grammatik, Bd. 1: Das Wort*, Stuttgart/Weimar, 177ff. – Tschirner, E. (1991), *Aktionalitätsklassen im Neuhochdeutschen*, New York [u.a.].

Sabira Levin

Aktionsforschung, die: s. Handlungsforschung

Aktiv, das: grammatische Kategorie des Konjugationsparadigmas des deutschen Verbs; bildet zusammen mit dem →**Passiv** das sog. →**Genus Verbi**. In älteren Grammatiken auch als „Tätigkeitsform" bezeichnet, ist **A.** eher die unmarkierte Grundform des Verbauftritts und findet sich keineswegs nur in Sätzen, in denen Akteure Tätigkeiten ausführen wie *Peter mäht den Rasen.*, sondern ebenso in Sätzen, die einen Sachverhalt wiedergeben: *Jena liegt mitten in Deutschland.*, die einem Vorgang gelten *Seit Tagen regnet es unaufhörlich.* oder von einem Zustand berichten *Der Patient liegt im Koma.*. Gleichwohl lässt sich **A.** im Vergleich zum Passiv als die „täterzugewandte(re)" Form der Wiedergabe von Ereignissen und Sachverhalten bezeichnen. Das deutsche **A.** erschließt sich i.Ü. hinsichtlich seiner Ausdrucksfunktionen und Anwendung dem DaF-/DaZ-Lernenden vergleichsweise unmittelbar und bedarf dzgl. keiner besonderen methodisch-didaktischen Vermittlungsstrategie.

Hans Barkowski

Aktzeit, die: die objektiv-reale Zeit der beschriebenen Handlung. Die sechs Tempora (Zeitformen) im Deutschen – →**Präsens**, →**Präteritum**, →**Perfekt**, →**Plusquamperfekt**, →**Futur I**, →**Futur II** (→**Tempus**) – haben einen relationalen Charakter: Sie kennzeichnen das Verhältnis zwischen Sprechakt/Sprechzeitpunkt und dem bezeichneten Sachverhalt. Entsprechend wird unterschieden zwischen →**Sprechzeit**, **A.** und →**Betrachtzeit**. Daraus bilden sich drei Verhältnisse: →**Vorzeitigkeit** (**A.** vor Sprechzeit), →**Gleichzeitigkeit** (**A.** und Sprechzeitpunkt identisch) und →**Nachzeitigkeit** (**A.** nach Sprechzeitpunkt).

Beispiele: *Er liest das Buch.* (**A.** und Sprechzeitpunkt identisch), *Er hatte das Buch gelesen.* (**A.** vor Sprechzeitpunkt). Durch Aspekt- und Moduskategorien können unterschiedliche Akzente gesetzt werden: Temporalangabe: *Morgen hat er das Buch gelesen.* (Modus) (**A.** vor Sprechzeitpunkt, Betrachtzeit nach Sprechzeitpunkt).

Lutz Götze

akustische Phonetik, die: s. Phonetik

Akzent, der: **1.** Hervorhebung (auch: Betonung, Akzentuierung) verschieden großer Einheiten: Worta., Wortgruppena., →**Satza.**; **2.** Diakritikum über Buchstaben (**A.**zeichen, z.B. Akut, Gravis), z.B. *Café*. **3.** fremder **A.**: durch die Muttersprache gefärbte Aussprache einer Fremdsprache (z.B. französischer **A.** im Deutschen). **A.** im Sinne von Hervorhebung wird im Deutschen durch die Kombination und Variation der →**suprasegmentalen** (→**prosodischen**) Mittel gebildet. Je nach Dominanz eines Mittels wird von dynamischem, musikalischem und temporalem **A.** gesprochen. Im Deutschen sind diese Mittel stets kombiniert. Es werden Haupt- und Nebena. unterschieden, für deren Auftreten es in den Einzelsprachen Regeln gibt.

Ursula Hirschfeld

akzentzählend: s. Rhythmus

Akzeptabilität, die: bezieht sich auf Sprecherurteile über die Angemessenheit („Richtigkeit") sprachlicher Äußerungen. **A.** bezieht →**semantische** und →**pragmatische** (z.B. stilistische) Faktoren ein und betont im Unterschied zum Terminus →**Grammatikalität**, dass der Übergang von akzeptabel zu unakzeptabel (von grammatisch zu ungrammatisch) graduell ist. Ein Maß der Abweichung von einer vollen **A.** (Grammatikalität) ist u.a. der Aufwand, den ein Hörer betreiben muss, um einer Äußerung eine sinnvolle Interpretation zu geben, →**Konversationsmaxime**.

Klaus Welke

Alexie, die: auch: Dyslexie; eine Störung des Lesens, bei der Graphemfolgen nicht in korrekte, lautliche Strukturen umgewandelt werden können. Eine Form der **A.** ist die Tiefendyslexie, bei der der Zugang vom orthographischen zum phonematischen Lexikon unmöglich, der zum semantischen Lexikon eingeschränkt ist. Die Bedeutung der Wörter kann im Gegensatz zu ihrer oberflächlichen Form verarbeitet werden. Z.T. kommt es zu semantischen Umschreibungen: Patienten lesen *Blume* statt *Beet*, *Baum* statt *Strauch*. Die Verbindung zwischen Schriftbild und Bedeutung des Wortes ist ausreichend, um das semantische Wortfeld zu aktivieren, aber nicht, um die genaue Bedeutung und das richtige Wort auszuwählen.

Goldenberg, G. (2007), *Neuropsychologie, Grundlagen, Klinik, Rehabilitation*, 4. Aufl., München/Jena.

Mandy Höhle

Algorithmus, der: (Bezeichnung nach dem arabischen Mathematiker al-Chwarismi, 8./9. Jh.), **A.** sind eindeutige, endlich beschreibbare und schrittweise durchführbare Handlungsvorschriften zur Lösung einer bestimmten Art von Problemen. Im weitesten Sinne können auch Kochrezepte oder Gebrauchsanweisungen als **A.** gelten, präzisere Beispiele sind Waschmaschinenprogramme oder mathematische Rechenoperationen. Seit der Formalisierung des Begriffs im 20. Jh. finden **A.** eine breite Anwendung, z.B. in der Informatik. Aus linguistischer Sicht sind **A.** besonders relevant für formale Sprachen (→**Computerlinguistik**) und in der →**Generativen Transformationsgrammatik**, aber auch systematische Lehr- bzw. Lernablaufmodelle werden gelegentlich als **A.** bezeichnet.

Wolfgang Zippel

A-Linie, die: Der von Glück (1989) entwickelte Terminus **A-L.** (Auslandslinie) bezeichnet in Abgrenzung zur **→M-Linie** (Migrantenlinie) die Forschung über den Erwerb und die Lehre des DaF im Ausland sowie für fest umrissene Zielgruppen im Inland. Später wurde die Terminologie genutzt, um die ungleiche Behandlung von Sprachen und Kulturen im Diskurs um **→Mehrsprachigkeit**, **→interkulturelles Lernen**, interkulturelle Kommunikationsforschung und interkulturelle Lehrwerke aufzuzeigen (vgl. Röttger 1998).

Glück, H. (1989), „Meins und Deins = Unsers? Über das Fach ‚Deutsch als Fremdsprache' und die ‚Interkulturelle Germanistik'", in: Zimmermann, P. (Hrsg.), *Interkulturelle Germanistik. Dialog der Kulturen auf Deutsch?*, Frankfurt a.M., 57–92. – Röttger, E. (1998), „M-Linie und A-Linie: Zur Bedeutung migrationsbezogener Forschung für die interkulturelle Fremdsprachendidaktik", in: *Zeitschrift für Interkulturellen Fremdsprachenunterricht* [Online], 2 (3), 24pp. http://zif.spz.tu-darmstadt.de/jg-02-3/beitrag/roettger.htm

Evelyn Röttger

Allegorie, die: stellt etwas Unanschauliches bildhaft dar oder erfasst einen abstrakten Begriff bildlich (durch ein Sprachbild, eine **→Metapher** oder eine Personifizierung): Verbindung von Begriff und Erscheinung (z.B. Tod als Knochenmann mit Sense und Stundenglas). Dichter stellen mit Hilfe der **A.** etwas Allgemeines in einem Besonderen dar, der Leser vollzieht den umgekehrten Vorgang. **A.** erfordern doppelte Lektüre, die Entschlüsselung des buchstäblichen und des allegorischen Sinns. Nicht der Vorstellungswelt des Lesers entnommene **A.** (z.B. aus anderen Epochen oder Kulturen) können schwer verständlich oder zu erschließen sein.

Werner Biechele

allgemeine Sprachwissenschaft: diejenigen Teilbereiche der Sprachwissenschaft, die sich mit Sprache als Sprachsystem, allgemeiner Grammatik und mit der Ausarbeitung von Theorien über Sprache befassen. **A.S.** steht so gesehen im Gegensatz zur **→angewandten Linguistik**, die auf die konkrete Sprachverwendung im Kontext fokussiert, und zur vergleichenden Sprachwissenschaft, die sich mit der historisch vergleichenden Untersuchung von Sprachen, mit Sprachtypologie, Universalienforschung u.ä. befasst. Die Subdisziplinen einer derart verstandenen **a.S.** sind Phonetik, Phonologie, Morphologie, Morphonologie, Syntax, Semantik, Lexikologie, Pragmatik, Grammatiktheorie und Textlinguistik. Die Einteilung der Sprachwissenschaft in derartige Teilbereiche ist nicht unumstritten, besonders die Grenzziehung zwischen **a.S.** und angewandter Linguistik – die Übergänge sind fließend.

Eine weitere Abgrenzung ist die gegenüber auf einzelne Sprachgruppen (z.B. Slawistik, Romanistik) oder Einzelsprachen (z.B. Französistik, Sinologie) bezogenen Teildisziplinen, wonach sich die **a.S.** mit der Untersuchung von generellen Eigenschaften befasst. Manchmal wird **a.S.** auch mit theoretischer (im Gegensatz zu empirischer) Sprachwissenschaft gleichgesetzt, was problematisch ist, da es weder theorielose empirische Linguistik gibt noch eine Theoriebildung, die nicht auf empirischen Grundlagen aufbaut.

Coseriu, E. (1992), *Einführung in die allgemeine Sprachwissenschaft*. 2. Aufl., Tübingen. – Vater, H. (1996), *Einführung in die Sprachwissenschaft*, München.

Rudolf de Cillia

Alliteration, die: bezeichnet die Gleichheit des ersten Lautes mehrerer aufeinander folgender Wörter, die sich im gleichen Anfangsbuchstaben manifestiert: *Milch macht müde Männer munter.* **A.** ist ein besonderes Merkmal germanischer Dichtung des Altertums und des Frühmittelalters, hier auch als Stabreim.

Beate Lex

Allophon, das: **A.** sind Aussprachevarianten für ein **→Phonem**, im engeren Sinne in bestimmter Lautumgebung oder an bestimmter Silbenposition, im weiteren Sinne unter bestimmter Intonation oder in einer lautstilistischen Ebene. **A.** im engeren Sinne sind die Realisierungen von <ch> /χ/ als [x] wie in <auch> und als [ç] wie in <ich> sowie die Realisierungen von <r> /r/ als Konsonant im Silbenanlaut wie in <rot> und als Vokal [ɐ] im Silbenauslaut wie in <hier>. Die falsche Aussprache eines **A.** stört wegen der richtigen Phonemzuordnung nicht den Wortsinn, irritiert den muttersprachlichen Hörer jedoch sehr und sollte daher mit Fremdsprachenlernern bearbeitet werden.

Beate Lex

ALM: s. **Audiolinguale Methode**

Alphabetisierung, die: s. **zweisprachige Alphabetisierung**

ALTE: s. Association of Language Testers in Europe

alternative Methode: Der Begriff wird seit den 70er Jahren v.a. im deutschen Sprachraum für unkonventionelle Methoden verwendet.

Während sich konventionelle Methoden – →**Grammatik-Übersetzungsmethode**; →**audiolinguale** bzw. →**audiovisuelle Methode**; kommunikative Methode (→**komm. Fremdsprachenunterricht**) – i.d.R. auf dem Hintergrund eines breiten Fachdiskurses herausgebildet haben bzw. herausbilden, gilt dies nicht für die sogenannten **a.M.**. Die bekanntesten sind die →**Suggestopädie** nach Lozanov sowie ihre Ableitungen, das Superlearning und die →**Psychopädie**; der →**Total Physical Response** nach Asher; der →**Silent Way** nach Gattegno; das →**Community Language Learning** nach Curran; die →**Psychodramaturgie** Linguistique nach Dufeu. Ihre Grundlage bilden suggestologisch oder therapeutisch orientierte Paradigmen sowie – kritisch einzuschätzende – Annahmen über hirnphysiologische Hintergründe des (Fremdsprachen)Lernens. Viele der therapeutisch orientierten **a.M.** beziehen sich auf die Erkenntnisse der humanistischen Psychologie nach Rogers. Ihr expliziter Anspruch ist es, nicht die Sprache in den Mittelpunkt ihrer Lehr- und Lernkonzepte zu stellen, sondern den Menschen. Der v.a. in den USA bekannte →**Natural Approach** basiert auf Spracherwerbshypothesen von Krashen, darunter auf dessen kontrovers diskutierter →**Lernen-Erwerben-Debatte**. Das →**Fremdsprachenwachstum**, eine in den 1980er Jahren in Österreich entwickelte **a.M.**, beruft sich auf Humboldt und Chomsky.

Ortner, B. (1998), *Alternative Methoden im Fremdsprachenunterricht*, Ismaning. – Richards, J.C./Rodgers, Th.S. (1992), *Approaches and Methods in Language Teaching*, Cambridge.

Brigitte Ortner

Amalgamierung, die: s. Assimilation, sprechwissenschaftlich

ambig(ue)/Ambiguität, die: wird – i.d.R. ohne wertende Konnotation – konstatiert, wenn sich Situationen, Sachverhalte, Formulierungen etc. (ad hoc oder grundsätzlich) nicht eindeutig interpretieren bzw. verstehen lassen, sondern mindestens doppelsinnig, wenn nicht sogar mehrdeutig sind. Im Fach DaF/DaZ spielt **A.** unter anderem in allen von →**interkulturellen** Einflussgrößen und Inhalten betroffenen Kontexten eine Rolle, aber auch bei der Interpretation von lernersprachlichen Daten oder als Eigenschaft des Deutschen auf den Ebenen Lexik, Grammatik und Pragmatik.

Hans Barkowski

Ambiguitätstoleranz, die: in der interkulturellen Lehr- und Lernforschung die Fähigkeit, kulturell bedingte Gegensätze innerhalb des eigenen Handlungsfeldes als Spannungsverhältnisse bewusst aushalten und nach Möglichkeit interkulturell konstruktiv damit umgehen zu können. Bsp.: das Handeln in Kontexten, in denen „Kinderarbeit" – je nach ethischer Perspektive – einerseits als legitim, andererseits als illegitim angesehen wird.

1. Konzeptualisierungen

Der Begriff wurde 1949 von Frenkel-Brunswick auf der Grundlage persönlichkeitspsychologischer Ambivalenzkonzepte entwickelt. Als Persönlichkeitsvariable bezeichnet **At.** hier die Anerkennung der Koexistenz positiver und negativer Eigenschaften in Bezug auf einen identischen Gegenstand (z.B. Eltern). In der interkulturellen Forschung wird Ambiguität meist bezogen auf Unvereinbarkeiten, die aus kulturbedingt unterschiedlichen Bedeutungszuweisungen u.a. in ethischen Fragen resultieren. **At.** zielt nicht auf Unsicherheitsvermeidung oder auf Entweder-oder-Lösungen, sondern auf das bewusste Aushalten von Vielfalt und Gegensätzlichkeit.

2. **At.** im **interkulturellen Lernen**

Zur Verbesserung der **At.** werden handlungsorientiert-themenbezogene Projekte (z.B. mit dem Fokus „Korruption") sowie Rollenspiele zur interkulturellen Sensibilisierung eingesetzt, bei denen Rollen und Rollenerwartungen inkompatibel zu sein scheinen.

Frenkel-Brunswick, E. (1949), „Intolerance of ambiguity as an emotional and personality variable", in: *Journal of Personality*, 18, 108–143. – Reis, J. (1997), *Ambiguitätstoleranz. Beiträge zur Entwicklung eines Persönlichkeitskonstruktes*, Heidelberg.

Jürgen Bolten

Ammensprache, die: auch: Elternsprache (an das Kind gerichtete Sprache), „Mutterisch"; engl.: motherese, baby talk, caretaker speech. Sprachlich vereinfachte Form der →**Kommunikation**

mit Kleinkindern, die sich z.B. durch geringe syntaktische und semantische Komplexität, langsame, klare →**Artikulation**, Wiederholungen und Reformulierungen sowie eine hohe Tonlage auszeichnet. In Bezug auf den →**Erstsprachenerwerb** wird diskutiert, ob dieses →**Register** eine Sprachlehrfunktion besitzt. Vor allem Vertreter des Interaktionismus (vgl. Snow, 1972) sehen in **A.** eine für den Erwerb essenzielle Form des →**Inputs**. Im Kontext des L2-Lernens ist zu beobachten, dass besonders gegenüber FS-Lernenden mit noch geringen Kenntnissen von Muttersprachlern eine in manchen Punkten der **A.** ähnliche Sprache verwendet wird.

Snow, C.E. (1972), „Mothers Speech to Children Learning Language", in: *Child Development*, Jg. 43, Nr. 2, 549–565.

Kerstin Rische

Amtssprache, die: Gesellschaftliche Organisationen und politische Entitäten haben **A.**, wenn sie formell verwaltet werden. **A.** sind die für die Verwaltung vorgesehenen oder verwendeten Sprachen. Sie können nur vorgesehen und als solche deklariert sein (z.B. manche autochthone Sprachen in afrikanischen Staaten), aber kaum verwendet werden, oder nicht deklariert sein und dennoch verwendet werden (z.B. Englisch in Indien). Bei regelmäßiger, auch mündlicher Verwendung spricht man meist von →**Arbeitssprachen**, auch Verfahrenssprachen (oder Amts- und Arbeitssprachen). Allerdings können auch Arbeitssprachen nur deklariert, aber kaum in Gebrauch sein (z.B. Deutsch in manchen EU-Institutionen) oder nur gebraucht, aber nicht deklariert sein (faktische Arbeitssprachen). In den **A.** erscheinen wichtige Dokumente der Organisation einschließlich rechtlicher Bestimmungen (Gesetze, Verordnungen, Satzungen und dgl.). Die **A.** von Staaten sind zudem i.d.R. Schulfach, meist auch Unterrichtssprache sowie Arbeitssprache auch bei der Regierung, beim Militär, in den Massenmedien oder religiösen Institutionen. Die Vereinten Nationen haben folgende „Amts- und Arbeitssprachen", die jedoch nicht gleichermaßen als Arbeitssprachen dienen: Englisch (bevorzugte Arbeitssprache), Französisch (auch Arbeitssprache), Spanisch, Russisch, Chinesisch und Arabisch. Die Europäische Union hat (im Jahr 2008) 23 **A.**, die von den 25 Mitgliedstaaten aus deren nationalen **A.** vorgeschlagen wurden, und bis zu fünf Arbeitssprachen ihrer Institutionen, und zwar nach Häufigkeit des Gebrauchs in folgender Rangordnung: Englisch – Französisch – Deutsch (deutlich nachgeordnet) – Italienisch und Spanisch (beide deutlich nachgeordnet). Bei Staaten muss unterschieden werden zwischen nationalen und regionalen **A.** (für die gesamtstaatlichen bzw. für teilstaatliche oder regionale Verwaltungen). Dabei ist Mehrsprachigkeit jeweils keine Seltenheit. So hat z.B. die Schweiz vier nationale **A.** (Deutsch, Französisch, Italienisch und Rätoromanisch) und Spanien drei regionale **A.** (Katalanisch, Baskisch und Galizisch). Deutsch ist einzige nationale **A.** (solo-offiziell) in Deutschland, Österreich und Liechtenstein, eine von mehreren nationalen **A.** (ko-offiziell) in Luxemburg (neben Französisch und Letzeburgisch) und in der Schweiz sowie regionale **A.** in der Deutschsprachigen Gemeinschaft in Ostbelgien (solo-offiziell) und in der Provinz Bozen-Südtirol in Norditalien (neben Italienisch, das zugleich nationale **A.** des Staates ist).

Ulrich Ammon

Analytisches Hören und Lesen: s. Fremdsprachenwachstum

analytische Sprache: auch: amorphe Sprache oder Wurzelsprache genannt; Sprache, in der die Wörter tendenziell unveränderlich sind und grammatikalische Beziehungen durch Hilfswörter oder durch Wortstellung angezeigt werden (→**isolierende Sprache**). Gegensatz: →**synthetische Sprache**. Häufig angeführte Beispiele für **a.S.**: klassisches Chinesisch, Vietnamesisch (vgl. Bußmann 2002, 321), in geringerem Maße auch Englisch wegen des fast vollständigen Fehlens von Flexion. Auch in der zum synthetischen Sprachtyp gehörenden Sprache Deutsch ist eine Tendenz zur Ausbreitung analytischer Sprachformen zu beobachten (Beispiele: *würde* + Inf. statt präterital abgeleitete Konjunktiv II-Form, z.B. *Ich würde lieber ins Kino gehen.* vs. *Ich ginge lieber ins Kino.*; Wegfall von Dativ-*e*, z.B. früher: *Im Grunde kann er nichts dafür.* vs. heute: *Im Grund kann er nichts dafür.* und Genitiv-*s*, z.B. früher: *nach Informationen des SPIEGELS* vs. heute *nach Informationen des SPIEGEL.* Die Unterscheidung zwischen analytischen und synthetischen Sprachen geht auf August Wilhelm von Schlegel (1767–1845) und Wilhelm von Humboldt (1767–1835) zurück (vgl. Bußmann 2002, 321).

Bußmann, H., Hrsg. (2002), *Lexikon der Sprachwissenschaft*, Stuttgart.

Jens Reimann

analytische Verbform, die: Eine Verbkonstruktion, die aus mindestens einem flektierbaren →**Hilfsverb** (*haben, werden, sein*) und einer infiniten Form des →**Vollverbs** (→**Partizip II**, →**Infinitiv**) besteht (z.B. *ist aufgestanden, ist gebaut worden, hat geschrieben*). Andere Bezeichnungen: zusammengesetzte, mehrteilige, komplexe, periphrastische Verbform. Die wichtigsten **a.V.** im Deutschen sind →**Perfekt**, →**Plusquamperfekt**, →**Futur**, →**Konditional**, →**Passiv**. Die **a.V.** ist eine Untergruppe der mehrteiligen →**Prädikate**. Im DaF/DaZ-Kontext ist u.a. die Mehrteiligkeit sowie die Satzposition der Bestandteile von **a.V.** (→**Satzrahmen**) von Bedeutung.

Marina Matthey

anaphorisch/Anapher, die: 1. rhetorisches und poetisches Stilmittel, das die Wiederholung eines Wortes oder einer Phrase am Anfang aufeinander folgender Sätze, Satzteile, Verse oder Strophen bezeichnet. **2. Anaphorisch** wird in der Linguistik die nach links, d.h. zurück weisende Relation zwischen einem Wort oder einer Phrase und seinem/ihrem Bezugspunkt genannt (z.B. *Ein Mann sitzt auf der Bank. Ich kenne ihn nicht.* auch: *Der Mann trägt einen Schlips, ich nicht.*). Die entgegengesetzte Verweisrichtung heißt →**kataphorisch**. **A.** Verbindungen tragen entscheidend zur innersprachlichen Verknüpfung von Satzteilen oder Sätzen bei.

Wolfgang Zippel

Angabe, die: In der →**Valenzgrammatik** unterscheidet man zwischen Valenzträgern, →**Ergänzungen** und **A. A.** sind von der Valenz des Valenzträgers (z.B. des Verbs) nicht verlangt. Sie können – nach Maßgabe semantischer Verträglichkeit – „frei", also in beliebiger Zahl und Form, einem Satz hinzugefügt werden. Sie sind nicht →**obligatorisch** und nicht regiert (→**Rektion**).

Klaus Welke

angewandte Linguistik/angewandte Sprachwissenschaft: sprachwissenschaftliche Zugänge, die sich nicht in erster Linie mit Sprache als Sprachsystem befassen, sondern mit der Analyse der Sprachverwendung in konkreten Sprachsituationen. D.h. **a.L.** dient als Dachbegriff für interdisziplinäre Zugänge und sogenannte Bindestrich-Linguistiken (Psycholinguistik, Soziolinguistik, Ethnolinguistik, Korpuslinguistik, Forensische Linguistik etc.), in deren Mittelpunkt die Analyse von Sprachverwendung unter einem bestimmten Aspekt steht.

Nach einer anderen Konzeptualisierung befasst sich **a.L.** (im Gegensatz zu theoretischer Linguistik) mit der Anwendung linguistischer Theorien und Modelle auf praktische Probleme, insbesondere den Sprachunterricht. Dieses Konzept war bes. im angelsächsischen Raum verbreitet und hängt mit der Geschichte des Faches zusammen, das zunächst in engem Zusammenhang mit der Entwicklung von neuen Fremdsprachenunterrichtsmethoden stand (Gründung der Zeitschrift „Language Learning. Journal of Applied Linguistics" 1948).

Eine zeitgemäße Definition (vgl. Knapp 2007) konzipiert **a.L.** als Disziplin, die sich mit der Beschreibung, Erklärung und Lösung von lebens- und gesellschaftspraktischen Problemen in den Bereichen von Sprache und Kommunikation befasst. **A.L.** ist einerseits anwendungsorientiert, integrativ und interdisziplinär angelegt, entwickelt gegenstandsbezogen eigene Methoden und theoretische Konzepte – in dieser Perspektive hebt sich der Gegensatz zwischen **a.L.** und theoretischer Linguistik auf. Die in Knapp 2007 aufgeführten Teilbereiche umfassen Gebiete wie Sprachvermittlung, mündliche und schriftliche Kommunikation, mediale, öffentliche und mehrsprachige Kommunikation, Diagnostizieren und Therapieren. Als Subdisziplinen können beispielhaft angeführt werden: Sprachdidaktik, Sprachberatung, technische Kommunikation, Gesprächsanalyse, Gesprächsberatung und Gesprächstraining, Terminologiearbeit, Sprachplanung, Sprachdiagnostik, klinische Linguistik und forensische Linguistik.

Die **a.L.** ist international im Weltverband AILA (→**Association Internationale de Linguistique Appliquée**), in Deutschland in der GAL (→**Gesellschaft für Angewandte Linguistik**), in Österreich in verbal (verband für angewandte linguistik), in der Schweiz in der Vereinigung für angewandte Linguistik in der Schweiz organisiert.

Knapp, K. (Hrsg.) (2007), *Angewandte Linguistik*. 2., überarb. u. erw. Aufl., Tübingen/Basel.

Rudolf de Cillia

Antonym, das: bezeichnet ein Wort, das einem anderen semantisch entgegengesetzt ist (z.B. *gut/ böse, öffnen/schließen*); Ggs. →**Synonym**. Die häufigsten **A.** bilden Adjektive und Adverbien. Es lassen sich mehrere Arten von **A.** unterscheiden, die beiden wichtigsten sind: 1. kontradiktorische bzw. komplementäre **A.** (z.B. *lebendig/tot*): Wenn A zutrifft, trifft B nicht zu, und wenn A nicht zutrifft, trifft B zu. Kontradiktorische Adjektive sind i.d.R. nicht steigerbar. 2. Konträre bzw. graduelle **A.** (z.B. *heiß/kalt*): Das **A.** deckt die konzeptuelle Domäne nicht vollständig ab, es gibt Zwischenbereiche (hier z.B. *lauwarm*). Konträre Adjektive sind steigerbar.

A. sind häufig sowohl lebensweltlich als auch kognitionspsychologisch eng miteinander verknüpft und können daher besonders effektiv im Verbund gelernt/gelehrt werden.

Wolfgang Zippel

Aphasie, die: eine erworbene zentrale Sprachstörung, die nach einer Schädigung der Sprachregionen (bei 90% der Menschen linkshemisphärisch) eintritt. Die sprachlichen Beeinträchtigungen sind sowohl expressiver als auch rezeptiver Art und können sich auf alle Modalitäten (Sprechen, Verstehen, Lesen, Schreiben) erstrecken. Dabei können alle Komponenten des Sprachsystems betroffen sein: Phonologie, Syntax, Semantik, Lexikon.

1. Ursachen:
Die meisten **A.** beruhen auf Durchblutungsstörungen nach einem Schlaganfall. Des Weiteren können folgende neurologische Erkrankungen zu einer **A.** führen: Schädelhirntrauma, Tumore, entzündliche und degenerative Erkrankungen.

2. Erscheinungsbilder:
Je nach Ausmaß der zentralen Schädigung beeinträchtigt eine **A.** die Kommunikation und Teilhabe am sozialen Leben in unterschiedlichen Schweregraden. Dabei werden charakteristische Einzelsymptome und deren Kombination wiederkehrend beobachtet, so dass man von sogenannten Syndrombildern spricht, die zu vier Haupttypen klassifiziert wurden: Broca-**A.**, Wernicke-**A.**, globale **A.** und amnestische **A.**. Diese Haupttypen charakterisieren sich durch bestimmte Leitsymptome, welche exemplarisch für die globale **A.** benannt werden: Die Betroffenen leiden an einer schweren Störung des Sprachverständnisses und können nur noch Sprachautomatismen produzieren.

Böhme, G. (1997), *Sprach-, Sprech-, Stimm- und Schluckstörungen*, 3. Aufl., Stuttgart. – Grohnfeldt, M., Hrsg. (2007), *Lexikon der Sprachtherapie*, Stuttgart.

Stephanie Kurtenbach

API (Association Phonétique Internationale): s. International Phonetic Association, Weltlautschriftverein

Äquivokation, die: Der Fachbegriff ist im engeren Sinne dem Phänomen zugeordnet, dass Wörter gleichen Lautinventars unterschiedliche Bedeutungen haben, wie z.B. *Auflauf*: (1. Art der Zubereitung bestimmter Speisen; 2. spontane Ansammlung von Menschen); von **Ä.** spricht man auch, wenn solche Bedeutungsunterschiede durch →**Metaphorisierung** entstanden sind (z.B. *Birne*/OBSTSORTE vs. *Birne*/GLÜHLAMPE). **Ä.** ist damit bedeutsam im Zusammenhang des Lexikonerwerbs. Für den DaF-/DaZ-Kontext ist zusätzlich das Phänomen der **Ä.** im weiteren Sinne von Bedeutung, demgemäß Ähnlichkeiten in Aussprache und Schreibweise (*Schaf/scharf; Pferd/fährt* u.a.m.) zu Irritationen und Missverständnissen führen können.

Hans Barkowski

Arbeitsgedächtnis, das: s. Kurzzeitgedächtnis

Arbeitskreis der Sprachenzentren, Sprachlehr- und Fremdspracheninstitute e.V. (AKS): umfassende Vertretung der Fremdsprachenlehre an Universitäten und Hochschulen; 1970 gegründet; ermöglicht die Zusammenarbeit, den Erfahrungs- und Informationsaustausch von über 100 Sprachenzentren und Hochschuleinrichtungen in Deutschland, Frankreich, Österreich und der Schweiz; Zusammenarbeit mit Verbänden (CercleS – Europäischer Verband der Hochschulsprachzentren, ELC/CEL – European Language Council, FaDaF) und Mitarbeit von Fachvertretern weiterer Hochschuleinrichtungen; Verwirklichung der Ziele durch z.B. wissenschaftliche Tagungen und Publikationen; Akkreditierungen für das hochschulübergreifende Fremdsprachenzertifikat →**UNICERT**.

Internetadresse: www.aks-web.de

Gundula Scherf

Arbeitskreis DaF/DaZ in der Schweiz (AKDaF): gesamtschweizerischer Verband für Lehrende und

Institutionen im Fach DaF/DaZ. Gründung 1986. Der **AkDaF** setzt sich für die Förderung und Verbesserung der fachlichen und beruflichen Kompetenzen der DaF-/DaZ-Lehrenden sowie für den fachlichen Austausch und die Zusammenarbeit zwischen Personen und Institutionen im Fach ein. Er ist Träger eines Lehrgangs für DaZ-Unterrichtende und führt regelmäßig Fachtagungen und Weiterbildungsveranstaltungen durch. Das Vereinsorgan „Rundbrief" erscheint 2× jährlich. Der **AkDaF** ist seit 1989 Mitglied im →**IDV**, 2001 war er Träger der XII. Internationalen Deutschlehrertagung in Luzern.

Internetadresse: www.akdaf.ch

Monika Clalüna

Arbeitsmigrant, der: eine Person, die mit dem Ziel und zum Zwecke der Arbeitstätigkeit in ein anderes Territorium wandert (→**Arbeitsmigration**). Zu den ersten **A.** der deutschen Geschichte zählen russische und polnische Wanderarbeiter, die Ende des 19. Jh. in der Großlandwirtschaft der ostelbischen Junker beschäftigt wurden. Bereits damals wurden sie deutschen Arbeitskräften vorgezogen, da sie aufgrund bescheidener Ansprüche und unsicherer Rechtslage relativ flexibel, je nach konjunkturellen Entwicklungen, eingesetzt und entlassen werden konnten (vgl. Han 2000, 64ff.). Die **A.**, die nach dem II. Weltkrieg im Zusammenhang prosperierender Wirtschaftsentwicklung – in Deutschland (BRD) insbesondere ab Schließung der Grenze zwischen Ost- und Westberlin 1961 („Mauerbau") – bis 1973 in die deutschsprachigen Länder zuwanderten, wurden/werden auch als „Gastarbeiter" bezeichnet.

Die Tatsache, dass **A.** in allen europäischen Ländern verstärkt von Arbeitslosigkeit betroffen sind und oft unterhalb ihrer beruflichen Qualifikationen arbeiten, sowie die vergleichsweise schlechteren Schulabschlüsse der Kinder von **A.** (→**Interkulturelle Erziehung**) verweisen auf Mechanismen von Diskriminierung bzw. auf nicht gelungene gesellschaftliche →**Integration**.

Han, P. (2000), *Soziologie der Migration*, Stuttgart.

Verena Plutzar

Arbeitsmigration, die: Der Begriff **A.** gilt einer spezifischen Teilmenge von Migrationsbewegungen, in denen die Wanderung von Arbeitskraft von A nach B den zentralen Hintergrund abgibt. Dabei impliziert **A.** in jedem Fall den Wunsch oder die Notwendigkeit auf Seiten der →**Arbeitsmigranten**, die persönlichen, familiären bzw. wirtschaftlichen Lebensbedingungen durch zeitweise oder dauerhafte Einwanderung in ein anderes Territorium zu verbessern. Dem entspricht i.d.R. auf Seiten der Einwanderungsregionen ein branchenweiter oder branchenspezifischer Mangel/Bedarf an Arbeitskräften. Grundsätzlich sind zwei Prototypen von **A.**, die intranationale (z.B. Sizilien-Norditalien) und die internationale (z.B. Algerien-Frankreich) zu unterscheiden. **A.** ist in ihren historischen Verläufen eng verknüpft mit regionenspezifischen demografischen und ökonomischen Entwicklungen und wird in der internationalen Ausprägung u.a. durch je angepasste rechtliche Regulierungen (→**Ausländerrecht**; Einwanderungsgesetze) politisch gesteuert.

1. Geschichte der **A.** in Europa:
In einem weiten Verständnis gehört **A.** auch jenseits formeller, vertraglich geregelter Arbeitsverhältnisse zu den weltweit und seit Menschengedenken praktizierten Strategien der Sicherung des Lebensunterhalts und ist insoweit in ihrem historischen Beginn nicht festlegbar. In einem engeren Verständnis wird **A.** als Phänomen der Industrialisierung betrachtet: Durch **A.** wurde im 19. Jh. u.a. das Ruhrgebiet in Deutschland aufgebaut und das kaiserliche Wien errichtet. In jüngerer Zeit, verbunden mit dem Wirtschaftsboom nach dem II. Weltkrieg, entwickelte sich **A.**, insbesondere in der sog. „Gastarbeiter-Ära" zur wichtigsten Form der Zuwanderung nach Europa. Zwischen 1950 und 1982 sind in Europa insgesamt 8 Mio. Einwanderer zu verzeichnen und deren Gesamtzahl steigt in dieser Zeit von 3,1 auf 11,2 Mio. (vgl. Han 2000, 66). Nach Deutschland, Österreich und in die Schweiz werden vor allem Arbeitskräfte aus Spanien, Portugal, Italien, Jugoslawien, Griechenland und der Türkei angeworben. 1973 (Energiekrise) wurde die Anwerbung gestoppt.

2. **A.** und →**Deutsch als Zweitsprache:**
Die „Gastarbeit" wurde zu ihren Anfängen nicht als Zuwanderung wahrgenommen und auch nicht als solche konzipiert (vgl. Fassmann et al. 2002, 46). In Deutschland etwa wurde zunächst das sog. „Rotationsprinzip" verfolgt, demgemäß die einwandernden Arbeitskräfte im 5-Jahres-Turnus durch neue anzuwerbende Arbeitsmigranten „ausgetauscht" werden sollten – ein Konzept, welches, auch wenn es de facto am Interesse der Industrie an eingearbeiteten Arbeitskräften

scheiterte, über lange Zeit verhinderte, dass eine aktive Integrationspolitik auf den Weg gebracht wurde und einer der Gründe für ein unzureichendes Angebot an schulischer und außerschulischer Förderung des Erwerbs von DaZ war – mit Auswirkungen bis in die Gegenwart. Nach einer längeren Periode restriktiver Zuwanderungspolitik (ca. 1975 bis Ende der 1990er Jahre), die u.a. von zunehmender Ausländerfeindlichkeit bis hin zu rassistisch motivierten Gewalttaten (vgl. z.B. 1992 Lichtenhagen u. Mölln) begleitet war und in eine verstärkte Abschottung Europas gegen die Einwanderung von Flüchtlingen mündete (Schengener Abkommen von 1993), setzt sich mit Beginn des 3. Jahrtausends auf dem Hintergrund nachhaltigen Bevölkerungsrückgangs und besonderer Arbeitsmarktbedarfe im deutschsprachigen Raum zunehmend eine Politik gezielter Zuwanderungssteuerung durch, begleitet von Maßnahmen der Integrationsförderung, insbesondere auch solchen der Förderung von Deutschkenntnissen (→**Integrationsvereinbarung**; →**Integrationskurs**).

Han, P. (2000), *Soziologie der Migration*, Stuttgart. – Fassmann, H./Kohlbaner, J./Reeger, U., Hrsg. (2002), *Zuwanderung und Segregation. Europäische Metropolen im Vergleich*, Klagenfurt/Celovec.

Hans Barkowski/Verena Plutzar

Arbeitssprache, die:
1. In der →**Sprachenpolitik** werden alle Sprachen, die innerhalb von Organisationen (Behörden, Gerichte, Firmen) zur internen Kommunikation verwendet werden, als **A.** bezeichnet. So ist Deutsch (wenn auch mit deutlichem Abstand hinter Englisch und Französisch) eine der **A.** in der Europäischen Union und nimmt damit gegenüber den →**Amtssprachen** der EU eine herausgehobene Stellung ein. Für den Europarat gilt eine andere Wertigkeit: hier haben **A.** wie Deutsch einen geringeren Status und können nur zusätzlich zu einer der offiziellen Europaratssprachen (Englisch und Französisch) benutzt werden. Vergleichbare Regelungen für **A.** gibt es auch in supranationalen Wissenschaftsorganisationen; seit dem II. Weltkrieg ist in diesem Bereich ein deutlicher Rückgang von Deutsch als Wissenschafts- und Konferenzsprache zu verzeichnen.
2. In der →**Fremdsprachendidaktik** wird mit dem Begriff „Fremdsprachen als **A.**" ein Unterricht bezeichnet, in dem fachliche Inhalte im Medium der Fremdsprache vermittelt werden. International hat sich hierfür der Begriff →**Content and Language integrated Learning (CliL)** eingebürgert, für die Nutzung der deutschen Sprache auch →**Deutschsprachiger Fachunterricht (DFU)**.
3. In der →**Deutsch als Zweitsprache**-Didaktik gilt „Deutsch als **A.**" als Sammelbegriff für Materialien, mit denen die Arbeitswelt von Migranten Thema des Sprachunterrichts wird.

Hans-Jürgen Krumm

Arbitrarität, die/arbiträr: Gegensatz: Motiviertheit; Saussure definiert **A.** als Willkürlichkeit/Beliebigkeit des Verhältnisses von Form und Bedeutung sprachlicher Zeichen zueinander. So gibt es z.B. keinen Grund dafür, dass man das Ding TÜR im Deutschen als *Tür* bezeichnet. Saussure betrachtet **A.** als eine elementare sprachliche Grundtatsache. **A.** trifft im Wesentlichen jedoch nur auf nicht zusammengesetzte Einzelzeichen wie *Haus, Tür, sehen, stark, auf* zu. Die Zusammensetzung von Zeichen ist im Allgemeinen motiviert. Z.B. ist das Zeichen *Haustür* motiviert, vgl. *Haustür, Wohnungstür, Zimmertür*: Jeweils wird gesagt, um was für eine Art von Tür es sich handelt. Es besteht allerdings auch **A.** in der Motiviertheit: Man sagt *Zimmertür* und nicht *Raumtür*.

Saussure, F. de (1967), *Grundfragen der Sprachwissenschaft*, Berlin (frz. [1]1916).

Klaus Welke

Artikel, der: Wortart, die die Determiniertheit der →**Substantive** innerhalb einer Äußerung markiert. Im Deutschen existieren der bestimmte **A.** *der, die, das* (z.B. *der Löffel, die Gabel, das Messer*), der unbestimmte **A.** *ein, eine* (z.B. *ein Löffel, eine Gabel, ein Messer*) sowie der →**Nullartikel** – das Fehlen des bestimmten oder unbestimmten **A.** (z.B. *Löffel, Gabel, Messer*). **A.** werden vom Substantiv bezüglich des →**Genus** regiert (→**Regens**) und kongruieren (→**Kongruenz**) mit ihm hinsichtlich →**Kasus** und →**Numerus**. Der bestimmte **A.** erscheint in allen Genus-, Kasus- und Numerusformen, der unbestimmte **A.** nur im Singular (s. ggf. Nullartikel). **A.** sind dem Substantiv immer vorangestellt. Der bestimmte **A.** weist insbesondere darauf hin, dass das mit dem Substantiv Benannte im →**Ko-** bzw. →**Kontext** bereits als ein bestimmtes identifiziert ist, während der unbestimmte genau den umgekehrten Fall markiert: z.B. *Ich kaufe mir ein neues Fahrrad.* vs. *Ich habe das neue Fahrrad bekommen.* Die

A.wahl unterliegt im Wesentlichen zwei Maßgaben: 1. Konventionalisierungen: z.B. *Österreich; die Slowakei*, 2. (z.T. komplex motivierten) semantischen und kommunikativ-pragmatischen Hintergründen, darunter der schon genannten Vorerwähntheit (im Detail vgl. z.B. Eisenberg 2004, Bd. 2, Abschn. 5.2).

In einem erweiterten Verständnis fungieren weitere Wortklassen als Artikelwörter, darunter: *jener, jeder, mancher*, davon manche nur im Pl. wie *einige, etliche, alle* sowie die Demonstrativ- und die Possessivpronomen. Für DaF-/DaZ-Lerner stellt – neben der grundlegenden morphologischen Markierungskomplexität deutscher →**Nomen**/→**Nominalphrasen** – die Wahl des semantisch geforderten **A.** ein besonderes Problem dar.

Eisenberg, P. (2004), *Grundriß der deutschen Grammatik*, Bd. 2, 2. überarb. Aufl., Stuttgart. – Grimm, H.-J. (1986), *Untersuchungen zum Artikelgebrauch im Deutschen*, Leipzig.

Milica Sabo

Artikulation, die: der feinmotorisch koordinierte Vorgang des Sprechens, die Lautbildung. Sie ist eng verbunden mit Atmung und Phonation (Stimmerzeugung): Die Ausatmungsluft passiert den Kehlkopf, hier werden die Merkmale →**stimmhaft**/→**stimmlos** sowie der Hauchlaut [h] und der →**Knacklaut** erzeugt. Oberhalb der Stimmlippen wird der Luftstrom im Ansatzrohr (Rachen-, Mund- und Nasenraum) geformt und Laute entstehen. Daran sind Lippen, Zähne, Zunge, Gaumen, Gaumensegel, Zäpfchen, Rachen, Stimmlippen und Nasenhöhle beteiligt. Man unterscheidet hierbei Artikulatoren, **A.**ort (-stelle) und **A.**art (-modus). Artikulatoren sind beweglich: Lippen, Zunge und Stimmlippen. Die **A.**orte werden bei den →**Vokalen** grob mit der Richtung der Zungenhebung (vorn, zentral, hinten) (→**Vokalviereck**), bei den →**Konsonanten** differenziert angegeben: labial (Lippen), dental (Zähne), alveolar (Zahndamm), palatal (harter Gaumen), velar (weicher Gaumen), uvular (Zäpfchen), pharyngal (Rachen), glottal (Stimmlippen). Die **A.** art wird bestimmt durch Verschluss- (→**Explosive**) und Engebildung (→**Frikative**) bzw. ungehinderten Luftstrom bei Vokalen (Mundraum) und →**Nasalen** (Nase).

A. ist eine kontinuierliche Dauerbewegung, bei der sich aufeinanderfolgende Laute gegenseitig beeinflussen (Koartikulation, →**Assimilation, sprechwissenschaftlich**) und die durch →**suprasegmentale** Mittel stark beeinflusst wird. So hängt die **A.**präzision von →**Akzent**, →**Sprechgeschwindigkeit** und -spannung ab.

Ursula Hirschfeld

Aspekt, der/Aspektsprachen, die: 1. Unter **Aspekt** wird eine grammatische Kategorie des →**Verbs** verstanden, bei der durch formale Markierung die subjektive Einstellung des Sprechenden zur Verlaufsart des Geschehens (vollendet oder nicht vollendet) ausgedrückt wird (vgl. Knobloch 1986, 174). Der **A.** ist u.a. charakteristisch für slawische und semitische Sprachen sowie für das Griechische. In den meisten slawischen Sprachen gibt es zwei **A.**, den perfektiven (vollendeten) und den imperfektiven (unvollendeten). In einigen südslawischen Sprachen und im Griechischen gibt es mehr als zwei **A.** Die Aspektkorrelation ersetzt in den slawischen Sprachen die fehlende Tempusdifferenzierung in der Vergangenheitsstufe und hilft bei der Darstellung von Gleichzeitigkeit, Nachzeitigkeit und Vorzeitigkeit des Geschehens (Glück 2005, 61). Im weiteren Sinne wird zum **A.** manchmal auch eine lexikalische oder syntaktische Markierung der Verlaufsart gerechnet.

2. Aspektsprachen (AS) sind Sprachen, deren verbales System durchgängig von der Aspektopposition betroffen ist. So ist das ganze verbale System in den slawischen Sprachen als System von Aspektpaaren zu verstehen. Das hat z.B. zur Folge, dass jedes deutsche Verb im Russischen zwei Äquivalente hat, z.B. dt. *nehmen* – russ. *взять* (vollendet) und *брать* (unvollendet). Im weiteren Sinne werden zu **AS** auch Sprachen gezählt, in denen der **A.** durch andere als rein morphologische Mittel realisiert wird und kein durchgängiges System darstellt, z.B. das Englische, die romanischen Sprachen und auch das Deutsche.

Glück, H., Hrsg., (2005), *Metzler Lexikon Sprache*, 3. Aufl., Stuttgart/Weimar. – Knobloch, J. (1986), *Sprachwissenschaftliches Wörterbuch*, Bd. 1, Heidelberg.

Marina Matthey

Aspiration, die: syn. Behauchung; **A.** ist der Vorgang bzw. das Ergebnis einer (Sprach-)Lautproduktion mit geöffneter Glottis. Bei ausschließlicher **A.** entsteht der Laut [h]. Die Fortisexplosive (→**Explosiv**) des Deutschen [p t k] werden – kontextuell und situativ abhängig – mit zusätzlicher **A.** gebildet. Dabei ist ein deutliches Spreng- bzw. Hauchgeräusch hörbar, das aufgrund der Sprengung des Stimmlippenverschlusses und des Herauspressens der angestauten Ausatmungsluft zustande kommt. Lenisexplosive im Deutschen werden nicht aspiriert. **A.** ist in manchen Sprachen ein →**distinktives Merkmal** (± aspiriert), im Deutschen jedoch nicht.

Hirschfeld, U./Stock, E., Hrsg. (2000), *Phonothek interaktiv. Das Phonetikprogramm für Deutsch als Fremdsprache*, München (CD-ROM).

Kerstin Reinke

Assimilation, die (integrationspolitisch): gesellschaftlicher oder individueller Prozess der Anpassung von Minderheiten an Mehrheiten bei gleichzeitiger Aufgabe der Merkmale, die für die Angehörigen der jeweiligen Minderheit charakteristisch sind. Im Kontext von →**Migration** wird **A.** in Integrationskonzepten mit multikultureller Ausprägung (vgl. Taylor 1993) als vor allem von Migranten erwartete einseitige Anpassungsleistung abgelehnt. Aufgrund der Beobachtung von Segregation in multikulturell ausgerichteten Gesellschaften wie den Niederlanden oder Australien gibt es in der jüngsten Diskussion eine Umdeutung des Begriffs (vgl. Brubaker 2001). **A.** an „differenzierte soziale Strukturbedingungen moderner Gesellschaften" gilt als „Voraussetzung für die soziale Integration aller Individuen und damit auch der MigrantInnen" (Bade/Bommes, 9; Hervorhebungen VP). In einem solchen, scheinbar entpolitisierten, Integrationsverständnis verlieren Schutz sowie Förderung der Sprachen und kulturellen Eigenheiten der Minderheiten (→**Interkulturalität;** →**Sprachenrecht**) als Voraussetzung für Integration wieder an Bedeutung und die Grenzen zwischen **A.** und →**Integration** verschwimmen.

Bade, K.J./Bommes, M. (2004), „Einleitung", in: dies. (Hrsg.), *Migration – Integration – Bildung. Grundfragen und Problembereiche*. IMIS-Beiträge Heft 23/2004, 7–20. – Brubaker, R. (2001), „The Return of Assimilation? Changing Perspectives on Immigration and its Sequels in France, Germany and the United States", in: *Ethnic and Racial Studies/24*, 531–548. – Taylor, C. (1993), *Multikulturalismus und die Politik der Anerkennung*, Frankfurt a.M.

Verena Plutzar

Assimilation, die (sprechwissenschaftlich): phonologischer Prozess (→**Phonologie**) der Angleichung von Lauten bzw. dessen Ergebnis. Man unterscheidet a) nach der Richtung progressive (Beeinflussung des folgenden Lautes, z.B. die Entstimmlichung von Konsonanten nach stimmlosen Konsonanten, so wird [z] in *fortsetzen* entstimmlicht), regressive (Beeinflussung des vorangegangenen Lautes, z.B. die Bildung eines [m] in *fünf* oder *Senf*) und reziproke **A.** (gegenseitige Beeinflussung, z.B. althochdt. *fisk* zu neuhochdt. *Fisch*), b) nach dem Grad partielle, z.B. die Entstimmlichung, und totale **A.**, z.B. Anpassung an den Wortstamm und damit Wegfall von *-en*, wie in *kommen* (*Kommen Sie mit!*), c) nach der Nähe Kontakt- (bei benachbarten Lauten) und Distanz.-**A. A.** sind häufig mit →**Reduktionen** und →**Elisionen** verbunden, sie treten in der Sprachentwicklung (z.B. mittelhochdt. *lamb* zu neuhochdt. *Lamm*), in ungespannter Sprechweise und im (Fremd-)Spracherwerb auf.

Ursula Hirschfeld

Association Internationale de Linguistique Appliquée (AILA): internationaler Dachverband von (2009) 33 nationalen Fachgesellschaften für →**Angewandte Linguistik** weltweit, mit ca. 8.000 individuellen Mitgliedern. Ziele der **AILA** sind die Förderung der Angewandten Linguistik, der internationalen Zusammenarbeit auf diesem Feld und des Austausches von wissenschaftlichen Erkenntnissen und praktischen Erfahrungen. Dazu führt die **AILA** alle drei Jahre einen Weltkongress durch, unterhält Forschungsnetzwerke, die sich mit thematisch unterschiedlichen alltagspraktischen Problemen mit Sprache und Kommunikation befassen, die „AILA Review", die „AILA Book Series".

Internetadresse: www.aila.info

Karlfried Knapp

Association of Language Testers in Europe (ALTE): Zusammenschluss von 31 europäischen Testanbietern. **ALTE** repräsentiert 26 Sprachen. Die deutschen Sprachprüfungen sind durch das →**Goethe-Institut**, →**The European Language Certificate (TELC)** und das →**TestDaF**-Institut vertreten. Ziel von **ALTE** ist es, die Testsysteme in den europäischen Ländern vergleichbar zu machen. Darüber hinaus hat **ALTE** einen „Code of Practice" entwickelt, der zur Standardisierung und Qualitätssicherung der Abläufe bei der Testentwicklung und -durchführung dient.

Internetadresse: www.alte.org

Silvia Demmig

Attribut, das: erläutert Personen/Sachverhalte näher. Merkmale: a) Es ist kein eigenständiges Satzglied, sondern nur Satzgliedteil, es kann nur mit dem Satzglied verschoben werden, auf welches es sich bezieht: *Er putzt das neue Auto. Das neue Auto putzt er. *Neue putzt er das Auto.*; b) Das **A.** lässt sich auf eine prädikative Grundstruktur zurückführen: *das neue Auto – Das Auto ist neu.* Das **A.** kann durch verschiedene Wortklassen repräsentiert werden (z.B. Adjektiv, Adverb, Partizip, Infinitiv, Substantiv/Nomen im Genitiv oder als Präpositionalkasus). Die Wahl der Wortklasse wird durch die Merkmale a) und b) sowie durch Stellungsmerkmale (vorangestelltes/nachgestelltes **A.**) bestimmt.

Helbig, G./Buscha, J. (2000), *Leitfaden der deutschen Grammatik*, München.

Silke Demme

Attributsatz, der: Nebensatz, der in der syntaktischen Funktion des →**Attributs** nominale Ausdrücke des übergeordneten Satzes näher erläutert. **1.** Der **A.** im engeren Sinne wird mit einem Relativpronomen (*der/die/das*, in der jeweils zutreffenden Flexionsvariante) eingeleitet (→**Relativsatz**) und kann auf zwei Grundstrukturen zurückgeführt werden: 1. *Das ist der Lehrer.* 2. *Der Lehrer leitet die Sprachschule.* → *Das ist der Lehrer, der die Sprachschule leitet.* Die ebenfalls als Relativpronomen zur Verfügung stehende Variante *welcher/welche/welches* usw. gilt als stilistisch antiquiert bzw. schwerfällig und wird eher nur gebraucht, um bei gehäuftem Auftreten von **A.** zu variieren. Im DaF/DaZ-Unterricht muss explizit vermittelt werden, dass das einleitende Relativpronomen sich in Genus und Numerus nach seinem Bezugsnomen richtet und im Weiteren den Erfordernissen der →**Valenz** des Prädikatausdrucks folgt: vgl. *Das ist der Lehrer, den wir gestern gesehen haben.*; *Es gibt Professoren, bei denen man nicht promovieren sollte.* Dabei können präpositionale Relativausdrücke, die sich auf abstrakte bzw. vage Begriffe beziehen, auch in der Form von Pronominaladverbien auftreten: *Das Thema, worüber wir neulich gesprochen haben, …* **2.** Der **A.** im weiteren Sinne wird mit den Konjunktionen *dass* bzw. *ob* sowie mit W-Wörtern eingeleitet: *Sie hat die Hoffnung, dass alle zur Party kommen.*; *Die Frage, ob/wann der Zug kommt, kann niemand beantworten.*

Der **A.** kann mit „Was für ein …?" erfragt werden.

Silke Demme

audiolingual/Audiolinguale Methode, die (ALM): u.a. auch als *Pattern Method, Habit-Formation Method, Oral Approach* oder *Army Method* bezeichnet, letzteres weil zwischen 1941 und 1943 in Intensiv-Sprachkursen Angehörige der US-Armee schnell und effizient Sprachen wie Chinesisch und Japanisch lernen sollten. Ziel der **ALM** ist Sprachkönnen, nicht Sprachwissen. Die **ALM** entstand unter dem Einfluss des →**Strukturalismus** und des →**Behaviorismus** (Fries, Lado). Spracherwerb erfolgt durch die Aneignung stark steuernder, zu imitierender Mustersätze (→**pattern**), die durch ständiges Wiederholen und Überlernen zu festen Gewohnheiten (*habits*) werden sollen. Fehler sind zu vermeiden und müssen sofort korrigiert werden. Wesentlich ist die Beherrschung praktisch verwertbaren Alltagswissens und alltäglicher Kommunikationssituationen. Das Vokabular ist begrenzt und wird in Kontexten gelernt, musterhafte Sätze behalten ihre Struktur und verändern nur ihre Lexik. Mündlichkeit (primäre Fertigkeiten: Hören und Sprechen) hat Vorrang gegenüber Schriftlichkeit (sekundäre Fertigkeiten: Lesen und Schreiben), daraus ergibt sich eine didaktische Folge der →**Fertigkeiten**: Hören – (Nach)Sprechen – Lesen – Schreiben. Aussprache und Authentizität der Sprachvorbilder haben einen hohen Stellenwert; Einsprachigkeit, d.h. Ausschluss der Muttersprache, ist ein wichtiges Unterrichtsprinzip. Insbesondere das →**Sprachlabor**, aber auch visuelle Hilfsmittel werden eingesetzt. Grammatik wird in Alltagssituationen eingebettet und dialogisch präsentiert, Grammatikkategorien werden nicht benannt. Grammatik ist zwar aus dem Lektionsschema ausgegliedert, steuert dennoch den Lektionsaufbau durch die Einführung der Grammatik in den Lektionsdialogen (versteckte Grammatikprogression). Die vorherrschenden Textsorten sind Dialoge als Modelle für Alltagsgespräche und landeskundlich orientierte (Sach)Texte, literarische Textsorten finden keine Verwendung. Charakteristische Übungsformen sind: →**Pattern Drills**, Satzschalttafeln, Umformungsübungen, →**Lückentexte**, Auswendiglernen und Nachspielen von Modelldialogen.

Mit dem Aufkommen der →**kognitiven** Wissenschaften sowie der →**Pragmalinguistik** (→**kommunikative Didaktik**) verlor die **ALM** ihre Bedeutung.

Lado, R. (1973), *Moderner Fremdsprachenunterricht*, München.

Renate Faistauer

audiovisuell/audiovisuelle Methode (AVM): Weiterentwicklung der →**Audiolingualen Methode** im Rahmen einer jugoslawisch-französischen Kooperation im CREDIF (= Centre de recherche et d'étude pour la diffusion de français) durch Guberina und Rivenc.

Unterrichtsprinzipien: Vorrang des Mündlichen, ein- bis sechsmonatige schriftlose Periode zu Beginn des Unterrichts, Sprache soll mit optischem Anschauungsmaterial verbunden werden. Die **AVM** schreibt eine feste Abfolge der Unterrichtsphasen vor: 1. Sprachaufnahme (Einführung), hier werden Bilder(folgen) genutzt, um die Verbindung visueller mit akustischen Reizen herzustellen; 2. Sprachverarbeitung (= Übung): Wiederholung und Auswendiglernen, z.B. durch →**pattern drills**; 3. Sprachanwendung (= Transfer): Dialoge und Rollenspiele.

Die **AVM** orientiert sich am →**Behaviorismus**, der Lernvorgang versteht sich als Verbindung von Reiz (Bild) und Reaktion (sprachliche Äußerung). Grammatische Erklärungen und die Muttersprache sind ausgeschlossen. Technische Unterrichtsmedien wie kombinierte Bild- und Tonträger spielen eine wichtige Rolle.

Unterschiede zur →**audiolingualen Methode**: gleichzeitiger Einsatz von akustischem und visuellem Material, globaldialogisches Situationsprinzip und Kommunizieren über Inhalte.

Im Bereich DaF vor allem während der 1960er und 1970er Jahre durch das Lehrwerk von Burgdorf u.a. (1962) unter dem Begriff „Audio-visuell strukturell globale Methode (AVSG-Methode)" im Rahmen von Deutschkursen des →**Deutsch-Französischen Jugendwerkes** verwendet und bekannt geworden.

Burgdorf, I./Montani, K. (1962), *Deutsch durch die audiovisuelle Methode*, Paris. – Guberina, P. (1965), „La méthode audio-visuelle structuro-globale", in: *Revue de phonétique appliquée 1*, 35–64. – Rivenc, P. (1957), „Une expérience d'enseignement du français par les méthodes audio-visuelles en Yugoslavie", in: *Cahiers Pédagogiques 7*, 43ff.

Renate Faistauer

Aufgabe/Aufgabenorientierung, die: Die **A.** hat ihre Wurzeln in der →**kommunikativen Didaktik** und ist eng mit der →**Handlungsorientierung** verknüpft (vgl. Bausch et al. 2006). Sie geht von der Prämisse aus, dass die Bearbeitung von Aufgaben im Schonraum des Klassenzimmers eine wesentliche Voraussetzung dafür schafft, dass Lernende außerhalb des Klassenzimmers sprachlich handlungsfähig werden. Trotz teils uneinheitlicher Bestimmungen in der Literatur (vgl. van den Branden 2006, 2–11) lassen sich **A.** so definieren: Sie sind komplexere Handlungsangebote, die Lernende veranlassen, die →**Zielsprache** zu verstehen, zu manipulieren, Äußerungen in ihr zu produzieren oder in ihr zu interagieren, wobei die Aufmerksamkeit den Bedeutungen, den zu lösenden Problemen, dem auszuhandelnden Sinn und nicht den sprachlichen Formen gilt. Bestimmungsmerkmale sind transparente Zielangaben, ein klarer Ablauf und schriftliche wie mündliche Lernertexte als Arbeitsprodukte (vgl. Müller-Hartmann/Schocker-v. Ditfurth 2006). **A.** sind im Anfangsunterricht ebenso angemessen (vgl. Legutke 1997) wie im Unterricht mit Fortgeschrittenen (vgl. Häussermann/Piepho 1996) und stellen wegen der Komplexität und des Niveaus der Anforderungen oft den Endpunkt einer Lernsequenz dar (Beispiele: die Realisierung einer Modenschau im ersten Lernjahr, die Simulation einer Talk Show mit Fortgeschrittenen), auf die vernetzte Übungen schrittweise hinführen. **A.** sind folglich von →**Übungen** abzugrenzen. Letztere dienen der Schulung sprachlicher Teilfertigkeiten im Bereich der Grammatik, Phonologie, der Lexik und Syntax und schaffen die Voraussetzungen, dass Lernende den Anforderungen von **A.** gewachsen sind. **A.** können deshalb auch nicht isoliert, sondern nur im Zusammenhang mit Übungen und anderen **A.** betrachtet werden, mit denen sie notwendigerweise vernetzt sind.

Bausch, K.-R./Burwitz-Melzer, E./Königs, F.G./Krumm, H.-J., Hrsg. (2006), *Aufgabenorientierung als Aufgabe*, Tübingen. – Häussermann, U./Piepho, H.-E. (1996), *Aufgabenhandbuch: Deutsch als Fremdsprache. Abriss einer Aufgaben-, und Übungstypologie*, München. – Legutke, M. (1997), „Spielräume. Über die Rolle von Übungen und Aufgaben im Deutschunterricht (DaF) der Primarstufe", in: *Sprachenlernen, Primarschule, Unterrichtsanalyse*, München, 105–132. – Müller-Hartmann, A./Schocker-v. Ditfurth, M., Hrsg. (2006), *Aufgabenorientierung im Fremdsprachenunterricht*, Tübingen. – Van den Branden, K., Hrsg. (2006), *Task-based language education: from theory to practice*, Cambridge.

Michael Legutke

Augenkommunikation, die: s. Blickverhalten

Ausgangssprache, die: **1.** In der Übersetzungswissenschaft wird **A.** auch als Quellsprache bezeichnet und ist die Sprache, aus der bei einer Übersetzung in die andere Sprache übertragen

wird. Bei Benutzung eines Wörterbuches z.B. Englisch – Deutsch für eine Übersetzung aus dem Englischen ins Deutsche, ist **A.** Englisch und Deutsch die →**Zielsprache**.
2. Beim Fremdsprachenerwerb meint **A.** die Sprache, in der das Lernmaterial oder die Ressource abgefasst ist: z.B. ist bei einer auf Deutsch verfassten Grammatik des Englischen für deutschsprachige Lerner, Deutsch die **A.** und Englisch die Zielsprache.
3. In der Informationstechnologie bezeichnet **A.** die Sprache, in der ein Programm, z.B. Microsoft Office, allererst installiert ist.

Alexandra Rösner

Ausländerdeutsch, das: s. **Gastarbeiterdeutsch**, s. **Foreigner Talk**

Ausländerpädagogik, die: Die **A.** entwickelte sich Anfang der 1970er Jahre im Kontext der ersten Phase umfangreicheren Zuzugs von sog. Gastarbeitern und deren Familien als Folge der Arbeitskräfteanwerbung im Ausland, insbesondere in Italien, dem ehemaligen Jugoslawien und der Türkei. Das Konzept der **A.** basiert(e) auf der Annahme, dass Migrantenkinder sprachliche, kulturelle und sozialisatorische Defizite hätten, die durch kompensatorische Maßnahmen behoben werden müssten. Indem sich diese Erziehung auf eine einseitige Kompetenzerweiterung bei den ausländischen Kindern konzentrierte, basierte sie auf einer →**Defizit-Hypothese**, die die Legitimation der Bezugsgröße (d.h. die Sozialisation der deutschen Bevölkerungsmajorität) nicht hinterfragte (vgl. Niekrawitz 1991, 27).

Kritiker der **A.** wandten sich gegen die Strategie der einseitigen →**Assimilation**, die Marginalisierung der ausländischen Kinder durch eine spezielle Pädagogik und die Umdeutung struktureller Benachteiligung in pädagogisch zu kompensierende Defizite (vgl. Hamburger et al. 1981). Seit Ende der 1970er Jahre entwickelte sich dann die →**Interkulturelle Erziehung**, die auf der Basis der →**Differenzhypothese** davon ausgeht, dass zu den Adressaten von Bildung und Ausbildung in multikulturellen Gesellschaften sowohl die Mehrheits- als auch die Minderheitsangehörigen gehören, deren je besondere Bedürfnisse in einem integrativen Bildungsgesamtkonzept zu berücksichtigen seien. Obwohl die Interkulturelle Erziehung inzwischen als pädagogisches Leitkonzept anerkannt ist, finden sich im praktizierten Schul- und Ausbildungsalltag auch aktuell Positionen und Praxen, die faktisch – wenn auch meist nicht expressis verbis – dem **A.**-Konzept verpflichtet sind.

Auernheimer, G., Hrsg. (1984), *Handwörterbuch der Ausländerarbeit*, Weinheim/Basel. – Hamburger, F./Seus, L./Wolter, O. (1981), „Über die Unmöglichkeit, Politik durch Pädagogik zu ersetzen", in: *Unterrichtswissenschaft*, 9, 158–167. – Niekrawitz, C. (1991), *Interkulturelle Pädagogik im Überblick. Von der Sonderpädagogik für Ausländer zur interkulturellen Pädagogik für Alle. Ideengeschichtliche Entwicklung und aktueller Stand*, 2. Aufl., Frankfurt a.M.

Evelyn Röttger

Ausländerrecht, das: gesetzliche Regelungen, die ausschließlich Menschen betreffen, welche nicht die Staatsangehörigkeit des Aufenthaltslandes besitzen. **A.** regelt insbesondere die Einreise und die Aufenthaltsdauer (Visa und Sichtvermerke), die Aufnahme von Flüchtlingen (Asyl(verfahrens) gesetze), sowie den Zugang zu Erwerbstätigkeit und Staatsbürgerschaft.

Als „Zuwanderungsgesetz" in Deutschland, als „Niederlassungs- und Aufenthaltsgesetz" in Österreich und als „Bundesgesetz über die Ausländerinnen und Ausländer" in der Schweiz fungiert **A.** zudem als Steuerungsinstrument im Kontext von →**Migration** und →**Arbeitsmigration**. Die Regelung von →**Integration** im Rahmen des **A.** ist eine relativ junge Entwicklung (Österreich 2003, Deutschland 2005, Schweiz 2008) und bringt mit sich, dass Migranten gesetzlich zum Erwerb der deutschen Sprache (in der Schweiz einer Landessprache) berechtigt und verpflichtet sind, sofern sie noch keine Kenntnisse besitzen (für Österreich vgl. dzgl. die →**Integrationsvereinbarung**, für Deutschland die →**Integrationskursverordnung**). Neben dem nationalen **A.** existieren auch internationale: so regelt das Schengen-Abkommen den Grenzübertritt und die Grenzkontrolle, das Visum-Recht und das Recht des Aufenthalts von Drittstaatsangehörigen (Nicht-EU- oder -EWR-Bürger, Nicht-Schweizer). Außerdem gelten das Freizügigkeitsrecht für Unionsbürger, die Dublin-Verordnung für Asylwerber und zahlreiche Richtlinien, die Migrationspolitik betreffend.

Schumacher, S./Peyrl, J. (2007), *Fremdenrecht*, Wien.

Verena Plutzar

Ausländerregister, das: s. **Gastarbeiterdeutsch**

Auslandsgermanistik, die: Sammelbezeichnung für universitäre Lehr- und Forschungsinstitutionen, die sich außerhalb des deutschsprachigen Raums mit Germanistik/→**Deutsch(land)studien** befassen. Die Unterscheidung **A.** – Inlandsgermanistik betont v.a. die unterschiedlichen kontextuellen Gegebenheiten, die Einfluss auf Studienorganisation, Studienziele, teils auch Forschungsinteressen und Arbeitsbedingungen der Lehrenden ausüben. Als weiterer wichtiger Unterschied wird die differente kulturell-sprachliche Sozialisation der Studierenden sowie teils auch der Lehrenden in der **A.** genannt (vgl. Sitta 2004). Danach führen diese Faktoren tendenziell zur Entwicklung von eigenständigen Perspektiven und Zugängen zu „germanistischen" Inhalten (im weitesten Sinn). Einige Befürworter der begrifflichen Unterscheidung zwischen **A.** und „Inlandsgermanistik" versuchen, durch die bewusste Aufwertung des Begriffs **A.** eine Anerkennung der Andersartigkeit und des Eigenwerts der „Auslandsperspektive" zu erreichen (vgl. Grucza 2006). Kritisch gegen diese Unterscheidung wird angeführt, dass sie schon begrifflich unglücklich sei, da Ausland und Inland relative, von der jeweiligen Sprecher-/Bewohner-Perspektive abhängige, inhärent wertende Begriffe seien, dass die Germanistik innerhalb wie außerhalb des deutschen Sprachraums in Bezug auf die Traditionen, Rahmenbedingungen, Ziele und Zusammensetzung von Studierenden und Lehrenden äußerst heterogen sei. Eine scharfe begriffliche Grenze überforme diese pluralistische Landschaft (zu) holzschnittartig (vgl. Dalmas 2006, Fandrych 2006). Das Fach Deutsch als Fremdsprache (im deutschsprachigen Raum) wird häufig als Vermittler zwischen beiden Perspektiven gesehen, da es die Außenperspektiven ernst nimmt, ohne schon eine tiefgehende Konkretisierung auf eine vergleichende Perspektive vornehmen zu können.

Dalmas, M. (2006), „‚Entschuldigen Sie bitte – sind Sie Auslandsgermanistin?' Oder: Versuch einer Antwort auf eine falsch gestellte Frage", in: *Deutsch als Fremdsprache 1*, 3–7. – Fandrych, C. (2006), „Germanistik – pluralistisch, kontrastiv, interdisziplinär", in: *Deutsch als Fremdsprache 2*, 71–78. – Grucza, F. (2006), „Zur Notwendigkeit der Unterscheidung zwischen Inlandsgermanistik und Auslandsgermanistik", in: *Deutsch als Fremdsprache 4*, 195–207. – Sitta, H. (2004), „Inlandsgermanistik – Auslandsgermanistik. Was für einen Sinn hat eine solche Unterscheidung?", in: *Deutsch als Fremdsprache 4*, 194–198.

Christian Fandrych

Auslautverhärtung, die: ist eine für das Deutsche typische Neutralisierungserscheinung der →**phonologischen** Opposition →**fortis-lenis** im Silbenauslaut, d.h. eine aufgrund →**distinktiver Merkmale** bestehende Opposition wird damit aufgehoben. **A.** bewirkt Fortisierung mit Stimmtonverlust (Verhärtung) der im Silbenanlaut als Leniskonsonanten auftretenden Laute [b d g v z] am Wort- und Silbenende zu den entsprechenden Fortiskonsonanten [p t k f s]: *Häu-ser* [z] – *Haus* [s]. **A.** betrifft auch, assimilatorisch bedingt, ursprüngliche Leniskonsonanten im sog. verdeckten Auslaut: (*er*) *lebt* [p]. **A.** tritt i.d.R. nicht vor anschließendem →**Suffix** auf, das mit <l, n, r> beginnt: *Handlung*.

Kerstin Reinke

Äußerung, die: zusammenhängende →**Sprechhandlung** unterschiedlicher Länge; der Terminus **Ä.** impliziert, anders etwa als →**Satz**, auch nicht-satzwertige (z.B. *Keine Ahnung*) sowie nicht-normgerechte (z.B. *meine Name Emine*) Sprechhandlungen, was v.a. auch für den wissenschaftlichen Umgang mit empirisch gewonnenen Sprachdaten, wie sie z.B. Untersuchungen zum →**Zweitspracherwerb** bzw. generell von →**Lernersprachen** zugrunde liegen, von hoher forschungsmethodologischer Bedeutung ist (vgl. dazu Barkowski 1996).

Barkowski, H. (1996), „‚Das (...) beste Lösung!" – Zur Verwendung der Kopula in zweitsprachlichen Äußerungen auf Deutsch", in: *Deutsch Lernen* 3/1996, 249–260.

Hans Barkowski

Aussiedler, die: im amtlichen Sprachgebrauch „Spätaussiedler", die im Rahmen eines Aufnahmeverfahrens nach Deutschland übersiedelt und als deutsche Staatsbürger anerkannt sind. **A.** sind die Angehörigen von deutschen →**Minderheiten**, deren Familien in Ostmitteleuropa, Osteuropa, Südosteuropa und teilweise in den asiatischen Teilen der Sowjetunion (SU) gelebt haben.

Die Auswanderung in die Ostgebiete erfolgte im 18. und 19. Jh. Bekannt ist das Manifest von Katharina II. (1763), mit dem sie deutsche Siedler anwarb, um die neu eroberten Gebiete Russlands an der Wolga und in Südrussland zu besiedeln. Sie versprach den Siedlern Religionsfreiheit und Befreiung von Kriegsdienst und Abgaben. In den Siedlungsgebieten bildeten sich deutsche Kolonien, die sich als →**Sprachinseln** bis in das 20. Jh.

erhielten. Nach dem Überfall Hitlers auf die SU 1941 wurden alle Russlanddeutschen zu Kollaborateuren erklärt und es erfolgte eine Zwangsumsiedlung in die asiatischen Teile Russlands.

Nach dem Zusammenbruch der kommunistischen Staaten kam es Ende der 1980er bis Mitte der 1990er Jahre zu starken Zuwanderungen nach Deutschland (bis zu 240.000 Personen pro Jahr), zunächst aus Rumänien und Polen, dann aus der ehemaligen SU. Die **A.** aus der SU stellen heute in Deutschland nach den Türken die größte Gruppe von Einwanderern dar. Das bedingt entsprechende Integrationsmaßnahmen.

Baur, R.S. et al. (1999), *Die unbekannten Deutschen*, Baltmannsweiler. – Reitemeier, U., Hrsg. (2003), *Sprachliche Integration von Aussiedlern im internationalen Vergleich*, Mannheim.

Rupprecht S. Baur

Aussprache, die: umfasst die phonetische Realisierung, d.h. die segmentale (→**Artikulation**) und die suprasegmentale (→**Prosodie**) Ebene gesprochener Sprache. Die **A.** einer Sprache ist Gegenstand der →**Phonetik**, sie ist phonologisch (→**Phonologie**) fundiert. Die **A.** einer konkreten Äußerung wird von zahlreichen Faktoren beeinflusst: Sie trägt individuelle Merkmale eines Sprechers und damit auch sozio- und regiolektale Merkmale (→**Soziolekt**); sie ist textsorten- und situationsabhängig (damit beschäftigt sich die Phonostilistik).

Die **A.** wird unbewusst erworben und verwendet, sie kann aber auch, besonders von geschulten Sprechern, gezielt verändert und eingesetzt werden. **A.**korrekturen (bei Deutschlernenden, aber auch Dialektsprechern und Menschen mit Sprechstörungen) sind oft langwierig, weil Hörgewohnheiten verändert, unbewusst ablaufende Sprechbewegungen bewusstgemacht und neue Sprechbewegungen automatisiert werden müssen. Die Lehre von der richtigen, genormten **A.** (→**Standardaussprache**, →**Ausspracheстandards**) ist die Orthoepie. Das Verhältnis von Orthoepie und Orthografie ist in jeder Sprache unterschiedlich, im Deutschen ist es kompliziert (→**Laut-Buchstabe-Beziehung**). **A.** kann in →**phonetischer Umschrift** normphonetisch oder realitätsnah wiedergegeben werden.

Hirschfeld, U./Stock, E. (2004), „Aussprache", in: Pabst-Weinschenk, M. (Hrsg.), *Grundlagen der Sprechwissenschaft und Sprecherziehung*, München, 31–47.

Ursula Hirschfeld

Aussprachestandard, der: die kodifizierte →**Standardaussprache**, d.h. die normgerechte phonetische segmentale (→**Artikulation**) und suprasegmentale (→**Prosodie**) Realisierung von Sprache. Der früher für **A.** verwendete Begriff Hochlautung ist ungünstig, weil „hoch" eine sprachliche bzw. soziale Bewertung ausdrückt und „Lautung" den suprasegmentalen Bereich ausschließt.

Die nationalen →**Varietäten** des Deutschen – die bundesdeutsche (oder deutschländische), österreichische und deutschschweizerische – weisen jeweils eigene **A.** mit Substandards bzw. spezielle Register auf. Als **A.** gilt diejenige als nichtregional bewertete Aussprache, die Berufssprecher in den Medien sowie Schauspieler auf der Bühne benutzen, die von gebildeten Sprechern erwartet und die im DaF-Unterricht als Muster für den sprachproduktiven Bereich verwendet wird.

Aktuelle Kodifikationen des **A.** sind für Deutschland das Duden-Aussprachewörterbuch (Mangold 2005) und das Deutsche Aussprachewörterbuch (Krech u.a. 2009), die Sender der ARD verfügen zudem über eine interne Aussprachedatenbank. Für das →**österreichische Deutsch** liegt seit 2007 ein Aussprachewörterbuch vor (Muhr), für das →**Schweizer Standarddeutsch** ist der **A.** noch nicht kodifiziert.

Krech, E.-M. u.a. (2009), *Deutsches Aussprachewörterbuch*, Berlin. – Mangold, M. (2005), *Duden-Aussprachewörterbuch*, 6. Aufl., Mannheim u.a. – Muhr, R. (2007), *Österreichisches Aussprachewörterbuch/Österreichische Aussprachedatenbank*, Frankfurt a. M.

Ursula Hirschfeld

Austauschprobe, die: s. Substitution

Austriazismus, der: Bezeichnung der standardsprachlichen →**Varianten** des österreichischen Deutsch (→**plurizentrische Sprache**). Die Besonderheiten des österreichischen Deutsch betreffen alle sprachlichen Ebenen (z.B. Morphologie: *Rindsbraten* vs. *Rinderbraten;* Perfekt als mündliche Erzählzeit), sind aber im Wortschatz besonders auffällig. Das betrifft alltagssprachliche Ausdrücke (*heuer, Jänner, Marille*), aber auch die Verwaltungs- und Rechtssprache: *Pensionsversicherung* (**A.**) vs. *Rentenversicherung, Beilage* (**A.**) vs. *Anlage.* Nachschlagwerke für **A.** sind Ebner (1998), das Österreichische Wörterbuch, das Variantenwörterbuch des Deutschen (vgl. Ammon et al. 2004). Besondere Bedeutung erlangten **A.** durch die Tatsache, dass bei Österreichs EU-Beitritt 23 **A.** aus dem Lebensmittelbereich im Protokoll Nr. 10 geschützt und den in Deutschland verwendeten entsprechenden Ausdrücken rechtlich gleichgestellt wurden, z.B. *Faschiertes* (**A.**)/ *Hackfleisch, Karfiol* (**A.**)/*Blumenkohl* (vgl. de Cillia 1997).

Ammon, U. u.a. (2004), *Variantenwörterbuch des Deutschen,* Berlin. – de Cillia, R. (1997), „Alles bleibt, wie es ißt. Österreichs EU-Beitritt und die Frage des österreichischen Deutsch", in: *Jahrbuch Deutsch als Fremdsprache* 23/1997, 239–258. – Ebner, J. (1998[3]), *Wie sagt man in Österreich? Wörterbuch der österreichischen Besonderheiten,* Mannheim.

Rudolf de Cillia

authentisches Hören und Lesen: s. Fremdsprachenwachstum

Authentizität, die: Eigenschaft von →**Texten**, aber auch von Beispielsätzen, sozial-interaktiven Handlungen und mediengestütztem Material, die Grundlage unterrichtlichen Sprachenlernens sind. Nach einem sprachlich-materiellen Verständnis von **A.** ist dieses Material intentional und bedeutungsvoll; es hat außerhalb der Unterrichtssituation Adressaten und Funktionen und enthält relevante, wiedererkennbare textsortenspezifische Merkmale (z.B. Zeitungsartikel, Mietangebote usw.). Kommunikativ orientierte Ansätze des Fremdsprachenlehrens, deren Ziel es ist, die Zielsprache auch im Unterricht „natürlich" und zweckgebunden zu verwenden, forderten bereits in den frühen 1980er Jahren **A.** für Sprachmaterialien und Kommunikationsanlässe. Auch im konstruktivistischen Paradigma ist die **A.** von →**Kontexten**, in denen Sprache gelernt und benutzt wird, ein wichtiges Prinzip. In methodisch-didaktischen Texten werden – oftmals wenig reflektiert – diejenigen Materialien als authentisch bezeichnet, zu denen Lerner in ihrem Alltag vorrangig Zugang haben; Rezeptionsgewohnheiten und Unterhaltungsbedürfnisse der Lerner sind so ebenfalls ein Kriterium für **A.** und für die Auswahl von Materialien für das unterrichtliche Sprachenlernen.

Edelhoff, C. (1985), „Authentizität im Fremdsprachenunterricht", in: Ders. (Hrsg.): *Authentische Texte im Deutschunterricht,* München, 7–30.

Imke Mohr

Autonomie, die/autonomes Lernen: **A.** stellt ein allgemeines Erziehungsziel im Unterricht dar, beinhaltet Selbstständigkeit, Unabhängigkeit, Selbstbestimmung und Entscheidungsfreiheit. Lernerautonomie ist ein Entwicklungsprozess, in dem sich Wissen über den Lerngegenstand und über den Lernprozess nebeneinander und aufeinander bezogen entwickelt (Wolff 1996, 555). Mit dem Begriff des **a.L.** wird eine Lernkultur bezeichnet, in der das Anknüpfen an die persönlichen Erfahrungen und Lernmotive sowie die Entwicklung der Fähigkeiten für ein eigenverantwortliches Lernen im Zentrum stehen. Für das selbstständige, von der Lehrkraft unabhängige Lernen sind →**Strategien**, mentale Handlungspläne notwendig, die beim Lernen bewusst und zielgerichtet eingesetzt werden. Im Fremdsprachenunterricht wird zwischen Sprachlernstrategien, die dem Erlernen der Sprache dienen, und Sprachgebrauchsstrategien/Kommunikationsstrategien, die für den Gebrauch der Sprache in der Kommunikation wichtig sind, unterschieden. Beide Formen der Strategien sind beim Sprachenlernen wichtig, sie ergänzen einander. **A.** bedeutet auch die Fähigkeit, auf verschiedenen Ebenen arbeiten zu können, dementsprechend werden Strategien auf kognitiver und metakognitiver Ebene eingesetzt. Die kognitive Arbeit richtet sich auf die direkte Verarbeitung der Fremdsprache beim Umgang mit dem Sprachmaterial. Zu den kognitiven Strategien gehören Gedächtnisstrategien und Sprachverarbeitungsstrategien. Strategien auf der metakognitiven Ebene tragen indirekt zum erfolgreichen Lernen bei, sie sind fächerübergreifend und betreffen das Lernen allgemein (vgl. Bimmel/ Rampillon 2004, 126ff.). Metakognitive Strategien haben das Ziel, den eigenen Lernprozess zu planen, die eigene Aufmerksamkeit zu steuern, die eigene Ausführung einer Aufgabe zu überwachen und zu reflektieren und die Ergebnisse auszuwerten. Zur Entwicklung des **a.L.** ist Gruppenarbeit eine geeignete Sozialform, die kooperatives Lernen ermöglicht und fördert, dabei werden soziale und affektive Strategien eingesetzt.

Bimmel, P./Rampillon, U. (2004), *Lernerautonomie und Lernstrategien,* 5. Aufl., München. – Wolff, D. (1996), „Kognitionspsychologische Grundlagen neuer Ansätze in der Fremdsprachendidaktik", in: *Info DaF* 23, 541–560.

Ilona Feld-Knapp

Autorenprogramm, das: Computerprogramm, das aus einem Autorenteil mit einer Eingabemaske für die Inhalte und aus einem durch die Lernenden zu bearbeitenden Übungsteil besteht. Die Übungen können je nach **A.** als Arbeitsblätter ausgedruckt oder am Computer bearbeitet werden. Sprachlernbezogene **A.** bieten unterschiedliche Übungstypen als Programmschablonen, die je nach Lernbedürfnis mit Inhalten gefüllt werden können. Ziel ist es, das Übungsangebot der **A.** inhaltlich für eine Lerngruppe zu adaptieren, ohne sich in eine Programmiersprache einarbeiten zu müssen. **A.** bieten unterschiedliche Möglichkeiten zur Einbindung multimedialer Elemente wie Ton oder Video und zur Gestaltung gestufter Hilfen und Rückmeldungen. Der zeitliche und technische Aufwand beim Ausfüllen der Autorenmasken ist je nach Leistungsbreite des **A.** unterschiedlich hoch. Die Zahl der Übungstypen und der Grad z.B. der Interaktivität sind vom **A.** abhängig und begrenzt. Durch eine didaktisch sinnvolle Integration in die Lernumgebung können Lehrende wie Lernende mit Hilfe von **A.** zu Produzenten von Lehr-/lernmaterial werden.

Koenig, M. (1999), „Lernende als Produzenten und als Konsumenten. Autorenwerkzeuge erschließen neue Möglichkeiten", in: *Fremdsprache Deutsch 21*, 26–33. – Kuhn, C. (2005), „Lernerzentriert und motivierend! Zur Integration von Autorenprogrammen in fremdsprachliche Lernumgebungen", in: *nm – Neusprachliche Mitteilungen aus Wissenschaft und Praxis*, 58. Jg., Ausgabe 1–2, 40–46. – Rösler, D. (2007), *E-Learning Fremdsprachen – Eine kritische Einführung*, 2. Aufl., Tübingen.

Christina Kuhn

Autosemantikon, das/autosemantisch: →**Lexem** mit einer relativ klaren Bedeutung auch außerhalb eines Kontextes. Von den traditionellen Wortklassen sind es: Substantive (*Wein, Liebe*), Adjektive (*lustig*), Verben (*singen*), Adverbien (*mittags*). **A.** Eigenschaften weisen auch Numerale (*zwei*) und deiktische Wörter (*jener, so*) auf. Den semantischen Gegenpol zu **A.** bilden die →**Synsemantika**. Während **A.** durch andere Wörter umschrieben werden können (*Oma = Mutter meiner Mutter*), werden die Synsemantika lediglich durch die Beschreibung ihrer Funktion charakterisiert (*und* = „Konjunktion der kopulativen Verbindung").

Tomáš Káňa

Autostereotyp, das: eine Form des →**Stereotyps**, auch Selbststereotyp oder Selbstbild genannt. Im Gegensatz zum Heterostereotyp (→**Fremdbild**) sind **A.** Bilder oder Vorstellungen, die eine Person oder eine Gruppe von sich selbst hat. In der →**interkulturellen Kommunikation** kann der Unterschied zwischen **A.** und Heterostereotyp zu Missverständnissen führen, z.B. halten sich deutsche Lehrende für modern (**A.**) und lassen die Lernenden sehr selbstständig arbeiten – diese wiederum halten in manchen Ländern solche Lehrer für faul (Heterostereotyp), weil sie nicht permanent dozieren und nicht alle Fragen selbst beantworten.

Manuela Knötig

Auxiliarverb, das: s. **Hilfsverb**

AVSG: s. **Audiovisuelle Methode**

Axiom, das: Der Begriff gehörte bereits im Philosophiediskurs der hellenistischen Antike (so bei Plato, Aristoteles u.a.) zum Grundbestand erkenntnistheoretischer Terminologie und bedeutet in seinem Kern, dass einer wissenschaftlichen, ethischen oder religiösen Aussage die Qualität zugeschrieben wird, unmittelbar und ohne weitere Herleitung/Begründung wahr zu sein bzw. Geltung und Beachtung beanspruchen zu können. Je nach Standpunkt, können axiomatische Aussagen im wissenschaftlichen wie auch im Alltagsdiskurs hinsichtlich ihres Anspruches geteilt oder hinterfragt werden. Zum Diskurs zu **A.** in den Sprachwissenschaften vgl. Leiss 2009.

Leiss, E. (2009), *Sprachphilosophie*, Berlin/New York.

Hans Barkowski

B

Babytalk: s. **Ammensprache**

Backwash Effekt, der: auch: Washback Effekt. Gemeint sind die Rückwirkungen, die ein Test auf den Unterricht oder auf außerunterrichtliche Testvorbereitungen haben kann, die Kandidaten im Selbststudium vornehmen. Wenn ein Test valide (→**Gütekriterien**), d.h. genau auf die Testsituation und die gesellschaftlichen Bedingungen abgestimmt ist, für die er konzipiert wurde, so sind eher positive Rückwirkungen zu erwarten. Umgekehrt sind beobachtbare negative Rückwirkungen ein Indiz für mangelnde Konstruktvalidität (→**Validität**) des Tests (vgl. Messick 1996, 8). Der wissenschaftliche Beweis dieser Rückwirkungen ist jedoch komplex und kann endgültig nur durch detaillierte Unterrichtsforschung erbracht werden (vgl. Cheng/Watanabe 2004). Ein Hinweis auf negativen **B.** wäre es, wenn ein Test ein bestimmtes Testformat anbieten würde, bei dem ein gezieltes Training, das wiederum nicht den Kriterien eines modernen kommunikativen und handlungsorientierten Sprachunterrichts entspricht (wie zum Beispiel einförmige Grammatikübungen), zu einer deutlichen Verbesserung der Resultate führen würde (vgl. Krekeler 2005, 158ff.).

Cheng, L./Watanabe, Y. (2004), *Washback in Language Testing. Research Contexts and Methods*, Mahwah/N.J. – Krekeler, C. (2005), *Grammatik und Fachbezug in Sprachtests für den Hochschulzugang (Dissertation)*, Essen. – http://deposit.ddb.de/cgi-bin/dokserv?idn=978071492b – Messick, S. (1996), *Validity and Washback in Language Testing. Research Report*, Princeton/N.J.

Silvia Demmig

BAMF: Bundesamt für Migration und Flüchtlinge, seit 01.01.2004; dem deutschen Bundesministerium des Innern (BMI) nachgeordnete Behörde, in welcher die Aktivitäten des Bundes zur Integration von Personen mit Migrationshintergrund gebündelt sind. Früher als Bundesamt für die Anerkennung ausländischer Flüchtlinge (BAFl) ausschließlich mit der Bearbeitung von Asylanträgen befasst, hat sich das Aufgabenspektrum des **BAMF** insbesondere seit Inkrafttreten des →**Zuwanderungsgesetzes** (01.01.2005) u.a. um folgende Bereiche erweitert: Organisation und Durchführung der →**Integrationskurse** und von Integrationsprojekten, Umsetzung des bundesweiten Integrationsprogramms nach §45 AufenthG, Verwaltung von thematisch einschlägigen EU-Fonds, Führung des Ausländerzentralregisters (AZR), Erstellung von Forschungsberichten zu Fragen von Migration und Integration. Aktuelle Informationen sind laufend unter: www.bamf.de oder www.integration-in-deutschland.de erhältlich.

Jens Reimann

Basic Interpersonal Communicative Skills: s. BICS

Baumdiagramm, das/Baumgraph, der: s. Strukturbaum

Bedeutungsaushandlung, die: Unter konversationsanalytischer Perspektive findet **B.** in Prozessen sozialer Interaktion statt, in denen sich die Beteiligten im Gespräch auf geltende Deutungen einigen, vor allem in der interkulturellen Kommunikation. Unter institutionellen Kommunikationsbedingungen des DaF-Unterrichts kommen **B.**sequenzen sehr häufig vor, ihre Inhalte und Handlungsmuster sind durch den pädagogischen Fokus bedingt:

1. Allgemein wird **B.** bei Erklärungssequenzen vom Lehrenden angestoßen, um den Input verständlich und den Wissenstransfer interaktiv zu gestalten (→**Bedeutungsvermittlung**).
2. Bei Unterrichtsaktivitäten, die auf die Entwicklung mündlicher Kompetenzen gerichtet sind, fokussiert **B.** v.a. auf semantische Aspekte und zeichnet sich durch Rückfragen, Reformulierungs- und Reparaturhandlungen aus. Lernende sind jedoch i.d.R. unwillig, **B.** als Strategie zur Lösung von Verständnisschwierigkeiten einzusetzen.
3. Bei Unterrichtsaktivitäten mit Fokus auf die grammatische Form kommt **B.** als Formaushandlung mit dem Ziel grammatischer Korrektheit vor. **B.** als dialogische, kontextreflexive und prozessorientierte Strategie spielt für die Entwicklung interkultureller Interaktionskompetenz (Perspektivierung, vgl. u.a. Delanoy 1999) und im bilingualen Sachfachunterricht eine zentrale Rolle.

Delanoy, W. (1999), „Fremdsprachenunterricht als dritter Ort bei interkultureller Begegnung", in: Bredella, L./Delanoy, W. (Hrsg.), *Interkultureller Fremdsprachenunterricht*. Tübingen, 123–159.

Marcella Costa

Bedeutungsvermittlung, die:
1. Kontext
Die **B.** ist als Wissenstransfer die Schaltstelle der unterrichtlichen Beschäftigung mit fremdem sprachlichen und landeskundlichen Wissen. Unterrichtsevaluationen weisen Kompetenz im Erklären von Verstehensdefiziten als wichtigen Gradmesser für die Qualität von Fremdsprachenunterricht aus. Als Dilemma gilt, dass Lehrende zum einen Lerngegenstände gelegentlich auch dann als erklärungsrelevant deklarieren und behandeln müssen, wenn ihre Erklärungsbedürftigkeit von Lernerseite nicht signalisiert oder als notwendig erachtet wird, und dass Lehrende zum anderen nicht alle erklärungsrelevanten Lerngegenstände behandeln können. Auch deswegen, v.a. aber zur Förderung des →**autonomen Lernens** sind den Lernenden zudem Strategien zur eigenständigen Bedeutungserschließung zu vermitteln. Als besonderer Gegenstand der **B.**

gilt in unterrichtlichen Kontexten das spezielle →**Register** unterrichtssprachlicher Interaktion inkl. der – der Ökonomie und Kognitivierung des Lernens dienenden – Fachterminologie (Grammatikterminologie u.a.m.).

2. Definition
B. umfasst mündliche und schriftliche Instruktionen. Erklärungsgegenstände sind a) metasprachliche Ausdrücke grammatisch-lexikalischen Wissens (wie z.B. Verb; Passiv usw.), b) Verbindungen zw. sprachlicher Form und textueller/interaktionaler Funktion (metasprachliche und dialogisch metakommunikative Erläuterung von Schreib-/Redeintentionen und ihren kontextuellen Ausdrucksvarianten), c) Bedeutungen kulturspezifischer semantischer Einheiten (Begriffe; landeskundliche Fakten) sowie d) Mischformen von a)–c), wie z.B. →**Phraseologismen**, Rituale oder →**Tabus**.

Die **B.** besteht i.d.R. aus zwei kommunikativen Teilhandlungen, dem Identifizieren eines Erklärungsgegenstandes und dem Erklären desselben. Identifizierungen erfolgen u.a. durch deiktisches Verweisen (Gegenstände, Abbildungen) oder durch Übersetzungen (Herstellung von Wortgleichungen). Erklärungen werden vielfältig gestaltet: durch Einordnung in Ober-/Unterbegriffe, Benennung von →**Prototypen**, Konnotationen, historischen Veränderungen und Vergleichen mit ähnlichen zielsprachlichen Begriffen und Sprechkonventionen der Ausgangssprache der Lernenden (vgl. Müller 1994; Liedke 2008). Konstitutiv für gelungene **B.** sind Rezipientendesign, Bedeutungsvernetzung und Perspektivenwechsel, d.h. Lehrende stimmen ihr dzgl. Lehrhandeln auf den fremdsprachlichen und sachbezogenen Kenntnisstand der Adressaten ab, stellen kulturspezifische Verbindungen zu anderen fremdsprachlichen oder -kulturellen Erklärungsgegenständen her und geben die eigen- bzw. fremdkulturellen, situativen oder persönlichen Perspektiven an, die den Erklärungen zugrunde liegen. Die Offenlegung von Verfahren der **B.** fördert dabei gleichzeitig die Bedeutungserschließungskompetenz auf Rezipientenseite.

Liedke, M. (2008), „Kulturvergleichende Bedeutungsvermittlung“, in: *Der Deutschunterricht*, 5, 37–45. – Müller, B.-D. (1994), *Wortschatzarbeit und Bedeutungsvermittlung*, München. – Neumeister, N./Vogt, R. (2009), „Erklären im Unterricht“, in: Becker-Mrotzek, M. (Hrsg.), *Mündliche Kommunikation und Gesprächsdidaktik*, 562–583, Baltmannsweiler.

Bernd Müller-Jacquier

Begegnungsschule, die: Schule, die den Kontakt zwischen Menschen verschiedener Herkunft oder auch verschiedener sprachlich-kultureller Hintergründe ermöglicht. Eine **B.** kann eine Brückenfunktion zwischen verschiedenen Sprachen und Kulturen einnehmen. An einer **B.** gilt Begegnung bei der Formulierung von Zielen und bei der Gestaltung von Unterricht als ein Kernbegriff. Sie zeichnet sich dadurch aus, dass die Lernenden in einem offenen, projektartigen Unterricht Aktivitäten durchführen, in denen der zwischenmenschliche Austausch konkret stattfindet. Der Unterricht verknüpft sprachliches und landeskundliches Lernen, indem er eine authentische, handlungsorientierte Anwendung der Sprache ermöglicht und direkte Begegnungen mit der Zielkultur anbietet. Im Rahmen von Projekten können die andere Kultur und Sprache entdeckt und erforscht, die Lebenswirklichkeit und die Erfahrungen der Schüler in den Unterricht einbezogen werden.

Die von der →**Zentralstelle für das Auslandsschulwesen** betreuten Auslandsschulen werden dann als **B.** geführt, wenn sie zweisprachig konzipiert sind und die Lehrpläne des Gastlandes und der Bundesrepublik integrieren. Umgekehrt werden auch internationale zweisprachige Schulen im deutschen Sprachraum vielfach als **B.** bezeichnet.

Ilona Feld-Knapp

Begegnungssprache, die: in sprachenpolitischen Konzepten (→**Homburger Empfehlungen**) die Sprache, der Kinder früh in ihrer Lebenswelt begegnen (Sprachen von sprachlichen Minderheiten oder Grenznachbarn), weshalb dies die erste Fremdsprache sein sollte, die sie z.B. im Kindergarten lernen. So führte Sachsen ca. 1990 das „Fach“ Begegnungssprache an den Grundschulen ein, wo die Kinder u.a. Polnisch oder Tschechisch spielerisch kennenlernen konnten, (die meisten Eltern für ihre Kinder allerdings Englisch wählten). Deutsch ist in diesem Sinne **B.** in den Nachbarländern zu Deutschland und Österreich.

In einem allgemeineren Sinne charakterisiert der Terminus **B.** einen Sprachunterricht, der Begegnungen mit und Erfahrungen in anderen Kulturen ermöglicht, z.B. im Rahmen eines offenen Unterrichts.

Ilona Feld-Knapp

Begriffsbildung, die: psychischer Prozess, in dem mentale Repräsentationen der Wahrnehmungswelt hergestellt und die Einordnung neuer Eindrücke in vertraute Ordnungen ermöglicht werden. Er beruht auf Klassifizierungen dank der Erfahrung von Ähnlichkeit und Differenz in Erscheinungsbild und Funktionalität von Gegenständen, Sachverhalten und Denkinhalten. Dem entspricht ein Einstellungs- und Handlungspotenzial, mit dem auf die jeweils als relevant wahrgenommenen Aspekte einer Situation zu reagieren ist. Begriffe sind der sprachlichen Kommunikation vorgelagert. Sie werden in Äußerungen gewissermaßen übersetzt und im Verstehensprozess mit der jeweils eigenen Begrifflichkeit abgeglichen. In Sprachhandlungen wird also letztlich auch über interindividuelle **B.** kommuniziert.

B. ist ein in der Biographie nicht endender Lernprozess, der in historische Traditionen und sich verändernde kollektive Lebenspraxen eingebunden ist. In der Kindheit ist er eng mit dem →**Spracherwerb** verknüpft, weil nicht nur Bezeichnungen für bereits gebildete und neu zu bildende Begriffe gelernt und im Gedächtnis verankert werden, sondern auch das Instrument angeeignet wird, das die Bildung von Begriffen über nicht selbst Erlebtes ermöglicht. Damit werden in →**Interaktionen** die Gemeinsamkeiten und Unterschiede mentaler Repräsentationen verhandelbar. Das gilt ebenso unter Angehörigen einer Sprach- und Kulturregion, wie es eine notwendige Voraussetzung für gelingende →**interkulturelle Kommunikation** darstellt. Die Beschäftigung mit **B.** ist somit ein elementarer Bestandteil aller multilingualen und interkulturellen Lernprozesse und Interaktionen sowie deren Erforschung.

Hoffmann, J. (1996), „Die Genese von Begriffen, Bedeutungen und Wörtern“, in: Grabowski, J. (Hrsg.), *Bedeutungen, Konzepte, Bedeutungskonzepte. Theorie und Anwendung in Linguistik und Psychologie*, Opladen.

Gudula List

Behaviorem, das: Begriff im Rahmen der Kulturemtheorie (vgl. Oksaar 1988). Die **B.** sind die kulturspezifischen Ausprägungen der universellen →**Kultureme**, d.h. besondere – und für verschiedene Kulturen jeweils unterschiedliche – Verhaltensweisen (= spezifische nonverbale, verbale und paraverbale Formen sowie extraverbale Einflussfaktoren).

Bsp.: Auf der Ebene der **B.** sind ‚Händeschütteln‘ (in Deutschland) oder ‚Verbeugung‘ (in Japan) die nonverbale kulturspezifische Realisierung des universellen Kulturems ‚Begrüßung‘.

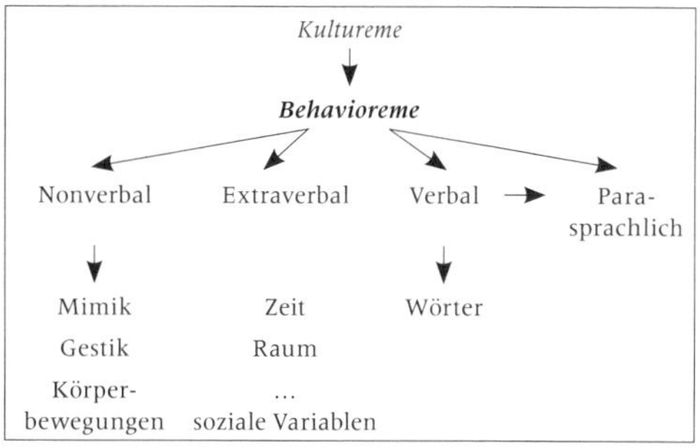

(Oksaar 1988: 28, Hervorhebung R.E.)

Oksaar, E. (1988), *Kulturemtheorie. Ein Beitrag zur Sprachverwendungsforschung*, Göttingen.

Ruth Eßer

Behaviorismus/Behaviourismus, der/behavioristisch: eine Lerntheorie, der die Annahme zugrunde liegt, dass Lernen eine Verhaltensänderung darstellt, die durch einen Reiz ausgelöst wird; dabei wird nicht ausgeschlossen, dass auch das Bewusstsein des lernenden Subjekts von Bedeutung sein kann, aber es spielt nur eine untergeordnete Rolle. Ausgangspunkt für die Entwicklung des **B.** waren Beobachtungen von Tieren („Pawlow'scher Hund“), denen unmittelbar vor der Nahrungsaufnahme ein bestimmter Reiz vorgegeben wurde, so dass sie einen Zusammenhang zwischen diesem Reiz und der Nahrungsaufnahme herstellten; nach einiger Zeit war dieser Reiz nicht mehr notwendig, um das entsprechende Verhalten hervorzurufen. Für menschliches Lernen wurde daraus geschlossen, dass man es dadurch fördern kann, dass das lernende Individuum möglichst häufig einen entsprechenden Reiz erhält, um die gewünschte Verhaltensänderung auszulösen; bei wiederholter Präsentation des Reizes verfestige sich die gewünschte Verhaltensänderung, so dass sie dauerhaft wird und den Reiz ‚von außen‘ nicht mehr benötige. Lado hat die **b.** Lerntheorie für den Fremdsprachenunterricht adaptiert: die →**audiolinguale** und die →**audiovisuelle Methode** übernehmen **b.** Lernprinzipien, insbesondere die sog. →**pattern practice**. Für die Arbeit im →**Sprachlabor** wurde der Vier-Phasen-Drill entwickelt, der beispielhaft folgendermaßen abläuft: Phase 1 (Stimulus als Vorgabe vom Tonband): *Der Schüler hat das Buch auf den Tisch (legen).* Phase 2 (Reaktion des Lerners): *Der Schüler hat das Buch auf den Tisch gelegt.* Phase 3

(Feedback): die richtige Äußerung vom Tonband. Phase 4 (Automatisierung): Wiederholung der richtigen Äußerung durch den Lernenden. Auch über die Arbeit im Sprachlabor und die Verankerung in den genannten methodischen Konzepten hinaus lassen sich auf dem **B.** fußende Aktivitäten im Fremdsprachenunterricht finden und rechtfertigen, z.B. bei Ausspracheübungen und Transformationsübungen. Durch das Auftauchen und Erstarken kognitiv ausgerichteter Lerntheorien und daraus abgeleiteter Unterrichtsprinzipien hat die Bedeutung des **B.** für den Fremdsprachenunterricht in den letzten drei Jahrzehnten deutlich abgenommen. In der Konsequenz daraus ist die Relevanz des **B.** für fremdsprachliche Lerntheorien zurückgegangen.

Lado, R. (1967), *Moderner Sprachunterricht. Eine Einführung auf wissenschaftlicher Grundlage*, München.

Frank G. Königs

Behördensprache, die/Behördenkommunikation, die: Spezialfall der Verwaltungssprache/Verwaltungskommunikation. Der Begriff **B.** bezeichnet die Sprache(n), die Dienststellen staatlicher oder kirchlicher Verwaltungen bzw. deren Mitarbeiter im äußeren Dienstverkehr, d.h. in der →**Kommunikation** mit den Bürgern, verwenden (müssen). **B.** gilt wegen ihres abstrakten Stils und ihrer sprachlichen Komplexität (u.a. →**Nominalstil**, Passivkonstruktionen, komplexe Satzgefüge) als schwer verständlich („Bürokratendeutsch“). Der spezifische Sprachgebrauch in Behördenschreiben erzeugt zwischen Bürgern und Behörden nicht selten ein asymmetrisches Kommunikationsverhältnis (z.B. hoheitlicher Stil: Personalausweis *aushändigen*, bei einer Behörde *vorsprechen*; Schreiben beginnt mit Aufzählung von Gesetzen und Verordnungen), das sich bei Nicht-Muttersprachlern häufig dadurch verschärft, dass diese aufgrund ihres spezifischen Status mit Behörden kommunizieren müssen, deren Entscheidungen grundlegenden Einfluss auf ihre weitere Lebensgestaltung nehmen (z.B. Beantragung einer Aufenthaltserlaubnis bei der Ausländerbehörde). Aus der Perspektive der DaF/DaZ-Didaktik sind im Unterricht daher nicht nur die spezifischen sprachlichen Strukturen und die relevanten Textsorten, sondern auch Strategien zur Bewältigung asymmetrischer Kommunikationssituationen zu behandeln.

In deutschsprachigen Ländern haben Bürger in Regionen mit einem hohen Anteil an Regional- bzw. Minderheitensprachen unter bestimmten Bedingungen das Recht, sich auch in diesen Sprachen an Behörden zu wenden (Deutschland: z.B. Dänisch in Schleswig-Holstein und Sorbisch in Brandenburg und Sachsen; Österreich: z.B. Ungarisch im Burgenland).

Udo Ohm

Benefaktiv, der: →**semantische Rolle**, die im Aktivsatz durch den →**Dativus Commodi** oder eine *für*-Phrase realisiert wird und den Nutznießer der Handlung/des Vorgangs bezeichnet: *Er putzt ihm/für ihn das Auto., Ihm springt das Auto an.*; im Gegensatz zum Rezipiens bei Transaktionsverben: *Er verkauft/stiehlt ihm das Auto.*. Während diese Verben einen Besitzwechsel beschreiben, wird beim **B.** eine Haben-Relation vorausgesetzt, aber nicht verändert. Eine Dativ-NP kann jedoch ambig sein: *Er schreibt dem Kind den Brief. (an den Opa)* – das Kind ist Empfänger oder Nutznießer der Handlung. Gegensatz →**Malefaktiv**.

Wegener, H. (1985), *Der Dativ im heutigen Deutsch*, Tübingen.

Heide Wegener

Beobachtungsadäquatheit, die: gilt als eines der drei Gütekriterien für die linguistische Beschreibung natürlicher Sprachen und referiert auf die unterste der dazu von Chomsky definierten Adäquatheitsebenen (→**Beschreibungsadäquatheit**, →**Erklärungsadäquatheit**). Eine Sprachbeschreibung gilt dann als beobachtungsadäquat, wenn sie Sprachdaten korrekt und vollständig erfasst.

Chomsky, N. (1964), *Current Issues in Linguistic Theory*, Den Haag. – Linke, A./Nussbaumer, M./Portmann, P.R. (2004), *Studienbuch Linguistik*. 5. erw. Aufl., Tübingen.

Julia Settinieri

berufsorientierter Fremdsprachenunterricht: zielt auf die Kommunikationsfähigkeit in beruflichen Sprachverwendungskontexten ab und beinhaltet allgemeinsprachliche, berufsfeldübergreifende und berufsspezifische Kompetenzentwicklung und sprachliche Mittel. **B.F.** unterscheidet sichvom fach- und berufsspezifischen und vom allgemeinsprachlichen Fremdsprachenunterricht durch Lernziele, sprachliche Mittel und z.T. durch die Methodik. **B.F.** ist in Lernzielen und Inhalten differenzierbar in:

1. Den berufsvorbereitenden Unterricht, der nicht von beruflicher Erfahrung der Lernenden

und nur von einer unspezifischen beruflichen Motivation ausgeht. Er findet z.B. in der beruflichen Bildung mit Jugendlichen statt, in berufsvorbereitenden Kursen der Erwachsenenbildung sowie implizit in allen allgemeinsprachlichen Kursen, in denen Domänen und Situationen stärker berufliche Anwendungsbezüge bereits ab dem Niveau A1 integrieren müssen.

2. Den berufsbegleitenden Fremdsprachenunterricht, der u.a. in Betrieben stattfindet, i.d.R. in kleinen Gruppen u. im Einzelunterricht, oft mit begrenztem Zeitbudget und klaren situationsbezogenen und firmenspezifischen Lernzielen, z.B. zur kurzfristigen Vorbereitung auf einen Auslandsaufenthalt, zur Bewältigung der Anforderungen am Arbeitsplatz bzw. zur Vorbereitung auf die zeitweise Integration in ein Unternehmen im Zielsprachenland. Lehrkräfte müssen über die Fähigkeit zur Bedarfsanalyse und zur spezifischen und individuellen curricularen Planung verfügen.

3. Den berufsqualifizierenden Fremdsprachenunterricht, der auf die Vermittlung von Fremdsprachenkenntnissen abzielt, deren Zertifizierung Voraussetzung für einen Berufs- oder Studienabschluss ist.

In allen drei Formen sind die fachsprachlichen Anforderungen flach und polyvalent zu halten, da subjektive, arbeitsmarktbedingte und technologische Veränderungen auch sprachliche Anforderungsprofile verändern. Daher sind besonders Schlüsselqualifikationen und Lernstrategien zu berücksichtigen, um den autonomen Umgang mit Wortschatz und Fachtexten vorzubereiten.

Funk, H. (1992), „Berufsbezogener Deutschunterricht. Grundlagen – Lernziele – Aufgaben", in: *Fremdsprache Deutsch, Sondernummer 1992: Berufsbezogener Deutschunterricht mit Jugendlichen*, 4–15. – Kuhn, C. (2007), *Fremdsprachen berufsorientiert lernen und lehren. Kommunikative Anforderungen der Arbeitswelt und Konzepte für den Unterricht und die Lehrerausbildung am Beispiel des Deutschen als Fremdsprache*, Phil. Diss. Universität Jena.

Hermann Funk

Beschreibungsadäquatheit, die: gilt dem Range nach als mittleres der drei von Chomsky entwickelten Gütekriterien für die Grammatikbeschreibung natürlicher Sprachen (→**Beobachtungsadäquatheit**, →**Erklärungsadäquatheit**). Eine Sprachbeschreibung gilt dann als beschreibungsadäquat, wenn sie beobachtungsadäquat ist und darüber hinaus die Kompetenz der →**native speaker** einer Sprache zutreffend abbilden kann.

Chomsky, N. (1964), *Current Issues in Linguistic Theory*, Den Haag. – Linke, A./Nussbaumer, M./Portmann, P.R. (2004), *Studienbuch Linguistik*, 5. erw. Aufl., Tübingen.

Julia Settinieri

Betonung, die: ein Synonym für Akzentuierung (→**Akzent**)

Betrachtzeit, die: Bezeichnung für die Perspektive des Sprechers, also die Betrachtung der →**Sprechhandlung**. Sie ist – im Gegensatz zu →**Aktzeit** und →**Sprechzeit** – nicht exakt messbar, doch zur Erklärung der Funktionen etwa des Perfekts oder des Futurs II brauchbar.

Beispiel: Perfekt mit zukünftiger Bedeutung: *Bis zum nächsten Monat hat er die Prüfung abgelegt.* Die Aktzeit liegt hier vor der **B.** (nächsten Monat), die **B.** liegt nach der Sprechzeit (nächster Monat), die Aktzeit liegt nach der Sprechzeit (Dauer der Arbeit). Ebenso ist es beim Futur II: *Bis zum nächsten Monat wird er die Prüfung abgelegt haben.* Anders ist es beim Futur II der Vermutung mit Vergangenheitsbezug: *Sie wird (bestimmt) ins Kino gegangen sein.* Die Aktzeit liegt hier vor der Sprechzeit und der **B.**, die Sprechzeit fällt mit der **B.** zusammen. Beim Präteritum und Plusquamperfekt mit ihrem eindeutigen Vergangenheitsbezug fallen Aktzeit und **B.** stets zusammen, doch liegen beim Präteritum **B.** und Aktzeit vor der Sprechzeit, beim Plusquamperfekt hingegen Aktzeit vor **B.** und Sprechzeit: Präteritum: *Sie lieh ihm 200 Euro.* Plusquamperfekt: *Sie hatte ihm 200 Euro geliehen.*

Neuere Tempustheorien verzichten auf den Begriff der **B.** wegen der Vagheit und Mehrdeutigkeit. Sie erklären die Funktionen der Tempora stattdessen als die Bündelung von Zeitaussage, Aspekt und Modalität.

Lutz Götze

Bewusstmachung, die: s. Kognition/Kognitivierung

Bezugswissenschaft, die: Wissenschaft(en), aus deren Arbeitszusammenhängen heraus sich eine Disziplin entwickelt hat und deren Erkenntnisse in die Disziplin hineinwirken. DaF/DaZ sind als wissenschaftliche Bereiche in vielfältige wissenschaftliche Bezüge eingespannt. Zudem zeigt die Entstehung des noch jungen Faches unterschiedliche Gewichtungen der verschiedenen **B.** Dies macht sich weiterhin in unterschiedlichen

Schwerpunktsetzungen bemerkbar wie Fremdsprachenvermittlung, Interkulturelle Germanistik, Sprachlehr-/lern-Forschung, Fremdsprachenphilologie, →**Transnationale Germanistik** u.ä. Zu den herausragenden **B.** gehören die Germanistik in ihren unterschiedlichen Erscheinungsformen, andere →**Philologien** (besonders als „Fremdsprachen-Philologien"), die →**Sprachwissenschaft/Linguistik** in ihren verschiedenen Ausprägungen und Teildisziplinen, z.B. als Allgemeine und Angewandte Sprachwissenschaft, als Vergleichende und Typologische Sprachwissenschaft, als Psycholinguistik bzw. Sprachpsychologie, als Soziolinguistik bzw. Sprachsoziologie. Weitere **B.** sind die Psychologie, hier bes. als Entwicklungspsychologie und als Lernpsychologie; die Soziologie, besonders mit Blick auf die Migration und die globalen sozio-demographischen Veränderungen; die Ethnologie und Volkskunde; die Erziehungswissenschaft/Pädagogik, besonders als Sprachlehr- und -lernforschung. Hinsichtlich der →**Landeskunde** ergeben sich vielfältige weitere Bezüge aus dem breiten Spektrum von Geschichtswissenschaft, Politologie, Kulturgeographie u.a. Mit Blick auf die Literatur können neben den einzelphilologischen Literaturwissenschaften die Komparatistik und Allgemeine Literaturtheorie ebenso relevant sein wie die Theorie(n) der (Neuen) Medien.

Angesichts der Vielfalt von Bezügen kommt deren systematischer Integration in Bezug auf das Gebiet DaF/DaZ eine erhebliche Bedeutung zu. Dafür sind mindestens zwei Fluchtpunkte wichtig, einerseits die jeweiligen Praxisbezüge, andererseits die systematische Gewinnung der hermeneutisch gefassten Fremdheitsperspektive in Bezug auf Sprache, Literatur und Kultur des Deutschen.

Konrad Ehlich

BICS (Basic Interpersonal Communicative Skills): dt. grundlegende oder alltägliche Kommunikationsfähigkeit; das Akronym prägte Cummins (1979) in Abgrenzung zu →**CALP (Cognitive Academic Language Proficiency)** im Kontext seiner Forschungen zum Zweitsprachenerwerb von Kindern in Kanada, es findet aber auch in anderen Kontexten sprachlicher Kompetenzdiskussion Verwendung. **BICS** bezeichnen die Fähigkeit, konzeptionell mündliche Äußerungen produzieren zu können; charakteristisch für diese Kommunikationsform ist ihr informeller Kontext und die raumzeitliche und emotionale Nähe der Kommunikationspartner, die wenig planvoll und komplex und auf gemeinsames Wissen bezugnehmend sprachlich interagieren (vgl. Koch/Österreicher 1997). **BICS** entwickeln sich im zweitsprachlichen Erwerbskontext im Gegensatz zu CALP zumeist rasch, sind jedoch keine ausreichende Voraussetzung für erfolgreiches Lernen in institutionalisierten (Aus)Bildungszusammenhängen (Schule, berufliche Aus- u. Weiterbildung etc.). Nach Cummins' →**Schwellenhypothese** bilingualer Kompetenz ist z.B. für ein zweisprachig aufwachsendes Kind die Fähigkeit, abstrakte Zusammenhänge in seinen beiden Sprachen abbilden zu können, unverzichtbare Voraussetzung für dessen Bildungserfolg.

Cummins, J. (1979), Cognitive/academic language proficiency, linguistic interdependence, the optimum age question and some other matters. *Working Papers on Bilingualism*, No. 19, 121–129. – Koch, P./Oesterreicher, W. (1997), „Schriftlichkeit und Sprache", in: Günther, H./ Ludwig, O. (Hrsg.), *Schrift und Schriftlichkeit. Ein interdisziplinäres Handbuch internationaler Forschung*, Halbbd. 1, Berlin, 587–604.

Imke Mohr

Bildungskooperation Deutsch: die seit 2005 geltende Bezeichnung des →**Goethe-Instituts** für das Aufgabenfeld der nationalen und internationalen Zusammenarbeit von Bildungsbehörden (Kultur- bzw. Bildungsministerien, Schulbehörden, Fortbildungsinstitutionen), →**Mittlerorganisationen** und Deutschlehrerverbänden mit dem sprachpolitischen Ziel, Deutsch als Fremdsprache weltweit zu fördern. Dies geschieht im Rahmen des Mehrsprachigkeitsansatzes der EU, der fremdsprachliche Vielfalt unterstützt. Er setzt die intensive Kooperation der Institutionen der Sprachen- und Bildungspolitik der EU im Allgemeinen und der Bildungsbehörden der deutschsprachigen Länder im Besonderen voraus.

Beispiele gelungener **B.D.** wären z.B. die Einführung einer zweiten obligatorischen Fremdsprache in ein nationales Schulsystem (mit der sich auch die Zahl der Deutschlerner erhöhen würde), die landesweite Festlegung von Qualitätskriterien für die Zulassung von in Schulen zu verwendenden Deutschlehrwerken oder das Auflegen eines Lehrerfortbildungsprogramms.

Arbeitsfelder der **B.D.** sind u.a. →**Lehreraus- und -fortbildung**, Curriculumsentwicklung, Entwicklung von DaF-Lehr- und Lernmaterialien, Organisation von Austauschprogrammen, Auflegen von nationalen und internationalen Initiativen und Projekten zur Förderung der deutschen Sprache, Werbung für Deutsch.

Qualitätsleitfaden Bildungskooperation Deutsch, internes Material des Goethe-Instituts, München, 2006. – *Grundsatzpapier Spracharbeit des Goethe-Instituts*, internes Material, München, 2008.

Knuth Noke

Bildungsqualität, die: s. Qualitätssichung und -entwicklung

Bildungssprache, die: Kontext der Einführung des Begriffs **B.** in den deutschsprachigen Diskurs ist das Ergebnis der Bildungsforschung, dass Kinder und Jugendliche aus Migrantenfamilien aber auch einsprachige Kinder aus bildungsfernen Milieus in ihren Bildungschancen benachteiligt sind. Die Suche nach Ursachen führt zu erklärenden Hintergrundfaktoren wie z.B. der oft prekären sozialen Lage und relativen Bildungsferne der Familien, aber auch zu Faktoren, die in der Gestaltung der Schule und des Unterrichts liegen. Dazu gehört die unterlassene Einführung in die schul- und bildungsrelevanten sprachlichen Fähigkeiten.

Der Begriff **B.** wurde entwickelt im Anschluss an englischsprachige Forschung über „academic language" (→**CALP**) als das sprachliche →**Register**, das benötigt wird, um kognitiv anspruchsvolle Lernangebote und Aufgabenstellungen des Unterrichts zu bewältigen (→**Textkompetenz**). Der Begriff **B.** wurde im Anschluss an Habermas (1977) gewählt, um das sprachliche Register zu bezeichnen, mit dessen Hilfe man sich mit den Mitteln der Schulbildung ein Orientierungswissen verschaffen kann. **B.** differenziert sich im Laufe einer Bildungsbiographie zunehmend in die Register der Fächergruppen aus. Sie ist für Bildungserfolg relevant, weil sie das Medium ist, in dem schulisches Wissen vermittelt und angeeignet wird, und zugleich das Medium, in dem der Nachweis einer erfolgreichen Aneignung des Wissens und Könnens erbracht wird.

Cummins, J. (2002), „BICS and CALP", in: Byram, M. (Hrsg.), *Encyclopedia of Language and Teaching*. London, 76–79. – Gogolin, I./Lange, I., Hrsg. (2009), *Herausforderung Bildungssprache. Bd. 1*, Münster/New York.

Ingrid Gogolin

Bildungsstandards, die: legen von Schülern zu erzielende fachspezifische Kompetenzen fest und sind durch Beschlüsse der Kultusministerkonferenz (KMK) deutschlandweit gültig. Ihr Erreichen soll durch zunehmend zentralisierte Formen der Leistungsfeststellung evaluiert werden.

B. wurden bisher für den Mittleren Schulabschluss (seit 2003) und für den Hauptschulabschluss (seit 2004) für die Fächer Mathematik und Deutsch sowie für Englisch bzw. Französisch als erste Fremdsprache in der Form von Regelstandards verabschiedet. Die Festschreibung von **B.** für die Sekundarstufe II und für weitere Fächer ist geplant. Die Implementierung und Überprüfung der **B.** obliegt dem 2004 eingerichteten länderübergreifenden Institut zur Qualitätsentwicklung im Bildungswesen (IQB) in Berlin.

Die **B.** für die erste Fremdsprache formulieren konkrete Leistungserwartungen im Hinblick auf kommunikative, interkulturelle und methodische Kompetenzen der Fremdsprachenlerner, die sich an den Niveaustufen (A1 bis C2) des →**Gemeinsamen europäischen Referenzrahmens für Sprachen (GeR)** orientieren. Diese kompetenzorientierten Standards haben die Konzeption der aktuellen Curricula für den modernen Fremdsprachenunterricht – und damit auch für DaF – maßgeblich beeinflusst.

Die Einführung von **B.** in Deutschland wurde durch die Ergebnisse der PISA-Studie begünstigt. Auch in Österreich und der Schweiz werden, zum Teil in expliziter Anlehnung an das deutsche Modell, seit dem Schuljahr 2003/2004 **B.** implementiert, in Österreich ebenfalls Regelstandards, in der Schweiz Mindeststandards, jeweils für die Regelschulen in den Fächern Deutsch, Mathematik und erste Fremdsprache (in der Schweiz zusätzlich in den naturwissenschaftlichen Fächern).

Befürworter der **B.** sehen darin einen wichtigen Beitrag zur nationalen Vergleichbarkeit von Schülerleistungen und zu einer verbindlichen Beschreibung des von den Schülern zu unterschiedlichen Zeitpunkten ihrer Lernerbiographie zu erreichenden Könnens. Kritiker konstatieren die gleichmacherische Leistungsorientierung bei gleichzeitig strukturell nicht gegebener Chancengleichheit („Selektion ab der Grundschule") und weisen darauf hin, dass sich wichtige Ziele des schulischen Bildungsauftrages wie z.B. die Persönlichkeitsbildung nicht in der Form von Regelstandards operationalisieren lassen. Tatsächlich hat die Einführung der **B.** zu einer einseitigen Fokussierung auf messbare Lernziele und zur Etablierung einer sich immer mehr ausweitenden Testkultur beigetragen. Es zeichnet sich deshalb ab, dass die gegenwärtig praktizierte Festlegung nationaler Performance-Standards, die sich allein an den Lernergebnissen orientieren, um die Erarbeitung von Input- und Opportunity-to-learn-Standards erweitert werden muss.

Bausch, K.-R. / Burwitz-Melzer, E. / Königs, F. G. / Krumm, H.-J., Hrsg. (2005), *Bildungsstandards für den Fremdsprachenunterricht auf dem Prüfstand*, Tübingen. – Lüger, H.-H. / Rössler, A., Hrsg. (2008), *Wozu Bildungsstandards?*, Landau. – Tesch, B. / Leupold, E. / Köller, O., Hrsg. (2008), *Bildungsstandards Französisch: konkret*, Berlin. – Zydatiß, W. (2005), *Bildungsstandards und Kompetenzniveaus im Englischunterricht*, Frankfurt a. M. u.a.

Andrea Rössler

bilingual: s. Bilingualismus

bilinguale Bildungsgänge/bilinguale Erziehung: Bildung/Erziehung findet systematisch in mehr als einer Sprache statt. **B.E.** kann sich auf Bildungseinrichtungen oder auf Spracherziehung in der Familie beziehen. Vor allem Eltern in bikulturellen Ehen versuchen durch **b.E.** ihren Kindern beide Sprachen zu vermitteln. Der Erfolg **b.E.** hängt von der konsequenten Einhaltung der Zweisprachigkeit ab wie etwa: ein Elternteil – eine Sprache, aber auch von der Umgebung: Umgebungssprache als eine der beiden Sprachen oder als Drittsprache (→**Begegnungssprache**), Anzahl der Sprecher/innen der Sprachen im Familienumfeld etc.

Mit **b.B.** für Schüler ohne Migrationshintergrund soll der Erwerb einer Fremdsprache auf ein höheres Niveau gehoben werden (→**bilingualer Sachfachunterricht**). In (Teil)Immersionsprogrammen wird ausschließlich die Zielsprache verwandt, aber die Lehrkräfte beherrschen die Ausgangssprache der Kinder (→**Immersion**). **B.B.** für Schüler mit Migrationshintergrund dienen dem Erwerb der Zweitsprache unter Verwendung oder Beibehalt der Erstsprache: In Übergangsmodellen wird die Zweitsprache mit Hilfe der Erstsprache unterrichtet, bis ausreichende Zweitsprachkompetenz erworben ist; in Erhaltungsmodellen werden beide Sprachen gleichwertig als Unterrichtssprachen bis zum Schulabschluss verwendet (vgl. Baker 2006). **B.B.** können auch in Klassen oder Kindergärten mit gleichem Anteil von Sprecher beider Sprachen stattfinden wie im Modell staatlicher Europaschulen.

Baker, C. (2006), *Foundations of Bilingualism and Bilingual Education*, 4. Aufl., Clevedon. – Kielhöfer, B. / Jonekeit, S. (2002), *Zweisprachige Kindererziehung*, 11. Aufl., Tübingen.

Sigrid Luchtenberg

bilingualer Sachfachunterricht: in Österreich auch: Fremdsprache als Arbeitssprache. Dem **b.S.** liegen Überlegungen darüber zugrunde, wie man den herkömmlichen Fremdsprachenunterricht optimieren kann. Ein Ansatzpunkt der Optimierung wird darin gesehen, dass beim Lernen der Fremdsprache nicht die Sprache an sich im Mittelpunkt steht, sondern ein anderes Gegenstandsfeld bzw. Unterrichtsfach. Die Fremdsprache wird zum Medium der Aneignung fachlicher Inhalte. Es liegen keine umfassenden Untersuchungen zur Wirksamkeit der Ansätze vor, aber es gibt Anzeichen dafür, dass die Aneignung von Wortschatz und fachspezifischen Wendungen der Fremdsprache im **b.S.** schneller und besser gelingt als im herkömmlichen Fremdsprachenunterricht.

Eine in sich geschlossene Didaktik des **b.S.** existiert bislang nicht. Im deutschsprachigen Raum dominieren Ansätze für die englische Sprache. Vor allem in Grenzregionen zu Frankreich und in der Schweiz sind auch Ansätze für Französisch realisiert worden. Am meisten verbreitet sind Konzepte für die sozialwissenschaftlichen Fächer, namentlich den Geschichtsunterricht. Handreichungen, Materialentwicklungen und praktische Anregungen für den Unterricht finden sich häufig auch unter dem Stichwort →**Content and Language Integrated Learning/CLIL**.

An den deutschen Auslandsschulen wird **b.S.** unter der Bezeichnung →**deutschsprachiger Fachunterricht** praktiziert (vgl. auch Leisen 2003).

Breidbach, St. / Bach, G. / Wolff, D., Hrsg. (2002), *Bilingualer Sachfachunterricht*, Frankfurt a.M. – Leisen, J. (2003), *Methoden-Handbuch Deutschsprachiger Fachunterricht (DFU)*, Bonn.

Ingrid Gogolin

bilingualer Unterricht: **B.U.** hat eine dreifache Zielsetzung, zum einen den Erwerb sprachlicher Fähigkeiten für fachliche und berufliche Bereiche, zum zweiten den Ausbau metasprachlicher und interkultureller Kompetenzen, d.h. die Lernenden sollen in die Lage versetzt werden, die Perspektiven beider Sprachen einzunehmen. Schließlich kann **b.U.** als erweiterter oder vertiefter Fremdsprachenunterricht angelegt werden, bei dem Fachunterricht in der Fremdsprache die Sprachkompetenz erhöht. Im Unterschied zum →**bilingualen Sachfachunterricht** geht es im **b.U.** vorrangig um →**Bilingualismus** und Biliteralität für die Lernenden, weshalb **b.U.** insbesondere für Kinder mit unterschiedlichen Familienspracher in Frage kommt. In der Sekundarstufe I ist b.U. meist in „bilingualen Zweigen" an Gymnasien und Gesamtschulen organisiert. Er setzt i.d.R. nach einer intensivierten Phase des Fremdsprachenunterrichts in Klasse 7 ein, vorwiegend in gesellschaftswissenschaftlichen Fächern. Wichtigste Sprachen: Englisch, Französisch, vereinzelt Niederländisch, Spanisch, Italienisch, Türkisch. Im Primarbereich ist **b.U.** wenig verbreitet; in Grenzregionen mit Französisch, Polnisch; für nationale Minderheiten mit Dänisch, Sorbisch sowie als „Staatliche Europaschulen" in Berlin und als „bilinguale Grundschulen" in Hamburg: hier sind die Klassen jeweils zur Hälfte aus deutsch-einsprachigen und Kindern mit anderer Erst- oder Familiensprache zusammengesetzt, so dass sowohl die Kinder der Minderheit wie die der Mehrheit die Chance auf Zweisprachigkeit haben (Two-Way-Immersion-Modelle).

Bach, G. (2005), *Bilingualer Unterricht. Grundlagen, Methoden, Praxis, Perspektiven. (= Kolloquium Fremdsprachenunterricht; Bd. 5)*, Frankfurt a.M. – Budach, G./Erfurt, J./Kunkel, M., Hrsg. (2008), *Écoles plurilingues – multilingual schools. Konzepte, Institutionen, Akteure. Internationale Perspektiven*, Frankfurt a.M. – Gogolin, I./Neumann, U./Roth, H.-J. (2003, 2004, 2007), *Berichte über den Schulversuch „Bilinguale Grundschulklassen" in Hamburg*, Universität Hamburg. – Internetadresse: www.schulministerium.nrw.de/BP/Unterricht/Faecher/Fremdsprachen/BilingualesLernen/index.html

Ursula Neumann

bilinguale Schule: s. bilingualer Unterricht

Bilingualismus, der: Zweisprachigkeit; Unterfall der Mehrsprachigkeit.
Maximalistisch definiert ist **B.** die muttersprachengleiche Beherrschung mindestens zweier Sprachen. Der balancierte **B.**, bei welchem beide Sprachen sehr gut beherrscht werden und →**Sprachwechsel** vorgenommen werden, ohne durch Ausdrucksgrenzen in einer der beiden Sprachen motiviert zu sein, ist eher ein idealisiertes Konzept, da fast alle Bilingualen ihre Sprachen für verschiedene Zwecke in verschiedenen Situationen und Kontexten mit verschiedenen Personen unterschiedlich verwenden (vgl. Byram 2004, 82; vgl. →**Domäne**). Minimalistisch definiert ist **B.** die Fähigkeit, vollständige und sinnvolle Äußerungen in einer fremden Sprache produzieren zu können. Demzufolge wäre nahezu jeder Mensch bilingual. Apeltauer definiert **B.** weniger extrem. Demnach ist **B.** die Fähigkeit, zwei Sprachen abwechselnd gebrauchen zu können, wobei die produktive Beherrschung beider Sprachen keine Voraussetzung ist. Es ist ausreichend, wenn eine fremde Sprache verstanden wird. Im Regelfall ist eine der beiden Sprachen die stärkere, also die dominante. Hier unterscheidet man zwischen **B.** mit Dominanz der →**Erstsprache** und **B.** mit Dominanz der →**Zweitsprache**. **B.** ist – wie jede andere Ausprägung individueller sprachlicher Kompetenz – naturgemäß dynamischer Natur und verändert sich in seiner Ausprägung parallel zu den lebensgeschichtlichen Entwicklungen bilingualer Personen (vgl. Apeltauer 2001, 628ff.).

Apeltauer, E. (2001), „Bilingualismus – Mehrsprachigkeit", in: Helbig, G./Götze, L./Henrici, G./Krumm, H.-J. (Hrsg.), *Deutsch als Fremdsprache – ein internationales Handbuch*, Berlin, 628–638. – Byram, M., Hrsg. (2004), *Routledge Encyclopedia of Language Teaching and Learning*, London, 82–84.

Diana Maak

Binnendifferenzierung, die: auch: innere Differenzierung; Gegensatz zur äußeren Differenzierung, bei der „Schülerpopulationen nach irgendwelchen Gliederungs- oder Auswahlkriterien – zum Beispiel den Gesichtspunkten unterschiedlichen Leistungsniveaus oder unterschiedlicher Interessen – in Gruppen aufgeteilt werden, die räumlich getrennt und von verschiedenen Personen bzw. zu verschiedenen Zeiten unterrichtet werden" (Klafki/Stöcker 1991, 173). Der Begriff **B.** umfasst dagegen „alle jene Differenzierungsformen, die *innerhalb* einer gemeinsam unterrichteten Klasse oder Lerngruppe vorgenommen werden" (ebd.). Unterrichtsmethoden und -formen, die binnendifferenzierend wirken, d.h. bei denen die Lernenden entsprechend ihren individuellen Bedürfnissen und Kenntnissen handeln können, sind u.a. Projektunterricht, offener Unterricht, freie Arbeit, Arbeit mit dem Wochenplan (vgl. Bönsch, 1995, 137ff.). **B.** ist grundsätzlich kooperativ, umfasst alle Sozialformen, insbesondere Gruppenarbeit. Durch offene oder differenzierte Arbeitsaufträge wird dabei unterstützt, dass die einzelnen Lernenden jeweils ihre individuellen Fähigkeiten und Fertigkeiten einbringen können. Wenn **B.** Autonomie fördernd im Sinne eines modernen Fremdsprachenunterrichts sein soll, muss die Initiative (wie z.B. Wahl und Ausgestaltung der Aufgaben) zur **B.** von den Lernenden selbst ausgehen. Ältere Konzepte, wie z.B. die Arbeit mit nach Niveau differenzierten

Arbeitsblättern, die von der Lehrperson zugewiesen werden, sind aus dieser Sicht weniger geeignet. Sie können zu einer Zementierung von Leistungsunterschieden führen und letztlich eine Art äußerer Differenzierung im selben Raum bewirken.

B. ist neben anderen Autonomie fördernden Konzepten ein Mittel, um der →**Heterogenität** der Lernenden gerecht zu werden. Ein Bereich, in dem die Heterogenität der Teilnehmenden besonders groß ist, ist der Unterricht in Deutsch als Zweitsprache mit erwachsenen Lernenden (vgl. Demmig 2007).

Bönsch, M. (1995), *Differenzierung in Schule und Unterricht: Ansprüche, Formen, Strategien*, München. – Demmig, S. (2007), *Das professionelle Handlungswissen von DaZ-Lehrenden in der Erwachsenenbildung am Beispiel Binnendifferenzierung: eine qualitative Studie*, München. –Klafki, W./Stöcker, H. (1991), „Innere Differenzierung des Unterrichts“, in: Klafki, W. (Hrsg.), *Neue Studien zur Bildungstheorie und Didaktik*. 2. erw. Aufl., Weinheim, 173–208.

Silvia Demmig

Black Box: Der Begriff wird in verschiedenen Kontexten (Technik, Philosophie, Psychologie) verwendet; für DaF/DaZ sind v.a. folgende Verwendungsweisen bedeutsam:

Ursprünglich ist **B.B.** eine Metapher aus der Verhaltenspsychologie (früher Behaviorismus, vgl. Watson 1925), um die Vorgänge im nicht zugänglichen Inneren des Gehirns zu beschreiben. Dabei steht **B.B.** für ein System, das innere und äußere Reize verarbeitet, dessen Aufbau aber unbekannt ist und mit empirischen Forschungsmethoden nicht validiert werden kann; die Forschung konzentriert sich deshalb auf das Beobachtbare, d.h. das Verhalten und die Umgebung, in der das Verhalten auftritt. Dem folgend ist Lernen im →**Behaviorismus** ein Vorgang der Verhaltensänderung, der nach dem Reiz – Reaktionsschema verläuft, d.h. positives Verhalten wird belohnt, negatives bestraft. Für DaF/DaZ heißt das, dass Fremdsprachenlernende durch angemessene Anreize/Sanktionen programmierbar wären.

Insbesondere die modernen, nicht-invasiven Methoden der →**Gehirnforschung** ermöglichen es, mit zunehmend sensibleren Instrumenten dem Gehirn „bei der Arbeit zuzusehen“, so dass die **B.B.**-Metapher obsolet geworden ist und die mit ihr verbundenen Forschungsansätze substanzielle Erweiterungen und Alternativen gefunden haben.

Schink, P. (1993), *Kritik des Behaviorismus*, Hamburg. – Skinner, B.F. (1957), *Verbal Behavior*, New York. – Watson, J.B. (1925), *Behaviorism*, New York.

Daniela Zahn

Blended Learning: als **B.L.** wird die Kombination aus Präsenzunterricht mit Elementen des →**computergestützten (Sprach-)Unterrichts** bzw. Lernens bezeichnet. Deutschsprachige Begriffe wie „Verbundlernen“ oder „Hybrides Lernen“ haben sich nicht durchgesetzt. Ziel des **B.L.** ist es, die Vorteile beider Lernformen zu nutzen (z.B. Lernen im sozialen Kontakt bzw. orts- und zeitunabhängiges Lernen), um individuelle Lernprozesse möglichst wirkungsvoll zu unterstützen. Qualitätskriterien für **B.L.** sind u.a.: optimale inhaltliche Abstimmung von Präsenz- und Online-Phasen, Vor- und Nachbereitung der Online-Phasen im Präsenzunterricht sowie motivierende Aktivitäten in den Online-Phasen.

Eva Mandl

Blickverhalten, das: zentrales Element der →**Körpersprache**; willkürliche, intentionale oder unwillkürliche Bewegungen des Augapfels und der Augenlider; das intentionale **B.** (= Augenkommunikation bei Ehlich/Rehbein 1982) umfasst Blickzu- und -abwendung, Blickkontakt, Blickbewegung, Blickrichtung und Blickdauer mit jeweils unterschiedlichen kommunikativen Funktionen. **B.** ist kulturell geprägt. Im DaF-Unterricht spielt es lehrer- und lernerseitig eine wichtige Rolle.

Ehlich, K./Rehbein, J. (1982), *Augenkommunikation. Methodenreflexion und Beispielanalyse*, Amsterdam. – Eßer, R. (2002), „‚Ein Blick sagt mehr als 1.000 Worte‘ ... wenn man ihn zu deuten vermag“, in: Barkowski, H./Faistauer, R. (Hrsg.), ... *in Sachen Deutsch als Fremdsprache. Sprachpolitik – Unterricht – Interkulturelle Begegnung*, Baltmannsweiler, 375–386.

Ruth Eßer

Blog, das: Kurzform des Wortes *Weblog*, einem Kofferwort, das durch die Kombination der Worte *Web* für Internet und *Log* für Tagebuch entstanden ist. Ein **B.** ist eine →**Web 2.0**-Anwendung, welche die einfache Publikation von Inhalten im Internet ermöglicht. Besonderes technisches Wissen ist dafür nicht nötig. **B.** bestehen aus Einzeleinträgen (sogenannte Posts), die auf der Startseite in umgekehrt chronologischer Reihenfolge aufgelistet werden. Ferner gibt es für jeden Eintrag eine Seite, wo er auch kommentiert werden kann. Zur inhaltlichen Organisation können Blogautoren Kategorien anlegen und Einträge mit subjektiven Stichworten (sogenannte Tags) versehen. Der Tagebuchcharakter findet seinen Niederschlag auch in Textsortenspezifika wie z.B. der relativen Nähe zur gesprochenen Sprache, einer hohen Dichte von Hyperlinks und subjektiver Darstellung von Inhalten.

B. eignen sich zur Übung der Schreibfähigkeit. Leser und Lehrende können in Kommentaren auf Inhalte und sprachliche Fehler eingehen. Es gibt eine Reihe von Anbietern, auf deren Seiten **B.** kostenfrei angelegt werden können.

Franzmann, E. (2006), *Weblogs, Podcasts & Co. Ein praktischer Leitfaden für den Umgang mit neuen Kommunikationswegen im Netz* (= *Ratgeber neue Medien, Bd.* 5), Köln. – SwissCom AG, Schulen ans Internet (2006), *Jeder Leser auch ein Autor: Blogs und Wikis* (= *SchoolNetGuide* 9), Bern.

Martin G. Döpel

bottom up: Begriff der Kognitionspsychologie (auch →**datengeleitete** Verarbeitung genannt), der die Aufnahme von Sinnesdaten in das Wahrnehmungssystem, ihre Weiterleitung und die Gewinnung von Informationen aus diesen Daten bezeichnet (vgl. Zimbardo/Gerrig 1999, 143). Bei der Sprachverarbeitung betreffen **b.u.**-Prozesse das Erkennen sprachlicher Stimuli, d.h. phonologisch-prosodischer oder grafischer, lexikalischer und morpho-syntaktischer Signale.

Zimbardo, P.G./Gerrig, R.J. (1999), *Psychologie,* 7. Aufl. Berlin u.a. – Pospeschill, M. (2004), *Konnektionismus und Kognition. Eine Einführung,* Stuttgart.

Barbara Biechele

Brocasches Zentrum/Brocasche Region: Das **B.Z.** ist eine nach Paul Broca (1824–1880) benannte und durch ihn zuerst beschriebene Region im hinteren Teil des Frontallappens des Gehirns.
Das **B.Z.** wird auch als motorisches →**Sprachzentrum** bezeichnet. Es ist jedoch nicht direkt an der Steuerung der Muskeln beteiligt, vielmehr werden Sätze im **B.Z.** syntaktisch und in ihrem Wortlaut geformt. Bei hirngesunden Rechtshändern ist vor allem die linkshemisphärische **B.R.** an der Sprachverarbeitung beteiligt. Studien (z.B. Meass u.a. 2001) zeigen jedoch, dass sowohl die **B.R.** als auch ihr rechtshemisphärisches Gegenstück bei der Verarbeitung musikalischer Syntax aktiviert werden. Wartenburger und Kollegen (2003) berichten, dass auch bei späten L2-Lernern (ab einem Erwerbsalter von 6 Jahren) grammatikalische Aspekte der Sprache im **B.Z.** bei zusätzlicher Aktivierung rechtshemisphärischer und sub-kortikaler Strukturen verarbeitet werden. Bei frühen L2-Lernern hingegen konnten sie keine Unterschiede in der Grammatikverarbeitung der L1 und L2 finden. In Friedericis Modell der Sprachverarbeitung (vgl. Friederici, 1995; Friederici/Kotz, 2003) wird die Aktvität der **B.R.** bei der Syntaxverarbeitung durch die „early left-anterior negativity" (ELAN) repräsentiert. Diese findet sich jedoch nicht bei späten L2-Lernern (vgl. Mueller u.a. 2005).

Friederici, A.D. (1995), „The time course of syntactic activation during language processing: A model based on neuropsychological and neurophysiological data", in: *Brain and Language,* Jg. 50, Nr. 3, 259–281. – Friederici, A.D./Kotz, S.A. (2003), „The brain basis of syntactic processes: functional imaging and lesion studies", in: *Neuroimage,* Jg. 20, Supplement 1, 8–17. – Meass, B./ Koelsch, S./Gunter, T.C./Friederici, A.D. (2001), „Musical syntax is processed in Broca's area: an MEG study", in: *Nature Neuroscience,* Jg. 4, Nr. 5, 540–545. – Mueller, J.L./Hahne, A./Fuji, Y./Friederici, A.D. (2005), „Native and nonnative speakers' processing of a miniature version of Japanese as revealed by ERPs", in: *Journal of Cognitive Neuroscience,* Jg. 17, Nr. 8, 1229–1244. – Trepel, M. (2004), *Neuroanatomie. Struktur und Funktion,* 3. Aufl., München. – Wartenburger, I. et al. (2003), „Early setting of grammatical processing in the bilingual brain", in: *Neuron,* Jg. 37, Nr. 1, 159–170.

Martin G. Döpel

Buchstabe-Laut-Beziehung, die: s. Graphem-Phonem-Korrespondenz

Bundesamt für Migration und Flüchtlinge: s. BAMF

Bundessprachenamt, das: deutsche Bundesbehörde im Geschäftsbereich des Bundesministeriums der Verteidigung und zentraler Dienstleister für den öffentlichen Dienst im Fremdsprachenbereich. Zu seinen Aufgaben zählt die fremdsprachliche Ausbildung für Angehörige der Streitkräfte sowie für Mitarbeiter des Bundes und der Länder in über 40 Sprachen (darunter Deutsch als Fremdsprache), die Entwicklung von Lehr-, Lern- und Prüfungsmitteln, Übersetzungs- und Dolmetscharbeiten, Terminologiearbeit, die Beratung und Koordination von Sprachdienstarbeit auf nationaler und internationaler Ebene sowie die Kooperation mit den Sprachendiensten anderer Staaten.

Internetadresse: www.bundessprachenamt.de

Imke Mohr

C

CALL (Computer Assisted Language Learning): s. computerunterstützter Sprachunterricht

CALP (Cognitive Academic Language Proficiency): CALP bildet mit →**BICS (Basic Interpersonal Communicative Skills)** ein Begriffspaar, das den Unterschied zwischen kontextualisierter Alltagssprache und dekontextualisierter →**Bildungssprache** erfasst (vgl. Cummins 1979). In industrialisierten Gesellschaften ist die schulische Vermittlung von Fachwissen untrennbar mit dem Erwerb bildungssprachlicher Fähigkeiten verbunden. Dazu zählen der fachlich angemessene Gebrauch sprachlicher Mittel zur Ausführung kognitiver Operationen (z.B. Textinhalte stichwortartig zusammenfassen, Prozesse beschreiben, Ursachen von Ereignissen erklären) und das Wissen über die fachtypischen →**Textsorten**, mit denen diese sprachlich realisiert werden (vgl. Cummins 2000, 59). Die Beherrschung von CALP ist somit Voraussetzung für erfolgreiches Lernen und für schulischen und beruflichen Erfolg.

Im DaZ-Kontext muss von Seiten der Lehrenden dafür Sorge getragen werden, dass Kinder nicht-deutscher Muttersprache im Unterricht Gelegenheit erhalten, CALP in der →**Zweitsprache** Deutsch zu erwerben. Mithin ist eine gezielte Förderung bildungssprachlicher Kompetenzen unbedingt angezeigt.

Cummins, J. (1979), „Cognitive/academic language proficiency, linguistic interdependence, the optimum age question and some other matters", in: *Working Papers on Bilingualism* 19, 121–129. – Cummins, J. (2000), *Language, Power and Pedagogy. Bilingual Children in the Crossfire*, Clevedon et al.

Udo Ohm

can do-Beschreibung: s. Kann-Beschreibung

Carl-Duisberg-Centren (CDC): gegründet 1962. Der Hauptsitz liegt in Köln mit 7 weiteren Zentren in und 5 Kooperationspartnern außerhalb Deutschlands (Stand 2008). Die CDC sind ein gemeinnütziges Bildungs-Dienstleistungsunternehmen, das seit 1997 vom TÜV geprüfte Sprachkurse (Deutsch und Fremdsprachen), Sprachreisen (für Schüler und Erwachsene) und internationale Schulprogramme (High School Year in englischsprachigen Ländern und in Deutschland) anbietet. Außerdem vermitteln die CDC Auslandspraktika. Benannt wurden sie nach dem deutschen Unternehmer Carl Duisberg (1861–1935). In Köln arbeitet am CDC auch eine Koordinatorin der Open University. Abgenommene Deutschprüfungen sind →**TestDaF**, →**Zertifikat Deutsch**, →**Deutsche Sprachprüfung Hochschule**.

Internetadresse: www.cdc.de

Tatjana Atanasoska

Casus obliquus: bezeichnet den von der →**Rektion** eines →**Verbs**, einer →**Präposition** oder eines Adjektivs abhängigen →**Kasus**, also alle Kasus außer dem, in dem das Satzsubjekt steht. Im Deutschen gibt es drei **Casus obliqui**: Genitiv, Dativ und Akkusativ. Die →**Satzglieder**, die in einem **C.o.** stehen, werden unter dem Oberbegriff →**Objekt** zusammengefasst.

Marina Matthey

Casus rectus: bezeichnet den von der →**Rektion** des →**Verbs** unabhängigen, unflektierten →**Kasus**, also den, in dem insbesondere das Satzsubjekt steht. Im Deutschen ist das der Nominativ. Das Gegenstück zum **C.r.** ist der →**Casus obliquus.**

Marina Matthey

CDC: s. Carl-Duisberg-Centren

CEFR (Common European Framework of Reference): s. Gemeinsamer europäischer Referenzrahmen für Sprachen

Chunk, der: Der Begriff wurde erstmals von George Miller geprägt und bezeichnet die Kodierung einzelner Elemente zu größeren Einheiten. Dadurch kann das →**Kurzzeitgedächtnis** bei beschränkter Kapazität mehr Informationen behalten und verarbeiten. **C.** sind in ihrer semantischen Bedeutung enger als ihre Teile und pragmatisch stärker an bestimmte Situationen gebunden, so sind z.B. *guten* und *Morgen* universeller und mit einer größeren semantischen Breite einsetzbar als *guten Morgen*. Ellis (2003) beschreibt „Chunking" als assoziativen Lernmechanismus, der beim Erwerb sequenzieller Informationen (also welche Phoneme, Lexeme und Kollokationen zusammen stehen) von essenzieller Bedeutung ist. Es können so komplexe Regeln erworben werden, obwohl „Chunking" ein einfacher Lernmechanismus ist. „Chunking" liegt auch der Bildung von →**Phraseologismen** zugrunde.

Conklin, K./Schmitt, N. (2008), „Formalic sequences: Are they processed more quickly than nonformulaic language by native and nonnative speakers?", in: *Applied Linguistics*, Jg. 29, Nr. 1, 72–89. – Ellis, N.C. (2003), „Constructions, Chunking, and Connectionism: The emergence of second language structure", in: Doughty, C./Long, M. (Hrsg.), *The handbook of second language acquisition*, Malden, 63–103. – Solso, R.L. (2005), *Kognitive Psychologie*, 2. Aufl., Heidelberg.

Martin G. Döpel

CLIL: s. Content and Language Integrated Learning

Cloze-Test, der: auch: **Cloze-Verfahren**; Besteht in seiner klassischen Form aus einer einzelnen (authentischen) Textpassage, in der jedes n-te Wort getilgt ist, wobei *n* zumeist eine Zahl zwischen 5 und 10 ist. Die Testperson muss die fehlenden Wörter rekonstruieren. Das Verfahren wurde zunächst zur Messung der Lesbarkeit von Texten verwendet, später auch zur Testung zweit- und fremdsprachlicher Kompetenzen eingesetzt. Die Zahl der korrekten Rekonstruktionen gilt als globales Maß rezeptiver und produktiver Sprachkompetenz. Der **CT** ist u.a. in folgender Hinsicht kritisiert worden: Benachteiligung aufgrund von thematischer Spezifizität; häufig zu hohe Schwierigkeit selbst für Muttersprachler; unzureichende →**Reliabilität** und fragliche →**Validität**.

Es existiert eine Reihe von Varianten wie z.B. Multiple-Choice-Cloze und Zuordnungs-Cloze. Beim sog. „rational deletion cloze" – häufig als Lückentest bezeichnet – werden spezifische Wörter getilgt wie z.B. kohäsionsstiftende Elemente. Eine auch im Bereich DaF mittlerweile häufig eingesetzte Weiterentwicklung des Cloze-Verfahrens mit sehr guten psychometrischen Eigenschaften ist der sog. C-Test. Bei diesem wird beginnend mit dem zweiten Wort des zweitens Satzes in ca. 4–6 kurzen Texten jeweils die zweite Worthälfte getilgt.

Internetadresse: www.c-test.de – Eckes, T./Grotjahn, R. (2006), „A Closer Look at the Construct Validity of C-Tests", in: *Language Testing*, Jg. 23, Nr. 3, 290–325. – Oller, J.W., Jr./Jonz, J., Hrsg. (1994), *Cloze and Coherence*, Lewisburg.

Rüdiger Grotjahn

Code, der: s. Kode

Codeswitching: Das Wechseln zwischen Sprachen und auch deutlich distinkten →**Varietäten**. Hat sich gegenüber dem Begriff →**Sprachwechsel** durchgesetzt. **C.** findet sich typischerweise in Situationen mit mehrsprachiger Teilnehmerkonstellation. **C.** weist unterschiedliche strukturelle Muster sowie unterschiedliche interaktionslogische Funktionen auf. **C.** findet sowohl an Satz- und Äußerungsgrenzen als auch satz-, äußerungs- und wortintern statt.

Beispiel:
A: *Índim, Selda'yı arıyom bakıyom.*
(Bin ausgestiegen, bin los nach Selda schauen)
Bi baktım. Matthias'ı diyor hey kannsch du mi: mitnehmen?
(Auf einmal seh ich Matthias, sagt er)
Is- isn Freund von mir, mit dem ich früher inner Sch- eh Klasse war.
He: kannschte mi: mitnehmen diyo, eh i hab niemand diyo ...

A. switcht mit dem Zitieren des deutschen Freundes Matthias und mit der erläuternden Nebensequenz, woher er Matthias kennt, vom Türkischen ins Deutsche. Die Zitate sind mit dem türkischen Verbum dicendi (*diyo/r – sagt er*) geklammert. Gleichzeitig wechselt A. ins erzählerische Präsens und leiht seinem Freund auch die dialektale (schwäbische) Stimme (*kannschte mi: mitnehmen ... i hab niemand*), was mit der eher standardsprachlichen Erläuterung *mit dem ich früher inner [in der] ... Klasse war* deutlich kontrastiert. Es wird also zwischen Sprachen und zwischen Varietäten geswitcht.

Gumperz u.a. haben eine Vielzahl sozialer und metaphorischer Funktionen des **C.** herausgearbeitet und sie vor allem in den Kontext konversationeller Aushandlungsprozesse gestellt (→**Konversationsanalyse**), aber auch Unterscheidungen wie Codemixing eingeführt. Je dichter das **C.**, umso mehr treten einzelne konversationelle und situative Funktionen in den Hintergrund und **C.** wird zu einem hybriden Code-Mixing, zu einem sog. „We-Code".

Auer, P., Hrsg. (1998), *Code-Switching in Conversation: Language, Interaction and Identity*, London. – Hinnenkamp, V. (2005), *„‚Zwei zu bir miydi?'* – Mischsprachliche Varietäten von Migrantenjugendlichen im Hybriditätsdiskurs", in: Hinnenkamp, V./Meng, K. (Hrsg.), *Sprachgrenzen überspringen. Sprachliche Hybridität und polykulturelles Selbstverständnis*, Tübingen, 51–103.

Volker Hinnenkamp

cognitive maps: s. mental maps

Cognitive Academic Language Proficiency: s. CALP

Community Language Learning: Als **CLL** bezeichnet man eine Sprachlernmethode, die in den 1970er Jahren von Charles Curran entwickelt wurde. Die Methode hieß zuerst „Counselling Learning" und wurde in der Therapie angewandt: Der Patient spricht über seine Probleme, der Therapeut reformuliert die Äußerungen des Patienten durch Reflexionen, Paraphrasierungen, Zusammenfassungen. Bei der Arbeit mit **CLL** im FSU sitzen die Teilnehmer im Kreis. Der Input wird vom Teilnehmer bestimmt. Er sagt das, was er einem Kollegen oder dem Lehrer mitteilen möchte, in der L1. Der Lehrer setzt diese Äußerung adäquat in die L2 um. Der Teilnehmer wiederholt die Äußerung in der L2, der Lehrer korrigiert, ggf. mehrfach, die Aussprache. Dann wird die L2-Äußerung des Teilnehmers aufgenommen. Dieser Schritt wird mit neuem Input mehrfach durchgeführt bis eine sinnvolle Gesprächssequenz erreicht ist. Anschließend transkribieren die Teilnehmer die Aufnahme oder einen Teil der Aufnahme. Anhand dieses Skripts kann dann weitergearbeitet werden, z.B. an Strukturen, der Lexik oder Aussprache.

Voraussetzungen für den Einsatz von **CLL** im FSU: 1. Der Inhalt des Kurses ist nicht durch einen vorgegebenen Wortschatz festgelegt. 2. Der Lehrer beherrscht die L1 der Teilnehmer oder eine gemeinsame Metasprache. **CLL** eignet sich für die Arbeit mit einer L1-homogenen Gruppe und für den Einzelunterricht.

Stevick, E. (1980), *Teaching languages: a Way and Ways*, Rowley, MA.

Doris van de Sand

Complément/Komplement, das: bezeichnet eine syntaktische Kategorie und repräsentiert die Ergänzung entweder eines Nomens in Subjektposition (*Frau Mayer ist Schauspielerin.*) oder eines Nomens in Objektposition (*Wir wählten sie zur Präsidentin.*). Das **C.** ist immer von einem Verb abhängig und kann auch direkt als Ergänzung eines Verbs fungieren (*Michaela ist im Garten.*). Als Complementizers/Komplementierer werden Konjunktionen (*dass, ob* oder Relativpronomen) definiert, die eine Phrase einer anderen unterordnen, wie z.B. in Nebensätzen: *Hans kauft ein Auto, das bereits 20 Jahre alt ist.* (→**Phrasenstrukturgrammatik**).

Im Kontext der →**Government and Binding Theorie** kann **C.** eine Phrase dominieren und steht hierarchisch gleichberechtigt neben dem Satz. Dies ist insbesondere für die Erklärung der Verbzweit- und Verbendstellung im Deutschen von Bedeutung.

Ohne im Detail auf die zugrunde liegende Argumentation einzugehen, sehen wir vereinfacht die folgende Gesetzmäßigkeit: Im Nebensatz steht das finite Verb in finaler Position: ..., *dass ich ihn gesehen habe*. Die gesamte Phrase wird von **C.** regiert. Im Hauptsatz wird angenommen, dass das finite Verb in die Position der Complementphrase wandern kann und damit in die zweite Position vorrückt: *Ich habe ihn gesehen*.

Grewendorf, G. (1991), *Aspekte der deutschen Syntax. Eine Rektions-Bindungs-Analyse*, Tübingen.

Thomas Fritz

computergestützte Sprachbeschreibung: C.S. verbindet linguistische Formen der Sprachbeschreibung mit Methoden der →**Informationstechnologie** zur Formalisierung sprachlicher Daten, Strukturen und Regeln. Als Hauptrichtung der Grammatikmodellierung gilt die auf die →**Generative Transformationsgrammatik** zurückgehende Konstituentenstruktursyntax, die im Kern mit Ersetzungsregeln (→**Phrasenstrukturgrammatik**) operiert (S → NP VP; NP → DET N; VP → V NP etc.). Mit solchen kontextfreien Grammatiken lassen sich formale Sprachen gut beschreiben. Spezifische Phänomene natürlicher Sprachen (freie Wortstellung, diskontinuierliche Konstituenten etc.) sind hingegen nur schlecht modellierbar. Unifikationsgrammatiken verwenden daher zusätzlich komplexe Merkmalsstrukturen, die bei der Konstruktion von syntaktischen Strukturen verknüpft (unifiziert) werden (z.B. Lexikalisch →**Funktionale Grammatik** in der Processability Theory, vgl. Pienemann 1998, 89–116). Die dependenzgrammatische Richtung der **c.S.** verwendet keine Ersetzungsregeln, sondern lexikalisierte Grammatiken (vgl. Dormeyer 2004, 9ff.). Bei der syntaktischen Konstruktion werden die im →**Lexikon** beschriebenen Merkmalsstrukturen zusammengeführt. Im Sinne der →**Dependenzgrammatik** wird hier somit eine →**Leerstelle** gefüllt bzw. ein Dependens mit seinem →**Regens** verbunden.

Dormeyer, R. (2004), *Syntaxanalyse auf der Basis der Dependenzgrammatik*, Berlin. – Pienemann, M. (1998),

Language Processing and Second Language Development: Processability Theory, Amsterdam.

Udo Ohm

computergestützter Sprachunterricht: Oberbegriff für Sprachunterricht, in dem neuere Informations- und Kommunikationstechnologien eingesetzt werden. Es existieren unterschiedliche Möglichkeiten der technischen Realisierung sowie zahlreiche didaktische Modelle. Generell zu unterscheiden sind computerbasierte und webbasierte Lernangebote. Computerbasiert sind multimediale Lernangebote auf einem Datenträger (CD-ROM, DVD). **1.** Computergestützter Unterricht (CU) wird u.a. auch als Computerunterstützter Unterricht (CUU) bzw. Computer Assisted Learning (CAL) bezeichnet. Kritikpunkte an diesen Lernangeboten sind die fehlende Berücksichtigung individueller Lernprozesse, die beschränkte Auswahl an Übungstypen sowie die mangelhafte Form der Rückmeldung.

2. Webbasierte Lernangebote nutzen die Möglichkeiten des Internets für den Sprachunterricht. Dabei sind Lerninhalte im Internet abrufbar und können durch internetbasierte Kommunikationsformen wie E-Mail, Chat oder Diskussionsforen ergänzt werden. Individuelle Lernprozesse können so begleitet und unterstützt werden. Die technische Basis bilden meist Learning and Content Management Systeme sowie Webseiten (Hypertexte), wie z.B. WebQuest (Webseite mit Rechercheaufgaben und Publikationsmöglichkeit). Werden webbasierte Lernphasen mit Präsenzunterricht kombiniert, spricht man von →**Blended learning**.

Der Erfolg von Formen und Angeboten des **c.S.** hängt davon ab, ob sich daraus ein didaktischer Mehrwert ergibt, d.h. die Lehr- und Lernziele besser als mit anderen Methoden erreicht werden können.

Eva Mandl

computergestützte Übersetzung: Übersetzungstätigkeit, die sich spezieller Computerprogramme bedient (auch computerunterstützte Übersetzung). Je nach Anteil, den der Mensch bzw. der Computer dabei übernimmt, wird zwischen zwei Ausprägungen der **c.Ü.** unterschieden: a) human-aided machine translation (HAMT); Charakteristik: Der Computer übersetzt, der Mensch hilft dabei durch Vor- und Nachbereitung des zu übersetzenden Materials. b) machine-aided human translation (MAHT); Charakteristik: Der Mensch übersetzt, der Computer unterstützt ihn dabei durch ausgewählte Programme (vgl. Harms/ Luckhardt 2009). In der MAHT haben die Programme vielfältige Funktionen: automatisches Speichern und Wiederabrufen von Terminologie und Satzsegmenten; Recherche in speziellen Terminologie-Datenbanken im Internet und auf Datenträgern; allgemeine Internet-Recherche und Sammeln von Referenztexten zu verschiedenen Sprachpaaren. Die **c.Ü.** findet vorwiegend beim Übersetzen von Gebrauchstexten Anwendung.

Harms, I./Luckhardt, H.-D. (2009), *Virtuelles Handbuch für Informationswissenschaft*, Universität des Saarlandes, Saarbrücken (http://is.uni-sb.de/studium/handbuch/ webpush.html).

Jens Reimann

Computerlinguistik, die: Unter **CL** im engeren Sinn versteht man eine von statistischen und linguistischen Verfahren ausgehende und auf technische Anwendungen verschiedener Art ausgerichtete Disziplin, bei der vor allem Fragen einer angemessenen Mensch-Maschine-Interaktion auf sprachlichem Wege gelöst werden sollen. Daher spielen sowohl Daten geschriebener wie gesprochener Sprache eine Rolle. Die Analyse, Bearbeitung und Synthetisierung gesprochener Sprache ist dabei häufig eine zentrale Aufgabe.

Im weiteren Sinn werden mit **CL** auch jene korpuslinguistischen Forschungen benannt, bei denen die Forschung innerlinguistischen Zielen verpflichtet ist. Sie ist auch durch eine stärker theoretische Ausrichtung gekennzeichnet. Ihr geht es zentral um die Entwicklung und Erprobung von Methoden und Instrumenten der Sprachanalyse, die teils der Operationalisierung linguistischer Konzeptionen dient, teils die Möglichkeiten einer mathematisch-statistischen Vorgehensweise zur Gewinnung von Erkenntnissen nutzt. Idealerweise sollten auf diesem Wege sprachliche Strukturen emergent sichtbar werden. Die Forschungen in diesem Bereich beziehen sich derzeit größtenteils auf die in großen Datenbanken geschriebener Sprache niedergelegten Materialien.

Carstensen, K.-U./Ebert, Chr./Endriss, C./Jekat, S./ Klabunde, R./Langer, H., Hrsg. (2004), *Computerlinguistik und Sprachtechnologie. Eine Einführung*, Heidelberg.

Ludwig Eichinger

Consecutio temporum: Aufeinanderfolge der Zeiten. Die Zeitenfolge kennzeichnet im Lateinischen eine geregelte Abfolge der Tempora in komplexen Sätzen, z.B. bei Präteritum im Hauptsatz folgt das Plusquamperfekt im Nebensatz. Im Deutschen gibt es eine strikte Zeitenfolge nur noch in Konditionalgefügen sowie bei *nachdem*: Präsens – Präsens: *Wenn sie Zeit hat, geht sie ins Kino.* Präteritum – Präteritum: *Wenn sie Zeit hatte, ging sie ins Kino.* Konjunktiv II – Konjunktiv II: *Wenn sie Zeit hätte, ginge sie ins Kino.* Konjunktiv II, Vorzeitigkeit – Konjunktiv II, Vorzeitigkeit: *Wenn sie Zeit gehabt hätte, wäre sie ins Kino gegangen.* Hauptsatz – Präteritum, Nebensatz – Plusquamperfekt: *Nachdem sie gegessen hatten, fuhren sie nach Haus.*

Lutz Götze

Constructio ad sensum: grammatischer Fachterminus für eine semantisch motivierte Abweichung von für den Standardfall geltenden Regeln hinsichtlich grammatikalischer Korrektheit. In erster Linie betrifft dies die Nichterfüllung einer zu erwartenden →**Kongruenz** zwischen dem Subjekt und dem →**finiten** Verb hinsichtlich des →**Numerus:** *Gut eine Million Menschen feierten den Christopher Street Day.*; *Haus und Hof war dem Erdbeben zum Opfer geworden.* Und/oder der Person: *Ich oder du kann ja den Flug schon mal reservieren.* (Zu nicht lizenzierten Konstruktionsverstößen vgl. ggf. →**Zeugma**). Bei DaF-Sprechern ist bei der Produktion entsprechender grammatikalischer Abweichungen eher kein Hintergrund im Sinne einer **C.a.s.** anzunehmen, sondern ein interimssprachlicher (→**Interimsprache**).

Hans Barkowski

Content and Language Integrated Learning (CLIL): hat sich im europäischen Raum als Oberbegriff für Lern- und Unterrichtskontexte etabliert, in denen bei der Vermittlung von Fachinhalten zumindest partiell eine andere Sprache als die Erstsprache (L1) der Lernenden eingesetzt wird. Je nach geschichtlicher Entwicklung sowie den quantitativen und qualitativen Merkmalen der jeweiligen Umsetzungsformen sind in Europa unterschiedliche Bezeichnungen für die kombinierte Vermittlung von (fremd-)sprachlichen Fertigkeiten und sog. nicht-linguistischen Fachinhalten anzutreffen: Im skandinavischen Raum spricht man in Anlehnung an die dort vergleichsweise früh adaptierten und erprobten Varianten der kanadischen Sprachimmersion und deren nordische Bezeichnung „språkbad" von Sprachbad sowie bei weniger zielsprachenintensiven Varianten bezeichnenderweise von Sprachdusche (→**Immersion**). Im deutschsprachigen Raum haben sich wiederum Begriffe wie →**bilingualer Unterricht** bzw. →**bilingualer Sachfachunterricht** (bes. Deutschland), →**Deutschsprachiger Fachunterricht** (an den deutschen Auslandsschulen), Fremdsprache als Arbeitssprache (bes. Österreich) oder auch Sprachimmersion (bes. Schweiz) eingebürgert. Besonders treffend und zeitgerecht ist die Verwendung von **CLIL** als Oberbegriff insofern, als es den Schwerpunkt des schulischen Wissenserwerbs auf die Lernperspektive setzt und den für sämtliche **CLIL**-Kontexte bezeichnenden doppelten Fokus des Unterrichts auf Sprache und auf Fachinhalt explizit ausdrückt.

Internetadressen: EU (in englischer Sprache): http://ec.europa.eu/education/languages/language-teaching/doc236_en.htm – Goethe-Institut: www.goethe.de/ges/spa/dos/ifs/deindex.htm

Kim Haataja

Critical Incident, der: Bezeichnung a) für die episodische Darstellung einer kritischen Interaktionssituation zwischen Akteuren aus unterschiedlichen Kulturen b) für Ereignisse der i.F. beschriebenen Art.

1. Konzeptualisierungen
Begründet wurde die **C.I.**-Tradition 1954 von dem Psychologen J.C. Flanagan als Beobachtungsmethode, um kritische Ereignisse des Luftverkehrs in Hinblick auf deren situative Bedingungen und Folgereaktionen identifizieren und im Rahmen der Pilotenschulung eignungsdiagnostisch einsetzen zu können. In →**interkulturelle** Lehr- und Lernkonzeptionen fanden **C.I.** Eingang über die von Triandis und Fiedler entwickelte Methode des Culture Assimilator: Zu einem auf einer kulturellen Missverständnissituation beruhenden Fallbeispiel werden im Multiple-Choice-Verfahren unterschiedliche Begründungsmöglichkeiten angeboten, die helfen sollen, das dargestellte Missverständnis zu erklären. In Deutschland konnte sich die Methode in den 1990er Jahren durch die länderspezifischen Beispielsammlungen von A. Thomas etablieren.

2. Kritik
Kritische Einwände betreffen weniger die **C.I.**-Technik selbst als vielmehr deren didaktische Umsetzungsformen. Liegen **C.I.** in schriftlicher

Form vor, lassen sich die Auslöser und situativen Kontexte der beschriebenen Handlungssituation lediglich verkürzt darstellen. Auf dieser Basis tendieren Kulturassimilatoren zwangsläufig zu monokausalen und generalisierenden Begründungen von faktisch äußerst komplexen Handlungssituationen. Offener gestaltet sind dagegen Verfahren, bei denen in einer Gruppe selbst erlebte **C.I.** erzählt und reflektiert werden.

Fiedler, F.E./Mitchell, T./Triandis, H.C. (1971), „The culture assimilator: An approach to cross-cultural psychology", in: *Journal of Applied Psychology* 55 (2), 95–102.

Jürgen Bolten

Critical period: von Lenneberg (1967) eingeführtes Konzept, wonach es – unter der Voraussetzung eines quantitativ und qualitativ angemessenen Inputangebots – ein biologisch begründetes Zeitfenster für den vollständigen Erwerb von Sprachen gibt. Die Annahme, dass es aufgrund reifungsbedingter physiologischer Veränderungen (wie z.B. **→Lateralität** des Gehirns oder Abnahme der neuronalen Plastizität) nach Einsetzen der Pubertät nicht mehr möglich ist, die Erstsprache vollständig zu erwerben, ist empirisch gut belegt. In Bezug auf den Fremdsprachenerwerb geht man hingegen inzwischen von mehreren kritischen bzw. sensiblen Phasen aus, die sich auf die verschiedenen sprachlichen Ebenen beziehen und die nicht abrupt, sondern eher allmählich enden. Während man für die Aussprache annimmt, dass sie ab einem Erwerbsbeginn im Alter von 6 Jahren nicht mehr vollständig möglich ist, geht man in Bezug auf die Morphosyntax davon aus, dass sie ab einem Alter von 12 Jahren nicht mehr auf einem muttersprachlichen Niveau erworben werden kann. Für die sprachlichen Ebenen der **→Lexik** und der **→Pragmatik** konnten bisher keine kritischen bzw. sensiblen Phasen nachgewiesen werden.

Lenneberg, E.H. (1967), *Biological Foundations of Language*, New York. – Long, M. (2005), „Problems with supposed counter-evidence to the critical period hypothesis", in: *International Review of Applied Linguistics* 43 (4), 287–317. – Singleton, D. (2005), The critical period hypothesis: a coat of many colors", in: *International Review of Applied Linguistics* 43 (4), 269–285.

Karin Aguado

C-Test, der: s. Cloze-Test

Cultural Awareness: Kulturaufmerksamkeit, Kulturbewusstheit. In der didaktischen Literatur wird **C.A.** häufig im Zusammenhang mit Language Awareness (**→Sprachaufmerksamkeit**, Sprachbewusstheit) diskutiert. Konzepte, die einen vergleichenden, reflektierten Umgang mit Sprache und Kultur einfordern, werden dann zusammenfassend als „language(s) and cultural awareness"-Ansätze bezeichnet (vgl. Luchtenberg 2001). Diese Ansätze betreffen sowohl Inhalte und Ziele als auch Methoden des Unterrichts, wobei die verbindende Forderung lautet, dass die Vermittlung und das Erlernen von Sprache und Kultur durch ein Nachdenken über Sprache und Kultur begleitet werden sollte und Lehrende wie Lernende einen bewussten Umgang mit sprachlichen und (inter)kulturellen Begegnungen pflegen und gestalten lernen (**→interkulturelle Kompetenz**). Als Gegenstände von **C.A.** und deren Vermittlung gelten insbesondere der Vergleich sprachlicher, soziopragmatischer und kultureller Phänomene (**→Sprachvergleich**; **→Kulturvergleich**; **→Pragmatik**) sowie die Sensibilisierung für bzw. die Fähigkeit zum Perspektivenwechsel im Umgang mit kultureller Diversität.

Luchtenberg, S. (2001), „Language(s) and Cultural Awareness: Ein Thema für die Fremdsprachenlehrerausbildung?", in: *Neusprachliche Mitteilungen aus Wissenschaft und Praxis* 54/3, 130–138.

Dirk Skiba

Cultural Studies: in GB in den 1960er Jahren entstandener interdisziplinärer Ansatz (Soziologie, Literaturtheorie, Kulturanthropologie u.a.), bei dem weniger die sog. Hochkultur als vielmehr die Vielfalt aller gesellschaftlichen Artefakte als Konstruktion sozialer Wirklichkeit in den Blick gerät. Kultur wird dabei nicht als in gesellschaftlichem Konsens entstandenes Produkt gesehen, sondern als ein von Dissens geprägter Prozess des Aushandelns von Bedeutungen, der nur im Zusammenhang von Produktion und Rezeption sowie den damit einhergehenden Bedingungsfaktoren von politischer, sozialer und ökonomischer Ungleichheit analysiert werden kann. Im deutschen Sprachraum haben die **→Interkulturelle Germanistik** und die **→interkulturelle Landeskunde** diese Ansätze tw. aufgegriffen und eigenständig weiterentwickelt (**→Deutschlandstudien**).

Schmidt-Dengler, W., Hrsg. (1999), *Germanistik im Spannungsfeld zwischen Philologie und Kulturwissenschaft* (= Stimulus, Beiheft 3), Wien. – Wierlacher, A. u.a., Hrsg.

(1975ff.), *Jahrbuch Deutsch als Fremdsprache/Intercultural German Studies*, München.

Uwe Koreik

Cultural Turn: **C.T.** meint eine durch die Abkehr vom aufklärerischen Wissenschaftsideal bedingte kulturwissenschaftliche Wende in den Geistes- und Sozialwissenschaften in der zweiten Hälfte des 20. Jhs. und ist insbesondere durch eine Neubestimmung des Kulturbegriffs gekennzeichnet →**Kultur** wird nicht mehr als abgrenzbare Einheit gesehen, sondern wie z.B. bei Geertz (1991) als dynamisch, ambivalent und plural bestimmt – sowie durch die Abkehr von den quantitativen Methoden der Sozialforschung, bis hin zu einem Rückgriff auf die Sinnverstehensleistungen der Subjekte und die Interpretation kultureller, semantischer und symbolischer Formen. Für die Fremdsprachendidaktik macht bspw. Hu (1996) diesen Ansatz fruchtbar, die sich von den Leitbegriffen im wissenschaftlichen Diskurs über →**Interkulturalität** abgrenzt und ‚Lernen' als ‚kulturelles Symbol' beschreibt. Begriffe wie „kulturalistische Wende" oder „xenologische Wende", sind in diesem Sinne nicht mit dem **C.T.** gleichzusetzen.

Altmayer, C. (2004), „‚Cultural Studies' – ein geeignetes Theoriekonzept für die kulturwissenschaftliche Forschung im Fach Deutsch als Fremdsprache?", in: *Zeitschrift für Interkulturellen Fremdsprachenunterricht (Online)*, 9 (3), 14 S. – Geertz, C. (1991), *Dichte Beschreibung*, Frankfurt a.M. – Hu, A. (1996), *‚Lernen als kulturelles Symbol': Eine empirische qualitative Studie zu subjektiven Lernkonzepten im Fremdsprachenunterricht bei Oberstufenschülerinnen und -schülern aus Taiwan und der Bundesrepublik Deutschland* (= Manuskripte zur Sprachlehrforschung 49), Bochum.

Evelyn Röttger

Culture Assimilator: s. Critical Incident

Curriculum, das: S.B. Robinsohn hat den Begriff **C.** im Zusammenhang mit der Bildungsreform der 1960er Jahre im deutschen Sprachraum populär gemacht: im Unterschied zum →**Lehrplan** zielt **C.** nicht auf vorgeschriebene Lehrinhalte und Methoden, sondern auf eine bildungstheoretisch begründete, mit den Mitteln der Wissenschaft entwickelte und durch eine ständige Revision an die wechselnden Anforderungen der Gesellschaft angepasste und öffentlich verantwortete Darstellung dessen, was und wie unter welchen Bedingungen gelehrt und gelernt werden soll.

Ein **C.** macht begründete Angaben über Lehr- und Lernziele, Unterrichtsmittel, Methoden und Erfolgskontrollen für ein Fach oder eine Institution, ebenso aber über die Rahmenbedingungen, unter denen der Unterricht stattfinden soll. In einem weiten Verständnis von **C.** (im Sinne eines Rahmenc.) rückt die Gesamtheit eines Bildungsprozesses ins Zentrum (→**Gesamtsprachencurriculum**), während die konkrete Ausgestaltung dann in Lehrplänen und Richtlinien erfolgt. **C.** in einem engeren Verständnis wird dagegen auch als Synonym für den Begriff Lehrplan gesehen und benutzt.

Während ein geschlossenes **C.** (auch: produktorientiertes **C.**) den Lehrstoff ebenso wie die Lehrmethoden im einzelnen vorschreibt, formuliert ein offenes bzw. prozessorientiertes **C.** die geforderten →**Kompetenzen** der Lernenden und die →**Aufgaben**, bei deren Lösung diese Kompetenzen sich entwickeln sollen.

Für den Fremdsprachenunterricht charakterisiert der Begriff **C.** im Gegensatz zum traditionellen Lehrplan den Übergang von der Lehr- auf die Lernperspektive sowie die stärkere Beteiligung der Wissenschaften an der **C.**entwicklung. Dabei lassen sich je nach den Vermittlungsschwerpunkten unterscheiden: 1. das (fremd-)sprachliche **C.**, bei dem die konkreten sprachlichen Lernziele im Zentrum stehen, 2. das landeskundliche und 3. das literarische **C.**, die auf die Inhaltsdimensionen von Sprachunterricht zielen. Mit Spiralc. wird die Tatsache bezeichnet, dass mit zunehmender Verfügung über sprachliche Mittel Sprachhandlungen oder auch Themen und Inhalte erneut, nun aber in differenzierterer Form und kulturell angemessener bearbeitet werden können (z.B. kann Höflichkeit anfangs mit *bitte* ausgedrückt werden, nach Vermittlung des Konjunktivs gibt es situations- und rollenspezifische Nuancierungen).

Bausch, K.-R. (2003), „Funktionen des Curriculums für das Lehren und Lernen fremder Sprachen", in: Bausch, K.-R./Christ, H./Krumm, H.-J., Hrsg., *Handbuch Fremdsprachenunterricht*, 4. Aufl., Tübingen, 111–116. – Neuner, G. (2001), „Curriculumentwicklung und Lehrziele Deutsch als Fremdsprache", in: Helbig, G./Götze, L./ Henrici, G./Krumm, H.-J. (Hrsg.), *Deutsch als Fremdsprache. Ein internationales Handbuch*, 2. Halbband, Berlin, [u.a.], 797–810. – Robinsohn, S.B. (1967), *Bildungsreform als Revision des Curriculums*, Neuwied/Berlin.

Silke Hofer

CUU (Computerunterstützter Unterricht): s. Computergestützter Sprachunterricht

D

DAAD: s. Deutscher Akademischer Austauschdienst

D-A-CH-Konzept, das:
1. Grundlagen
D-A-CH (für Deutschland, Österreich und die Schweiz) oder D-A-CH-L (Einbeziehung Liechtensteins oder Luxemburgs) steht für eine Zusammenarbeit zwischen Fachexperten sowie Mittlerorganisationen des deutschsprachigen Raumes. Ausgehend von den →**ABCD-Thesen** wurde das Konzept einer in den Sprachunterricht integrierten →**Landeskunde** entwickelt, das auf die seit 1990 veränderte fachliche und gesellschaftliche Situation reagiert. Dabei geht es um die Verknüpfung von Sprach- und Landeskundevermittlung, wobei Deutsch als →**plurizentrische Sprache** und die Sensibilisierung für intrakulturelle Unterschiede im deutschsprachigen Raum im Zentrum stehen. Das **D.** bedeutet die grundsätzliche Anerkennung der Vielfalt des deutschsprachigen Raumes im Sprachunterricht, in der Landeskundevermittlung, bei der Produktion von Lehrmaterialien sowie in der Aus- und Fortbildung von Unterrichtenden. Mit der „Wiener Erklärung" (1999) wurde die Zusammenarbeit im Rahmen einer DACHL-Arbeitsgruppe fixiert. In Zusammenarbeit mit dem →**Internationalen Deutschlehrerverband** werden regelmäßig DACHL-Länderkunde-Seminare durchgeführt, die das **D.** in Form einer →**erlebten Landeskunde** in die Praxis umsetzen.

2. Prinzipien
Bezogen auf den DaF-Unterricht wurden 1997 fünf Prinzipien formuliert, welche das **D.** als eine integrierende Landeskundedidaktik kennzeichnen (vgl. Hackl u.a.): 1. eine der kulturellen Vielfalt des deutschsprachigen Raums entsprechende Landeskunde der Regionen, die nicht additiv, sondern exemplarisch zu verstehen ist; 2. die Begründung der Projektarbeit als zentraler Methode eigenverantwortlichen Lernens; 3. die Autonomieförderung der Lernenden durch kreatives, mitgestaltendes Arbeiten und die damit verbundene Ersetzung einer reinen Informationsvermittlung durch die Frageperspektive der Lernenden; 4. eine komplexe, auf die Veränderungen in der →**Fremdsprachendidaktik** reagierende Neuorientierung der Landeskundedidaktik, die sich u.a. durch die Moderationsrolle der Lehrenden, durch neue lernpsychologisch begründete Arbeitsmethoden sowie durch produktbezogene und die Lernenden einbeziehende Evaluationsformen auszeichnet; 5. die multiperspektivische, d.h. exemplarisch- historische, grenzübergreifend-konzeptionelle und methodisch-pragmatische, öffentlichkeitsrelevante Gestaltung von landeskundlichen Projekten.

Hackl, W./Langner, M./Simon-Pelanda, H. (1997), „Integrierende Landeskunde – ein (gar nicht so) neuer Begriff", in: *Theorie und Praxis. Österreichische Beiträge zu Deutsch als Fremdsprache.* Jahrbuch 1, 17–34. – „Wiener Erklärung zur Sprachförderung und Zusammenarbeit in Mittel- und Osteuropa" (1999), in: Krumm, H.-J. (Hrsg.), *Sprachen – Brücken über Grenzen.* Wien, 22–23.

Rainer Bettermann

DaF: s. Deutsch als Fremdsprache

DaM: s. Deutsch als Muttersprache

Darstellungsfunktion der Sprache: s. Organon-Modell

Data driven learning: s. datengeleitetes Lernen

Datenaufbereitung, die: Unverzichtbar für eine valide Datenanalyse und -interpretation ist die angemessene Aufbereitung der erhobenen Rohdaten (z.B. Protokolle, Fragebögen, Tests, Messungen, Video-/Audioaufnahmen von Interviews oder Gruppendiskussionen). Wie diese Aufbereitung im Einzelnen erfolgt, ist von dem gewählten Forschungsansatz und dem spezifischen Erkenntnisinteresse wie auch von der Art der gewonnenen Daten abhängig. Bei einer qualitativ angelegten Studie, die das Ziel verfolgt, einen größtenteils unbekannten Forschungsgegenstand mithilfe z.B. von mündlichen Interviews zu untersuchen und aus den gewonnenen verbalen Informationen Hypothesen zu entwickeln, werden Daten erhoben, die anders aufbereitet werden müssen als Daten, die etwa in einer eher quantitativ angelegten Studie erhoben werden, die gezielt Hypothesen über einen bereits gut bekannten Gegenstand überprüfen möchte (→**Datenerhebung**). Die Aufbereitung schriftlich gewonnener quantitativer Daten beginnt zumeist mit ihrer Bereinigung, ihrer Kodierung und ihrer Umwandlung in elektronische Daten für anschließende statistische Auswertungen. Ein zentrales Aufbereitungsverfahren für die Analyse qualitativ gewonnener mündlicher Daten ist die →**Transkription**, d.h. ihre Verschriftlichung. Grundsätzlich ist zu beachten, dass zwischen **D.** und Datenauswertung nicht immer strikt getrennt werden kann, da die Entscheidung, welche Daten aufbereitet werden, immer auch bereits eine Auswahl und somit eine Interpretation darstellt.

Bortz, J./Döring, N. (2006), *Forschungsmethoden und Evaluation für Human- und Geisteswissenschaftler*, Heidelberg.

Karin Aguado

Datenerhebung, die: Die Erhebung von Daten zum Zweck der systematischen empirischen Untersuchung einer gegebenen Fragestellung ist ein komplexes Unternehmen, dem zahlreiche Entscheidungen zugrunde liegen, die dokumentiert und plausibel begründet werden müssen. Dazu zählen die Benennung des Forschungsziels und des spezifischen Erkenntnisinteresses, die Festlegung des Forschungsdesigns (z.B. eher qualitativ oder eher quantitativ; →**experimentell**, quasi-experimentell oder nicht-experimentell, →**Längsschnitt-** oder →**Querschnittstudie**), die Auswahl bzw. Entwicklung der Untersuchungsinstrumente, die Gewinnung von Versuchspersonen sowie die Bestimmung der jeweiligen Datenaufbereitungs- und -analysemethoden. Zwecks Sicherstellung der Qualität wissenschaftlicher Untersuchungen ist bereits bei der **D.** die Einhaltung einer Reihe von →**Gütekriterien** unverzichtbar. So müssen die gewählten Datenerhebungsmethoden dem Gegenstand angemessen und das gesamte Vorgehen muss nachvollziehbar beschrieben werden. Ob ein eher →**induktives** oder ein eher →**deduktives** Vorgehen gewählt wird und die **D.** entsprechend eher der (explorativen) Aufstellung von Hypothesen und Theorien oder deren (explanativer) Überprüfung dient, hängt vom jeweiligen Erkenntnisinteresse ab. Die wichtigsten Methoden der empirischen **D.** sind Beobachtungen (z.B. Selbst- oder Fremdbeobachtung; teilnehmende oder nicht-teilnehmende Beobachtung) und Befragungen (z.B. mündlich oder schriftlich; offen oder geschlossen), die zu Analysezwecken mithilfe von Notizen, Protokollen oder Audio- bzw. Videoaufzeichnungen festgehalten und damit intersubjektiv überprüfbar gemacht werden. Weitere Verfahren der **D.** sind →**Experimente**, →**Testverfahren** oder Messungen. Da sowohl die technische als auch die inhaltliche Qualität der Daten für die Auswertung und die möglichen Erkenntnisse ausschlaggebend sind, ist schon bei der **D.** darauf zu achten, gültige und zuverlässige Daten zu gewinnen.

Bortz, J./Döring, N. (2006), *Forschungsmethoden und Evaluation für Human- und Geisteswissenschaftler*, Heidelberg.

Karin Aguado

datengeleitetes Lernen:
1. Allgemein
Lern- bzw. Rezeptionsvorgänge, die auf der – auch als aufsteigend (→**bottom up**) und induktiv bezeichneten – Verarbeitung von sprachlichen Einzeldaten (Lauten, Wörtern ...) beruhen. Sie stehen im Gegensatz zu absteigenden (→**top down**, deduktiven) Prozessen, die →**schemageleitetes Lernen** begleiten. **D.L.** tritt vor allem beim Hör- und Leseverstehen auf, allerdings meist im Gleichgewicht mit absteigender Verarbeitung.

2. **D.L.** als individueller Lernstil
Der Lernstil der „Datensammler" ist kommunikativ orientiert, arbeitet viel mit →**Chunks** und stützt sich im Gegensatz zu „Regelaufstellern" besonders auf **d.L.** (Edmondson/House 2000, 215).

3. **D.L.** als Lernverfahren
Die englische Bezeichnung für **d.L.**, data driven learning, wird meist in der Bedeutung einer systematischen Korpusanalyse verwendet, bei der die Lernenden von den Daten Generalisierungen ableiten, die sie auf neue Daten anwenden (vgl. Lemnitzer/Zinsmeister 2006, 167), u.a. im →**computergestützten Sprachunterricht** (vgl. Rüschoff/Wolff 1999, 130).

Edmondson, W.J./House, J. (2000), *Einführung in die Sprachlehrforschung*, 2. überarb. Aufl., Tübingen. – Lemnitzer, L./Zinsmeister, H. (2006), *Korpuslinguistik: Eine Einführung*, Tübingen. – Rüschoff, B./Wolff, D. (1999), *Fremdsprachenlernen in der Wissensgesellschaft. Zum Einsatz der Neuen Technologien in Schule und Unterricht*, Ismaning.

Klaus-Börge Boeckmann

Dativus Commodi/Dativus Incommodi: Dativ des Nutznießers/Geschädigten, →**Benefaktiv**/→**Malefaktiv**. NP im Dativ, die denjenigen bezeichnet, zu dessen Nutzen oder Schaden die Handlung/das Geschehen erfolgt, semantisch definierte Teilgruppe des Dativobjekts: *Er repariert/bespritzt der Frau das Auto., Ihm ging das Auto kaputt.* Ist das Besitzobjekt unveräußerlich, gilt dieser Dativ auch als Pertinenzdativ: *Er wäscht dem Kind die Haare./Ihm brennt die Haut.*

Der **DC./DInc.** ist stets →**fakultativ**, unterscheidet sich syntaktisch ansonsten nicht vom Dativobjekt und wird in DaF-Lehrbüchern auch oft so behandelt, insbesondere kann er bei Passivierung zum →**Subjekt** werden: *Sie bekam das Auto repariert/bespritzt.* Er stellt ein die →**Valenz** erweiterndes Zusatzargument zum Basisprädikat dar.

Entgegen den Annahmen der →**Valenzgrammatik** ist der **DC./DInc.** nicht frei, sondern wegen semantischer Restriktionen verbspezifisch: **Er bewundert ihr das Auto.* Voraussetzung für sein Auftreten ist, dass die Handlung/der Vorgang ihrem/seinem Inhalt nach zu einem für den Dativreferenten positiven/negativen Resultat führen kann.

Ogawa, A. (2003), *Dativ und Valenzerweiterung*, Tübingen. – Wegener, H. (1985), *Der Dativ im heutigen Deutsch*, Tübingen.

Heide Wegener

DaZ: s. Deutsch als Zweitsprache

Deduktion, die/deduktiv: **D.** ist ein aus dem Bereich der klassischen Logik stammendes Prinzip, welches den Prozess der Herleitung einer Aussage (Konklusion) aus verschiedenen wahren Aussagen (Prämissen) bezeichnet. Aus den Prämissen *Alle Deutschen sprechen deutsch.* und *Paul ist Deutscher.* kann demnach *Paul spricht Deutsch.* abgeleitet werden. Das Prinzip, gedanklich/argumentativ den Weg vom Allgemeinen zum Besonderen zu gehen, gehört, wie auch die →**Induktion**, zu den wissenschaftsmethodologischen Grundprinzipien.

Im Kontext der fremdsprachlichen Vermittlung steht die **deduktive** Methode für das Prinzip „von der Regel zur Übung" (→**top down**): Nach der Präsentation und Erklärung einer grammatischen Regel wird diese durch Übungen gefestigt, eine Praxis, die insbesondere die stark lehrerzentrierte →**Grammatik-Übersetzungsmethode (GÜM)** favorisiert.

Poser, H. (2001), *Wissenschaftstheorie: Eine philosophische Einführung*, Stuttgart. – Seel, N. (2003), *Psychologie des Lernens*, München/Basel.

Kerstin Rische

Default-Regel, die: grammatische Regel für den Standardfall, die nur solange gilt, wie keine weitergehenden Einschränkungen vorliegen, Ausnahmen also zulässt. Eine **D.-R.** kann folglich Systeme repräsentieren, die Irregularitäten aufweisen. Z.B. sind im Deutschen Substantive auf „-e" im Defaultfall feminin (*Jacke, Hose*), wenn sie jedoch männliche Lebewesen bezeichnen, maskulin (*Bote, Hase*). Das zusätzliche →**semantische Merkmal** schränkt die Geltung der **D.-R.** für Substantive auf „-e" also ein.

Bei Psycholinguisten gilt der s-Plural als Default, da er bei allen Genusklassen auftritt (*die Opas, Omas, Autos*), wogegen die anderen Pluralsuffixe auf Genusklassen restringiert sind. Tatsächlich gelten für die speziellen Wörter mit s-Plural aber andere Restriktionen (vgl. Wegener 1995, 22f.), so dass es fragwürdig erscheint, ob das Deutsche nur eine **D.-R.** aufweist und nicht vielmehr mehrere. Für jede Genusklasse kann ein Pluralsuffix als Default angenommen werden: Feminina → „-(e)n": *Bank-en*, Maskulina und Neutra → *„-(e):" Hund-e, Boot-e*. Jedoch selegieren die schwachen Maskulina → „-(e)n", die starken Feminina → „-(e)", die Neutra der alten ir-Klasse → „-er": *Hase-n, Küh-e, Kind-er*, und die speziellen Wörter → „-s": *Uni-s, Kuckuck-s, Mann-s*. Die Flexionsklassen schränken die Geltung der **D.-R.** für die Genusklassen also ein. Wie das Beispiel des deutschen Plurals zeigt, können im Einzelfall die Abweichungen so zahlreich und komplex sein, dass der DaF-Unterricht neben den **D.-R.** auch Muster für die Ausnahmeklassen vermitteln sollte, die sich im natürlichen Spracherwerb dank hoher →**Tokenfrequenz** ganzheitlich einprägen können (*Mann/Männer, Hand/Hände*).

Wegener, H. (1995), *Die Nominalflexion des Deutschen, verstanden als Lerngegenstand*, Tübingen.

Heide Wegener

Defizit-Hypothese, die: bezeichnet die Annahme, dass bestimmte Formen sprachlichen Ausdrucks als unzureichend und interventionsbedürftig zu qualifizieren sind.

1. Die **D.-H.** in der →**Soziolinguistik**
Nach Bernstein lässt sich je nach sozialer Schicht (abhängig von Bildung, Einkommen und sozialem Einfluss) ein unterschiedliches Sprachverhalten aufzeigen, wobei sich die sozial schwachen Schichten durch eingeschränktere und tendenziell negativ bewertete Sprachkompetenzen auszeichnen (→**restringierter Code**) und diese wiederum ihren sozialen Status verstärken. Dem gegenüber sehen die Vertreter der →**Differenzhypothese** (u.a. Labov) unterschiedliche sprachliche Ausdrucksmöglichkeiten gegeben, mit denen aber äquivalente kommunikative Leistungen erbracht werden (vgl. Dittmar 1973).

2. Die **D.-H.** in der Pädagogik und →**kompensatorischen Erziehung**

Die **D.-H.** wird auch in Bezug auf Sprachkompetenzen von Migranten und Fragen der Sprachförderung und Integration verwendet. Die sog. →**Ausländerpädagogik** und die kompensatorische Erziehung der 1970er Jahre waren bemüht, sprachliche Defizite auszugleichen. Aus der Sicht der in den 1980er Jahren entstehenden Interkulturellen Pädagogik wurden dabei aber unhinterfragt kulturelle Normen ins Spiel gebracht. Im Unterschied zur **D.-H.** der Ausländerpädagogik wurde in der auch von der Interkulturellen Pädagogik vertretenen Differenzhypothese dagegen die Gleichberechtigung unterschiedlicher Kulturen in einer zunehmend als multikulturell verstandenen Gesellschaft betont und statt einseitiger Anpassung wechselseitige Akzeptanz gefordert (vgl. Holzbrecher 2008).

Mit dem →**Zuwanderungsgesetz** und den →**Integrationskursen** ist die Diskussion um die Frage von Defizit oder Differenz neu belebt worden. Hier wird von Vertretern der Differenzhypothese v.a. auf den sprachlichen Reichtum von Migranten abgehoben (z.B. Krumm 2002), während insbesondere im schulischen Bereich die Sprachkompetenzen vieler Kinder und Jugendlicher mit Migrationshintergrund als unzureichend für das Bestehen im deutschen Bildungssystem und im Berufsleben und in diesem Sinne als defizitär erscheinen.

Dittmar, N. (1973), *Soziolinguistik*, Frankfurt a.M. – Holzbrecher, A. (2008), „Interkulturelles Lernen", in: Ahrenholz, B./Oomen-Welke, I. (Hrsg.), *Deutsch als Zweit- und Fremdsprache*, Baltmannsweiler, 118–130. – Krumm, H.-J. (2002), „‚One sprachen konten wir uns nicht ferstandigen. Ferstendigung ist wichtig'. Entwicklung und Tendenzen in der Sprachlehrforschung im Bereich Migration und Integration", in: *Deutsch als Zweitsprache* 2/2002, 32–40.

Bernt Ahrenholz

deiktisch/Deixis, die: sprachliche Elemente, die ohne Kontext keine eindeutige Bedeutung, sondern eine Verweisfunktion haben (*drüben, bald, weiter, würde*). Diese bekommen sie erst in einer bestimmten Sprechsituation, in der sie auf eine konkrete Person, Zeit u.a. hinweisen. **D.** werden unterschieden:

1. nach ihrer Funktion: a) Personal**d.** vertreten die drei Rollen in einer Sprechsituation (Sprecher: *ich*; Angesprochener: *du*; Besprochener: *er*); b) Lokal**d.** aus denen die Entfernung (*hier, dort*) bzw. Richtung (*hinschieben, herschieben, rechts, links*) ersichtlich ist; c) Temporal**d.** mit Hinweis auf die Vor-, Gleich- oder Nachzeitigkeit zum aktuellen Geschehen (*gestern, damals, jetzt, heuer, morgen, dann*); d) Sozial**d.** zeigen die soziale Stellung (*höher-, gleich-, niedrigergestellt*) der Kommunikationspartner zueinander (*Geben Sie mir....; Gib mir....; Er gebe mir....*); e) Modal**d.** beziehen sich auf die Wahrscheinlichkeit (*sicher – möglich*) des Geschehens (*Er kommt. Er könnte kommen.*).

2. nach ihrer Form: a) morphologische **D.** z.B. Tempus als Marker der Temporal**d.** (*Er kommt. Er kam.*), Modus als Marker der Modal**d.** (*Ich gebe....; Ich gäbe....* b) lexikalische **D.** z.B. Pronomina (*wir, ihr*), Demonstrativa (*dieser, jener*), Adverbien (*oben, damals, so*), Partikeln (*sicher, wohl*).

3. nach ihrer Stellung: a) Anadeixis (abschließend); b) Katadeixis (einführend).

Bühler, K. (1934), *Sprachtheorie*, Jena. – Diewald, G.M. (1991), *Deixis und Textsorten im Deutschen*, Tübingen.

Tomáš Káňa

deklaratives Wissen: Begriff der Kognitionspsychologie zur Informationsverarbeitung, der das sog. „Wissen was", d.h. Faktenwissen umfasst. Die Unterscheidung von deklarativem und →**prozeduralem Wissen** ist bei Anderson im Rahmen seines Modells des Adaptive Control of Thought (ACT) zu sehen (vgl. Grotjahn 1997, 38). Das **d.W.** wirkt zusammen mit dem prozeduralen Wissen, dem „Wissen wie", bei der →**Top-down-Verarbeitung**. Beide Wissenskomponenten sind für die Sprachverarbeitung doppelt ausgelegt, einmal als Sprachwissen und zum anderen als Weltwissen (vgl. Wolff 1990, 614). Zum deklarativen Sprachwissen gehört z.B. Faktenwissen zum Wortschatz (Wortbedeutungen, Wortarten), zur Grammatik, zur Pragmatik; zum deklarativen Weltwissen das Faktenwissen über die uns umgebende Welt (z.B. Geographie, Politik, Kultur).

Grotjahn, R. (1997), „Strategiewissen und Strategiegebrauch. Das Informationsverarbeitungsparadigma als Metatheorie der L2-Strategieforschung", in: Rampillon, U./Zimmermann, G. (Hrsg.), *Strategien und Techniken beim Erwerb fremder Sprachen*, Ismaning, 33–76. – Wolff, D. (1990), „Zur Bedeutung des prozeduralen Wissens bei Verstehens- und Lernprozessen im schulischen Fremdsprachenunterricht", in: *Die Neueren Sprachen*, Jg. 89, 610–625.

Barbara Biechele

Deklination, die: Unter **D.** ist in erster Linie die →**Flexion** von Substantiven nach →**Kasus** und →**Numerus** gefasst und in zweiter Linie die Flexion der zusätzlich am →**Genus** ihres Bezugssubstantivs orientierten Stellvertreter (→**Pronomen**) und Begleiter (Artikel; Adjektive; einige Numeralia). Die deklinierten Formen eines →**Nomens** bilden Deklinationsparadigmen, die sich zu Deklinationsklassen zusammenfassen lassen. Der Erwerb und die Vermittlung der Kompetenz des normgerechten Umgangs mit – insbesondere komplexen – Nominalen durch bzw. an DaF-Lernende erfordert hohe Übungsintensität, erstreckt sich über lange Zeiträume des Lernens wie auch der sprachlichen Praxis und sollte nicht mit zu hohem Korrektheitsanspruch belastet werden.

Sabira Levin

Dekodierung, die: Ausdruck für die Übertragung einer zunächst nicht verständlichen Zeichenmenge in eine verständliche. Dieser Übertragungspraxis liegt ein →**Kode** zugrunde. Die (Fehl-)Interpretation von Sprache als Kode, bereits bei Bühler kritisiert, erfuhr bei der Digitalisierung und Algorithmisierung sprachlicher Zeichen im Rahmen der Informationstheorie neues Gewicht. Die Übertragung in biologische Zusammenhänge (genetischer Kode) führt die Metaphorik in die Lebenswissenschaften ein. In mechanistischen Kommunikationsmodellen (Sender-Empfänger-Modellen) wird die **D.** gern als Modellierung für das Verstehen verwendet. Die Ausdrücke Kode-Wechsel bzw. -switch nutzen die Metapher innerhalb der Linguistik, meist ohne expliziten Bezug zu einer entsprechenden Theorie. Interpretationen der Verstehensprozesse als **D.** verkennen deren komplexe Strukturen.

Bühler, K. (1934/1965^2), *Sprachtheorie*, Jena/Stuttgart.

Konrad Ehlich

Deletion, die: s. Tilgung

Denominativum, das/→denominale Ableitung: ein →**Verb** oder →**Adjektiv**, das von einem Nomen abgeleitet wurde (z.B. *Stein* → *stein-ig*, *Wasser* → *wässern*).

Mandy Höhle

Denotation, die/denotativ: Beziehung des sprachlichen →**Zeichens** zu den Objekten, Ereignissen, Qualitäten etc., die sie sprachlich vertreten. So denotiert z.B. das Wort *Großglockner* den „höchsten Berg Österreichs", *gehen* eine „aufrechte Bewegung auf Füßen, wobei immer ein Teil der Sohle auf dem Boden bleibt". Die **d.** Bedeutung ist demnach der kognitive Kern, die „Hauptbedeutung" (im Unterschied zur pragmatisch bedingten →**konnotativen** Bedeutung), die in der Sprachgemeinschaft relativ einheitlich verstanden wird. Die **d.** Bedeutungen der →**Lexeme** werden in Wörterbüchern beschrieben.

Tomáš Káňa

Dependenz, die: auch: Abhängigkeit. **D.** ist neben Konstituenz (→**Konstituentenstruktur**) eine der beiden syntaktischen Grundrelationen. **D.** ist definiert als gerichtete Abhängigkeit der Wörter im Satz, und zwar dergestalt, dass jedes Wort mit Ausnahme des →**finiten Verbs** genau von einem anderen Wort des Satzes abhängt (und nicht umgekehrt). Das finite Verb des Hauptsatzes steht an der Spitze des →**Strukturbaums** und hängt seinerseits von keinem anderen Wort ab, z.B.:

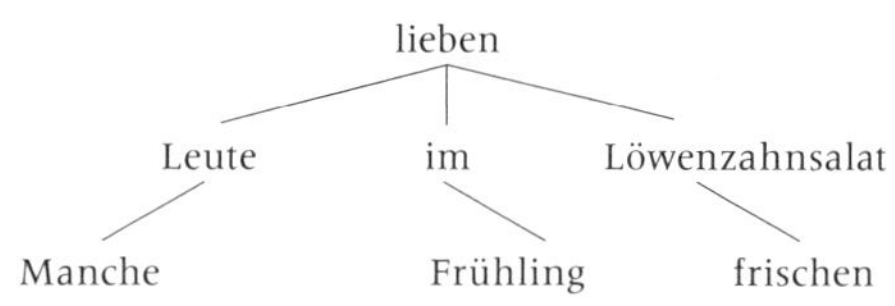

Im Unterschied zur traditionellen Grammatik und Logik und auch zur →**Konstituentenstrukturgrammatik** und in Übereinstimmung mit der modernen Logik wird in der **D.**- und in der →**Valenzgrammatik** der →**Satz** nicht als aus Subjekt und Prädikat zusammengesetzt angesehen, sondern das finite Verb steht kraft seiner prädikativen Rolle an der Spitze des Stammbaums. Von ihm ist das Subjekt als eine der →**Ergänzungen** neben anderen Ergänzungen (z.B. den →**Objekten**) und neben den →**Angaben** abhängig. In der →**Semantik** nennt man die Ergänzungen Argumente und die Angaben Modifikatoren.

Klaus Welke

Dependenzgrammatik, die: auch: Abhängigkeitsgrammatik; Moderne Grammatiken lassen sich in **D.** und →**Konstituentengrammatiken** gliedern. Der Begründer der modernen **D.** ist der französische Sprachwissenschaftler Lucien Tesnière. Sein Hauptwerk erschien posthum 1959. Die nach Auffassung der **D.** in einem Satz bestehenden Abhängigkeitsbeziehungen werden in →**Strukturbäumen** dargestellt. Die Wörter hängen direkt oder indirekt voneinander ab und zwar so, dass jedes Wort von einem und nur einem anderen Wort abhängt. Die Ausnahme bildet das →**finite Verb** des übergeordneten Satzes (Hauptsatzes), das an der Spitze des Strukturbaums steht – zur grafischen Darstellung vgl. →**Dependenz**. Die jeweils übergeordnete Einheit wird als →**Regens** bezeichnet, die abhängigen Einheiten heißen Dependens (Pl. Dependentien). Die Dependentien unterteilt Tesnière in actants (Aktanten, →**Ergänzungen**) und circonstants (→**Angaben**). Den →**Satz** vergleicht er mit einem Drama (petit drame). Sätze sind Handlungen (Verben) mit Aktanten in Umständen (Angaben). Im Zusammenhang mit der Unterscheidung von Ergänzungen und Angaben führte Tesnière den Begriff der →**Valenz** ein. Valenz ist die Fähigkeit von Verben und im weiteren Sinne von Valenzträgern, eine bestimmte Zahl und Art von Ergänzungen zu verlangen. Der Begriff der Valenz wurde zu einem Grundbegriff der Grammatiktheorie.

Ágel, V./Eichinger, L.M./Eroms, H.-W. et al. (2003), *Dependenz und Valenz. Ein internationales Handbuch der zeitgenössischen Forschung*, 1. Halbbd., Berlin/New York. – Dürscheid, C. (2007), *Syntax. Grundlagen und Theorien*, Wiesbaden. – Eroms, H.-W. (2000), *Syntax der deutschen Sprache*, Berlin/New York. – Tesnière, L. (1980), *Grundzüge der strukturalen Syntax*, Stuttgart.

Klaus Welke

Derivation, die: auch: Ableitung. Neben der Komposition (→**Kompositum**) das wichtigste Mittel der Wortbildung in der deutschen Sprache. Mit Hilfe von lexikalischen →**Morphemen** und →**Ableitungsaffixen** werden neue Wortformen gebildet. Als **D.** bezeichnet man den Prozess der Bildung, sein Produkt nennt man Derivat. Innerhalb der **D.** wird zwischen expliziter und impliziter **D.** unterschieden. Zur expliziten **D.** gehören:

- Präfixderivation/→**Präfigierung**, z.B.: *Missernte, unvorsichtig, aufschlagen*,
- Suffixderivation/→**Suffigierung**, z.B.: *Kindheit, trinkbar, sprachlich*,
- kombinatorische Derivation (Kombination aus →**Präfix** und →**Suffix**), z.B.: *Gehupe*.

Bei der expliziten **D.** werden also →**Affixe** dem Grundmorphem hinzugefügt.

Als implizite **D.** werden Prozesse deverbaler **D.** von Substantiven und Verben (*werfen* → *Wurf, Abflug* → *abfliegen*) zusammengefasst. Sie erfolgt ohne Verwendung von Affixen, sondern ist mit einem Wechsel im Stammvokal verbunden; heute ist die implizite **D.** allerdings unproduktiv. Demgegenüber ist die explizite **D.** höchst produktiv. Sie spielt in Hinblick auf DaF eine besondere Rolle für die Förderung des potenziellen Wortschatzes.

Eichinger, L.M. (2000), *Deutsche Wortbildung. Eine Einführung*, Tübingen. – Fleischer, W./Barz, I., unter Mitarbeit von M. Schröder (1995), *Wortbildung der deutschen Gegenwartssprache*, 2. erg. Aufl., Tübingen.

Renate Freudenberg-Findeisen

DESI (Deutsch Englisch Schülerleistungen International): eine repräsentative Studie zur Erfassung der sprachlichen Leistungen in Deutsch und Englisch an Schulen in Deutschland. **DESI** erfasste 2003 und 2004 die Kompetenzen von Neuntklässlern in unterschiedlichen Schulformen in Deutsch und Englisch. Grundlage der Testkonstruktion waren die Lehrpläne beider Fächer. Darüber hinaus wurde eine Videostudie zum Unterricht durchgeführt. Ziel war die Erklärung der sprachlichen Leistungen der Schüler durch individuelle, unterrichtliche, schulische und familiäre Faktoren. Ferner sollte **DESI** Informationen über die Qualität des Deutsch- und Englischunterrichts zur Verfügung stellen.

Internetadresse: http://www2.dipf.de/desi/ – Klieme, E./Beck, B., Hrsg. (2007), *Sprachliche Kompetenzen – Konzepte und Messung. DESI-Studie* (Deutsch Englisch Schülerleistungen International), Weinheim.

Ingrid Gogolin

Deskription, die/deskriptiv: Mit **D.** bezeichnet man die wertungsfreie Beschreibung eines ausgewählten Phänomens oder eines Sachverhalts zum Zweck einer im Anschluss erfolgenden angemessenen Analyse und Erklärung.

1. In der →**Sprachwissenschaft**: im Gegensatz zu einer normativen, präskriptiven Sichtweise auf die Sprache – wie sie in erster Linie in unterrichtsbezogenen Kontexten eingenommen wird – geht es in der **d.** Sprachwissenschaft ausschließlich um die unvoreingenommene, genaue und möglichst vollständige Beschreibung des aktuellen Sprachgebrauchs einer Sprechergemeinschaft.

2. In der →**Forschungsmethodologie**: ein methodisches Vorgehen, bei dem jegliches Vorwissen – Theorien, Erfahrungen, Annahmen etc. – bewusst ausgeblendet wird, um den zu untersuchenden Gegenstand so zu erfassen, wie er ist, und ihn auf diese Weise intersubjektiv zugänglich zu machen. Je weniger über einen Forschungsgegenstand bekannt ist, desto wichtiger ist zunächst eine möglichst umfassende und genaue Beschreibung – dies trifft insbesondere auf praxis- bzw. anwendungsbezogene Fragestellungen zu –, um darauf aufbauend →**Hypothesen** oder Forschungsfragen zu entwickeln, die in sich anschließenden Studien gezielt untersucht werden können.

Karin Aguado

deskriptive Linguistik: Gegenüber einer starken Konzentration auf universale und auf aus universalen Prinzipien abgeleitete Formen der →**Linguistik** setzt sich eine **d.** („beschreibende") **L.** die möglichst präzise empirische Erfassung sprachlicher Formen und Strukturen zum Ziel. Dabei folgt sie unterschiedlichen Methoden und methodologischen Prinzipien. So versucht der →**Distributionalismus** unter Nutzung statistischer Verfahren, die Verteilung sprachlicher Einheiten in einer Gesamtmenge sprachlicher Daten, einem Korpus, zu erfassen. Der →**Strukturalismus** entwickelt Strukturbeschreibungen von sprachlichen, aber auch von anderen im weiteren Sinn semantischen Systemen.

Für „tote" Sprachen ist das Korpus per Definition die Gesamtmenge der überhaupt vorhandenen schriftlichen Sprachdaten, die allenfalls durch neue epigraphisch-archäologische Funde noch Erweiterung findet. Für heute noch verwendete Sprachen ist die Korpuserstellung hingegen eines der zentralen theoretisch-methodologischen Probleme der **d.L.**, für das es bisher keine überzeugende und verallgemeinerte Lösung gibt. Auch die verbesserten Möglichkeiten elektronischer Datenspeicherung und -verarbeitung entheben die **d.L.** nicht dieser grundsätzlichen Problematik. Ein zweiter Problembereich betrifft die Deskriptionskategorien, für die häufig auf (ggf. etwas modifizierte) überkommene Kategorien wie die der Wortarten zurückgegriffen wird, und zwar selbst dort, wo die Sprachstrukturen dem nicht entsprechen.

Dürr, M./Schlobinski, P. (2006), *Deskriptive Linguistik*, 3. Aufl., Göttingen.

Konrad Ehlich

Deutsch als Fremdsprache (DaF):
1. Begriffsklärung
DaF bezeichnet alle unterrichtspraktischen und wissenschaftlichen Aktivitäten, die sich mit der deutschen Sprache und der Kultur der deutschsprachigen Länder unter dem Aspekt des Lehrens und Lernens von Nichtdeutschsprachigen beschäftigen. Im engeren Sinne zielt DaF auf die spezifische Situation des Fremdsprachenlernens außerhalb des deutschen Sprachraums, während sich →**Deutsch als Zweitsprache** auf den Erwerb des Deutschen im deutschsprachigen Kontext bezieht.

2. Zur Geschichte
Die Geschichte des DaF-Unterrichts lässt sich seit Beginn der Überlieferung in deutscher Sprache, insbesondere seit der Verdrängung des Lateinischen durch die Volkssprachen ab dem 14. Jh. verfolgen (Glück 2002, →**DaF, Geschichte des Faches**). Zu Beginn des 20. Jhs. wurden Institutionen gegründet, zu deren Aufgaben u.a. eine externe Verbreitung von Deutsch gehörte und – in den Nachfolgeorganisationen – bis heute gehört, so z.B. das →**Goethe-Institut** und der →**Deutsche Akademische Austauschdienst** (vgl. Ammon 1991). Erst in den 1970er Jahren wurde **DaF** auch im deutschen Sprachraum zum Thema von Wissenschaft. Inzwischen existieren in Deutschland, Österreich und der Schweiz Hochschulinstitute, Lehrstühle, Fachverbände u.ä. (vgl. Helbig u.a. 2001).

3. Zugänge
DaF ist ein interdisziplinäres Fachgebiet, in dem erziehungs- und sozialwissenschaftliche Grundlagen und Kontexte gleichrangig mit sprachlichen und kulturellen Strukturen und Inhalten untersucht werden müssen. Traditionell werden vier Zugänge unterschieden (vgl. Henrici/Koreik 1994): a) ein literaturwissenschaftlicher, der auch als →**interkulturelle** bzw. →**transnationale Germanistik** bezeichnet wird (vgl. Wierlacher/Bogner 2003; Stickel 2003) und die Manifestation kultureller Prägungen in Texten betont sowie die „kulturräumliche Distanz" der Lesenden bei der Textrezeption untersucht; b) ein linguistischer, bei dem Sprachsystem und Sprachkontrast, aber auch sozio- und diskurslinguistische Aspekte (z.B. die Frage, welche der nationalenVarietäten des Deutschen im Ausland zu unterrichten sei) eine zentrale Rolle spielen; c) ein landeskundlich-kulturwissenschaftlicher Zugang, der Fragen der Mentalität und Stereotypen, der Entstehung von Landesbildern und kulturellen Prägungen ins Zentrum rückt; d) schließlich eine lehr-lerntheoretische Orientierung, d.h. die Arbeitsfelder der Fremdsprachendidaktik und Sprachlehrforschung; e) zusätzlich ist die Sprachenpolitik zu nennen, d.h. die Frage nach der Rolle der deutschen Sprache im Rahmen der europäischen Mehrsprachigkeit

wie nach dem Beitrag, den der Deutschunterricht zum interkulturellen Verstehen leisten kann (vgl. Krumm/Portmann-Tselikas 2006).

4. Offene Fragen
Als Folge des Nationalsozialismus ist Deutsch in internationalen Organisationen kaum als →**Arbeitssprache** verankert, obwohl dies bei der, was die Zahl der Muttersprachler angeht, stärksten Sprache innerhalb der EU angebracht wäre. Es bleibt eine Aufgabe der künftigen →**Sprachenpolitik**, Wege zu finden, die Rolle der deutschen Sprache international zu stärken, dies zugleich als Stärkung der europäischen →**Mehrsprachigkeit** anzulegen.

Ammon, K. (1991): *Die internationale Stellung der deutschen Sprache*, Berlin. – Glück, H. (2002), *Deutsch als Fremdsprache in Europa vom Mittelalter bis zur Barockzeit*, Berlin. – Helbig, G. u.a., Hrsg. (2001), *Deutsch als Fremdsprache – ein internationales Handbuch*, 2 Bde., Berlin. – Henrici, G./Koreik, U., Hrsg. (1994), *Deutsch als Fremdsprache – Wo warst Du, wo bist Du, wohin gehst Du?*, Baltmannsweiler. – Krumm, H.-J./Portmann-Tselikas, P.R., Hrsg. (2006), *Begegnungssprache Deutsch – Motivation, Herausforderung, Perspektiven*, Innsbruck. – Stickel, G., Hrsg. (2003), *Deutsch von außen*, Berlin. – Wierlacher, A./Bogner, A., Hrsg. (2003), *Handbuch interkulturelle Germanistik*, Stuttgart.

Hans-Jürgen Krumm

Deutsch als Fremdsprache, Geschichte des Faches:
1. Begriffsklärung
Es ist zu unterscheiden zwischen der „Sache" →**Deutsch als Fremdsprache** (DaF) und ihrer Institutionalisierung als Schul- und akademisches Fach. Seit dem Mittelalter wird in Europa das Deutsche (bzw. seine älteren Sprachstufen) als Fremdsprache gelernt. Als Schulfach beginnt DaF seine Karriere im 19. Jh. Als akademisches Hilfsmittel („Deutschkurse für Ausländer") existiert es seit etwa 1900, als Studienfach seit den 1970er Jahren.

2. Entwicklung
DaF ist im Mittelalter und in der Frühen Neuzeit die wichtigste (moderne) Fremdsprache in Nordeuropa, in den baltischen Ländern, in Ungarn und im west- und südslavischen Sprachraum. Im 18. Jh. wird es im ostslavischen Sprachraum zur führenden Fremdsprache. In Süd- und Westeuropa (außer an den Sprachgrenzen) sowie auf den britischen Inseln spielt DaF nie eine große Rolle. DaF wird entlang der Sprachgrenzen und in den deutschen Sprachinseln in Nord-, Mittel- und Osteuropa lange Zeit oral erworben. Im Adel und im entstehenden Bürgertum wird DaF bis ins 19. Jh. durch Sprachmeister gelehrt. Die ältesten bekannten Lehrmaterialien stammen aus Norditalien (15. Jh.). Gedruckte Materialien für den Unterricht erscheinen seit dem 16. Jh. in Polen, Böhmen, Ungarn, Frankreich, Katalonien und Italien. In den nordischen Ländern setzen Lehrmittelproduktion und DaF-Unterricht im 17. Jh. ein (bis dahin war „Semikommunikation" mit Deutschsprachigen möglich), in Russland und Nordamerika im 18. Jh. Anlässe für den Erwerb von DaF lagen im Fernhandel, in adligen Fernheiraten und den Kavaliersreisen, im „Kindertausch", in Flucht und Integration (z.B. Wallonen, Franzosen, Savoyer, Tschechen im 16. und 17. Jh.). Im 19. Jh. steigt das Deutsche zu einer führenden Wissenschaftssprache auf und wird zu einer maßgeblichen Publikationssprache. Als Kolonialsprache spielte DaF nur eine marginale Rolle. Der Geschichte des DaF widmet sich die Buchreihe „Fremdsprachen in Geschichte und Gegenwart" (FGG).

Glück, H. (2002), *Deutsch als Fremdsprache in Europa vom Mittelalter bis zur Barockzeit*, Berlin/New York. – Glück, H./Morcinek, B., Hrsg. (2006), *Ein Franke in Venedig. Das Sprachbuch des Georg von Nürnberg (1424) und seine Folgen*, (FGG 3), Wiesbaden. – Glück, H./Pörzgen, Y. (2009), *Deutschlernen in Rußland und in den baltischen Ländern vom 16. Jh. bis 1941. Eine teilkommentierte Bibliographie*, (FGG 5). Wiesbaden, im Druck.

Helmut Glück

Deutsch als Muttersprache (DaM):
1. Verbreitung
Gemessen an der Zahl muttersprachlicher Sprecher und seiner ökonomischen Stärke zählt Deutsch zu den 10 Weltsprachen und ist mit rund 100 Mio. die meistgesprochene Muttersprache in der EU (Stand 2007). In Deutschland, Österreich, der Schweiz und Liechtenstein bildet **DaM** die Mehrheit und ist dort abgesehen von der Schweiz solo-offizielle, in der Schweiz und in Luxemburg ko-offizielle →**Amtssprache**. Als regionale Amtssprache gilt Deutsch in Belgien und der autonomen Provinz Bozen-Südtirol in Italien. Bevölkerungsanteile mit **DaM** gibt es auch im französischen Elsass. Deutsch gehört damit zum Typ der plurinationalen oder →**plurizentrischen** Sprachen. Die v.a. durch Ammon angestoßene Diskussion um die →**nationalen Varietäten** ist für das Prestige des →**Österreichischen Deutsch** bzw. →**Schweizerdeutsch** relevant. Aus historischen Gründen finden sich →**Sprachinseln** mit **DaM** als Minderheitensprache in den ost- und

südosteuropäischen Ländern. Weiters gibt es Emigrantenkolonien in Übersee, die **DaM** weiter pflegen (z.B. in Brasilien, in Chile, in den USA oder in Namibia).

2. Unterricht

DaM bezeichnet auch den Deutschunterricht für Lerner mit deutscher Muttersprache und grenzt sich ab vom Deutschunterricht als Nationalitätensprache, als Zweit- oder Fremdsprache. Zur Begriffsdifferenzierung muss die Stellung der Sprache im Schulcurriculum und für das Individuum betrachtet werden. Basierend auf der traditionellen Gleichsetzung von Nation und Sprache erfüllt **DaM** im Bildungssystem der deutschsprachigen Länder eine Doppelfunktion als Unterrichtsfach und Unterrichtssprache und hat eine zentrale Bedeutung im Fächerkanon. Für Schüler mit DaZ oder DaF übernimmt die Zweitsprache Deutsch damit dieselbe Bildungsfunktion wie die Erst- oder Muttersprache. Die Migrationsbewegungen der letzten Jahrzehnte führen dazu, dass der Anteil von Schülern mit **DaM** im deutschen Sprachraum zugunsten einer mehrsprachigen Schülerpopulation tendenziell abnimmt. Dies führt zu einer Neuorientierung des Faches **DaM** im Schulwesen und zu einem an **→Mehrsprachigkeit** orientierten Deutschunterricht.

Ammon, U. (1995), *Die deutsche Sprache in Deutschland, Österreich und der Schweiz. Das Problem der nationalen Varietäten*, Berlin/New York. – Bredel, U. u.a., Hrsg. (2006), *Didaktik der deutschen Sprache. Ein Handbuch*, 2 Bde., Paderborn/München/Wien.

Andrea Dorner

Deutsch als zweite oder weitere Fremdsprache: Spracherwerbstheoretisch ist es sinnvoll, zwischen einer ersten Fremdsprache und zweiten oder weiteren Fremdsprachen zu unterscheiden, weil die ersten Fremdsprachen im individuellen Lernerrepertoire eine Sonderrolle einzunehmen scheinen. Mit ihnen werden Fremdsprachenlernerfahrungen das erste Mal gemacht und Lernende geprägt, und sie scheinen als Bezugssprachen eine Brückenfunktion zwischen Erst- und weiteren Fremdsprache(n) einzunehmen. Diese Annahme wird durch erste neurolinguistische Untersuchungen gestützt: Die **→Erstsprache(n)** werden teilweise und in Abhängigkeit von der jeweiligen Leistung, die bei der Sprachverarbeitung gefordert ist, in anderen Hirnarealen gespeichert und prozessiert als die Fremdsprache(n). Englisch ist mittlerweile in vielen Curricula die erste und obligatorische Fremdsprache, so dass Deutsch, wenn überhaupt curricular verankert und angeboten, als eine typische zweite oder weitere Fremdsprache gilt (**→Mehrsprachigkeit**, **→Sprachenpolitik**). Curricular und didaktisch-methodisch ergeben sich hieraus verschiedene mögliche Konsequenzen (**→Mehrsprachigkeitsdidaktik**): Lehrwerke und Unterricht können auf vorhandene Vorerfahrungen zurückgreifen; die Progression kann möglicherweise steiler angelegt und der Zugriff stärker aus rezeptiver Sicht erfolgen und zugleich anspruchsvoller sein. Beispielsweise könnten die ersten Kapitel von Lehrwerken sogleich mit längeren Texten beginnen und sich nicht mit wiederholenden und für die Lernenden ermüdenden Sprechakten zum Kennenlernen aufhalten, sie könnten Internationalismen einbeziehen, auf vorher gelernte Sprachen verweisen bzw. sie ebenfalls mit einbeziehen. Möglicherweise können auch lernstrategische Aspekte wie Kenntnis des eigenen Lernertyps und entsprechendes Agieren vorausgesetzt werden und als entlastendes Element in den Unterricht mit einfließen. Dass dies allerdings nicht für alle Kulturkreise gilt, hat beispielsweise Kärchner-Ober 2009 mit ihrer Untersuchung malaysischer DaF-Lernender gezeigt.

Hufeisen, B./Neuner, G., Hrsg. (2005), *Mehrsprachigkeitskonzept – Tertiärsprachenlernen – Deutsch nach Englisch*, 2. Aufl., Straßburg. – Kärchner-Ober, R. (2009), *„The German Language is Completely Different from the English Language." Gründe für die Schwierigkeiten des Lernens von Deutsch als Tertiärsprache nach Englisch bei malaysischen Studenten mit verschiedenen nicht-Indo-Europäischen Erstsprachen. Eine datenbasierte, sozio-ethnografische Studie*, Tübingen.

Britta Hufeisen

Deutsch als Zweitsprache (DaZ):

1. Begriffsklärung

Mit **DaZ** werden je nach Fokussierung i.W. drei verschiedene Ausschnitte des fachlichen Kontinuums „Deutsch als Zweitsprache" bezeichnet: a) die deutschsprachlichen Äußerungen von Sprechern, die das Deutsche als Fremdsprache in einer deutschsprachigen Region und weitgehend außerunterrichtlich erworben haben; Sprecher dieser Varietät gehören überwiegend zu den Gruppen der Arbeitsmigranten, Aussiedler und Flüchtlinge; mit Bezug auf die Arbeitsmigranten hat **DaZ** die bis Ende der 1970er Jahre gebräuchliche Bezeichnung **→Gastarbeiterdeutsch (GAD)** abgelöst; b) das Unterrichtsfach, das die Förderung des Erwerbs des **DaZ** betreibt und c) das Teil- und Spezialgebiet des wiss. Faches **→Deutsch als**

Fremdsprache bzw. der →**Sprachlehr- und -lernforschung**, das die Spezifika der sprachlichen Varietät **DaZ**, die Erforschung des Erwerbs von **DaZ** sowie die Entwicklung von methodisch-didaktischen Konzepten der Förderung des **DaZ**-Erwerbs zum Gegenstand hat.

2. Geschichtliche Entwicklung
Das Phänomen des **DaZ**-Erwerbs ist eine Begleiterscheinung von Einwanderungsprozessen in deutschsprachige Länder und insofern so alt wie diese; zum Gegenstand besonderer gesellschaftlicher und wiss. Aufmerksamkeit wurde es dagegen erst seit den 1970er Jahren. Seit Beginn des 3. Jahrtausends wird **DaZ** insbesondere in Zusammenhängen forcierten gesellschaftlichen und politischen Interesses für die Schulleistungen von Kindern und Jugendlichen mit Migrationshintergrund (→**PISA**; →**Bildungsstandards**) sowie im Kontext der sich aus ökonomischen wie demografischen Gründen wandelnden Zuwanderungspolitik (→**Integrationsvereinbarung**; →**Integrationskursverordnung**; →**Integrationskurse**) thematisiert (z. Geschichte von **DaZ** s. Barkowski 2003).

3. Zum Profil
Als spezifisches Teilgebiet ist **DaZ** von anderen Situierungen des Fremdsprachenlehrens und -lernens durch seine komplexe Einbindung in den Kontext ‚Einwanderungsgesellschaft' mit seinen umfassenden Bedeutsamkeiten deutlich unterschieden, wie die folgende Übersicht (aus Barkowski 2003, 521) zeigt (Abb. 1). Die Grafik macht die besondere und komplexe Faktorensituation deutlich, mit der **DaZ** es insbesondere im Hinblick auf Problemlösungen der „Dimension Praxis" zu tun hat.

4. Zum Verhältnis von **DaZ** und DaF
Im Prinzip ist **DaZ** als Teilgebiet von DaF in dessen wiss. und außerwiss. Praxis voll integriert und nutzt umfänglich dessen Wissensbestände; andererseits hat auch **DaZ** die Weiterentwicklung des Gesamtfaches wesentlich beeinflusst und befördert (zu Gemeinsamkeiten und Abgrenzungen vgl. u.a. Rösler 1995). Zudem wurden im Kontext von **DaZ** in den folgenden Bereichen spezielle Erkenntnisse gesammelt bzw. Konzepte und Materialien entwickelt: →**Berufsorientierter FSU**; →**Bilingualer Sachfachunterricht**; →**Interkulturelles Lernen**; →**Zweisprachige Alphabetisierung**; →**Zweitsprachendidaktik und →methodik**; →**Zweitsprachenunterricht.**

Barkowski, H./Harnisch, U./Kumm, S. ([2]1986), *Handbuch für den Deutschunterricht mit Arbeitsmigranten*, Mainz. – Barkowski, H. (2003), „30 Jahre Deutsch als Zweitsprache – Rückblick und Ausblick", in: *Info DaF* 30, 6,

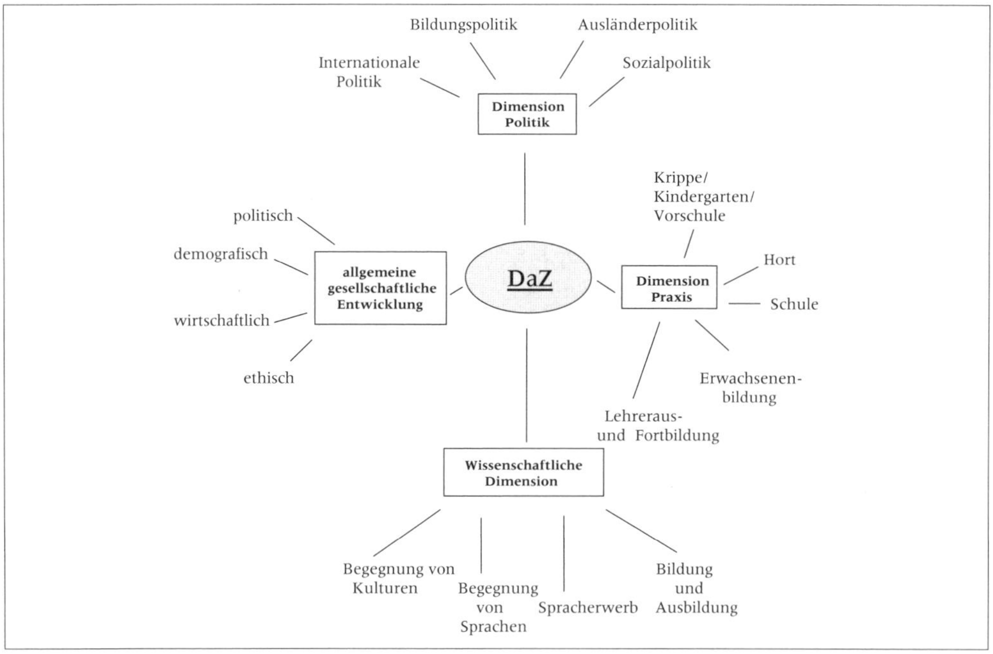

Abb. 1

521–540. – Klein, W. (1984), *Zweitspracherwerb*, Frankfurt a. M. – Kniffka, G./Siebert-Ott, G. ([2]2009), *Deutsch als Zweitsprache. Lehren und Lernen. Standardwissen Lehramt*, Tübingen/Basel. – Rösler, D. (1995), „Deutsch als Fremd- und Zweitsprache. Gemeinsamkeiten und Unterschiede", in: Dittmar, N./Rost-Roth, M. (Hrsg.), *Deutsch als Zweit- und Fremdsprache. Methoden und Perspektiven einer wissenschaftlichen Disziplin*, Frankfurt a. M., 149–160. – Internetadresse: www.daz-portal.de

Hans Barkowski

Deutsche Auslandsgesellschaft e.V.: eine der →**Mittlerorganisationen**, gefördert vom deutschen Außenministerium (Auswärtiges Amt); die **DA**, gegr. 1949, setzt sich für die Pflege der deutschen Auslandsbeziehungen und die Förderung internationaler Verständigung ein; Hauptaufgabe des Vereins – mit Sitz in Lübeck – ist die Organisation und Durchführung von Fortbildungsangeboten für Deutschlehrende aus Nord- und Nordosteuropa.

Internetadresse: www.deutsche-auslandsgesellschaft.de

Hans Barkowski

Deutscher Akademischer Austauschdienst (DAAD): Der **DAAD** ist eine Vereinigung (e.V.) der Hochschulen und Studierendenschaften der Bundesrepublik Deutschland; 1925 gegründet, 1945 aufgelöst, 1950 wieder gegründet. Vereinszweck ist die Förderung des internationalen akademischen Austauschs. Diesem Zweck dienen fünf strategische Ziele:

1. Förderung ausländischer Nachwuchseliten, um künftige Führungspersönlichkeiten in Wissenschaft, Kultur, Wirtschaft, Politik und Medien als Partner und Freunde für Deutschland zu gewinnen;
2. Förderung deutscher Nachwuchseliten, um sie als künftige Führungspersönlichkeiten in Wissenschaft, Kultur, Wirtschaft, Politik und Medien im Geiste internationaler und interkultureller Begegnung und Weltoffenheit zu qualifizieren;
3. Förderung der Internationalität und Attraktivität der deutschen Hochschulen;
4. Förderung der Germanistik und der deutschen Sprache, der Literatur und der Landeskunde an ausgewählten ausländischen Universitäten;
5. Förderung der Hochschulentwicklung in Entwicklungs- und Transformationsländern in Mittel- und Osteuropa, um deren wirtschaftlichen und demokratischen Reformprozess zu unterstützen.

Der **DAAD** fungiert weiterhin als nationale Agentur für die Mobilitätsprogramme der EU. Die Förderung richtet sich auf die Zielgruppen Studierende, Praktikanten, Doktoranden und Wissenschaftler. Sie umfasst alle akademischen Fächer sowie die bildende Kunst und die Musik. Für die Programme stehen öffentliche Mittel in Höhe von ca. 300 Mio. Euro zur Verfügung (2008); Hauptgeldgeber: Auswärtiges Amt, Bundesministerium für Bildung und Forschung, Bundesministerium für wirtschaftliche Zusammenarbeit sowie EU. Der **DAAD** informiert weltweit über das deutsche Bildungs- und Hochschulsystem.

Internetadresse: www.daad.de

Werner Roggausch

Deutscher Volkshochschulverband e.V. (DVV): bildungs- und verbandspolitische Vertretung der ca. 1.000 Volkshochschulen (VHS) und der VHS-Landesverbände auf Bundes- und europäischer Ebene. Fremdsprachen gehören traditionell zu den wichtigsten Lernangeboten der VHS, wobei neben dem Englischen das →**Deutsche als Zweitsprache** zahlenmäßig hervortritt. Für die seltener gelernten Sprachen sind die VHS oft alleiniger Anbieter. Dem **DVV** kommt eine wichtige Funktion beim Erfahrungsaustausch, bei der Erarbeitung von Konzepten und Positionen und nicht zuletzt bei Aus- und Fortbildung der Unterrichtenden – ein Arbeitsschwerpunkt der Landesverbände – zu.

Internetadresse: www.dvv-vhs.de

Gerhard von der Handt

Deutsche Schulen im Ausland: s. **Zentralstelle für das Auslandsschulwesen**

Deutsches Institut für Erwachsenenbildung e.V. (DIE)/Leibniz-Zentrum für Lebenslanges Lernen: Unabhängige forschungsorientierte Serviceeinrichtung für die gesamte Erwachsenenbildung, hervorgegangen aus der Pädagogischen Arbeitsstelle des →**Deutschen Volkshochschulverbandes**, an der u.a. die ersten Empfehlungen und Testformate für das Sprachenlernen von Erwachsenen entwickelt wurden (zuerst VHS-Zertifikate, dann →**The European Language Certificates**). Ursprüngliches Ziel der Zertifikate war die Förderung des handlungsorientierten Sprachenlernens, heute steht eher der Testaspekt im Vordergrund (bes. DaZ-Tests). Der Arbeitsschwerpunkt des **DIE** hat sich von Rahmenrichtlinien auf individualisierte, mediale und informelle Lern- und Lehrformen ausgeweitet.

Internetadresse: www.die-bonn.de

Gerhard von der Handt

Deutsche Sprachprüfung für den Hochschulzugang (DSH): Nachfolgeprüfung für die PNdS (Prüfung zum Nachweis deutscher Sprachkenntnisse). Mit dieser Prüfung müssen nichtdeutschsprachige Studienbewerber nachweisen, dass ihre Sprachkenntnisse für ein erfolgreiches Studium an einer deutschen Hochschule ausreichen. Die Prüfungserstellung und -bewertung erfolgt nach den Vorgaben einer von der deutschen Hochschulrektorenkonferenz (HRK) und dem →**Fachverband Deutsch als Fremdsprache** erarbeiteten Rahmenordnung (RO-DT) und Musterprüfungsordnung (MPO) an den einzelnen Hochschulen und Studienkollegs. Im Rahmen eines Registrierungsverfahrens wird die Übereinstimmung der örtlichen **DSH**-Prüfungsordnung und des Prüfungsverfahrens mit den Bestimmungen der RO-DT und der **DSH**-MPO überprüft. Anbieter, die die Voraussetzungen erfüllen, werden auf der Homepage der HRK registriert. In der **DSH** werden Hörverstehen, Textproduktion, Leseverstehen und wissenschaftssprachliche Strukturen überprüft und ein mündliches Prüfungsgespräch geführt. Seit der grundlegenden Änderung der Rahmenordnung 2004 (erneute Überarbeitung 2009) wird bei einer bestandenen **DSH** nach DSH 1, 2 und 3 differenziert, wobei mit der DSH 2 an den meisten Hochschulen der Studienzugang gewährt wird. Aufgrund der fehlenden Standardisierung kann die **DSH** Testgütekriterien (→**Gütekriterien**) wie Objektivität, Reliabilität und Validität nur sehr begrenzt erfüllen (vgl. auch →**TestDaF**).

Koreik, U., Hrsg. (2005), *DSH und TestDaF – eine Vergleichsstudie*, Baltmannsweiler.

Uwe Koreik

Deutsch-Französisches Jugendwerk (DFJW): Das **DFJW** (Office franco-allemand pour la jeunesse/OFAJ), gegründet durch Staatsvertrag 1963, ist eine binationale Einrichtung mit dem Auftrag, die Jugend Deutschlands und Frankreichs und seit 1976 zunehmend auch dritter Länder zusammenzuführen und ihre Verständigung zu fördern. Schwerpunkt seiner Arbeit ist die außerschulische Jugendarbeit. Dessen ungeachtet fördert das **DFJW** neben der Begegnung von jungen Berufstätigen auch den Austausch von Schülern und Studenten.

Das **DFJW** hat auf folgenden Sektoren Entwicklungsarbeit geleistet: Spracharbeit (hier z.B. Lernen im Tandem, Ausbildung von Sprachanimateuren, Entwicklung von thematischen Glossaren für die Zusammenarbeit), →**Interkulturelles Lernen** („neue Formen internationalen und interkulturellen Lernens entwickeln und hierzu genauer analysieren, wie eine fremde Kultur wahrgenommen und erlebt wird und wie es möglich ist, Jugendliche auf interkulturelle Begegnungen vorzubereiten"; Ménudier 1991, 196–197), Ausbildung von Führungskräften für die Jugendarbeit und die Weiterentwicklung der Austauschpädagogik.

Internetadresse: www.dfjw.org – Bock, H.-M., Hrsg. (2003), *Begegnung und europäischer Bürgersinn. Studien zum Deutsch-Französischen Jugendwerk 1963–2002*, Opladen. – Ménudier, H. (1991), *Das Deutsch-Französische Jugendwerk. Ein exemplarischer Beitrag zur Einheit Europas*, Stuttgart/München.

Herbert Christ

Deutsches Sprachdiplom (DSD): Sprachprüfung der Kultusministerkonferenz (→**KMK**), die an ausländischen Schulen mit Deutschunterricht angeboten wird. Bei der Zulassung von Schulen im DSD-Programm wird geprüft, ob der Deutschunterricht bestimmten Qualitätskriterien genügt. Das **DSD** existiert seit 1974 und hat seitdem verschiedene Reformen durchlaufen. Die aktuelle Fassung des **DSD** orientiert sich an den Kompetenzbeschreibungen des Gemeinsamen europäischen Referenzrahmens für Sprachen (→**GeR**). Beim **DSD** handelt es sich um eine Stufenprüfung, die für zwei Lerngruppen angeboten wird: für das mittlere Lernniveau auf den Stufen A2/B1 und für das obere Lernniveau auf den Stufen B2/C1 des GeR. Leistungen auf B1 berechtigen zum Besuch eines deutschen →**Studienkollegs**, das B2/C1-Diplom ist die sprachliche Zugangsberechtigung für ein Hochschulstudium. Das **DSD** ist eine standardisierte Prüfung und unterliegt strengen Qualitätsanforderungen.

Bärbel Gutzat/Boris Menrath

Deutschlandismus, der: s. **Teutonismus**

Deutschlandstudien: ein Versuch, im terminologischen Kampf um eine angemessene Bezeichnung für den vielfach kritisierten Begriff →**Lan-**

deskunde eine Alternative zu finden, die einerseits einen Bezug zu dem in der angelsächsischen Welt aufgekommenen Begriff →**German Studies** herstellt und andererseits eine Aufwertung des landeskundlichen Forschungs- und Vermittlungsbereichs des Fachs Deutsch als Fremdsprache bewirkt. Der von R. Picht 1975 eingeführte und in DAAD-Tagungspublikationen verwendete Begriff wurde von Koreik aufgegriffen, hat sich aber nicht durchgesetzt, nicht zuletzt, weil Landeskunde auf den gesamten deutschen Sprachraum zielt und Österreich und die Schweiz nicht ausklammern kann (→**D-A-CH-Konzept**).

Picht, R., Hrsg. (1975), *Deutschlandstudien*, Bonn, Bad Godesberg. – Koreik, U. (1995), *Deutschlandstudien und deutsche Geschichte. Die deutsche Geschichte im Rahmen des Landeskundeunterrichts für Deutsch als Fremdsprache*, Baltmannsweiler.

Uwe Koreik

Deutschlehrerausbildung, die: s. Lehrerausbildung

Deutschlehrerverband, der: Interessenvertretung der Deutschlehrenden; in vielen Ländern existieren **D.**, oft gemeinsam für Schul- und Hochschullehrende vereint mit dem jeweiligen Germanistenverband. Der →**Internationale Deutschlehrerverband (IDV)** ist der Dachverband der nationalen **D.**, im Jahr 2009 umfasst er 101 Verbände aus 84 Ländern. Der deutschsprachige Raum ist durch die **D.** Deutschlands (FaDaF, Fachgruppe DaF im Fachverband Moderne Fremdsprachen), Österreichs (ÖDaF) und der Schweiz (AKDaF, LEDAFIDS) vertreten.

Internetadresse: www.idvnetz.org/verbaende_weltweit/verbaende_weltweit.htm

Hans-Jürgen Krumm

Deutsch-Polnisches Jugendwerk (DPJW): Polsko-Niemiecka Współpraca Młodzieży (PNWM); 1991 als erste binationale dt.-polnische Organisation mit der Rechtspersönlichkeit einer internationalen Organisation durch die Regierungen Deutschlands und Polens gegründet; zuständig für die Förderung des dt.-polnischen Jugendaustausches. Das **DPJW** hat den Auftrag, das Verständnis zwischen Polen und Deutschen zu verbessern, Vorurteile überwinden zu helfen und zur Versöhnung zwischen den beiden Völkern beizutragen. Mit Büros in Potsdam und Warschau ist die Struktur des **DPJW** paritätisch und binational nach fachlichen Zuständigkeiten gegliedert. Gefördert werden Begegnungsmaßnahmen und Fachprogramme, darüber hinaus hilft das **DPJW** bei der Suche nach Projektpartnern oder Partnerorganisationen und berät in inhaltlichen und organisatorischen Fragen des Jugendaustausches.

Ulrike Würz

Deutschsprachiger Fachunterricht (DFU): bezeichnet insbesondere an den deutschen Auslandsschulen den Unterricht in Sachfächern, der auf Deutsch erteilt wird. Die →**Zentralstelle für das Auslandsschulwesen** entwickelt hierfür Materialien und bietet Fortbildungsmöglichkeiten für Lehrende an. In der Fremdsprachendidaktik wird der **DFU** meist als →**bilingualer Sachfachunterricht** bezeichnet (vgl. auch →**Content and Language Integrated Learning**). Hochschulen (Zusatzqualifikation), Verlage, das →**Goethe-Institut** u.a. bieten inzwischen vielfältige Aus- und Weiterbildungsmöglichkeiten und Materialien an.

Internetadresse: http://schulwebs1.dasan.de/dfu/index.html

Hans-Jürgen Krumm

Deverbativum, das/deverbale Ableitung: ein aus einem Verbalstamm abgeleitetes Wort (Substantiv, Adjektiv); den Vorgang nennt man **d.A.**. Beispiele: aus Verben gebildete Adjektive (deverbale Adjektive): *begreifbar* von *begreifen, lehrbar* von *lehren;* aus Verben gebildete Substantive (deverbale Substantive): *Atmung* von *atmen, Schwankung* von *schwanken, Einwirkung* von *einwirken.*

Erben, J. (2000), *Einführung in die deutsche Wortbildungslehre*, 4., aktual. und ergänzte Aufl., Berlin.

Renate Freudenberg-Findeisen

DFJW: s. Deutsch-Französisches Jugendwerk

DFU: s. deutschsprachiger Fachunterricht

DGFF (Deutsche Gesellschaft für Fremdsprachenforschung): Verband von Wissenschaftlerinnen und Wissenschaftlern, die sich der Erforschung des Lehrens und Lernens von Fremdsprachen in institutionellen Kontexten widmen, aber auch des Erwerbs und Gebrauchs von Zweitsprachen und der Mehrsprachigkeit. Die **DGFF** unterstützt fremdsprachenbezogene Forschungsaktivitäten und vergibt derzeit zwei Förderpreise. Sie organisiert im zweijährigen Turnus Kongresse für

Fremdsprachendidaktik und daneben Tagungen für wissenschaftlichen Nachwuchs; sie gibt die „Zeitschrift für Fremdsprachenforschung" heraus.

Internetadresse: www.dgff.de

Jürgen Quetz

Diachronie, die/diachronische Sprachwissenschaft: von de Saussure eingeführte Terminologie für die geschichtliche Dimension von Sprache, als Gegensatzbegriff zur Synchronie eines von geschichtlicher Entwicklung absehenden ‚gleichzeitigen' Sprachkonzepts (→**synchrone Sprachwissenschaft**). Durch diese Gegenüberstellung wurde die historische Blickrichtung der Sprachwissenschaft des 19. Jhs. relativiert, so dass sie ihre vorherrschende Stellung verlor. Im 20. Jh. wirkt diese Entwertung des Geschichtlichen prototypisch für andere sozialwissenschaftliche Theorien (→**Strukturalismus**). Erst in jüngerer Zeit gewinnt die **d.S.** eine neue Bedeutung, insbesondere mit Blick auf Phänomene des Sprachwandels.

Konrad Ehlich

diagnostischer Test: dient zur Feststellung des Sprachstands einer Person (→**Sprachstandsdiagnose**). **D.T.** testen meist differenziert in verschiedenen Teilbereichen (Fertigkeiten, Sprachsystem). **D.T.** werden meist als →**Einstufungstests** eingesetzt, d.h. Lernende mit unterschiedlichen Niveaus werden diagnostisch getestet und Kursen zugeordnet. Da Einstufungen möglichst rasch und ökonomisch ablaufen sollen, bestehen diese Tests meist aus schnell auswertbaren, rezeptiven bzw. reproduktiven Testformaten, wie C-Tests, Multiple Choice, Falsch-Richtig-Aufgaben u.Ä. Kennzeichnend für **d.T.** ist das „Testen-nach-oben", d.h. die einzelnen Aufgaben weisen einen ansteigenden Schwierigkeitsgrad auf.

Manuela Glaboniat

DIALANG: ein von über 20 europäischen Institutionen entwickeltes Projekt der Europäischen Kommission, das im Internet kostenlos computergestützte diagnostische Sprachtests (→**diagnostischer Test**) in 14 europäischen Sprachen anbietet. Das System stützt sich auf die Niveaubeschreibungen des Gemeinsamen europäischen Referenzrahmens für Sprachen (→**GeR**) und beinhaltet auch Teile der Selbsteinschätzung. Bislang stehen den Nutzern in den verschiedenen Sprachen Tests für Lese- und Hörverständnis, Grammatik, Wortschatz sowie im Ansatz auch zu Schreibfähigkeit zur Verfügung. Im Unterschied zu anderen Tests (→**Proficiency Tests**) erhalten die Nutzer kein Zertifikat, sondern profilartige Rückmeldungen über ihre jeweiligen (fertigkeitsbezogenen) fremdsprachlichen Kompetenzen und Empfehlungen für das weitere Lernen.

Internetadresse: www.dialang.org/german/index.htm

Manuela Glaboniat

Dialekt, der: eine – meist räumlich mehr oder minder stark begrenzte – →**Varietät** einer Sprache. Der Ausdruck wechselt mit ‚Mundart', das noch im 18. Jh. allgemein auch für Sprache gebraucht wurde. Der **D.** wird i.A. einer Hochvariante (für das Deutsche dem Hochdeutschen) gegenübergestellt. Seit der zweiten Hälfte des 19. Jhs. finden **D.** ein erhebliches linguistisches Interesse, sowohl sprachsystematisch wie sprachgeographisch. **D.**forschung war zudem Vorreiter für eine Einbeziehung mündlicher Sprache und eine breitere Empirie in der Linguistik.

Der Ausdruck wird heute teilweise eher unpräzise auf unterschiedliche Sprachstrukturtypen angewendet wie Ortsdialekte einerseits, **D.** wie das Bairische oder Alemannische andererseits, die ihrerseits wieder zahlreiche Einzeldialekte aufweisen. Er wird aber auch für Regional- bzw. Stadtsprachen wie das Ruhrdeutsche oder das Berlinische gebraucht, obwohl diese sich sprachsystematisch und sprachsoziologisch deutlich unterscheiden.

Die neuere varitätenlinguistische Theoriebildung bezieht die sozialen ebenso wie kontaktlinguistische Aspekte verstärkt mit ein. Die soziographischen Veränderungen durch Migration und die Entstehung neuer Varietäten führen über die traditionellen **D.**bestimmungen hinaus. Untersuchungen zur Rolle von **D.** im DaF- und DaZ-Unterricht fehlen.

Besch, W./Knoop, U./Putschke, W./Wiegand, H.E., Hrsg. (1982/1983), *Dialektologie*, 2 Bde., Berlin/New York. – Krefeld, T. (2004), *Einführung in die Migrationslinguistik*, Tübingen.

Konrad Ehlich

Diathese, die: s. Genus verbi

Didaktik, die: bezeichnet in einem allgemeineren Begriffsverständnis die Reflexion, Lehre und Erforschung aller Fragen des Lehrens und Lernens. Klafki und Weniger bestimmen **D.** in einer engeren Bedeutung als Theorie der Bildungsinhalte: **D.** ist die Disziplin, die die Frage nach dem „Was", nach der Bedeutung des Lernens für das Leben junger Menschen beantworten muss und damit der →**Methodik**, die Fragen des „Wie" behandelt, übergeordnet. Neben die allgemeine **D.** tritt die Fachdidaktik (→**Fremdsprachendidaktik**), die sich demgemäß nicht auf methodische Fragen beschränken darf, sondern für das einzelne Unterrichtsfach Fragen der Legitimation und der Inhalte bearbeiten muss.

Im Hinblick auf die nach wie vor unsystematische Verwendung des Begriffs und um die Gleichwertigkeit didaktischer wie methodischer Fragestellungen für die Unterrichtsplanung zu betonen, hat sich im Bereich DaF eingebürgert, die Behandlung von Fragen des Lehrens und Lernens von Sprachen als „**D.** und Methodik" zu bezeichnen.

Klafki, W. (1963), *Studien zur Bildungstheorie und Didaktik*, Weinheim. – Weniger, E. (1952/1960), *Didaktik als Bildungslehre*, 2 Bde., Weinheim.

Hans-Jürgen Krumm

didaktische Grammatik: die wohl gängigste Bezeichnung für eine lehr- und/oder lernbezogene Darstellung fremdsprachlicher Regularitäten (vgl., mit tw. ähnlicher Zielsetzung, auch →**kommunikative Grammatik**). Ihre modellhafte Entwicklung umfasste mehrere Etappen: Wurde sie ursprünglich als bloße Übernahme linguistischer Beschreibungen und Beschreibungsansätze in den Fremdsprachenunterricht verstanden, so gestaltete sich das Verständnis von **d.G.** mit weiteren Einsichten in den fremdsprachlichen Lehr- und Lernprozess zunehmend komplexer; es reichte von bloßen Vereinfachungen linguistischer Beschreibungen, die als solche bereits als didaktisch angesehen wurden, über die Annahme eines didaktisches Filters, der aus lern- und unterrichtsrelevanten Informationen besteht und die Kriterien zur Veränderung der linguistischen Beschreibung liefert, bis zu einer Konzeption, die beim je konkreten Lerner in seiner spezifischen Lernsituation ansetzt und damit den einzelnen Lerner zum Ausgangspunkt nimmt. Letztgenanntes Modell führte zu der Annahme, dass **d.G.** als Buch kaum existieren können, da die individuellen Voraussetzungen jedes einzelnen Lerners unterschiedlich sind. **D.G.** seien somit eine lediglich virtuell existente, individuellen lernerseitigen Bedürfnissen Rechnung tragende Beschreibung der Zielsprache. Gleichwohl werden Grammatiken für die Hand der Lernenden und/oder Lehrenden erstellt. Sie bewegen sich zwangsläufig im Spannungsfeld zwischen lernerangemessener Darstellung und Verständlichkeit einerseits und linguistischer Adäquatheit andererseits. In der Folge führt dies entweder zu didaktisch grammatischen Darstellungen, bei denen die Lernerangemessenheit nicht selten durch fehlerhafte Beschreibungen eines Ausschnitts der Zielsprache erkauft wird, oder aber zu komplexen und in sich vollständigen Beschreibungen der jeweiligen fremdsprachlichen Struktur, die jedoch von Lernern aufgrund der Komplexität nicht mehr zu verarbeiten sind. Hierbei wird deutlich, dass das Kriterium der Auswahl von besonderer Bedeutung für die Entwicklung von **d.G.** ist: Was muss unbedingt in eine **d.G.** hinein, auf was kann ggf. verzichtet werden, weil es in dem sprachlichen Umfeld, in dem sich der anvisierte Lerner bewegt, nicht von Belang ist? Korpusbasierte Ansätze beantworten diese Frage auf der Grundlage eines authentischen Datenkorpus; konzeptuelle Ansätze orientieren sich demgegenüber an abstrakteren Kriterien, mit denen die Lernerrelevanz begründet wird. Das Kriterium der Auswahl spielt auch eine wichtige Rolle bei der Unterscheidung zwischen **d.G.** und →**pädagogischen Grammatiken**.

Bausch, K.-R., Hrsg. (1979), *Beiträge zur didaktischen Grammatik*, Kronberg. – Harden, T./Marsh, C., Hrsg. (1993), *Wieviel Grammatik braucht der Mensch ?*, München. – Hennig, M. (2001), *Welche Grammatik braucht der Mensch? Grammatikenführer für Deutsch als Fremdsprache*, München.

Frank G. Königs

DIE: s. **Deutsches Institut für Erwachsenenbildung e.V.**

Differenzhypothese, die:

1. in der Sprachwissenschaft: Als Reaktion auf die von Bernstein in den 1960er Jahren aufgestellte und massiv kritisierte →**Defizit-Hypothese**, der zufolge Angehörige der Unterschicht einen →**restringierten** sprachlichen →**Kode** verwenden, was auf Defizite hinsichtlich ihrer kognitiven Fähigkeiten zurückzuführen sei, formulierte Labov (1963) die **D.** Auf der Basis umfassender empirischer Daten konnte er schichtenspezifische Unterschiede im Sprachgebrauch nachweisen und stellte dabei fest, dass die Sprache von Unterschichtsangehörigen zwar anders, aber funktional gleichwertig und nicht weniger differenziert als die von Angehörigen der Mittel- und Oberschicht beschaffen ist. Labov zufolge ist es unzulässig, aus einem sozial und situativ bedingt andersgearteten Sprachgebrauch Schlüsse auf die kognitive Leistungsfähigkeit des Sprachbenutzers zu ziehen. Dennoch ist festzustellen, dass die von Angehörigen der Unterschicht verwendete sprachliche →**Varietät** stigmatisiert ist, und dass ihre Kinder in der Schule, in der ja ein →**elaborierter** Sprachkode als →**Norm** gesetzt wird, zwingend benachteiligt sind.

2. In der interkulturellen Pädagogik zielt die **D.** auf die Gleichwertigkeit und Gleichberechtigung unterschiedlicher Kulturen in der multikulturellen Gesellschaft und ist als Gegenkonzept zu Konzepten der kompensatorischen Erziehung (Defizit-Hypothese) wie auch der →**Assimilation** von Migranten an die Aufnahmegesellschaft zu verstehen.

Bernstein, B. (1960) „Language and social class", in: *British Journal of Sociology* 11, 271–276. – Labov, W. (1972), *Language in the inner city. Studies in the Black English Vernacular*, Oxford.

Karin Aguado

Diglossie, die: die funktionale und asymmetrische Trennung von Sprachen in zwei- bzw. mehrsprachigen Gesellschaften bzw. die strikte Trennung von hochsprachlichen gegenüber sozial niedrigen →**Varietäten** innerhalb einer Gesellschaft (→**Mehrsprachigkeit**). Ferguson hat diesen Begriff in der →**Soziolinguistik** in Abgrenzung zu →**Bilingualität** populär gemacht, Fishman hat ihn weiterentwickelt. Das Nebeneinander von sog. „High/Low-"Varietäten (H/L), etwa in der Schweiz mit dem →**Schweizer Standarddeutsch** (z.B. im Bildungsbereich) und dem →**Schwyzerdütsch** im Alltag oder Spanisch und Guaraní in Paraguay sind viel diskutierte Beispiele.

Es gibt Bilingualismus mit und ohne **D.** sowie **D.** ohne Bilingualismus. **D.** wirft einen Blick auf die soziolinguistische Situation von oben. Dagegen herrscht oft ein sog. Sprachkontinuum (Dialektkontinuum) zwischen H- und L-Varietäten/Sprachen bis hin zu Mischsprachen vor, zudem kann es Regionen und Gemeinschaften mit ganz anderen Prestige-Besetzungen von Sprachen/Varietäten geben. Für die in weiten Teilen als diglossisch zu betrachtende Situation zwischen Migrantensprachen und dem Deutschen haben İnci Dirim und Peter Auer exemplarisch Jugendgruppen erforscht, in denen das Türkische als prestigereiche →**Lingua Franca** benutzt wird.

Dirim, İ./Auer, P. (2004), *Türkisch sprechen nicht nur die Türken*, Berlin. – Kremnitz, G. (1994), *Gesellschaftliche Mehrsprachigkeit*, Wien.

Volker Hinnenkamp

digressiv: Terminus der →**Textlinguistik**; als **d.** werden, v.a. auf die Textstruktur in Wissenschaftstexten bezogen, nicht explizit kohärente Textpassagen qualifiziert, in denen mindestens ein Teil der Mikropropositionen nicht an eine zentrale, abstraktere Makroproposition bzw. an das Textthema direkt angebunden werden können. Digressionen können funktional (Exkurs, Fußnote) oder durch schlechte Textplanung (als Abschweifung, Inkohärenz) bedingt sein. Digressivität ist u.a. ein wichtiges Merkmal kulturbedingter Unterschiede wissenschaftlicher Texte: Deutsche Texte sind z.B. oft asymmetrischer (d.h. die Textteile sind nicht gleich lang) und digressiver angelegt als z.B. englischsprachige, die eher linear und symmetrisch aufgebaut sind.

Eva-Maria Willkop

Diminutiv(um), das (auch: Deminutivum): Verkleinerungsform; **1.** meist durch ein Affix (vgl. *Schätzchen*) aber auch durch Kompositabildung wie *Mini-* oder *Zwerg-* (*Miniurlaub; Zwergschule*) verändertes Nomen mit der zusätzlichen Bedeutung „jung" bzw. „klein", häufig mit affektiver (z.B. Liebesgefühle ausdrückender) und/oder stilistisch-pragmatischer (Herabsetzung; Abwehr u.a.m. ausdrückender) Konnotation. Gebildet wird das **D.** i.d.R. mit den Suffixen „-chen", „-lein", „-el" oder „-le". Einige Dialekte (z.B. Schwäbisch) sind durch einen ausgeprägten Gebrauch des **D.** gekennzeichnet. Das **D.** erscheint unabhängig vom Genus des ursprünglichen Nomens immer im Neutrum, bis auf in **D.** gewandelte Eigennamen mit der Endung „-el", die mit dem Genus des →**natürlichen Geschlechts** übereinstimmen: *das Hänschen* und *das Gretchen*, aber *der Hänsel* und *die Gretel*.

2. Ebenfalls den Verkleinerungseffekt fokussiert der meist adjektivisch gebrauchte Terminus **diminutiv**; damit wird eine →**Aktionsart** qualifiziert, die eine geringere Intensität einer Handlung ausdrückt wie in *lächeln*. Im Deutschen ist diese Aktionsart häufig mit dem Aspekt „Wiederholung" (= →**Iteration**) verknüpft und man spricht dann von iterativ-diminutiven Verben (vgl. *hüsteln* = „eher kurz und nicht sehr laut, aber mehrfach hintereinander husten"). Das Stammaffix „-el" ist produktiv und wird für Ad-hoc-Bildungen genutzt wie etwa *schimpfeln*.

Mandy Höhle/Sabira Levin

Diphthong, der: Der **D.** bezeichnet im Ggs. zum →**Monophthong** eine Folge von zwei Vokalen, die einen gemeinsamen Silbenkern bilden, wovon meistens ein Teil etwas prominenter ist und vom anderen Teil begleitet wird. Im Deutschen unterscheidet man die drei **D.** /ae̯/ wie in <Bein>, /ao̯/ wie in <Baum> und /ɔø̯/ wie in <Freund>, wobei der zweite Vokalteil das unsilbische Element bildet. Die beiden Vokalteile entstehen durch eine Gleitbewegung der Artikulationsorgane, so dass sich auditiv zwei Lautphasen unterscheiden lassen, die aber in jedem Fall einsilbig realisiert werden.

Beate Redecker

direkte Methode: Fremdsprachenmethode, die die Vermittlung von Fremdsprachen direkt, d.h. ohne Umweg über die Muttersprache und ohne Hilfe von Grammatikregeln und Übersetzung propagiert. Der Unterricht findet in der Fremdsprache statt, im Mittelpunkt steht die gesprochene Sprache alltäglicher Kommunikationssituationen, die vor allem über Dialoge gelernt werden soll. Grammatik wird →**induktiv** gelehrt, im Vordergrund steht der Wortschatz von Alltagsgesprächen in prototypischen Äußerungen. Gelernt wird mit Hilfe von Visualisierungen, Assoziationen, Nachsprechen und Imitieren sowie spielerischen Aktivitäten wie Rollenspielen. Obwohl die Grammatik nicht explizit gelehrt/gelernt wird, orientieren sich Lehrwerkskapitel und Unterrichtsentwürfe häufig primär an grammatischen Lernzielen, mit der Folge, dass Dialoge und Übungen sich oft mehr an den grammatischen Themen als an der Natürlichkeit der Sprache orientieren. Ein weiterer Kritikpunkt: die weitgehende Ausklammerung fortgeschrittener schriftlicher Kompetenzen sowie kultureller und interkultureller Fragestellungen.

Die **d.M.** entstand in der 2. Hälfte des 19. Jhs. als Reformmethode und als Gegenentwurf zur →**Grammatik-Übersetzungs-Methode (GÜM)**. Wichtige Vertreter waren Gouin („L'art d'enseigner et d'etudier les langues", 1880), Viëtor („Der Sprachunterricht muss umkehren", 1882), Berlitz (Berlitz Language Schools, 1878). Vertreter der **d.M.** forderten, dass der Erwerb von Kommunikationsfähigkeit im Zentrum des Fremdsprachenunterrichts stehen solle. Große Unterstützung erhielt die **d.M.** durch die neue wissenschaftliche Disziplin der →**Phonetik**, die sich seit 1850 etabliert hatte. Auch aus diesem Grunde stehen in der **d.M.** Mündlichkeit sowie Ausspracheschulung im Zentrum des Interesses und werden – damit einhergehend – muttersprachliche bzw. muttersprachengleiche Kompetenzen bei Lehrern präferiert. Zu Beginn des 20. Jhs. setzte sich die **d.M.** in vielen Ländern Europas und in den USA durch, in Deutschland insbesondere im Anfängerunterricht und an den Realschulen, ohne allerdings die GÜM vollständig zu verdrängen. Prinzipien und Annahmen der **d.M.** hatten großen Einfluss auf spätere Methoden, z.B. die →**audiolinguale**/→**audiovisuelle Methode** ebenso wie auf den →**kommunikativen Fremdsprachenunterricht**. Sie ist immer noch weit verbreitet, insbesondere in kommerziellen Sprachenschulen.

Neuner, G./Hunfeld, H. (1993), *Methoden des fremdsprachlichen Deutschunterrichts: Eine Einführung*, Berlin u.a.

Erwin Tschirner

direktes Objekt: Semantisch betrachtet identifiziert das **d.O.** Personen oder Sachen/Sachverhalte, die in einen Vorgang besonders eng und als Patiens einbezogen sind (*Ich brauche Erholung.; Er antwortete ihm nicht.*). Bei der nicht immer einheitlichen Definition des **d.O.** sind v.a. semantische (das unmittelbare Betroffensein) und syntaktische Kriterien (Tatsache, dass **d.O.** von der →**Verbalphrase** regiert wird) leitend. Verben, die ein **d.O.** regieren, werden auch als →**transitive** Verben bezeichnet. Im Deutschen wird das **d.O.** v.a. durch Akkusativ markiert.

Sabira Levin

Direktiv, das: Begriff aus der Satzanalyse und dort der Perspektive zugeordnet, →**semantische Rollen** samt ihrer morphosyntaktischen Formmerkmale in Relation zueinander zu identifizieren und zu beschreiben; **D.** steht dabei terminologisch für den „Ort", auf den eine Handlung/ein Ereignis/ein Sachverhalt „zustrebt" und fasst so unterschiedliche semantische Beziehungen und formale Enkodierungsweisen wie *Leg bitte das*

Buch auf meinen Schreibtisch.; *Lasst uns was trinken gehen!*; *Das Spiel wird zu Null enden.*; u.a.m.

Hans Barkowski

Diskurs, der: 1. in zahlreichen Zusammenhängen gebrauchter Begriff zur Kennzeichnung länger andauernder, insbesondere in der gesellschaftlichen und wissenschaftlichen Öffentlichkeit verhandelter Themen (z.B. Gender-Diskurs, Gerechtigkeits-Diskurs, oder mit Fokus auf DaF/DaZ: Kultur-Diskurs, Autonomie-Diskurs, Lernen/Erwerben-Diskurs u.a.). **2. D.** als Gegenstand der wissenschaftlichen Analyse in unterschiedlichen wissenschaftlichen Kontexten (→**Diskursanalyse**), wobei die untersuchten **D.** von mündlich/konkret/sozial situierten bis hin zu schriftlich (re-)konstruierten (z.B. Protokolle) reichen.

Nadja Zuzok

Diskursanalyse, die: in unterschiedlichen wissenschaftlichen Kontexten (darunter Geschichte, Politik, Soziologie, Sprache) etablierter Begriff mit – z.T. auch innerfachlich – unterschiedlicher Belegung, was den theoretischen Hintergrund sowie das Erkenntnisinteresse und die methodologische Ausrichtung der **D.** betreibenden Wissenschaftler bzw. wissenschaftlichen Schulen angeht. Weitgehend gemeinsamer Gegenstand ist die Untersuchung von →**Diskursen** in ihren gesellschaftlichen Kontexten, wobei funktionale Erklärungen für strukturelle Phänomene gefunden werden sollen: z.B. derart, dass sich Nominalisierungen vermehrt in wissenschaftlichen Texten finden usw. usf. Darüber hinausgehende Präzisierungen sind auf dem Hintergrund der hohen Varianz der Nutzung und semantischen Belegung des Begriffs, selbst bei Beschränkung auf linguistische Kontexte, kaum möglich, zumal schon der Begriff des Diskurses uneinheitlich definiert und gebraucht wird. Es empfiehlt sich deswegen, im Umgang mit diskursanalytischen Arbeiten deren Gegenstände, theoretische Hintergründe und methodische Vorgehensweisen von Fall zu Fall in Augenschein zu nehmen.

Im gegebenen fachlichen Kontext sind **D.** v.a. im Kontext der →**Spracherwerbsforschung** sowie der Unterrichtsforschung, aber auch der Analyse von Prozessen interkultureller Begegnung von Bedeutung und folgen dort sowohl soziologischen als auch linguistischen Paradigmen und Fragestellungen, darunter solchen der →**Pragmatik** und der →**Fehleranalyse** (s.a. →**Unterrichtsanalyse**).

Ehlich, K., Hrsg. (1993), *Diskursanalyse in Europa*, Frankfurt a.M.

Nadja Zuzok

Diskursgrammatik, die: s. Textgrammatik

Diskurs-Partikel, die: zusammenfassende Bezeichnung für Redemittel, welche vor allem in gesprochener Sprache auftreten. Zu den **D.-P.** zählen Gliederungspartikel, Antwortpartikel sowie manchmal auch →**Interjektionen** (z.B. *au, pfui, igitt*) und Onomatopoetika (z.B. *quaken, glitschig*). **D.-P.** sind im Normalfall nicht syntaktisch gebunden und können auch isoliert verwendet werden. Sie erfüllen hauptsächlich diskursstrukturelle, relationale, und/oder organisatorische Funktionen; darunter: Herstellung, Aufrechterhaltung und Beendigung eines kommunikativen Kontakts (z.B. *hey, ja, hm*), wechselseitige Steuerung der Gesprächspartner (z.B. *oder?, also*), Realisieren von kommunikativen Planungs- und Reparaturpausen (z.B. *aha, tja, ähm, na ja*).

Claudia Zellmann

distinktives Merkmal: bedeutungsunterscheidendes Merkmal. Der Begriff wird im sprachwiss. Kontext v.a. im Bereich der Phonetik/Phonologie und dort zur Charakterisierung von solchen Lautmerkmalen herangezogen, die Phoneme unterscheiden. Das sind z.B. bei den Konsonanten Artikulationsstelle, Artikulationsart und Grad der artikulatorischen Spannung. Dabei werden solche Lautmerkmale als distinktiv bezeichnet, die innerhalb des Phonemsystems einer Sprache funktional wirksame Unterschiede begründen. So sind z.B. die Merkmale →**lenis** vs. →**fortis**, die sich auf einen unterschiedlichen Grad der Artikulationsspannung (schwach vs. stark gespannt) beziehen, **d.M.** des Deutschen, da sich der Unterschied semantisch markierend auswirkt: *backen* vs. *packen*. Vgl. auch →**Phonem** und →**Allophon**.

Anna Peterwerth

Distributionalismus, der: Name einer linguistischen Methode der Analyse sprachlicher Äußerungen, die auf das Miteinandervorkommen und die relative Verteilung sprachlicher Einheiten zueinander zielt; Die Methode wurde im klassischen amerikanischen →**Strukturalismus** in der Nachfolge Bloomfields u.a. durch Z.S. Harris perfektioniert. **D.** ist daher auch neben den Termini (taxonomischer) Strukturalismus und →**deskriptive**

Linguistik zu einem Namen für die amerikanische Richtung des klassischen Strukturalismus geworden. Wenn man →**Äußerungen**, die in einer Sprache vorkommen, beschreiben will, muss man zum einen diese Äußerungen segmentieren (in Einheiten zerlegen). Zum anderen muss man die Distribution der Einheiten (Verteilung der Einheiten in der Äußerungskette relativ zueinander), ihr Miteinandervorkommen (co-occurance), ermitteln. Auf Grund der Distribution erfolgt dann eine Klassifikation der Einheiten gleicher Distribution relativ zu anderen Klassen von Einheiten. Tests zur Ermittlung der Distributionen sind u.a. →**Substitution**, Permutation, Omission, Transformation (→**Umsetzungsprobe**). Einen analogen Ansatz verfolgte in Europa H. Glinz, mit seiner Ersatzprobe (→**Substitution**), →**Verschiebeprobe** und →**Weglassprobe**. Distributionsanalysen sind per se auf die sprachliche Form gerichtet. Die Grundeinheiten, mit denen der klassische **D.** hantierte, waren auf der lautlichen Ebene das →**Phonem** und auf der Zeichenebene (der syntaktischen Ebene) das →**Morphem**. Das →**Wort** galt als eine prätheoretische, also zu vernachlässigende Größe.

Bloomfield, L. (1933), *Language*, New York. – Gleason, H. A. (1955), *An Introduction to Descriptive Linguistics*, New York. – Glinz, H. (1965), *Die innere Form des Deutschen: Eine neue deutsche Grammatik*, Bern/München. – Harris, Z. S. (1951), *Methods in Structural Linguistics*, Chicago. – Helbig, G./Schenkel, W. (1969), *Wörterbuch zur Valenz und Distribution deutscher Verben*, Leipzig.

Klaus Welke

Divergenz, die: 1. bezogen auf eine Einzelsprache bezeichnet **D.** die Auseinanderentwicklung von zwei vorher eng zusammenstehenden Sprachstrukturzuständen bzw. die Spaltung eines einheitlichen sprachlichen Zustandes in zwei oder mehr Folgezustände (z.B. zwei Varianten einer Sprache A entwickeln sich zu zwei selbstständigen Sprachen A und B). **2.** In der kontrastiven Linguistik versteht man unter semantisch-lexikalischer **D.**, dass einem Wort einer Ausgangssprache mehrere Wörter einer Zielsprache entsprechen. (z.B. dt. *Frau* entspricht *ženščina* (erwachsene, weibliche Person), *žena* (Ehefrau), *gospoža* (Anrede vor Eigennamen) im Russischen). **D.** kann ebenso auf phonologischer und morphologischer Ebene sowie im Bereich der Phraseologisierung auftreten.

Grimm, H.-J. (2001), „Kontrastivität in der Lexik", in: Helbig, G. u.a. (Hrsg.), *Deutsch als Fremdsprache, Ein internationales Handbuch*, 1. Halbbd., Berlin/New York, 214–223. – Mattheier, K.J. (1996), „Varietätenkonvergenz, Überlegungen zu einem Baustein einer Theorie der Sprachvariation", in: *Sociolinguistica 10, Konvergenz und Divergenz von Dialekten Europas*, 31–52.

Mandy Höhle

Diversifizierung, die: zielt auf ein verbreitertes Angebot konkurrierender Sprachen im Curriculum der Schulen, Hochschulen und der Erwachsenenbildung. **D.** als Faktum [vgl. zu der tatsächlich erreichten **D.** in den deutschsprachigen Ländern Bausch/Christ/Krumm 2007 (Art. 13, 14 und 15)] ist zu unterscheiden von **D.** als sprachen- und schulsprachenpolitischem Programm (vgl. Zapp 1989). **D.** wird in Deutschland spätestens seit dem Ende des I. Weltkriegs diskutiert. U.a. werden folgende Fragen und Probleme benannt:

1. Sollen alle mit der gleichen Sprache beginnen oder soll von Anfang an diversifiziert werden? Die Bedeutung der zuerst gelernten Fremdsprache ergibt sich daraus, dass sie den Lerner stärker prägt als die nachfolgenden und dass sie zum günstigsten Zeitpunkt gelernt wird.

2. Durch welche Maßnahmen kann den Sprachlernbedürfnissen der Lerner und dem Sprachenbedarf der Gesellschaft am besten entsprochen werden? Ein „Verkehrsplan" für die Sprachen kann nur unter Mitwirkung aller Beteiligten und auf der Grundlage von Forschung erstellt werden.

3. Welche (sprachen)politischen Ziele sollen mit dem Fremdsprachenunterricht erreicht werden? Ist das politische Ziel eine Welt, die in einer Sprache spricht oder eine „sprachenteilige Gesellschaft" (→**Homburger Empfehlungen**)?

Bausch, K.-R./Christ, H./Krumm, H.-J., Hrsg. (2007), *Handbuch Fremdsprachenunterricht*, 5. Aufl., Tübingen. – Zapp, F.J. (1979), *Fremdsprachenlehren und Fremdsprachenlernen für die Welt von morgen. Koblenzer Erklärung des Fachverbands Moderne Fremdsprachen*, in: *Neusprachliche Mitteilungen* 42, 140–142.

Herbert Christ

Diversitäts-Hypothese, die: Als Reaktion auf die internationalen Migrationsbewegungen seit den späten 1960er Jahren wird zunächst die kulturelle Differenz und Ethnizität in der pädagogischen Diskussion thematisiert. Sprache und Kultur der Zuwanderer gelten als Hindernis für die Assimilation (→**Defizit-Hypothese**). Die →**interkulturelle Erziehung** sieht ihre Aufgabe darin, einheimische und zugewanderte Schüler zu einem

Leben in einer multikulturellen Gesellschaft zu befähigen und dabei Unterschiede zu tolerieren (→**Differenzhypothese**). Das damit akzeptierte unverbundene Nebeneinander von Kulturen wird jedoch zunehmend kritisiert. Es gehe vielmehr darum, Vielfalt als Gewinn auch für die Zuwanderungsgesellschaft anzuerkennen. Die **D.-H.** zielt darauf, die Vielfalt der Lebenswelten, der Sprachen, sozioökonomischen Hintergründe und Einstellungen sowie die kulturelle Heterogenität als konstitutive Elemente der Gesellschaft anzuerkennen. In diesem Sinne werden Differenzen nun nicht mehr als solche gedeutet, sondern die Dimensionen der Vielfalt konstatiert und die Herausbildung neuer Formen kultureller →**Identität** durch die wechselseitige Beeinflussung vieler Kulturen und verschiedener sozialer Identitäten (Ethnie, Generation, Geschlecht, Religion, Schicht, usw.) akzeptiert.

Krüger-Potratz, M. (2005), *Interkulturelle Bildung, Eine Einführung*, Münster. – Allemann-Ghionda, C. (2008), „Für die Welt Diversität feiern – im heimischen Garten Ungleichheit kultivieren? Von gegenläufigen Entwicklungen in der Politik, Theorie und Praxis der interkulturellen Bildung in Europa", in: *Zeitschrift für Pädagogik 54 (1)*, 18–33.

Mandy Höhle

Domäne, die:
1. 1964 von J.A. Fishman eingeführter Begriff der Soziolinguistik; **D.** fokussiert die Verwendungsorte/gesellschaftlichen Kontexte der Einzelsprachen in bilingualen Sprachgemeinschaften (→**Diglossie**), aber auch in individuellen mehrsprachigen Systemen (→**Bilingualismus**). Ausgangspunkt für die Erschließung von **D.** sind →**Interaktionen**. Nach Werlen (2004, 336 ff.) sind zueinander passende Orte (bspw. Universität), Rollenbeziehungen (bspw. Professoren/Studenten) und Themen (bspw. Hausarbeit) für **D.** des →**Sprachgebrauchs** kennzeichnend. **D.** werden heutzutage meist allgemein als gesellschaftliche Bereiche begriffen und auch auf →**Varietäten** bezogen (vgl. ebd.).
2. In der Taxonomie Blooms (1976) zur Klassifikation von →**Lernzielen** bezieht sich **D.** auf die Bereiche der →**Kognition**, Affektivität und Psychomotorik.
3. Langackers Kognitive Grammatik (1987) definiert **D.** als den →**Kontext**, der zur Charakterisierung einer semantischen Einheit notwendig ist. **D.** umfassen u.a. Konzepte und können unterschiedlich klassifiziert werden (z.B. Grad der Abstraktion; vgl. ebd., 147). Bspw. bietet die **D.** AUGE den Kontext für ZWINKERN, die **D.** GESICHT den Kontext für AUGE usw.

Bloom, B.S. (1976), *Taxonomie von Lernzielen im kognitiven Bereich*, 5. Aufl., Weinheim/Basel. – Fishman, J.A. (1972), *The Sociology of Language: An Interdisciplinary Social Science Approach to Language in Society*, Rowley, Mass., USA. – Langacker, R.W. (1987), *Foundations of Cognitive Grammar Vol. 1, Theoretical Prerequisites*, Stanford, 147–182. – Werlen, I. (2004), „Domäne/Domain", in: Ammon, U. u.a. (Hrsg.), *Sociolinguistics: an international handbook of the science of language and society*, 2. vollst. überarb. Aufl., (Handbücher zur Sprach- und Kommunikationswissenschaft Bd. 3), Halbbd. 1, Berlin u.a., 335–341.

Tina Stein

Dominanzkultur, die: Der Begriff **D.** wurde von der Psychologin Rommelspacher (1995) geprägt und meint ein Geflecht verschiedener Machtdimensionen (u.a. Ethnie, Geschlecht, Schicht), die in Wechselwirkung zueinander stehen. **D.** ist in Kategorien der Über- und Unterordnung gefasst und kommt insbesondere in ökonomischen, politischen und historischen Zusammenhängen einer Gesellschaft zum Ausdruck. Der Begriff wurde in der DaF-Didaktik genutzt, um zu verdeutlichen, dass sich asymmetrische Machtverhältnisse auf alle Ebenen interkulturellen Lernens und Lehrens, – vom fachdidaktischen Diskurs bis hin zur Rezeption von Lehrwerken – auswirken und damit dem kulturrelativistischen Anspruch interkultureller Didaktik entgegen stehen können (vgl. Röttger 1998). Später wurde der Begriff ‚dominanzkulturelle Missverständnisse' geprägt, mit dem ein Nicht- oder Falsch-Verstehen gemeint ist, das auf einem ökonomischen oder politischen Machtgefälle beruht. In Röttger (2004, 278 ff.) wurde am deutsch-griechischen Beispiel gezeigt, wie solche Missverständnisse entstehen und wie ihnen im DaF-Unterricht begegnet werden kann.

Röttger, E. (1998), „Dominanzkultur und Interkulturalität: Grenzen und Möglichkeiten interkultureller DaF-Didaktik in Griechenland", in: Barkowski, H. (Hrsg.), *Deutsch als Fremdsprache – weltweit interkulturell? (Kulturen in Bewegung 2)*, Wien, 175–197. – Röttger, E. (2004), *Interkulturelles Lernen im Fremdsprachenunterricht. Das Beispiel Deutsch als Fremdsprache in Griechenland*, Hamburg. – Rommelspacher, B. (1995), *Dominanzkultur. Texte zu Fremdheit und Macht*, Berlin.

Evelyn Röttger

doppelseitige Halbsprachigkeit: auch: Semilingualismus; bezeichnet einen Defekt in der Sprachentwicklung, der meist in Migrationssituationen auftritt, wenn weder die →**Erstsprache** noch die →**Zweitsprache** ausreichend gefördert wird, z.B. keine →**zweisprachige Alphabetisierung** erfolgt. Als **d.H.** wird insbesondere die Sprachkompetenz von Migrantenkindern charakterisiert, die in keiner der beiden Sprachen das sprachliche Niveau von einsprachigen Gleichaltrigen erreichen, was kognitive und soziale Störungen zu Folge haben kann. Oksaar (2003, 163) bezeichnet diesen Zustand als „sprachliche Heimatlosigkeit".

Oksaar, E. (2003), *Zweitspracherwerb*, Stuttgart.

Mandy Höhle

doppelter Erstsprachenerwerb: auch: „simultaner Erwerb zweier Erstsprachen"; „primärer Bilingualismus"; von **d.E.** spricht man, wenn ein Kleinkind zwei Sprachen gleichzeitig erwirbt, also mit zwei →**Erstsprachen** bzw. Muttersprachen aufwächst. Es besteht in der wissenschaftlichen Diskussion weder Einigkeit über das Alter, in dem die zweite Sprache spätestens hinzukommen darf, noch über die obere Altersgrenze für **d.E.**, meist wird diesbezüglich der Eintritt in das dritte Lebensjahr genannt. **D.E.** führt i.d.R. zur Beherrschung beider Sprachen auf unterschiedlichem Niveau.

Diana Maak

DPJW: s. **Deutsch-Polnisches Jugendwerk**

Drama-Pädagogik, die:
1. Begriffsklärung
DP bezieht sich auf aus der Theaterpraxis entlehnte Arbeitsformen in diversen Kontexten. **DP** ist von der Theaterpädagogik (TP) abzugrenzen: Im Gegensatz zur TP (Lernende reflektieren über Theateraufführungen) bezieht **DP** Lernende in die Aufführung mit ein. Im DaF/DaZ-Zusammenhang handelt es sich dabei zumeist um freie und kurze Improvisationen im Kontext und als Funktion des Sprachlernprozesses.

2. Lehr- und Lernziele
Lehr- und Lernziele in dramapädagogischen (i.F. **dp.**) Arbeitsprozessen sind neben sprachlichen Zielen – wie der Entwicklung der →**Fertigkeiten** – auch die Ausbildung →**interkultureller** und →**kommunikativer Kompetenz**, die Förderung von Lern(er)autonomie (→**Autonomie/autonomes Lernen**) und die Verbindung von kognitiven und emotionalen Lernprozessen (Ganzheitlichkeit: Lernen durch Erfahren und Erleben). Das narrative Potenzial von Bild-, Film- und Textmaterial und auch deren →**Leerstellen** nutzend, erfolgt in der **dp.** Arbeit mit Figuren, ihren Geschichten und Lebenssituationen auch ein Perspektivenwechsel: weg von der eigenen Person – hin zur Fremdperspektive in (fiktiven) Rollen (Entwicklung von →**Empathie** und →**Ambiguitätstoleranz**).

3. Anwendungsfelder und -techniken
Verwendung findet die **DP** im DaF-Unterricht sowohl in der Literatur- (vgl. Schewe 1993; Tselikas 1999) als auch in der Landeskundevermittlung. Neuere und erfolgreiche Versuche zum Einsatz von **DP** gibt es auch bei der Vermittlung von Grammatik (vgl. Even). **Dp.**-Elemente finden sich auch in →**alternativen Methoden**, so z.B. in →**Total Physical Response** und →**Suggestopädie**. Eingesetzte Inszenierungstechniken sind u.a. Pantomime und →**Rollenspiel**. Zur Arbeit mit Musik in **dp.** Kontexten vgl. z.B. Huber (2003).

4. Theoretische Zuordnung
Eine theoretische Verortung der **DP** in DaF steht noch aus. Forschungsdesiderata bestehen u.a. bezügl. **dp.** →**Übungstypologien**, Unterrichtsphasenmodellen und Bewertungskriterien für die Leistungsmessung in **dp.** Unterrichtskontexten (vgl. Schewe 1993, 2003; Even 2003).

Even, S. (2003), *Drama Grammatik*, München. – Huber, R. (2003), *Im Haus der Sprache wohnen*, Tübingen. – Schewe, M. (1993; 2003), *Fremdsprache inszenieren*, Oldenburg. – Tselikas, E.I. (1999), *Dramapädagogik im Sprachunterricht*, Zürich.

Thomas Müller

Drill-Übung, die: s. Pattern drill

Drittsprache, die: bezeichnet die dritte Sprache, mit der ein Kind aufwächst. Sie wird neben der Erst- und Zweitsprache oft als die am wenigsten dominante Primärsprache angesehen, obwohl die meisten untersuchten Kinder, die mit drei oder mehr Sprachen aufwachsen, auch in ihren **D.** durchaus sprachhandlungskompetent sind. (vgl. z.B. Gatto 2000).

Gatto, D. (2000), „Language proficiency and narrative proficiency of a trilingual child", in: Dentler, S./Hufeisen, B./Lindemann, B. (Hrsg.), *Tertiär- und Drittsprachen. Projekte und emprirische Untersuchungen*, Tübingen, 117–142.

Britta Hufeisen

DSH: s. **Deutsche Sprachprüfung für den Hochschulzugang**

Durativ, der: bezeichnet eine →**Aktionsart**, die ein Geschehen als andauernd/ohne zeitliche Begrenzung ablaufend fokussiert (auch: Kontinuativ/Aterminativ). Der **D.** wird im Deutschen entweder durch durative (→**imperfektive**) Verben (z.B. *schlafen, essen, blühen, laufen*), oder durch komplexe Konstruktionen (z.B. „*sein* + *am* + substantivierter →**Infinitiv**": *Wir sind am Essen.*) ausgedrückt. Die Leistung des **D.** sowie die Art seiner sprachlichen Umsetzung variieren sprachenspezifisch: im Englischen etwa wird der **D.** u.a. durch „continuous" und in den →**Aspektsprachen** durch den unvollendeten →**Aspekt** markiert.

Marina Matthey

DVV: s. **Deutscher Volkshochschulverband e.V.**

Dysglossie, die: organisch bedingte Aussprachestörung, früher: Sprechwerkzeugstörung; eine Aussprachestörung infolge angeborener oder erworbener organischer Veränderungen der Artikulationsorgane. Diese Veränderungen können die Muskeln, Nerven und das knöcherne System der Artikulationsorgane betreffen. Je nach Schädigungsort werden die **D.** auch in labiale, dentale, linguale, palatale und nasale **D.** eingeteilt. Bei den palatalen und nasalen **D.** kommt es neben einer Aussprachestörung zusätzlich zu Veränderungen im Stimmklang.

Böhme, G. (1997), *Sprach-, Sprech-, Stimm- und Schluckstörungen*, 3. Aufl., Stuttgart. – Friedrich, G./Biegenzahn, W./Zorowka, P. (2000), *Phoniatrie und Pädaudiologie*, 2. Aufl., Göttingen.

Stephanie Kurtenbach

Dysgrammatismus, der: s. **Sprachentwicklungsstörung, spezifische**

Dyslexie, die: s. **Alexie**

Dysphasie, die: s. **Sprachentwicklungsstörung, spezifische**

E

EAQUALS (The European Association for Quality Language Services): pan-europäischer Verband von Sprachkursanbietern und anderen Organisationen mit explizitem Qualitätsanspruch. 1991 gegründet, bietet **EAQUALS** ein allgemein anerkanntes Qualitätssystem, das auf Chartas und Qualitätsstandards beruht, die spezifisch für den Sprachunterricht entwickelt wurden. **EAQUALS** umfasst institutionelle Mitglieder aus über 20 Ländern, deren Vollmitglieder sich im dreijährigen Turnus einer umfassenden Qualitätskontrolle unterziehen. Ferner beteiligt sich **EAQUALS** an europäischen Projekten im Bereich der Sprachenpolitik, der Förderung der Mehrsprachigkeit und des lebenslangen Sprachenlernens. Zusammen mit **der** →**Association of Language Testers in Europe** hat es das „EAQUALS-ALTE Europäische Sprachenportfolio" entwickelt (vgl. EAQUALS-ALTE 2000). Zudem werden Schulungsmaterialien und Forschungsartikel veröffentlicht. **EAQUALS** organisiert jährlich eine internationale Tagung sowie ein internationales Seminar und veröffentlicht den „EAQUALS Newsletter".

EAQUALS-ALTE (2000), *EAQUALS-ALTE European Language Portfolio*, 1. Aufl., Milano; online: www.eelp.org – Internetadresse: www.eaquals.org

Laura Muresan

ECML (European Centre for Modern Languages): s. **EFSZ**

EEG (Elektro-Enzephalogramm): Aufzeichnung der elektrischen Aktivität von Nervenzellen des Gehirns mittels am Kopf platzierter Elektroden; das **EEG** gehört zu den zentralen Hilfsmitteln der Erforschung der →**Sprachverarbeitung** (s. ggf. auch Magnetresonanztomographie/→**MRT**); dabei besteht die besondere Leistung des **EEG** darin, die spontane elektrische Hirnaktivität in Reaktionen auf spontane sprachliche Reize oder auf definierte sprachliche Einzelereignisse als Spannungszeitdiagramm abzubilden. Im bisherigen Ergebnis wurden dabei „ereigniskorrelierte Potenziale" (→**EKP**) im Sinne von typischen Aktivitätsmustern je nach Art der Sprachverarbeitungsaufgabe ermittelt.

Mittels **EEG** können ausschließlich sprachrezeptive Vorgänge verlässlich beobachtet werden; ferner lässt das **EEG** nur eine ungefähre Zuordnung von Aktivitäten und beteiligten Gehirnregionen zu.

Kischka, U./Wallesch, C.-W./Wolf, G., Hrsg. (1997), *Methoden der Hirnforschung. Eine Einführung*, Heidelberg/Berlin.

Hans Barkowski

EFSZ (Europäisches Fremdsprachenzentrum): Einrichtung des Europarats mit Sitz in Graz/Österreich; arbeitet an der Umsetzung sprachenpolitischer Empfehlungen zur Förderung der →**Mehrsprachigkeit** in Unterricht und Praxis. Im Rahmen von 4-jährigen Arbeitsprogrammen werden von internationalen Teams Projekte durchgeführt, die einen sprachenübergreifenden, lehr- und lernpraktischen Ansatz verfolgen. Mit Fokus auf die Aus- und Weiterbildung von Lehrerbildnern und Sprachenlehrkräften werden methodisch-didaktische Materialien ebenso wie Handreichungen zur Förderung sprachen- und bildungspolitischer Reformen und Innovationen erstellt. Zu weiteren Informationen über das **EFSZ**, über die laufende Projektarbeit und für kostenlose Downloads von **EFSZ**-Publikationen s. die Internetadresse: www.ecml.at.

Susanna Slivensky

egozentrische Sprache, die: in der →**Sprachentwicklungsforschung** die Selbstansprache, die Kinder etwa ab dem dritten Jahr an sich richten, wenn sie auf Probleme stoßen und Orientierung suchen. Sie ist hörbar (also direkt beobachtbar), aber nicht für andere bestimmt. Zwei unterschiedliche Deutungen dieses Phänomens sind in den 1920er und 1930er Jahren entwickelt und in der Folgezeit weiter bearbeitet worden: Jean Piaget (1923/1975), der die kindliche Entwicklung insgesamt als Weg von anfänglich allein selbstbezogener →**Kognition** zu reflexivem Handeln und Sprechen im sozialen Miteinander aufgefasst hat, sah in der **e.S.** eine vorübergehende „Begleitmusik" des Handelns, die allmählich abstirbt, um sozial flexiblem, rationalem Verhalten Platz zu machen.

Lev Vygotskij (1934/2002) hat die **e.S.** anders gesehen, nämlich als ein Stadium des Übergangs bei der Internalisierung des zunächst dominanten äußeren, dialogischen Sprechens in die innere Verfügung von Kindern. Demzufolge beruht die Entwicklung der Fähigkeit, nachzudenken und Pläne für das Handeln zu schmieden, auf der Einverleibung ursprünglich partnerschaftlichen Redens in die Kognition, samt den durch die materielle Lebensumwelt dargestellten Verfahren des Umgangs mit Problemen: Vorgänge, die ursprünglich konkret und →**interaktionell** abliefen, können allmählich auch allein und in Gedanken, angeleitet durch die →**innere Sprache**, bewerkstelligt werden.

Piaget, J. (1923/1975), *Sprechen und Denken des Kindes*, Düsseldorf. – Vygotskij, L. (1934/2002), *Denken und Sprechen*, Weinheim.

Gudula List

egressiv: s. inchoativ

Einräumungssatz, der: s. Konzessivsatz

Einstufungstest, der: ein →**Sprachtest** zur raschen Einschätzung von Sprachkenntnissen, aus Zeitgründen mit einfach auswertbaren Testformaten (z.B. →**Multiple Choice** oder →**C-Tests**). Dabei werden meist rezeptive Fertigkeiten und Grammatik überprüft. **E.** werden auch online angeboten, oft mit direkter Rückmeldung zur Selbsteinschätzung(vgl.→**DIALANG**).Sprachkursanbieter ordnen mittels **E.** Interessenten einer (Kurs-) Gruppe mit ähnlichem Sprachniveau zu (**E.** engl. placement test). Das Bestehen des **E.** kann Voraussetzung für die Zulassung zu einem bestimmten Kurs sein. Alternativen zu standardisierten **E.** sind individuelle Einstufungsberatungen oder differenzierte →**Sprachstandsdiagnosen**.

Margit Doubek

Einwortsatz, der: Im Zuge des →**Erstspracherwerbs** produzieren Kinder in einer frühen Phase →**Äußerungen**, die aus einem Wort bestehen, z.B. *auto, mama, katze, (ele)fant, papa, ab, mehr, auch, da, ja, nein, puste, heiß* (vgl. Szagun 2006). I.d.R. äußern Kinder **E.** etwa im Alter von 12 bis 20 Monaten und gehen danach zu Zweiwortsätzen über. Unter Berücksichtigung der →**Intonation** und des →**Kontexts** werden **E.** von den Kommunikationspartnern der Kinder durchaus im Sinne komplexerer Sprachhandlungen interpretiert, z.B. wird *Katze.* als *Da ist eine Katze.* oder *Ich will zur Katze.* oder *Wo ist die Katze?* verstanden.

Szagun, G. (2006), *Sprachentwicklung beim Kind. Ein Lehrbuch*, vollst. neu überarb. Aufl., Weinheim/Basel.

Anna Peterwerth

Einzelunterricht, der: Sammelbegriff für folgende Aktivitäten: **1.** Unterricht mit nur einem Teilnehmer mit einem für den Gruppenunterricht konzipierten kurstragenden Lehrwerk. **2.** klassischer Nachhilfeunterricht mit einem Schüler auf der Basis des schulischen Curriculums und Lehrmaterials mit dem Ziel der Kompensation von Kompetenzdefiziten und der Verbesserung der Leistungsbewertungen seitens der Schule; **3.** Einzeltraining, häufig mit Führungskräften aus Wissenschaft, Wirtschaft und Politik, mit an individuellen Zielen und Wünschen ausgerichteten Curricula und Lehr-/Lernformen.

Doris van de Sand

EKP, das (**Ereignis-korreliertes Potenzial**): auch: ERP = Event Related Potential; gemitteltes Spannungszeitdiagramm der hirnelektrischen Aktivität in Antizipation oder Reaktion auf ein definiertes Reizereignis (→**EEG**); unterschieden werden dabei einzelne Komponenten, die unterschiedliche kognitive Prozesse der →**Sprachverarbeitung** widerspiegeln. (Vgl. auch →**Gehirnforschung**).

Hans Barkowski

elaboriert: Begriff aus der Soziolinguistik und der von Bernstein (1972) entwickelten sprachsoziologischen →**Kodetheorie**, die von der Hypothese ausgeht, dass sich aus der sozio-ökonomischen Schichtung einer Sprachgemeinschaft eine entsprechende Differenzierung im sprachlichen Verhalten der Sprecher ergibt. Zentral ist für Bernstein die Unterscheidung zwischen dem **e.** Kode, der dem normalen Sprachgebrauch der Ober- bzw. Mittelschicht entspricht und dem →**restringierten** Kode, der der Unterschicht entspricht. **E.** Sprechen zeichnet sich durch ein stärker entwickeltes und differenzierteres Ausdrucksvermögen, grammatische Korrektheit und logische Strukturiertheit aus und lässt sich sprachlich festmachen am Grad der Satzkomplexität, einer an Adjektiven und Attributen reichen Ausdrucksweise und an einem abwechslungsreichen Wortschatz.

Bernstein, B. (1972), *Studien zur sprachlichen Sozialisation*, Düsseldorf. – Schlieben-Lange, B. (3., erw. Aufl. 1990), *Soziolinguistik. Eine Einführung*, Stuttgart.

Renate Freudenberg-Findeisen

Elision, die: →**Reduktion**; →**Assimilation, sprechwissenschaftlich**; Ausfall eines Lautes oder einer Lautgruppe, meist zum Zweck der Sprecherleichterung und/oder bei hoher Sprechgeschwindigkeit, z.B. in der Umgangssprache. Häufig ist im Deutschen der →**Murmelvokal** in Endsilben betroffen (*ich mach<u>e</u>* [...'max], *red<u>e</u>n* ['re:dn̩], *komm<u>e</u>n* [kɔm]). Oft werden die Endsilben im Zusammenhang mit der **E.** auch noch assimiliert (*leb<u>en</u>* [m̩]). Die **E.** kann jedoch auch andere →**Konsonanten** und →**Vokale** betreffen (*nich<u>t</u>* [nɪç], *un<u>d</u>* [ʊn], *<u>i</u>ch* [ç]). **E.** in Endsilben verlaufen nach bestimmten Regeln und müssen DaF-/DaZ-Lernenden vermittelt werden.

Kerstin Reinke

Elizitierung, die: meint in der Sozio- und Psycholinguistik sowie Spracherwerbsforschung Verfahren, Probanden in definierten Kontexten zu bestimmten Äußerungen zu veranlassen. Meist ist hier das ‚Hervorlocken' bestimmter Sprechakte oder komplexerer Äußerungen in Rollenspielen, Befragungen o.ä. gemeint. In der Soziolinguistik gelten Methoden der **E.** allgemein als Erhebungsmethoden für Verfahren der Datengewinnung. Besonders diskutiert wird dabei die Rolle der **E.**techniken für die Art der gewonnen Daten sowie das Problem möglicher →**Inferenz(en)**.

Bernt Ahrenholz

Ellipse: bezeichnet das nach bestimmten grammatikalischen und semantischen Regeln (→**Kotext**; →**Kontext**) lizenzierte Fehlen sprachlicher Elemente, die bei standardgemäßer Realisierung zu erwarten sind. Dabei sind **E.** sprachökonomisch und stilistisch motiviert: *Hänsel verlief sich im Wald und Gretel [...] gleich mit.*, *Gretel lief zum Pfefferkuchenhaus und [...] knusperte drauflos.* Eine Sonderform der **E.** liegt in der lexikalisierten **E.** vor, bei der ein →**obligatorisches** Glied einer →**Verbalphrase** als immer schon mitgedacht gewertet wird und deswegen regelmäßig weggelassen werden darf: *Die Hühner haben nicht gelegt.*

Wegen der komplexen Regeln, die **E.** zugrunde liegen, gehört die Vermittlung/der Erwerb produktiver Kompetenz im Umgang damit eher zu den Lerngegenständen jenseits der Grundstufe (ab C1).

Sabira Levin

ELP: s. **Europäisches Sprachenportfolio**

E-Mail-Tandem, das: eine spezielle Form des →**Sprachlern-Tandems**, bei der die Tandempartner per E-Mail über das Internet kommunizieren („Distanztandem"). Die Kommunikation findet medienbedingt schriftlich und zeitversetzt (asynchron) statt. Im Internet findet man Seiten, die Partner für **E.-M.-T.** in unterschiedlichen Sprachen vermitteln (z.B. den Tandem-Server an der Ruhr-Universität Bochum: http://www.slf.ruhr-uni-bochum.de).

Udo Ohm

emisch – etisch: Die Begriffe **em.** und **et.** wurden von Pike (1967, 37) in die →**Kulturwissenschaften** eingeführt, und zwar in Analogie zur linguistischen Unterscheidung von Phonemik und Phonetik: Wie die Phonemik die für eine Einzelsprache jeweils relevanten, kleinsten bedeutungsunterscheidenden Einheiten (Phoneme) beschreibt, während die Phonetik die materiellen Eigenschaften von Lauten (Phone) zum Gegenstand hat, fokussiert die Attribuierung **em.** einzelkulturell herausgebildete und kontextualisierte Sinnbestände, während **et.** solchen Merkmalen u. Eigenschaften gilt, die gewissermaßen allen einzelkulturellen Ausprägungen als universeller „Themen- und Markierungsvorrat" zugrunde liegen.

Als **em.** Ansätze werden entsprechend Forschungsverfahren bezeichnet, die kulturelle Phänomene „von innen", d.h. aus der Perspektive der zu untersuchenden Kultur analysieren. Bspw. können Japanologen die japanische Gesellschaft mithilfe des Begriffs „amae" (etwa: Wunsch nach Geborgenheit in Abhängigkeit) beschreiben. In kulturkontrastiven Studien kann es erforderlich sein, von verschiedenen **em.** Konzeptionalisierungen eines universellen Kulturthemas – z.B. „Individuum und Gruppe" – auszugehen und induktiv einen **et.** Kategorienvorrat zu entwickeln, der einen Vergleich ermöglicht (vgl. Herwartz-Emden 1995, 196ff.). Interkulturelle Konflikte entstehen häufig dann, wenn sich analoge Konzepte in zwei Kulturen partiell überlagern (vgl. Brislin 2000, 83–88).

Brislin, R. (2000), *Understanding Culture's Influence on Behaviour*, Orlando. – Herwartz-Emden, L. (1995), *Mutterschaft und weibliches Selbstkonzept. Eine interkulturell vergleichende Studie*, Weinheim/München. – Pike, K. (1967), *Language in relation to a unified theory of the structure of human behaviour*, The Hague.

Dirk Skiba

emotiv: Begriff aus der →**Textlinguistik**, bezeichnet die emotionale Färbung einer Aussage wie z.B. in Ausrufesätzen *Seid herzlich willkommen!* anzutreffen; **e.** Markierungen werden u.a. durch →**Interjektion** und/oder →**Intonation** erzielt. Nach R. Jakobson (s.a. A. Marty) drückt die **e.** oder expressive Funktion der Sprache die Haltung des Sprechers gegenüber dem Kommunikationsinhalt aus (s.a. →**Organon-Modell**; →**Sprechhandlung**).

Jakobson, R. (1971), „Linguistik und Poetik", in: Ihwe, J. (Hrsg.), *Literaturwissenschaft und Linguistik. Ergebnisse und Perspektiven*, Frankfurt a.M., 142–178. – Marty, A. (1908), *Untersuchungen zur Grundlegung der allgemeinen Grammatik und Sprachphilosophie*, Halle an der Saale.

Kerstin Rische

Empathie, die: das Vermögen, sich in fremde Personen und Handlungskontexte einfühlen zu können.

1. E. als verhaltenswissenschaftlicher Begriff
Ausführlich diskutiert wurde der Sachverhalt bereits zu Beginn des 20. Jh. in Theodor Lipps ästhetisch-psychologischen Studien zum „Einfühlungsvermögen". Die von dem Freud-Schüler entwickelte Vorstellung der ‚inneren Imitation' von Verhaltensdispositionen eines Alter Ego wurde in der Folgezeit vor allem von der Psychotherapie, der (Medizin-)Psychologie und der Pädagogik aufgegriffen und erlebt in jüngster Zeit eine Renaissance in neurobiologischen Diskursen zu **E.**-konzepten. Als Resultat einer umfangreichen Kritik aus hermeneutischer Perspektive besteht inzwischen Einigkeit darin, dass der mit **E.** verbundene Versuch einer Perspektivenübernahme nicht identifikatorisch verstanden werden darf. Es geht vielmehr darum, andere Personen und Handlungskontexte als ‚andere' rational und emotional verstehen zu können, nicht jedoch darum, diese Verhaltensweisen zu adaptieren.

2. **E.** in Kontexten des Fremdsprachenunterrichts
Seit den 1990er Jahren hat sich **E.** in der Fremdsprachendidaktik als programmatischer Begriff etabliert, wo **E.** als grundlegender Bestandteil der →**interkulturellen Kompetenz** der Lehrenden und Lernenden verstanden wird, sowie für die Konzeptualisierung von Lehrmaterialien und Lernszenarien, deren Aufgabe explizit darin gesehen wird „Sichtwechsel" zu initiieren und z.B. mit Hilfe des Internet Interkulturalität erlebbar werden zu lassen.

Gassner, B. (2006), *Empathie in der Pädagogik: Theorien, Implikationen, Bedeutung, Umsetzung*, Heidelberg. – Lipps, T. (1906), „Einfühlung und Ästhetischer Genuss", in: *Die Zukunft* 16, 100–114.

Jürgen Bolten

Emphase, die: bezeichnet die Hervorhebung einer kommunikativen Absicht mit Hilfe sprachlicher Mittel (z.B. durch spezifische Wortwahl, Wortstellung oder →**Prosodie**). In der gesprochenen Sprache wird **E.** meist durch Intonation oder verstärkende Beiwörter realisiert, in geschriebenen Texten z.B. durch Wiederholungen oder Zeichensetzung. Aufgrund der unterschiedlichen Realisation von **E.** in verschiedenen Sprachen kommt es häufig zu Fehlinterpretationen und Verständnisschwierigkeiten. So entsteht z.B. bei russischen Deutschlernenden aufgrund der spezifischen Intonation des Russischen oft der Eindruck erregter, emotional überhöhter Sprache, obwohl sie keine E. intendieren (vgl. Mehlhorn/Trouvain 2007, 6ff.).

Mehlhorn, G./Trouvain, J. (2007), „Sensibilisierung von Lernenden für fremdsprachliche Prosodie", in: *Zeitschrift für Interkulturellen Fremdsprachenunterricht*, Jg. 12, Nr. 2.

Ulrike Eder

emphatisch: s. **Emphase** bewirkend, nachdrücklich

Empirie, die: E. als wissenschaftliches Handlungsfeld und Forschungspraxis gilt der Generierung von Erkenntnis in direkter Auseinandersetzung mit der Wirklichkeit mittels Beobachtung, Erhebung von Daten und Durchführung von Experimenten. Empirische und theoretische Verfahren der Erkenntnisgewinnung sind als komplementäre Bestandteile wissenschaftlicher Praxis anzusehen und tragen gemeinsam zu einem vertieften Verständnis ihrer Gegenstände bei. Empirische Forschung dient dabei sowohl der Theoriebildung als auch ihrer Überprüfung (Verifikation vs. →**Falsifikation**); dabei geht sie systematisch vor und verlangt die →**Operationalisierung** der Untersuchungsgegenstände und die exakte Auswahl und Bestimmung der Beobachtungs- und Messverfahren (→**Forschungsmethoden**); überholt ist die Verwendung des Begriffs E. in Zusammenhang nur mit dem quantitativen Forschungsansatz; vielmehr dienen im Rahmen unterschiedlicher →**Forschungsansätze** sowohl Daten, die gemessen und gezählt (quantifizierbare Daten) werden, als auch Daten, die mittels nichtstandardisierter Erhebungsverfahren gewonnen werden, aber nicht exakt quantifizierbar sind (qualitative Daten), als Grundlage empirischer Erkenntnisgewinnung. Ein Verständnis der Disziplin DaF/DaZ als empirische Wissenschaft bedeutet, dass Theorien und Hypothesen sich aus empirischer Forschung im Wirklichkeitsbereich des Lehrens und Lernens von DaF und DaZ ergeben.

Claudia Riemer

endogen/exogen: endogen: griech. ‚innen entstehend'; exogen: griech. ‚außerhalb entstehend'. Im Fach DaF/DaZ werden die Begriffe z.B. im Kontext der →**Spracherwerbsforschung** verwendet, die sich u.a. damit beschäftigt, inwieweit innere (endogene) oder äußere (exogene) Faktoren für den Spracherwerb bedeutsam sind.

Anna Peterwerth

Enklitikon, das/enklitisch: Das E. bezeichnet eine schwach betonte Spracheinheit (→**Morphem** oder →**Synsemantikon**), die sich an das vorangehende Wort anlehnt und dabei gleichzeitig geschwächt wird wie in *kannst Du kommen* zu *kannste kommen* oder *hörst Du* zu *hörste*. Diesen Vorgang bezeichnet man als e. im Gegensatz zu proklitisch, wo der Prozess der Anlehnung und Abschwächung in gegenteiliger Richtung erfolgt wie in *das Kind* zu *'s Kind*, →**Klitikon**.

Beate Redecker

Enkulturation, die: s. **Kulturstandard; Kultur**

Entlehnung, die: Prozess und Resultat der Übernahme eines sprachlichen Ausdrucks aus einer fremden Sprache (Gebersprache) in die Muttersprache (Nehmersprache); (→**Lehnwort**, →**Internationalismus**). Die Ursachen für E. liegen in verschiedenen politischen, kulturellen oder wirtschaftlichen Entwicklungen. E. entstehen auf unterschiedlichen Wegen: Die direkte E. erfolgt meist auf dem Weg der Sachentlehnung (wie *Mauer, Ziegel* aus dem Lat. oder *Airbag, Camping* aus dem Engl.) sowie der literarischen Übernahme. Von indirekter E. wird gesprochen, wenn ein Wort den Weg über eine andere Sprache geht (wie z.B. *Meeting* aus dem Engl. über das Russ.).

Schippan, T. (1992), *Lexikologie der deutschen Gegenwartssprache*, Tübingen.

Renate Freudenberg-Findeisen

Entscheidungsfrage, die: s. **Satzfrage**

episches Präsens, das: eine stilistische Form des →**historischen Präsens**. Das historische Präsens übernimmt in Texten mit Bezug auf Vergangenes die Funktion des →**Präteritums**. Das e.P. wird in fiktionalen erzählenden Texten als →**Erzählzeit**, in vielen zeitgenössischen Werken als Grundtempus des Erzählens gebraucht und stellt heute ein stark konventionalisiertes Stilmittel dar. Ursprünglich diente der Gebrauch des Präsens in Texten mit Vergangenheitsbezug dazu, den Sachverhalt zu vergegenwärtigen bzw. lebendiger erscheinen zu lassen. Dieser Effekt hat sich im Laufe der Zeit aber soweit abgeschwächt, dass er kaum noch wahrgenommen wird.

Mandy Höhle

episches Präteritum, das: Das →**Präteritum** bezeichnet eine Handlung, die vor dem →**Sprech-**

zeitpunkt liegt. Es wird daher als Tempus in der geschriebenen Sprache dann verwendet, wenn es um die Schilderung eines vergangenen Sachverhaltes geht. In der gesprochenen Sprache hingegen wird hier meist das →**Perfekt** gebraucht, zumal im Oberdeutschen. Als Erzähltempus der geschriebenen Sprache hat das Präteritum eine epische (literarische) Funktion; Thomas Mann spricht vom Erzähler als dem „raunenden Beschwörer des Imperfekts": „Ein einfacher junger Mann reiste im Hochsommer von Hamburg, seiner Vaterstadt, nach Davos-Platz im Graubündischen. Er fuhr auf Besuch für drei Wochen." (Thomas Mann: Der Zauberberg).

Lutz Götze

epistemisch: Der Ausdruck wird linguistisch zur Bezeichnung von auf das Wissen (p) bezogenen sprachlichen Phänomenen verwendet wie z.B. *ich glaube, dass p, ich vermute, dass p.* Im Deutschen gehört dazu auch die wissensbezogene Verwendung der →**Modalverben** (*Fritz soll gekommen sein, Fritz muss gekommen sein* usw.). Andere Sprachen wie das Koreanische oder amerikanische Sprachen unterhalten dafür komplexe Formstrukturen (‚epistemische Modalität'), durch die morphologisch z.B. zwischen Wissen durch Wahrnehmung, durch Hören-Sagen, durch Schlussfolgerung u.ä. unterschieden wird. **E.** Phänomene werden auch unter den Ausdrücken „propositional attitude" oder „stance" behandelt.

Konrad Ehlich

Epistemologie, die: allgemeine Theorie des systematisch erhobenen und entwickelten Wissens. Der griech. Ausdruck *episteme* erfuhr in der frühen Wissenschaftstheorie insbesondere des Aristoteles eine zentrale Stellung als Ausdruck für das wohlbegründete Wissen, das der *techne* als einem praktisch begründeten Wissen gegenübergestellt wurde. Im 20. Jh. entwickelten sich verschiedene Versuche zu einer allgemeinen Theorie des wissenschaftlichen Wissens, so insbesondere im Neopositivismus und in der Analytischen Philosophie, die die Entwicklung einer allgemeinen Wissenschaftslehre (vgl. Fichte) aufnahmen. In solchen Zusammenhängen steht **E.** für eine allgemeine Wissenschaftstheorie. Je nach den theoretischen Grundannahmen unterscheiden sich die Anforderungen, die daran gestellt werden.

Konrad Ehlich

ERFA Wirtschaft-Sprache: Das Akronym **ERFA** steht für „Erfahrungskreis". Der seit 1968 regelmäßig zweimal jährlich in einer der Mitgliedsfirmen tagende Arbeitskreis der Verantwortlichen für das Sprachtraining in deutschen Unternehmen befasst sich jeweils mit fachlich aktuellen Themen der Methodik und Didaktik der Fremdsprachenvermittlung im beruflichen Kontext. Im Mittelpunkt stehen dabei Fragen zu Inhalten und Formen des berufsbegleitenden fremdsprachlichen und interkulturellen Trainings in Unternehmen (→**berufsorientierter Fremdsprachenunterricht**). Mitglieder sind derzeit Vertreter von ca. 40 Unternehmen aus Deutschland, Österreich und der Schweiz, davon ca. 20 Unternehmen des Deutschen Aktien Indexes (DAX). Die Mitgliedsliste umfasst beispielsweise die deutschen und Schweizer Großbanken ebenso wie die großen deutschen Unternehmen der Automobil- und Chemieindustrie. Informationsaustausch und Tagungsdokumentationen erfolgen auf einer größtenteils nicht-öffentlichen Internetseite. Ziel des **ERFA** ist neben dem Informationsaustausch und der Weiterbildung ihrer Mitglieder die Kommunikation und Weiterentwicklung von Qualitätsstandards für die Aus- und Weiterbildung von Trainern im berufsbezogenen Fremdsprachentraining.

Internetadresse: www.daf.uni-jena.de/erfa

Hermann Funk

Ergänzung, die: auch: Aktant, Mitspieler; zentraler Begriff der →**Valenzgrammatik**. **E.** sind syntaktische Einheiten, die von der →**Valenz** des Verbs gefordert werden. Als die beiden formalen Grundkriterien haben sich Obligatheit (→**obligatorisch**) und →**Rektion** (→**Subklassenspezifik**) herausgeschält. Eine in Frage kommende syntaktische Einheit ist **E.**, wenn sie obligatorisch oder regiert ist. Das „oder" ist im nicht ausschließenden Sinne zu verstehen, also als „und/oder". Bezogen auf Satzglieder sind Subjekt, Objekt, Subjektsprädikativum und Objektsprädikativum **E.** Adverbialbestimmungen sind meist →**Angaben**. Z.B. ist in *Emil verzehrt <u>ein Brötchen</u>.* das Objekt auf Grund von Obligatheit und Rektion eine **E.** In *Emil isst <u>ein Brötchen</u>.* ist das Objekt nur auf Grund der Rektion eine **E.** Denn das Objekt ist weglassbar. Es ist hier also eine →**fakultative E.** Das Subjekt (*Emil*) ist nicht regiert, ist aber auf Grund der Obligatheit eine **E.** In *Emil wohnt <u>in Berlin</u>.* ist auch die Adverbialbestimmung auf Grund der Obligatheit eine **E.** Im semantischen Sinne sind **E.** diejenigen syntaktischen Einheiten, zwischen denen das Verb (der Valenzträger) eine Relation stiftet. Z.B. bezeichnet *wohnen* im obigen Beispielsatz eine Relation zwischen einer Person und einem Ort. In *Emil liest das Buch in der Bibliothek.* bezeichnet *lesen* eine Relation zwischen einer Person und einem Objekt (*Buch*). *Emil* und *das Buch* sind also **E.** Die Adverbialbestimmung *in der Bibliothek* ist nicht regiert und nicht obligatorisch, also Angabe. Als solche bezeichnet sie eine Eigenschaft/einen Umstand des zu betreffenden Sachverhalts und nicht einen Relationspartner von *lesen*.

Klaus Welke

Ergänzungsfrage, die: s. W-Frage

Ergänzungsklasse, die: Unterscheidung von Ergänzungen nach formalen (morphologischen und syntaktischen) Merkmalen. Z.B. unterscheidet Engel (1977) zehn **E.**, u.a. Nominativ-, Akkusativ-, Dativergänzungen, Präpositivergänzung (*Er wartet auf etwas.*), Situativergänzung (*Er wohnt in Berlin.*), Direktivergänzung (*Er fährt nach Berlin.*).

Engel, U. (1994), *Syntax der deutschen Gegenwartssprache*, Berlin ([1]1977).

Klaus Welke

ergatives Verb, das: Untergruppe der →**intransitiven** Verben; **e.V.** sind Verben, von denen man in der →**generativen Transformationsgrammatik** annimmt, dass ihr Subjekt syntaktisch auf ein Objekt zurückzuführen ist. Das betrifft zum einen so genannte →**labile Verben**, bei denen die Möglichkeit einer solchen Ableitung offensichtlich ist, z.B. *Die Sonne schmilzt den Schnee. – Der Schnee schmilzt.* In der generativen Grammatik werden darüber hinaus auf Grund bestimmter Kriterien auch intransitive Verben, zu denen es keine transitive Gegenrichtung gibt, als **e.V.** angesehen. Solche Kriterien sind: Bildung des Perfekts mit *sein*, attributive Verwendbarkeit des Partizips II, z.B. *kommen, einschlafen: Er ist gekommen, der gekommene Brief; Er ist eingeschlafen, der eingeschlafene Student* – im Unterschied bspw. zu *schlafen, atmen* (*hat geschlafen, hat geatmet, *der geschlafene Student, *der geatmete Student*).

Grewendorf, G. (1989), *Ergativity in German*, Dordrecht. – Welke, K. (2002), *Deutsche Syntax funktional. Perspektiviertheit syntaktischer Strukturen*, Tübingen ([2]2005).

Klaus Welke

Ergativsprache, die: einer der drei Sprachtypen neben Nominativ-Akkusativ-Sprachen und Aktivsprachen, in die man die Sprachen der Welt in syntaktischer Hinsicht untergliedern kann. In **E.** stehen sich nicht ein Nominativ und ein Akkusativ gegenüber, sondern ein Absolutiv, manchmal ebenfalls Nominativ genannt, und ein Ergativ. In Nominativ-Akkusativ-Sprachen ist der Nominativ der Grundkasus (Kasus des Subjekts). Im Nominativ fallen die Kasusrollen (→**semantische Rollen**) ‚Agens' und ‚Vorgangsträger' zusammen (z.B. *Emil zersägt das Brett. Das Brett trocknet.*), und der Akkusativ denotiert die Rolle ‚Patiens' (*Emil zersägt das Brett.*). In **E.** (mit syntaktischer Ergativität) ist der Absolutiv der Grundkasus (Kasus des Subjekts). In ihm fallen die Rollen ‚Patiens' und ‚Vorgangsträger' zusammen, und der Ergativ denotiert die Rolle ‚Agens'. Man unterscheidet syntaktische und morphologische **E.** Viele **E.** sind nur noch in morphologischer Hinsicht **E.** In syntaktischer Hinsicht ist hier der Ergativ zum Grundkasus geworden.

Dixon, R.M.W. (1994), *Ergativity*, Cambridge.

Klaus Welke

Erklärungsadäquatheit, die: gilt als das hochrangigste der drei von Chomsky definierten Gütekriterien für die linguistische Beschreibung natürlicher Sprachen (s.a. →**Beobachtungsadäquatheit**, →**Beschreibungsadäquatheit**). Eine Sprachbeschreibung gilt dann als erklärungsadäquat, wenn sie sowohl beobachtungs- als auch beschreibungsadäquat ist und darüber hinaus mit einer →**Spracherwerbstheorie** (im Falle Chomskys der nativistischen, universalgrammatischen; s.a. →**Universalgrammatik**) im Einklang steht. Das Kriterium der **E.** ist Chomsky zufolge bei vergleichenden wissenschaftlichen Bewertungen mehrerer beschreibungsadäquater →**Grammatiktheorien** anzulegen.

Chomsky, N. (1964), *Current Issues in Linguistic Theory*, Den Haag. – Chomsky, N. (2004), „Beyond Explanatory Adequacy", in: Belletti, A. (Hrsg.), *Structures and Beyond. The Cartography of Syntactic Structures*, Bd. 3, Oxford, 104–131.

Julia Settinieri

erlebte Landeskunde, die: ein Prinzip landeskundlichen Lernens in den deutschsprachigen Zielländern, bei dem die Annäherung an die fremde Kultur üblicherweise außerhalb des Klassenzimmers, in projektorientierten Aktivitäten, durch Recherchen und Beobachtungen und in persönlicher Interaktion mit den Menschen erfolgt. Kriterien für erfolgreiche Aufgabenstellungen sind ausreichende sprachlich-kommunikative Vorbereitung auf mögliche Kontakt- und Konfliktsituationen, interkulturelle Sensibilisierung, Einbeziehung der persönlichen Interessen der Lernenden, Teamorientierung und Vertrautheit mit Strategien und Techniken der Recherche im fremdsprachlichen Umfeld. Die Lernenden gehen projekt- und produktorientiert vor, am Ende einer Aufgabe steht die Präsentation der Ergebnisse (Radiosendung, Video, szenisches Spiel, Plakatausstellung, Magazin, Diskussion, Präsentation u.ä.).

Aufgabenstellungen von **e.L.** entfernen sich immer mehr vom reinen Erforschen von Daten, Fakten und Zahlen hin zum Gewinnen von konkreten Einblicken in den Alltag der Menschen, in ihre Gefühlswelten und Befindlichkeiten und zum exemplarischen Darstellen von (auch widersprüchlichen) Einzelphänomenen. Mit den Mitteln moderner Informationstechnologien lassen sich Aufgaben erlebter Landeskunde heute auch aus der Ferne durchführen, wobei besonders Webcams, online Radio- und Fernsehnachrichten, Homepages verschiedener Institutionen, Chats und Diskussionsforen eine prominente Rolle zukommt.

Goethe-Institut, Hrsg. (2001), *Erlebte Landeskunde. Handbuch für Spracharbeit.* München. – Biechele, M./ Padros, A. (2003), *Didaktik der Landeskunde*, Fernstudieneinheit 31, München.

Roland Fischer

ERP (Event Related Potential): s. EKP

Ersetzungsprobe, die: s. Substitution

Erstsprache, die: die Sprache, die Kleinkinder zuerst in natürlicher Umgebung als ihre Muttersprache erlernen (→**Spracherwerb**). Die Bezeichnung **E.** umgeht die Problematik, die mit der Deutung des Begriffs Muttersprache als von der Mutter (und nicht etwa vom Vater) erlernter Sprache einhergeht, sowie einer sich gegen Zwei- und Mehrsprachigkeit richtenden Einstellung, die suggeriert, dass es nur eine Sprache geben könne, in der ein Sprecher eine hohe Sprachkompetenz aufweist; der Terminus **E.** macht andere Sprachen erwartbar. Bei simultaner Zweisprachigkeit in den ersten Lebensmonaten ist auch doppelter Erstspracherwerb möglich. Jede Nicht-E. wird als →**Zweitsprache** bezeichnet, auch dann, wenn sie die Funktionen der **E.** z.B. als Familiensprache übernimmt.

Das Bildungswesen in den deutschsprachigen Ländern tut tw. immer noch so, als verfügten alle Kinder bei Schulbeginn über die gleiche **E.** (Gogolin 1994 „monolingualer Habitus"; →**Monolingualismus**) und nimmt die Vielfalt der **E.** der Einwanderungsgesellschaft noch zu wenig zur Kenntnis (→**Mehrsprachigkeit**). Als Erkenntnis der →**Zweitspracherwerbsforschung** gilt dagegen, dass der erfolgreiche Erwerb der Zweitsprache eine gefestigte **E.** voraussetzt, andernfalls drohe →**doppelseitige Halbsprachigkeit**. Für Kinder mit Migrationshintergrund bedeutet das, ihnen nach Möglichkeit eine →**zweisprachige Alphabetisierung** bzw. zumindest Unterricht in ihren →**Herkunftssprachen** (→**muttersprachlicher Unterricht**) anzubieten.

Ahlzweig, C. (1994), *Muttersprache-Vatersprache. Die deutsche Nation und ihre Sprache*, Opladen. – Gogolin, I. (1994), *Der monolinguale Habitus der multilingualen Schule*, Münster. – Gogolin, I./Neumann, U., Hrsg. (2009), *Streitfall Zweisprachigkeit. The Bilingualism Controversy*, Münster.

Mandy Höhle

Erstspracherwerb, der: s. Erstsprache; Spracherwerb; doppelter Erstspracherwerb

Erwachsenenbildung, die: Die Begriffe **E.** und Weiterbildung (W.) werden weitgehend synonym verwendet (Tippelt 1999, 11). Als Weiterbildung definiert der Deutsche Bildungsrat die „Fortsetzung oder Wiederaufnahme organisierten Lernens nach Abschluss einer [...] ersten Ausbildungsphase" (Bildungsrat 1970, 197). Trotz der prinzipiellen Gleichstellung wird mit W. eher der berufliche Aspekt angesprochen, während mit **E.** in erster Linie das private und vorwiegend informelle (also nicht auf ein verbindliches Ziel hin bezogene) Lernen assoziiert wird. Als prototypische Einrichtungen der **E.** werden die Volkshochschulen (als öffentlich geförderte Einrichtung) angesehen. Sprachkurse bilden den größten Anteil in deren Angebot (bis zu 40%). Innerhalb des Bereichs Sprachen liegt Deutsch als Zweitsprache mengenmäßig zusammen mit Englisch an der Spitze. Die VHS-Statistik weist 24.999 DaF-Kurse (entsprechend 14,9% des Gesamtsprachenangebots, größtenteils DaZ-Angebote) mit 2.094.582 Unterrichtsstunden (= 35,7%) aus. In der Rubrik „Besondere Adressatengruppen" liegt die Gruppe der Ausländer im Berichtsjahr 2006 der VHS-Statistik mit 31% vorne (Reichart/Huntemann 2006, 9).

Deutscher Bildungsrat, Hrsg. (1970), *Empfehlungen der Bildungskommission, Strukturplan für das Bildungswesen*, Stuttgart. – Reichart, E./Huntemann, H., *Volkshochschul-Statistik 2006, 45. Folge, Arbeitsjahr 2006*, Bonn. – Tippelt, R., Hrsg., (1999), *Handbuch Erwachsenenbildung/Weiterbildung*, Opladen.

Gerhard von der Handt

Erwerben: s. Lernen-Erwerben-Debatte

Erwerbssequenz, die: Das Lernen von Sprachen ist bis zu einem gewissen Grad von Prinzipien und Regeln geprägt. Spracherwerb ist also kein zufälliger Prozess und folgt auch nicht einfach dem strukturierten Input im Unterricht, sondern bestimmte Sprachbereiche werden in einer vorhersehbaren Abfolge, den **E.**, erworben. Gut untersucht ist der Erwerb der Wortstellung. Insbesondere die vom →**ZISA-Projekt** (Clahsen et al. 1983) bei Migranten mit romanischen Erstsprachen beobachtete **E.** (Voranstellung von Adverbien – Satzklammer – Inversionsregel –Verb-End in Nebensätzen) hatte Einfluss auf theoretische wie didaktische Diskussionen (→**Teachability Hypothese**, →**Interface-Position**). Weiter sind **E.** für Interrogation, Negation und Kasus beschrieben worden. Die Untersuchungen beziehen sich meist auf ungesteuerten Erwerb, wurden z.T. aber auch für Spracherwerb im Fremdsprachenunterricht überprüft und teilweise bestätigt (vgl. u.a. Pienemann 1998, Diehl et al. 2000). Offene Fragen bestehen im Hinblick auf individuelle Variation, Altersabhängigkeit, unterschiedliche Erstsprachen und Lernkontexte, bisher noch nicht untersuchte Sprachbereiche und eine umfassende empirische und theoretische Klärung von **E.**

Clahsen, H./Meisel, J.M./Pienemann, M. (1983), *Deutsch als Zweitsprache. Der Spracherwerb ausländischer Arbeiter*, Tübingen. – Diehl, E./Christen, H./Leuenberger, S./Pelvat, I./Studer, T. (2000), *Grammatikunterricht: Alles für der Katz? Untersuchungen zum Zweitspracherwerb Deutsch*, Tübingen. – Pienemann, M. (1998), *Language Processing and Second Language Development. Processibility Theory*, Amsterdam.

Bernt Ahrenholz

Erwerbstyp, der: Basierend auf der Abfolge des Lernens in Abhängigkeit vom Alter und dem Erwerbskontext unterscheidet man die folgenden **E.**: Erstspracherwerb, Zweitspracherwerb und Fremdspracherwerb.

Erstspracherwerb (→**Erstsprache**) bezieht sich auf die erste Sprache, die man in seinem Leben lernt. Dieser Spracherwerb ist eng an die kognitive, soziale und emotionale Entwicklung des Kindes gebunden. Lernt man von Anfang an zwei (oder mehr) Sprachen, spricht man von →**doppeltem** bzw. **bilingualem Erstspracherwerb** (Apeltauer 2001), auch wenn beide Sprachen unterschiedlich stark oder domänenspezifisch ausgeprägt sind. Wird eine weitere Sprache etwa ab dem dritten Lebensjahr zusätzlich erworben, spricht man von (frühem) →**Zweitspracherwerb** (Klein 1987), der auch dritte oder vierte Sprachen einschließt. Ist eine zweite Sprache nicht zentrales Mittel der alltäglichen Kommunikation und wird sie im Wesentlichen mit Hilfe von Sprachunterricht erlernt, spricht man von →**Fremdsprachererwerb**. Mögliche Besonderheiten des Erwerbs von dritten oder vierten Sprachen werden auch unter →**Tertiärspracherwerb** (Hufeisen 2001) gefasst.

Apeltauer, E. (2001), „Bilingualismus – Mehrsprachigkeit", in: Helbig, G. u.a. (Hrsg.), *Deutsch als Fremdsprache. Ein internationales Handbuch*. 1. Halbband, Berlin, 628–638. – Hufeisen, B. (2001), „Deutsch als Tertiärsprache", in: Helbig, G. u.a. (Hrsg.), *Deutsch als Fremdsprache. Ein internationales Handbuch*. 1. Halbband, Berlin, 648–653. – Klein, W. (1987), *Zweitspracherwerb. Eine Einführung*, Frankfurt a.M.

Bernt Ahrenholz

Erzählzeit, die: Wird über Vergangenes erzählt, so gebraucht man in der gesprochenen Sprache zumeist das →**Perfekt**, in der geschriebenen Sprache das →**Präteritum**. Dies gilt zumal für literarisches Erzählen (→**episches Präteritum**). Beim Erzählen gegenwärtiger Sachverhalte (→**Aktzeit** gleich →**Sprechzeit**) wird das →**Präsens** gewählt.

Um innerhalb vergangenen Geschehens den Gegenstand besonders hervorzuheben, ist in der geschriebenen Sprache ein Wechsel zum Präsens möglich: *Da liefen sie im Kreise und spielten mit dem Ball, andere tanzten. Plötzlich schreit ein Junge auf und deutet nach oben: „Da fliegt ein Riesenvogel."* Bei Pressemitteilungen wird häufig die Überschrift im Perfekt gefasst, der Bericht erfolgt im Präteritum: *Urlauberschiff auf Grund gelaufen. Wie die lettische Küstenwache mitteilte, wurde niemand von den 651 Passagieren sowie 320 Besatzungsmitgliedern verletzt. Das nach ersten Untersuchungen nur wenig beschädigte Schiff sollte bis zum späten Freitagabend freigeschleppt werden. Das 173 Meter lange Schiff befand sich auf dem Weg von Tallin nach Riga.*

Lutz Götze

ESIS: s. Europäisches Siegel für innovative Spracheninitiativen

Ethnographie, die: bezeichnet gleichzeitig Forschungsmethodik und Produkt der Kultur- und Sozialwissenschaften: Beschreibung und Analyse menschlicher Lebenswelten und Gesellschaftsstrukturen. Kernmethode ist die →**Feldforschung**.

In der Völkerkunde des 19. Jhs. bezog sich **E.** aus einer eurozentristischen Forscherperspektive ausschließlich auf die Erfassung fremder – als ‚exotisch' bzw. ‚primitiv' gewerteter – Ethnien. Zu Beginn des 20. Jhs., auf dem Höhepunkt der Industrialisierung, begann die neu entstehende wissenschaftliche Volkskunde, sich für das ‚Fremde im Eigenen' zu interessieren und nutzte **E.** für eine Art ‚Binnenexotik' innerhalb der eigenen Kultur (z.B. in Kleidung, Bräuchen und Sprache der ländlichen Bevölkerung) zur Suche nach vermeintlichen Überresten ‚uralter' Sitten. Nach mehreren Paradigmenwechseln schließt **E.** heute – in Erkenntnis von Kulturdynamik und Austauschprozessen – sowohl die Erforschung des Eigenen als auch des Fremden ein und umfasst nicht nur ganze Ethnien, sondern ebenso gesellschaftliche Subgruppen, z.B. Berufsstände, Subkulturen, urbane Lebenswelten.

Für DaF/DaZ stellen moderne **E.** mit ihrem Versuch eines nicht wertenden, hermeneutischen Verstehens von Kultur(en) und ihrem Anspruch, das Fremde im Eigenen und das Eigene im Fremden bewusst zu machen, einen wichtigen Beitrag zum interkulturellen Verstehen dar.

Geertz, C. (1978), *Dichte Beschreibung. Beiträge zum Verstehen kultureller Systeme*, Frankfurt a.M. – Kaschuba, W. (2006), *Einführung in die Europäische Ethnologie*, Münster.

Eva V. Chen

Ethnolekt, der: bezeichnet den *Lekt* (Sprache, →**Varietät**, →**Kode**, Stil etc.) von Sprechern mit sog. ethnischen Merkmalen der Sprache wie typifizierter Akzent, aber auch mit typifizierten grammatikalischen und paralinguistischen Merkmalen. **E.** sind oft reaktive Bildungen mit identifikatorischer Funktion. In Deutschland richtet sich das Augenmerk z.B. stark auf solche Deutschvarietäten, die in Jugendgruppen mit sog. Migrationshintergrund verwendet werden und ihre Mitglieder als zu dieser ethnischen Gruppe zugehörig erkennbar machen. In dem Satz *Isch geh Kino* finden sich etwa die typische *ch*-zu-*sch*-Aussprache sowie der Wegfall von Präposition und Artikel (Jugendliche türkischer Herkunft). Diese Varietäten stehen im Gegensatz zu sog. defizitären Formen der Zweitsprache, sie sind originär stilistische Varianten, die aber im Vergleich zu Dialekten wenig Nachhaltigkeit aufweisen. Neben den primären ethnolektalen Varietäten gibt es sekundäre Formen, wie Stilisierungen durch nicht-ethnische Nachahmer und die Medien.

Volker Hinnenkamp

Ethnolinguistik, die: wissenschaftliche Disziplin, die Themen der Ethnologie (Völkerkunde) und Linguistik verknüpft, um Zusammenhänge zwischen Sprache, Denken und Kultur zu erforschen. Als Vordenker der **E.** im 19. Jh. gilt W. von Humboldt mit seinen sprachphilosophischen Theorien über die Eigenarten der verschiedenen Völker in Kultur und Sprache, die in Untersuchungen zu spezifischen Relationen z.B. zwischen Lexik und Sozialbeziehungen, grammatischen Strukturen und Wahrnehmung u.a. von L. Weisgerber weitergeführt wurden. Die moderne **E.** erhielt wichtige Impulse durch D. Hymes, der mit seiner ‚Ethnographie des Sprechens' (1962) eine strukturalistische Methodik zum Vergleich kommunikativer Gewohnheiten in verschiedenen Kulturen entwickelte. Bekanntes Beispiel für ethnolinguistische Studien sind die sprachvergleichenden Forschungen von Berlin/Kay zur Universalität und Spezifik von Farbbezeichnungen.

Berlin, B./Kay, P. (1969), *Basic Color Terms. Their Universality and Evolution*, Berkeley. – Humboldt, W. von (1962), *Über die Verschiedenheit des menschlichen Sprachbaus und ihren Einfluss auf die geistige Entwicklung des Menschengeschlechtes*, Reprint der Originalausgabe von 1836. Bonn. – Gumperz, J.J. (1996), „The linguistic and cultural relativity of conversational inference", in: Gumperz, J.J./Levinson, S.C. (Hrsg.), *Rethinking linguistic relativity*, Cambridge, 374–406. – Foley, W.A. (1997), *Anthropological Linguistics*, Oxford.

Eva V. Chen

Ethnomethodologie, die: bezeichnet eine aus der Soziologie (Garfinkel 1967) stammende und mit der Soziolinguistik verknüpfte qualitative Forschungsrichtung zur Analyse von Alltagshandlungen und Erkenntnis der ihnen zugrunde liegenden Regeln. Grundannahmen der **E.**:

1. soziale Wirklichkeit konstituiert sich durch kommunikative Handlungen bzw. Interaktionen

(vgl. →**Sprechakttheorie**), diese sind durch Indexikalität gekennzeichnet,

2. Handelnde produzieren durch ihre Handlungen Bedeutungen, die je nach Situation jeweils neu konstruiert werden (→**Kontext**),

3. Menschen als soziale Wesen sind bestrebt, Sinn in Handlungen/Interaktionen zu erkennen bzw. einzufordern durch ständiges Beobachten, (Neu-)Einordnen und Deuten, wobei sich Handlung und Sinn jeweils wechselseitig aufeinander beziehen (Reflexivität).

Von diesen Annahmen ausgehend entwickelte sich als Kernmethode der **E.** die →**Konversationsanalyse**, aber auch klassische Methoden der →**Ethnographie** werden angewandt.

Abels, H. (2004), *Interaktion, Identität, Repräsentation. Kleine Einführung in interpretative Theorien der Soziologie*, Wiesbaden. – Garfinkel, H. (1967), *Studies in Ethnomethodology*, Malden/USA. – Harden, T. (2006), *Angewandte Linguistik und Fremdsprachendidaktik*, Tübingen.

Eva V. Chen

ethnozentrisch/Ethnozentrismus, der: Menschen interpretieren und beurteilen neue Erfahrungen und andere Menschen von ihren eigenen, durch die sprachlich-kulturelle Sozialisation erworbenen Normalitätsvorstellungen her, d.h. **e.** Zunächst ist nicht bewusst, dass dieser **e.** Blick auf die Welt kein universeller, sondern ein kulturell geprägter und damit auch verengter Blick ist, der den eigenen Standpunkt unzulässig zur allgemeinen Norm erhebt. Es ist eine zentrale Aufgabe der →**interkulturellen Erziehung**, zur Überwindung von **E.** beizutragen und die Geltungsansprüche der eigenkulturellen Wahrnehmung zu relativieren.

Hans-Jürgen Krumm

etisch: s. emisch

Etymologie, die: die Lehre von der Herkunft der Wörter/eines Wortes. Nach der Historisierung der Sprachwissenschaft in der Neuzeit wurde die eigentliche Wahrheit eines Wortes (sein *etymon*) in dessen historisch frühester Form gesehen. Der heutige Gebrauch schließt daran an und rekonstruiert als **E.** eines Wortes die Wortgeschichte unter Bezug auf allgemeinere „Gesetze" der lautlichen und morphologischen Veränderung (→**Diachronie**). Dabei werden nicht belegte Zwischen- oder Vorstufen erschlossen, oft mit der Gefahr, dass an die Stelle der Rekonstruktion eine spekulative Konstruktion tritt. Demgegenüber sind neuere etymologische Werke (Seebold) deutlich vorsichtiger.

Als Volks**e.** werden solche Spekulationen bezeichnet, die auf der Grundlage von Laut- und Formähnlichkeiten Zusammenhänge herstellen, die in der Geschichte eines Wortes nicht wirklich bestehen (z.B. *Quäntchen* von *quantum* – in Wahrheit von *quintus*, „Fünftel-Maß", daher in alter Rechtschreibung *Quentchen*).

Etymologische Informationen können beim Erwerb und der systematischen Erschließung eines fremdsprachlichen Lexikons hilfreich sein; Volks**e.** taugen z.T. als Eselsbrücken.

Seebold, E. (1981), *Etymologie. Eine Einführung am Beispiel der deutschen Sprache*, München.

Konrad Ehlich

EUNIC (European National Institutes for Culture): Zusammenschluss derjenigen nationalen Kulturinstitute, die international arbeiten; die Bundesrepublik ist mit dem →**Goethe-Institut**, Österreich durch sein Außenministerium vertreten. **EUNIC** fördert den Gedanken der Mehrsprachigkeit und des interkulturellen Dialogs und setzt sich für die Einrichtung europäischer Kulturhäuser ein. Nationale Netzwerke dienen der Zusammenarbeit der verschiedenen Kulturinstitute in einem Land, einer Region oder Stadt.

Internetadresse: www.eunic-europe.eu/EUNIC-website/index.php?L=1

Hans-Jürgen Krumm

Euphemismus, der: spezieller Fall der Benennung oder Umschreibung (→**Periphrase**), wobei der Gegenstand oder Sachverhalt durch ein anderes (oft fremdsprachliches) Wort geschönt dargestellt wird. **E.** finden sich besonders im Umgang mit Tabuthemen (*Tod – Heimkehr*), der sprachlichen Aufwertung banaler Sachverhalte (*etwas anbieten – offerieren*) sowie der Verharmlosung/Verschleierung gefährlicher und gefährdender Sachverhalte und ihrer Folgen – wie z.B. im Kontext von Kriegen: *Zivilopfer – Kollateralschäden* (vgl. Rada, 2001).

Rada, A. (2001), *Tabus und Euphemismen in der deutschen Gegenwartssprache: mit besonderer Berücksichtigung der Eigenschaften von Euphemismen*, Budapest.

Kerstin Rische

EuroComGerm: von der Europäischen Union unterstützte Forschungs- und Entwicklungsprojekte, die versuchen, die Verstehensfähigkeit (Comprehension bzw. Interkomprehension) in verwandten europäischen Sprachen innerhalb der germanischen (**EuroComGerm**), der romanischen (EuroComRom) bzw. der slavischen (EuroComSlav) Sprachfamilie zu trainieren und dazu eine gemeinsame Methode entwickelt haben, das Verfahren der „Sieben Siebe" (vgl. Hufeisen/Marx 2007), das es erlaubt, Sprachverwandtschaften zu erkennen und für das Lernen bzw. Verstehen verschiedener Sprachen zu nutzen.

Hufeisen, B./Marx, N. (2007), *EuroComGerm – Die sieben Siebe. Germanische Sprachen lesen lernen*, Aachen. – Internetadressen: www.eurocomgerm.de; www.eurocomcenter.com

Hans-Jürgen Krumm

europäischer Referenzrahmen: s. **GeR (Gemeinsamer europäischer Referenzrahmen)**

Europäisches Siegel für innovative Spracheninitiativen (ESIS): Auszeichnung, die von der Europäischen Kommission (1996) initiiert wurde und seit 1997 jährlich für kreative Neuerungen im Bereich des Sprachenlehrens- und -lernens im Rahmen eines Wettbewerbs vergeben wird. **ESIS** wird in 30 Ländern verliehen und ist auf europäischer Ebene unter der Bezeichnung „European Label" etabliert, in Österreich „Europäisches Siegel für innovative Sprachenprojekte". Die Europäische Kommission veröffentlicht die ausgezeichneten Projekte aller mitwirkenden Länder (vgl. http://ec.europa.eu/education/language/label/index.cfm).

Bei **ESIS** können sich Einzelpersonen oder Institutionen bewerben, die neue Wege zur Förderung des Sprachenlernens beschreiten oder unterstützen. Die Beurteilung der eingereichten Projekte erfolgt durch eine nationale Fachjury anhand von Kriterien, die z.T. auf europäischer Ebene vereinbart wurden und für alle teilnehmenden Länder gelten und z.T. auf nationaler Ebene (meist in Form eines Jahresschwerpunkts) festgelegt sind. Im Bereich DaF/DaZ wurden bisher insbesondere Projekte zur Förderung der Mehrsprachigkeit und der Sprachförderung von Migranten(kindern) ausgezeichnet.

Europäische Kommission (1996), *Weißbuch zur allgemeinen und beruflichen Bildung: Lehren und Lernen. Auf dem Weg zur kognitiven Gesellschaft*, Luxemburg.

Ulrike Eder

Europäisches Sprachenportfolio: Neben dem **Gemeinsamen europäischen Referenzrahmen für Sprachen** (→**GeR**) stellt das **E.S.** ein besonders wirksames und inzwischen weltweit verbreitetes Instrument zur Förderung des Sprachenlernens dar. Im Gegensatz zum GeR ist das **E.S.** Eigentum der Lernenden und soll ihre Lernautonomie beim Sprachenlernen stärken (→**Autonomie**) und zum Lernen weiterer Fremdsprachen motivieren.

Jedes **E.S.** umfasst drei Teile, einen Sprachenpass, in den die Lernenden ihre erreichten Leistungen (Zeugnisse, aber auch Selbstbeurteilungen nach einem vorgegebenen Raster) eintragen können, eine Sprachenbiografie, die die Reflexion des Sprachlernprozesses unterstützt und beim Planen weiteren Sprachenlernens hilft, sowie ein Dossier, in dem Lernende ihre Sprachleistungen in Form von Ton- oder Textdokumenten dokumentieren. Angepasst an die jeweilige Lerngruppe (Schüler verschiedener Schulstufen, Erwachsene) entstehen in zahlreichen Mitgliedsländern des Europarats **E.S.**, die nach einer Validierung durch einen Ausschuss des Europarats in Schulen und der Erwachsenenbildung eingesetzt werden.

Internetadresse: www.coe.int/portfolio – Matzer, E., Hrsg. (2001), *Das europäische Sprachen-Portfolio und andere Umsetzungen des Portfolio-Konzepts* (ZSE-Report 57), Graz.

Hans-Jürgen Krumm

Europäisches Fremdsprachenzentrum, das: s. **EFSZ**

European National Institutes for Culture: s. **EUNIC**

Evaluation, die: systematische Untersuchung des Nutzens bzw. der Wirksamkeit eines Gegenstandes oder Verfahrens. Die erzielten Ergebnisse bzw. Empfehlungen müssen nachvollziehbar auf empirisch gewonnenen Daten beruhen. Im Bildungsbereich orientiert sich die **E.** an den →**Forschungsmethoden** der empirischen Sozialforschung und bezieht sich auf a) die →**Leistungsmessung** im Unterricht, b) die Beurteilung der Qualität und Effektivität von Unterrichtsprogrammen und Bildungsmaßnahmen oder -materialien einschließlich der Leistungen der daran beteiligten Personen. Faktoren wie der Kontext (individuelle Voraussetzungen, Rahmenbedingungen), die Struktur (Methodik, Curriculum) und das Ergebnis (Testverfahren) des Lernprozesses werden berücksichtigt.

Man unterscheidet zwischen Fremdevaluation (externe **E.**) und Selbstevaluation (interne **E.**) z.B. durch Lehrende (→**Handlungsforschung**). Die **E.** fremdsprachlicher Lehr- und Lernprozesse hat in Bezug auf Sprachfördermaßnahmen in →**DaF**/→**DaZ** in den letzten Jahren aufgrund der raschen sozialen und gesellschaftspolitischen Entwicklungen und aufgrund der Ergebnisse von Studien wie →**PISA** an bildungspolitischer Relevanz gewonnen (vgl. Finkbeiner/Fehling 2003).

Altrichter H./Posch, P. (1998), *Lehrer erforschen ihren Unterricht: eine Einführung in die Methoden der Aktionsforschung*, Bad Heilbrunn. – Finkbeiner, C./Fehling, S., Hrsg. (2003), *Evaluation im Brennpunkt – Fremdsprachen lernen und lehren*, Landau. – Flick, U., Hrsg. (2006), *Qualitative Evaluationsforschung*, Reinbeck.

Andrea Dorner

exogen: s. endogen

Exotismus, der: bezeichnet eine spezifische Sicht auf das Fremde (sachlich-kulturell), die Fremde (geographisch) und den Fremden (ethnisch), die durch Projektionen eigener Wunschvorstellungen „vom richtigen Leben in einer besseren Welt" geprägt ist und sich in der einseitigen Zuschreibung von positiven Merkmalen und Eigenschaften an das/die Fremde(n) ausdrückt. Aus ethnopsychoanalytischer Sicht (vgl. Erdheim 1991) kann **E.** dabei ggf. als Reaktionsbildung in der Phase der Adoleszenz verstanden werden, wenn Jugendliche keine Möglichkeit haben oder sehen, konflikthafte bzw. unbefriedigende persönliche Verhältnisse in Auseinandersetzung mit ihrem Umfeld positiv zu verändern. **E.** geht mit →**Xenophilie** einher und ist wie diese und deren Antipode, die →**Xenophobie**, Ausdruck des Unvermögens, Fremdes und Fremde in erster Linie als different zum Eigenen, Bekannten zu erleben.

Erdheim, M. (1991), „Zur Ethnopsychoanalyse von Exotismus und Xenophobie", in: *Psychoanalyse und Unbewußtheit in der Kultur*, Frankfurt a.M., 258–265.

Tina Stein

Experiment, das/experimentell: unter kontrollierten Bedingungen durchgeführter quantitativer →**Forschungsansatz**, der Aussagen über Ursache-Wirkungs-Beziehungen von →**Variablen** erlaubt, die vorab als unabhängig und abhängig definiert werden. Störvariablen werden soweit wie möglich von der Untersuchung ausgeschlossen. Im Idealfall erfolgt eine Zufallszuweisung bzw. zumindest eine anhand relevanter Merkmale kontrollierte Zuweisung der Untersuchungsteilnehmer auf eine Versuchs- und eine Kontrollgruppe. Die unabhängige Variable (Einflussvariable) wird durch eine von dem Forscher initiierte Manipulation (z.B. eine spezifische Lehrtechnik) operationalisiert, der nur die Versuchsgruppe ausgesetzt wird, nicht aber die Kontrollgruppe; die abhängige Variable wird durch einen für beide Gruppen identischen Prä- und Posttest (z.B. Sprachtest) gemessen. **E.** implizieren hohe interne, aber geringe externe →**Validität**. In der Fremdsprachenforschung sind **E.** nur selten zu finden.

Claudia Riemer

Explosiv, der: Syn. Plosiv, Klusiv, Okklusiv, Verschlusslaut; →**Konsonant** mit Artikulationsmodus **E.**, der mit spezifischem Explosionsgeräusch aufgrund der Sprengung eines Verschlusses gebildet wird. Das Sprenggeräusch kann kräftig (Fortis-**E.**: P̲aar) oder schwach sein (Lenis-**E.**: B̲ar). Das Deutsche hat drei Paar **E.**: [p b] [t d] [k g]. Die Behauchung bei Fortis-**E.** v.a. im Anlaut akzentuierter Silben und im Wortauslaut wird als →**Aspiration** bezeichnet: *p̲acken*, *Musik̲*. Lenis-**E.** treten →**stimmhaft**: *ein B̲ild* [b] und →**stimmlos**: *das B̲ild* [b̥] auf (→**Stimmlosigkeitsassimilation**). **E.** zeichnen sich durch drei zeitlich getrennte Phasen aus: Verschlussbildung, Verschluss, Verschlusslösung (Sprengung), z.B. werden bei [p] zuerst die Lippen verschlossen (Verschluss), über einen gewissen Zeitraum verschlossen gehalten (Verschlussphase) und schließlich infolge des abrupten Entweichens der Atemluft gesprengt (Verschlusslösung).

Kerstin Reinke

Extension, die/extensional: Bedeutungsumfang, den Umfang der Bedeutung betreffend, das betreffend, was auf Grund der gegebenen Bedeutung bezeichnet werden kann. Gegensatz: →**Intension**: Bedeutungsinhalt, den Bedeutungsinhalt betreffend. Analog werden in der Sprachwissenschaft auch die Begriffe ‚Bezeichnung' (→**Denotation**) für **E.** und ‚Bedeutung' für Intension verwendet. Sprachliche Ausdrücke können **e.** identisch und intensional verschieden sein; Beispiele: *Abendstern* und *Morgenstern* als Bezeichnung für die Venus oder die viel zitierten Benennungen Napoleons als „der Sieger von Jena" und „der Verlierer von Waterloo". Auch die beiden Sätze *Napoleon besiegte die Preußen in der Schlacht bei Jena.* (Aktiv) und *Preußen wurde von Napoleon in der Schlacht bei Jena besiegt.* (→**Passiv**) sind **e.** identisch, aber intensional (in ihrer Bedeutung) verschieden.

Klaus Welke

extrinsisch: Fachbegriff aus der Motivationsforschung; **e.** Motivation charakterisiert ein Verhalten von Lernenden, welches durch zu erwartende Konsequenzen von außen determiniert wird. Es wird gelernt, um belohnt zu werden (z.B. Lob oder gute Noten) oder um Strafe (z.B. Tadel oder schlechte Noten) zu vermeiden. Die **e.** Motivation kann sich bei Teamarbeit auf daraus zu beziehendes Prestige oder folgende Anerkennung und Belohnung beziehen (Zimbardo/Gerrig 1999, 748).

Rheinberg, F. (2000) 3. Aufl., *Motivation*, Stuttgart. – Zimbardo, P.G./Gerrig, R.J. (1999) 7. Aufl., *Psychologie*, Berlin.

Barbara Biechele

Eye tracking, das: experimentalpsychologische Methode, bei der unter Zuhilfenahme von geeigneten Geräten die Bewegungen und Fixationspunkte der Augen nachverfolgt und ausgewertet werden. Grundannahmen: Augenbewegungen (AB) sind zwischen Wahrnehmung und →**Kognition** angesiedelt und basieren auf Verbindungen zwischen dem visuellen System und dem Gedächtnis bzw. den Erwartungen und Zielen einer Person. Die AB werden dabei sowohl von Bottom-up-Wahrnehmungs- wie auch von Top-down-Kognitionsprozessen bestimmt und ermöglichen Einblicke in kognitive Verarbeitungsprozesse. In der Fremdsprachenforschung wird **E.t.** besonders im Bereich des Lesens und des visual-world-Paradigmas eingesetzt, um alternative und ergänzende Daten zu bspw. →**EKP**-Experimenten (→**Gehirnforschung**) zu gewinnen und Verarbeitungsprozesse zu erforschen.

Frenck-Mestre, Ch. (2005), „Eye-movement recording as a tool for studying syntactic processing in a second language: a review of methodologies and experimental findings", in: *Second Language Research*, 21, (2), 175–198. online: http://slr.sagepub.com/content/vol21/issue2

Daniela Zahn

F

FAA (Fremdsprache als Arbeitssprache, die): s. bilingualer Sachfachunterricht, s. Content and Language Integrated Learning

Fachsprache, die: Der Begriff dient einerseits zur Unterscheidung zwischen fachsprachlicher und nicht-fachsprachlicher Varietät (**F.** vs. Gemeinsprache), anderseits bezeichnet er die sprachlichen Spezifika bzw. Mittel, die für die Bewältigung kommunikativer Aufgaben in einem bestimmten Fach benötigt werden. Gemeinsames Merkmal aller **F.** ist eine hohe Frequenz bzw. eine Dominanz bestimmter sprachlicher Strukturen (z.B. Nominalisierungen, Komposita, Genitivformen, Funktionsverbgefüge, Konditionalsätze), die der sprachlichen Ökonomie und Präzision dienen. Aus fremdsprachendidaktischer Sicht (s.a. →**Fachsprachendidaktik**) sind neben den Unterschieden auch die Gemeinsamkeiten zwischen **F.** und Gemeinsprache von Interesse.

Udo Ohm

Fachsprachendidaktik, die: Der Begriff **F.** wurde zuerst in der zweiten Hälfte der 1970er Jahre in naturwissenschaftlichen und technischen Fachgebieten angewandt. In den 1990er Jahren führte die große Sprachkursnachfrage im wirtschaftswissenschaftlichen und kaufmännischen Bereich zu einer stärkeren Orientierung an den Erfordernissen des beruflichen Handelns, was u.a. zur Berücksichtigung von Lerninhalten führte, die auf die Entwicklung fach- und branchenspezifischer →**kommunikativer** und →**interkultureller Kompetenz** abzielen (z.B. Verkaufsgespräch führen, Verhandeln) (vgl. Fearns 2003, 169f.). Im DaF/DaZ-Kontext haben wir es heute daher weniger mit Fachsprachenunterricht als mit berufsbezogenem oder →**berufsorientierendem Fremdsprachenunterricht** zu tun (vgl. Funk 2003, 175f.).

Während im berufsqualifizierenden Unterricht an die berufliche Erfahrung und →**Kompetenz** der Lernenden angeknüpft werden kann, ist dies im berufsvorbereitenden Unterricht noch nicht möglich. Von der Zielorientierung her ist in berufsbegleitenden oder berufsqualifizierenden Kursen die Vermittlung fach- bzw. berufsspezifischer Sprachkenntnisse erwünscht. Im berufsvorbereitenden Unterricht sind dagegen eher berufsfeldübergreifende fachsprachliche Strukturen sowie Techniken und →**Strategien** für das selbstständige Weiterlernen zu vermitteln.

Im DaZ-Kontext ist darüber hinaus zu berücksichtigen, dass insbesondere bei Jugendlichen nicht-deutscher Herkunftssprache – nicht selten aber auch bei erwachsenen Migranten in der berufbezogenen Qualifizierung – die Aneignung und Vermittlung fach- bzw. berufssprachlicher Kompetenz häufig dadurch erschwert wird, dass nur eine geringe bildungssprachliche Kompetenz (→**CALP/Cognitive Academic Language Proficiency**) vorliegt. Hier ist eine entsprechende fach- bzw. berufsbezogene Zweitsprachenförderung angezeigt (vgl. Ohm et al. 2007).

Fearns, A. (2003), „Fachsprachenunterricht", in: Bausch, K.-R./Christ, H./Krumm, H.-J., Hrsg., *Handbuch Fremdsprachenunterricht*, 4. Aufl., Tübingen, 169–174. – Funk, H. (2003), „Berufsbezogener Fremdsprachenunterricht", in: Bausch, K.-R./Christ, H./Krumm, H.-J., Hrsg., *Handbuch Fremdsprachenunterricht*, 4. Aufl., Tübingen, 175–179. – Ohm, U./Kuhn, C./Funk, H. (2007), *Sprachtraining für Fachunterricht und Beruf. Fachtexte knacken – mit Fachsprache arbeiten*, Münster.

Udo Ohm

Fachsprachenforschung, die: Eine genuin sprachwissenschaftliche **F.** hat sich erst im 20. Jh. entwickelt. War sie bis zur Mitte des 20. Jhs. vornehmlich am →**Fachwortschatz** orientiert, haben sich seitdem verschiedene Forschungsschwerpunkte herausgebildet. Roelcke nennt u.a. die Gliederung von Fachsprachen, die lexikalische Semantik von Fachsprachen, die Grammatik von Fachsprachen, die fachsprachliche →**Textlinguistik**, die fachsprachliche →**Pragmatik** und →**Kommunikationswissenschaft** (Roelcke 2005, 187–188).

Das Verhältnis von **F.** und →**Fachsprachendidaktik** wird unterschiedlich beurteilt (vgl. Fluck 1992, 8–12). Einerseits werden Positionen vertreten, die davon ausgehen, dass Fachsprachendidaktik auf Ergebnisse der **F.** angewiesen ist. Andererseits gibt es Stimmen, die die Produktivität der **F.** für die Fachsprachendidaktik eher gering einschätzen. Ein grundlegendes Defizit besteht dabei aus Sicht der Fachsprachendidaktik darin, dass **F.** bisher kaum systematische Erkenntnisse über die kommunikative Funktion von Fachsprache in Situationen beruflichen Handelns bereitgestellt hat. Exemplarisch seien zwei Forschungsdesiderata benannt:

1. Die in der Fachsprachendidaktik längst vollzogene Hinwendung zur Vermittlung fach- bzw. berufsbezogener kommunikativer Kompetenz müsste mit Forschungen zur mündlichen Kommunikation unterstützt werden. Insbesondere mit Blick auf interkulturelle Kompetenz zählt dazu auch die bisher noch kaum untersuchte fachliche Körpersprache (vgl. Kalverkämper 2000).
2. Obwohl in der Fachtextlinguistik kommunikative Aspekte eine wesentliche Rolle spielen (Schoenke 2000, 127f.), ist die funktionale Interpretation sprachlicher Erscheinungen auf lexikalischer und syntaktischer Ebene häufig unzureichend (Roelcke 2005, 189) und daher für den Einsatz in Lehr-/Lernkontexten wenig produktiv. Wünschenswert wären systematische Untersuchungen zur kommunikativen und kognitiven Funktion von Fachtextsorten in Situationen beruflichen Handelns.

Fluck, H.-R. (1992), *Didaktik der Fachsprachen*, Tübingen. – Kalverkämper, H. (2000), „Fachliche Körpersprache", in: Baumann, K.-D./Kalverkämper, H./Steinberg-Rahal, K., Hrsg., *Sprachen im Beruf. Stand – Probleme – Perspektiven*, Tübingen, 45–81. – Roelcke, T. (2005), *Fachsprachen*, 2. Aufl., Berlin. – Schoenke, E. (2000), „Textlinguistik im deutschsprachigen Raum", in: Brinker, K./Antos, G./Heinemann, W./Sager, S.F., Hrsg., *Text- und Gesprächslinguistik. Ein internationales Handbuch zeitgenössischer Forschung*, Bd. 16.1, Berlin/New York, 123–131.

Udo Ohm

Fachsprachenunterricht, der: s. Fachsprachendidaktik

Fachtext, der: Anknüpfend an allgemeine Theoriebildungen zum Untersuchungsgegenstand →**Text** kann auch beim **F.** zwischen einer textinternen und einer textexternen Beschreibungsebene unterschieden werden. Die textinterne Sicht fokussiert auf strukturelle Erscheinungen im Sinne einer →**Textgrammatik**. Für **F.** ist hier der präzise und hochfrequente Einsatz von verweisenden (Pronomen; Pronominaladverbien: *dabei, hieraus, wodurch*) und gliedernden sprachlichen Mitteln (z.B. Textadverbien: *erstens, zweitens … schließlich; einerseits … andererseits; ferner* etc.) typisch. Die textexterne Perspektive geht von der kommunikativen Funktion eines **F.** in Situationen fachsprachlichen Handelns aus. Dabei muss in allen Fächern und Berufen ein breites Spektrum schriftlicher und mündlicher Fachtextsorten mit unterschiedlichen gemeinsprachlichen Anteilen berücksichtigt werden (vgl. wissenschaftlicher Aufsatz, Geschäftsbrief, telefonische Meldung einer Maschinenstörung).

Im DaF/DaZ-Kontext bieten die strukturellen Merkmale von **F.** Anknüpfungspunkte für die Förderung von →**Leseverstehen** (vgl. Ohm et al. 2007). Im Bereich der Sprachproduktion können strukturelle Erscheinungen und sprachliche Mittel systematisch im Hinblick auf ihre kommunikative Funktion in Situationen fachlichen bzw. beruflichen Handelns vermittelt werden (z.B. schriftliche Reklamation: Adjektive zur Beschreibung von Mängeln, Modalverben zum Ausdruck von Notwendigkeit, Möglichkeit etc.; präzise Lokalisierung der Zugänglichkeit von Arbeitsmitteln mittels Lokaladverbialien u.v.a.m.; vgl. Online-Module unter www.sprachtraining-beruf.de).

Ohm, U./Kuhn, C./Funk, H. (2007), *Sprachtraining für Fachunterricht und Beruf. Fachtexte knacken – mit Fachsprache arbeiten*, Münster.

Udo Ohm

Fachverband Deutsch als Fremdsprache (FaDaF): Verein, Interessenvertretung für Einrichtungen und Personen, die in der Bundesrepublik Deutschland in wissenschaftlicher Lehre und Forschung und/oder in unmittelbar unterrichtsbezogenen Zusammenhängen der Vermittlung von DaF und DaZ tätig sind; Mitglied des →**Internationalen Deutschlehrerverbandes.** Der **FaDaF** vertritt das Fach DaF/DaZ und öffentliche wie private Einrichtungen im Zusammenhang der o. gen. Arbeitsfelder, unterstützt Lehrkräfte an Hochschulen im In- und Ausland sowie den wissenschaftlichen Nachwuchs, setzt sich für das Studium von Ausländern in Deutschland ein und führt die Fachaufsicht über die →**Deutsche Sprachprüfung für den Hochschulzugang**, ein Prüfungsformat zur Einstufung und Feststellung deutschsprachlicher Kompetenz für die Zulassung zum Fachstudium an deutschen Hochschulen. Fortlaufende Aktivitäten und Veröffentlichungen: Jahrestagung DaF, Fachtagungen u. Arbeitskreise, Regionaltreffen, Mitgliederzeitung „FaDaF aktuell", „Materialien DaF" (MatDaF). Der **FaDaF** kooperiert eng mit verschiedenen Organisationen, wie z.B. dem →**Deutschen Akademischen Austauschdienst**, dem →**Goethe-Institut**, dem →**BAMF.**

Internetadresse: www.fadaf.de

Brigitte Sorger

Fachwortschatz, der: Der Begriff **F.** bezeichnet aus systemlinguistischer Sicht die Gesamtheit der →**Lexeme** eines fachlichen Sprachsystems. Da **F.** die Inhalte eines Fachs am offensichtlichsten repräsentiert, wird →**Fachsprache** vielfach kurzerhand damit gleichgesetzt. Diese Auffassung ignoriert aber die syntaktischen, textuellen und kommunikativen Besonderheiten von Fachsprachen.

Wesentliche Merkmale von **F.** sind Terminologisierung, Differenzierung und Systembildung. Innerhalb eines **F.** haben Fachwörter eine begrifflich präzise, häufig genormte Bedeutung (z.B. *Spannung* in Mechanik und Elektrotechnik). Im Berufsalltag sind aber auch nicht-genormte Fachwörter anzutreffen (z.B. *Mäuschen* für Lammfellwalze). Begriffliche Differenzierungen sind bei →**Substantiven** z.B. durch Modifikation mit Adjektiven (*anatomische* vs. *chirurgische Pinzette*) möglich. Systematische →**Wortbildungen** können z.B. durch Komposition erfolgen (*Frisierkamm, Strähnenkamm, Toupierkamm* etc.).

Die Übergänge vom **F.** zum Wortschatz der Gemeinsprache sind fließend. Einerseits kommt fach- bzw. berufssprachliche Kommunikation nicht ohne gemeinsprachliche →**Lexik** aus, anderseits finden Fachwörter im Berufsalltag – insbesondere im Kundenkontakt – laufend Eingang in die Gemeinsprache. Für den berufsbezogenen DaF/DaZ-Unterricht ist daher eine text- bzw. pragmalinguistische Perspektive auf **F.** zu bevorzugen, die lexikalische Mittel im Hinblick auf ihren Gebrauch und ihre Funktion in →**Texten** und Situationen beruflichen Handelns systematisiert.

Udo Ohm

FaDaF: s. **Fachverband Deutsch als Fremdsprache**

Faktitiv:
1. synonym für →**kausativ** gebraucht,
2. bezeichnet jenes Objekt, das durch das im Verb ausgedrückte Geschehen hervorgerufen oder bewirkt wird: z.B. *Klaus baut eine Sandburg*, im Gegensatz zum affizierten Objekt, das von der im Verb ausgedrückten Handlung direkt betroffen ist: *Klaus streicht das Fenster.*

Mandy Höhle

Faktorenanalyse, die: Sammelbegriff für unterschiedliche multivariate statistische →**Forschungsmethoden** zur Analyse quantitativer Daten, die Zusammenhänge zwischen mehreren wechselseitig voneinander abhängigen, nicht immer genau bestimmbaren →**Variablen** explorieren, indem sie diese anhand ihrer Korrelationen in möglichst wenige voneinander unabhängige hypothetische Konstrukte (= Faktoren oder

Hauptkomponenten) klassifizieren. Das Verfahren wird angewendet, um zu sehen, ob sich z.B. hinter unterschiedlichen Items eines Fragebogens „latente" Einflussgrößen verbergen. Faktoren sind Bündel von Variablen, die untereinander hoch korrelieren; korrelieren Variablen nur schwach oder gar nicht miteinander, gehören sie unterschiedlichen Faktoren an. Korreliert eine Variable stark mit einem Faktor, bezeichnet man dies als hohe Faktorladung. Laden mehrere Variablen auf einen Faktor hoch, bedeutet dies, dass die Variablen denselben Inhalt messen. In Teilschritten (z.B. Eigenwertbestimmung der Faktoren, Rotation) werden die wichtigsten Faktoren ermittelt. Wird mehr als ein Faktor ermittelt, ist dies ein Beleg dafür, dass die Variablen mehrere Dimensionen erfassen. Die Interpretation und Bezeichnung der ermittelten Faktoren – das Aufspüren der gemeinsamen Inhalte der zugehörigen Variablen – bleibt dann Aufgabe des Forschers und ist immer subjektiv geprägt. Eine wichtige Voraussetzung für **F.** ist, dass die verwendeten Daten aus einer relativ homogenen, normalverteilten **→Stichprobe** stammen.

Backhaus, K. u.a. (2006), *Multivariate Analysemethoden. Eine anwendungsorientierte Einführung*. 11. üb. Aufl., Berlin/Heidelberg.

Claudia Riemer

Faktorenkomplexion, die: bezeichnet die Summe und das Interagieren all derjenigen **→Variablen**, die unterrichtliches Lernen ausmachen. Dieses ursprünglich aus der Pädagogik kommende Konzept wurde zu einem der zentralen Konzepte bei der Erforschung des unterrichtlich gesteuerten Lehrens und Lernens fremder Sprachen (**→Forschungsmethodologie**). Um fremdsprachliches Lernen angemessen erfassen, erklären und verbessern zu können, ist es notwendig, die unterrichtskonstituierenden Variablen in ihrer Ausprägung und ihrer Beziehung zueinander zu kennen. Unterricht im Allgemeinen, Fremdsprachenunterricht im Besonderen wird dabei als je eigener Fall von Lernen bzw. Fremdsprachenlernen interpretiert: Die Qualität des Lernvorgangs wird durch die Qualität der einzelnen Variablen und ihre Beziehung zueinander bestimmt. Für die **→Sprachlehrforschung** wurde die **F.** zu einem zentralen Paradigma: Zum einen wurde damit die Spezifik des Gegenstands betont und grundsätzlich von außerunterrichtlichen ‚natürlichen' fremdsprachlichen Aneignungsvorgängen unterschieden. Zum anderen machte dieses Paradigma eine Ausdifferenzierung des forschungsmethodischen Inventars notwendig. Die **F.** gilt in der Sprachlehrforschung als anerkanntes Erklärungsmodell für fremdsprachliches, unterrichtsgebundenes Lernen und Lehren; eine Kontrolle all dieser Variablen wird zwar als wünschenswert, aber beim derzeitigen Stand auch als utopisch angesehen.

Königs, F. G. (1983), *Normenaspekte im Fremdsprachenunterricht*, Tübingen.

Frank G. Königs

fakultativ: Eine syntaktische Einheit ist **f.**, wenn man sie aus einer gegebenen Konstruktion weglassen kann, ohne dass die Konstruktion ungrammatisch wird. Zum Beispiel sind Attribute oder Adverbialbestimmungen oft **f.**: *Der* (*wackere*) *Streiter* (*für Gerechtigkeit*) *errötete* (*leicht*). In der **→Valenzgrammatik** unterscheidet man zwischen **f.** und **→obligatorischen →Ergänzungen**. Bspw. ist in *Emil isst Spargel.* das Objekt eine **f.** Ergänzung, in *Emil verzehrt Spargel.* ist das Objekt eine obligatorische Ergänzung. **→Angaben** sind i.d.R. nur **f.**

Klaus Welke

falsche Freunde, die: Wörter zweier Sprachen, die im Schrift- und Klangbild gleich oder ähnlich sind, aber unterschiedliche Bedeutung (**→Semantik**) haben; dies führt zu Fehlern in der Zielsprache (**→Interferenzfehler**). **F.F.** weisen folgende Merkmale auf:

- Sie betreffen zwei oder mehrere Sprachen, treten häufig bei etymologisch verwandten Sprachen oder Sprachen, die in engem Kontakt stehen, auf,
- Sie sind in lautlicher und graphischer Form völlig oder teilweise identisch, haben aber unterschiedliche Bedeutung,
- Sie führen auf Grund von Übereinstimmungen/Ähnlichkeiten zum falschen Gebrauch (semantischen Verstößen) und somit zu Kommunikationsstörungen/Missverständnissen,
- Sie können nach verschiedenen formalen und inhaltlichen Kriterien klassifiziert werden.

Im DaF/DaZ-Unterricht sollte, – je nach Ausgangssprache der Lernenden – bereits im Anfängerunterricht beim Wortschatzlernen auf **f.F.** aufmerksam gemacht werden. Sagt z.B. ein englischer Lerner **Ich kaufe meinem Bruder ein Gift.*, so kann dies zu schwerwiegenden Missverständnissen führen, obwohl ihm *gift* aus der Muttersprache sehr vertraut ist. Engl. *Gift* = dt. *das Geschenk*, dt. *das Gift* = engl. *poison*. Wörterbücher und Wortlisten zu **f.F.** können nützliche Hilfen sein.

Kroschwewski, A., (2000), *„False Friends" und „true friends", Ein Beitrag zur Klassifizierung des Phänomens der intersprachlich-heterogenen Referenz und deren fremdsprachendidaktischen Implikationen*, Frankfurt a.M. – Müller, W., (1973), *Leicht verwechselbare Wörter*, Duden-Taschenwörterbücher, Bd. 17.

Silke Demme

Falsifikation: Nachweis des Nichtzutreffens einer Hypothese oder Theorie als Ergebnis einer hypothesentestenden empirischen Untersuchung (Gegenteil: Verifikation). Voraussetzung für die **F.** ist, dass die Hypothese logisch widerlegbar und exakt formuliert und operationalisierbar ist. Nach der klassischen Wissenschaftstheorie (nach Karl Popper) gilt eine Hypothese so lange als gültig, bis sie widerlegt ist. Wenn eine Hypothese nicht falsifiziert werden kann, bedeutet dies noch nicht, dass sie richtig ist. Universelle Hypothesen (z.B. „Kein erwachsener L2-Lerner erreicht in der L2-Syntax muttersprachliches Niveau.") sind prinzipiell nicht verifizierbar, aber durch das Auffinden eines einzigen konträren Falls endgültig falsifiziert.

Claudia Riemer

Familienähnlichkeit, die: Terminus für Beziehungen, die auf Ähnlichkeiten bezüglich äußerer Merkmale innerhalb einer kategorial gleichen Grundmenge beruhen; im auf das Deutsche bezogenen sprachwissenschaftlichen Kontext wären dies etwa Ähnlichkeiten, die mit den Paradigmeneigenschaften der Wortarten (z.B. VERB: + Flexion + Valenzträger (→**Valenz**) etc.; SUBSTANTIV: + Deklination + Genus etc.) und der je konkreten morphosyntaktischen Gestalt ihres Auftretens zusammenhängen. Dabei begründet **F.** regelähnliche Interrelationen (vgl. etwa *singen – sang – gesungen; trinken – trank – getrunken* u.a.), die lernunterstützend wirksam sind, verursacht aber ggf. auch Transfererscheinungen (→**Transfer**), die zunächst nicht zielführend sind (vgl. z.B. die Stammformen von *singen* und *bringen*). Relationen im Sinne von **F.** sind von weitreichender Bedeutung für das Verständnis von Lernvorgängen und die Anlage von Gedächtnissen (vgl. Pinker 2000 sowie →**Sprachverarbeitung**; →**Konnektionismus**), sowie für daraus ableitbare methodisch-didaktische Arrangements der Förderung des →**Fremdsprachenerwerbs** (vgl. Barkowski 2006).

Pinker, S. (2000), *Wörter und Regeln: die Natur der Sprache*, Heidelberg/Berlin, 363–389. – Barkowski, H. (2006), „Processability – Words & Rules – Konnektionismus: Drei Modellierungen der Sprachverarbeitung und ihre Bedeutung für das Lernen und Lehren von Fremdsprachen", in: Krumm, H.-J./Portmann-Tselikas, P. (Hrsg.), *Theorie und Praxis. Österreichische Beiträge zu Deutsch als Fremdsprache*, Bd. 9, Innsbruck, 27–42.

Hans Barkowski

Feedback, das: In der Unterrichtspraxis versteht man unter **F.** primär die Rückmeldung zw. den Lernenden und den Lehrenden im Unterrichtsprozess bzw. in tutorisierten Online-Lernangeboten sowie, in einem weiter gefassten Verständnis, auch die Rückmeldungen unter Lernenden (z.B. in unterrichtlichen Gruppenarbeitsprozessen; in IT-gestützten Chats u.a.m.) oder die vorprogrammierten Reaktionen einer interaktiv strukturierten Lernsoftware auf die Lernprozeduren der Nutzer. Hauptziele des **F.**: →**Evaluation** des Lernprozesses, der Lehr-/Lernergebnisse sowie eingesetzter Materialien u. methodisch-didaktischer Arrangements unter Aspekten der Prozesssteuerung sowie der →**Qualitätssicherung** und Qualitätsentwicklung.

Bastian, J./Combe, A./Langer, R. (2003), *Feedback-Methoden. Erprobte Konzepte, evaluierte Erfahrungen*, Weinheim u.a.

Verena Merlingen

Fehler, der: Als **F.** werden i.d.R. Abweichungen von geltenden →**Normen** und/oder Verstöße gegen die sprachliche Richtigkeit und Angemessenheit bezeichnet. Eine genaue Definition hängt vom jeweiligen Erkenntnisinteresse (z.B. →**Fehleranalyse**, →**Fehlerdidaktik**) oder von ihrem Stellenwert in der Bewertung von Lernerleistungen ab.

F. können z.B. gesehen werden als Systemverstoß und damit als sprachlich unakzeptable Äußerung, die mit einem reinen Verstoß gegen das Regelsystem einer Sprache zu tun hat (z.B. *ich arbeitet**). Sie können als Verstoß gegen den Sprachgebrauch gelten, der dann allerdings alle in deutschsprachigen Ländern vorkommenden →**Varietäten** und Varianten umfassen müsste. Sie können darüber hinaus gegen die Situationsangemessenheit verstoßen. Es könnte sich dabei also um grammatisch korrekte Äußerungen handeln, die aber in einer Situation z.B. als unhöflich betrachtet würden. Auch unterrichts- und lernstandsbezogene Kriterien können in die Bestimmung dessen, was als Fehler gelten soll, eingehen. Dabei wird ein zu beurteilendes Sprachphänomen in bestimmten Situationen oder zu bestimmten Zeitpunkten nicht als **F.** gewertet. Hierbei wird allerdings die Ebene der reinen Beschreibung des fehlerhaften Sprachprodukts verlassen und ein didaktisch begründeter Standpunkt einbezogen. Ausgehend von ihrer jeweiligen Oberflächenstruktur können **F.** unterschiedlichen Kategorien zugeordnet werden (z.B. phonetischer, orthographischer, morphologischer, syntaktischer, lexikalischer, kontextueller, stilistischer, pragmatischer **F.**).

F. entstehen im Sprachlernprozess z.B. durch Transferieren aus der Muttersprache und anderen Sprachen in die Zielsprache (interlinguale **→Interferenz**; **→Interferenzfehler**), durch **→Übergeneralisieren** einer fremdsprachlichen Kategorie oder Regel innerhalb der Zielsprache (intralinguale Interferenz), durch Regularisieren, Simplifizieren oder auch durch Einsetzen von bestimmten Kommunikations- und Lernstrategien.

F. können auch eingeteilt werden in noch systematisch auftretende **→Kompetenzfehler** und in Performanzfehler, d.h. **F.**, die im Sprachgebrauch nicht mehr systematisch auftauchen.

Cherubim, D., Hrsg. (1980), *Fehlerlinguistik. Beiträge zum Problem der sprachlichen Abweichung*, Tübingen. – Kielhöfer, B. (1975), *Fehlerlinguistik des Fremdspracherwerbs*, Kronberg. – Kleppin, K. (1998), *Fehler und Fehlerkorrektur*, Berlin et al.

Karin Kleppin

Fehleranalyse, die: auch: Fehlerlinguistik; hervorgegangen aus dem Anspruch der **→Kontrastivhypothese**, **→Fehler** und die in diesem Konzept damit verbundenen Lernschwierigkeiten durch eine kontrastive Analyse von Ausgangs- und Zielsprache vorhersagen und/oder erklären zu können. Es werden systematisch einzelne Lernerfehler untersucht, die bei der mündlichen und/oder schriftlichen Produktion im ungesteuerten sowie gesteuerten Fremdsprachenerwerb auftreten. Ausgehend von ihrer jeweiligen Oberflächenstruktur werden sie in einer Fehlerbestimmung unterschiedlichen Kategorien zugeordnet (z.B. phonetischer, orthographischer, morphologischer, syntaktischer, lexikalischer, kontextueller, stilistischer, pragmatischer Fehler). Darüber hinaus wird versucht festzustellen, inwieweit die sprachlichen Abweichungen Indizien für beschreibbare mentale Prozesse sind, ob Fehler entstanden sind z.B. durch Transferieren aus der Muttersprache und anderen Sprachen in die Zielsprache (interlinguale **→Interferenz**; **→Interferenzfehler**), durch **→Übergeneralisieren** einer fremdsprachlichen Kategorie oder Regel innerhalb der Zielsprache (intralinguale Interferenz), durch Regularisieren, Simplifizieren oder auch durch Einsetzen von bestimmten Kommunikations- und Lernstrategien.

Ziel solcher **F.** soll einerseits sein, Erkenntnisse über den Stand und die Entwicklung von **→Lernersprachen** zu gewinnen. Dabei wird z.B. auch eingeschätzt, ob es sich bei dem jeweiligen Fehler um einen noch systematisch auftretenden **→Kompetenzfehler** oder um einen im Sprachgebrauch nicht systematisch erscheinenden Performanzfehler handelt. Andererseits sollen die Bestimmung von Fehlertypen und die Analyse von Fehlerursachen dabei helfen, Aussagen zu Fehlerbewertungen, zur Fehlerprophylaxe, Fehlertherapie bzw. **→Fehlerkorrektur** zu machen.

In der neueren fremdsprachendidaktisch orientierten Forschung spielt die **F.** kaum mehr eine Rolle. Dies hängt damit zusammen, dass die alleinige Konzentration auf fehlerhafte Äußerungen aufgegeben wurde und Fehler als ein Teil in der Übergangskompetenz in der insgesamt zu beschreibenden Lernersprache betrachtet werden. Außerdem gehen Forschungsarbeiten zur Lernersprache mittlerweile über eine rein linguistisch orientierte Analyse sprachlicher Äußerungen hinaus. Insbesondere in der **→Fehlerdidaktik** des Faches DaF/DaZ ebenso wie in der Auslandsgermanistik werden **F.** jedoch auch weiterhin zur Bestimmung von Lernproblemen sowie als Grundlagen für die **→Fehlertherapie** oder zumindest die Fehlererklärung genutzt. Da Lernende durchweg ihre Erstsprache mit der zu erlernenden Fremdsprache vergleichen, wird versucht, diese Neigung zum Sprachvergleich auch didaktisch zu nutzen (**→Sprachvergleich**).

Cherubim, D., Hrsg. (1980), *Fehlerlinguistik. Beiträge zum Problem der sprachlichen Abweichung*, Tübingen. – Kielhöfer, B. (1975), *Fehlerlinguistik des Fremdspracherwerbs*, Kronberg. – Henrici, G./Zöfgen, E., Hrsg. (1993), Themenheft: Fehleranalyse und Fehlerkorrektur. *Fremdsprachen lehren und lernen*, 22.

Karin Kleppin

Fehlerdiagnose, die: genaue Bestimmung der Fehlerkategorie (z.B. phonetischer, orthographischer, morphologischer, syntaktischer, lexikalischer, kontextueller, stilistischer, pragmatischer →**Fehler**), der Fehlerursache (z.B. interlinguale, intralinguale →**Interferenz**) und des Fehlerortes in einer Lernerproduktion. Sie ist Bestandteil der →**Fehlerkorrektur** und →**Fehlerdidaktik** und kann zur Fehlerbewertung und -gewichtung herangezogen werden.

Cherubim, D., Hrsg. (1980), *Fehlerlinguistik. Beiträge zum Problem der sprachlichen Abweichung*, Tübingen. – Kielhöfer, B. (1975), *Fehlerlinguistik des Fremdspracherwerbs*, Kronberg.

Karin Kleppin

Fehlerdidaktik, die: umfasst die →**Fehlerkorrektur** in ihrer Funktion als Lernhilfe und die vielfältigen Möglichkeiten, Aufgaben und Übungen im Unterricht einzusetzen, die einen lernfördernden Umgang mit →**Fehlern** erlauben.

In der **F.** stehen z.B. folgende Ziele im Vordergrund:

– Lernern wird der mögliche positive Stellenwert von Fehlern im Lernprozess bewusst.
– Lerner erkennen die Fehler und Fehlertypen (z.B. phonetisch-phonologische, morpho-syntaktische, lexiko-semantische, pragmatische Fehler), die bei ihnen gehäuft auftreten.
– Lerner erkennen Fehlerursachen (z.B. →**Interferenzen**, →**Übergeneralisierungen**), durchschauen ihren eigenen Lernprozess und entwickeln Sprachbewusstheit.
– Lerner richten ihre Kommunikations- und Lernstrategien daraufhin aus, Fehler als Lernanlass zu nutzen (z.B. angstfreier Umgang mit Fehlern und entsprechenden Aufgaben und Übungen, bewusstes Hypothesentesten, bewusstes Verarbeiten von Korrekturen wie z.B. Erstellen von eigenen Fehlerprotokollen).

Die Fehlerbewertung steht in enger Verbindung zur **F.** Da Fehler in den letzten Jahren nicht mehr als Indikator für mangelnde Leistung gelten, hat sich auch das Vorgehen bei der Fehlerbewertung verändert. Es geht nicht mehr darum, einen Zählwert für Fehler zu erhalten und dabei eine Gewichtung von Fehlern mit einzubeziehen, also einen Fehlerquotienten (Fehleranzahl: Wortanzahl) zu errechnen. Vielmehr wird der Grad der Korrektheit beurteilt. Dabei orientiert man sich an den positiven Kann-Beschreibungen des →**Gemeinsamen europäischen Referenzrahmens** und bezieht dabei z.B. Kriterien wie Verständlichkeit und Häufigkeit des Auftretens bestimmter Fehlertypen mit ein. Lernmaterialien, die dazu dienen, sich mit den eigenen Fehlern zu beschäftigen und sie in Zukunft zu vermeiden, existieren für unterschiedliche Sprachen (für DaF vgl. Heringer 2001, Rug/Tomaszewski 1996).

Demme, S. (2001), „„... über Fehler beim Fremdsprachenlernen sollten wir noch viel mehr erfahren." Wie DaF-Studierende ihre Erfahrungen im Umgang mit Fehlern beim Fremdsprachenlernen reflektieren", in: Aguado, K./Riemer, C. (Hrsg.), *Wege und Ziele. Zur Theorie, Empirie und Praxis des Deutschen als Fremdsprache (und anderer Fremdsprachen)*, Perspektiven Deutsch als Fremdsprache, Bd. 15, Hohengehren, 227–244. – Heringer, H.J. (2001), *Fehlerlexikon. Deutsch als Fremdsprache*, Berlin. – Kleppin, K. (1995), „Fehler als Chance zum Weiterlernen", in: *Fremdsprache Deutsch. Sondernummer Fremdsprachenlerntheorie*, 22–26. – Rug, W./Tomaszewski, A. (1996), *Meine 199 liebsten Fehler*, Stuttgart.

Karin Kleppin

Fehlerkorrektur, die: zu unterscheiden sind die Selbst- und die Fremdkorrektur. Im Zusammenhang mit der Selbstkorrektur wird auch der Begriff →**Reparatur** benutzt. Die **F.** ist eng verbunden mit der Einstellung zu →**Fehlern** beim Lernprozess und bei der →**Fehlerdiagnose.** In der Fremdsprachendidaktik steht insbesondere die lehrerseitige Korrektur von schriftlichen und mündlichen Lernerprodukten im Mittelpunkt von Untersuchungen und sich daraus ableitenden Empfehlungen. Fragestellungen für die Forschung betrafen vor allem die im Unterricht erfolgende mündliche **F.**; dazu gehören z.B.: Sollen Fehler korrigiert werden oder verschwinden sie im Verlaufe des Lernprozesses von selber? Zu welchem Zeitpunkt sollen Fehler korrigiert werden (sofort nach dem Fehler, nach einer Äußerungssequenz, in einer späteren Korrekturphase)? Welche Fehler sollen korrigiert werden? Wie sollen sie korrigiert werden (z.B. direkt oder als Aufforderung zur Selbstkorrektur) und wer soll dies tun? Die **F.** ist darüber hinaus eng gekoppelt an die Problematik der Bewertung. In diesem Zusammenhang liegen Korrekturen auf einem Kontinuum zwischen der Grundlage für Bewertungen der Korrektheit von Lernerproduktionen und für fördernde Maßnahmen zum Weiterlernen (→**Fehlerdidaktik**).

Kleppin, K. (1998), *Fehler und Fehlerkorrektur*, Berlin usw. – Kleppin, K. (2006), „Zum Umgang mit Fehlern im Fremdsprachenunterricht", in: Jung, O.H. (Hrsg.), *Praktische Handreichung für Fremdsprachenlehrer*, Frankfurt a.M., 64–70. – Lochtmann, K. (2002), *Korrekturhandlungen im Fremdsprachenunterricht*, Bochum. – Tönshoff, W. (2005), „Mündliche Fehlerkorrektur im Fremdsprachenunterricht. Ein Blick auf neuere empirische Untersuchungen", in: *Zeitschrift für Fremdsprachenforschung*, Jg. 16, Nr. 1, 3–22.

Karin Kleppin

Feldergrammatik, die: Grammatikansatz, der kommunikative Funktionen bzw. Inhaltsbereiche mit kommunikativer Funktion zum Ausgangspunkt der linguistischen Beschreibung macht (s.a. →**kommunikative Grammatik**). Diese Inhaltsbereiche, wie z.B. *eine Vermutung ausdrücken, etwas begründen, etwas vergleichen* werden als Felder beschrieben, denen in systematischer, aber mehrfach vermittelter Weise bestimmte Sprachmittel entsprechen. Die **F.** fußt auf der Theorie des funktional-semantischen Feldes (Bondarko 1987). Indem die **F.** einen semantisch-pragmatischen Ausgangspunkt wählt, zielt sie auf folgende Aspekte:

- Überwindung der Trennung von Grammatik und Lexik;
- Darstellung von Ausdrucks- bzw. Formenvielfalt (→**Polymorphie**);
- Förderung einer Produktionskompetenz: Indem die **F.** von Inhaltsbereichen ausgeht, rückt sie Rede- bzw. Schreibabsichten in den Vordergrund;
- Felder als Tertium comparationis.

Vielversprechend ist ein onomasiologischer Zugang beim Fremdsprachenlernen für die Entwicklung aktiver zweisprachiger Grammatiken und die Förderung von Language-Awareness (→**Onomasiologie**).

Bondarko, A.V. (1987), *Teorija funkcional'noj grammatiki, (Theorie der funktionalen Grammatik. Einführung, Aspektualität, Zeitliche Lokalisiertheit, Taxis)*, Leningrad. – Buscha, J./Freudenberg-Findeisen, R., Hrsg. (2007), *Feldergrammatik in der Diskussion*, Frankfurt a.M.

Renate Freudenberg-Findeisen

Feldforschung, die: Im Rahmen von **F.** werden Untersuchungsgegenstände nicht →**experimentell**, sondern in ihrem natürlichen Kontext untersucht. **F.** folgt einem offen gehaltenen, qualitativen →**Forschungsansatz**. Entscheidend für **F.** ist, dass die Untersuchungsteilnehmer in ihren alltäglichen Praktiken (z.B. im Fremdsprachenunterricht, in ihren alltäglichen sprachlichen Handlungsräumen) verbleiben, was artifizielle Forschungsergebnisse verhindern soll.

F. ist von besonderer Relevanz für ethnographische Forschungsansätze, die mittels teilnehmender Beobachtungen und offener Befragungen im Rahmen von Längsschnittstudien und flexiblen Forschungsstrategien durchgeführt werden (→**Ethnographie**). Von Forschern werden dabei eine möglichst vorurteilsfreie und hinsichtlich der eigenen kulturell geprägten Haltung reflektierte Herangehensweise an das Feld sowie Teilnahme im Feld, die mit einem Feldforschungstagebuch dokumentiert wird, verlangt.

Ethischen Fragen, v.a. zum Umgang mit Untersuchungsteilnehmern und Untersuchungsergebnissen, wird großes Gewicht beigemessen. Untersuchungsergebnisse sollen in Form dichter Beschreibungen publiziert werden. Da der Untersuchungskontext nicht manipuliert werden darf, ist die Kontrolle von →**Variablen** nicht in Gänze möglich (eingeschränkte interne →**Validität**), den Untersuchungsergebnissen wird aber eine hohe ökologische und externe Validität zugeschrieben.

Claudia Riemer

Femininum: s. Genus

feministische Linguistik, die: geht davon aus, dass Sprache – d.h. das →**Sprachsystem** und der →**Sprachgebrauch** – geschlechterspezifisch geprägt ist. Die – ausschließlich von Frauen geführte – Frauenbewegung im Deutschland der 1970er Jahre bildete mit ihrer fundamentalen Gesellschaftskritik und ihren Bemühungen um neue, spezifisch weibliche Ausdrucksmöglichkeiten den Ausgangspunkt für die Beschäftigung mit dem Thema Geschlecht und Sprache (→**Frauensprache**). Daraus entwickelte sich die **f.L.**, die patriarchalische Strukturen in der Sprache wie auch im Sprachverhalten aufdeckte. Zentrale Forderung ist die sprachliche Gleichstellung der Frau, vor allem in morphologischer Hinsicht bei der Bezeichnung von Genus und Geschlecht, was zur expliziten Benennung des weiblichen Pendants in der Öffentlichkeit führte, z.B. *Kommilitonen und Kommilitoninnen, Lehrerinnen und Lehrer.* Umstritten ist, ob das hierfür vielfach eingeführte groß geschriebene Binnen-I (*LehrerInnen*) als sprachökonomische Lösung zulässig oder aber, da es nicht direkt gelesen werden könne und den Regeln der deutschen Schriftsprache (i.d.R. keine Großbuchstaben im Wortinnern) widerspreche, abzulehnen sei.

Auf Anregung der **f.L.** wurden vielfach Leitfäden für geschlechtergerechten Sprachgebrauch entwickelt (vgl. Bundesministerium 1997). Da die Sensibilität für den geschlechtergerechten Sprachgebrauch im deutschen Sprachraum zugenommen hat, sollte das Thema auch im DaF/DaZ-Unterricht behandelt werden (vgl. Frey 1997).

Bundesministerium für Frauenangelegenheiten und Verbraucherschutz, Hrsg. (1997), *Anleitungen zu geschlechtergerechtem Sprachgebrauch (= Schriftenreihe der Frauenministerin Bd. 13)*, Wien. – Frey, E. (1997), „Überlegungen zum geschlechtsspezifisch orientierten Deutschlernen", in: *Zielsprache Deutsch* 28 (2), 99–106. – Samel, I. (2000), *Einführung in die feministische Sprachwissenschaft*, 2. Aufl., Berlin.

Mandy Höhle

Fernstudium, das: bezeichnet eine Möglichkeit der Aus- oder Fortbildung, bei der wesentliche Teile des Studiums zu Hause in Form von schriftlichem oder audiovisuellem Material erarbeitet werden können und nur begrenzte Direktphasen insbesondere zur Lernberatung und bei Prüfungen stattfinden. Für Deutsch als Fremdsprache hat das vom Goethe-Institut und der Gesamthochschule Kassel entwickelte Fernstudienprojekt Maßstäbe gesetzt; die ca. 30 publizierten Fernstudieneinheiten dienen weltweit als Grundlage für die Lehrerfortbildung. Darüber hinaus bietet das →**Goethe-Institut** auch in Zusammenarbeit mit anderen Hochschulen Fernstudienkurse für unterschiedliche Voraussetzungen an. Verfahren des →**Blended learning** werden bei den Online-Sprachkursen genutzt, um trotz Fernstudiums direkte Kontakte und Rückmeldungen zu ermöglichen.

Internetadresse: www.goethe.de/lrn/prj/fnu/deindex.htm

Hans-Jürgen Krumm

Fertigkeit, die:
1. Historisch-methodengeschichtliche Entwicklung
Der unterschiedliche Wert der vier **F.** in der Geschichte der Fremdsprachendidaktik ist abhängig von den Prinzipien der jeweiligen Methodenkonzepte und den Erkenntnissen der verschiedenen Bezugswissenschaften. Bei Vorherrschen der Mündlichkeit (→**direkte Methode**, →**audiolinguale Methode**, →**audiovisuelle Methode**, frühe →**kommunikative Didaktik**) spielen Hören und Sprechen eine wichtige Rolle, in Konzepten, die Schriftlichkeit betonen (→**Grammatik-Übersetzungs-Methode**), stehen Lesen und Schreiben an erster Stelle.

2. Zum Begriff der Fertigkeiten
Die klassischen vier **F.**, →**Hören**, →**Lesen**, →**Sprechen**, →**Schreiben**, werden bestimmt durch den Charakter der sprachlichen Tätigkeit (rezeptiv versus produktiv), das Medium (akustisch versus graphisch) und den Zeitpunkt des Erwerbs (gleichzeitig versus versetzt) sowie mündlich (Hören und Sprechen) versus schriftlich (Lesen und Schreiben). **F.** sind eng an kulturelle Gegebenheiten gebunden und können im Unterschied zu Fähigkeiten nur bewusst erworben werden. Im **Gemeinsamen europäischen Referenzrahmen für Sprachen** (→**GeRS**) werden die **F.** als kommunikative Aktivitäten und Strategien, über die Lernende verfügen müssen und die sie einsetzen, um ihre Ressourcen zu mobilisieren, dargestellt. **F.** werden in produktive Aktivitäten und Strategien, zu denen das Sprechen und das Schreiben zählen, und in rezeptive Aktivitäten und Strategien, zu denen das Hören (auditive rezeptive Aktivität), das Lesen (visuelle rezeptive Aktivität) und das Sehen (audiovisuelle Rezeption, →**Sehverstehen**) zählen, eingeteilt. Darüber hinaus rechnet der GeRS auch mündliche und schriftliche interaktive Aktivitäten und Strategien wie z.B. Diskutieren, Konversieren und Korrespondieren sowie die →**Sprachmittlung** zu den kommunikativen Aktivitäten.

3. Rolle und Funktion im Fremdsprachenunterricht
F. werden auch (Sprach-)Tätigkeiten genannt und sind das tragende Element des Fremdsprachenunterrichts. Ziel ist das Verstehen gesprochener und geschriebener Texte und die Befähigung zur eigenen mündlichen und schriftlichen Textproduktion. **F.** haben eine Doppelfunktion, sie sind Mittel und Ziel des Fremdsprachenunterrichts. Als Mittel des Sprachenlernens (Sprachverarbeitung) liegt die Priorität auf den rezeptiven **F.**, die Betonung liegt auf dem Verstehen und der Verarbeitung des Verstandenen. Werden die **F.** als Ziel (Sprachverwendung) gesehen, steht die Integration und die Aufeinanderbezogenheit aller vier **F.** von Anfang an im Zentrum.

Faistauer, R. (2001), „Zur Rolle der Fertigkeiten", in: Helbig, G./Götze, L./Henrici, G./Krumm, H.J. (Hrsg.), *Deutsch als Fremdsprache. Ein internationales Handbuch*, 2. Halbband, Berlin, 864–871. – Krumm, H.-J. (2001), „Die sprachlichen Fertigkeiten: isoliert – kombiniert – integriert", in: *Fremdsprache Deutsch*, 24, 5–12.

Renate Faistauer

Feststellungsprüfung, die: Die Bezeichnung **F.** ist die Abkürzung für „Prüfung zur Feststellung der Eignung ausländischer Studienbewerber für die Aufnahme eines Studiums an Hochschulen in der Bundesrepublik Deutschland". Sie dient dem Nachweis der Befähigung, in einer bestimmten Fachrichtung an einer wissenschaftlichen Hochschule zu studieren. Die **F.** ist für Fachhochschulen und Universitäten unterschiedlich und gilt nur für den jeweils gewählten Studienschwerpunkt. Ausländische Studienbewerber, deren Hochschulzugangsberechtigung mit der deutschen nur bedingt vergleichbar ist, müssen die **F.** vor Beginn des Fachstudiums ablegen. Sie bildet i.d.R. den Abschluss einer Ausbildung an einem →**Studienkolleg**, kann aber auch extern abgelegt werden. Die **F.** besteht aus einem schriftlichen und einem mündlichen Teil, wobei die schriftliche Prüfung in zwei Fächern des gewählten Schwerpunktkurses sowie Deutsch abgelegt werden muss. Der Deutschteil der **F.** gilt als ein für die Zulassung erforderlicher Sprachnachweis zum Studium und daher als der →**DSH**, dem →**TestDaF**, dem →**Großen Deutschen Sprachdiplom**, der →**ZOP** und dem →**KDS** äquivalent. Liegt ein solches Zertifikat bereits vor, findet die **F.** ohne den Teil Deutsch statt. Die **F.** kann einmal, und zwar frühestens nach einem halben Jahr, wiederholt werden.

Rahmenordnung für ausländische Studienbewerber, für den Unterricht an den Studienkollegs und für die Feststellungsprüfung. Beschluss der Kultusministerkonferenz vom 15. April 1994 i.d.F. vom 18.09.1998.

Wolfgang Wegner

Figura etymologica: Kombination eines Verbs mit einem Objekt derselben Wurzel: z.B. *eine (gute) <u>Tat tun</u>*, wodurch eine gesteigerte rhetorische Wirkung erzielt werden soll. Das Verfahren wird im Deutschen besonders bei intransitiven (also nicht objektfähigen) Verben eingesetzt (*den <u>Schlaf</u> des Gerechten <u>schlafen</u>*) und ist dann im Allgemeinen idiomatisiert.

Lausberg, H. (2000), 10. Aufl., *Elemente der literarischen Rhetorik*, München.

Konrad Ehlich

Filmdidaktik, die: Teil der →**Fremdsprachendidaktik; F.** verfolgt im Prinzip das allem Lehr-/Lernhandeln übergeordnete Ziel der Vermittlung →**interkultureller** und →**kommunikativer Kompetenz** in der Fremd- bzw. Zweitsprache und nutzt dazu die dem Film und dessen unterschiedlichen Formaten, Gattungen und Genres eigenen Qualitäten und Potenziale. Als Medium der Inszenierung und Simulation kontextgebundenen sprachlichen und nichtsprachlichen Handelns in der spezifischen, pointierten Verknüpfung von visuellen, verbalen und nonverbalen Kodes unterstützt Film einerseits die bewusste Wahrnehmung und unterrichtliche Berücksichtigung extra- und paraverbaler Kommunikationssignale Lautstärke, Sprechtempo, →**Körpersprache**), andererseits bietet das Medium in seinen thematischen Fokussierungen und Informationsangeboten ebenso wie in den konkreten Dialogen einen attraktiven Fundus zur weiteren Nutzung im Unterricht: als Sprechanlässe; als Gegenstand der →**Landeskunde**; für interkulturelle Vergleiche; als Vorbilder für dialogisches Sprechen und →**Rollenspiele** oder auch zur Thematisierung des „Mediums Film" selbst. Bei der Filmrezeption üben und vollziehen die Lernenden die →**Fertigkeit** des Hör-Seh-Verstehens, überprüfen ihre Resultate in der Anschlusskommunikation, erlernen und praktizieren das Aushandeln von Bedeutung und die Versprachlichung subjektiver Wahrnehmungen.

Biechele, B. (2006), „Film/Video/DVD in Deutsch als Fremdsprache – Bestandsaufnahme und Perspektiven", in: *Materialien Deutsch als Fremdsprache*, Nr. 76, S. 309–328. – Kamp, W./Rüsel, M. (1998), *Vom Umgang mit Film*, Berlin. – Wintersteiner, W., Hrsg. (2003), *Film*, Innsbruck.

Tina Welke

finit/finites Verb: Verben treten stets in Verbformen auf. Man unterscheidet f. und infinite Verbformen. **F.** Verbformen sind im Unterschied zu infiniten Verbformen (→**Infinitive** und →**Partizipien**) nach Person, Numerus, Tempus, Modus und Genus konjugiert. **F.V.** bilden allein oder mit anderen Wörtern bzw. Wortgruppen zusammen das →**Prädikat**: *Emil <u>fragt</u> etwas, Emil <u>will</u> nach etwas <u>fragen</u>, Emil <u>stellt</u> etwas <u>in Frage</u>.*

Klaus Welke

flektierende Sprachen: F.S. sind eine Unterart der →**synthetischen Sprachen**. Zu den **f.S.** werden die Sprachen gezählt, in denen grammatische Bedeutungen und syntaktische Beziehungen im →**Satz** zu größeren Anteilen durch →**Flexion** ausgedrückt werden, insbesondere durch die →**Deklination** von →**Nomen** und →**Adjektiven** und die →**Konjugation** von →**Verben**. Als klassisches Beispiel für **f.S.** gilt Latein. Auch Deutsch zählt zu diesem Sprachtyp, des Weiteren Sanskrit, Altgriechisch sowie die slawischen, baltischen und viele andere indogermanische und semitische Sprachen. Die wichtigsten Flexionsmittel im Deutschen sind →**Affixe** (*machen – machte, gehe – gehst*), →**Ablaut** (*gehen – ging*), →**Umlaut** (*Baum – Bäume*) und →**Suppletion** (*gut – besser*). Im Gegensatz zu →**agglutinierenden Sprachen** sind in den **f.S.** die Grenzen zwischen den →**Morphemen** häufig schwer erkennbar, da grammatische Morpheme mit den lexikalischen oft eng verschmolzen sind (z.B. durch Veränderungen im Wortstamm: Ablaut, Umlaut). Des Weiteren kann in **f.S.** ein grammatisches Morphem mehrere grammatische Kategorien vertreten, z.B. markiert *-en* in *die Kinder schlafen* gleichzeitig die 3. Person und den →**Plural.** Somit werden in einem grammatischen Morphem mehrere Funktionen vereint (fusioniert). Deswegen werden **f.S.** gelegentlich auch als fusionale oder fusionierende Sprachen bezeichnet.

Marina Matthey

Flexion, die: Die **F.** ist die Beugung (Veränderung der Form eines Wortes) zum Ausdruck grammatischer Kategorien wie z.B. des Tempus einer Verbform – *antwortete* – oder des Kasus eines Substantivs – *des Vaters*. Grammatische Kategorien, die durch die **F.** ausgedrückt werden können, werden als →**Flexionskategorien** bezeichnet. Die Gesamtheit aller Flexionsformen eines Wortes heißt Flexionsparadigma. Sprachen, in denen die Wörter flektiert werden, heißen →**flektierende Sprachen**. Im Deutschen betrifft die **F.** folgende →**Wortarten**: →**Substantive**, →**Artikel** und →**Pronomina** (→**Deklination**), →**Verben** (→**Konjugation**), Adjektive (→**Komparation**, Deklination) und manche →**Adverbien** (Komparation). Nicht flektiert werden die meisten Adverbien (*hier, da*), →**Präpositionen** (*auf, um*), →**Konjunktionen** (*als, wenn*) und die →**Interjektionen** (*aha, tja*). Die **F.** erfolgt im Deutschen mit Hilfe von grammatischen →**Morphemen**, wobei diese oft mit dem →**Wortstamm** verschmelzen. Es wird zwischen der äußeren und der inneren **F.** unterschieden. Erstere kommt durch →**Affixe** (*laufen – gelaufen, sagen – sagte*) zum Ausdruck, die zweite durch →**Umlaut** (*Garten – Gärten*), →**Ablaut** (*sprechen – sprach*), Konsonantenwechsel (*ziehen – zog*) und →**Suppletion** (*bin – war*).

Marina Matthey

Flexionskategorie, die: grammatische Kategorie, die durch →**Flexion** ausgedrückt wird. Im Deutschen sind das folgende Kategorien: →**Kasus** (→**Substantiv**, →**Adjektiv**, →**Artikel**, →**Pronomen**), →**Numerus** (Substantiv, Adjektiv, Artikel, Pronomen, →**Verb**), →**Genus** (Substantiv, Adjektiv, Artikel, Pronomen), Steigerungsstufe (Adjektiv und einige →**Adverbien**), Person (Verb), →**Modus** (Verb), →**Tempus** (Verb) und →**Genus verbi** (Verb). In →**flektierenden Sprachen**, also auch im Deutschen, werden **F.** durch →**Flexive** (Flexionsmorpheme) ausgedrückt. Ein Flexiv kann dabei mehr als eine **F.** vertreten, z.B. *er sagt*: *-t* steht für die **F.** Person und Numerus. Außerdem kann eine **F.** durch verschiedene Flexive ausgedrückt werden, z.B. *-e, -en, -s* und *-er* können die **F.** Plural ausdrücken.

Marina Matthey

Flexiv, das: auch: Flexionsmorphem, Flexem; ein gebundenes grammatisches →**Morphem**, das zum Ausdruck einer →**Flexionskategorie** dient. Das **F.** wird dem Derivationsmorphem (also einem Wortbildungsmorphem) gegenübergestellt, z.B. im Wort *Kinder* ist *-er* ein **F.**, da es für die Flexionskategorie →**Plural** steht, im Wort *Lehrer* ist *-er* hingegen ein Derivationsmorphem, weil damit vom →**Verb** *lehren* ein neues Wort abgeleitet wird (→**Derivation**). Charakteristisch für die deutsche Sprache ist das Phänomen der Allomorphie im Bereich der **F.**. Das bedeutet, dass verschiedene **F.** zum Ausdruck derselben grammatischen Kategorie benutzt werden, z.B. sind *-e, -er* und *-s* Plural- Allomorphe/-Alloflexe: *Tisch – Tische; Lied – Lieder; Auto – Autos*.

Marina Matthey

Flüssigkeit, die/fluency: qualitativer Aspekt des mündlichen Sprachgebrauchs; einerseits meint **F.** die beinahe mühelos spontane und fließende Sprachverwendung (vgl. Niveaustufe C1 des →**GeR**), andererseits zeigt sich **F.** durch automatisierte, lexikalisierte Sequenzen auch in der Sprachproduktion der Lernenden unterschiedlicher Niveaustufen sowie an höherer Produktionsgeschwindigkeit, Sicherheit und Verfügbarkeit sprachlicher Strukturen. **F.** ist im DaF-/DaZ-Unterricht u.a. durch Automatisierungsübungen trainierbar, v.a. aber ein Ergebnis kontinuierlicher und frequenter Sprachpraxis. Dabei muss die erreichte **F.** des Ausdrucks nicht einem Korrektheitsgrad gleichen Niveaus entsprechen (s. dazu ggf. →**Zweitspracherwerbstheorie**).

Leeson, R. (1975), *Fluency and language teaching*, London.

Gundula Scherf

Focus: Komplementärbegriff zu →**Topic**; Synonym zu Rhema (→**Thema-Rhema-Gliederung**)

focus on form: s. Fokus auf Form

Fokus auf Form: bezeichnet eine Unterrichtsphase in einem inhalts- und aufgabenorientierten Fremdsprachenunterricht, in dem der Fokus explizit auf Sprachstrukturen einschließlich der Textgrammatik und der Regeln der Wortbildung liegt. Ellis unterscheidet *focus on form* von *focus on forms*, wobei letzterer einen grammatisch-zentrierten Unterricht meint. **F.a.F.** dagegen geht davon aus, dass grammatische Regeln nur thematisiert werden sollten, wenn sich das Bedürfnis dazu auf Seiten der Lernenden im Rahmen einer inhaltlichen Aufgabenstellung ergibt, da andernfalls die Lernenden den Strukturen keine nachhaltige Verarbeitungsaufmerksamkeit widmen. Damit ergibt sich eine Unterrichtsphasierung, in der an Anfang und Ende einer Sequenz inhaltliche Aufgaben stehen und zu einem von den Lernern zu bestimmenden Zeitpunkt eine Kognitivierungsphase stattfindet →**Lehrphasen**). Die Problematik in der Umsetzung dieses Ansatzes im Lehrwerk ergibt sich aus der Tatsache, dass diese bereits ein im funktionalen Verhältnis zu den Lernzielen stehendes Kognitivierungsangebot vorbereiten müssen (→**Kognitivierung**) und daraus, dass individuelle Lerner zu unterschiedlichen Zeitpunkten und in Bezug auf unterschiedliche Regeln Systematisierungsbedürfnisse haben, die u.U. mit Mitteln unterrichtlicher Binnendifferenzierung nicht auszugleichen sind.

Doughty, Catherine (2001), „Cognitive underpinnings of focus on form", in: Robinson, P., *Cognition and Second Language Instruction*, Oxford, 206–257.

Hermann Funk

Fokuspartikel, die: Charakteristisch für lexikalische Einheiten, die als →**Partikel** klassifiziert werden können, ist, dass sie je nach Verwendungsweise auch anderen Lexemklassen zugeordnet werden können (z.B. *Sie ist oft allein* (Modaladverb) vs. *Sie allein ist schuld daran* (**F.**)). Partikeln erfüllen unterschiedlichste Funktionen, **F.** heben bestimmte Teile eines Satzes hervor. Sie bilden zusammen mit ihrer Konstituente den Kern der Information (Fokus) im Satz, d.h. die **F.** markiert den Teil des Satzes, der den größten Mitteilungswert besitzt. **F.** setzen voraus, dass Alternativen zu ihrem Bezugswort vorhanden sind. Dabei werden zwei Arten von **F.** unterschieden: inklusive oder additive **F.**, die andere Möglichkeiten einschließen (z.B. *Sogar/selbst/auch/besonders Klaus spielte mit.*) und exklusive oder restriktive **F.**, die Alternativen ausschließen (z.B. *Einzig/nur/allein/bloß Klaus spielte mit.*)

Mandy Höhle

Foreigner Talk, der: auch: Fremdenregister. Muttersprachler vereinfachen dabei in der Kommunikation mit Fremd- bzw. Zweitsprachensprechern ihre Alltagsvarietät, um sie verständlicher (= in einfacherer Form) zu machen, z.B. *Du morgen Doktor gehen, verstehen?* Die gut gemeinte Verständnishilfe hält die Lernenden langfristig von den grammatisch korrekten Äußerungsstrukturen ab und behindert daher den Erwerbsprozess; häufig drückt das undifferenzierte „Heruntersprechen" (respektloses *du* statt höfliches *Sie*) auch soziale Diskriminierung aus. Merkmale u.a.: langsames Sprechtempo mit Überartikulation (phonologische Ebene), starke Vereinfachung der Deklination und Konjugation, z.B. Verben im Infinitiv (syntaktische Ebene), Vermeidung schwieriger, weniger gebräuchlicher durch Paraphrasierung mittels einfacher, oft allgemeinerer Wörter oder Begriffe (semantische Ebene).

Norbert Dittmar

forensische Linguistik/forensische Phonetik: untersucht geschriebene und gesprochene Sprache unter kriminologischen oder gerichtlichen Aspekten. Bei der Analyse handgeschriebener oder gedruckter Texte werden Stilmerkmale (Stilometrie) und graphische Merkmale genutzt, um Aussagen zur Urheberschaft von z.B. anonymen Droh- und Erpresserbriefen, Bekennerschreiben oder Geständnissen zu machen oder um Fälschungen z.B. in Testamenten oder Plagiate z.B. in akademischen Arbeiten und in künstlerischen Texten nachzuweisen. Die **f.Ph.** als Teilgebiet der **f.L.** untersucht gesprochene Äußerungen auditiv und computertechnisch (akustisch). Auch bei verstellten oder technisch manipulierten Stimmen können das Geschlecht, das biologische Alter, die regionale Herkunft (Dialekt, fremder Akzent), sprachliche und nichtsprachliche Besonderheiten (Sprechfehler, Schmatz-, Schluckgeräusche) sowie Merkmale der Aufnahmesituation und Übertragung analysiert werden. Durch die elektronische Erfassung werden verschiedene Faktoren kombiniert (z.B. Stimmmerkmale und Fußabdrücke) und können zur Sprecheridentifizierung beitragen.

Internetadresse der *International Association of Forensic Linguistics*: www.iafl.org – Internetadresse der *International Association for Forensic Phonetics and Acoustics*: www.iafpa.net. – Kniffka, H. (1998), „Forensische Phonetik und forensische Linguistik", in: Kröger, B.J. et al. (Hrsg.), *Festschrift Georg Heike.* (= Forum Phoneticum 66), Frankfurt a.M., 279–291.

Ursula Hirschfeld

Formativ, das: ein von Bloomfield (1926) in die Sprachwissenschaft eingeführter, mehrfach belegter Begriff.

1. Kennzeichnung von minimalen Elementen der Wortbildung (z.B. Flexionsmorpheme: *-e* als Markierung der 1. Person Singular Präsens);

2. Tw. synonym für →**Signifiant** (Schippan 1992): Lautkörper (**F.**) *Blume* hat mehrere Bedeutungen (Pflanze, Blüte, Schaum, Hasenschwanz, Weinaroma);

3. In der generativen Grammatik kleinste Funktionseinheiten der Syntax, wobei zwischen lexikalischem **F.** (z.B. *Frau, schön*) und grammatischem **F.** (Singular, Präsens) zu unterscheiden ist.

Schippan, T. (1992), *Lexikologie der deutschen Gegenwartssprache*, Tübingen.

Mandy Höhle

formelhafte Sprache/formulaic speech: umfasst die vorgeprägten Bausteine sprachlicher Kommunikation; darunter Wortpaare (*klipp und klar*), satzwertige Ausdrücke (*Neue Besen kehren gut.*) bis hin zu mehr oder weniger vorgeprägten Mustern für konventionalisierte Kommunikationsanlässe (z.B. Entschuldigungen, Danksagungen). Formelhaftigkeit ist dabei ein graduelles Phänomen und betrifft in etwa den Ausdrucksbestand, der den Bereich der →**Phraseologie** im weiteren Sinne ausmacht. Gradueller Natur können die genannten Wortverbindungen auch hinsichtlich ihrer Festigkeit und ihrer Reproduzierbarkeit sein (*bei jmdm. einen Stein im Brett haben* wäre z.B. weniger variierbar als *eine Entscheidung treffen/fällen*). Von großer Bedeutung ist **f.S.** auch für die →**Fremdsprachendidaktik**, da das Verfügenkönnen über Vorgeprägtes die Sprachverarbeitung entscheidend entlasten kann. Ähnlich wie für →**chunks** gelten auch für die Vermittlung von **f.S.** spezifische methodisch-didaktische Zugänge (→**Phraseo-Didaktik**, →**Mentales Lexikon**).

Aguado, K. (2002), „Formelhafte Sequenzen und ihre Funktionen für den L2-Erwerb", in: *Zeitschrift für Angewandte Linguistik* 37, 27–49. – Lüger, H.H. (1999), *Satzwertige Phraseologismen*, Wien – Stein, St. (1995), *Formelhafte Sprache*, Frankfurt a.M.

Heinz-Helmut Lüger

FörMig (Förderung von Kindern und Jugendlichen mit Migrationshintergrund): ein Modellprogramm zur Förderung von Kindern und Jugendlichen mit Migrationshintergrund, das 2004 bis 2009 in zehn deutschen Bundesländern durchgeführt wurde; in etlichen Bundesländern schließt sich ein Transferprogramm an. Ziel ist die Entwicklung von Konzepten der Diagnostik und daran anschließenden kooperativen Förderung bildungssprachlicher Fähigkeiten, verbunden mit dem Aufbau regionaler Sprachbildungsnetzwerke. Die Konzepte konzentrieren sich auf die Übergänge im Bildungssystem: vom Kindergarten in die Grundschule, von der Grundschule in die Sekundarstufe und von der Schule in den Beruf.

Internetadresse: www.blk-foermig.uni-hamburg.de

Ingrid Gogolin

Forschungsansätze, die: Unterschieden werden zwei forschungsmethodologische Hauptpositionen, die disziplinenübergreifend als qualitative und quantitative **F.** bezeichnet werden und die die bipolaren Enden eines Kontinuums markieren. Qualitative und quantitative **F.** implizieren jeweils unterschiedliche Voraussetzungen, Ziele und forschungsmethodologische Standards (→**Gütekriterien**), gehen von unterschiedlichen zugrunde gelegten Menschenbildern und Vorstellungen über die Forschungsorganisation aus und setzen Daten voraus, die nach unterschiedlichen Maximen erhoben, aufbereitet und analysiert werden. Für die Auswahl eines **F.** ist relevant, ob der Wissensstand zum spezifischen Gegenstand eine begründete Hypothesenprüfung erlaubt oder ob es sinnvoller ist, mögliche Vorannahmen und Hypothesen über das Untersuchungsfeld zunächst empirisch zu gewinnen. Für DaF und DaZ sind beide Forschungsansätze sowie Mischformen daraus relevant. Für Fragestellungen, die direkt in der Praxis untersucht werden, ist →**Handlungsforschung** ein wichtiger praxisorientierter **F.**, der i.d.R. eher Prinzipien eines qualitativen **F.** folgt.

1. Quantitativer Forschungsansatz

Angestrebt werden generalisierbare Gesetzmäßigkeiten. Aus der Außenperspektive sollen interessierende Untersuchungsobjekte auf exakt zu spezifizierende Bedingungen zurückgeführt werden. Aufgestellte Hypothesen sollen dabei verifiziert oder falsifiziert (→**Falsifikation**) werden. Hierfür müssen Teilbereiche des Untersuchungsfeldes isoliert und kontrolliert werden (→**Variablen**). Dies impliziert i.d.R. eine größere →**Stichprobe** (im Idealfall im Rahmen eines →**Experiments**). Erhoben werden sollen reliable Daten (→**Reliabilität**), die mit Hilfe standardisierter →**Forschungsmethoden** elizitiert (→**Elizitierung**) und ausgewertet werden.

2. Qualitativer Forschungsansatz
Angestrebt wird ein empathischer Nachvollzug des je untersuchten Wirklichkeitssegments aus der Perspektive der Untersuchungsteilnehmer, wobei das Gesamtfeld als Informationslieferant zur Verfügung steht. Hypothesen und Theorien sollen erst während des Forschungsprozesses durch das interpretative Auffinden wiederkehrender Muster in den Daten erschlossen werden, wobei ausgeprägte Vorstrukturierungen des Untersuchungsfeldes weitgehend vermieden werden sollen (Einsatz offener Forschungsmethoden). Das Untersuchungsfeld soll so weit wie möglich natürlich belassen sein (→**Feldforschung**) und möglichst tiefgründige, reichhaltige Daten liefern. I.d.R. können nur kleine Stichproben, häufig über einen gewissen Zeitraum, untersucht werden.

Mackey, A./Gass, S.M. (2005), *Second Language Research. Methodology and Design*, Mahwah, NJ/London. – Grotjahn, R. (2006), „Zur Methodologie der Fremdsprachenerwerbsforschung", in: Scherfer, P./Wolff, D. (Hrsg.), *Vom Lehren und Lernen fremder Sprachen*, Frankfurt a.M.

Claudia Riemer

Forschungsmethoden, die: Im Rahmen empirischer Forschung sind Verfahren der Erhebung, Aufbereitung und Analyse sowie Interpretation von Daten zielgerichtet, systematisch und reflektiert auszuwählen. Diese Verfahren sind im Rahmen von →**Forschungsansätzen** und forschungsmethodologischen Grundlagen (→**Forschungsmethodologie**) zu begründen und an den jeweiligen Untersuchungsgegenstand anzupassen. **F.** konstituieren den Untersuchungsgegenstand je in spezifischer Weise und haben daher erheblichen Anteil an der Güte der Daten und Interpretationen (→**Gütekriterien**).

1. Methoden der →**Datenerhebung**
Unterschieden wird zwischen a) schriftlicher (Fragebogen) und mündlicher Befragung (Interview, Gruppendiskussion); b) Beobachtung (z.B. Unterrichtsbeobachtung); c) Introspektion von Kognitionen (z.B. introspektives Interview, Retrospektion, Lautes-Denken-Protokoll, Lerntagebuch) und d) Tests (→**Sprachtests**). Für sprachwissenschaftliche Untersuchungen (z.B. von lernersprachlichen Entwicklungen) werden häufig umfangreiche Korpora erhoben.

2. Methoden der →**Datenaufbereitung**
Vor der Analyse und Interpretation müssen Daten in eine bearbeitbare Form gebracht werden. Quantitative Daten werden i.d.R. in auszählbare Werte überführt (quantifiziert). Daten aus qualitativen mündlichen Befragungen und Introspektionen werden verschriftet (transkribiert), wobei in Abhängigkeit von den Untersuchungsgegenständen unterschiedlich differenzierte Transkriptionen erforderlich werden. Hilfreiche Dienste leisten EDV-gestützte Verfahren (z.B. die kostenfreie Software EXMARaLDA).

3. Methoden der Datenanalyse und -interpretation
Quantitative Daten werden i.d.R. mittels statistischer Instrumentarien (z.B. die Software SPSS und die kostenfreie Software „R") ausgewertet; die Auswahl der statistischen Verfahren und der mit ihnen möglichen Interpretationen ergibt sich aus dem Erkenntnisinteresse der Untersuchung und dem Typ der erhobenen Daten. Qualitative Datenanalyse und -interpretation erfolgt je nach Erkenntnisinteresse mittels Verfahren, die i.d.R. nicht auf vorgängigen Kategorisierungen beruhen; eingesetzt werden neben sprachwissenschaftlichen Verfahren zur Analyse von Sprachdaten z.B. Verfahren der →**Diskurs-** und →**Konversationsanalyse**, der qualitativen Inhaltsanalyse und des offenen/axialen/selektiven Kodierens nach Richtlinien der Grounded Theory (auch mit Unterstützung von Software, wie z.B. atlas.ti, MaxQDA).

Dörnyei, Z. (2007), *Research Methods in Applied Linguistics*, Oxford. – Ellis, R./Barkhuisen, G. (2005), *Analysing Learner Language*, Oxford.

Claudia Riemer

Forschungsmethodologie, die: **F.** ist ein disziplinenübergreifender Wissenschaftsbereich, der sich mit den Grundlagen der Erkenntnisgewinnung durch Forschung beschäftigt. **F.** entwickelt Kriterien und Richtlinien zur Entwicklung und Bewertung von →**Forschungsansätzen** und →**Forschungsmethoden**; dies impliziert eine

Auseinandersetzung mit dem Verhältnis zwischen Theorie und →**Empirie** (Theoriegenese vs. Theorieüberprüfung), den epistemologischen und anthropologischen Grundannahmen und zu beachtenden →**Gütekriterien**. Grundsätzlich gilt die forschungsmethodologische Regel, dass Forschungsmethoden und Kriterien dem jeweiligen Untersuchungsgegenstand und Erkenntnisinteresse angemessen sein sollen und dass sämtliche Entscheidungen und das zugrunde gelegte Menschenbild transparent zu machen sind.

F. im Bereich DaF und DaZ muss sich – wie die Fremdsprachenforschung insgesamt – damit auseinandersetzen, dass das Lernen und Lehren von Fremd- und Zweitsprachen durch eine Vielzahl sich wechselseitig beeinflussender Faktoren bestimmt wird (→**Faktorenkomplexion**), dass Lehr- und Lernprozesse innerhalb eines zu bestimmenden sozialen Milieus und ggf. innerhalb von Institutionen stattfinden, dass man es sowohl mit Produkten als auch mit Prozessen zu tun hat und dass diese Prozesse des Lehrens und Lernens dynamisch sind und von individuellen Unterschieden zwischen Lernenden und durch Instabilität der Lernprodukte geprägt sind. Forschungsmethodologische Entscheidungen führen zur Verortung von Forschungsprojekten im Rahmen eines Forschungsansatzes. **F.** im Bereich DaF und DaZ ist auch dem Postulat verpflichtet, dass Forschung über die allgemeine Erkenntnisgewinnung hinaus für die Praxis relevant ist.

Grotjahn, R. (1999), „Thesen zur empirischen Forschungsmethodologie", in: *Zeitschrift für Fremdsprachenforschung*, Jg. 10, Nr. 1, 133–158. – Grotjahn, R. (2003), „Konzepte für die Erforschung des Lehrens und Lernens fremder Sprachen: Forschungsmethodologischer Überblick", in: Bausch, K.-R./Christ, H./Krumm, H.-J. (Hrsg.), *Handbuch Fremdsprachenunterricht*, 4. Aufl., Tübingen, 493–499. – Riemer, C. (2007), „DaF/DaZ und empirische Forschung: wechselnde Herausforderungen", in: *Informationen Deutsch als Fremdsprache*, Jg. 34, Nr. 5, 445–459.

Claudia Riemer

fortis: **f.** bedeutet ‚stark gespannt' und ist im Deutschen ein phonologisch →**distinktives Merkmal** (**f.** vs. →**lenis**) zur Unterscheidung der →**Explosive** und →**Frikative**. **F.**-Explosive (*Tisch* [t]) und **F.**-Frikative (*Fisch* [f]) werden mit Anspannung der Artikulationsmuskulatur (→**Artikulation**) und daher mit höherer Intensität gebildet, was zu einem kräftigen Explosionsgeräusch (bei Explosiven, teilweise mit zusätzlicher Behauchung) oder einem kräftigen Reibegeräusch (bei Frikativen) führen kann. Wegen des kräftigen Ausatmungsstroms bei der Geräuschbildung sind **F.**-Konsonanten immer →**stimmlos**. Der **F.**-Lenis-Kontrast bereitet DaF-/DaZ-Lernenden Probleme, da in den meisten anderen Sprachen Explosive und Frikative distinktiv in stimmhaft-stimmlos unterschieden werden. **F.**-Konsonanten (besonders Explosive) im Deutschen werden daher oft zu wenig gespannt gesprochen.

Kerstin Reinke

Fossilierung/Fossilisierung, die:

1. Definition

Der Begriff **F.** bezieht sich auf einen Endzustand der Beherrschung von Fremd- und Zweitsprachen (vgl. Klein 1992, 61), wobei ein Individuum im Verlauf seiner lebenslangen Sprachentwicklungskarriere hinsichtlich jeder seiner Sprachen ggf. auch mehrere unterschiedliche Endstände erreichen kann. Den Idealfall des vollständigen Erwerbs gibt es (selbst für den Muttersprachler) nicht, da →**Spracherwerb** stets auf unterschiedliche Ausdrucksrepertoires in verschiedenen →**Varietäten** (→**Dialekte**, →**Soziolekte**, Standard, Stile, →**Register**) bezogen ist. Eher ausnahmsweise erreichen Fremd- und Zweitspracherwerber die durchschnittliche →**Kompetenz** eines Muttersprachlers. **F.** ist der Natur nach selektiv (vgl. Klein a.a.O.): Zu unterschiedlichen Zeitpunkten kann die →**Aussprache**, das →**Lexikon**, die (Morpho-) →**Syntax** fossilieren („versteinern"). Dafür gibt es ganz unterschiedliche Gründe: a) es besteht keine persönliche Motivation, den →**Sprachgebrauch** zu verbessern; b) der Anpassung an die Sprecher der →**Zielsprache** wird eine Grenze gesetzt, um – meist unbewusst – die eigene soziale Identität zu wahren; c) das sprachverarbeitende System ist aufgrund unterschiedlicher Ursachen – darunter Lernungeübtheit, altersbedingte physiologische Veränderungen im Zentralnervensystem u.a.m. – nicht bzw. nicht mehr in der Lage, fossilierte Sprachstände zu verändern.

2. Didaktische Implikationen

In der Fachliteratur finden sich eher wenige Vorschläge für methodisch-didaktische Interventionen zur Überwindung **f.**bedingter Lernbarrieren (frühe Ansätze dazu finden sich in Barkowski/Harnisch/Kumm 1986). Die Diskussion über eine spezifische, für „‚fluent-but-fossilized'-learners" (Han 2004, 174) geeignete Didaktik ist gleichwohl seit den 1970er Jahren fester Bestandteil des Fachdiskurses im Bereich der Vermittlung von →**Deutsch als Zweitsprache** und wird seit Einrichtung der sog. Integrationskurse ab 2005, an denen zahlreiche Lernende mit stark fossilierten Strukturen teilnehmen, erneut intensiviert. Eine solche Didaktik müsste sich individuell mit den Ursachen für den Stillstand befassen und bei den Lernenden ein Bewusstsein für die „objektive Distanz" (Klein 1992, 147) zwischen ihrem eigenen sprachlichen Verhalten und jenem der muttersprachlichen Sprecher schaffen, sie müsste konsistente (Selbst-)Korrekturverfahren anwenden und die Betroffenen gleichzeitig (neu) motivieren – kurz: Sie müsste die **F.** eher als einen Prozess denn als ein Produkt betrachten.

Barkowski, H./Harnisch, U./Kumm, S. (1986), *Handbuch für den Deutschunterricht mit Arbeitsmigranten*, 2. Aufl., Mainz. – Han, Z.H. (2004), *Fossilization in Adult Second Language Acquisition*, Clevedon. – Klein, W. (1992), *Zweitspracherwerb. Eine Einführung*, Königstein/Ts.

Norbert Dittmar (1.)/Evelyn Röttger (2.)

Frageinversion, die: syntaktische Struktur, die neben den Mitteln der Frageintonation (bzw. auf graphemischer Ebene Fragezeichen) und der →**Interrogativpronomen** die Möglichkeit bietet, Fragen zu formulieren. Für die Bildung einer Satzfrage wird mithilfe der **F.** das →**finite Verb** von seiner Zweitstellung im Aussagesatz in die erste Position umgeordnet, z.B. *Du trinkst.* → *Trinkst du?* Dabei muss im Aussagesatz nicht unbedingt die Subjekt-Verb-Folge eingehalten werden: *Jetzt fährst du.* → *Fährst du jetzt?* oder *Fährst jetzt du?* Im Gegensatz zu anderen Sprachen wie dem Englischen oder Französischen, wo diese Subjekt-Verb-Folge der Satzglieder festgelegt ist, steht im Deutschen nur die Stellung des finiten Verbs fest, nicht jedoch die der anderen Satzteile. Hier tritt das Subjekt also nicht unbedingt unmittelbar nach dem finiten Verb auf. Die Verb-Erst-Position bei Satzfragen stellt für viele Lernende eine Besonderheit der deutschen Sprache dar, weshalb im Unterricht für dieses Satzbaumuster besonders sensibilisiert werden sollte.

Yang, Young-Sook (2003), *Aspekte des Fragens. Frageäußerungen, Fragesequenzen, Frageverben*, Tübingen.

Julia Brade

Frame, der: eine spezifische Form des Weltwissens (→**Schema-Theorie**). Eine standardisierte und strukturierte konventionelle Repräsentation eines Vorgangs, einer Handlung oder einer Situation (z.B. Kindergeburtstagsfeier), mit dem/der Attribute (Eigenschaften) mehr oder weniger stark verbunden werden können. Solche (umfangreichen) Wissensbestände unterstützen das →**Inferieren** bei der Rezeption. **F.** ist ein eher statischer Begriff, kann jedoch im Verlauf der Zeit durch Erfahrungen adaptiert werden.

Minsky, M. (1975), „A framework for representing knowledge", in: Winston, P.H. (Hrsg.), *The psychology of computer vision*, New York, 211–277.

Madeline Lutjeharms

Frauensprache, die: **1.** die politisch korrekte Art und Weise, wie Frauen in Personen- und Berufsbezeichnungen der gesprochenen und geschriebenen Sprache ausdrücklich genannt und mit ihren Leistungen und Kompetenzen angeführt werden wie z.B. in *Kauf<u>frau</u>* oder in *Liebe Student<u>innen</u> und Studenten!*; **2.** Bezeichnung für den Kommunikationsstil bzw. die Sprachmuster, die vornehmlich Frauen verwenden und worin sie sich dzgl. von Männern unterscheiden. Die Unterscheidung in weiblichen und männlichen Stil ist allerdings nicht ausschließlich an das biologische Geschlecht derer, die ihn jeweils praktizieren, gebunden, vielmehr können sie als soziale Stile auch geschlechtsüberschreitend vorkommen und verweisen damit auf unterschiedliche Sozialisation, Erziehung und Kultur als Ursache ihrer Ausprägung.

Internetadresse: www.frauensprache.com – Oppermann, K./Weber, E. (2008), *Frauensprache, Männersprache*, Zürich.

Alexandra Rösner

Freinet-Pädagogik, die: benannt nach Célestin Freinet (1896–1966), einem französischen Reformpädagogen, der die Verschulung des Lernens (Scolatismus) kritisiert und das →**autonome Lernen**, die eigene Untersuchung der Wirklichkeit anstelle des Abarbeitens von Lehrbüchern ins Zentrum des Unterrichts rückt. Unterricht durch Handeln und Kommunikation, ein produktives Umgehen mit Medien und Materialien sollen die Gleichschaltung und Indoktrination der Lernenden vermeiden helfen. Zu den wichtigsten Arbeitstechniken der **F.-P.**, gerade auch im Fremdsprachenunterricht, zählen der freie Text bzw. das freie Schreiben und die Klassenkorrespondenz, mit der die Grenzen des Klassenraums überschritten werden und die Lernenden in einen realen Austausch auch über Sprachgrenzen hinweg treten können.

Dietrich, I., Hrsg. (1995), *Handbuch Freinet-Pädagogik. Eine praxisbezogene Einführung*, Weinheim/Basel.

Silke Hofer

Fremdbild, das:
1. Begriffsklärung
F. umfasst die kognitiven und affektiven Vorstellungen von Menschen über Kulturen, denen sie nicht selbst angehören. **F.** bezieht sich im Vergleich zum teils synonym verwendeten sozialpsychologischen Begriff →**Stereotyp** stärker auf kulturell geprägte und tradierte Muster der Wahrnehmung landeskundlicher Gegebenheiten und der Bevölkerung.

2. Entwicklung
Das Interesse an der Thematisierung des Fremd- und Selbstbildes ist verbunden mit a) der Zielsetzung der →**interkulturellen Kommunikation**; b) der Verknüpfung von Sprach- und Kulturlernen als wesentlichem Faktor eines erfolgreichen Spracherwerbs; c) der Diskussion des der Fremdsprachenvermittlung zugrundeliegenden Kulturbegriffs; d) der Diskussion von „Fremd" und „Eigen" in der interkulturellen Germanistik.

Das Fach DaF hat keine eigene Methodologie der Erforschung von **F.** entwickelt. Komplexe Methoden der empirischen Sozialforschung werden nur kursorisch adaptiert. Die Begriffsbildung greift zurück auf Ergebnisse der Sozialpsychologie, der Wissenssoziologie, der kulturellen Gedächtnisforschung und der (Ethno-)Psychoanalyse. Landeskundliche **F.**-Konzepte, erfahrungsorientierte bzw. empirische Studien über Lernergruppen und unterrichtsrelevante Voreinstellungen bzw. Wahrnehmungen der Lernenden stehen relativ unverbunden nebeneinander. Die Reflexion von Voreinstellungen und erfahrungsbasierten Einstellungen zur Zielsprachenkultur sind Bestandteil vieler Lehrwerke und der praktischen Unterrichtsgestaltung.

Hans-Joachim Althaus

Fremdenrecht, das: s. Ausländerrecht

Fremdenregister, das: s. Foreigner Talk

Fremdkultur, die: s. Interkulturalität, s. Kultur

Fremdsprachendidaktik, die:
1. Begriffserklärung
In der deutschsprachigen Literatur wird unter →**Didaktik** meist die theoretische und konzeptionelle Beschäftigung mit den sprachlich-inhaltlichen Gegenständen und deren Umsetzung in Lernziele, Stoffauswahl und -gliederung verstanden. International umfasst **F.** in einem weiten Begriffsverständnis oft das gesamte Spektrum wissenschaftlichen wie praktischen Umgangs mit der Vermittlung von Fremdsprachen (einschl. →**Zweitsprachen**). Stern (1984) schlägt z.B. vor, **F.** auf drei hierarchisch gegliederten Ebenen zu konzeptualisieren: sprach- und sprachlerntheoretische Grundlagen; didaktisch-methodische bzw. curriculare Konzepte; und die praktische Gestaltung von Lehr-, Lern- und Evaluierungsverfahren.

2. Geschichte
Die ältesten fremdsprachendidaktischen Vorschläge für den neusprachlichen Unterricht sind in der „Didactica Magna" (1633–38) von Comenius (1592–1670) zu finden. Im 19. Jh. setzte sich im Zuge der Humboldtschen Reformen und des humanistischen Bildungsideals auch im Unterricht der neueren Sprachen (vor allem Französisch und Englisch) die →**Grammatik-Übersetzungs-Methode** (GÜM) durch. Ende des 19. Jh. kehrte die **F.** – in Deutschland angeregt durch Viëtors Streitschrift „Der Sprachunterricht muss umkehren" (1882) – zu ihren pragmatischen Ursprüngen und dem Primat des Sprachkönnens zurück und bereitete den Boden für die sog. →**direkte Methode.** Im 20. Jh. war die **F.** von unterschiedlichen sprachwissenschaftlichen und lernpsychologischen Entwicklungen geprägt. Die →**audiolinguale** oder →**audiovisuelle Methode** (ca. 1950–1975) beruhte auf dem →**Strukturalismus** in der Sprachwissenschaft und dem →**Behaviorismus** in der Lernpsychologie; der →**kommunikative Fremdsprachenunterricht** (seit ca. 1975) baut vor allem auf der →**Pragmalinguistik** sowie einem neuen Verständnis von Lernern als handelnden Personen auf. Eine empirische Fremdsprachendidaktik entstand in Deutschland seit ca. 1975 mit der →**Sprachlehr-** und **-lernforschung.**

3. Neuere Entwicklungen
Die aktuelle **F.** ist geprägt von einer Vielzahl von neuen Entwicklungen und Schwerpunkten in ihren Bezugswissenschaften, u.a. der Linguistik, Zweitspracherwerbsforschung, den Erziehungswissenschaften und Kulturwissenschaften, von neuen Zielgruppen und von (sprachen-)politischen Entwicklungen, insbesondere in Europa. Das europäische Bekenntnis zur →**Mehrsprachigkeit** und die Entwicklung des Gemeinsamen europäischen Referenzrahmens für Sprachen (→**GeR**) haben sowohl eine neue →**Tertiärsprachendidaktik** (u.a. Deutsch nach Englisch) und

Mehrsprachigkeitsdidaktik (u.a. für romanische, slawische, germanische Sprachen) als auch eine Professionalisierung (→**Qualitätssicherung**) im Fremdsprachenunterricht sowie bei der Entwicklung von Bildungsstandards und bei Testverfahren hervorgebracht. Das Konzept des Frühen Fremdsprachenlernens (Kindergarten/ Vorschule; 1./3. Klasse) sowie der bilinguale Sachfachunterricht in der Schule benötigen eigene fremdsprachendidaktische Ansätze (vgl. auch →**Zweitsprachendidaktik**). Die Ausdifferenzierung der Zielgruppen und der Einfluss des →**Konstruktivismus** haben zu einer stärkeren Individualisierung und Lernerorientierung geführt.

Neuere Modellierungen von Sprachverarbeitungsprozessen wie etwa die des →**Konnektionismus** lassen zudem neue Lernwege aufscheinen und alte, z.T. verworfene, in neuem Licht erscheinen.

Huneke, H.-W./Steinig, W. (2005), *Deutsch als Fremdsprache: Eine Einführung*, Berlin. – Stern, H.H. (1984), *Fundamental concepts of language teaching*, Oxford. – Storch, G. (1999), *Deutsch als Fremdsprache. Eine Didaktik: Theoretische Grundlagen und praktische Unterrichtsgestaltung*, Stuttgart.

Erwin Tschirner

Fremdsprachenerwerb, der: als sprachwissenschaftlicher Terminus wird **F.** i.W. in den folgenden Belegungen verwendet: **1.** In der umfassendsten Verwendung meint **F.** die Aneignung weiterer Sprachen in deutlichem zeitlichen Abstand zum Beginn des Erstspracherwerbs, i.e. frühestens ab dem 3. Lebensjahr, wobei als Kriterium der zu diesem Zeitpunkt vorliegende entwicklungspsychologische Reifestand gilt, nach dessen Erreichen jeder weitere Spracherwerb anderen Steuerungen unterliegt als der Erstspracherwerb; aus demselben Grund spricht man bei früherer Aneignung einer weiteren Sprache von „doppeltem Erstspracherwerb“ (s. →**Bilingualismus**). In dieser Verwendungsweise ist die Unterscheidung zwischen Fremd- und →**Zweitsprache** terminologisch nicht thematisiert, d.h. **F.** impliziert beide Erwerbsfälle. **2.** In eingeschränkterer Verwendung fokussiert **F.** die Aneignung einer Fremdsprache im Sinne von 1., aber unter Ausschluss des Erwerbs einer fremden Sprache als Zweitsprache, meint also ausdrücklich das vornehmlich unterrichtsgestützte und gesteuerte Erlernen von Fremdsprachen. **3.** In einem noch eingeschränkteren Verständnis, das auf Krashens hypothetische Unterscheidung zwischen dem „Lernen“ und „Erwerben“ von Fremdsprachen als zwei prinzipiell verschiedenen Weisen der Sprachaneignung zurückgeht, meint **F.** nurmehr Prozesse der impliziten, nicht (explizit) regelgeleiteten Aneignung von Fremdsprachen, wie sie besonders für den →**Zweitspracherwerb** (zur terminologischen Abgrenzung zu ‚Second Language Acquisition‘ (SLA) s. dort) zutrifft; Krashens Position ist allerdings – mindestens in der starken Annahme, dass Lernen und Erwerben zu getrennten und unverbundenen Wissens- und Könnensbeständen führen – umstritten (→**Lernen-Erwerben-Debatte**) und kann – u.a. angesichts jüngerer Ergebnisse der →**Gehirnforschung** zur Sprachverarbeitung, aber auch weiterer Befunde empirischer Unterrichtsforschung – als widerlegt gelten. Im deutschen Wissenschaftsdiskurs hat sich bezügl. der verschiedenen Aneignungsformen und -fälle des **F.** die Unterscheidung in →**Deutsch als Fremdsprache** und →**Deutsch als Zweitsprache** etabliert, wobei DaF als Oberbegriff und Bezeichnung des Faches in seiner Gesamtheit gilt, dem DaZ als gewichtige fachliche Abteilung mit definierten besonderen Gegenständen zugeordnet ist. Zu zentralen Befunden und Hypothesen zum **F.** s. ggf. →**Fremdsprachen- bzw. →Zweitsprachenerwerbstheorie**.

Krashen, S.D. (1981), *Second Language Acquisition and Second Language Learning*, Oxford.

Hans Barkowski

Fremdsprachenerwerbstheorie, die: Eine umfassende allgemein anerkannte **F.** gibt es bis heute nicht. Sie müsste die verschiedenen Sprachbereiche Phonetik, Lexik, Syntax, Morphologie und Pragmatik ebenso berücksichtigen wie eine Reihe gattungsspezifischer, individueller (affektiver, kognitiver, biologischer und psychologischer), sozialer, kultureller, institutioneller und sprachspezifischer Faktoren. **F.** müssten die Bedingungen des Erwerbs in einer Theorie modellieren, um zu erklären, wovon der Erwerbsverlauf, die Geschwindigkeit des Erwerbs und der Grad der erreichten Sprachkompetenz abhängen. **F.** gelten dem unterrichtlich gestützten Spracherwerb und dessen Bedingungen; dabei werden häufig eher Einzelaspekte des Fremdspracherwerbs fokussiert.

Krashen (1981) unterscheidet zwischen Lernen und Erwerben (→ s. **Lernen-Erwerben-**

Debatte). Zwar ist bei Krashen sowohl Lernen wie auch Erwerben im Fremdsprachenunterricht möglich, erlerntes Wissen geht aber nicht in Erwerb über (→**Non-Interface-Position**). Zweifellos ist →**Input** eine Voraussetzung für das Erlernen einer Sprache. Gegenstand der →**Inputhypothese** ist die Frage, wieviel und welcher Art der Input sein muss, um vom Lerner aufgenommen zu werden (*intake*). Zu berücksichtigen ist, dass in der Interaktion von Lernern und Muttersprachlern oder Lehrern Anpassungsprozesse stattfinden, die den Input modifizieren (→**foreigner talk**, teacher talk, Chaudron 1988); gleichzeitig finden verständnissichernde Aktivitäten, Bedeutungsklärungen, Reparaturen und Korrekturen statt, deren Funktion für den Spracherwerb in der →**Interaktionshypothese** diskutiert wird. Input spielt auch im →**Konnektionismus** eine Rolle, der Spracherwerb als einen Prozess sieht, der wesentlich auf der Generierung von Musterwissen beruht, das v.a. auf Frequenz, Ähnlichkeit und Kontingenz basiert.

In der →**Kontrastivitätshypothese** hat die Erstsprache einen wesentlichen Einfluss, da sie den Spracherwerb stark von positivem oder negativem Transfer beeinflusst sieht. In der →**Interlanguage-Hypothese** wird der Zweit- und Fremdspracherwerb als ein Prozess gefasst, in dem die jeweilige Lernersprache als systematisch und dynamisch beschrieben wird. Niederschlag gefunden hat der Ansatz u.a. in Modellen, die basierend auf Prinzipien kognitiver Verarbeitung für Bereiche wie Syntax, Interrogation oder Negation bestimmte sprachspezifische →**Erwerbssequenzen** gegeben sehen. Damit stellt sich die Frage der Lehrbarkeit dieser Sprachbereiche. In der →**Teachability Hypothese** geht Pienemann (1984) davon aus, dass Sprachunterricht immer an dem jeweiligen Erwerbsstand ansetzen muss und nur helfen kann, die nächste Erwerbsstufe beschleunigt zu erreichen. Im →**Konstruktivismus** schließlich wird die Frage der Lehrbarkeit eher in Zusammenhang damit gesehen, dass Spracherwerb als ein individueller Konstruktionsprozess verstanden wird und die Lerner einer Gruppe notwendigerweise eigene Lerngeschwindigkeiten und Lernwege haben.

Chaudron, C. (1988), *Second Language Classrooms. Research on Teaching and Learning*, Cambridge. – Krashen, S.D. (1981), *Second Language Acquisition and Second Language Learning*, Oxford. – Mitchell, R./Myles, F. (2004), *Second Language Learning Theories. Second Edition*, London. – Pienemann, M. (1984), „Psychological Constraints on the Teachability of Languages", in: *Studies in Second Language Acquisition*, Jg. 6, Nr. 2, 186–214.

Bernt Ahrenholz

Fremdsprachengeragogik, die: eine Analogiebildung zum Begriff Fremdsprachenandragogik (Fremdsprachenvermittlung an Erwachsene); bezeichnet die Methodik und Didaktik der Vermittlung fremder Sprachen an ältere Menschen. In der **FG** werden Erkenntnisse aus der allgemeinen Fremdsprachendidaktik, der Altenbildung und der Gerontologie (Wissenschaft des Alterns/Alters) zusammengeführt. Die Spezifika des Sprachenlernens im Alter beziehen sich primär auf Veränderungen in der Informationsverarbeitung (Intelligenz, Sensorik, Psychomotorik) im Laufe des Lebens, auf Aspekte der Lernerfahrung allgemein und Sprachlernerfahrung im besonderen und auf motivationale Aspekte. Hervorzuheben ist die kognitive Plastizität (Lernfähigkeit) bis in höhere Altersstufen. Bezogen auf die grundlegenden Fertigkeiten beim Fremdsprachenlernprozess stellen sich →**Hörverstehen** und →**Aussprache** als die vom Alternsprozess am ehesten negativ tangierten Bereiche heraus. Das geragogische Prinzip „Optimierung durch Selektion und Kompensation" (Berndt 2003, 228f.) wird auch hier als erfolgreich angesehen.

Berndt, A. (2003), *Sprachenlernen im Alter. Eine empirische Studie zur Fremdsprachengeragogik*, München.

Annette Berndt

Fremdsprachenlehrer/in, der/die: s. Lehrer

Fremdsprachenlehrerausbildung, die: s. Lehrerausbildung

Fremdsprachenmethodik, die:
1. Begriffsklärung
F. bezeichnet die Gesamtheit aller unterrichtsbezogenen Planungen und Handlungen, die sich mit dem Erlernen bzw. der Vermittlung einer fremden Sprache und Kultur beschäftigen. Im umgangssprachlichen Gebrauch wird darunter auch die Methodik des Zweitsprachenerwerbs verstanden, deren Inhalte und Unterrichtsdesigns sich von der **F.** teilweise unterscheiden (→**Zweitsprachenmethodik**). Im engeren Sinne meint **F.** die Gesamtheit der Unterrichtsdesigns, im weiteren Sinne schließt die **F.** Fragen der Auswahl und der

Strukturierung von Inhalten und Vermittlungskonzepten, die →**Fremdsprachendidaktik** also, mit ein.

2. Entwicklung
Zwar gab es auch schon vor dem II. Weltkrieg eine Vielzahl von Vermittlungskonzepten, die Einzelaspekte wie →**Landeskunde** und kulturvergleichende Ansätze (→**Kulturkunde**) oder Sprachverwendung (→**direkte Methode**) in den Mittelpunkt stellten. Erst die Ausweitung der demographischen Basis der Fremdsprachenunterrichts (für weniger bildungs- als verwendungsorientierte Lernende) verlangte nach veränderten Konzepten und bahnte den Weg für eine wissenschaftlich fundierte **F.** So markiert der Einfluss der strukturalistischen Linguistik (→**Strukturalismus**) auf die Sprachtrainingskonzepte der Programme der US-amerikanischen *Army Language School* den Beginn der wissenschaftlichen Konzeptbildung der **F.**, in deren Folge weitere linguistische Schulen (z.B. →**Pragmalinguistik**) konzeptuelle Elemente beisteuerten, die sich in einer Reihe von Methodenkonzeptionen verdichteten, die jeweils auch neue Bezugswissenschaften mit sich brachten (Soziologie, Psychologie, Pädagogik und jüngst die Neurowissenschaften), wobei die Begriffe Ansatz und →**Methode** teilweise synonym, teilweise unterschiedlich verwendet werden. Am einflussreichsten auf die Gegenwart war das seit den 1970er Jahren im angelsächsischen und deutschsprachigen Raum unterschiedlich interpretierte und durch den Europarat nachhaltig beförderte Konzept des →**kommunikativen Fremdsprachenunterrichts**, das einen pragmatischen Sprachhandlungsbezug in den Mittelpunkt stellt. Hinzu kamen zu allen Zeiten immer wieder „Designer-Methoden" (Nunan nach Brown 2007: 25), die sog. →**alternativen Methoden**.

3. Felder, Standards und Prinzipien
Etwa seit Beginn der 1990er Jahre („Post-Methoden-Ära", Brown 2007: 40) ist als Folge einer immer differenzierteren Forschung gleichzeitig in Pädagogik, Psychologie, →**Spracherwerbsforschung** und **F.** das Ende der „großen Hypothesen", der Makro-Konzepte zu beobachten. Die großen Methodenkonzeptionen können die vielfältigen Ansätze aus Forschung und Unterrichtspraxis nicht mehr integrieren. Gegenwärtig kann daher nicht von einer einzelnen dominierenden Methodenkonzeption, sondern von vier **F.**-Standards (kompetenzorientiert, mehrsprachig und interkulturell-sensibel, lernprozessorientiert und forschungsbasiert) ausgegangen werden, die sich in vier Feldern manifestieren: dem (aus Lernersicht) bedeutungsvollen →**Input** (inhaltsorientierter Arbeit an Texten und Themen), sprachstrukturbezogener Arbeit (→**Fokus auf Form**), aktivem Sprachhandeln der Lernenden (→**Handlungsorientierung**) und der Automatisierung sprachlichen Outputs (→**Output-Hypothese**). Auf dieser Grundlage ist vor allem von den folgenden Grundprinzipien der **F.** auszugehen, aus denen jeweils Unterrichtsszenarien, Übungs- und Aufgabenformen abzuleiten sind: Inhaltsorientierung, Aufgabenorientierung, Evaluationsbezug, lernerorientiert-flexibler Medieneinsatz, Differenzierung und Individualisierung, interaktiv-kooperative Arbeitsformen.

Brown, D. (2007), *Teaching by Principles – An Interactive Approach to Language Pedagogy*, New York. – Huneke, H.-W./Steinig, W. (2005), *Deutsch als Fremdsprache. Eine Einführung*, 4. Aufl., Berlin. – Piepho, H.-E. (1974), *Kommunikative Kompetenz als übergeordnetes Lernziel im Englischunterricht*, Dornburg-Frickhofen.

Hermann Funk

Fremdsprachenpolitik, die: s. Sprachenpolitik

Fremdsprachenwachstum, das: Der Ansatz des **F.** beschreibt ein Bündel an didaktischen Prinzipien, die sich vom klassischen →**kommunikativen Fremdsprachenunterricht** abgrenzen. Er beruft sich in seinen spracherwerbsbezogenen Grundlagen auf die Theorie der →**Universalgrammatik** (speziell die →**Government and Binding Theorie**) Chomskys und das darauf aufbauende Erwerbsmodell.

Zwei wesentliche Elemente des **F.** sind die Unterscheidung in Aktivitäten, die sich auf das Verstehen beziehen (Authentisches Hören und Lesen) und solche, welche die sprachliche Form im Zentrum der Aufmerksamkeit haben (analytisches Lesen und Hören). Zentral sind die Verwendung von authentischen Texten und ein nicht durch Leitfragen und andere Überprüfungsaufgaben gesteuerter Zugang zum Verstehen. Im Bereich der produktiven Fertigkeiten bietet das **F.** eine Trennung in freie und gelenkte Aktivitäten an. Hier ist vor allem die Gesprächskonstruktion zu nennen, bei der Lernende einen vorgegebenen Dialog gemeinsam mit dem Lehrenden rekonstruieren und so das im konkreten Fall notwendige strukturelle und bedeutungsrelevante Wissen aktivieren. Die Verwendung von authentischen Texten dient als wesentlicher Input für den Spracherwerb und das damit verbundene Neusetzen von →**Parametern**.

Buttaroni, S. (1997), *Fremdsprachenwachstum. Sprachenpsychologischer Hintergrund und didaktische Anleitungen*, München.

Thomas Fritz

Frequenz, die: 1. einer der wichtigsten Einflussfaktoren im →**Spracherwerb**; insbesondere korrelieren Übungs-**F.** und Lernerfolg sowie **F.** der Begegnung mit Sprachereignissen auf allen →**Fertigkeitsebenen** und Behaltensleistungen sowie Erwerbstempo. **2.** zentraler Untersuchungsgegenstand der →**Sprachstatistik**; **F.**-Wörterbücher erfassen die häufigsten Wörter einer Sprache; die 2.000 frequentesten Wörter zählen dabei oft zum Grundwortschatz (A1–B1), die auf den Plätzen 2.000 bis 4.000/5.000 zum Aufbauwortschatz (B2). Nach neueren Untersuchungen müssen ca. 95% der Tokens (→**Typ-Token-Relation**) eines Textes verstanden werden, damit der Sinn eines Textes zutreffend erfasst werden kann. Dafür wird ein Mindestwortschatz von ca. 5.000 Wörtern benötigt. **F.** im Sinne von Auftretenshäufigkeit beeinflusst den Spracherwerb.

Erwin Tschirner

Frikativ, der: Syn. Reibelaut, Engelaut, Spirant; →**Konsonant** mit Artikulationsmodus **F.** (→**Artikulation**), der mit spezifischem Friktionsgeräusch (bzw. Reibegeräusch) gebildet wird. Das Reibegeräusch entsteht aufgrund der Ausatmungsluft, die eine an verschiedenen Artikulationsstellen gebildete Enge passiert. Das Geräusch kann kräftig (Fortis-**F.**, z.B. [f], →**fortis**) oder schwach sein (Lenis-**F.**, z.B. [v], →**lenis**). Das Deutsche hat fünf Paar **F.**: [f v], [s z], [ʃ ʒ], [ç j], [x ʁ]. Lenis-**F.** treten →**stimmhaft:** *ein <u>W</u>ort* [v] und →**stimmlos:** *das <u>W</u>ort* [v̥] auf (→**Stimmlosigkeitsassimilation**). **F.** sind in ihrer Dauer variabel, wobei dies kein →**distinktives Merkmal** ist.

Kerstin Reinke

Frühbeginn, der/frühes Fremdsprachenlernen, das: ist in Deutschland zumeist mit dem Fremdsprachenunterricht in der Grundschule (enge Definition) assoziiert. Eine weite Definition schließt auch vorschulische Lernangebote mit ein. Zumeist abgegrenzt vom **F.** werden der frühe ungesteuerte Erwerb einer Zweitsprache, die sprachliche Frühförderung von Kindern mit Migrationshintergrund, der frühe herkunftssprachliche sowie auch der frühe bilinguale bzw. immersive Unterricht. Der **F.** in der Grundschule setzt in Deutschland entweder in der 1. oder in der 3. Klasse ein. Zielsprache ist im Regelfall Englisch mit einem zumeist geringen Stundenumfang von 1–2 Stunden pro Woche. Intensivere sowie (teil-)immersive Programme sind noch selten. Ein organisatorisches wie methodisch-didaktisches Problem stellt derzeit noch der Übergang von der Primarstufe zur Sekundarstufe dar, ebenso eine die Spezifika von **F.** fokussierende Lehreraus-, -weiter- und -fortbildung. Das →**Begegnungssprachenkonzept**, das den interaktiven gegenseitigen Erwerb kontaktierender Muttersprachen in lebensweltlichen Kontexten verfolgte, ist im Zuge der bildungspolitischen Favorisierung von **F.** mit Zielsprache Englisch weitgehend durch einen kompetenzorientierten Unterricht mit systematischer sprachlicher Progression ersetzt worden. Als relativ gesichert kann gelten, dass **F.** der primären Sprach- und Intelligenzentwicklung der Schüler nicht schadet. Positive Lerneffekte lassen sich aber bei einem **F.** mit geringer Kontaktstundenzahl nur bedingt nachweisen. Für **F.** bezogen auf DaF im Ausland setzt sich u.a. das →**Goethe-Institut** besonders ein, u.a. über pädagogische Verbindungsarbeit, Lehrmaterialentwicklung, die Zeitschrift *Primar*, ein umfangreiches Online-Angebot sowie durch Lehrerfortbildungsangebote.

Kierepka, A./Krüger, R./Mertens, J./Reinfried, M., Hrsg. (2004), *Frühes Fremdsprachenlernen im Blickpunkt. Status quo und Perspektiven*, Tübingen. – Schlak, T. (2006), „Der Frühbeginn Englisch aus psycholinguistischer Perspektive – Revisited", in: *Fremdsprachen und Hochschule*, Nr. 78, 7–25.

Torsten Schlak

Fugen-s-, das: →**Morphem**, das bei einem →**Kompositum** zwischen den beiden Konstituenten auftritt wie in *Liebe -s- brief*. Das Auftreten des **F.-s-** hängt nur von der ersten Konstituente ab: Das **F.-s-** tritt grundsätzlich nur nach →**Substantiven** auf, dabei regelhaft u.a. nach →**Suffixbildungen** auf *-ung, -heit, -keit, -ion, -ität* (*Heizung-s-bau, Krankheit-s-verlauf, Heiterkeit-s-ausbruch, Station-s-schwester, Universität-s-angehöriger*); daneben auch bei manchen Simplizia wie *Liebe, Arbeit* (*Arbeit-s-zeugnis*). Das **F.-s-** hat keine Bedeutung. Andere Fugenelemente (auch: Fugenzeichen) sind *-n-, -en-, -er-, -e-, -es-* und *-(e)ns-* (*Kirche-<u>n</u>-musik, Held-*

en-tat, Kleid-er-bügel, Kleb-e-band, Land-es-bischof, Glaube-ns-bekenntnis). In Österreich steht das **F.-s-** nach *g, k, ch* sowie in spez. Zusammensetzungen (→**Österr. Deutsch**).

Maria Thurmair

Fügewort, das: gelegentlich, u.a. in Schulbüchern und in manchen Grammatiken (z.B. Helbig/Buscha, 401) verwendete Sammelbezeichnung für die Wortarten →**Präposition** (*in, während* etc.) und →**Konjunktion** (z.B. *und, aber, weil, dass* usf.); der Begriff fokussiert dabei ausschließlich die den beiden Wortarten gemeinsam zukommende Eigenschaft, Sätze bzw. Satzteile zu verbinden (gilt so prinzipiell für Konjunktionen und fallbezogen für Präpositionen). Insofern weitere Eigenschaften der genannten Wortarten, darunter auch solche, die gewichtige Unterschiede in ihren jeweiligen Eigenschaften und Funktionen begründen, mit dem Begriff „Fügewort" nicht erfasst sind, ist der terminologische und klassifikatorische Nutzen des Terminus aus linguistischer, aber auch fremdsprachendidaktischer Sicht als eher begrenzt einzustufen.

Helbig, G./Buscha, J. (1991; 1996), 17. Aufl., *Deutsche Grammatik. Ein Handbuch für den Ausländerunterricht*, Leipzig u.a.

Hans Barkowski

funktionale Grammatik, die: betont den Zusammenhang von Form und Funktion in der Grammatik; **f.G.** führen formalsyntaktische Strukturen auf kommunikative und kognitive, pragmatische und semantische Bedingungen zurück, einschließlich solcher der →**Sprachverarbeitung** und des →**Sprachwandels.** Traditionelle Grammatiken sind, wie die moderne →**generative Transformationsgrammatik,** meist autonom konzipiert. Sie teilen mit, wie Sätze in einer Sprache grammatisch richtig gebildet werden. **F.G.** sind Entwicklungen, die aus einer logisch-philosophischen (K.F. Becker) oder einer psychologischen Tradition (H. Paul) kommen oder beiden Traditionen verbunden sind (W. Wundt, K. Bühler). Heutige **f.G.** können ebenfalls eher kognitiv orientiert sein (z.B. Cognitive Grammar) oder eher kommunikativ. Letztere arbeiten mit Begriffen wie →**Thema** und Rhema als zentrale Kategorien, die schon bei H. Paul vorgeprägt waren. Die meisten heutigen Grammatiktheorien sind in einem weiten Sinne funktional. Sie nennen sich **f.G.**, Universal Grammar, Cognitive Grammar, →**Konstruktionsgrammatik,** Feldergrammatik (Theorie der funktional-semantischen Felder). Eisenberg (1998; 1999) und Zifonun/Hoffmann/Strecker (1997) betrachten ihre Grammatiken als **f.G.** Eine vergleichsweise frühe Konzeption einer **f.G.** für DaF/DaZ-Belange stellt die →**kommunikative Grammatik** (KG) dar (vgl. Barkowski 1986) sowie →**Feldergrammatik.**

Barkowski, H. (1986), *Kommunikative Grammatik und Deutschlernen mit ausländischen Arbeitern. Ein Modell*, Mainz. – Buscha, J. u.a. (1998), *Grammatik in Feldern. Ein Lehr- und Übungsbuch für Fortgeschrittene*, Ismaning. – Eisenberg, P. (1998; 1999), *Grundriß der deutschen Grammatik*, Bd. 1, Das Wort, Bd. 2, Der Satz, Stuttgart. – Givón, T. (1979), *On Understanding Grammar*, New York u.a. – Welke, K. (2002), *Deutsche Syntax – funktional. Perspektiviertheit syntaktischer Strukturen*, Tübingen. – Zifonun, G./Hoffmann, L./Strecker, B. (1997), *Grammatik der deutschen Sprache*, 3 Bde., Berlin/New York.

Klaus Welke

funktionale Satzperspektive, die: s. funktionale **Grammatik,** s. **Thema-Rhema-Gliederung**

Funktionsverb/Funktionsverbgefüge (FVG), das: auch: Streckverb, Streckverbgefüge. **FVG** werden gebildet aus Verb + →**Direktivum**, Verb + Akkusativobjekt oder Verb + statischer →**Lokalbestimmung**, z.B.: *ein Buch zur Verfügung stellen, Hilfe leisten, etwas in Schwung halten*. Charakteristisch für **FVG** ist, dass das Verb mit einer ursprünglichen →**Ergänzung** zu einem komplexen →**Prädikat** zusammenwächst, vergleichbar einer analytischen Verbform. Das Verb verliert dabei teilweise seine ursprüngliche lexikalische Bedeutung und wird zu einem Hilfsverb. Die Ergänzungen übernehmen die eigentliche Prädikatrolle. Das ist möglich, weil es sich typischerweise um Substantive handelt, die von Verben abgeleitet sind und deren Valenz erben (→**Valenzvererbung**). In Konsequenz daraus bilden **FVG** eine Gruppe sui generis unter den verbalen Valenzträgern.

Welke, K. (2007), *Einführung in die Satzanalyse. Die Bestimmung der Satzglieder im Deutschen*, Berlin. – Kamber, A. (2008), *Funktionsverbgefüge – empirisch. Eine korpusbasierte Untersuchung zu den nominalen Prädikaten des Deutschen*, Tübingen.

Klaus Welke

Funktionswort, das: auch: →**Synsemantikon**, Hilfswort, zusammenfassender Terminus für Klassen von Wörtern (→**Wortart**), die nicht Vollwörter (Verben, Substantive, Adjektive, Adverbien) sind.

Klaus Welke

Futur, das: zukünftige Zeit (Lat.). **F.** I und **F.** II sind zwei Tempora (Zeitformen). **F.** I wird mit *werden* + Infinitiv des Verbs, **F.** II mit *werden* + Partizip II + *haben/sein* gebildet.

F. I wird sowohl zum Ausdruck zukünftigen Geschehens (*Er wird die Arbeit beenden*) wie – immer häufiger – als Ausdruck der →**Modalität** (Erwartung, Sicherheit, Möglichkeit, auch Drohung) gebraucht, häufig bestärkt durch adverbiale Strukturen: *Morgen/sicher/wahrscheinlich wird er die Arbeit beenden.* Die zeitliche Funktion wird oft, zumal in der gesprochenen Sprache, durch die Präsensform plus Temporaladverb ausgedrückt: *Morgen beendet er die Arbeit.* Das **F.** II repräsentiert fast ausschließlich modale Kategorien (Vermutung, Hoffnung usw.) Auch hier verstärken häufig adverbiale Angaben die jeweilige Aussage: *Der Mann wird das sicher erledigt haben.* (Erwartung). Das **F.** II steht hier in enger Verbindung mit dem Perfekt, das freilich die Wahrscheinlichkeit der Aussage erhöht: *Der Mann hat das sicher erledigt.* (fester Glaube).

Lutz Götze

Fuzzylogik, die: Terminus für Beziehungssysteme, die im Ggs. zur klassischen Logik nicht auf klaren Gleichheits- bzw. Unterschiedsfeststellungen auf der Basis eindeutiger Kategorisierungen und Merkmale wie +/– *Merkmal X; B folgt aus A* etc. beruhen, sondern Gruppierungen auf der Basis anderer Relationen zulassen wie z.B. Ähnlichkeit, Funktion, Kollokation („gemeinsames Auftreten"), Häufigkeit, semantischer Vernetzung u.a.m. Relationen im Sinne von **F.** sind u.a. für das Verständnis von Lernvorgängen und die Anlage von Gedächtnissen bedeutsam (s. dazu ggf. auch →**Familienähnlichkeit**; →**Konnektionismus**).

Hans Barkowski

G

GAL: s. **Gesellschaft für Angewandte Linguistik**

Gallizismus, der: →**Entlehnung** aus dem Französischen. Bezieht sich nicht nur auf ganze Lexeme (z.B. *Abenteuer* von frz. *aventure*), sondern auch auf einzelne Wortbildungsmorpheme wie *-ei* aus afrz. *-ie.* Bereits im Mittelalter kam es zu einer ersten, Mitte des 17. bis ins 18. Jh. zur zweiten Entlehnungswelle aus dem Französischen, besonders durch politische und gesellschaftliche Umstände dieser Zeit, die das Deutsche beeinflussten. Vor allem Begriffe aus Mode, Militär und Esskultur gelangten in den deutschen Sprachwortschatz (z.B. *das Portemonnaie*). Als **G.** werden aber auch Nachbildungen einer syntaktischen oder idiomatischen Eigenheit der französischen Sprache bezeichnet, z.B. *das Bett hüten* von *garder le lit* oder *den Hof machen* von *faire la cour.*

Polenz, P. v. (2000), *Deutsche Sprachgeschichte vom Mittelalter bis zur Gegenwart,* Bd. 1, Berlin/New York. – Telling, R. (1987), *Französisch im deutschen Wortschatz,* Berlin.

Mandy Höhle

ganzheitlich/Ganzheitlichkeit, die: s. **Holismus**

Ganzheitsmethode, die: Die **G.** zielt auf zweitsprachliche Kompetenz in Alltag, Schule, Arbeit und Familie, geht Zweitsprachen-Unterricht fächerübergreifend an und orientiert sich an den miteinander verbundenen allgemeinen →**Lernzielen** Handlungs-, Kommunikations- und Reflexionsfähigkeit. Bildungstheoretisch werden die Methode Paulo Freire, Gruppen-, →**Freinet**- und Projektpädagogik, Offener Unterricht, →**Projektunterricht**, Tätigkeitstheorie und Erkenntnisse der →**Gehirnforschung** maßgeblich in den Fachdiskurs sowie in Vorschläge zu methodisch-didaktischen Umsetzungen einbezogen. Der in Freiburg entwickelte sog. „didaktische Baukasten" (auch „Freiburger Modell") empfiehlt dazu beispielhaft ein variierbares Vorgehen in den Schritten:

– Initialimpuls: Kommunikationssituationen in Bildern (z.B. *Beim Arzt*),
– Erfahrungsäußerungen (spontan und rudimentär, u.a. zu diagnostischen Zwecken),
– →**Rollenspiel** (Lehrkraft – Lernende; Lernende – Lernende),
– angeleitete Textproduktion (Tafelanschrieb: Überschrift und wenige Sätze),
– „grammatische Schleife" (Besprechung/Vermittlung grammatischer Phänomene wie z.B. der Bildung von Präpositionalausdrücken oder substantivischer Komposita)
– „interkulturelle Schleife" (z.B. Umgang mit Krankheit im Kulturvergleich),
– ggf. „berufliche Schleife" (z.B. Tätigkeiten von Arzt-/Zahnarzthelferin),
– individuelle und Gruppenaktivitäten,
– Reflexion der Unterrichtseinheiten, inkl. →**Feedback** der Lernenden.

Schmitt, G. (2001), „Der Faktor „Lehren" im Bedingungsgefüge des Deutsch als Zweitsprache-Unterrichts.", in: Helbig u.a. (Hrsg.), *Deutsch als Fremdsprache. Ein internationales Handbuch*, Berlin/New York, 785–796.

Guido Schmitt

Gastarbeiterdeutsch, das: im Folgenden **GAD**; frühe, schon bei Einführung umstrittene Bezeichnung für Varietäten des Deutschen, wie sie von den sog. Gastarbeitern (vgl. →**Arbeitsmigration**) gesprochen wurden und von denen in einer ersten Phase empirisch basierter Untersuchungen zunächst vermutet wurde, es handle sich aus linguistischer Sicht um eine Variante des Pidgin-Typs (→**Pidginsprache**); das sog. **GAD** wurde erstmals von Clyne (1968), dann in ersten umfassenderen Querschnittstudien durch HPD (= Heidelberger Forschungsprojekt Pidgin-Deutsch) und →**ZISA** (= Wuppertaler Forschungsprojekt zum Zweitspracherwerb italienischer und spanischer Gastarbeiter; vgl. Clahsen u.a. 1983) untersucht. Als Hauptmerkmale des **GAD** wurden in diesen Untersuchungen – wie später in vielen weiteren – das Fehlen von Flexionsendungen, des definiten und indefiniten Artikels sowie von Präpositionen, Pronomina, Konjunktionen und Kopula identifiziert – Merkmale, die auch kennzeichnend für →**Fossilierungen** sind (zu weiteren Aspekten vgl. →**Zweitspracherwerbstheorie**; →**Deutsch als Zweitsprache**).

Clahsen, H./Meisel, J.M./Pienemann, M. (1983), *Deutsch als Zweitsprache. Der Spracherwerb ausländischer Arbeiter*, Tübingen. – Clyne, M.G. (1968), „Zum Pidgin-Deutsch der Gastarbeiter", in: *Zeitschrift für Mundartforschung*, 35, 130–139. – Heidelberger Projekt „Pidgin-Deutsch" (1975), *Sprache und Kommunikation ausländischer Arbeiter*, Kronberg/Ts. – Keim, I. (1978), *Gastarbeiterdeutsch. Untersuchungen zum sprachlichen Verhalten türkischer Gastarbeiter*, Tübingen.

Evelyn Röttger

GDS: s. Großes Deutsches Sprachdiplom

Gebärdensprache, die: Oberbegriff für eine visuell-gestische Sprachfamilie. Weltweit gibt es zahlreiche verschiedene **G.** (Gesamtzahl unbekannt), deren Grammatiken und Modalität sich von Lautsprachen unterscheiden. Nationale **G.** sind in vielen Ländern rechtlich als Minderheitensprachen und/oder Bildungssprachen anerkannt. Verwandtschaften zwischen **G.** entsprechen nicht jenen der Staatssprachen (Bsp. Verschiedenheit von britischer, amerikanischer und australischer **G.**). Die Grammatik von **G.** ist u.a. geprägt von der Verwendung des Raumes (3D) und Simultanität und beinhaltet manuelle und nonmanuelle Komponenten. Die Erwerbsmuster von **G.** sind regelhaft und ähneln im Verlauf denen von Lautsprachen, die Verarbeitung findet vorrangig linkshemisphärisch statt. Die moderne Erforschung der **G.** begann ca. 1960 und ist vielerorts noch immer unterrepräsentiert/in Entwicklung. Grammatiken und Lexika sind in vielen Ländern erst im Entstehen, daher gibt es oft wenig Unterrichtsmaterial für das Erlernen und den Unterricht. Ursprung der **G.** sind Gehörlosengemeinschaften und nationale/internationale Gehörlosenkulturen. Hauptverwender sind gehörlose/hörbehinderte Menschen, für die **G.** barrierefrei erwerbbare Sprachen sind. Lautsprachen sind oftmals Zweitsprachen, die bewusst erlernt werden müssen.

Boyes Braem, P. ([3]1995), *Einführung in die Gebärdensprache und ihre Erforschung*, Hamburg. – Marschark, M./Spencer, P.E., Hrsg. (2003), *Oxford Handbook of Deaf Studies, Language, and Education*, Oxford.

Verena Krausneker/Katharina Schalber

Gehirnforschung, die: Teilgebiet der Neurowissenschaften; beschäftigt sich mit der Frage nach Aufbau und Funktionsweise von Gehirnen, insbesondere vom menschlichen Gehirn und zählt zu den Grundlagenwissenschaften der mit dem Erwerb und der Vermittlung von Sprachen befassten Wissenschaften.

1. Forschungsfragen und methodologische Zugänge

Im Fachkontext DaF/DaZ interessiert v.a., mittels **G.** Antworten darauf zu erhalten, a) welche mentalen Prozesse der →**Sprachverarbeitung** (Sprachrezeption und -produktion) zugrunde liegen, b) ob und ggf. in welchen Hinsichten sich entsprechende Prozesse hinsichtlich Erstspracherwerb (L1), →**Fremd-** bzw. →**Zweitspracherwerb** (L2) unterscheiden und c) welche Konsequenzen dies für das Lernen und Lehren von Fremdsprachen hat. Auf linguistischer Ebene liegt ein Schwerpunkt des Interesses auf Untersuchungen zur Verarbeitung lexikalisch-semantischer und grammatikalischer Informationen. Dazu kommen v.a. solche Methoden der **G.** zum Einsatz, die Sprachverarbeitungsprozesse – wie vermittelt auch immer – in actu abbilden, wie z.B. →**EEG** und →**MRT** (für eine Einführung vgl. z.B. Kischka u.a. 1997).

2. Grammatik und Lexik im Kopf des Fremdsprachenlerners – zur Forschungslage
Bisherige Untersuchungen legen nahe, dass bei der Sprachverarbeitung von komplexen Vernetzungen bei Beteiligung unterschiedlicher Gehirnareale auszugehen ist und dabei semantische und affektive Konnotationen eine prominente Rolle spielen; weiterhin besteht starke Evidenz für die Annahme, dass Ort und Art der Sprachverarbeitung vom Grad der Automatisierung sprachlicher Strukturen abhängig sind. Dabei spielen zwar die als Sprachzentren angesehenen Großhirnareale →**Brocasches Zentrum** und →**Wernickesches Feld** eine Schlüsselrolle, fungieren jedoch nicht als allein zuständige Arbeits- und Gedächtniseinheiten im Sinne eines Produktions- und Grammatikmoduls (Broca) und Rezeptions- und Semantikmoduls (Wernicke). Weiterhin zeichnen sich folgende Befunde als richtungweisend ab: Sprachverarbeitungsprozesse in der L2 gleichen mit fortgeschrittenem Lernprozess zunehmend denen in der L1; Handlungsorientierung, intrinsische Motivation, allmähliche Automatisierung sprachlicher Strukturen sowie eine an den erreichten Kenntnisstand des Lerners anknüpfende und altersspezifische Darbietung des Lernstoffes unterstützen den Erwerb einer L2 signifikant. Viele Prinzipien der kognitiv-konstruktivistischen Fremdsprachendidaktik scheinen somit mit Erkenntnissen der **G.** zu korrelieren (vgl. Zippel 2009; dort auch zahlreiche weiterführende Lit.; einige vorsichtige Überlegungen bezügl. methodisch-didaktischer Ableitungen finden sich in Barkowski 2005).

Barkowski, H. (2005), „Processability – Words & Rules – Konnektionismus: Drei Modellierungen der Sprachverarbeitung und ihre Bedeutung für das Lernen und Lehren von Fremdsprachen“, in: *Theorie und Praxis. Österreichische Beiträge zu Deutsch als Fremdsprache, Bd. 9*, Innsbruck u.a., 27–42. – Kischka, U./Wallesch, C.-W./Wolf, G., Hrsg. (1997), *Methoden der Hirnforschung. Eine Einführung.* Heidelberg/Berlin. – List, G. (2006), „Gehirnforschung und Fremdsprachenunterricht: Was wäre dem Gehirn denn fremd?“, in: Barkowski, H. et al. (Hrsg.), *Materialien Deutsch als Fremdsprache. Bd. 76: „Umbrüche“*, Regensburg, 7–24. – Roth, G. (2002), *„Das verknüpfte Gehirn: Bau und Leistung neurobiologischer Netzwerke.“* Fünfteilige Vortragsreihe im Rahmen der Psychotherapiewochen, Lindau (als DVD erhältlich). – Spitzer, M. (2000), *Geist im Netz. Modelle für Lernen, Denken und Handeln*, Heidelberg/Berlin. – Zippel, W. (2009), *Semantik und Grammatik im Kopf. Ein Forschungsüberblick*, Tübingen.

Hans Barkowski/Wolfgang Zippel

gemäßigte Kleinschreibung: Seit den Reformbemühungen Konrad Dudens (1902) um die →**Rechtschreibung** der deutschen Sprache, zuletzt geändert in der →**Rechtschreibreform** 2005, wird um die Groß- oder Kleinschreibung der Substantive, substantivierten Verben, Adjektive, Artikelwörter und Pronomen gestritten. In den „Wiesbadener Empfehlungen“ des Arbeitskreises für Rechtschreibung vom 15.10.1958 wurde die so genannte **g.K.** empfohlen, derzufolge lediglich alle Satzanfänge, Eigennamen, höfliche Anredepronomen (*Du, Sie, Ihnen*) sowie fachsprachliche Abkürzungen (*DGB, SPD*) mit großen Anfangsbuchstaben geschrieben werden sollten. Damit sollte die Orthographie der deutschen Sprachen an andere Buchstabensprachen (Englisch, Französisch usw.) teilweise angenähert werden. Der Vorschlag wurde später verworfen; die jetzige Regelung beinhaltet im Gegenteil eine Ausweitung der Majuskelschreibung (Großschreibung der Substantive und vergleichbarer Wortarten).

Lutz Götze

Gemeinsamer europäischer Referenzrahmen für Sprachen: s. GeR (Gemeinsamer europäischer Referenzrahmen)

Generalisierbarkeit, die: G. wird wissenschaftlichen Aussagen, insbesondere Untersuchungsergebnissen →**empirischer** Forschung zugesprochen, die für eine anzunehmende Grundgesamtheit verallgemeinerbar sind. Von generalisierbaren Untersuchungsergebnissen können allgemeingültige Erkenntnisse abgeleitet werden. Generalisierbarkeit setzt u.a. →**Repräsentativität** voraus und gestattet die Annahme, dass Aussagen/Befunde auch auf andere →**Stichproben** übertragbar sind. **G.** wird manchmal auch als „externe Validität“ bezeichnet. **G.** setzt voraus, dass die →**Gütekriterien** der →**Reliabilität** und →**Validität** erfüllt sind.

Claudia Riemer

generative Grammatik: s. generative Transformationsgrammatik

generative Transformationsgrammatik: von Noam Chomsky entwickelt als Versuch, eine theoretische Antwort auf die Frage zu geben, wie Sprecher einer Sprache mit einer endlichen Anzahl an Regeln eine unendliche Anzahl an grammatikalischen Sätzen produzieren können. Sie unterscheidet sich von präskriptiven Grammatiken vor allem dadurch, dass sie sich zum Ziel setzt, eine beschränkte Anzahl von Regeln zu entwickeln, die es ermöglicht, eine unendliche Anzahl von Sätzen zu produzieren und zu verstehen.

Ein zentrales Merkmal der **GTG** ist die theoretische Annahme →**idealer Sprecher/Hörer**, welche die Fähigkeit besitzen, grammatikalisch korrekte Sätze der Sprache zu verstehen und zu produzieren. Das Wissen der idealen Sprecher/Hörer über die Regelhaftigkeiten der Sprache ist ein wesentliches Element der **GTG**.

Die **GTG** beschreibt einen dynamischen Prozess, in dem Regeln Sprache generieren, d.h. erzeugen. Ein weiteres wesentliches Merkmal der **GTG** ist die Unterscheidung zwischen →**Kompetenz**, d.h. dem Wissen über die Funktionsweise der Sprache, d.h. der Regeln, und →**Performanz**, d.h. der konkreten Produktion von Sprache in ihrem kommunikativen Kontext. Die **GTG** hat sich in den letzten 50 Jahren ausgehend von Modellen, die einen großen Apparat an Transformationsregeln aufweisen und mit den Konzepten der →**Tiefen-** und →**Oberflächenstruktur** operieren, entwickelt.

In der →**Government and Binding Theorie** werden die einzelnen Transformationsregeln zu Gunsten von allgemeinen Gesetzmäßigkeiten aufgegeben, die an ihrer statt die syntaktische Struktur generieren. Ein solches Gesetz ist die Theta-Theorie (→**Theta-Rolle**), die u.a. Verben die Anzahl der notwendigen Objekte zuschreibt.

In der Minimalistischen Theorie, dem letzten Entwurf Chomskys, werden Konzepte wie Tiefenstruktur und Oberflächenstruktur sowie Transformationsregeln zu Gunsten eines einfacheren Modells aufgegeben, in dem alle wichtigen syntaktischen Informationen im Lexikon enthalten sind. Es wird zum Beispiel ein Verb nicht mehr als Verb (ohne Person und Zeitform) in die Struktur eingesetzt und dann einer Reihe von Transformationen unterzogen, bis es seine syntaktisch entsprechende Form erhält, sondern bereits mit diesen Informationen aus dem Lexikon eingespeist und dann auf seine Richtigkeit überprüft.

Chomsky, N. (1965), *Aspects of the Theory of Syntax*, Cambridge/Massachusetts. – Chomsky, N. (1988), *Lectures on Government and Binding*, Dordrecht. – Chomsky, N. (1994), „A Minimalist Program for Linguistic Theory", in: Hale, K./Keyser, S.J. (Hrsg.), *The View from Building 20. Essays in Linguistics in Honor of Sylvain Bromberger*, Cambridge, 1–52.

Thomas Fritz

Genitivus obiectivus: Objektgenitiv, semantische Funktion eines Attributs im Genitiv, das bei einem deverbalen →**Substantiv** steht und auf das Akkusativobjekt des Verbs zurückgeht, von dem dieses Substantiv abgeleitet ist: *der Bau des Hauses* ← *jemand baut(e)* das Haus, Gegensatz →**Genitivus subiectivus**.

Ballweg, J. (1998), „Eine einheitliche Interpretation des attributiven Genitivs", in: Vuillaume, M. (Hrsg.), *Die Kasus im Deutschen*, Tübingen, 153–166.

Heide Wegener

Genitivus subiectivus: Subjektgenitiv, semantische Funktion eines Attributs im Genitiv, das bei einem deverbalen →**Substantiv** steht und auf das →**Subjekt** des Verbs zurückgeht, von dem dieses Substantiv abgeleitet ist: *der Bau des Architekten Pei – der Architekt Pei baut(e) etwas, die Abfahrt des Zuges – der Zug fährt/fuhr ab*. Gegensatz →**Genitivus obiectivus**.

Ballweg, J. (1998), „Eine einheitliche Interpretation des attributiven Genitivs", in: Vuillaume, M. (Hrsg), *Die Kasus im Deutschen*, Tübingen, 153–166.

Heide Wegener

Genus, das: Pl. Genera, grammatisches Geschlecht. Grammatische Kategorie, die mit dem Substantivparadigma untrennbar verbunden ist und u.a. zur Einteilung des nominalen Wortschatzes in mehrere Klassen dient. Das Deutsche unterscheidet die **G.** Femininum, Maskulinum und Neutrum. Formale Merkmale für das einem →**Nomen** je inhärente **G.** sind →**Suffixe**, im Dt. z.B. die fast eindeutigen Wortbildungssuffixe (z.B. *-heit, -ung* → feminin; *-ling, -er* → maskulin, *-chen, -tum* → neutrum) sowie die Flexionssuffixe an den mit dem Bezugsnomen kongruierenden Wortarten →**Artikel**, →**Adjektiv** und →**Pronomen**. Die syntaktische →**Kongruenz**, Hauptfunktion des **G.**, ermöglicht die →**Nominalklammer**, erleichtert die Sprachverarbeitung (→**Priming-Effekt** des Artikels) und erhöht die Textkohärenz: *<u>das</u> durch einen Elfmeter erzielt<u>e</u> <u>Tor</u>, mit <u>dem</u>* […].

Die Genuszuordnung erfolgt im Dt. primär nach formalen Kriterien wie Wortausgang (*-e* → Fem., Suffixe s.o.), Einsilbigkeit → Mask., nur vereinzelt nach der →**Semantik**, u.a. nach dem Sexus der bezeichneten Lebewesen, hier überlagert durch andere Merkmale wie Kollektiva → Neutrum (*Pferd, Rind*). Differentialgenus tritt nur bei substantivierten Adjektiven auf: *der/die/das Alte*. Fremdwörtern wird das jeweilige **G.**

nach formalen Merkmalen und/oder in Analogie zu semantisch ähnlichen Wörtern zugewiesen. Die ursprüngliche Funktion des idg. **G.**, Nomen konzeptuell nach dem Merkmal [+/– partikularisierend] als Individuativa, Kollektiva, Kontinuativa oder Abstrakta zu kennzeichnen, ist nur noch bei Verbableitungen zu erkennen: *der Lauf, die Lauferei, das Laufen*. Wegen der Menge der Regeln, nach denen **G.** zugewiesen wird, empfiehlt es sich, beim Fremd- und Zweitsprachenerwerb nur solche Regeln zur kognitiven Unterstützung des Lernprozesses zu nutzen, die auf deutliche semantische (z.B. Sexus: *der Fuchs – die Fähe*) oder formale Merkmale zurückgehen wie z.B. *-ung; -heit* (*die Kleidung; die Gesundheit*) usw. und i.Ü. →**Substantive** mitsamt ihrem **G.** zu lernen bzw. zu lehren.

Weber, D. (2001), *Genus*, Frankfurt a.M.

Heide Wegener

Genus verbi: auch: Diathese oder Geschlecht des →**Verbs**; morphologische Kategorie des Verbs, die Unterscheidung zwischen →**Aktiv** und →**Passiv**. Im weiteren Sinne können zu **G.v.** auch andere Konstruktionen mit passiver Bedeutung gezählt werden, z.B. *sich öffnen*.

Marina Matthey

GeR/GeRS (Gemeinsamer europäischer Referenzrahmen für Sprachen): erstveröffentlicht 2001. Der **GeR** hilft Curricula, Lehrwerke und Tests miteinander zu vergleichen. Er versucht relevante fachliche Konzepte in systematischen Zusammenhängen darzustellen. Sprachenpolitisches Ziel ist die Förderung der Mehrsprachigkeit und der individuellen Vielsprachigkeit. Bekanntester Aspekt sind die sechs Referenzniveaus:

A Elementare Sprachverwendung		B Selbstständige Sprachverwendung		C Kompetente Sprachverwendung	
A 1	A 2	B 1	B 2	C 1	C 2
START 1 Fit in Deutsch 1	START 2 Fit in Deutsch 2	Zertifikat Deutsch	Goethe-Zertifikat B2/ TestDaF	Goethe-Zertifikat C1/ TestDaF	KDS/ GDS

Die Niveaus sind als Stufen in Skalen mit →**KANN-Beschreibungen** (vgl. u.a. Schneider/ North 2000) beschrieben, z.B. „Kann Sätze und häufig gebrauchte Ausdrücke verstehen, die mit Bereichen von ganz unmittelbarer Bedeutung zusammenhängen (z.B. Informationen zur Person und zur Familie, Einkaufen, Arbeit, nähere Umgebung)." (entnommen **GeR**, A2). Weitere Skalen zu den sprachlichen Mitteln, die bei der Sprachverwendung benötigt werden (Wortschatz, Grammatik usw.), zu pragmatischen Kompetenzen wie Flexibilität oder Kohärenz sowie zu funktionalen Kompetenzen wie Flüssigkeit, runden die Möglichkeiten zur Beschreibung von Sprachprofilen ab. Die in der →**ALTE** zusammengeschlossenen Testanbieter haben ihre Tests auf den **GeR** „geeicht". Das →**Portfolio** ist ebenso eine direkte Umsetzung der Ideen des **GeR** wie →**Profile deutsch** und das →**DIALANG**-System zur Selbst- und Fremdbeurteilung. Der Europarat hat ein Handbuch entwickelt, das zeigt, wie man Tests auf den **GeR** eichen (kalibrieren) kann. Die Qualität der KANN-Beschreibungen, aber auch Aspekte des Gesamtkonzepts des **GeR** werden im Fachdiskurs z.T. kontrovers diskutiert (vgl. u.a. Quetz 2001, Bausch et al. 2002, Fulcher 2004).

Bausch, K.-R. et al., Hrsg. (2002), *Der Gemeinsame europäische Referenzrahmen*, Tübingen. – Council of Europe, Hrsg. (2001), *A Common European Framework of Reference for Languages: Learning, teaching, assessment*, Strasbourg/ Deutsch: Goethe-Institut et al., Hrsg. (2001), *Gemeinsamer europäischer Referenzrahmen für Sprachen: Lernen, lehren, beurteilen*, München u.a.; Internetadresse: www.goethe.de/referenzrahmen – Fulcher, G. (2004), „Deluded by Artifices?" in: *Language Assessment Quarterly* 1/4, 253–266. – Quetz, J. (2001), „Der Gemeinsame europäische Referenzrahmen", in: *InfoDaF* 28/6, 553–563. – Schneider, G./North, B. (2000), *Fremdsprachen können – was heisst das?*, Zürich.

Jürgen Quetz

Geragogik, die: s. Fremdsprachengeragogik

German Studies: allgemein Germanistik, vor allem im englischsprachigen Ausland; geisteswissenschaftliche Disziplin, die die deutsche Sprache und deutschsprachige Literatur in Vergangenheit und Gegenwart erforscht; seit der „Krise" der Germanistik oft mit neueren Tendenzen sowohl der Auslands- wie Inlandsgermanistik in Verbindung gebracht, die das traditionell philologische Fach multi- und interdisziplinär in Richtung Geschichts-, Kultur-, Wirtschafts- und Sozialwissenschaften mit Blick auf die deutschsprachigen Länder hin öffnen. Zu den wichtigsten Verbänden der **G.S.** gehören die German Studies Association und die →**Gesellschaft für interkulturelle Germanistik** (GiG).

Internetadresse: www.thegsa.org

Erwin Tschirner

Gerundivum, das: s. Verbaladjektiv

Gesamtsprachencurriculum, das: Deutsch als Muttersprache, Unterricht in den Familiensprachen von Migrantenkindern, Fremdsprachenunterricht – die sprachlichen Angebote des Bildungswesens stehen i.d.R. unverbunden nebeneinander.Ein **G.** ist dagegen ein Rahmenplan, der das Sprachunterrichtsangebot bündelt und aufeinander abstimmt. D.h. das **G.** versucht, im Hinblick auf die Sprachentwicklung des Menschen ein Gesamtkonzept sprachlicher Bildung zu erarbeiten, indem geprüft wird, wann ein günstiger Zeitpunkt für die Förderung bestimmter Sprachen ist, wie sich der Unterricht in verschiedenen Sprachen koordinieren, wie sich Synergien nutzen lassen (→**Mehrsprachigkeitsdidaktik**). Hinzu kommt, dass es an den Schnittstellen des Bildungssystems, z.B. den Übergängen vom Kindergarten in die Grundschule, von dort in das Gymnasium, bisher keine Kontinuität gibt und in den weiterführenden Bildungsstufen die bereits mitgebrachten Spracherfahrungen kaum berücksichtigt werden. Für die Forschung impliziert ein **G.** die Notwendigkeit zu untersuchen, wie sich Prozesse des Erlernens der ersten und weiterer Fremdsprachen unterscheiden und evtl. stützen →**Transfer**, →**Tertiärsprachenforschung**).

Für DaF wird ein **G.** aktuell, seit Deutsch immer mehr zur zweiten oder dritten gelernten Fremdsprache wird, hier also Lehrer auf vorhergehenden Sprachlernerfahrungen aufbauen könnten, wenn sie über diese informiert wären. Für DaZ hat sich der Ruf nach einem **G.** entwickelt, weil das Bildungswesen bisher die mitgebrachten Sprachkenntnisse von Migrantenkindern nicht nützt und auch die Sprachförderung in Deutsch nicht mit Sprachanforderungen in anderen Fächern koordiniert ist (→**languages across the curriculum**).

Hufeisen, B./Lutjeharms, M. (2005), *Gesamtsprachencurriculum, Integrierte Sprachendidaktik, Common Curriculum*, Tübingen.

Hans-Jürgen Krumm

Gesamtsprachenkonzept, das: Versuch, die einzelsprachenspezifischen Aspekte des Lernens und Lehrens von Sprachen auf ihre Gemeinsamkeiten und sprachenübergreifenden Prinzipien hin zu untersuchen und als etwas Gesamthaftes zu betrachten. Aus wissenschaftstheoretischer Perspektive können so gemeinsame Forschungsfragen generiert, untersucht und beantwortet werden, aus unterrichtspraktischer Perspektive kann über Synergien und sprachenübergreifende Lehr- und Lernmuster der Einzelsprachenunterricht entschlackt werden, um ihn spezifischer und nachhaltiger zu gestalten. Ein idealtypisches **G.** kann in ein konkretes →**Gesamtsprachencurriculum** umgesetzt werden und umfasst keineswegs nur die klassischen und typischen Fremdsprachen, sondern auch die jeweiligen Erst- bzw. Herkunftssprachen der Lernenden und die jeweiligen Umgebungs-, Verkehrs- und Muttersprache(n), im deutschsprachigen Raum, auch Deutsch als Zweitsprache. Echte curriculare →**Mehrsprachigkeit** entsteht, wenn auch die Sachfächer mit einbezogen werden.

Hufeisen, B./Lutjeharms, M., Hrsg. (2005), *Gesamtsprachencurriculum – Integrierte Sprachendidaktik – Common Curriculum. Theoretische Überlegungen und Beispiele der Umsetzung*, Tübingen.

Britta Hufeisen

Geschichte des Faches Deutsch als Fremdsprache: s. **Deutsch als Fremdsprache, Geschichte des Faches**

Gesellschaft für Angewandte Linguistik (GAL): gegründet 1968. Die **GAL** fördert die →**angewandte Linguistik**, insbesondere den Austausch wissenschaftlicher Erkenntnisse in Deutschland. Sie gibt die Buchreihe forum Angewandte Linguistik (fAL) und die Zeitschrift für Angewandte Linguistik (ZfAL) heraus und führt jährlich eine Tagung durch. Die GAL ist Mitglied der →**Association Internationale de Linguistique Appliquée (AILA)**.

Internetadresse: www.gal-ev.de

Tatjana Atanasoska

Gesellschaft für interkulturelle Germanistik (GiG): internationale wiss. Vereinigung von Hochschul-Germanisten, gegr. 1984 in Karlsruhe zur Erforschung und Vermittlung →**interkultureller Germanistik**, verstanden als kulturwissenschaftlich fundierte Philologie des Deutschen (Fremdkulturwissenschaft). Ziele: Intensivierung wiss. Kontakte zwischen Inlands- und Auslandsgermanistik, Förderung des Interesses an →**Interkulturalität** im Rahmen der muttersprachlichen und fremdsprachigen Germanistik sowie der kulturellen Praxis in Schulen, Universitäten und auswärtiger Kulturarbeit.

Wierlacher, A./Bogner, A., Hrsg. (2003), *Handbuch interkulturelle Germanistik*, Stuttgart.

Ernest W.B. Hess-Lüttich

gesprächsspezifische Formel: komplexes, memorisiertes, automatisiertes und i.d.R. ganzheitlich erworbenes Ausdrucksmittel (z.B. *Was waren das noch?*, [...] *oder wie das heißt.*); eine **g.F.** dient L1- und L2-Sprechern u.a. als Gesprächsstrategie zur Überbrückung von Formulierungsengpässen, sie ermöglicht so eine Fortführung des Sprechvorgangs und schafft Planungszeit für die weitere Rede (vgl. Stein 1997, 47 f.). Der Erwerb einer **g.F.** in L1 und L2 erfolgt meist aus natürlichen Sprachlernvorgängen (Imitation oder Nachahmung). Die semantisch richtige Verwendung der **g.F.** durch Fremdsprachenlerner unterstützt den Eindruck von „sprachlicher Flüssigkeit" und einer native like →**Kompetenz**. Im kindlichen L2-Erwerb wird zudem davon ausgegangen, dass **g.F.** als Formulierungsmuster dienen (vgl. Müller 2000, 148 f.). (s. ggf. auch →**Chunk**; →**formelhafte Sprache**).

Müller, K. (2000), *Lernen im Dialog. Gestaltlinguistische Aspekte des Zweitspracherwerbs*, Tübingen, 148 ff. – Stein, S. (1997), „o leck! Ich wä:ß nimme: wie das heißt". Formulierungsflauten in der Zweitsprache", *Beiträge zur Fremdsprachenvermittlung, Nr. 31*, 33–77.

Christiane Rausch

gesprochene Sprache:
1. Definition
Mündliche →**Kommunikation** (MK) ist menschheitsgeschichtlich die primäre Form der sprachl. Verständigung mit spezifischen Mitteln, Formen und Funktionen: Personen verständigen sich durch Laute und Körperbewegungen (multimodal), um spezifische Ziele zu realisieren, und zwar gemeinsam präsent in einer Situation, sich gegenseitig beeinflussend (interaktiv) und in zeitlicher Abfolge (sequenziell). Um frequente Begegnungssituationen wie z.B. Begrüßung, Hilfsersuchen usw. zu konstituieren, nutzen sie Konventionen und verfestigte Formen entsprechender kommunikativer Gattungen. **G.S.** bezeichnet die verbalsprachlichen Anteile der MK einschließlich aller bedeutungstragenden stimmlichen und prosodischen Erscheinungen. Analyse-Kategorien sind u.a. Laut, Wort, funktionale Einheit, Gesprächsbeitrag und kommunikative Gattung.

2. Abgrenzung
Gegenüber der →**Schriftsprache** weist **g.S.** unterschiedliche Produktions- und Rezeptionsbedingungen sowie Funktionen auf. Dies bedingt vielfältige syntaktische (z.B. Aussage-Referenz-Strukturen), lexikalische (Gesprächs-/Abtönungspartikeln) und pragmatische (Sprecherwechsel) Besonderheiten.

3. Relevanz
G.S. ist v.a. in fremdsprachlichen Allgemeinkursen das unterrichtliche Hauptlernziel. Zu deren Vermittlung wird seit der „Kommunikativen Wende" Anfang der 1970er Jahre (→**Kommunikative Kompetenz**) fachweit der Einsatz authentischer Sprachvorbilder gefordert. Seitdem werden zunehmend auch unbearbeitete Hörtexte aus realer Kommunikation (z.B. Gespräche im Restaurant u.ä.) bzw. medialer Herkunft (Radio, Fernsehen) im Unterricht eingesetzt und die Lernenden werden durch entsprechende Lernformen (z.B. →**Rollenspiele** mit anschließendem Feedback im Unterricht) auf realitätsgerechtes Sprechhandeln vorbereitet (seit kurzem entsteht eine für Analysezwecke wie auch für die Lehrmaterialproduktion geeignete „Datenbank Gesprochenes Deutsch" mit Tonaufnahmen und Transkripten; vgl. IDS Mannheim 2003 f.). Daneben finden sich aber auch weiterhin Lehrwerkdialoge in eher schriftnaher Qualität (vgl. Fiehler 2008) und ein hoher Anteil an Unterrichtskommunikation mit ihren „pädagogisch" motivierten Verformungen. Vor allem Dialoge in Grundstufen-Lehrwerken weisen schriftsprachliche Merkmale wie ganze Sätze oder ana-/kataphorische Redundanzen auf, die kommunikative Interaktivität beschränkt sich häufig auf material- und lehrerinduzierte Sprecherwechsel.

Fiehler, R. (2008), „Gesprochene Sprache – ein „sperriger" Gegenstand", in: Chlosta, C. et al., Hrsg. (2007), *Auf neuen Wegen. Deutsch als Fremdsprache in Forschung und Praxis*, Göttingen, 261–274. – IDS Mannheim (2003 f.) http://agd.ids-mannheim.de/html/index.shtml

Reinhard Fiehler/Bernd Müller-Jacquier

gesteuerter Spracherwerb: im Kontext der Unterscheidung unterschiedlicher Situierungen des Lernens/Erwerbens von Sprachen gebräuchlicher Terminus für einen unterrichtlich bzw. – in erweitertem Sinne – durch explizites Lehrhandeln und/oder einschlägige Lehr- und Lermaterialien systematisch beeinflussten →**Fremdsprachenerwerb.** In Abgrenzung dazu gelten →**Erstspracherwerb** und →**Zweitspracherwerb** als Vertreter →**ungesteuerten Spracherwerbs**. Insofern allerdings argumentiert werden kann, dass Spracherwerbsprozesse durch die Einflüsse der je unterschiedlichen Faktorenkonstellationen und -ausprägungen (etwa sprachlicher Input, Teilhabe an Kommunikation, Akzeptanz im gesellschaftlichen Umfeld etc.) sowie durch die neurophysiologisch determinierten Prozesse der →**Sprachverarbeitung** immer schon in verschiedenen Hinsichten „gesteuert“ verlaufen, ist die definitorische Qualität des Begriffs **g.S.** wie auch die Trennschärfe zwischen **g.S.** und dem dazu komplementären Terminus ‚ungesteuerter Spracherwerb‘ als relativ einzuschätzen. Dies gilt auch für deren Gebrauch in Forschungskontexten zum →**Spracherwerb**, zumal „reine“ Fälle gesteuerten bzw. ungesteuerten Fremdsprachenerwerbs selbst im terminologisch intendierten Sinne empirisch kaum anzutreffen sind. Eine begriffliche Alternative zur Unterscheidung der Situierung von Spracherwerbsprozessen bietet sich mit den Attribuierungen „explizit-intentional gesteuert“ vs. „außerunterrichtlich“, mit denen sich auch „gemischte“ Erwerbsfälle in ihren unterschiedlichen Anteilen erfassen lassen.

Hans Barkowski

Gestik, die: zentrales Element der →**Körpersprache**; Bewegungen der Arme, Hände und Finger zum Zweck der Kommunikation oder als Begleiterscheinung individueller Überlegungen bzw. Zustände. **G.** ist besonders eng mit Sprache verknüpft (Kendon 2004) und tritt in vielfältigen Formen und Funktionen auf.

Man kann sprachbegleitende, sprachersetzende und autonome Gesten unterscheiden.

– Sprachbegleitende Gesten (Illustratoren) illustrieren, modellieren und strukturieren das Gesagte. Hierzu gehören deiktische Gesten (Zeigegesten), ikonische Gesten (zeichnen ein Redeobjekt nach), Kinematographen (zeichnen eine Handlung nach), Taktgebergesten (akzentuieren und strukturieren die Rede), Ideographen (zeichnen den Gedankenfluss nach) und Regulatoren (regulieren den Sprecherwechsel).
– Sprachersetzende Gesten substituieren eine Äußerung, können aber auch sprachbegleitend auftreten. Hierzu zählen lexikalisierte Gesten (z.B. Aneinanderreiben der Fingerspitzen für *Geld*) und Embleme (sprachgleiche Gesten, die einen ganzen Satz darstellen (Bsp. Vogelzeiggeste für *Du bist verrückt*).
– Autonome bzw. eher sprachunabhängige Gesten signalisieren oder verbergen allgemeine Erregung. Hierzu zählen Manipulationen oder Adaptoren (Berührung des eigenen Körpers, des Gesprächpartners oder von Gegenständen).

G. im Allgemeinen, aber besonders lexikalisierte Gesten, Embleme und Adaptoren sind kulturell geprägt und führen oft zu Missverständnissen.

Kendon, A. (2004), *Gesture. Visible Action as Utterance*, Cambridge. – Müller, C. (1998), *Redebegleitende Gesten. Kulturgeschichte – Theorie – Sprachvergleich*, Berlin. – Bebilderte Liste von Gesten: http://de.wikipedia.org/wiki/Liste_der_Gesten

Ruth Eßer

GIG: s. **Gesellschaft für interkulturelle Germanistik**

Gleichsetzungsnominativ, der: auch: →**Prädikatsnominativ**. Als **G.** bezeichnet man den Nominativ, der als Nominativ des Subjektsprädikativs dem Subjektsnominativ gegenübersteht, z.B.: *Emil ist ein Fuchs*.

Klaus Welke

Gleichzeitigkeit, die: Die Tempusformen des Verbs sowie andere sprachliche Mittel (z.B. Adverbien, Konjunktionen) drücken zeitliches Geschehen aus (→**Tempus**). **G.** liegt vor, wenn z.B. in einem Satz →**Aktzeit** und →**Sprechzeit** zusammenliegen (*Er telefoniert* (*gerade*)), bzw. in einem Satzgefüge (Hauptsatz/Nebensatz) das Geschehen des Nebensatzes zeitgleich zum Geschehen des Hauptsatzes verläuft. Dem entsprechen verschiedene →**Subjunktionen** zur Einleitung temporaler Nebensätze: **1.** Dauer eines Geschehens: *während, solange, seit, seitdem: Während Susanne nachts schlief, ging Klaus arbeiten.* **2.** Zeitpunkt eines Geschehens: *wenn, denn, als, da, wenn: Als der Hahn krähte, erwachten Klaus und Susanne.*

Mandy Höhle

Glossar, das: Wörterverzeichnis mit Erläuterungen zur Erschließung bzw. zum besseren Verständnis eines Textes. Glossare finden sich in der Neuzeit oft als Bestandteil editierter Textausgaben, wurden jedoch schon in Antike und Mittelalter angefertigt, um Lesern erklärungsbedürftige Wörter (z.B. Archaismen und Fremdwörter) in wissenschaftlichen und literarischen Texten zu erläutern. Frühmittelalterliche **G.** sind oft einsprachig (lat.-lat.) angelegt. Die zweisprachigen **G.** des MA., in denen lateinische Wörter durch Übersetzungen und Erklärungen in der Volkssprache erläutert wurden, gelten als Vorgänger des zweisprachigen Wörterbuchs. In vergleichbarer Funktion werden viele Fremdsprachen-Lehrwerke mit zusätzlich erwerbbaren **G.** in den Muttersprachen der potenziellen Käufer/Lerner bzw. weit verbreiteten anderen Fremdsprachen angeboten.

Anna Peterwerth

Glottodidaktik, die: 1965 an der Posener Universität als Name für die von L. Zabrocki gegründete Zeitschrift „Glottodidactica. An International Journal of Applied Linguistics" geprägter Ausdruck, der dann zur Bezeichnung einer neuen akademischen Disziplin wurde. In der Lehre steht die professionelle Ausbildung von Fremdsprachenlehrern im Zentrum, in der Wissenschaft geht es um Theorien der Sprachaneignung, das Lehren und Lernen von Fremdsprachen sowie die Erstellung von Mitteln und Methoden des Fremdsprachenunterrichts. Heute wird **G.** an allen polnischen Universitäten als relativ eigenständiges Fach betrieben. **G.** wird in deutschsprachigen Publikationen gelegentlich als Synonym für →**Fremdsprachendidaktik** benutzt.

Pfeiffer, W. (2001), *Nauka języków obcych. Od praktyki do praktyki*, Poznań. – Grucza, F. (2007), *Lingwistyka stosowana. Historia-Zagadnienia-Osiągnięcia*, Warszawa.

Franciszek Grucza/Hans-Jörg Schwenk

Goethe-Institut, das:

1. Aufgaben

Das **G.** ist das →**Kulturinstitut** der Bundesrepublik Deutschland. Seine Ziele sind die Förderung der deutschen Sprache im Ausland, die Pflege der internationalen kulturellen Zusammenarbeit und die Vermittlung eines umfassenden Deutschlandbildes durch Informationen über das kulturelle, gesellschaftliche und politische Leben. Mit einem Netzwerk aus Instituten, Goethe-Zentren, Kulturgesellschaften, Lesesälen und Sprachlernzentren erfüllt das **G.** zentrale Aufgaben der auswärtigen Kultur- und Bildungspolitik. Im Jahr 2008 gibt es 147 **G.** in 83 Ländern. Die Finanzierung des **G.**, das die Rechtsform eines eingetragenen Vereins hat, erfolgt durch Zuwendungen des Auswärtigen Amts und des Bundespresseamts, erhebliche Eigeneinnahmen, private Kulturträger, die Bundesländer, die Kommunen und private Förderer.

2. Geschichte

Das **G.** wurde 1951 gegründet, um ausländische Deutschlehrer in Deutschland fortzubilden. Mit der Institutseröffnung in Athen 1953 begann seine internationale Erweiterung. An den ausländischen Instituten wurden Deutschunterricht, Lehrerfortbildung und Kulturprogramme angeboten. Durch die Angliederung aller bisher im Ausland tätigen deutschen Kulturinstitutionen an das **G.** wurde es 1959–1960 zu einem globalen Institutsnetz ausgebaut. 1976 unterzeichneten das Auswärtige Amt und das **G.** einen Vertrag, in dem der Status des **G.** als unabhängige Kulturinstitution geregelt wird. Nach dem Fall der Mauer weiteten sich seine Aktivitäten in den 1990er Jahren stark nach Osteuropa aus, es kam zu zahlreichen Neugründungen. 2001 fusionierte das **G.** mit Inter Nationes, einem Verein zur Förderung zwischenstaatlicher Beziehungen. Von diesem Zeitpunkt an hieß es bis 2003 Goethe-Institut Inter Nationes.

3. Die Spracharbeit des Goethe-Instituts

Im Studienjahr 2007/2008 lernten 196.888 Personen an **G.** weltweit Deutsch. Das **G.** richtet auf allen Niveaus und für verschiedene Zielgruppen Deutschprüfungen aus, davon berechtigen einige sprachlich zum Zugang zu einem Studium an Hochschulen in Deutschland. Außerdem bietet es weltweit Fortbildungen, Fernkurse und Prüfungen für DaF- und DaZ-Lehrer an. Seit August 2007 ist das **G.** Ausrichter der →**Sprachprüfung** „Start Deutsch 1", die seit der Änderung der dzgl. gesetzlichen Grundlagen in 2007 für einen gesetzlich definierten, eingeschränkten Personenkreis Voraussetzung für den Ehegattennachzug nach Deutschland ist.

Internetadresse: www.goethe.de

Katharina von Ruckteschell

Government and Binding Theorie, die: auch: Rektions- und Bindungstheorie, von Noam Chomsky in „Lectures on Government and Binding" (1988) entwickelt. Die Theorie nimmt die Tatsache einer angeborenen Fähigkeit des Spracherwerbs und das Vorhandensein von Strukturen, die allen Sprachen gemein sind (→**Universalgrammatik**), an.

Das Modell der **GBT** nimmt eine sprachliche Struktur auf vier Ebenen an: Das Lexikon enthält alle spezifischen Merkmale der lexikalischen Elemente. Aus dem Lexikon gespeist werden die einzelnen Elemente in der D-Struktur (Ebene 1) dargestellt, ohne noch miteinander verbunden zu sein. Durch verschiedene Bewegungen werden die Elemente so angeordnet, dass sie miteinander in Phrasen (z.B. Nominal- oder Verbalphrasen) verbunden sind. Die Bewegungsregeln werden in der **GBT** nur ganz allgemein als move – α bezeichnet. Ein Beispiel für eine Bewegungsregel ist das Vorrücken eines Verbs in die CP-Position (→**Complément**) im deutschen Satz. Die Bewegungen sind nicht unbeschränkt, sondern folgen einer Reihe von Einschränkungen, die u.a. die Reichweite der Bewegungen festlegen. So kann ein Verb nur in die nächstliegende CP-Position rücken und nicht in eine beliebige. Das Resultat der Bewegungen ist die so genannte S-Struktur (Ebene 2). Aus dieser wird das sprachliche Material, die phonlogische Form (PF, Ebene 3), also über Laute und Prosodie und über die logische Form(LF, Ebene 3), die Schnittstelle zur Semantik, weiter verarbeitet.

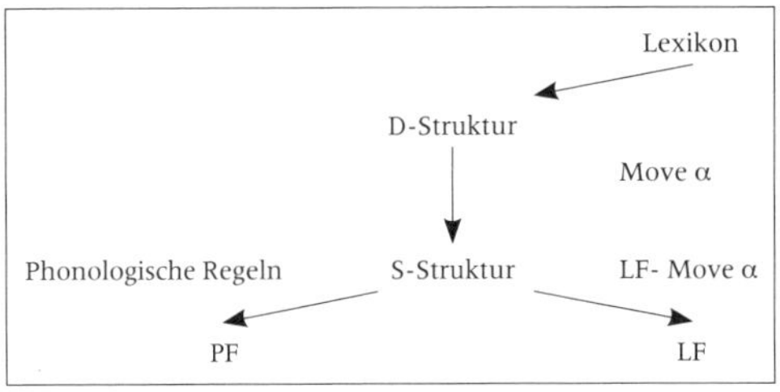

Chomsky, N. (1988), *Lectures on Government and Binding*, Dordrecht.

Thomas Fritz

Gradadjektiv, das: drückt Eigenschaften einer Person oder Sache aus, indem es eine Beziehung zu einem anderen Objekt herstellt (z.B. *Ihre Lippen waren eisblau* = *Ihre Lippen waren blau wie Eis*) oder eine graduelle Abstufung erkennen lässt (z.B. geringer Grad: *Ihr Haar schimmerte rötlich* = *ein wenig rot*). Dabei stellt das **G.** den Sachverhalt differenzierter als die →**Komparation** dar, indem es die Eigenschaften zusätzlich semantisch nuanciert oder emotional wertende Komponenten hinzufügt. **G.** werden mithilfe von Komposition (z.B. *kirschrot*) oder →**Derivation**/→**Präfigierung** (*hypermodern*) und →**Suffigierung** (*kränklich*) gebildet.

Mandy Höhle

Gradation, die/Gradierung, die: G. bedeutet, eine lexikalische Einheit zu einer anderen in Beziehung zu setzen und deren Gehalt gegeneinander abzuwägen. Im Deutschen ist dies mithilfe der →**Komparation** von Adjektiven in Verbindung mit festen Wendungen möglich (z.B. von gleichem Wert mit →**Positiv**: *Klaus ist so groß wie Susi*, von unterschiedlichem Wert mit →**Komparativ**: *Klaus ist größer als Susi*, höchster Wert mit →**Superlativ**: *Klaus ist am größten*). Weiterhin ist es mithilfe von Kompositabildung und Präfix- sowie Suffixderivation bei Adjektiven möglich, gradierende Beziehungen auszudrücken (z.B. Vergleich/gleicher Grad: *pechschwarz* = *so schwarz wie Pech*, hoher Grad: *spiegelglatt* = *sehr glatt*, zu hoher Grad: *hypermodern* = *zu modern*, geringer Grad: *kränklich* = *ein wenig krank*).

Mandy Höhle

Grammatik: Mit **G.** wird in erster Linie die formale Verfasstheit der Sprache(n) selbst bezeichnet. Daneben fungiert der Terminus als Bezeichnung wissenschaftlicher Modelle der Analyse und Beschreibung der formalen Verfasstheit von Sprachen sowie für Nachschlagewerke unterschiedlicher Anliegen (z.B. Grammatiken für bestimmte Schulstufen; Grammatiken für den FSU; Grammatiken als Nachschlagewerke).

1. Grammatik als Eigenschaft von Sprache(n)

Unter der Grammatik einer Sprache werden deren „Mittel der Form" verstanden, als System von Ausdrucksmitteln unterschiedlicher Struktur und Funktion (Laute/Buchstaben und Kombinationen davon; Wörter; Wortverbindungen; Sätze; Satzverbindungen; Texte). Die Mittel der Form dienen dem Zweck, Inhalte unserer Wahrnehmung und unseres Denkens sprachlich zu repräsentieren und auf diese Weise der Kommunikation verfügbar zu machen. Damit gehören die formalen Eigenschaften von Sprachen zu deren konstitutiven Bestandteilen, sind Sprache.

2. Grammatiken als systemische Modelle wissenschaftlicher Sprachbetrachtung

Linguistische Grammatikmodelle untersuchen die Formseite der Sprache(n); sie bestimmen die verschiedenen Mittel kategorial, ordnen sie in Gruppen (z.B. Konsonant-Vokal; Nomen-Verb) und versuchen darüber hinaus das Zusammenwirken der einzelnen Mittel der Form systematisch zu erfassen und in einer kohärenten Aussage über das Gesamtsystem von Sprache als universellem Werkzeug menschlicher Kommunikation bzw. über konkrete Einzelsprachen (für das Deutsche vgl. z.B. die Grammatiken von Eisenberg oder Zifonun u.a.) zusammenzuführen. Die daraus resultierenden Sprachbeschreibungsmodelle unterscheiden sich einerseits in ihren Ansätzen (vgl. z.B. →**Dependenz-** vs. →**Konstituentengrammatik**), aber auch im Grad ihrer Berücksichtigung der Ausdrucksfunktionen sprachlicher Mittel oder der Einbeziehung der Textebene (s. →**Textgrammatik**) oder der Qualität sprachlicher Ereignisse, als soziale Handlungen zu fungieren (→**Pragmatik**).

3. Zur Rezeption und Verwendung linguistischer Sprachbeschreibungsmodelle als Orientierungen für die →**Grammatikvermittlung**

Unabhängig von aspektuellen Bedeutsamkeiten, wie sie im Prinzip für alle wissenschaftlichen Ansätze systematischer Beschreibung des Deutschen zutreffen, werden fachweit dem Valenzansatz (→**Valenz**) sowie der →**Funktionalen Grammatik** besondere Potenziale für die Grammatikvermittlung in FSU-Kontexten zuerkannt; so gilt die Valenz der Verben als mögliches Orientierungssystem für die syntaktische →**Progression**, aber auch für die Vermittlung des Verb-Lexikons, während die Funktionale Grammatik die Entwicklung von Konzepten für →**didaktische Grammatiken** (vgl. dazu u.a. Barkowski 1986; Götze 1999; Freudenberg-Findeisen 1999) sowie die Entwicklung von Lehr-/Lernmaterialien und die Unterrichtspraxis wesentlich beeinflusst hat und beeinflusst.

4. Grammatiken als Nachschlagewerke

Grammatiken im Sinne von Nachschlagewerken richten sich entweder an beliebige Nutzer/Käufer, wie etwa die DUDEN-Grammatik, grammis u.v.a., oder fokussieren ausgewählte Gebrauchskontexte mit einem besonderen Bedarf an einer spezifischen Auswahl oder sprachlichen und/oder didaktischen Aufbereitung des dargebotenen Grammatikstoffes (so etwa diverse Grammatiken für den schulischen Kontext). Einige dieser Angebote verstehen sich ihrem Anspruch nach als systematische Darstellungen der Grammatik des Deutschen für DaF-Erfordernisse (z.B. Helbig/Buscha; Kars/Häußermann). Darüber hinaus gehören kontrastive Grammatiken (für eine Übersicht s. →**Institut für Deutsche Sprache**) zu den grundlegenden Handwerkszeugen einer den Aufbau von →**Sprachaufmerksamkeit** unterstützenden Methodik/Didaktik des FSU. (Vgl. auch →**Grammatikvermittlung**).

Barkowski, H. (²1986), *Kommunikative Grammatik und Deutschlernen mit ausländischen Arbeitern*, Mainz. – Eisenberg, P. (²2004), *Grundriß* (sic) *der deutschen Grammatik. Bd. 1: Das Wort; Bd. 2: Der Satz*, Stuttgart u. Weimar. – Freudenberg-Findeisen, R., Hrsg. (1999), *Ausdrucksgrammatik versus Inhaltsgrammatik. Linguistische und didaktische Aspekte der Grammatik*, München. – Götze, L. (1999), „Eine funktionale Grammatik für Deutsch als Fremdsprache", in: Sibitzki, B./Wotjak, B., *Linguistik und Deutsch als Fremdsprache*, Tübingen, 81–94. – grammis: www.ids-mannheim.de/gra/grammis – Helbig, G./Buscha, J. (1970/1984/1991 ff.), *Deutsche Grammatik. Ein Handbuch für den Ausländerunterricht*, Leipzig u.a. – Kars, J./Häußermann, U. (1997), *Grundgrammatik Deutsch*, Frankfurt a.M. – Sopota, A. (2004), *Universalgrammatik und Fremdsprachenunterricht*, Frankfurt a.M. – Zifonun, G. u.a. (1997), *Grammatik der deutschen Sprache, 3 Bände*, Berlin/New York.

Hans Barkowski

Grammatikalität, die: bezeichnet in der Sprachwissenschaft die grammatikalische Wohlgeformtheit eines Satzes innerhalb des grammatikalischen Systems einer Sprache. **G.** bezieht sich ausschließlich auf die grammatikalische Richtigkeit eines Satzes, nicht auf seine Akzeptabilität, d.h. seine semantische Stichhaltigkeit. Ein Beispiel für diesen Umstand ist der Satz *Nachts ist es kälter als draußen*, der dem Prinzip der **G.** entspricht, nicht jedoch dem der →**Akzeptabilität**. Generative Linguisten bezeichnen **G.** als ein Zeichen für das Vorhandensein von sprachlicher Intuition (das implizite Wissen), die beim Spracherwerb entwickelt wird. Grammaticality Judgement Tests (GJT) sind in der Spracherwerbsforschung ein viel verwendetes Instrument, um das implizite sprachliche Wissen von Lernenden zu testen. Das implizite Wissen stellt ein nicht bewusstes Regelwissen über die Sprache dar, das nicht auf explizitem Wissen über Regeln basiert. Es stellt einen Einblick in die →**Kompetenz** dar. In GJT werden Lernende gebeten, Beispielsätze auf ihre **G.** zu überprüfen. Diese Art von Test schließt jede Interferenz der Produktion (der →**Performanz**) aus. Kritiker der GJT behaupten, dass die Beurteilung von Sätzen nach ihrer **G.** nicht ausschließlich eine Frage der linguistischen Kompetenz darstelle, sondern auch andere allgemeine kognitive Fähigkeiten einschließt.

Thomas Fritz

Grammatikdidaktik: bezeichnet all jene unterrichtsbezogenen Konzepte und Planungen, die die Einsicht der Lernenden in die morpho-syntaktische, lexikalische, semantische und pragmatische Systematik der Sprache zum Ziel haben. Im Kontext des fremdsprachlichen Unterrichts sind die konzeptuellen Grundfragen der **G.** nur in Abhängigkeit zur jeweiligen →**Fremdsprachenmethodik** definierbar: Sie gelten der methodischen Vorgehensweise (z.B. induktiv/deduktiv/individuell/kollektiv), dem Umfang der angestrebten Bewusstmachung (Anteil am Fremdsprachenunterricht insgesamt), dem optimalen Zeitpunkt (Progression), den zu Lernzwecken nützlichen metasprachlichen Begriffen (Terminologie) und den dazu verwendeten Materialien. In der Geschichte der didaktisch-methodischen Ansätze ist dabei sowohl eine Erweiterung des Gegenstandsbereichs der **G.** von der morpho-syntaktischen Orientierung zu interkulturellen und pragmatischen Fragen der Systematik des Gebrauchs zu konstatieren als auch eine Entwicklung von lehrbezogenen (deduktiv, präskriptiv, kollektiv durch Regelvorgaben) zu lernprozessbezogenen Systematisierungen (induktiv, individuell durch Kognitivierungshilfen). Dabei werden linguistische Beschreibungsmodelle lediglich partiell und eklektisch je nach Alter, Vorkenntnis und Systematisierungsbedürfnissen der Lernenden einbezogen.

Düwell, H./Gnutzmann, C./Koenigs, F., Hrsg. (2000), *Dimensionen der didaktischen Grammatik. Festschrift für Günter Zimmermann zum 65. Geburtstag*, Bochum.

Hermann Funk

Grammatikmethodik, die: s. Grammatikvermittlung

Grammatiktheorie, die: Eine Grammatik ist eine Eigenschaft einer Sprache oder eine Beschreibung dieser Eigenschaft. **G.** bietet zu beiden ein theoretisches, die Grundlagen von →**Grammatik** beschreibendes und/oder erklärendes Konstrukt. Grammatik als Beschreibung einer Sprache bezieht sich entweder auf diese Sprache als ganze oder auf die sprachlichen Formen und deren Kombination zu syntaktischen Gebilden. In beiden Hinsichten greift Grammatik auf die frühesten Erkenntnisse in der griechischen Sprachwissenschaft zurück, die die lateinische übernahm. Sie bilden bis heute die Grundlagen westlicher Sprachwissenschaft. Im Mittelpunkt dieser Tradition steht die Lehre von den *partes orationis* („Redeteile" oder „Wortarten"), deren Achtzahl lange eine kanonische Geltung hatte. Die Verankerung in der mittelalterlichen Universitätsausbildung als erstem Teil des „Triviums" verlieh dieser **G.** (1) eine große Festigkeit und Verbreitung, die die theoretischen Unausgewogenheiten und Brüche zwischen ihren einzelnen Teilen (ontologisch, topologisch, funktional) bis heute überdecken. Dieser Lehre liegen Sprachen des flektierenden Sprachtypus, also Sprachen mit einer reichen Morphologie (Griechisch, Lateinisch im indogermanischen Sprachtypus) zu Grunde. Die Anwendung der so gewonnenen Kategorien auf Sprachen aus anderen Sprachtypen erweist sich als problematisch (agglutinierende Sprachen, z.B. Türkisch, Ungarisch) bis unmöglich (isolierende, z.B. Chinesisch, und polysynthetische, z.B. Inuktitut).

Die verschärften methodologischen Anforderungen an Wissenschaften im 20. Jh. führen zu einer **G.** (2), wie sie insbesondere von der →**Generativen Transformationsgrammatik** (Chomsky) bzw. Teilen der Kognitiven Grammatik (Langacker, Givón) angestrebt wird. Zwischenzeitliche Versuche zu logisch basierten **G.** (z.B. Montague, Cresswell) wurden in jüngerer Zeit stärker in die Semantik überführt. – **G.** (1) und **G.** (2) weisen bis heute ein weitgehend ungeklärtes Verhältnis zu den als selbstverständlich unterstellten überkommenen Kategorien ihrer Entstehung in der griechischen Grammatikschreibung auf. Insbesondere das Verhältnis von Form und Funktion bedarf weiterer Klärung. Die mit von Humboldt begonnenen grammatiktheoretischen Ansätze, die nur sporadisch aufgenommen wurden (amerikanische Ethnolinguistik, Sprachinhaltsforschung), sind hierfür ebenso von Bedeutung wie eine systematisch-theoretische Rekonstruktion der Grammatik als sprachliche Handlungsressource (funktional-pragmatische Grammatik).

Redder, A./Rehbein, J., Hrsg. (1998), *Grammatik und mentale Prozesse*, Tübingen.

Konrad Ehlich

Grammatik-Übersetzungsmethode (GÜM), die: in Europa im 19. Jh. für den neusprachlichen Unterricht an Gymnasien nach dem Vorbild des Griechisch- und Lateinunterrichts entwickelte Methode. Sprachenlernen dient der geistig-formalen Schulung des Menschen, der Erziehung zu ordnendem Denken und der Formung seiner Persönlichkeit. Dazu gehört die Auseinandersetzung mit den Bildungsgütern der fremden in Bezug zur eigenen Kultur. Die **GÜM** verfolgt ein strenges kognitives Lernkonzept, Sprachenlernen ist Mittel zur Herausbildung von logisch-abstraktem Denken. Grundlage der Sprachbeschreibung ist die geschriebene, literarisch geformte Sprache. Regeln werden mit Hilfe der lateinischen Grammatik formuliert und nach Wortarten geordnet, was zu einer hohen Zahl von Ausnahmeregeln führt.

Unterrichtsprinzipien: Einsichtnahme in die Baugesetze der fremden Sprache durch Vergleich mit der Muttersprache. Durch Anwendung von Regeln erfolgt eine Rekonstruktion der fremden Sprache und die Reproduktion korrekter Sätze. Übungsformen sind Hin- und Rückübersetzungen schriftlicher, vor allem literarischer Texte, Satzumformungen nach formalen Grammatikregeln, die Wiedergabe vorgegebener Texte und Diktate sowie das Verfassen von Aufsätzen. Die Mündlichkeit von Sprache ist nachrangig, Sprachbeherrschung bedeutet Sprachwissen.

Die Orientierung am Lehrwerk mit genauen Vorgaben zum Ablauf des Unterrichts spielt eine zentrale Rolle, der Unterricht läuft →**deduktiv** und frontal-lehrerzentriert ab. Vorherrschende Unterrichtssprache ist die Muttersprache der Lernenden.

Renate Faistauer

Grammatikvermittlung, die:

1. Fachliche Verortung und Begriffsklärung

Auf die konkreten Gegenstände von DaF/DaZ bezogen, hat es **G.** im Einzelnen zu tun

– mit der Rolle der Mittel der Form im Kontext eines auf die Vermittlung →**kommunikativer Kompetenz** zielenden FSU (s.a. →**Grammatik**);
– mit der Verfasstheit des Deutschen im Hinblick auf die Mittel der Form aus linguistischer Sicht;
– mit grundlegenden Erkenntnissen über Spracherwerbs- bzw. Sprachlernvorgänge und deren Förderungsmöglichkeit);
– mit der sozial, kulturell und individuell bedingten Diversität von Lernerbiografien als Eingangsvoraussetzung für Gestaltungsoptionen unterrichtlichen Lehrens und Lernens;
– mit der Zusammenführung von Positionen und Erkenntnissen aus den gen. Teilbereichen in methodisch-didaktische Konzepte und Einzelentscheidungen (s.a. →**Grammatikdidaktik**).

2. Zentrale Orientierungen von **G.** in Geschichte und Gegenwart

Es existiert eine umfangreiche, die Fachgeschichte wie auch aktuelle Diskurse und Praxen prägende Diskussion darüber, wie **G.** „prinzipiell“ zu arrangieren sei und auf welchem Wege welche Kompetenzen hinsichtlich der Mittel der Form erreicht werden können bzw. sollen. Was die historische Dimension betrifft, so gilt die sog. →**Grammatik-Übersetzungsmethode (GÜM)**, wie sie etwa die Zeit bis 1920 dominierte, als ebenso überwunden wie die sog. →**direkte Methode (DirM)** zu Beginn des 20. Jh. und die →**audiolinguale Methode** nach 1945. Stattdessen hat sich seit Beginn des →**kommunikativen Fremdsprachenunterrichts** die Überzeugung herausgebildet, dass der Erwerb der grammatischen Eigenschaften von Fremdsprachen je nach Lerngegenstand und Lernertyp sowohl über Muster als auch über explizite Regelkenntnisse geschieht und dabei deduktive Lehrinstruktion ebenso wie induktiv erschließende Lerneraktivität das Mittel der Wahl sein kann.

3. Qualitätskriterien für die **G.**

In Auswertung des Fachdiskurses lassen sich folgende Qualitätskriterien für den kritischen Umgang mit **G.**-Angeboten und -Praxen formulieren:

– sprachwissenschaftlich ausgewiesene und systemisch konsequente Beschreibung und Bezeichnung grammatikalischer Lerngegenstände mit explizitem Fokus auf deren kommunikativer Funktion;
– besondere Berücksichtigung der →**sprachtypologischen** Merkmale des Deutschen bei der Gewichtung von grammatikalischen Lehr-/Lernschwerpunkten, ggf. auch im Vergleich mit den Herkunftssprachen der Lernenden;
– Berücksichtigung von Aspekten einer kulturkontrastiven Betrachtung der grammatischen Eigenschaften von Sprachen (s. dazu Götze u.a. 2009);
– Integration holistischer (z.B. Vermittlung von →**Chunks**, →**Routinen** u.ä.; s.a. →**Phraseo-Didaktik**) und kognitiv-analytischer Wege und Formen der Aneignung grammatischer Kompetenz, u.a. zum Aufbau von →**Sprachaufmerksamkeit** (vgl. dazu Handwerker 2009);
– adressatenspezifische Differenzierung des methodisch-didaktischen Umgangs mit grammatikalischen Lerngegenständen in Berücksichtigung von Lernerbiografien und – ggf. kulturell verorteten – Lehr-/Lerntraditionen (→**Lernkultur**);
– Aufnahme von Progressionsempfehlungen (→**Progression**) für die Sequenzierung grammatikalischer Lerngegenstände, und zwar a) bezogen auf ein Gesamtcurriculum fortschreitender Kompetenzentwicklung und b) in Betrachtung einzelner Lerngegenstände (z.B. einer schrittweisen Vermittlung des Formenbestands des deutschen Perfekts);
– Berücksichtigung von Modellen u. Erkenntnissen der →**Spracherwerbsforschung**.

Fandrych, C./Thonhauser, I., Hrsg. (2008), *Fertigkeiten und Kompetenzen – separiert oder integriert?* Wien 2008. – Gnutzmann, C./Königs, F.G., Hrsg. (1995), *Perspektiven des Grammatikunterrichts*, Tübingen. – Götze, L./Traoreé,

S./Mueller-Liu, P., Hrsg. (2009), *Kulturkontrastive Grammatik – Konzepte u. Methoden*, Frankfurt a.M. – Handwerker, B., Hrsg. (1995), *Fremde Sprache Deutsch. Grammatische Beschreibung – Erwerbsverläufe – Lehrmethodi*, Tübingen. – Handwerker, B. (2009), „Sprachunterricht als Instruktion zur Inputverarbeitung", in: *Zeitschrift f. Literaturwissensch. u. Linguistik, Jahrgang 39, Heft 153*, 96–111. – Kühn, P., Hrsg. (2004), *Übungsgrammatiken Deutsch als Fremdsprache: Linguistische Analysen und didaktische Konzepte, Materialien Deutsch als Fremdsprache, Heft 66*, Regensburg.

Hans Barkowski

Graphem, das: kleinste →**distinktive**, d.h. bedeutungsunterscheidende Einheit in einem Schriftsystem, die ein →**Phonem** (dann bezeichnet als →**Phonographem**) bzw. eine Phonemfolge repräsentiert. **G.** sind strukturell und funktional definiert und bilden in ihrer Gesamtheit das →**Grapheminventar** einer Sprache. **G.** sind von Buchstaben zu unterscheiden, die keine feste Korrespondenz zu Phonemen oder Phonemverbindungen aufweisen, sondern grafische Repräsentationen der **G.** sind. Wie Phoneme in der gesprochenen Sprache durch Laute, so werden **G.** in geschriebenen Texten durch Buchstaben (Graphe) realisiert, wobei einem **G.** mehrere Buchstaben entsprechen können, z.B. in Druck- und Schreibschrift, Groß- oder Kleinschreibung.

Ursula Hirschfeld

Graphematik, die: auch: Graphemik; Wissenschaft, die sich mit den Grundeinheiten des Schriftsystems, den →**Graphemen** als den graphischen Vertretern der →**Phoneme** befasst. Die G. gehört zum Kernbereich der Grammatik, sie untersucht die Einheiten des Schriftsystems hinsichtlich ihrer bedeutungsunterscheidenden Funktion (Ermittlung des →**Grapheminventars**), die morphologische und syntaktische Funktion der Grapheme sowie die →**Graphem-Phonem-Korrespondenzen** und die Entwicklung und Fixierung von Schriftnormen (→**Rechtschreibung**). Graphemische Untersuchungen dienen auch der Dekodierung historischer Texte oder der Umsetzung von Schrift in verarbeitungsgerechte Systeme für die linguistische Datenverarbeitung.

Ursula Hirschfeld

Grapheminventar, das: Gesamtheit der in einem Schriftsystem vorhandenen →**Grapheme**. Der Umfang und die Struktur eines **G.** ergibt sich aus dem Phoneminventar der jeweiligen Sprache. Das **G.** entspricht nicht dem Alphabet, dieses stellt das Buchstabeninventar dar, auf dem die Grapheme basieren. Alphabete sind im Vergleich zu **G.** weniger umfangreich. Im Deutschen genügen die lateinischen Buchstaben nicht zur schriftlichen Repräsentation der Grapheme, es sind Ergänzungszeichen notwendig (<ä, ö, ü, ß>), so dass insgesamt 30 Buchstaben sowie verschiedene feste Kombinationen (wie <ch, sch>) genutzt werden, um die Grapheme abzubilden (→**Graphem-Phonem-Korrespondenz**).

Ursula Hirschfeld

Graphem-Phonem-Korrespondenz (GPK), die: Für die Korrespondenz zwischen →**Graphemen** und →**Phonemen** lassen sich für jede Sprache Regeln aufstellen. Die **GPK** sind dabei in den auf dem lateinischen Alphabet beruhenden Schriftsystemen sehr unterschiedlich. Während es im Finnischen oder Ungarischen ein (nahezu) eindeutiges Verhältnis zwischen Graphemen und Phonemen gibt, stehen im Deutschen 30 Buchstaben 42 Phonemen gegenüber. Wird von der graphischen Vorlage ausgegangen, ergeben sich Schwierigkeiten durch die phonetische Mehrdeutigkeit, d.h. ein Graphem steht für mehrere Phoneme, analysiert man die Beziehung von der Phonemseite aus, so treten Zuordnungsschwierigkeiten durch die graphemische Mehrdeutigkeit auf, d.h. ein Phonem steht für mehrere Grapheme. Dies lässt sich am Beispiel der Homophonie verdeutlichen: Unterschiedliche Grapheme werden für die gleichen Phoneme verwendet (wobei es um verschiedene Wortbedeutungen geht: *Lehre – Leere, Lieder – Lider, Waise – Weise*.

Hinzuweisen ist auf die graphische →**Interferenz** beim Fremdsprachenlernen, sie führt zu Lese- und Schreibproblemen, weil die **GPK** (bzw. die →**Laut-Buchstaben-Beziehungen**) aus der Muttersprache übertragen werden, z.B. bei <z> im Deutschen /ts/ – in vielen anderen Sprachen /z/, bei <j> im Deutschen /j/ – im Spanischen /x/.

Ursula Hirschfeld

Großes Deutsches Sprachdiplom (GDS): vom →**Goethe-Institut** in Zusammenarbeit mit der Ludwig-Maximilians-Universität München herausgegebene DaF-Prüfung (→**Proficiency Test**), deren Anforderungen auf bzw. über dem Niveau C2 des →**GeR** liegen. Das **GDS** befreit z.B. von der sprachlichen Aufnahmeprüfung an deutschen Universitäten und gilt in einzelnen Ländern als Sprachnachweis für angehende Deutschlehrende. In den schriftlichen und mündlichen Prüfungsteilen sind neben ausgezeichneten Sprachkenntnissen nicht nur sehr hohe Kompetenzen im Umgang mit literarischen, wissenschaftlichen oder fachspezifischen Texten erforderlich, sondern auch profunde stilistisch-rhetorische Fähigkeiten und landeskundliche Kenntnisse.

Manuela Glaboniat

Grundwortschatz, der: Sammlung von Wörtern und Wendungen, die auf einer Kompetenzskala passiv und teilweise aktiv beherrscht werden müssen. Die qualitative Eingrenzung bezieht sich auf den Begriff der Grundstufe, der europaweit durch Niveaubezeichnungen des „Gemeinsamen europäischen Referenzrahmens für Sprachen" (→**GeR**) ersetzt wurde. Danach versteht man unter „Elementare Kompetenz" die Stufen A1 und A2. Die Publikation →**Profile deutsch** setzt die Beschreibung des GER für die Sprache Deutsch um und bietet eine Auflistung des Wortschatzes für die Stufen A und B an. Testspezifikationen wie z.B. „Start Deutsch Prüfungsziele Testbeschreibung" reduzieren den Wortschatz auf denjenigen Kernbestand, der maximal zum Bestehen einer Prüfung beherrscht werden soll. Die →**Frequenz** der Wörter im alltäglichen Gebrauch wird dabei noch nicht systematisch einbezogen. Der Aufbau von Grundwortschatzlisten ist meist gleich. Zunächst werden die für das Niveau vorgesehenen Themenbereiche genannt. Es folgen häufig gebrauchte Wörter, gelistet in Wortgruppen wie z.B. Zahlen, Wochentage. Daran schließen sich eine alphabetische Zusammenstellung der einzelnen Wörter mit Beispielsätzen, wichtige Redewendungen und idiomatische Ausdrücke an. Der **G.** bildet neben den Inventaren zu →**Grammatik**, →**Sprachhandlungen** und →**Notionen** für Lehrwerks- und Testautoren die Grundlage für Unterrichts- und Prüfungsmaterialien eines bestimmten Sprachniveaus.

Glaboniat et al. (2005), *Profile deutsch*, Berlin/München. – Goethe-Institut et al., Hrsg. (2001), *Gemeinsamer europäischer Referenzrahmen für Sprachen: lernen, lehren, beurteilen*, Berlin/München. – Goethe-Institut, Hrsg. (2007), *Start Deutsch 1 Wortliste*, München. – Perlmann-Balme, M./Kiefer, P. (2004), *Start Deutsch: Prüfungsziele, Testbeschreibung*, München.

Michaela Perlmann-Balme

Gruppenarbeit, die: Zusammenarbeit mehrerer Lernender in einer Gruppe zur gemeinsamen Ausführung von Aufgaben. Ziele der **G.** sind die Förderung der Interaktion und Kooperationsfähigkeit, Erhöhung der Chance auf aktiven Sprachgebrauch und intensivere Beteiligung am Unterricht. Auch kooperatives, autonomes und selbstverantwortliches Lernen soll gefördert werden. **G.** ist ein wesentliches Element zur inneren Differenzierung heterogener Lerngruppen (→**Binnendifferenzierung**, →**Heterogenität**). Vielfach bestehen Vorbehalte gegen **G.** Gut geplante **G.** ermöglicht aber Formen sprachlichen Handelns (Fragen, Argumentieren, Dokumentieren), die zwar Ziel eines →**kommunikativen Fremdsprachenunterrichts** sind, im lehrerzentrierten Unterricht aber kaum vorkommen.

Wesentlich für eine erfolgreiche **G.** sind gute Vorbereitung, klare Arbeitsanweisungen, das Angebot von Redemitteln zur Gesprächsführung und Erfüllung der Aufgabe (Argumentieren, Dokumentieren u.a.), Begleitung und Hilfeleistung, die Veröffentlichung und Auswertung der Ergebnisse sowie die Einbettung in den übrigen Unterrichtsverlauf. Durch Einsatz von **G.** verändern sich Rolle und Aufgaben der Lehrperson: Sie koordiniert und beobachtet, motiviert und bietet Beratung und Hilfe. Das vorwiegend monodirektionale Kommunikationsverhalten des Frontalunterrichts wird abgebaut, der aktive Einsatz der Zielsprache und der Abbau von Sprechhemmungen werden begünstigt.

Schwerdtfeger, I. (2007), *Gruppenarbeit und innere Differenzierung, Fernstudieneinheit 29*, 4. Aufl., Berlin u.a.

Nadja Kerschhofer-Puhalo

Gruppensprache, die: bezeichnet den Zusammenhang von Sprachgebrauch und Gruppenzugehörigkeit des Sprechers. In Gruppenzusammenhängen entwickelt das Individuum seine Identität, die es sprachlich manifestiert. Was für die Differenzierung der Binnenstruktur von (Klein-)Gruppen gilt, lässt sich auf Aggregate größerer Einheiten, Institutionen und die Gesellschaft übertragen. Im Rahmen der Gesamtkultur einer Gesellschaft sind Teilkulturen zu unterscheiden, die sich untereinander durch Ensembles besonderer Merkmale, durch erhöhte Gruppensolidarität, durch stärkere Gruppenkohäsion auszeichnen, die durch Sprache nach innen gefestigt wird, nach außen abgrenzend (unterscheidend) wirkt (→**Soziolekt**).

Gruppenspezifische →**Varietäten** der Sprache stehen im Zentrum des Interesses an der sozialsymbolischen Funktion der Sprache, deren gruppentypische „Ausweise" nicht objektiv gegebene linguistische Daten sind, sondern Produkte von Interpretationsakten der Selbst- und Fremdeinschätzung der Sprecher als Gruppenmitglieder und ihrer Bewertung von sprachlichen Merkmalen als sozialen Indikatoren dieser Mitgliedschaft. Die sozialen und sprachlichen Unterschiede werden nicht als solche handlungsorientierend relevant, sondern insoweit sie als semiotisch manifeste vermittelt und Resultate vergleichender Wertung sind. Mit Methoden der empirischen Soziolektforschung lassen sich das kollektive Wissen über sprachliche Variation und die stereotypen Urteile (oder Vorurteile) über Varietäten auf der Basis weniger Merkmale erschließen. Die Merkmale können symptomhafte Anzeichen für Stigma-/Prestige-Varietäten sein, für Sprachschichten oder Ortssprachen, für Herkunft und Bildungsgrad der Sprecher. Sie können aber auch konstitutiv für die Bildung solcher Gruppen sein, die sich wesentlich über die Form ihres Sprachgebrauchs definieren (Berufs-, Fach-, Wissenschaftssprachen, insoweit diese nicht unter dem Aspekt funktionaler Variation behandelt werden: Funktiolekte).

Dittmar, N. (1997), *Grundlagen der Soziolinguistik*, Tübingen. – Hess-Lüttich, E.W.B. (1987), *Angewandte Sprachsoziologie*, Stuttgart. – Löffler, H. ([2]1994), *Germanistische Soziolinguistik*, Berlin.

Ernest W.B. Hess-Lüttich

GÜM: s. Grammatik-Übersetzungsmethode

Gütekriterium, das: Unter **G.** für Tests werden allgemein die drei Begriffe →**Validität**, →**Reliabilität** und →**Objektivität** verstanden. Bachman und Palmer (1996, 17ff.) ergänzen diese Liste durch die Begriffe Impact (Auswirkungen), Praktikabilität, Authentizität und Interaktivität, verzichten jedoch auf den Begriff Objektivität, da dieser mehrere unterschiedliche Aspekte umfasse, von denen der wichtigste, die „Interrater-Reliability" (Grad der Übereinstimmung von Bewertungen unterschiedlicher Bewertender) unter den Oberbegriff Reliabilität fällt. Der Oberbegriff „Nützlichkeitskriterien", den Bachman und Palmer verwenden, weist darauf hin, dass kein Test an sich gut ist, sondern die Nützlichkeit immer im Kontext der Bedingungen, unter denen er eingesetzt wird, beurteilt werden muss. Hervorzuheben ist das Kriterium „Impact", unter dem alle gesellschaftlichen Auswirkungen zu verstehen sind, die der Test haben kann.

Bachman, L.F./Palmer, A.S. (1996), *Language Testing in Practice. Designing and Developing Useful Language Tests*, Oxford. – Glaboniat, M. (1998), *Kommunikatives Testen im Bereich Deutsch als Fremdsprache: eine Untersuchung am Beispiel des östеrrreichischen Sprachdiploms*, Innsbruck/Wien.

Silvia Demmig

H

Handlungsforschung, die: auch: als Aktionsforschung bezeichneter Forschungsansatz, bei dem Handelnde in ihrem eigenen Praxisfeld – z.B. Sprachlehrende in ihrem Unterricht – Feldforschung mit dem Ziel betreiben, die Praxis zu verbessern. **H.** wird als reflektierter Lernprozess verstanden und zur persönlichen beruflichen Weiterentwicklung sowie als Instrument der Lehreraus-, -fort- und -weiterbildung (Warneke 2007) sowie der Schulentwicklungs- und Evaluationsforschung eingesetzt (Altrichter/Feindt 2004, 424). **H.** lässt sich nicht zur Gänze den →**Gütekriterien** traditioneller Forschung unterwerfen und wird daher teils als unwissenschaftlich kritisiert (Prengel/Heinzel/Carle 2004, 186). **H.** unterscheidet sich von nicht-forschendem Handeln vor allem durch die Systematik und die Dokumentation des Forschungsprozesses. Der Verlauf dieses Prozesses wird oft als Kreislauf beschrieben, bei dem Handlungsidee, Handlung, Reflexion/Evaluation der Handlung und praxisbezogene Theorie sich immer wieder abwechseln (Altrichter/Feindt 2004, 417).

Altrichter, H./Feindt, A. (2004), „Handlungs- und Praxisforschung", in: Helsper, W./Böhme, J., Hrsg. (2004), *Handbuch der Schulforschung*, Wiesbaden, 417–435. – Prengel, A./Heinzel, F./Carle, U. (2004), „Methoden der Handlungs-, Praxis- und Evaluationsforschung", in: Helsper, W./Böhme, J. (Hrsg.), *Handbuch der Schulforschung*, Wiesbaden, 183–199. – Warneke, D. (2007), *Aktionsforschung und Praxisbezug in der DaF-Lehrerausbildung*, Kassel.

Klaus-Börge Boeckmann

Handlungsorientierung, die:

1. Der Begriff **H.** bezieht sich auf die kommunikative Wende in der Linguistik und Fremdsprachendidaktik der 1970er Jahre, die mit einer Abkehr von sprachstrukturbezogenen Ansätzen und einer Hinwendung zum →**Sprachgebrauch** einherging. Mit der programmatischen Formulierung von →**kommunikativer Kompetenz** als oberstem Lernziel des Sprachunterrichts wurde der Fokus auf kommunikative Intentionen, Situationen, authentische Sprechanlässe und Lernmaterialien sowie pragmatisch angemessenes Sprachhandeln gelegt; erstes Lehrwerk, das sich im DaF-Zusammenhang an diesen Zielen ausrichtete, war „Deutsch aktiv" (Neuner et al. 1979). Die Sicht auf Kommunikation als Sprachtätigkeit führte des Weiteren zur Betonung der vier →**Fertigkeiten**. Mit dem Gemeinsamen europäischen Referenzrahmen (→**GeR**), erfuhr die **H.** europaweite Bestätigung als richtungweisendes Konzept für die Vermittlung von Fremd- und Zweitsprachen.

2. In Erweiterung der zielbezogenen Definition unter 1. bezieht sich die methodenbezogene Definition von **H.** (Bach/Timm 2003) auf einen ganzheitlich ausgerichteten Unterricht, in dem die Lernenden selbstständig und mit ‚Kopf, Herz und Hand' zuvor vereinbarte Handlungsprodukte herstellen oder Aktivitäten planen und durchführen (Gedichtsammlung, Einkauf im Supermarkt o.ä.). Beim **h.** Unterricht verändert sich die Lehrerrolle vom Wissensvermittler zum Moderator, vom Entscheidungsträger zum Partner. Wie der →**Projektunterricht** gliedert sich der **h.** Unterricht in eine Planungs-, Durchführungs- und Auswertungsphase und integriert Methoden wie Expertenbefragungen, Rollenspiele und sprachliches Probehandeln in realen außerunterrichtlichen Kontexten.

Bach, G./Timm, J.-P. (2003), „Handlungsorientierung als Ziel und als Methode", in: dies. (Hrsg.), *Englischunterricht. Grundlagen und Methoden einer handlungsorientierten Unterrichtspraxis.* 3. Aufl., Francke, 1–21. – Neuner, G./Schmidt, R./Wilms, H./Zirkel, M. (1979), *Deutsch aktiv. Ein Lehrwerk für Erwachsene*, Berlin/München.

Evelyn Röttger

Haptik, die: bezeichnet das Aufnehmen von Sinneseindrücken über die Haut, insbesondere über die Hand, wie etwa Informationen über Material oder geometrische Eigenschaften. Diese sind in ihrer zerebralen Repräsentation u.a. mit semantischen Informationen verknüpft. Die multisensorische Repräsentation von Wissen kann durch verschiedenste Reizmodi aktiviert werden und bietet damit einen Ansatzpunkt für die Fremdsprachendidaktik. Indem bspw. (fremdsprachliche) semantische Informationen mit den jeweiligen haptisch erfahrbaren Informationen dargeboten werden (z.B. „weich" mit dem Tastempfinden eines Stücks Watte), werden bestehende multisensorische Netzwerke aktiviert und die Verbindungen zwischen den einzelnen Knoten verstärkt. Damit ist die Information später schneller abrufbar und tiefer gespeichert. Der Einsatz haptischer Wahrnehmung im Fremdsprachenunterricht bietet sich je nach thematischer und didaktischer Bearbeitung für alle Alters- und Niveaustufen an.

Grunwald, M., Hrsg. (2008), *Human Haptic Perception – Basics and Applications*, Berlin/Basel/Boston.

Kerstin Rische

Hauptsatz, der: auch: Trägersatz, Matrixsatz. Der **H.** ist ein Teilsatz eines zusammengesetzten Satzes, der keinem anderen Teilsatz untergeordnet ist. Die Wortstellung des **H.** entspricht der eines Aussagesatzes. Steht in Satzgefügen der →**Nebensatz** vor dem **H.**, steht das finite Verb des **H.** dagegen an erster Stelle. Syntaktisch betrachtet bedarf der **H.** i.d.R. keiner Stütze außerhalb sich selbst, er kann allein stehen. Bei Satzgefügen (Hauptsatz/Nebensatz) enthält jedoch der Nebensatz ggf. wesentliche Informationen des zusammengesetzten Satzes (z.B. *Klaus fragt, wann das Essen fertig sei*). In semantischer Hinsicht ist das alleinige Auftreten eines **H.** dann nicht akzeptabel (z.B. **Klaus fragt*), wenn der Nebensatz obligatorische Ergänzung zum **H.** ist. Bei Satzverbindungen werden zwei oder mehr **H.** nebeneinander geordnet (→**Parataxe**). Sowohl aus syntaktischer als auch aus semantischer Sicht sind diese **H.** unabhängig (z.B. [*In der Mittagspause aßen die Studenten in der Mensa*]$_{HS1}$ [*und der Dozent redete mit seinen Kollegen über das Wetter*]$_{HS2}$). Da sich die Teilsätze jedoch meist auf einen gemeinsamen Kontext (Ort, Zeit, Personen usw.) beziehen (hier: [*in der Mittagspause*]), führt die Annahme der gegenseitigen Autonomie bei der Trennung der Teilsätze ggf. zu einer semantischen Lücke, d.h. die Teilsätze sind zwar grammatisch korrekt, semantisch dagegen ist einer der **H.** inhaltsärmer.

Eisenberg, P. (2006), *Grundriss der deutschen Grammatik, Bd. 2, Der Satz*, 3. Aufl., Stuttgart/Weimar. – Helbig, G. (2004), „Koordination vs. Subordination von Sätzen, Hauptsatz vs. Nebensatz", in: Helbig, G., *Kleinere Schriften zur Grammatik*, München, 1071–1082.

Mandy Höhle

Helvetismus, der: bezeichnet sprachliche Besonderheiten, die nur in standardsprachlichen Texten Schweizer Herkunft verwendet werden, dort aber durchaus üblich sind, z.B. *Velo, parkieren*. Der

Begriff **H.** wird am häufigsten in Bezug auf den Wortschatz verwendet, aber auch in Orthographie, Phonologie, Morphologie, Syntax und Semantik weist das →**Schweizer Standarddeutsch** Besonderheiten auf. Die genaue Abgrenzung von standardsprachlichen und nicht-standardsprachlichen **H.** ist oft schwierig, so ist z.B. das *Müesli* aus dem Dialekt in den Schweizer Standard gelangt und hat sich als *Müsli* im gesamten deutschen Sprachraum durchgesetzt. Ammon unterscheidet spezifische **H.**, die nur in der Schweiz verwendet werden, z.B. *Traktandum*, und unspezifische **H.**, die zusätzlich auch in gewissen süddeutschen und/oder österreichischen Regionen verbreitet sind: z.B. *Trottoir* (Ammon 1995, 251 f.).

Ammon, U. (1995), *Die deutsche Sprache in Deutschland, Österreich und der Schweiz. Das Problem der nationalen Varietäten*, Berlin. – Ammon, U. et al. (2004), *Variantenwörterbuch des Deutschen. Die Standardsprache in Österreich, der Schweiz und Deutschland sowie in Liechtenstein, Luxemburg, Ostbelgien und Südtirol*, Berlin/New York. – Dürscheid, C./Businger, M., Hrsg. (2006), *Schweizer Standarddeutsch. Beiträge zur Varietätenlinguistik*, Tübingen. – Hägi, S. (2006), *Nationale Varietäten im Unterricht Deutsch als Fremdsprache*, Frankfurt a.M.

Monika Clalüna

Hemisphäre, die: Bez. für die Hälften des Großhirns.

1. Aufbau

Beide **H.** bestehen je aus einer oberen Schicht grauer (Kortex) und einer unteren Schicht weißer Materie; die Informationsverarbeitung findet insoweit zunächst getrennt statt (→**Lateralität**); die Verbindung beider **H.** durch drei Querbahnen (Kommissuren) gewährleistet die Kooperation, Übermittlung und Synchronisation der Gehirntätigkeiten; jede **H.** lässt sich in fünf bis sechs Hirnlappen unterteilen; die Gesamtarchitektur (Zelltypen etc.) ist asymmetrisch zwischen den **H.** aufgeteilt.

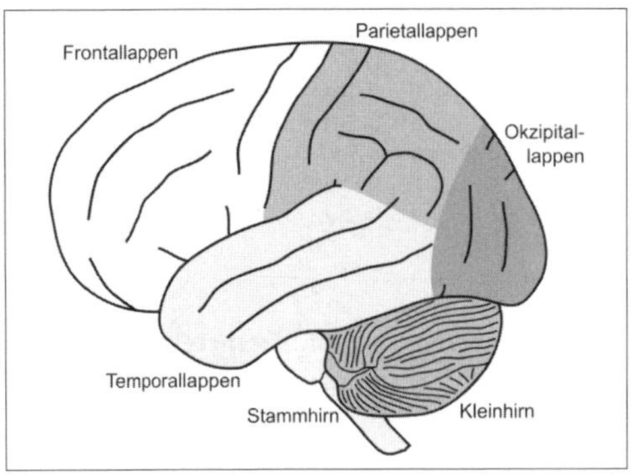

2. Funktion

Der Kortex spielt eine Schlüsselrolle für Aufmerksamkeit, Denken, Gedächtnis, Sprache und Bewusstsein. Subkortikale Areale (Basalganglien/Kerne) scheinen für die Auswahl und Verarbeitung (nicht-)aktueller Handlungsmuster verantwortlich zu sein bzw. können als Kontroll- und Filterstelle (Erregungs- und Hemmungsweiterleitung) verstanden werden. Beide **H.** nehmen Aufgaben spezialisiert wahr. Bei Ausfällen können sich jedoch unter bestimmten Bedingungen Funktionen neu verorten.

Birbaumer, N./Schmidt, R.F. (2005), *Biologische Psychologie*, 6. Aufl., Berlin. – Gazzaniga, M.S./Ivry, R.B./Mangun, R.J. (2008), *Cognitive Neuroscience: The Biology of the Mind*, 3. Aufl., New York. – Della Sala, S. (2007), *Tall Tales About the Mind and Brain: Separating Fact from Fiction*, Oxford.

Daniela Zahn

Herder-Institut, das: ältestes und größtes universitäres Institut für Deutsch als Fremdsprache; entstand 1961 aus dem 1956 gegründeten Institut für Ausländerstudium an der Karl-Marx-Universität Leipzig; seit 1961 für die sprachliche Vorbereitung ausländischer Studierender auf ein Fachstudium in der DDR sowie für die Förderung deutscher Sprachkenntnisse im Ausland mit eigenen Kulturinstituten, vergleichbar dem →**Goethe-Institut** der alten Bundesrepublik Deutschland und mit diesem insbesondere in den Zeiten des Kalten Krieges in politischer Opposition stehend. 1967 Gründung einer eigenen Forschungsabteilung mit Schwerpunkten in Linguistik, Phonetik, Didaktik, Landeskunde und Psycholinguistik; 1969 Einrichtung des ersten Lehrstuhls für Deutsch als Fremdsprache im deutschsprachigen Raum (Gerhard Helbig); 1992 Aufspaltung in **H.-I.** der Philologischen Fakultät der Universität Leipzig, Studienkolleg Sachsen und interDaF am **H.-I.** e.V.; gibt seit 1964 die Zeitschrift „Deutsch als Fremdsprache" heraus.

Internetadresse: www.uni-leipzig.de/herder – Altmayer, C. (2007), „50 Jahre Herder-Institut, 50 Jahre Deutsch als Fremdsprache. Traditionen und Grenzüberschreitungen", in: *Deutsch als Fremdsprache* 44, 67–74.

Erwin Tschirner

Herkunftssprache, die: bezeichnet im schulischen Kontext Migrantensprachen, die im Elternhaus erworben werden. Vor allem die großen **H.** (z.B. Türkisch) erfreuen sich auf Grund von Medien, anhaltender Einwanderung, Verankerung im

Stadtteil, Weitergabe durch die Eltern an die nächste Generation und Übernahme durch Sprecher anderer sprachlicher Herkunft großer Vitalität – spielen in der Schule aber nur eine marginale Rolle (Dirim/Auer 2004) oder werden dort verschwiegen bzw. unterdrückt (Brizić 2007). **H.** befinden sich im Migrationskontext in einem spezifischen Wandel, wodurch sich Unterschiede zu dem jeweiligen Gegenstück im Herkunftsland ergeben. Außerdem sind sie durch viele →**Varietäten** gekennzeichnet, die durch die Kumulation von Dialekten und Soziolekten aus den Herkunftsländern entstehen.

Brizić, K. (2007), *Das geheime Leben der Sprachen. Gesprochene und verschwiegene Sprachen und ihr Einfluss auf den Spracherwerb in der Migration*, Münster. – Dirim, İ. (2007), „Sprachkontaktphänomene und begleitende Sprachstandsdiagnostik – Möglichkeiten und Desiderata", in: Reich, H.H./Roth, H.-J./Neumann, U. (Hrsg.), *Sprachdiagnostik im Lernprozess. Verfahren zur Analyse von Sprachständen im Kontext von Zweisprachigkeit*, FörMig-Edition 3, Münster, 114–132. – Dirim, İ./Auer, P. (2004), *Türkisch sprechen nicht nur die Türken. Über die Unschärfebeziehung zwischen Sprache und Ethnie in Deutschland*, Berlin/New York.

İnci Dirim

Herkunftssprachen-Kurs, der:

1. insbesondere in der Erwachsenenbildung Bezeichnung für Kurse, die in der Herkunftssprache der Teilnehmenden durchgeführt werden. Die **H.-K.** können ganz verschiedene Inhalte haben (z.B. Informationen über Behörden und Institutionen, Hauswirtschaft, Kindererziehung, Gesundheit, usw.). Ziel ist es, die allgemeine Lebenssituation der Migranten zu verbessern, ihre Kenntnisse über das Aufnahmeland zu erweitern und ihre Integration zu fördern.

2. Der Begriff wird insbesondere in DaZ auch für den muttersprachlichen Unterricht (in der Schweiz: Kurse in heimatlicher Sprache und Kultur – HSK) verwendet, d.h. für Maßnahmen, die dem Erhalt und der Förderung der Erst- bzw. Familiensprache von Migrantenkindern dienen.

Monika Clalüna

Herkunftssprachenunterricht, der: bezeichnet Unterricht in Bildungseinrichtungen der Aufnahmeländer in den Familiensprachen eingewanderter Menschen. Er wird in Deutschland auch als Muttersprachlicher Unterricht (MU) oder Muttersprachlicher Ergänzungsunterricht (MEU) bezeichnet. **H.** wird seit den 1970er Jahren in der BRD als – i.a. freiwilliger – Zusatzunterricht angeboten. Der Unterricht wird – vor allem an Grund- und Hauptschulen – einige Stunden pro Woche – teilweise auch nachmittags und an einer Schule konzentriert – erteilt. Er kann z.Zt. auch um islamischen Religionsunterricht ergänzt werden. Je nach Bedarf werden v.a. die Staatssprachen der ehemaligen Entsendeländer, aber auch Russisch, Polnisch und teilweise auch Kurdisch und Farsi unterrichtet. Die Zeugnisrelevanz des Zusatzunterrichts ist in den Bundesländern unterschiedlich geregelt ebenso wie die Zuständigkeit, die bei den Konsulaten oder der deutschen Schulbehörde liegen kann. In wenigen Fällen werden auch nationale Schulen – z.B. in Griechisch oder Japanisch – eingerichtet. Inzwischen ist das Angebot – vor allem in Türkisch – stark erweitert worden, da Türkisch in vielen Bundesländern als Lehrfach studiert werden kann. Dadurch kann Türkisch auf allen Schulstufen als **H.** ebenso wie als Fremdsprache bis zum Abitur angeboten werden. Es besteht teilweise eine enge Verbindung zu →**Bilingualen Bildungsgängen** und →**Deutsch als Zweitsprache**, insbesondere durch →**zweisprachige Alphabetisierung**; für Österreich vgl. BMUKK, Hrsg. (2008), *Sprach- und Sprachunterrichtspolitik in Österreich. Länderbericht*, Wien.

Sigrid Luchtenberg

Hermeneutik, die: Wissenschaft vom Verstehen, geisteswissenschaftliche Methode, die Verfahrensweisen für das autor-, werk- und epochenbezogene Auslegen von →**Texten** festlegt. Mehrere Ebenen des Begriffs sind zu unterscheiden: **1. H.**, verstanden als Regelwerk und Anleitung, die sich auf wichtige gesellschaftliche Praxisfelder vor allem der Theologie und des Rechtswesens im 17. Jh. bezieht. **2. H.**, die allgemeine oder philosophische **H.** als Reflexion von Verstehensproblemen, die Voraussetzungen und Regularitäten des Verstehens und der Interpretation ergründen und im 19. Jh. mit der **H.** eine Wissenschaftstheorie der Geisteswissenschaften entwickeln wollte (Dilthey), verstanden allgemein als kunstgemäßes Auslegen fremder Rede (Schleiermacher [1810–1830] 1977, 309). **3.** Philologische und literarische **H.**, ausgehend von dem Philosophen Gadamer (1972) und seinem Schüler Habermas; sie wird von der Auffassung bestimmt, dass die Entschlüsselung des Textes ein Ins-Gespräch-Kommen des Lesers mit dem Text im Rahmen einer dialogischen Situation ist, in das der Leser sein eigenes Vorverständnis der Welt und des

Textes mitbringt; Auslegungen literarischer Texte sind danach historisch und sozial variabel. **4.** Interkulturelle **H.**, relevant für Literaturwissenschaft und fremdsprachliche Literaturdidaktik im Fach DaF, geht von einer kulturüberschreitenden Rezeption literarischer Texte aus; Mecklenburg sieht die interkulturelle **H.** methodisch im „Spannungsfeld von ästhetischem Lesen (Bredella 1996), soziokulturellen Determinanten des Lesens und interkulturellem Verstehen" (Mecklenburg 2008, 12).

Bredella, L. (1996), „Warum literarische Texte im FU? Die anthropologische und pädagogische Bedeutung des ästhetischen Lesens", in: Börner, W./Vogel, K. (Hrsg.), *Texte im Fremdsprachenerwerb. Verstehen und Produzieren*, Tübingen. – Gadamer, H.-G. (1972), *Wahrheit und Methode. Grundzüge einer philosophischen Hermeneutik*, 3. Aufl., Tübingen. – Mecklenburg, N. (2008), *Das Mädchen aus der Fremde. Germanistik als interkulturelle Literaturwissenschaft*, München. – Schleiermacher, F. (1977), *Hermeneutik und Kritik*, Frankfurt a.M.

Werner Biechele

Heterogenität, die: **1. H.** wird in pädagogischen Kontexten auf Lerner innerhalb einer Lerngruppe bezogen, die sich hinsichtlich lernrelevanter Merkmale unterscheiden. Zu diesen Merkmalen zählen Vorwissen, kultureller und sozialer Hintergrund, Entwicklungsstand sowie Lernstil (vgl. Helmke 2009, 248–252). Angesichts der faktisch immer gegebenen Unterschiedlichkeit der Lerner besteht eine zentrale Aufgabe des Lehrers darin, durch Formen des adaptiven Unterrichts produktiv auf **H.** zu reagieren. Dies kann auf der methodisch-organisatorischen Ebene durch gezielte binnendifferenzierende Maßnahmen (→**Binnendifferenzierung**) und offene Formen des Unterrichts erfolgen, indem etwa Freiräume hinsichtlich der Wahl der Sozialform, der Reihenfolge der Aufgabenbearbeitung oder der Festlegung des Arbeitstempos geboten werden. Auf der didaktisch-inhaltlichen Ebene besteht die Möglichkeit, Lerner an der Auswahl von Lerninhalten und der Bestimmung von Lernzielen zu beteiligen und im Unterricht alternative Lern- und Lösungswege aufzuzeigen. **2.** Auch in der Kulturwissenschaft ist **H.** ein Schlüsselbegriff. Nach Überwindung des homogenisierenden Kulturverständnisses werden moderne Nationalkulturen heute in ihrer **H.** beschrieben, d.h. in ihren Divergenzen und Widersprüchen (vgl. Drechsel/Schmidt/Gölz 2000) (→**Kultur**).

Drechsel, P./Schmidt, B./Gölz, B. (2000), *Kultur im Zeitalter der Globalisierung. Von Identität zu Differenzen*, Frankfurt a.M. – Helmke, A. (2009), *Unterrichtsqualität und Lehrerprofessionalität. Diagnose, Evaluation und Verbesserung des Unterrichts*, Seelze-Velber.

Dirk Skiba

Heterostereotyp, das: s. **Fremdbild**, s. **Stereotyp**

Hilfsverb, das: Zu den **H.** zählen im engeren Sinne *haben, sein* und *werden*. Zusammen mit dem Infinitiv und dem →**Partizip II** der →**Vollverben** bilden sie die zusammengesetzten Tempusformen und das →**Passiv**. Die lexikalische Bedeutung der **H.** ist abgeschwächt, d.h. sie fungieren meistens als Funktionsverben. Alle drei genannten Verben haben auch eine Vollverbbedeutung, fungieren dann semantisch selbstständig (*Werde, der du bist!*) und haben →**Valenz**. Auch die →**Modalverben** werden nicht selten zu den **H.** gerechnet.

Sabira Levin

Hirnforschung, die: s. **Gehirnforschung**

historisches Präsens, das: Alle Tempora sind in der Weise →**deiktisch**, dass ihre Funktionen/Bedeutungen erst im realen Sprachakt der geschriebenen oder gesprochenen Sprache deutlich werden (→**Tempus**). Ein besonders typisches Beispiel ist das →**Präsens**. Es ist zeitindifferent und kann daher Vergangenes (*Goethe geht 1765 nach Leipzig.*), Gegenwärtiges (*Er lebt in München.*) und Zukünftiges (*Morgen fährt er nach Hamburg.*) ausdrücken, die zeitliche Markierung erfolgt durch den Kontext bzw. weitere Angaben (z.B. Adverbien). Lediglich durch Konventionalisierung gilt die Tempusform Präsens als charakteristischer Ausdruck der Gegenwart, häufig mit modaler Bedeutung. Die Funktion, auch Vergangenes auszudrücken, wird traditionell auch als **h.P.** bezeichnet (*Goethe geht 1765 nach Leipzig.*) Weit Zurückliegendes wird durch die Präsensform lebendiger.

Lutz Götze

Hochdeutsch: Der Ausdruck wird in zwei nur teilweise deckungsgleichen Verwendungen gebraucht: einmal als Zusammenfassung für das Mittel- und Oberdeutsche gegenüber dem Niederdeutschen, zum anderen für das Ergebnis sprachlicher Ausgleichsprozesse des 16. bis 18. Jhs., in denen eine für den deutschen Sprachraum weitgehend einheitliche, entwickelte Verkehrs- und Bildungssprache hergestellt wurde.

Das **H.** (als eine der südgermanischen Sprachvarietäten neben dem Niederdeutschen und Niederländischen) ist eine über die drei Epochen Althochdeutsch, Mittelhochdeutsch, Neuhochdeutsch (einschließlich jeweiliger Übergangsformen wie z.B. Frühneuhochdeutsch) über 1.200 Jahre dokumentierte Sprache. Sie vergrößerte ihre Reichweite besonders in der Neuzeit und wurde durch eine Reihe von impliziten (Bibelübersetzungen, bes. die Martin Luthers, Herausbildung einer deutschen Literatursprache) und expliziten Entwicklungen (Sprachgesellschaften, Grammatikschreibung, normative Stilistiken) zu jener voll ausgebauten Sprache, die, die Dialekträume übergreifend, besonders für die schriftliche Kommunikation entfaltet, schulisch verallgemeinert und nicht zuletzt durch die neuen Kommunikationsmedien zu einer allgemeinen und allgemein verständlichen Verkehrssprache im gesamten deutschen Sprachraum (einschließlich des zuvor niederdeutschen Sprachgebietes) wurde. Sie ist primärer Gegenstand der Vermittlung des Deutschen als Fremd- wie als Zweitsprache. Dabei sind die unterschiedlichen großen Varietätengruppen angemessen zu berücksichtigen, die das **H.** als sog. →**plurizentrische Sprache** aufweist.

Konrad Ehlich

Hochlautung, die: s. Standardaussprache

Hochsprache, die: die gepflegteste, am strengsten vorgegebenen Normen unterliegende, in erster Linie schriftliche Sprachverwendung, häufig auch →**Literatursprache**, Gemeinsprache, Einheitssprache oder →**Nationalsprache** genannt. Weil die **H.** ein hohes Prestige genießt (im Unterschied zu →**Varietäten**, die sozial niedrig markiert sind) und der Gebrauch dieser Varietät einem streng normierten und kodifizierten System von Vorschriften entspricht, wird sie als →**Standard(varietät)** bezeichnet. Sie ist nach normativen Standards vollständig kodifiziert, besitzt überregionale Reichweite und Gültigkeit, wird vorzugsweise in institutionellen Kontexten und öffentlichen Kommunikationssituationen benutzt und erscheint im Alltag der Kommunikation niemals in ihrer idealtypisch kodifizierten Norm. Die meisten Autoren sind sich darin einig, dass eine wesentliche Eigenschaft der **H.** ihre Kodifizierung und die Befolgung ihrer Normen (Gebote, Verbote) darstellt. Als notwendige Definitionsmerkmale werden genannt: überregional, oberschichtlich, invariant, ausgebaut und geschrieben.

Für DaF-Lernende ist der Erwerb der **H.** von größtem Vorteil, weil mit ihr überregionale wie auch regionale Kommunikation problemlos geleistet werden kann. Damit erreicht der Lerner mithilfe der Standardvarietät höchste Kommunikationsreichweite. Für die oft erstrebenswerte lokale Identität ist es dagegen durchaus angebracht, sich Eigenschaften lokaler Varietäten zum Zwecke der Nähekommunikation anzueignen. Zur Verständigung reicht eine passive Kompetenz.

Dittmar, N. (1997), *Grundlagen der Soziolinguistik. Ein Arbeitsbuch mit Aufgaben*, Tübingen.

Norbert Dittmar

Holismus, der: in den verschiedensten Kontexten vertretene Theorie und Methode der Betrachtung, Interpretation und Strukturierung wissenschaftlicher und sozialer Gegenstände; der **H.** betont die Ganzheitlichkeit menschlicher Erfahrung und beruft sich auf philosophische, psychologische und pädagogische Traditionen (vgl. Mayer 2002). In pädagogischen Zusammenhängen wird diese Auffassung häufig unter Bezugnahme auf Pestalozzi (1746–1826) mit der Formel zusammengefasst, Lernen müsse „in Verbindung von Kopf, Herz und Hand" erfolgen. **H.** Konzepte prägen u.a. die Waldorfpädagogik (vgl. Jaffke 1996) und gewannen in der Fremdsprachendidaktik mit der kommunikativen Wende und der →**Handlungsorientierung** an Bedeutung. Lernprozesse sollen so geplant und realisiert werden, dass die ganze Person mit allen ihren kognitiven, emotionalen, sozialen und expressiven Möglichkeiten angesprochen und gefördert wird. Ganzheitlich orientierte Vorstellungen bestimmen heute nicht nur die Methodik des →**frühen Fremdsprachenlernens**, sondern haben auch deutliche Spuren in der Arbeit mit Jugendlichen (vgl. Sippel 2003) und Erwachsenen hinterlassen (vgl. Schewe 1993).

Jaffke, C. (1996), *Fremdsprachenunterricht auf der Primarstufe. Seine Begründung und Praxis in der Waldorfpädagogik*, 2. Aufl., Weinheim. – Mayer, N. (2002), *Ganzheitlichkeit und Sprache. Theorie des Begriffs und empirische Zugänge im Gespräch mit Fremdsprachenlehrerinnen und -lehrern*, Frankfurt a.M. – Schewe, M. (1993), *Fremdsprache inszenieren*, Oldenburg. – Sippel, V. (2003), *Ganzheitliches Lernen im Rahmen der ‚Simulation Globale'. Grundlagen – Erfahrungen – Anregungen*, Tübingen.

Michael Legutke

Homburger Empfehlungen: 1979 in Bad Homburg formuliert, sind ein sprachenpolitisches Manifest. Ihr Tenor ist: „Europäer sollten (...) den Sprachenreichtum Europas nicht nur als Tatsache zur Kenntnis nehmen, sondern (...) dafür

Sorge tragen, daß in allen Ländern genügend Personen bereit sind, den europäischen Nachbarländern auch im Medium der Sprache entgegenzukommen." (Weinrich 1980, 315).

Wie diesem Postulat entsprochen werden kann, wird in den **H.E.** mit dem Begriff der „sprachenteiligen Gesellschaft" umschrieben und mit konkreten Vorschlägen für einen diversifizierten Fremdsprachenunterricht vom Kindergarten bis zur Erwachsenenbildung ausgeführt (→**Diversifizierung**). Eine „sprachenteilige Gesellschaft" verlangt, dass alle Bürger ihre sprachlichen Kompetenzen anderen zur Verfügung stellen, wie sie ihrerseits erwarten dürfen, dass andere ihnen sprachlich helfen, wenn der Bedarf besteht. Sprachenteiliges Verhalten muss gelernt werden. Da Sprachmitteln wie überhaupt das Sprechen für andere traditionell wenig gepflegt wird, muss der diversifizierte, lebensbegleitende Fremdsprachenunterricht zusätzlich zu den anderen kommunikativen Kompetenzen auch die der →**Sprachmittlung** betonen. Der Fremdsprachenunterricht sollte künftig nicht für jede Sprache den gleichen Weg gehen, sondern entsprechend dem konkreten Bedarf und den Lernbedürfnissen differenzieren. Die **H.E.** unterscheiden, um Wege der Differenzierung aufzuzeigen, curricular zwischen →**Begegnungssprachen**, Fundamentalsprachen (= Sprachen, die als Basis-Fremdsprachen – etwa des allgemeinbildenden schulischen Curriculums – angeboten werden), →**Verkehrssprachen** und Erschließungssprachen (z.B. Latein für Mediziner).

Christ, H./Schröder, K./Weinrich, H./Zapp, F.J., Hrsg. (1980), *Fremdsprachenpolitik in Europa. Homburger Empfehlungen für eine sprachenteilige Gesellschaft*, Augsburg. – Weinrich, H. (1980), „Fremdsprachen in einer sprachenteiligen Gesellschaft", in: *Die Neueren Sprachen* 79, 315–319.

Herbert Christ

Homonymie, die: Bezeichnung für Gleichheit des Klangs (homophonisch) oder der Schreibweise von Wörtern (homographisch), z.B. *B(b)ar* (Lokal/Bargeld), *Laute* (Musikinstrument oder Töne). Minimale Abweichungen fallen ebenfalls unter **H.** (Äquivokation). Im Fremdsprachenunterricht ist **H.** oft die Quelle von Missverständnissen.

Hermann Funk

Hören: H. ist das Vorhandensein und die Ausübung der Fähigkeit, über das Ohr akustische Signale und damit auch sprachliche Laute aufzunehmen und zu diskriminieren. Aus dem **H.** wird durch Hörintention(en) auf Seiten des Hörers →**Hörverstehen**, das bewusste Verstehen durch Hinhören. In der didaktisch-methodischen Literatur werden die Begriffe des **H.** und des Hörverstehens sehr häufig gleichgesetzt.

Thomas Stahl

Hör-Seh-Verstehen, das: bezieht sich auf die →**Fertigkeit**, audiovisuelle Medien, d.h. Filme unterschiedlicher Genres, im Fremdsprachenunterricht verstehen zu können. Gemäß dem semiotischen Status von Film bedeutet dies, Bild und Ton in ihren spezifischen →**Kodes** wahrzunehmen, zu verstehen und zu interpretieren. **HSV.** zielt auf das adäquate Aufnehmen und Verarbeiten der kommunikativen Situation in ihrer Gesamtheit, d.h. das Erfassen der übermittelten Sprachzeichen und der nonverbalen wie extraverbalen, kommunikative Funktion tragenden Informationen und deren intentionsgerechte, partnerbezogene und situationsgerechte Widerspiegelung und Interpretation (vgl. Biechele 2006, 309). Das **HSV.**, das dem natürlichen Verstehen entspricht und Verstehens- wie Lernvorteile bewirkt, wird mittels →**Filmdidaktik** im Fremdsprachenunterricht trainiert. Das „klassische" Konzept der Fertigkeiten Hören, Lesen, Sprechen und Schreiben wird durch das →**Sehverstehen** und das **HSV.** im modernen Fremdsprachenunterricht erweitert.

Biechele, B. (2006), „Film/Video/DVD in Deutsch als Fremdsprache – Bestandsaufnahme und Perspektiven", in: Barkowski, H./Wolff, A. (Hrsg.), *Umbrüche. Materialien Deutsch als Fremdsprache*, Nr. 76, Regensburg, 309–328. – Schwerdtfeger, I.Ch. (2003), „Übungen zum Hör-Sehverstehen", in: Bausch, K.-R./Christ, H./Krumm, H.-J. (Hrsg.), *Handbuch Fremdsprachenunterricht*, 4. Aufl., Tübingen und Basel, 299–302.

Barbara Biechele

Hörspiel, das: Kunstform, die mit Stimme, Stille, Klängen und Geräuschen arbeitet und mittels Tonträger (Radio, CD) übertragen wird. Das **H.** zielt darauf, Gefühle, Assoziationen und Bilder im Kopf des Hörers entstehen zu lassen. Das traditionelle, inhaltsorientierte Rundfunk-**H.** erlebte um die 1950er Jahre einen Höhepunkt, das neue **H.** entwickelte ab Mitte der 1960er Jahre eine speziell akustische Ästhetik, beim O-Ton-**H.** werden originale Tonvorlagen zu einem akustischen Kunstwerk montiert. In den 1980er Jahren wurde vor allem das Kurzhörspiel (15–20 Min.) für den DaF-Unterricht entdeckt und in didaktisierten Reihen herausgegeben. Allerdings blieb sein

Einsatz aufgrund der sprachlichen und inhaltlichen Komplexität begrenzt. Seit den 1990er Jahren werden **H.** und Hörbücher eigens für den DaF-Unterricht entwickelt.

Eva-Maria Jenkins

Hörstil, der: Der Begriff **H.** bezeichnet die Art des →**Hörverstehens** (HV). Der **H.** wird v.a. durch die Hörintentionen des Hörers und durch die Textsorte determiniert und kann im Verlauf des Rezeptionsprozesses wechseln. In der Fachliteratur werden drei grundsätzliche **H.** unterschieden, wobei die Begriffe nicht einheitlich verwendet werden: **H.1:** globales HV (auch extensiv oder kursorisch): das generelle Erfassen der Struktur, der Gesamtaussage oder der Schlüsselbegriffe eines Hörtextes. **H.2:** selektives HV (auch selegierend oder suchend): das Erfassen bestimmter Einzelinformationen eines Hörtextes. **H.3:** detailliertes HV (auch intensiv oder synthetisch): das Erfassen eines Hörtextes im Detail mit dem Ziel, ein möglichst vollständiges Textverständnis zu erreichen. Zu weiteren in der Fachliteratur genannten **H.** s. Wiemer (1999). Die Vermittlung der verschiedenen **H.** gehört zu den wichtigen Lernzielen einer an dem Modell →**Kommunikative Kompetenz** orientierten Fremdsprachendidaktik.

Wiemer, C. (1999), „Aspekte des Hörverstehens im fremdsprachlichen Lernprozess", in: Eggers, D. (Hrsg.), *Hörverstehen aus andragogischer Sicht. Sprachlern- und Spracherwerbsstrategien im Fremdsprachenunterricht mit Erwachsenen* (Sprachandragogik Jahrbuch 1998), Mainz, 37–55.

Thomas Stahl

Hörtext, der: Zur Schulung des →**Hörverstehens** von Lehrbuchautoren erstellt oder aus originalen Hörbeiträgen ausgewählt. Didaktische Kriterien sind: Realitätsbezug, Informationsdichte, Lexik, Textorganisation, strukturelle Komplexität, Verständlichkeit, Sprechgeschwindigkeit, Verstehensziele bezüglich verschiedener Lernniveaus und Zielgruppen. Die Aufgabensequenzierung „vor/nach dem Hören, während des Hörens" hat sich durchgesetzt. Trotz der Forderung nach größtmöglicher →**Authentizität** von **H.** mit umgangssprachlichen, regionalen/dialektalen Merkmalen überwiegen in Anfängerlehrwerken konstruierte, grammatikorientierte Alltagsdialoge; auch im Fortgeschrittenenunterricht werden authentische **H.** zu wenig genutzt, um realitätsadäquates Hörverstehen zu erreichen.

Eva-Maria Jenkins

Hörverstehen, das:

1. Begriffsklärung

H. (auch verstehendes Hören) ist neben →**Leseverstehen**, →**Sprechen** und →**Schreiben** eine der vier grundlegenden Kommunikationstätigkeiten. Der Begriff bezeichnet den durch einen auditiven Input ausgelösten Rezeptionsprozess, durch den der Inhalt mündlicher Texte erschlossen wird. In der Fremdsprachendidaktik meint **H.** die Fähigkeit, gesprochene Texte in der Zielsprache zu verstehen und darin enthaltene Informationen zu weiterem sprachlichen und nichtsprachlichen Handeln zu verwenden.

2. Vorgang des **H.**

H. ist ein aktiver und konstruktiver Prozess der Bedeutungskonstitution, bei dem Text(daten) und Hörer(wissen) interagieren. Modellhaft vorstellen lässt sich das **H.** als Wechselwirkung zwischen datengeleiteten (aufsteigend, →**bottom up**) und wissensgeleiteten (absteigend, →**top down**) Operationen, die weitgehend parallel ablaufen. Bei der aufsteigenden Informationsverarbeitung werden die phonologisch-prosodischen, lexikalischen und morpho-syntaktischen Signale des akustischen Datenstroms registriert und aufbereitet. Bei der absteigenden Verarbeitung werden Schemata (→**Schema-Theorie**) des Sprach- und Weltwissens aktiviert und an den Text herangetragen. **H.** ist stets intentional, d.h. Voraussetzung des **H.** ist die individuelle Verstehensabsicht (Hörinteresse). Das jeweilige Hörziel, das in Auseinandersetzung mit dem Text immer wieder neu definiert werden kann, bestimmt den →**Hörstil**.

3. Einflussfaktoren des **H.**

Das **H.** wird durch interne und externe Faktoren beeinflusst (vgl. Marx 2005, 147–155). Interne Faktoren, die vom Hörer stammen, sind Gedächtnisleistung, eingesetzte Hörverstehensstrategien, sprachliches und nichtsprachliches Vorwissen sowie verschiedene affektive Variablen, die das Verstehen steuern, hemmen oder blockieren können, indem sie die Aufmerksamkeit des Hörers lenken (z.B. Konzentrationsfähigkeit, Interesse am Thema oder die Beziehung zum Sprecher). Externe Faktoren sind Merkmale des Sprechenden (z.B. Gestik, Mimik, Aussprache, Prosodie), des Textes (z.B. sprachliche Eigenschaften, Aufbau, Abstraktionsgrad, Thema) und der Hörumgebung (z.B. Hintergrundgeräusche).

Dahlhaus, B. (1994), *Fertigkeit Hören (Fernstudieneinheit 5)*, München. – Kühn, P., Hrsg. (1996), *Hörverstehen im Unterricht Deutsch als Fremdsprache. Theoretische Fundie-*

rung und unterrichtliche Praxis (Werkstattreihe Deutsch als Fremdsprache 53), Frankfurt a.M. u.a. – Marx, N. (2005), *Hörverstehensleistungen im Deutschen als Tertiärsprache. Zum Nutzen eines Sensibilisierungsunterrichts im „DaFnE"*, Baltmannsweiler.

Thomas Stahl

hybrid/Hybridität, die: Der Begriff hat sich als allgemeine Bezeichnung für Vermischtes und Kreuzungen bezogen auf Sprache, Kultur und Identität in der Soziolinguistik sowie der Sozial-, Kultur- und Literaturwissenschaft etabliert. Nach Bronfen und Marius ist alles **h.**, „was sich einer Vermischung von Traditionslinien oder von Signifikantenketten verdankt, was unterschiedliche Diskurse und Technologien verknüpft, was durch Techniken der *collage*, des *samplings*, des Bastelns zustande gekommen ist" (1997, 14). →**Pidgin-** und →**Kreolsprachen**, aber auch →**Wortmischungen** und →**Sprachmischungen** wie dichte Formen des →**Codeswitching** und Codemixing fallen darunter. Auf sprachliche Hybridbildungen stößt man bei Jugendlichen mit sog. Migrationshintergrund, die über Sprachmischungen eigene gruppenspezifische und ethnolektale „We-Codes" entwickeln und diese z.T. auch benennen (z.B. *karışık konuşmak* als türkische Bezeichnung für *gemischt sprechen*). Eine engere Spielart der **H.** richtet sich auf die reaktive Entwicklung neuer sprachlicher, kultureller und identitärer Mischformen in der Auseinandersetzung mit der Mehrheitsgesellschaft. **H.** ist mittlerweile ein Schlüsselbegriff in der internationalen Debatte um Migration, Kulturkontakt, Globalisierung und Diasporakulturen, der Begriff wird aber auch wegen seiner Unschärfe kritisiert.

Bronfen, E./Marius, B. (1997), „Hybride Kulturen. Einleitung zur anglo-amerikanischen Multikulturalismusdebatte", in: Bronfen, E./Marius, B./Steffen, T. (Hrsg.), *Hybride Kulturen. Beiträge zur anglo-amerikanischen Multikulturalismusdebatte*, Tübingen, 1–29. – Ha, Kien Nghi (2005), *Hype um Hybridität. Kultureller Differenzkonsum und postmoderne Verwertungstechniken im Spätkapitalismus*, Bielefeld.

Volker Hinnenkamp

Hyperbel, die: rhetorische Figur der Übertreibung, um eine verstärkte Wirkung beim Rezipienten zu erzielen (z.B. *todmüde*).

Konrad Ehlich

Hypermedia: **H.** ist eine Wortbildung aus →**Hypertext** und →**Multimedia** und wird artikellos verwendet. Der Begriff bezeichnet die Erweiterung der Hypertext-Konzeption durch Integration multimedialer Komponenten, wird aber auch als Synonym für Hypertext gebraucht. **H.** zeichnet sich demnach ebenfalls durch eine nicht-lineare, netzwerkartige Organisation von Informationseinheiten aus.

H.-Systeme ermöglichen es, neben Texten auch Tonaufnahmen und Bewegtbilder zu speichern und zu präsentieren. Dadurch wird ein flexibler Zugriff auf multikodale (z.B. Text- vs. Bildkodierung) und multimodale (z.B. Text lesen vs. Text hören) Informationen möglich. Für Lehr-/Lernkontexte ist dies u.a. deshalb bedeutsam, weil eine Multikodierung von Informationen positive Effekte auf Behaltensleistungen haben kann. Allerdings besteht beim Lernen mit multimedialen Materialien auch die Gefahr kognitiver Überlastung. Lernende haben dann nur noch Kapazität für die automatische Verarbeitung von Informationen oder brechen die Verarbeitung sogar gänzlich ab (vgl. Weidenmann 2002, 57). Aufgrund seiner Interaktivität bietet **H.** Lernenden die Möglichkeit, aus einem multikodalen und multimodalen Lernangebot auszuwählen und Präsentationsabläufe entsprechend ihrer individuellen Voraussetzungen selbst zu gestalten.

Weidenmann, B. (2002), „Multicodierung und Multimodalität im Lernprozess", in: Issing, L. J./Klimsa, P. (Hrsg.), *Information und Lernen mit Multimedia und Internet. Lehrbuch für Studium und Praxis*, 3. Aufl., Weinheim, 45–62.

Udo Ohm

Hyperonym, das: Wörter oder Begriffe, die zu einem weiteren Wort bzw. Begriff im Verhältnis der Überordnung stehen. *Fisch* ist **H.** zu *Lachse* und *Forellen*. *Fahrzeug* ist **H.** zu *Auto*. Gegenbegriff: →**Hyponym**. In der fremdsprachlichen Wortschatzarbeit, u.a. in der Fach- und Berufssprache, sind **H.** eine wichtige Lernhilfe zur systematischen Ordnung, zur Vernetzung und beim Abruf bedeutungsverwandter Wörter. In der →**Fachsprache** sind hyperonymische/hyponymische Systeme oft durch Normen festgelegt (s. ggf. auch →**mentales Lexikon**; →**Konnektionismus**).

Hermann Funk

Hypertext, der: Bezeichnung für eine nicht-lineare, netzwerkartige Organisation von Informationseinheiten (Knoten). **H.** bestehen vorwiegend aus computertechnisch miteinander verknüpften

Textmodulen, enthalten oft aber auch Bilddarstellungen. Die Verknüpfungen werden als elektronische Verweise im →**Text** realisiert. Enthält der **H.** auch Knoten mit Tonaufnahmen und Bewegtbildern, wird häufig von →**Hypermedia** gesprochen. Einer breiten Öffentlichkeit wurde diese →**Informationstechnologie** mit dem Aufstieg des World Wide Web (WWW) in den 1990er Jahren bekannt. Voraussetzung war die Entwicklung einer standardisierten Auszeichnungssprache für **H.** (Hypertext Markup Language) um 1990 und die freie Verfügbarkeit von sog. Webbrowsern ab 1993. Die Lernförderlichkeit von **H.** wird häufig damit begründet, dass eine netzwerkartige Repräsentation von Informationen kognitiv plausibel sei, den selbstgesteuerten Wissenserwerb unterstützte und die kognitive Flexibilität förderte. Wissenschaftlich gesehen sind diese Annahmen zu pauschal. **H.** können auch lernbehindernde Desorientierungen verursachen („lost in hyperspace"). Eine methodisch-didaktisch reflektierte Einbettung in geeignete Lehr-/Lernarrangements ist daher unverzichtbar.

Tergan, S.-O. (2002), „Hypertext und Hypermedia: Konzeption, Lernmöglichkeiten, Lernprobleme und Perspektiven", in: Issing, L.J./Klimsa, P. (Hrsg.), *Information und Lernen mit Multimedia und Internet. Lehrbuch für Studium und Praxis*, 3. Aufl., Weinheim, 99–112.

Udo Ohm

Hyponym, das: Wörter oder Begriffe, die zu einem weiteren Wort bzw. Begriff im Verhältnis der Unterordnung stehen. *Lachse* und *Forellen* sind *Fische*. Ein *Auto* ist ein *Fahrzeug*. Gegenbegriff: →**Hyperonym**. In der fremdsprachlichen Wortschatzarbeit, u.a. in der Fach- und Berufssprache, sind **H.** eine wichtige Lernhilfe zur systematischen Ordnung, zur Vernetzung und beim Abruf bedeutungsverwandter Wörter. In der →**Fachsprache** sind hyponymische/hyperonymische Systeme oft durch Normen festgelegt (s. ggf. auch →**mentales Lexikon**; →**Konnektionismus**).

Hermann Funk

Hypostasierung, die: in verschiedenen Wissenschaften verwendeter, unterschiedlich belegter Terminus. Im Kontext von DaF/DaZ begegnet **H.** in den folgenden Bedeutungen: **1.** als Bezeichnung für den Vorgang der einseitigen Analyse und Beschreibung grammatikalischer Kategorien im Hinblick auf deren Ausdrucksfunktionen bzw. deren Status und Wirksamkeit als Kategorien der geistigen Welterfahrung. In dieser Bedeutung hat **H.** Anschluss an dzgl. geführte Diskurse in den Bereichen Grammatiktheorie und Sprachphilosophie (vgl. z.B. →**Inhaltsbezogene Grammatik** und →**Sapir-Whorf-Hypothese**). **2.** Spezifischer Vorgang/Sonderfall der →**Wortbildung**, bei dem Flexionsmerkmale des produktiven Worts in das abgeleitete Wort übernommen werden, etwa zu beobachten bei dem substantivisch abgeleiteten Adverb *abends* und der gleichfalls aus einem Substantiv im Genitiv entstandenen Präposition *mittels*.

Hans Barkowski

Hypotaxe, die: auch: Satzgefüge. Bei einem hypotaktischen Satzkomplex ist ein Teilsatz einem anderen Teilsatz untergeordnet. Dabei kann der übergeordnete Teilsatz ein →**Hauptsatz** oder ein →**Nebensatz** sein: *Das Baby schlief, obwohl überall die Silvesterböller knallten.* (Hauptsatz, Nebensatz); ..., *obwohl draußen ein Höllenlärm war, weil überall die Silvesterknaller abgefeuert wurden*, ... (Nebensatz, Nebensatz). Der untergeordnete Teilsatz steht in Abhängigkeit zum übergeordneten Teilsatz. Abhängige Teilsätze können ganze Satzgliedfunktionen erfüllen (z.B. Micha weiß, *dass Zigarre rauchen schädlich ist*. hier: Objektfunktion). (Gegenbegriff →**Parataxe**)

Mandy Höhle

Hypothese, die:

1. H. in der →**Forschungsmethodologie**

Ein zentrales Ziel der empirischen Forschung ist es, **H.** aufzustellen und zu überprüfen. Mit einer wissenschaftlichen **H.** wird ein Zusammenhang zwischen zwei oder mehreren Variablen postuliert, wobei die behauptete Beziehung nicht nur für Einzelfälle, sondern für eine ganze Klasse vergleichbarer Fälle Gültigkeit haben soll. Als zentrale Komponente aller empirischen Disziplinen muss eine wissenschaftliche **H.** eine Reihe von Bedingungen erfüllen: sie muss sich auf Sachverhalte beziehen, die empirisch überprüfbar sind, und es müssen Verfahren angegeben werden, mit deren Hilfe entscheidbar ist, ob der behauptete Zusammenhang tatsächlich vorliegt. Eine **H.** muss außerdem widerlegbar bzw. falsifizierbar sein, und es müssen die Bedingungen genannt werden, unter denen die aufgestellte Behauptung nicht gilt. Da Wahrscheinlichkeitsaussagen, die auf der Basis quantitativ angelegter Untersuchungen formuliert werden, nicht durch einzelne Gegenbeispiele widerlegt werden können, müssen zu ihrer Überprüfung spezielle Prüfkriterien (z.B. statistische Signifikanzniveaus) angegeben werden. Da bei explorativen empirischen Untersuchungen **H.** nicht den Ausgangspunkt, sondern das Resultat der Forschung darstellen, gilt hier, dass die **H.** nachvollziehbar entwickelt und begründet werden muss.

2. H. in der Zweit- und Fremdsprachenerwerbsforschung
Analog zu den o.g. Ausführungen wird in der kognitiv ausgerichteten Fremdsprachenerwerbsforschung davon ausgegangen, dass Lernende im Laufe ihres Erwerbs aufgrund von Vorwissen, Beobachtungen und Erfahrungen verschiedene **H.** über die zu lernende Sprache aufstellen, die sie – passiv oder aktiv – testen, indem sie sie entweder mit dem Sprachgebrauch von Sprechern der Zielsprache vergleichen, Sprecher der Zielsprache direkt befragen oder sie in ihren eigenen Äußerungen zur Anwendung bringen. Aufgrund des →**Feedbacks** der zielsprachlichen Umgebung überprüfen sie dann, ob die von ihnen aufgestellten **H.** zutreffend sind oder nicht und ggf. modifiziert werden müssen.

Bortz, J./Döring, N. (2006), *Forschungsmethoden und Evaluation für Human- und Geisteswissenschaftler*, Heidelberg. – Corder, S.P. (1976), „The study of interlanguage“, in: *Proceedings of the Fourth International Conference of Applied Linguistics*, München.

Karin Aguado

I

ICC (International Certificate Conference): s. Internationale Zertifikatskonferenz

idealer Sprecher-Hörer: zentrales Untersuchungsobjekt der →**generativen Transformationsgrammatik**: der **i.S.-H.**, „der in einer völlig homogenen Sprachgemeinschaft lebt, seine Sprache ausgezeichnet kennt und bei der Anwendung seiner Sprachkenntnis in der aktuellen Rede von solch grammatisch irrelevanten Bedingungen wie begrenztes Gedächtnis, Zerstreutheit und Verwirrung, Verschiebung in der Aufmerksamkeit und im Interesse, Fehler (zufällige oder typische) – nicht affiziert wird.“ (Chomsky 1969, 13). Für den DaF/DaZ-Kontext gilt die Vernachlässigung der →**Performanz** zugunsten der →**Kompetenz** des **i.S.-H.** nicht, denn Unterricht zielt auf Performanz und stellt in Rechnung, dass das Lernen von Fremdsprachen aus dem Zusammenwirken zahlreicher Faktoren resultiert, die sich sowohl auf Lehr- und Lernbedingungen im Klassenzimmer als auch auf psychologische und soziale Komponenten außerhalb des Klassenzimmers und spezifische Lernerfaktoren beziehen. Mit dem Begriff der →**kommunikativen Kompetenz** hat die Fremdsprachendidaktik diese Abwertung von Performanz gegenüber der Kompetenz überwunden.

Chomsky, Noam (1969), *Aspekte der Syntax-Theorie*, Frankfurt a.M.

Jacqueline Fiuza da Silva Regis

Identität, die: ein insbesondere in Soziologie und Psychologie zentraler Begriff, der i.d.R. eng mit Sprache (→**Sprachidentität**) und →**Kultur** verknüpft ist. Generell bezeichnet **I.** das, was einen Menschen aus seiner eigenen oder einer Außenperspektive zu einem unverwechselbaren Individuum macht (Ich-**I.**, personale **I.**) bzw. was eine Gruppe von anderen Gruppen unterscheidet (Wir- oder Gruppen-**I.**), wobei moderne Identitätskonzepte den prozesshaften Verlauf von **I.**-Entwicklung betonen, was den Wandel von **I.** ebenso wie die Herausbildung von Mehrfachidentität einschließt. Sprache und die Zugehörigkeit zu einer bestimmten soziokulturellen Gemeinschaft sind wesentliche Kennzeichen solcher Unterscheidungen und Gemeinsamkeiten, aber auch Religion und bestimmte Wertvorstellungen konstituieren **I.**

Durch den Namen bereits erhält ein Mensch seine personale **I.**, wird aber zugleich auch als zugehörig zu einer Familie (soziale **I.**) festgelegt. →**Sprachverlust** und kulturelle Entwurzelung, aber auch die Erfahrung von Diskriminierung können zu einer Gefährdung der **I.** führen, d.h. zu einem Zustand, in dem Menschen nicht mehr wissen, wer sie sind bzw. welcher Gruppe sie sich zugehörig fühlen. Oksaar (2003, 163) bezeichnet den Verlust der sprachlichen **I.** als „sprachliche Heimatlosigkeit“. Seit die europäischen Nationalstaaten nach dem Prinzip „Ein Staat – eine Sprache“ verfahren, ist auch die nationale **I.** eng mit Sprache verbunden, weshalb Migranten tw. gezwungen werden, die Landessprache zu lernen, wenn sie in einem Land bleiben wollen (→**Integrations(sprach)kurs**). Fragen der kulturellen **I.** von Minderheiten, ihrer Bedrohung bzw. Bewahrung, spielen ebenfalls im Kontext von →**Migration** eine prominente Rolle (vgl. →**Integration**; →**Assimilation**).

Janich, N./Thim-Mabrey, C., Hrsg. (2003), *Sprachidentität – Identität durch Sprache.* (Tübinger Beiträge zur Linguistik, Bd. 465), Tübingen. – Krappmann, L. (1971, 9. Aufl. 2000), *Soziologische Dimensionen der Identität*, Stuttgart. – Oksaar, E. (2003), *Zweitspracherwerb. Wege zur Mehrsprachigkeit und zur interkulturellen Verständigung*, Stuttgart.

Hans-Jürgen Krumm

Identitätshypothese, die: Gemäß der I. nach Dulay & Burt (1974) verlaufen Spracherwerbsprozesse aufgrund überindividueller psycholinguistischer Bedingungen identisch – unabhängig davon, ob es sich um den Erwerb einer Erst-, einer Zweit- oder einer Fremdsprache handelt. Diese starke Version der →**L1 = L2**-Hypothese ist aufgrund einer Reihe methodischer Unzulänglichkeiten der ihr zugrunde liegenden empirischen Studien sowie aufgrund der inzwischen nachgewiesenen internen und externen Unterschiede zwischen dem Erst-, Zweit- und Fremdsprachenerwerb nicht haltbar. So sind Fremdsprachenlernende kognitiv und sozial weiter entwickelt, sie verfügen bereits über – mindestens – eine Sprache und das damit verbundene lern- und kommunikationsstrategische Wissen. Und während alle Kinder jede Erstsprache gleich gut erwerben können, ist der Sprachlernerfolg von Fremdsprachenlernenden individuell sehr verschieden. Sie erreichen nur in den seltensten Fällen eine so hohe Sprachbeherrschung wie L1-Sprecher. Da eine absolute Identität der Erwerbsprozesse also ausgeschlossen ist, Langzeitstudien jedoch belegen konnten, dass es – unabhängig vom Erwerbstyp – für einige morphosyntaktische Phänomene (z.B. die Wortstellung oder die Negation) natürliche, universelle →**Erwerbssequenzen** gibt, kann davon ausgegangen werden, dass die Spracherwerbsprozesse in Bezug auf bestimmte Strukturen ähnlich verlaufen und im Zweit- und Fremdsprachenerwerbsprozess Mechanismen aktiviert werden, die bereits im Erstsprachenerwerb eine Rolle spielen.

Dulay, H./Burt, M.K. (1974), „Natural sequences in child second language acquisition", in: *Language Learning* 24, 37–53. – Ellis, R. (1990), *Instructed second language learning*, Oxford. – Pienemann, M. (1984), „Psychological constraints on the teachability of languages", in: *Studies in Second Language Acquisition* 6 (2), 186–214.

Karin Aguado

Idiolekt, der: in Analogie zu →**Dialekt** gebildeter Ausdruck für die sprachlichen Eigenheiten eines Individuums. I. setzt die Nutzung einer allgemeinen Sprache voraus, deren Gebrauch als jeweils spezifische Auswahl aus deren Realisierungsmöglichkeiten durch das Individuum wahrgenommen wird. Im strengen Sinn ist – nach Wittgensteins Kritik am Konzept der ‚Privatsprache' – eine bloß individuelle Sprache nicht möglich. Die individuellen Merkmale können sich auf die verschiedenen Aspekte des in der Kommunikation verwendeten sprachlichen Systems beziehen. Das, was für literarische Sprache als individueller Stil eines Autors literaturwissenschaftlich wahrgenommen wird, kann in diesem Sinn als idiolektal betrachtet werden.

Konrad Ehlich

Idiom, das: Der Begriff I. wird auf eine Vielzahl unterschiedlicher Erscheinungen angewendet und in den damit befassten Fachdiskursen uneinheitlich definiert. Gleichzeitig begegnen – z.T. in synonymer Verwendung – zahlreiche alternative Begrifflichkeiten wie z.B. idiomatische Wendung, phraseologische Verbindung, Redewendung, metaphorische Redensart, Wortgruppenlexem usw. Dessen ungeachtet lassen sich folgende konsensfähige Aussagen zu I. treffen: I. stellen als dem Sprachsystem zuzurechnende 1. polylexikale, 2. (relativ) stabile und 3. lexikalisierte Einheiten eine zentrale Teilklasse von →**Phraseologismen** dar (vgl. Fleischer 1997), unterscheiden sich jedoch von diesen durch das Kriterium der →**Idiomatizität** (vgl. Roos 2001, 14). Die Bedeutung eines I. lässt sich demgemäß nicht aus der Summe der Bedeutungen der beteiligten →**Lexeme** erschließen, da diese ihre je individuelle Bedeutung zugunsten einer Gesamtbedeutung aufgeben (vgl. Burger 2003), vgl. z.B. *jmdm. einen Korb geben* oder *blinder Passagier*. I. stellen aufgrund ihrer spezifischen Eigenschaften (u.a. relative Stabilität, Bildhaftigkeit, Idiomatizität) eine besondere Herausforderung für die fremdsprachliche Vermittlung dar (s. dazu ggf. →**Phraseo-Didaktik**).

Burger, H. (2003), *Phraseologie: Eine Einführung am Beispiel des Deutschen*, Berlin. – Fleischer, W. (1997), *Phraseologie der deutschen Sprache*, Tübingen. – Roos, E. (2001), *Idiom und Idiomatik: Ein sprachliches Phänomen im Lichte der Kognitiven Linguistik und Gestalttheorie*, Aachen.

Britta Winzer-Kiontke

Idiomatik, die: Aufgrund der Komplexität des Forschungsgegenstandes ergeben sich Schwierigkeiten bei der Festlegung einer allgemeingültigen

Definition des Begriffs der **I.**, wobei sich jedoch mit dem Terminus meist zwei Bedeutungsausprägungen verbinden. Zum einen bezeichnet **I.** die Teildisziplin der →**Phraseologie**, die sich der Erforschung der Gruppe der →**Idiome** widmet, zum anderen bezieht sich der Begriff auf den je konkreten Bestand der Idiome einer Sprache. In der Literatur wird vielfach darauf hingewiesen, dass sich **I.** nicht nur auf Idiome im klassischen Sinne (z.B. *den Löffel abgeben*) beschränken lässt (vgl. Coulmas 1981; Daniels 1985), sondern ebenfalls andere Bereiche, u.a. Einwortlexeme (z.B. *Mauerblümchen*) einbezieht. Dennoch finden sich Gruppen, die aus dem Bereich der **I.** ausgeschlossen werden sollten, u.a. Sprichwörter, Stereotype und Klischees, Zitate, Slogans u.a.m. (vgl. Roos 2001, 14f.). Mittlerweile besteht weitgehend Konsens über die Notwendigkeit der Einbeziehung der **I.** in die fachwissenschaftlichen Gegenstände der →**Sprachlehr-** und **-lernforschung**, und die →**Methodik**/Didaktik des Fremdsprachenunterrichts.

Coulmas, F. (1981), *Routine im Gespräch: Zur pragmatischen Fundierung der Idiomatik*, Wiesbaden. – Daniels, K. (1985), „Idiomatische Kompetenz in der Zielsprache Deutsch: Voraussetzungen, Möglichkeiten, Folgerungen", in: *Wirkendes Wort*, 1, 145–157. – Roos, E. (2001), *Idiom und Idiomatik: Ein sprachliches Phänomen im Lichte der Kognitiven Linguistik und Gestalttheorie*, Aachen.

Britta Winzer-Kiontke

Idiomatische Wendung, die: s. **Phraseo-Didaktik**

Idiomatizität, die: bezeichnet die Eigenschaft eines →**Idioms**, eine aus den einzelnen Komponenten syntaktisch und semantisch nicht voll erklärbare Einheit zu bilden (vgl. Burger 2003), bei der die Bedeutung an die Lexemkombination als ganze gebunden ist (z.B. *jmdm. sein Ohr leihen* im Sinne von ‚jmdm. zuhören').

Grundsätzlich ist von einer weiten, auf struktureller Anomalie basierenden (vgl. etwa das unflektierte, nicht kongruent markierte attributive Adjektiv *gut* in dem Ausdruck *auf gut Glück*) und einer engen, auf semantischen Aspekten beruhenden Konzeption von **I.** auszugehen (vgl. Burger 2003, 20ff.). Semantische **I.** grenzt das Zentrum der →**Phraseologie** von deren Peripherie ab (vgl. ebd., 31) und verläuft prinzipiell graduell. So ist zwischen 1. vollidiomatischen (z.B. *jmdm. einen Bären aufbinden*), 2. teilidiomatischen (z.B. *lügen, dass sich die Balken biegen*) und 3. nicht-idiomatischen (z.B. *sich die Zähne putzen*) Ausdrücken zu unterscheiden. Bei 1. liegt eine starke Diskrepanz zwischen wörtlicher Leseart und phraseologischer Bedeutung vor, während bei 2. ein Element die freie, wendungsexterne Bedeutung beibehält und die anderen Komponenten die idiomatische und die wörtliche Leseart zulassen. Bei 3. kommt die Bedeutung auf Grundlage der Komponenten zustande.

Für den Nichtmuttersprachler stellt die **I.** ein Herausforderung dar, insbesondere in Fällen, in denen wortgleiche Varianten existieren, wie z.B. bei *baden gehen*, das einmal im Sinne der Grundbedeutung der beteiligten Wörter und zum zweiten, in der phraseologisch gebundenen Bedeutung, im Sinne von „mit/bei etwas scheitern" zu verstehen ist (vgl. Palm 1995, 12).

Burger, H. (2003), *Phraseologie: Eine Einführung am Beispiel des Deutschen*, Berlin. – Palm, C. (1995), *Phraseologie*, Tübingen.

Britta Winzer-Kiontke

Idiosynkrasie, die: „eigentümliche (Ver)mischung"; in diversen – meist wissenschaftlichen – Kontexten unterschiedlich belegter Begriff für von der Norm abweichende Verhaltensweisen, Empfindlichkeiten, Sprachverwendungen u.a.m. Im Kontext von DaF/DaZ sind insbesondere die folgenden Belegungen bedeutsam:

1. Semantische **I.**: Bedeutungsbelegungen von Lexemen, insbesondere von Komposita, die von der diesem Lexem – bzw. den beteiligten Lexemen – üblicherweise zugeordneten Bedeutung/en abweichen, z.B. Schürzenjäger (s.a. →**Idiomatizität**). **2.** Morphologische **I.**: einzelfallbezogene Abweichungen von regelhaften grammatischen Markierungen wie z.B. bei der →**Komparation** der Adjektive *gut* (*besser – am besten*) oder *viel* (*mehr – am meisten*), bei denen das Basisadjektiv, anders als bei regelhafter Bildung – vgl. *schlecht – schlechter – am schlechtesten* – nicht erhalten bleibt. **3.** Von idiosynkratischen Abweichungen („Fehlern") spricht man, wenn Fremdsprachenlernende in ihren fremdsprachlichen Produktionen in semantischer oder grammatischer Hinsicht vom zielsprachlichen Standard abweichen und dies weder in einer mit vergleichbaren Lernern übereinstimmenden Weise tun noch eine plausible spracherwerbliche Erklärung für deren Zustandekommen gefunden werden kann.

Hans Barkowski/Mandy Höhle

IDS, das: s. **Institut für Deutsche Sprache**

IDV, der: s. Internationaler Deutschlehrerverband

ifa: s. Institut für Auslandsbeziehungen

IGLU-Studie: IGLU = Internationale Grundschul-Lese-Untersuchung; deutsche Bezeichnung der inzwischen zu zwei Zeitpunkten, 2001 und 2006, unter z.T. wechselnder Länderbeteiligung durchgeführten internationalen Studie IGLU/PIRLS (= Progress in International Reading Literacy Study) zur Lesekompetenz; die deutsche Beteiligung an **IGLU** 2006 wurde dabei um eine Abfrage mit weiteren Items (IGLU 2006-E) ergänzt. **IGLU** stellt aus deutscher Sicht eine Ergänzung zur →**PISA**-Studie dar und dient wie diese der – insbesondere bildungspolitisch motivierten – Ermittlung von Leistungsstandards und Förderbedarfen, darunter auch bezüglich der Kompetenz in Deutsch als Zweitsprache von Kindern und Jugendlichen mit Migrationshintergrund.

Internetadresse: www.ifs.uni-dortmund.de/iglu2006

Hans Barkowski

Ikon, das/Ikonizität, die: Der Begriff **Ikon** wurde von Ch. S. Peirce eingeführt. Peirce unterscheidet drei Typen von Zeichen: Index, **Ikon** und Symbol. Während ein indexikalisches Zeichen zu dem Objekt, auf das es verweist, in realer Indexikalität (z.B. Rauch als Anzeichen für Feuer) und ein symbolisches Zeichen zu dem von ihm bezeichneten Objekt in konventioneller Beziehung (→**Arbitrarität**: z.B. Hutabnehmen als Zeichen für Begrüßung) steht, hat ein ikonisches Zeichen einen Ähnlichkeitsbezug zu dem Objekt, das es bezeichnet (**Ikonizität**). Gute Beispiele für **Ikone** sind die Icons in Computerprogrammen, die aufgrund ihrer Ähnlichkeitsbeziehung zu den Operationen, für die sie stehen (z.B.  für Speichern), eine intuitive Bedienung ermöglichen sollen. Obwohl sprachliche Mittel und Strukturen prinzipiell als arbiträr betrachtet werden, besitzen sie auch ikonisches Potenzial. So wird bei der symmetrischen Koordination mit den einfachen →**Konjunktionen** „und" und „oder" Symmetrie auch ikonisch zum Ausdruck gebracht, weil die Konjunktionen zwischen den Konjunkten stehen und diese ohne Bedeutungsveränderung vertauschbar sind (vgl. Eisenberg 1999, 368). Beim mündlichen Erzählen signalisieren prosodische Eigenschaften häufig Ähnlichkeit zwischen der sprachlichen Darbietung und dem verlesenen Inhalt, etwa wenn ein hektisches Geschehen in besonders schneller bzw. stakkatohafter Weise vorgetragen wird.

Eisenberg, P. (1999), *Grundriss der deutschen Grammatik. Bd. 2: Der Satz*, Stuttgart/Weimar.

Udo Ohm

Illokution, die/illokutiver Akt, der/illokutionärer Akt, der: In der →**Sprechakttheorie** wird zwischen einem **i.A.** und einem →**lokutiven Akt** unterschieden, die gleichzeitig vollzogen werden: Sätze haben Grundbedeutungen (Aussage, Wunsch, Aufforderung u.a.), die nicht immer deckungsgleich mit dem kommunikativen Sinn der Äußerung, also der Sprechhandlung (z.B. Bitte, Drohung, Feststellung, Ratschlag, Wunsch, Warnung, Vorwurf usw.) sind. Der lokutive Akt ist die Äußerung an sich, der **i.A.** ist die mit dieser Äußerung verbundene Sprechhandlung: In einem bestimmten Kontext (Mutter geht mit Kind spazieren) ruft die Mutter: *„Der Hund ist bissig!"* Damit vollzieht sie nicht nur einen lokutiven Akt (sie schreibt dem Hund die Eigenschaft zu, bissig zu sein), sondern auch einen **i.A.** – die Sprechhandlung oder Sprechabsicht ist eine Warnung.

Mandy Höhle

Immersion, die: bezeichnet ein Konzept zweisprachiger (vor-)schulischer Erziehung, in welchem Fachinhalte in einer Fremd-/Zweitsprache vermittelt werden. Hierdurch wird ein schnellerer und effektiverer Sprachlernzuwachs erwartet als durch konventionellen Fremdsprachenunterricht (→**bilingualer Unterricht**). Der Erfolg von **I.**programmen erweist sich als gebunden an Voraussetzungen:

- Anpassung der Erziehungs-/Unterrichtskonzepte an die sprachlichen Bedürfnisse und Voraussetzungen der Lernenden;
- Zweisprachigkeit der Lehrkräfte;
- Sprachliche Homogenität der Schülergruppe u.a.

Typen von **I.**programmen werden danach unterschieden, in welchem Alter/in welcher Klassenstufe mit der zweisprachigen Unterweisung begonnen und in welchem Umfang die Fremd-/Zweitsprache als Lernmedium eingesetzt wird (totale oder teilweise **I.**). Entsprechend vielfältig sind Art und Ausprägung möglicher Konzepte. Deutsch als Fremd-/Zweitsprache wird an staatlichen, privaten oder Modellschulen im In-und

Ausland unter Immersionsbedingungen vermittelt (z.B. Deutsche Schulen im Ausland, Staatliche Europa-Schulen Berlin, Deutsch-Italienische Gesamtschule Wolfsburg; →**bilingualer Unterricht**, →**bilinguale Bildungsgänge**).

Le Pape Racine, C. (2000), *Immersion – Starthilfe für mehrsprachige Projekte. Einführung in eine Didaktik des Zweitsprachunterrichts*, Zürich. – Sarter, Heidemarie (1991), *Sprache, Spracherwerb, Kultur. Das Beispiel der Migrantenkinder in Frankreich*, Tübingen. – Wode, Henning (1995), *Lernen in der Fremdsprache. Grundzüge von Immersion und bilingualem Unterricht*, Ismaning bei München.

Katharina Kuhs

Imperativ, der: Befehlsform des →**Verbs**, einer der drei Modi (→**Modus**) im Deutschen.

1. Formenbestand
Die meisten →**Grammatiken** nennen drei Imperativformen des Deutschen, zwei Vertraulichkeitsformen: Du-**I.** (2. P. Sg.) und Ihr-**I.** (2. P. Pl.) und eine Höflichkeitsform: Sie-**I.** (2. P. Sg./Pl.). Der **I.** kennt keine →**Tempora**. Die Formen des Du-**I.** werden von der 2. P. Sg. →**Präsens** →**Indikativ** abgeleitet, z.B. *Lauf!*, *Nimm!*. Die Formen des Ihr-**I.** sind mit Präsens Indikativ identisch, z.B. *Schreibt!*, Der Sie – **I.** ist mit den entsprechenden Formen von Präsens Indikativ identisch, z.*B. Erzählen Sie!*. Ausnahme: *Sei bitte so nett!*, *Seien Sie so nett!*. Bei den ersten zwei Formen werden →**Personalpronomen** weggelassen, z.B. *Komm!*, *Kommt!* Der Sie-**I.** wird dagegen mit dem Personalpronomen gebraucht, z.B. *Kommen Sie!*. Der Wir-**I.** (1. P. Pl.) wie z.B. *Gehen wir!* wird z.T. auch zum **I.** gezählt, von vielen aber als **I.** abgelehnt, da er den Sprechenden einschließt (vgl. Helbig/Buscha 2001, 173). Die Aufforderung an die 1. P. Pl. wird dagegen als Adhortativ bezeichnet.

2. Syntaktische Besonderheiten
Das →**finite Verb** des **I.** steht immer an der ersten Stelle im Satz, trennbare Verben werden getrennt, z.B. *Kommt mit!*. Die Sätze mit **I.** heißen Aufforderungssätze (Imperativsätze) und werden meistens graphisch mit einem Ausrufezeichen abgeschlossen. Die Satzmelodie ist gegen Ende fallend. Allerdings sind nicht alle Aufforderungen gleichzeitig Aufforderungssätze, es gibt auch alternative Formen, z.B. Fragen, →**Infinitiv**.

3. Gebrauch
Der **I.** kann außer Befehlen und Aufforderungen auch Bitten, Vorschläge oder Warnungen an eine oder mehrere Personen ausdrücken.

Helbig, G./Buscha J. (2002, neubearb. 2. Aufl.), *Deutsche Grammatik*, Berlin/München.

Marina Matthey

Imperfekt, das: Bezeichnung für eine Tempusform der in die Gegenwart hineinreichenden →**Vergangenheit** in Sprachen, die zwischen dem Aorist (historisches Perfekt, vergleichbar dem französischen passé simple), dem →**Perfekt** als Ausdruck einer abgeschlossenen Handlung zumeist in der Vergangenheit und dem **I.** unterscheiden (→**Tempus**). Heute wird das **I.** zumeist als →**Präteritum** bezeichnet: eine Form, die auf vergangenes Geschehen verweist und im Regelfall nicht abgeschlossen ist (→**Aspekt**).

Lutz Götze

imperfektiv: **I.** Verben sind im Unterschied zu →**perfektiven** Verben nicht auf ein bestimmtes Resultat gerichtet, d.h. sie implizieren keinen Nachzustand. So folgt aus den perfektiven Verben *einschlafen* oder *ausschlafen* ein bestimmtes Resultat, nämlich, dass man am Ende schläft oder munter ist (falls nichts dazwischen kommt und jemand/etwas einen um das ersehnte Resultat bringt). Das **i.** Verb *schlafen* impliziert in diesem Sinne keinen Nachzustand.

Klaus Welke

Implikatur, die: von Grice (1967) in Anlehnung an den Terminus „Implikation" geprägtes Kunstwort zur Bezeichnung von logisch nicht zwingenden (pragmatischen) Schlüssen, die ein Hörer auf der Grundlage von bestimmten →**Konversationsmaximen** in Bezug auf mögliche kommunikative Absichten des Sprechers ziehen kann, also auf das, was der Sprecher mit dem meint, was er sagt: so enthält eine Einladung auf einen Kaffee möglicherweise die **I.**, dass der Einladende ein Anliegen damit verbindet, und wird von Kommunikationspartnern mit geteilter „Sprachkultur" ggf. auch einverständlich interpretiert. **I.** sind insoweit Kandidaten für →**interkulturelle** Missverständnisse und sollten im FSU thematisiert werden.

Grice, H.P. ([1967] 1993), „Logik und Konversation", in: Meggle, G. (Hrsg.), *Handlung, Kommunikation, Bedeutung*, Frankfurt a.M., 243–265, (engl. [1]1967). – Levinson, S.C. (2000), *Presumptive meanings: the theory of generalized conversational implicature*, MIT.

Klaus Welke

inchoativ: auch ingressiv. **I.** Verben bilden eine Untergruppe der →**perfektiven** Verben, Gegensatz: egressiv. **I.** sind Verben, die einen Nachzustand als Verwirklichung des Vorzustandes implizieren, z.B. *verlieben, erblühen*. Egressiv sind dagegen solche perfektiven Verben, die einen Nachzustand als Nicht-mehr-Bestehen des Vorzustandes implizieren, z.B. *verblühen, sterben*. Die Termini **i.** und ingressiv werden auch synonym zu →**perfektiv** verwendet, denn alle perfektiven Verben, auch die egressiven, implizieren als ihren Nachzustand einen anderen folgenden Zustand.

Klaus Welke

Indefinitadverb, das: unbestimmtes →**Adverb**, wird meistens mit *irgend-* gebildet. Die Formen des **I.** sind in fast allen semantischen Gruppen der Adverbien möglich, z.B. lokal: *irgendwo, irgendwohin*; temporal: *irgendwann, mal*; modal: *irgendwie*.

Marina Matthey

Indefinitpronomen, das: unbestimmtes →**Pronomen**, bezeichnet Personen oder Dinge, die nicht näher identifiziert werden, z.B. *man, jemand, etwas*. Außerdem können **I.** auch eine unbestimmte Menge angeben, z.B. *ein bisschen, ein paar*. Manche **I.** werden nur substantivisch gebraucht, z.B. *man, niemand, etwas, nichts*, andere dagegen können auch als Artikelwörter vor dem Nomen benutzt werden, z.B. *jeder, alle, solche, viele, einige, irgendein* usw.

Marina Matthey

indigen: einheimisch, autochthon; **1.** wird **i.** zur Bezeichnung territorial gebundener ethnischer Gemeinschaften verwendet und akzentuiert dabei häufig einen Gegensatz zur herrschenden und/oder Mehrheitsgesellschaft nichtautochthoner Herkunft; dabei ersetzt der Begriff „indigene Völker" romantisierende bzw. kolonialistische Begriffe wie „Naturvolk", „Ureinwohner" oder „Eingeborene" und dient gleichzeitig ihrem Identitätsanspruch und Selbstbestimmungsrecht. **2.** fungiert die Attribuierung **i.** als Qualifizierung →**emischer** Forschungsansätze im Bereich der Kulturwissenschaften (indigenous approach; vgl. Brislin, 2000, 88–93).

Brislin, R. (2000), *Understanding Culture's Influence on Behaviour*, Orlando.

Dirk Skiba

Indikativ, der: neben →**Konjunktiv** und →**Imperativ** einer der drei Modi (→**Modus**) des Verbs im Deutschen. Aussage- oder „Wirklichkeitsmodus"/Faktiv: Der durch die Aussage bezeichnete Sachverhalt wird als gegeben dargestellt: *Das Raumschiff landete auf dem Mond.*. Im Gegensatz zu den beiden anderen Modi existiert **I.** in allen natürlichen Sprachen.

Sabira Levin

indirekte Rede: eine Form der Darstellung einer sprachlichen Äußerung, in der das Geäußerte mittelbar, nicht wörtlich, wiedergegeben wird. Die Wiedergabe der Äußerung kann wortgenau oder verkürzt sein. Einzelne Teile können in anderer Reihenfolge als im Original wiedergegeben werden. Im DaF-/DaZ-Kontext besonders zu beachten ist: a) Die Transformation der →**wörtlichen Rede** in die **i.R.** erfordert den Wechsel von deiktischen Elementen (→**Deixis**): *Alle sagten: „<u>Wir</u> haben nichts gewusst."* (direkte Rede) – *Alle sagten, <u>sie</u> hätten nichts gewusst.* (**i.R.**). b) Des Weiteren kann (nicht zwingend) der →**Modus** umgewandelt werden. Insbesondere in der Umgangsprache wird häufig →**Indikativ** beibehalten. Nach verbreiteter Auffassung erfolgt dagegen in elaborierter Rede und in schriftlichen Texten die Wiedergabe der direkten Rede unter stärkerer Nutzung der Formen des →**Konjunktivs**, und zwar vorzugsweise des sog. Konjunktiv I und eher nur ersatzweise – bei Formengleichheit mit dem Indikativ: *Wir <u>haben</u> nichts gewusst./Er sagte, wir <u>hätten</u> nichts gewusst.*, – auch von Formen des sog. Konjunktivs II (… *wir <u>hätten</u> nichts gewusst.*) (vgl. aber dazu differenziert Eisenberg 4.4). c) Die in direkter Rede ggf. in differenzierter zeitlicher Abstufung vorliegenden indikativischen Vergangenheitsmarkierungen werden in **i.R.** vereinfacht, wobei die Formen Konjunktiv I Perfekt und Konjunktiv II Plusquamperfekt ggf. ohne Bedeutungsunterschied die Zeitstufe „Vergangenheit" wiedergeben.

Eisenberg, P. ([3]2006), *Grundriß der deutschen Grammatik. Bd. 2: Der Satz*, Stuttgart/Weimar.

Sabira Levin

indirekter Fragesatz: Zielstruktur/Ergebnis der Transformation der in →**wörtlicher Rede** gestellten Fragen in die →**indirekte Rede**; dabei wird der Frageinhalt formal in eine Nebensatzstruktur überführt: Grundsätzlich sind zwei Fälle zu unterscheiden: a) Die Umwandlung von →**Satzfra-**

gen unter Verwendung der →**Subjunktion** „ob“: *Sie fragte: „War Goethe auch Professor an der Universität Jena?“* (wörtliche Rede); *Sie fragte, ob Goethe auch Professor an der Universität Jena gewesen sei.* (indirekte Rede). b) Die Umwandlung von sog. Ergänzungsfragen, wobei die nach dem Detail fragende Struktur (meist Fragepronomen und Frageadverbien, aber auch komplexere Ausdrücke wie z.B. *unter welcher der eben genannten Voraussetzungen* [...]) den →**Nebensatz** anführt: *Sie fragte: „Wie viele Monate hat Schiller an Kabale und Liebe geschrieben?“; Sie fragte, wie viele Monate Schiller an Kabale und Liebe geschrieben habe.*

I.F. fungieren häufig als Höflichkeitsvarianten direkter Fragesätze: *Könnten Sie mir vielleicht zeigen, wie man den Fahrscheinautomaten bedient?* anstatt: *Wie bedient man den Fahrscheinautomaten?*

Sabira Levin

indirektes Objekt: dasjenige Objekt, auf das das Verb im Unterschied zum →**direkten Objekt** sekundär den Blick des Betrachters lenkt. Traditionell wird diese Gegenüberstellung auf das Verhältnis von Dativobjekt als **i.O.** und Akkusativobjekt als direktem Objekt begrenzt: *Emil schenkt <u>dem Fremden</u> <u>einen Luftballon</u>*

Klaus Welke

indoeuropäische Sprachen: s. indogermanische Sprachen

indogermanische Sprachen (Pl): international: indoeuropäische Sprachen; bilden mit ca. 140 Einzelsprachen und ca. 2,5 Milliarden muttersprachlichen Sprecherinnen und Sprechern die größte →**Sprachfamilie** der Welt. Der Begriff **i.S.** bezieht sich auf die geographische Ausbreitung z.Z. der Entstehung, ca. 5000 bis 3000 v. Chr. Über Zeitpunkt und Lokalisierung gibt es unterschiedliche Annahmen, z.B. die nördliche Schwarzmeerregion oder die Region südlich des Kaukasus (Lehmann 1992). Durch Wanderungsbewegungen haben sich über die Jahrtausende verschiedene Sprachzweige entwickelt: das Germanische, Keltische, Italisch-Romanische, Slawische, Baltische, Griechische, Albanische, Armenische, Indo-Iranische, Anatolische und Tocharische; die beiden letztgenannten sind heute ausgestorben. Die meisten älteren Sprachstufen, von denen Einzelelemente in den heutigen Sprachen noch erkennbar sind, weisen folgende gemeinsame Merkmale auf:

– stark flektierende Sprachen (Suffixe, wortinterne Veränderungen/Ablaut)
– Gemeinsamkeiten in Genus, Kasus, Numerus
– Kongruenz zwischen Adjektiv und Nomen sowie Subjekt und Verb
– die Kategorien Tempus, Modus und Aspekt bei den Verben

Die gegenwärtige Forschung beschäftigt sich mit dem Laut- und Verbalsystem, der Syntax der Ursprache, aber auch mit Fragen der indoeuropäischen Kulturgeschichte sowie den Beziehungen der **i.S.** zu anderen Sprachfamilien und ist insoweit auch für die →**Mehrsprachigkeitsdidaktik** und den →**Sprachvergleich** von Bedeutung.

Lehmann, W.P. (1992), *Die gegenwärtige Richtung der indogermanistischen Forschung*, Budapest. – Tichy, E. (2000), *Indogermanistisches Grundwissen*, Bremen.

Silke Demme

Indogermanistik, die: untersucht den Ursprung und die Entwicklung der →**indogermanischen** (indoeuropäischen) **Sprachen**. Sie nutzt die historisch-vergleichende Methode zur Rekonstruktion des phonetischen, morphologischen und lexikalischen Materials. Erkenntnisziele sind die Rekonstruktion der indogermanischen Ursprache sowie die Erschließung der verschiedenen ältesten Stufen der einzelnen Sprachzweige des Indogermanischen. Als Begründer der **I.** gilt Bopp, der 1816 mit seiner Arbeit „Das Conjugationssystem der Sanskritsprache in Vergleichung mit jenem der griechischen, lateinischen, persischen und germanischen Sprache“ erstmals Verwandtschaften systematisch nachwies.

Silke Demme

Induktion, die/induktiv: **I.** ist eine wissenschaftliche, theoriebildende Methode der Erkenntnisgewinnung, ausgehend vom Einzelfall hin zum Allgemeinen mit dem Ziel, das Gesetzmäßige durch Abstraktion und Generalisierung zu erschließen; darauf aufbauend, wird auch im fachwissenschaftlichen Diskurs zur Methodik-Didaktik des Lehrens und Lernens von Fremdsprachen häufig für induktive Lehrverfahren bzw. induktives Lernen argumentiert. Im unterrichtlichen Kontext wird etwa empfohlen, die Grammatik gänzlich implizit zu vermitteln (→**pattern practice**) oder jedenfalls Regeln nicht vorzugegeben, sondern die Lernenden anzuregen, aus einer Menge von Einzelfällen in Form von vorgegebenen Beispielen ohne zugrunde liegende Regularitäten oder Kategorien ohne lehrerseitige Grammatikerklärungen selbst zu erkennen (→**Mustererkennung**). Auch für den Umgang mit neu einzuführendem Wortschatz oder für die Bedeutungsermittlung kulturspezifischer Konnotationen im Umgang mit konventionalisierten Sprachhandlungen (→**Register**; →**Pragmatik**) oder Texten (→**Literaturdidaktik**), werden induktive Verfahren vorgeschlagen. Im Gegensatz etwa zum dzgl „Methodenstreit" in den 1960er und 1970er Jahren werden **I.** und deren Ggs., die →**Deduktion**, in der aktuellen fachwissenschaftlichen Diskussion weniger als alternativ denn als komplementär angesehen. Es wird eine lernzielspezifisch auszuwählende Nutzung beider Verfahren empfohlen.

Riedl, A. (2004), *Grundlagen der Didaktik*, Stuttgart, 104. – Tesch, F. (1993), „Computer und Grammatikunterricht", in: Gnutzmann, C./Königs, F.G. (Hrsg.), *Perspektiven des Grammatikunterrichts*, Tübingen, 111–115.

Christin Winter

Inferenz, die/inferieren/interferenzieren: Die Schlussfolgerung bzw. die Tätigkeit des Schlussfolgerns aus vorhandenen auf eine nicht explizit gegebene Information, wobei „inferenzieren" die Intentionalität dieser Tätigkeit als explizites Verfahren betont. Für DaF/DaZ sind insbesondere die folgenden spezielleren Verwendungsweisen relevant:

1. In der Sprachwissenschaft: a) Ergebnis, bzw. Vorgang einer Beeinflussung der Datenqualität durch das beteiligte Forschungspersonal v.a. in empirischen Untersuchungen (z.B. durch interkulturell unsensibles Interviewerverhalten; unangemessene Verfahren der Datenaufzeichnung u.a.m.); b) eine Folgerung auf der Basis von beim Sprecher/Hörer vorhandenem sprachlichem Wissen, von Informationen in gesprochenen und geschriebenen Texten und von Wissen über die Welt. **I.** kann sich auf sprachimmanente Informationen stützen wie in *Hans ist geschieden* (**I.**: *Hans war verheiratet*). In Alltagskommunikation überwiegen pragmatische **I.** auf der Basis von Weltwissen wie z.B. in A: *Wo ist eigentlich Fritz?* B: *Nun ja, vor Ernas Haus steht ein gelber VW,* wo A aus der oberflächlich irrelevanten Antwort von B und seinem Wissen über Fritz (gelber VW, Beziehung zu Erna) sowie dem Wahrscheinlichkeitsschluss, dass da, wo ein Besitz von x steht, x nicht weit ist, die **I.** zieht, dass Fritz bei Erna ist (Levinson 1983: 97ff.).

2. In der Fremdsprachenforschung: a) Ergebnis, bzw. Vorgang einer Beeinflussung der Datenqualität durch das beteiligte Forschungspersonal v.a. in empirischen Untersuchungen (z.B. durch interkulturell unsensibles Interviewerverhalten; unangemessene Verfahren der Datenaufzeichnung u.a.m.); b) eine →**Lernstrategie** des Wortschatzerwerbs, bei der die Bedeutung eines unbekannten Wortes auf der Basis von Wortbildungsregelmäßigkeiten, der syntaktischen Umgebung seines Vorkommens, dem Kontext, der Textsorte und dem Weltwissen erschlossen wird (Haastrup 1991).

3. In der Leseforschung und -didaktik wird **I.** eine Schlüsselrolle beim Textverstehen zugewiesen, mit dessen Hilfe Leser →**Kohärenz** in einem Text erzeugen (Ehlers 1998).

Ehlers, S. (1998), *Lesetheorie und fremdsprachliche Lesepraxis*, Tübingen. – Haastrup, K. (1991), *Lexical Inferencing Procedures or Talking about Words*, Tübingen. – Levinson, S. (1983), *Pragmatics*, Cambridge.

Karlfried Knapp

inferenziell: s. Modalverben

infinites Verb, das: auch: infinite Verbform oder Infinitum; zum **i.V.** zählen alle nicht konjugierten Verbformen. Das Gegenteil von **i.V.** ist Finitum (→**finites Verb**). Im Gegensatz zum finiten Verb kann das **i.V.** alleine kein →**Prädikat** im Satz bilden.

1. Formen
Zu den **i.V.** zählen im Deutschen die →**Infinitive** (z.B. *fragen, gefragt haben, gefragt werden* usw.) und die →**Partizipien** (z.B. *fragend, gefragt*).

2. Gebrauch
Meist in Verbindung mit einem finiten Verb als Bestandteil einer zusammengesetzten Verbform, so im Perfekt, Futur, Passiv usw. (z.B. *Marie ist aufgestanden., Das Auto wird gerade repariert.*); Infinitive auch als Bestandteil eines zusammengesetzten Prädikats in Verbindung mit →**Modalverben** oder anderen →**Vollverben** (z.B. *Ich möchte dich nicht stören., Der Dieb versuchte zu fliehen.*); außerdem noch in satzwertigen und adverbialen Verwendungen (z.B. *Zu Hause angekommen, ging Henri sofort ins Bett., Einander immer wieder ermunternd setzten sie den beschwerlichen Aufstieg fort.*). Die Gruppe der Partizipien ist produktiv im Hinblick auf einen Übergang zu →**Adjektiven** und →**Nomen**: *der zerbrochene Krug; Reisende soll man nicht aufhalten.*; sie verlieren dabei ihren Status als **i.V.** und wechseln die →**Wortart**.

Marina Matthey

Infinitiv, der: eine der Stammformen des deutschen Verbs; der **I.** ist im Deutschen hinsichtlich

Person, Numerus und Modus unmarkiert, kann aber hinsichtlich Tempus (z.B. *geträumt haben*) und Genus Verbi (vgl. *sehen – gesehen werden*) in entsprechenden Kontexten markiert werden. In seiner Grundform *Verbstamm + -en* (*leb + -en*) vertritt der **I.** Verben – trotz Formengleichheit mit dem **I.** Präsens – in ihrer Grundbedeutung. Es wird ferner zwischen dem sog. reinen **I.** (*leben*) und dem **I.** mit „zu" (*zu leben*) unterschieden. Der reine **I.** ist dabei Teil des Formeninventars des Verbparadigmas (Futur I), fungiert zudem als Baustein in Verbgruppen (z.B. *Du solltest mal ausspannen.*; *Wollen wir angeln gehen?*) und ist die formale Basis der →**Nominalisierung** von Verben – *Das Wandern ist des Müllers Lust.* – während bei der Bildung von Subjekt- und Objektausdrücken vor allem der **I.** mit „zu" beteiligt ist (*Es allen recht zu machen, ist unmöglich.*; *Ich werde versuchen dich abzuholen.* (Für eine umfassende Darstellung vgl. z.B. Eisenberg, Kap. 11).

Eisenberg, P. ([2]2004), *Grundriß der deutschen Grammatik. Bd. 2: Der Satz*, Stuttgart/Weimar.

Sabira Levin

Infinitivkonstruktion, die: syntaktische Konstruktion, die als übergeordnetes Element einen →**Infinitiv** enthält. **I.** sind satzwertig und haben die Funktion vergleichbarer Nebensätze, wie etwa die eines →**Objektsatzes** (*Vergiss nicht, den Brief aufzugeben.*) oder Attributsatzes (*Er hatte die Hoffnung, Lotte wiederzusehen.*). **I.** können darüber hinaus Teil des Prädikats (→**Prädikativ**) sein (*Lass das Baby schlafen.*). In diesen Konstruktionen ist das Objekt des Satzes Subjekt der **I.** (es ist das Baby, das schläft). **I.** treten in dieser Funktion auch mit „zu" auf (*Er bat sie einzutreten.*). Dabei veranlassen z.B. die Verben *lassen, spüren, sehen, hören, fühlen, wissen, legen, schicken* eine **I.** ohne „zu", während bei den Verben *helfen, bitten, erlauben, raten* u.a.m. die **I.** mit „zu" gebildet wird.

Sabira Levin

Infix, das: s. Affix

Informant, der: Ein **I.** ist als Angehöriger einer Gruppe (z.B. als Sprecher einer Sprache/→**Varietät** oder als Mitglied einer sozialen Gruppe) eine Quelle für (z.B. linguistische oder soziologische) empirische Forschungen. In den meisten sprachwissenschaftlichen Untersuchungen sind **I.** Muttersprachler der betreffenden Sprache. Sie stellen die für die jeweilige Forschungsfrage relevanten objekt- oder metasprachlichen per →**Introspektion** gewonnenen Informationen zur Verfügung, die entweder mithilfe von Notizen oder durch Audio- bzw. Videoaufnahmen festgehalten werden.

Karin Aguado

Informationstechnologie, die: Der Begriff bezeichnete ursprünglich die gesamte Technik (Hard- und Software) im Bereich der Datenverarbeitung. Mit der zunehmenden Konvergenz spezifischer Technologien (v.a. in der Datenverarbeitung, Kommunikationstechnik und Unterhaltungselektronik) zu einem integrierten System mit universeller Wirkung (vgl. Castells 2004, 75–82) wurde **I.** zur zusammenfassenden Bezeichnung aller Einrichtungen zur elektronischen Speicherung, Verarbeitung und Übermittlung von Daten (z.B. gesprochene und geschriebene Texte, Musik, Stand- und Bewegtbilder) einschließlich der dazu erforderlichen Endgeräte. Die für entsprechend entwickelte und orientierte Gesellschaften zutreffende fortgeschrittene Durchdringung aller öffentlichen, beruflichen und privaten Lebensbereiche durch **I.** zeigt sich auch im Bereich des Fremdsprachenlernens und -lehrens (→**Computergestützter Sprachunterricht**). Es sind dabei neue Formen des individuellen und sozialen Online-Lernens (→**Lernoberflächen**, →**Web 2.0**) entstanden, die allerdings zunehmend nicht alternativ und/oder in Konkurrenz zu traditionellen Formen des Lernens in Kursen, sondern in Kombination mit diesen eingesetzt werden (→**Blended Learning**).

Castells, M. (2004), *Der Aufstieg der Netzwerkgesellschaft. Das Informationszeitalter*, Opladen.

Udo Ohm

ingressiv: s. inchoativ

inhaltbezogene Grammatik: auch: inhaltbezogene Sprachauffassung; eine Richtung der Grammatik und Sprachtheorie, die maßgeblich von Leo Weisgerber in den 1920er/1930er Jahren begründet wurde und eine funktionale Sicht auf Sprache/Grammatik beinhaltet (→**funktionale Grammatik**). Die **i.G.** war nach 1945 in Deutschland zunächst die herrschende Richtung, bis sie in den späten 1950er und frühen 1960er Jahren von der strukturellen Grammatik (→**Strukturalismus**) abgelöst wurde. Weisgerber orientierte sich an W. v. Humboldt und dessen Idee der Sprache als „Energeia" (sprachlich-geistiger Tätigkeit) und Sprache als Weltsicht. Vertreter der **i.G.** sind u.a. P. Grebe, H. Brinkmann und J. Erben. Diese ebneten mit dem Begriff des →**Satzbauplans** und mit dem Aufgreifen des Valenzkonzepts den Weg zur →**Valenztheorie**. Weisgerber selbst spitzte Humboldts Thesen subjektivistisch zu, indem er die These aufstellte, dass eine Sprache die Welt grundsätzlich anders darstellt, als sie ist. Vor 1945 hatte er sich bemüht, die **i.G.** in die Rassenideologie des Nationalsozialismus zu integrieren.

Brinkmann, H. (1972), *Die deutsche Sprache. Gestalt und Leistung*, Düsseldorf ([1]1962). – Grebe, P. (1959), *Duden. Grammatik der deutschen Gegenwartssprache*, Mannheim. – Erben, J. (1960), *Abriss der deutschen Grammatik*, Berlin ([1]1958). – Weisgerber, L. (1929), *Muttersprache und Geistesbildung*, Göttingen.

Klaus Welke

inhärent: bedeutet allgemein das untrennbare Zusammengehören eines Sachverhalts mit seinen Eigenschaften bzw. weiteren Sachverhalten; bezogen z.B. auf die grammatischen Eigenschaften des Deutschen ist den deutschen Nomen, im Gegensatz zu etwa den englischen Nomen, die Kategorie →**Genus** inhärent.

Kerstin Rische

inkorporierende Sprache: Für **i.S.** ist charakteristisch, dass Funktionen, die in Sätzen separat auftreten (z.B. Prädikat + Objekt) einem Trägerwort(stamm) inkorporiert (wörtl.: „einverleibt") werden. Insbesondere →**polysynthetische Sprachen** weisen Inkorporation auf, so z.B. viele nordamerikanische Indianersprachen. Ein Beispiel aus dem Cheyenne: *nátahpe'emaheona, ich habe ein großes Haus*: das Nomen *maheo* „Haus" ist in den Verbalstamm inkorporiert. Ansätze von Inkorporation finden sich aber auch in anderen Sprachen, so auch im Portugiesischen (*cantâ-lo-hei*: wörtl. „singen-es-ich werde"), im Englischen (*babysitting*) oder im Deutschen bei der Bildung von →**Komposita**: *ehebrechen, haushalten, Teilchenbeschleuniger.*

Haarmann, H. (2001), *Kleines Lexikon der Sprachen. Von Albanisch bis Zulu*, München – Haarmann, H. (1976), *Grundzüge der Sprachtypologie. Methodik, Empirie und Systematik der Sprachen Europas*, Stuttgart.

Sabira Levin

Inlandsgermanistik, die: nicht unumstrittene Bezeichnung für die Germanistik im deutschsprachigen Raum im Unterschied zur →**Auslandsgermanistik**

Konrad Ehlich

Innat/Innatismus: auch →**Nativismus**; wissenschaftl. Auffassung, wonach auch einige soziale, kommunikative oder auch intellektuelle Kompetenzen von Lebewesen nicht erst im Prozess ontologischer Entwicklungen herausgebildet werden, sondern Teil genetischer Grundausstattung sind; in Bezug auf den Spracherwerb vertritt der **I.** die Annahme, dass Menschen bereits von Geburt an mit einem kognitiven System zum Erwerb der Grammatik von natürlichen Sprachen ausgestattet sind, da sie zu komplex sei, um sie allein aus dem Input zu erschließen. Gegenpositionen zum **I.** sind der Empirismus (→**Behaviorismus**) und der →**Konstruktivismus**, die Umwelt- und Erwerbsfaktoren deutlich höhere Bedeutung als der angeborenen Ausstattung beimessen, sowie der Interaktionismus, der Spracherwerb auf die Interaktion zwischen Kind und Umwelt zurückführt.

Piattelli-Palmarini, M./Chomsky, N./Piaget, J., Hrsg. (1983), *Language and learning – the debate between Jean Piaget and Noam Chomsky*, London. – Pinker, S. (1996), *Der Sprachinstinkt*, München.

Klaus-Börge Boeckmann

innere Sprache: Bindeglied zwischen Gedanke und **Wort**, das der Bewusstmachung und Kontrolle des Handelns dient. Ausführlich hat Vygotskij (1934/2002) die Entstehung der **i.S.** in der Kindheit und ihre Funktion für die kulturhistorische Genese der Person beschrieben: Ausgangspunkt ist danach der soziale Austausch beim gemeinschaftlichen Handeln von Kindern und Erwachsenen; auf dieser Basis bildet sich über die →**egozentrische Sprache** durch Interiorisierung zwischenmenschlicher Aktivität die **i.S.** als maßgebliches intrapsychisches Instrument für kulturell geprägte Denk- und Handlungsanleitung heraus. Das Thema wird im Zusammenhang mit →**Mehrsprachigkeit** kaum wahrgenommen, obwohl es, insbesondere für den Erwerb von DaZ in der Kindheit, aber auch insgesamt für die Aneignung anderer Sprachen, große Relevanz besitzt.

Vygotskij, L. (1934/2002), *Denken und Sprechen*, Weinheim.

Gudula List

innere Sprachform: einer der Grundbegriffe Wilhelm von Humboldts, zu dem es in der sprachphilosophischen Literatur zahlreiche Versuche der Interpretation gibt. Der Begriff zielt auf die Quintessenz der in einer Sprache und deren Struktur zum Ausdruck kommenden „geistigen" Kraft der

Sprecher einer Sprache. Humboldts Sprachtheorie bereitet spätere Theorien über den Einfluss der Sprache auf das Denken vor, →**Sapir-Whorf-Hypothese**, →**inhaltbezogene Grammatik**. Die Philosophie des 20. Jhs. mit ihrer These, dass Sprache Bedingung der Möglichkeit von Erkenntnis ist, war maßgeblich von ihm beeinflusst.

Humboldt, W. v. (1998), *Über die Verschiedenheit des menschlichen Sprachbaues und ihren Einfluß auf die geistige Entwicklung des Menschengeschlechts*, Paderborn u.a., ([1]1836–39).

Klaus Welke

Input, der: umfasst das gesamte einem Lernenden mündlich und/oder schriftlich zur Verfügung stehende Sprachmaterial. Damit **I.** für den Erwerb genutzt und zu →**Intake** werden kann, muss er vom Lernenden wahrgenommen und verarbeitet werden. Wie **I.** quantitativ und qualitativ für einen erfolgreichen Erwerb idealerweise beschaffen sein muss, ist umstritten. Sowohl im Erst- als auch im Zweit- und Fremdsprachenerwerb wird Lernenden angepasster **I.** angeboten, also einfacher, hochfrequenter Wortschatz, verlangsamtes Sprechtempo, besonders deutliche Artikulation sowie vereinfachte grammatische Strukturen und ein Verzicht auf Kontraktionen und Pronominalisierungen. In Bezug auf den Erstsprachenerwerb spricht man hier von ‚motherese', ‚caretaker speech' oder ‚child-directed speech', beim ungesteuerten Zweitsprachenerwerb von →**Foreigner Talk** und bezüglich des gesteuerten Fremdsprachenerwerbs von →**Teacher Talk**. Diese Art des **I.** scheint nützlich für die sprachliche Verarbeitung zu sein, ob sie auch den Spracherwerb fördert, ist empirisch bisher nicht zweifelsfrei belegt (→**Input-Hypothese**).

Karin Aguado

Input-Hypothese, die: →**Input** stellt eine unverzichtbare Voraussetzung für jeglichen Spracherwerb dar – zu der Frage, wie er idealerweise beschaffen sein soll, gibt es jedoch unterschiedliche Positionen. Der – umstrittenen – **I.-H.** von Krashen (1981) zufolge reicht es für einen erfolgreichen Erwerb aus, dass der zur Verfügung gestellte Input verständlich ist. Dazu müssen die zu erwerbenden sprachlichen Ausdrücke bzw. Strukturen minimal über dem aktuellen Sprachstand der Lernenden liegen (= „i+1"). D.h. der Input darf nicht zu einfach, aber auch nicht zu schwierig sein. Diese Annahme ist zwar plausibel, aber empirisch nicht überprüfbar und damit nicht falsifizierbar. Kritisiert wurde ferner die Behauptung Krashens, dass verständlicher Input für einen erfolgreichen Spracherwerb hinreichend sei und die explizite Vermittlung wie auch aktive mündliche Produktion durch die Lernenden überflüssig mache, da die Sprache durch das Angebot ausreichenden verständlichen Inputs automatisch erworben würde. Es ist allerdings nicht nachgewiesen, dass Verstehen tatsächlich den Erwerb fördert bzw. dass Erwerb einzig und allein aufgrund von Verstehen stattfindet. So kann beispielsweise gerade unverständlicher Input für Lernende von großem Wert sein, weil die von ihnen wahrgenommene Kluft zwischen der Zielsprache und ihren eigenen zielsprachlichen Fähigkeiten Lernaktivitäten auslösen und zu weiterem Spracherwerb führen kann (vgl. White 1987).

Krashen, S. (1981), *Second language acquisition and second language learning*, Oxford. – White, L. (1987), „Against comprehensible input: the input hypothesis and the development of second language competence", in: *Applied Linguistics* 8, 95–110.

Karin Aguado

Institut für Auslandsbeziehungen (ifa): 1917 als „Museum und Institut zur Kunde des Auslanddeutschtums und zur Förderung deutscher Interessen im Ausland" gegründet, dann in „Deutsches Ausland-Institut" umbenannt, zur Beratung von Auswandernden und Betreuung der Auslandsdeutschen. 1949 Neugründung als gemeinnützige Körperschaft, vom Auswärtigen Amt, dem Land Baden-Württemberg und der Stadt Stuttgart geförderter Verein, der internationalen Kunstaustausch organisiert, den interkulturellen Dialog sowie die Vermittlung außenkulturpolitischer Informationen fördert.

Internetadresse: www.ifa.de – Zeitschrift: *Kulturaustausch. Zeitschrift für internationale Perspektiven.*

Silke Hofer

Institut für Deutsche Sprache (IDS): 1964 als Stiftung bürgerlichen Rechts gegründet. Das **IDS** gehört zur Leibniz-Gemeinschaft und wird vom Bund und dem Land Baden-Württemberg finanziert. Sein satzungsgemäßes Ziel ist es, die deutsche Sprache in ihrem gegenwärtigen Gebrauch und in ihrer neueren Geschichte zu erforschen und zu dokumentieren, die Zusammenarbeit mit anderen in- und ausländischen Einrichtungen ähnlicher Zielsetzung zu pflegen und wissenschaftliche Dienstleistungen zu erbringen.

Diesen Zwecken dienen die drei Abteilungen Grammatik, Lexik und Pragmatik und Sprachgebrauch. Neben zentralen Projekten – wie der „Grammatik des Deutschen im europäischen Vergleich“, dem lexikographischen Projekt „elexiko“ oder dem Projekt der Pragmatik „Verstehen in der verbalen Interaktion“ – gehört die Erstellung und Analyse großer elektronischer Korpora der geschriebenen und gesprochenen Sprache zu den Arbeiten, mit denen das **IDS** auch einen Beitrag zur wissenschaftlichen Infrastruktur des Faches leistet. Hinzu kommt ein Angebot im Internet: u.a. das Korpusrecherchesystem „CosmasII“, das „Archiv für gesprochenes Deutsch“,das grammatische Informationssystem „grammis“ und die in dem Portal OWID versammelten lexikographischen Daten. Das **IDS** veranstaltet eine Jahrestagung und publiziert mehrere Schriftenreihen, es gibt die Zeitschriften „Deutsche Sprache“ und „Sprachreport“ heraus.

Internetadresse: www.ids-mannheim.de

Ludwig Eichinger

Instrumental, der: Begriff aus der Satzanalyse und dort der Perspektive zugeordnet, →**semantische Rollen** samt ihrer morphosyntaktischen Formmerkmale in Relation zueinander zu identifizieren und zu beschreiben; **I.** steht dabei für die Mittel- bzw. Mittlerfunktion, die einer Person, Sache, einem Sachverhalt etc. in einer bestimmten Handlung bzw. einem bestimmten Ereignis, Sachverhalt etc. in direkter Beteiligung zukommt: *Nägel treibt man mit einem Hammer.*; *Ohne Beziehungen kriegt kaum einer eine Professur.*; *Schwefelsäure erhält man, indem in einem mehrschrittigen chemischen Verfahren Schwefel, Wasserstoff und Sauerstoff in die neue Verbindung H_2SO_4 überführt werden.*

Hans Barkowski

Instrumentalsatz, der: eine Unterart des →**Modalsatzes** (→**Nebensatzes**), in dem das Mittel zum Erreichen eines im Hauptsatz benannten Sachverhalts ausgedrückt wird. Der **I.** wird durch die →**Konjunktionen** *indem* oder *dass* eingeleitet. Bei der Konjunktion *dass* steht im Hauptsatz das obligatorische Korrelat *dadurch* (*damit*), z.B. *Wege entstehen dadurch, dass man sie geht.* (Franz Kafka); *Indem ich dich korrigiere, will ich dir doch nur helfen.*

Marina Matthey

Intake (engl.): Mit **I.** werden diejenigen Aspekte, Elemente oder Strukturen des →**Inputs** bezeichnet, auf die Lernende ihre Aufmerksamkeit richten und die sie für ihren Spracherwerb nutzen. Damit es zu einem Lernfortschritt kommt, müssen Lernende den wahrgenommenen Input weiterverarbeiten und schließlich in ihre →**Interlanguage** integrieren. Zu diesem Zweck wird er mit vorhandenem Wissen verglichen und im Idealfall verknüpft. Darüber hinaus werden Hypothesen über die zu lernende Sprache aufgestellt und anschließend überprüft – dies führt letztlich zur Formulierung von lernersprachlichen Regeln. **I.** stellt somit eine unverzichtbare Voraussetzung für den Spracherwerb dar.

Karin Aguado

Integration, die: Im Kontext von →**Migration** bedeutet **I.** das Sich-Zusammenfügen von →**Migrant** und Aufnahmegesellschaft zu einer neuen Einheit und beschreibt den Prozess der wechselseitigen bi- bzw. multilateralen Annäherung (Gegensatz: →**Assimilation, integrationspolitisch**). **I.** als ein komplexer, langwieriger und nicht linear verlaufender Prozess hat folgende Voraussetzungen und Merkmale:

1. individuelle **I.**
bezeichnet den psychosozialen Prozess des „Ankommens in der Fremde“ (Hoffman 1993) und kann verschiedene Ausformungen und Grade erreichen. Voraussetzungen für gelingende **I.** sind positiv erlebte Beziehungen zu Personen der Aufnahmegesellschaft sowie zu Personen der eigenen Gruppe sowie existenzielle Sicherheit und motivierende Zukunftsperspektiven (Grinberg/Grinberg 1990). Der Erwerb der Landessprache(n), Kenntnis und Anerkennung sozialer Regeln sowie die subjektive Entscheidung, sich auf lange Sicht niederzulassen (Volf/Bauböck 2001) sind sowohl Voraussetzung als auch Ergebnis positiv verlaufender **I.**

2. gesellschaftliche **I.**
beschreibt soziale Prozesse, die durch gesetzliche und institutionelle Rahmenbedingungen (mit)bestimmt sind. Programme zur Förderung von **I.** haben im besten Fall zwei zentrale Ziele: Aufnahme und Zusammenhalt. Aufnahme kann durch entsprechende Angebote zur Einführung in die Sprache und Gesellschaft des Aufnahmelandes unterstützt werden. Darüber hinaus muss es für Zuwandernde die Möglichkeit der gleichberechtigten gesellschaftlichen Partizipation geben

(Wohnungsmarkt, Aus- und Weiterbildung, Arbeitsmarkt, Medien und Bürgerrechte).

Die Förderung des sozialen Zusammenhalts muss sich um die Versöhnung von gegensätzlichen Interessen, Lebensweisen, ideologischen und religiösen Überzeugungen bemühen (Volf/Bauböck 2001). Dafür muss Integrationspolitik in allen Bereichen der Steuerung des Gemeinwesens (Sozial-, Wirtschafts-, Bildungs- und Kulturpolitik) die Gesellschaft als Ganzes im Blick haben (Europäische Kommission 2007).

Aus DaZ-Perspektive gehört die Ausbildung sprachlicher Kompetenz im Interesse selbstbestimmter **I.** zu den vorrangigen Kriterien der Gestaltung eines adressatenbezogenen Curriculums.

Grinberg, L./Grinberg, R. (1990), *Psychoanalyse der Migration und des Exils*, München/Wien. – Hoffman, E. (1993), *Lost in Translation. Ankommen in der Fremde*, München. – Europäische Kommission (2007), *Handbuch zur Integration für Entscheidungsträger und Praktiker*, 2. Ausgabe, Brüssel. – Volf, P./Bauböck R. (2001), *Wege zur Integration. Was man gegen Diskriminierung und Fremdenfeindlichkeit tun kann*, Klagenfurt/Cerlovec.

Verena Plutzar

Integrationskursverordnung, die: durch das deutsche Bundesministerium des Innern erlassene Rechtsverordnung, welche die Umsetzung der bundesweiten →**Integrationskurse** gemäß §43 Aufenthaltsgesetz näher regelt. Die Regelungen der **I.** betreffen die Grundstruktur der Kurse, die Dauer, die Lerninhalte, die Vorgaben bezüglich der Auswahl und Zulassung der Kursträger, die Voraussetzungen und Rahmenbedingungen für die ordnungsgemäße und erfolgreiche Teilnahme an den Kursen, Prüfungsangelegenheiten sowie die erforderliche Datenübermittlung zwischen den beteiligten Stellen. Die **I.** trat am 01.01.2005 in Kraft, eine geänderte Fassung am 08.12.2007.

Internetadresse: http://bundesrecht.juris.de/bundesrecht/intv/gesamt.pdf

Jens Reimann

Integrations(sprach)kurs, der: Deutsch als Zweitsprache-Sprachkurs im Rahmen der gesetzlichen Regelungen zur sprachlichen Integration von Zuwanderern in der Bundesrepublik Deutschland (→**Zuwanderungsgesetz**). Zielgruppe des **I.** sind (Neu-)Zuwanderer sowie Teilnehmende der nachholenden Integration, die noch nicht das Sprachniveau B1 des Gemeinsamen europäischen Referenzrahmens erreicht haben. Die Zielgruppe zeichnet sich durch starke Heterogenität hinsichtlich Bildungsvoraussetzung, Sprachlernerfahrung, vorausgegangenem →**Zweitspracherwerb**, Motivation und psychosozialer Befindlichkeit aus. Ziel des **I.** ist sprachliche Handlungsfähigkeit und gesellschaftliche Partizipationskompetenz in der aufnehmenden Gesellschaft (vgl. Bundesministerium, Verordnung: IntV §3 →**Integrationskursverordnung**).

Grundlegend für die Konzeption des **I.** ist die Analyse der gesellschaftlichen Handlungsfelder, in denen Zuwanderer sich orientieren, Probleme bewältigen, ihre Kompetenzen und ihre Persönlichkeit einbringen, eigene Rechte wahrnehmen, an Bildung und Weiterbildung teilhaben etc. Für eine gelungene Kommunikation sind neben sprachlichen Kompetenzen in hohem Maße interkulturelle, strategische und landeskundliche Kompetenzen erforderlich. Die Konzeption des **I.** basiert auf einer integrierten Vermittlung dieser Kompetenzen.

Bundesministerium des Innern (2004), *Verordnung über die Durchführung von Integrationskursen für Ausländer und Spätaussiedler*, Berlin. – Goethe-Institut (2008), *Rahmencurriculum für Integrationskurse Deutsch als Zweitsprache*, München. – Rambøll Management (2007), *Evaluation der Integrationskurse nach dem Zuwanderungsgesetz*, Berlin.

Karin Ende

Integrationsvereinbarung, die: ist Teil des österreichischen →**Ausländerrechts** und dient laut Gesetzgeber „der Integration rechtmäßig auf Dauer oder längerfristig niedergelassener Drittstaatsangehöriger" (§14 Abs. 1 NAG). Ausgenommen sind EWR-Bürger und Bürger der Schweiz sowie deren Angehörige, Studierende, Schlüsselarbeitskräfte, Kinder unter 9 Jahren, Alte und Kranke sowie Asylbewerber, Asylberechtigte und subsidiär Schutzberechtigte. **I.** kann außer durch die Prüfung (s.u.) durch bestimmte Schulabschlüsse erfüllt werden. →**Migranten**, die einen Aufenthaltstitel anstreben, sind im Rahmen der **I.** verpflichtet, einen Deutschkurs im Ausmaß von 300 Stunden (sowie bei Bedarf einen Alphabetisierungskurs von 75 Stunden) zu besuchen und im Anschluss daran eine Deutschprüfung auf dem Niveau A2 des Gemeinsamen europäischen Referenzrahmens für Sprachen (GeR) erfolgreich zu absolvieren. Dafür wurde eine „Integrations-Deutschprüfung" entwickelt, die auch für die Einbürgerung relevant ist. Die Kosten für den Kurs müssen zunächst von den Zugewanderten getragen werden; nur bei Bestehen der Prüfung innerhalb der ersten zwei Jahre des Aufenthalts werden 50% der Kosten (bis max. 750 Euro) vom Staat zurückerstattet. Danach sinkt die Kostenbeteiligung, bis nach vier Jahren die vollen Kosten von den Zugewanderten selbst getragen werden müssen. Wer nach fünf Jahren die Prüfung nicht absolviert hat, dem droht die Ausweisung. Die I. wird u.a. von Sprachdidaktikern, Sprachwissenschaftlern, Migrantenvertretern und Juristen scharf kritisiert.

Internetadressen: www.sprachenrechte.at; www.integrationsfonds.org

Verena Plutzar

Intension, die/intensional: im Gegensatz zu →**Extension/extensional** den Inhalt eines Begriffes, also die Bedeutung im engeren Sinne betreffend. Extensional gesehen ist z.B. HAUS die Menge aller Dinge, auf die die Bezeichnung *Haus* zutrifft. In **i.** Hinsicht ist HAUS die Bedeutung von *Haus* mit den →**semantischen Merkmalen,** in die sich diese Bedeutung zergliedern lässt.

Klaus Welke

Intensivkurs, der: Unter **I.** versteht man Kurse begrenzter Dauer (meist vier bis acht Wochen, z.T. als Blockveranstaltung), die i.d.R. täglich und mehrstündig angeboten werden, z.T. mit Selbstlernphasen. Je nach Institution kann es verschiedene Typen von **I.** geben, z.B. an Universitäten Kurse zur →**DSH**-/→**TestDaF**-Vorbereitung und Sommerkurse, beim Goethe-Institut Superintensivkurse (8-stdg.) oder an den Volkshochschulen verkürzte Integrationskurse für Lernende mit Vorkenntnissen. **I.** sind besonders geeignet für lerngewohnte Lernende, da hohe Konzentrationsfähigkeit nötig ist, und werden auch in der Form des digitalen Sprachlernprogramms angeboten. Gegensatz: extensive Kurse (Abendkurse etc.).

Eva-Maria Willkop

Interaktion, die:

1. Aus psychologischer und pädagogischer Sicht bezieht sich **I.** auf einen Prozess sozialer Beziehungsbildung, bei dem zwei oder mehr Menschen in ihrem Handeln wechselseitig aufeinander einwirken. Untersuchungsgegenstand sind dabei u.a. intraindividuelle (u.a. affektive und kognitive Aspekte des handelnden Subjekts), interindividuelle, intragruppale (→**peer group**) und intergruppale **I.** sowie die den jeweiligen Beziehungen zugrunde liegenden Interaktionsmuster. **I.** werden gemeinhin für die Entwicklung sozialer Kompetenzen vorausgesetzt.

2. Im FSU wird **I.** in ein Verhältnis zum Begriff der →**Kommunikation** gesetzt, wobei **I.** als Oberbegriff fungiert. **I.** i.S.v. →**Sozialformen** schaffen dabei die Bedingungen für Kommunikation und sind somit für das Erreichen des übergreifenden Lernziels →**kommunikative Kompetenz** unerlässlich (vgl. Krumm 2000, 132). Demnach stellt sich für die Fremdsprachenmethodik und -didaktik die Frage, welche Art der **I.** den →**Lernprozess** positiv beeinflusst, wobei zwischen zielsprachlichen (z.B. Begrüßungsrituale, →**Pragmatik**, →**Sprechakt**) und unterrichtlichen **I.**formen (u.a. symmetrische/asymmetrische Rollenverteilung, →**Feedback**, u.v.a.m.) unterschieden wird. Für den FSU sind neben den offenen sozialen auch jene **I.** bedeutend, die zw. Lerner und →**Text** stattfinden (verdeckte **I.**). Skeptisch beurteilt wird hingegen die Auffassung von **I.**, die aus der Beschäftigung des Lerners mit den im Unterricht verwendeten →**Medien** – den sog. „interaktiven Medien" – hervorgeht (vgl. Königs 2000, 128).

Königs, F.G. (2000), „Reaktionen auf ‚Interaktion'. Gedanken zur Erforschung eines (inzwischen) zentralen fremdsprachenunterrichtlichen Begriffs", in: Bausch, K.-R. u.a. (Hrsg.), *Interaktion im Kontext des Lehren und Lernens fremder Sprachen: Arbeitspapiere der 20. Frühjahrskonferenz zur Erforschung des Fremdsprachenunterrichts*, Tübingen, 126–131. – Krumm, H.-J. (2000), „Pädagogische Interaktion im Fremdsprachenunterricht – Fremdsprachenunterricht als Interaktion", in: Bausch, K.-R. u.a. (Hrsg.), *Interaktion im Kontext des Lehren und Lernens fremder Sprachen: Arbeitspapiere der 20. Frühjahrskonferenz zur Erforschung des Fremdsprachenunterrichts*, Tübingen, 132–138.

Tina Stein

Interaktionshypothese, die: Der **I.** zufolge handelt es sich beim →**Fremdsprachenerwerb** um einen in und durch →**Interaktionen** stattfindenden kognitiven Prozess. Die aktive Teilnahme an interaktiven Ereignissen und die daraus resultierende Konstruktion sprachlichen Wissens, so die Annahme, löst kognitive Prozesse aus und fördert die fremdsprachliche Entwicklung. Interaktionen werden als wichtig für den Fremdspracherwerb betrachtet, weil sie sowohl positive Evidenz in Form von verständlichem und angepasstem →**Input** ermöglichen als auch negative Evidenz in Form von korrektivem →**Feedback**

bereitstellen, durch das die Aufmerksamkeit der Lernenden auf Form-Bedeutungs-Beziehungen gelenkt wird. Long (1983) nimmt an, dass wechselseitige, kooperative Kommunikation und damit einhergehende konversationelle Modifizierungen wie Verständnissicherungsfragen, Klärungsfragen, Wiederholungen, Paraphrasen oder Bestätigungen das Verstehen fördern und damit den Spracherwerb begünstigen. Die empirischen Befunde hinsichtlich der Hypothese „Erwerb durch Interaktion" sind jedoch alles andere als eindeutig.

Gass, S. (1997), *Input, interaction and the second language learner.* Mahwah. – Long, M. (1983), „Native speaker/non-native speaker conversation and the negotiation of comprehensible input", in: *Applied Linguistics* 4 (2), 126–141.

Karin Aguado

Interdependenzhypothese, die: Gemäß der von Cummins (1979) in Bezug auf einen sukzessiv erfolgenden →**Zweitsprachenerwerb** aufgestellten **I.** besteht eine enge Abhängigkeitsbeziehung zwischen der Erst- und der Zweitsprache. Wie erfolgreich der Zweitsprachenerwerb verläuft, ist demnach abhängig vom erreichten Niveau in der Erstsprache. Gut entwickelte Erstsprachenkenntnisse wirken sich positiv auf den Zweitsprachenerwerb – und damit letztlich auch auf die schulischen Leistungen der Kinder – aus, schlecht ausgebildete erstsprachliche Fähigkeiten haben entsprechend ungünstige Auswirkungen. Daraus folgt, dass der Förderung der →**Erstsprache** im Hinblick auf den Erwerb einer →**Zweitsprache** eine wichtige Rolle zukommt. Gleichzeitig ist zu beachten, dass die Fähigkeit zu alltäglicher Kommunikation (→**BICS**) für den Schulerfolg nicht ausreichend ist, da hierfür die Fähigkeit zu einem formelleren, sach- und fachbezogenen Sprachgebrauch (→**CALP**) erforderlich ist.

Cummins, J. (1979) „Cognitive/academic language proficiency, linguistic interdependence, the optimal age question and some other matters", in: *Working Papers on Bilingualism* 19, 197–205.

Karin Aguado

Interface-Position, die: Die Annahme, dass explizites Wissen über Sprache zu Spracherwerb und implizitem, automatisiertem Sprachgebrauch führt, bezeichnet man als **I.-P.** (Tönshoff 1992, 40 ff.). Diese ‚starke **I.-P.**' war lange Zeit unhinterfragte Basis des Fremdsprachenunterrichts. Krashen hingegen unterscheidet →**Lernen und Erwerben** und nimmt an, dass erlerntes Wissen nicht in Erwerb überführt werden kann (non-interface-position). Die **I.-P.** wird v.a. von kognitionspsychologischen Ansätzen vertreten, die im Lernen einer Sprache keine wesentlichen Unterschiede zu anderen Lernaufgaben (wie Auto fahren) sehen. Allerdings sprechen Befunde der Zweitspracherwerbsforschung zu relativ konsistenten →**Erwerbssequenzen** gegen diese Annahme, da diese kaum durch Unterricht beeinflussbar erscheinen. Für die →**Teachability Hypothese** ergibt sich daraus, dass der Spracherwerb in Bezug auf bestimmte sprachliche Bereiche nur zu bestimmten Zeitpunkten durch Lehre unterstützt werden kann; dies wird auch als ‚schwache **I.-P.**' bezeichnet. In einer anderen (schwachen) **I.-P.** wird die Wahrnehmung bestimmter Phänomene der zu erlernenden Sprache (→**Noticing**) als Voraussetzung für den Erfolg expliziter Lehre gesehen (vgl. Schlak 1999).

Tönshoff, W. (1992), *Kognitivierende Verfahren im Fremdsprachenunterricht,* Hamburg. – Schlak, T. (1999), „Explizite Grammatikvermittlung im Fremdsprachenunterricht? Das Interface-Problem Revisited", in: *Fremdsprachen und Hochschule* Nr. 56, 5–33.

Bernt Ahrenholz

Interferenz, die: auch: negativer →**Transfer**; der negative Einfluss der Muttersprache oder anderer, bereits vor dem Erlernen einer jeweiligen Fremdsprache erworbener Sprachen auf den Erwerb dieser Fremdsprache. Man unterscheidet inter- und intralinguale **I.**; interlinguale (zwischensprachliche) **I.** kann in zwei Richtungen verlaufen: von der Muttersprache zur Zielsprache = proaktiv und umgekehrt = retroaktiv (im Fremdsprachenunterricht eher selten, →**Sprachkontakt**). Intralinguale **I.** beschreibt Übertragungen innerhalb der Zielsprache wie z.B. →**Übergeneralisierungen** oder Analogiebildungen. Der Begriff **I.** ist eng verbunden mit der →**Kontrastivhypothese**, die **I.** als eine wesentliche Fehlerursache beschreibt. Vertreter wie Lado gehen davon aus, dass Lernende Elemente zuvor gelernter Sprachen auf die Zielsprache übertragen. Sind diese Strukturen nicht identisch, so führt dies zu →**Interferenzfehlern**. Hört man z. B. von Sprechern des Russischen oder Tschechischen einen Fehler wie **Die Fluss fließt durch die Stadt.*, so ist dieser (vermutlich) auf **I.** zurückführen, weil *Fluss* (dt. maskulin) in beiden Sprachen ein Femininum ist. Aber auch intralinguale **I.**

(Analogie) ist nicht auszuschließen (vgl. *die Elbe, die Donau* – **die Fluss*). Der Interferenzbegriff wird heute kritisch gesehen, da er die Unterschiede von I. als Prozess und dem Produkt dieses Prozesses nicht erfasst. „Zwischensprachliche Interaktion" gilt als umfassendere Bezeichnung.

Hufeisen, B./Neuner, G. (1999), *Angewandte Linguistik für den fremdsprachlichen Deutschunterricht, München.* – Lado, R. (1967), *Moderner Sprachunterricht,* München.

Silke Demme

Interferenzfehler, der: gemeint sind Fehler beim Fremd- und Zweitsprachenerwerb, die durch Übertragung mutter- oder fremdsprachlicher Strukturen auf eine neu zu erlernende Sprache entstehen. Während →**Interferenz** den Prozess dieser Übertragung bezeichnet, steht der Begriff **I.** für das Ergebnis dieses Prozesses. **I.** können auf allen Ebenen des Sprachsystems und der Sprachverwendung beobachtet werden; phonetische, grammatische und lexikalisch-semantische **I.** wurden besonders intensiv erforscht. Um Fehler im DaF/DaZ-Unterricht als I. identifizieren zu können, bedarf es eines →**Sprachvergleichs** zwischen der Muttersprache eines Lernenden und der zu erlernenden Zielsprache Deutsch (→**Fehlerdiagnose**), z.B.: **Mein Vater ist ein Lehrer./My father is a teacher.* Auch vor dem Deutschen gelernte Fremdsprachen sind zu berücksichtigen; z.B. könnte bei chinesischen oder polnischen Deutschlernenden **I.** nicht nur auf die Muttersprache, sondern auch auf Englisch als erste Fremdsprache zurückzuführen sein (→**Tertiärsprache**). Da Fehler beim Fremdsprachenlernen multikausale Phänomene sind, sollte bei der Ermittlung von Fehlerursachen nicht vorschnell auf **I.** geschlossen werden. Mitunter können inter- und intralinguale Prozesse sowie außersprachliche Ursachen gleichzeitig wirken.

Juhasz, J. (1970), *Probleme der Interferenz,* Budapest. – Kleppin, K. (1998), *Fehler und Fehlerkorrektur* (Fernstudieneinheit 19), Berlin u.a. – Nickel, G., Hrsg. (1972), *Fehlerkunde,* Berlin.

Silke Demme

Interimsprache, die: bezeichnet den beim Erlernen einer Fremdsprache durch Unterricht jeweils erreichten Entwicklungsstand zwischen Unkenntnis und Beherrschung der zu erlernenden Sprache. Die **I.** bildet ein eigenständiges sprachliches System, das sich dynamisch auf die Norm der Zielsprache hin entwickelt. Nach Bausch/Raabe (1978) unterscheidet sich das Konzept **I.** von dem der →**Lernersprache** darin, dass die **I.** entscheidend durch den Lernkontext des Fremdsprachenunterrichts determiniert und deshalb nur auf diesen Kontext anwendbar ist.

Bausch, K.-R./Raabe, H. (1978), „Zur Frage der Relevanz von kontrastiver Analyse, Fehleranalyse und Interimsprachenanalyse", in: *Jahrbuch Deutsch als Fremdsprache. Bd. 4.* Heidelberg, 56–78.

Karlfried Knapp

Interjektion, die: **I.** sind →**unflektierbare** Wörter, die insbesondere zum Ausdruck von Empfindungen (u.a. *ach, aha, au(a), hoppla, huch, nanu, oje,* u.a.m.), Aufforderungen (*na, he*) oder zur Kontaktaufnahme (*Hallo!*) dienen, wobei die Bedeutung einer **I.** je nach →**Kontext**, →**Intonation** und körpersprachlicher Begleitung variieren kann (vgl. z.B. *Oh!*). **I.** sind syntaktisch ungebunden, werden als satzwertige (holophrastische) Äußerungen gebraucht und treten besonders in der gesprochenen Sprache auf. Für DaF und mehr noch für DaZ stellen **I.** insofern eine besondere Herausforderung dar, als ihr semantisch und pragmatisch angemessener Gebrauch die Kenntnis komplexer Verwendungsregeln voraussetzt.

Sabira Levin

Interkulturalität, die/interkulturell:

1. Begriffsklärung

Kulturelle Differenz, transkultureller Kontakt, Fremdverstehen gelten Anthropologen als Grundbedingung zivilisatorischer Entwicklung. Auf die Kategorie der **I.** als Inbegriff der Kommunikation zwischen Menschen aus unterschiedlichen Kulturtraditionen richtet sich das Interesse zahlreicher Disziplinen, die ihren gemeinsamen Gegenstand je fachspezifisch explizieren, fachterminologisch definieren, fachhistorisch konturieren: in der Germanistik z.B. als linguistisches, literarästhetisches, literaturhistorisches, komparatistisches, didaktisches Problem (→**Kultur**; →**Kulturwissenschaft**, →**interkulturelle Germanistik**, →**interkulturelle Erziehung**). Die Phänomenologie der Lebenswelt von Individuen als sozialen Subjekten in kulturell definierten sozialen Systemen führt zur akademischen Institutionalisierung von →**Cultural Studies**, die wiederum seit den 1960er Jahren für die liberale Programmatik der Philologien in den zunehmend als multikulturell dargestellten Vereinigten Staaten von Amerika konzeptualisierende Funktion gewinnen und in den 1970er Jahren zur Etablierung des Lehr- und Forschungsgebiets der Intercultural Studies beitragen. Durch die Rezeption solcher theoretischen Konzepte wird der Begriff seit den 1990er Jahren zunehmend in die neuen curricularen Aufgabenkataloge des Deutschen als Fremdsprache aufgenommen.

2. **I.** im DaF/DaZ-Kontext
In der Begegnung zwischen Angehörigen verschiedener Kulturen wird das Medium ihrer Verständigung problematisch, insofern die Regeln seines Gebrauchs wechselseitig in Frage stehen. Gegenseitiges Verstehen kann dadurch beeinträchtigt, aber auch bereichert werden. Daher nimmt **I.** in ihren alltäglichen, ästhetischen, historischen, medialen und institutionellen Aspekten im DaF/DaZ-Kontext einen zentralen Stellenwert ein. Die Aufmerksamkeit gilt dabei vor allem der Rolle der Sprache in interkulturellen Kontakten und Kontexten, der Verständigung mit oder zwischen Ausländern (**→interkulturelle Kommunikation**), der Fremdheitswahrnehmung und ihrer xenologischen Untersuchung (**→Xenologie**), dem Potenzial an Missverständnissen und den Ursachen von Konflikten in interethnischer Kommunikation, den Problemen **→i. Lernens** und deren sprach(en)politischen Konsequenzen, den Perspektiven **i.** Übersetzens, dem Verhältnis von Minderheitskulturen und Mehrheitskulturen, der Entwicklung von Aus- und Weiterbildungsmaßnahmen zur Vorbereitung auf Tätigkeiten im Ausland bzw. zur Vermittlung **i.** Wissens im Inland, der kulturspezifischen Prägung der Fach- und Wissenschaftskommunikation bzw. der **i.** Kommunikation am Arbeitsplatz, den Funktionen und Wirkungen der schönen Künste in der Vermittlung zwischen den Kulturen sowie den Auswirkungen moderner Technologien auf die internationale Kommunikation.

Hansen, K.P. (1995), *Kultur und Kulturwissenschaft*, Tübingen/Basel. – Hepp, A. (2006), *Transkulturelle Kommunikation*, Konstanz. – Heringer, H.J. (2004), *Interkulturelle Kommunikation*, Tübingen/Basel. – Hofmann, M. (2006), *Interkulturelle Literaturwissenschaft*, München. – Wierlacher, A./Bogner, A., Hrsg. (2003), *Handbuch interkulturelle Germanistik*, Stuttgart.

Ernest W. B. Hess-Lüttich

interkulturelle Erziehung:

1. Begriffsklärung
Konzept am Ende des 20. Jhs.; auch Interkulturelle Pädagogik, multicultural education, éducation interculturelle. Im deutschen Sprachgebrauch hat sich multikulturell für die Beschreibung der Zusammengesetztheit von Gesellschaften und **interkulturell** (**→Interkulturalität**) auf der Ebene der Begegnung von Menschen sowie der Erziehungsziele durchgesetzt (Auernheimer 1990, 2).

2. Entwicklung
Auernheimer (2003, 9) sieht mindestens drei Anlässe für interkulturelle Bildung und Erziehung: innergesellschaftliche, v.a. migrationsbedingte Multikulturalität, die Vereinigung Europas mit verschiedenen Sprachen und Traditionen, die Weltgesellschaft mit kultureller Vielfalt, kulturellen Grenzziehungen und Kooperationserfordernissen. Die ausländerpädagogischen Konzepte der 1960er und 1970er Jahre (Assimilierung; herkunft- und rückkehrorientiert) erwiesen sich als ungeeignet. Das seit 1980 entwickelte interkulturelle Konzept berücksichtigt, dass sich der Aufenthalt der Arbeitsmigranten verfestigt hat und dass weiterer Zustrom nicht nur aus der Arbeitsmigration zu erwarten ist. Daher soll die Welt von morgen – trotz unvermeidbarer Konflikte – gemeinsam und über kulturelle Grenzen hinweg gestaltet werden, wozu die Auseinandersetzung mit den jeweiligen kulturellen Symbolsystemen gehört. In der Folge wurden sowohl grenzüberschreitende didaktische Konzepte als auch fachdidaktische Konzepte interkulturell und mehrsprachig ausgebaut (vgl. dazu genauer Oomen-Welke 2008).

3. Gegenwärtiger Stand
Merkmale sind nach Auernheimer (2003, 21) das Eintreten für die Gleichheit aller, Respekt für die Andersheit, interkulturelles Verstehen, interkultureller Dialog, d.h. Einlassen auf fremde Sinnwelten. Inzwischen ist das interkulturelle Prinzip akzeptiert, wenn auch nicht durchgängig und nicht immer angemessen umgesetzt. In Lehrwerken treten Kinder mit nichtdeutschen Namen auf und handeln, in der **→Literaturdidaktik** werden u.a. Werke behandelt, die Migrationserfahrungen, heterogenes Zusammenleben, Fremdheit und Grenzüberschreitungen thematisieren. In der Sprachdidaktik Deutsch ist das Language-Awareness-Konzept produktiv, das die Sprachenvielfalt in der Umgebung und der Welt reflektiert und auch den Sprachen der zweisprachigen Kinder im Unterricht Platz einräumt (**→Sprachaufmerksamkeit**; Ahrenholz/Oomen-Welke 2008, Kap. E, F.).

4. Konkurrierende Ansätze
Die antirassistische Erziehung fordert Maßnahmen gegen jede Diskriminierung (Figueroa 1993,

Hormel/Scherr 2004, Holzbrecher 2004). Vgl. die Initiative „Schule ohne Rassismus" (www.schule-ohne-rassismus.org). Die transkulturelle Erziehung vermeidet Zuschreibungen. Bei Begegnungen zwischen Angehörigen verschiedener →**Kulturen** verwischen sich die Grenzen, Zugehörigkeiten und Attribute werden wählbar. Solche Selbstkonstruktionen müssten auch für die Schule möglich sein (diversity-Konzept nach Hormel/Scherr 2004, 205 ff.).

Auernheimer, G. (1990), *Einführung in die Interkulturelle Erziehung*, Darmstadt. – Auernheimer, G. (2003), *Einführung in die Interkulturelle Pädagogik*, 3. Aufl., Darmstadt. – Oomen-Welke, I. (2008), „Deutschunterricht in der multikulturellen Gesellschaft", in: Kämper-van den Boogaart, M. (Hrsg.), *Deutschdidaktik*, 5. Aufl., Berlin, 60–74. – Ahrenholz, B./Oomen-Welke, I., Hrsg. (2008), *Deutsch als Zweitsprache. Handbuch Deutschunterricht in Theorie und Praxis*, Baltmannsweiler. – Figueroa, Peter (1993), „Vielfalt, Ungleichheit, Rassismus und die Folgen für die Erziehung", in: Boteram, N. Hrsg., *Interkulturelles Verstehen und Handeln*, Pfaffenweiler, 115–135. – Hormel, U./Scherr, A. (2004), *Bildung für die Einwanderungsgesellschaft*, Wiesbaden. – Holzbrecher, A. (2004), *Interkulturelle Pädagogik*, Berlin.

Ingelore Oomen-Welke

interkulturelle Germanistik: Als Lehr- und Forschungsgebiet ist **i.G.** eine Variante der →**Auslandsgermanistik** bzw. von DaF im In- und Ausland mit einem stark →**xenologischen** Profil: Schwerpunkte sind theoretische und empirische Zugriffe auf Fremdheit, multikulturelle Identitäten und Mehrsprachigkeit, interkulturelle Kommunikationsprozesse, Rezeptionen der deutschen als fremder Literatur und Deutschland als fremder Kultur und die Vermittlung →**interkultureller Kompetenzen** im DaF-Unterricht. Je nach Schwerpunkt vor Ort beinhaltet das Lehrangebot der **i.G.** insbesondere: a) (diskurs- bzw. text-)linguistische Methoden zur Analyse interkultureller Kommunikationssituationen mit Deutschsprachigen (unter Berücksichtigung von Deutsch als plurizentrischer Sprache) und wissenschaftlicher Stile, b) kulturell beeinflusste Interpretationen literarischer Texte und c) kulturwissenschaftlich-ethnographische Erschließungen landeskundlicher Inhalte (einschließlich ihrer Darstellung in den Medien und durch kulturelle →**Mittlerorganisationen**). Über kontrastive Vergleiche gehen die Methoden der **i.G.** hinaus, indem sie ihre Forschungsgegenstände prinzipiell aus verschiedenen kulturellen Perspektiven bestimmten und dabei die Wirkungen aufgefasster Kulturalität einbeziehen.

Kotthoff, H., Hrsg. (2002), *Kultur(en) im Gespräch*, Tübingen. – Müller-Jacquier, B./Neuland, E., Hrsg. (2008), „Interkulturelle Kommunikation – Interkulturalität" (Themenheft), *Der Deutschunterricht*, Heft 5. – Wierlacher, A./Bogner, A., Hrsg. (2003), *Handbuch interkulturelle Germanistik*, Stuttgart.

Bernd Müller-Jacquier

interkulturelle Kommunikation: Im menschlichen Kommunikationsverhalten drückt sich die durch ihre sprachliche und soziokulturelle Sozialisation geprägte Wahrnehmung und Wertung der Umwelt aus (→**Kultur**). Von **i.K.** spricht man, wenn Menschen unterschiedlicher kultureller Prägungen miteinander kommunizieren und sich dabei der Tatsache bewusst sind, dass sich die eigene und die Wahrnehmung des anderen unterscheiden, so dass es, um Missverständnisse zu vermeiden, einer →**interkulturellen Kompetenz** bedarf, um sich trotz sprachlich-kulturell unterschiedlicher Sichtweisen zu verständigen. **I.K.** ist dadurch charakterisiert, dass das gemeinsame sprachlich-kulturelle Handlungsrepertoire begrenzt ist, weil jeder Sprecher seine →**ethnozentrische** Sichtweise zum Ausgangspunkt nimmt. Gelingen kann **i.K.** nur, wenn die Bereitschaft besteht, sich auf die Sichtweise des jeweils anderen zumindest so weit einzulassen, dass Fremdverstehen möglich ist.

Das wissenschaftliche Interesse an **i.K.** entstand im Gefolge der Abkehr von einer rein systemlinguistischen Auffassung von Sprache zugunsten einer Untersuchung der konkreten Bedingungen gelingender Sprachverwendung in konkreten Situationen (→**Pragmalinguistik**) und der in Zeiten der Globalisierung zunehmenden Migrationsbewegungen und Mobilität der Menschen etwa zu Beginn der 1960er Jahre. Im Vordergrund standen zunächst wirtschaftliche und politische Interessen am Gelingen von Kommunikation über sprachlich-kulturelle Grenzen hinweg (vgl. Müller 1991). Mit der Arbeitsmigration und der Anwesenheit von Migrantenkindern in deutschsprachigen Schulen entwickelte sich in den 1970er Jahren eine pädagogisch-emanzipatorische Sicht auf **i.K.**: Soll eine bloße →**Assimilation** der „Fremden" vermieden und ihre Teilhabe an der Aufnahmegesellschaft ohne Unterdrückung von mitgebrachten sprachlich-kulturellen Prägungen erreicht werden, so bedarf es der **i.K.**, um gegenseitiges Verstehen und Miteinanderleben zu ermöglichen (→**interkulturelle Erziehung**).

Die angewandt linguistische Forschung konzentriert sich bei der Untersuchung von **i.K.** zum einen auf die Untersuchung des Umgangs mit sprachlich-kultureller Differenz in konkreten Kommunikationssituationen. Mit diskursanalytischen Verfahren werden die Prozesse der Bedeutungsaushandlung und des Fremdverstehens untersucht (vgl. Rehbein 1985). Zum andern steht der Umgang mit Missverständnissen bzw. die Präzisierung einer interkulturellen Kommunikationsfähigkeit als Lernziel für den Sprachunterricht im Zentrum (vgl. Knapp-Potthoff/Liedtke 1997). Für DaF schlagen sich die so gewonnenen Erkenntnisse zum einen im Umgang mit deutschsprachigen Texten nieder, bei denen die →**interkulturelle Germanistik** fremdkulturelle Leseperspektive und die besonderen Rezeptionsbedingungen zum Thema macht, zum andern in einer →**interkulturellen Landeskunde**, die den →**Kulturvergleich** nutzt, um ethnozentrische Sichtweisen zu überwinden. Für DaZ gehört →**interkulturelles Lernen** angesichts der multikulturellen Zusammensetzung von Schulklassen zu den grundlegenden Unterrichtsprinzipien.

Knapp-Potthoff, A./Liedtke, M., Hrsg. (1997), *Aspekte interkultureller Kommunikationsfähigkeit*, München. – Müller, B.-D, Hrsg. (1991), *Interkulturelle Wirtschaftskommunikation*, München. – Rehbein, J., Hrsg. (1985), *Interkulturelle Kommunikation*, Tübingen.

Hans-Jürgen Krumm

interkulturelle Kompetenz: Das Wahrnehmen, Denken, Fühlen, das Kommunikationsverhalten, die Werte und Tabus der Menschen werden wesentlich durch ihre je unterschiedliche Sprache und →**Kultur** geprägt. Infolge von wirtschaftlicher Verflechtung, modernen Kommunikationsmitteln, Tourismus, Migration und damit einhergehenden Hybridisierungserscheinungen (→**Hybridbildung**), aber auch wegen der intrakulturellen Differenz nehmen Kontaktsituationen zwischen Menschen unterschiedlicher Kultur und damit auch Missverständnisse und Konflikte zu. In multikulturellen Gesellschaften sind solche Kontaktsituationen so alltäglich, vielfältig und unvorhersehbar, dass man sich häufig nicht im Vorhinein darauf einstellen bzw. vorbereiten kann. **I.K.** als die Fähigkeit, mit Angehörigen einer anderen Kultur möglichst sensibel, respektvoll und konfliktfrei zu interagieren, setzt also eine kognitiv und emotional offene Persönlichkeit voraus, die bereit ist, die eigenen Maßstäbe und Vorurteile zu reflektieren, das eigene Selbst- und →**Fremdbild** zu durchdenken, mit →**Ambiguitätstoleranz** und →**Empathie** auf die Erfahrung kultureller Andersartigkeit zu reagieren und andere Kulturen als ebenbürtig anzuerkennen (sofern sie nicht gegen Grundwerte, wie z.B. die Menschenrechte, verstoßen). **I.K.** stellt ein wichtiges Lernziel in kompetenzorientierten Konzepten des Fremdsprachenunterrichts dar (→**GeR**, →**Kompetenz**), bislang können diese die Frage, wie **i.K.** gelehrt, gelernt und überprüft werden kann, allerdings nicht hinreichend klar beantworten.

Byram, M./Morgan, C. u.a. (1994), *Teaching-and-Learning Language-and-Culture*, Clevedon. – Knapp-Potthoff, A./Liedke, M., Hrsg. (1997), *Aspekte interkultureller Kommunikationsfähigkeit*, München.

Thomas Grimm

interkulturelle Landeskunde: eine →**Landeskunde**, die das wechselseitige kulturelle Lernen in den Vordergrund rückt und die Relativität der eigenen kulturellen Prägung betont. Das Bewusstmachen kultureller Kodes soll dabei über kulturkontrastive Einzelvergleiche hinausgehen und idealtypisch alle in einer heterogenen Lernergruppe vertretenen kulturellen Hintergründe beleuchten (→**Kulturkontrast**, →**Kulturvergleich**), um das jeweilige Orientierungssystem der Wahrnehmung, des Denkens, Wertens und Handelns zu verstehen (→**Kultur**; →**Kulturstandard**) und die Reflexion über die eigene Kultur zu ermöglichen. Stärker als konzeptuelle Überlegungen haben zwei Lehrwerke mit der konkreten Ausarbeitung einer **i.L.** die Unterrichtspraxis des Deutschen als Fremdsprache beeinflusst: „Sprachbrücke" (1987 ff.) für den Anfängerunterricht und „Sichtwechsel" (1984 bzw. 1995 ff.) für die Mittelstufe. Viele in der **i.L.** entwickelte Ansätze werden heute im Rahmen der kulturwissenschaftlichen Orientierung von DaF weitergeführt (→**Kulturwissenschaft**).

Altmayer, C. (2004), *Kultur als Hypertext. Zur Theorie und Praxis der Kulturwissenschaft im Fach Deutsch als Fremdsprache*, München. – Müller-Jacquier (2001), „Interkulturelle Landeskunde", in: Helbig, G. u.a., Hrsg., *Deutsch als Fremdsprache, Ein internationales Handbuch*. Bd. 2 (19.2), Berlin 1230–1234. – Röttger, E. (2004), *Interkulturelles Lernen im Fremdsprachenunterricht, das Beispiel Deutsch als Fremdsprache in Griechenland*, Hamburg.

Uwe Koreik

interkulturelle Literatur: Literatur, die auf verschiedene →**Kulturen** bezogen ist und kulturelle Interdependenzen ins Zentrum rückt. Damit ist sie nicht einer – meist monokulturell fokussierenden – Nationalliteratur zuzuordnen, sondern wird zu einer „Literatur des Dazwischen" (Wintersteiner 2006, S. 277), die sich zwischen Kulturen oder auch Sprachen bewegt und das Spannungsfeld zwischen Universalismus und Kulturalismus auslotet. Das führt sowohl zu multikulturellen Formen, in denen unterschiedliche Kulturen mehr oder weniger unvermittelt nebeneinander existieren, als auch zu transkulturellen Orientierungen, in denen die Unterschiede zwischen Kulturen zunehmend verwischt werden, die aber auch →**hybride** Formen entstehen lassen oder auch zu →**dominanzkulturellen** Gestaltungsformen bzw. einer kritischen Auseinandersetzung damit. Da **i.L.** ihrem Ursprung nach nicht mehr an einen Ort oder eine Kultur gebunden ist, wird sie zu einer „neuen Weltliteratur", die den Lesern die Teilhabe an globalen Ereignissen wie →**Migration**, Multiethnizität, Hybridität, Globalisierung etc. ermöglicht. Dies lässt sich – in multikulturell zusammengesetzten Gruppen ebenso wie in monokulturellen Lernkontexten – →**literaturdidaktisch** nutzen, indem man den in der **i.L.** geführten interkulturellen Diskurs entschlüsselt und hinsichtlich seiner Reichweite für individuelle, soziale oder kulturelle Entwicklungen diskutiert, damit die Fähigkeit zur wechselseitigen →**Empathie** und zum ggf. mehrfachen Perspektivenwechsel entwickeln hilft und auf diese Weise das Fremdverstehen und die →**interkulturelle Kompetenz** fördert.

Bredella, L./Delanoy, W./Suhrkamp, C. (2004), *Literaturdidaktik im Dialog*, Tübingen. – Dawidowski, C./Wrobel, D., Hrsg. (2006), *Interkultureller Literaturunterricht*, Baltmannsweiler. – Honnef-Becker, I., Hrsg. (2007), *Dialog zwischen den Kulturen. Interkulturelle Literatur und ihre Didaktik*, Baltmannsweiler. – Wintersteiner, W. (2006), *Poetik der Verschiedenheit. Literatur, Bildung, Globalisierung*, Klagenfurt.

Heidi Rösch

interkulturelle Pragmatik: Die **i.P.** beschreibt und untersucht, wie Fremdsprachenlerner „sprachliche Handlungen in einer Fremd- oder Zweitsprache verstehen und produzieren und wie sprachliche Handlungskompetenz in einer sekundären Sprache erworben wird" (Kasper 1993, 41), wie Angehörige verschiedener →**Kulturen** gemeinsame Routinen entwickeln, welches diese sind und schließlich, wie sie ein gemeinsames Wissen als Grundlage der Verständigung konstruieren (vgl. Herrlitz/Koole/Loos 2003, 395).

Die **i.P.** hat zwei sich ergänzende Forschungsperspektiven (vgl. Herrlitz/Koole/Loos 2003, 390f.). Komparatistische Arbeiten geben Aufschluss über eigenkulturelles Wissen, über eigenkulturelle Prägungen und Orientierungen der Aktanten. Diese Strukturperspektive erforscht, was die Aktanten „mitbringen", wenn sie in den Prozess der →**interkulturellen Kommunikation** eintreten. Lerneräußerungen und interkulturelle Kommunikationsprozesse lassen sich jedoch nicht hinlänglich rekonstruieren, wenn einzig herkunftskulturelle Unterschiede betrachtet werden. Die **i.P.** untersucht daher als Lernersprachenpragmatik auch den allmählichen Aufbau von Handlungskompetenz (vgl. Kasper 1993). Ebenfalls aus dynamischer Perspektive untersucht die **i.P.**, wie sich Kommunikationspartner in aktuellen Begegnungssituationen aufeinander einstellen, um sich über Kulturgrenzen hinweg zu verständigen. Die Forschungsaktivitäten und Wissensbestände der **i.P.** bilden dabei im DaF-/DaZ-Kontext in all ihren Perspektivierungen eines der Fundamente für einen wissenschaftlich begründeten Umgang mit →**interkultureller Kompetenz** als Ausbildungsziel von Lehrenden wie Lernenden.

Herrlitz, W./Koole, T./Loos, E. (2003), „Interkulturelle Pragmatik", in: Wierlacher, A./Bogner, A. (Hrsg.), *Handbuch interkulturelle Germanistik*. Stuttgart/Weimar, 388–395. – Kasper, G. (1993), „Interkulturelle Pragmatik und Fremdsprachenlernen", in: Timm, J.P./Vollmer, H.J. (Hrsg.), *Kontroversen in der Fremdsprachenforschung*, Bochum, 41–77.

Dirk Skiba

interkulturelles Lernen: mehrfach facettierter Terminus, der folgende Praxisfelder betrifft: die deskriptive und analytische Beschäftigung mit Lernprozessen und -programmen in multikulturellen, mehrsprachigen Gesellschaften; die ethische und methodologische Ausrichtung/Gestaltung von Lernprozessen in Gesellschaften d.gen. Zusammensetzung; besondere Aufmerksamkeit wird dabei dem **i.L.** in der Schule (hier *fächerübergreifend*) sowie in Kontexten des Fremd- und Zweitsprachenlernens entgegengebracht.

Begriff und erste Konzepte **i.L.** wurden in Deutschland Anfang der 1980er Jahre in kritischer Auseinandersetzung mit der sog. →**Ausländerpädagogik**, deren zentrale und einseitige Ausrichtung der Kompensation sog. ausländerseitiger Defizite galt, entwickelt.

Als grundlegendes Ziel des **i.L.** (vgl. programmatisch z.B. schon früh Pommerin-Götze u.a.

1992) wurde/wird das friedliche Zusammenleben unterschiedlicher Ethnien, Religions- und Sprachgemeinschaften sowie sozialer Gruppen in multiplen Gesellschaften formuliert sowie, als deren ethisch-axiomatische Basis, die prinzipielle Gleichwertigkeit aller Kulturen bei Anerkennung rechtsstaatlicher demokratischer Grundprinzipien. Moderne Konzepte **i.L.** betonen zudem die gemeinsame Verantwortung aller Teilgruppen für die Gestaltung ihres gesamtgesellschaftlichen Gemeinwesens, insbesondere auch, um Parallelgesellschaften zurückzubauen bzw. deren Entstehen entgegenzuwirken (vgl. Ates 2007, 3. Aufl.).

Kritik an Theorie und Praxis **i.L.** wurde und wird u.a. mit den Argumenten vorgebracht, dass im Kontext von Globalisierung und Migration der dem **i.L.** zugrunde liegende Kulturbegriff obsolet geworden sei (z. dzgl. kontroversen Diskussion s. →**Kultur**) bzw. das Konzept – implizit und unbeabsichtigt – gar kultureller Diskriminierung in die Hand arbeite (so etwa schon 1984 Radtke/Czock). Des ungeachtet hatte und hat **i.L.** in seinen grundlegenden Orientierungen großen Einfluss auf die Gestaltung schulischen Lernens in Migrationsgesellschaften, darunter besonders auch des DaZ-Unterrichts (vgl. u.a. Barkowski 1995).

Ates, S. (2007), *Der Mulitkulti-Irrtum. Wie wir in Deutschland besser zusammenleben können*, 3. Aufl., Berlin. – Barkowski, H. (1995), „Prinzipien Interkulturellen Lernens und ihre Bedeutung für die Vermittlung des Deutschen als Zweitsprache", in Dittmar, N./Rost-Roth, M. (Hrsg.), *Deutsch als Fremd- und Zweitsprache*, Frankfurt a.M. – Pommerin-Götze, G./Jehle-Santoso, B./Bozikake-Leisch, E., Hrsg. (1992), *Es geht auch anders! Leben und Lernen in der multikulturellen Gesellschaft*, Frankfurt a.M. – Radtke, F.-O./Czock, H. (1984), „Sprache-Kultur-Identität: die Obsessionen der Migrationspädagogen", in: Stüwe, G./Peters, F. (Hrsg.), *Lebenszusammenhänge von Ausländern und pädagogische Problematik*, Bielefeld, 37–79.

Gabriele Pommerin-Götze

Interlanguage, die: Der von Selinker (1972) eingeführte Begriff und die damit verbundene Hypothese besagen, dass beim Erwerb einer zweiten Sprache der Lerner ein spezifisches Sprachsystem – die **I.** ausbildet, die Züge sowohl der Grund- als auch der Zweitsprache sowie eigenständige, von Grund- und Zweitsprache unabhängige sprachliche Merkmale aufweist. Bei dieser →**Lernersprache** spielen v.a. folgende psycholinguistische Prozesse eine Rolle: der →**Transfer** aus anderen Sprachen und der Lernumgebung, →**Lernstrategien**, →**Kommunikationsstrategien** und →**Übergeneralisierungen**.

Mandy Höhle

Interlanguage-Hypothese, die: Gemäß der **I.-H.** sind Lernende kreative Subjekte ihres Zweit- oder Fremdsprachenerwerbsprozesses, in dessen Verlauf sie durch Aktivierung und Nutzung ihres gesamten Sprachbesitzes – also ihrer →**Erstsprache**, der zu lernenden →**Zielsprache** sowie jeder weiteren zuvor oder gleichzeitig gelernten Sprache – eine individuelle lernersprachliche →**Varietät** entwickeln. Diese von Selinker (1972) als →**Interlanguage** bezeichnete Varietät, (in der Literatur auch als →**Interimsprache** oder approximatives System bekannt), ist ein formal und funktional zunächst reduziertes, aber dennoch strukturiertes und zugleich dynamisches Sprachsystem, das strukturell zwischen der Erstsprache und der Zielsprache angesiedelt ist, aber auch einige spezifische Merkmale aufweist, hinsichtlich derer es sich von beiden Sprachsystemen klar unterscheidet. Die Interlanguage durchläuft eine Reihe von z.T. vorhersagbaren und erstsprachenunabhängigen Stadien, wobei sie sich kontinuierlich in Richtung auf die Zielsprache bewegt und dabei zunehmend komplexer wird. Die von den Lernenden selbst aufgestellten Regeln und die ihnen zugrunde liegenden →**Hypothesen** zeigen, dass es sich beim Zweit- und Fremdsprachenerwerb um einen konstruktiven und kognitiven Prozess handelt, bei dem nicht ausschließlich aus der Erstsprache transferiert wird bzw. der nicht allein auf einer unzureichenden Kenntnis zielsprachlicher Regeln basiert. →**Fehler** werden von Vertretern der **I.-H.** als wichtige Indikatoren für die beim Spracherwerb stattfindenden kognitiven Verarbeitungsprozesse betrachtet.

Selinker, L. (1972) „Interlanguage", in: *International Review of Applied Linguistics* 10, 209–231. – Selinker, L. (1992) *Rediscovering interlanguage*. London.

Karin Aguado

Internationaler Deutschlehrerverband (IDV): Dachverband von rund 100 nationalen Deutschlehrer- und Germanistenverbänden aus etwa 80 Ländern; eingetragener Verein, Sitz im Land des jeweils amtierenden Präsidenten.

1. Geschichte

Gegründet 1968, übernahm der **IDV** in der Zeit des sog. Kalten Krieges eine wichtige Kontakt- und Brückenfunktion für Fachleute aus allen

Teilen der Welt. Heute fungiert der **IDV** als weltweites Netzwerk seiner Mitgliedsverbände für ein breites Spektrum von Aufgaben und Aktivitäten im Zusammenhang von DaF.

2. Zweck und Ziele des **IDV**
Förderung und Ausbau der Kontakte und der Zusammenarbeit zwischen seinen Mitgliedsverbänden, Unterstützung der DaF-Lehrer in ihrer beruflichen Tätigkeit und fachlichen →**Aus- und Fortbildung**, Mitwirkung bei der Weiterentwicklung des Faches DaF und der sprachenpolitischen Unterstützung der Stellung der deutschen Sprache in der Welt im Rahmen der Förderung der →**Mehrsprachigkeit** als leitendem Grundsatz.

3. Organisation
Die Geschäfte werden von einem fünfköpfigen Vorstand geführt, der auf vier Jahre gewählt wird und unter Beteiligung je eines Experten aus jedem der deutschsprachigen Länder zweimal jährlich eine Sitzung abhält. Die Generalversammlung wird alle zwei Jahre einberufen; jedes Mitgliedsland hat zwei Stimmen, unabhängig von der Anzahl der nationalen Verbände.

4. Aktivitäten
Veranstaltet die Internationale Deutschlehrertagung (IDT) und die sog. Deutscholympiade (IDO), Regionaltagungen, Fachsymposien, Delegiertenseminare und →**D-A-CH-L**-Seminare. Zeitschrift: „IDV-Magazin" (bis 2004 IDV-Rundbrief). Fördert den →**plurizentrischen** Ansatz und initiierte die →**ABCD-Thesen**.

Internetaderesse: www.idvnetz.org

Brigitte Sorger

Internationale Vereinigung für Germanistik (IVG): 1951 auf dem Kongress der Fédération Internationale des Langues et Littératures Modernes in Florenz (Italien) gegründet. Die **IVG** verfolgt das Ziel, die internationale Zusammenarbeit auf dem Gebiet der Germanistik zu fördern, wobei unter Germanistik die Sprach-, Literatur- und Kulturwissenschaft des Deutschen, Niederländischen, Friesischen und Afrikaans ebenso wie des Skandinavischen mit Dänisch, Isländisch, Norwegisch und Schwedisch und des Jiddischen in ihren gegenwärtigen und geschichtlichen Ausprägungen sowie in ihrer praktischen und didaktischen Anwendung verstanden wird. Die Hauptaufgabe der **IVG** besteht in der Unterstützung wissenschaftlicher Projekte, der Verbesserung der persönlichen Beziehungen innerhalb der vertretenen Fachgebiete, der Herstellung und Unterhaltung von Kontakten zu den einzelnen germanistischen Landesverbänden sowie der Stärkung der germanistischen Lehre an den Universitäten. Die **IVG** richtet alle fünf Jahre einen Weltkongress zur Behandlung aktueller wissenschaftlicher Probleme und organisatorischer Fragen der Germanistik im internationalen Rahmen aus, wobei diese jeweils in dem Land stattfinden, das gerade den **IVG**-Präsidenten stellt. Bisher wurden elf Kongresse veranstaltet. Der zwölfte **IVG**-Kongress findet 2010 in Warschau/Polen unter dem Generalthema „Vielheit und Einheit der Germanistik weltweit" statt. Die Verhandlungssprache der **IVG** ist das Deutsche.

Internetadresse: www.ivg.uw.edu.pl

Franciszek Grucza/Hans-Jörg Schwenk

Internationale Zertifikatskonferenz (IZK): eine Nicht-Regierungs-Organisation (NGO), die sich als Netzwerk für Qualität im Sprachunterricht versteht und sich insbesondere um die internationale Anerkennung von Sprachenzertifikaten (u.a. durch Akkreditierung) kümmert. Zahlreiche Volkshochschulen sind Mitglieder der **IZK** (→**Association of Language Testers in Europe**, →**The European Language Certificates**).

Internetadresse: www.icc-languages.eu

Hans-Jürgen Krumm

Internationalismus, der: Ausdrücke ähnlicher Form mit weitgehend ähnlicher Bedeutung in unterschiedlichen Sprachen, die meist das Ergebnis von Fremdwortübernahmen bzw. Entlehnungen sind. Im europäischen Bereich handelt es sich dabei vor allem um griechische, lateinische, sonstige romanische und gegenwärtig vor allem um englische Ausdrücke, die im Rahmen des Kulturtransfers in einer Reihe anderer europäischer Sprachen übernommen wurden (*Demokratie, democracy, democrazia* etc. aus griech. *demokratia; Konversation, conversation* (frz.), *conversation* (engl.)). Phonologisch werden die Ausgangsausdrücke in charakteristischer Weise angepasst. Oft ergeben sich auch semantische Unterschiede – bis dahin, dass die Gebersprache für den heutigen Ausdruck ein eigenes, unabhängiges Wort hat, z.B. neugriech. *pharmakio* vs. dtsch. *Apotheke* (vgl. aber frz. *pharmacie*). Europäische Internationalismen können als Lernhilfe beim Fremdsprachererwerb eingesetzt werden, bedürfen aber sowohl phonologisch wie semantisch (mit Blick auf die Gefahr „falscher Freunde“) besonderer Vermittlungs-Aufmerksamkeit. Andere Kulturbereiche wie der arabisch-islamische (vgl. arab. *ǧumhuria*, türk. *gumhuriet*, ‚Staatswesen‘); der fernöstliche oder der indische weisen ähnliche Transfers auf.

Die Verallgemeinerung des Weltmarkts führt zu einer diese Kulturbereiche übersteigenden Verbreitung von **I.**, wobei z.T. gerade die phonologischen Adaptierungen diese Übertragungen nur noch schwer erkennbar sein lassen.

Braun, P./Schaeder, B./Volmert, J., Hrsg. (2003), *Internationalismen II. Studien zur interlingualen Lexikologie und Lexikographie*. Tübingen. – Kolwa, A. (2001), *Internationalismen im Wortschatz der Politik*, (Arbeiten zur Sprachanalyse asa 38), Frankfurt a.M.

Konrad Ehlich

International Phonetic Alphabet (IPA): phonetisches Alphabet, auf dessen Basis alle menschlichen Laute und deren Eigenschaften, z.B. →**Vokale**, →**Konsonanten** etc. nach Artikulationsorten klassifiziert, annähernd exakt beschrieben und wiedergegeben (→**Notation**) werden können. Das **IPA** ordnet jedem Laut ein Zeichen des griech. oder lat. Alphabets zu. Mit der ersten Fassung des **IPA** im Jahr 1888 wurde die phonetische →**Transkription** erstmals international standardisiert, die letzte aktualisierte Fassung stammt aus dem Jahr 2005. Im Kontext des Spracherwerbs ist die Beherrschung des **IPA** für die phonetische Erschließung neuen Vokabulars aus Wörterbüchern von Bedeutung.

Kerstin Rische

International Phonetic Association (IPA): Der internationale Phonetik- und Lautschriftverband **IPA** (frz. Bezeichnung: „Association Phonétique Internationale“) wurde 1886 von dem französischen Linguisten P.É. Passy (1859–1940) zur Förderung der Phonetik gegründet, zunächst unter dem Namen „The Phonetic Teacher's Association“ (vgl. Handbook 1999, 194ff.). 1888 publizierte die **IPA** erstmals das inzwischen mehrfach überarbeitete und erweiterte →**International Phonetic Alphabet (IPA)**, ein noch heute verbreitetes, internationales Alphabet der Lautschrift.

Handbook of the International Phonetic Association. A guide to the use of the International Phonetic Alphabet (1999), Cambridge.

Ulrike Eder

Inter Nationes: 1952 gegründeter Verein, der im Auftrag der deutschen Bundesregierung die kulturelle und gesellschaftspolitische Kooperation mit dem Ausland im Medienbereich fördern sollte. Für den DaF-Bereich waren zahlreiche Audiomaterialien wichtig, die im DaF-Unterricht insbesondere an Hochschulen eingesetzt wurden. 2000 schlossen sich **I.N.** und das →**Goethe-Institut** zusammen. 2001 bis 2004 führte das Goethe-Institut den Namen „Goethe-Institut Inter Nationes“.

Hans-Jürgen Krumm

Interpunktion, die: s. **Zeichensetzung**

interrogativ: steigender Sprechmelodieverlauf (→**Melodie**, →**Kadenz**). Der **i.** Melodieverlauf hat eine bedeutungsunterscheidende Funktion (→**Intonem**), er unterscheidet z.B. Entscheidungsfragen von Aussagen (**i.**: *Hans war hier?* ↗ vs. →**terminal**: *Hans war hier.* ↘). Die **i.** Sprechmelodie gilt als Grenzsignal (→**Pausierung**). Bei gelesenen und vorformulierten Äußerungen findet sie sich am Ende einer (Teil-)Äußerung, d.h. sie zeigt die Grenzen einer syntaktischen und/oder inhaltlich semantischen Einheit an, vornehmlich einer Entscheidungsfrage oder einer sehr freundlichen Äußerung.

Ursula Hirschfeld

Interrogativadverb, das: auch: Frageadverb; erfragt Umstände wie Ort, Art und Weise, Zeit, Grund usw. (z.B. *wo, woher, wie, wann, warum* usw.) und leitet Fragesätze und interrogative Nebensätze ein (z.B. *Wo treffen wir uns?, Sag mir bitte, wo wir uns treffen.*). Zusammen mit den →**Interrogativpronomina** und →**Interrogativartikeln** gehören **I.** im Deutschen zu den so genannten W-Wörtern.

Marina Matthey

Interrogativartikel, der: artikelwertiges Fragewort; wie bei den Artikeln (*ein* usw.; *der* usw.) wird zwischen dem indefiniten und dem definiten Fall des **I.** unterschieden: *welcher* usw. fragt dabei nach einem konkreten Mitglied einer bekannten bzw. als bekannt vorausgesetzten, endlichen Menge, z.B. *Welches Kleid gefällt dir am besten?*, während *was für (ein)* usw. eher auf allgemeine, kategoriale und typologische Merkmale von Personen, Gegenständen, Sachverhalten usw. fokussiert und das Feld möglicher Antworten weit öffnet, z.B. *Was für ein Kleid passt zu meinem Typ?*. **I.** leiten Fragesätze und interrogative Nebensätze ein. Zusammen mit den →**Interrogativpronomina** und →**Interrogativadverbien** gehören **I.** im Deutschen zu den so genannten W-Wörtern.

Marina Matthey

Interrogativpronomen, das: auch: Fragepronomen; erfragt Personen und Sachen, z.B. *wer, was, wem, wen* usw. und leitet Fragesätze oder auch interrogative Nebensätze ein, z.B. *Wer kommt heute zur Party?, Ich weiß nicht, was ich dir schenken kann.* Zusammen mit den →**Interrogativadverbien** und →**Interrogativartikeln** gehören **I.** im Deutschen zu den so genannten W-Wörtern.

Marina Matthey

Intersubjektivität, die: Grundsatz in der →**Forschungsmethodologie**, dass Forschung nicht von der Subjektivität des Forschenden beeinflusst sein darf, sondern der Überprüfung durch andere standhalten muss. **I.** zählt zu den →**Gütekriterien** von Forschung, alternativ zum Kriterium →**Objektivität**. In qualitativer Forschung, die keine Generalisierbarkeit der Ergebnisse anstrebt, wird nicht unbedingt **I.**, sondern reflektierte Subjektivität der Forschenden verlangt.

Müller-Hartmann, A./Schocker-v. Ditfurth, M., Hrsg. (2001), *Qualitative Forschung im Bereich Fremdsprachen lehren und lernen*, Tübingen.

Klaus-Börge Boeckmann

Intertextualität, die: Texte werden immer im Hinblick auf andere →**Texte** geschrieben und rezipiert. Der Terminus **I.** bezeichnet die Beziehung zwischen Texten. Innerhalb des Begriffes wird zwischen produktionsästhetischer und rezeptionsästhetischer **I.** differenziert: Produktionsästhetische **I.** liegt dann vor, wenn die Texte selbst durch Anspielungen und Zitate auf andere Texte Bezug nehmen. Wenn hingegen erst die Rezipienten eines Textes diesen mit anderen Texten verbinden, spricht man von rezeptionsästhetischer **I.** (vgl. Stierle 1983, 7 ff.). Auch die durch einen konkreten Text initiierten Lernertexte (z.B. kreative Bearbeitungen und Kommentare) können, wenn sie zum Unterrichtsgegenstand gemacht werden, als intertextuelle Bezugstexte fungieren.

Für den fremdsprachigen Kontext wurde **I.** vor allem von Hallet (2002) aufgegriffen. Er betont, dass die Fähigkeit, Texte zueinander in Beziehung zu setzen, eine wichtige Dimension fremdsprachiger Diskursfähigkeit darstellt. Ausgehend von einem semiotischen und zugleich multimedialen Textverständnis entwickelte er eine Literaturdidaktik, die den Fremdsprachenunterricht insgesamt als Netzwerk intertextueller Bezüge begreift.

Hallet, W. (2002), *Fremdsprachenunterricht als Spiel der Texte und Kulturen. Intertextualität als Paradigma einer kulturwissenschaftlichen Didaktik*, Trier. – Stierle, K. (1983), „Werk und Intertextualität“, in: Schmid, W./Stempel, W.-D. (Hrsg.), *Dialog der Texte. Hamburger Kolloquium zur Intertextualität*, Wien, 7–26.

Ulrike Eder

Intonation, die:

1. Im engeren Sinne bezeichnet **I.** die Sprechmelodie (→**Melodie**, →**Kadenz**) und ihren Verlauf.

2. Im weiteren Sinne umfasst **I.** die Gesamtheit der suprasegmentalen Mittel und Merkmale (→**Prosodie**, →**suprasegmentale Phonetik**). Zu den Mitteln gehören neben der Sprechmelodie die Lautstärke, die Dauer, das Sprechtempo, die Sprechspannung und deren jeweilige Variation sowie, quasi als Nichtvorhandensein dieser Merkmale, die Pausen (→**Pausierung**). Als aus allen Mitteln – je nach Sprechintention und Sprechsituation – spezifisch kombinierte, komplexe suprasegmentale Gestaltungsmerkmale gesprochener Äußerungen sind Akzentuierung (→**Akzent**) und Rhythmisierung (→**Rhythmus**) anzusehen. Die intonatorischen bzw. suprasegmentalen Mittel wirken im Deutschen als →**parasprachliche** Merkmale i.d.R. zusammen und werden als schwer zerlegbare Einheit empfunden, auch wenn einzelne Mittel dominieren können.

Hirschfeld, U./Stock, E., Hrsg. (2000), *Phonothek interaktiv*, München (CD-ROM). – Peters, J. (2005), „Intonation“, in: *Duden – Die Grammatik*. 7. Aufl., Mannheim, Kap. 2.

Ursula Hirschfeld

Intonem, das: bedeutungsunterscheidende →**suprasegmentale Einheit** (analog zu →**Phonem**). Ein **I.** umfasst die melodisch-dynamische Gestaltung des Endes einer Äußerung, d.h. der letzten akzentuierten Silbe und der ihr inhaltlich angeschlossenen nichtakzentuierten Vor- und Nachlaufsilben. Insbesondere die →**Melodie** (→**Kadenz**) wirkt mit →**terminalen** (fallenden), →**interrogativen** (steigenden), und →**progredienten** (schwebenden)Verläufen bedeutungsunterscheidend (satztypdifferenzierende Funktion). Terminale und interrogative **I.** signalisieren Abgeschlossenheit, progrediente **I.** Nichtabgeschlossenheit, z.B. interrogativ: *Hans war hier?* ↗ vs. terminal: *Hans war hier.* ↘ vs. progredient *Hans war hier* → *und ist dann…* .

Ursula Hirschfeld

intralingual: auch: innersprachlich; Bezeichnung für Phänomene innerhalb einer Sprache. Beispielsweise sind **i.** Interferenzfehler jene Fehler, die bei Lernenden unterschiedlicher Erstsprache in der →**Zweitsprache** auftreten und nicht auf einen →**Transfer** aus der Erstsprache, sondern auf eine fehlerhafte →**Übergeneralisierung** von bereits erlernten sprachlichen Strukturen der Zweitsprache zurückzuführen sind.

Bordag, D. (2006), *Psycholinguistische Aspekte der Interferenzerscheinungen in der Flexionsmorphologie des Tschechischen als Fremdsprache*, Hildesheim.

Mandy Höhle

intransitiv: Verben, die im Unterschied zu →**transitiven** Verben kein Objekt im Akkusativ regieren. Dazu gehören Verben mit Dativobjekt, →**Präpositionalobjekt** oder mit →**Direktivum**. Im Engeren sind **i.** Verben solche Verben, die nur ein Subjekt als →**Ergänzung** verlangen, s. auch →**absolute** Verben. Transitive Verben, die in einem Satz ohne Akkusativobjekt verwendet werden, werden traditionell ‚**i.** gebraucht' genannt, vgl. auch →**fakultative Valenz.**

Klaus Welke

intrinsisch: I. Motivation benennt einen aus dem Inneren der Lernenden kommenden Antrieb, eine Leistung um ihrer selbst willen zu erbringen. Dabei spielt die Freude an einer Tätigkeit oder am Lernen eine entscheidende Rolle. **I.** Motivation entsteht, wenn Personen Rückmeldungen über ihre eigene Leistungsfähigkeit bekommen und in Übereinstimmung mit ihrem Kompetenz- und Autonomiebedürfnis handeln können (Spada 2006, 535).

Spada, H. (2006), 3. Aufl., *Allgemeine Psychologie*, Bern.

Barbara Biechele

Introspektion, die: Verfahren in der →**Forschungsmethodologie**, bei dem eigene innere Vorgänge beschrieben werden, um Aufschlüsse darüber zu erhalten, wie z.B. Lernvorgänge ablaufen. Eine der dabei verwendeten Forschungsmethoden ist das Lerntagebuch, aber auch „lautes Denken" während oder nach der Erfüllung einer Aufgabe ist eine Form der **I.** Forschungsverfahren wie Interviews oder Befragungen können ebenfalls Elemente von **I.** enthalten, wenn nach inneren Vorgängen gefragt wird (Eckerth 2003, 116ff.).

Eckerth, J. (2003), *Fremdsprachenerwerb in aufgabenbasierten Interaktionen*, Tübingen. – Faerch, C./Kasper, G., Hrsg. (1987), *Introspection in second language research*, Clevedon.

Klaus-Börge Boeckmann

invariant: qualifiziert Merkmale in Hinblick auf deren Rolle bei Klassifizierungen; **i.** sind Merkmale, die auf ausnahmslos alle Vertreter einer Klasse zutreffen. Danach ist z.B. →**Genus** ein **i.** Merkmal der Klasse der →**Substantive** im Deutschen. Die meisten Bedeutungen in einer natürlichen Sprache, aber auch viele wissenschaftliche Begriffe, lassen sich nicht **i.** definieren (→**Prototyp**). Zu den **i.** Merkmalen kommen variante hinzu, die typisch für die Klasse sein können und als typische Merkmale neben **i.** die Klasse charakterisieren und zum Begriff/zur Bedeutung eines Wortes gehören. Z.B. trifft das Merkmal ‚genau in einem Genus (fem., mask, oder neutr.) vorkommend', zwar auf die meisten, aber nicht auf alle Substantive des Deutschen zu. Auch in Lexika findet man etwa für VOGEL neben **i.** Merkmalen wie ‚warmblütig', ‚befiedert' auch variante, aber typische Merkmale wie ‚*meist* flugfähig'. Es gibt auch Klassen/Wortbedeutungen ohne **i.** Merkmale. Z.B. wird man für Wörter wie *Tisch, Stuhl, Satz, Wort, Roman, Erzählung* kaum ein **i.** Merkmal angeben können.

Klaus Welke

Inversion, die:

1. In der Literaturwissenschaft bezeichnet **I.** eine rhetorische Figur. Dabei weicht die Stellung der Wörter von der üblichen Wortfolge ab (z.B. *Hänschen klein* statt *kleines Hänschen*).

2. In der Sprachwissenschaft bezieht sich **I.** auf die Stellung des Subjekts. Beispielsweise führt die Besetzung des →**Vorfelds** wg. der obligatorischen Zweitstellung des **finiten** Verbs in deutschen

Aussagesätzen regelmäßig zu einer Umkehrung der üblichen Subjekt-Verb-Stellung im Satz (z.B. *trotzdem hat er* ... vs. **trotzdem er hat* ...).

Mandy Höhle

IPA: s. **International Phonetic Association**, s. **International Phonetic Alphabet**

Irrealis, der: Ausdrucksweise, die die Nichtfaktivität eines Sachverhalts markiert; **I.** wird oft unzutreffend als Synonym für Konjunktiv II gebraucht, der Begriff erfasst aber nur eine der mit den Formen des Konjunktivs II ausdrückbaren Modalitäten (darunter der →**Potentialis** – vgl. Eisenberg 115f.). „Nichtwirklichkeit" i.S. des **I.** markiert in eindeutiger Weise ausschließlich die vergangenheitsbezogene Form des Konjunktiv Plusquamperfekts in Konditionalsätzen wie: *Wenn ich zur Stelle gewesen wäre, hätte ich ihr geholfen.* Zu den komplexen Verwendungsweisen und Ausdrucksfunktionen der Konjunktive s. i.Ü. →**Konjunktiv**.

Eisenberg, P. (1994), *Grundriß der deutschen Grammatik. Bd. 2: Der Satz*, Stuttgart; Weimar.

Sabira Levin

isolierende Sprachen, die: auch: amorphe Sprache, Wurzelsprache; als **i.S.** werden Sprachen bezeichnet, die keine gebundenen →**Morpheme** verwenden, d.h. in denen die Wörter morphologisch nicht veränderbar sind, also nicht flektiert werden können. Grammatische Bedeutungen und syntaktische Beziehungen zwischen den Wörtern werden durch grammatische Hilfswörter und/oder die Wortfolge im Satz ausgedrückt. **I.S.** werden den →**agglutinierenden** (z.B. Türkisch) und →**flektierenden Sprachen** (z.B. Deutsch) gegenübergestellt. Als Beispiele für **i.S.** gelten Vietnamesisch und klassisches Chinesisch. In der Sprachtypologie Sapirs werden **i.S.** auch als →**analytische Sprachen** bezeichnet (vgl. Lyons 1995, 191). Die wichtigsten Merkmale der **i.S.** sind meist eine feste Wortfolge im Satz, oft ein komplexes tonales System, im Idealfall besteht jedes Wort aus einem →**Morph**, es werden keine →**Flexive** verwendet. Es sei aber betont, dass keine Sprache rein isolierend ist. Vietnamesisch und Chinesisch kommen dem Idealfall am nächsten. Viele Merkmale einer **i.S.** weist auch das Englische auf. Inwieweit eine Sprache isolierend ist, kann errechnet werden, indem das Verhältnis zwischen der Anzahl der Wörter und der Anzahl der Morpheme gemessen wird: Je geringer der Unterschied, desto „isolierender" ist die Sprache. Demnach ist z.B. Englisch „isolierender" (1,68) als Sanskrit (2,59) (vgl. ebd.). **I.S.** sind von „isolierten" Sprachen zu unterscheiden, d.h. Sprachen, die mit keiner anderen Sprache verwandt sind wie z.B. Baskisch. Bei Sprechern von **i.S.** ist aus sprachtypologischen Erwägungen zu erwarten, dass insbesondere der Erwerb der morphologischen Eigenschaften des Deutschen besondere Lernanstrengungen und eine problemspezifische methodisch-didaktische Unterstützung erfordert.

Lyons, J. (1995), *Einführung in die moderne Linguistik*, 8. Aufl., München.

Marina Matthey

Isomorph: **1.** Bezeichnung für die strukturelle Gleichheit lexikalischer Einheiten von gleicher sprachlicher Struktur (Strukturparallelismus) Dies kann sich auf Satzebene auf die Anzahl von Konstituenten (z.B. *Klaus liebt Susanne.* vs. *Otto wäscht Anna.* = Subjekt + Verb + Objekt), auf der Wortebene auf die Anzahl von Wortbildungselementen (z.B. *un-einheit-lich* vs. *un-tröst-lich* = Präfix *un-*, Suffix *-lich*) beziehen. **2.** Bezeichnung für einen sprachlichen Ausdruck, bei dem eine eindeutige Beziehung zwischen Inhalt und Form, d.h. eine 1:1-Übereinstimmung gegeben ist. Dies trifft aber nur auf wenige sprachliche Ausdrücke zu, beispielsweise auf Zahlen (z.B. *drei* = *3*), weshalb der Begriff **i.** hier umstritten ist. So bedeutet z.B. *ausdauernd arbeiten* keineswegs exakt dasselbe wie *fleißig, arbeitsam*.

Römer, C. (2006), *Morphologie der deutschen Sprache*, Tübingen.

Mandy Höhle

Iteration, die: auch: Reduplikation/Verdoppelung; **I.** wird **1.** als Fremdwort mit der angegebenen Bedeutung in unterschiedlichsten, insbesondere fachsprachlichen Kontexten verwendet und kann dann auch mit dem Terminus der →**Aktionsart** von Verben verbunden gebraucht sein (s. dort, sowie →**iterativ**); **2.** linguistischer Terminus für den Vorgang der Wiederholung von Morphemen und Worten, z.B. *dalli dalli; wauwau*, manchmal auch von Vokalwechsel begleitet wie bei *Krimskrams*; im Dt. ist **I.** eher selten lexikalisiert wie bei *Kuckuck* oder *Papa*, sondern wird – besonders in der Kindersprache (*bittebitte*) bzw. komplementär dazu, der →**Ammensprache** (*hap-*

pihappi) –, aber auch sonst in freien, auch spontanen Bildungen usw. produktiv genutzt, um die Iterativität von Vorgängen (vgl. *tagtäglich; ritscheratsche*) oder →**Emphase**/Intensität (z.B. *Quitschquatsch*) morphologisch-semantisch zu markieren. In manchen Sprachen, etwa dem Indonesischen, wird der Plural durch **I.** markiert.

Sandy Pannwitz

iterativ: wird in verschiedenen Bereichen verwendet: Informatik, Mathematik, Geschichte usw. In der Linguistik werden →**Verben** als **i.** bezeichnet, wenn sie einen sich ständig wiederholenden Vorgang oder eine sich ständig wiederholende Handlung ausdrücken. Im Deutschen enden solche Verben i.d.R. auf *-ern* oder *-eln*, z.B. *flattern, kränkeln, sticheln*. Als **i.** wird auch eine →**Aktionsart** der Verben bezeichnet (s. →**Iterativum**).

Marina Matthey

Iterativ/~um, der/das: →**Aktionsart** der →**Verben**, Untergruppe des →**Durativs**; bringt einen sich wiederholenden oder gewohnheitsmäßigen Vorgang zum Ausdruck. Andere Bezeichnungen: Frequentativ, Multiplikativ, Habituativ. Im Deutschen wird **I.** u.a. durch semantisch entsprechend konnotierte Verben, die oft mit den →**Suffixen** *-ern* und *-eln* gebildet werden, z.B. *hüsteln, flattern* sowie durch die Konstruktion *„pflegen + zu + Infinitiv"* ausgedrückt, z.B. *Mein Vater pflegte zu sagen [...]*.. **I.** ist manchmal schwer von den →**Diminutiva** und →**Intensiva** (*lächeln, köcheln*) abzugrenzen.

Marina Matthey

IZK: s. **Internationale Zertifikatskonferenz**

J

Junggrammatiker, die: Gruppe von Grammatikern des späten 19. bis (teilweise) frühen 20. Jhs.; die Bezeichnung **J.** wurde ihnen von Vertretern der Vorgängergeneration der historisch-vergleichenden Sprachwissenschaft um J. Grimm und F. Bopp in spöttischer Absicht verliehen. Die **J.** wendeten die Wertung als Namen ihrer Schule ins Positive. Die **J.**, deren Zentrum Leipzig war, spitzten das Programm ihrer Vorgänger zu. Die Sprachgeschichte wurde als alleiniger wissenschaftlicher Gegenstand angesehen. Berühmt geworden ist das an der Naturwissenschaft orientierte Programm, nachzuweisen, dass es ausnahmslos geltende Gesetze der lautlichen Entwicklung gibt. Auf die **J.** gehen bis heute gültige Darstellungen älterer Sprachperioden zurück, z.B. der mittelhochdeutschen (H. Paul) oder der althochdeutschen Sprache (W. Braune). Als ein Grundlagenwerk der junggrammatischen Sprachtheorie kann man H. Pauls „Prinzipien der Sprachgeschichte" (1880) ansehen. Es wird bis heute als Hochschullehrbuch genutzt. Im Gegensatz zur späteren →**strukturalistischen** Sprachtheorie F. de Saussures, für den der Gegenstand der Sprachwissenschaft die →**langue** ist, ist der Gegenstand für H. Paul eher die →**parole**, von Paul als Summe der individuellen sprachlichen Tätigkeiten verstanden. Die Orientierung auf die kommunikative Tätigkeit macht H. Paul zu einem Vorläufer der →**funktionalen Grammatik**. U.a. wurden die Begriffe Thema und Rhema (bei Paul: psychologisches Subjekt und psychologisches Prädikat – vgl. →**Thema-Rhema-Gliederung**) von ihm geprägt. Zu den **J.** gehören neben den Genannten auch O. Behaghel, K. Brugmann, B. Delbrück, A. Leskien, H. Osthoff, E. Sievers, K. Verner.

Paul, H. (1881), *Mittelhochdeutsche Grammatik*, Halle/Saale. – Paul, H. (1880), *Prinzipien der Sprachgeschichte*, Halle/Saale. – Braune, W. (1886), *Althochdeutsche Grammatik*, Halle/Saale.

Klaus Welke

Juxtaposition, die: insbesondere in der traditionellen diachron orientierten →**Wortbildung** gebräuchlich. Ein gehäuftes Zusammenvorkommen von Wörtern kann dazu führen, dass diese Wörter zu einem Wort zusammenwachsen. Es entstehen Zusammenrückungen wie *aufgrund, kennenlernen, radfahren* u.a.m.

Klaus Welke

K

Kadenz, die: spezifischer Verlauf der →**Melodie** am Ende einer (Teil-)Äußerung, d.h. ab der letzten akzentuierten Silbe. Die **K.** kann →**terminal** (fallend), →**interrogativ** (steigend) und →**progredient** (schwebend) verlaufen. Die **K.** kann bedeutungsunterscheidende, d.h. satztypdifferenzierende Funktion haben (→**Intonem**), z.B. interrogativ: *Hans war hier?* ↗ vs. terminal: *Hans war hier.* ↘). Terminale und interrogative **K.** signalisieren eine abgeschlossene Äußerung, progrediente **K.** bedeutet Nichtabgeschlossenheit. Steigen oder fallen kann die Melodie von Silbe zu Silbe, aber auch innerhalb einer Silbe, die Größe des Intervalls ist von der Expressivität des Sprechausdrucks abhängig.

Ursula Hirschfeld

Kanal, der: Als **K.** wird in Kommunikationsmodellen und der →**Kommunikationswissenschaft** metaphorisch der Übertragungsweg bzw. das Medium der Übertragung von Signalen angesehen. So ist im klassischen Kommunikationsmodell (→**Kommunikation**), das im Rahmen der Nachrichtentechnik von Shannon und Weaver entwickelt wurde, die Verbindung zwischen Sender und Empfänger als **K.** bestimmt. Der **K.** kann je nach Beschaffenheit zur Übersendung akustischer oder visueller Signale oder auch anderer Signale dienen. Zu Störungen in der Kommunikation kann es durch Geräusche oder andere Beeinträchtigungen der Übertragung kommen.

Shannon, C.E./Weaver, W. (1949 [1998]), *The Mathematical Theory of Communication*, Urbana.

Martina Rost-Roth

KANN-Beschreibungen: engl. CAN DO-statements, dt. auch: Deskriptoren; formulieren, welche kommunikativen Aktivitäten jemand ausführen kann/können sollte, wenn er ein bestimmtes Lernziel erreicht hat. Übliche Struktur der **K.-B.**: (Sprecher) KANN + Aktivität (was?)/Qualität der dafür benötigten sprachlichen Mittel (wie?) + VERB + Bedingungen/Beschränkungen, z.B.: „KANN kurze, einfache Texte zu vertrauten Themen verstehen, in denen alltagsbezogene Sprache verwendet wird". Mit Hilfe solcher **K.-B.** werden im Gemeinsamen europäischen Referenzrahmen (→**GeR**), im →**Sprachenportfolio** etc. kommunikative Kompetenzen in Interaktion, Hören, Sprechen, Lesen und Schreiben, aber auch linguistische Kompetenzen beschrieben.

Jürgen Quetz

Kanon, der: Organisationsform der kulturellen (und literarischen) Orientierung und Erinnerung, wobei zwei Verwendungsweisen nebeneinander existieren: eine ‚materiale', die den **K.** als Sammlung musterhafter →**Texte** betrachtet, und eine ‚abstrakte', die in ihm nicht die Texte selbst, sondern das Prinzip der Auswahl und Beurteilung erkennt, den Maßstab der Zusammenstellung. Als Instrument der kulturellen Sinnbildung und Sozialisation kann der **K.** durch kritische Prüfung seine formativen Funktionen immer wieder erneuern, nicht zuletzt mit Blick auf die Wirkung von Texten in Lesern, auf die kulturwissenschaftliche Frage nach den Interaktionen von Literatur und Mensch in sozialen Zusammenhängen. So werden im Fach DaF seit den 1990er Jahren literarische Texte nicht mehr im Rahmen eines traditionellen **K.** deutschsprachiger Literatur, sondern nach ihrem Stellenwert im sprachlichen und kulturellen Entwicklungsprozess der Adressaten ausgewählt (Ackermann 2001): z.B. Texte, die ausdrücklich kontrastiv zur kulturellen Tradition der Lerner stehen, die Fremdheitsthematik und Minderheitensituationen darstellen oder die literarische Beziehungen zwischen der deutschsprachigen Literatur und der des Kulturraumes der Adressaten offenbaren.

Ackermann, I. (2001), „Fragen des literarischen Kanons", in: Helbig, G. u.a. (Hrsg.), *Deutsch als Fremdsprache – ein internationales Handbuch*, 2 Bd., Berlin, Bd. 1, S. 1346–1353. – Ehrlich, L./Schildt, J./Specht, B., Hrsg. (2007), *Die Bildung des Kanons. Textuelle Faktoren – Kulturelle Funktionen – Ethische Praxis*. Köln/Weimar/Wien.

Werner Biechele

Kardinalzahl, die: auch: Grundzahl (*null, eins, zwei, drei* usf.); **K.** geben eine bestimmte Anzahl an Dingen oder Personen an. Die **K.** von 0 bis 999.999 weisen teils pronominale, teils adjektivische Merkmale auf (vgl. Gallmann/Sitta 2001, 66). I.d.R. werden **K.** nicht dekliniert. Davon abweichend wird das Zahlwort *eins* wie der unbestimmte →**Artikel** *ein* dekliniert und für die übrigen **K.** existieren einige wenige Genitiv- bzw. Dativformen (z.B. *ein Bündnis zweier Staaten, sich auf allen vieren bewegen*). Höhere **K.** wie *Million, Milliarde* sind feminine →**Substantive**.

Gallmann, P./Sitta, H. (2001), *Deutsche Grammatik*, 4. Aufl., Zürich.

Anna Peterwerth

Kasus, der: Sg.: der Kasŭs, Pl.: die Kasūs; auch Fall. Es handelt sich um morphologische Abwandlungen von →**Substantiven** und →**Adjektiven** in →**flektierenden** und →**agglutinierenden** Sprachen, vgl. auch →**Flexion**, →**Deklination**. Wie bei anderen sprachlichen Zeichen meint man mit

K. das Zeichen in seiner formalen Gestalt und unterscheidet davon die Bedeutung/Funktion (→**semantische Relation**). Das Deutsche besitzt vier **K.**: Nominativ, Akkusativ, Dativ und Genitiv. Das Finnische, eine agglutinierende Sprache, besitzt je nach Zählweise 14, 15 oder 16 Kasus. Falls sich in einer Sprache **K.** überhaupt unterscheiden lassen, setzt man im Grenzfall auch das Fehlen einer Abwandlung als **K.** an, wie beim deutschen Nominativ. Man spricht dann von einem →**Nullmorphem**. Das Deutsche ist dabei, seinen flektierenden Charakter im Bereich der substantivischen Kasus einzubüßen. Bspw. werden feminine Substantive bis auf die Singular-Plural-Differenz nicht durch **K.**-Markierungen differenziert. Man kann jedoch die Kombination von →**Artikeln** (oder von Adjektiven) mit Substantiven als eine analytische Flexion ansehen. Z.B. bleibt trotz Ausfall des synthetischen Dativs (*-e*) in *dem Mann(e)* der Dativ auf Grund der Artikelflexion als analytische Form weiter bestehen. Analoges gilt für das Verhältnis von →**Präpositionen** + Kasus. Man spricht daher auch von Präpositionalkasus, vgl.: *Er erinnert sich der Sache. – Er erinnert sich an die Sache.* (vgl. →**Rektion**).

Andere Sprachen drücken semantische Relationen durch andere Mittel aus. Prominente Mittel sind →**Wortstellung** und Präpositionen. Auch das Deutsche greift dort, wo es keine Kasusunterschiede mehr gibt, auf die Wortstellung zurück. In *Hans kritisiert/lobt Klaus.* werden die semantischen Rollen von *Hans* und *Klaus* nicht durch Kasus unterschieden. Nur die Wortstellung signalisiert, wer wen kritisiert/lobt, wer also Agens und wer Patiens ist. Als Bestandteil des komplexen Deklinationsparadigmas deutscher Nominalphrasen und durch deren Eingebundenheit in die Rektion/Valenz deutscher Verben gehören **K.** zu den besonders schwer und nur langfristig und durch frequente Sprachtätigkeit zu erwerbenden morphologischen Eigenschaften des Deutschen. In Förderzusammenhängen empfehlen sich stetige Übungen auf allen Niveaus der Sprachbeherrschung, die Vermittlung geeigneter →**Lernstrategien**, v.a. auch für den autonomen Erwerb außerhalb von Unterricht, sowie die Ausnutzung (Bewusstmachung) von Analogien und weiteren linguistischen Konzepten wie die Unterscheidung von strukturellen und lexikalischen Kasus.

Klaus Welke

Kasusattraktion, die: Attraktion meint in der Sprachwissenschaft eine Angleichung im Bereich der Lautung, der Bedeutung oder der Syntax. **K.** bezeichnet daher die Übereinstimmung des →**Kasus** zweier Phrasen, die sich aufeinander beziehen. Dies wird im Deutschen nicht als **K.**, sondern als Kasuskongruenz interpretiert: *Als guter Tänzer wusste Klaus, dass er Chancen bei Susanne hatte.* → *als guter Tänzer* bezieht sich auf den Nominativ *Klaus* und steht deshalb im gleichen Kasus (→**Gleichsetzungsnominativ**).

Mandy Höhle

Kasusbedeutung, die: Funktionen/Bedeutungen von →**Kasus** sind →**semantische Relationen** (Rollen). Diese sind nicht notwendigerweise an Kasus gebunden. Denn sowohl in Sprachen ohne (morphologische) Kasus müssen solche Rollen ausgedrückt werden, als auch in flektierenden Sprachen dann, wenn Kasus fehlen. Das einfachste Verfahren der Denotation ist die →**Wortstellung**, vgl. *Emil verspottet Ludwig., Die Lehrer ärgern die Schüler., Katzen fangen Mäuse.* Es gilt die Regel: ‚Agens vor Patiens'. Im Deutschen ist diese Regel weniger rigoros als im Englischen, weil es noch viele Fälle gibt, in denen Kasusformen vorhanden sind; vgl. *Den Schüler ärgert der Lehrer.* Auch auf die →**Semantik** der beteiligten Wörter und auf die →**Pragmatik** verlassen sich die Sprecher des Deutschen, wenn sie ein Patiens in die Spitzenposition bringen, vgl.: *Noten erteilen Lehrer. Mäuse fangen Katzen.*

Klaus Welke

Kasusgrammatik, die: die mit dem Namen Fillmores verbundene Theorie abstrakter Relationen (→**Tiefenkasus**), die Fillmore (1968), der damaligen →**generativen Transformationsgrammatik** entsprechend als syntaktische und nicht als semantische Kategorien auffasste. Grundlage der Begriffsbildung sind de facto natürlich →**semantische Relationen** wie Agens, Patiens, Adressat, die in einer →**flektierenden** Sprache vor allem durch →**Kasus** ausgedrückt werden, die aber in anderen Sprachen und z.T. auch in flektierenden Sprachen durch andere sprachliche Mittel wie die →**Wortstellung** gekennzeichnet werden.

Fillmore, Ch.J. (1968), „The Case for Case", in: Bach E./ Harms R.J. (Hrsg.), *Universals in Linguistic Theory*, New York, 1–88.

Klaus Welke

Kasusrelation, die: s. semantische Relation/semantische Rolle

Kasusrolle, die: s. Kasus

Kasustheorie, die: 1. →Kasusgrammatik, **2.** Teiltheorie der →**Government and Binding Theorie** innerhalb der →**generativen Transformationsgrammatik**; Theorie abstrakter syntaktischer Kategorien, denen in einer →**flektierenden** oder →**agglutinierenden** Sprache →**Kasus** entsprechen.

Klaus Welke

Katapher, die/Kataphora/kataphorisch: vorgreifende Verwendung eines phorischen Ausdrucks (vgl. in ggs. Funktion →**Anapher**) mit Bezug auf ein in der Äußerung erst nachfolgendes Bezugselement: *Obwohl sie angeblich jenseits aller Wahrscheinlichkeit lag, trat die Finanzkrise ein.* **K.** sind kommunikativ paradox: Sie nehmen eine Fokuskontinuierung in Anspruch, bevor der Fokus der Aufmerksamkeit etabliert wurde. Dadurch wird dem Hörer eine erhöhte Verarbeitungsleistung abverlangt.

Ehlich, K. (2007), *Sprache und sprachliches Handeln*, Bd. 1, D2. Berlin/New York.

Konrad Ehlich

Katwijker Empfehlungen: Nach dem Fall des Eisernen Vorhangs bestand in Ost- und Mitteleuropa das Bedürfnis und die Chance, den Fremdsprachenunterricht neu auszurichten. Auf einem 1992 im niederländischen Katwijk durchgeführten Symposion wurden deshalb Empfehlungen für die →**Curriculumentwicklung** formuliert. In den **K.E.** wird Curriculumentwicklung nicht als Konzept- und Methodenexport angelegt, sondern als demokratischer Prozess unter Einbeziehung aller Beteiligten, ausgerichtet an den Bedürfnissen und dem Lernbedarf für Deutsch vor Ort. In zahlreichen mittel- und osteuropäischen Ländern entstanden auf der Grundlage der **K.E.** Rahmencurricula für Deutsch, deren Implementation in den 1990er Jahren auch wissenschaftlich begleitet wurde.

Breitung, H., Hrsg. (1992), *Katwijker Empfehlungen zur Curriculumentwicklung für den Deutschunterricht als Fremdsprache*, München.

Hans-Jürgen Krumm

Kauderwelsch, das: „unverständliches, fremdartiges Gerede". Das Adjektiv *welsch* geht auf die Volcae, einen keltischen Volksstamm, zurück. Die Germanen bezeichneten mit **Walhōs* →*Welsche* verallgemeinernd alle Kelten. Nachdem die keltischen Gebiete durch die Römer besetzt wurden, wurde die Bezeichnung auf die romanische Bevölkerung übertragen. Die Herkunft des Bestandteils *Kauder* ist nicht geklärt. Kauderwelsch könnte die Sprache der Bewohner des schweizerischen Orts Chur bezeichnen. Das Rätoromanisch der Churer (obd. *Kaurer*) empfanden die angrenzenden Germanen als unverständlich.

Das Wort **K.** bietet im Kontext →**interkulturellen Lernens** ggf. einen guten Gesprächsanlass zum Austausch über wertende Attribuierungen fremder Sprachen und die (historischen) Hintergründe solcher Attribuierungen.

Anna Peterwerth

Kausalsatz, der: Nebensatzart, die im engeren Sinne die Ursache eines zu beschreibenden Sachverhaltes angibt und mit den Konjunktionen *da* oder *weil* eingeleitet wird. In einem weiteren Verständnis werden auch die Nebensatzarten →**Konditional-**, →**Konzessiv-**, →**Konsekutiv-** und →**Finalsatz** zur Gruppe der Kausalsätze gerechnet. Im →**GeR** wird die produktive Verwendung erster einfacher **K.** für das Niveau A2 vorgeschlagen.

Charlotte Köhler

kausatives Verb: →**transitives** Verb. Der Subjektreferent verursacht einen Vorgang, der das Objekt in der Patiensrolle betrifft. Typischerweise wird eine Zustandsveränderung ausgedrückt, diese lässt sich mit einem intransitiven Verb beschreiben, dessen Subjektreferent mit dem Objektreferenten des **k.V.** identisch ist. (*Die Sonne trocknet die Kleidung*$_{\text{Akk}}$ vs. →**intransitiv**: *Die Kleidung*$_{\text{Nom}}$ *trocknet.*)

Mandy Höhle

Kausativkonstruktion, die: Der Subjektaktant der **K.** veranlasst den Objektaktanten etwas zu tun. Wird mit *lassen* + Infinitiv des Vollverbs gebildet (z.B. *Der König lässt seine Angestellten kommen*). Nicht zu verwechseln ist dies mit einer ähnlichen Konstruktion, die jedoch ausdrückt, dass jemandem etwas überlassen wird. (z.B. *Klaus lässt Susanne kochen* = 1. *Klaus veranlasst Susanne dazu zu kochen.* = **K.**; 2. *Klaus überlässt es Susanne zu kochen.*)

Mandy Höhle

KDS (Kleines deutsches Sprachdiplom): 1962 vom →**Goethe-Institut** entwickelte Sprachprüfung mit Schwerpunkt auf literarischen Texten, die Deutschkenntnisse auf dem gehobenen Mittelstufen-Niveau (aktuell C2 nach →**GeR**) verlangt. Korrektur und Bewertung erfolgen zentral in München. Das **KDS** kann an Goethe-Instituten und an weiteren lizenzierten Prüfungszentren im In-und Ausland abgelegt werden und stellt einen anerkannten Sprachnachweis zum Hochschulzugang an deutschen Universitäten dar. Das **KDS** ist dem →**Deutschen Sprachdiplom** der →**KMK** Stufe 2 gleichgestellt.

Goethe-Institut (2000), *Kleines Deutsches Sprachdiplom für Ausländer: Informationen für Interessentinnen und Interessenten*, München.

Charlotte Köhler

Kindersprache, die: die Sprache von Kindern zwischen 0 und ca. 11 Jahren. Ausgangspunkt ist die Systematik der Sprache, die Kinder in ihrem Umfeld wahrnehmen und – zunächst oft in übergeneralisierter Form – nachahmen. Die **K.** durchläuft in allen Sprachbereichen (Laut, Wort, Syntax, Semantik, Pragmatik) spezifische Entwicklungsstufen (→**Spracherwerb**).

K. dient von Anfang an der sprachlichen Interaktion. Das gilt bereits für die →**Lallphase**. Ab dem 10. Lebensmonat beginnen Kinder einzelne Worte zu artikulieren. Einwort- und Zweiwortsätze sind die ersten syntaktischen Strukturen der **K.**, die bereits im Alter von 1–1,5 Jahren formuliert werden. Einige komplexe syntaktische Konstruktionen kommen in der gesprochenen Sprache kaum vor. Somit gibt auch der Schriftspracherwerb wichtige Impulse für die Entwicklung der **K.**

Weil der Erwerb von weiteren Sprachen auf den in der Erstsprache entwickelten sprachlichen und kognitiven Strukturen aufbaut, ist es für den Frühbeginn in einer Fremd- bzw. Zweitsprache wichtig, dass parallel der zu diesem Zeitpunkt noch nicht abgeschlossene Spracherwerb in der →**Erstsprache** weitergeführt und gefördert wird.

Butzkamm, W./Butzkamm, J. (2004), *Wie Kinder sprechen lernen. Kindliche Entwicklung und die Sprachlichkeit des Menschen*, 2. Aufl., Tübingen.

Ulrike Eder

Kinesik, die: Teildisziplin der Kommunikationswissenschaft, die menschliches Bewegungsverhalten auf seine kommunikative Relevanz, v.a. im Zusammenspiel mit der linguistisch beschreibbaren Verbalsprache, untersucht und mit Hilfe eines Notationssystems beschreibt. Häufig dient **K.** als Oberbegriff für →**nonverbale Kommunikation** oder →**Körpersprache**. Analog zu linguistischen Struktureinheiten postulierte Birdwhistell (1952), dass sich eindeutig definierbare bedeutungsunterscheidende Bewegungseinheiten (Kineme) gruppieren lassen und zusammen mit anderen Bewegungseinheiten, sog. Kinemorphe, bilden. Er vermutete eine ‚Grammatik' der Kinemorphe, d.h. er suchte nach Gesetzmäßigkeiten, welche den kommunikativen Körperbewegungen zugrunde liegen. Zugleich verwies er auf die Bedeutung des situativen Kontexts zur Bedeutungsentschlüsselung.

Birdwhistell, R.L. (1952), *Introduction to Kinesics: An Annotated System for the Analysis of Body Motion and Gestures*, Louisville.

Manuela Knötig

Klassenkorrespondenz, die: Briefwechsel zwischen gleichaltrigen Schülern an unterschiedlichen Schulen. Dazu bedarf es einer Kontaktsprache, die eventuell für beide Partner eine Fremdsprache darstellt. Der Austausch ermöglicht eine authentische Kommunikation. Sie kann auch als Email-Korrespondenz realisiert werden. Nicht zu unterschätzen ist bei **K.** auch ein möglicher persönlicher Gewinn für die Lernenden. Sie können aus diesem Briefkontakt persönliche Beziehungen – im Sinne von Brieffreundschaften – knüpfen und ausbauen. In der →**Freinet-Pädagogik** ersetzt die **K.** die künstlichen Lehrbuchtexte und ermöglicht den Gebrauch der Fremdsprache zur direkten Verständigung. Der Klassenraum wird zur „Werkstatt", in der die Lernenden gemeinsam die Korrespondenz vorbereiten.

Ilona Feld-Knapp

Kleines Deutsches Sprachdiplom: s. **KDS**

Kleingruppenarbeit, die: 1. bezeichnet die Aufteilung einer Großgruppe in mehrere arbeitsfähige Kleingruppen (meist 3–6 Personen) zur Bearbeitung gleicher oder unterschiedlicher Themen/ Aufgaben. Die Zusammensetzung der Kleingruppen kann nach verschiedenen Kriterien erfolgen (Niveau, Leistung, Herkunftssprache, Interessen u.a.). **K.** dient häufig der Lösung von Heterogenitätsproblemen (→**Heterogenität**) und als Mittel zur inneren Differenzierung, wobei **K.** nicht mit innerer Differenzierung gleichzusetzen ist, sondern diese nur begünstigt. **2.** Der Terminus **K.** bezeichnet in der Erwachsenenbildung auch die Arbeit mit kleinen Lerngruppen (8–15 Personen) und gilt als Qualitätskriterium, um Lernenden optimale Bedingungen (Interaktion, Redezeit) zu bieten.

Nadja Kerschhofer-Puhalo

Klitikon, das: Das **K.** bezeichnet eine schwach betonte Spracheinheit (meist →**Morphem**, aber auch →**Synsemantikon**), die sich an eine benachbarte, akzentuierte Einheit anlehnt. Das **K.** hat i.d.R. die morphologische Form eines eigenständigen Wortes, da es sich aber um eine streng unbetonte Einheit handelt, wird das **K.** oft eine zu Konsonanten reduzierte Form. Dies kann proklitisch, also von vorn an das akzentuierte Wort wie in frz. <tu as> zu <t'as> oder dt. <das Haus> zu <'s Haus> und enklitisch, also von hinten an das akzentuierte Wort wie in engl. <could not> zu <couldn't> oder dt. <hast Du> zu <haste> geschehen (→**Enklitikon**).

Beate Redecker

KMK (Ständige Konferenz der Kultusminister der Länder in der Bundesrepublik Deutschland): Zusammenschluss der Kultusminister bzw. -senatoren der deutschen Bundesländer. Die **KMK** beschäftigt sich mit Aspekten der Bildungs-, Forschungs- und Kulturpolitik, die von überregionaler Bedeutung sind, z.B. mit der Sicherung von Qualitätsstandards im Bildungswesen und der Förderung von Bildungs- und Wissenschaftskooperationen.

Internetadresse: www.kmk.org

Anna Peterwerth

Knacklaut, der: Syn. Kehlkopfknacklaut, Glottisplosiv, Glottisschlag, fester Stimmeinsatz, Ventiltönchen, →**Vokalneueinsatz**; der **K.** ist ein →**stimmloser** konsonantischer Laut, er entsteht aufgrund der Sprengung des Stimmlippenverschlusses und ist als leises Explosionsgeräusch hörbar. Im Deutschen hat der **K.** keinen Phonemstatus (→**Phonem**) und ist auch kein selbstständiger Laut. Er tritt als Grenzsignal (Vokalneueinsatz) nur vor silbeninitialen →**Vokalen** auf (*be | achten* [ˀa]), und zwar häufiger bei langsamem, sorgfältigem Sprechen und besonders wenn der Vokal zu einer akzentuierten Silbe gehört. Beim schnellen Sprechen fällt er oft weg. Für DaF-/DaZ-Lernende ergeben sich Probleme, weil der **K.** in den meisten anderen Sprachen nicht vorkommt. Er muss wegen seiner Bedeutung als Grenzsignal geübt werden (*im |Ei* vs. *im‿Mai*).

Kerstin Reinke

Koartikulation, die: das artikulatorisch (→**Artikulation**) bedingte Ineinandergreifen der Sprechbewegungen bei benachbarten Lauten. So werden z.B. bei der Bildung des Wortes *Bühne* schon beim anlautenden →**Konsonanten** [b] die Lippen gerundet, weil der darauf folgende →**Vokal** gerundet ist (im Gegensatz zu *Biene*). Bei hoher Sprechspannung und niedriger Sprechgeschwindigkeit lässt sich die **K.** auditiv nicht wahrnehmen. Bei schnell und ungespannt gesprochenen Äußerungen kommt es jedoch zu deutlich wahrnehmbaren →**Reduktionen** bzw. →**Lautreduzierungen**, →**Elisionen** und →**Assimilationen**, die sprachabhängig sind. Im Deutschen treten sie besonders in den nicht betonten und damit ungespannten Äußerungsteilen auf.

Ursula Hirschfeld

Kode/Code, der: wird als Anweisung bzw. Vorschrift verstanden, Informationen von Zeichenmengen eines Repertoires in Zeichenmengen eines anderen Repertoires zu konvertieren. Dazu wird vorausgesetzt, dass der **K.** allen Kommunikationsteilnehmern bekannt ist. **K.** wird auch im Sinne systemischer Sprachgebrauchspräferenzen in Abhängigkeit von den (i) Teilnehmern einer Interaktion in einer bestimmten sozialen (ii) Umgebung mit Bezug auf bestimmte (iii) Themen verwendet. Jeder dieser drei sozialen Faktoren determiniere andere Wahlen von Zeichenkombinationen. Die Kodierung der Zeichenkombinationen auf der phonetisch-phonologischen, morpho-syntaktischen, semantischen und pragmatischen Ebene erfolge je nach situativem, teilnehmerspezifischem und themenbezogenem Zuschnitt der Rede unterschiedlich.

Schließlich wird unter Kodewechsel (→**Codeswitching**) das regelhafte Wechseln von einem einzelsprachlichen **K.** (z.B. Deutsch) und einem anderen einzelsprachlichen **K.** (z.B. Suahili) innerhalb und zwischen Sätzen verstanden. Die forschungsleitende Frage lautet, wie Elemente des einen mit solchen des anderen **K.** kombiniert werden (können). Das Wechseln von →**Varietäten** im Rahmen einer Einzelsprache (z.B. zwischen Bayrisch und der deutschen →**Standardvarietät**) wird in Analogie als Kodeverschiebung (code shifting) bezeichnet. Ein repräsentativer Überblick über den Stand der Forschung in diesem Bereich findet sich in Milroy (1995).

Dittmar, N. (1973), *Soziolinguistik. Kritische Darstellung ihrer Theorie, Empirie und Anwendung*, Frankfurt a. M. – Milroy, L., Hrsg. (1995), *One speaker, two languages: Cross-disciplinary perspectives on code-switching*, Cambridge.

Norbert Dittmar

Kodetheorie, die: Bernsteins Theorie der Kodes besagt, dass Sprecher unterschiedlicher sozialer Schichten signifikant verschiedene morphosyntaktische und semantische Strukturmuster produzieren. Dass die Sprachverwendung schriftferner Schichten insgesamt weniger verschiedene Wörter, diese aber öfter benutzt, während schriftnahe Schichten mehr unterschiedliche Wörter und diese in differenzierterer Weise nutzen, gilt zwar nicht als bewiesen, aber als plausibel empirisch belegt. Die Theorie stellt dem negativ bewerteten →**restringierten** Kode (Unterschicht) den standardnahen →**elaborierten** Kode (Mittelschicht) gegenüber. Die Gegner einer Defizittheorie (Minderwertigkeit des restringierten Kodes) haben als Alternative die →**Differenzhypothese** aufgestellt, die die Unterschiedlichkeit der beiden →**Kodes** hervorhebt.

Ammon, U. (1972), *Dialekt, soziale Ungleichheit und Schule*, Weinheim. – Dittmar, N. (1973), *Soziolinguistik. Kritische Darstellung ihrer Theorie, Empirie und Anwendung*, Frankfurt a. M.

Norbert Dittmar

Kognition, die: umfasst die Gesamtheit von Prozessen, die mit der Wahrnehmung von Informationen, ihrer Verarbeitung und Speicherung im Gedächtnis sowie ihrer Nutzung und Anwendung in spezifischen Situationen verbunden sind. Anfang der 1960er Jahre vollzog sich in der Psychologie die Abwendung vom Behaviorismus, oft als kognitive Wende bezeichnet (Schwarz 2008, 11). Roth (1994, 29 f.) differenziert zwischen nichtkognitiven neuronalen Prozessen (rein physiologische Ereignisse, neuronale und präkognitive Prozesse) und kognitiven, d.h. bedeutungshaften Prozessen. **K.** wird als Informationsverarbeitung verstanden, die im kognitiven System geleistet wird. Ein kognitives System wird aus der Perspektive seines Aufbaus/Tektonik (unterschiedliche mentale Repräsentationen von Wissen, z.B. →**Schema**, →**Skript**, →**Frame**, →**Proposition**), seiner Funktionsweise/Dynamik (→**Top-down-** und →**Bottom-up**-Verarbeitungsprozesse) und seiner Veränderbarkeit/Genetik (Modelle des Lernens) beschrieben. (vgl. Wolff 2002, 33 f.).

Wolff, D. (2002), *Fremdsprachenlernen als Konstruktion: Grundlagen für eine konstruktivistische Fremdsprachendidaktik*, Frankfurt a. M. – Roth, G. (1994), *Das Gehirn und seine Wirklichkeit*, Frankfurt a. M. – Schwarz, M. (2008), *Einführung in die kognitive Linguistik*, 3. Aufl., Tübingen.

Barbara Biechele

Kognitionswissenschaft, die: auch: **cognitive science**. Die **K.** ist als ein interdisziplinärer Ansatz zur Erforschung von künstlichen und natürlichen Wahrnehmungs-, Erkennens-, Denk-, Wissens- und Handlungsleistungen, ihren Erscheinungsformen, ihren Strukturen und den dabei ablaufenden Prozessen zu verstehen (vgl. Pospeschill 2004, 16). Arbeiten der Psychologie, Philosophie, Informatik, Linguistik sowie Neurowissenschaft haben wesentlichen Einfluss auf die Herausbildung der **K.** Auch die Entwicklung des Computers, durch die sich eine Sprache zur Beschreibung von Prozessen der Informationsverarbeitung etablierte, leistete einen wesentlichen Beitrag für die Formulierung der Modelle und Theorien der **K.**

Pospeschill, M. (2004), *Konnektionismus und Kognition. Eine Einführung*, Stuttgart.

Barbara Biechele

kognitiv: s. **Kognition**, s. **Kognitivierung**

Kognitivierung, die: Einsatz von auf Bewusstmachung zielenden unterrichtsmethodischen Verfahren (Lehrverfahren), d.h. die Gerichtetheit des Lehrverhaltens auf kognitives Lernen als bewusstes, einsichtiges, sinnvolles Lernen (vgl. Tönshoff 1992, 14). Der Begriff **K.** wird in der fremdsprachenmethodischen Diskussion sowohl für Prozesse der Verarbeitung und des Lernens sprachlicher Phänomene (z.B. im Bereich der Grammatik, Pragmatik) als auch für die Vermittlung von →**Lernstrategien** verwendet.

Tönshoff, W. (1992), *Kognitivierende Verfahren im Fremdsprachenunterricht: Formen und Funktion*, Hamburg.

Barbara Biechele

Kohärenz, die: **K.** ist vor allem eine Eigenschaft von →**Texten**; sie gilt als das zentrale Kriterium für →**Textualität**. **K.** meint spezifisch den semantisch-kognitiven Sinnzusammenhang in Texten, der sich z.B. in der Wiederkehr bestimmter sprachlicher Elemente etwa in →**semantischen Netzen** (z.B. *Schlange – Kino* oder *Schlange – Dschungel – gefährlich*) oder in einer spezifischen thematischen Entfaltung oder einer Makrostruktur zeigt. **K.** ist nicht notwendigerweise in einem Text vorhanden, sondern wird vom Textproduzenten und Textrezipienten hergestellt. In einem weiten Verständnis umfasst **K.** auch die →**Kohäsion** als formale **K.**.

Maria Thurmair

Kohäsion, die: Begriff aus der →**Textlinguistik** bzw. →**Textgrammatik**; die **K.** wird als Eigenschaft von →**Texten** behandelt und als wesentliches Merkmal der →**Textualität** gesehen: **K.** betrifft die Verbindungen auf der Oberfläche eines Textes, beruht auf grammatischen, morphosyntaktischen Abhängigkeiten und Mitteln der Verknüpfung und wird bestimmten sprachlichen Strukturen zugeschrieben, die Elemente wiederholen, ersetzen oder verknüpfen, wie etwa Mittel der Verweisung/Textphorik (z.B. Proformen/Verweisformen) sowie →**Ellipsen**, Konnektoren (z.B. →**Konjunktionen**, →**Subjunktionen**), →**Thema-Rhema-Gliederung**, thematische Progression oder →**Tempus**, z.B. *Um die Ecke* *__kam__* *eine Frau. Die Frau* *__war__* *völlig außer Atem, denn sie* *__wollte__* *den Bus unbedingt noch erwischen.* **K.** wird nicht immer streng von →**Kohärenz** getrennt, sondern bisweilen als eine Unterform der Kohärenz (nämlich als formale Kohärenz) gesehen.

Maria Thurmair

Kollokation, die: **1.** In sprachwissenschaftl. Kontexten wird mit **K.** das häufige gemeinsame Vorkommen von i.d.R. zwei Wörtern in einem →**Syntagma** bezeichnet. Diese Wortpaare (v.a. Adjektiv + Nomen und Nomen + Verb) sind mehr oder weniger fest und können kontextuell erwartbar sein (*blond – Haare/Bier, Auto – bremsen, Obst – entkernen*); Adjektive z.T. nur attributiv: **Das Bier ist ja blond!*). Für den FU sind **K.** eine Hilfe beim Erwerb neuer Lexik (→**Chunk**) und bei der Bedeutungserschließung im Kontext. Signifikante Häufigkeit und Festigkeit der **K.** sind in digitalen Korpora leicht ermittelbar, vgl. →**Kollokationstest**. **2.** **K.** i.w.S.: durch →**Korpusanalyse** ermittelte beliebige Wortkombination zu statistischen oder anderen Zwecken, z.B. *Integration + Türkei.*

Eva-Maria Willkop

Kollokationstest, der: Verfahren der distributionellen →**Korpusanalyse**, v.a. in der Lexikologie angewandt. Die Suche und Klassifikation von möglichen und ausgeschlossenen Kontextpartnern erlaubt Rückschlüsse auf die semantischen Strukturen eines →**Lexems**, z.B. über verschiedene →**denotative**, →**konnotative** oder stilistische Bedeutungen in verschiedenen →**Kollokationen**. Bsp.: *fett* als →**Attribut**: *fette Wurst, fetter Mann, fette Nachzahlung*; *fett* als →**Adverbial:** *fett unterstreichen, fett feiern* (Jugendsprache). Manchmal auch Test zum Erproben von (nur partieller) Äquivalenz von Synonymen und von Mehrdeutigkeiten: *fetter/dicker Mann* vs. *fette/* dicke Wurst; der DJ ist total fett!* (= *__dick__* oder *__hervorragend__*).

Eva-Maria Willkop

Kommunikation, die: Der Begriff wird in unterschiedlicher Weise gebraucht, um auf Prozesse der Informationsübermittlung zu verweisen. Man kann zwischen interpersonaler **K.** sowie **K.** über Massenmedien bzw. technisch vermittelter **K.** unterscheiden. Mit der Entwicklung elektronischer Medien erlangt dabei **K.** über Internet und virtuelle Kommunikation zunehmende Bedeutung. Entsprechend breit und unterschiedlich sind auch die Untersuchungsbereiche von →**Kommunikationswissenschaft**. Es gibt eine Vielzahl von Kommunikationsmodellen, die versuchen, den Prozess der Nachrichtenübermittlung zu fassen. Besondere Verbreitung fand das Modell von Shannon und Weaver mit den Komponenten Sender, Empfänger und →**Kanal** als Weg der Übertragung für Signale, die über einen bestimmten Kode vermittelt werden. **K.** kann weiters auch als Prozess mit verschiedenen Phasen (Senden/Kodieren, Vermitteln/Übertragen und Empfangen/Dekodieren) gesehen werden. In der Folge wurden zahlreiche weitere Modelle, auch mit stärkerer Ausdifferenzierung in einzelnen Bereichen sowie unter stärkerer Berücksichtigung von Rückmeldung entwickelt. Als wesentliche Merkmale werden z.T. Wechselseitigkeit und Intentionalität angesehen. Speziell bezogen auf sprachliche **K.** ist auch Reflexivität in Form von wechselseitigen Erwartungen der Interaktanten bedeutsam. Für sprachliche **K.** ist die Formel von Lasswell „Wer sagt was mit welchen Mitteln zu wem mit welcher Wirkung?" von besonderer Bedeutung. Einen sehr weiten Kommunikationsbegriff vertreten Watzlawick u.a. über das Axiom „man kann nicht nicht kommunizieren", indem hervorgehoben wird, dass jegliche Art des Verhaltens Informationen und Beziehungsaspekte beinhaltet, womit generell die Perspektive von **K.** als Feld sozialen Handelns (→**Pragmatik**) angesprochen ist.

Speziell in Hinblick auf den Fremdsprachenunterricht und die Unterrichtsforschung sind die Unterrichtskommunikation und Unterrichtsinteraktion von Interesse. Hierbei wird untersucht, wie zwischen Lehrenden und Lernenden, aber auch unter Lernenden kommuniziert wird (→**Unterrichtssprache**). Im Vordergrund steht dabei die Frage, inwiefern die Art der **K.** bzw. Unterrichtsinteraktion Lernprozesse und Ausdrucksmöglichkeiten der Lernenden ermöglicht und damit fördert oder einschränkt. Mit der sog. ‚kommunikativen Wende' wurde die Förderung der Kommunikationsfähigkeit der Lerner als →**kommunikative Kompetenz** vorrangiges Lernziel des Fremdsprachenunterrichts.

Lasswell, H.D. (1948), „The Structure and the Function of Communication in Society", in: Bryson, L. (ed.), *The Communication of Ideas*, New York. – Maletzke, G. (1998), *Kommunikationswissenschaft im Überblick. Grundlagen, Probleme, Perspektiven*, Opladen. – Shannon, C.E./ Weaver, W. (1949 [1998]), *The Mathematical Theory of Communication*, Urbana. – Watzlawick, P./Beavin, J.H./ Jackson, D.D. (1967 [2007]), *Menschliche Kommunikation. Formen, Störungen, Paradoxien*, 11. Aufl., Bern u.a.

Martina Rost-Roth

Kommunikationsfähigkeit, die: Lehr- und Lernziel des Fremdsprachenunterrichts, das sich an den Bedürfnissen der sprachlichen Interaktion in authentischen Zusammenhängen orientiert (→**kommunikative Kompetenz**). Es handelt sich um eine komplexe Fähigkeit, bei der mehrere Dimensionen sprachlichen Handelns zusammenwirken, die sich differenzieren lassen in sprachsystematische (grammatische, lexikalische, phonologische bzw. graphische) Kenntnisse, Wissen um Kommunikationsstrategien sowie pragmatische und sozio-kulturelle Kompetenzen.

Europarat (2001), *Gemeinsamer europäischer Referenzrahmen für Sprachen: lernen, lehren, beurteilen*, Berlin.

Renate Freudenberg-Findeisen

Kommunikationsgemeinschaft, die: Der Begriff der **K.** spielte zunächst in der Sprachphilosophie eine Rolle (vgl. z.B. Karl Otto Apel). **K.** zeichnen sich – zumindest idealiter – dadurch aus, dass sie über die gleiche Sprache sowie gleiche Regeln der Sprachverwendung und des Sprachgebrauchs bzw. entsprechende Normen verfügen. Auch in der Soziolinguistik und bei der Betrachtung →**interkultureller Kommunikation** wird die Kommunikationsgemeinschaft als Einheit gesehen. In diesem Zusammenhang impliziert der Begriff bei Gumperz (1971) jedoch nicht zwangsläufig sprachliche Homogenität. Nicht zuletzt kann es auch in Beachtung eines differenzierten Verständnisses von →**Kultur** bei gleicher Sprache unterschiedliche Kommunikationsgemeinschaften geben, wie sich dies in Untersuchungen zu deutsch-deutschen Kommunikationen und Vergleichen abzeichnete.

Gumperz, J.J. (1971), *Language in Social Groups*, Essays selected and introduced by Dil, A.S., Stanford.

Martina Rost-Roth

Kommunikationsstrategie, die: Mit dem Terminus **K.** wird in der Fremd- und Zweitspracherwerbsforschung vorrangig auf Strategien verwiesen, die Nichtmuttersprachler bzw. Lerner einer Sprache einsetzen, wenn sie in der Zielsprache nicht über die entsprechenden Mittel verfügen, um etwas auszudrücken. ‚Communication Strategies' wurden bereits bei Selinker und Corder im Rahmen von Zweitspracherwerbstheorien thematisiert. Bei der Betrachtung von **K.** werden verschiedene Arten von Strategien wie ‚achievement strategies', die auf Problemlösung ausgerichtet sind, und Ersatz- und Kompensationsstrategien sowie Vermeidungsstrategien unterschieden. Eine Vielzahl von Arbeiten versucht, verschiedene Ausprägungen von **K.** über Typologien zu fassen.

Empirische Untersuchungen arbeiteten anfangs vorrangig mit experimentellen Settings. Während **K.** zunächst als monologische Produktionen untersuchten wurden, rückten mit der Zeit auch interaktionistische und später kognitivistische Perspektiven in den Vordergrund. In der →**Fremdsprachendidaktik** wird die Vermittlung von **K.** als Möglichkeit gesehen, →**kommunikative Kompetenz** trotz beschränkter zielsprachlicher Ausdrucksmittel zu fördern. Auch im →**Gemeinsamen europäischen Referenzrahmen** wird die Vermittlung von **K.** – neben anderen Strategien – als wesentliches Ziel fremd- und zweitsprachlichen Unterrichts thematisiert.

Byalistock, E. (1990), *Communication Strategies. A Psychological Analysis of Second-Language Use*, Oxford.

Martina Rost-Roth

Kommunikationswissenschaft, die: wird in den Sozial- und Geisteswissenschaften zum einen verstanden als die Wissenschaft, die sich mit der systematischen Erforschung von Nachrichtenübermittlung zwischen ‚Sendern' und ‚Empfängern' (→**Kommunikation**) unterschiedlichster Art befasst. Zum anderen wird unter **K.** die Befassung mit durch →**Medien** vermittelter Kommunikation verstanden und ist hiermit hauptsächlich in der Publizistik verankert. Die Befassung mit Kommunikation hat ihre Wurzeln bereits in der antiken Rhetorik. In neuerer Zeit haben u.a. die Auseinandersetzung mit der Persuasion (Überredung, Überzeugung) und die Entwicklung von Massenmedien Schwerpunkte gesetzt. Dabei kamen zunehmend auch empirische Methoden zur Anwendung. **K.** ist in unterschiedlichen Ausprägungen auch als Studiengang und Forschungsbereich an Universitäten vertreten.

Maletzke, G. (1998), *Kommunikationswissenschaft im Überblick. Grundlagen, Probleme, Perspektiven*, Opladen. – Schmidt, S. (2000), *Orientierung Kommunikationswissenschaft. Was sie kann, was sie will*, Reinbek.

Martina Rost-Roth

kommunikative Didaktik: ein Modell des Unterrichtens, in dem die Interaktion zwischen den Unterrichtspartnern im Mittelpunkt steht. Wissen wird danach nicht unidirektional vorgegeben und vermittelt, sondern durch Interaktion zwischen den Unterrichtspartnern gemeinsam aufgebaut. In der →**Fremdsprachendidaktik** fällt die **k.D.** zeitlich mit dem Auftauchen der →**kommunikativen Kompetenz** und der beginnenden Diskussion über die Lernerautonomie zusammen. Dies führt zu der Vorstellung von Fremdsprachenunterricht als einem Ort, an dem Bedeutung durch gegenseitigen Austausch aller am Unterricht beteiligten Personen aufgebaut wird, wobei den Lernenden aufgrund ihrer Autonomie ein erhebliches Mitspracherecht für die Ausgestaltung der Interaktion und der Kommunikation zukommt. Die Ausrichtung des Unterrichts erfolgt in stärkerem Maße als in vorangehenden didaktischen Modellen an den Bedürfnissen der Lerner. Eine inhaltliche Verzahnung mit dieser didaktischen Konzeption ergibt sich durch die in den 1980er Jahren zunehmende Bedeutung der →**Pragmalinguistik** für die Fremdsprachendidaktik, die an die Stelle der alten Wortartengrammatik Sprachhandlungen und Sprachfunktionen als Ordnungskategorien für die Progression im Fremdsprachenunterricht setzt, was zu einem völlig anderen Aufbau fremdsprachlicher Lehrwerke führt. Nicht zuletzt auch unter Bezug auf die Bedeutung von →**Sprachhandlungen** für das Erlangen kommunikativer Kompetenz stellt das Aushandeln über die unterrichtlichen Zielsetzungen, Inhalte und Verfahren ein wesentliches Element der **k.D.** dar.

Piepho, H.-E. (1980), *Deutsch als Fremdsprache in Unterrichtsskizzen*, Heidelberg.

Frank G. Königs

kommunikative Grammatik: uneinheitlich definierter und verwendeter Begriff für ein spezifisches Konzept einer →**didaktischen Grammatik** für Belange des Lernens und Lehrens von Fremdsprachen. Dabei referiert „kommunikativ" auf den Begriff der →**kommunikativen Kompetenz** als übergeordnetem Lernziel. Ein frühes, umfassendes Konzept einer **KG** auf dem Hintergrund entsprechenden Bedarfs im DaZ-Kontext hat Barkowski (1982) vorgelegt. Als theoretische Grundlagen des Modells dienen Ansätze der linguistischen Pragmatik, insbes. der →**Sprechakttheorie**, und das Sprachbeschreibungsmodell der →**funktionalen Grammatik**. Den Ausgangspunkt der Konzeption bilden die Versprachlichungsbedürfnisse bzw. -intentionen der Fremdsprachenlerner, diesen sind geeignete Sprachmittel – lexikalische wie grammatische und intonatorische – zuzuordnen. (s. dazu ggf. auch →**Grammatikvermittlung**). Für das Deutsche liegen inzwischen einige solcher Zuordnungen für ausgewählte sprachlich-kommunikative Handlungsfelder vor (→**Feldergrammatik**; →**Valenzwörterbuch**). Ein zentrales Desiderat ist dagegen weiterhin die systematische und theoretisch überzeugende Kategorisierung der grundlegenden sprachlichen Bausteine kommunikativer Handlungskompetenz in der Funktion des gliedernden Ordnungsprinzips einer **KG**.

Barkowski, H. (1982), *Kommunikative Grammatik und Deutschlernen mit ausländischen Arbeitern. Ein Modell*, Königstein/Ts., (2. Aufl. 1986/Mainz). – Götze, L. (1999), „Eine funktionale Grammatik für Deutsch als Fremdsprache", in: Skibitzki, B./Wotjak, B. (Hrsg.), *Linguistik und Deutsch als Fremdsprache. Festschrift für Gerhard Helbig zum 70. Geburtstag*, Tübingen, 81–94.

Hans Barkowski

kommunikative Kompetenz:
1. Begriffsgeschichte
Unter dem Stichwort **k.K.** wurde zunächst in der US-amerikanischen Ethnographie des Sprechens

(Dell Hymes) ein Gegenkonzept zum Chomskyschen →**Kompetenz**-Konzept vorgetragen, durch das die Verkürzungen des Chomskyschen Sprachbegriffs kritisiert wurden. Viele Phänomene der **k.K.** in diesem Sinn sind bei Chomsky gerade als Teile der →**Performanz** von der systematischen linguistischen Analyse ausgeschlossen. Eine zweite Nutzung des Ausdrucks erfolgte durch Habermas in seinem Modell einer universalen Kommunikationstheorie: Hier bezeichnet die **k.K.** als regulative Idee die kommunikative Herstellung und Unterhaltung sozialer Beziehungen.

2. **K.K.** als Leitbegriff der Sprachdidaktik
Zu Beginn der 1970er Jahre hat Piepho den Begriff der **k.K.** aus der anglo-amerikanischen Diskussion aufgegriffen und im deutschsprachigen Raum zur Begründung eines →**kommunikativen Fremdsprachenunterrichts** genutzt. Während die zuvor genannten Verwendungen des Begriffs in spezifische Theoriekonstrukte integriert bzw. eingebettet sind, wird in der pädagogischen und der (fremd-)sprachdidaktischen Literatur **k.K.** in Anspruch genommen, um eine allgemeine Befähigung des Menschen zur Kommunikation zu bezeichnen, eine Befähigung, die durch pädagogische Bildungsprozesse erweitert oder allererst ausgebildet werden soll und kann. Insbesondere in der Fremdsprachendidaktik richtet sich der Ausdruck kritisch gegen die Reduktion von Lerngegenständen auf bloße Systemaspekte von Sprache, wie sie in extremer Weise in der →**Grammatik-Übersetzungsmethode** im Mittelpunkt standen, aber auch in die Sprache ähnlich verkürzenden Grammatiktheorien heute wieder grundlegend sind. In diesem Sinn ist die Vermittlung und die Ausbildung **k.K.** ein wichtiges Ziel des Fremdsprachenunterrichts und eine zentrale Aufgabe einer realistischen Fremdsprachdidaktik. Vermittlungsmethodisch verlangt die zentrale Stellung dieses Lernziels einen Fremdsprachenunterricht, der die Lerner optimal motiviert und der ihnen umfängliche Möglichkeiten zur Aneignung der fremden Sprache als Ensemble von Handlungsmitteln für das Kommunizieren in dieser Sprache bereitstellt. Zahlreiche neuere fremdsprachendidaktische Modelle sind diesen Zielen verpflichtet (→**kommunikative Didaktik**).

Brill, L.M. (2005), *Lehrwerke/Lehrwerkgenerationen und die Methodendiskussion im Fach Deutsch als Fremdsprache*, Aachen. – Habermas, J. (1971), „Vorbereitende Bemerkungen zu einer Theorie der Kommunikativen Kompetenz", in: Habermas, J./Luhmann, N. (Hrsg.), *Theorie der Gesellschaft oder Sozialtechnologie*. Frankfurt a.M., 101–140. – Hymes, D. (1968), „Ethnography of Speaking", in: Fishman, J.A. (Hrsg.), *Readings in the Sociology of Language*, Den Haag, 99–138. – Legutke, M., Hrsg. (2008), *Kommunikative Kompetenz als fremdsprachendidaktische Vision*, Tübingen. – Piepho, H.E. (1974), *Kommunikative Kompetenz als übergeordnetes Lernziel im Englischunterricht*, Dornburg-Frickhofen.

Konrad Ehlich

kommunikativer Fremdsprachenunterricht: Der Begriff der →**kommunikativen Kompetenz** lässt sich auf zwei unterschiedliche Entwicklungen zurückführen, die beide als Grundlage für den **k.F.** gesehen werden können: zum einen die Aufwertung der von Chomsky vernachlässigten →**Performanz**, d.h. die Beschäftigung mit Fragen der Sprachverwendung und des Sprachgebrauchs in der →**Pragmalinguistik** (Hymes 1972), zum andern das philosophische und emanzipatorische Konzept von kommunikativer Kompetenz bei Habermas und Luhmann (1971). Piepho (1971) hat beide Ansätze verknüpft und im deutschen Sprachraum für den Fremdsprachenunterricht fruchtbar gemacht. Kommunikative Kompetenz wird als oberstes Lernziel für einen **k.F.** formuliert. Diese „kommunikative Wende" in den 1970er Jahren begründet mit der Entwicklung neuer Lehrpläne und der Erarbeitung von materialreichen Grundlagen in den Sprachenprojekten des Europarats (für Deutsch: Kontaktschwelle 1981) den **k.F.** Impulse der →**audiolingualen** und der →**audiovisuellen Methode** wie Authentizität und Situativität werden aufgegriffen und weiterentwickelt. Fremdsprachenlernen wird im Sinne der →**Sprechakttheorie** (Austin 1972, Searle 1971) als handlungsorientierter Vorgang gesehen, dessen Ziel der authentische Gebrauch der Sprache und die Fähigkeit der Lernenden, sprachlich angemessen zu handeln, ist. Fremdsprachliches Können steht im Mittelpunkt, Mündlichkeit hat Vorrang vor Schriftlichkeit, die Lernenden als Subjekte des Unterrichts stehen im Zentrum, was eine Neudefinition der Rolle der Lehrenden als Helfende im Lernprozess mit sich bringt, ebenso neue Unterrichtsformen wie Rollenspiele, Simulationen, Projekte, u.ä. Mit dem ersten kommunikativen Lehrwerk für DaF, „Deutsch aktiv" (Neuner u.a. 1979ff.), wird der kommunikative Deutschunterricht weltweit als Methode etabliert.

Der emanzipatorische Ansatz (vgl. Dietrich 1974) tritt hinter dem angelsächsischen pragmatisch-funktionalen Konzept zurück: Es geht darum, rollen- und situationsangemessene Sprechhandlungen zu erlernen, die es erlauben, die eigenen Sprechintentionen zu verwirklichen. Die Grammatik verliert ihre führende Rolle. In den 1980er Jahren wird der pragmatisch-funktionalen Ansatz weiter entwickelt: neben dem kommunikativen Handeln („sprechen mit") kommt auch dem (Text-)Verstehen eine größere Bedeutung zu, auch literarische Textsorten spielen wieder eine Rolle, „Sprechen über" (Erzählen) wird wichtig, die Ausgrenzung der Grammatik wird im „postkommunikativen Fremdsprachenunterricht" zugunsten der Entwicklung von →**Sprachbewusstsein** zurückgenommen.

Baldegger, M. u.a. (1981), *Kontaktschwelle Deutsch als Fremdsprache*, Berlin/München. – Dietrich, I. (1979), 2. Aufl., *Kommunikation und Mitbestimmung im Fremdsprachenunterricht*, Königstein. – Hymes, D. (1972), „On communicative competence", in: Pride, J.B./Holmes, J. (Hrsg.), *Sociolinguistics: Selected Reading*, Harmondsworth, 269–293. – Piepho, H.E. (1974), *Kommunikative Kompetenz als übergeordnetes Lernziel im Englischunterricht*, Dornburg.

Renate Faistauer

kommunikative Validierung: dialogisches Verfahren in der qualitativen Forschung, mithilfe dessen Forscher den Wahrheitsgehalt, die →**Validität**, einer Dateninterpretation durch Rücksprache mit den Untersuchungsteilnehmern überprüfen. **K.V.** bedient sich dazu häufig auch Strukturlegeverfahren. Hierbei werden durch die Untersuchungsteilnehmer Strukturbilder zum Untersuchungsgegenstand erstellt (wobei z.B. transkribierte Interviewpassagen in einen systematischen Zusammenhang gebracht werden); und die dabei entstandenen Bilder und ggf. dadurch sichtbar werdenden konfligierenden Sichtweisen der Untersuchungsteilnehmer und Forscher werden im Dialog miteinander abgeglichen (z.B. „Heidelberger Strukturlegetechnik" im Rahmen des „Forschungsprogramms Subjektive Theorien").

Scheele, B./Groeben, N. (1988), *Dialog-Konsens-Methoden zur Rekonstruktion Subjektiver Theorien. Die Heidelberger Struktur-Lege-Technik (SLT), konsensuale Ziel-Mittel-Argumentation und kommunikative Flussdiagramm-Beschreibung von Handlungen*, Tübingen.

Claudia Riemer

Kommutation, die: s. Substitution

Kommutationstest, der: s. Substitution

Komparation, die: meint die Steigerung von Adjektiven. Der →**Positiv** stellt die Normalform des Adjektivs dar, von der sich die gesteigerten Formen des →**Komparativs** und des →**Superlativs** abheben. Komparativ und Superlativ werden i.d.R. in Vergleichskonstruktionen gebraucht. Zur Bildung der Komparativform dient das Suffix *-er*, der Superlativ setzt sich aus Grundform + *-st/-est* zusammen. Unregelmäßige Formen treten bei Adjektiven wie *gut, viel, hoch, nah* u.a. auf. In einigen Fällen lassen sich auch Adverben steigern, hierzu zählen *bald, oft, wohl* und *gern*.

Mandy Höhle

Komparatistik, die: Je nach Kontext ist die vergleichende Literaturwissenschaft oder die vergleichende Sprachwissenschaft gemeint.

1. **K.** als Vergleichende Literaturwissenschaft
Die **K.** stellt literarische Texte in einen breiten Kontext, um neue Ebenen des Verstehens zu eröffnen. Sie vergleicht Texte aus unterschiedlichen Sprachen und Kulturkreisen sowie Literatur und andere Künste. Zur Wissenskonstruktion werden unterschiedliche Teildisziplinen herangezogen, z.B.: Literatur- und Kunsttheorie, Rezeptionsforschung, Motivforschung etc. (Corbineau-Hoffmann 2004).

2. **K.** als vergleichende Sprachwissenschaft
Die (historisch-)vergleichende Sprachwissenschaft ist Teil der allgemeinen Sprachwissenschaft und versteht sich als erklärende Wissenschaft. Forschungsschwerpunkte sind →**Sprachtypologie** und genetische →**Sprachverwandtschaft** (→**Sprachfamilien**, Schwerpunkt: Indogermanistik) sowie die historische Entwicklung von Sprachen und Sprachvarietäten. Jacob Grimm (1785–1863) gilt als Begründer der historischen Sprachforschung (Szemerényi 1990, 8). →**Sprachvergleich** mit fremdsprachendidaktischer Ausrichtung betreibt die →**kontrastive Linguistik**.

Corbineau-Hoffmann, A. (2004), *Einführung in die Komparatistik*, 2. Aufl., Berlin. – Lyons, J. (1995), *Einführung in die moderne Linguistik*, 8. Aufl., München. – Szemerényi, O. (1990), *Einführung in die vergleichende Sprachwissenschaft*, 4. Aufl., Darmstadt.

Sabine Dengscherz

Komparativ, der: erste Steigerungsstufe des →**Adjektivs** (s.a. →**Positiv**, →**Superlativ**), auch Höherstufe genannt, drückt Ungleichheit aus. Regelmäßig gesteigerte Adjektive bilden den **K.** im Deutschen mit dem Suffix *-er* und evtl. mit Umlaut, z.B. *schön – schöner, lang – länger.* Die →**Vergleichspartikel** nach dem **K.** lautet *als;* älteres *denn* begegnet vor allem in der Literatur. Die Verwendung von *wie* oder *als wie* (*Ich bin schneller wie/als wie du.*) findet sich in einigen deutschen →**Dialekten** und in der →**Umgangssprache**, gilt aber als nicht-standardsprachlich.

Marina Matthey

Komparativsatz, der: auch →**Vergleichssatz**, eine Unterart des →**Modalsatzes**. Im **K.** wird ein im Hauptsatz ausgedrückter Sachverhalt mit einem dazu in Beziehung gesetzten anderen Sachverhalt verglichen. Der Vergleich betrifft den Grad oder die Qualität der Sachverhalte bezogen auf ausgewählte Merkmale, die ihrerseits durch ein Adjektiv oder Adverb ausgedrückt sind. Es wird zwischen realen und fiktiven (bzw. hypothetischen) Vergleichssachverhalten unterschieden. **K.**, die einen realen Sachverhalt in den Vergleich einbringen, können Gleichheit oder Ungleichheit ausdrücken; bei Gleichheit wird der **K.** eingeleitet durch die →**Konjunktion** *wie*, im Hauptsatz steht das Korrelat *so/genauso*, sowie das jeweilige Adjektiv/Adverb im →**Positiv**: *Der Urlaub war genauso schön, wie ich es mir vorgestellt hatte.*; bei Ungleichheit wird der **K.** eingeleitet durch die Konjunktion *als*; das Adjektiv/Adverb des Hauptsatzes steht im →**Komparativ**: *Der Urlaub war noch viel schöner, als ich es mir vorgestellt hatte.* **K.**, die hingegen einen hypothetischen bzw. fiktiven Sachverhalt in den Vergleich einbringen, werden durch die Konjunktionen *als, als ob, als wenn, wie wenn* eingeleitet, das Verb im **K.** steht dabei meist im →**Konjunktiv**: *Er begrüßte mich, als hätten wir uns ewig lange nicht gesehen.*

Marina Matthey

kompensatorische Erziehung: Ziel ist es, Kinder aus bildungsfernen Schichten so zu fördern, dass sie Chancengleichheit im Bildungssystem erreichen. **K.E.** konzentriert sich zwar auf bildungsrelevante sprachliche Fähigkeiten, kombiniert die Sprachförderung aber häufig mit einer Familien- und Sozialbetreuung und der Förderung sozialen Verhaltens.

Ansätze der **k.E.** sind i.d.R. auf spezielle Zielgruppen konzentriert, seit den 1970er Jahren z.B. auf Mädchen, seit Beginn des 21. Jhs. eher auf Jungen aus sozial benachteiligten Familien. Eine weitere Zielgruppe sind Kinder und Jugendliche aus Migrantenfamilien. Typische Programme der **k.E.** sind z.B. „Hippy" (ein Familienbildungsprogramm aus Israel, das Eltern dabei unterstützt, ihre vier- bis sechsjährigen Kinder besser auf den Schuleintritt vorzubereiten), das US-amerikanische Programm „head start" oder die englischen „Early Excellence Centres". In Evaluationen konnte einigen Programmen bescheinigt werden, dass sie sich positiv auf die spätere Bildungskarriere auswirken; dies gilt insbesondere für schulvorbereitende Ansätze. Kritik bezieht sich darauf, dass **k.E.** nicht auf eine grundlegende Veränderung der Schule und des Unterrichts mit Blick auf die tatsächlichen Bedürfnisse der Schüler zielt, sondern darauf, die Kinder an eine Schule anzupassen, die ihrer Lernausgangslage möglicherweise gar nicht gemäß ist.

Bernstein, B. (1977), *Class, codes and control. Towards a theory of educational transmissions*, London. – Weiß, H., Hrsg., (2000), *Frühförderung mit Kindern und Familien in Armutslagen*, München/Basel.

Ingrid Gogolin

Kompetenz, die: bezeichnet einerseits spezifische, für einen Handlungsbereich grundlegende Fähigkeiten, andererseits juristisch die Zuständigkeit für einen spezifischen Bereich. Durch Chomskys Nutzung in seiner →**Grammatiktheorie** wurde **K.** zum grundlegenden sprachlichen Vermögen, das im Sinn einer Universalgrammatik als angeborene Fähigkeit zur Erzeugung von Sätzen gilt; sie wird bei Chomsky als eigentlicher Gegenstand der Linguistik angesehen. Angesichts der großen Wirkung dieser Theorie und in Abwehr der von ihr als bloße →**Performanz** diskreditierten kommunikativen Phänomene wurde in der Ethnologie des Sprechens (Hymes) das Konzept einer →**kommunikativen Kompetenz** entwickelt, das die Befähigung des Menschen zu einer sozial-interaktiv angemessenen und erfolgreichen Kommunikation in seiner Gruppe bezeichnet. In ähnlicher, aber wissenschaftstheoretisch anders begründeter Weise entwickelte Habermas eine deduktive Theorie der kommunikativen Kompetenz.

Diese unterschiedlichen, ja z.T. konträren Konzepte flossen unter Aufnahme pädagogischer Fähigkeits-Konzepte in einem fremdsprachendidaktischen Kernkonzept zusammen, durch das Aufgaben und Ziele von Fremdsprachenvermittlung bzw. Fremdsprachenaneignung erfasst werden sollen. Je nach Gewichtung der verschiedenen Bezugskonzepte treten dabei jeweils andere Aspekte der (fremd-)sprachlichen Qualifikationen der Sprecher/Lerner in den Vordergrund. Die Unterscheidung von Fähigkeiten und Fertigkeiten lässt sich in diesen Zusammenhang ebenso einbringen wie unterschiedliche Konzeptualisierungen vom Lern- bzw. Aneignungsprozess von (fremden) Sprachen. Der Betonung der Eigentätigkeit des Lernenden zur Ausbildung der **K.** (konstruktivistische Modelle) stehen kompetenzfördernde Vermittlungskonzepte gegenüber. – Angesichts der Diffusität des Ausdrucks und seiner fremdsprachentheoretischen Nutzung empfiehlt sich ein eher vorsichtiger Umgang damit. Im Zusammenhang mit der Entwicklung von →**Bildungsstandards** ist Kompetenzorientierung zu einem Schlagwort für einen Perspektivenwechsel in allen Unterrichtsfächern geworden, die Abkehr von Lernzielen und Inhalten hin zu den zu erwerbenden Fähigkeiten.

Konrad Ehlich

Kompetenzfehler, der: In der Fehlerlinguistik unterscheidet man zwischen →**Performanzfehlern** und **K.** Als Performanzfehler bezeichnet man Fehlgriffe, die Lernende selbst erkennen und sogar (eventuell mit Hinweis oder Hilfe von außen) selbst korrigieren können (Versprecher, Flüchtigkeitsfehler, Tippfehler u.ä.) **K.** hingegen sind Fehler, die Lernende selbst (noch) nicht erkennen können, weil sie das entsprechende sprachliche Phänomen entweder noch nicht (richtig) gelernt, falsch verstanden oder bereits wieder vergessen haben. Hier sind also entsprechende didaktische Maßnahmen der →**Fehlerkorrektur** und -therapie (z.B. Erklärungen, Übungen, Korrekturmethoden) notwendig. Die Unterscheidung zwischen Performanz- und **K.** spielt auch in der Fehlerbewertung eine Rolle: Während versehentliche Performanzfehler grundsätzlich eher vernachlässigbar sind, spielen **K.** eine größere Rolle. Hier differenziert man z.B. zwischen Verstößen auf kontextueller, stilistischer, lexikalischer, morphologischer, syntaktischer, orthographischer und phonetischer Ebene. Bei der Fehlerbewertung ist v.a. auch wichtig, ob ein Fehler verständnisstörend oder gar missverständlich ist.

Cherubim, D., Hrsg. (1980), *Fehlerlinguistik. Beiträge zum Problem der sprachlichen Abweichung*, Tübingen. – Kleppin, K./Königs, F.G. (1991), *Der Korrektur auf der Spur. Untersuchungen zum mündlichen Korrekturverhalten von Fremdsprachenlehrern*, Bochum.

Manuela Glaboniat

Kompetenztest, der: ein Test, der die fremdsprachlichen Fähigkeiten und Fertigkeiten indirekt abbildet, im Gegensatz zum →**Performanztest**, bei dem die sprachlichen Fähigkeiten und Fertigkeiten direkt beobachtbar sind. Beim **K.** wird die zu messende Fertigkeit in Teilkompetenzen zerlegt. Noch in den 1970er und 1980er Jahren wurde versucht, die Fertigkeit Schreiben durch Aufgabentypen mit Lückentexten zu Textkohärenzmarkern (z.B. Konnektoren) zu testen. In neueren, kommunikativen Sprachtests wie dem →**TestDaF** wird die Fertigkeit Schreiben jedoch direkt durch Performanztests getestet (Arras 2007, 35 ff.). Weder die Saussuresche noch die Chomskysche Terminologie entspricht dem heutigen Verständnis von →**Kompetenz** in der Testwissenschaft, aber es herrscht durchaus eine linguistische Betrachtung (im Gegensatz zu einer eher psychologisch orientierten Annäherung) des Begriffes vor (Shohamy 1996, 138 u. 147). Breite Akzeptanz in der Testwissenschaft findet das Modell von Bachman und Palmer (1996, 66 ff.), die Kompetenz als aus Sprachwissen und strategischer Kompetenz zusammengesetzt beschreiben.

Arras, U. (2007), *Wie beurteilen wir Leistung in der Fremdsprache? Strategien und Prozesse bei der Beurteilung schriftlicher Leistungen in der Fremdsprache am Beispiel der Prüfung Test Deutsch als Fremdsprache (TestDaF)*, Tübingen. – Bachman, L.F./Palmer, A.S. (1996), *Language Testing in Practice. Designing and Developing Useful language Tests*, Oxford. – Shohamy, E. (1996), „Competence and performance in language testing“, in: Brown, G. u.a. (Hrsg.), *Performance and competence in language acquisition*. Cambridge, 138–151.

Silvia Demmig

Komplement, das: s. Complément

Komposition, die: s. Wortbildung, s. Kompositum

Kompositum, das: ein Wortbildungsprodukt, das nach dem Muster der Komposition (auch: Zusammensetzung) gebildet wurde, bei dem zwei selbstständige lexikalische →**Morpheme** zu einem neuen, komplexen →**Lexem** zusammengesetzt werden; die zweite Konstituente legt Wortart und grammatische Kennzeichen (→**Genus**, →**Deklination**) fest (*die Nuss + der Kuchen = der Nusskuchen*). Bei einem **K.** bestimmt die erste Konstituente (Bestimmungswort bzw. Determinans) die zweite Konstituente (Grundwort bzw. Determinatum) semantisch genauer (z.B. *Apfel-*

saft, Husten-saft; hell-blau, himmel-blau). Die genaueren Bedeutungsbeziehungen zwischen den Bestandteilen eines **K.** werden oft aufgrund des Weltwissens oder des →**Kontexts** erschlossen (vgl. z.B. die unterschiedlichen Bedeutungsbeziehungen in *Stahlschrank* vs. *Aktenschrank* vs. *Küchenschrank*; *Kindertee* vs. *Pfefferminztee* vs. *Hustentee*). Komposition tritt vor allem bei Substantiven und Adjektiven auf und ist unbegrenzt produktiv. Im DaF-Zusammenhang spielt Komposition v.a. im Kontext bedeutungserschließenden →**Lesens**, aber auch beim Erwerb und der Vermittlung des →**Lexikons** eine das Lernen erleichternde Rolle.

Maria Thurmair

Konditional: bezeichnet die Bedingung und kann in Form eines vollständigen Nebensatzes, dem →**Konditionalsatz**, oder als Kausaladverbial, auftreten, das mit „unter welcher Bedingung?" oder „in welchem Fall?" erfragbar ist, z.B. *bei Regen bleiben wir zuhause*; *unter diesen Umständen lässt sich schwer arbeiten*.

Mandy Höhle

Konditionalsatz, der: ein →**Nebensatz**, der eine Bedingung für das tatsächliche Eintreten des im Hauptsatz bezeichneten Geschehens – d.h. für die Faktizität des Folgesachverhalts – beinhaltet. Eingeleitet werden **K.** mit *wenn, falls, im Falle, dass*, z.B. *Wenn du aufisst, scheint morgen die Sonne*. **K.** können auch uneingeleitet auftreten, z.B. *Kommt er heute nicht, kommt er morgen*. In der Aussagenlogik werden **K.** nicht als grammatische Teilsätze, sondern als Sätze der Form *wenn A, dann B* betrachtet, deren Wahrheitswert bewertet wird. Es wird nicht berücksichtigt, ob die Teilsätze inhaltlich miteinander verbunden sind oder nicht.

Mandy Höhle

konfrontative Linguistik: s. kontrastive Linguistik

Kongruenz, die: Grammatische **K.** meint die formale Übereinstimmung zusammengehöriger Teile eines Satzes in →**Kasus**, →**Numerus**, →**Genus** und →**Person**. Damit wird gekennzeichnet, dass zwei Bestandteile eines Satzes in einer engen Beziehung zueinander stehen. Die gemeinsamen grammatischen Merkmale der jeweiligen Bestandteile heben diese vom Rest des Satzes ab und verdeutlichen die Zusammengehörigkeit, z.B. [*Der nette Verkäufer*] *gab* [*dem unfreundlichen Kunden*] [*eine gepfefferte Ohrfeige*]. Problematisch hierbei ist, 1. dass die morphosyntaktischen Merkmale innerhalb des Flexionsparadigmas nicht einheitlich auftreten (z.B. Dat. *der Frau* vs. *dem Mann*), 2. zusammengehörende Teile im Satz keine einheitlichen Flexionsmerkmale annehmen (z.B. Dat. *der schönen FrauØ*) und 3. morphosyntaktische Merkmale nur sehr selten am Nomen selbst abzulesen sind, d.h. sie sind häufig nur abstrakt vorhanden: Das Genus ist im Deutschen nur in wenigen Fällen direkt am Lexem (z.B. Feminina an der Endung *-in*: *Studentin*) erkennbar. Diese Aufgabe übernimmt i.d.R. der bestimmte Artikel (z.B. *der Mann/dem Mann*) oder ein Adjektiv (z.B. *ein schöner Mann*) bzw. der unbestimmte Artikel und das Adjektiv gemeinsam (z.B. *einem schönen Mann*). Der Kasus wird in zusammengehörenden Teilen des Satzes ebenfalls zumeist lediglich an den zum Nomen gehörenden Gliedern deutlich (z.B. *der nette Verkäufer* (Nom./Sg./Mask.) vs. *dem netten Verkäufer* (Dat./Sg./Mask.). Am Nomen ist der unterschiedliche Kasus nicht erkennbar). Für den DaF-Unterricht stellt **K.** generell, z.B. **ein schön_Mann*, und zusätzlich die Differenzierung zwischen bestimmtem und unbestimmtem Flexionsparadigma ein Lernproblem dar, z.B. *der schöne Mann* vs. *ein_ schöner Mann*.

Mandy Höhle

Konjugation, die: Mit der **K.** wird die →**Flexion** eines →**Verbs** bezeichnet. Im Deutschen werden die Verben nach folgenden Kategorien konjugiert: Person (1., 2., 3. P.), →**Numerus** (→**Singular**, →**Plural**), →**Modus** (→**Indikativ**, →**Konjunktiv**, →**Imperativ**), →**Genus verbi** (→**Aktiv**, →**Passiv**) und →**Tempus** (→**Präsens**, →**Präteritum**, →**Perfekt**, →**Plusquamperfekt**, →**Futur** I und II). Die Mehrheit dieser Formen werden allerdings nicht bzw. nicht allein durch Veränderungen am Verb, sondern analytisch gebildet, d.h. unter Mitwirkung von →**Hilfsverben** (Perfekt, Plusquamperfekt, Futur I und II, Passiv). Die →**infiniten Verbformen** (→**Infinitive**, →**Partizipien**) zählen ebenfalls zur Flexion des Verbs, werden aber selbst nicht flektiert.

Im Deutschen werden zwei Konjugationsgruppen unterschieden: schwache (regelmäßige) **K.**, z.B. *machen – machte – gemacht* und starke (unregelmäßige) **K.**, z.B. *lesen – las – gelesen*. Die Konjugation der deutschen Verben gehört wegen ihres Formenreichtums zu den Bereichen, die beim Erwerb des Deutschen als Fremdsprache besonders hohen Lernaufwand und gezielte methodisch-didaktische Unterstützung erfordern, insbesondere für Lerner, deren Muttersprachen nicht zum flektierenden Sprachtyp (→**flektierende Sprachen**) gehören und die noch keine andere Fremdsprache dieses Typs erworben haben.

Marina Matthey

Konjunktion, die: auch: Bindewort; →**unflektierbare** Wortart; **K.** stellen syntaktische Verbindungen zwischen Wörtern, Wortgruppen, →**Satzgliedern** oder →**Sätzen** her und drücken dabei gleichzeitig inhaltliche Beziehungen aus. Prinzipiell werden zwei Arten von **K.** unterschieden: 1. Koordinierende **K.** verbinden gleichgeordnete Elemente miteinander: Hauptsätze (*Ich gehe fort und du bleibst hier.*), Nebensätze gleichen Grades (*Er weiß, dass sie geht und dass sie gepackt hat.*) oder Satzglieder (*Hänsel und Gretel freuten sich.*). Semantisch werden weiterhin folgende Typen unterschieden: kopulative (*und, sowohl – als auch, nämlich, weder – noch*), disjunktive (*oder, entweder – oder*), adversative (*aber, doch, jedoch, sondern, während*), temporale (*als, während, solange, seit(dem)* u.a.), kausale (*denn, da, weil* u.a.) und modale **K.** (*indem, dadurch dass, ohne dass* u.a.).

2. Subordinierende **K.** (→**Subjunktion**) bilden mit dem finiten Verb die →**Satzklammer** (*Du weißt, dass ich wieder komme.*) und leiten Nebensätze und zwar Adverbialsätze (*als, da, wo, indem* u.a.) und Subjekt- und Objektsätze (*wann, dass, wer* u.a.) ein.

Sabira Levin

Konjunktionaladverb, das: setzt Sachverhalte in Beziehung zueinander und verbindet diese. Anders als →**Konjunktionen** ist das **K.** ein →**Satzglied** und muss nicht am Satzanfang stehen: *Jemand sollte mir helfen, sonst werde ich nicht fertig.* (**K.**) o. [...], *ich werde sonst nicht fertig.*. Durch **K.** lassen sich insbesondere folgende Beziehungen ausdrücken: Grund: *darum, deshalb, deswegen*; Voraussetzung/Folge: *daraufhin, dennoch, gleichwohl, andernfalls, notfalls, sonst*; Einschränkung/Einräumung: *insofern, hingegen, indes.* Die Zuordnung der hier als **K.** klassifizierten Ausdrücke wird z.T. unterschiedlich gehandhabt, je nachdem, welche der Merkmale und Eigenschaften eines Wortes fokussiert sind: So rechnet etwa Eisenberg (a.a.O., 331) Ausdrücke wie *deshalb* unter die Pronominaladverbien.

Eisenberg, P. ([2]2004), *Grundriß der deutschen Grammatik. Bd. 2: Der Satz*, Stuttgart/Weimar.

Sabira Levin

Konjunktionalsatz, der: Sammelbezeichnung für Nebensätze, die durch eine subordinierende Konjunktion (→**Subjunktion**) wie *weil, dass, als* usw. eingeleitet werden. **K.** lassen sich hinsichtlich ihrer syntaktischen Relation und Ausdrucksfunktion unterteilen in 1. Ergänzungssätze (Komplementsätze), die als Satzteile des ihnen übergeordneten Satzes fungieren (vgl. →**Subjektsatz**, →**Objektsatz**) und 2. Adverbialsätze/Adjunktsätze, die zu dem im übergeordneten Satz ausgedrückten Inhalt eine Aussage hinzufügen, ohne dass diese inhaltlich bzw. strukturell gefordert ist (vgl. etwa →**Kausalsatz**; →**Konzessivsatz**; →**Temporalsatz**).

Sabira Levin

Konjunktiv, der: auch: Möglichkeitsform, Potentialis, Subjunktiv; eine der drei →**Modusformen** des →**Verbs** mit einem ausgeprägten morphologischen Paradigma; der **K.** ermöglicht in seiner Kernfunktion, unterschiedliche Haltungen zu den in einer Aussage repräsentierten Sachverhalten auszudrücken, wobei diesen Haltungen gemeinsam ist, dass sie die verhandelten Sachverhalte als faktisch nicht aktuell gegeben markieren (Eisenberg nennt diese Kerneigenschaft Nichtfaktivität i. Ggs. zur Kerneigenschaft des →**Indikativ**, die mit Faktivität beschreibbar sei; vgl. Eisenberg 2004, Bd. 2, Abschn. 4.4). Zu diesen nichtfaktiven Haltungen gehören u.a. Wunsch, Zweifel, Spekulation u.v.a.m. Die Unterscheidung zwischen **K.** I und **K.** II ist der Sache nach komplex und kompliziert und unter Grammatikern insbesondere im Hinblick auf deren Ausdrucksfunktionen umstritten; im Hinblick auf das Gesamtinventar des Konjugationsparadigmas bildet der **K.** hingegen ein Kontinuum, auf das beide Varianten in je spezifischer Weise zugreifen (s.u.). Im unterrichtlichen Kontext wird der Konjunktiv nach Formen und Ausdrucksfunktionen oft wie im Folgenden segmentiert: **K.** I (**K.** →**Präsens**, →**Perfekt**, →**Futur** I und II) dient, vor allem in nicht-alltagssprachlichen, formellen und öffentlichen Kontexten, zur Markierung von Aussagen als wiedergegeben (→**indirekte Rede**): *Sie sagte, er sei der Täter.*, aber auch von Anweisungen, z.B. bei Rezepten: *Man nehme 3 Eier.* oder Einräumungen: *Sei dem, wie es sei, ...* . **K.** II (**K.** →**Präteri-**

tum, →**Plusquamperfekt**, würde-Formen) markiert verhandelte Sachverhalte als Gegenstände der Spekulation (vgl. →**Irrealis**), häufig in Verbindung mit dem →**Konditionalis**: *„Wenn K. schlau wäre, würde sie P. verlassen."* und wird ebenfalls in der sog. ind. Rede eingesetzt, und zwar zwingend bei Nichteindeutigkeit von **K.** I-Formen (→**Homonymie** z.B. zw. 1. Pers. Sg. Ind. und 1. Pers. Sg. **K.** I: *ich sehe – ich sehe*) und unabhängig davon in der Alltagssprache, hier den **K.** I tendenziell in dieser Funktion ablösend. In Zusammenhängen intentionaler Spracherwerbsförderung (Unterricht; Lehrwerke/-angebote) sollte bei der Ersteinführung von **K.** I bzw. **K.** II die Vermittlung von prägnanten Ausdrucksfunktionen des **K.** sowie die kontextangemessene Verwendung fokussiert werden. Ferner ist jeweils der – im Vergleich zum Indikativ – besondere Umgang des **K.** mit →**Tempus** in der methodisch-didaktischen Aufbereitung zu berücksichtigen.

Buscha, J./Zoch, I. (1995), *Der Konjunktiv*, Berlin. – Eisenberg, P. (2004), *Grundriß der deutschen Grammatik Bd. 2: Der Satz*, Stuttgart/Weimar. – Kürschner W. (2008), *Grammatisches Kompendium*, Tübingen.

Hans Barkowski/Kerstin Rische

Konjunktor, der: Oberbegriff für Elemente, die Sätze verknüpfen; →**Konjunktion**, →**Subjunktion**.

Konnektionismus/konnektivistisch: eine Forschungsrichtung der →**Kognitionswissenschaft** mit dem Ziel, kognitive Prozesse mithilfe künstlicher informationsverarbeitender Netzwerke zu simulieren und zu konstruieren. Aufgrund der Analogien zum biologischen Nervensystem gewinnt dieser Ansatz an Bedeutung. Die Verarbeitungskapazität **k.** Modelle beschränkt sich auf kleine, spezielle Interessensfelder. Für den DaF-/DaZ-Kontext sind Modelle der Sprachverarbeitung und des -erwerbs von eigenem Interesse. →**Sprachverarbeitung** in **k.** Modellen erfolgt parallel durch gegenseitige Aktivierung und Inhibierung verschiedener Zeleinheiten des Netzwerkes; Lernen geschieht eigenständig durch Modifikationen der Verbindungsstärken zwischen diesen Einheiten. Durch diese Mechanismen entstehen spezifische Verarbeitungsmuster innerhalb des Netzwerkes, die es ermöglichen, ohne explizites Regelwissen zu arbeiten. Die parallele Verarbeitung, der Verzicht auf einen gesonderten Regelbestand und die Tatsache, dass elementare Informationsverarbeitung →**subsymbolisch** verläuft, unterscheidet **k.** Ansätze grundlegend von anderen Sprachverarbeitungstheorien.

Pospeschill, M. (2004), *Konnektionismus und Kognition. Eine Einführung*, Stuttgart.

Claudia Keßler

Konnektoren, die: „Verbinder"; s. **Subjunktion**, s. **Konjunktion**

Konnotation, die/konnotativ: pragmatische Information, die mit der eigentlichen (→**denotativen**) Bedeutung des sprachlichen →**Zeichens** mitgeliefert werden kann. **K.** spiegeln u.a. emotionale, soziale, regionale, zeitliche, sogar politische Wertungen wider, wobei der Bedeutungsinhalt unverändert bleibt (*Gans – Ganserl, essen – tafeln, Sozialist – Sozi*). Im Unterschied zur Denotation kann die **K.** aber auch individuell sein, muss also in der Sprachgemeinschaft keinen einheitlichen (negativen oder positiven) Wert haben. **K.** können durch lexikalische (*trinken – saufen*), morphologische (*Rede – Rederei*) oder strukturelle Mittel (*auf die Palme bringen – ärgern*) ausgedrückt werden.

Tomáš Kána

konsekutiv: die Folge kennzeichnend; ein **k.** Verhältnis besteht zwischen zwei Teilsätzen, wenn das Geschehen oder der Sachverhalt des übergeordneten Satzes im untergeordneten Satz zu einer Folge führt (z.B. *Wenn es regnet, müssen wir nach drinnen gehen.*). **K.** Verhältnisse können auch mithilfe von →**Präpositionen** (z.B. *infolge*), →**Subjunktionen** (z.B. *sodass, so..., dass*), →**Konjunktionen** (z.B. *um*) oder →**Adverbien** (z.B. *folglich, infolgedessen, demzufolge*) ausgedrückt werden.

Mandy Höhle

konsekutives Dolmetschen: mündliche Übertragung von Texten, bei der zunächst ein Text oder ein Textabschnitt in einer Ausgangssprache dargebracht und danach in einer Zielsprache wiedergegeben wird (auch abschnittsweises Dolmetschen). Das **k.D.** kann unilateral (Vortragsdolmetschen) oder bilateral (Verhandlungs- oder Gesprächsdolmetschen) erfolgen. Das Gegenstück zum **k.D.** ist das →**Simultandolmetschen**.

Jens Reimann

Konsekutivsatz, der: →**Nebensatz**, der eine tatsächliche oder eine mögliche Folge ausdrückt.

Eingeleitet werden **K.** mit den Konjunktionen *so …, dass, so dass, als dass* und *dass*, satzwertige Infinitivgruppen mit *um*. Die mögliche Folge kann der **K.** entweder mithilfe des Modalverbs *können* (z.B. *Er hat soviel Kraft, dass er es bis ans Ziel schaffen kann.*) oder mit der Infinitivgruppe mit *um* (z.B. *Er hat soviel Kraft, um es ans Ziel zu schaffen.*) ausdrücken.

Mandy Höhle

Konsonant, der: Mitlaut; in Bildung, Klang und Verwendung von einem →**Vokal** abgrenzbares →**Phonem** bzw. →**Phon** (Laut). **K.** entstehen durch Verschluss- (z.B. [p]) und Engebildung (z.B. [f]) im Mund. Zu den **K.** zählen mit Geräusch gebildete (→**stimmlose** →**Explosive**, z.B. [p] und →**Frikative**, z.B. [f]), mit Klang und Geräusch gebildete (→**stimmhafte** Explosive, z.B. [b] und Frikative, z.B. [v]) und nur mit Klang gebildete Laute (→**Nasale**, z.B. [n], →**Liquide**, z.B. [l]). Distinktive Merkmale der **K.** sind im Deutschen die Artikulationsstelle, der Artikulationsmodus (-art) und für Explosive und Frikative noch der Spannungsgrad (→**fortis** vs. →**lenis**, z.B. [p] vs. [b]). Nicht distinktiv ist die Stimmhaftigkeit der Lenis-Konsonanten (→**Stimmlosigkeitsassimilation**). **K.** allein können i.d.R. keine Silbe bilden (mit Ausnahme der Endsilbenrealisation, z.B. *leben* ['le:bm̩]. Hier wird der Nasal [m] aufgrund von Schwa-Elision (= der Vokal wird nicht gesprochen) silbisch, d.h. Silbenträger).

Kerstin Reinke

Konsonantenbuchstabe, der: Schriftzeichen des →**Alphabets** und kleinster grafischer Bestandteil eines geschriebenen Wortes, mit dem →**Konsonanten** (Laute bzw. →**Phoneme**) dargestellt werden. Im deutschen →**Alphabet** gibt es 22 **K.**: <b, c, d, f, g, h, j, k, l, m, n, p, q, r, s, t, v, w, x, y, z, ß>, im →**Schweizerdeutschen** wird für <ß> immer <ss> verwendet. Die K. können verdoppelt (<bb, dd, ff> usw.) und auf vielfältige Weise vor und nach →**Vokalbuchstaben** kombiniert werden, wobei es feste (<qu, ch, sch>) und freie (<pf, schr, mpft>) Kombinationen gibt. Die einzelnen **K.** und **K.**-Verbindungen stehen für unterschiedliche →**Laut-Buchstaben-Beziehungen**.

Ursula Hirschfeld

Konsonantenhäufung, die: Kombinationen von →**Konsonanten**, die entweder zum →**Wortstamm** gehören oder durch →**Flexion**, →**Konjugation**, →**Ableitung** oder Zusammensetzung entstehen: *kämpfen, (du) kämpfst, Kampfplatz*. Silbeninitial können im Deutschen maximal drei, silbenfinal bis zu fünf, über die Silbengrenze hinaus noch mehr Konsonanten aufeinander folgen: *du schimpfst schrecklich*. I.d.R. müssen **K.** im Deutschen vollständig gesprochen werden. Manchmal wirken Assimilationserscheinungen reduzierend (→**Assimilation, sprechwissenschaftlich**). Deutsch verfügt im Vergleich zu vielen anderen Sprachen über relativ viele **K.**, so dass für DaF-Lernende Probleme auftreten, wenn entweder **K.** nicht vollständig realisiert werden (*du schreibst* vs. *du schreist*) oder Sprossvokale eingefügt werden (*braten* vs. *beraten*).

Kerstin Reinke

Konstituentenanalyse, die: 1. in einem allgemeinen Sinne Bestimmung der formalen Bausteine von Äußerungen auf den Ebenen Wort, Satzglied und Satz hinsichtlich ihrer kategorialen Zuordnungen; **2.** Fachterminus für das im klassischen amerikanischen →**Strukturalismus** (→**Distributionalismus**) entwickelte Verfahren der IC (= Immediate Constituent)-Analyse, die auf die Aufdeckung der →**Konstituentenstruktur** des Satzes gerichtet ist, vgl. auch →**Phrasenstrukturgrammatik**.

Fries, Ch.C. (1952), *The Structure of English. An Introduction to the Construction of English Sentences*, London. – Gleason, H.A. (1955), *An Introduction to Descriptive Linguistics*, New York u.a. – Wells, R.S. (1947), „Immediate constituents", in: *Language 23*, 81–117.

Klaus Welke

Konstituentengrammatik, die: Syntax, die die →**Konstituentenstruktur** als Grundlage der Beschreibung wählt.

Klaus Welke

Konstituentenstruktur, die: neben der →**Dependenzstruktur** eines der beiden grundlegenden Strukturierungsprinzipien von →**Sätzen**, vgl. auch Phrasenstruktur (→**Phrasenstrukturgrammatik**). Die **K.** des Satzes ist die hierarchische Vereinigung von elementareren syntaktischen Einheiten (Konstituenten) zu umfassenderen Konstituenten (Konstruktionen). Darstellungsweisen sind u.a. →**Strukturbäume** oder Klammerungen, stark vereinfacht und wie üblich mit Verbendstellung z.B.:

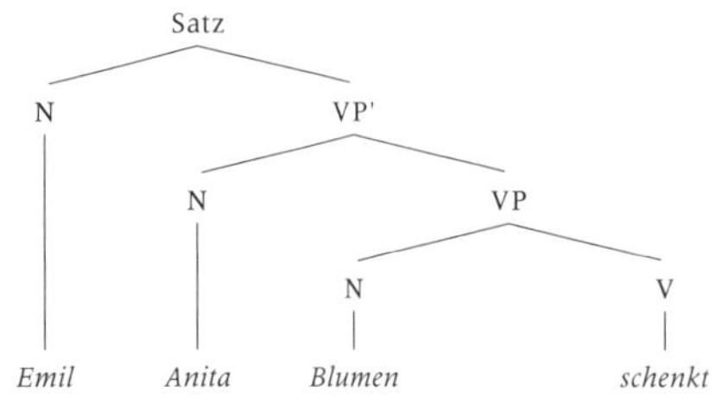

[Emil [Anita [Blumen schenkt]]]

Aus der entgegengesetzten Perspektive gesehen ist die **K.** des Satzes die schrittweise Zerlegung von umfassenderen Einheiten in jeweils kleinere Einheiten. Es geht also auf der jeweiligen Hierarchiestufe um die unmittelbaren Konstituenten einer Konstruktion von der umfassendsten Konstruktion, dem Satz, bis zu den letzten Konstituenten, den Wörtern und darüber hinaus den →**Morphemen**. Die **K.** hat wie die Dependenzstruktur auch einen semantischen Aspekt. Die hierarchische Vereinigung von Konstituenten zu Konstruktionen entspricht der schrittweisen hierarchischen Vereinigung von elementaren Bedeutungseinheiten zu umfassenderen Bedeutungseinheiten beim Satzverstehen (→**Semantik**, →**strukturelle Semantik**). So bildet im obigen Beispiel zunächst [Blumen schenkt] eine semantische Einheit, dann [Anita Blumen schenkt], bis hin zum Satz [Emil Anita Blumen schenkt].

Klaus Welke

Konstruktionsgrammatik, die: Gruppe von Grammatiktheorien, die – vereinfacht gesagt – nicht vom Einzelwort zur Konstruktion gelangen, sondern den umgekehrten Weg gehen, deren Herangehen also nicht lexembasiert oder projektionistisch ist, sondern konstruktionsbasiert. Die meisten modernen Grammatiktheorien wie z.B. die →**generative Transformationsgrammatik** und die →**Valenz-** und →**Dependenzgrammatik** gehen projektionistisch von einem Kopf (Terminus der generativen Grammatik) bzw. Valenzträger oder →**Regens** aus und gelangen von dort zu Konstruktionen, im Falle von Verben also zu Sätzen. Die **K.** setzt bei Konstruktionen an. Sie betrachtet Konstruktionen analog zu Wörtern als empirisch vorfindliche Einheiten aus Form und Bedeutung. Die **K.** kann ganz singuläre Konstruktionen erfassen, wie z.B.: *so was von x* (*blöd, gemein, Geiz*) und damit auch alltagssprachlich konventionalisierte und phraseologisch gebundene Sprachbestände. Konstruktionen können aber auch abstrakter sein mit Leerstellen z.B. für Verben, z.B. die Nominativ-Akkusativ-Konstruktion oder die Nominativ-Dativ-Konstruktion. Die **K.** ist eine gebrauchsbasierte Grammatiktheorie, eine Theorie also, die auf die →**Parole** bzw. →**Performanz** gerichtet ist und nicht ausschließlich auf die →**Kompetenz** wie andere Grammatiktheorien, insbesondere die generative Grammatik. Der Zugang von der Konstruktion aus macht die **K.** für den Fremdsprachenunterricht interessant (→**chunk**). Die **K.** kann darüber hinaus besser als projektionistische Grammatiktheorien die Existenz von Konstruktionen erklären, für die es keinen Lexikoneintrag, z.B. in einem →**Valenzwörterbuch**, gibt. Das sind Konstruktionen wie: *Er aß den ganzen Teller leer. Er nieste die Serviette vom Tisch.* In einem Valenzwörterbuch findet man dagegen nur Einträge, die auf Sätze zutreffen wie *Er aß einen Apfel/an einem Apfel. Er aß.* bzw. *Er nieste.*

Fischer, K./Stefanowitsch, A. (2006), *Konstruktionsgrammatik. Von der Anwendung zur Theorie*, Tübingen. – Goldberg, A.E. (1995), *Constructions: a Grammar Approach to Argument Structure*, Chicago/London. –Welke, Klaus (2009), „Valenztheorie und Konstruktionsgrammatik", in: *Zeitschrift für germanistische Linguistik* 37, 82–125.

Klaus Welke

Konstruktivismus, der: eine auf anthropologischen Annahmen basierende Erkenntnistheorie, die die Frage diskutiert, wie der Mensch seine Welt konstruiert. Der **K.** betont auf der Grundlage neurowissenschaftlicher Forschungen die Selbsttätigkeit des Erkennens und die Selbststeuerung des Lernens. Lernen wird als sich selbst organisierende, operational geschlossene und emergente Aktivität beschrieben (vgl. Siebert 2008, 7). Von außen wirkende Stimuli werden im Nervensystem strukturdeterminiert und selbstreferenziell umgewandelt. „Die Vorgänge in der Welt bilden sich nicht direkt im Gehirn ab, sondern bewirken Erregungen in den Sinnesorganen, die zur Grundlage von Konstruktionsprozessen unterschiedlicher Komplexität und Beeinflussung durch Lernprozesse werden, an deren Ende unsere bewussten Wahrnehmungsinhalte stehen." (Roth 2003, 84) Die so erzeugte Wirklichkeit ist keine Abbildung der Außenwelt, sondern eine funktionale, viable Konstruktion. Lernprozesse als Konstruktionsprozesse haben spezifische Eigenschaften, die es ermöglichen, konstruiertes Wissen so weiter zu verarbeiten, dass es für erneute Konstruktionsprozesse zur Verfügung steht. (vgl. Wolff 2002, 11)

Roth, G. (2003), *Aus Sicht des Gehirns*, Frankfurt a.M. – Siebert, H. (2008), *Konstruktivistisch lehren und lernen, Grundlagen der Weiterbildung*, Augsburg. – Wolff, D. (2002), *Fremdsprachenlernen als Konstruktion: Grundlagen für eine konstruktivistische Fremdsprachendidaktik*, Frankfurt a.M.

Barbara Biechele

Kontaktlinguistik, die: Der Begriff **K.** wurde 1979 anlässlich des ersten Weltkongresses zu →**Sprachkontakt** und Sprachkonflikt geprägt; interdisziplinäre Forschungsrichtung, die sich mit dem Kontakt von →**Sprachgemeinschaften** und dessen Auswirkungen auf die einzelnen Sprachen beschäftigt; **K.** versteht Sprache als soziales Konstrukt und bezieht demographische, politische, wirtschaftliche, kulturelle, weltanschauliche und psychologische Aspekte mit ein. Forschungsgebiete: Sprachtod vs. Sprachentstehung (z.B. Pidgin- und Kreolsprachen), Sprachkonflikt, Sprachwechsel, Stigmatisierung vs. Prestige von Sprachen.

Goebl, H./Nelde, Peter H./Starý, Z., (Hrsg.) (1996), *Kontaktlinguistik*. HSK 12, 2 Bde, Berlin/New York.

Sabine Dengscherz

Kontaktschwelle, die: 1. Stufenbezeichnung für das Niveau B1 des →**GeR**; wird analog zu Threshold Level und Niveau seuil auch als das „Schwellenniveau" bezeichnet, da hier die Schwelle zwischen Grund- und Mittelstufe bzw. zwischen „elementarer" und „selbstständiger Sprachverwendung" liegt. **2.** Publikation des Europarats von 1981, die lange Zeit als Grundlagenwerk zur Planung und Gestaltung von DaF-Sprachkursen, Lehrwerken, Curricula und Prüfungen galt. Die **K.** enthält Listen von Lernzielbeschreibungen, Sprechakten, Wortschatz- und Grammatikinventar und wurde 2001 durch →**Profile deutsch** abgelöst.

Baldegger, M. u.a. (1981), *Kontaktschwelle Deutsch als Fremdsprache*, Berlin/München. – Glaboniat, M. u.a. (2005), *Profile deutsch A1–C2* (Version 2.0), Berlin/München.

Manuela Glaboniat

Kontaktsprache, die: 1. Bezeichnung für beliebige Sprachen in der Funktion der →**Lingua Franca** als gemeinsame Kommunikationssprache von Sprechern unterschiedlicher Muttersprachen; prototypisch: A/L1 X und B/L1 Y kommunizieren in LZ (LZ = **K.**). Dabei subsumiert **K.** so unterschiedliche Fälle wie den einer gemeinsamen Verkehrssprache in einem Vielsprachenstaat, im Sprachenkontakt entstandene bzw. gebrauchte Mischvarietäten (→**Pidginsprache**; →**Foreigner Talk**), Englisch als globale Lingua Franca oder ad hoc eingesetzte gemeinsame Fremdsprachen. **2.** Bezeichnung für Sprachen, die miteinander im lebensweltlichen Kontakt stehen (Nachbarschaftssprachen), z.B. in multikulturellen, mehrsprachigen Wohnquartieren oder in sprachlich-kulturellen Enklaven (z.B. Sorbien) oder in Grenzgebieten (z.B. Dänemark/Schleswig-Holstein). **3.** Im Kontext von →**Spracherwerb** und Fehlerlinguistik ist **K.** die Bezeichnung für genau die Sprache, die in einem individuellen mehrsprachigen System jeweils als Ausgangspunkt von Transfereffekten (→**Transfer**) auf die andere(n) Sprache(n) in den Blick genommen wird.

Alexandra Rösner

Kontamination, die: im sprachwissenschaftlichen Kontext **1.** die durch sich überlagernde Sprachplanungsprozesse unabsichtlich verursachte Verschmelzung von Sprachbausteinen zu nicht standardgemäßen Ausdrücken (vgl. etwa **unbeglaublich* aus *unglaublich+unbeschreiblich*); **2.** die mangels ausreichend differenzierten Wortschatzes erfolgende kreative Verknüpfung von Wörtern bzw. von Wörtern und Wortbildungsmorphemen zu mehr oder weniger verständlichen, nicht standardgemäßen Ausdrücken wie z.B. *Schönung* (für VERSCHÖNERUNG) oder *Krokophant* (für KROKODIL); diese Form der **K.** findet sich v.a. beim kindlichen Erstspracherwerb und beim Fremd- bzw. Zweitspracherwerb; **3.** Verschmelzungen von Wörtern bzw. Wörtern und Wortbildungsmorphemen in der Absicht, stilistisch-semantische Effekte zu erzielen wie bei *verschlimmbessern* oder *Hustinetten* (aus Husten + Tabletten); **4.** Bezeichnung für sprachliche Erscheinungen, die aus 1.–3. resultieren.

Hans Barkowski

Kontext, der: Der Fachbegriff **K.** kommt in verschiedenen Disziplinen vor:

1. K. in der Sprachwissenschaft
Im Bereich der Kommunikationstheorie bezeichnet **K.** alle Elemente einer Kommunikationssituation, die das Verstehen einer Äußerung bestim-

men. In der →**Textlinguistik** unterscheidet man zwischen textinternem (sprachlichem) **K.** (auch: →**Kotext**) und textexternem (außersprachlichem) **K.** (auch: situativer **K.**). Zu letzterem zählen u.a. äußere Umstände wie Ort, Zeit usw. (allgemeiner **K.**), →**Gestik** und →**Mimik** (nonverbaler **K.**), die Beziehung zwischen Kommunikationspartnern, deren Alter, Geschlecht usw. (persönlicher/sozialer **K.**), →**Intonation**, Lautstärke und Tempo der Äußerung (emotionaler **K.**) sowie der aktuelle **K.** der Kommunikationssituation.

2. **K.** in der Literaturwissenschaft
Oft dem Terminus Kulturkontext untergeordnet, der den gesamten kulturellen Hintergrund einer Äußerung meint, wird unter literarischem **K.** die historische, geistesgeschichtliche und soziokulturelle Umgebung eines Werks sowie seine Abhängigkeit von anderen →**Texten** verstanden.

3. **K.** in der Fremdsprachendidaktik
Im DaF/DaZ-Unterricht besteht eine wichtige →**Lesestrategie** darin, Wörter aus dem →**Kotext** und **K.** zu erschließen.

Anita Schütz

kontextsensitiv: auch: kontextbeschränkt oder kontextabhängig. **1. K.** wird in unterschiedlichen sprachwissenschaftlichen und literaturwissenschaftlichen Kontexten verwendet, um die methodologische Notwendigkeit der eingehenden Berücksichtigung je relevanter →**Kontexte** in Betrachtung eines wissenschaftlich verhandelten Details zu attribuieren, so etwa im Umgang mit der →**Valenz**-Notation von Verben oder der Bedeutungsanalyse von Einzelwörtern in lyrischen Texten u.a.m. **2.** Fachterminus in der →**generativen (Transformations-)Grammatik** bzw. der Ersetzungs- oder →**Phrasenstrukturgrammatik**; eine **k.** Ersetzungsregel (→**Notation** z.B. a → b/ x+_+y) besagt, dass das Symbol a durch b ersetzt werden kann, wenn x links und y rechts von a steht, z.B.:

Art →
der/0_N + Nominativ, Maskulinum
den/0_N + Akkusativ, Maskulinum
(0 = Symbol für beliebigen Kontext)

Vor allem in den älteren Arbeiten zur Transformationsgrammatik wurden einige **k.** Regeln formuliert.

Anita Schütz

Kontextualisierung, die: steht in der interaktionalen und interkulturellen →**Soziolinguistik** für einen Ansatz, der den Prozess der Konstituierung von →**Kontext** in den Handlungen der Kommunikationsbeteiligten verortet. Der klassische Kontext-Begriff ist statisch. Kontext besteht aus einem Bündel außersprachlicher Merkmale, die die Kommunikationssituation und damit die Sprechaktivitäten beeinflussen. **K.** dynamisiert dieses einseitige Bestimmungsverhältnis und zeigt anhand empirischer Interaktionsdaten auf, wie die Kommunikationsbeteiligten diesen Kontext gemeinsam aushandeln und herstellen. Kontextualisierungshinweise treten i.d.R. gebündelt und kontinuierlich auf. Die Kommunikationsbeteiligten zeigen sich durch kommunikative Mittel auf den unterschiedlichsten Ebenen der Kommunikationsstruktur – verbal, nonverbal, paraverbal – an, wie Äußerungen oder Redeteile zu verstehen sind oder wie die Kommunikationsbeteiligten zu einander stehen; sie schaffen z.B. einen gemeinsamen Witzkontext oder Unterrichtskontext. Dabei greifen sie auf soziokulturell geteilte Wissensbestände zurück. Viele Kontextualisierungsverfahren sind konventionalisiert.

Ein →**Kode**-orientierter Ansatz der →**interkulturellen Kommunikation** kann auf diese Weise den Zusammenhang von Kommunikationskonventionen und Kultur aufzeigen und Missverständnisse bis ins kleinste Detail der Kommunikationsstruktur zurückverfolgen und aufzeigen, was die Kommunikationsbeteiligten jeweils verstanden haben.

Auer, P. (1986), „Kontextualisierung", in: *Studium Linguistik* 19, 22–47. – Gumperz, J.J. (1982), *Discourse Strategies*, Cambridge.

Volker Hinnenkamp

kontrastive Linguistik: Die **k.L.** beschäftigt sich mit dem Vergleich zweier oder mehrerer Sprachen. Das Erkenntnisinteresse kann dabei sehr unterschiedlich sein. Die (Historisch-)Vergleichende Sprachwissenschaft (→**Komparatistik**) erforschte bereits im 19. Jh. →**Sprachverwandtschaft** und →**Sprachtypologie**; für die Fremdsprachendidaktik wurde die **k.L.** Ende der 1950er Jahre relevant (vgl. Lado 1957).

1. Entwicklung und Kritik
Die **k.L.** durchlief sehr unterschiedliche Stadien der wissenschaftlichen Akzeptanz. Mit Vertretern wie R. Lado, R. Lee und W.R. Di Pietro erlebte die junge Wissenschaft ihre Hochblüte in den 1960er

und 1970er Jahren, wurde anfangs überschätzt und war danach stark umstritten. Der **k.L.** wurde eine naive Auffassung von Sprachstrukturen vorgeworfen. Einerseits gebe es keine feststehenden Kriterien für die Vergleichbarkeit zweier Sprachen, andererseits konzentriere sich die **k.L.** zu stark auf →**Interferenz** und berücksichtige dabei auch nur einseitig den Einfluss der Muttersprache auf die Fremd- oder Zweitsprache. Die schärfste Kritik richtete sich gegen die Annahme der Prognostizierbarkeit von Fehlern in der →**Lernersprache**, eine Vorstellung, die bald zurückgenommen werden musste (vgl. Rein 1983, 14–33).

2. Aktuelle Forschungsansätze
Im Zuge einer Neubewertung des →**Sprachvergleichs** als Lernstrategie (vgl. Wildenauer-Józsa 2005) sind in den letzten Jahren Arbeiten erschienen, die Ansätze aus der **k.L.** in die moderne Forschung integrieren. Der Fokus liegt weniger auf Lernschwierigkeiten als vielmehr auf der Suche nach Vernetzungs- und Anknüpfungspunkten zwischen den einzelnen Sprachen im Sinne gehirngerechten Lernens. Der Forschungsschwerpunkt hat sich dadurch verlagert: Ging es in frühen Arbeiten der **k.L.** vor allem um die Erforschung von Unterschieden zwischen Sprachen, die zu Interferenzen (→**Interferenzfehler**) in der Lernersprache führen könnten (vgl. Juhász 1970), rücken neuere Arbeiten (z.B. Steinhauer 2006) Ähnlichkeiten zwischen den Sprachen und daraus resultierende Transfermöglichkeiten in den Mittelpunkt.

Kühlwein, W. (1990), „Kontrastive Linguistik und Fremdsprachenerwerb", in: Gnutzmann, C, (Hrsg.), *Kontrastive Linguistik*, Frankfurt a. M., 13–32. – Juhász, J. (1970), *Probleme der Interferenz*, Budapest. – Lado, R. (1957), *Linguistics Across Cultures*, Michigan. – Rein, K. (1983), *Einführung in die Kontrastive Linguistik*, Darmstadt. – Steinhauer, B. (2006), *Transfer im Fremdspracherwerb*, Frankfurt a. M. – Wildenauer-Jósza, D. (2005), *Sprachvergleich als Lernerstrategie*, Freiburg.

Sabine Dengscherz

Kontrastivhypothese, die: eine der wichtigen Hypothesen zum Zusammenhang zwischen Erst- und Zweitsprache/Fremdsprache (neben der →**Identitätshypothese**, der →**Interlanguage-Hypothese** und der →**Interdependenzhypothese**). Die **K.** steht in Zusammenhang mit dem Behaviorismus und dem Strukturalismus. Sie versucht den Lernprozess in der L2 mit der →**Kontrastivität** zwischen L1 und L2 vorherzusagen (starke Version) bzw. zu begründen (schwache Version): Lernende übertragen ihre sprachlichen Gewohnheiten von der L1 auf die L2. Wo Kontraste zwischen L1 und L2 gegeben sind, erwartet die **K.** negativen →**Transfer** bzw. →**Interferenzfehler**, wo Übereinstimmungen oder Ähnlichkeiten gegeben sind, positiven Transfer, d.h. korrekten L2-Gebrauch. Kritik an der **K.** ergab sich aus dem Nachweis, dass Fehler auch auf Ähnlichkeiten beruhen können, Transfer nur einen kleinen Teil des Spracherwerbs ausmacht und vorhergesagte Transferprozesse empirisch nicht nachgewiesen werden konnten. Ausgehend von der **K.** entstanden in den 1960er Jahren zahlreiche Sprachvergleiche zwischen Deutsch und anderen Sprachen als Grundlage für die Entwicklung von Lehrwerken. Auch im Fachgebiet Deutsch als Zweitsprache wird die **K.** vielfach zur Erklärung von Fehlerursachen und Lernproblemen herangezogen.

Mitschian, H. (2000), „Vom Behaviorismus zum Konstruktivismus. Das Problem der Übertragbarkeit lernpsychologischer und -philosophischer Erkenntnisse in die Fremdsprachendidaktik". *Zeitschrift für Interkulturellen Fremdsprachenunterricht* [Online], Jg. 4, Nr. 3.

Klaus-Börge Boeckmann

Kontrastivität, die: die Tatsache, dass Sprachen Unterschiede auf allen Ebenen des Sprachsystems aufweisen. Die →**kontrastive Linguistik** widmet sich der Erforschung dieser Unterschiede. Zunächst wurde die **K.** vor allem im Bereich der Phonetik und der Syntax untersucht, später auch auf anderen Sprachebenen, also z.B. Lexikon oder Morphologie. Für die Spracherwerbsforschung ist die **K.** zwischen der Herkunftssprache der Lernenden und der Zielsprache zentral. Ziel des Sprachvergleichs ist dabei die Vorhersage bzw. Erklärung von →**Transfer** im Sinne der →**Kontrastivhypothese**. Allerdings ist eine vollständige kontrastive Analyse zwischen zwei Sprachen nicht möglich, so dass solche Analysen nur für Teilbereiche vorliegen. Es lassen sich verschiedene Formen von **K.** unterscheiden: z.B. entsprechen einem Element der L1 zwei oder mehr Elemente in L2 (→**Divergenz**) bzw. umgekehrt (→**Konvergenz**); Elemente aus einer Sprache fehlen in der anderen gänzlich oder Elemente sind in beiden Sprachen unterschiedlich verteilt.

Neuere Konzepte von Kontrastivität setzen den Sprachvergleich als Unterrichtstechnik ein, wobei über kontrastive Analyse des Sprachsystems hinausgehend nun auch interkulturelle Pragmatik und konfrontative Semantik einbezogen werden.

Institut für Deutsche Sprache, Hrsg. (1982–2002), *Deutsch im Kontrast*, 21 Bände, Heidelberg/Tübingen. – Wildenauer-Józsa, D. (2005), *Sprachvergleich als Lernerstrategie. Eine Interviewstudie mit erwachsenen Deutschlernenden*, Freiburg.

Klaus-Börge Boeckmann

Konvergenz, die: Bezogen auf eine Einzelsprache bezeichnet **K.** einen Veränderungsprozess innerhalb einer Sprache, an dem zwei oder mehr unterschiedliche →**Varietäten** dieser Sprache beteiligt sind. Diese Varietäten treten zueinander in Beziehung und Sprachformen der einen Varietät werden in die Struktur der anderen Varietät übernommen. Diese Varietät tritt dann neben der angestammten Varietät als Variante auf. In der kontrastiven Linguistik bezeichnet **K.** den Fall, dass mehrere Begriffe (zu einem Phänomen) in der Ausgangssprache nur einem Begriff in der Zielsprache zugeordnet werden können. Gegenteil der **K.** ist die →**Divergenz**: türk. leicht von Gewicht: *hofif*; leicht zu lösende Aufgabe: *kolay* → dt. beides *leicht*.

Mandy Höhle

Konversationsanalyse, die: Die **K.** entwickelte sich im Rahmen der Soziologie als →**Ethnomethodologie**, eine Forschungsrichtung, die sich mit Methoden der Soziologie und Sozialanthropologie alltäglichen Gesprächen zuwandte. Kennzeichnend ist der Datenbezug auf aufgenommene und transkribierte Alltagsgespräche (aus technischen Gründen zunächst v.a. Telefonunterhaltungen), die als jeweils ad hoc konstituierte soziale Einheiten angesehen und so – im soziologisch-positivistischen Sinn – zum Grunddatum einer Sozialtheorie gemacht werden. Die detaillierte Analyse hat eine Reihe von Ordnungsstrukturen herausgearbeitet, die in diesen Daten zu erkennen sind. In der deutschen Rezeption wurden weitere sozialwissenschaftliche Konzepte damit verbunden (Schütze 1975); zugleich wurde der Gegenstandsbereich zunehmend erweitert, wobei der Alltagskonversation weiterhin der Stellenwert einer Grundlagenstruktur zugewiesen wird. Die Gegenstandserweiterung führt zugleich zur Ersetzung des Ausdrucks „Konversation" durch „Gespräch". Als theoretische Grundüberzeugung bleibt dabei, dass an individuellen Aushandlungen orientierte Gespräche die Analysebasis abgeben, so dass für die theoretische Konzeption die Gesellschaftlichkeit sprachlichen Handelns weiterhin in Frage gestellt ist. In diesem Sinn ist **K.** ein Gegenkonzept zu einer gesellschaftlich fundierten →**Diskursanalyse**, wie sie insbesondere in der Funktionalen Pragmatik entwickelt wird (→**Pragmatik**). Teilweise wird versucht, den Ausdruck „Gesprächsforschung" als übergreifenden Terminus zu nutzen, wobei die Ausweitung der Semantik von „Gespräch" weiterhin problematisch bleibt.

Im Bereich von DaF/DaZ ist die **K.** insbesondere für das Aufdecken interkultureller Unterschiede und Missverständnisse und die Vermittlung von Argumentationsstrategien fruchtbar gemacht worden (vgl. Rost 1989, Yakovleva 2004).

Rost, M. (1989), *Sprechstrategien in „freien Konversationen", eine linguistische Untersuchung zu Interaktionen im zweitsprachlichen Unterricht*, Tübingen. – Schütze, F. (1975), *Sprache, soziologisch gesehen*, München. – Yakovleva, E. (2004), *Deutsche und russische Gespräche, ein Beitrag zur interkulturellen Pragmatik*, Tübingen.

Konrad Ehlich

Konversationsmaxime, die: Als **K.** bezeichnete der englische Philosoph Paul Grice (1967) Prinzipien, die der menschlichen →**Kommunikation** (Konversation) zu Grunde liegen. Der Begriff der **K.** ist zu einem Grundbegriff der Linguistik mit großer theoretischer und praktischer Relevanz geworden. Grundprinzip ist das Prinzip der Kooperation. Auf diesem basieren alle weiteren **K.**, vgl. im Einzelnen Grice (1993), Levinson (2000). Von besonderer Bedeutung ist die von Grice so genannte Maxime der Relation. Sie besagt, dass ein Hörer grundsätzlich davon ausgeht, dass das, was der Sprecher sagt, relevant (bedeutsam) ist. Aus dieser und aus weiteren Maximen kann ein Hörer →**Implikaturen** (logisch nicht zwingende Schlussfolgerungen) ableiten über das, was der Sprecher mit dem meint, was er sagt.

Grice, H.P. (1993), „Logik und Konversation", in: Meggle, G. (Hrsg.), *Handlung, Kommunikation, Bedeutung*, Frankfurt a.M., 243–265, (engl. [1]1967). – Levinson, S.C. (2000), *Presumptive meanings: the theory of generalized conversational implicature*, MIT.

Klaus Welke

Konversationsübung, die: Im Zusammenhang mit der →**direkten Methode** der Versuch, die Schriftfixierung des Fremdsprachenunterrichts, besonders des Grammatik-Übersetzungs-Unterrichts, zu kompensieren. **K.** waren dabei dem Konversationsideal der „gebildeten Unterhaltung" verpflichtet. In der →**kommunikativen Didaktik** (Piepho) wurden Gedanken des britischen

Kontextualismus (J. R. Firth) übernommen, nach denen eine erfolgreiche Kommunikation nicht durch isoliertes Fertigkeitentraining, sondern nur durch bewusstes Wahrnehmen der vielfältigen linguistischen und soziolinguistischen Elemente gesprochener Sprache möglich ist. **K.**, z. B. in Form von Rollenspielen und situativ eingebetteten Dialogen, sollten das vermitteln. In der neueren Fremdsprachenvermittlung sind **K.** durch vielfältige Übungs- und Praxisformen gesprochener Sprache ersetzt.

Konrad Ehlich

Konversion, die: **1.** Verfahren der →**Wortbildung.** Überführung eines Wortes in eine andere Wortart ohne äußere oder innere formale Änderungen des betreffenden Wortes. Man unterscheidet zwischen Stammkonversion (→ Stamm): *Fisch* → *fischen*. (Als Verb erhält *fisch-* die Infinitivendung *-en*.), *blau* → *das Blau* und Wortformkonversion: Infinitive (also Verbformen) werden zu Substantiven: *rauchen/das Rauchen* oder flektierte Adjektive zu Substantiven: *blau/das Blaue/der Blaue/die Blaue*. Die Richtung der **K.** verläuft vom Konkreten zum Abstrakten, also z. B. *Fisch* zu *fischen*, *verfahren* zu *das Verfahren*. **2.** In der Syntax und Semantik spricht man von **K.**, wenn sich Verben bzw. Verbformen und andere Wörter/Wortformen mit entgegengesetzter Perspektivierung (Blickrichtung) gegenüberstehen. Es gibt einige lexikalisch konverse Verben, z. B.: *Anna gibt Erwin das Buch.* vs. *Erwin bekommt das Buch von Anna.* oder *Das Buch interessiert Anna.* vs. *Anna interessiert sich für das Buch.* Das →**Passiv** (nur Vorgangs- und Rezipientenpassiv) kann man als syntaktisches Mittel zur Herstellung einer konversen Bedeutung ansehen: *Emil betritt den Raum. – Der Raum wird von Emil betreten., Rudi schenkt Emil das Buch. – Emil bekommt das Buch von Rudi geschenkt.*

Klaus Welke

konzessiv: „einräumend"; **k.** Ausdrücke nehmen relativierend bzw. abwehrend Stellung zu möglichen – tatsächlich geäußerten oder auch nur spekulativ eingeführten bzw. denkbaren – Einwänden/Gegengründen für das Eintreten einer Handlung bzw. eines Ereignisses bzw. Zutreffen eines Sachverhaltes, wobei diese Handlungen usw. sowohl bereits geschehen sein als auch in der Zukunft liegen können. Aus diesem Grund wird das **k.** Verhältnis auch als „Verhältnis des unwirksamen Gegengrundes" bezeichnet (z. B. *Er kam trotz seiner Erkältung in die Schule. = Er kam, obwohl er mit seiner Erkältung im Bett hätte bleiben sollen, in die Schule.*). Der Gegengrund oder Einwand ist jedoch gleichzeitig als im konkreten Fall nicht wirksam oder überwunden gekennzeichnet. **K.** Anzeigewörter sind Präpositionen wie *trotz, unbeschadet, abgesehen von, ungeachtet;* Subjunktionen wie *obgleich, obwohl, obzwar, trotzdem, wenngleich, selbst wenn u. a. m.;* Adverbien wie *trotz allem, dennoch, gleichwohl* aber auch durch nebenordnende Verknüpfungen wie ... *(zwar) ..., aber* (*Du magst (zwar) Recht haben, aber überzeugt hast du mich nicht.*) *trotzdem oder doch* (*Der Safe hatte ein angeblich unüberwindliches Sicherheitssystem; trotzdem waren sämtliche Unterlagen daraus verschwunden.; Er hatte keine Chance, doch das Glück kam ihm zu Hilfe.*) können **k.** Verhältnisse versprachlicht werden.

Mandy Höhle

Konzessivsatz, der: Nebensatz, der vor allem durch die Konjunktionen *obwohl, obschon, wenn auch, wenngleich, wennschon, selbst wenn, sogar wenn* eingeleitet wird. Als Korrelat im Hauptsatz kommen *trotzdem, doch* und *dennoch* vor. Der **K.** beschreibt einen Sachverhalt, der zwar eine Einschränkung, Einräumung oder einen Gegensatz zur Hauptsatz-Handlung darstellt, aber nicht ausreicht, um dessen Geltung außer Kraft zu setzen. Daher bezeichnet man diese Nebensätze auch als „Nebensätze des unzureichenden Grundes". Bsp.: *Sie geht heute zur Arbeit, obwohl sie sich krank fühlt.*

Claudia Zellmann

Kopula, die: auch Kopulaverb; Verben, die sich insbesondere semantisch von Voll- u. Modalverben unterscheiden, da sie eher eine syntaktische Funktion erfüllen und nur Komponenten wie Veränderung, Gültigkeit oder Modus der Existenz denotieren. **K.** der deutschen Sprache sind *sein, werden* und *bleiben*. Sie besitzen fast keine eigenständige lexikalische Bedeutung und verfügen über eine besondere Art von →**Valenz**, wobei in Kopula-Sätzen neben der Struktur Nomen im Nominativ und adverbiales Ajektiv (*Peter ist erschöpft*) zwei unterschiedliche Ergänzungen im Nominativ zugelassen sind (z. B. in *Peter ist der Lehrer.* u. *Wir bleiben Freunde.*).

Jacqueline Fiuza da Silva Regis

Kopulasatz, der: Satz, in dem das Prädikat aus einem nichtprädikativen Verb, einer →**Kopula**, und einem prädikativen Nomen oder Adjektiv besteht (z.B. in *Das Land ist groß* oder *Goethe war ein Schriftsteller*). In DaF/DaZ-Zusammenhängen ist es wichtig zu beachten, dass in manchen Sprachen diese Aussagen in Sätzen ohne Kopula, in →**Nominalsätzen**, gemacht werden (z.B. im Russischen *Я – преподаватель/Ich bin Lehrer*), was zu →**Interferenzen** führen kann.

Jacqueline Fiuza da Silva Regis

Kopulativverb, das: s. Kopula

Körpersprache, die: Der Körper ist in jeder Face-to-face-Interaktion als produzierendes und rezipierendes leibliches Agens und Medium unabdingbar mitbeteiligt. **K.** kann definiert werden als eine Komponente zwischenmenschlichen Verhaltens, die die Interaktion ohne oder zusätzlich zur Sprache (→**nonverbale Kommunikation**) bewusst und unbewusst etabliert, aufrechterhält, modelliert und steuert. **K.** vermittelt Informationen über alle Interaktanten, ihr Verhältnis zueinander sowie über ihr Verhältnis zum Interaktionsgegenstand, **K.** modelliert die gesprochene Sprache und steuert den Diskursverlauf ganz entscheidend mit. Körpersprache umfasst: →**Blickverhalten**, →**Gestik**, →**Mimik**, →**Haptik**, Olfaktorik, →**Proxemik**, →**Kinetik.** In jeder Kommunikationshandlung (Poyatos 2002) wirken grundsätzlich vier Kommunikationsebenen zusammen: die verbale (Wörter), die paraverbale (Lautstärke, Lachen, Stimmlage etc.), die nonverbale (Mimik, Gestik, Körperhaltung etc.) und die extraverbale (Zeit, Ort, Kontexte etc.). Interaktive Bedeutungskonstitution entsteht erst durch ein Zusammenwirken dieser vier Ebenen und ist nur unter Einbeziehung aller vier Ebenen angemessen zu beschreiben und analysieren. **K.** ist in vielen Teilen kulturell geprägt und spielt beim Spracherwerb und im DaF-Unterricht lehrer- und lernerseitig eine entscheidende Rolle (Eßer 2007).

Eßer, R. (2007), „Körpersprache in Babylon", in: Eßer, R./Krumm, H.-J. (Hrsg.), *Bausteine für Babylon: Sprache, Kultur, Unterricht*, München, 320–332. – Poyatos, F. (2002), *Nonverbal Communication Across Disciplines: Culture, Sensory Interaction, Speech, Conversation*, Vol. 1., Amsterdam/Philadelphia. – Rosenbusch, H.S./Schober, O., Hrsg., (2004), *Körpersprache und Pädagogik*, Baltmannsweiler.

Ruth Eßer

Korpus, das: Pl. Korpora; nach unterschiedlichen Kriterien und Motiven angelegte Sammlung authentischer schriftsprachlicher oder gesprochensprachlicher Texte. Neben den Primärdaten umfasst ein **K.** gewöhnlich Metadaten (Informationen über Herkunft der Primärdaten, Kodierungsverfahren etc.) und häufig linguistische Annotationen (Informationen zu Morphosyntax, Syntax, Semantik, Pragmatik, Fehlern etc.) (vgl. Lemnitzer/Zinsmeister 2006; Scherer 2006). Während **K.** früher nur in Papierform vorlagen, sind die Daten vieler **K.** heute digitalisiert, d.h. auf Rechnern gespeichert und maschinenlesbar, was neue Möglichkeiten des Zugriffs und der statistischen Auswertung eröffnet. Der Nutzen öffentlich zugänglicher **K.** für Belange des Fremdsprachenunterrichts ist vielfältig: Einsprachige **K.** können bei Erstellung von Wörterbüchern und Lehrwerken konsultiert oder direkt im Unterricht als Datenressource genutzt werden; die Übersetzungsdidaktik kann auf mehrsprachige **K.** zurückgreifen; die Fremdsprachenerwerbsforschung und die Didaktik profitieren schließlich von systematisch erstellten Lernerkorpora. Für das Deutsche als Fremdsprache wird zurzeit ein umfangreiches fehlerannotiertes Lernerkorpus (Falko) aufgebaut (vgl. Lüdeling 2007).

Lemnitzer, L./Zinsmeister, H. (2006), *Korpuslinguistik. Eine Einführung*, Tübingen. – Lüdeling, A. (2007), „Das Zusammenspiel von qualitativen und quantitativen Methoden in der Korpuslinguistik", in Kallmeyer, W./Zifonum, G. (Hrsg.), *Sprachkorpora – Datenmengen und Erkenntnisfortschritt*, Berlin, 28–48. – Scherer, C., (2006), *Korpuslinguistik*, Heidelberg.

Dirk Skiba

Korpusanalyse, die: Beinhaltet die Untersuchung in →**Korpora** vorliegender authentischer Texte zum Zweck empirisch fundierter Sprachbeschreibung/-analyse. DaF-spezifische Lehr- und Lernmaterialien sowie (lerner)lexikographische Nachschlagewerke können v.a. in Hinblick auf die Auswahl der zu berücksichtigenden sprachlichen Phänomene und die Bestimmung von Erwerbsreihenfolgen von der **K.** entscheidend profitieren. Sie ermöglicht bspw. eine Bestimmung der →**Frequenz** von Wörtern, grammatischen Strukturen und Wortverbindungen inklusive ihrer semantischen, morphosyntaktischen und pragmatischen Eigenschaften und Konnotationen sowie deren Dokumentation anhand authentischer Beispiele. Ein weiterer Anwendungsbereich ist die Analyse von Lernersprachen zur Ermittlung von Fehlerschwerpunkten oder →**Erwerbssequenzen**.

Fandrych, C./Tschirner, E. (2007), „Korpuslinguistik und Deutsch als Fremdsprache. Ein Perspektivwechsel", in: *Deutsch als Fremdsprache*, 2007/4, 195–204. – Heine, A. (2008), „Zur Nutzbarkeit der gegenwärtig verfügbaren deutschen Korpora für die Lernerlexikographie Deutsch als Fremdsprache. Anspruch und Wirklichkeit", in: *Deutsch als Fremdsprache*, 2008/1, 3–8.

Franziska Wallner

korrektive Phonetik: **K.P.** prognostiziert im →**Sprachvergleich** und untersucht im konkreten Sprachlernprozess phonetische Fehlleistungen, die zu einer fremden Aussprache beitragen, auf lautlicher und intonatorischer Ebene und zeigt Möglichkeiten ihrer Korrektur auf Basis der deutschen Standardaussprache (zum Sprachvergleich s. Hirschfeld u.a. 2002; ein umfangreiches Übungsangebot bieten z.B. Rausch/Rausch 1991).

Hirschfeld, U./Kelz, H.P./Müller, U., Hrsg. (2002), *Phonetik international. Grundwissen von Albanisch bis Zulu* (CD-ROM), Waldsteinberg. – Rausch, R./Rausch I. (1991): *Deutsche Phonetik für Ausländer*, Berlin u.a.

Beate Lex

Korrektur, die: s. Fehler, s. Fehlerkorrektur

Kotext, der: auch: Co-Text; sprach- und literaturwissenschaftlicher Terminus des 20. Jhs., der den textinternen sprachlichen (verbalen) →**Kontext**, der einer Textstelle vorausgeht oder folgt, vom textexternen, situationalen Kontext abgrenzt; ein **K.** kann mündlich oder schriftlich vorliegen. Im DaF/DaZ-Unterricht besteht eine wichtige →**Lesestrategie** darin, Wörter aus dem **K.** und Kontext zu erschließen.

Anita Schütz

Krefelder Modell, das: 1975 bis 1994 als bikulturelles Modell für den Unterricht von Schülern mit Migrationshintergrund (seinerzeit: ausländische Schüler) entwickelt. Es entstand noch in der Zeit der →**Ausländerpädagogik**, war aber geprägt durch die Vorstellung eines integrativen Unterrichts, in dem deutsche Schüler mit solchen einer anderen Nationalität eine gemeinsame Klasse besuchen sollten. Abgelehnt wurden also alle Formen separierenden Unterrichts. Die beteiligten Grundschulen konzentrierten sich auf eine Nationalität. Um dies organisieren zu können, wurde auch auf ‚Busing' (= Verteilung der Schüler auf die am Projekt beteiligten Schulen mit Schulbussen) zurückgegriffen. Ab der ersten Klasse gab es gemeinsamen Unterricht, dessen Anteil kontinuierlich zunahm. Insbesondere erhielten die Schüler mit Migrationshintergrund im **K.M.** getrennten Unterricht in →**Deutsch als Zweitsprache** und im →**muttersprachlichen Unterricht**. Weitere Modelle – auch im Elementar- und Sekundarbereich – schlossen sich an. Kritisiert wurde – trotz Anerkennung der Erfolge – neben dem ‚Busing' die binationale Grundlegung, die als nicht mit der Lebensrealität in einem mehrsprachig-mehrkulturellen Land vereinbar gilt.

Dickopp, K.-H. (1982), *Erziehung ausländischer Kinder als pädagogische Herausforderung: Das Krefelder Modell*, Düsseldorf.

Sigrid Luchtenberg

Kreolisierung, die: der historisch-kulturelle Prozess der Entstehung von →**Kreolsprachen** aus →**Pidgins**, pidginisierten Varietäten oder →**Kontaktsprachen**. Die pragmatischen Ausdruckmodi (Repertoire ungrammatisch miteinander verbundener lexikalischer Einheiten) pidginisierter Varietäten werden gemäß syntaktischem Modus „grammatikalisiert". Bei fortschreitender Grammatikalisierung entstehen Kreolsprachen: funktionelle und strukturelle Beschränkungen, unregelmäßige Formen und Strukturen, Prinzipien der Vereinfachung und Reduktion von Pidgin-Sprache werden zugunsten einer voll ausgebauten, regelgeleiteten Sprache ausgebaut. Hymes hat **K.** als Teil eines Lebenszyklus von sprachlichen Varietäten beschrieben: Pidginisierung – Entpidginisierung – Kreolisierung – Kreol – Entkreolisierung – Standardisierung – Standard.

Hymes, D. (1971), *Pidginisation and creolisation of languages*, Cambridge.

Norbert Dittmar

Kreolsprache, die: voll ausgebaute, z.T. standardisierte Sprache, die aus (mündlichen) →**Kontaktsprachen** (meist im Kontext der Kolonialisierung/ Sklaverei entstandene →**Pidginsprachen**) hervorgegangen ist. Gegenüber Pidgins zeichnen sich **K.** durch einen komplexen Ausbau der inneren und äußeren Form sowie eine Differenzierung ihrer Gebrauchsdomänen aus. **K.** stellen der Kommunikation einen systemischen, grammatisch ausgebauten Modus zur Verfügung und werden – parallel zu anderen Muttersprachen ihrer Sprecher – als (oft nicht kodifizierte) Muttersprachen benutzt. **K.** werden auch als Kontinuum grammatisch unterschiedlich differenziert ausgebauter →**Varietäten** bezeichnet (→**Kreolisierung**).

Hymes, D. (1971), *Pidginisation and creolisation of languages*, Cambridge.

Norbert Dittmar

Kultur:

1. Zur Begriffsklärung

Die aus den verschiedenen Kulturwissenschaften vorliegenden Angebote zur Definition von **K.** sind Legion und jeweils auf fachspezifische Aspekte und Bedarfe zugeschnitten (vgl. dazu Hansen ²2000). Im Fachdiskurs DaF/DaZ hat sich seit etwa 2000 tendenziell ein Kulturbegriff durchgesetzt, der unter **K.** die Gesamtheit der Eingriffe des Menschen in seine Mitwelt zu Zwecken der Befriedigung seiner materiellen und ideellen Bedürfnisse versteht, einschließlich der diese Eingriffe begleitenden körperlichen, geistigen und sprachlichen Handlungen und der geistigen und stofflichen Manifestationen und Produkte (vgl. Barkowski/Eßer 2005). Die konkreten Einzelkulturen werden dabei als historisch-dynamische Systeme mit ggf. starken Binnenuntergliederungen („Subkulturen") sowie als nicht auf den Geltungsraum von Nationalstaaten begrenzt betrachtet.

2. K. und das Lernen und Lehren fremder Sprachen

Für den gen. Kontext spielt **K.** auf folgenden Ebenen eine bedeutsame Rolle: a) Alltagswelt, Geschichte, ethische Orientierungen, sozioökonomische Verfasstheit und künstlerische Hervorbringungen der Zielkultur unter besonderer Berücksichtigung herkunftskultureller Wahrnehmung und Deutung(→**Landeskunde**; →**Literatur/-didaktik**) – b) die Eigenschaften von Sprachen (lexikal.-grammat.-pragmat.) im Hinblick auf deren kulturelle Prägung – c) methodisch-didaktische Konzepte und Praxen in Berücksichtigung der Ebene ggf. differierender Lehr-/Lernerfahrungen bzw. -erwartungen (s. z.B. Boeckmann 2006; Pan 2008; Witte 1996). Die zunehmende Beachtung des Faktors **K.** hat seit Mitte der 1970er Jahre zu das Fach in seiner ganzen Breite betreffenden Neuorientierungen geführt, die v.a. mit dem Begriff →**Interkulturalität/interkulturell** verknüpft sind.

3. Zum forschenden Umgang mit kultureller Markiertheit im gegebenen Kontext

Im Kern der methodologische Diskussionen über den Zugang zum und Umgang mit dem „empirischen Feld" geht es darum, das Kulturspezifische der Erscheinungen jenseits subjektiver Verzerrungen durch den Blick des Forschenden zu identifizieren und von deren universellen Merkmalen zu sondern (vgl. dazu Barkowski/Eßer 2001 sowie →**emisch/etisch**; →**Kulturem**). Potenzielle Forschungsfelder sind dabei alle unter 2. gen. Bereiche.

Barkowski, H./Eßer, R. (2001), „Haltet den Dieb ... Von der Schwierigkeit, den Faktor Kultur in seiner Bedeutung für methodische Arrangements fremdsprachenunterrichtlichen Lernens und Lehrens dingfest zu machen", in: Funk, H./Koenig, M. (Hrsg.), *Kommunikative Fremdsprachendidaktik – Theorie und Praxis in Deutsch als Fremdsprache*, München, 83–93. – Barkowski, H./Eßer, R. (2005), „Wie buchstabiert man K-u-l-t-u-r? Überlegungen zu einem Kulturbegriff für Anliegen der Sprachlehr- und -lernforschung", in: Duxa, S./Hu, A./Schmenk, B. (Hrsg.), *Grenzen überschreiten. Menschen, Sprachen, Kulturen*, Tübingen, 88–99. – Boeckmann, K.-B. (2006), *Kommunikativer Fremdsprachenunterricht u. regionale Lehr- und Lernkultur. Eine empirische Untersuchung zum Deutsch-als-Fremdsprache-Unterricht in Japan*, Innsbruck. – Hansen, K.P. (²2002), *Kultur und Kulturwissenschaft. Eine Einführung*, Tübingen/Basel. – Pan, Y. (2008), *Interkulturelle Kompetenz als Prozess. Modell und Konzept für das Germanistikstudium in China aufgrund einer empir. Unters.*, Sternenfels. – Witte, A.(1996), *Fremdsprachenunterricht und Eigenkultur. Kulturgeprägte Bedingungen, kulturangemessene Unterrichtsmethoden und subjektive Lehrtheorien von DaF-Lehrkräften in Nigeria*, München.

Hans Barkowski

Kulturanthropologie, die: Wissenschaft vom Menschen und seinem Verhältnis zur →**Kultur**. Mit der Anerkennung der Soziologie als zentraler Leitdisziplin hat sich die Volkskunde in den 1970er Jahren in Deutschland zur **K.** gewandelt und als eine interdisziplinäre, empirische Kulturwissenschaft von der traditionellen Volkskunde abgegrenzt. Für Deutsch als Fremd- und Zweitsprache ist die **K.** insofern bedeutsam, als sie auch nach der Bedeutung von Sprache für den Menschen fragt, insbesondere danach, wie Sprache in der sozialen Interaktion eingesetzt wird.

Girtler, R. (2006), *Kulturanthropologie. Eine Einführung*, Wien/Münster.

Andrea Koban

Kulturem, das: Begriff im Rahmen der Kulturemtheorie (Oksaar 1988). Die Kulturemtheorie beschreibt das komplexe Zusammenspiel und die wechselseitige Bedingtheit von Kultur, Sprache und außersprachlichen Variablen. Danach sind alle kulturellen Gruppen vergleichbar organisiert, und zwar in K. genannten Einheiten. Diese sind universelle Handlungen und Konzepte jeden sozialen Zusammenlebens (wie z.B. Begrüßung, Zustimmung, Ablehnung). Die universellen **K.** werden durch besondere – und für verschiedene kulturelle Gruppen jeweils unterschiedliche – Verhaltensweisen, die sogenannten Behavioreme (= spezifische nonverbale, verbale und paraverbale Formen sowie extraverbale Einflussfaktoren – →**Behaviorismus**) realisiert. Bsp.: Auf der Kulturemebene kann das universelle **K.** ‚Begrüßung' nonverbal durch die Behavioreme ‚Händeschütteln' (in Deutschland) oder ‚Verbeugung' (in Japan) realisiert werden.

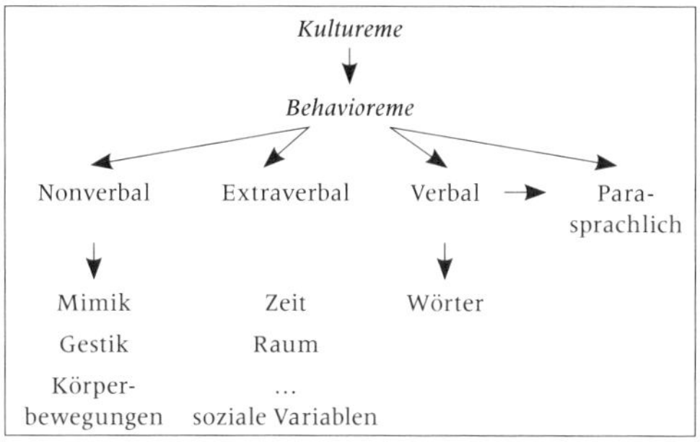

(Oksaar 1988: 28, Hervorhebung R.E.)

Eßer, R. (2006), „‚Die deutschen Lehrer reden weniger und fragen mehr ...'. Zur Relevanz des Kulturfaktors in DaF-Forschung und DaF-Praxis", in: *Zeitschrift für interkulturellen Fremdsprachenunterricht* 2006/3, http://zif.spz.tu-darmstadt.de/jg-11-3/beitrag/Esser1.htm. – Oksaar, E. (1988), *Kulturemtheorie. Ein Beitrag zur Sprachverwendungsforschung*, Göttingen.

Ruth Eßer

Kulturinstitute: Nationale **K.** sind wichtige Organe der Auswärtigen Kultur- und Bildungspolitik (AKBP) vieler Länder. AKBP umfasst den internationalen Austausch in bildender Kunst, Literatur, Musik, Film, Theater/Tanz sowie die Förderung von Sprache und Landeskunde im Ausland. Finanziert werden **K.** v.a. durch staatliche Zuwendungen; Ressourcen, Organisation und Ausrichtung sind unterschiedlich. So erhalten die **K.** Deutschlands, die →**Goethe-Institute**, z.B. Mittel vom Auswärtigen Amt (AA), sind aber in Verwaltung und inhaltlicher Arbeit als eingetragener Verein unabhängig. Das Verhältnis zum AA ist durch einen Rahmenvertrag geregelt. Weitaus öfter sind **K.** Einrichtungen ihrer Außenministerien, so die französischen oder britischen **K.** I.d.R. bieten **K.** im Ausland Sprachkurse an, organisieren Kulturprogramme und verfügen über Bibliotheken mit Medien in der Sprache des Landes des **K.**. Die **K.** haben unterschiedlich große Netzwerke, so betreibt z.B. das Goethe-Institut 147 Institute in 83 Ländern, hinzu kommen Partnereinrichtungen, u.a. Lesesäle oder Sprachzentren. V.a. europäische Länder verfügen über **K.**, viele andere Länder betreiben ihre AKBP über ihre Auslandsvertretungen. Die **K.** von 25 Ländern der EU haben sich 2007 zu →**EUNIC** (European Union National Institutes for Culture) vereinigt, um gezielt europäische Netzwerke aufzubauen.

Sattler, J. (2007), *Nationalkultur oder europäische Werte?* Berlin. – Znined-Brand, V. (1999), *Deutsche und Französische Auswärtige Kulturpolitik*, Frankfurt a.M.

Katharina von Ruckteschell

KulturKontakt Austria (KKA): Verein, gegründet 1989 als Auslagerung von mehreren österreichischen Ministerien; ursprünglich für die Koordination von internationalen Kulturprojekten, seit 1994 auch für die internationale →**Bildungskooperation** im voruniversitären Bereich zuständig. Betreut vorrangig in den Ländern Mittel-, Ost- und Südosteuropas gemeinsam mit nationalen und internationalen Partnern Bildungsprojekte und →**Lehrerfortbildungen**. Ziel ist die Unterstützung nachhaltiger Bildungsreformen in den Partnerländern und damit die Entwicklung einer wettbewerbsfähigen Wissensgesellschaft in ganz Europa.

KKA betreut die österr. Beauftragten für Bildungskooperation, die u.a. im Bereich DaF Bildungsprojekte entwickeln und durchführen. Weiters werden in Zusammenarbeit mit der Koordinationsstelle des Bundesministeriums für Unterricht, Kunst und Kultur (BMUKK) die Lehrer an →**bilingualen Schulen** in Tschechien, Ungarn und der Slowakei und die österreichischen Lehrer in Südosteuropa (Albanien, Bulgarien, Serbien) unterstützt. Die Koordinationsstelle betreut im Auftrag des BMUKK auch Lehrer, die an österreichischen, deutschen und europäischen Auslandsschulen tätig sind. Mit dem Koordinationsbüro Austrian University Network Office (AUNO) unterstützt **KKA** seit 2005 das ASEA UNINET, das den wissenschaftlichen Austausch österreichischer Universitäten und anderer Bildungseinrichtungen mit asiatischen Partnerinstitutionen fördert.

Internetadressen: www.kulturkontakt.or.at – www.k-education.at

Brigitte Sorger

Kulturkontrast, der: In Analogie zur →**kontrastiven Linguistik** meint der Begriff **K.** die durch vergleichende Beschreibung ermittelte Differenz einer →**Kultur** A zu Kultur B. Das Verfahren der kontrastiven Kulturanalyse, das Göring (1975) für DaF erstmals benennt, soll dem Abbau von Ethnozentrismus und Vorurteilen dienen. In der DaF-Didaktik setzten sich Kultur kontrastierende Fragestellungen zunehmend durch (vgl. z.B. Neuner 1986) und finden inzwischen regelmäßig Eingang in kommunikative und →**interkulturelle** Lehrwerke. (Leitfrage: ‚Und wie ist das bei Ihnen?') Mit der verstärkten Kritik an essentialistischen Kulturkonzepten, der inflationären Verwendung des Begriffs interkulturell und der Gleichsetzung von →**Kulturvergleich** und →**Interkulturalität** wurde das **k.** Verfahren in den letzten Jahren zunehmend kritisiert. Wie Guest (2006) bemerkt, werden in der **k.** Forschung zudem häufiger reduktionistische Aussagen über kulturelle Aspekte des Fremdsprachenlernens getroffen, die auf teils spekulativen Ergebnissen einiger weniger kulturkontrastiver Studien beruhen.

Göhring, H. (1975), „Kontrastive Kulturanalyse und Deutsch als Fremdsprache", in: *Jahrbuch Deutsch als Fremdsprache*, 1, 80–92. – Guest, M. (2006), „Culture research in foreign language teaching: Dichotomizing, stereotyping and exoticizing cultural realities?", in: *Zeitschrift für Interkulturellen Fremdsprachenunterricht* (Online), 11 (3), 14ff. – Neuner, G., Hrsg. (1985), *Kulturkontraste im DaF-Unterricht (Studium DaF – Sprachdidaktik 5)*, München.

Evelyn Röttger

Kulturkunde, die: Ansatz und Vorläufer der heutigen →**Landeskunde**; **K.** fokussiert eher allgemeine Informationen über z.B. Geschichte, Kultur, Philosophie und Kunst eines jeweiligen Landes: nicht Zahlen, Daten und Fakten sollen vermittelt werden, sondern es geht um das komplexe Wahrnehmen und Verstehen einer Kultur; **K.** kann insofern v.a. als Gegen- oder auch Komplementärkonzept zu →**Realienkunde** verstanden werden.

Hackl, W. (2001), „Informationsorientierte Landeskunde", in: Helbig, G./Götze, L./Henrici, G./Krumm, H.-J. (Hrsg.), *Deutsch als Fremdsprache – ein internationales Handbuch*, 2. Halbbd., Berlin, 1204–1215.

Désirée Ruge

Kulturmorphologie, die: Auffassung von Kulturen als ganzheitlichen Erscheinungen, die analog zu biologischen Prozessen eine Entwicklung von der Geburt über das Erblühen und Wachsen bis zum Absterben durchlaufen (Frobenius, Spranger, Spengler u.a.). **K.** in einem weiteren Sinne befasst sich mit der Entwicklung und Verbreitung von Kulturerscheinungen (auch Sprachen, Dialekte) der in einem Kulturraum lebenden Menschen und ist eng mit dem Begriff Kulturraumforschung verbunden.

Silke Hofer

Kulturpolitik, die: staatliche Handlungen (Gesetze, Finanzierung, Institutionalisierung) bezogen auf kulturelle Entwicklungen und Einrichtungen. Hauptaufgabe der **K.** ist die Vermittlung und Förderung der Kultur eines Landes; auch die Sprachförderung wird vielfach als Teil nicht nur der Bildungs-, sondern auch der **K.** gesehen. Für die Außenpolitik wird **K.** (genauer: Auswärtige **K.**) häufig als die „dritte Säule" neben der Wirtschafts- und Sicherheitspolitik bezeichnet. Hierfür haben auch die deutschsprachigen Länder zahlreiche →**Mittlerorganisationen** geschaffen, die den jeweiligen Außenministerien zugeordnet sind (so z.B. das →**Goethe-Institut** dem Auswärtigen Amt, das Österreich Institut dem Bundesministerium für Europäische und internationale Angelegenheiten). Für die auswärtige **K.** hat die Sprachförderung neben der Förderung von Kunst, Wissenschaft und Medien eine besondere Bedeutung (→**Sprachenpolitik**). Neben den staatlich geförderten Einrichtungen spielen auch Stiftungen und Nichtregierungsorganisationen eine wichtige Rolle im internationalen Kulturaustausch.

Quenzel, G. (2005), *Konstruktionen von Europa. Die europäische Identität und die Kulturpolitik der europäischen Union*, Bielefeld. – Wolf, A., Hrsg. (2000), *Sprache – Kultur – Politik (Materialien Deutsch als Fremdsprache 53)*, Regensburg.

Silke Hofer

Kultursprache, die: Hochsprache bzw. ein Sprachstandard, der eine bestimmte kultursprachliche Geltung und Funktion innehat und folgende Kriterien aufweist: Supraregionalität (auch Überregionalität), Literalität, Multifunktionalität, Literarizität, Intersozialität, Philologität und Internationalität. Hinsichtlich der Vielzahl von Mundarten ist die Hochsprache die einzige Konstante, weshalb sie auch (All-)Gemeinsprache oder Einheitssprache genannt wird. Die **K.** findet sowohl in der Literatur, Musik und Kunst als auch in sämtlichen Wissenschaften wie Mathematik, Logik, Philosophie, Soziologie etc. Anwendung, wobei es hier einerseits um den schriftlichen oder mündlichen Gebrauch der Sprache selbst (bei Veröffentlichungen), als auch um die weltweite Repräsentanz des Landes/der Länder dieser Sprache – für Deutsch sind das insbesondere Deutschland, Österreich, die Schweiz und Liechtenstein (D-A-CH-L) – und dessen/deren Kulturgut geht.

Müller, R. (1972), „Hoch- und Kultursprache. Konstituierung eines Systems begrifflicher Merkmale und seine sprachliche Konkretion am Beispiel des Neuhochdeutschen", in: Kennosuke, E./Kürschner, W./Rensch, K./Ringmacher, M. (Hrsg.), *Linguistik jenseits des Strukturalismus. Akten des II. Ost-West-Kolloquiums*, Tübingen, 425–475.

Alexandra Rösner

Kulturstandard, der: Unter K. werden hypothetische Konstrukte verstanden, die kulturspezifische Arten der Wahrnehmung, des Denkens, des Wertens, des Empfindens und Handelns determinieren und von der Mehrzahl der Mitglieder einer bestimmten →**Kultur** für sich persönlich und für andere Personen als normal, typisch, selbstverständlich und verbindlich angesehen werden. Eigenes und fremdes Verhalten wird auf der Grundlage von K. beurteilt und reguliert. K. wirken somit als ein Gradmesser für kulturell akzeptiertes Handeln, wobei der individuelle und gruppenspezifische Umgang mit K. zur Handlungssteuerung innerhalb eines gewissen Toleranzbereichs variieren kann, bevor seitens der sozialen Umwelt Sanktionen erfolgen. K., die in der einen Kultur von großer Bedeutung sind, können in einer anderen Kultur auch vorhanden sein, aber möglicherweise eine andere Funktionalität besitzen. So ist der K. „Sachorientierung" im Alltagsleben und im beruflichen Handeln in Deutschland von zentraler Bedeutung, wenn es um die Erbringung von Leistung geht. Für Menschen in vielen anderen europäischen und z.B. auch asiatischen Kulturen schreibt der K. hingegen „Beziehungs- und Personenorientierung" vor, wonach es Vorrang hat, sich zunächst um ein gutes, harmonisches, motivierendes Klima in der interpersonalen Begegnung und Kooperation zu bemühen, bevor man sich mit sachbezogenen Details befasst. Ein den geltenden K. gemäßes Verhalten wird im Verlauf des individuellen Sozialisationsprozesses (Enkulturation) gelernt und automatisiert bzw. habitualisiert (vgl. Bourdieu 1999).

Bourdieu, P. (1999), „Sprachlicher Markt", in: Auer, P. (Hrsg.), *Sprachliche Interaktion. Eine Einführung anhand von 22 Klassikern*, Tübingen, 240–252. – Thomas, A. (2005), „Kultur und Kulturstandards", in: Thomas, A./Kinast, E.-U./Schroll-Machl, S. (Hrsg.), *Handbuch interkulturelle Kommunikation und Kooperation. Bd. 1 Grundlagen und Praxisfelder*, 2. Aufl., Göttingen, 19–31. – Schroll-Machl, S. (2007), *Die Deutschen – Wir Deutsche, Fremdwahrnehmung und Selbstsicht im Berufsleben*, 2. Aufl., Göttingen.

Alexander Thomas

Kulturthema, das: bezeichnet in der →**interkulturellen Germanistik** ein Thema, das im öffentlichen Selbst- und Weltverständnis einer oder mehrerer →**Kulturen** zu einem bestimmten Zeitpunkt besondere Bedeutung gewinnt. Der K.forschung geht es um Konzepte mit universalistischem Charakter und weltweiten Anknüpfungsmöglichkeiten, die aber gleichzeitig auch solche Dimensionen enthalten, die nur in bestimmten Regionen (wie Europa) oder Ländern Gültigkeit beanspruchen können. Beispiele für K. sind etwa das Verhältnis von Eigenem und Fremdem, Toleranz, Arbeit, Wohnen, Essen, Gesundheit, Religion und Höflichkeit. Im Kontext des K. Toleranz kommt es z.B. zum einen darauf an (vgl. Wierlacher 1996), die europäische Idee der Toleranz auf ihre kulturelle Reichweite hin zu überprüfen und zum anderen das Toleranzpotenzial der Kulturen in der Absicht zu erforschen, kulturdifferente Toleranzkonzepte zu entdecken, in denen sich die Individualität der verschiedenen Kulturen spiegelt. Den Vertretern der K.forschung im Kontext der →**interkulturellen Germanistik** geht es letztlich darum, diese K. in interkulturellen Diskursen so auszuloten, dass sie zu einem wechselseitig produktiven Miteinanderumgehen in der Vielfalt der Kulturen beitragen (zur Kritik an Ansätzen der interkulturellen Germanistik vgl. z.B. Zimmermann 1991).

Wierlacher, A. (1996), *Kulturthema Toleranz. Zur Grundlegung einer interdisziplinären und interkulturellen Toleranzforschung*, München. – Zimmermann, P., Hrsg. (1991), *„Interkulturelle Germanistik". Dialog der Kulturen auf deutsch?*, 2. erg. Aufl., Frankfurt.

Adelheid Hu

Kultur und Sprache: internat. Kooperationsstelle für DaF im österr. Unterrichtsministerium; Vernetzung mit sprachpolitischen Aktivitäten und

Zielen (national und international). Schwerpunkte: Fortbildung für DaF-Unterrichtende, Lehrmaterialien(Landeskunde), →**Österr. Sprachdiplom Deutsch**, Österreichzentrum Skövde (DaF im Nordischen Raum/Baltikum). Leitung und Betreuung von Projekten, darunter Radioprojekte, interkulturelle Schulprojekte, Lehrbucherstellung, Curriculaentwicklung, Wettbewerbe, Sprachentage etc. Kooperationspartner: Ministerien, Deutschlehrerverbände/→**IDV**, DaF-→**Mittlerorganisationen**, Universitäten, Schulen, Aus- und Fortbildungseinrichtungen für DaF-Unterrichtende.

Internetadresse: www.kulturundsprache.at

Gertrude Zhao-Heissenberger

Kulturvergleich, der: Der Vergleich zwischen Phänomenen der eigenen, bekannten und der neuen, unvertrauten Kulturräume ist ein grundlegender, ständig auftretender kognitiver und oft wertender Akt im Kontext des Sprachenlernens und -lehrens. Zusätzlich zu den zu vergleichenden Größen tritt ein Tertium Comparationis hinzu, also ein Gesichtspunkt, auf dessen Basis verglichen wird. Ein Grundproblem des **K.** besteht oft darin, dass dieses Tertium Comparationis als ortlos angenommen wird, so als könne man von hier aus unbeteiligt und objektiv →**Kulturen** miteinander vergleichen. Tatsächlich geschehen Vergleiche aber immer von einem kulturellen Standort aus. Der Akt des Vergleichens sollte im Fremdsprachenunterricht immer wieder bewusst reflektiert werden, um →**interkulturelle Kompetenz** zu entwickeln. Es gilt, →**ethnozentrische** Formen des Vergleichs, bei dem Kulturdifferenz schlichtweg in die eigenen Wahrnehmungsmuster eingemeindet wird, in Frage zu stellen und stärker darauf hinzuarbeiten, die Angemessenheit des Tertium Comparationis selbst in Frage zu stellen und dessen Genese, Struktur und Funktion zu erkunden. Angesichts globaler, v.a. durch Medien und Migration bedingter Diffusionsprozesse, hochgradiger intrakultureller Differenzen und mehrkultureller Identitäten gewinnt der **K.** noch an Komplexität, bietet aber auch ein großes Potenzial für kulturübergreifende Verstehensprozesse.

Cappai, Gabriele (2007), „Vergleichen", in: Straub, J./ Weidemann, A./Weidemann, D. (Hrsg.), *Handbuch interkulturelle Kommunikation und Kompetenz. Grundbegriffe – Theorien – Anwendungsfelder*, Stuttgart/Weimar. – Loenhoff, J. (2003), „Kulturvergleich und interkulturelle Kommunikation", in: *Germanistisches Jahrbuch GUS „Das Wort"*, 105–114.

Adelheid Hu

Kulturwissenschaft, die: Sammelbegriff für diejenigen Disziplinen, welche die Vorgänge des menschlichen Lebens unter dem Gesichtspunkt ihrer Kulturbedeutung betrachten. Die Anerkennung des Konstruktcharakters kollektiver Bedeutungssysteme, d.h. die Überzeugung, dass →**Kultur** von Menschen konstruiert/inszeniert wird, kann als gemeinsam akzeptierte Basis gelten. Seit Ende der 1990er Jahre mehren sich kulturwissenschaftlich orientierte Beiträge auch im Forschungsbereich des Lernens und Lehrens von Sprachen. Es handelt sich dabei z.B. um Ansätze im Kontext der →**Landeskunde**, die stärker kollektive Deutungsmuster und Symbolik sowie Fragen des kulturellen Gedächtnisses ins Zentrum stellen. Auch im Bereich der Text- und Literaturdidaktik sind kulturwissenschaftliche Impulse von Bedeutung. Forschungen zur sprachlich-kulturellen Heterogenität rekurrieren vielfach auf kulturwissenschaftliche Arbeiten, da Sprache, Kultur und Migration einen Kernbereich kulturwissenschaftlicher Forschung darstellen. Forschungsmethodisch ist die Einsicht in die Kulturgebundenheit jeder Forschung sowie die Notwendigkeit, diese Gebundenheit durch theoretische Transparenz zumindest bewusst zu machen, gerade für die Fremdsprachenforschung von großer Bedeutung.

Böhme, H./Matussek, P./Müller, L. (2000), *Orientierung Kulturwissenschaft. Was sie kann, was sie will*, Reinbek. – Hallet, W. (2002), *Fremdsprachenunterricht als Spiel der Texte und Kulturen. Intertextualität als Paradigma einer kulturwissenschaftlichen Didaktik*, Trier. – Hu, A. (2007), „Kulturwissenschaftliche Ansätze in der Fremdsprachendidaktik", in: Hallet, W./Nünning, A. (Hrsg.), *Neue Ansätze und Konzepte der Literatur- und Kulturdidaktik*. Trier, 13–30.

Adelheid Hu

künstliche Sprache: **1.** in der Interlinguistik Bezeichnung für von Personen oder Personengruppen bewusst geschaffene Sprache, die i.d.R. der Erleichterung der internationalen sprachlichen Kommunikation dienen soll. Die bisher erfolgreichste **k.S.** ist das Esperanto, weitere Beispiele sind Volapük, Ido, Interlingua. **2.** In der Informationstechnologie bezeichnet **k.S.** Konstruktsprachen, die nicht der menschlichen Kommunikation dienen, sondern der Bedienung von Maschinen

(Computer, Werkzeugmaschinen), wobei auf einem Vorrat von Grundsymbolen durch Anwendung bestimmter grammatischer Regeln syntaktisch korrekte Sätze, Programme genannt, erzeugt werden. Ein Anwendungsgebiet solcher vollständig formalisierter Sprachen sind die Programmiersprachen. Diese werden meist entweder nach dem Vorbild von Logik-Kalkülen (z.B. Prolog) oder imperativen Rechenarchitekturen (z.B. Basic, Fortran, Pascal) konstruiert (vgl. Scherb 1992, 67–69).

Scherb, M. (1992), *Künstliche und natürliche Sprache*, Hildesheim.

Alexandra Rösner

Kunstwort, das: ein bewusst gebildetes neues Wort, um einen bisher noch nicht mit einer Bezeichnung belegten Begriff, meist aus Wissenschaft und Technik, zu benennen, z.B. *alloglott* in Anlehnung an den Begriff polyglott (→**Polyglossie**) als Bezeichnung für Anderssprachige. Als **K.** werden auch jene Wörter bezeichnet, die für experimentelle Untersuchungen erfunden werden und auf keinen Referenten in der realen Welt verweisen. Sie werden u.a. dazu verwendet, Schlussfolgerungen für die Regularitäten beim Spracherwerb zu ziehen (z.B. elizitiert der Wug-Test, dass der Plural engl. Substantive durch ein *-s* markiert wird: *this is a wug – these are three wug-s*).

Mandy Höhle

Kurzzeitgedächtnis, das: Nach dem aus der kognitiven Psychologie stammenden modalen Gedächtnismodell wird mit **K.** das Gedächtnis bezeichnet, das zwischen Reizaufnahme und Langzeitspeicher liegt. Das **K.** hat nur eine äußerst beschränkte Kapazität (7 ± 2 Informationen). Das Konzept des Arbeitsgedächtnisses, das von Baddeley u.a. vertreten wird, geht nicht mehr von einer strengen Dichotomie zwischen K. und Langzeitgedächtnis aus. Vielmehr umfasst das Arbeitsgedächtnis Teile des Langzeitspeichers, teilt aber auch Merkmale des **K.** Das Arbeitsgedächtnis wird in drei Teile geteilt. Der räumlich-visuelle Notizblock verarbeitet visuelle Informationen, die Artikulationsschleife akustische Informationen. Die zentrale Exekutive steuert das Arbeitsgedächtnis, nimmt äußere Reize auf und leitet sie an die beiden anderen Subsysteme weiter, des Weiteren dient sie als Schaltstelle zum Langzeitspeicher.

Solso, R.L. (2005), *Kognitive Psychologie*, Heidelberg.

Martin G. Döpel

L

L1: s. **Erstsprache**

L2: s. **Zweitsprache**

L3: s. **Drittsprache**, s. **Tertiärsprache**

labiles Verb: Verb, das sowohl →**intransitiv** als auch →**transitiv** verwendet werden kann, wobei das Subjekt des intransitiven Verbs dem Objekt des transitiven Verbs entspricht, z.B.: *Die Vorstellung beginnt. – Jemand beginnt die Vorstellung.*

Klaus Welke

LAC: s. **languages across the curriculum**

LAD: Language Acquisition Device, „Spracherwerbsmechanismus"; von Noam Chomsky geprägter und definierter Terminus; steht für die Annahme, dass der Mensch über eine genetisch fixierte, artspezifische und einzelsprachenunabhängige (= universelle) Anlage – eben den **LAD** – verfügt, die es ihm gestattet, im Zuge der primären kindlichen Reifungsprozesse jede beliebige Muttersprache zu erlernen, indem die jeweiligen sprachlichen Umgebungsdaten nach bestimmten Parametern analysiert werden (vgl. Chomsky 1965). Als Hauptargument für **LAD** wird angeführt, dass kleine Kinder ihre Muttersprache offensichtlich auf der Basis von Regel-Ableitungen aufbauen, fehlerhafter bzw. unvollständiger Input der Sprachumgebung nicht zu fehlerhaften Lernergebnissen führe und die Entwicklung der Grammatikkompetenz bereits zu einem frühen Zeitpunkt der Gesamtentwicklung – mit etwa 3 Jahren – weitgehend und einschl. der komplexen Strukturen abgeschlossen ist. Die **LAD**-Hypothese bildet ein Kernstück →**nativistischer** Positionen zur Erklärung des →**Spracherwerbs** sowie der Theorie der →**Universalgrammatik**. Die Forschungslage, den Nachweis bzw. die Widerlegung der Existenz des **LAD** betreffend, ist widersprüchlich; eine abschließende Klärung steht aus. (Zu alternativen Erklärungsmodellen s. auch →**Spracherwerbstheorie**; zur Bedeutung des **LAD** für den Fremdsprachenerwerb vgl. ggf. →**Fremdsprachenerwerbstheorie**).

Chomsky, N. (1965), *Aspects of the theory of syntax*, Cambridge, Mass.

Hans Barkowski

Lakune, die: bezeichnet eine (lexikalische) Lücke (z.B.: *hungrig – satt, durstig – ?*). Im interkulturellen Kontext stammt die **L.**theorie aus der russischen →**Ethnolinguistik**. Im Mittelpunkt stehen Probleme des interkulturellen (Text-) Verstehens, wenn Mitgliedern einer anderen Kultur für das Textverstehen wichtige Erfahrungen fehlen. **L.** erscheinen dem Rezipienten als etwas Unverständliches, Fehlerhaftes, nicht Voraussagbares. Ertelt-Vieth hat diesen ursprünglich texttheoretischen Ansatz weiterentwickelt, um interkulturelle Wahrnehmungs- und Lernprozesse empirisch zu erfassen.

Ertelt-Vieth, A. (2005), *Interkulturelle Kommunikation und kultureller Wandel. Eine empirische Studie zum russisch-deutschen Schüleraustausch*, Tübingen.

Adelheid Hu

Lallphase, die: die erste Stufe der Lautentwicklung. Während Babys in der ersten, noch nicht (laut)sprachspezifischen **L.** (ca. ab dem 2. Monat) die Artikulationsmöglichkeiten von Zunge, Gaumen und Lippen in Verbindung mit Atmung und Stimme ausprobieren und so erste Laute bilden, kann man in der zweiten **L.** (ca. ab dem 6. Monat) schon deutlich zwischen Vokalen und Konsonanten unterscheiden. Häufige Reduplikationen (z.B.: *dada, lala*) sind charakteristisch, wobei Klangunterscheidungen zwischen Konsonanten nach dem Prinzip des maximalen Kontrasts zunächst zwischen Labialen (z.B.: *papa*) und Nasalen (z.B.: *mama*), später auch zwischen Labialen und Dentalen (z.B.: *tata*) erfolgen.

Jakobson, R. (1969), *Kindersprache, Aphasie und allgemeine Lautgesetze*, Frankfurt a.M.

Ulrike Eder

Landeskunde, die:

1. Der Begriff **L.** fasst verschiedene Forschungsansätze und Lehrkonzepte zusammen, die sich mit landes- und kulturspezifischen Inhalten des Deutschunterrichts sowie Methoden und Strategien ihrer Darstellung, Vermittlung, Aneignung und Anwendung befassen.

2. **L.** wurde zunächst vor allem als →**Realienkunde** verstanden und entwickelte sich seit den 1920er Jahren zu einer →**Kulturkunde**, in der in der Zeit des Nationalsozialismus eine nationalistische und rassistische Ausrichtung die Oberhand gegenüber humanistischen Anliegen gewann. Nach dem II. Weltkrieg bis zum Ende der 1960er Jahre spielten landes- und kulturkundliche Inhalte im Fremdsprachenunterricht eine geringe Rolle. Danach etablierte sich die **L.** in Lehre und Forschung. Mit dem Ende der Zweistaatlichkeit in Deutschland und den gesellschaftlichen Veränderungen in Europa seit 1989/90 hat die **L.** ihre ideologische Funktion im Wettstreit der politischen Systeme verloren. Die neuere Entwicklung ist durch stärkere Integration in den Sprachunterricht, eine zunehmende kulturwissenschaftliche Begründung und eine Vielfalt von methodischen Konzepten gekennzeichnet.

3. Die methodischen Konzepte der **L.** werden meist in ‚kognitive', ‚kommunikative' und ‚interkulturelle' Ansätze eingeteilt, was in gewisser Weise ihrer historischen Entwicklung entspricht, jedoch auch synchronisch als Schwerpunktsetzung innerhalb eines integrativen Konzepts zu verstehen ist. Der ‚kognitive' Ansatz versteht **L.** nicht mehr als systematische Vermittlung von Fakten und Tatsachen mit dem Ziel eines komplexen Landesbildes, sondern als Entwicklung von Strategien zur selbstständigen Wissenserweiterung. Der ‚kommunikative' Ansatz integriert die **L.** konsequent in den Sprachunterricht, um die Lernenden in die Lage zu versetzen, in kommunikativen Situationen adäquat handeln zu können. Mit dem →**Cultural Turn** der 1990er Jahre erfuhr der kommunikative Ansatz eine Erweiterung zur →**interkulturellen L.** Kultur- bzw. Fremdverstehen wurde zum gleichwertigen Lernziel erklärt. Zu den referenzwissenschaftlich begründeten Konzepten zählen u.a. interdisziplinäre sowie einzelwissenschaftlich begründete konzeptionelle Zugänge, die auf wichtige Aspekte der **L.** (Geschichte, Kunst und Musik, Literatur) abzielen. Seit Ende der 1990er Jahre werden verstärkt kulturwissenschaftlich begründete Konzepte diskutiert, welche sich angesichts globaler kultureller Prozesse von homogenen Kulturbegriffen lösen, auf kulturelle Differenz, Transkulturalität und Hybridität von Kulturen setzen und damit eine Neupositionierung der **L.** im Sinne eines lebensweltlich konzipierten, offenen und prozesshaften Projekts im Rahmen der →**interkulturellen Begegnung** erfordern.

Lüsebrink, H.-J. (2007), „Kultur- und Landeswissenschaften", in: Bausch, K.-R./Christ, H./Krumm, H.-J. (Hrsg.), *Handbuch Fremdsprachenunterricht*, 5. Aufl., Tübingen, 60–65. – Veeck, R./Linsmayer, L. (2001), „Geschichte und Konzepte der Landeskunde", in: Helbig, G./Götze, L./Henrici, G./Krumm, H.-J. (Hrsg.), *Deutsch als Fremdsprache. Ein internationales Handbuch.* 2. Halbbd., Berlin, 1160–1167.

Rainer Bettermann

Langage: fungiert in der Terminologie F. de Saussure's (1857–1913) als Oberbegriff zu →**Langue** und →**Parole** und steht etwa für die „allgemeine Sprachfähigkeit des Menschen" (s. ggf. auch →**Linguistik**; →**Strukturalismus**).

Hans Barkowski/Hans-Jürgen Krumm

Längsschnittstudie, die: auch: Longitudinalstudie; Forschungsdesign, in dessen Rahmen dieselbe Untersuchung zum Zwecke des Vergleichs der erhobenen Datensätze zu zwei oder mehreren Zeitpunkten durchgeführt wird (i. Ggs. zur →**Querschnittsstudie**). Dabei wird zumeist entweder eine →**Stichprobe** über einen bestimmten Zeitraum begleitet (Panelstudie), oder es werden zu verschiedenen Zeitpunkten gezogene Stichproben, die für dieselbe Population repräsentativ sind, zueinander in Beziehung gesetzt (Trendstudie). Während Panelstudien auch intraindividuelle Prozesse aufzeigen können, erfassen Trendstudien lediglich intragruppalen Wandel. **L.** zielen primär auf die Darstellung von Entwicklungen und die Etablierung von Kausalrelationen. Sie können sowohl quantitativ als auch qualitativ ausgerichtet sein, und anstelle von Menschen können auch Objekte (z.B. Lehrmaterialien) den Forschungsgegenstand bilden. In der Zweitsprachenerwerbsforschung werden **L.** z.B. zur Untersuchung von →**Lernersprache** eingesetzt.

Dörnyei, Z. (2007), *Research Methods in Applied Linguistics*, Oxford.

Julia Settinieri

Language Acquisition Device: s. LAD

Language awareness: s. Sprachaufmerksamkeit

Languages across the curriculum (LAC): Das Konzept **LAC** stellt eine Kombination von Sprachenlernen und Fachlernen dar. Es hat seine Wurzeln in den kanadischen Immersionsprogrammen (→**Immersion**), die vor allem im Zusammenhang mit dem kommunikativen Sprachunterricht im deutschsprachigen Raum intensiv rezipiert wurden. Ziel von **LAC** ist Sprachenlernen durch sachbezogene Kommunikation. Dies bedeutet, dass Sachunterricht in einer Fremdsprache durchgeführt wird, z.B. Geschichtsunterricht in Deutsch. **LAC** wird manchmal auch als →**bilingualer Unterricht** oder als partieller Immersionsunterricht bezeichnet. In den letzten Jahren hat sich der Terminus →**Content and Language Integrated Learning (CLIL)** für Unterrichtsformen im Sinne von **LAC** durchgesetzt.

Thomas Fritz

Language shift: s. Sprachwechsel

Langue: Gegensatz: →**Parole** (Sprache im Sinne von Sprechen). Der Begriff geht auf F. de Saussure (1857–1913) zurück. **L.** ist für Saussure ein dem einzelnen Sprecher vorgegebener sozialer Tatbestand, ein abstraktes →**Sprachsystem** und der eigentliche Gegenstand der Sprachwissenschaft. Der Terminus wurde zu einem Schlüsselbegriff der modernen Linguistik und im Gefolge Saussures unterschiedlich ausgedeutet: als System von Regeln, Mustern und sprachlichen Einheiten, das der aktuellen Sprachverwendung (der Parole) zu Grunde liegt (Sprachsystem – →**Sprachverwendung**), oder als die der Sprachverwendung zu Grunde liegende Fähigkeit der Sprecher/Hörer (→**Kompetenz** – →**Performanz** bei N. Chomsky). Mit der Betonung der **L.** wurde Saussure zum Wegbereiter des →**Strukturalismus**. Er orientierte die Linguistik des 20. Jhs. auf die Beschreibung und Erklärung von Sprache als System und Struktur und damit auf →**Synchronie** und im Bereich der Grammatik auf →**Syntax**, während die Grammatik des 19. Jhs. vor allem auf →**Diachronie** und →**Morphologie** gerichtet war.

Saussure, F. de (1967), *Grundfragen der Sprachwissenschaft*, Berlin (frz. [1]1916). – Chomsky, N. (1965), *Aspects of a Theory of Syntax*, Cambridge/Mass. (dt. 1970).

Klaus Welke

Langzeitgedächtnis, das: auch: Langzeitspeicher; Teil des Gedächtnisses, der dauerhaft Informationen speichert; besteht aus: 1. deklarativem Gedächtnis (→**deklaratives Wissen**), unterteilt in semantisches G. (enthält Weltwissen) und episodisches G. (speichert Ereignisse des eigenen Lebens); 2. prozeduralem G. (→**prozedurales Wissen**); speichert automatisierte, nicht bewusst gesteuert ablaufende Handlungen/Fertigkeiten wie z.B. Schreiben, Schwimmen. Für DaF/DaZ wichtig: Überführung und Verankerung von neuen Informationen ins **L.** ist stark abhängig von a) deren Bedeutsamkeit für den Lernenden; b) der Intensität und „Tiefe" der kognitiven Verarbeitung sowie dem Übungsaufwand sowie c) der Zahl der Verbindungen zu schon vorhandenen Wissensbeständen.

Anderson J. R./Funke, J., Hrsg. (2007), *Kognitive Psychologie*, 6. Aufl., Berlin [u. a.].

Daniela Zahn

Lateralität, die: Seitigkeit; bezeichnet die Verortung von Verarbeitungsprozessen in einer der beiden →**Hemisphären** (Großhirnhälften), bspw. Zuständigkeit der linken Hirnhälfte für die rechte Körperseite. Ausgangspunkt ist die Annahme, dass die Hemisphären Verarbeitung spezialisiert wahrnehmen (links: rational, logisch, analytisch, sprachlich; rechts: emotional, kreativ, musisch). Stand der Forschung: es gibt zwar eine Spezialisierung, diese betrifft aber nur Vorlieben bzw. Schwerpunkte. Für DaF/DaZ wichtig: Obwohl linksseitige Areale dominant involviert sind (→**Brocasches Zentrum**, →**Wernickesches Feld**), zeigen neuere Arbeiten auch die starke Beteiligung rechtsseitiger Areale (vgl. Lindell 2006; →**Gehirnforschung**).

Lindell, A. K. (2006), „In Your Right Mind: Right Hemisphere Contributions to Language Processing and Production", in: *Neuropsychology Review*, 16 (3), 131–148.

Daniela Zahn

Laut-Buchstaben-Beziehung, die (LBB): Analog zu der →**Graphem-Phonem-Korrespondenz** lässt sich das Verhältnis zwischen Lauten und Buchstaben darstellen, oft wird beides gleichgesetzt und die meist komplizierte Beziehung zwischen →**Graphemen/Buchstaben** und →**Phonemen/Lauten** vereinfacht bzw. ignoriert.

Im Deutschen können folgende Fälle auftreten:

- ein Buchstabe – verschiedene Laute, z. B. <s> – [s z], z. B. *es, lesen*
- ein Buchstabe – mehrere Laute, z. B. <x> – [ks], z. B. *Text*
- mehrere Buchstaben – verschiedene Laute, z. B. <ch> – [ç x k], z. B. *ich, acht, Chor*
- mehrere Buchstaben – mehrere Laute, z. B. <chs> – [ks], z. B. *sechs*
- mehrere Buchstaben – ein Laut, z. B. <ch> – [x], z. B. *acht*
- verschiedene Buchstaben – ein Laut, z. B. <i, ie, ih, ieh> – [iː], z. B. *wir, sie, ihr, sieht.*

Trotz dieser Zuordnungsvielfalt ist das phonetische oder Lautprinzip das Hauptprinzip der deutschen Rechtschreibung, in der Sprachlaute und Buchstaben als einander zugeordnet betrachtet werden und Schwierigkeiten vor allem entstehen, wenn gleiche Laute durch unterschiedliche Buchstaben repräsentiert sind. Da auch andere Prinzipien (das etymologische, das historische, das semantische u. a.) wirken, sind Veränderungen in den **LBB** (Rechtschreibreformen) schwierig. Die aktuelle Schreibung von <ß> nach langem →**Vokal** und →**Diphthong** und <ss> nach kurzem Vokal optimiert die **LBB**.

Duden – Die deutsche Rechtschreibung (2006), 24. Aufl., Mannheim (CD-ROM). – Nerius, D. (2001), „Graphematik/Orthographie", in: Fleischer, W. (Hrsg.), *Kleine Enzyklopädie Deutsche Sprache*, Frankfurt a. M., 325–350.

Ursula Hirschfeld

Lautlehre, die: ist als Lehre von den Sprachlauten ein Teilgebiet der Linguistik. Sie beschäftigt sich im Einzelnen 1. mit der akustischen, physiologischen und perzeptiven Lautbeschreibung (Phonetik), 2. mit der Funktion der Sprachlaute im Sprachsystem (Phonologie) und 3. mit ihrer sprachhistorischen Entwicklung (Lautgeschichte, Diachronie). Bisweilen wird **L.** im engeren Verständnis nur synonym zu Phonetik verwendet. Zur prinzipiellen Bedeutung der **L.** als Referenzwissenschaft für DaF/DaZ vgl. die Einträge →**Phonetik** und →**Phonologie**.

Beate Lex

Lautqualität, die: auch: Klang; Bezeichnung für die auditiv zu beurteilende Klang- oder Geräuschfarbe der Laute, die sich durch unterschiedliche Einstellungen und Spannungsgrade der Artikulationsorgane ergeben (→**Artikulation**). Der Begriff **L.** wird für das Deutsche v. a. zur Benennung der Klangbesonderheiten der →**Vokale** verwendet. Hier besitzt die **L.** – meist im Zusammenhang mit der →**Lautquantität** – eine →**distinktive** Funktion: Lange Vokale sind meist qualitativ gespannt und geschlossen (z. B. *Beet* [eː], *ihn* [iː], *fühlen* [yː]), kurze Vokale ungespannt und offen (z. B. *Bett* [ɛ], *in* [ɪ], *füllen* [ʏ]). Nur die beiden langen E-Laute (*lesen* [eː] – *läsen* [ɛː]) unterscheiden sich distinktiv ausschließlich in der **L.** Die Kombination **L.** und Lautquantität für Vokale ist in den meisten anderen Sprachen nicht vorhanden, so dass bei DaF/DaZ-Lernenden mit größeren Problemen zu rechnen ist. Der

Unterschied kurz/ungespannt/offen – lang/gespannt/geschlossen wird häufig auch nicht korrekt wahrgenommen.

Kerstin Reinke

Lautquantität, die: Bezeichnung für Lautdauer. Im Deutschen ist die **L.** ein →**distinktives** →**phonologisches** Merkmal der →**Vokale**, meist verbunden mit der →**Lautqualität**. Die A-Laute (*Staat* [a:] – *Stadt* [a]) und die beiden ungespannten E-Laute (*wählen* [ɛ:] – *Wellen* [ɛ]) unterscheiden sich allein in der **L.**, alle anderen sowohl in **L.** als auch in Lautqualität. Die **L.** weist als distinktives Merkmal nicht auf die absolute, sondern relative Dauer der Vokale hin – in Abhängigkeit von Akzentuiertheit (→**Akzent**), Sprechsituation und Lautkontext sind lange Vokale unterschiedlich lang, kurze sind jedoch immer kurz. Bei den Konsonanten sind v.a. →**Frikative** (z.B. [f]), →**Nasale** (z.B. [n]), →**Liquide** (z.B. [l]) größeren Schwankungen in der **L.** unterworfen, hier ist **L.** jedoch kein distinktives Merkmal. Die Kombination von **L.** und Lautqualität für Vokale ist in den meisten anderen Sprachen nicht vorhanden, so dass bei DaF/DaZ-Lernenden mit größeren Problemen zu rechnen ist. Der Unterschied kurz/ungespannt/offen – lang/gespannt/geschlossen wird häufig auch nicht korrekt wahrgenommen.

Kerstin Reinke

Lautreduzierung, die: →**Assimilation (sprechwiss.)**, →**Reduktion**, →**Reduktionsvokal**; Abschwächung der Artikulationsmerkmale (→**Artikulation**) für einen Laut hinsichtlich der →**Lautqualität**, der →**Lautquantität** und der Lautintensität, meist unter dem Einfluss anderer Laute und abhängig von der →**Akzentuierung** und der →**Sprechgeschwindigkeit**. So können sich die Artikulationsmerkmale des langen/gespannten Vokals [e:] im Artikel *der* (*der Tisch*) u.a. in Abhängigkeit von der Sprechgeschwindigkeit und Betonung sehr stark verändern: voll realisiert [de:ɐ], Abschwächung der Lautquantität [deɐ] und Lautqualität [dɛɐ], [də]. **L.** können verschieden stark sein und bis zum Verschwinden eines Lautes führen (→**Elision**), wie z.B. bei Schwa-Lauten in Endsilben: *sehen* ['ze:ən] vs. [ze:n]. Bei DaF-/DaZ-Lernenden stellen sich notwendige **L.** meist nicht automatisch ein, sondern müssen insbesondere bezüglich der Endsilben erklärt (Regeln) und geübt werden.

Kerstin Reinke

Lautstruktur, die: wird durch die Phonologie untersucht und stellt sprachspezifische Kombinationsregularitäten von →**Phonemen** dar. Alle Phoneme einer Einzelsprache zusammengenommen bilden das Phonemsystem dieser Sprache, das durch Distributionen (Verteilungs-, Umgebungsregeln) der Lautkombinationen und der Silbenposition sowie durch Realisierungsregeln für die Aussprache ergänzt wird (→**Prosodie**). Im Deutschen darf etwa /mk/ in einem Morphem nicht kombiniert werden, der Konsonant /h/ ist nur am Silbenanfang zulässig, <ch> muss nach <a, o, u, au> als [x] realisiert werden. Eine **L.** entspricht i.d.R. einem Lautbild (Zeichenausdruck) und ist mit einem Begriff (Zeichenbedeutung) verbunden, z.B. /ha:bən/ haben; /bu:χ/ Buch; /zıçər/ sicher. Es sind aber auch **L.** konstruierbar, die dem Sprachsystem einer Einzelsprache entsprechen, ohne dass ihnen eine Bedeutung zugeordnet ist. Solche Nonsenswörter (Logatome), z.B. <blosten> können literarische Stilelemente sein oder für sprachwissenschaftliche Untersuchungen (z.B. phonetische, morphosyntaktische u.a.m.) herangezogen werden.

Beate Lex

Lautumgebung, die: Aufeinanderfolge von →**Vokalen** und →**Konsonanten**, deren Kombinationsmöglichkeiten in jeder Einzelsprache geregelt (→**Phonotaktik**) sind. Die **L.** bestimmt die Verwendung von Allophonen und die konkreten lautlichen Realisierungen der →**Phoneme**. Bestimmte →**Allophone** können nur in Verbindung mit bestimmten Vokalen oder Konsonanten gebildet werden, z.B. die R-Allophone nach langen Vokalen (vokalisiert) und vor Vokal sowie nach kurzen Vokalen (konsonantisch): /r/ wird vokalisiert in *Uhr, hört,* es ist konsonantisch in *Uhren, hören, rot, Herr.* Die **L.** spielt ebenso eine Rolle bei →**Reduktions-** und →**Assimilationsprozessen**.

Ursula Hirschfeld

Lautverbindung, die: Im engeren Sinne wird die Bezeichnung **L.** (feste **L.**) für die →**Diphthonge** (vokalische **L.**: *Eis, Mai, Mayer* [a͜ɪ], *Haus, Kakao* [a͜ʊ], *neu, Häuser* [ɔ͜ø]) und →**Affrikaten** (konsonantische **L.**: *Zoo* [ts], *Kopf* [pf]) verwendet. Zudem werden auch relativ häufig auftretende Konsonantenfolgen (*braun, blau, grau, krumm, klein, schwarz, spitz, streng* usw.) als **L.** bezeichnet. Im weiteren Sinne wird darunter jede mögliche Lautfolge verstanden. Im Deutschen existiert eine kleine Anzahl fester vokalischer **L.** (→**Diphthonge**) und eine größere Anzahl fester konsonantischer **L.** (→**Affrikaten**). Feste **L.** aus →**Vokalen** und →**Konsonanten** sind im Deutschen nicht vorhanden bzw. haben keinen Phonemstatus (→**Phonem**). Für DaF-/DaZ-Lernende sind **L.** oft wegen unbekannter →**Laut-Buchstabenbeziehungen** schwierig, konsonantische **L.** werden ggf. – u.a. →**interferenzbedingt** – als zu komplex empfunden und durch eingefügte Sprossvokale aufgelöst, z.B. wird *braten* wie *beraten* ausgesprochen bzw. der Unterschied zwischen diesen beiden Verben wird nicht wahrgenommen.

Kerstin Reinke

LCMS: s. Lernplattform

Learnability-Hypothese, die: Teil-Hypothese der →**Processability Theorie** mit Erklärungsanspruch im Hinblick auf überindividuelle Beschränkungen/Voraussetzungen von Spracherwerbsabfolgen.

Manfred Pienemann

LEDAFIDS: Verband der Lektoren und Lektorinnen DaF in der Schweiz.

Internetadresse: www.ledafids.ch

Leerstelle, die: Der Begriff der **L.** wird in den unterschiedlichsten wissenschaftlichen Kontexten in definierten und Ad-hoc-Bedeutungen verwendet. Für DaF/DaZ sind vor allem die folgenden Bezüge relevant:

1. L. in der Literaturdidaktik
Die →**Rezeptionsästhetik** geht davon aus, dass literarische Texte Unbestimmtheitsstellen enthalten, mit denen an den Leser appelliert wird, dem Text Bedeutung zuzuweisen (Iser 1972). Die →**Literaturdidaktik** sieht in solchen **L.** eine wichtige Texteigenschaft, um die Lernenden durch Interpretationsgespräche zur Sprachproduktion anzuregen. Das Sprechen über die Leseerfahrungen mit einem fremdsprachigen Text erlaubt zugleich, Lese-Erfahrungen als individuell sowie kulturell geprägt bewusst zu machen (Krusche 1985, 139ff.).

2. L. in der Sprachwissenschaft
L. bezeichnet in den Sprachwissenschaften die auf Grund von Konstituentenstrukturen sowie syntaktischen und/oder semantischen Umgebungen ermittelbaren Lücken unterschiedlichen Status', je nachdem, ob eine Lücke obligatorisch besetzt sein müsste, um nicht zu unvollständigen bzw. ungrammatischen – sprich: normabweichenden – Ausdrücken zu führen, wie z.B. in *Ich habe Sigrid* [L./obligatorisch] *geschenkt*, oder ob eine Lücke als fakultativ zu werten ist, insofern zwar auch ohne ihre „Füllung" normgerechte Ausdrücke vorliegen – *Ich habe Sigrid* [L./fakultativ] *ein Buch geschenkt* – aber die genannten grammatischen und/oder semantischen Umgebungen die Füllung dieser Lücke/**L.** besonders empfehlen: *Ich habe Sigrid zum Geburtstag ein Buch geschenkt.* Der Begriff der **L.** begegnet in DaF-Zusammenhängen insbesondere in Diskursen zu →**Valenzgrammatik** und →**Verbvalenz** und deren Adaptionen im Kontext der Methodik und Didaktik des Grammatikunterrichts.

3. L. in kulturwissenschaftlichen Diskursen
Hier bezeichnet **L.** den Befund des Nichtvorhandenseins spezifischer kultureller Sachverhalte/Diskurse/materieller Entitäten u.a.m. in der Kultur X im Vergleich mit deren Vorhandensein in der Kultur Y (s.a. →**Lakune**; →**Kulturvergleich**), einschließlich entsprechender Befunde im kulturwissenschaftlich motivierten →**Sprach(en)vergleich**.

Ágel, V. (2000), *Valenztheorie*, Tübingen. – Iser, W. (1972), *Der implizite Leser*, München. – Krusche, D. (1985), *Literatur und Fremde*, München. – Müller-Küppers, E. (1991), *Dependenz-/Valenz- und Kasustheorie im Unterricht Deutsch als Fremdsprache (= Materialien DaF Bd. 36)*, Regensburg.

Hans-Jürgen Krumm

Lehnwort, das: aus einer fremden Sprache übernommenes Wort, das durch Anpassung in Lautung, Schreibung und Flexion an den einheimischen Wortschatz von den Sprechern einer Gemeinschaft nicht mehr als fremd erkannt wird (z.B. *Straße*, *Kloster*, *Burg*); **L.** sind also so weit in den einheimischen Wortschatz integriert, dass sie wie einheimische Wörter ausgesprochen, geschrieben und flektiert werden. Zum Lehn-Wortschatz werden ebenfalls Wörter gezählt, die nach fremdem Vorbild entstanden sind, aber nicht im eigentlichen Sinne aus der fremden Sprache entlehnt wurden. Hierzu zählen die Lehnschöpfung, eine vom Vorbild strukturell unabhängig freie Verdeutschung: z.B. *le moment* – *der Augenblick*, die Lehnübertragung, eine Wiedergabe des fremden Vorbildes mit nur teilweiser Strukturentsprechung: frz. *le compagnon* – dt. *der Mitgesell* und die Lehnübersetzung, eine wörtliche Übertragung eines Begriffs ins Deutsche, z.B. *Sonn-tag* von lat. *dies solis*, *Eiserner Vorhang* nach Churchills *Iron Curtain*.

Polenz, P. v. (2000), *Deutsche Sprachgeschichte vom Mittelalter bis zur Gegenwart*, Bd. 1, Berlin/New York.

Mandy Höhle

Lehramtsstudium, das: s. Lehrerausbildung

Lehrer, der/Lehrerin, die: Die Bezeichnung von Personen, die (Sprachen) unterrichten, variiert je nach Lehr-Lern-Kontext. In der Erwachsenenbildung wird eher von Kursleitern gesprochen, um den Unterschied zum schulischen Lernen zu markieren; in Unterrichtskonzepten, die die Selbstständigkeit der Lernenden betonen (→**autonomes Lernen**) wird **L.** eher die Rolle von Lernberatern oder Lernhelfern zugewiesen.

Die Forschung ist sich einig, dass **L.** einen entscheidenden Einfluss auf das Gelingen oder Scheitern von Lernprozessen haben; das gilt für den Fremd- und Zweitsprachenunterricht in besonderem Maße, ist hier doch i.d.R. der **L.** als einziger im „Besitz" der zu erlernenden Sprache und damit des Schlüssels zur neuen Sprache und Kultur. Dennoch sind Fremdsprachen**l.** eher selten Gegenstand der Forschung, nicht zuletzt, weil sie im Umgang mit den Lernenden, dem Lehrplan und dem Lehrbuch einen großen Aktualisierungsspielraum haben, so dass Untersuchungen zum →**Lehrverhalten** i.d.R. keine Allgemeingültigkeit beanspruchen können. Einen Schwerpunkt der Forschung bilden Studien zur beruflichen Sozialisation und zum Selbstverständnis (vgl. Caspari 2003) bzw. zu spezifischen Handlungsfeldern wie etwa dem Korrekturhandeln (vgl. Kleppin/Königs 1991).

Für die Auslandsgermanistik spielt die Deutschlehrerausbildung eine große Rolle. Nach dem Fall des Eisernen Vorhangs hat sich insbesondere in den mitteleuropäischen Ländern eine intensive Fachdiskussion über die Neuorientierung der **L.**rolle entwickelt (vgl. Kast/Krumm 1994). In den deutschsprachigen Ländern dagegen existiert keine eigenständige →**Lehrerausbildung** für DaF/DaZ, vielmehr rekrutieren sich die **L.** aus den allgemeineren Bachelor-/Masterstudiengängen bzw. bringen Zusatzqualifikationen mit. Damit geht auch ein unsicherer Status dieser **L.** (oft nur mit befristeten Lehraufträgen) einher (vgl. Christ 1990). Für DaZ spielen auch die **L.** für den sog. muttersprachlichen Unterricht (→**Herkunftssprachenunterricht**) eine wichtige Rolle, allerdings ist in vielen Bildungsbereichen ihr Status unbefriedigend (vgl. Çınar 1998).

Caspari, D. (2003), *Fremdsprachenlehrerinnen und Fremdsprachenlehrer – Studien zu ihrem beruflichen Selbstverständnis*, Tübingen. – Çınar, D., Hrsg. (1998), *Gleichwertige Sprachen? Muttersprachlicher Unterricht für die Kinder von Einwanderern*, Innsbruck. – Christ, H. (1990), *Der Fremdsprachenlehrer in der Weiterbildung*, Tübingen. – Kast, B./Krumm, H.-J., Hrsg. (1994), *Neue Wege in der Deutschlehrerausbildung* (= *Fremdsprache Deutsch, Sondernummer 1994*), München. – Kleppin, K./Königs, F.G. (1991), *Der Korrektur auf der Spur. Untersuchungen zum mündlichen Korrekturverhalten von Fremdsprachenlehrern*, Bochum.

Hans-Jürgen Krumm

Lehrerausbildung, die:

1. Allgemeines

Die **L.** für den Unterricht an Schulen in Deutschland, Österreich und der Schweiz erfolgt an Pädagogischen Hochschulen und Universitäten, wobei sich die Strukturen von Land zu Land unterscheiden. Die Ausbildung von Fremdsprachenlehrern war traditionell an den Universitäten in den philologischen Fächern angesiedelt; mit der Einführung von Fremdsprachenunterricht auch in der Primarstufe haben auch Pädagogische Hochschulen solche Aufgaben übernommen. Für eine Unterrichtstätigkeit in der Erwachsenenbildung gibt es in vielen Ländern, so auch in Deutschland und Österreich, keine geregelte allgemeine Ausbildung, allerdings bieten manche Bildungsträger, so z.B. die Volkshochschulen, eigene Qualifikationsmöglichkeiten an. In der Fremdsprachenlehrerausbildung steht die Vermittlung der Zielsprache und ihrer Grammatik im Zentrum, hinzu kommen philologische Studieninhalte (Sprach- und Literaturwissenschaft einschließlich Sprach- und Literaturgeschichte). →**Fremdsprachendidaktik** gehört keineswegs überall zu den Pflichtgegenständen der **L.**, allerdings schließt sich an die **L.** oft eine unterrichtspraktische Phase (in Deutschland: Referendariat, in Österreich: Unterrichtspraktikum) an.

2. **L.** für →**Deutsch als Fremdsprache**

Seit den 1990er Jahren haben die Hochschulen in Deutschland und Österreich Bachelor- und Masterstudiengänge für DaF und/oder DaZ eingerichtet, die für eine Lehrtätigkeit im außerschulischen Deutschunterricht im In- und Ausland qualifizieren (vgl. Casper-Hehne u.a. 2006). In nichtdeutschsprachigen Ländern wurde die früher oft rein philologische Ausbildung stärker auf das Berufsfeld Deutschunterricht zugeschnitten, tw. wurden hierfür eigene Institute wie z.B. die Lehrerkollegs in Polen eingerichtet (vgl. Fremdsprache Deutsch, Sondernummer 1994). Der Schwerpunkt solcher Ausbildungsgänge liegt im Bereich der →**Methodik** des Deutschunterrichts sowie der entsprechenden Grundlagen in den Bereichen der →**Sprachlehr- und Sprachlernforschung**, →**Landeskunde**, →**Literaturdidaktik** und →**interkulturellen Kommunikation**. Spezifische Aus- und Weiterbildungsangebote gibt es für den →**bilingualen Sachfachunterricht**. Da es für DaF bislang keine Möglichkeiten eines Referendariats gibt, haben die Hochschulen unterschiedliche Praktikumsprogramme entwickelt (vgl. Ehnert/Königs 2001). Das Goethe-Institut bietet in Kooperation mit Hochschulen auch ein →**Fernstudium** an.

3. L. für →**Deutsch als Zweitsprache**
Die insbesondere seit Mitte der 60er Jahre des 20. Jh. verstärkt einsetzende →**Arbeitsmigration** in die deutschsprachigen Länder sowie die zunehmende Zahl von nichtdeutschsprachigen Kindern an Schulen im deutschen Sprachraum hat zur Einrichtung vielfältiger Zusatz- und Erweiterungsstudien für DaZ geführt, in denen auch Fragen der Mehrsprachigkeit, des bilingualen Lernens und sozialpsychologische Grundlagen vermittelt werden (vgl. die Übersicht unter www.fadaf.de/de/daf_angebote/studieng_nge/, →**Lehrerfortbildung**, →**Lehrerweiterbildung**).

Casper-Hehne, H./Koreik, U./Middeke, A., Hrsg. (2006), *Die Neustrukturierung von Studiengängen „Deutsch als Fremdsprache". Probleme und Perspektiven*, Göttingen. – Ehnert, R./Königs, F. G., Hrsg. (2001), *Die Rolle der Praktika in der DaF-Lehrerausbildung (= Materialien DaF 59)*, Regensburg. – *Fremdsprache Deutsch, Sondernummer 1994* („Neue Wege in der Deutschlehrerausbildung").

Silke Hofer

Lehrerfortbildung, die: Teil der Lehrerbildung, im Gefüge der Lehrerausbildung, Berufseinführung und der Lehrerweiterbildung. Die Begriffe **L.** und Lehrerweiterbildung werden im deutschsprachigen Raum oft synonym verwendet, in der Schweiz meist ausschließlich Lehrerweiterbildung. In den meisten europäischen Ländern sind Lehrpersonen verpflichtet, an der organisierten **L.** regelmäßig teilzunehmen. Nach den neuesten Tendenzen insb. im Bereich der Sprachdidaktik und Mediendidaktik, lässt sich die folgende Unterscheidung erkennen: a) in der Fortbildung erwerben Lehrpersonen neue pädagogisch-didaktische, methodische, fachwissenschaftliche, bildungspolitische Kenntnise und Erkenntnisse, um diese im Unterricht mit ihren Schülern und/oder an ihrer Schule umzusetzen, und diese werden mit Bestätigungen anerkannt; b) in der Weiterbildung erwerben (meist) bereits fortgebildete Lehrpersonen zusätzliche Kompetenzen, die sie befähigen, im öffentlichen Bildungswesen eine, an ein Zertifikat gebundene, neue Funktion (z.B. Fachberater, Mentor, Fachexperte, Schulleiter, Inspektor, Lehrerfortbildner) auszuüben.

Die **L.** liegt im Spannungsfeld der Bildungspolitik, der Erziehungswissenschaft, der Psychologie, insbes. der Sozialpsychologie, der Andragogik und der Organisationssoziologie sowie der verschiedenen Fachwissenschaften.

Die **L.** kann zentral oder dezentral organisiert, sie kann von staatlichen oder privaten Anbietern kostenpflichtig oder kostenlos für die Lehrenden angeboten werden. Die häufigsten Formen der institutionellen **L.** sind Hospitation allein oder mit einer Gruppe, schulinterne **L.**, Qualitätszirkel, Forum/Symposion/Tagung, Impulsseminarreihen, kürzere und längere Kurse mit oder ohne Praxisphase, Sommerkurse, Studienwochen, Studienreisen, Arbeit an Großprojekten z.B. in der Forschung und Entwicklung, Arbeit in einer Arbeitsgruppe, Langzeitfortbildung (‚Sabbatical'), Lehreraustausch, Fernstudium und On-Line-Kurse.

Die rasante Entwicklung der menschlichen Lebensweisen und der Informations- und Kommunikationstechnologien, die Erkenntnisse der Gehirnforschung und der Sprachlehrforschung, die neuen europäischen bildungspolitischen und fachlichen Empfehlungen, die Veränderungen der Lehrerausbildung im Zusammenhang mit dem Bologna-Prozess und die Konzentrationen der Ressourcen werden voraussichtlich zum Herauskristallisieren heute noch nicht erkennbarer übergreifender Konzepte der **L.** beitragen.

Anna Majorosi

Lehrerweiterbildung, die: wird oft mit →**Lehrerfortbildung** als dem allgemeineren Begriff gleichgesetzt, lässt sich aber unterscheiden, indem **L.** nicht nur die Anpassung der in der →**Lehrerausbildung** erworbenen Kompetenzen an neue Entwicklungen meint, sondern auf den Erwerb zusätzlicher Qualifikationen, die neue berufliche Einsatzmöglichkeiten eröffnen, abzielt (Raasch 2003, 486 ff.). Lehrerfortbildung und **L.** werden in Deutschland auch als die dritte Phase der Lehrerbildung bezeichnet (1. Phase = Lehrerausbildung/Studium, 2. Phase = Referendariat/unterrichtspraktisches Jahr). Je nach regionalen Möglichkeiten und Angeboten reichen die Veranstaltungsformen von mehrwöchigen Intensivkursen an Akademien bis hin zu Zusatzstudien z.B. für eine Lehrqualifikation im →**bilingualen Sachfachunterricht** oder, als Erweiterung des Lehramts für Deutsch, für →**Deutsch als Zweitsprache**.

Duxa, S. (2001), *Fortbildungsveranstaltungen für DaZ-Kursleiter in der Weiterbildung und ihre Wirkungen auf das professionelle Selbst der Lehrenden* (= *Materialien DaF* 57) Regensburg. – Raasch, A. (2003), „Fort- und Weiterbildung von Fremdsprachenlehrern", in: Bausch, K.-R./ Christ, H./Krumm, H.-J., Hrsg., *Handbuch Fremdsprachenunterricht*, 4. Aufl., Tübingen, 486–491.

Silke Hofer

Lehrerwissen, das: Der Begriff zielt auf zwei eng miteinander zusammenhängende Aspekte des beruflichen Handelns von →**Lehrern**: **1.** Im engeren Sinne meint **L.** die aus Erfahrung gewonnenen Einsichten und Einstellungen von Lehrenden, die das Lehrerhandeln leiten. Nicht immer sind Lehrenden die Maximen, an denen sie ihr Handeln ausrichten, auch bewusst. Erfahrung führt vielmehr zu →**subjektiven Theorien**, die als „imperative Kognitionen", d.h. zu Handlungsnormen geronnene und nur schwer veränderbare Prinzipien das Unterrichtshandeln bestimmen (vgl. Wagner 1984).

2. In einem weiteren Verständnis geht es um das Verhältnis zwischen dem (expliziten) **L.**, auch als Professionswissen bezeichnet, und dem Lehrerkönnen, d.h. um die Frage, wie Wissen an (angehende) Lehrer vermittelt und bei ihnen verarbeitet sein muss, damit es handlungsleitend werden kann und in der Unterrichtspraxis genutzt wird. Noch herrscht in den an der →**Lehrerausbildung** beteiligten Wissenschaften kein Konsens darüber, über welches pädagogische (z.B. diagnostische, interkulturelle), fachdidaktische, sprachliche und Fachwissen Lehrende verfügen müssen, um den Unterrichtsaufgaben angesichts einer zunehmenden sprachlich-kulturellen →**Heterogenität** der Lernenden gerecht zu werden.

Beck, E. u.a. (2008), *Adaptive Lehrkompetenz. Analyse und Struktur, Veränderung und Wirkung handlungssteuernden Lehrerwissens*, Münster. – Wagner, A.C. u.a. (1984), *Bewußtseinskonflikte im Schulalltag. Denk-Knoten bei Lehrern und Schülern erkennen und lösen*, Weinheim.

Hans-Jürgen Krumm

Lehrmaterial, das: s. Lehrwerk

Lehrmethode, die: s. Methode

Lehrphase, die: L. sind strukturierte und voneinander abgrenzbare Abschnitte eines bewusst geplanten Unterrichts, die in unterschiedlichen Zeitintervallen verlaufen. **L.** beschreiben idealiter den Verlauf des Lehrprozesses und beruhen auf gedächtnis- und kommunikationspsychologischen (vgl. Storch 1999, 155) sowie didaktisch-methodischen Annahmen. **L.** müssen übergreifend Phasen der Lernstoff- oder Sprachaufnahme (Einstieg, Vorbereitungsphase, Präsentation), der Sprachintegration (Textarbeit, Semantisierung, Systematisierung, Bewusstmachung) und der Sprachanwendung (Übungen, Aufgaben bis freie Anwendung) enthalten.

Storch, G. (1999), *Deutsch als Fremdsprache – eine Didaktik*, München.

Barbara Biechele

Lehrplan, der: Der Begriff wurde von Joachim Heinrich Campe (1746–1818) geprägt. Er verstand darunter Pläne, „nach welchen man lehret, den Unterricht ordnet und einrichtet". Seither sind **L.** wichtige Instrumente der staatlichen Regulierung der Schule geworden, sei es, dass der Staat selbst **L.** für Schulen erließ, oder dass er die Schulen veranlasste, auf der Grundlage staatlicher →**Richtlinien** für die jeweilige Schule gültige **L.** zu formulieren, um „einen hinsichtlich Zielen, Inhalten und Methoden gleichwertigen und (...) über die einzelne Klasse und Schule hinaus vergleichbaren Fremdsprachenunterricht zu garantieren" (Christ 2007, 74).

Christ, Ingeborg (2007), „Staatliche Regelungen für den Fremdsprachenunterricht: Curricula, Richtlinien, Lehrpläne", in: Bausch, K.-R./Christ, H./Krumm, H.-J. (Hrsg.), *Handbuch Fremdsprachenunterricht*, 5. Aufl., Tübingen, 71–77.

Herbert Christ

Lehr- und Lerntradition, die: Bezeichnung für regional differenzierte, kulturell verankerte Formen des Lehrens und Lernens. **LLT** sind Untersuchungsgegenstand empirischer Studien zu Formen der →**Lernkultur** in verschiedenen Ländern, die den Ausgangspunkt didaktischer Empfehlungen bilden. Während informelle, anekdotisch basierte Erfahrungsberichte aus entfernten Kulturen wie China und Japan häufig eine „kulturelle Unvereinbarkeit" zwischen der in Westeuropa dominierenden Unterrichtsmethodik (→**kommunikative Kompetenz**) und fernöstlichen **LLT** postulieren, weisen neuere empirische Untersuchungen (vgl. Boeckmann 2006) nach, dass eigene und fremde **LLT** viele Überschneidungen aufweisen. In jedem Fall gilt inzwischen als Fachkonsens, dass der DaF-/DaZ-Unterricht für fremdkulturelle **LLT** Aufmerksamkeit entwickeln und sich bemühen sollte, deren Eigenheiten methodisch aufzugreifen und einem unreflektierten Export „westlicher" Unterrichtsmethoden in Länder mit anderen Bildungstraditionen entgegenzuwirken.

Boeckmann, K.-B. (2006), *Kommunikativer Fremdsprachenunterricht und regionale Lehr- und Lernkultur. Eine empirische Untersuchung zum Deutsch-als-Fremdsprache-Unterricht in Japan*, Innsbruck.

Dirk Skiba

Lehrverhalten, das: Allgemein bezeichnet der Begriff alle Formen des Handelns von →**Lehrern**, die das (Lern-)Verhalten der Lernenden beeinflussen. Insbesondere im Fremdsprachenunterricht gilt dabei, dass nicht nur das bewusste **L.** eine Rolle spielt, vielmehr Lehrende, insbesondere wenn es sich um Muttersprachler handelt, als „typisch" für Menschen aus dem jeweiligen Sprachraum wahrgenommen werden und ihr (Sprach-)Handeln insgesamt Vorbildfunktion hat. Im Besonderen wurde **L.** seit Mitte der 1960er Jahre zum Thema, als mit dem Verfahren des →**Microteaching** eine Abwendung von einer rein wissensvermittelnden hin zu einer verhaltensorientierten →**Lehrerausbildung** stattfand: Ziel war und ist es, durch das Training konkreter teaching skills **L.** zu trainieren, damit Lehrende über ein breites und geübtes Methodenrepertoire verfügen, aus dem sie situationsgerecht auswählen können. Insbesondere im angelsächsischen Raum wurde untersucht, welches **L.** für das Sprachenlernen besonders förderlich ist (vgl. z.B. Peck 1988). Kritik entzündet sich daran, dass evtl. ein zu lineares Verhältnis zwischen einem spezifischen **L.** und dem Lernverhalten angenommen und damit die →**Faktorenkomplexion** des Unterrichtsgeschehens unzulässig reduziert wird. Unter dem Begriff des „Empowerment" rücken neuere Konzepte nicht mehr das **L.**, sondern die Stärkung der Autonomie der Lehrenden, d.h. ihre Fähigkeit, ihr Lehrhandeln zu reflektieren und sich selbstbewusst auf neue Situationen einzulassen, ins Zentrum (vgl. Krumm/Portmann-Tselikas 2003).

Krumm, H.-J./Portmann-Tselikas, P.R., Hrsg. (2003), *Lernen im Beruf (= Theorie und Praxis. Österreichische Beiträge zu Deutsch als Fremdsprache Bd. 7)*, Innsbruck. – Peck, A. (1988), *Language Teachers at Work*, New York/London. – Ziebell, B. (2002), *Unterrichtsbeobachtung und Lehrerverhalten (= Fernstudieneinheit 32)*, Berlin.

Hans-Jürgen Krumm

Lehrwerk, das: bezeichnet ein strukturiertes, publiziertes Text- und Übungsangebot für Unterricht oder Einzelstudium, das i.d.R. auf einem methodisch-didaktischen Gesamtkonzept basiert.

1. Entwicklung

Das fremdsprachliche **L.** ist hervorgegangen aus dem Lehrbuch, das seit Mitte der 1920er Jahre durch Hörmedien und seit Beginn der 1960er Jahre durch audiovisuelle Materialien (Lichtbilder, später Projektionsfolien) und Arbeitsbücher ergänzt wurde. Mit der beginnenden Methodenvielfalt kamen weitere Begleitmaterialien hinzu, so u.a. Testhefte, Lesehefte, Intensivtrainer zu Hörtexten, Grammatik und Wortschatz, Videos, Glossare sowie digitale und Internetangebote, die aus Dateien zum Herunterladen oder online zu bearbeitenden Übungen bestehen. Um die Vielfalt der Unterrichtsoptionen transparent zu halten, werden Lehrerhandbücher derzeit digitalisiert, z.T. verbunden mit einer Lehrwerkdatenbank, und ausgestattet mit projektionsfähigen Materialteilen, Übungsgeneratoren und Unterrichtsplanern.

2. Der **L.**markt

Im deutschsprachigen Raum wurde der Markt für fremdsprachliche **L.** seit Mitte der 1920er Jahre überregional von wenigen spezialisierten Verlagen dominiert, wobei es für DaF zeitweise zu einer starken, weltweiten Dominanz zweier **L.** kam: Schulz/Griesbach „Deutsche Sprachlehre für Ausländer" (1955 ff.) und Aufderstraße/Bock/Gerdes/Müller „Themen" (1983 ff.). International einflussreich waren darüber hinaus Braun/Nieder/Schmöe „Deutsch als Fremdsprache" (1967 ff.) →**audiolinguale Methode**, Neuner/Schmidt/Wilms/Zirkel „Deutsch aktiv" (1979 ff.) →**kommunikativer Fremdsprachenunterricht.**

Seit den 1980er Jahren wurden weltweit verstärkt regionale **L.** für DaF entwickelt. Mit der verpflichtenden Vorschreibung von →**Integrations(sprach)kursen** werden vermehrt auch **L.** für diese Zielgruppe entwickelt. Die zunehmende Konkurrenz im gleichen Angebotssegment, die teilweise sinkenden Lernerzahlen und die durch aufwändige multimediale Entwicklungen (DVD und online) verursachten steigenden L.-Stückkosten setzen regionale und kleinere Verlage weltweit unter Druck und führen verstärkt zu Lizenzausgaben deutscher DaF-L. anstelle regionaler Eigenentwicklungen.

Eine nennenswerte L.wirkungsforschung hat sich nicht etabliert (vgl. aber →**Lehrwerkanalyse**).

Kast, B./Neuner, G., Hrsg. (1994), *Zur Analyse, Begutachtung und Entwicklung von Lehrwerken für den fremdsprachlichen Deutschunterricht,* Berlin/München. – Funk, H. (2005), Ist die Qualität von Lehrwerken messbar? Ja und nein. Ein Verfahrensvorschlag, in: *Neue Beiträge zur Germanistik.* Bd. 4, Heft 4, 14–27.

Hermann Funk

Lehrwerkanalyse, die: umfasst die Beschreibung und Bewertung von →**Lehrwerken**/-materialien nach der fachwissenschaftlichen Qualität (Methodik/Didaktik; Spracherwerbsforschung; Lernpsychologie) und die Eignung für den Einsatz in Sprachkursen (Adressatenbezug; kurstragend/als Zusatzmaterial). Bekannte Kriterienkataloge enthalten das →**Mannheimer Gutachten** (Engel u.a. 1977)und das „Mainzer G." (Barkowski u.a. 1979). Während differenzierte und systematische Kriterienkataloge ein Höchstmaß an Transparenz, Objektivität und Vergleichbarkeit gewährleisten, kann eine synthetische, d.h. eher globale Wertung unter gewissen Umständen deutlicher die Vorzüge und Schwachpunkte eines Lehrwerks herausstellen, so dass beide Verfahren verbunden werden sollten. Die fachdidaktische Perspektive ist durch diejenige von Unterrichtenden und Lernenden zu ergänzen. Weitgehend noch ein Desiderat stellen empirische Untersuchungen zu Einsatz und Lehr-/Lernwirksamkeit von Lehrwerken „in actu" dar. In der traditionellen L. stehen gedruckte Medien wie Kursbuch und Kursleiterbuch im Mittelpunkt, von denen aus evtl. weitere Lernmedien gesteuert werden. Komplexe Verbundsysteme ohne gedruckte Leitmedien erfordern modifizierte Analyseinstrumente.

Barkowski, H. u.a. (1979), *Deutsch für ausländische Arbeiter. Gutachten zu ausgewählten Lehrwerken,* Königstein. – Engel, U. u.a. (1977), *Mannheimer Gutachten zu ausgewählten Lehrwerken DaF,* Heidelberg. – Kast, B./Neuner, G., Hrsg. (1994), *Zur Analyse, Begutachtung und Entwicklung von Lehrwerken für den fremdsprachlichen Deutschunterricht,* München.

Gerhard von der Handt

Lehrwerkgutachten, das: s. Lehrwerkanalyse

Lehrwerkkritik, die: s. Lehrwerkanalyse

Lehrziel, das: umfasst, was im Unterricht gelehrt werden soll. Unter L. des Fremdsprachenunterrichts ist das durch Curricula, Kursprogramme, Lehrmedien und Prüfungen bestimmte Niveau des Sprachkönnens zu verstehen. L. sind in Form von →**Taxonomien** beschreibbar. So lassen sich der gesellschaftlichen, der institutionellen, der fachlichen wie der unterrichtlichen Ebene gemäß L. unterschiedlicher Reichweite formulieren (vgl. Neuner 2001, 806).

Neuner, G. (2001), „Curriculumentwicklung und Lehrziele Deutsch als Fremdsprache", in: Helbig, G./Götze, L./Henrici, G./Krumm, H.-J., Hrsg. (2001), *Deutsch als Fremdsprache. Ein internationales Handbuch,* Berlin/New York, 797–810.

Barbara Biechele

Leistungsmessung, die: Bezeichnung für das Evaluieren von im Sprachlernprozess erbrachten Leistungen, Fortschritten oder Fähigkeiten. Je nach Ziel und Funktion der L. werden verschiedene →**Testverfahren** eingesetzt.

Funktionen der L.: 1. Steuerung und Optimierung des laufenden Lehr- und Lernprozesses (pädagogische Funktion), 2. Qualitätssicherung und Forschung (Grundlage für Lehr- und Lernforschung, Schulentwicklung), 3. Beurteilung von Fähigkeiten, Leistungen und Lernfortschritten (Berichts- und Selektionsfunktion).

Je nach Funktion bezieht sich die L. auch auf unterschiedliche Normen. Bei L. in Bezug zu Leistungen anderer Personen spricht man von einer kollektiven Norm (normorientiertes Testen). Ein solches Ranking ist immer abhängig von den Leistungen der anderen. Bei L. in Bezug auf individuelle Normen hingegen werden individueller Lernzuwachs, persönliche Stärken u.Ä. berücksichtigt. Im Gegensatz dazu steht die sach- bzw. kriterienbezogene Norm, bei der sich die L. auf ein vorher festgelegtes „Kriterium" (Lern- bzw. Prüfungsziele) bezieht. Kriterienorientierte L. ist Voraussetzung für die Aussagekraft und →**Validität** von Prüfungen mit hoher Berichts- und Selektionsfunktion (z.B. →**Proficiency Tests**), als Basis müssen detaillierte Spezifikationen vorliegen.

Vollmer, H. (2003), 4. neu bearb. Aufl., „Leistungsmessung, Lernerfolgskontrolle und Selbstkontrolle: Überblick", in: Bausch, K.-R. et al. (Hrsg.), *Handbuch Fremdsprachenunterricht,* Tübingen, 365–370.

Manuela Glaboniat

Lektor, der: In verschiedenen Kontexten verwendete Bezeichnung: **1.** für im Publikationswesen (Verlage; andere Medien) beschäftigte Mitarbeiter, die Texte bezüglich ihrer Publikationswürdigkeit einschätzen, Autoren beraten, Texte redigieren u.a.m.; **2.** für das Amt des Vorlesers von biblischen Texten in institutionellen Kontexten der Religionsausübung; **3.** Berufs- und/oder Statusbezeichnung für akademisch qualifizierte Fremdsprachen-Lehrende an Hochschulen. Im Kontext von DaF/DaZ ist die Bezeichnung, in Anlehnung an Status und Funktion des englischen lecturer, insbesondere für aus Deutschland bzw. Österreich an ausländische Hochschulen entsandte Dozenten gebräuchlich. Organisationen zur Lektorenvermittlung sind dabei v.a. →**DAAD**, →**CDC**, →**Robert-Bosch-Stiftung**, →**Österreichkooperation**. Die Qualifikationsvoraussetzung für eine Entsendung an germanistische Einrichtungen sind i.d.R. ein abgeschlossenes Hochschulstudium in DaF/DaZ oder Germanistik (Haupt- und Nebenfach) und möglichst auch Lehrerfahrungen. Die Aufgaben variieren je nach Land und Universität und betreffen vorrangig die Sprach- und Kulturvermittlung, aber auch einführende wissenschaftliche Lehrangebote zu germanistischen Inhalten (Linguistik; Literaturwissenschaft) und die Mitarbeit in der internationalen akademischen Kooperation u.a.m.

DAAD (2001), *Handbuch Lektorenarbeit*, Bonn. – Roggausch, W. (1997), *Als Lektor ins Ausland. Das Lektorenprogramm des DAAD – Zielsetzung und Verfahren*, Bonn.

Claudia Lang

Lektürekanon, der: s. Kanon

Lemma, das: Pl. Lemmata, Grundform eines Wortes bzw. einer lexikalischen Einheit, die als Eintrag oder Stichwort in Nachschlagewerken erscheint. In deutschen Wörterbüchern z.B. erscheinen Nomen im Nominativ Singular, Verben im Infinitiv. Da die Festlegung der **L.** Konventionen entspricht, die interkulturell unterschiedlich sein können (in traditionellen Lateinwörterbüchern beispielweise erscheinen Verben nicht im Infinitiv sondern in der 1. Person Singular des Indikativ), kann diese Tatsache in DaF/DaZ-Zusammenhängen zu Verwirrungen führen und den Nutzen von Wörterbüchern beeinträchtigen.

Jacqueline Fiuza da Silva Regis

lenis: **L.** bedeutet ‚schwach gespannt' und ist im Deutschen ein →**phonologisch** →**distinktives Merkmal** (→**fortis** vs. **l.**) zur Unterscheidung der →**Explosive** und →**Frikative**. **L.**-Explosive (*Bein* [b]) und **L.**-Frikative (*Wein* [v]) werden mit geringer Anspannung der Artikulationsmuskulatur und daher mit geringerer Intensität gebildet, so dass die Laute nur schwach geräuschhaft sind und nach →**stimmhaften** Lauten (→**Vokalen**, →**Nasalen**, →**Liquiden**) stimmhaft werden können, z.B. *ein Bein* [n b]. Nach Sprechpause und →**stimmlosen** Lauten (Fortis-Explosiven, Fortis-Frikativen) sind sie aber stimmlos, z.B. *das Bein* [s b̥] (→**Stimmlosigkeitsassimilation**). Der Fortis-**L.**-Kontrast bereitet DaF-/DaZ-Lernenden Probleme, da in den meisten anderen Sprachen Explosive und Frikative distinktiv in stimmhaft-stimmlos unterschieden werden. **L.**-Konsonanten im Deutschen werden daher oft zu stimmhaft gesprochen.

Kerstin Reinke

Lern(er)autonomie, die: s. Autonomes Lernen

Lernberatung, die: eine Form der sozialen Interaktion zwischen Lernberatern und Lernenden einer fremden Sprache, bei der den Lernenden eine Unterstützung bei der Lösung ihrer auf das Sprachenlernen bezogenen Probleme angeboten wird. Dies soll dadurch gewährleistet werden, dass ihnen geholfen wird, über die eigenen Lernprozesse mit dem Ziel zu reflektieren, sie selbst zu steuern und damit zu effektivieren. Die Selbststeuerung besteht darin, eigene erreichbare Lernziele zu definieren, sie mit für sich sinnvollen Mitteln zu verfolgen und diesen Prozess kontinuierlich zu evaluieren. **L.** kann individuell oder in einer Gruppe und sowohl face-to-face als auch auf Distanz erfolgen.

Mehlhorn, G./Kleppin, K., Hrsg. (2006), *Sprachlernberatung* (= Zeitschrift für interkulturellen Fremdsprachenunterricht, 11. Jg. Heft 2). Online. http://zif.spz.tu-darmstadt.de/jg-11-2/allgemein/beitra30.htm.

Pavel Chromcak

Lernen, das: ein Prozess der Veränderung von Wissen, Einstellungen, Werten, Fertigkeiten oder Verhalten aufgrund von Erfahrung; **L.** kann absichtlich und zielorientiert (explizit) oder beiläufig (implizit) stattfinden und geschieht auf dem Wege der Wahrnehmung und Bewertung der Umwelt, der Verknüpfung von Neuem mit Bekanntem und dem Erkennen von Regelmäßigkeiten. **L.** kann mit Hilfe von Lehrmethoden (→**Methode**) und →**Lernstrategien** planvoll gestaltet werden und ist besonders erfolgreich, wenn die Eigeninteressen der lernenden Person berücksichtigt werden.

Frühe →**Lerntheorien** betrachteten Lernen vor allem aus der Sicht des Lehrens als Konditionieren, wobei ein bedingter (gelernter) Reflex mit einem Reiz assoziiert wird (→**Reiz-Reaktions-Modell**). Dieser bedingte Reflex kann entweder mit einem unbedingten (angeborenen) Reflex assoziiert werden (klassisches Konditionieren) oder mit der Reaktion auf den bedingten Reflex (operantes Konditionieren). Beim kognitiven Konditionieren entsteht der bedingte Reflex durch Herumprobieren und Einsichthandeln.

Neuere Theorien unterscheiden zwischen Zufallslernen, Akkumulationslernen und Konzeptlernen. Zufallslernen (trial and error) ist dann effektiv, wenn es neben der richtigen Lösung nur einige wenige falsche Lösungen gibt. Akkumulationslernen ist ein graduelles, additives Lernen, bei dem ein Nachlassen der Lernleistung (→**Lernplateau**) durch einen Methodenwechsel ausgeglichen werden kann. Beim Konzeptlernen entstehen aus der Interaktion zwischen bestehendem und neuem Wissen vernetzte Sicht- und Handlungsweisen, neue Kategorien und Konzepte.

Die Bereiche, in denen gelernt wird, beeinflussen die Art des Lernens. Beim Lernen sensumotorischer Fertigkeiten spielen Üben, Imitation und Feedback eine wichtige Rolle. Beim Wissenserwerb ist vor allem das Konzeptlernen bedeutsam, während beim Lernen von Verhalten Vorbilder eine große Rolle spielen. Fremdsprachliches Lernen ist eine sehr komplexe Art des Lernens und umfasst alle drei gen. Bereiche. Der sensumotorische Bereich ist zum Beispiel beim Sprechen und Hören besonders wichtig, während expliziter und impliziter Wissenserwerb die Kategorien- und Systembildung im phonologischen, syntaktischen, lexikalischen und soziokulturellen Bereich fördert. Kulturelles und interkulturelles Lernen wiederum kann als ein Lernen von Verhalten betrachtet werden.

Je nachdem, welche Leitgedanken und Richtprinzipien für die Gestaltung von Lernprozessen im Vordergrund standen, wurden unterschiedliche Lernmodelle entwickelt, u.a. Konditionierung, gehirngerechtes Arbeiten, problembasiertes Lernen, Lernen am Modell, Lernen durch Handeln, Lernen durch Lehren und situiertes Lernen. Durch den Blick auf die lernende Person im Zusammenhang mit der Diskussion um das →**autonome Lernen** sind in letzter Zeit individuelle Unterschiede im Hinblick auf →**Lernstile**, →**Lernstrategien**, →**Lernziele** und →**Motivation** stärker in den Vordergrund getreten. Zu beachten sind ferner neuere Erkenntnisse und Entwicklungen der empirischen →**Spracherwerbsforschung** sowie der →**Gehirnforschung** zu Fragen der lernenden Verarbeitung semantischer und morphosyntaktischer Eigenschaften von Fremdsprachen bzw. DaF u. DaZ.

Bednorz, P./Schuster, M. (2002), *Einführung in die Lernpsychologie*, München. – Spitzer, M. (2002), *Lernen: Gehirnforschung und Schule des Lebens*, Heidelberg.

Erwin Tschirner

Lernen-Erwerben-Debatte, die: Krashen unterscheidet in seiner →**Monitortheorie** zwischen Erwerben, d.h. der Aneignung von Sprache in natürlicher Kommunikation, die sich aufgrund eines angeborenen Spracherwerbsmechanismus wie beim Erstspracherwerb vollzieht, und Lernen, d.h. der Aneignung von Regelwissen und dessen Kontrolle mittels eines →**Monitors**, wobei erlerntes Wissen sich nicht in erworbene Kompetenz transformiert (→**non-interface-position**). In der BRD hat diese Unterscheidung in den 1980er Jahren zu einer Debatte zwischen Vertretern der Zweitspracherwerbsforschung (Wode, Felix) und der Sprachlehr- und -lernforschung (Bausch, Königs, Götze) geführt. Im Mittelpunkt stand die Frage, in welchem Maße der Fremdspracherwerb durch Unterricht beeinflussbar ist oder weitgehend ohne Steuerungsmöglichkeiten „natürlichen" Erwerbsprozessen folgt.

Als didaktische Konsequenz wurde auf der einen Seite eine starke Orientierung an natürlicher Kommunikation vorgeschlagen, die möglichst angstfrei und unter Verwendung von verständlichem →**Input** stattfinden solle. Auf der anderen Seite wurden Chancen gesehen, Sprachaneignungsprozesse durch angemessene Lehrverfahren zu beschleunigen.

Erneute Bedeutung hat die Debatte im Zusammenhang mit der Sprachförderung von Kindern mit Migrationshintergrund bekommen, bei der Ansätze wie die Lernszenarien v.a. auf angstfreie, authentische Kommunikation setzen, während andere Konzepte die Vermittlung von Regelwissen propagieren.

Bernt Ahrenholz

Lernergrammatik, die: 1. Zum einen meint **L.** die grammatische Beschreibung einer Fremdsprache für die Hand der Lernenden, d.h. es handelt sich um eine →**didaktische Grammatik**, die besonders auf die Bedürfnisse des lernenden Individuums abgestimmt ist und versucht, den Aneignungsvorgang zu optimieren, indem z.B. an die Vorwissensbestände des Lerners angeknüpft und verständlich formuliert wird etc.

2. Zum zweiten ist mit **L.** das mentale Modell gemeint, das ein Lerner von der →**Grammatik** einer Fremdsprache hat und das ihm die Rezeption und Produktion fremdsprachlicher Texte gestattet. Diese mentale **L.** kann unvollständig sein und ist starken Veränderungen – z.B. durch Informationszuwachs über die fremde Sprache – unterworfen.

Im Idealfall weisen beide Auffassungen von **L.** zahlreiche Berührungspunkte auf.

Frank G. Königs

Lernerorientierung, die: Einstellung bzw. Ausrichtung des Unterrichts, um dem Lernenden und seinem individuellen Lernverhalten in der Lernergruppe in Kenntnis und unter Berücksichtigung der jeweiligen Lebenssituation (wie Alter, soziokultureller Hintergrund, Ausgangssprache, Lernziele, echte Bedürfnisse, Interesse, Autonomiebedarf) im Unterrichtsprozess methodisch-didaktisch gerecht zu werden. **L.** umfasst ferner die über die Lernorganisation hinausgehende individuelle →**Lernberatung** und Lernbegleitung.

Anna Majorosi

Lernersprache, die: →**Sprachvarietät**, die Lernende in einem bestimmten Stadium ihres Sprachlernprozesses entwickeln. Sie ist nicht einfach zufällig, fehlerhaft und gegenüber der Zielsprache defizitär, sondern stellt eine von Lernenden eigenständig und kreativ entwickelte sprachliche Struktur dar. Corder hat erstmals die Bedeutung einer systematischen Fehleranalyse als Informationsquelle über den Lernprozess betont, Selinker die →**Interlanguage-Hypothese** entwickelt, in der er verschiedene Prozesse benennt, die Einfluss auf die **L.** haben. **L.** lässt sich wie folgt charakterisieren: sie ist systematisch, transitorisch/instabil, eigenständig gegenüber L1 und L2, variabel (z.B. situationsabhängig), durchlässig und veränderbar durch Lern- und Kommunikationsstrategien (Edmondson/House 2000, 232). In neueren Arbeiten (z.B. Aguado 2008) wird die **L.** mit empirischen Ergebnissen zu Erwerbssequenzen sowie mit der Diskussion um →**Learnability**/→**Teachability** in Verbindung gebracht.

Aguado, K. (2008), „Wie beeinflussbar ist die lernersprachliche Entwicklung? Theoretische Überlegungen, empirische Erkenntnisse, didaktische Implikationen", in: *Fremdsprache Deutsch*, Nr. 38 (Sprachen lernen – Theorien und Modelle), 53–59. – Edmondson, W.J./House, J. (2000), *Einführung in die Sprachlehrforschung* (2., überarb. Aufl.), Tübingen u.a.

Klaus-Börge Boeckmann

Lernervarietät, die: s. Lernersprache

Lernfortschrittstest, der: Instrument der →**Leistungsmessung**, das sowohl Lernenden als auch Lehrenden Rückmeldung über den Lernfortschritt, eventuelle Defizite sowie die Effizienz des Unterrichts gibt. Im Unterschied zu →**Proficieny Tests** (Feststellungsprüfungen) oder →**Einstufungstests** sind **L.** vom Lernstoff des Unterrichts abhängig. **L.** können einen formelleren (z.B. Kursabschlussprüfungen) oder informelleren Charakter (Zwischentests) haben. Sie sind nicht standardisiert und werden dezentral erstellt. Im Vergleich zu kriterienorientierten Proficiency Tests stellen die meist norm- oder individualorientierten **L.** eine Binnenperspektive dar und sind daher nach außen nur in geringem Ausmaß aussagekräftig.

Manuela Glaboniat

Lernkultur, die: L. sind konkrete, durch Lehr- und Lernbezüge kommunikativ hergestellte soziale Handlungsformate. **L.** sind prinzipiell kulturell markiert und insoweit ein methodisch-didaktisch zu berücksichtigender Faktor in Prozessen des DaF-/DaZ-Lernens sowie Gegenstand →**kulturvergleichender** pädagogischer Forschung. Unterschieden werden eine deskriptive und eine normative Bedeutungsvariante von **L.**: **1.** Als deskriptive Kategorie kennzeichnet der Begriff **L.** Formen des Lernhandelns in bestimmten Handlungskontexten, die sich durch institutionelle Rahmenbedingungen, curriculare Richtlinien, didaktische Konzepte etc. unterscheiden. **2.** In normativer Konnotation wird von **L.** i.S. eines „dem menschlichen Lernvermögen adäquaten pragmatischen Arrangements" gesprochen, welches das Ziel verfolgt, individuelle Kompetenzen der Lerner zu fördern und selbstbestimmte Formen des Handelns zu „kultivieren" (vgl. Veith 2003, 47).

Veith, H. (2003), *Kompetenzen und Lernkulturen. Zur historischen Rekonstruktion moderner Bildungssemantiken*, Münster.

Dirk Skiba

Lernplateau, das: Begriff aus der Lerntheorie, der ein Stagnieren des Lernfortschritts bezeichnet. Ein Weiterlernen in dieser Zeit wäre nicht effektiv, deshalb sollten beim Lernen auch Lernpausen eingeplant werden. In Bezug auf den Spracherwerb spricht man von **L.**, wenn Lernende, z.B. weil die erreichten Kommunikationsmöglichkeiten für sie ausreichen, ihre Lernbemühungen einstellen. Dabei kann es auch zur →**Fossilisierung** oder sogar zu Rückbildungen kommen. Andere Ursachen für **L.** können das Fehlen elementarer Grundlagen, falsches Einlernen, aber auch Misserfolge, Müdigkeit u.ä. sein.

Apeltauer E. (2001), „Zweitspracherwerb als Lerneraktivität I: Lernersprache – Lernprozesse – Lernprobleme", in: Helbig, G. u.a. (Hrsg.), *Deutsch als Fremdsprache: Ein internationales Handbuch*, 1. Halbbd., Berlin, 677–683.

Manuela Glaboniat

Lernplattform, die/Learning and Content Management System (LCMS): Softwaresystem zur Gestaltung von Lehr-Lerninhalten, zur Organisation von Lernprozessen in webbasierten Lernumgebungen und zur Benutzeradministration.

1. Komponenten
L. integrieren in einem System unterschiedliche Werkzeuge zur Erstellung von Aufgaben und Übungen (→**Autorenprogramm**), zur Präsentation und Verwaltung von Inhalten, zur Navigation und Evaluation (z.B. Lernwegs- und Lernerfolgskontrollen) sowie zur Kommunikation (Chats, Blogs), zur Kollaboration (z.B. Wikis) und zum Lernen (z.B. Notizbuch- und Glossarfunktion). Durch unterschiedliche Rechtevergaben erlauben die meisten **L.** Lehrenden wie Lernenden, in unterschiedlichen Rollen (Autor, Tutor, Lerner) auf die Werkzeuge und Inhalte zuzugreifen und eigene Datenbanken und Lern- und Kommunikationsräume anzulegen.

2. Leistungsbreite
Durch die Möglichkeit zur strukturierten Präsentation von Materialien mit zugeordnetem Übungsapparat eignen sich **L.** für die Vermittlung deklarativen Wissens. Die Kommunikationsfunktionen unterstützen kooperatives Lernen. Die kreative Gestaltung flexibler, interaktiver Lehr-Lernarrangements und individueller Lernwege ist oft noch durch die Konzeption der **L.** begrenzt. Ihr Wert erschließt sich durch den didaktisch geplanten Einsatz und die mögliche Kombination mit dem Präsenzunterricht.

Rösler, D. (2007), *E-Learning Fremdsprachen. Eine kritische Einführung*, 2. Aufl., Tübingen. – Schulmeister, R. (2003), *Lernplattformen für das virtuelle Lernen. Evaluation und Didaktik*, München.

Christina Kuhn

Lernprozess, der: Bezeichnung insbesondere für die mentalen Vorgänge von der ersten Konfrontation des Lernenden mit dem Lerngegenstand an. Im Idealfall führt ein erfolgreicher **L.** am Ende zur freien Verfügbarkeit und korrekten Anwendung des Lerngegenstands durch den Lernenden. Die stärkere Berücksichtigung des **L.** gegenüber dem Lernprodukt steht dabei für einen Perspektivenwechsel, der sein Entstehen vor allem psycholinguistischen Arbeiten verdankt. Durch sie wurde der Blick verstärkt auf die mentalen Vorgänge bei der Aneignung einer fremden Sprache gelenkt, und das Lernen selbst geriet auch empirisch stärker in das Zentrum der Forschung. Dabei besteht die Hoffnung, durch Beobachtung fremdsprachlicher **L.** diese selbst effektivieren zu können. Durch die zunehmende Ausdifferenzierung von Konzepten wie der Lernerautonomie wird jedoch deutlich, dass unterschiedliche **L.** zu identischen Lernprodukten führen können und umgekehrt. Die Annahme eines idealen, für alle Lerner erstrebenswerten **L.** findet in dieser absoluten Form durch die empirische Forschung keine Bestätigung. Die mit der →**Lernerorientierung** verbundenen Einsichten und Ergebnisse haben zu einer verstärkten Aufmerksamkeit für den Vorgang der Fremdsprachenaneignung geführt, machen die Betrachtung des Lernprodukts jedoch keineswegs obsolet oder zweitrangig. Häufig lassen sich erst durch die Lernprodukte begründete Rückschlüsse auf die ihnen zugrunde liegenden **L.** ziehen. **L.** und Lernprodukte ergänzen sich also aus Sicht der Forschung notwendigerweise.

Frank G. Königs

Lernpsychologie, die: Teildisziplin der Psychologie, die sich mit den verschiedenen Formen, Arten, Verläufen und Bedingungen des Erwerbs von Fertigkeiten, Gewohnheiten, Wissen und Einstellungen beschäftigt (vgl. Schönpflug 2003, 49). Die Entwicklung der psychologischen Lernforschung, die auch pädagogisch verwertbare Ergebnisse erbrachte, setzte mit Beginn des 20. Jh. ein, wobei in Übereinstimmung mit übergreifenden kulturhistorischen Bedingungen die Assoziations-, Gestalt- und Kognitionspsychologie hervortraten (vgl. Seel 2000, 18). Die heutige L. zielt auf eine systematische Beschreibung der psychologischen Grundlagen des Lernens in pädagogischen Handlungsfeldern als Synthese der verschiedenartigen Theorien der psychologischen Teildisziplinen, so z.B. der kognitions-, motivations- und sozialpsychologischen Theorien, und auf die Diskussion entsprechender Forschungsbefunde (vgl. Seel 2000, 13). Die aktuelle Forschung analysiert Lernprozesse mit dem Ziel, allgemeinere Aufschlüsse über Erwerb und Veränderungen von psychischen Repräsentationen und Vorgängen zu erhalten, die grundlegende Orientierungen für Lern- bzw. Lehrmethoden ergeben (vgl. Schönpflug 2003, 50).

Schönpflug, U. (2003), „Lerntheorie und Lernpsychologie", in: Bausch, K.-R./Christ, H./Krumm, H.-J. (Hrsg.), *Handbuch Fremdsprachenunterricht*, 4. Aufl., Tübingen/Basel, 49–54. – Seel, N.M. (2000), *Psychologie des Lernens*, München.

Barbara Biechele

Lernstil, der: individueller Zugang zu wahrgenommenen Informationen, sowohl bei Rezeption als auch bei der →**Sprachverarbeitung**.

Die häufigste L.-Klassifikation bezieht sich auf die kognitive Disposition und unterscheidet mindestens zwei Typen: den analytischen L. (systematisch, kognitiv, Hypothesen testend) und den imitativen L. (holistisch, global, assoziativ und intuitiv). Z.T. finden sich auch vier Typen je nach ihrer Bevorzugung von a) konkreter Erfahrung, b) Reflexion, c) Abstraktion und d) Ausprobieren. Typen: a+b = Pragmatiker (Divergierer); b+c = Theoretiker (Assimilierer); c+d = Reflektierer (Konvergierer); a+d = Aktivisten (Akkomodierer). Eine weitere Differenzierung der L. orientiert sich an Persönlichkeitsmerkmalen und differenziert extrovertierte, feldabhängige (d.h. sozial orientierte) L. und introvertierte, feldunabhängige L. Im FU beeinflusst Berücksichtigung des L. den Lernerfolg, wobei als allgemeinste methodisch-didaktische Empfehlung gilt, Lerngegenstände dzgl. facettenreich zu arrangieren. Z.T. wird L. mit Lern(er)typ gleichgesetzt und damit der bevorzugte Sinneskanal der Verarbeitung angesprochen (visuell, auditiv und kinästhetisch; zum Teil differenziert in haptisch/taktil und motorisch).

Eva-Maria Willkop

Lernstrategie, die: lernzielorientierter Handlungsplan, der bewusst oder unbewusst eingesetzt wird.

1. Arten
Man unterscheidet v.a. vier Gruppen von L.: (1.) Kognitive L. betreffen Wissensorganisation und Elaboration (bei Fertigkeiten, Wortschatz, Grammatik; z.B. Gedächtnis-L.) sowie die einzelnen Lernschritte. (2.) Metakognitive L. dienen der Planung dieser Schritte, der eigenen Lernerfolgskontrolle und der anschließenden Regulation des Lernprozesses. (3.) Ressourcenbezogene L. beziehen sich auf die Lernorganisation, z.B. Zeitmanagement, Konzentrationsförderung oder Wahl der Lernumgebung. Die (4.) sozial-affektiven L. umfassen L. zur Interaktion im FU (z.B. bei Projektarbeit) und in realen Situationen (z.B. zur Kompensation) sowie emotionale L. z.B. zur Angstregulierung oder Selbstmotivation.

2. Strategietraining
Für →**autonomes Lernen** ist ein integriertes und explizites Training nötig (vs. implizites oder blind training), das die L. kontextuell eingebettet, in zyklischer Progression vermittelt und festigt mit den Phasen Bewusstmachung unbewusster L., Präsentation neuer L./L.-Komplexe (z.B. von →**Schreibstrategien**), Erprobung und anschließende Evaluierung der L.

Bimmel, P./Rampillon, U. (2000), *Lernerautonomie und Lernstrategien*, München. – Mandl, E./Friedrich, H. (2006), *Handbuch Lernstrategien*, Göttingen. – Rampillon, U. (2003), „Lerntechniken", in: Bausch, K.-R. et al. (Hrsg.), *Handbuch Fremdsprachenunterricht*, 4. Aufl., Tübingen/Basel, 340–344. – Westhoff, G. (2001), „Lernstrategien – Kommunikationsstrategien – Lerntechniken", in: Helbig, G. et al. (Hrsg.), *Deutsch als Fremdsprache*, HSK 19.1, Berlin, 684–692.

Eva-Maria Willkop

Lerntagebuch, das: ein Instrument des autonomen Lernens; es dient der Reflexion der Lernenden in Bezug auf ihren persönlichen Lernweg. L. können im Unterricht und im Selbststudium eingesetzt werden. In einem L. halten die Lernenden einerseits Gelerntes und andererseits weitere Ziele des Lernprozesses fest. Wichtig ist bei einem L., dass eine Struktur der Reflexion zur Unterstützung für die Lernenden angeboten wird. Dazu können Fragen dienen, welche die inhaltliche Dimension des Lernens betreffen (a), aber auch solche, die persönliche Entwicklungsschritte (b) thematisieren.

a) Was habe ich heute Neues gelernt? Was ist mir beim Lernen aufgefallen? Wo habe ich noch Probleme? Wo kenne ich mich noch nicht aus?

b) Wie ist es mir persönlich mit dem Lernen gegangen? Wobei fühle ich mich wohl/sicher? Wobei fühle ich mich noch nicht wohl oder noch nicht sicher?

In Bezug auf die Ziele des Lernens können die folgenden Fragen von Bedeutung sein: Woran möchte ich in der nächsten Zeit weiterarbeiten? Wann werde ich wo, womit und wie einen neuen Inhalt weiter bearbeiten? Was möchte ich in der nächsten Zeit konkret anwenden?

Es gibt **L.** als kursbegleitendes Material, kursunabhängig und auch in elektronischer Form. In →**Portfolios** werden Elemente eines **L.** aufgegriffen und genutzt.

Thomas Fritz

Lerntheorie, die: strebt die Beschreibung, Erklärung und Prognose von Lernen an. Allgemeine **L.** lassen sich grob in →**behavioristische** und →**kognitive L.** unterscheiden. Erstere basieren auf dem →**Reiz-Reaktions-Modell**: durch einen – prinzipiell neutralen – Reiz werden reflexartige Reaktionen ausgelöst. Von ihnen gehen wiederum Rückwirkungen auf den Lernvorgang aus. Demgegenüber betonen kognitive **L.** die Bedeutung von Bewusstsein, aber auch Emotionen beim Lernen. Zu diesen kognitiven **L.** zählen Ansätze zum einsichtsvollen Lernen oder der →**Konstruktivismus**, der Lernen als Konstruktion begreift. Neuronale **L.** heben auf die physiologischen Funktionsweisen des menschlichen Gehirns und Nervensystems ab und sehen Lernen als ein Ingangsetzen von Gehirnaktivitäten an. Gleichsam ‚quer' zu diesen unterschiedlichen **L.** wird die Frage diskutiert, in welchem Umfang Lernen ein naturgegebener und damit vorgegebener Vorgang ist, der sich Einflüssen von außen weitgehend entzieht (nature) oder ob Lernen auf bestimmten Faktoren beruht, die zwar angeboren, in ihrer Ausprägung aber individuell und damit für eine Beeinflussung von außen offen sind (nurture). Für den Fremdsprachenunterricht haben allgemeine **L.** zwei Auswirkungen gehabt: Zum einen führten sie zu methodischen Verfahren und betreffen damit die →**Methoden**; dies gilt z.B. für die auf den Behaviorismus zurückreichende →**audiolinguale** bzw. →**audiovisuelle Methode** oder kognitive Verfahren, die sich stärker an kognitiven **L.** ausrichten. Zum zweiten haben sie die Entstehung von Hypothesen und Theorien zur Aneignung von Fremd- und Zweitsprachen beeinflusst, mit denen fremdsprachliche Aneignungsvorgänge modelliert werden sollen (→**Spracherwerbstheorie**, →**Fremdsprachenerwerbstheorie**). Beispielhaft zu nennen sind hier die →**Kontrastivhypothese**, die →**Identitätshypothese**, die →**Interlanguage-Hypothese**, die →**Interaktionshypothese**, die →**Interdependenzhypothese** oder die →**Interface-Position**. Auch durch die fremdsprachlichen **L.** zieht sich die Diskussion um nature und nurture (vgl. z.B. die Identitätshypothese mit ihrer Annahme von weitgehend angeborenen →**Erwerbssequenzen** vs. die Interlanguage-Hypothese). Waren die zeitlich zuerst entstandenen Theorien und Hypothesen durch einen starken Antagonismus gekennzeichnet, so zeichnen sich heutige Modellierungsansätze stärker dadurch aus, dass die jeweils konträre Position nicht in toto abgelehnt wird. Eine allumfassende und unumstrittene fremdsprachliche Lerntheorie ist nach wie vor ein Desiderat.

Wendt, M. (1993), *Strategien des fremdsprachlichen Handelns. Lerntheoretische Studien zur begrifflichen Systematik*, Tübingen.

Frank G. Königs

Lernwörterbuch, das: **L.** sind zur Unterstützung des Erlernens von Fremdsprachen konzipiert und unterscheiden sich von einem üblichen ein- oder zweisprachigen Wörterbuch dadurch, dass **L.** eine bestimmte Auswahl an Lexik für ein bestimmtes Niveau des Fremdsprachenlernens und für je bestimmte Zielgruppen enthalten; so gibt es z.B. ein **L.** „Deutsch als Fremdsprache für die Grund- und Mittelstufe" mit dem Wortschatz für das Zertifikat Deutsch (Lübke 2001), ein **L.** „Grund- und Aufbauwortschatz Deutsch als Fremdsprache" in thematischen Feldern nach dem Gemeinsamen Europäischen Referenzrahmen A1–B2 (Tschirner 2008) oder für den Englischunterricht der Sekundarstufe I ein englisch-deutsches **L.** (Berold 2006) u.ä. Auch reihen **L.** die enthaltene Lexik nicht in jedem Fall alphabetisch, sondern auch nach z.B. lexikalischen Sachgebieten wie Personalien, Wohnen, Umwelt usw. (so Tschirner 2008). Je nach Konzept beinhalten **L.** weiterhin ggf. grammatische Übersichten, Verwendungsbeispiele der behandelten Lexik, Lernhilfen oder auch landeskundliche Informationen zur regionalbedingten Lexik (so findet sich z.B. in Reimann/Dinsel 2005, 80 der Eintrag *„s Abendessen, s Nachtessen schweiz."*). **L.** bieten den Fremdsprachenlernern insbesondere auch Informationen für die kontextgebunden zutreffende Anwendung der Lexik an und unterstützen damit die →**pragmatische** Dimension des Fremdsprachenlernens und -gebrauchs.

Berold, K. (2006), *Words you can use. Lernwörterbuch*, Berlin. – Lübke, D. (2001), *Lernwortschatz Deutsch. Lernwörterbuch Deutsch als Fremdsprache für die Grund- und Mittelstufe. Wortschatz zum neuen Zertifikat Deutsch. Deutsch – Italienisch*, Ismaning. – Reimann, M./Dinsel, S. (2005), *Großer Lernwortschatz Deutsch als Fremdsprache. Deutsch – Spanisch/Alemán – Español*, Ismaning. – Tschirner, E. (2008), *Lextra – Lernwörterbuch Grund- und Aufbauwortschatz Deutsch als Fremdsprache*, Berlin.

Milica Sabo

Lernziel, das: **L.** ist eine genau formulierte Aussage über durch Unterricht oder andere Lernsituationen und -materialien zu bewirkende gewünschte Kompetenzveränderungen der Lernenden. Das **L.** trägt wesentlich zur Transparenz, zur Evaluierbarkeit und zur Bewusstmachung der Lehr- und Lernprozesse bei. Es kann sich u.a. auf die Entwicklung der sozialen (z.B. angemessenes Sprachhandeln in vorgegebenen Situationen), kognitiven (z.B. interaktive Aktivitäten und Strategien), affektiven (z.B. Kooperation oder Motivation) und psychomotorischen (z.B. bei Kleinkindern das Schreiben von Buchstaben) Kenntnisse, Fähigkeiten und Fertigkeiten der Lernenden beziehen. Das **L.** wird abhängig von seiner Funktion auf verschiedenen Abstraktionsniveaus, aber immer aus der Perspektive der Lernenden formuliert: die Richtziele mit hohem Abstraktionsniveau erscheinen dabei z.B. in bildungspolitischen Dokumenten, die Grobziele mit mittlerem Abstraktionsniveau in der Planung von größeren Einheiten wie bei einzelnen Sprachkursen oder der Jahresplanung an öffentlichen Schulen, die Feinziele mit niedrigem Abstraktionsniveau werden für Unterrichtsstunden oder für deren Sequenzen formuliert. Das Anliegen eines zielorientierten, bewussten Vorgehens auf allen Ebenen der Lernzielbeschreibung bzw. -festlegung manifestiert sich z.B. im →**Gemeinsamen europäischen Referenzrahmen**, in den Diskussionen über →**Bildungsstandards** und Unterrichtsqualität und in Planungshilfen wie etwa →**Profile deutsch**.

Anna Majorosi

Lesedifferenz, die: bezieht sich auf Unterschiede zwischen eigen- und fremdkultureller Rezeption. Leser aus verschiedenen Kulturkreisen verstehen und deuten denselben literarischen →**Text** unterschiedlich und machen somit je spezifische Lese-Erfahrungen auf dem Hintergrund differenter eigenkultureller Sozialisation. **L.** wird dabei nicht nur von Leser-, sondern auch von Textseite her untersucht, v.a. im Rahmen der →**interkulturellen Germanistik**.

Krusche, D. (2000), „Lese-Differenz", in: *Jahrbuch Deutsch als Fremdsprache*, 26, 87–104.

Anita Schütz

Lesen, das: ein Vorgang in der Zeit, der aus mehreren Teilkomponenten besteht, deren Zusammenspiel Lesekompetenz ausmacht. Der Prozess des **L.** beginnt mit primären Wahrnehmungsvorgängen und führt über die phonologische Rekodierung zur Buchstaben- und Worterkennung. Eine effiziente Worterkennung ist Voraussetzung für die Lesegeschwindigkeit und damit für das →**Leseverstehen**. Nach der Integration von Wörtern in den Satzzusammenhang und dem Erfassen von Aussageinhalten eines Satzes, müssen Verbindungen zwischen Sätzen hergestellt werden (lokale →**Kohärenz**). Für das Textverstehen müssen auf der Basis von Hintergrundwissen selektive und inferenzielle Aktivitäten durchgeführt werden. Der ‚gute' Leser zeichnet sich zudem durch metakognitive Fähigkeiten der Selbstkontrolle und der Steuerung seines Leseprozesses aus. Das **L.** in der Fremdsprache wird beeinflusst von der zuerst in einer Sprache erlernten Lesefähigkeit und der Fremdsprachkompetenz. Eingeschränkter Wortschatz, verlangsamte Lesegeschwindigkeit, begrenzte Kapazität des Arbeitsgedächtnisses, mangelndes kulturelles Hintergrundwissen, fehlende Selektivität und reduzierte →**Inferenzen** charakterisieren den fremdsprachigen Leser.

Das **L.** in der Zweitsprache ist durch den spezifischen Migrationskontext bestimmt. Außer Einschulungsalter und Erwerbsphase sind Zweitsprachenkenntnisse entscheidend für den Leseerwerb in der L2. Von beherrschendem Einfluss sind das Bildungsmilieu, der soziale Status der Eltern, die Abkapselung in Wohngebieten, die den Zugang zu Lernmöglichkeiten der L2 erschweren, die Kommunikationssprache, die Medienpraxis und die Sprachfertigkeiten der Eltern in der L2 sowie die literale Praxis im Elternhaus. Aufgrund einer mangelnden literalen Erfahrung zu Hause entwickelt sich nur wenig Verständnis von Schriftlichkeit, ihrer Differenz zur Mündlichkeit und funktionalen Aspekten von **L.** und Schreiben, was einen erfolgreichen L2-Leseerwerb in der Schule beeinträchtigt.

Die Rolle der Erstsprache für eine Optimierung des L2-Erwerbs wird kontrovers diskutiert. Die Befürworter einer zweisprachigen Erziehung akzentuieren sprachwissenschaftlich-kognitive Vorteile und unter dem Blickwinkel kultureller und sprachlicher Heterogenität und Vielfalt den kulturellen Wert von Zwei-/Mehrsprachigkeit. Die Gegner einer bilingualen Erziehung wenden ein, dass es keine empirisch gesicherten Ergebnisse über positive Effekte des Erstsprachenerwerbs auf den L2-Erwerb gibt.

Swantje Ehlers

Lesestrategie, die: mentaler Handlungsplan zum Erreichen eines Leseziels. →**Lesen** besteht aus einer Vielzahl an Aufgaben, wie Wörter identifizieren, referenzielle Beziehungen herstellen oder Sätze syntaktisch zergliedern, die der Leser zeitgleich bewältigen muss. Da Leseaufgaben hierarchisch geordnet sind, setzt ihre Durchführung auf Seiten des Lesers eine Planungsfähigkeit voraus, wie und in welchen Handlungsschritten eine Aufgabe optimal bewältigt werden kann. **L.** dienen daher der Ökonomisierung des Leseprozesses. Man unterscheidet zwischen kognitiven und metakognitiven **L.** Die kognitiven Strategien sind direkt auf die Durchführung einer Leseaufgabe bezogen. Dazu gehören: Hypothesen bilden, Welt- und Textwissen aktivieren, Schlussfolgerungen ziehen, Kontextmerkmale wie Titel oder Bilder berücksichtigen. Die metakognitiven Strategien beziehen sich auf die Planung, Kontrolle und Steuerung des eigenen Leseprozesses. Es handelt sich um eine innere Heuristik zur Lösung von Leseproblemen, die sich in Fragen umwandeln lässt wie: Habe ich verstanden? Wo liegt das Problem? Da jeder Leser ein unterschiedliches strategisches Verhalten hat und die Anwendung von Lesestrategien auch von der Interpretation einer Leseaufgabe abhängt, kommt es zu unterschiedlichen Textverständnissen. Die Effizienz der Vermittlung von **L.** im Fremdsprachenunterricht ist nicht eindeutig, aber vieles spricht dafür, dass eine explizite und implizite Vermittlung eine lesefördernde Funktion hat.

Swantje Ehlers

Lesetechnik, die: gehört zu den Taktiken. Darunter werden elementare kognitive Prozesse verstanden, die hierarchisch auf einem niedrigeren Niveau liegen als →**Strategien** und in diese inkorporiert sind. Zu den **L.** gehören: Unterstreichen von Wichtigem, Vergleichen, Notizenmachen, Markieren, ein Flussdiagramm Erstellen. **L.** sind zugleich Lerntechniken, die helfen, den Lernprozess zu organisieren und das Behalten zu unterstützen.

Swantje Ehlers

Lesetext, der: im Prinzip jeder schriftlich fixierte Text, vom Einworttext (z.B. die Aufschrift *Vorsicht* auf einem Schild) bis hin zu einem mehrbändigen Roman. Je nach Textsorte bestehen sehr spezifische Textmuster (SMS, Lexikoneintrag, Fachartikel, Roman usw.), wobei es Übergänge geben kann. Lehrbuchdialoge sind als Lernhilfe meist schriftlich fixiert, aber nicht als **L.** gemeint. Im FSU wird heute für Leseübungen meist mit authentischen Texten gearbeitet, d.h. mit Texten, die im Zusammenhang des gesellschaftlichen Sprachhandelns der native speaker als Texte zum Lesen fungieren (→**Textsorte**).

Madeline Lutjeharms

Leseverstehen, das: gehört mit dem →**Hörverstehen** zu den rezeptiven Sprachfertigkeiten in Abgrenzung zu den produktiven →**Fertigkeiten** (Schreiben und Sprechen). Das Spezifische des **L.** besteht darin, dass die zu entschlüsselnden Sprachzeichen schriftsprachlich gegeben sind. Grundlage für den Erwerb und die Schulung von Leseverstehensfertigkeiten in der Fremdsprache bildet die kognitionspsychologische Forschung zum fremdsprachlichen →**Lesen** und ihre Untergliederung des Leseprozesses in Teilkomponenten; dazu gehören die grundlegenden Fertigkeiten (Worterkennung, syntaktische und semantische Analyse; Herstellen von Leseflüssigkeit) und höherstufigen Fertigkeiten mit der Bildung übergeordneter Texteinheiten und dem Ziel, zu einem Verstehen eines Textes zu gelangen. In diesem Prozess steuert der Leser sein Wissen und seine Erfahrungen bei, so dass es zu unterschiedlichen Textverständnissen kommt. Aufgaben und Übungen zielen darauf, diese Fertigkeitskomponenten im Fremdsprachenunterricht zu schulen und damit den Lerner zu befähigen, selbstständig fremdsprachliche Texte in ihren wesentlichen Inhalten zu erfassen. Die Übungen lassen sich entsprechend den Fertigkeitskomponenten von **L.** folgendermaßen systematisieren: 1. Übungen zum Aufbau eines fremdsprachlichen Lexikons: Selektion von wichtigen und unwichtigen Wörtern; 2. Übungen zur Satzanalyse; 3. Übungen zum satzübergreifenden Verstehen; 4. Übungen zum Textaufbau; 5. Übungen zum Erfassen des Hauptgedankens eines Textes; 6. Übungen reduktiver Fertigkeiten; 7. Übungen zum Textverstehen.

Beim **L.** unterscheidet man zudem Leseformen. Darunter wird die Fähigkeit des Lesers verstanden, sich entsprechend dem Text und seinem Anforderungsniveau, der Situation und der Aufgabenstellung in seinem Leseverhalten anzupassen. Folgende Leseformen werden unterschieden: 1. Orientierendes Lesen mit dem Ziel, sich einen Überblick zu verschaffen. 2. Überfliegendes (→**Skimming**) Lesen mit dem Ziel, den Hauptinhalt eines Textes zu erfassen. 3. Selektives (→**Scanning**) Lesen mit dem Ziel, bestimmte Informationen zu suchen. 4. Detailliertes Lesen mit dem Ziel, einen Text tiefer zu verstehen.

Ehlers, S. (2003), „Übungen zum Leseverstehen", in: K.-R. Bausch et al. (Hrsg.), *Handbuch Fremdesprachenunterricht*, 3. Aufl., Tübingen, 287–291.

Swantje Ehlers

Lexem, das: auch: lexikalische Einheit. Basiseinheit des →**Wortschatzes**, realisiert als Wort oder Mehrworteinheit (→**Phraseologismus**): relativ feste Zuordnung von →**Formativ** und Bedeutung, die von den verschiedenen grammatischen Wortformen abstrahiert und auch Konstituente eines anderen **L.** (→**Wortbildung**) sein kann. Eine Konzeption lexikalischer Kompetenz findet sich bei Nation (2001, 27), der, differenziert nach rezeptivem und produktivem Wissen, in Wissen über Form, Bedeutung und Gebrauch unterscheidet: gesprochene und geschriebene Form, Form und Bedeutung(en), Konzept und Referenten, Assoziationen/Konnotationen, grammatische Eigenschaften, Kombinierbarkeit mit anderen **L.**, pragmatische Gebrauchsbedingungen. Eine vollständige Kenntnis aller Komponenten ist in der L2 – wie auch in der L1 – nicht erwartbar.

Nation, P. (2001), *Learning Vocabulary in Another Language*, Cambridge.

Lutz Köster

Lexik, die: s. **Lexikon**, s. **Wortschatz**

Lexikalisierung, die: Vorgang der Aufnahme eines lexemartigen Sprachausdrucks (→**Lexem**) in das intersubjektiv standardisierte →**Lexikon** einer Sprachgemeinschaft; i.d.S. erfordert u.a. jede Wortneubildung das erfolgreiche Durchlaufen eines Lexikalisierungsprozesses, während dessen insbesondere auch deren semantische Belegung verbindlich gemacht wird. I.d.S. sind z.B. *Stute* für „erwachsenes weibliches Pferd" oder *etw. auf dem Kerbholz haben* für „geltendes Recht verletzt haben" Ergebnisse von **L.** im Deutschen, wobei gerade das Feld der →**Idiomatik** zeigt, dass **L.** komplexe Wege historischer Belegungen und Umwertungen von Sprachausdrücken durchlaufen kann (→**Sprachwandel**).

Sabira Levin

Lexikographie, die: Praxis der Erstellung von Wörterbüchern (Enzyklopädien, Lexika); (häufig) in alphabetischer Anordnung der Einträge, mit normativer (z.B. Rechtschreibwb.) oder deskriptiver Zielsetzung. Gegenstand ein- oder mehrsprachiger Wb. sind der synchronische (diachronische) Wortschatz einer Sprache, einer →**Varietät** oder eines Teilwortschatzes (Fremdwb.). Im Spracherwerbskontext sind vor allem folgende Wörterbuchtypen relevant: Synonymwb., Stilwb. (Kollokationswb.), Wortfamilienwb., Phraseologisches Wb., Bildwb., Onomasiologisches Wb., Aussprachewb. und Lernerwb. (für DaF zehn →**Lernwörterbücher** bis 2008), die für Rezeption, Produktion und systematisches Wortschatzlernen konzipiert sind. Elektronische Wb. sind als CD-ROM-Versionen und im Internet (Bsp. →**Institut für deutsche Sprache** Mannheim, Uni Leipzig) verfügbar. Die Praxis der **L.** ist zum Gegenstand der Metalexikographie geworden (Wiegand 1998), sie schließt Wörterbuchbenutzungsforschung sowie Wörterbuchdidaktik (Schaeder 2000) ein.

Engelberg, S./Lemnitzer, L. (2004), *Lexikographie und Wörterbuchbenutzung*, 2. Aufl., Tübingen. – Schaeder, B. (2000), „Wörterbucharbeit im Unterricht Deutsch als Fremdsprache", in: *Germanistische Linguistik*, H. 155–156, 249–280. – Wiegand, H.-E., Hrsg. (1998), *Perspektiven der pädagogischen Lexikographie des Deutschen*, Tübingen.

Lutz Köster

Lexikologie, die: Teilgebiet der Linguistik, das →**Lexeme** – Wörter, Einheiten unterhalb der Wortebene (Abkürzungen, Wortbildungselemente, Morpheme) und Mehrworteinheiten (→**Phraseologismen**) – in Aufbau (→**Formativ**) und ihren Bedeutungen, Bedeutungsbeziehungen und -veränderungen beschreibt und erforscht sowie Gliederung und Strukturen des Wortschatzes untersucht: paradigmatische und syntagmatische Beziehungen, Wortfamilien, Wortfelder, stilistische Varianten. Fragen der Bedeutungsverwendung der Lexeme haben zur Integration kognitionspsychologischer Modelle der Wissensrepräsentation in die lexikologische Arbeit geführt (→**mentales Lexikon**). Wissenschaftsorganisatorisch können Disziplinen wie →**Semantik** (→**Semasiologie**, →**Onomasiologie**), →**Etymologie**, →**Onomastik**, →**Wortbildung**, →**Phraseologie** und Stilistik der **L.** subsumiert werden. Kenntnisse der **L.** sind z.B. unmittelbar für die Wortschatzarbeit relevant (Vokabeleinführung, Erklärungsverfahren; vgl. Bohn 1999).

Bohn, R. (1999), *Probleme der Wortschatzarbeit*, Berlin. – Schippan, Th. (1992), *Lexikologie der deutschen Gegenwartssprache*, Tübingen.

Lutz Köster

Lexikon, das: 1. Synonym für →**Wortschatz**. **L.** wird auch zur Bezeichnung eigenständiger Teilsysteme verwendet, Bspw. Phraseolexikon (Diskussion bei Schindler 2002); **2.** →**mentales Lexikon**; **3.** Nachschlagewerk: (ugs.) Synonym für (Sprach-)Wörterbuch, von dem das Sachwörterbuch (Enzyklopädie, **L.**) – trotz fließender Grenzen (enzyklopädische Anreicherung und kulturspezifische Markiertheit von Einträgen auch im Sprachwörterbuch) – zu unterscheiden ist.

Schindler, W. (2002), „Lexik, Lexikon, Wortschatz: Probleme der Abgrenzung", in: Cruse, D. A./Hundsnurscher, F./Job, M./Lutzeier, P. R. (Hrsg.), *Lexikologie. Lexicology. Ein internationales Handbuch zur Natur und Struktur von Wörtern und Wortschätzen*, 1. Halbbd., Berlin, 34–44.

Lutz Köster

Lexikoneintrag, der: 1. allg. Bezeichnung für in einem →**Lexikon** auftretende Wörter bzw. Begriffe (auch →**Lemma**); **2.** allg. Bezeichnung für das in einem Lexikon jeweils verwendete Format, in dem die Lemmata präsentiert werden (**L.** als spezifische →**Textsorte**); **3.** Bezeichnung für die im →**mentalen Lexikon** gespeicherten Spracheinträge, inkl. der – ggf. mehrwortigen – →**Chunks**. (Zu weiteren Bedeutsamkeiten von **L.** vgl. ggf. auch →**Sprachverarbeitung**; →**Gehirnforschung**).

Hans Barkowski

Lied-Didaktik, die: didaktisch-methodisch begründeter Einsatz von Liedern zur Erhöhung von Motivation und Optimierung des Lernprozesses. Man kann unterscheiden zwischen Sprachlern-Liedern, die eigens vor allem für den frühen Deutschunterricht produziert werden, und authentischen Liedern, d.h. in den Zielkulturen einstmals oder aktuell populären Liedern verschiedener Genres, Stile und Szenen (Kinderlied, ‚Volkslied', Kunstlied, Schlager, Popsongs, Rockballaden, Liedermacher etc.). Manche Lehrwerke haben authentische Lieder in ihr Konzept integriert. Eine wichtige Rolle bei der Auswahl von Liedern spielen neben den allgemein für Hör- und Lesetexte geltenden Kriterien insbesondere kulturelle Aspekte des Musikgeschmacks und der Musikrezeption bei Lehrenden und Lernenden. Die Methodik ist abhängig von Stellenwert (zentraler Text, Zusatzmaterial) und Funktion der Lieder (Belebung, Sequenzierung, Lexikonerwerb, Kulturverstehen u.a.m.) im jeweiligen Unterrichtskonzept. Die Bestimmung der didaktischen Schwerpunkte (Sprachtraining, kulturelle Inhalte, künstlerische Mittel) ist eine Voraussetzung für die Auswahl adäquater Übungsformen. Nach Badstübner-Kizik (2004) können den lernpsychologischen, reproduktiven, rezeptiven, produktiven, interkulturellen und informativen Potenzen von Musik entsprechende Arbeitsverfahren zugeordnet werden und zwar zur Unterstützung der Rezeption und Produktion von Sprache, zur Vorbereitung und Unterstützung von Wahrnehmung, zur Förderung von Reflexionsfähigkeit und eines landeskundlichen Wissenskontextes.

Badstübner-Kizik, C. (2007), *Bild- und Musikkunst im Fremdsprachenunterricht*, Frankfurt a. M.

Rainer Bettermann

Limbisches System: Struktur im Inneren des Gehirns, wobei zwei Regionen von besonderem Interesse für die Fremdsprachendidaktik sind. 1. Der Hippocampus spielt eine bedeutende Rolle beim →**deklarativen** Lernen (z.B. von Vokabeln oder Regeln) und beim →**prozeduralen** Lernen. Neues Wissen wird durch den Hippocampus vom →**Kurz-** ins →**Langzeitgedächtnis** übertragen. Neuere Studien zeigen, dass vor allem während des Schlafes Transferprozesse vom Hippocampus in die Großhirnrinde stattfinden.

2. Die Amygdala, auch Mandelkern genannt, spielt eine zentrale Rolle bei der emotionalen Bewertung eingehender Sinnesinformationen, bevor diese bewusst wahrgenommen werden. Dies hat u.a. zur Folge, dass unter Angst Gelerntes dauerhaft zusammen mit dem erlebten Angstgefühl abgespeichert wird.

Spitzer, M. (2003), „Der Mandelkern und die metakognitive Kernkompetenz: Gehirnforschung für die Schule (Geist & Gehirn), in: *Nervenheilkunde*, Jg. 22, Nr. 1, 216–219. – Thompson, R.F. (2001), *Das Gehirn*, 3. Aufl., Heidelberg/Berlin.

Martin G. Döpel

Linearisierung/Linearität, die: auch: Serialisierung/Serialität; eine der Grundeigenschaften der Verfasstheit von Sprachen (neben →**Arbitrarität**). **L.** fokussiert die Tatsache der räumlichen bzw. bei gesprochener Sprache zeitlichen Abfolge sprachlicher Strukturelemente auf der Mikro- (z.B. Morphem; Silbe) und Makroebene (z.B. Konstituenten; Satzgefüge) und variiert →**sprachentypologisch** und einzelsprachlich, wobei als Orientierung für syntaktische Abfolgen gelten kann, dass umfänglich flektierende Sprachen wie z.B. das Deutsche höhere Gestaltungsspielräume eröffnen als der Gegentyp (vgl. etwa das Englische). Zu den Linerarisierungsmerkmalen bzw. -vorschriften des Deutschen gehören u.a. die Abfolge Artikel – attributives Adjektiv – Substantiv in Nominalen (vgl. etwa *ein interessantes Buch*) und die fixierte Zweitstellung des finiten Verbs im Aussage-Hauptsatz.: *Ich habe leider meine Unterlagen zu Hause vergessen.* Gestaltungsspielräume werden insbesondere für pragmatische, semantische und stilistische Akzentuierungen genutzt; dies gilt im Deutschen v.a. auch für die Besetzung der ersten Stelle in Aussage-Hauptsätzen (vgl. etwa *Meinetwegen brauchen wir kein neues Auto.*).

Colliander, P. (2001), „Linguistik im DaF-Unterricht“, in: Colliander, P. (Hrsg.), *Linguistik im DaF-Unterricht*, Frankfurt a.M., 25–53.

Charlotte Köhler

Lingua Franca, die: Neben die ursprüngliche spezifische Verwendung dieses Begriffs für Mischsprachen der romanischen Sprachfamilie ist seit ca. 1980 zunehmend die Verwendung von **L.F.** als Bezeichnung für →**Verkehrssprachen** getreten, die im Kontakt zwischen Menschen verschiedener Erstsprachen benutzt werden. Dabei kann es sich um regionale (z.B. Spanisch in Lateinamerika bzw. Deutsch in Mitteleuropa um 1980/2000) oder fachspezifische (z.B. Deutsch um 1900 als Verkehrssprache in vielen Wissenschaften) **L.F.** oder aber um global verwendete Sprachen handeln. Als Folge des britischen Kolonialismus einerseits, des II. Weltkriegs andererseits hat sich seit etwa 1950 zunehmend Englisch als weltweite **L.F.** durchgesetzt, während Deutsch nur noch in wenigen Bereichen (z.B. in der Theologie und Philosophie) als **L.F.** funktioniert. Umstritten ist, ob und in welchem Ausmaß die Verwendung einer **L.F.** andere Sprachen bedroht und die Bereitschaft zum Erlernen weiterer Fremdsprachen reduziert (→**Gesamtsprachencurriculum**).

Born, J., Hrsg. (1993), *Deutsch als Verkehrssprache in Europa (Jahrbuch Institut für Deutsche Sprache)*, Berlin. – Pörksen, U., Hrsg. (2005), *Die Wissenschaft spricht Englisch? Versuch einer Standortbestimmung*, Göttingen.

Hans-Jürgen Krumm

Lingua-Puzzle, das: eine der Arbeitstechniken im Bereich des →**Hörverstehens**, denen im →**Fremdsprachenwachstum** eine besondere Stellung eingeräumt wird. Beim **L.** wird eine kurze Passage eines bereits in groben Zügen verstandenen Hördokuments in allen Details rekonstruiert und abschließend memoriert und/oder aufgeschrieben. Insoweit die Lernenden beim **L.** alle Ebenen der Sprachverarbeitung mobilisieren, kommt ihm für den „absichtsvollen“ L2-Erwerb eine besondere Bedeutung zu. Da das **L.** keinerlei pädagogischen oder sprachdidaktischen Jargon benützt, ist es als Selbstlerntechnik für Lerner, die wenig bis gar keine Vorkenntnisse in grammatischer Terminologie haben, sehr gut geeignet.

Buttaroni, S. (1997), *Fremdsprachenwachstum. Sprachenpschologischer Hintergrund und didaktische Anleitungen*, München.

Alfred Knapp

Linguistik, die: neuere Bezeichnung für →**Sprachwissenschaft**; beide Ausdrücke können meist füreinander eintreten.

Der Gegenstand der **L.** wird ebenso wie ihre Methoden unterschiedlich bestimmt. In einer traditionellen Sicht sind ihr Gegenstand zunächst die Grammatik und das Lexikon einer einzelnen Sprache. Hier liegt Sprache in ihrer schriftlichen Form zu Grunde, die zwischen Wörtern und Sätzen klar unterscheidet. Lautlehre, Formenlehre und Syntax als Teile der Grammatik, Wörter und Wortbildungslehre als Teile des Lexikons umfassen für ein solches Verständnis Hauptgebiete der **L.** Das 19. Jh. verarbeitete darüber hinaus die historische Entwicklung dieser Bereiche. So wurde die Sprachgeschichte zum zentralen Forschungsgebiet. Mit dieser Tradition brach de Saussure am Beginn des 20. Jhs. radikal, indem er der Geschichte der Sprachen (→**Diachronie**) das nur als Gleichzeitiges zu verstehende Sprachsystem (→**Synchronie**) gegenüberstellte. Als genuinen Gegenstand einer Allgemeinen **L.** bestimmte er das System der →**langue** als System von wechselseitig voneinander abhängigen Zeichen. Alle anderen Phänomene von Sprache wurden als Teile der →**parole** systematisch zurückgedrängt bzw. als Aspekte von →**langage** allgemein aus der **L.** ausgeschlossen.

Ähnlich rigorose Veränderungen des Gegenstandsbereichs zeigen sich während des 20. Jhs. So eliminierte die behavioristisch-distributionalistische Sprachwissenschaft (Bloomfield, Gleason, Hockett) die Bedeutung, um sich auf die Erfassung von Zeichenverteilungen in einem Korpus zu konzentrieren – mit wichtigen Folgen für die Spracheignungstheorie und die Vermittlungsmethodik (→**pattern drill**). Die →**generative (Transformations-) Grammatik** (Chomsky) verschob das linguistische Interesse fast gänzlich auf die Syntax und eliminierte große Teile von Sprache als bloße Performanz sowie Kommunikation insgesamt aus dem Bereich linguistischer Objekte. Demgegenüber wurden wichtige Aspekte von Sprache von nicht-linguistischen Theorien (Sprachpsychologie, Bühler; Sprachphilosophie, Austin, Wittgenstein; Sprachsozialanthropologie, Hymes, Ferguson; Sprachsoziologie, Habermas, Bourdieu; u.a.) zum Gegenstand gemacht. Durch die „Wende" der Linguistischen Pragmatik (→**Pragmalinguistik**) erfolgte eine Neubestimmung des Gegenstandsbereichs der **L.** und ihrer Methodik, eine verstärkte Hinwendung zur gesprochenen Sprache und zur linguistischen Rekonstruktion des Zusammenhangs von Sprache und Gesellschaft. Für die Rekonstruktion des sprachlichen Handelns wird der systematische Einbezug der zuvor abgespaltenen Teile von Sprache in die **L.** unabdingbar.

Die allgemeinen Gegenstandsbestimmungen der **L.** resultieren in einer →**Allgemeinen Sprachwissenschaft**, die unter Bezug auf Daten einzelne Sprachen oder unter Bezug auf allgemeine gattungs- bzw. gruppenspezifische Merkmale theoretische Bestimmungen für Sprache zu ihrem Objektbereich entwickelt. So gewonnene Erkenntnisse haben häufig zugleich eine Anwendungsperspektive, so dass eine Trennung von allgemeiner (dann als „theoretisch" verstandener) und angewandter Sprachwissenschaft unzureichend ist.

Die Vielfalt der Sprachen der Welt, ihre Beschreibung und ihre Systematik (→**Sprachtypologie**) gewinnen erst in jüngster Zeit für die **L.** eine neue Relevanz. Gegenüber universalistischen Tendenzen wird so der Reichtum der Sprachen der Welt als ein wichtiger Gegenstandsbereich von **L.** erkannt, was gerade mit Blick auf die sich entwickelnde gesellschaftliche Mehrsprachigkeit von großer Bedeutung ist.

Hoffmann, L. (1996), *Sprachwissenschaft. Ein Reader*, Berlin/New York.

Konrad Ehlich

linguistischer Determinismus: Die aus der Sprachphilosophie stammende Theorie des **l.D.** besagt, dass die Sprache die Art und Weise der menschlichen Wahrnehmung und des Denkens bestimmt. Uneinigkeit herrscht in der Forschung darüber, welcher Art und wie groß der Einfluss grammatischer und semantischer Strukturen auf Wahrnehmung und Weltsicht ist – eine wichtige Frage nach den Grenzen interkultureller Verständigung bzw. Verstehbarkeit. Mit der Theorie eng verknüpft ist die u.a. in der sog. →**Sapir-Whorf-Hypothese** vertretene Idee der sprachlichen Relativität: aufgrund seiner Arbitrarität hängt die Bedeutung eines sprachlichen Zeichens vom jeweiligen Wortfeld ab, die durch Sprache bedingten mentalen Kategorien sind dementsprechend beliebige soziale Konstruktionen. Die Reichweite des **l.D.** wurde in verschiedenen empirischen Studien sowohl bekräftigt als auch eingeschränkt, u.a. in interkulturellen Vergleichen zur Farbbenennung und Farbwahrnehmung. Es zeigte sich, dass Probanden, in deren Sprache Begriffe zur Differenzierung bestimmter Farbabstufungen fehlten, größere Schwierigkeiten mit der Wahrnehmung und dem Erinnern an diese Farbabstufungen hatten.

Lenneberg, E. (1953), „Color naming, color recognition, color discrimination: a re-appraisal", in: *Language*, Bd. 29/4, 463–471. – Whorf, B.L. (1963), *Sprache, Denken, Wirklichkeit. Beiträge zur Metalinguistik und Sprachphilosophie*, Reinbek.

Eva V. Chen

Linguolandeskunde, die: speziell auf die Linguistik bezogene Form der →**Landeskunde**; der Fachbegriff ist eine Übersetzung aus dem Russischen. Das von Verscagin/Kostomarov entwickelte Konzept wurde in den 1980er Jahren v.a. in der DDR aufgegriffen und weitergeführt. **L.** vermittelt landeskundliche Inhalte direkt durch Auseinandersetzung mit fremdsprachlichen Strukturen/Elementen statt in separaten thematischen Unterrichtseinheiten.

Reichstein, A.D. (1982), „Linguistische Grundlagen des landeskundlichen Aspekts im Fremdsprachenunterricht", in: *Deutsch als Fremdsprache*, Jg. 19, 258–266. – Zuckova, I. (1986), „Zur Frage des Verhältnisses von Landeskunde, Linguolandeskunde und Fremdsprachenmethodik", in: *Deutsch als Fremdsprache*, Jg. 23, 29–32.

Eva V. Chen

Linkstendenz, die/linksversetzend: 1. Ein wesentliches Konzept der Beschreibung der deutschen Satzstruktur ist die Satzklammer, die wiederum drei wesentliche Stellungsfelder, das Vorfeld, das Mittelfeld und das Nachfeld, determiniert. Als Vorfeld wird bezeichnet, was der linken Satzklammer vorausgeht, das Mittelfeld wird i.d.R. durch die linke und die rechte Satzklammer begrenzt. Das Nachfeld folgt auf den rechten Klammerteil. Linksversetzend meint nun Konstruktionen, bei denen zu einer Konstituente im Vorfeld ein koreferenter Ausdruck, der keine eigene kommunikative Einheit darstellt, vor die Satzstruktur, d.h. vor das Vorfeld, gestellt wird: *Dem Otto, dem würde ich nichts glauben*. **2.** Bezogen auf die Stellung von Dativ- und Akkusativobjekt im Satz bezeichnet **L.** die Tendenz von Pronomen im Akkusativ und von Reflexivpronomen, die Position links vom Dativobjekt einzunehmen: *Er gibt seiner Freundin/ihr ein Geschenk* → *Er gibt es ihr*.

Mandy Höhle

Liquid, der: Fließlaut; Bezeichnung für einen →**Konsonanten** mit dem Artikulationsmodus **L.**, bei dem das jeweils im Artikulationstrakt aufgebaute Hindernis fließend durch die Ausatmungsluft überwunden wird (→**Artikulation**) – dies trifft im Deutschen auf folgende Konsonanten zu: den Lateral [l] (*leise*) sowie die fakultativen R-Varianten Zungenspitzen-r [r] und Zäpfchen-r/uvulares r [ʀ] (*Reise*).

Kerstin Reinke

Literalität, die/Literacy: 1. Phänomen der Entwickeltheit eines Schriftsystems und schriftsprachlicher Kommunikationsformen in spezifischen gesellschaftlichen, sozialen und kulturellen Kontexten; **2.** die Fähigkeit, →**Schriftsprache** zu gebrauchen, d.h. zu lesen, zu verstehen, zu schreiben und über schriftsprachlich Verfasstes zu sprechen; **L.** umfasst also sprachliche, kognitive, kommunikative und soziale Kompetenzen sowie soziokulturelles Wissen. Fremd- und Zweitsprachensprecher sind in aller Regel auch mit ihnen – mehr oder weniger – fremden schriftsprachlichen Praktiken konfrontiert (vgl. Schmölzer-Eibinger 2008, 41); deren Vermittlung/Förderung bedarf deswegen spezifischer methodisch-didaktischer Kenntnisse und Arrangements (→**Schreiben**).

Schmölzer-Eibinger, S. (2008), *Lernen in der Zweitsprache*, Tübingen.

Imke Mohr

Literatur, die: Oberbegriff für Schrifttum jeder Art, in diesem Sinne sind alle sprachlich fixierten, auch nichtkünstlerischen Werke **L.** Wird auch als Ordnungsbegriff zur Klassifizierung einer Hauptkunstart benutzt, die neben anderen (bildende Kunst, darstellende Kunst, Musik, Architektur etc.) existiert; in diesem Sinne ist **L.** Gegenstand der Germanistik. **L.** ist Teil der →**Kultur**. Sie bestimmt sich den jeweiligen Wertungssystemen einer Gesellschaft nach durch Schriftlichkeit, Fiktionalität, Literarizität, Polysemie/Bedeutungsoffenheit (Allkemper/Eke 2004, 26).

L. im Fach DaF schließt im besonderen Maße Texte ein, die den interkulturellen Dialog ermöglichen, in denen Kulturunterschiede bedacht und über Kulturgrenzen hinausgedacht wird (Gutjahr 2002, 352f.), **L.**, „die auf angemessene Weise von der Komplexität des Subjekts, der Welt und des Lebens spricht, über die wir uns über unser Dasein in der Welt und über unser Gegenüber-Sein zur Welt, also über uns selbst verständigen" (Braungart 2004, 303).

Allkemper, A./Eke, N.O. (2004), *Literaturwissenschaft*, Paderborn. – Braungart, W., (2004), „Gute Texte, schlechte Texte", in: *Schlechte Literatur, Mitteilungen des Deutschen Germanistenverbandes*, Jg. 51, 3. Heft, 292–303. – Gutjahr, O. (2002), „Alterität und Interkulturalität. Neuere deutsche Literatur", in: Benthin, C./Velten, H.R. (Hrsg.), *Germanistik als Kulturwissenschaft. Eine Einführung in neue Theoriekonzepte*, Hamburg, 345–369.

Werner Biechele

Literaturdidaktik, die:
1. Gegenstandsbereich
Im Zentrum der **L.** steht die „Vermittlung von Literatur, ihre systematische, im öffentlichen Raum erfolgende und von der Wissenschaft ‚kontrollierte' Deutung oder Interpretation" (Bogdal/ Korte 2002, 13). Sie bewegt sich in einem Spannungsfeld von Literaturwissenschaft, Schule (Unterricht) sowie Bildungs- und Lerntheorien. Die Vermittlung von Literatur im muttersprachlichen wie im fremdsprachlichen Unterricht kann einen wichtigen Beitrag zur Stiftung kultureller Kohärenz leisten, z.B. hier zwischen der aktuellen Lebenswelt der Lerner und der historischen Tradition, dort zwischen der fremdkulturellen Welt des Textes und der eigenkulturellen Welt der Lernenden.

2. Potenzen und didaktisch-methodische Überlegungen
Die Potenzen erklären sich aus der Funktion von →**Literatur** und deren Modellcharakter. Diese begründen für die Vermittlung von Literatur als Prinzip, dass der literarische Text einen Anspruch darauf hat, im unterrichtlichen Diskurs entschlüsselt zu werden, die Lernenden ein Recht darauf, durch sachkundige Unterrichtsgestaltung Werkzeuge zum Entschlüsseln der versteckten Botschaften zu erhalten.

3. Zur Spezifik fremdsprachlicher **L.**
Im fremdsprachlichen Unterricht ist die Zielsprache zugleich Objekt, insofern es um das Verstehen von Literatur geht, die in der fremden Sprache geschrieben ist und als Kulturträger Einblicke in die Zielkultur gewährt, und sie ist Verständigungsmittel, weil die jeweiligen Texte Bezugspunkte für Interpretationsgespräche in der Fremdsprache sind, durch die das mündliche und schriftliche Ausdrucksvermögen verbessert werden sollen. Als wichtiges Bildungsziel ist die Vermittlung sprachlicher Fähigkeiten und Fertigkeiten, als Erziehungsziele sind Fremdverstehen, Selbsterfahrung und Interkulturalität anzusehen. Fremdsprachliche **L.** geht heute von einem am Text belegbaren Interpretieren im Sinne einer kritischen →**Hermeneutik** aus, damit das Gespräch über den Text einerseits nicht in subjektiver Beliebigkeit endet, andererseits Literaturrezeption nicht durch vorgegebene Interpretationen eingeschränkt wird.

Bogdal, K.-M./Korte, H., Hrsg. (2002), *Grundzüge der Literaturdidaktik*, München. – Bredella, L. (2007), *Lesen und Schreiben im Rahmen der rezeptionsästhetischen Literaturdidaktik. Gegen verengte und überzogene Konzeptionen des Lesens.* Ms. – Krusche, D. (2002), „Ist Fremde lehrbar?", in: Barkowski, H./Faistauer, R., (Hrsg.), *... in Sachen Deutsch als Fremdsprache*, Hohengehren, 387–417.

Werner Biechele

Literaturlehrforschung, die: bearbeitet die Frage nach der Bedeutung sowie der Wirkungsweise literarischer Texte. Der Begriff wurde parallel zum Begriff →**Sprachlehrforschung** in der →**interkulturellen Germanistik** geprägt. **L.** befasst sich daher insbesondere mit der Wirkung deutschsprachiger Literatur auf anderssprachige Leser (→**Rezeptionsäthetik**). Der Umgang mit Literatur, deren Lebensbezug sowie die kognitiven und affektiven Effekte von Literatur sind zentrale Schwerpunkte dieses leser- bzw. lernerorientierten Forschungsgebiets.

Wierlacher, A. (1980), „Literaturlehrforschung des Faches Deutsch als Fremdsprache", in: Wierlacher, A. (Hrsg.), *Fremdsprache Deutsch 2*. München, 315–339.

Judith Hellmann

Literatursprache, die: spezifische Sprachform des literarischen Diskurses, identisch gebraucht mit Begriffen wie Dichtersprache und Sprache der schönen Literatur. Hochentwickelte, durch bewusste Formung geprägte Existenzform einer Nationalsprache. Die **L.** ist das materielle Element der Inhalt-Form-Beziehung; sie bestimmt die spezifische Art und Weise des Aneignungsprozesses sowohl durch den Schriftsteller als auch durch den Rezipienten, der die in der Sprache des Textes gebundene Wertung aufspüren und in ihrem Bezug zum gesamten Kunstwerk erfassen muss. Schriftsteller schöpfen aus allen Existenzformen (Dialekt, Umgangssprache, Literatursprache) der Nationalsprache. Es gibt keine an sich geeigneten oder ungeeigneten Sprachelemente, als geeignet oder ungeeignet erweisen sie sich erst im Prozess der Gestaltwerdung der künstlerischen Idee.

Werner Biechele

Litotes, die: rhetorisches Stilmittel der Untertreibung, mittels dessen zum einen Bescheidenheit signalisiert werden kann (*Ich hoffe, damit einen kleinen Beitrag zur Klärung ... geleistet zu haben.*), zum anderen Aussagen und Urteile besonders hervorgehoben (*Ich glaube, das ist mir nicht schlecht gelungen.*) oder ironisch eingefärbt werden können: *So ein Aufsichtsratsvorsitzender eines Stromkonzerns verdient schon ein paar Euro.* **L.** gehört auch im Deutschen zum kommunikativen Alltag und sollte deswegen im DaF/DaZ-Unterricht schon ab der Grundstufe Beachtung finden.

Hans Barkowski

Logopädie, die: bezeichnet eine noch junge medizinisch-therapeutische Fachdisziplin, die sich mit der Prävention und Rehabilitation von Kommunikationsstörungen befasst. Diese Beeinträchtigungen können die Sprache, das Sprechen, die Stimme, das Hören und das Schlucken betreffen. Der Terminus **L.** wurde erstmals 1913 durch den Wiener Phoniater Emil Fröschels anstelle der damals üblichen Bezeichnung „Medizinische Sprachheilkunde" eingeführt. Später erweiterte sich der Begriffsumfang auf das Gesamtgebiet der medizinischen Sprach- und Stimmheilkunde. Das Fachgebiet der **L.** ist mit den Bezugsdisziplinen Medizin (vor allem Phoniatrie, Pädiatrie, Neurologie), Psychologie, Soziologie, Sprachwissenschaft und Pädagogik eng verbunden und gewinnt Erkenntnisse in Theorie und Empirie auch aus diesen Wissenschaftsgebieten. Teilgebiete der **L.** sind Prävention, Beratung, Diagnostik, Therapie, Rehabilitation, Lehre und Forschung von Kommunikationsstörungen.

In Europa wird die gesetzlich geschützte Berufsbezeichnung Logopäde/Logopädin bevorzugt verwendet. In einigen Ländern werden andere Termini synonym gebraucht. Der Begriff „Speech- and Language Pathology" repräsentiert die international gebräuchliche Bezeichnung.

Grohnfeldt, M., Hrsg. (2007), *Lexikon der Sprachtherapie*, Stuttgart.

Stephanie Kurtenbach

Lokaladverb, das: →**Adverb**, das ein Geschehen oder ein Objekt im Raum situiert oder eine örtliche Beziehung bezeichnet. Man unterscheidet Ortsadverbien (Frage: Wo?, z.B. *dort, unten, oben, links, rechts, daheim, auswärts*) und Richtungsadverbien (Frage: Wohin?/Woher?, z.B. *dorthin, geradeaus, bergab, heim, stadteinwärts, herab, herunter*).

Mandy Höhle

Lokalangabe, die: im **Grammatikdiskurs** uneinheitlich verwendeter Terminus zur Bezeichnung von Angaben zur „Verortung" von Handlungen, Geschehnissen usw.

1. Nach allgemeiner Auffassung können sich **L.** dabei sowohl auf Nominale (*das Haus am Deich*) als auch auf Verbausdrücke/Prädikate (*Das Haus liegt am Deich*) oder Sätze (*Im letzten Winter hat es reichlich Schnee gegeben*) beziehen, also attributiv, adverbial und als („freie") Angabe **fungieren** und umfassen dabei der Form nach unterschiedliche Strukturen, v.a. die →**Lokaladverbien**, wie *da, dorthin* usw. und →**Präpositionalangaben** (*am Deich*), aber auch →**Relativsätze** (*das Land, wo Milch und Honig fließen*). **2.** Nach →**valenzgrammatischer** Terminologie bezeichnet **L.** ausschließlich die sog. „freien", nicht valenzgebundenen Lokalangaben, während eine L. wie in *Das Haus liegt am Deich.* als Lokalergänzung (→**Ergänzung**) bezeichnet wird.

Hans Barkowski

Lokalbestimmung, die: s. Lokalangabe

Lokalergänzung, die: s. Lokalangabe

Lokalsatz, der: Relativsatz, der mit einem Lokaladverb (*wo, woher, wohin*) eingeleitet wird. Der **L.** hat die Funktion einer adverbialen Bestimmung eines Ortes oder einer Richtung, kann aber ebenso den Ort eines Geschehens näher beschreiben. Der **L.** nimmt Bezug auf eine Lokalergänzung oder auf eine durch ein Nomen oder ein Lokaladverb ausgedrückte Angabe im Hauptsatz. Stimmen die lokalen Beziehungen überein ist das Bezugswort optional; z.B. *Viele wollen (dort) arbeiten, wo andere Urlaub machen.*

Christin Winter

Lokativ, der: Terminus im Rahmen des linguistischen Konzepts →**semantischer Rollen**; bezeichnet den Ort, an dem die Handlung, die vom Verb ausgedrückt wird, stattfindet, z.B. *Anna geht am Meer spazieren.*

Mandy Höhle

Lokution, die/lokutiver Akt/lokutionärer Akt: In der →**Sprechakttheorie** wird zwischen einem illokutiven und einem **l.A.** unterschieden, die gleichzeitig vollzogen werden. Der **l.A.** stellt die Äußerung an sich dar: In einem Gespräch sagt eine Mutter zu ihrem Kind: *„Draußen ist es kalt."* Der **l.A.** ist die Feststellung, dass es draußen kalt ist. Die Sprechabsicht, der →**illokutive Akt** könnte die Aufforderung an das Kind sein, sich eine Jacke anzuziehen.

Mandy Höhle

Longitudinalstudie, die: s. Längsschnittstudie

Lückentext, der: Text mit Auslassungen, die von den Lernenden zu füllen sind. **L.** werden sowohl als Übungs- als auch →**Testverfahren** eingesetzt. Man unterscheidet zwischen selektiv gesetzten Lücken (z.B. Tilgen aller Verben) und mechanisch (zufällig) gesetzten Lücken, wie z.B. bei →**CLOZE-** und →**C-Tests**. Dabei handelt es sich um integrative Testverfahren zur Überprüfung einer allgemeinen Gesamtsprachkompetenz, die auf dem Konzept der sog. reduzierten Redundanz beruhen. **L.** werden oft auch mit rezeptiven Auswahlformaten verbunden, d.h. pro Lücke stehen mehrere Lösungsmöglichkeiten zur Verfügung (→**Multiple Choice**).

Manuela Glaboniat

M

Malefaktiv, der: →**semantische Rolle**, die im Deutschen durch einen →**Dativ Incommodi** realisiert wird und das Opfer der Handlung/des Vorgangs bezeichnet: *Er zerbricht ihr den Krug., Ihm ging das Benzin aus.* Bei →**ergativen** Verben kann dieser Dativ auch als Verursacher interpretiert werden: *Ihm ist der Krug zerbrochen.* Gegensatz →**Benefaktiv**. Die Interpretation als Bene- oder Malefaktiv kann vom →**Kontext** abhängen: *Er bemalt ihr die Wand.*

Wegener, H. (1991), „Der Dativ – ein struktureller Kasus?", in: Fanselow, G./Felix, S.W. (Hrsg.), *Strukturen und Merkmale syntaktischer Kategorien*, Tübingen, 70–103.

Heide Wegener

Mannheimer Gutachten, das: 1974 beauftragte die Kulturabteilung des Auswärtigen Amtes eine Gruppe von zehn Experten, die in Deutschland erschienenen Lehrwerke für DaF einer fachlichen Prüfung zu unterziehen. Die Expertengruppe tagte im →**Institut für Deutsche Sprache** in Mannheim, daher die Bezeichnung **MG**. 1977 wurden die Kriterien sowie die →**Lehrwerkgutachten** publiziert, 1979 ein Folgeband. Sie lösten eine kontroverse Fachdiskussion aus und können als der Beginn einer systematischen →**Lehrwerkanalyse** im Fach DaF bezeichnet werden.

U. Engel u.a. (Bd. 1, 1977/Bd. 2, 1979), *Mannheimer Gutachten zu ausgewählten Lehrwerken Deutsch als Fremdsprache*, Heidelberg. – *Zielsprache Deutsch* (1978), Heft 2: „Kritische Beiträge zum Mannheimer Gutachten".

Hans-Jürgen Krumm

marxistische Sprachtheorie, die: Sammelbezeichnung für Sprachtheorien, die sich auf Theoreme und Methodologien beziehen, die von Marx oder Engels vertreten wurden. Im Einzelnen handelt es sich um Konzepte, die sich auch in anderen Theorien und Philosophien finden. Zu den bevorzugten Konzepten einer **m.S.** gehört ein Zugang, der die Sprache aus der praktischen Lebenstätigkeit erklärt und sie im Zusammenhang mit der übrigen Lebenstätigkeit sowie deren gesellschaftlicher Verfasstheit (Sozialsystem, Wirtschaftssystem, Wertesystem u.a.m.) betrachtet. Sprache wird als etwas Soziales und historisch Gewordenes und sich Entwickelndes gesehen. Neben dem Historischen spielt Dialektik eine große Rolle. In der Tendenz werden einzelne Aspekte von Sprache wie Synchronie und Diachronie, Bedeutung und Form sprachlicher Zeichen nicht isoliert gesehen, sondern als sich in einem widersprüchlichen Zusammenhang befindend. Das gilt auch für Sprache, Denken und Kommunikation.

Marx, K./Engels F. (1974), *Die deutsche Ideologie*, Marx/Engels Werke Bd. 3, Berlin ([1]1845/46). – Volosinov, V.N. (1975), *Marxismus und Sprachphilosophie*, Berlin (russ. 1930).

Klaus Welke

maschinelle Übersetzung, die: s. computergestützte Übersetzung

Maskulinum: s. Genus

matched-guise-Technik, die: Befragungsverfahren zur Feststellung von Einstellungen zu verschiedenen Sprachen (auch Sprachvarietäten), bei dem (bilinguale) Sprecher inhaltlich identische Texte in verschiedenen Sprachen vorlesen. Auf Grundlage dieser Stimmproben schließen die Probanden auf die Persönlichkeit der Sprechenden. Da die unterschiedlichen Sprachproben von ein und demselben Sprecher stammen, spiegelt die Reaktion der Testpersonen nicht die Einstellung zur Person, sondern zur jeweiligen Sprache wider.

Ryan, E.B./Giles, H./Hewstone, M. (1988), „The Measurement of Language Attitudes", in: Ammon, U. (Hrsg.), *Soziolinguistik/Sociolinguistics: an international handbook of the science of language and society*, Bd. 2, Berlin/New York, 1068–1081.

Manuela Glaboniat

Matrix, die/Matrixsatz, der: Pl. Matrizen, Matrices; 1. **Matrix:** schematische Darstellung von

Merkmalen von Phonemen, Morphemen, Wörtern in Tabellenform, i.d.R. mit den Werten +/–, z.B. in Bezug auf →**semantische Merkmale**:

	[Mensch]	[erwachsen]	[weiblich]
Kind	+	–	+/–
Junge	+	–	–
Mädchen	+	–	+
Frau	+	+	+
Mann	+	+	–

2. **Matrixsatz:** übergeordneter Satz, in den ein untergeordneter Satz eingebettet wird, z.B. enthält die Konstruktion [x ist prima] in *Dass Emil kommt, ist prima.* den Nebensatz *dass Emil kommt* als einen in einen **M.** eingebetteten Nebensatz.

[[Dass Emil kommt] ist prima.]

Diese Terminologie ist in zweierlei Hinsicht günstig. Sie betrifft alle Varianten von Über- und Unterordnung von Sätzen und nicht nur Haupt- und Nebensätze. Sie verweist darauf, dass sich ein übergeordneter und ein untergeordneter Satz (oder ein Haupt- und ein Nebensatz) nicht additiv gegenüber stehen, sondern dass ein untergeordneter Satz in einen **M.** eingebettet ist.

Klaus Welke

Meaningful drill: bezeichnet eine →**Drill-Übung** für das →**Sprachlabor**, die im Gegensatz zu sinnentleerten Strukturübungen in einen kommunikativen Kontext eingebettet ist und eine reale Gesprächssituation simuliert. **M.d.** markieren den Übergang von der →**audiolingualen** zur →**kommunikativen Methode** (beispielhaft Göbel 1983).

Göbel, R. (1983, 3. erw. Aufl. 1991), *Deutsch mit Fortgeschrittenen*, Bielefeld.

Hans-Jürgen Krumm

Mediation, die: **M.** hat für DaF/DaZ vor allem folgende Bedeutungen: **1. M.** als Überführung eines Ausgangstextes in eine andere Sprache: Im Gegensatz zur Übersetzung steht hier nicht die exakte Wiedergabe des Textes im Vordergrund, sondern die grobe inhaltliche Wiedergabe, das Beschränken auf wesentliche, relevante Informationen.

2. M. als Verfahren, Konflikte auf konstruktive Weise zu deeskalieren und zu bearbeiten, wobei in pädagogischen Kontexten vor allem Maßnahmen zur Konfliktprävention von Bedeutung sind. Ziel der interkulturellen **M.** ist es, kulturelle Ursachen von Konflikten zu thematisieren und die Interdependenz von affektiven (z.B. Empathie, Vorurteile), kognitiven (z.B. Verständnis für fremde Handlungszusammenhänge) und verhaltensspezifischen Dimensionen (z.B. Kommunikationsfähigkeit und soziale Kompetenz) aufzuzeigen. **M.** vereinigt Ansätze aus verschiedenen Disziplinen, wie Psychologie, Pädagogik und Kommunikationswissenschaften. Die Rolle der Mediatoren ist die von unparteiischen Dritten, die den Konfliktparteien helfen, selbst einvernehmliche Lösungen zu finden. Peer-**M.** wird im Schulbereich angewendet und meint die Vermittlung bei Konflikten mit und unter Gleichaltrigen durch dafür ausgebildete Schüler.

Altmann, G. u.a. (1999), *Mediation. Konfliktmanagement für moderne Unternehmen*, Weinheim. – Faller, K. (1995), *Mediation in der pädagogischen Arbeit*, Mülheim an der Ruhr.

Elfie Pennauer

Mediendidaktik, die: interdisziplinär arbeitendes Teilgebiet der Didaktik, das sich mit den Funktionen und Wirkungen von →**Medien** in Lehr-/Lernprozessen befasst (vgl. Kron/Sofos 2003, 48). Als zentrale Funktionen von Medien im Fremdsprachenunterricht (FU) können die Vermittlung zwischen Lehrenden und Lernenden (Effektivierung der Wissensvermittlung; z.B. durch Tafelbild), Unterrichtsgeschehen und Lernenden (Initiierung und Regulierung kommunikativen Handelns; z.B. Bilder als Sprechanlässe), →**Zielsprache**/-kultur und Lernenden (authentischer Zugang; z.B. Filmanalyse im FU, →**Filmdidaktik**) betrachtet werden (vgl. Huneke/Steinig 2005, 179ff.).

Die **M.** ist den verschiedenen allgemeinen Lehr-/Lernzielen der Fremdsprachendidaktik verpflichtet: So wird ein Medieneinsatz beim Training von →**Fertigkeiten** maßgeblich von der Frage bestimmt, welche Modalitäten und Kodalitäten (→**Multimedia**) die Medien unterstützen. Zur Förderung von Kommunikationsfähigkeit und →**interkultureller Kompetenz** können Potenziale von Online-Medien (→**E-mail Tandems**; Online-Projekte etc.) genutzt werden. Nicht zuletzt ist die Förderung der →**Schlüsselqualifikation** Medienkompetenz selbst ein Lernziel des FU. Aus der Perspektive der **M.** ist jeder Medieneinsatz mit dessen je spezifischer Produktivität für das übergeordnete unterrichtliche Lehr- und Lernarrangement zu begründen.

Huneke, H.-W./Steinig, W. (2005), *Deutsch als Fremdsprache. Eine Einführung*, 4. Aufl., Berlin. – Kron, F.W./Sofos, A. (2003), *Mediendidaktik*, München/Basel.

Udo Ohm

Medium, das/Medien: **M.** wird sehr uneinheitlich definiert. Universale Definitionen bestimmen **M.** als Ausweitungen des menschlichen Körpers (u.a. McLuhan 2001) oder als flexible Zusammenhänge von Elementen (z.B. LUFT), die Formen (z.B. SCHALLWELLEN) aufnehmen können. Ein anderer, gängiger Definitionsansatz geht vom Grad der Beteiligung technischer Hilfsmittel an der Informationsübertragung aus (primäre **M.**: Sprache, →**Mimik**, →**Gestik**; sekundäre **M.**: Rauchzeichen, →**Schrift**, Bild; tertiäre **M.**: Telefon, Fernsehen, Internet), ein weiterer fokussiert die Art der Datenkodierung (analog: Schallplatte; digital: CD) und wieder ein anderer die technische Funktion (Speicher-**M.**: Schallplatte; Übertragungs-**M.**: Kabel; Kommunikations-**M.**: Brief, Telefon). Dabei werden die Definitionsansätze allerdings nicht immer trennscharf beachtet, sondern bestimmen teilweise wechselnd und in Kombination den Fachdiskurs.

In Lehr-/Lernkontexten ist eine Klassifizierung nach den angesprochenen Sinnesmodalitäten (auditive **M.**: Musikstück, Hörfunkbeitrag; visuelle **M.**: Bild, Stummfilm; audiovisuelle **M.**: Tonfilm; Fernsehbeitrag) und den Kodierungen (verbal: Hörfunkbeitrag, Buch; pictoral: Bild, Stummfilm; multikodal: Text mit Bildern, Tonfilm) besonders produktiv. Zudem kann zwischen **M.** für Individualkommunikation (Brief, Telefon) und Massenmedien (Zeitung, Fernsehen) differenziert werden. Im ersten Fall ist unter bestimmten Voraussetzungen (vgl. →**Soziolekt**, →**Register**) symmetrische Kommunikation möglich (Sender und Empfänger können Rollen wechseln), im zweiten nicht (nur zentrale Sendequelle für viele Empfänger). Eine Mischform stellt z.B. der →**Blog** dar.

McLuhan, M. (2001), *Understanding Media. The Extensions of Man*, London/New York.

Udo Ohm

Mehr-Speicher-Modell, das: auch: Multi-memory model; ein Gedächtnismodell, das beschreibt, wie die Prozesse des Enkodierens, Speicherns, Abrufens zusammenwirken, um Informationsverarbeitung und damit Lernen zu ermöglichen; das **M.-S.-M.** postuliert drei seriell angeordnete Komponenten: a) sensorischer Speicher: verarbeitet Sinneseindrücke, überführt als wichtig identifizierte Informationen in das b) →**Kurzzeitgedächtnis**, wo die Informationen zur weiteren Verarbeitung wenige Sekunden bereit gehalten werden; von dort werden sie entweder in den c) →**Langzeitspeicher** überführt oder sie werden vergessen. (Zur weiteren Präzisierung/Modifikation: →**Arbeitsgedächtnis**).

Atkinson, R.C./Shiffrin, R.M. (1968), „Human Memory: A Proposed System and its Control Processes", in: Spence, K.W./Spence, J.T. (Hrsg.), *The psychology of learning and motivation*, vol. 8., London, 13–113.

Daniela Zahn

Mehrsprachigkeit, die: bezeichnet den Umstand, dass einer Person (individuelle **M.**) oder einem System (gesellschaftliche **M.**, lebensweltliche **M.**, institutionelle **M.**) mehrere Sprachen zur Verfügung stehen. Fasst man den Begriff sehr weit, so ist jeder Mensch mehrsprachig, da er schon in seiner Muttersprache über mehrere →**Varietäten** (muttersprachliche **M.**) verfügt.

Je nach Zeitpunkt, Art und Stufe des Erwerbs können mehrere Formen individueller **M.** unterschieden werden: simultane **M.**, wenn gleichzeitig mehrere Sprachen im Kleinkindalter natürlich, d.h. ohne formalen Unterricht, erworben werden; sukzessive **M.**, wenn mehrere Sprachen hintereinander erlernt werden, was sowohl natürlich als auch gesteuert erfolgen kann. Königs (2000) differenziert mit Blick auf die Schule in retrospektive **M.**, wenn Lernende bereits mehrsprachig in den Unterricht kommen und eine ihrer Sprachen unterrichtet wird, retrospektiv-prospektive **M.**, wenn Lernende mehrsprachig in den Unterricht kommen, aber keine ihrer Sprachen Lerngegenstand ist, und prospektive **M.**, wenn Lernende erst durch den Fremdsprachenunterricht **M.** aufbauen. Eine adäquate Förderung von **M.** in der Schule muss demzufolge auf einer curricularen **M.** basieren, in der das Lernen verschiedener Sprachen aufeinander abgestimmt und die lebensweltliche **M.** der Schüler von Anfang an berücksichtigt wird (Krumm 2005). Während **M.** früher häufig nur in ihrer maximalen Variante als das Beherrschen von mehreren Sprachen auf jeweils muttersprachlichem Niveau verstanden wurde, zählt heute auch die Beherrschung von Teilkompetenzen, deren Einsatz sich jeweils nach dem Kommunikationspartner, dem -zweck und -ort richtet, zur **M.** (funktionale **M.**, rezeptive **M.**).

Bausch, K.-R./Königs, F. G./Krumm, H.-J., Hrsg. (2004), *Mehrsprachigkeit im Fokus. Beiträge der 24. Frühjahrskonferenz zur Erforschung des Fremdsprachenunterrichts*, Tübingen. – Königs, F. G. (2000), „Mehrsprachigkeit statt Sprachenlosigkeit! Überlegungen zur Bedeutung von Mehrsprachigkeitskonzepten für Deutsch als Fremdsprache", in: Koroschetz, R. (Hrsg.), *Brückenschlag. Actas del X. Congreso Latinoamericano de Germanística*, Caracas (auf CD-ROM). – Krumm, H.-J. (2005), „Von der additiven zur curricularen Mehrsprachigkeit: Über die Notwendigkeit der Einbeziehung von Minderheiten-, Migranten- und Nachbarsprachen", in: Hufeisen, B./Lutjeharms, M. (Hrsg.), *Gesamtsprachencurriculum, Integrierte Sprachdidaktik, Common Curriculum*, Tübingen, 27–36.

Barbara Haider

Mehrsprachigkeitsdidaktik, die: auch: →**Tertiärsprachendidaktik**; Sprachen wurden in der Vergangenheit isoliert voneinander gelernt, ohne dass die vorhandenen Sprachkenntnisse der Lernenden in anderen Sprachen systematisch genutzt wurden. Für den fremdsprachigen Deutschunterricht hat sich diese Situation geändert, seit deutlich ist, dass Deutsch immer häufiger als zweite Fremdsprache nach Englisch gelernt wird: Ca. 50 % der Deutschlernenden weltweit lernen Deutsch als zweite Fremdsprache, weitere 20 % sogar erst als dritte. **M.** versucht, die vorhandenen Sprachkenntnisse und Sprachlernerfahrungen für eine Ökonomisierung des Deutschlernens bzw. des Sprachenlernens generell zu nutzen (vgl. Bausch/Heid), zum einen, indem Sprachverwandtschaften aufgesucht werden, zum andern, indem das →**Sprachbewusstsein** geschult und →**Lernstrategien** vermittelt werden.

Auch für Kinder mit Migrationshintergrund gilt, dass sie bereits eine oder mehrere Sprachen und oft ein hohes Sprachbewusstsein mitbringen, wovon der DaZ-Unterricht Gebrauch machen kann.

Bausch, K.-R./Heid, M., Hrsg. (1990), *Das Lehren und Lernen von Deutsch als zweiter oder weiterer Fremdsprache: Spezifika, Probleme, Perspektiven*, Bochum. – Martinez, H./Reinfried, M., Hrsg. (2006), *Mehrsprachigkeitsdidaktik gestern, heute und morgen*, Tübingen. – Müller, N. u.a. (2006), *Einführung in die Mehrsprachigkeitsforschung*, Tübingen.

Hans-Jürgen Krumm

meliorativ: Terminus für die Qualifizierung eines sprachlichen Ausdrucks als den damit bezeichneten Gegenstand oder Sachverhalt aufwertend; Teilklasse der →**Euphemismen**. Die Bedeutungsaufwertung wird v.a. mittels lexikalischer Spezifizierung, so z.B. durch den Einsatz von Synonymen (etwa *Ehemann – Gemahl, Kinderarzt – Pädiater*) realisiert, wobei Effekt und Akzeptanz des verwendeten **m.** Ausdrucks vom jeweiligen Kontext und Kommunikationspartner abhängen (Ggs. →**pejorativ**). Da entsprechende Konnotierungen sich Fremdsprachenlernern nur schwer erschließen und die unpassende Verwendung **m.** Ausdrücke leicht zu Missverständnissen bzw. anderen nicht intendierten Reaktionen der Kommunikationspartner (Irritation, Lachen, Spott etc.) führt, bedarf ihre Vermittlung pointierter Kontextualisierung und interkultureller Kommentierung.

Hans Barkowski/Kerstin Rische

Melodie, die: Sprechmelodie, →**Intonation** im engeren Sinne; →**prosodisches Merkmal** neben Lautstärke, Dauer, Sprechgeschwindigkeit, Sprechspannung sowie →**Pausierung**; im engeren Sinn Stimmtonverlauf (akustisch: Grundfrequenz), bezogen auf eine (Teil-)Äußerung. Die **M.** zeigt universelle Merkmale, wie z.B. die Deklination (d.h. über eine Äußerung hinweg kontinuierlich absinkende **M.**), sie dient sprachabhängig der Hervorhebung (→**Akzent**) in Wort, Wortgruppe und Äußerung, der Rhythmisierung (→**Sprechrhythmus**) und als Grenzsignal bei der Bildung von Teiläußerungen und beim Abschluss von Äußerungen (→**Intonem**, →**Kadenz**, →**interrogativ**, →**terminal**). Typisch für das Deutsche sind ein relativ kleines Melodieintervall und ein starker Abfall am Äußerungsende.

Ursula Hirschfeld

Memorandum zum Muttersprachlichen Unterricht, das: bezweckt die Umsetzung einer gleichberechtigten muttersprachlichen Erziehung für ausländische Schüler, folglich die enge Verknüpfung des Unterrichts in der Muttersprache mit dem Unterricht in deutscher Sprache während der Schulzeit in der BRD; formuliert elementare Funktionen der Muttersprache für die Kindesentwicklung, Forderungen für die Regelschule und einen Vorschlag zur Unterrichtsorganisation, s.a. →**Herkunftssprache**.

BAGIV, Hrsg. (1985), *Muttersprachlicher Unterricht in der Bundesrepublik Deutschland. Sprach- und bildungspolitische Argumente für eine zweisprachige Erziehung von Kindern sprachlicher Minderheiten. (Tagungsakten)*, Hamburg.

Gundula Scherf

mentales Lexikon: bezeichnet die Gesamtheit der gespeicherten Wörter sowie der lexikalischen Speicher-, Ordnungs- und Abrufprinzipien des Gehirns, zu denen Begriffssysteme wie →**Meronymie** und →**Hyponymie** ebenso gehören wie Formen der Koordination durch →**Antonymie** und →**Synonymie**, →**Kollokation** und Kookkurrenz (gehäuft gemeinsames Auftreten von Wörtern). Aus den Forschungen zum **m.L.** sind Hinweise auf Einführungszeitpunkt, pragmatische Einbindung und gemeinsam einzuführende Wörter im Unterricht abzuleiten. Erkenntnisse über die Struktur des **m.L.** können u.a. über Assoziationstests gewonnen werden. So werden Adjektive bevorzugt antonymisch gespeichert und prototypische Merkmale von Nomen, z.B. *Vogel – fliegen* oder *Bäcker – backen – Brot*, stärker verbunden und schneller abgerufen als weniger prototypische (z.B. *Vogel – Tier*). Erkenntnisse über frequente Verbindungen im **m.L.** können u.a. aus der →**Korpusanalyse** gewonnen werden. Aus der Versprecherforschung (Leuninger 1993), den Fehlern beim Prozess des produktiven Abrufs von Wörtern, lassen sich z.B. Erkenntnisse über die Speichernähe von lautlich ähnlichen Wörtern (*Versprecher – Verbrecher*) gewinnen. Dabei können Konzipierungsphase, Formulierungsphase, phonetische Enkodierung und Monitorprozesse (d.h. Kontrolle und ggf. Re-Strukturierung) von Äußerungen unterschieden werden. Hier spielt die Wortebene eine im Vergleich zur Grammatik zentrale Rolle. Lernwortschatz wird schneller und nachhaltiger verarbeitet, wenn er universellen Strukturen des mentalen Lexikons folgt.

Aitchison, J. (2001), *Wörter im Kopf – Eine Einführung in das mentale Lexikon*, Tübingen. – Leuninger, H. (1993), *Reden ist Schweigen, Silber ist Gold. Gesammelte Versprecher*, 2. Aufl., Zürich.

Hermann Funk

Mentalismus, der: Terminus für einen spezifischen theoretischen Ansatz der Erklärung des menschlichen →**Sprachvermögens**, insbesondere der Ontogenese des individuellen →**Spracherwerbs**. **M.** wurde von Chomsky (1977) im Kontext seiner Hypothese von der Existenz einer →**Universalgrammatik** definiert, der gemäß von einer angeborenen, genetisch fixierten Ausstattung zum Spracherwerb (→**LAD**) auszugehen sei. Der **M.** unterscheidet sich theoretisch diesbezüglich insbesondere von den Positionen des →**Behaviorismus** und des Interaktionismus (→**Interaktionshypothese**), indem er Sprachentwicklungsprozesse primär als Ergebnis des Wirkens nicht beobachtbarer geistiger Fähigkeiten und mentaler Prozesse betrachtet.

Chomsky, N. (1977), *Reflexionen über die Sprache*, Frankfurt a.M., 1. Kap., 11–48. – Bidese, E. (2002), *Die Strukturen des freien und kreativen Handelns: Interpretationen und Perspektiven aus der linguistischen Forschung Noam A. Chomskys und der ethischen Reflexion Thomas von Aquins*, Würzburg, 41–49.

Christin Winter

Mentalität, die: komplexes Phänomen, das sowohl Konzepte und Ideen als auch unbewusste Motive umfasst. Damit lässt sich der Begriff der **M.** nicht festlegen auf die vorherrschenden Denkfiguren und mentalen Strukturen einer Epoche oder einer gesellschaftlichen Gruppe, sondern er schließt auch psychische Faktoren, die unbewussten und halb bewussten Beweggründe ein, die soziale Handlungsmuster und kulturelle Ausdrucksformen prägen. Im DaF-Kontext spielt der Begriff im Bereich der →**Landeskunde** und des →**interkulturellen Lernens** eine Rolle und wird bei der Kontrastierung von Kulturen verwendet (→**Kulturkontrast**, →**Kulturvergleich**). Das Konzept ist allerdings problematisch, wenn es Strukturen des Denkens und Fühlens als unveränderliche Merkmale einer Gesellschaft ansieht: Es wirkt dann durchaus stereotypisierend und stigmatisierend.

M.forschung ist vor allem im Bereich der Geschichtswissenschaft im Zusammenhang mit der Historikerschule der „Annales" betrieben worden. Im Gegensatz zur Geistes- oder Ideengeschichte bezieht man bewusst eine große Vielfalt von Dokumenten – durchaus auch aus der Alltagswelt – mit ein, um deren mentale und emotive Voraussetzungen zu rekonstruieren. Hier wird ein ausgesprochen offener Begriff von **M.** zugrunde gelegt, der gerade Komplexität und Vielfalt deutlich machen will.

Behal-Thomsen, H./Lundquist-Mog, A./Mog, P. (1993), *Typisch deutsch? Arbeitsbuch zu Aspekten deutscher Mentalität*, Berlin. – Mog. P., Hrsg. (1992), *Die Deutschen in ihrer Welt. Tübinger Modell einer integrativen Landeskunde*, Berlin.

Adelheid Hu

Mental Maps, die: Der Begriff **M.M.** wird in verschiedenen wissenschaftlichen Disziplinen benutzt. Für DaF/DaZ sind **M.M.** ein methodisch-didaktisches Instrument. Sie können den Lehrenden helfen, Einblicke in die Gedanken des

Lernenden zu erhalten, um den Unterricht auf die individuellen Bedürfnisse hin zu gestalten.

In der Geografie, speziell in der Sozialgeografie, werden **M.M.** als kognitive Karten verstanden. Sie sind individuelle Vorstellungen einer Person von einer räumlichen Situation. Mit Hilfe von **M.M.** setzen sich Menschen mit ihrer Umwelt auseinander. In der Psychologie wird zwischen einem verbalen und einem visuellen Denkmodus unterschieden. **M.M.** sind Teil des visuellen Denkmodus und werden als kognitive Repräsentationen des physikalischen Raumes verstanden. **M.M.** können im Unterricht für DaF/DaZ zum Einsatz kommen, um einen stärkeren Bezug zur Lebenswelt der Lernenden zu erhalten. **M.M.** werden sichtbar, indem sie z.B. zeichnerisch zu Papier gebracht werden. **M.M.** zeigen die Wahrnehmung der Lernenden und ermöglichen dem Lehrenden Rückschlüsse. **M.M.** können u.a. als Sprech- und Schreibanlass dienen.

Downs, M./Stea, D. (1982), *Kognitive Karten*, New York. – Ehlers, S. (1993), „Hermeneutik des Raumes – Kognitives Kartieren als curriculares Planungskriterium", in: *Deutsch als Fremdsprache* Jg. 30, Nr. 4, 211–218. – Zimbardo, P.G./Gerrig, R.J. (2004), *Psychologie*, 16. Aufl., München u.a.

Nancy Kersten

Meronym, das: Wort/Begriff, das/der zu einem weiteren Wort/Begriff im Verhältnis „Teil von..." steht, z.B. ist *Henkel* **M.** zu *Tasse* oder *Karosserie* zu *Auto*. Die Nutzung von begrifflichen Relationen wie der Meronymie empfiehlt sich im Kontext des Erlernens/der Vermittlung fremdsprachlichen Lexikons, insofern sie in der Gedächtnisorganisation eine wichtige Rolle spielen und insbesondere die nachhaltige Speicherung von Wörtern durch semantisch-sachliche Vernetzung unterstützen (s. ggf. auch →**mentales Lexikon**; →**Konnektionismus**).

Hans Barkowski

Metakognition, die: Der Begriff **M.** bezeichnet den selbstreflexiven Bezug des wissenden, denkenden und handelnden Menschen sowie die Art der selbstgesteuerten Überwachung von Lernvorgängen und kommunikativen Handlungen. Metakognitive Strategien beziehen sich einerseits auf das deklarative Wissen über Gedächtnis-, Denk- und Lernprozesse, andererseits werden exekutive metakognitive Kontrollstrategien beim selbstregulierten Lernen eingesetzt (vgl. Artelt 2000, Kap. 1). Besonders im Umgang mit digitalen Medien sind metakognitives Strategiewissen und metakognitive Regulationsaktivitäten zur Kontrolle und Steuerung des Lernprozesses erforderlich. Der **M.** wird auch beim rezeptiven (vgl. Christmann/Groeben 1999) und produktiven (z.B. Winter 1992) Sprachhandeln eine zentrale Bedeutung zuerkannt.

Artelt, C. (2000), *Strategisches Lernen*, Münster. – Christmann, U./Groeben, N. (1999), „Psychologie des Lesens", in: Franzmann, B./Hasemann, K./Löffler, D./Schön, E. (Hrsg.), *Handbuch Lesen*, München, 145–223. – Winter, A. (1992), *Metakognition beim Textproduzieren*, Tübingen.

Dirk Skiba

Metakommunikation, die: In einem weit gefassten Begriffsverständnis ist **M.** Merkmal einer jeden Kommunikation, da diese immer einen Inhalts- und einen Beziehungsaspekt enthält, „derart, dass letzterer den ersteren bestimmt und daher eine **M.** ist" (Watzlawick/Beavin/Jackson 1974, 56). In einem enger gefassten Begriffsverständnis meint **M.** „Kommunikation über Kommunikation" (Watzlawick/Beavin/Jackson 1974, 41 f.). In pädagogischen Kontexten besitzen beide Bestimmungen von **M.** Relevanz: Fremdsprachenlerner tendieren erstens dazu, nur die Sachbezüge von Äußerungen wahrzunehmen und in ihren Sprachproduktionen den Beziehungsaspekt ungenügend zu berücksichtigen; es gehört insoweit zu den Lernzielen eines an der Vermittlung →**kommunikativer Kompetenz** orientierten Unterrichts, bei den Lernenden für diese Zusammenhänge Aufmerksamkeit zu entwickeln. Zweitens dient **M.** im FSU – wie in allen Lernprozessen – der lern- und unterrichtsbegleitenden Kommunikation über den Verlauf eben dieser Prozesse, einschließlich der gruppendynamischen.

Doerry, G. (1982), *Metakommunikation in Lerngruppen*, 4. Aufl., Bonn/Frankfurt a. M. – Watzlawick, P./Beavin, J.H./Jackson, D.D. (1974), *Menschliche Kommunikation. Formen, Störungen, Paradoxien*, 4. Aufl., Bern/Stuttgart/Wien. – Wuttke, E. (2005), *Unterrichtskommunikation und Wissenserwerb. Zum Einfluss von Kommunikation auf den Prozess der Wissensgenerierung*, Frankfurt a. M. et al.

Dirk Skiba

Metapher, die: die Übertragung eines Wortes (z.B. *Löwe*) auf einen Namen (z.B. *Alberto*) aufgrund einer Ähnlichkeit zwischen ihnen (der Mut, das Tertium Comparationis): *Alberto ist ein Löwe*. Die **M.** gilt als künstlerische Redefigur, für den poetischen Diskurs charakteristisches Stilmittel. Diese Denkweise wurde vor allem von Lakoff und Johnson (1980) revidiert, die zeigen, dass viele Ausdrücke der Alltagssprache metaphorischer Natur sind. Für sie ist die **M.** in erster Linie eine ‚Denkstruktur', die ein konzeptuelles Feld (z.B. die Zeit) durch Rückgriff auf eine andere Erfahrungsdomäne (z.B. die Bewegung im Raum) darstellt. Diesbezüglich werden die metaphorischen Vorstellungen (z.B. Zeit ist ein bewegliches Objekt) als ‚konzeptuelle **M.**' definiert, die die Grundlage für die Produktion zahlreicher Ausdrücke darstellen (*Zeit kommt, rückt näher* u.ä.). Diese Sichtweise der ‚**M.** der Alltagssprache' eröffnet neue Perspektiven für das Sprachenlernen, denn viele sprachliche Elemente können nach ihren assoziativen Verbindungen gelernt werden, d.h. nach **M.**, die ihre Organisationsprinzipien unterstützen.

Bellavia, E. (2007), *Erfahrung, Imagination und Sprache*, Tübingen. – Lakoff, G./Johnson, M. (1980), *Metaphors We live By*, Chicago.

Elena Bellavia

Metaphorik, die: in der kognitiven Linguistik dem Phänomen zugeordnet, dass ein Großteil der Alltagssprache aus metaphorischen Ausdrücken besteht, deren Gebrauch generalisierbar und im Gedächtnis der Sprecher einer bestimmten Gemeinschaft gespeichert ist (Gibbs 1994). So ist z.B. die konzeptuelle →**Metapher** „Ideen sind Schneideinstrumente" (Lakoff/Johnson 2003, 61) die Grundlage für die Produktion zahlreicher Ausdrücke wie beispielsweise *Das war eine schneidende Bemerkung.* und *Er hat einen messerscharfen Verstand* (ibd.).

Gibbs, R.W. (1994), *The Poetics of Mind. Figurative Thought, Language, and Understanding*, Cambridge. – Lakoff, G./Johnson, M. (2003), *Leben in Metaphern*, Heidelberg.

Elena Bellavia

Metaphorisierung, die: **1.** In der Linguistik stellt **M.** den Prozess der Verbindung zwischen der zentralen Bedeutung eines Wortes und seiner periphersten Bedeutung dar (z.B. die Bedeutung von *Flasche* als „Gefäß, in dem man Flüssigkeiten aufbewahrt" und der Bedeutung des Wortes als „Schwächling, Versager"). Das Ergebnis des Prozesses der **M.** ist eine →**Metapher**. **2.** Im Kontext des Sprachenlernens spricht man von **M.** als dem Mechanismus, nach dem sowohl Kinder beim L1-Erwerb als auch Lernende weiterer Sprachen bei der Anwendung schon gelernter Wörter auf neue Objekte einen Prozess der metaphorischen Ausdehnung in Bewegung setzen, so z.B., wenn ein Lernender mit Türkisch als Muttersprache den Ausdruck *die Schwester des Knoblauchs* für das Wort *Zwiebel* kreiert. Die **M.** gehört zu den wichtigsten →**Strategien**, die beim L1-Erwerb entwickelt und beim Lernen weiterer Sprachen transferiert werden.

Elena Bellavia

Metasprache, die: im Rahmen des Logischen Positivismus diejenige Sprache, in der die wissenschaftliche Verständigung über die Objektsprache erfolgt. So ist z.B. die Grammatiktheorie Teil der **M.** über Sprache. Die Verwechslung von Meta- und Objektsprache führt häufig zu einer Konfundierung zweier unterschiedlicher Theorieebenen. Die schärfere wissenschaftstheoretische Trennung hat zum Ziel, eine nicht von den Mehrdeutigkeiten der Objektsprache verunklärte theoretische Sprache zu entwickeln, der Eindeutigkeit und logische Präzision zukommt. Die Kritik der Transzendentalen Hermeneutik (Apel), aber auch schon diejenige des späten Wittgenstein weist demgegenüber auf die Unaufgebbarkeit der Alltagssprache als „letzter **M.**" hin.

Apel, K.-O. (1973), *Transformation der Philosophie*, 2 Bde., Frankfurt a.M. – Reichenbach, R. (1999, 1. Aufl. 1947), *Grundzüge der symbolischen Logik*, Braunschweig/Wiesbaden.

Konrad Ehlich

Metatheorie, die: gemeint ist einerseits eine Konzeptbildung, die jede Theorie übersteigt – und dann wahrscheinlich wieder außer-, anti- und letztlich vor-theoretisch wäre; andererseits wäre eine **M.** zu einzelnen Theorien z.B. eine Allgemeine Wissenschaftstheorie (→**Epistemologie**) oder auch z.B. die Metaphysik.

Konrad Ehlich

Methode, die:

1. Begriff

Im Bereich des (Sprach-)Unterrichts bezeichnet **M.** diejenigen Grundsätze und Verfahrensweisen, die eingesetzt werden, um die Unterrichtsziele zu erreichen. Dabei wird der Begriff **M.** dann benutzt, wenn die unterschiedlichen Arbeitsformen und Übungen eine gemeinsame theoretische Grundlage aufweisen oder von den gleichen übergreifenden Prinzipien geleitet werden, d.h. im eigentlichen Sinne ist der Begriff **M.** nur dann legitim, wenn von Unterrichtsverfahren auf einer wissenschaftlichen Grundlage die Rede ist. Damit unterscheidet sich der deutsche Begriff **M.** von der Begrifflichkeit in anderen Sprachen; so wird z.B. im Französischen *la méthode* auch für ein einzelnes Lehrwerk gebraucht. Geschlossene **M.**konzeptionen schreiben Lehrenden die einzelnen Unterrichtsschritte präzise vor und dürfen tw. nur nach Teilnahme an einem Methodentraining eingesetzt werden (so tw. bei den sog. →**alternativen M.**), während offene **M.** wie der →**kommunikative Fremdsprachenunterricht** von den Lehrenden variabel an die Zielgruppe und Lernsituation angepasst werden.

2. Entwicklung der **M.** des fremdsprachlichen Deutschunterrichts

Die **M.**geschichte (vgl. Neuner/Hunfeld 1993) lässt sich charakterisieren als Wechsel zu jeweils neuen wissenschaftlichen Erkenntnissen, die als befruchtend für den Fremdsprachenunterricht gesehen wurden: Die →**direkte M.** nutzt Erkenntnisse der damals neuen Wissenschaft Phonetik, →**Behaviorismus** und →**Strukturalismus** prägten die →**audiolinguale M.**, die →**Pragmalinguistik** und insbesondere die →**Sprechakttheorie** den kommunikativen Unterricht und das →**interkulturelle Lernen**, wobei diesen methodischen Ansätzen kein geschlossenes Konzept mehr zu Grunde liegt, sondern Erkenntnisse aus unterschiedlichen Disziplinen (Pädagogik, Linguistik, Psychologie u.a.) fruchtbar gemacht werden.

3. Erforschung von Unterrichts**m.**

Die Unterrichtsforschung hat lange versucht herauszufinden, welches denn die beste **M.** sei. Die großen **M.**experimente der 1950er und 1960er Jahre vor allem im angloamerikanischen und skandinavischen Raum erbrachten jedoch kaum eindeutige Ergebnisse. Zu viele Faktoren beeinflussen das Unterrichtsgeschehen und die Lernergebnisse (→**Faktorenkomplexion**), auch ist der Aktualisierungsspielraum für Lehrende und Lernende so groß, dass Ergebnisse kaum übertragbar sind. Auch Versuche in den 1970er Jahren, die Überlegenheit der sog. alternativen **M.**, insbesondere der →**Suggestopädie**, empirisch zu belegen, müssen als gescheitert betrachtet werden. Mit der zunehmenden sprachlich-kulturellen →**Heterogenität** der Lernenden hat sich die Erkenntnis durchgesetzt, dass es die eine „beste **M.**" für alle Lernenden nicht gibt, dass es vielmehr darauf ankommt, für spezifische Lerngruppen und Lernziele jeweils geeignete Unterrichtsverfahren zusammenzustellen (Methodeneklektizismus). Kommunikative und →**Mehrsprachigkeitsdidaktik**, die Gehirnforschung, aber auch – insbesondere im Bereich DaZ – die Sozialpsychologie und die Bildungsgangforschung stellen Erkenntnisse bereit, die zielgruppenadäquat genutzt werden. Damit löst sich der klassische Methodenbegriff zugunsten offener Unterrichtsverfahren auf, deren Kennzeichen die durchgehende →**Lernerorientierung** ist.

Bausch, K.-R. u.a., Hrsg. (1993), *Fremdsprachenlehr- und -lernprozesse im Spannungsfeld von Steuerung und Offenheit*, Bochum. – Bausch, K.-R. u.a., Hrsg. (2002), *Neuere curriculare und unterrichtsmethodische Ansätze und Prinzipien für das Lehren und Lernen fremder Sprachen*, Tübingen. – Neuner, G./Hunfeld, H. (1993), *Methoden des fremdsprachlichen Deutschunterrichts* (= *Fernstudieneinheit 4*), Berlin.

Hans-Jürgen Krumm

Methodik, die: In einem allgemeinen, übergreifenden Verständnis ist **M.** der Sammelbegriff für alle in einem Fachgebiet angewandten →**Methoden**, also im Bereich des Fremdsprachenunterrichts die Lehre von den dort gängigen Unterrichtsmethoden.

Seit den 1960er Jahren wird der Begriff **M.** tw. eher einschränkend gebraucht: →**Didaktik** bezeichnet nach Klafiki (1963) die Theorie der Bildungsinhalte, während **M.** auf einer nachgeordneten Ebene die konkrete Umsetzung im Unterricht meint und als präskriptive Teildisziplin der →**Fremdsprachendidaktik** verstanden wird. Im Hinblick auf die nach wie vor unsystematische Verwendung des Begriffs und um die Gleichwertigkeit didaktischer wie methodischer Fragestellungen für die Unterrichtsplanung zu betonen, hat sich im Bereich DaF insbesondere durch Publikationen des →**Goethe-Instituts** seit den 1980er Jahren eingebürgert, unterrichtsmethodische Fragen mit dem Etikett „Didaktik und **M.**" zu kennzeichnen (vgl. Strauss 1984).

Klafki, W. (1963), *Studien zur Bildungstheorie und Didaktik*, Weinheim. – Strauss, D. (1984), *Didaktik und Methodik Deutsch als Fremdsprache, eine Einführung*, München.

Hans-Jürgen Krumm

Methodologie, die: Methodenlehre; **M.** entwickelt und diskutiert, mit welchen Methoden sich wissenschaftliche Fragestellungen in strukturierter Weise möglichst zielführend bearbeiten lassen (vgl. →**Forschungsmethodologie**). Daneben wird **M.** auch im Deutschen, analog zu den Konnotationen des englischen Terminus *methodo-*

logy, zur Charakterisierung von Unterrichtsmethoden verwendet. In der →**Sprachlehr- und Sprachlernforschung** wird zudem auch das Design von empirischen Untersuchungen als deren **M.** bezeichnet.

Hans-Jürgen Krumm

Metonymie, die: eine uneigentliche Ausdrucksverwendung, die die Rhetorik zu den Tropen (→**Tropus**) zählt. Anders als bei der →**Metapher** besteht zwischen dem, was gesagt wird, und dem, wofür es steht, ein realer sachlicher Zusammenhang (z.B. *Goethe lesen* für die Lektüre von Goethes Werken). Diese Beziehung kann unterschiedlichster Art sein; z.B. steht der Ort für das am Ort Lokalisierte (*Berlin protestiert*), das Gefäß für den Inhalt (*den Teller aufessen*).

Lausberg, H. (2000), 10. Aufl., *Elemente der literarischen Rhetorik*, München.

Konrad Ehlich

Microteaching, das: in den 1960er Jahren aus den USA übernommenes Verfahren zum Training des →**Lehrverhaltens**, bei dem es darum geht, die Komplexität des Unterrichtsgeschehens hinsichtlich der Zeit (ein Unterrichtsversuch dauert ca. 5–20 Minuten), der Teilnehmerzahl (eine vertraute Kleingruppe von ca. 3–10 Personen) sowie der Lehraufgabe (Beschränkung auf einen *teaching skill*) zu reduzieren, um einzelne Lehrfertigkeiten zu automatisieren oder zu verändern.

M. ist eine Form des Modelllernens für (angehende) Lehrer: Wünschenswerte Verhaltensweisen (z.B. beim Korrigieren, für die Lehrerfrage etc.) werden erarbeitet und nach Möglichkeit auf der Grundlage von Videobeispielen besprochen und in einem Trainingszyklus erprobt. Dieser umfasst einen Erstversuch, eine sofortige Rückmeldung (z.B. durch Ansehen der Videoaufzeichnung des Erstversuchs oder Feedback der am Versuch Teilnehmenden) und einen Zweitversuch vor einer anderen Schüler- oder Kollegengruppe sowie eine abschließende Kritikphase (vgl. Zifreund 1966). Neben Einrichtungen der Lehreraus- und Lehrerfortbildung hat das →**Goethe-Institut M.** in seiner Dozentenausbildung genutzt und durch Unterrichtsdokumentationen ergänzt, die den Transfer in die Unterrichtsrealität erleichtern sollten (vgl. Kast 1994).

Kast, B. (1994), „Lehrertraining durch Microteaching", in: *Fremdsprache Deutsch, Sonderheft 1994*, 59–65. – Zifreund, W. (1966), *Training des Lehrverhaltens mit Fernseh-Aufzeichnungen in Kleingruppen-Seminaren. (Beiheft 1 zur Zeitschrift programmiertes lernen)*, Berlin.

Hans-Jürgen Krumm

Migrant/in, der/die: Im Gegensatz zum Begriff Immigrant (Einwanderer) und Emigrant (Auswanderer) fokussiert die Bezeichnung **M.** ausschließlich das im Prozess der →**Migration** befindliche Individuum und drückt aus, dass **M.** Menschen sind, deren Identität weder durch herkunftsgesellschaftliche Prägungen noch durch die Aufnahmegesellschaft hinreichend beschrieben werden kann. Der Begriff **M.** signalisiert insoweit vor allem Mobilität, ohne Aspekte kultureller Identität, Integrationsziele u.a. zu konnotieren. Im politischen Diskurs findet neben den gen. Bezeichnungen auch der Begriff „Zuwanderer" Verwendung, der gleichzeitig die Migrationsrichtung und den Aspekt der Integration impliziert. Im Gegensatz zu der Bezeichnung Ausländer referiert der Begriff **M.** substanziell nicht auf den staatsbürgerschaftlichen Status und bleibt mithin als Identitäts- oder Zuschreibungsmerkmal ggf. auch jenseits einer Einbürgerung relevant, was sich u.a. in der inzwischen gängigen Attribuierung „mit Migrationshintergrund" niedergeschlagen hat.

Volf, P./Bauböck, R. (2001), *Wege zur Integration. Was man gegen Diskriminierung und Fremdenfeindlichkeit tun kann*, Klagenfurt/Celovec.

Verena Plutzar

Migration, die: **M.** bedeutet „Wanderung" und bezeichnet räumliche Mobilität. Als „conditio humana" ist **M.** so alt wie die Menschheit selbst und ein alltägliches soziales Phänomen, das durch jeweils unterschiedliche historische, ökonomische, kulturelle und politische Kontexte geprägt ist (Kraler 2007). Zu den klassischen Migrationsformen gehören Binnenmigration, Kolonisation, Nomadentum, Siedlerbewegungen und der Handel mit in die Sklaverei Verschleppten. Gegenwärtig unterscheidet man Fluchtmigration, →**Arbeitsmigration**, Familienzusammenführung und Menschenhandel.

Ein dominantes Motiv der Migrationsgeschichte ist die Kontrolle und Steuerung von **M.**. War bis 1960 das vorherrschende Selektionsprinzip die Herkunft, werden im Rahmen von Arbeitsmigration und „Migrations-Management" →**Migranten** nach sozialen und ökonomischen Kriterien ausgewählt. Europa ist aus migrationssoziologischer Sicht spätestens seit Ende des II. Weltkriegs de facto ein Immigrationskontinent, jedoch vielfach ohne entsprechendes Selbstverständnis bei Bevölkerung und Politik (Fassmann 2002). Für das Individuum bedeutet **M.** eine einschneidende und zumeist krisenhaft erlebte Erfahrung. **M.** ist ein Prozess, der mit der Entscheidung zur **M.** beginnt und mit der Entscheidung zu bleiben fließend in den Prozess der →**Integration** übergeht.

Fassmann, H./Kohlbaner, J./Reeger, U., Hrsg. (2002), *Zuwanderung und Segregation. Europäische Metropolen im Vergleich*, Klagenfurt/Celovec. – Grinberg L./Grinberg R. (1990), *Psychoanalyse der Migration und des Exils*, München/Wien. – Kraler, A./Husa, K./Bilger, V./Stacher, I., Hrsg. (2007), *Migrationen. Globale Entwicklungen seit 1850*, Wien.

Verena Plutzar

Migrationsliteratur, die: Zur **M.** zählen literarische Werke, die einen literarischen Beitrag zur Migration leisten, indem sie →**Migration** als individuelle, soziale, kulturelle und globale Herausforderung thematisieren und/oder sprachlich oder ästhetisch gestalten. Im Unterschied zur Exilliteratur ist **M.** in der Gesellschaft, in der sie entsteht und auf die sie Bezug nimmt, d.h. im Falle von eingewanderten Autoren in der Aufnahmegesellschaft, verortet. **M.** liegt dabei quer zu den literarischen Großformen. In der deutschsprachigen **M.** dominieren Lyrik und Epik, in jüngerer Zeit nimmt die Produktion von Kinderliteratur und Spielfilmen zu.

Dabei nutzt und adaptiert die **M.** z.T. tradierte, in der Herkunftsliteratur der Autorinnen und Autoren gebräuchliche Erzählformen wie das mündliche Erzählen oder Textsorten wie Fabeln oder Poems und bearbeitet damit aktuelle Themen. Weiters finden sich neben kulturvermittelnden auch dominanzkritische und empathische Erzählformen, die Leser zur kulturellen Selbst- und Fremdreflexion anregen und einen →**interkulturellen** Perspektivenwechsel unterstützen (→**Interkulturelle Literatur**).

Neben zweisprachigen Paralleltexten liegen mehrsprachige Gedichte vor, die nur mit Kompetenzen in allen beteiligten Sprachen zu verstehen sind. Interlinguale Texte wie das Gedicht „Allianz" von Zehra Çirka, das mit den Worten „Auf deutsch heißt die Hand Hand/auf türkisch heißt sie el/so ein Handel" beginnt, spielen mit unterschiedlichen Sprachen, verwischen die Sprachgrenzen, indem sie die Bildhaftigkeit der türkischen Sprache in deutscher Sprache formulieren. Sie schaffen punktuell eine neue Sicht auf Sprachen und ihre Verwendung unter Migrationsbedingungen.

Arnold, H., Hrsg. (2006), *Text+Kritik Sonderband IX/06: Literatur und Migration*, München. – Müller, H., Hrsg. (2001), *Migration, Minderheiten und kulturelle Vielfalt in der europäischen Jugendliteratur*, Frankfurt. – Schenk, K./Todorow, A./Tvrdik, M., Hrsg. (2004), *Migrationsliteratur. Schreibweisen einer interkulturellen Moderne*, Tübingen/Basel.

Heidi Rösch

Mimik, die: zentrales Element der →**Körpersprache**; durch Kontraktionen der Gesichtsmuskeln bedingte sichtbare – unwillkürliche oder intentionale – Bewegungen der Gesichtsoberfläche. **M.** hat diverse Funktionen: als Signal individueller Zustände, als Ausdruck interpersonaler Einstellungen bzw. als Verhalten, das die Interaktion begleitet und steuert. **M.** steht auch in enger Verbindung zum Sprechen: Sie modelliert und substituiert die eigene Rede und steuert den Diskursverlauf sowie den Sprecherwechsel mit. Man unterscheidet universale und kulturgeprägte **M.** Universal – und damit mimisch überall auf der Welt gleich realisiert – werden die sogenannten sieben Grundemotionen: Freude, Angst, Trauer, Zorn, Schmerz, Überraschung, Ekel. Alle anderen Gesichtausdrücke sind in ihrer Art, ihrem Verwendungskontext, ihren Darbietungsregeln und ihrer Bedeutung kulturell geprägt und können dadurch zu Missverständnissen führen. Sie sollten daher im DaF-Unterricht vermittelt werden.

Ekmann, P. (2007), *Gefühle lesen*, München.

Ruth Eßer

Minderheit, die: Bevölkerungsgruppe, die sich durch besondere Merkmale von der Bevölkerungsmehrheit unterscheidet und meist, jedoch nicht immer, weniger Angehörige als diese aufweist. Von besonderem Interesse sind hier ethnische, sprachliche und kulturelle **M.**, die ihre eigene, von der Mehrheit verschiedene Kultur und/oder Sprache haben. Sie werden oft auch als Sprach-**M.**, Sprach- oder Volksgruppen bezeichnet. Zu unterscheiden sind allochthone (zugewanderte) **M.** (z.B. bosnische Zuwanderer) und autochthone (ansässige) **M.** (z.B. Sorben), wobei die Unterscheidung zwischen beiden oft nur auf dem Zeitpunkt der Einwanderung beruht. In Europa genießen autochthone Minderheiten (deren Angehörige durchwegs Staatsbürger ihres Aufenthaltsstaats sind) meist gesetzlichen Schutz bzw. Förderung, z.B. in Österreich nach dem Volksgruppengesetz. Die **M.**-rechte (z.B. Gebrauch der eigenen Sprache vor Behörden) können u.a. nach dem Territorialprinzip (in einem bestimmten Gebiet) oder dem Bekenntnisprinzip (gebunden an ein Bekenntnis der Zugehörigkeit) zuerkannt werden. Letzteres ist von Bedeutung für **M.**, die nicht in einem bestimmten Gebiet siedeln (nicht-territoriale **M.**), z.B. viele Roma und Sinti in Europa.

Zugewanderte **M.** werden meist nicht als in diesem Sinne zu schützende **M.** anerkannt.

Boshammer, S. (2003), *Gruppen, Recht, Gerechtigkeit: Die moralische Begründung der Rechte von Minderheiten*, Berlin [u.a.]. – Heckmann, F. (1992), *Ethnische Minderheiten, Volk und Nation: Soziologie inter-ethnischer Beziehungen*, Stuttgart.

Klaus-Börge Boeckmann

Minderheitensprache, die:
1. Allgemeines
Sprache, die von Angehörigen einer →**Minderheit** gebraucht wird und die zumeist für diese auch ein Bestandteil ihrer von der Mehrheit verschiedenen Identität ist. Die Einstufung als **M.** ist von der örtlichen Konstellation abhängig, z.B. ist Slowenisch in Österreich **M.**, in Slowenien aber Mehrheitssprache. Lokal, also z.B. in einzelnen Schulklassen, Stadtvierteln oder Landstrichen, können **M.** de facto Mehrheitssprachen sein, was aber an ihrem Status als **M.** (der zumeist auf nationaler Ebene bestimmt wird), nichts ändert.

2. **M.** und Mehrheitssprache
Oftmals sind Menschen, die **M.** sprechen, zwei- oder mehrsprachig, da die **M.** nicht in allen Lebensbereichen verwendet werden kann. **M.** werden bei zugewanderten („neuen") Minderheiten oft als L1 (→**Erstsprache**) gesprochen, ab der zweiten im Land geborenen Generation steigt die Bedeutung der Mehrheitssprache, teils wird sie zur L1. Auch sich der Minderheit zugehörig Fühlende besitzen u.U. nur mehr rudimentäre Kenntnisse der **M.** Durch die Mehrsprachigkeit der **M.**-sprecher ist die **M.** nicht immer in allen Domänen ausgebaut und vielfach werden Elemente der Mehrheitssprache in die **M.** übernommen, was einer der Gründe dafür ist, dass **M.** oft nicht als vollwertige Sprachen anerkannt werden. Wenn Sprecher einer **M.** im Schulalter keine Förderung in dieser erhalten und ausschließlich in der Mehrheitssprache beschult werden, liegt →**Submersion** vor, was nachteilige Folgen für Sprachkompetenz und Identität haben kann (Oksaar 2003, 157ff.).

3. Schutz und Förderung
Auf europäischer Ebene bietet die „Charta der Regional- und Minderheitensprachen" (1998) des Europarats den in Europa ansässigen **M.** völkerrechtlichen Schutz. Zugewanderte, „neue" Minderheiten werden von der Charta nicht erfasst. Schutz bieten aber die UN-Menschenrechtsakte (die ein Verbot der sprachlichen Diskriminierung vorsehen) und die UN-Konvention über Kinderrechte (die die Pflege der kulturellen und sprachlichen Identität von Kindern regelt). Zudem hat die Parlamentarische Versammlung des Europarats 2006 eine „Empfehlung über die Rolle der Muttersprache im Schulwesen" verabschiedet, die für (Zuwanderer-)Kinder, die eine **M.** sprechen, eine Beschulung in dieser vorsieht.

Oksaar, E. (2003), *Zweitspracherwerb: Wege zur Mehrsprachigkeit und zur interkulturellen Verständigung*, Stuttgart. – Europarat (1992), *Europäische Charta der Regional- oder Minderheitensprachen*, Straßburg.

Klaus-Börge Boeckmann

Minimalpaar, das: besteht aus zwei Wörtern verschiedener Bedeutung, die sich in einem relevanten Merkmal unterscheiden. **1.** In der →**Phonologie** bilden zwei Wörter ein **M.**, wenn sie gleich viele Laute enthalten, sich aber nur in einem Laut, d.h. in mindestens einem relevanten Merkmal, unterscheiden und dadurch verschiedene Bedeutung haben: *Matte* – *Latte* oder *Matte* – *Mitte*. /*m*/ und /*l*/ bzw. /*a*/ und /*i*/ wirken im Deutschen bedeutungsunterscheidend, d.h. sie besitzen den Status eines →**Phonems**. **2.** Seltener werden **M.** in der →**Morphologie** verwendet, um Unterschiede zwischen bedeutungstragenden Elementen (→**Morphemen**) aufzuzeigen. Die **M.**-Analyse ermittelt →**Morphe**, um Verständnis für bedeutungstragende grammatikalische Elemente zu vermitteln: *guter* – *gutes*.

Nadja Kerschhofer-Puhalo

Mischsprache, die: s. Sprachmischung

Mittlerorganisation: **M.** sind unabhängige Organisationen, die international wirken und insbesondere die deutsche Sprache fördern. Die deutschen **M.** haben unterschiedliche Aufgabenschwerpunkte (Sprachkursangebote, Deutschlehreraus- und -fortbildungsprogramme, →**Bildungskooperation Deutsch**, Austauschprogramme, Vermittlung von Stipendien). Deutsche **M.** agieren im Rahmen der auswärtigen Kultur- und

Bildungspolitik der Bundesrepublik Deutschland und werden vom Auswärtigen Amt unterstützt. Deutschland verfügt über eine Reihe von **M.**: Deutscher Akademischer Austauschdienst (→**Deutscher Akademischer Austauschdienst**), →**Goethe-Institut** (GI), Zentralstelle für Auslandsschulwesen (→**ZfA**), →**Pädagogischer Austauschdienst**, →**Institut für Auslandsbeziehungen** (ifa), →**Deutsche Auslandsgesellschaft**.

Die wesentlichen Aufgaben der einzelnen **M.** sind: DAAD: Förderung der Hochschulkooperation mit einem Lektorenentsendeprogramm (ca. 400 Lektoren), Unterstützung der Germanistik im Ausland, Ansprechpartner für alle Fragen zum Thema Hochschule und Studium. GI: ca. 140 Institute im Ausland und 13 Institute im Inland (hier hauptsächlich Sprachkurse und Prüfungen); an den Auslandsinstituten darüber hinaus Kulturprogramme und Bildungskooperation Deutsch; ausgestattet mit Bibliotheken, die Informationen zur Sprache, Kultur und Gesellschaft Deutschlands ermöglichen; Ansprechpartner für an deutscher Kultur Interessierte und Lehrende und Lernende der deutschen Sprache. ZfA: Teil des Bundesverwaltungsamts; betreut ca. 2.000 deutsche Lehrer an etwa 120 deutschen Schulen im Ausland (ermöglicht damit u.a. die schulische Versorgung deutscher Kinder im Ausland); unterstützt mehr als 450 von der Bundesrepublik Deutschland geförderte schulische Einrichtungen sowie deutsche Abteilungen an staatlichen Schulen; bietet Prüfungen an, die zum Besuch einer deutschen Hochschule bzw. Universität berechtigen; Ansprechpartner in Schulfragen. PAD: fördert den internationalen Austausch im schulischen Bereich (Schüler- und Lehreraustauschprogramme) im Auftrag der Länder der Bundesrepublik Deutschland (→**KMK**) und vermittelt internationale Begegnungen und Kontakte; gleichzeitig nationale Agentur für Bewerbungen bei EU-Förderprogrammen (z.B. Comenius, Lingua). ifa: Förderung des internationalen kulturellen Austauschs (Vortrags- und Begegnungsreisen von Politikern, Künstlern, Vertretern der Wirtschaft, Journalisten); Vorbereitung von Vertretern deutscher Firmen auf einen Auslandseinsatz; Sonderprogramm für deutsche Minderheiten in den →**MOE-Ländern**; Ansprechpartner für sprachliche- und kulturelle Austauschprogramme. Deutsche Auslandsgesellschaft: Fortbildung für Deutschlehrkräfte speziell für Nord- und Nordosteuropa.

Internetadressen: www.daad.de – www.goethe.de – www.auslandsschulwesen.de – www.kmk.org/pad/ueberbli.htm – www.ifa.de – www.deutausges.de

Knuth Noke

M-Linie, die: Der von Glück (1989) geschaffene Terminus **M-L.** (Migrantenlinie) bezeichnet in Abgrenzung zur →**A-Linie** (Auslandslinie) die Forschung über den Erwerb und die Lehre des Deutschen für Eingewanderte und ihre Familien (s.a. →**Zweitspracherwerb**; →**Gastarbeiterdeutsch**; →**Deutsch als Zweitsprache**).

Glück, H. (1989), „Meins und Deins = Unsers? Über das Fach ‚Deutsch als Fremdsprache' und die ‚Interkulturelle Germanistik'", in: Zimmermann, P. (Hrsg.), *Interkulturelle Germanistik. Dialog der Kulturen auf Deutsch?*, Frankfurt a.M., 57–92. – Röttger, E. (1998), „M-Linie und A-Linie: Zur Bedeutung migrationsbezogener Forschung für die interkulturelle Fremdsprachendidaktik", in: *Zeitschrift für Interkulturellen Fremdsprachenunterricht* [Online], 2 (3), 24pp., http://zif.spz.tu-darmstadt.de/jg-02-3/beitrag/roettger.htm

Evelyn Röttger

Mnemotechnik, die: wird meistens mit den Begriffen Mnemonik, Gedächtniskunst bzw. Gedächtnishilfe und Merkhilfe gleichgesetzt. **M.** ist ein Einprägungsverfahren mit gedächtnisstützender Funktion. Durch ihren Einsatz sollen Speicherung und Abrufbarkeit von Informationen im Gedächtnis und damit die Lernleistung verbessert werden. **M.** sind als Alternative zum Auswendiglernen vor allem bei spezifischen Lernproblemen des Wortschatzes und der Grammatik, z.B. bei der Genuszuordnung von Substantiven, der Zuordnung von Präpositionen zu Fällen oder auch bei der Wortstellung und Rechtschreibung einsetzbar.

Beispiele (Sperber 1989; Brzezinska 2009): 1. „Eselsbrücken" – Merkverse mit Reim und Rhythmus (z.B. *„von aus bei mit nach seit von zu, fordern Dativ immerzu"*), 2. Systeme in Form von Regeln und anderen Gruppierungen wie das Zusammenfassen in einem Wort (auch in einem Akronym oder Quasi-Wort) bzw. Satz (Akrostichon) oder die Gruppierung nach Klangbildern (z.B. *singen sang gesungen, klingen klang geklungen*), 3. reale oder imaginäre Visualisierungen wie Schemata, bildliche Darstellungen und Kategorisierungen (z.B. Assoziation der drei deutschen Genera mit drei verschiedenen Farben bzw. Symbolen). **M.** können gezielt ausgebaut werden, indem Lehrende geeignete Lernhilfen für konkrete

Bereiche des Deutschlernens vorstellen und zum Erproben anbieten.

Brzezinska, A. (2009), *Genuslernen mit Hilfe von Farbe. Mnemotechniken beim Fremdsprachenlernen*, Innsbruck. – Sperber, H. (1989), *Mnemotechniken im Fremdsprachenerwerb mit Schwerpunkt Deutsch als Fremdsprache*, München.

Agnieszka Brzezinska

Modaladverb, das: **M.** bezeichnen unterschiedliche Aspekte der Art und Weise, in der sich Handlungen, Vorgänge, Zustände usw. vollziehen, präsentieren usw.; zu diesen Aspekten gehören solche der Qualität (z.B. *vergebens*), der Quantität/Intensität (z.B. *besonders; kaum*) und der Zeit (*sofort*) sowie Erweiterungen (*außerdem*), Aufzählungen (*erstens*), Einschränkungen (*immerhin*) u.a.m. **M.** können wie alle Vertreter der Wortart →**Adverb** nicht flektiert werden. Die vergleichsweise geringe Anzahl der **M.** wird aus funktionaler Sicht (s. →**Modaladverbial**) entscheidend ergänzt durch die Eigenschaft der Wortart →**Adjektiv**, in der unflektierten Grundform wie ein **M.** fungieren zu können wie z.B. in *Er spricht schnell.*

Walter Thalhammer

Modaladverbial, das: **M.** sind Ergänzungen, die die Art und Weise der im Satz ausgedrückten Handlungen, Ereignisse, Zustände usw. näher bestimmen. **M.** können mit *wie?* (Beschaffenheit), *wie viel?* (Quantität), *wie sehr?* (Grad, Intensität), *womit?* (Instrument, Mittel), *woraus* (Material) oder *mit wem?/ohne wen?* (Begleitung) erfragt werden. **M.** werden realisiert durch →**Modaladverben**: *Er redete kaum.*, adverbial gebrauchte →**Adjektive**: *Er redete schnell.*, Nominalergänzungen (s. →**Nominal**): *Er redete Schrott.*, →**Präpositionalgruppen**: *Er redete ohne Unterlass.*, und →**Nebensätze**: *Er redete, als ob er dafür bezahlt würde.*

Walter Thalhammer

Modalangabe, die: s. Modaladverbial

Modalergänzung, die: s. Modaladverbial

Modalität, die: Mit **M.** wird die Veränderung der eigentlichen Aussage eines →**Satzes** bezeichnet, die die subjektive Perspektive (Glaube, Befehl, Bitte, Hypothese, indirekte Rede etc.) der betreffenden Person ausdrückt. Im Deutschen wird **M.** keinesfalls nur durch das →**Modalverb** und den →**Modus** ausgedrückt, sondern auch mit einer Reihe von weiteren Sprachmitteln, die neben verschiedenen →**Wortarten**, wie →**Verben** (z.B. *Ich glaube, dass das ein Irrtum ist.*), →**Adverbien** (z.B. *Das ist wohl ein Witz!*) und anderen →**Partikeln** (z.B. *Ich komme ja schon./Bleib doch hier!*), auch die →**Intonation** und die Satzzeichen (z.B. *Er ist krank?*) einschließen.

Walter Thalhammer

Modalpartikel, die: s. Partikel

Modalsatz, der: **M.** sind **Nebensätze** oder Infinitivkonstruktionen, die Mittel und Begleitumstände angeben, die mit Handlungen, Ereignissen, Zuständen usw., die im Hauptsatz thematisiert sind, einhergehen bzw. verbunden sind: *Sie wurde gesund, indem sie ihre Ernährung völlig umstellte.*; *Er nahm ab ohne zu hungern.* Als Einleitewörter für den **M.** fungieren modale →**Konjunktionen** wie z.B. *indem* (→**Instrumentalsatz**), *ohne* (*dass*) (**M.** des fehlenden – im Prinzip kontextuell erwartbaren – Begleitumstandes), *anstatt* (*dass*) (**M.** des stellvertretenden Begleitumstandes), *insofern* (*als*) (Restriktivsatz) oder *als* (*ob*) (→**Komparativsatz**).

Walter Thalhammer

Modalverb, das: Zu den **M.** gehören *können, mögen/möchten, müssen, dürfen, sollen, wollen*; tw. werden auch *brauchen, lassen, werden* dazugerechnet. a) In nicht-referenzieller Verwendung geben **M.** nach traditioneller Auffassung das Verhältnis (Wünsche, Fähigkeiten, Bedürfnisse) des →**Satzsubjektes** zur →**Satzaussage** an (z.B. *Hannes kann gut tanzen.*) und werden als →**Hilfsverben** angesehen. Da sich mit **M.** gebildete Prädikate aus semantischer Sicht grundlegend von ihren modalverblosen Varianten unterscheiden (*Hannes kann tanzen. – Hannes tanzt.*), lassen sich **M.** aber auch als →**Vollverben** (vgl. Schanen) bzw. Verben sui generis; (vgl. Eisenberg 3.4) verstehen. b) In inferenzieller Verwendung fungieren *können, mögen/möchten, müssen, dürfen, sollen, wollen, werden* als subjektive Sprecher-/Schreiber-Kommentare und zwar (1) bezügl. des Grades der Wahrscheinlichkeit (z.B. *A. mag/kann/wird/muss/dürfte nicht zu Hause gewesen sein.*) des Zutreffens eines Sachstandes; (2) bezügl. des in die Selbstaussage eines Akteurs vom Sprecher/Schreiber gesetzten Vertrauens: *A. will zu Hause gewesen sein.* o. (3) des Überbringens einer Nachricht, deren Wahrheitsgehalt der Sprecher/Schreiber nach Stand seiner Informationen nicht einschätzen kann und will: *A. soll gelacht haben.*

Für den DaF-/DaZ-Unterricht ist besonders darauf zu achten, dass die z.T. hochkomplexen Ausdrucksfunktionen der **M.**, zumal bei inferenziellem Gebrauch, differenziert vermittelt werden.

Eisenberg, P. (^{2}2004), *Grundriß der deutschen Grammatik, Bd. 2: Der Satz,* Stuttgart; Weimar, 90ff. – Schanen, F. (1995), *Grammatik Deutsch als Fremdsprache,* München.

Hans Barkowski/Walter Thalhammer

Modifikator, der: Relation in der →**Semantik**; zu den **M.** zählen insbesondere Zeit-, Lokal- und Modalangaben; der **M.** entspricht der syntaktischen Relation der →**Angaben** in der →**Valenztheorie.**

Klaus Welke

Modus, der: Pl. Modi; Oberbegriff zu den Formen und Funktionen der sprachlichen Kennzeichnung einer Aussage im Hinblick auf Imperativität und Nichtimperativität bzw. Faktivität und Nichtfaktivität (vgl. Eisenberg Kap. 4). Grundlegende **M.** des Deutschen sind der →**Indikativ** (Merkmale: Nichtimperativität + Faktivität) und der →**Konjunktiv** (Nichtimperativität + Nichtfaktivität). Ob der →**Imperativ** den **M.** zuzurechnen ist, wird in verschiedenen Grammatiken unterschiedlich kommentiert und entschieden. Zu den Formen und Funktionen von Indikativ, Konjunktiv (I, II) und Imperativ sowie deren Kommentierungen im Hinblick auf DaF/DaZ s. jeweils dortselbst.

Eisenberg, P. (^{2}2004), *Grundriß der deutschen Grammatik, Bd. 2: Der Satz,* Stuttgart/Weimar, 100ff.

Walter Thalhammer

MOE-Länder: Bezeichnung für die Länder Mittel- und Osteuropas, die zum ehemaligen Ostblock einschließlich der ehemaligen Sowjetunion gehörten. Unter **M.** werden i.d.R. die Länder Republik Estland, Republik Lettland, Republik Litauen, Republik Polen, Republik Slowenien, Slowakei, Tschechische Republik und Republik Ungarn zusammengefasst. Die EU-Kommission zählt noch die Republik Bulgarien sowie Rumänien dazu.

Goethe-Institut (2008), *Jahrbuch 2007/2008,* München.

Knuth Noke

Monitor-Hypothese, die: Annahme, die auf Krashen zurückgeht und zwei Modi von Spracherwerb unterscheidet: einen Erwerbsmodus (acquisition), der unbewusst verläuft, und einen Lernmodus (learning) als bewussten Prozess. Der Erwerb erfolgt über den intuitiven Sprachgebrauch. Das Lernen (bewusste Auseinandersetzung mit den formalen Eigenschaften der fremden Sprache) führt zur Ausbildung eines Monitors, der die korrekte Sprachproduktion begleitet. Der Monitor ermöglicht die Korrektur potenzieller Äußerungen, bevor diese gesprochen oder geschrieben werden. Der Begriff **M.H.** wird von Krashen selbst nicht mehr verwendet, da er die später entwickelte →**Input-Hypothese** als ebenso zentral für seine Theorie betrachtet. Beim heutigen Forschungsstand lassen sich weder hinreichende empirische Belege für die tatsächliche Wirksamkeit des Spracherwerbsmechanismus noch für einen absoluten Gegensatz von ‚Erwerben' und ‚Lernen' finden.

Krashen, S. (1981), *Second Language Acquisition and Second Language Learning,* Oxford.

Barbara Biechele

Monolingualismus, der/monolingual: Einsprachigkeit; besagt, dass ein Individuum oder eine ganze Gesellschaft lediglich über eine einzige Sprache verfügen. Eine Gesellschaft wird auch dann als **m.** bezeichnet, wenn es anderssprachige Minderheiten gibt und/oder in der Schule Fremdsprachen gelernt werden, die Gesellschaft insgesamt sich aber als einsprachig versteht und organisiert.

Gogolin, I. (1994), *Der monolinguale Habitus der multilingualen Schule,* Münster.

Mandy Höhle

Monophthong, der: Der **M.** bezeichnet einen Vokal, der zugleich den Silbenkern einer Silbe bildet und bei dem sich während der Artikulation die Artikulationsorgane nicht bewegen, so dass auditiv keine Qualitätsänderung innerhalb des Vokals wahrgenommen werden kann (wie in <Tag>). Im Unterschied zum **M.** kennt das Deutsche auch →**Diphthonge** als Vokalfolge.

Beate Redecker

Monophthongierung, die: phonologischer Prozess, bei dem eine Vokalfolge (→**Diphthong**) zu einem einfachen Langvokal (→**Monophthong**) zusammengezogen und vereinfacht wird. Dies geschieht meist als Folge einer artikulatorisch motivierten Lautveränderung in Abhängigkeit zur Lautumgebung, z.B. in der Sprachgeschichte von germ. ai → ē und au → ō im Ahd. (Lautwandel). **M.** können in der gesprochenen Alltagssprache auch als Marker von regionalen Umgangssprachen auftreten, z.B. in der Realisierung von /a͡o/ in <Baum> zu /o:/ in <Boom> oder /a͡e/ in <keine> zu /e:/ in <keene> in einigen nieder- und mitteldeutschen Umgangssprachen.

Beate Redecker

Monosemie, die: Eigenschaft von lexikalischen Einheiten, die nur eine Bedeutung, ein einziges →**Semem** aufweisen; trifft v.a. für eng spezifizierte Ausdrücke zu: vgl. etwa *Kreuzspinne* (Ggs. →**Polysemie**).

Jacqueline Fiuza da Silva Regis

Morph, das: kleinstes bedeutungstragendes lautliches bzw. graphisches Wortsegment auf der Performanzebene einer Sprache, auch Minimalzeichen genannt. Z.B. bei *arbeit-en* ist *-en* ein **M.**, das die grammatische Information Infinitiv, und *arbeit-* ein **M.**, das die lexikalische Information repräsentiert – genauso wie u.a. bei *tanz-en* oder *les-en*. Die Wahrnehmung dieser möglichen Segmentierung kann Lernenden dabei helfen, auch neue unbekannte Wörter zu dekodieren und in Verbindung mit verwandten Wörtern desselben Wortfeldes oder mit denselben Merkmalen zu verstehen – z.B. in *les-en* und *les-bar*; oder in *les-bar* und *trink-bar*.

Jacqueline Fiuza da Silva Regis

Morphem, das: abstrakte kleinste Einheit mit einer bedeutungstragenden Funktion auf der Kompetenzebene einer Sprache; kann durch die Summe der gleichwertigen →**Morphe** – →**Allomorphe** – auf der Performanzebene ausgedrückt werden. Auf Deutsch kann beispielsweise das grammatische **M.**

Plural- u.a. mittels folgender Allomorphe repräsentiert werden: *-er* wie in *Kind-er*; *-e* wie in *Abend-e*. Gleichermaßen entsprechen *Haus* und *Häus-* (wie in *Häusern*) demselben **M.** In DaF-Kontexten kann die Unterscheidung zwischen möglichen Realisierungen einer abstrakten sprachlichen Einheit und dieser Einheit selbst dazu dienen, sowohl falsche Verallgemeinerungen zu vermeiden als auch hilfreiche Verbindungen abzuleiten.

Jacqueline Fiuza da Silva Regis

Morphologie/Morphematik, die: linguistisches Teilgebiet, das sich mit der Form oder Struktur der Wörter bzw. der Verteilung der →**Morpheme** innerhalb einer Wortform beschäftigt. Es wird zwischen Flexions- und lexikalischer **M.** unterschieden. Die Flexionsmorphologie untersucht die formalen Beziehungen zwischen Wörtern innerhalb eines Paradigmas, Deklination und Konjugation – z.B. zwischen *fühlen, fühlt* und *fühle*. Die lexikalische **M.** betrifft die Beziehungen zwischen Wörtern verschiedener →**Lexeme**, die Wortbildung – z.B. zwischen *fühlen, Gefühl* und *einfühlsam*. Da Deutsch starke morphologische Ausprägungen aufweist, sind morphologische Aspekte ein unentbehrlicher Bestandteil seiner Didaktik.

Jacqueline Fiuza da Silva Regis

Motivation, die:

1. Begriff

M. ist ein affektives Lernermerkmal, dem ein wesentlicher Einfluss auf den Erfolg und die Schnelligkeit des Lernens einer Zielsprache zugeschrieben wird. **M.** ist nicht direkt beobachtbar, variiert zwischen Individuen und unterliegt Schwankungen. In Bezug auf DaF und DaZ ist v.a. die Lern-**M.** relevant: Diese bewirkt (gerichtete) Aktivität auf ein Lernziel hin und beeinflusst die Ausdauer und Antriebsstärke, dieses Ziel zu erreichen. Grundlage einer **M.** sind Motive (= Beweggründe), die in der Persönlichkeit und Biographie der Lernenden, ihrer (Lern-)Umgebung und ihren Einstellungen und Orientierungen zur Zielsprache und der damit verbundenen Kultur begründet sind. Allgemein gilt die Regel, dass Lernende motivierter handeln, je wertvoller das angestrebte Ziel erscheint und je größer die Wahrscheinlichkeit ist, das Ziel zu erreichen. Konsens herrscht darüber, dass **M.** ein multidimensionales Konstrukt ist, das von vielen inneren und äußeren Variablen beeinflusst ist.

2. Konzepte in der Fremdsprachenforschung

Unterschieden werden a) Inhaltstheorien zu den Gründen für das Erlernen der Zielsprache und b) Theorien zu den Prozessen, die zu motiviertem Handeln führen. Unter anderem werden folgende Motive und **M.** für das Fremdsprachenlernen unterschieden: Eine instrumentelle Orientierung beruht auf der Annahme, dass die Zielsprache für das spätere Leben nützlich ist, während eine integrative Orientierung ein besonderes Interesse und positive Einstellungen in Bezug auf die Sprache und Kultur ausdrückt. Extrinsisch motivierte Lernende benötigen Anreize, die außerhalb der Lernaufgabe liegen und die mehr oder weniger fremdbestimmt sein können (die z.B. vom äußeren Druck eines Pflichtschulfachs bis zur Relevanz der Zielsprache für die eigene Persönlichkeitsentwicklung reichen), während intrinsisch motivierte Lernende aus innerem Bedürfnis (Neugier, Selbstverwirklichung, Vergnügen) eine Zielsprache lernen. **M.** bewirkt bzw. unterstützt nicht nur Lernen, sondern kann umgekehrt auch ein Ergebnis von Lernprozessen sein, hiermit werden v.a. →**Selbstkonzepte** in Verbindung gebracht (z.B. Selbstvertrauen, Selbstwirksamkeit, Kontrollüberzeugungen).

3. Motivierung
Unterrichtliche Maßnahmen zur Verbesserung sowie Erhaltung der **M.** sollten genau auf die Zielgruppe abgestimmt und vielfältig sein. In der fremdsprachendidaktischen Fachliteratur findet man viele Empfehlungen, die u.a. Motivierung durch gezielte Auswahl von Unterrichtsgegenständen, Medien und Techniken sowie durch Förderung der →**Autonomie** (insb. Unterstützung der Lernenden bei der Festsetzung realistischer Lernziele und Reflexion der Lernfortschritte) vorschlagen und der Gruppendynamik eine wichtige Rolle zuweisen.

Dörnyei, Z. (2001), *Teaching and Researching Motivation*, Harlow etc. – Küppers, A./Quetz, J., Hrsg. (2006), *Motivation Revisited*, Münster. – Wicke, R. (2004), *Aktiv und kreativ lernen. Projektorientierte Spracharbeit im Unterricht Deutsch als Fremdsprache*, Ismaning.

Claudia Riemer

MRT, die: MagnetResonanzTomographie (auch fMRT/f = funktionelle); physikalisches Verfahren zur Aufzeichnung der Struktur des Gehirns oder seiner Aktivität in Antizipation oder Reaktion auf kontrolliert dargebotene Stimuli oder interne kognitive/motorische/emotionale Prozesse; bei der **MRT** wird der Körper oder der Kopf sehr starken Magnetfeldern und elektromagnetischen Wechselfeldern im Radiofrequenzbereich ausgesetzt, durch die bestimmte Atomkerne (Wasserstoff-Atome) der magnetisierten Körperstruktur angeregt werden, so dass sie schwache elektromagnetische Felder erzeugen. Physikalische Basis sind die unterschiedlichen Relaxationszeiten der angeregten Atome in den interessierenden Gewebsarten. Die funktionelle **MRT** basiert physiologisch gesehen auf dem Vorgang, dass sich der Sauerstoffgehalt des Blutes und damit die Relaxationszeiten der Sauerstoffatome im Blut in Abhängigkeit der Gehirnaktivität verändern. **MRT** und **fMRT** gehören zu den sog. bildgebenden Verfahren der →**Gehirnforschung**; die **fMRT** wird auch in der Forschung zur →**Sprachverarbeitung** und Sprachproduktion eingesetzt; funktionelle MR-Tomogramme ermöglichen dabei u.a. Einblicke in Struktur-Funktions-Beziehungen des Gehirns (vgl. dazu z.B. Rüschemeyer 2005).

Rüschemeyer, S.-A. (2005), „Die Verarbeitung gesprochener Sätze in Erst- und Zweitsprache", in: Barkowski, H./Wolff, A. (Hrsg.), *Umbrüche. Materialien Deutsch als Fremdsprache Bd. 76*, Regensburg, 85–101.

Hans Barkowski/Wolfgang Miltner

multikulturell/Multikulturalität, die: →interkulturell

Multilingualismus, der: wird zumeist als Synonym für →**Mehrsprachigkeit** verwendet. Bei Übernahme aus dem Englischen oder Französischen wird differenziert: Der Europarat verwendet **M.** zur Bezeichnung der Vielsprachigkeit einer Gesellschaft und Plurilingualismus für die individuelle Mehrsprachigkeit (Europarat 2001). In EU-Dokumenten hingegen bezeichnet **M.** i.d.R. die Mehrsprachigkeit einer Person, während der Terminus *linguistic diversity* (Sprachenvielfalt) auf die Mehrsprachigkeit der europäischen Gesellschaft verweist (Europ. Komm. 2006).

Europäische Kommission, Hrsg. (2006), *Eurobarometer Spezial: Die Europäer und ihre Sprachen*, Brüssel. – Europarat, Hrsg. (2001), *Gemeinsamer europäischer Referenzrahmen für Sprachen: lernen, lehren, beurteilen*, Berlin/München.

Barbara Haider

Multimedia, das: Schlagwort, das die Integration unterschiedlicher medialer Elemente bezeichnet, ohne zwischen technischen, darstellungs- und wahrnehmungsbezogenen Aspekten zu unterscheiden. Für die →**Mediendidaktik** sind die Begriffe Multikodierung und Multimodalität produktiver: Multikodale Medienangebote beinhalten mehrere →**Kodes** oder Symbolsysteme (z.B. →**Text** mit Bild); multimodale Angebote sprechen mehrere Sinneskanäle an (z.B. visuelle und auditive Textpräsentation).

Weidenmann, B. (2002), „Multicodierung und Multimodalität im Lernprozess", in: Issing, L.J./Klimsa, P. (Hrsg.), *Information und Lernen mit Multimedia und Internet. Lehrbuch für Studium und Praxis*, 3. Aufl., Weinheim, 45–62.

Udo Ohm

Multiple Choice: →**Testverfahren**, bestehend aus jeweils einem Einleitungstext (z.B. einem Satz oder einer Frage) und mehreren, meist drei bis fünf Antwortmöglichkeiten zur Auswahl, die wiederum meist aus einer richtigen Lösung und verschiedenen Distraktoren bestehen. Es gibt aber auch **MC**-Formate, bei denen mehrere Lösungen oder auch keine richtig sein können. Je nach Anzahl und Art der Auswahlmöglichkeiten (Plausibilität der Distraktoren) sowie Ausrichtung und Gewichtung der **MC**-Aufgaben kann man den Schwierigkeitsgrad (und die Ratewahrscheinlichkeit) der Aufgaben steuern. Die →**Validität** und Aussagekraft von **MC**-Sprachtests im Hinblick auf kommunikative Sprachkompetenz ist sehr umstritten.

Manuela Glaboniat

Multisemie, die: von Henne (1972) eingeführter Begriff für Wörter, die lautlich die gleiche Gestalt haben, jedoch unterschiedliche Bedeutungen tragen, aber sowohl polysem als auch homonym sind. →**Homonymie** liegt vor, wenn ein Wort (ein →**Signifiant**) mehrere →**Signifiés** bezeichnet, diese jedoch in keinem erkennbaren begrifflichen Zusammenhang stehen (z.B. *Bank* als Geldinstitut oder als Sitzgelegenheit). Von →**Polysemie** spricht man, wenn ein Wort (ein Signifiant) mehrere Signifiés bezeichnet, die auf eine gemeinsame Vorstellung oder Wurzel zurückgehen (z.B. *Bank* als Sitzgelegenheit: *die Sitzbank, die Sandbank*). Der Begriff hat sich in der Sprachwissenschaft nicht durchsetzen können, es wird meist nur nach Polysemie und Homonymie unterschieden.

Henne, H. (1972), *Semantik und Lexikographie*, Berlin/New York.

Mandy Höhle

Murmelvokal, der: syn. →**Reduktionsvokal**, Zentralvokal, Schwa-Laut; Bezeichnung für den mit geringer Mundöffnung, halbhoch aufgewölbter Zunge und ungespannter Artikulationsmuskulatur – d.h. zentral – gebildeten →**Vokal** [ə]. Im Deutschen wird er nur in akzentlosen Vor- und Nachsilben verwendet (*B<u>e</u>such* [bə'zu:x], *ich komm<u>e</u>* [... 'kɔmə], *komm<u>e</u>n* ['kɔmən]) und in Nachsilben häufig elidiert, zuweilen verbunden mit Assimilationserscheinungen (*hab<u>e</u>n* ['ha:bm̩], *red<u>e</u>n* ['ʁe:dn̩]). In nichtakzentuierten Silben nichtakzentuierter Wörter (v.a. →**Synsemantika**) können andere Vokale, vor allem die E-Laute zum **M.** reduziert werden, z.B. *<u>e</u>r kommt* [ə 'kɔmt]. Der Status des **M.** als →**Phonem** ist umstritten. Lernprobleme ergeben sich für DaF-/DaZ-Lernende, denen aus ihrer Ausgangssprache solche Reduktionserscheinungen fremd sind. Sie realisieren anstelle des **M.** häufig ein kurzes/offenes [ɛ].

Kerstin Reinke

Mustererkennung, die: Vorgang, in dessen Verlauf in einem Datensatz sich wiederholende, ähnlichkeitsbasierte Regularitäten identifiziert, klassifiziert und abstrahiert werden. **M.** geschieht dabei in Abhängigkeit von der Auftretenshäufigkeit (→**Type-/Token-Relation**) und Prägnanz (saliency) des Musters. Im Kontext des Fremd- und insbesondere des →**Zweitspracherwerbs** befördert **M.** auf der Basis des Erfassens und Verarbeitens von sprachlichen Mustern (s. dazu ggf. a. →**Chunk**) u.a. den Aufbau von syntaktischem Wissen und ist eine wesentliche Grundlage für den Erfolg intensiven Übens in Prozessen der rezeptiven und produktiven Automatisierung sprachlicher Zielstrukturen.

Anderson, J.R./Funke, J. (2007), *Kognitive Psychologie, Kap. 2: Wahrnehmung*, Berlin/Heidelberg, 47–90.

Daniela Zahn

Muttersprache, die: s. **Erstsprache**, s. **Deutsch als Muttersprache**

muttersprachlicher Unterricht, der: s. **Herkunftssprachenunterricht**

N

Nachahmungstheorie, die: eine im Behaviorismus entwickelte Theorie, der zufolge insbesondere das kindliche Lernen durch Beobachten und absichtliches oder unabsichtliches Imitieren eines Vorbilds der unmittelbaren Umgebung erfolgt. Der zeitliche Abstand zwischen der Beobachtung und der Nachahmung kann unterschiedlich lang, die Ähnlichkeit zwischen ihnen unterschiedlich stark sein. Die das individuelle Versuchslernen abkürzende Nachahmung ist ein komplexer Prozess, der für die Entwicklung perzeptiv-motorischer (wie z.B. auditiver und artikulatorischer) Funktionen unverzichtbar ist. Als alleiniges Erklärungsprinzip für den Spracherwerb ist sie jedoch nicht ausreichend, da Lernende sowohl im Erst- als auch im Zweit- und Fremdsprachenerwerb Strukturen und Relationen erwerben, die sie zuvor nicht gehört und somit nicht per Nachahmung gelernt haben können.

Karin Aguado

Nachbarsprache, die: Sprache, die im angrenzenden Land/in angrenzenden Ländern bzw. als →**Minderheitensprache** auf dem Territorium eines Nationalstaates gesprochen wird, wie dies insbesondere in Einwanderungsländern die Regel ist. Der deutschsprachige Raum hat neun **N.**, wobei nur Französisch und Italienisch in den deutschsprachigen Ländern in größerem Umfang gelernt werden. Deutsch hingegen ist in allen angrenzenden Regionen eine wichtige Fremdsprache. Neuere sprachenpolitische Konzepte und EU-Regionalkonzepte versuchen v.a. in Europa das Lernen der jeweiligen **N.** besonders zu fördern. Methodische Ansätze (z.B. zur →**Begegnungssprache** oder die Grenzdidaktik) sind umfassende Konzepte (linguistische, kulturelle, historische, ethnologische, etc.) und agieren interdisziplinär. Ziel ist es, die Kommunikation in den Grenzregionen auf der sprachlichen, der politischen, der ökonomischen und der kulturellen Ebene zu verbessern. Der Begegnungssprachenansatz ist damit ein zentrales Konzept im Zusammenhang der Förderung von →**Mehrsprachigkeit**. In Maastricht (NL) wurde CICERO, ein Koordinations- und Informationszentrum für den Unterricht der **N.** eingerichtet, das auch eine Projektdatenbank betreut.

Internetadresse: www.cicero-net.nl – Raasch, A. (2006), „Sprachen – Brücken über Grenzen?“, in: Krumm, H.J./Portmann, P. (Hrsg.), *Begegnungssprache Deutsch*, Innsbruck, 159–166.

Brigitte Sorger

Nachfeld, das: bezeichnet das Stellungsfeld nach den infiniten Verbteilen, also die Position nach dem klammerschließenden Element (→**Satzklammer**, →**Satzstruktur**). Im **N.** stehen regelmäßig vor allem subjunktionale →**Nebensätze**, aber auch andere Elemente (*Er hat gestern erst eingekauft, weil er vorher keine Zeit hatte., Er hat gestern erst eingekauft für seinen Geburtstag.*). Einen besonderen Fall im **N.** stellen sog. Rechtsversetzungen (→**Rechtstendenz**) und Nachträge dar, mit denen Elemente im Mittelfeld spezifizierend oder erläuternd wieder aufgenommen werden, bei der Rechtsversetzung pronominale Formen, beim Nachtrag Unterschiedliches (*Und dann haben wir beide uns total verlaufen, Susanne und ich., Er brachte ihr Rosen mit, 50 rote Rosen.*) Wenn Satzteile, die üblicherweise im Mittelfeld (oder im →**Vorfeld**) stehen, ins **N.** gestellt werden, spricht man von Ausklammerung; damit wird die Satzklammer durchbrochen (*Er hat gestern erst eingekauft das Bier.*).

Maria Thurmair

Nachsilbe, die: s. **Suffix**

Nachzeitigkeit, die: Bezeichnung einer Handlung nach dem Sprechzeitpunkt (→**Aktzeit** nach →**Sprechzeit**). Die Tempusformen des Verbs sowie andere lexikalische Mittel (Adverbien, Konjunktionen u.a.) drücken zeitliches Geschehen aus (→**Tempus**). So verweisen Präteritum und Plusquamperfekt stets auf Vergangenes (Vorzeitigkeit), das Präsens ist zeitlich indifferent, Futur I und Futur II verweisen im Regelfall auf Zukünftiges bei starkem modalen und aspektualen Charakter (**N.**; Aktzeit nach Sprechzeit). Aber auch das Präsens kann durch eine Temporalangabe **N.** ausdrücken: *Morgen komme ich nach Haus.*

Lutz Götze

NAG, das: s. **Niederlassungs- und Aufenthaltsgesetz**

Narrativ, der/narrativ: 1. in einigen Sprachen vorkommende morphologische bzw. syntaktische Formkennzeichen für Erzählungen, z.B. in baltischen Sprachen als eigener Erzählmodus oder in einigen Kaukasussprachen als Erzählkasus. **2.** Bezeichnung für Textstrukturen, die Erzähltexte von z.B. argumentativen oder Sachtexten unterscheiden.

Konrad Ehlich

Nasal, der/nasal: auch: Nasallaut, Nasenlaut; →**Nasalität**. **1.** Ein **N.** ist ein Klanglaut, bei dessen

→**Artikulation** der weiche Gaumen gesenkt ist und der im Kehlkopf gebildete Stimmklang durch die Nase strömt, wo er seinen charakteristischen nasalen Klang erhält. Die Mundpassage ist durch unterschiedliche Verschlussbildungen verlegt, wodurch der Klang modifiziert wird. Im Deutschen gibt es nur **N.**-Konsonanten (mit dem Artikulationsmodus **n.**), und zwar [m n ŋ], keine **N.**-Vokale – diese kommen aber gelegentlich in Fremdwörtern und Namen fremder Herkunft, z.B. aus dem Französischen (*Restaurant* [ʁɑ̃]), vor. **2. n.**: →**phonologisch** →**distinktives Merkmal** (± **n.**), das →**Konsonanten** hinsichtlich des Artikulationsmodus kategorisiert; danach gilt für die **N.** [m n ŋ] +**n.** und für →**Explosive**, z.B. [p b] und →**Frikative**, z.B. [f v] -**n.** Mit besonderen Problemen ist bei DaF-/DaZ-Lernenden zu rechnen bei der Bildung des Nasals [ŋ] (wird häufig – z.B. in *singen* – nicht nasal [ŋ], sondern explosiv gelöst [ŋg]) und ggf. bezüglich zu starker Nasalierung der Vokale.

Kerstin Reinke

Nasalität, die: syn. Nasalierung; auditiv wahrnehmbares und akustisch messbares komplexes Phänomen, das sich auf einzelne, mehrere oder alle Sprachlaute des Redestromes bezieht. Einige Sprachlaute des Deutschen enthalten grundsätzlich **N.**, v.a. →**Nasale** [m n ŋ] und auch →**Vokale** in Umgebung von Nasalen, z.B. *lang, Restaurant* (jedoch vergleichsweise weniger als die Nasalvokale z.B. im Französischen). **N.** kann – intendiert oder pathologisch bedingt – aber auch (fast) alle Sprachlaute des Redestroms betreffen und erzeugt dann besondere (emotionale) Wirkungen. **N.** entsteht durch →**Artikulation** bei gesenktem Velum, so dass die Ausatmungsluft durch die Nase strömt, wo der charakteristische nasale Klang entsteht. Akustisch zeigt sich **N.** bei nasalierten Vokalen in einem schwächeren, aber höheren Formanten F1, nasalierte Vokale und →**Konsonanten** besitzen neben in ihrer Intensität abgeschwächten oralen Formanten zusätzlich besondere nasale Formanten. Lernprobleme bei DaF/DaZ-Lernenden äußern sich – je nach Ausgangssprache – z.B. entweder in zu starker nasaler Färbung der Vokale oder in explosiver Lösung des Nasals [ŋ] z.B. in *singen* als [ŋg].

Péttursson, M./Neppert, J.M.H. (2002), *Elementarbuch der Phonetik*, 3. Aufl., Hamburg.

Kerstin Reinke

nationale Varietäten: Deutsch wird als eine →**plurizentrische Sprache** bezeichnet, d.h. dass sich in den deutschsprachigen Ländern gleichberechtigte **n.V.** entwickelt haben. Deutschland, Österreich und die Schweiz gelten als Vollzentren, in denen die →**Varianten** kodifiziert sind, während für die Halbzentren Liechtenstein, Luxemburg, Ostbelgien und Südtirol solche Kodifizierungen nicht vorliegen. Unterschiede zwischen den **n.V.** sind auf allen sprachlichen Ebenen nachweisbar, auch wenn zu beachten ist, dass – sich im Lauf der Geschichte ändernde – Staatsgrenzen nie völlig identisch mit Sprachgrenzen sind. Welche dieser **n.V.** gelernt werden bzw. wie diese in den Deutschunterricht einbezogen werden können, ist eine je nach Lernort und Lernziel unterschiedlich zu beantwortende Frage.

Hägi, S. (2006), *Nationale Varietäten im Unterricht Deutsch als Fremdsprache*, Frankfurt a.M. – Ammon, U. u.a. (2004), *Variantenwörterbuch des Deutschen. Die Standardsprache in Österreich, der Schweiz und Deutschland sowie in Liechtenstein, Luxemburg, Ostbelgien und Südtirol*, Berlin.

Andrea Koban

Nationalitätensprache, die: Terminus zur Bezeichnung der Sprache einer nationalen **Minderheit**. Deutsch als **N.** findet sich insbesondere in Ostmittel-, Ost- und Südosteuropa. Da die Primärsprache der Minderheitenangehörigen meist nicht mehr das Deutsche, sondern die jeweilige Umgebungssprache ist, ist Deutsch vielfach zur →**Zweitsprache** geworden. Eine spezielle Didaktik des Deutschen als **N.** muss die besondere innere und äußere Mehrsprachigkeit der Lernenden, ihre lebensweltliche Transkulturalität an der Schnittstelle zwischen mehreren Sprachen und Kulturen angemessen berücksichtigen.

Földes, Cs. (1994), „Neue Ansätze der Lehrerausbildung im Spannungsfeld zwischen Deutsch als Fremdsprache und Deutsch als Nationalitätensprache", in: *Informationen Deutsch als Fremdsprache*, Jg. 21, Nr. 4, 431–443.

Csaba Földes

Nationalliteratur, die: Zentralbegriff kulturpolitischer Konzepte, die historische Entwicklungsformen der →**Literatur** in nationalen Gemeinschaften, verbunden mit politisch-sozialen Wertungen innerhalb konkreter Literaturverhältnisse, bezeichnen. In Deutschland als Schlüsselbegriff der germanistischen Nationalphilologie erstmalig 1777 verwendet. Ist die **N.** in Deutschland zunächst verbunden mit der Suche des Bürgertums nach Identität in einer imaginären Kulturgemeinschaft, wird sie im 19. Jh. Ausdruck der bildungsbürgerlichen Vorstellung von einer Kulturnation in Verbindung mit einem von Exklusivität bestimmten Lektürekanon (→**Kanon**). Seit den 1960er Jahren zunehmende Internationalisierung der philologisch-historischen Forschung, seitdem neue Überlegungen zum Status der traditionellen Philologien und des literarischen Kanons. Literarische Texte werden jetzt für ein Aushandeln kultureller Differenzen statt zur Identitätsstiftung in Anspruch genommen. Bachmann-Medick spricht von hybriden, postkolonialen Weltliteraturen, die das vertraute Modell von **N.** ebenso aufbrechen wie den universellen Geltungsanspruch westlicher Literaturstandards und ihres Kanons (vgl. Bachmann-Medick 2004, 12).

Bachmann-Medick, D., Hrsg. (2004), *Kultur als Text*, 2. Aufl., Tübingen/Basel. – Harth, D. (2000), „Nationalliteratur – Ein Projekt der Moderne zwischen Mystifikation und politischer Integrationsrhetorik", in: Gardt, A., Hrsg., *Nation und Sprache. Die Diskussion ihres Verhältnisses in Geschichte und Gegenwart*, Berlin/New York, 349–381.

Werner Biechele

Nationalsprache, die: gilt als spezifischer Ausdruck der Identität der Angehörigen der Nation und ihrer Kultur. Nationen werden meist als kongruent mit Staaten verstanden (z.B. französische Nation – Frankreich – **N.** Französisch), aber auch als Volksgruppen, die über keinen eigenen Staat verfügen und oft Nationalitäten genannt werden (z.B. Basken in Spanien und Frankreich: **N.**- oder →**Nationalitätensprache** Baskisch). →**Amtssprachen** von Staaten und **N.** können kongruieren (Schweiz: Alle vier staatlichen Amtssprachen sind **N.**) oder divergieren (Luxemburg: Letzeburgisch ist **N.** und Amtssprache, Deutsch und Französisch sind nur Amtssprachen; Namibia: Englisch ist Amtssprache, Deutsch, Afrikaans und mehrere autochthone Sprachen sind nur **N.**).

Ulrich Ammon

Native Speaker, der: muttersprachlicher Sprecher der Zielsprache, einerseits Zielvorstellung und Modell für DaF- und DaZ-Lernende, andererseits wird muttersprachliche Kompetenz auch als beste Voraussetzung für DaF- und DaZ-Lehrende angesehen. Da DaF- und DaZ-Lernende kaum Kommunikationssituationen muttersprachlich-monokulturellen Charakters, sondern zumeist interkulturelle Situationen bewältigen müssen, wird allerdings gefordert, nicht die Kompetenz von **N.S.**, sondern die von „intercultural speakers" anzustreben. Damit wäre auch bei Lehrkräften ihre interkulturelle Kompetenz wichtiger als ihre muttersprachliche Sprachkompetenz.

Klaus-Börge Boeckmann

Nativismus, der: Position der →**Spracherwerbstheorie**, die davon ausgeht, dass Kinder von Geburt an eine kognitive Ausstattung zum Erwerb und zur Verarbeitung von Sprache mitbringen (auch →**Innatismus**). Diese Annahme beruht auf der Beobachtung, dass der L1-Input quantitativ und qualitativ ungenügend sowie fehlerhaft ist und kaum negative Evidenz bietet. Trotzdem wird ein vollständiges L1-System aufgebaut. Grundlage dafür ist laut **N.** die Universalgrammatik, die auf Grund von „Prinzipien" und „Parametern" die Optionen für die L1-Grammatik einschränkt und einen beschleunigten Erwerb ermöglicht. Andere Bereiche der Sprache (u.a. Lexikon, Semantik und Pragmatik) müssen aus dem Input gelernt werden. Beim Zweitspracherwerb befürwortete der **N.** zunächst die →**Identitätshypothese**, die einen gleichen Verlauf von L1- und L2-Erwerb postuliert. Da theoretische und empirische Erkenntnisse gegen diese Annahme sprechen, konzentriert sich die Diskussion jetzt auf den Zugang von L2-Erwerbenden zur Universalgrammatik: die →**Interface-Position** geht von einem vollen Zugang aus, andere Positionen vertreten einen teilweisen oder keinen Zugang.

Klann-Delius, G. (2008), *Spracherwerb* (2., aktual. u. erw. Aufl.), Stuttgart.

Klaus-Börge Boeckmann

Natural Approach: beruht auf der Spracherwerbstheorie von Stephen D. Krashen und wurde von diesem gemeinsam mit Tracy D. Terrell in den 1980er Jahren in den USA entwickelt. Er ist ein kommunikativer Ansatz im engeren Sinne, stark wortschatzorientiert. Man konzentriert sich auf positive, klassenraumgebundene, über Bildmaterial visualisierbare Inhalte. Klassische Grammatikvermittlung ist im **N.A.** grundsätzlich möglich, soll jedoch zeitlich limitiert erfolgen. Die Lehrenden lenken das Unterrichtsgespräch und sind die zentrale Inputquelle. Auffallend sind die vielen Display-Fragen. Der Input wird graduiert. Die Lernenden üben vorgegebene Dialoge ein, verfassen gelenkte Texte, stellen und beantworten Fragen, agieren in Rollenspielen. Die Lehrbuchlektionen sind thematisch geordnet und in Sprechsituationen, Wortschatz, eine Leseecke sowie Strukturen und Übungen gegliedert. Die dahinterliegende ambitionierte Theorie blieb bislang ohne empirisch-wissenschaftliche Überprüfung und findet in der praktischen Umsetzung kaum Platz.

Brigitte Ortner

natürliche Sprache, die: als Gegensatzbegriff zu künstlichen oder artifiziellen Sprachen verwendeter Ausdruck zur Bezeichnung von in der Geschichte entwickelten Sprachen von Gruppen. Die Kennzeichnung als ‚natürlich' betont gegenüber der Geplantheit artifizieller Sprachen die nicht explizit geplante Entstehung, Tradierung und Praxis von Sprachen. Aufgrund einer zweiten Gegensatzbeziehung, der von Natur vs. Gesellschaft, legt der Ausdruck es nahe, dass für Sprachen von deren Gesellschaftlichkeit abgesehen werden könne, eine Auffassung, die in der Annahme einer universalen, dem Menschen angeborenen Sprachkompetenz ihre expliziteste Ausprägung erfährt. Das Reden von einer **n.S.** steht zugleich in der Gefahr, charakteristische Unterschiede zwischen menschlichen und tierischen Kommunikationssystemen zu nivellieren.

Konrad Ehlich

natürliches Geschlecht, das: bezieht sich auf die Zuweisung des grammatischen →**Genus** an Nomina, die Lebewesen bezeichnen, nach dem Kriterium des jeweils biologisch zutreffenden Geschlechts, also männlich/maskulin bzw. weiblich/feminin. Die Übereinstimmung zwischen grammatischem Geschlecht und **n.G.** ist in den natürlichen Sprachen jeweils nur partiell gegeben; im Deutschen gilt sie bei Personen-, Verwandtschafts- und Berufsbezeichnungen, zum großen Teil auch bei Tierbezeichnungen. Die formale Markierung des **n.G.** erfolgt in jedem Fall durch die Artikelwörter, aber auch durch bestimmte Wortbildungsmittel (z.B. Suffix *-in* für Feminina und *-er* für Maskulina) oder durch Differenzierung auf der lexikalischen Ebene (*Vater/Mutter, Knecht/Magd*). Mit **n.G.** verfügen Fremdsprachenlerner über eine verlässliche Hilfe im Umgang mit dem Genus im Deutschen.

Wegner, H. (1995), „Das Genus im DaZ-Erwerb. Beobachtungen an Kindern aus Polen, Russland und der Türkei", in: Handwerker, B. (Hrsg.), *Fremde Sprache Deutsch*, Tübingen, 1–24.

Sabira Levin

Nebenordnung, die: auch: →**Parataxe** oder Beiordnung, Beziehung zwischen Teilsätzen eines zusammengesetzten →**Satzes**, wenn zwischen diesen Teilsätzen das Prinzip der Gleichrangigkeit herrscht, z.B. *Es blitzte und es donnerte* (HS+HS). Dies können Hauptsätze sein. Aber auch Nebensätze, wie z.B. *Klaus ging in die Schule, obwohl er heiser war und obgleich Susanne ihm dies ausdrücklich verboten hatte.* (HS+NS+NS), können nebengeordnet sein.

Mandy Höhle

Nebensatz, der: Teilsatz eines zusammengesetzten →**Satzes**, der einem →**Hauptsatz** oder einem anderen **N.** untergeordnet ist bzw. sich auf diesen bezieht. Semantisch und syntaktisch betrachtet bedarf der **N.** einer Stütze außerhalb sich selbst, er kann also nie allein stehen, in kommunikativer Hinsicht jedoch enthält der **N.** zumeist die wesentliche Information (z.B. *Er behauptet, das Universum sei unendlich groß.*). Klassifiziert werden **N.** i.d.R. nach Form, Funktion und Semantik: 1. Form: Es wird unterschieden in eingeleitete und uneingeleitete **N.** Eingeleitete **N.** werden subklassifiziert in Konjunktionalsätze (eingeleitet mit subordinierender →**Konjunktion**), Relativsätze (eingeleitet mit →**Relativpronomen**) und Interrogativsätze (eingeleitet mit →**Interrogativum**). →**Uneingeleitete N.** werden klassifiziert nach der Wortstellung des Verbs in Verberst-, Verbzweitsätze und infinite Sätze. 2. Funktion: **N.** haben Satzgliedfunktion (Subjektsatz: z.B. *Dass sie zu spät war, störte ihn.*; Objektsatz: z.B. *Er meint, dass er richtig liegt.*; Prädikativsatz, Adverbialsatz), sind Teil eines Satzglieds (Attributsatz, z.B. *Die Frage, die gestellt wurde, ist irrelevant.*) oder haben keine syntaktische Funktion im übergeordneten Satz (z.B. →**weiterführender Nebensatz**). 3. Semantik: Semantisch wird nach Relativsätzen (Bezug zu einem Element des übergeordneten Satzes), Inhaltssätzen (nicht relativ und nicht adverbial) und Verhältnissätzen (nicht relativ, aber adverbial) unterschieden.

Mandy Höhle

Negation, die: Verneinung eines Geschehens, einer Handlung, eines Sachverhalts, einer Frage, aber auch das Absprechen einer Eigenschaft oder die Zurückweisung einer Behauptung oder Aufforderung kann **N.** beinhalten. **N.** tritt auf verschiedenen Ebenen auf: a) syntaktische **N.**: *Anna geht nicht ins Theater.* Das Negationswort *nicht* negiert den Satz explizit als Ganzes, b) kommunikative oder pragmatische **N.**: *Anna fragte: Kommst du mit ins Theater? Otto: Ich muss meine Hausaufgaben machen.* Mit seiner Antwort verneint Otto, dass er mit ins Theater geht, ohne dies explizit mitgeteilt zu haben. Die Verneinung kann nur aus dem Zusammenhang erschlossen werden, c) lexikalische **N.**: *Anna ist satt, aber Otto ist noch hungrig.* Dieser Gegensatz kann auch umschrieben werden mit *satt – nicht satt,* d) morphologische **N.**: *glücklich – unglücklich;* Sachverhalte können durch Negationselemente wie „un-“, „-los“, „nicht-“ verneint werden.

Mandy Höhle

Negationsadverb, das: **N.** sind **→Adverbien**, durch die Handlungen, Ereignisse, Sachverhalte usf. als nicht zutreffend bezeichnet werden, wobei das Nichtzutreffen durch eine unspezifische Attribuierung (z.B. *keinesfalls, keineswegs, nicht*) oder durch die Attribuierungen „nicht zutreffend bezügl. Zeit“ (*nie, niemals*) oder auch „nicht zutreffend bezügl. Raum“ (*nirgends, nirgendwo, nirgendwohin*) ausgedrückt sein kann: *Ich gehe nicht mit ins Kino, ich gehe nämlich nie ins Kino und heute gehe ich nirgendwohin.*

Hans Barkowski

Negationsartikel, der: das Artikelwort *kein*; es negiert Nomina bzw. Nominalgruppen, erhält dabei vom Nomen die Genusmarkierung zugewiesen und kongruiert mit diesem in Bezug auf Kasus und Numerus: *Er war mir keine große Hilfe.*

Hans Barkowski

Negationspartikel, die: Mit **N.** werden **→Partikeln** bezeichnet, durch die eine **→Negation** ausgedrückt wird (*nein, nicht*); *Nicht er war gemeint.*

Anna Peterwerth

Negationspronomen, das: Dazu zählen die **→Indefinitpronomen** *nichts, niemand* und *keine/-er/-(e)s* durch die – je nach Funktion in einer Äußerung – negiert wird, dass es einen benennbaren Akteur oder Sachverhalt bzw. ein Objekt usw. gibt/gegeben hat/geben wird: *Angeblich war nichts geschehen., Keiner wollte etwas gesehen haben.* (Zu weiteren semantischen und syntaktischen Eigenschaften vgl. **→Pronomina**.)

Hans Barkowski

Nennform, die: s. Infinitiv

Nennwort, das: s. Substantiv

Neologismus, der: **1.** In der Sprachgeschichte die Bildung von Wörtern für neue Begriffe und Sachen. **N.** können gebildet werden durch Ableitungen (z.B. *Leiden-schaft*), Zusammensetzungen (*Ich-AG*), durch Übersetzungen von Fremdwörtern (z.B. *Abstand* für frz. *distance* im 17. Jh. von P. v. Zesen) und durch Bedeutungsverlagerung (z.B. *Zweck* = ursprüngliche Bedeutung *Nagel*, erst seit dem 16. Jh. ≈ Ziel). **2.** In der Literaturwissenschaft besonderes Stilmittel zur Verfremdung, Betonung oder Heraushebung. **N.** sind hier einmalig gebrauchte, meist auf einen erzählerischen oder dichterischen Kontext beschränkte Neubildungen (z.B. *feuchtverklärt*, Goethe). **3.** Besonders Fachsprachen und Wissenschaftssprachen neigen zur Bildung von **N.** (z.B. *Automobil*). Z.T. kommt es zur Habitualisierung von **N.** und zur Integration in den allgemeinen Wortschatz.

Elsen, H. (2004), *Neologismen: Formen und Funktionen neuer Wörter in verschiedenen Varietäten des Deutschen*, Tübingen. – Polenz, P. v. (2000), *Deutsche Sprachgeschichte vom Mittelalter bis zur Gegenwart*, Bd. 1, Berlin/New York.

Mandy Höhle

Neurolinguistik, die: Wissenschaftsgebiet im Grenzbereich von Neurologie, kognitiver Linguistik und **→Psycholinguistik**. **N.** fokussiert die neurophysiologischen Grundlagen/Substrate der Repräsentation von Sprache sowie von Sprachgebrauch (**→Fertigkeiten**) und Sprachverarbeitung (**→Spracherwerb**, **→Gehirnforschung**). Insoweit zählt die **N.** zu den Grundlagenwissenschaften des Faches DaF/DaZ, mit wachsender Bedeutung auch für Fragen methodisch-didaktischer Theoriebildung und die Unterrichtspraxis. Eine weitere interdisziplinäre Schnittmenge besteht zur Künstlichen Intelligenz und deren Versuchen, Informationsverarbeitung in Anlehnung an neuronale Netzwerke zu modellieren und darauf aufsetzend komplexe Lernvorgänge zu simulieren (**→Konnektionismus**). Historisch entwickelte sich die **N.** aus der Aphasieforschung (Untersuchung von Sprachdefiziten als Resultat von Gehirnschäden). Heute dominieren jedoch nicht-invasive Verfahren: 1. bildgebende hämodynamische Methoden: funktionale Magnetresonanztomographie (**→fMRT**), **→PET** (Positronen-Emissions-Tomographie), 2. elektrophysiologische Methoden: **→MEG** (Magnetoenzephalographie), →**EKP** (ereigniskorrelierte Potenziale). Gemeinsamkeit der Methoden: neuronale Aktivität bzw. Lokalisation wird mit sprachlichen Stimuli der Experimente in Zusammenhang gebracht.

Die neurolinguistische Forschungslage zu Fragen des Fremd- bzw. Zweitsprachenlernens ist bislang als eher schmal einzuschätzen und in ihren Befunden teilweise uneindeutig bis widersprüchlich (vgl. Zippel 2009). Dabei bilden v.a. folgende Fragen den Fokus des Interesses: Welche lokalen und funktionalen Gemeinsamkeiten und Unterschiede zwischen L1- und L2-Verarbeitung gibt es und was bedeuten diese ggf.? Welchen Einfluss haben Erwerbsalter, Erwerbsdauer und Sprachkönnensstand auf die lokalen und funktionalen Gemeinsamkeiten und Unterschiede?

Gullberg, M./Indefrey, P. (2006), *The cognitive neuroscience of second language acquisition*, Malden/Oxford. – Ingram, J.C.L. (2007), *Neurolinguistics: An Introduction to Spoken Language Processing and Its Disorders (Cambridge Textbooks in Linguistics)*, Cambridge. – Paradis, M. (2004), *A Neurolinguistic Theory of Bilingualism*, Amsterdam. – Zippel, W. (2009), *Semantik und Grammatik im Kopf*, Tübingen.

Daniela Zahn

Neutrum, das: s. Genus

Niederlassungs- und Aufenthaltsgesetz, das (NAG): Bezeichnung des 2005 novellierten österreichischen Fremdengesetzes (so die Bezeichnung bis 2005), welches in § 14 die sog. Integrationsvereinbarung enthält, d.h. die Vorschrift, dass für die Verlängerung von Aufenthaltstiteln der erfolgreiche Besuch eines →**Integrations(sprach)kurses** nachzuweisen ist (Diskussion und Kritik auf der Plattform der NGO „Sprachenrechte"). Zuständig für die Durchführung der Integrationsvereinbarung ist der dem österreichischen Innenministerium zugeordnete →**Österreichische Integrationsfonds**.

Internetadresse: www.sprachenrechte.at

Hans-Jürgen Krumm

Niveaubeschreibungen: Im Gemeinsamen europäischen Referenzrahmen (→**GeR**) ist mit Hilfe von →**KANN-Beschreibungen** formuliert, welche kommunikativen Aktivitäten ein Sprecher/Lernender auf einem der sechs Referenzniveaus des GeR ausführen kann. Die KANN-Beschreibungen sind Basis der Eichung von Tests oder Kompetenzstandards auf den GeR. Die sechs Referenzniveaus des GeR sind A1/A2 = Elementare Sprachverwendung (Sp.), B1/B2 = Selbstständige Sp., C1/C2 = Kompetente Sp.; B1 entspricht dabei dem →**Threshold Level** (Kontaktschwelle Deutsch, auch dem Zertifikat Deutsch). Veranschaulichungen der **N.** des GeR finden sich in systematischer Form in →**Profile deutsch** und werden – z.T. als verbindliche curriculare Vorgabe missverstanden – als Orientierung von Lehrenden, Lehrwerksautoren, Verlagen und Testentwicklern für den Bereich DaF/DaZ genutzt.

Jürgen Quetz

Nomen, das: Pl. Nomen oder Nomina; der Begriff wird im engeren Sinne synonym zu der Bezeichnung Substantiv gebraucht; im weiteren Sinne werden darunter allgemein die deklinierbaren Wortarten verstanden (→**Substantive**, →**Adjektive**, Artikelwörter (→**Artikel**), →**Numerale** und →**Pronomen**). Mit dem Begriff Substantiv ist dagegen nur diese eine Wortart gemeint. In →**Nominalphrasen** kongruieren (→**Kongruenz**) alle Bestandteile hinsichtlich →**Numerus** und →**Kasus** (vgl. *eines schönen Tages*), während deren substantivischer Teil alle anderen hinsichtlich des →**Genus** regiert (→**Regens**), d.h. deren genusbezogene Markierungsanteile determiniert (vgl. *eine mutige Frau*).

Sabira Levin

Nomenklatur, die: internationale Vereinbarungen im Bereich von →**Fachsprachen**, die oft auf der Basis lateinischer und griechischer Termini getroffen werden. Die Anfänge schuf Carl von Linné (1707–1778) mit seiner Arbeit zu einheitlichen botanischen Benennungen. Im Bereich der Sprachwissenschaft finden sich begriffliche Verabredungen u.a. zu grammatischen Termini (*Verb*, *Nomen*) oder zu Bezeichnungen für →**Textsorten**. Von besonderer Bedeutung ist eine einheitliche N. für die Übersetzungswissenschaft.

Kerstin Rische

nominale Klammer/Nominalklammer; die: Begriff, der in Anlehnung an die Verbklammer bzw. →**Satzklammer** geprägt wurde; die **N.** besteht im nominalen Bereich, sie wird gebildet zwischen dem Artikel als klammeröffnendem und dem Nomen als klammerschließendem Element: *der kleine grüne Kaktus*. Mit dem Begriff der **N.** lassen sich besonders die erweiterten attributiven Partizipialgruppen oder Adjektivgruppen gut beschreiben: *die gestern in aller Eile noch von der Sekretärin kopierten Unterlagen; die ausländischen Lernern nur schwer vermittelbare Klammer*. Besonders gedehnte **N.** sind eher ein Kennzeichen schriftlicher Sprache, insbes. auch der →**Fachsprache**; sie erfordern spezifische →**Lesestrategien** (vom öffnenden Artikel zum dazugehörigen Nomen und wieder zurück). Schwierig zu rezipieren sind insbes. **N.**, denen z.B. ein öffnender Artikel als Signal fehlt. Manche rechnen auch dem →**Nomen** nachgestellte →**Attribute** (z.B. Genitivattribute, →**Präpositionalattribute** wie *der kleine grüne Kaktus auf meinem Balkon*) zur **N.** dazu (etwa Weinrich 2003). Die **N.** passt gut in die Vorstellung des Deutschen als eine Klammersprache (vgl. Weinrich 1986): klammernde Verfahren erlauben stark komprimierende, informationsverdichtende Strukturen.

Nübling, D. et al. (2006), *Historische Sprachwissenschaft des Deutschen. Eine Einführung in die Prinzipien des Sprachwandels*, Tübingen. – Weinrich, H. (1986), „Klammersprache Deutsch", in: *Sprachnormen in der Diskussion. Beiträge vorgelegt von Sprachfreunden*, Berlin, 116–145. – Weinrich, H. (2003), *Textgrammatik der deutschen Sprache*, 2. Aufl., Hildesheim.

Maria Thurmair

Nominalform, die: s. infinites Verb

Nominalisierung, die: auch: Substantivierung; das Annehmen der Eigenschaften von Substantiven durch Nichtnomen. Im Text ist die **N.** an mindestens einer der folgenden Eigenschaften erkennbar: an einem vorausgehenden Artikel (*das Ja*), an einem voran- oder nachgestellten →**Attribut**, das sich auf die N. bezieht (*ein gewisses Etwas, das Besuchen des Museums*) oder an ihrer Funktion als kasusbestimmtes Satzglied (*Das Hin und Her nervte.*) oder kasusbestimmtes Attribut (*Die Macht des Unbewussten*). Besonders typisch sind im Deutschen substantivierte Adjektive (*etwas Neues*) und substantivierte Infinitive (*das Essen*). Wenn Infinitivphrasen nominalisiert werden, entsteht ein einziges Substantiv (*in Kraft treten → das Inkrafttreten*).

Christine Römer

Nominalphrase, die (NP): in der →**generativen Grammatik** verwendeter Terminus, der eine →**Phrase** (einen Satzteil) bezeichnet, die in ihrer einfachsten Form aus einem Nomen (N) oder einem Pronomen besteht. Das Nomen bildet den so genannten Kopf der Phrase oder, wie in der →**Government and Binding Theorie** bezeichnet, dominiert es die Phrase. **NP** können verschiedene Funktionen einnehmen: als Subjekt eines Satzes, als Objekt einer →**Verbalphrase (VP)**, nähere Bestimmung einer anderen NP (Attribut). In den verschiedenen Funktionen wird der jeweiligen **NP** ein →**Kasus** zugeordnet.

NP bestehen im Deutschen zumindest aus einem das Nomen näher bestimmenden Element, einem Specifier, und einem Nomen. Dies wird in der generativen Grammatik folgendermaßen beschrieben: NP → Spec; N. Die Spec Position kann von bestimmten Artikeln (Det), (*das Haus*), unbestimmten Artikeln (*ein Haus*), Demonstrativpronomina (*dieses Haus*), Possessivpronomina (*ihr Haus*) oder Numeralen (*zwei Häuser*) eingenommen werden. Zwischen der Spec Position und dem N können ein oder mehrere Adjektiva (A) stehen: NP → (Det) (A) N.

NP können andere Phrasen oder Sätze, die aus mehreren Phrasen bestehen und die allgemein als XP bzw. S bezeichnet werden, dominieren, d.h. ganz allgemein formuliert: NP → N; XP, NP → N; S. So kann eine **NP** eine weitere **NP** dominieren, wie zum Beispiel: *Das Haus meiner Schwester*. (N → N; NP). Eine NP kann Verbalphrasen dominieren wie im folgenden Beispielsatz: *Das von meiner Schwester gekaufte Haus*, oder Präpositionalphrasen (PPs): *Das Haus im Grünen*.

NPs können auch andere Sätze (S), z.B. Relativsätze, dominieren: *Das Haus, das meiner Schwester gehört*: (N → N, S).

Thomas Fritz

Nominalstil, der: Stil, der Substantive bevorzugt; Schreibstil mit (komplexen) Nominalphrasen, der es erlaubt, ausgebaute einfache Sätze zu bilden; Attribute ersetzen Nebensätze; als geraffter Stil typisch für Wissenschaftsdeutsch. Beispiel: *Der von mehreren Autoren verfasste Beitrag behandelt die teilweise problematische Unterscheidung der fakultativen Ergänzungen von den nicht zur Verbvalenz gehörenden Angaben.* Vor- und nachgestellte Attribute hängen direkt von den Kernsubstantiven *Beitrag* und *Unterscheidung* (Deverbativa) ab oder sind Attribute eines Attributs (wie u.a. *Autoren* oder *teilweise*).

Madeline Lutjeharms

nonverbale Kommunikation, die: jene Informationen, die nicht mit Hilfe der Sprache übermittelt werden. Oft wird der Begriff →**Körpersprache** als

Synonym benutzt. Drei wesentliche Kategorien der **n.K.** werden unterschieden: 1. →**parasprachliche** (→**Prosodie**, →**Intonation**, Pausen etc.), 2. extraverbale (Kleidung, Schmuck, Frisur etc.) und 3. nonverbale Komponenten i.e.S. (→**Gestik**, Mimik, →**Proxemik** etc.).

Diese Komponenten erfüllen in der Kommunikation und in ihrem Verhältnis zur Verbalsprache wesentliche Funktionen, welche Scherer auf der Basis der Semiotik (Lehre von den Zeichen) wie folgt klassifiziert: „Para-semantisch kann nonverbales Verhalten den verbalen Inhalt ersetzen (Substitution), ihn erweitern (Amplifikation), ihm widersprechen (Kontradiktion) und ihn verändern (Modifikation). Para-syntaktisch unterteilt (Segmentierung), betont (Punktuierung) und synchronisiert (Synchronisation) nonverbales Verhalten die Interaktion, dient also deren formaler Strukturierung. Para-semantisch kann nonverbales Verhalten dem Ausdruck interner Zustände (Expression) oder der Vermittlung von Aufmerksamkeit, Verstehen und Bewertung (Reaktion) dienen. Als dialogische Funktion reguliert nonverbales Verhalten den Interaktionsablauf (regulative Funktion) und definiert die Beziehung der Personen zueinander (relationale Funktion)" (Scherer 1977, 279).

Scherer, K.R. (1977), „Die Funktionen des nonverbalen Verhaltens im Gespräch", in: Wegner, D. (Hrsg.), *Gesprächsanalysen*, Hamburg, 273–297.

Manuela Knötig

Norm, die: 1. In allg. Bedeutung legen **N.** Gebote, Verbote, Erlaubnisse oder Maßstäbe zu unterschiedlichen Handlungskontexten fest (z.B. Gesetze; Verhaltenskodizes, DIN-Festlegungen). **2.** Sprachliche **N.** beziehen sich zum einen auf grammatische Korrektheit und semantische Interpretierbarkeit (**N.** als „Regel"; →**Grammatikalität**), zum anderen auf die sozialen Implikationen sprachlicher Angemessenheit (→**Pragmatik**; →**Interkulturelle Kompetenz**). Im DaF/DaZ-Kontext wird vorzugsweise für den Erwerb bzw. die Vermittlung der Standardsprache plädiert, da der Gebrauch abweichender sprachlicher Mittel unangemessen sei und zu Missverständnissen führen könne. Für den DaZ-Unterricht wird auch die Vermittlung von →**dialektalen** und →**soziolektalen** Varianten gesprochener und geschriebener Sprache als angemessen angesehen (vgl. Götze 2003, 132). (S.a. →**Fehler**; →**Zielsprache**; →**Register**).

Bartsch, R. (1987), *Sprachnormen: Theorie und Praxis*, Tübingen. – Dittmar, N./Schmidt-Regener, I. (2001), „Soziale Varianten und Normen", in: Helbig, G./Götze, L./Henrici, G./Krumm, H.-J. (Hrsg.), *Deutsch als Fremdsprache. Ein internationales Handbuch*, 1. Hbd., Berlin, 520–532. – Götze, L. (2003), „Entwicklungstendenzen in der deutschen Gegenwartssprache – Normen – Deutsch als Fremdsprache", in: *Deutsch als Fremdsprache*, Jg. 40, H. 3, 131–134.

Gundula Scherf

normative Grammatik, die: stellt Regeln für eine Sprache auf, die an der Hochsprache orientiert sind. Sie stellt fest, welche sprachlichen Ausdrücke einer Sprache richtig und welche falsch sind. In diesem Sinne wäre eine **n.G.** präskriptiv, d.h. Normen setzend und vorschreibend. Heutige Grammatiken gehen entweder deskriptiv oder explanativ vor (→**deskriptive Linguistik**). Deskriptive Ansätze erarbeiten die den verschiedenen Ebenen einer Sprache zugrunde liegenden Regeln, so wie sie sich im Sprachgebrauch herausbilden, einschließlich solcher Varianten, die nicht bzw. noch nicht normativ lizenziert sind (vgl. etwa: *weil, ich hab keine Zeit*). Erklärende Ansätze gehen von Hypothesen über Sprachstrukturen aus und überprüfen diese anhand von Sprachmaterial. Die Grenzen zwischen deskriptiven und normativen Auffassungen lassen sich jedoch schwer ziehen, da eine Regelbeschreibung gleichzeitig immer auch normativen Charakter hat. Präskriptive Aussagen werden auf syntaktischer (z.B. *Verwende den Positiv mit wie!*), morphologischer (z.B. *Verwende in der indirekten Rede den Konjunktiv!*) und phonologischer Ebene (z.B. *Sprich [habn] nicht [ham]!*) gemacht. Regelwerke dieser Art werden vor allem im Sprachunterricht benutzt, da hier die Formulierung von expliziten Regeln sinnvoll ist. Normative Regeln in der Orthographie gewährleisten die Einheitlichkeit der Schriftsprache.

Dürr, M./Schlobinski, P. (2006), *Deskriptive Linguistik, Grundlagen und Methoden*, 3. Aufl., Göttingen.

Mandy Höhle

Normtoleranz, die: bezeichnet **1.** die Öffnung des fixierten Standards (→**Norm**) in Richtung auf den tatsächlichen →**Sprachgebrauch. 2.** das Eindringen nichtstandardsprachlicher →**Varietäten** in Domänen der Standardsprache (z.B. die Aufwertung von Dialekten und deren Vordringen in Bereiche der Öffentlichkeit). Schule gilt als wichtigste Vermittlungsinstanz von sprachlichen Normen und übt damit zugleich eine Selektionsfunktion aus, weshalb im Hinblick auf eine stärkere Bildungsbeteiligung von Schülern aus bildungsfernen Lebensverhältnissen wie von Kindern mit Migrationshintergrund von der Schule eine größere **N.** gefordert wird.

Davies, W. (2006), „Normbewusstsein, Normkenntnis und Normtoleranz von Deutschlehrkräften", in: Neuland, E. (Hrsg.), *Variation im heutigen Deutsch: Perspektiven für den Sprachunterricht*, Frankfurt a. M., 483–491.

Mandy Höhle

Notation, die: System von Zeichen oder Symbolen einer (a) Beschreibungs- oder einer (b) Repräsentationssprache: a) Natürliche Objektsprachen (Deutsch, Ungarisch, Mongolisch ...) werden mithilfe einer Metasprache beschrieben. Ihre syntaktischen und semantischen Eigenschaften werden in Form von Symbolen der formalen Logik oder Mathematik notiert/charakterisiert. Solche **N.** ermöglichen sprachtypologische Vergleiche; b) Die gesprochene Sprache ist ein flüchtiges Medium. Die Voraussetzung ihrer Beschreibung ist ihre Verschriftlichung (→**Transkription**). Sie wird durch eine als Internationales Phonetische Alphabet (→**IPA**) bekannte Lautschrift oder eine leicht lesbare literarische Umschrift (lat. Alphabet, Sonderzeichen) vollzogen.

Dittmar, N. (2004), *Transkription. Ein Leitfaden mit Aufgaben für Studenten, Forscher und Laien*, Wiesbaden.

Norbert Dittmar

Noticing, das: zentrales Konstrukt der kognitiven Fremdsprachenerwerbstheorie; konträr zu impliziten, rein inhalts- bzw. inputbasierten Zugängen postuliert die **N.**-Hypothese, dass ein gewisser Grad an Bewusstheit notwendig ist, um neue Sprachelemente in die Lernersprache zu integrieren. Der Prozess des **N.** hilft Lernenden, a) Merkmale des Inputs zu bemerken, die sonst ignoriert würden; b) die Diskrepanz zu bemerken zwischen ihren nicht-zielsprachenkonformen realen oder intendierten Äußerungen und dem, was für sie in den Produktionen kompetenterer Sprecher in ihrem Lernumfeld als Vergleichsbasis zur Verfügung steht. Qualität und Quantität des **N.** hängen von verschiedenen Faktoren ab, wie der Vorkommenshäufigkeit und perzeptuellen →**Salienz** der Sprachelemente im Input, der Beschaffenheit von Unterricht und Aufgabenstellungen sowie lernerseitig vom kognitiven Verarbeitungspotenzial und lernersprachlichen Entwicklungsstand (→**processability theory**).

Schmidt, R. (1990), „The role of consciousness in second language learning", in: *Applied Linguistics* 11, 129–158. – Skehan, P. (1998), *A Cognitive Approach to Language Learning*, Oxford.

Manfred Schifko

Notion, die: Pl. Notionen; in der Curriculum-Diskussion gebräuchlicher Terminus für die →**semantisch** und →**sprechakttheoretisch** motivierte und orientierte Klassifizierung übergeordneter Versprachlichungsbereiche wie „Raum", „Zeit", „Qualität", „Quantität", „Möglichkeit" u.a.m. In der Fachliteratur auch „Allgemeine Begriffe" genannt, betreffen die **N.** nicht konkrete Themen, Handlungen oder Situationen, sondern umfassen allgemeine Konzepte im Sinne der Seins-Dimensionen der Welt bzw. der Welterfahrung, wie sie etwa in den philosophischen Kategorisierungsmodellen von Aristoteles, Kant und Hegel thematisiert sind, wobei **N.** allerdings nicht deren Anspruch nach erkenntnistheoretisch abgeleiteter Systematisierung folgen, sondern eher heuristische Qualität haben (zu dzgl. Diskussion s. ggf. Barkowski 1986, Kap. 4 und 5). Zusammen mit Sprachhandlungen, Sprachstrategien, Wortschatz und Strukturen bilden sie die Grundlage für Niveaubeschreibungen auf der Basis des →**Gemeinsamen europäischen Referenzrahmens** (**GeR**) wie zum Beispiel in →**Profile deutsch**. Sie kommen ebenso zum Einsatz bei Prüfungszielbeschreibungen (vgl. etwa die Prüfung zu Start Deutsch). In solchen Inventaren werden die **N.** mit Beispielsätzen exemplifiziert: „die Existenz von Personen und Dingen, Besitz/Zugehörigkeit ausdrücken, also (nicht) sein, anwesend/abwesend sein, (nicht) verfügbar sein: Gibt es hier einen Kindergarten?"

Barkowski, H. (1986), *Kommunikative Grammatik und Deutschlernen mit ausländischen Arbeitern. Ein Modell*, Mainz. – Glaboniat, M. u.a. (2005), *Profile deutsch*, Berlin; München. – Perlmann-Balme, M./Kiefer, P. (2004), *Start Deutsch: Prüfungsziele, Testbeschreibung*, München.

Michaela Perlmann-Balme

NP: s. **Nominalphrase**

Nukleus, der: in unterschiedlichen wissenschaftlichen Kontexten verwendeter Begriff für den Kern einer aus mehreren Elementen bestehenden Sinneinheit. Im Kontext des Faches DaF/DaZ sind insbesondere die folgenden Verwendungen bedeutsam: **1.** Der **N.** einer Silbe ist der Moment der höchsten Schallfülle, die i.d.R. im vokalischen Bestandteil einer Silbe realisiert wird. **2. N.** als Begriff für den zentralen Bedeutungsträger und strukturellen Kern im Binnenverhältnis der semantischen und syntaktischen Beziehungen in →**Komposita** und Wortgruppen: So ist etwa *Tasche* der **N.** in *Handtasche* und *Linde* der **N.** in *mehrere uralte Linden mit geborstenen Stämmen*. **3.** In der →**Dependenzgrammatik** Lucien Tesnières werden mit **N.** (*nucléus*) die Elemente im Satz bezeichnet, die mit anderen Satzbestandteilen in Form von Abhängigkeitsbeziehungen verbunden sind (s. ggf. →**Regens** und →**Dependenz**).

Anna Peterwerth

Nullartikel, der: Bezeichnung für das Fehlen eines Artikelwortes: 1. Den indefiniten Artikel gibt es nur im Singular, im Plural tritt der **N.** auf: *Ich esse einen Apfel – ich esse _ Äpfel.* 2. **N.** bei nicht zählbaren Substantiven im Singular: *Anna braucht _ Ruhe zum Arbeiten.* (ausgenommen sind Stoffbezeichnungen in der Sorten- oder Portionenleseart, z.B. *Das ist ein guter Kaffee* = eine gute Sorte Kaffee); 3. **N.** z.T. auch bei zählbaren Substantiven, wenn die Zugehörigkeit zu einer anerkannten oder sozial etablierten Gruppe angegeben wird (z.B. *Sie ist Deutsche.*), bei Reihungen (z.B. *Er hat weder Bett noch Bettdecke.*) oder bei Verwendung des Telegrammstils (z.B. Überschriften).

Mandy Höhle

Nullflexion, die: →**Flexion** meint die Bildung bzw. die Veränderung einzelner Formen durch Konjugation oder Deklination. Die **N.** bezeichnet demnach die Nichtveränderung eines Wortes im Flexionsparadigma. Beispiel: Substantive bilden i.d.R. ihre Pluralform durch das Anfügen einer Endung, fehlt diese (→**Nullmorphem**), wird von **N.** gesprochen. Singular- und Pluralform können dann nur durch Artikelwörter oder die zum Substantiv gehörende Verbform voneinander unterschieden werden, nicht aber durch das Lexem selbst (z.B. *der Lehrer – die Lehrer, Lehrer essen Nüsse.*).

Mandy Höhle

Nullmorphem, das: auch: Ø. Fachbegriff der →**Morphologie**, der eine leere Stelle im Flexionsparadigma (→**Flexion**) bezeichnet, wo ein Flexionsmorphem zu erwarten wäre, d.h. also dass morphologische Inhalte nicht explizit sprachlich ausgedrückt werden – das →**Morphem** ist inhaltlich vorhanden, jedoch phonetisch nicht realisiert. Bei der Bildung des Genitiv Singular Femininum könnte die Endung *-s* bzw. *-es* angenommen werden, analog zur Form des Genitiv Singular Maskulinum und Neutrum (z.B. *der Mann – des Mannes*). Feminine Nomen bilden den Genitiv aber ohne diese Endung (*die Frau – der Frau-Ø*). Auch bei der Pluralbildung wird i.d.R. eine Endung angefügt, etwa *-en*, *-er* (Sg. *das Bad* – Pl. *die Bäd-er*). Bei Maskulina und Neutra auf *-el*, *-er*, *-en* fehlt diese im Plural, z.B. *der Sessel – die Sessel-Ø*.

Mandy Höhle

nullwertig: Terminus der →**Valenzgrammatik**, vgl. auch →**Wertigkeit.** Gelegentlich werden unpersönliche Verben, also Verben, die nur das Subjekt *es* verlangen, **n.** genannt. Das reflektiert den Umstand, dass ein Verb wie *regnen* nur im grammatischen Sinne und nicht auch in einem semantischen Sinne ein →**Subjekt** als →**Ergänzung** verlangt. Wenn man das →**Passiv** als eine →**Valenzreduktion** interpretiert, dann ist die Passivform in einem unpersönlichen Passivsatz wie *Hier wird hart gearbeitet.* ebenfalls **n.**

Klaus Welke

Numerale, das: Pl. Numeralia/Numeralien; Zahlwort; **1.** als **N.** im engeren Sinne gelten nur die Wörter, mit denen die Anzahl der Mitglieder einer Menge gezählt wird und die gleichzeitig schriftlich bezifferbar sind, wie *eins, viertens, Hälfte*; **2.** im weiteren Sinne stehen **N.** auch für die nähere Bestimmung von etwas Zahlenmäßigem, d.h. unbestimmte Quantitätsangaben wie *viel, meist, etwas, Gruppe*. **N.** schließen Kardinal-, Bruch-, Ordinal- und Vervielfältigungszahlen sowie Gattungszahlwörter und Mengenangaben ein. **N.** können nach grammatischen Wortarten wie Zahladjektive, Zahladverbien, Zahlpronomen und Zahlsubstantive unterteilt, dementsprechend gebraucht und z.T. auch flektiert werden.

Gundula Scherf

Numerus, der: Flektierbare Wortarten (Verben, Substantive, Adjektive, Artikelwörter, Pronomen) verändern ihre Formen im Flexionsparadigma nach morphosyntaktischen Merkmalsklassen (→**Flexion**). Dazu gehören →**Person**, **N.**, →**Genus**, →**Kasus**, →**Komparation**, →**Modus** und →**Tempus.** Der **N.** bezeichnet die Zahlform des Lexems. Es wird zwischen Einzahl (→**Singular**) und Mehrzahl (→**Plural**) unterschieden. Substantive in der Einzahl bezeichnen etwas, das sich nur auf einen Referenten oder auf eine nichtgegliederte Vielheit bezieht, z.B. *das Haus, der Fleiß*. Der Plural zeigt mehrere Referenten (z.B. *die Häuser*) oder eine gegliederte Vielheit (z.B. *die Textilien*) an. Substantive treten i.d.R. im Singular (Sg.) und im Plural (Pl.) auf. Jedoch können nur zählbare Substantive in den Plural gesetzt werden (z.B. *ein Haus, zwei Häuser* vs. **ein Teer, zwei Teer*). Der **N.** wird in Nominalphrasen, wie andere Merkmalsklassen auch, im Verbund zum Ausdruck gebracht, d.h. die Zahlform bezieht sich nicht nur auf das Nomen selbst, sondern auch auf die dazugehörigen Artikelwörter und Adjektive (z.B. Sg.: *das kleine Dorf* vs. Pl.: *die kleinen Dörfer*) und auf seine Bezugsphrasen (z.B. Verbalphrase, Sg.: *Klaus* → *lacht*. vs. Pl.: *Klaus und Susanne* → *lachen*.). Man spricht von grammatischer →**Kongruenz.** Die Endungen der Lexeme in Nominalphrasen drücken aber nicht nur das Merkmal **N.** aus, sondern stehen für ein ganzes Merkmalbündel (auch Kasus, Genus).

Mandy Höhle

Nürnberger Empfehlungen, die: allgemeine Empfehlungen für das frühe Fremdsprachenlernen (→**Frühbeginn**), die Prinzipien und Grundlagen für ein →**Curriculum** vorschlagen; 1996 vom →**Goethe-Institut** herausgegeben als Ergebnis von drei Nürnberger Symposien (1993–1996). Pädagogische Grundhaltung: frühes Fremdsprachenlernen muss ein vom Kind ausgehender, am Kind orientierter Lehr- und →**Lernprozess** sein. Die **N.E.** erscheinen voraussichtlich 2009 in einer Neubearbeitung.

Internetadresse: www.goethe.de/kinder

Beate Widlok

O

ÖAD, der: s. Österreichischer Austauschdienst

Oberflächenstruktur, die: Begriff aus der →**generativen Transformationsgrammatik**. Die **O.** ist die Darstellung der →**Syntax**, die nach der Anwendung von Transformationsregeln aus der →**Tiefenstruktur** eines Satzes abgeleitet wird. So wird die **O.** eines möglichen deutschen Satzes wie z.B. *Der Forscher liebt die Tradition* durch die Anwendung einer Regel, die das Verb (V) direkt dem Satz (S) unterordnet, generiert. Die Tiefenstruktur dieses Satzes, hat die folgende Form: Ein Satz (S) dominiert eine →**Nominalphrase** (NP), die aus einem Artikel und einem Nomen besteht, und eine →**Verbalphrase** (VP), die aus einer NP und einem Verb (V) besteht: S [NP [Art (der)][N (Forscher)] [VP [NP [Art (die)][N](Tradition)] V (liebt)]]. In der **O.** treten die syntaktischen Komponenten bereits in der Reihenfolge auf, in der sie auch realisiert werden. Die **O.**, die nur die syntaktische Form wiedergibt, wird durch eine phonologische Komponente ergänzt.

In der →**Government and Binding Theorie** wird der Begriff **O.** durch den Terminus S-Struktur ersetzt. S-Strukturen stellen abstrakte syntaktische Strukturen dar, die aus der Tiefenstruktur mittels Bewegungsregeln generiert werden. Die S-Struktur wird durch eine Komponente der Logischen Form, der semantischen Repräsentation, und eine Komponente der Phonologischen Form ergänzt.

Chomsky, N. (1965), *Aspects of the Theory of Syntax*, Cambridge/Massachusetts. – Chomsky, N. (1988), *Lectures on Government and Binding*, Dordrecht.

Thomas Fritz

Oberflächensyntax, die: 1. Grammatikmodelle, die zur Erklärung sprachlicher Erscheinungen lediglich eine syntaktische Ebene verwenden: Sprachliche Einheiten werden bei diesen Erklärungsmodellen in ihrer tatsächlichen Auftretensform beschrieben. Die Grammatik ist demnach nicht derivationell, d.h. die Erscheinungsformen sind nicht aus einer Ursprungsform abgeleitet, wie in älteren Ansätzen der generativen Grammatik. Der Begriff **O.** setzt jedoch die Kenntnis anderer Grammatikvorstellungen bzw. mehrerer syntaktischer Ebenen voraus – eine Ebene des Satzbaus an der Oberfläche und eine in der Tiefe – beschreibt aber nur tatsächliche sprachliche Formen. Problematisch an einem oberflächensyntaktischen Ansatz ist, dass syntaktische Erscheinungen nicht vollständig beschrieben werden können. Beispielsweise können Koordinationsellipsen (z.B. *Susanne kocht Kaffee aber Klaus Tee.*) ohne zusätzliche Annahmen, wie z.B. leere Positionen, nicht erklärt werden. Die Annahme leerer Positionen würde jedoch bedeuten, dass es sich um eine unvollständige Struktur handele, die erst in eine vollständige Struktur überführt werden muss. Eine syntaktische Struktur zu vervollständigen widerspricht jedoch einem oberflächenorientierten Ansatz und setzt Ableitungsmechanismen aus Vollformen voraus. Der „Grundriss der deutschen Grammatik" von Peter Eisenberg (2006) ist ein Beispiel für einen oberflächensyntaktischen Ansatz.

2. O. wird z.T. synonym für →**Oberflächenstruktur** verwendet.

Schlobinski, P. (2003), *Grammatikmodelle. Positionen und Perspektiven*, Wiesbaden.

Mandy Höhle

Objekt, das: das dem →**Subjekt** Entgegengesetzte, vgl. →**syntaktische Relation**, →**Satzglied.** Man kann in →**direkte** und →**indirekte O.** unterscheiden. Formal wird auch zwischen Akkusativ-, Dativ-, Genitiv-**O.** (*sich jemandes erinnern*) und Präpositionalobjekt (*sich an jemanden erinnern*) unterschieden. Aber auch Nebensätze und Infinitive bzw. Infinitivkonstruktionen können **O.** sein (*sich daran erinnern, was geschehen war*). Im →**semantischen** Sinne sind **O.** neben Subjekten die typischen Handlungs- bzw. Geschehensbeteiligten, die das →**Prädikat** in eine Relation setzt. In der →**Valenzgrammatik** bilden daher **O.** neben dem Subjekt den Kern der →**Ergänzungen.**

Welke, K. (2007), *Einführung in die Satzanalyse. Die Bestimmung der Satzglieder im Deutschen*, Berlin.

Klaus Welke

Objektivität, die: gehört neben →**Reliabilität** und →**Validität** in der deutschsprachigen Literatur zu den drei wichtigsten →**Gütekriterien** zur Beurteilung von standardisierten Tests. Informelle →**Lernfortschrittstests** in der Schule beispielsweise, die von einer einzelnen Lehrperson erstellt und bewertet werden, können nicht objektiv sein, sie unterliegen anderen Gütekriterien. Unter **O.** werden unterschiedliche Aspekte zusammengefasst wie die Interrater Reliability, d.h. der Grad der Übereinstimmung des Urteils mehrerer Bewertender oder die „Durchführungsobjektivität", die Gleichbehandlung aller Testkandidaten in Bezug auf die Testbedingungen (vgl. Glaboniat 1998, 37f.).

Glaboniat, M. (1998), *Kommunikatives Testen im Bereich Deutsch als Fremdsprache: eine Untersuchung am Beispiel des österreichischen Sprachdiploms*, Innsbruck/Wien.

Silvia Demmig

Objektsatz, der: →**Nebensatz**, der hinsichtlich seiner syntaktischen Relation als Objekt des ihm direkt übergeordneten Satzes fungiert. Alle Objektbeziehungen, die auch nominal bzw. mittels Präpositionalgruppen ausdrückbar sind, können auch durch **O.** realisiert werden, was deren explizite Vermittlung zu einem wichtigen Baustein für den Aufbau komplexerer DaF-/DaZ-Kenntnisse macht. Dabei bedienen sich **O.** der Nebensatzarten Konstativsatz (*Ich ahnte, dass du Blau magst.*), indirekter Fragesatz (*Weißt du, ob/wo es hier ein Postamt gibt?*) und Relativsatz (*Tanz' doch, mit wem du willst.*). Analytisch lässt sich die Art der Objektbeziehungen, die ein **O.** je konkret vorstellt, am einfachsten durch Erfragen ermitteln (*wen/was? wessen? an was/woran?* usw.).

Hans Barkowski

obligatorisch/Obligatheit, die: Sprachliche Einheiten, die ohne Verletzung der →**Grammatikalität** einer Äußerung nicht weggelassen werden können (→**Weglassprobe**). In der →**Valenzgrammatik** ist **O.** neben →**Rektion** Kriterium der Unterscheidung von →**Ergänzungen** und →**Angaben.**

Klaus Welke

obligatorische Ergänzung, die: Terminus der →**Valenzgrammatik**; eine **o.E.** ist eine Ergänzung, die im Unterschied zu einer →**fakultativen E.** – unter der Bedingung, dass der Satz grammatisch bleiben soll – typischerweise nicht weggelassen werden kann, die also realisiert werden muss, vgl. *T. wohnt in Wien./*T. wohnt.* (→**Weglassprobe**).

Klaus Welke

ÖDaF: s. **Österreichischer Verband für Deutsch als Fremdsprache**

ÖI, das: s. **Österreich Institut**

ÖIF, der: s. **Österreichischer Integrationsfonds**

ÖK, die: s. **Österreich-Kooperation**

Ökonomieprinzip, das: s. **Sprachökonomie**

Onomasiologie, die: Wissenschaft von den Benennungen; Teilgebiet der Lexikologie, komplementär zur →**Semasiologie.** Von Sachverhalten und Begriffen der realen Welt bzw. von Inhalten ausgehend, untersucht die **O.** die sich auf diese Inhalte beziehenden sprachlichen Ausdrücke, befasst sich also mit dem Benennungsinventar einer Sprache, erforscht Benennungsprinzipien wie Veränderungen im Benennungssystem. Das Konzept der **O.** war zunächst nur lexikologisch konzipiert (nach Sachgruppen geordnete Wörterbücher), wurde dann auch auf die Grammatik angewandt.

Schippan, T. (1992), *Lexikologie der deutschen Gegenwartssprache,* Tübingen.

Renate Freudenberg-Findeisen

Onomastik, die: Teildisziplin der Sprachwissenschaft, die sich mit den Eigennamen (Vor-, Familien-, Orts-, Gewässer-, Flur-, Warennamen etc.) einer Sprache beschäftigt (Deutsch: Namenkunde). Sie untersucht deren Entstehung (Herkunft, Alter, Etymologie), Bedeutung sowie geographische Verbreitung und hat Methoden zu ihrer lexikographischen Erfassung entwickelt. Die **O.** erforscht die Entstehung von Namen und ihre Geschichte im Zusammenhang mit den Namengebern, den Namenbenutzern und den wechselnden Benennungssituationen, verfolgt sprachhistorische wie auch soziolinguistische Aspekte (Faktoren der Namengebung und Namenverwendung), psycholinguistische und pragmatisch-kommunikative Fragestellungen. Im Hinblick auf DaF ist die **O.** aus kultursensitiv semantischer Perspektive bedeutsam.

Brendler, A./Brendler, S. (2004), *Namenarten und ihre Erforschung. Ein Lehrbuch für das Studium der Onomastik,* Hamburg. – Eichler, E., Hrsg. (1995), *Namenforschung. Name Studies. Les Noms Propres. Ein internationales Handbuch zur Onomastik,* Berlin/New York.

Renate Freudenberg-Findeisen

Ontogenese, die: Entwicklungsgeschichte des je einzelnen Lebewesens von den Anfängen (z.B. Befruchtung einer Eizelle) bis zum Absterben/Tod, komplementär dazu richtet sich in der Phylogenese der Blick auf die stammesgeschichtliche Entwicklung. In Bezug auf den →**Spracherwerb** fokussiert **O.** die überindividuellen Gesetzmäßigkeiten des Erwerbs einer Muttersprache durch menschliche Individuen, je nach Ansatz in der Zeit ab dem pränatalen Stadium und im Prinzip bis zum Lebensende, wobei i.d.R. das Hauptaugenmerk dem primären Spracherwerb im Vorschulalter gilt. Dabei werden verschiedene Stufen unterschieden, wie z.B. →**Lallphase** und →**Einwortsatz**. Die Beschäftigung mit der **O.** des Spracherwerbs gehört zu den Fundamenten biologisch und empirisch gestützter →**Spracherwerbstheorien**.

Kerstin Rische

Operationalisierung, die: Messbarmachung von Begriffen und Konstrukten im Hinblick auf ihre empirische Überprüfbarkeit.

Ein zentrales Problem der empirischen Sozialforschung besteht darin, dass theoretische Begriffe und Konstrukte nicht direkt beobachtbar sind. Es müssen daher Regeln gefunden werden, die angeben, wie behauptete Sachverhalte empirisch gemessen werden können. Eine **O.** besteht aus den erforderlichen Messanweisungen, die überprüfbar machen, ob behauptete Tatbestände in der Realität vorliegen (vgl. Schnell/Hill/Esser 2005). Eine **O.** schafft demnach Voraussetzungen für die empirische Erhebung komplexer Sachverhalte. Hierzu müssen Sachverhalte definiert und in Dimensionen zerlegt werden, außerdem ist es notwendig, methodische Schritte und Instrumente der →**Datenerhebung** festzulegen (vgl. Häder 2005). Zudem muss ein Forscher berücksichtigen, dass Begriffe und theoretische Konstrukte in verschiedenen Kulturen oft anders definiert werden. So bedeutet etwa „sozialer Status" in einer Industriegesellschaft etwas anderes als in einem Entwicklungsland. Notwendig ist es in kontrastiven Untersuchungen daher, kulturell adäquate Indikatoren zur Messung auszuwählen (vgl. Kromrey 2000).

Häder, M. (2006), *Empirische Sozialforschung. Eine Einführung,* Wiesbaden. – Kromrey, H. (2000), *Empirische Sozialforschung. Modelle und Methoden der standardisierten Datenerhebung und Datenauswertung,* 9. Aufl., Opladen. – Schnell, R./Hill, P.B./Esser, E. (2005), *Methoden der empirischen Sozialforschung,* 7. Aufl., München/Wien.

Dirk Skiba

Optimalitäts-Theorie, die: in den späten 1990er Jahren für die Beschreibung komplexer morphosyntaktischer Regelzusammenhänge fruchtbar gemachter Ansatz der Festlegung von Rangordnungen im Umgang mit Regeln innerhalb eines definierten Geltungsbereichs; als ranghöchste Regel gilt dabei die, die einerseits ausnahmslos für alle Einzelfälle zutrifft und andererseits ggf. alle anderen sonst geltenden strukturtypischen Regulierungen außer Kraft setzt („verletzen" darf). Angewandt auf das deutsche Perfekt wäre dies die Regel, dass Perfektformen grundsätzlich 2-teilig und zwar mittels der Kombination „zu flektierendes Hilfszeitwort + Partizip II" zu bilden sind; zu dieser Grundregel verhalten sich alle konkreten Bildungsweisen von Perfektformen (vgl. i.E. ggf. →**Perfekt**) als wiederum in der Rangfolge zu gewichtende Fallgruppen, an deren unterem Ende, rangniedrigst, etwa die Bildungsweise „haben+ge-Verbstamm-t" – vgl. z.B. *Wir haben die ganze Nacht ge-feier-t.* – anzusetzen ist. Wie das Beispiel zeigt, stellt **O.** dem gängigen Muster der Sprachbeschreibung nach „Regel vs. Ausnahmen" ein Modell entgegen, das die Aufstellung kohärenter Regelalgorithmen ermöglicht und insofern implizit auch eine systematische Vorlage für fremdsprachenunterrichtliche Progressionsentscheidungen (→**Progression**) anbietet, die allerdings ggf. unbedingt mit dazu einschlägigen Erkenntnissen der →**Spracherwerbsforschung** abzugleichen wären. (Für eine umfassende Darstellung der **O.** vgl. ggf. Müller 2000).

Müller, G. (2000), *Elemente der optimalitätstheoretischen Syntax*, Tübingen/Basel.

Hans Barkowski

Oralität, die: Mündlichkeit, gesprochene Sprache; im Gegensatz zu: →**Literalität**, →**Schriftlichkeit**. **O.** wird vor allem im kulturwissenschaftlichen Sinne verwendet bei Kulturen, die keine Schrift benutzen und ihre gesellschaftlichen Organisationsformen sowie ihre Überlieferung mündlich regeln. **O.** zeichnet sich nach Ong (1987) u.a. dadurch aus, dass sie stark rhythmisch geprägt ist, eher koordinierend als subordinierend, redundant und eher situativ als abstrakt ist und viele feste lexikalische Verbindungen aufweist. Rein oral überlieferte Sprachen haben einen Wortschatz von wenigen tausend Wörtern. Die elektronischen Medien des 20. und 21. Jhs. ermöglichen eine neue **O.**, die auch als sekundäre **O.** bezeichnet wird. **O.** ist gekennzeichnet von konzeptueller Mündlichkeit (z.B. Chat-, Email- oder Handykommunikation) und weist viele Merkmale primärer **O.** auf. Da ein Großteil des →**Zweitspracherwerbs** mündlich geprägt ist und in der Auseinandersetzung des Gehirns mit mündlichen Daten stattfindet, rücken Aspekte der gesprochenen Sprache verstärkt in das Interesse des Fremdsprachenunterrichts. Das Zusammenspiel von **O.** und Literalität spielt vor allem in der →**DaZ**-Didaktik (u.a. kindlicher Zweitspracherwerb) und der →**zweisprachigen Alphabetisierung** eine große Rolle.

Ong, W. (1987), *Oralität und Literalität. Die Technologisierung des Wortes*, Opladen.

Erwin Tschirner

Ordinalzahl, die: auch: Ordnungszahl (*erster, zweiter, dritter* usf.); **O.** geben den Platz eines Gegenstands, einer Person, eines Sachverhalts usw. innerhalb unterschiedlich definierter bzw. situierter Folgen (z.B. Chronologie, Rang/Ranking, Nennung etc.) an. Sie zählen nach Wortart und Flexionstyp zu den →**Adjektiven**: *die erste Besucherin begrüßen; etwas zum zwanzigsten Mal sagen*. **O.** können auch substantivisch gebraucht werden (*die Vierte sein*).

Anna Peterwerth

Organon-Modell, das: In seiner „Sprachtheorie" versucht Karl Bühler (1934) die Frage zu klären, was „Sprache" sei. Er geht davon aus, dass Sprache ein Werkzeug zur Verwirklichung sprachlicher Aufgaben sei. Bühler bezieht sich auf Platon, der Sprache als organon bezeichnete – etwas, womit jemand einem anderen etwas über Dinge mitteilen könne. Aus dieser Vorstellung leitet Bühler sein Zeichenmodell ab. Ein sprachliches Zeichen habe drei semantische Funktionen: 1. Zeichen können Symbolkraft haben, indem sie einen bestimmten Sachverhalt darstellen (z.B. *Der Minirock ist grün.*); 2. Zeichen können Symptom sein, also z.B. Ausdruck einer inneren Befindlichkeit des Senders (z.B. *Ich bin glücklich.*); 3. Sie können auch Signal sein, d.h. sie können einen Appell an den Empfänger richten und so dessen äußeres oder inneres Verhalten steuern (z.B. *Geh ins Bett!*). Sprachliche Äußerungen vereinen meist alle drei Funktionen. Beim Zeichenbenutzer wird zwischen Sender und Empfänger unterschieden, deshalb wird das **O.-M.** auch als Kommunikationsmodell aufgefasst. Bühlers Gedanke vom Werkzeugcharakter der Sprache kann als Vorläufer der →**Sprechakttheorie** verstanden werden.

Bühler, K. (1982), *Sprachtheorie, Die Darstellungsfunktion der Sprache*, ungekürzter Neudruck der Ausgabe von 1934, Stuttgart/New York. – Rolf, E. (2008), *Sprachtheorien, Von Saussure bis Millikan*, Berlin/New York.

Mandy Höhle

Orthographie, die: s. Rechtschreibung

Orthographiereform, die: s. Rechtschreibreform

ÖSD: s. Österreichisches Sprachdiplom Deutsch

Österreichische Austauschdienst-GmbH, die (OeAD): eine „Agentur für internationale Bildungs- und Wissenschaftskooperation". 1961 zum Zweck der Betreuung ausländischer Studierender an den Universitäten gegründet, heute die größte österr. gemeinnützige Service-Einrichtung für internationale Bildungsmobilität und Bildungskooperation. Die **OeAD-GmbH** ist für den gesamten Hochschul- und Schulsektor zuständig: Durchführung von EU-Bildungs- und Austauschprogrammen, von bi- und multilateralen Stipendienprogrammen, Bildungs- und Wissenschaftskooperationen, Durchführung der →**Vorstudienlehrgänge**, Präsentation des Hochschulstandortes Österreich.

Internetadresse: www.oead.at

Grete Kernegger

Österreichischer Integrationsfonds (ÖIF), der: vom österreichischen Innenministerium getragene Einrichtung, deren Aufgabe die Durchführung von Maßnahmen zur sprachlichen, beruflichen und gesellschaftlichen Integration von Migranten und Asylberechtigten ist. Zu den zahlreichen Aufgaben des **ÖIF** gehört auch die Durchführung der sog. →**Integrations(sprach)kurse**: Der **ÖIF** ist hier sowohl für die Zertifizierung der Kursanbieter als auch für die Entwicklung von Lehrmaterial und Tests einschließlich der Testdurchführung zuständig und bietet auch Weiterbildung an. Eine fachliche Vernetzung mit dem Bildungs- und Wissenschaftsbereich gibt es nicht.

Plutzar, V./Kerschhofer-Puhalo, N., Hrsg. (2009), *Nachhaltige Sprachförderung. Zur veränderten Aufgabe des Bildungswesens in einer Zuwanderungsgesellschaft,* Innsbruck. – Internetadresse: www.integrationsfonds.at/der_oeif/

Hans-Jürgen Krumm

Österreichischer Verband für Deutsch als Fremdsprache und Zweitsprache (ÖDaF), der: Verein, Interessenvertretung für Einrichtungen und Personen, die in Österreich in Lehre und Forschung im Bereich DaF und DaZ tätig sind. Vertritt das Fach in Fragen der Sprache und Sprachvermittlung, in bildungspolitischen Belangen und Anliegen des interkulturellen Lernens, der Landeskunde (→**D-A-CH-Konzept**) sowie der Integration. Mitglied des →**Internationalen Deutschlehrerverbandes**, Veranstalter internationaler Seminare und Konferenzen, wie der IDT 1989 und 2005. Entsendet einen Experten in den IDV-Vorstand. Mitgliederzeitung „ÖDaF-Mitteilungen", Jahrestagungen, Regionaltreffen, Stellungnahmen zu fachpolitischen Fragen.

Internetadresse: www.oedaf.at

Brigitte Sorger

Österreichisches Deutsch: bezeichnet die vorwiegend in Österreich gebräuchliche →**Varietät** des Deutschen. Im Rahmen der Auffassung von Deutsch als einer →**plurizentrischen Sprache** ist damit die nationale →**Standardvarietät** Österreichs gemeint, die Varianten in beinahe allen Bereichen aufweist:

– Lexik: z.B. *Jänner* (*Januar*), *heuer* (*dieses Jahr*);
– Grammatik: z.B. Perfekt statt Präteritum als mündliche Erzählform; Perfekt von *stehen, sitzen, liegen* u.a. mit *sein*; Genusunterschiede *das/die Cola*, Artikel vor Eigennamen (z.B. *Wo ist Martin/der Martin? – Bei Oma/bei der Oma!*); Präpositionen (z.B. *am/auf dem Land*); Umlaute bei Pluralbildung (z.B. *Kästen/Kasten*); Fugenzeichen (z.B. *Aufnahmsprüfung/Aufnahmeprüfung*); Diminutivsuffixe (z.B. *Packerl/Päckchen*);
– Aussprache/Betonung: z.B. nicht stimmhaft anlautendes <s>, Betonung der letzten Silbe bei *Kaffee, Telefon*;
– Pragmatik: Unterschiede speziell bei Höflichkeitskonventionen, Grußformeln und im Umgang mit (akademischen) Titeln.

Die Berücksichtigung des **Ö.D.** im DaF/DaZ-Unterricht hängt insbesondere von geeignetem Lehrmaterial und einer entsprechenden Ausbildung der Lehrenden ab.

Ammon, U. et al. (2004), *Variantenwörterbuch des Deutschen. Die deutsche Standardsprache in Österreich, der Schweiz und Deutschland sowie in Liechtenstein, Luxemburg, Ostbelgien und Südtirol,* Berlin. – Muhr, R. et al., Hrsg. (1995), *Österreichisches Deutsch: linguistische, sozialpsychologische und sprachpolitische Aspekte einer nationalen Variante des Deutschen,* Wien.

Manuela Glaboniat

Österreichisches Sprachdiplom Deutsch (ÖSD): standardisiertes, kursunabhängiges international angebotenes Prüfungssystem für Deutsch als Fremd- und Zweitsprache. Die **ÖSD**-Prüfungen (→**Proficiency Tests**) entsprechen internationalen Rahmenrichtlinien und orientieren sich an den Niveaubeschreibungen des →**GeR** sowie an →**Profile deutsch**. Alle **ÖSD**-Prüfungen sind kommunikativ ausgerichtet und überprüfen in erster Linie die sprachliche und kommunikative Handlungsfähigkeit im Hinblick auf reale Verwendungssituationen. Das **ÖSD** geht von einer →**plurizentrischen** Sprachauffassung aus, d.h. die Standardvarietäten der deutschsprachigen Länder Österreich, Deutschland und der Schweiz werden als gleichberechtigt betrachtet. In den

Prüfungen betrifft dies vor allem die Aufgaben zum Lese- und Hörverstehen.

- **ÖSD**-Prüfungen für Erwachsene: A1 Grundstufe Deutsch 1, A2 Grundstufe Deutsch 2, B1 Zertifikat Deutsch (gemeinsam erstellt und herausgegeben von →**Goethe-Institut**, **ÖSD**, →**Telc GmbH** (D) sowie einer Expertengruppe der Universität Fribourg (CH)), B2 Mittelstufe Deutsch, C1 Oberstufe Deutsch, C2 Wirtschaftssprache Deutsch,
- **ÖSD**-Prüfungen für Kinder und Jugendliche: A1 KID 1 (Kompetenz in Deutsch 1), A2 KID 2 (Kompetenz in Deutsch 1), B1 ZDJ Zertifikat Deutsch für Jugendliche (hrsg. von Goethe-Institut, **ÖSD**, Telc und Universität Fribourg).

Internetadresse: www.osd.at – Glaboniat M. (1998), *Kommunikatives Testen im Bereich Deutsch als Fremdsprache. Eine Untersuchung am Beispiel des Österreichischen Sprachdiploms Deutsch*, Innsbruck/Wien.

Manuela Glaboniat

Österreich Institut, das (ÖI): als gemeinnützige GmbH organisiert, 1997 gegründet. Zu 100% im Eigentum der Republik Österreich, vertreten durch das Bundesministerium für europäische und internationale Angelegenheiten, ist das **ÖI** Teil der österreichischen Auslandskulturpolitik und eine wichtige →**Mittlerorganisation**. Sitz der Zentrale ist Wien. An zehn Standorten in acht Ländern bietet das **ÖI** ein umfassendes Kursangebot für DaF auf allen Kompetenzniveaus für Kinder, Jugendliche und Erwachsene sowie für Firmen. Alle Standorte sind Prüfungszentren des →**Österreichischen Sprachdiploms**. Das **ÖI** unterstützt und fördert den Deutschunterricht im Ausland und arbeitet mit interessierten Organisationen und Institutionen zusammen, es vertritt im Sprachenbereich gesamt-europäische Positionen, nimmt an EU-Projekten teil und engagiert sich für die Qualitätssteigerung des DaF-Unterrichts.

In ihren Aktivitäten stehen die **ÖI**-Institute in der Tradition des →**DACHL-**/→**ABCD-Prinzips**, sind der österreichischen Varietät der deutschen Standardsprache verpflichtet und verfolgen einen →**plurizentrischen** Ansatz. Das **ÖI** bietet mit dem „Österreich Portal" ein multimediales Unterrichtspaket für DaF im Internet und gibt den „Österreich-Spiegel" heraus, eine Zeitung für den Deutschunterricht, bestehend aus Artikeln sowie Hörbeiträgen aus der österreichischen Presse bzw. dem Rundfunk und einer didaktischen Beilage.

Internetadressen: www.oesterreichinstitut.org – www.oesterreichportal.at

Brigitte Sorger

Österreich-Kooperation, die (ÖK): gemeinnütziger Verein mit Hauptsitz in Wien, Gründungsjahr 1993. Die **ÖK** verwaltet staatlich geförderte Mobilitätsprogramme im Bereich Deutsch als Fremdsprache im primären, sekundären und tertiären Schul- und Hochschulbereich (Assistenzprogramm, Lektoratsprogramm). Weiters unterstützt der Verein Bildungs- und Kulturprojekte im Rahmen kurzfristiger Gastaufenthalte, Übersetzungen u.a. in den Staaten Südost- und Osteuropas. In der Ukraine (Lemberg) und in Bosnien-Herzegowina gibt es Kooperationsbüros.

Internetadresse: www.oek.at

Arnulf Knafl

Output-Hypothese, die: Die **O.-H.**, die wesentlich auf Swain zurückgeht, betont die Rolle des Sprachgebrauchs beim Spracherwerb. In Ergänzung und Abgrenzung zur →**Input-Hypothese** Krashens wird davon ausgegangen, dass Lerner sich bestimmter lexikalischer Mittel, Sprachstrukturen oder auch Unsicherheiten besonders in der Sprachverwendung bewusst werden, sei es aufgrund von Feedback oder durch eigene Wahrnehmung. Im Sprachgebrauch werden Hypothesen über die Struktur der Sprache getestet und Grenzen der eigenen Ausdrucksmöglichkeiten erfahren, was – so die Annahme von Swain – die Sprachaneignung bestärkt. Ausgangspunkt war die Beobachtung in kanadischen →**Immersionsprogrammen**, dass Hör- und Leseverstehen in der Zweitsprache stark ausgeprägt waren, mündliche und schriftliche Produktionen jedoch relativ auffällige Abweichungen von zielsprachlichen Normen enthielten. Swain und Lapkin (1995) haben anhand von Laut-Denk-Protokollen zeigen können, dass Lernende Aufmerksamkeit für verschiedene Aspekte ihrer schriftlichen Produktionen haben und diese aktiv bearbeiten; allerdings ist ein enger Zusammenhang zwischen Sprachproduktion und Spracherwerb empirisch schwer nachzuweisen (Edmondson/House 2006, 268ff.).

Edmondson, W.J./House, J. ([3]2006), *Einführung in die Sprachlehrforschung*, Tübingen. – Swain, M./Lapkin, S. (1995), „Problems in Output and the Cognitive Processes They Generate: A Step Towards Second Language Learning", in: *Applied Linguistics* Jg. 16, 371–391.

Bernt Ahrenholz

Oxymoron, das: rhetorische Figur, bei der zwei zueinander im Gegensatz stehende Eigenschaften, wie z.B.: *bitter* und *süß* oder ein Eigenschaftsträger und eine ihm gegensätzliche Eigenschaft, wie z.B.: *eisig* und *Glut* zu *bittersüß* bzw. *eisige Glut* verknüpft werden. Oxymora wirken dabei sowohl auf der stilistischen als auch auf der Bedeutungsebene, indem sie →**Paradoxien** thematisieren und relativieren.

Gleichzeitig bieten sich **O.** als Gegenstand vergleichender Sprachenbetrachtung bzw. als Gesprächsthema in Kontexten gelebter →**Mehrsprachigkeit** sowie als Medium der Ausbildung von *language awareness* an.

Kerstin Rische

P

PAD, der: s. Pädagogischer Austauschdienst

pädagogische Grammatik, die: ein Begriff, der vielfach mit →**didaktischer Grammatik** gleichgesetzt wird. Eine davon abweichende Auffassung versteht **p.G.** als unterrichtsbezogene Konkretisierung didaktischer Grammatiken. Nach diesem Verständnis sind letztgenannte als Analysen korpusbasierter Sprachdaten zu verstehen, die den Erkenntnisinteressen und Analyseverfahren der →**Fremdsprachendidaktik** folgen. Erst aus der gleichrangigen Analyse unterschiedlicher Corpora sei es überhaupt möglich, die **d.G.** einer Sprache zu ermitteln, die als Grundbestand des Fremdsprachenunterrichts fungieren könne. Durch lehrgangsbedingte Entscheidungen über die Auswahl, die Progression und die Darbietung des sprachlichen Materials unter Berücksichtigung der Lernziele, der Lernenden, des Unterrichts und der Lehrperson werde daraus dann eine **p.G.** So sei es möglich, aus einer **d.G.** je nach Lernziel, Schulart, Lerngruppe etc. unterschiedliche **p.G.** abzuleiten. Dieses Verständnis von **p.G.** enthält insbesondere lernerbezogene Variablen, die eine differenziertere linguistische Beschreibung notwendig machen. In anderen Konzepten wird diese terminologische Differenzierung zwischen **d.G.** und **p.G.** aufgegeben und die Orientierung der linguistischen Beschreibung für die Zwecke der Vermittlung an lerner-, lehrer- und vermittlungsbezogenen Komponenten unter den Terminus **d.G.** gefasst, allerdings nicht selten unter Verlust der empirischen Orientierung, wie sie zum Grundverständnis der korpusbasierten **d.G.** zählt.

Frank G. Königs

Pädagogischer Austauschdienst (PAD), der: Der „**PAD** der Kultusministerkonferenz der Länder in der Bundesrepublik Deutschland“ ist seit 1952 im Auftrag der Länder für den internationalen Austausch und die internationale Zusammenarbeit im Schulbereich tätig. Die Programme umfassen Lehrer- und Schüleraustausch, Fortbildungskurse, Hospitationen, Praktika, Schulpartnerschaften und Stipendienvergabe. Seit 1995 übernimmt der PAD auch die Aufgaben der Nationalen Agentur für die EU-Programme. Ziel der Arbeit des PAD ist die Förderung des interkulturellen Dialogs und der Völkerverständigung auf europäischer und internationaler Ebene sowie die Förderung der europäischen Bildungskooperation.

Internetadresse: www.kmk-pad.org

Christel Bettermann

Pädagogische Verbindungsarbeit: die frühere Bezeichnung des →**Goethe-Instituts** für ein Arbeitsfeld, das seit 2005 bei zum Teil veränderter Schwerpunktsetzung und organisatorischer Einbindung unter der Bezeichnung →**Bildungskooperation Deutsch** ressortiert. **P.V.** bezeichnete die Zusammenarbeit der deutschen →**Mittlerorganisationen** mit den verschiedenen Bildungsträgern im Gastland zur Förderung der deutschen Sprache, und zwar weitgehend unabhängig von globalen sprach(en)politischen Zielen und eher auf punktuelle Projekte bezogen. Im Aufgabenfeld und Selbstverständnis der **p.V.** war insbesondere das Prinzip der partnerschaftlichen und arbeitsteiligen Kooperation der deutschen Mittlerorganisationen noch nicht handlungsleitend.

Knuth Noke

Pädolinguistik, die: auch: Erstsprachenerwerbs- und Kindersprachenforschung; die Erforschung der Sprache und Sprachentwicklung des Vorschulkindes, insbesondere des primären →**Spracherwerbs. P.** bezieht sich auf den Altersbereich 0–7 Jahre, da der Sprachtyp der gesprochenen Sprache das einzige sprachliche Mittel des Vorschulkindes ist und das entscheidende Stadium der →**Sprachentwicklung** mit dem Eintritt in die Schule, in der die →**Schriftsprache** hinzukommt, abgeschlossen ist. Das Ehepaar Stern leitete mit Langzeitbeobachtungen zum Spracherwerb ihrer eigenen Kinder Anfang des 20. Jh. die moderne **P.** ein (vgl. Oksaar 1987, 9ff.). Im Zusammenhang der Sprachlehr- und -lernforschung ist insbesondere der frühkindliche →**Bilingualismus**

(s.a. →**Erstspracherwerb, doppelter**) der **P.** zugeordnet.

Oksaar, E. (1987), *Spracherwerb im Vorschulalter: Einführung in die Pädolinguistik*, Stuttgart. – Szagun, G. (2006), *Sprachentwicklung beim Kind*, Weinheim/Basel.

Diana Maak

Palindrom, das: eine Zeilen-, Wort- und Buchstabenfolge, die von vorne und von hinten gelesen das gleiche Wort bzw. den gleichen Satz ergibt: *Anna; Rotor; es eilt, Liese.*

Silke Hofer

Paradigma, das: Pl. Paradigmen oder Paradigmata; der Begriff **P.** wird im Fach DaF/DaZ und seinen Bezugswissenschaften in unterschiedlicher Weise verwendet: **1.** In der Linguistik bezeichnet **P.** einerseits die Menge der kategorisierten Formen eines Wortes, wobei einzelne Einheiten, die zu einem **P.** gehören, durch Flexionskategorien erfasst werden (vgl. Eisenberg 1989, 35 f.). **P.** bezeichnet andererseits Relationen von Wörtern. So gehören Wörter, die in paradigmatischer Beziehung zueinander stehen, d.h. in einem gegebenen Kontext austauschbar sind, zu einem gemeinsamen **P.** **2.** Grundlegende Denkmuster werden ebenfalls als **P.** bezeichnet. So unterscheidet die Lerntheorie das behavioristische, das kognitive und das konstruktivistische **P.** (vgl. Wolff 1994). **3.** Schließlich bezeichnet man grundlegende Orientierungen eines Faches als **P.** So wurde im Fach Deutsch als Fremdsprache das kommunikative **P.** durch das interkulturelle **P.** erweitert und vertieft (vgl. Barkowski 1999).

Barkowski, H. (1999), „Von den Mühen der Ebene ... Das „interkulturelle Paradigma" im Alltag wissenschaftlicher und unterrichtlicher Praxis", in: Ders./Wolff, A. (Hrsg.), *Alternative Vermittlungsformen auf dem Prüfstand, Landeskunde aktuell, Interkulturelle Begegnungen – Interkulturelles Lernen*, Regensburg, 493–502. – Eisenberg, P. (1989), *Grundriß der deutschen Grammatik*, 2. Aufl., Stuttgart. – Wolff, D. (1994), „Der Konstruktivismus: Ein neues Paradigma in der Fremdsprachendidaktik?", in: *Die Neueren Sprachen 93/94*, 407–429.

Dirk Skiba

paralingual: →**nonverbale** Merkmale vokaler Kommunikation, die von den Artikulationsorganen gebildet werden: stimmliche Gestaltung, Tonfall, →**Sprechgeschwindigkeit** und -pausen, →**Betonung**, etc. Sie tragen zwar keine sprachliche Bedeutung, sind jedoch höchst wirksam in der zwischenmenschlichen Kommunikation, denn sie übermitteln affektive Botschaften, Einstellungen zum Gesagten und Signale über die Beziehungen zum Gegenüber. Für →**Zweitspracherwerb** und Fremdsprachenlernen sind paralinguale Merkmale ein wichtiges (wenn auch vernachlässigtes) Thema, weil sie sich mit →**prosodischen Merkmalen** überschneiden, die sprachenspezifischen Regeln folgen.

Scherer, K.R., Hrsg. (1982), *Vokale Kommunikation: nonverbale Aspekte des Sprachverhaltens*, Weinheim.

Gudula List

Parameter, der: Im Kontext der →**Government and Binding Theorie** werden zwei Systeme unterschieden: das der universellen Prinzipien, die festlegen, was eine grundlegend mögliche Grammatik einer menschlichen Sprache ist und die modular organisiert sind, sowie das der **P.** Diese legen die Unterschiede zwischen einzelnen menschlichen Sprachen aufgrund von binär angelegten Auswahlmechanismen fest. Die **P.** werden im Erstspracherwerb durch den sprachlichen Input, den das Kind erhält, gesetzt. Beispiele für **P.** sind der so genannte Pro-Drop-**P.**, der zwischen Sprachen mit einem obligatorischen Subjekt und solchen, die kein obligatorisches Subjekt besitzen, unterscheidet. Ein Beispiel für eine →**Pro-Drop-Sprache** ist das Italienische: *piove* und eines für eine Non-Pro-Drop-Sprache ist Deutsch: *es regnet.* Ein anderes Beispiel ist der HEAD-Direction Parameter, der sich in Satzstellungsmustern wie SOV oder SVO widerspiegelt. Die Frage, ob es einen Mechanismus des Neusetzens von **P.** im post-pubertären Spracherwerb gibt, wird in der Spracherwerbsforschung unterschiedlich beantwortet. Vor allem im Zusammenhang mit der Theorie des kritischen Alters wird festgestellt, dass ab der Pubertät kein Neusetzen von **P.** möglich ist. Dem widersprechen Daten aus der Spracherwerbsforschung, die auch für ein fortgeschritteneres Erwerbsalter das Neusetzen von **P.** belegen.

Chomsky, N. (1981), *Lectures of Government and Binding*, Dordrecht.

Thomas Fritz

Paraphrase, die: die Wiederholung eines sprachlichen Ausdrucks i.d.R. mit anderen Worten, d.h. ein sprachlicher Ausdruck bezieht sich auf einen vorangegangenen und ist mit diesem weitgehend bedeutungsgleich. Streng genommen zählen aber auch wörtliche Wiederholungen zu den **P.** Kommunikativ dienen sie der Intensivierung und der Verständnissicherung, sie werden aber auch aus stilistischen Gründen genutzt, um gleiche Wortlaute zu vermeiden.

Mandy Höhle

parasprachlich: Bezeichnung für nichtsprachliche Kommunikationsanteile (auch als vokale →**nonverbale Kommunikation** klassifiziert). **P.** Kommunikation wird mittels der Stimme in zwei Formen übertragen: a) die Verbalsprache begleitend: dazu gehören Mittel der →**Prosodie**, d.h. also stimmliche Variationen durch Intonation, Betonung, Lautquantität, Rhythmus, Sprechtempo, Sprechpausen und Lautstärke; b) selbstständig: z.B. Lächeln, Räuspern und Seufzen. Die wichtigste Funktion der **p.** Kommunikationselemente in zwischenmenschlichen Interaktionen wird darin gesehen, Einblick in die Emotionen und Befindlichkeiten des Sprechers zu geben, da die Stimme weniger gut zu kontrollieren ist als z.B. die Mimik oder Gestik. Darüber hinaus werden über stimmliche Veränderungen syntaktische Einheiten und das Ende von Äußerungseinheiten markiert. So wird z.B. im Deutschen das Satzende durch einen abfallenden Ton markiert. Ein Sprecherwechsel wird u.a. durch abfallende Intonation und Pausen signalisiert, d.h. **p.** Elemente regeln den Interaktionsverlauf.

Wie bei allen anderen nonverbalen Kommunikationselementen kann es in interkulturellen Begegnungssituationen auch im Bereich der Paralinguistik zu Missverständnissen kommen. Die spezifischen prosodischen Merkmale einer Sprache sowie individuelle Stimmeigenschaften können in fehlerhaften Zuschreibungen von Charaktereigenschaften resultieren, z.B. kann ein leises Sprechen als Schüchternheit interpretiert werden, ohne dass dies in einem konkreten Einzelfall zutreffen muss.

Scherer, K.R., Hrsg. (1982), *Vokale Kommunikation. Nonverbale Aspekte des Sprachverhaltens*, Weinheim/Basel.

Manuela Knötig

Parataxe, die: auch: Koordination, Nebenordnung; Begriff der syntaktischen Analyse. **P.** liegt immer dann vor, wenn →**Konstituenten**, die innerhalb syntaktischer Einheiten (Konstituentenfolgen; Satz; Satzfolgen) aufeinander folgen, eine gleichartige Struktur und/oder Funktion aufweisen, wie z.B. die jeweils unterstrichenen Konstituenten in *Paul und Gerda sind Zwillinge.* (Subjekt/Subjekt); *Das Seil war aus geflochtenem Draht und ungewöhnlich schwer.* (Prädikativ/Prädikativ); *Ich habe dich ins Kino eingeladen, aber du willst ja nicht mitkommen.* (Hauptsatz/Hauptsatz); *Obwohl ich eigentlich hätte arbeiten müssen und meine Freundin lieber fernsehen wollte, sind wir schließlich doch ins Kino gegangen.* (Nebensatz/Nebensatz). Als Gegenbegriff zu **P.**, aber beschränkt auf die syntaktischen Beziehungen von Sätzen, fungiert der Terminus →**Hypotaxe**.

Hans Barkowski/Mandy Höhle

Parole: von Ferdinand de Saussure (1857–1913) geprägter Begriff der Sprachtheorie, Gegenbegriff zu →**Langue**; bei Chomsky →**Performanz** und →**Kompetenz**. Nach Saussure und Chomsky ist nicht die sprachliche Tätigkeit selbst (**P.** bzw. Performanz) Gegenstand der Sprachwissenschaft, sondern das zu Grunde liegende Sprachsystem (Langue) bzw. die zu Grunde liegende Sprachfähigkeit (Kompetenz). Stärker auf die **P.** orientiert war vor Saussure H. Paul (→**Junggrammatiker**) und sind heute die vielen Richtungen der →**funktionalen Grammatik**, u.a. die →**Konstruktionsgrammatik**, vgl. auch →**Pragmalinguistik**; →**Sprechakttheorie**.

Saussure, F. de (1967), *Grundfragen der Sprachwissenschaft*, Berlin.

Klaus Welke

Pars pro toto: Ein Teil steht für die Gesamtheit; **P.p.t.** meint Ausdrücke wie z.B. *ein Dach über dem Kopf haben*, wonach *Kopf* für Person und *Dach* für Unterkunft stehen. Gegensatz →**Totum pro parte**.

Christiane Rausch

Partikel, die: in der Forschung unterschiedlich definierter Oberbegriff für die Gesamtheit unflektierbarer Wörter ohne lexikalische Bedeutung. 1. **Partikeln** im weiteren Sinne sind u.a. →**Konjunktionen** (*weil, und*); →**Präpositionen** (*mit* usw.); Gradp. (*sehr, kaum*); Modalwörter (*vielleicht*, →**Modalität**); Abtönungsp. (**AP.**), auch Modalp. genannt (*ja, denn, doch. halt, eh, eigentlich, vielleicht*); Antwortp. (*ja, nein*) und verschiedene weitere wie *gern, nur, nicht*; manchmal auch die →**Interjektionen** (*aua* u.a.). Dabei verdeutlichen die **AP.** die Diskurs-Absicht der betreffenden Äußerung; so können – durch oft komplexe Interaktion von sprachlichen Faktoren – auch emotionale Effekte wie Staunen: *Können sie denn Japanisch?*, Gereiztheit: *Du bist vielleicht schwierig!* zum Ausdruck gebracht werden. Mehr als die anderen **P.** stellen die **AP.** ein besonderes DaF-Lernproblem dar: Sie können weggelassen werden, ohne dass Äußerungen dadurch fehlerhaft werden, jedoch wird ihr Fehlen von Muttersprachlern als unidiomatisch, teilweise auch als schroff oder unfreundlich empfunden.

2. Wie sollten **AP.** gelehrt werden? Unterrichtstexte sollten viele idiomatisch verwendete Partikeln enthalten. Kognitive Erklärungen sollte man erst nach einer Phase der Gewöhnung, Sensibilisierung und Neugier-Weckung anbieten. Je jünger Lernende sind, desto weniger Metaerklärungen werden sie benötigen. Non-verbale Erläuterungen anhand von Skizzen sind erfahrungsgemäß wirkungsvoller als verbale, zumal letztere zu ihrem Verständnis eine eher hohe Sprach-Kompetenz auf Seiten der Lernenden voraussetzen (kaum unter B2 gemäß →**Profile deutsch**). Noch störender als fehlende **AP.** sind falsch gebrauchte: Sie lösen irritierende kognitive Dissonanzen aus. Lerner sollten für **AP.**-Gebrauch Aufmerksamkeit entwickeln und wissen, dass angemessene **AP.**-Verwendung sie als kompetente und sozial akzeptablere Sprecher ausweist.

Diewald, G. (2007), „Abtönungspartikel", in: Hoffmann, L. (Hrsg.), *Handbuch der dt. Wortarten*, Berlin u.a., 193–219. – Held, G., Hrsg. (2003), *Partikeln und Höflichkeit*, Frankfurt u.a. – Weydt, H./Harden, Th./Hentschel, E./Roesler, R. (1983), *Kleine deutsche Partikellehre*, Stuttgart.

Harald Weydt

Partikelverb, das: ein Verb, bei dem eine →**Partikel** an eine verbale, substantivische oder adjektivische Basis angeschlossen wird. Das Besondere an **P.** ist, dass das Präelement im Gegensatz zur Präfixderivation (z.B. *grüßen + be → begrüßen*) – also die Partikel – als selbstständiges Wort existiert (z.B. *laufen + an → anlaufen*). Es entstehen jedoch keine komplexen festen Verbgebilde, sondern unfeste, die so genannten →**trennbaren Verben** (z.B. *Klaus läuft rot an.*).

Mandy Höhle

partitiv: ein Teil-Ganzes-Verhältnis ausdrückend. Als **p.** Attribut bezeichnet man Phrasen, die nach Behälter-, Maß-, Mengen- und Sammelbezeichnungen stehen. Unterschieden werden die **p.** Apposition (z.B. eine Kanne *schwarzer Kaffee*), der **p.** Genitiv (eine Kanne *schwarzen Kaffees*) und andere **p.** Attribute (z.B. eine Kanne *mit schwarzem Kaffee*).

Mandy Höhle

Partizip, das: Neben dem Infinitiv können noch weitere Wortformen des Verbs gebildet werden, die →**infinit** sind: das **P.** I und das **P.** II. Das **P.** I wird mit der Endung *-end* bzw. *-nd* gebildet und adjektivisch gebraucht (z.B. *die lachenden Großeltern*). Das **P.** II geht auf *-t* oder *-en* aus und tritt häufig mit dem Präfix *ge-* auf. Das **P.** II wird zusammen mit den Hilfsverben *haben, sein* und *werden* zur Bildung von zusammengesetzten Zeitformen (z.B. dem Plusquamperfekt) verwendet. Z.T. kann es auch adjektivisch gebraucht werden (z.B. *das gebratene Hähnchen*).

Mandy Höhle

Partnerarbeit, die: Arbeitsform, bei der zwei Lernende eine Aufgabe gemeinsam lösen (vgl. auch: →**Sprachlerntandem**). **P.** vermeidet die Nachteile der Großgruppenarbeit ebenso wie die Isolierung der Einzelarbeit. Grundsätzlich eignen sich alle Aufgaben, die für Einzel- oder Kleingruppenarbeit gedacht sind, auch für **P.** Materialien wie „Wechselspiel" (Dreke/Lind 1986), die zwei Lernenden zum gleichen Sprechanlass unterschiedliche Informationen zur Verfügung stellen, so dass die Lösung der Aufgabe nur durch intensive sprachliche →**Interaktion** gelingt, haben zur Verbreitung der **P.** im DaF-/DaZ-Unterricht beigetragen.

Dreke, M./Lind, W. (1986), *Wechselspiel. Sprechanlässe für die Partnerarbeit im kommunikativen Deutschunterricht*, Berlin.

Hans-Jürgen Krumm

Passiv, das: →**analytische Verbform** aus *werden* + Partizip II (Vorgangs-**P.**); bildet zusammen mit dem →**Aktiv** die verbale Kategorie des Genus des Verbs; im Gegensatz zum Aktiv, das Vorgänge oder Zustände (*Das Wasser fließt/steht.*) oder Tätigkeiten/Handlungen eines Akteurs (Agens) wiedergibt (*Die Abgeordneten erhöhen ihre Diäten.*), erscheinen im Vorgangs-**P.** auch Tätigkeiten und Handlungen als Vorgänge. Das persönliche Vorgangs-**P.** stellt diese Vorgänge aus der Perspektive der Personen, Sachen, Sachverhalte dar, die dem Vorgang unterliegen: *Die Straßen werden in Berlin überall aufgerissen.* Im unpersönlichen Vorgangs-**P.** fehlt das Subjekt: *Im Abgeordnetenhaus wird mal* *wieder nur erhöht.* Man kann mit Hilfe des **P.** vermeiden, den Verursacher, den man nicht nennen will oder kann, zu bezeichnen: Nur in Einzelfällen machen die Sprecher von einer Präpositionalgruppe mit *von* oder *durch* Gebrauch: *Die Diäten wurden durch die Abgeordneten erhöht.* Im DaF-/DaZ-Unterricht sollte man sich auf die eigenständige Struktur und Funktion von Passivsätzen konzentrieren und das **P.** nicht durch eine formale Transformation aus Aktivsätzen ableiten (*Die A. erhöhten die Diäten → die Diäten wurden von den A. erhöht.*). Im Deutschen entwickelt sich ein Rezipientenpassiv (Adressatenpassiv/*bekommen*-**P.**: *Die Abgeordneten bekommen die Diäten erhöht.*) Die →**Akzeptabilität** dieser Formen wird unterschiedlich beurteilt. Für Sprecher, die Sätze wie *H. bekommt den Zahn gezogen/das Fahrrad geklaut.* zulassen, ist die Konstruktion auch in diesem Fall bereits eine analytische Verbform und nicht mehr eine syntaktische Konstruktion (→**Prädikativum**). Bestimmte Konstruktionen aus *sein* + Partizip II werden auf Grund der „passivischen" Bedeutung des Partizips Zustands-**P.** genannt: *Die Diäten sind schon wieder erhöht.* Hier handelt es sich nicht um eine weitere analytische Verbform, sondern um eine syntaktische Subjektsprädikativkonstruktion mit dem adjektivischen Partizip II (→**Prädikatsadjektiv**).

Welke, K. (2002), *Deutsche Syntax funktional. Perspektiviertheit syntaktischer Strukturen*, Kapitel 5, Tübingen. – Welke, K. (2007), „Das Zustandspassiv: Pragmatische Beschränkungen und Regelkonflikte", in: *Zeitschrift für Germanistische Linguistik 35*, 115–145.

Klaus Welke

Patholinguistik, die: Teil der Angewandten Sprachwissenschaft; beschäftigt sich a) mit pathologischen Veränderungen der Sprache, betreibt b) Grundlagenforschung zu Sprache, Gehirn und Kognition und berücksichtigt c) Diagnostik und Therapie von Sprach-, Sprech- und Schluckstörungen. Gegenstand der Forschung sind Sprachstörungen wie z.B. Dysphagien (Schluckstörungen), Sprechapraxien (Störungen der Sprechplanung) und Dysarthrophonien (motorische Sprechstörungen), v.a. aber auch →**Aphasie** und Alzheimer. **P.** arbeitet interdisziplinär mit den Fachrichtungen Neurologie, Psychologie, Phoniatrie und Pädagogik zusammen und zählt im Hinblick auf die physiologischen und prozessualen Abläufe der →**Sprachverarbeitung** zu den Grundlagenwissenschaften von DaF/DaZ.

Tesak, J., Hrsg. (1991), „Neuro- and Patholinguistics. An Introduction to GLS 35", in: *Neuro- und Patholinguistik. Grazer Linguistische Studien 35*, iii–viii.

Nicole Schramm

Patiens, das: Begriff aus der Satzanalyse und dort der Perspektive zugeordnet, →**semantische Rollen** samt ihrer morphosyntaktischen Formmerkmale in Relation zueinander zu identifizieren und zu beschreiben; **P.** gilt dabei terminologisch der Rolle des von einer Handlung betroffenen →**direkten Objekts**, an dem sich die Handlung vollzieht, wobei dies hinsichtlich der Betroffenheitsrelation so unterschiedliche Fälle subsumiert wie 1. *Autos bauen*; 2. *Autos waschen* und 3. *Autos verkaufen*. **P.** werden in der Mehrzahl als Akkusativobjekte enkodiert: *Wer wäscht schon noch sein Auto* (Akk.) *selbst?* bzw. nehmen in Passivsätzen formal die Rolle des Subjekts ein: *Nach jeder Reparatur wird Ihr Auto von uns gewaschen!*.

Hans Barkowski

pattern/pattern practice/Pattern Drill, der: Sprachliche Strukturmuster („pattern" = Muster, Schema), Laute, Wörter, Sätze, werden drillartig (deshalb auch „pattern drill") eingeübt. In Umsetzung von Erkenntnissen der strukturalistischen Sprachanalyse und des →**Behaviorismus** (Lernen als Verhaltenskonditionierung) werden in der →**audiolingualen Methode** sprachliche Strukturmuster stark gesteuert durch Imitation sowie häufiges Wiederholen eingeübt. Die mindestens sechsmalige Wiederholung des gleichen Musters sichert, so die behavioristische These, das Behalten.

Barbara Biechele

Pausierung, die: der Strukturierung gesprochener Äußerungen dienendes Gestaltungsmerkmal. Die **P.** ist, wie Sprechmelodie, Sprechgeschwindigkeit und Lautstärke – i.d.R. sind in dieser Funktion der Strukturierung alle miteinander verbunden – ein Gliederungs- bzw. Grenzsignal, das rhythmische, syntaktische und/oder inhaltlich-semantische Einheiten voneinander trennt, z.B. *Hans hört Fritz nicht? – Hans, hört Fritz nicht?*. Es werden echte Pausen (Schallabwesenheit) von gefüllten (*äh, hm*) und „empfundenen" (auf Grund der syntaktischen Struktur oder prosodischen Gestaltung, ohne Schallabwesenheit) unterschieden.

Ursula Hirschfeld

Peer-Evaluation, die: Instrument der Qualitätskontrolle, -sicherung und -entwicklung von berufsfeldspezifischen Dienstleistungen, Arbeitsergebnissen, Prozessen und Organisationsstrukturen im Hinblick auf ausgewählte Aspekte (z.B. Qualifikation und Kompetenz des Personals; Funktionalität von Arbeitsabläufen; Berufszufriedenheit der Beschäftigten u.a.m.). **P.-E.** ist dabei definiert als ein Prozess, bei dem im Hinblick auf die Verantwortlichkeiten im zu untersuchenden Berufsfeld statusgleiche Personen oder Personengruppen die Evaluation durchführen. Damit ist die **P.-E.** eine Form der (internen oder externen) Fremdevaluation im Gegensatz zur Selbstevaluation. Ein spezifisches Verfahren der **P.-E.** im Zusammenhang wissenschaftlicher Publikationsprozeduren ist das Peer-Review(ing). In der fremdsprachenunterrichtlichen Praxis dient **P.-E.** u.a. der gegenseitigen Reflexion je eigener Lehrpraxis.

Julia Settinieri

peer group (engl.), die: aus der Soziologie stammender Begriff zur Bezeichnung der Gruppe von jeweils Gleichaltrigen bzw. sozial Gleichgestellten. Insbesondere Kinder und Jugendliche, aber auch Erwachsene orientieren sich hinsichtlich ihrer Werte, Einstellungen und Verhaltensweisen häufig stark an Individuen gleichen Alters, gleichen Geschlechts oder gleicher sozialer Zugehörigkeit. Insofern stellt die **p.g.** eine zentrale Bezugsgruppe dar, die wichtige Sozialisationsfunktionen erfüllt, indem sie dem Erlernen, der Einübung und der Festigung von sozialem Verhalten dient.

Karin Aguado

pejorativ: meint das Abgleiten eines sprachlichen Ausdrucks in eine abwertende, negative Bedeutung, z.B. *Schätzchen* als Anrede für eine erwachsene Person kann dem Gegenüber zeigen, dass der Sprecher die oder den Angesprochenen nicht schätzt, andere Beispiele: *Weib* als Bezeichnung für *Frau, Gaul* für *Pferd*. **P.** Ausdrücke können durch Bedeutungswandel (*Weib* ursprüngliche Bezeichnung für *Frau*) oder durch Neubildungen (*Spaghettis* als **p.** Bezeichnung für italienische Gastarbeiter) entstehen, ggs. meliorativ.

Müller, A.F. (1953), *Die Pejoration von Personenbezeichnungen durch Suffixe im Neuhochdeutschen*, Altdorf.

Mandy Höhle

Perfekt, das: ein →**Tempus** des Deutschen, das als →**zusammengesetzte (analytische) Verbform** aus dem Hilfsverb *haben* bzw. *sein* und dem Partizip Perfekt gebildet wird. Das **P.** kann nicht nur Vergangenes (*Wir haben uns gestern getroffen.*), sondern auch Allgemeingültiges (*Ein E-Mail hat man schnell geschrieben.*) oder Zukünftiges (*Morgen haben wir das Dach fertig gedeckt.*) bezeichnen (Radtke 1998, 118). **P.** und →**Präteritum** sind in vielen Fällen gegeneinander austauschbar. Deshalb ist die Abgrenzung der beiden Tempora sowohl in der deskriptiven Grammatik als auch im DaF/DaZ-Unterricht problematisch. Statt des Präteritums wird das **P.** vor allem in folgenden Kontexten gebraucht: 1. Als Vorzeitigkeitstempus für das Präsens: *Nachdem der letzte Gast gegangen ist, schließt sie die Tür.* 2. Wenn das Resultat eines Vorgangs und nicht der Vorgang selbst betont werden soll: *Thomas Edison hat die Glühbirne erfunden.* In der Umgangssprache hat das **P.** das Präteritum bereits weitgehend ersetzt (Hentschel/Weydt 2003, 106–113). Für Deutschlernende liegt eine weitere Schwierigkeit in der richtigen Auswahl des Hilfsverbs *haben* oder *sein* (vgl. →**Perfektivierung** und Helbig/Buscha 2001, 122–127); hier unterscheiden sich auch das deutsche und das österreichische Deutsch.

Helbig, G./Buscha, J. (2001), *Deutsche Grammatik*, Berlin/München. – Hentschel, E./Weydt, H. (2003), *Handbuch der deutschen Grammatik*, 3. Aufl., Berlin. – Radtke, Petra (1998), *Die Kategorien des deutschen Verbs. Zur Semantik grammatischer Kategorien*, Tübingen.

Sabine Dengscherz

perfektiv (perf.): auch: telisch, Gegensatz: →**imperfektiv** (atelisch); **P.** sind Verben, die semantisch einen Nachzustand implizieren, z.B. *sich verlieben, erblühen, essen, verzehren*. Imperfektive Verben implizieren semantisch keinen Nachzustand, z.B. *lieben, blühen, speisen*. Wenn bspw. der Prozess des *Verliebens* nicht durch einen äußeren Einfluss (kontingent) abgebrochen wird, ist derjenige, der sich verliebt, irgendwann im Nachzustand des Verliebens, dem des *Verliebtseins*. Das imperfektive *Lieben* impliziert in diesem Sinne keinen Nachzustand. Diese bereits durch Aristoteles vorgenommene Unterscheidung in **p.** und imperfektive Verben beinhaltet eine fundamentale sprachliche Opposition, die sich in einer Vielzahl von sprachlich-kognitiven Erscheinungen ausdrückt. Traditionell wird sie in Bezug auf das Deutsche als →**Aktionsart** bezeichnet. Ein modernerer Begriff ist inhärente oder lexikalische Aspektualität.

Dowty, D. (1979), *Word Meaning and Montague Grammar. The Semantics of Verbs and Times in Generative Semantics and in Montague's PTQ*, Dordrecht u.a. – Nicolay, N. (2007), *Aktionsarten im Deutschen*, Tübingen. – Parsons, T. (1990), *Events in the Semantics of English*, Cambridge. – Welke, K. (2005), *Tempus im Deutschen. Rekonstruktion eines semantischen Systems*, Berlin/New York.

Klaus Welke

Perfektivierung, die: das Anfügen eines →**Präfixes**, das aus einem imperfektiven Verb ein perfektives macht. Das Deutsche verfügt zwar nicht wie etwa die slaw. Sprachen über ein vollständig ausgebildetes System von Aspektpaaren (z.B.: Russ. *otkryt'/otkryvat'* – „öffnen"); es können aber unterschiedliche →**Aktionsarten** unterschieden werden. Intransitive perfektive Verben bilden (im Gegensatz zu imperfektiven) das →**Perfekt** mit dem Hilfsverb *sein*: *Die Blume hat geblüht.* vs. *Die Blume ist erblüht.*

Helbig, G./Buscha, J. (2001), *Deutsche Grammatik*, Berlin/München. – Hentschel, E./Weydt, H. (2003), *Handbuch der deutschen Grammatik*, 3. Aufl., Berlin.

Sabine Dengscherz

Performanz, die: Realisierung der →**Kompetenz** in der konkreten sprachlichen Tätigkeit. Das Begriffspaar **P.** – Kompetenz wurde von N. Chomsky (1965) geprägt. Die Kompetenz ist die Fähigkeit, eine Sprache zu benutzen; die **P.** ist die Ausübung dieser Fähigkeit. Beide Begriffe sind den Saussure'schen Begriffen →**Parole** und →**Langue** analog. Wie für Saussure die Langue ist für Chomsky wie auch für die moderne →**generative Grammatik** die Kompetenz der eigentliche Gegenstand der Sprachwissenschaft. Die **P.** gehört in selbstständige kognitive **P.**-Systeme. Es gibt Grammatiken und Grammatikrichtungen, die sich eher als **P.**-Grammatiken verstehen: Dazu gehört das breite Spektrum heutiger →**funktionaler Grammatiken**, u.a. die →**Konstruktionsgrammatik**. **P.**-Grammatiken setzen an der **P.** an, klammern aber konzeptionell nicht in gleicher Weise die Kompetenz aus, wie die generative Grammatik die **P.** ausklammert.

Chomsky, N. (1965), *Aspects of a Theory of Syntax*, Cambridge/Mass., (dt. 1970).

Klaus Welke

Performanzfehler, der: In der Fehlerlinguistik unterscheidet man zwischen **P.** und →**Kompetenzfehlern**. Als **P.** bezeichnet man Fehlgriffe, die Lernende selbst erkennen und sogar (eventuell mit Hinweis oder Hilfe von außen) selbst korrigieren können (Versprecher, Flüchtigkeitsfehler, Tippfehler u.Ä.). Solche Fehler entstehen entweder durch unzureichende Automatisierung oder auch nur durch mangelnde Aufmerksamkeit. Kompetenzfehler hingegen sind Fehler, die Lernende selbst (noch) nicht erkennen können, weil sie das entsprechende sprachliche Phänomen entweder noch nicht (richtig) gelernt, falsch verstanden oder bereits wieder vergessen haben. Die Unterscheidung zwischen **P.** und Kompetenzfehlern spielt auch in der Fehlerbewertung eine Rolle: Während Kompetenzfehler eine größere Rolle spielen (→**Fehlerkorrektur**), sind versehentliche **P.** grundsätzlich eher vernachlässigbar bzw. leichter korrigierbar.

Kleppin, K./Königs, F.G. (1991), *Der Korrektur auf der Spur. Untersuchungen zum mündlichen Korrekturverhalten von Fremdsprachenlehrern*, Bochum. – Kordes, H. (1993), „Aus Fehlern lernen", in: *Fremdsprachen Lehren und Lernen*, Jg. 22, 15 – 34.

Manuela Glaboniat

Performanztest, der: Ein **P.** ist durch den Einsatz möglichst authentischer, direkter Aufgabenstellungen charakterisiert, wie z.B. das Verfassen einer Beschwerde-Mail, eines Bewerbungsgesprächs u.ä. „Direkt" bezieht sich dabei auf das Ausmaß, in dem die Merkmale einer Testaufgabe mit den Merkmalen einer realen Sprachhandlung übereinstimmen, sodass von der Testleistung (relativ) unmittelbar auf die Leistung des Kandidaten außerhalb der Testsituation geschlossen werden kann. Vorteile von **P.** sind die große Realitätsnähe und die dadurch gegebene hohe Augenscheinvalidität sowie potenziell positive Rückkoppelungseffekte auf Unterricht, Lehrplan, etc.; Nachteile sind die geringe Auswertungsobjektivität sowie die oftmals geringe kontext- und aufgabenübergreifende Verallgemeinerbarkeit der Testergebnisse.

Grotjahn, R. (2000), „Testtheorie: Grundzüge und Anwendungen in der Praxis", in: Wolff, A./Tanzer, H. (Hrsg.), *Sprache – Kultur – Politik*, Regensburg (*Materialien Deutsch als Fremdsprache*, Bd. 53, 304–341). – McNamara, T. (1996), *Measuring second language performance*, London.

Manfred Schifko

performativ: Der Begriff attribuiert einem bestimmten Typ von Äußerungen bzw. Verben die Qualität, unmittelbare Tätigkeiten auszudrücken/Handlungen zu vollziehen wie in *Ich taufe dich hiermit* [...]., bzw. die Sprachhandlung hinsichtlich ihres Tätigkeitsaspekts explizit zu qualifizieren: *Ich fordere dich auf,* [...]. Der Begriff wurde ursprünglich von dem engl. Sprachphilosophen John L. Austin (1962) eingeführt und steht im Kontext der Begründung der →**Sprechakttheorie** (ihrerseits ein zentraler Bestandteil der →**Pragmatik**). Dabei werden explizit-**p.** Äußerungen wie *Ich grüße dich.*, in denen ein **p.** Verb die Tätigkeit benennt, von implizit-**p.** Äußerungen (Austin: primär **p.**) wie z.B. *Hallo* unterschieden.

Austin, J.L. (1972), *Zur Theorie der Sprechakte*, Stuttgart (Englisch: (1962), *How to Do Things with Words. The William James Lectures*, Oxford).

Sandy Pannwitz

Perlokution, die/perlokutionärer Akt, der: Die →**Sprechakttheorie**, entwickelt von den amerikanischen Sprachphilosophen John Austin (1911–1960) und John Rogers Searle (*1932), fasst sprachliche Äußerungen in einer Sprechsituation als verschiedene Akte auf, die auf verschiedenen Ebenen ablaufen. Äußerungen sind dieser Ansicht nach Akte des Sagens und Handlungen zugleich. Die Sprechhandlungen – die Sprechakte – kann man unter drei bzw. vier Aspekten betrachten: dem eigentlichen Akt des lautlichen, lexikalischen Äußerns (→**Lokution**), den Searle in Äußerungsakt und →**propositionalen** Akt unterteilt. Der Äußerungsakt ist das eigentliche Hervorbringen von Lauten. Der propositionale Akt dagegen verweist auf Dinge und Sachverhalte. Dieser Akt bezieht sich auf einen Referenten und sagt etwas über ihn aus. Die mit dieser Äußerung verbundene Handlung bzw. kommunikative Absicht nennt die Sprechakttheorie →**Illokution**. Die Wirkung, das Ergebnis oder die Folge der Äußerung ist die **P.** Beispiel: Susanne sagt zu Klaus: *Es zieht.* Der lokutionäre Akt bezieht sich nur auf die lautliche Äußerung, also auf das, was gesagt wird. Gleichzeitig fordert sie Klaus (oder sich selbst) dazu auf, ein Fenster zu schließen (illokutionärer Akt). Der **p.A.** als Folge der Sprechhandlung könnte sein, dass Klaus das Fenster schließt.

Adamzik, K. (2004), *Sprache: Wege zum Verstehen*, 2. Aufl., Tübingen/Basel.

Mandy Höhle

permissiv: Begriff, der in der →**Sprechakttheorie** zur semantischen Charakterisierung einer Gruppe performativer Verben verwendet wird, die ausdrücken, dass eine Handlung erlaubt ist, dass eine Handlung den Wünschen des Sprechers nicht entgegensteht. (Verben wie *erlauben, dürfen, gestatten, zulassen*).

Searle, J.R. (1971), *Sprechakte. Ein sprachphilosophischer Essay*, Frankfurt.

Renate Freudenberg-Findeisen

Person(al)deixis, die: auch: Demonstrativum, Zeigewort; Typ der Deixis (→**deiktisch/Deixis**). Deiktika sind nach Bühler Zeigewörter, die ihre völlige Bedeutung erst in einer konkreten Äußerungssituation erhalten; beispielsweise bezeichnet das Pronomen *ich* die sprechende Person, wer diese aber jeweils konkret ist, wird erst aus der speziellen Kommunikationssituation ersichtlich. Bei der **P.** wird entweder auf den Sprechenden (*ich/meiner/mir/mich*) bzw. den Hörenden (*du/deiner/dir/dich; Sie/Ihrer/Ihnen/Sie*) bzw. eine Gruppe, die die Sprechenden (*wir/unser/uns*) bzw. Hörenden (*ihr/eurer/euch; Sie/Ihrer/Ihnen/Sie*) mit einschließt, verwiesen. Für die höflich-distanzierte Anrede verwendet die deutsche Sprache die 3. Person Plural (*Sie, Ihnen*) und für die vertrauliche Anrede die 2. Person (*du, ihr*). Die vertrauliche Anrede wird im Deutschen vor allem im privaten Bereich (Familie, Freunde, gute Bekannte, Erwachsene gegenüber Kindern) benutzt. Der sog. Pluralis Majestatis (1. Person Plural) meint nur eine Person und findet noch in manchen wissenschaftlichen Texten Verwendung (*Wie wir* (statt ich) *ausgeführt haben ...*).

Bühler, K. (1934/1965), *Sprachtheorie. Die Darstellungsfunktion der Sprache*, Stuttgart/New York. – Kameyama, S. (2007), „C16 Persondeixis, Objektdeixis", in: Hoffmann, L. (Hrsg.), *Handbuch der deutschen Wortarten*, Berlin/New York, 577–600.

Christine Römer

Personalpronomen, das: Es werden drei grammatische Personen unterschieden: Die 1. Person steht für den Sprechenden (*ich; wir*), die 2. Person für den Angesprochenen (*du; ihr*) und die 3. Person für das Besprochene (*er, sie, es; sie*). Im Deutschen sind die **P.** immer substantivisch, d.h. sie fungieren in syntaktischer Hinsicht partiell wie Substantive und werden dekliniert. Die **P.** der 3. Person richten sich im Singular nach dem Genus des Substantivs, das sie vertreten (*die Rose, sie .../das Auto, es ...*). Die **P.** bilden in semantisch-funktionaler Hinsicht keine einheitliche Wortklasse, da sie sowohl Stellvertreter-Pronomen (**P.** der 3. Person: *er, sie, es*) als auch deiktische. **P.** (*ich, du, wir, ihr, Sie* →**Person(al)deixis**) beinhalten. Die stellvertretenden **P.** vertreten Substantive bzw. Substantivgruppen (*Der Regen kam am Abend. Er wurde lange erwartet.*) oder Sätze (*Sie ist es überdrüssig, immer wieder dieselben Vorwürfe zu hören.*).

Christine Römer

persönliches Fürwort, das: s. Personalpronomen

persuasiv: Begriff der Text- und Gesprächslinguistik zur Charakterisierung einer kommunikativen Handlung, durch die der Adressat (Hörer/Leser) im Interesse des Sprechers/Schreibers von einer Meinung (möglichst unmerklich) überzeugt bzw. zu einer Handlung veranlasst werden soll. **P.** Kommunikation ist damit ein Sprechen bzw. Schreiben, das auf sprachlich-kommunikative Wirkung (Überzeugung oder Überredung) gerichtet ist. Das Spektrum **p.** Kommunikation ist sehr vielfältig und reicht vom argumentativen Diskurs bis zur Werbesprache.

Brinker, K./Antos, G./Heinemann, W./Sager, S., Hrsg. (2000), *Text- und Gesprächslinguistik*, Berlin/New York.

Renate Freudenberg-Findeisen

Perzeption, die: Begriff zur Bezeichnung der Gesamtheit der Vorgänge des Wahrnehmens. Im Hinblick auf DaF/DaZ sind folgende Verwendungsweisen wichtig:

1. P. in der →**Phonetik**
Untersuchungen zur **P.** beschäftigen sich mit den Vorgängen und Bedingungen der akustischen Sprachwahrnehmung. Phonetik im Fremdsprachenunterricht schließt auch didaktische Aspekte der Lehr- und Lernbarkeit phonetischer Phänomene ein. Hier wird **P.** zur Kennzeichnung von Vorgängen des Hörens und der damit verbundenen Sprachverarbeitung verwendet.

2. P. als →**Sprachwahrnehmung**
Als Teilprozess der Sprachverarbeitung (Wahrnehmung, Strukturierung und Interpretation sprachlicher Daten) kommt der Wahrnehmung besondere Bedeutung zu, weil sie universell (Wahrnehmungsprinzipien) wie auch individuell und kulturell geprägt ist. So haben individuelle Faktoren des Lerners (wie z.B. kulturelle, rechtliche, religiöse Werte, Normen, Gewohnheiten, Einstellungen, Erfahrungen) ebenso Einfluss auf die Informations- und Wahrnehmungsverarbeitung und die daraus entstehenden Vorstellungsbilder wie kulturelle Faktoren, denn Lernende interpretieren bestimmte Zeichen, Symbole und Bilder vor dem Hintergrund ihres bisherigen Wissens und ihrer Sozialisation.

Dieling, H./Hirschfeld, U. (2000), *Phonetik lehren und lernen*, München. – Roche, J. (2005), *Fremdsprachenerwerb. Fremdsprachendidaktik*, Tübingen.

Renate Freudenberg-Findeisen

Petit Nègre, das: der frz. Fachausdruck für eine →**Pidginsprache**, die in der Kontaktsituation „europäische Eroberer, dominante, aber in Minderzahl befindliche Sprecher" und „indigene, ethnisch unterschiedliche, dominierte, sich in der Mehrheit befindliche Sprecher" als Folge von Kolonialisierung entstanden ist und folgende Eigenschaften hat: extrem kleines funktionales Lexikon, eingeschränkte Ausdrucksfunktionen, pragmatischer Modus der Kommunikation (extreme Vereinfachungen in Morphologie, Syntax und Semantik), beschränkt auf Kontaktsituationen, (nicht als Muttersprache erlernbar), nichtkodifiziert. Das **P.N.** verschwindet, sobald die Kontaktsituationen seiner Anwendung aufgehoben werden. **P.N.** trägt zur sozialen Stigmatisierung derer bei, die es sprechen. Das **P.N.** oder Pidgin wird oft von Muttersprachlern nachgemacht, um 1. die Kommunikation mit Ausländern oder Migranten mit ethnisch unterschiedlichem Hintergrund zu erleichtern oder 2. zu den in 1. Genannten stigmatisierend „herunterzusprechen" (→**Foreigner Talk**). **P.N.** oder Pidgins werden „kreolisiert", wenn sie von Kindern als Muttersprache erworben und expandiert werden (→**Kreolisierung**).

Hymes, D. (1971), *Pidginisation and creolisation of languages*, Cambridge. – Mühlhäusler, P. (1987), „The study of pidgin and creole languages", in: *Sociolinguistics. An International Handbook of the Science of Language and Society*, Berlin, 646–652.

Norbert Dittmar

Phänomenologie, die: Lehre von den Erscheinungen (der sinnlich erfahrbaren, konkreten Wirklichkeit); die **P.** wurde Anfang des 20. Jhs. durch Husserl begründet. Grundlegend ist der Begriff der Intentionalität des Bewusstseins. Da Bewusstsein immer Bewusstsein von etwas ist, ist die Welt als Korrelat von Bewusstseinsleistungen aufzufassen. Es gibt keine isolierbaren Bewusstseinsakte und daneben Gegenstände an sich, sondern nur Bewusstseinsakte, in denen Gegenstände konstituiert werden. Um Zugang zu den sich dem Bewusstsein darbietenden (erscheinenden) Gegenständen zu erhalten, muss das als fraglos geltend angenommene Wissen über die Welt „eingeklammert", d.h. außer Kraft gesetzt, werden. (Zum hierzu komplementären Diskurs zum Verhältnis „Sprache und Welt" vgl. ggf. →**Sprachphilosophie**). Mit dem breit rezipierten Begriff der Lebenswelt bezeichnet Husserl den umfassenden Horizont menschlichen Erkennens vor der Herausbildung wissenschaftlicher Objektivierungsleistungen. Wissenschaftliche →**Objektivität** ist eigentlich Produkt der menschlichen Praxis, steht dieser aber beziehungslos gegenüber. Die **P.** will zeigen, wie die objektivistische „Welt an sich" den menschlichen Leistungen in der Lebenswelt entspringt. U.a. in der →**Interkulturalitäts-**, →**Migrations- und** →**Zweitsprachenerwerbsforschung** liegen phänomenologisch ausgerichtete Untersuchungen vor, die Vorab-Kategorisierungen ihrer Forschungsgegenstände vermeiden und ihre Begriffe und Modellbildungen stattdessen aus den Erfahrungs- und Handlungsrekonstruktionen, Sinnzuschreibungen und Eigentheorien ihrer →**Informanten** ableiten.

Husserl, E. (1976), Gesammelte *Werke (Husserliana), Bd. VI: Die Krisis der europäischen Wissenschaften und die transzendentale Phänomenologie*, 2. Aufl., Den Haag.

Udo Ohm

phatisch/phatischer Akt, der: Begriff aus der →**Sprechakttheorie**. Unter **p.A.** versteht man die Produktion von Wörtern und Wortketten in einer bestimmten grammatischen Form, also die Befolgung von syntaktischen und lexikalischen Regularitäten einer Sprache beim Hervorbringen einer Äußerung. Zusammen mit dem phonetischen Akt (Hervorbringen von Sprachlauten, die zum Lautsystem einer bestimmten Sprache gehören) und dem rhetischen Akt (Bedeutungsfestlegung, bezogen auf das Thema der Äußerung und die Referenz) bildet der **p.A.** die →**Lokution.**

Hindelang, G. (2000), *Einführung in die Sprechakttheorie*, Tübingen.

Renate Freudenberg-Findeisen

Philologie, die: wissenschaftliche Beschäftigung mit besonders herausgehobenen schriftlichen Texten; seit der griechischen und christlichen Antike (Homer, Tragiker, Bibel) in der Neuzeit außer auf biblische Texte auf die wiederentdeckten klassischen griechischen und lateinischen Texte (Altphilologie) und dann auf zu klassischen Texten erhobene literarische Texte in verschiedenen Nationalsprachen (Neuphilologie) bezogen. Die Philologie befasst sich mit der äußeren Gestalt der →**Texte**, ihrer Erhaltung und Tradierung (Text-, Editionswissenschaft) und insbesondere mit dem Verstehen von Texten (→**Hermeneutik**). Sie bedient sich grammatischer bzw. allgemein sprachwissenschaftlicher Erkenntnisse, obwohl das Verhältnis zwischen **P.** und →**Sprachwissenschaft** oft spannungsvoll ist. Im 19. Jh. wurde die **P.** zu einer Leitwissenschaft entwickelt, deren Erkenntnisse insbesondere für die Geschichtswissenschaft von grundlegender Bedeutung sind. Die Einrichtung philologischer Abteilungen (z.B. für Klassische **P.** und die Neu- bzw. Fremdsprachenphilologien) innerhalb der philosophischen Fakultäten verlieh den **P.** einen festen Platz im Kanon der universitären Wissenschaften. Gegenwärtig befinden sich die **P.** in einer Krisensituation, die sich insbesondere in einer schnellen Abfolge von sich zum Teil widersprechenden Methodologien ausdrückt. Philologische Arbeitsmethoden sind für die Sprachbeschreibung und die Befassung mit fremdsprachlicher Literatur von bleibender Bedeutung.

Konrad Ehlich

Phon, das: zunächst Begriff für den je aktualisierten Sprechlaut als singuläres Lautindividuum, das akustisch gespeichert und analysiert werden kann. Für das Fremdsprachenlernen und -lehren relevant ist das Verständnis von **P.** als ein mental repräsentiertes inneres Lautmuster, wobei ein fremdsprachliches **P.** – als zeitweiliger Bestandteil der →**Interimssprache** von Lernern oder im Ergebnis einer →**Fossili(sie)rung** – möglicherweise weder einem muttersprachlichen noch dem angezielten fremdsprachlichen Vorbild entspricht. Lautindividuum und Lautmuster werden durch die engere bzw. weitere phonetische Transkription (→**API**) wieder gegeben. **P.** wird bisweilen auch gleichbedeutend mit →**Allophon** gebraucht.

Beate Lex

Phonation, die: Syn.: Stimmerzeugung. Die Erzeugung eines Primärschalls durch die Stimmlippen im Kehlkopf (Phonationsorgan), welche durch den Ausatmungsstrom in Schwingung versetzt werden. Man unterteilt in folgende Phonationsarten: stimmhafte **P.** (Stimmlippenschwingungen erzeugen Stimmklang), hauchende **P.** (auch Flüster-**P.** genannt, Stimmlippen erzeugen durch Annäherung einen Hauchlaut) und glottaler Verschlusslaut (Sprengung eines Stimmlippenverschlusses, im Deutschen z.B. der feste Vokaleinsatz).

Grohnfeldt, M., Hrsg. (2007), *Lexikon der Sprachtherapie*, Stuttgart. – Pétursson, M./Neppert, J. (2002), *Elementarbuch der Phonetik*, 3. Aufl., Hamburg.

Stephanie Kurtenbach

Phonem, das: **P.** ist im Gegensatz zu →**Phon** nicht Sprechlaut, sondern Sprachlaut als kleinstes wortunterscheidendes Element des Sprachsystems. Sprachlich-funktionale Merkmale von **P.** sind Opposition, z.B. /le:bən/ vs. /li:bən/ und Kontrast, z.B. /halt/ vs. /hatl/. Alle wortunterscheidenden Sprachlaute einer Einzelsprache bilden das Phonemsystem dieser Sprache. **P.** werden nach sprachspezifischen Regeln kombiniert und bilden damit die →**Lautstruktur** dieser Sprache. Beim konkreten Sprechen werden **P.** durch Sprechlaute realisiert, die Realisierung wird jedoch der Lautumgebung, der →**Prosodie** und der Stilebene, aber auch phonologischen Ausspracheregeln angepasst. Dies zeigt sich in Reduzierungen und Assimilationen, z.B. /ha:bən/ als [ham] = Reduzierung des Murmelvokals /ə/ und Angleichung von /b/ und /n/ zu [m]. Mithin werden in den Laut-Buchstaben-Beziehungen **P.**, nicht jedoch konkrete Sprechlaute verschriftet.

Beate Lex

Phonematik, Phonemik, die: sind Synonyme für →**Phonologie** als Lehre von den Sprachlauten hinsichtlich ihrer Funktion im Sprachsystem.

Beate Lex

Phoneminventar, das: Begriff für die Gesamtheit aller →**Phoneme** einer Einzelsprache (→**Lautstruktur**). Das **P.** lässt sich durch Lautersetzung und somit Bildung von →**Minimalpaaren** ermitteln, z.B. *liegen – lügen* → /i:/-/y:/.

Beate Lex

Phonemsystem, das: s. Phonematik

Phonemtheorie, die: s. Phonologie

Phonetik, die: die Wissenschaft von der Hervorbringung (artikulatorische, physiologische **P.**) von Lauten, deren Wahrnehmung (auditive, perzeptive **P.**) und Schallsignalstruktur (akustische **P.**). Im Gegensatz zur →**Phonologie**, die sich mit der Funktion von →**segmentalen** und →**suprasegmentalen** Merkmalen und Einheiten beschäftigt, untersucht die **P.** deren Form unter Berücksichtigung der physikalischen, physiologischen und psychischen Prozesse ihrer Entstehung und Wahrnehmung. Zu unterscheiden ist die mit geisteswissenschaftlichen Methoden arbeitende deskriptive **P.**, die sich mit der Analyse auditiv wahrnehmbarer phonetischer Ereignisse befasst, von der experimentellen oder akustischen **P.**, die sich naturwissenschaftlicher Methoden bedient und konkrete, einmalige, d.h. nicht identisch wiederholbare lautsprachliche Äußerungen mit verschiedenen Messverfahren analysiert. Einheiten der **P.** sind Laute (→**Phone**) und →**Allophone**. Ein Laut (Vokal oder Konsonant) ist die kleinste artikulatorisch, auditiv und akustisch analysierbare Einheit gesprochener Äußerungen. Laute sind Realisierungen von →**Phonemen**, z.B. ist ein Zungenspitzen-r, gesprochen in dem Wort *Rand*, eine konkrete Realisierung des Phonems /r/. Allophone sind Phonemvarianten im Sinne von Lautklassen, sie sind nicht bedeutungsunterscheidend. Es gibt freie, fakultative (z.B. Zungenspitzen-, Reibe- und Zäpfchen-r) und kombinatorische, also von der Lautumgebung abhängige Varianten, wie z.B. vokalische und konsonantische R-Varianten. Darüber hinaus befasst sich die **P.** mit lautübergreifenden, →**prosodischen** Merkmalen wie Melodie, Lautstärke, Dauer, Sprechgeschwindigkeit und Sprechspannung. Die **P.** ist eine eigenständige Disziplin mit zahlreichen, interdisziplinär angelegten Anwendungsbereichen zwischen Linguistik, Biologie, Akustik, Sprachtechnologie, Neurowissenschaften und Medizin. Aktuelle Bereiche sind die automatische Sprach- und Sprecher-Erkennung (s. auch →**forensische P.**) sowie die Sprachsynthese (d.h. die technisch erzeugte gesprochene Sprache). Die sprechwissenschaftliche **P.** befasst sich mit phonetischen Aspekten mündlicher Kommunikation, auch interkulturell und im Rahmen des DaF-Unterrichts; **P.** steht hier für →**Aussprache** bzw. Ausspracheübungen und umfasst die phonologischen und phonetischen Grundlagen, Artikulation und Prosodie sowie Perzeption und Produktion gesprochener Sprache.

Hirschfeld, U./Stock, E., Hrsg. (2000), *Phonothek interaktiv*, München, (CD-ROM). – Pétursson, M./Neppert, J.M.H. (2002), *Elementarbuch der Phonetik*, 3. Aufl., Hamburg.

Ursula Hirschfeld

phonetische Umschrift, die: Syn. Lautschrift; phonetisches Zeichensystem zur Verschriftung von Gesprochenem mit einem festgelegten Inventar phonetischer Zeichen, welche sich auf die artikulatorische und →**deskriptive** →**Phonetik** beziehen. Es existieren verschiedene Zeichensysteme: alphabetische und nicht alphabetische. Am weitesten verbreitet ist das alphabetische System der →**International Phonetic Association** bzw. API (Association Phonétique Internationale) des Weltlautschriftvereins, das vorhandene Zeichen des lateinischen und griechischen →**Alphabets** nutzt. Das →**International Phonetic Alphabet** wurde in erster Fassung 1886 von dem von französischen Phonetikern gegründeten Weltlautschriftverein entwickelt und seitdem ständig überarbeitet. Es besteht aus alphabetischen Zeichen zur Wiedergabe für Segmentalia, also für →**Laute** (z.B. [a:]) und →**Phoneme** (z.B. /a:/) und weiteren Symbolen (Diakritika) zur Modifizierung der Vokal- und Konsonantensymbole (z.B. [b̥]) und zur Kennzeichnung suprasegmentaler Erscheinungen. Ein bestimmtes Symbol/phonetisches Zeichen steht immer nur für einen Laut oder ein Phonem, eventuell ergänzt durch Diakritika. Im Bereich DaF verwendet man in aller Regel das IPA-System. Auf der Basis der **p.U.** lassen sich Phonem- und Lautsysteme der Lerner-→**Interlanguages** mit der jeweiligen Ziel-Fremdsprache sowie, generell, verschiedene Sprachen zum Zweck der kontrastiven phonetischen Analyse miteinander vergleichen. Die **p.U.** lässt sich als Freeware (SIL Doulos IPA93) von der Internetseite http://scripts.sil.org/cms/scripts/page.php?site_id=nrsi&id=IPAhome herunterladen.

Hirschfeld, U./Stock, E., Hrsg. (2000), *Phonothek interaktiv. Das Phonetikprogramm für Deutsch als Fremdsprache*, München, (CD-ROM). – Ternes, E. (1999), *Einführung in die Phonologie*, Darmstadt.

Kerstin Reinke

Phoniatrie, die: zusammen mit der Pädaudiologie ein eigenständiges medizinisches Fachgebiet, das durch die deutsche Bundesärztekammer 2004 in „Fachmedizin für Stimm-, Sprach- und kindliche Hörstörungen" umbenannt wurde (Facharztbezeichnung in Österreich und Schweiz „**P.**", in Deutschland: „**P.** und Pädaudiologie"). Das Aufgabengebiet der **P.** und Pädaudiologie umfasst die Diagnostik, Therapie und Rehabilitation von Sprach-, Sprech-, Stimm- und Schluckstörungen und kindlichen Hörstörungen.

Franke, U. (2004), *Logopädisches Handlexikon*, 7. Aufl., München. – Grohnfeldt, M., Hrsg. (2007), *Lexikon der Sprachtherapie*, Stuttgart.

Stephanie Kurtenbach

Phonographem, das: auch: Phonogramm, Laut-Graphem-Beziehung, →**Graphem-Phonem-Korrespondenz**; →**Graphem**, das genau ein →**Phonem** repräsentiert. Ein **P.** gibt an, welche Grapheme oder Graphemverbindungen für ein Phonem oder für Phonemverbindungen stehen können. Für die Zuordnungen zwischen Graphemen und Phonemen lassen sich für jede Sprache Regeln aufstellen. Im Deutschen sind die Beziehungen zwischen Phonemen und Graphemen relativ kompliziert und müssen von DaF/DaZ-Lernenden explizit erworben werden: Einem Graphem/einer Graphemverbindung entsprechen oft mehrere Phoneme, z.B. <s> = /s z/ und einem Phonem entsprechen unterschiedliche Grapheme oder Graphemverbindungen, z.B. /t/ = <t, tt, th, dt, d>.

Kerstin Reinke

Phonologie, die: auch: →**Phonemik/Phonematik**, Phonemtheorie, funktionale →**Phonetik**. Eine linguistische Teildisziplin, die sich mit der Funktion von →**segmentalen** und →**suprasegmentalen** Merkmalen und Einheiten im Sprachsystem, mit der Feststellung des →**Phoneminventars** und der Festlegung des Phonemsystems einer Sprache sowie deren Beschreibung beschäftigt. Grundlage phonologischer Beschreibung und Klassifizierung ist die Feststellung minimaler distinktiver (bedeutungsunterscheidender) Oppositionen aufgrund ihrer distinktiven phonetischen Merkmale. Zur Phonemanalyse wird die Methode der Oppositionspaar- bzw. Minimalpaarbildung angewendet, um →**Phoneme** (z.B. *<u>H</u>and* und *<u>R</u>and*, die sich durch /h/ und /r/ unterscheiden) oder einzelne distinktive Merkmale (z.B. unterscheiden sich die Phoneme /i:/ und /u:/ nur in der Richtung der Zungenhebung – bei /i:/ vorn, bei /u:/ hinten –, die anderen Merkmale – lang, gespannt, hoher Zungenhebungsgrad – sind gleich und somit nicht distinktiv) bestimmen zu können. Als Begründer der **P.** gilt der russische Linguist Trubetzkoy (1928), der streng zwischen **P.** („Sprachgebildelautlehre") und Phonetik („Sprechaktlautlehre") trennt. Diese Trennung wurde inzwischen weitgehend aufgehoben, da beide Gebiete miteinander verbunden sind und sich gegenseitig bedingen. Es lassen sich mehrere klassische Schulen der **P.** unterscheiden:

Trubetzkoy gehörte der Prager Schule an, in der es um die bedeutungsunterscheidenden Oppositionen und die diesen zugrundeliegenden distinktiven Merkmale geht. Daneben sind vor allem die **P.** des →**Strukturalismus** und die generative **P.** (begründet durch Chomsky & Halle) im Rahmen der →**generativen Transformationsgrammatik** zu nennen. Einheiten der **P.** sind →**Phoneme**, d.h. →**Vokale** und →**Konsonanten**, als kleinste bedeutungsunterscheidende Einheiten des Sprachsystems. Allophone als Varianten der Phoneme werden von der **P.** häufig mit betrachtet, sie sind jedoch nicht bedeutungsunterscheidend und gehören somit in den Bereich der Phonetik. Darüber hinaus befasst sich die **P.** mit der Funktion phonemübergreifender, →**prosodischer** Merkmale wie Melodie, Lautstärke, Dauer, Sprechgeschwindigkeit und Sprechspannung sowie deren Kombination in Akzentuierung, Rhythmisierung und Gliederung.

Die phonologischen Einheiten und Merkmale haben wegen ihrer bedeutungsunterscheidenden Funktion große Relevanz für den (Fremd-) Sprachlernprozess.

Hirschfeld, U./Stock, E., Hrsg. (2000), *Phonothek interaktiv*, München, (CD-ROM). – Ternes, E. (1999), *Einführung in die Phonologie*, Darmstadt.

Ursula Hirschfeld

Phonotaktik, die: Teildisziplin der →**Phonologie**, die sich mit der Kombinationsmöglichkeit der →**Phoneme** zu größeren Einheiten (→**Phonemverbindungen**) beschäftigt und diesbezügliche Regeln aufstellt. Mittels entsprechender Formeln oder Regeln kann angegeben werden, welche Phonem- bzw. Lautkombinationen in den Silben einer Sprache möglich sind. Dabei liegen ggf. phonotaktische Restriktionen vor – d.h., dass bestimmte Phoneme nicht aufeinander folgen oder in bestimmten Silbenpositionen nicht auftreten dürfen, z.B. tritt im Deutschen /z/ nicht silbenfinal, sondern nur silbeninitial auf, z.B. *Haus* [s] (silbenfinal), aber *Häu-ser* [z] (silbeninitial).

Kerstin Reinke

Phrase, die: s. Phrasenstrukturgrammatik

Phrasenstruktur, die: s. Phrasenstrukturgrammatik

Phrasenstrukturgrammatik, die: Sammelbezeichnung für Grammatiken, die die →**Konstituentenstruktur** des Satzes dem Grammatikmodell zu Grunde legen, vgl. dagegen →**Dependenz**. Die Auffassung des Satzes als Konstituentenstruktur geht u.a. auf K.F. Becker, den Begründer der heutigen Form der Satzgliedlehre, zurück. Die Idee der **P.** und der Konstituentenstruktur wurde im klassischen amerikanischen →**Strukturalismus** (→**Distributionalismus**) als →**Konstituentenanalyse** entwickelt. Auf Grund des überragenden Einflusses N. Chomskys und der →**generativen Grammatik** wurde die **P.** in unterschiedlichen Ausgestaltungen auch außerhalb der generativen Grammatik, u.a. in →**funktionalen Grammatiken** das favorisierte Modell. Sie diente als Vorlage für Modelle der →**strukturellen Semantik**, u.a. der Kategorialgrammatik. In der →**Government and Binding Theorie** der generativen Grammatik übernimmt die X'-Theorie Hauptfunktionen der ursprünglichen **P.** Hier werden bestimmte Beschränkungen bezüglich der universellen Struktur von Phrasen formuliert.

Becker, K.F. (1969), *Ausführliche deutsche Grammatik als Kommentar der Schulgrammatik*, 2 Bde., Nachdruck der 2. Aufl. 1870, Hildesheim. – Chomsky, N. (1957), *Syntactic Structures*, The Hague. – Chomsky, N. (1981), *Lectures on Government and Binding*, Dordrecht. – Dürscheid, C. (2000), *Syntax. Grundlagen und Theorien*, Wiesbaden.

Klaus Welke

Phraseo-Didaktik, die: Forschungsbereich der →**Phraseologie**, der sich der systematischen Vermittlung von →**Phraseologismen** sowohl im Mutter- als auch im Fremdsprachenunterricht widmet. Die **P.** rückte erst Mitte der 1990er Jahre im DaF-/DaZ-Zusammenhang verstärkt ins Blickfeld. Heute besteht u.a. die Notwendigkeit der Integration und Systematisierung der zahlreichen phraseodidaktischen Forschungsarbeiten (vgl. Lüger 1997) sowie die interdisziplinäre Zusammenführung der unterschiedlichen Forschungsfelder der Phraseologie, um bestehende Forschungsdesiderata aufzuarbeiten (vgl. Hessky 1997). Zu diesen gehören u.a. die Ermittlung eines phraseologischen Kernbereichs, dessen phraseodidaktische Aufarbeitung sowie Einsichten in die mentalen Erwerbs- und Verarbeitungsprozesse von Phraseologismen. Grundsätzlich besteht in der Fremdsprachendidaktik Konsens über die Notwendigkeit der curricularen Einbettung phraseologischer Strukturen in den Fremdsprachenunterricht, wobei der Peripherie der Phraseologie (u.a. Routineformeln, →**Funktionsverbgefüge**, Modellbildungen, →**Kollokationen**) eine stärkere Bedeutung zukommt, da diese Strukturen für den Lerner aufgrund der hohen Auftretenshäufigkeit einen größeren Stellenwert einnehmen (vgl. Hessky 1992).

Hessky, R. (1992), „Aspekte der Verwendung von Phraseologismen im Unterricht Deutsch als Fremdsprache", in: *FLuL* 21/1992, 159–68. – Hessky, R. (1997), „‚Feste Wendungen – ein heißes Eisen?' Einige phraseodidaktische Überlegungen für den DaF-Unterricht", in: *Deutsch als Fremdsprache* 3/1997, 139–43. – Lüger, H.-H. (1997), „Anregungen zur Phraseodidaktik", in: *Beiträge zur Fremdsprachenvermittlung*, 1997/32, 69–120.

Britta Winzer-Kiontke

Phraseologie, die: Mit dem Terminus **P.** wird zum einen auf den Bestand an →**Phraseologismen** in einer Sprache referiert, zum anderen bezieht sich dieser auf den Bereich der →**Sprachwissenschaft**, der sich der Erforschung phraseologischer Strukturen widmet. Die **P.** wird von einigen als Teilbereich der →**Lexikologie**, von anderen als selbstständige Disziplin betrachtet. Letztere Annahme gründet auf dem Umstand, dass die **P.** ihre eigene Entstehungs- und Entwicklungsgeschichte, ihren eigenen Erkenntnisgegenstand und ebenso eigenständige Methoden zu dessen Untersuchung und Beschreibung entwickelt hat. Die Etablierung der **P.** vollzieht sich im deutschsprachigen Raum in den späten 1970er Jahren mit Černyševa (1970) u.a. Mit Burger/Buhofer/Sialm und Fleischer erscheinen 1982 die ersten phraseologischen Standardwerke. Neben der auf die systemischen Eigenschaften von →**Idiomen** sowie deren Textverhalten fokussierenden traditionellen Phraseologieforschung entwickelt sich in den USA und in Italien eine kognitiv-psychologische Richtung, die die mentalen Prozeduren i.B. auf die Speicherung und Abrufung von Idiomen untersucht (vgl. Dobrovol'skij 1997).

Burger, H./Buhofer, A./Sialm, A. (1982), *Handbuch der Phraseologie*, Berlin. – Černyševa, I. (1970), *Frazeologija sovremennogo nemeckogo jazyka*, Moskva. – Dobrovol'skij, D. (1997), *Idiome im mentalen Lexikon: Ziele und Methoden der kognitivbasierten Phraseologieforschung*, Trier. – Fleischer, W. (1982), *Phraseologie der deutschen Gegenwartssprache*, Leipzig.

Britta Winzer-Kiontke

phraseologisches Wörterbuch, das: syntagmatisches, informationstyporientiertes Wörterbuch, welches auf die Darstellung der inhaltlich sinnvollen und grammatisch richtigen Wortverknüpfungen im Satz zielt. Die Erklärung der Verwendungsmöglichkeiten sowie die stilistische Einordnung des →**Lemmas** geben Orientierung bezügl. der phraseologischen Konsistenz eines Textes. Probleme der Abfassung von **p.W.** sind die Eingrenzung des Gegenstandsbereichs sowie die Darstellungsweise der Struktur (Was bedeutet der →**Phraseologismus**? Unter welchem Stichwort ist dieser vermerkt? In welchen Verwendungszusammenhängen tritt dieser auf? Welchen semantisch-syntaktischen Restriktionen unterliegt er? etc.).

Britta Winzer-Kiontke

Phraseologismus, der: Im Zusammenhang mit der Beschreibung von **P.** werden graduierbare Phraseologizitätsmerkmale – Polylexikalität, Stabilität, Lexikalisierung und →**Idiomatizität** – kontinuierlich diskutiert. Trotz Revision der Definitionsmerkmale besteht Übereinstimmung darüber, dass es sich bei einem **P.** um eine Wortverbindung handelt, die bestimmte Merkmale der Phraseologizität aufweist (vgl. Burger 2003). Danach bestehen **P.** tendenziell aus 1. mindestens zwei voneinander getrennt geschriebenen Wörtern, 2. die eine semantische Einheit bilden, 3. zudem gleichberechtigt neben den Einzelwörtern im Lexikon stehen und 4. aus dem Sprachschatz ganzheitlich abgerufen, d.h. reproduziert werden (z.B. *eine Frage stellen, meiner Auffassung nach, Guten Appetit!, entweder – oder* usw.). Tritt zu diesen Eigenschaften das Merkmal 5. der Idiomatizität, so handelt es sich um eine Teilklasse der **P.**, um die →**Idiome** (z.B. *den Löffel abgeben*).

Vorschläge zur Klassifikation des Objektbereichs der **P.** basieren meist auf syntaktischen, semantischen und pragmatischen Kriterien, wobei eine allgemeingültige Gliederung nicht zu leisten und meist auch nicht intendiert ist. **P.** stellen durch die Phraseologizitätsmerkmale eine besondere Herausforderung für den eine Fremdsprache lernenden bzw. gebrauchenden Nicht-→**Native Speaker** dar. Hier liegt das Forschungs- und Erkenntnisinteresse der →**Phraseo-Didaktik**.

Burger, H. (2003), *Phraseologie: Eine Einführung am Beispiel des Deutschen*, Berlin.

Britta Winzer-Kiontke

Pidginsprache, die: **P.** bezeichnet eine sprachliche →**Varietät**, die aus dem Kontakt von Sprechern unterschiedlicher Muttersprachen hervorgegangen ist und sich durch eingeschränkten Gebrauch, vereinfachte und reduzierte grammatische Strukturen sowie eine gewisse Stabilität auszeichnet.

Die meisten **P.** sind infolge des Kontaktes von europäischen mit afrikanischen oder austronesischen Sprachen im Kontext der europäischen Kolonisationsexpansion in Übersee entstanden. Es handelt sich dabei um sog. Mischsprachen, die sich zumeist der →**Lexik** der Superstratsprache (übergeordneten Sprache) und der →**Grammatik** der Substratsprache (untergeordneten Sprache) bedienen. Die Herkunft des Begriffs **P.** ist nicht eindeutig geklärt. Höchstwahrscheinlich handelt es sich dabei um eine Verballhornung des englischen Wortes business. Diese These wird gestützt durch die Tatsache, dass **P.** insbesondere im Bereich des Handels in Übersee, aufgrund des Fehlens einer Gemeinsprache, die Funktion einer →**Lingua Franca** übernahmen. Keine Sprachgemeinschaft hat eine **P.** als Muttersprache. Sobald eine **P.** zur Erstsprache wird, spricht man von →**Kreolsprache**. Im wissenschaftlichen Diskurs werden **P.** vereinzelt mit dem sog. →**Ausländerregister** oder →**Ausländerdeutsch/Gastarbeiterdeutsch** gleichgesetzt, obwohl **P.** mit den genannten Varietäten lediglich das Prinzip der Simplifizierung teilt.

Holm, J.A. (2000), *An introduction to Pidgins and Creoles*, Cambridge. – Riehl, C.M. (2004), *Sprachkontaktforschung: Eine Einführung*, Tübingen.

Svenja Brünger

PISA (Programme for International Student Assessment): Unter Federführung der OECD (Organisation for Economic Co-operation and Development/ Organisation für wirtschaftliche Zusammenarbeit und Entwicklung) finden seit dem Jahr 2000 in dreijährigem Turnus internationale Schulleistungsuntersuchungen statt. Es werden international standardisierte Tests eingesetzt, die die Fähigkeiten von 15-jährigen Schülerinnen und Schülern in den Bereichen Lesen, Mathematische Kompetenz und Naturwissenschaftliche Kompetenz messen. Um Vergleiche der nationalen Bildungssysteme zu ermöglichen, werden repräsentative Stichproben gezogen. Die Teilnehmerstaaten können die Untersuchungen um Fragen, die für ihr jeweiliges Bildungssystem besonders relevant sind, ergänzen. Ergänzungen in den deutschsprachigen Ländern betrafen z.B. die Erklärung der Leistungsnachteile, die die PISA-Studien wiederkehrend bei Jugendlichen aus Migrantenfamilien aufdecken. Die Tests der PISA-Studien unterscheiden sich von anderen Leistungstests durch ihre Orientierung am „Literacy-Konzept": Die Tests messen nicht, ob die Jugendlichen das leisten, was sie nach den Curricula erreicht haben müssten. Vielmehr werden grundlegende →**Kompetenzen** gemessen, die für ein selbstbestimmtes Erwachsenenleben und persönliches, soziales und ökonomisches Wohlergehen relevant sind.

OECD (1999), *Measuring Student Knowledge and Skills. A New Framework for Assessment*, Paris. – Prenzel, M. u.a., Hrsg. (2006), *PISA 2006. Die Ergebnisse der dritten internationalen Vergleichsstudie*, Münster/New York.

Ingrid Gogolin

Pleonasmus, der: bezeichnet eine Aussage mit überflüssigen Informationen. Indem zwei oder mehrere →**synonyme** Wörter verschiedener Wortarten verwendet werden, entsteht – ähnlich wie bei →**Tautologien** – eine Bedeutungsverdoppelung wie z.B. *runde Kugel*. Ein **P.** kann zur Verstärkung einer Aussage eingesetzt werden (z.B. *Ich habe es selbst gesehen, mit eigenen Augen.*), wird jedoch häufig auch ohne eine solche Absicht und eher versehentlich produziert (z.B. *um die ehrliche Wahrheit zu sagen*) und gilt in solchen Fällen als Stilfehler.

Christiane Rausch

Plural, der: auch: Mehrzahl; Kategorie der linguistischen Beschreibung von Eigenschaften von Sprachen hinsichtlich →**Numerus**; **P.** orientiert dabei auf das Merkmal „die Menge von vielen Einzelelementen" (z.B. *die/viele Mädchen, viele gute Gedanken* usw.), komplementär dazu → **Singular**. Der **P.** wird im Deutschen sowohl am →**Verb** (mittels Personalendungen; →**Konjugation**) als auch an den Wortarten →**Substantiv**, →**Adjektiv**, →**Artikel** und →**Pronomen** (→**Deklination**) markiert. Substantive, die nur im **P.** gebraucht werden, wie z.B. *(die) Ferien* nennt man Pluraliatantum (→**Pluraletantum**). Deutsche Substantive unterliegen im **P.** einer hohen Varianz der Markierung (vgl. etwa *der Vater – die Väter; das Ei – die Eier; das Datum – die Daten; der Haken – die Haken; die Braut – die Bräute; das Sofa – die Sofas*). Die Zuordnung der Substantive in die entsprechenden Gruppen ist komplex motiviert und für DaF/ DaZ-Lernende schwer memorierbar. Aus diesem Grund empfiehlt es sich Substantive immer in ihren vollen Singular- und Pluralformen zu vermitteln und zudem die Art der Notierung des **P.** in Wörterbüchern zu erklären.

Christiane Rausch

Pluraletantum, das: Pl. Pluraliatantum; bezeichnet ein →**Substantiv**, welches aufgrund seiner außersprachlichen Gegliedertheit nur im →**Plural** verwendet wird. Zu den **P.** gehören einige geografische Bezeichnungen (z.B. *Alpen*), Personengruppen (z.B. *Geschwister*), Zeitabschnitte, -begriffe, Festtage (z.B. *Ferien/Weihnachten*), Krankheiten (z.B. *Masern*), Sammelbegriffe im Handel (z.B. *Spirituosen*), monetäre Begriffe (z.B. *Aktiva/Alimente*), verschiedene Sammelbegriffe (z.B. *Memoiren/Habseligkeiten*) und englische Kleidungsbezeichnungen (z.B. *Jeans*). Die Festtage *Ostern, Weihnachten, Pfingsten* werden je nach Region als →**Singular** oder Plural verwendet, in Wunschformeln (z.B. *Frohe Weihnachten!*) jedoch nur im Plural.

Christiane Rausch

Pluralis auctoris, der: Bezeichnung für eine spezifische Verwendung der 1. Person →**Plural** *wir* anstelle des →**Singulars** *ich*, v.a. in Texten und Reden; die Hörer/Leser werden durch den **P.a.** in den Gedankengang des Redners/Autors einbezogen. Die Art der Formulierung vermittelt zudem einen höheren Objektivitätsanspruch getroffener Aussagen. Der **P.a.** wird häufig in wissenschaftlichen Vorträgen und Texten verwendet (z.B. *Wir haben* [statt: *Ich habe*] *diese Frage in einem früheren Kapitel ausführlich behandelt.*), wobei gelegentlich der →**Pluralis majestatis** mitschwingt.

Christiane Rausch

Pluralis majestatis, der: bezieht sich auf die Pluralisierung der eigenen Person (*wir* statt: *ich*) als Ausdruck der eigenen Macht; so sprach zum Beispiel ein regierender Herrscher in seiner Rede für seine Untergebenen und hob damit gleichzeitig die eigene Person sowie seine damit verbundene Macht hervor (z.B. *Wir* [statt: *Ich*], *der König von Makedonien, befehlen hiermit [...].*). Die entsprechende Anrede dieser Person erfolgte in der 3. Person →**Plural** (z.B. *Wie Eure Majestät belieben.*). Der **P.m.** feudaler Tradition ist in ähnlicher Konnotation weiter im Gebrauch und findet sich außer im politischen Kontext gelegentlich auch als intendierte Nebenbedeutung bei der Verwendung des →**Pluralis auctoris** mit dem Hintergrund, besondere Exzellenz geltend zu machen (Vgl. i. Ggs. →**Pluralis modestiae**).

Christiane Rausch

Pluralis modestiae, der: besondere Verwendungsweise der 1. Person →**Plural** *wir* anstelle des →**Singulars** *ich*, in der Absicht, durch Einreihung der eigenen Person in eine konkrete oder ideelle Gruppe (*ich und alle, die wir gerade hier sind; ich und andere Fachkollegen*) die eigenen Leistungen bzw. Kenntnisse oder Positionen als mit anderen geteilte bzw. gemeinsam erarbeitete auszuweisen und somit Bescheidenheit auszudrücken (z.B. *Seit einiger Zeit wissen wir, dass [...].*). Der **P.m.** wird häufig mit dem →**Pluralis auctoris** gleichgesetzt.

Christiane Rausch

Plurizentrik, die: Im Gegensatz zu monozentrischen Sprachen verfügen →**plurizentrische Sprachen** über verschiedene nationale Zentren mit jeweils kodifizierten, unterschiedlichen Standardvarietäten. **P.** beschäftigt sich mit den nationalen Standardvarietäten plurizentrischer Sprachen, für das Deutsche also mit dem deutschländischen, österreichischen und Schweizer Standarddeutsch. Die einzelnen Unterschiede – die Standardvarianten – finden sich auf allen sprachl. Ebenen (d.h. Morphologie, Wortschatz, Syntax, Aussprache, Orthographie, Pragmatik). Innerhalb der nationalen Standardvarietäten herrschen asymmetrische Verhältnisse. So gilt fürs Deutsche der Standard Deutschlands als die dominante Varietät. **P.** geht jedoch davon aus, dass die nationalen →**Varietäten** und ihre Varianten grundsätzlich gleichwertig und gleich richtig sind. **P.** bedeutet für den DaF/DaZ-Unterricht, dass der Aufbau einer rezeptiven Varietätenkompetenz und einer grundsätzlichen Varietätentoleranz angestrebt wird.

Ammon, U. et al. (2004), *Variantenwörterbuch des Deutschen. Die deutsche Standardsprache in Österreich, der Schweiz und Deutschland sowie in Liechtenstein, Luxemburg, Ostbelgien und Südtirol*, Berlin. – Ammon, U. (1995), *Die deutsche Sprache in Deutschland, Österreich und der Schweiz. Das Problem der nationalen Varietäten*, Berlin. – Hägi, S. (2006), *Nationale Varietäten im Unterricht Deutsch als Fremdsprache*, Frankfurt a.M.

Manuela Glaboniat

plurizentrische Sprache, die: auch: polyzentrische Sprache. Sprache, die über mindestens zwei →**Standardvarietäten** verfügt, die sich nicht so stark unterscheiden, dass man von eigenständigen Sprachen sprechen kann (z.B. Englisch, Französisch, Spanisch, Arabisch, Deutsch). Die Unterschiede betreffen alle sprachlichen Ebenen (Lexikon, Phonetik, Morphologie, Syntax, Pragmatik). Zwischen den unterschiedlichen →**Varietäten** von **p.S.** herrschen meist asymmetrische

Verhältnisse – Clyne spricht von D(dominanten)- und A(nderen)-Varietäten und führt zehn Asymmetrien an, wie z.B., dass die Sprecher der D-Nationen ihre Varietät i.d.R. als Standard betrachten und die Varietäten der anderen als Abweichungen, Nicht-Standard, exotisch, archaisch beschreiben (Clyne 2005, 297). Von „plurinationalen Sprachen" (Ammon 1995) spricht man, wenn es sich bei den Zentren der Normierung um mindestens zwei Nationen handelt. Bei „Vollzentren" sind die standardsprachlichen Besonderheiten in eigenen Nachschlagwerken festgehalten und autorisiert (z.B. in Deutschland und Österreich). Fehlt ein richtiges Zentrum der Standardisierung, spricht man von „nationalen Halbzentren" (für Deutsch z.B. Liechtenstein, Luxemburg, Ostbelgien und Südtirol). Clyne (2005, 298) differenziert hier zwischen „full centres" (z.B. Großbritannien, Deutschland), „semi-centres" (z.B. Australien, Österreich) und „rudimentary centres" (z.B. Liechtenstein). Eine nationale Variante Österreichs wird als →**Austriazismus**, des Schweizer Standarddeutsch als →**Helvetismus** bezeichnet – für das deutsche (deutschländische) Deutsch wird der Ausdruck →**Teutonismus** oder Deutschlandismus verwendet.

Ammon, U. u.a. (2004), *Variantenwörterbuch des Deutschen*, Berlin/New York. – Ammon, U. (1995), *Die deutsche Sprache in Deutschland, Österreich und der Schweiz. Das Problem der nationalen Varietäten*, Berlin u.a. – Clyne, M.G. (2005), „Pluricentric Language/Plurizentrische Sprache", in: *Sociolinguistics/Soziolinguistik. An International Handbook of the Science of Language and Society/Ein internationales Handbuch zur Wissenschaft von Sprache und Gesellschaft*, 2., vollständig neu bearb. und erw. Aufl., hrsg. von Ammon, U. u.a., 1. Teilbd., Berlin, 296–300.

Rudolf de Cillia

Plusquamperfekt, das: Tempus-Kategorie des Verbs, die stets auf vergangenes Geschehen verweist und obendrein dieses Geschehen als abgeschlossen markiert (→**Aspekt**, →**Tempus**): *Sie hatte den Wagen gekauft.* Gebildet wird das **P.** mit *war/hatte* + Partizip II. In komplexen Sätzen wird das **P.** als relatives Tempus benutzt; es bezeichnet dann eine vor dem abgeschlossenen Sachverhalt liegende Handlung (→**Consecutio temporum**): *Als wir das Ziel erreichten, waren die anderen Gäste längst angekommen.*

Lutz Götze

Polyglossie, die: auch: Multiglossie. Im Gegensatz zur →**Diglossie** bezeichnet **P.** die Verwendung von mindestens drei funktional unterschiedlichen Sprachen oder Sprachvarietäten, von denen mindestens eine als niedrige →**Varietät** (*Low*) gilt und mindestens eine andere als hoch (*High*) eingestuft wird. Beispiel: In Belgien, im Raum Eupen, wird in der mündlichen Kommunikation Dialekt gesprochen (L-Varietät), in öffentlichen Bereichen wird Deutsch als offizielle Sprache verwendet (H-Varietät), die Kommunalverwaltung bevorzugt jedoch Französisch im Schriftverkehr (H-Varietät).

Veith, W. (2005), *Soziolinguistik*, 2. überarb. Aufl., Tübingen.

Mandy Höhle

Polymorphie, die: Ausdrucksvielfalt, Formenvielfalt. **P.** steht neben →**Polysemie** und meint „die Tatsache, dass die Sprache zum Ausdruck *eines* Inhalts mehrere materielle Formen zur Verfügung stellt" (Cartagena/Gauger 1989, 404). So kann man im Deutschen z.B. mit *werden, müssen, vielleicht, wohl, vermuten, mein kleiner Finger sagt mir* eine Vermutung ausdrücken. Damit wird **P.** sprachebenenübergreifend gefasst. Obwohl die einzelnen Ausdrucksformen einer semantischen Invariante entsprechen (→**invariant**), sind sie keine →**Synonyme**, denn sie unterscheiden sich durch semantisch-pragmatische, kommunikative wie situative Merkmale. Der **P.** kommt intralinguale (kommunikative Angemessenheit) wie interlinguale (Sprachvergleich) Bedeutung zu.

Cartagena, N./Gauger, H.-M. (1989), *Vergleichende Grammatik Spanisch-Deutsch. Teil 2*, Mannheim/Wien/Zürich. – Wandruszka, M. (1971), *Interlinguistik. Umrisse einer neuen Sprachwissenschaft*, München.

Renate Freudenberg-Findeisen

Polyptoton, das: rhetorische Figur, bei der flektierbare Wörter, zumeist Nomen, variiert oder formal unverändert in einem Sinngefüge wiederholt auftreten, z.B. *Zahn um Zahn; Er fiel tief, tiefer als tief.* Sprachspiele wie **P.** tragen dazu bei, dass sich DaF/DaZ-Lernende nicht nur die Bedeutung, sondern auch den Klang von Wörtern, ggf. auch die grammatikalischen Formen leichter und nachhaltiger einprägen können (vgl. auch →**Figura etymologica**).

Gundula Scherf

Polysemie, die: bezeichnet im Gegensatz zur →**Monosemie** die (reguläre) Mehrdeutigkeit von Wörtern (auch →**Morphemen** oder →**Syntag-**

men); d.h. ein Wort kann mehrere miteinander zusammenhängende Bedeutungen haben, z.B. *Linie*$_1$ (Strich), *Linie*$_2$ (Verkehrsmittel), *Linie*$_3$ (Generationen). **P.** entsteht durch Bedeutungsextension (erweiterte Verwendung) und Bedeutungsdifferenzierung. Die Abgrenzung zur →**Homonymie** ist schwierig. Nach traditioneller Auffassung lassen sich Polyseme meist auf eine gemeinsame Wurzel zurückführen.

Schippan, T. (2002), *Lexikologie der deutschen Gegenwartssprache*, 2. Aufl., Tübingen.

Renate Freudenberg-Findeisen

polysynthetische Sprache, die: In **p.S.** werden mehrere lexikalische und grammatische →**Morpheme** zu einem Wort verbunden, das im Extremfall einem ganzen Satz im Deutschen entsprechen kann (Satzwort, vgl. Indianernamen). In reinster Form machen **p.S.** keinen Unterschied zwischen lexikalischen und grammatischen Morphemen. Beispiel eines Satzwortes aus dem Haidu (S-Alaska): *dən-gï-däl-t'l'xa-sya* (ziehenderweise-Kanu-bewegen-zu-seewärts): *Das Kanu wird seewärts gezogen* (Luschützky 1999: 32).

Neben vielen indigenen nordamerikanischen Sprachen zählen auch einige kaukasische Sprachen (z.B. Abchasisch) und Sprachen Sibiriens (z.B. Tschuktschisch) zu diesem Sprachtyp. Die Gleichsetzung von **p.S.** und →**inkorporierenden Sprachen** ist veraltet. Zwar weisen viele **p.S.** Inkorporation auf („Einverleibung" z.B. eines Nomens in ein Verb, wobei das Nomen seine Selbstständigkeit verliert, z.B. dt. *haushalten, fernsehen*), aber nicht jede **p.S.** lässt Inkorporation zu. Auch im Deutschen finden sich Elemente des polysynthetischen Sprachtyps, v.a. im Bereich der Nominalkomposition: *Uran-wieder-auf-bereit-ungs-an-lage*.

Luschützky, H.C. (1999), *Sprachtyplogie*, Wien. – Evans, N./Sasse, H.-J. (2002), *Problems of Polysynthesis*, Berlin.

Nadja Kerschhofer-Puhalo

Portfolio: s.a. →**Europäisches Sprachenportfolio** (ESP). Zusammen mit dem →**GeR** entwickelt; besteht aus Sprachenpass = international transparente Dokumentation der formalen Qualifikationen; Sprachbiographie = Reflexion der Sprachlern-/interkulturellen Erfahrungen, Raster zur Selbstbeurteilung; Dossier = Beispiele für gute Arbeiten. Gründe für die Entwicklung des **ESP**: 1. Förderung von Mobilität, 2. erweiterte Lernstandsbeurteilung, 3. Anregung zum →**autonomen** und lebenslangen Sprachenlernen und 4. Förderung der →**Mehrsprachigkeit**. Das **ESP** ist ein Lern- und Planungsinstrument. Es informiert z.B. beim Schulwechsel, bei Beratungsgesprächen oder bei der Bewerbung um eine Stelle.

Internetadresse: www.coe.int/portfolio

Jürgen Quetz

Positiv: →**Adjektive** sind steigerbar. Die Ausgangsform der →**Komparation** bezeichnet man als **P.**, die neben dem →**Komparativ** und dem →**Superlativ** in Vergleichskonstruktionen verwendet wird. In Verbindung mit *ebenso, genauso, gleich, so* + **P.** + *wie* drückt der **P.** den gleichen Grad aus.

Mandy Höhle

Possessivartikel, der: auch: possessives Artikelwort. Vertritt zum einen →**Attribute** und signalisiert damit die Zugehörigkeit zu einem Referenten (z.B. *Klaus hat seinen Schlüsselbund verloren.*) Zum anderen sind sie sowohl formal als auch semantisch →**Artikelwörter**: Sie stimmen mit dem nachfolgenden Substantiv in Kasus u. Numerus überein, stehen an derselben Stelle wie Artikelwörter (vor attributiven Adjektiven, z.B. *mein kleiner Bruder*) und erhalten wie diese das Genus vom Substantiv analog zu dessen Genus. Wie definite Artikel auch zeigen sie an, dass die vom Substantiv bezeichnete Person oder Sache hinreichend bestimmt ist.

Mandy Höhle

Possessivpronomen, das: steht als Stellvertreter eines Nomens und signalisiert die Zugehörigkeit der Sache (oder Person) zu einem Referenten, z.B. *Das ist meins!* (→**Possessivartikel**).

Mandy Höhle

Postfix, das: Die Begriffsverwendung in der Linguistik ist uneinheitlich; **P.** wird vereinzelt als Synonym für →**Suffix** gebraucht; als Postkonfix bezeichnet es ein gebundenes Morphem, das dem Kern nachgestellt wird und eine rein semantische Veränderung bewirkt, z.B.: *-graph, -itis, -log(e), -nom, -soph, -thek, -urg* etc. (Donalies 2002, 21 ff.). In der Informatik bzw. Mathematik bezeichnet das **P.** analog zum Suffix in der Linguistik den Teil einer Zeichenkette, der den Zeichen, auf die er sich bezieht, nachgestellt ist (z.B. *doc* in *lexikon.doc*).

Donalies, E. (2002), *Die Wortbildung des Deutschen*, Tübingen. – Fleischer, W./Barz, I. (1995), *Wortbildung der deutschen Gegenwartssprache*, Tübingen.

Sabine Dengscherz

Postposition, die: →**Präpositionen** stehen vor ihrer Ergänzung (*prä = vor)*. Im Deutschen sind die Fälle selten, in denen sie nachgestellt werden. Dies bezeichnet man als **P.** (z.B. *den Weg entlang*). In →**agglutinierenden Sprachen** wie z.B. dem Türkischen und Ungarischen sind Präpositionen selten, dagegen **P.**, also angehängte Strukturwörter relativ häufig. Für Lernende, die grammatische Informationen erst hinter dem bedeutungstragenden Element erwarten, kann das Fehlen von **P.** zu Lernproblemen führen.

Mandy Höhle

Potentialis, der: spezifische Form der sprachlichen Kennzeichnung von Möglichkeit/Potenzialität; **P.** bezeichnet einen Sonderfall der Verwendung des deutschen →**Konjunktiv** II im Kontext der expliziten Kennzeichnung von Potenzialität innerhalb von Konditionalsätzen (*Falls du nachher Zeit hast, würde ich dich auf einen Espresso einladen.*) bzw. konditional zu interpretierenden Ausdrücken wie *Kommst du mit ins Kino? Ich würde auch bezahlen!* (vgl. Eisenberg 2004, 115–117). Das Deutsche kennzeichnet Potenzialität außer durch **P.** auch durch Modaladverbien wie z.B. *vielleicht, wahrscheinlich* oder mittels des Modalverbs *können*: *Ich kann ja nachher mal vorbeikommen.* In der Verbindung von *können* und **P.** lässt sich zudem Potenzialität – im Kontext der Versprachlichung spekulativ-hypothetischer Reflexion – auch für vergangene Ereignisse kennzeichnen: *Damals hätten wir ein völlig anderes Leben beginnen können.*

Eisenberg, P. (2004), *Grundriß (sic) der deutschen Grammatik, Bd. 2: Der Satz*, Stuttgart/Weimar.

Hans Barkowski

Prädikat, das: 1. zentrale →**syntaktische Relation** des Satzes. **P.** werden von finiten Verben allein oder zusammen mit anderen Satzbestandteilen konstituiert (z.B.: *schläft/hat geschlafen/hat schlafen können*). In der →**Grammatik** werden nur solche Einheiten als **P.** betrachtet, die das **P.** in Sätzen und →**satzwertigen** Konstruktionen (Infinitive und Partizipien als **P.** in Infinitiv- und Partizipialkonstruktionen) bilden. **2.** In Logik und Philosophie und auch in der linguistischen →**Semantik** sind **P.** alle Kategorien bzw. Zeichen, die auf andere Zeichen angewendet werden, um Merkmale (Eigenschaften oder Relationen) zu bezeichnen, die dem zukommen, was diese anderen Zeichen denotieren (→**Denotation**). Z.B. verhalten sich in diesem allgemeinen Sinne in dem Satz *Der Student bearbeitet fleißig eine komplizierte Aufgabe.* nicht nur *bearbeitet* als **P.** (Merkmal/Relation) in Bezug auf die beiden Ergänzungen *der Student* und *eine komplizierte Aufgabe* (in Logik und Semantik: Argumente genannt), sondern auch *fleißig* als **P.** (Merkmal/Eigenschaft) in Bezug auf *arbeitet* und *komplizierte* als **P.** (Merkmal/Eigenschaft) in Bezug auf *Aufgabe.*

Klaus Welke

Prädikativ(um), das: sagt etwas über eine (oder auch mehrere) andere Phrase(n) aus. Kern der Prädikativphrase ist nicht das Verb, sondern i.d.R. ein Substantiv oder Adjektiv. **P.** hängen von einem Adjektiv, Verb oder Substantiv ab und beziehen sich eng auf das Subjekt oder das Akkusativobjekt (z.B. Prädikativ *als guter Liebhaber*: Abhängigkeit vom Verb *sein*, Bezug zu Subjekt *Klaus*: *Klaus ist ein guter Liebhaber.* vs. Abhängigkeit vom Verb *finden*, Bezug zu Akkusativobjekt *Klaus*: *Susanne fand Klaus einen guten Liebhaber.* vs. Abhängigkeit vom Adjektiv *bekannt*: *Klaus ist als guter Liebhaber bekannt.*) Entsprechend der Bezugsphrase steht die prädikative Nominalphrase im gleichen →**Kasus**, →**Genus** und →**Numerus.**

Mandy Höhle

Prädikativsatz, der: Realisierung eines →**Prädikativums** als Nebensatz, z.B.: *Das Ergebnis wird sein, dass Russland gewinnt.*

Klaus Welke

Prädikatsadjektiv, das: Adjektiv in der Funktion des →**Prädikativum.** Der Terminus wird meist in Bezug auf das Subjektsprädikativ gebraucht: *Das ist schön.*

Klaus Welke

Prädikatsakkusativ, der: gelegentlich verwendete Bezeichnung für den →**Kasus** des substantivischen Objektsprädikativs, z.B. von *Onkel* in *Emil nennt Anton Onkel.*

Klaus Welke

Prädikatsnomen, das: zusammenfassender Terminus für Adjektive und Substantive als →**Prädikativum**, meist in Bezug auf das Subjektsprädikativ gebraucht: *Das ist schön/ein Tisch.*

Klaus Welke

Prädikatsnominativ, der: auch: →**Gleichsetzungsnominativ**, →**Kasus** des substantivischen Subjektsprädikativs im Unterschied zum Subjektsnominativ, d.h. dem Nominativ des Subjekts. In *Emil ist ein Fuchs.* ist also der Nominativ von *Emil* Subjektsnominativ, und der Nominativ von *ein Fuchs* ist **P.** Subjekt und Subjektsprädikativ unterscheiden sich folglich auf Grund anderer Merkmale. Das Subjekt steht meist an der Spitze, es ist meist bestimmt (definit) und das Subjektsprädikativ ist oft indefinit, vgl. den Beispielsatz.

Klaus Welke

Präfigierung, die: auch: Präfixbildung; mit einem →**Präfix** oder einer →**Partikel**, das/die an den linken Rand eines schon vorhandenen Wortes tritt, wird ein neues Wort abgeleitet (*Fall* → *Unfall*). Mittels **P.** können sowohl semantische Veränderungen als auch syntaktische Modifikationen am Ausgangswort vorgenommen werden:

- Aktionsartendifferenzierung (*blühen: erblühen* [+Anfang], *verblühen* [+Ende]),
- Argumentstellenmodifikation (*kleben* [jemand/etwas/wohin] → *überkleben* [jemand/etwas (Akk.)]),
- Reflexivierung (*laufen* → *sich verlaufen*) oder
- eine Transitivierung (*folgen* → *befolgen* [etwas (Akk.)]).

Neben **P.** mit sog. „echten" Präfixen, die nicht abtrennbar sind, wird meist auch die Bildung mit trennbaren, betonten Verbzusätzen, (*anrufen* → *sie rief an*) zu **P.** gerechnet.

Christine Römer

Präfix, das: auch: Vorsilbe; Wortbildungsmorphem, das an den Anfang eines Wortes tritt und ein neues Wort ableitet (*legen* → *zerlegen*). Es kann nur gebunden in Verbindung mit anderen Morphemen auftreten und trägt lexikalisch-begriffliche und grammatische Bedeutung. Im Deutschen verbinden sich **P.** produktiv mit Substantiven (*Gestein*), Adjektiven (*uralt*) und am häufigsten mit Verben (*verlaufen*). Aktuell entstehen auf dem Wege der Grammatikalisierung auch neue, sogenannte Halbpräfixe (auch Präfixoide), die freie Lexementsprechungen haben, jedoch ihnen gegenüber eine Bedeutungsveränderung bzw. -entleerung erfahren haben und reihenbildenden Charakter angenommen haben (z.B. *das Haupt* = KOPF vs. *Haupt-* = WICHTIG → *Hauptsache, Haupteingang, ...*). Neben heimischen gibt es im Deutschen auch eine größere Anzahl an →**Fremdpräfixen**, die hauptsächlich aus dem Lateinischen (wie *ex-*) und Griechischen (wie *anti-*) entlehnt wurden. Echte **P.** lassen sich niemals von ihrem Basisverb abtrennen; dies trifft auf die partikelähnlichen unechten Verbpräfixe nicht zu. Sie werden in den Aktivfomen Präsens und Perfekt syntaktisch abgespalten (*sie legt los; er fuhr ab*). Beim zu-Infinitiv und dem Partizip II tritt nur bei den unechten **P.** morphologische Trennbarkeit auf (*loszulegen* und *losgelegt* vs. *zerlegen* und *zu zerlegen*). Unechte **P.** werden betont (*'loslegen*), echte nicht (*zer'legen*).

Christine Römer

Präfixbildung, die: Prozess und Resultat der →**Präfigierung**

Präfixverb, das: Verb, das durch eine →**Präfigierung** entstanden ist, das aus einer Verbindung eines Verbs mit einem echten →**Präfix** stammt. **P.** beinhalten im Deutschen die Präfixe: *ge-, er-, ver-, be-, ent-/ant-/emp-, zer-, miss-*. Sie sind bei genauerer Betrachtung von den Partikelpräfixverben (wie *unterfordern*), Partikelverben (*aufessen*) und Doppelpartikelverben (*übereinkommen*) zu unterscheiden, die aus einer Verbindung von Verben mit präfixoalen Elementen, die freie Entsprechungen haben, resultieren.

Christine Römer

Pragmalinguistik (Pl.)/Pragmatik (P.), die: **P.** ist in →**Semiotik** und Linguistik ein grundlegender Beschreibungsaspekt sprachlicher →**Zeichen** bzw. →**Äußerungen** neben →**Syntax** und →**Semantik. Pl.** ist die Sammelbezeichnung für Richtungen der Linguistik, die den Gesichtspunkt von Sprache als sozialer Handlung thematisieren. Ein wesentlicher Anstoß für die moderne **P.** war seinerzeit die aus der Sprachphilosophie stammende →**Sprechakttheorie.** Diese hat im Zusammenhang mit der so genannten pragmatischen Wende in den 1970er Jahren zur Etablierung der **P.** geführt. Die Sprechakttheorie hat auch die →**Textlinguistik** beeinflusst. Deren handlungsbezogene Variante kann man zur **P.** zählen. Zur **P.** gehören ferner alle Aspekte im Umkreis von Themen wie ‚Sprache und Politik‘, ‚Sprache und Gesellschaft‘ in Überschneidung mit der →**Soziolinguistik**, z.B. in Fragen des sprachlichen →**Registers.**

Ernst, P. (2002), *Pragmalinguistik. Grundlagen, Anwendungen, Probleme*, Berlin/New York. – Grice, H.P. (1993), „Logik und Konversation“, in: Meggle, G. (Hrsg.), *Handlung, Kommunikation, Bedeutung*, Frankfurt a.M., 243–265. – Levinson, S.C. (2000), *Pragmatik*, Tübingen. – Meibaur, J. (2001), *Pragmatik. Eine Einführung*, Tübingen.

Klaus Welke

Präposition, die: auch: Verhältniswort. Unflektierte Wortart, die fest mit einem nominalen Element verbunden ist. **P.** drücken Relationen zwischen Personen, Gegenständen und/oder Sachverhalten aus: *in, an, auf, unter* z.B. räumliche, *vor, während* und *nach* z.B. zeitliche Beziehungen. **P.** stehen am Beginn einer →**Präpositionalphrase**, allerdings werden gelegentlich auch die im Deutschen seltenen →**Postpositionen** unter den **P.** mit aufgeführt.

Da viele Sprachen diese Sinnzusammenhänge durch andere lexikalische oder grammatikalische Phänomene ausdrücken als das Deutsche, gehören **P.** zu den Lernschwierigkeiten im Deutschen, insbesondere wegen der folgenden Besonderheiten: 1. **P.** sind meist →**polysemantisch**. Die jeweilig relevante Bedeutung muss aus dem Sinnzusammenhang erschlossen werden (*durch die Stadt/durch die Politik*). **P.** können temporale, lokale, kausale, instrumentale, finale, modale, adversative und restriktive Bedeutungen tragen. 2. Die Verwendung einzelner **P.** in bestimmten Sinnzusammenhängen unterliegt oft komplizierten Regeln (z.B. die Verwendung von *bei* und *an*). 3. Bei festen Fügungen (z.B. *die Suche nach*) ist die Zuordnung von **P.** zu Verb-, Nomen- oder Adjektivkonstruktionen oft willkürlich, manchmal verlieren **P.** dabei auch ihre Funktion als Bedeutungsträger. 4. **P.** bestimmen den Kasus der darauffolgenden Nomen oder Pronomen. Das erschwert die korrekte Sprachproduktion. (→**Präpositionalkasus**).

Im Satz übernehmen →**Präpositionalgruppen** oder →**Präpositionalgefüge** die Funktion von →**Präpositionalangaben**, →**Präpositionalobjekten** und →**Präpositionalattributen**.

Einige Präpositionen verschmelzen mit dem darauf folgenden Artikel (z.B. *in dem → im, an das → ans, zu der → zur*).

Wilfried Krenn

Präpositionalangabe, die: →Präpositionalgefüge, das im Satz nicht so fest verankert ist wie →**Präpositionalobjekte**. **P.** können weggelassen werden, ohne dass der Satz dadurch grammatikalisch unvollständig wird. Die Begriffe adverbiale Präpositionalgefüge bzw. adverbiale Präpositionalgruppe sind weitgehend deckungsgleich. **P.** können wie die →**Präpositionen**, die sie bestimmen, semantischen Gruppen zugeordnet werden. Auf den Sprachniveaus A1 und A2 werden im Unterricht vor allem Lokal- und Temporalangaben thematisiert: *Julian kommt am Wochenende zu uns.* Ab dem Sprachniveau B1 kann es sinnvoll sein, im Unterricht Positionsregeln für **P.** im Satz zu thematisieren (→**Wortstellung**).

Wilfried Krenn

Präpositionalattribut, das: →Präpositionalgefüge, das im Satz die Funktion von Attributen übernimmt: *Das Buch auf dem Tisch gehört mir.* →**Attribute** bestimmen Satzglieder näher. Sie sind syntaktisch nicht notwendig und können weggelassen werden, ohne dass der Satz grammatikalisch unvollständig wird: *Das Buch () gehört mir.*

Wilfried Krenn

Präpositionalgefüge, das: Wortgruppe mit Präposition, die im Satz die Funktion von →**Präpositionalangaben**, →**Präpositionalobjekten** bzw. →**Präpositionalattributen** übernimmt. Der Begriff wird synonym zum Begriff →**Präpositionalgruppe** verwendet. Man unterscheidet 1. fallbestimmte **P.**: *Ich denke an dich.* (→**Präpositionalkasus**) und 2. im Kasus nicht bestimmte **P.** mit Adjektiv oder Partikel als Kern: *Er hat das von klein auf gelernt. Er kommt von unten.* Die Unterscheidung ist für den DaF/DaZ-Unterricht insofern von Bedeutung, als die korrekte Produktion fallbestimmter **P.** den Lernenden größere Schwierigkeiten bereitet und deshalb diese Gruppe der **P.** im Unterricht mehr Aufmerksamkeit erfordert (→**Fokus auf Form**). In komplexen Texten prägen **P.** gemeinsam mit anderen grammatikalischen und lexikalischen Phänomen den sogenannten →**Nominalstil**: Im Gegensatz zum Verbalstil tragen in diesen Texten fast ausschließlich Nominalgruppen die Information (z.B. *Durch die Probleme in manchen Ländern bei der Erteilung von Visa für Nicht-EU Staatsbürger …*). Die Anhäufung von Nominalgruppen macht es den Lernenden oft schwer, die Funktion dieser Gruppen im Satz zu erkennen und dem Text Informationen zu entnehmen.

Wilfried Krenn

Präpositionalgruppe, die: Wortgruppe mit →**Präposition**. Der Begriff wird synonym zum Begriff →**Präpositionalgefüge** verwendet.

Wilfried Krenn

Präpositionalkasus, der: →**Präpositionen** bestimmen den Kasus der von ihnen abhängigen →**Nomen** oder →**Pronomen**. Fallbestimmte →**Präpositionalgefüge** werden **P.** genannt. In jenen Anwendungsbereichen, in denen korrekte Produktion verlangt wird, ist es für die Lernenden wichtig zu wissen, welchen Kasus eine Präposition verlangt.

Im Rahmen einer ersten Präsentation des Phänomens auf den Sprachniveaus A1 und A2 des GeR erscheint es sinnvoll davon auszugehen, dass die meisten Präpositionen den Dativ verlangen. Die wenigen Präpositionen, die immer den Akkusativ verlangen, können dann als eigene Gruppe memoriert werden. Ein besonderes Lernproblem stellen die neun Wechselpräpositionen dar, die je nach der Funktion, die sie im Satz übernehmen, den Dativ oder Akkusativ verlangen können. Der Grammatikunterricht konzentriert sich bei der Darstellung dieser Präpositionen meist auf ihre Funktion im Rahmen von Direktiv- und Situativergänzungen (Antwort auf die Frage *wo?* Präposition mit Dativ, Antwort auf die Frage *wohin?* Präposition mit Akkusativ). In anderen Verwendungszusammenhängen (z.B. feste Fügungen) muss der entsprechende Kasus der Wechselpräpositionen jeweils mitgelernt werden. Präpositionen, die den Genitiv verlangen, sind für die meisten Lerner vor allem im rezeptiven Sprachgebrauch wichtig, da sie meist in komplexen schriftsprachlichen Texten vorkommen. Im Zertifikatswortschatz(→**Zertifikat Deutsch**) sind nur drei Genitivpräpositionen (*während, trotz, statt*) aufgelistet.

Wilfried Krenn

Präpositionalobjekt, das: Satzglied, bei dem die →**Präposition** im Unterschied zu →**Präpositionalangaben** keine wichtige inhaltliche Funktion übernimmt und das eine starke Bindung zum Prädikat aufweisen (z.B. *Sie wartete auf den Zug.* = Präpositionalobjekt/*Sie wartete auf dem Bahnsteig.* = Präpositionalangabe). Präpositionalangaben können mit einfachen Fragepronomen erfragt werden (z.B. *Wo?*), **P.** müssen immer mit der jeweiligen Präposition erfragt werden (z.B. *Worauf?/Auf wen?*). Die Abgrenzung fällt jedoch nicht immer leicht. Im DaF/DaZ-Unterricht spielt die Unterscheidung insofern eine Rolle, als **P.** als feste Fügungen jeweils gemeinsam mit dem dazugehörigen Verb gelernt werden müssen und deshalb im Rahmen der Grammatik- und Wortschatzarbeit besondere Aufmerksamkeit erfordern.

Wilfried Krenn

Präpositionalphrase, die: Der Begriff →**Phrase** spielt vor allem im Rahmen neuerer linguistischer Grammatikmodelle, insbesondere der →**generativen Transformationsgrammatik**, eine wichtige Rolle. Das Phrasenprinzip der generativen Grammatik besagt, dass einzelne Wörter nicht als Wörter, sondern erst als Phrasen (→**Phrasenstrukturgrammatik**) syntaktisch verwendungsfähig werden. Die Struktur von Sätzen wird anhand von Konstituentenmodellen dargestellt, in denen →**Verbalphrasen**, →**Nominalphrasen** und **P.** eine wichtige Rolle spielen. Da die generative Grammatik als umfassende Sprachtheorie auch auf Fragen des Spracherwerbs Antworten formuliert, ist ihr Sprachbeschreibungsmodell für das Fach Deutsch als Fremdsprache von besonderer Bedeutung.

Wilfried Krenn

Präsens, das: Ursprünglich räumlich gebraucht (Präsenz/Anwesenheit), wird das **P.** seit Mitte des 19. Jhs. zeitlich verwendet. Das **P.** ist zeitlich indifferent, bezeichnet also sowohl gegenwärtige Handlungen (*Ich lebe in Hamburg*), vergangenes Geschehen (→**historisches P.**: *Thomas Mann stirbt 1955*) oder Zukünftiges (*Morgen ist sie in Berlin*). Durch Konvention dient das **P.** aber im Regelfall a) zur Bezeichnung einmaliger oder wiederholter Geschehnisse der Gegenwart sowie b) zum Ausdruck genereller Sachverhalte (*Der Mensch ist sterblich*). Die zeitliche Markierung erfolgt häufig durch →**Temporalangaben** (*morgen, 1955* usw.).

Götze, L. (2009), „Über die Gegenwart", in: Götze, L. u.a. (Hrsg.), *Kulturkontrastive Grammatik*, Frankfurt a.M.

Lutz Götze

Praesens historicum: s. historisches Präsens

präskriptive Grammatik, die: s. normative Grammatik

Präteritopräsentien, die (Pl.): auch: Präteritopräsentia. Gruppe von →**Verben** in germanischen

Sprachen, die aus den Präteritumformen einiger →**starker Verben** hervorgegangen sind, da sie als von diesen abgelöste, eigenständige →**Lexeme** empfunden wurden. Im →**Präsens** gleichen die Formen der **P.** demnach dem →**Präteritum** starker Verben. Man vergleiche z.B. die Formen des zur Gruppe der **P.** gehörenden Verbs *mögen* (Präsens: *ich mag, du magst*) und des zur Gruppe der starken Verben gehörenden *liegen* (Präteritum: *ich lag, du lagst*). Zu den **P.** zählen im Deutschen *wissen* sowie die →**Modalverben** *dürfen, können, mögen, müssen, sollen.*

Anna Peterwerth

Präteritum, das: Ursprünglich als Oberbegriff für die Zeitformen →**Imperfekt**, →**Perfekt** und →**Plusquamperfekt** („Vergangenheitstempora") verwendet, dient das **P.** heute als Tempuskategorie zur Bezeichnung der (einfachen) →**Vergangenheit** in Sprachen, die nicht zwischen Aorist, Imperfekt und Perfekt unterscheiden. Das **P.** verweist stets auf vergangenes Geschehen (→**Aktzeit** vor →**Sprechzeit**), das entweder abgeschlossen (*Er verließ die Wohnung*) oder durativ (*Es regnete*) ist. In der Literatur ist das **P.** das dominante Erzähltempus (→**episches Präteritum**), in der gesprochenen Sprache wird es im Regelfall durch das Perfekt ersetzt.

Lutz Götze

Primarbereich, der: 1. Bezeichnet allgemein den Zeitraum und das Handlungsfeld gesteuerten vorschulischen und schulischen Lernens und Lehrens im Kindesalter und umfasst etwa das Alter von 3–10, maximal 3–12 Jahren, je nachdem, welchen verpflichtenden Schulbesuch ein Schulsystem als erste Lernstufe definiert. **P.** ist als Begriff insofern flexibler angelegt als der der Primarstufe, der sich ausschließlich auf die erste Stufe schulischen Lernens bezieht (s.a. →**Frühbeginn**). **2.** Im Kontext des DaF-Unterrichts im Ausland referiert **P.** i.d.R. auf die Vermittlung des Deutschen als Fremdsprache in Grundschulen im Ausland in den Klassen 1–6. In Ausnahmefällen, so z.B. in Frankreich, umfasst **P.** die Zeit des Besuchs des Kindergartens und der Grundschule („école primaire" = gemeinsamer Begriff für „école maternelle"/3–4 Jahre vor Schulbeginn und „école élémentaire"/ab 6 Jahren), also einen längeren Zeitraum. Sofern in vorschulischen und Grundschulkontexten im deutschen Sprachraum DaZ-Angebote gemacht werden, verstehen diese sich ebenfalls als Lehr-/Lernangebote im **P.**

Beate Widlok

Priming, das: bezeichnet das Phänomen, dass ein Stimulus, der auf einen ihm verwandten Stimulus in einiger zeitlichen Nähe folgt, leichter verarbeitet wird, als wenn diese Voraussetzung nicht vorliegt: Der erste Stimulus „bahnt" den zweiten – ein Vorgang, der sich auch hirnphysiologisch manifestiert. Bezogen auf sprachlich gegebene Stimuli werden zwei Arten von **P.** unterschieden: **1.** Semantisches **P.**; es basiert auf der Annahme assoziativer Bedeutungsnetze (z.B. Tisch, Stuhl, Teller etc.), die durch einen Stimulus aktiviert werden. **2.** Syntaktisches **P.**; eine einmal gebrauchte Struktur erleichtert die Wiedererkennung bzw. -verwendung der selben bzw. einer ähnlichen syntaktischen Struktur. Für den →**Fremd-** und →**Zweitspracherwerb** kann davon ausgegangen werden, dass semantisches **P.** von L1 zu L2 den Aufbau des →**Lexikons** in der L2 unterstützt, während syntaktisches **P.** mittels intensiven Übens den Aufbau und die Automatisierung/schnelle Abrufbarkeit der zielsprachlichen Syntax befördert.

Brunel, N./Lavigne, F. (2008), „Semantic Priming in a Cortical Network Model", in: *Journal of Cognitive Neuroscience*, 1–20 [ePub] (doi: 10.1162/jocn.2008.21156). – Dubey, A./Keller, F./Sturt, P. (2008), „A probabilistic corpus-based model of syntactic parallelism", in: *Cognition 109 (3)*, 326–44.

Daniela Zahn

Processability Theory, die: von M. Pienemann terminologisch fixierter und umfänglich ausgearbeiteter theoretischer Ansatz zur Erklärung der im Erst- und Zweitspracherwerb gefundenen festen Erwerbsreihenfolgen und Lernervarianten sowie der Rolle des Transfers (Pienemann 1998). Erste Ansätze zur **PT** gehen zurück auf Ergebnisse und Interpretationen des Wuppertaler Forschungsprojekts zum Zweitspracherwerb italienischer, spanischer und portugiesischer Arbeitsmigranten (vgl. Clahsen/Meisel/Pienemann 1983; s.a. →**Zweitspracherwerb**), in dessen Rahmen u.a. das folgende Beispiel für die feste Erwerbschronologie der Wortstellung im Deutschen gefunden wurde (ebd.):

1. SVO (= SubjektVerbObjekt) *De mann will essen wurst jez*
2. Adverb-SVO *Jez de mann will essen wurst*

3. Satzklammer *Jez de mann will wurst essen*
4. Inversion *Jez will de mann wurst essen.*

Die **PT** erklärt diese Erwerbsreihenfolge aus der Architektur der Sprachverarbeitung wie folgt: Lerner können nur diejenigen sprachlichen Formen erwerben, die sie verarbeiten können. Die **PT** setzt diese Logik um, indem Kernkomponenten von Levelts Modell der Sprachproduktion im Rahmen der →**Lexikalisch-Funktionalen Grammatik** formalisiert werden. Dadurch ist es möglich, zielsprachliche Formen nach dem Grad ihrer Verarbeitbarkeit in einer Hierarchie zu ordnen, die die Erwerbsreihenfolge vorhersagt. Auf diese Weise ist die **PT** für alle Zielsprachen empirisch testbar. Die **PT** wurde auf typologisch sehr unterschiedliche Sprachen angewandt (Arabisch, Chinesisch, Deutsch, Englisch, Japanisch, Italienisch, Schwedisch und Spanisch) und um eine Diskurskomponente erweitert (Pienemann 2005).

Clahsen, H./Meisel, J.M./Pienemann, M. (1983), *Deutsch als Zweitsprache. Der Spracherwerb ausländischer Arbeiter*, Tübingen. – Pienemann, M. (1998), *Language Processing and Second Language Development: Processability Theory*, Amsterdam u.a. – Pienemann, Manfred (Hrsg.) (2005), *Cross-linguistic aspects of Processability Theory*, Amsterdam u.a.

Manfred Pienemann

Pro-Drop-Sprache, die: eine Sprache, bei der die Subjektstelle nicht zwangsläufig realisiert sein muss (= pro) (→**generative Transformationsgrammatik**). Voraussetzung hierfür ist, dass die Sprache entweder eine Verbalflexion aufweist, an der Person und Numerus erkannt werden können (z.B. Italienisch: *Ø piove – es regnet*), oder gar nicht flektiert (z.B. Chinesisch). In **P.-D.-S.** ist es möglich, das Subjekt dem Verb nachzustellen. Deutsch gehört nicht zu dieser Sprachklasse, ähnelt aber in einigen Konstruktionen den **P.-D.-S.** (z.B. *Heute wird gefeiert.*).

Philippi, J. (2008), *Einführung in die generative Grammatik*, Göttingen.

Mandy Höhle

Produktionsgrammatik, die: 1. Bezeichnung für Grammatikvarianten, die ihrer Anlage nach die Qualität anstreben, auf der Basis von Symbol- und Regelinventaren und mittels darauf operierender, algorithmisierter Verarbeitungsprozeduren alle denkbaren wohlgeformten Sätze einer Einzelsprache erzeugen zu können. Als klassische **P.** gilt die →**generative Transformationsgrammatik**. **2.** Im DaF-/DaZ-Zusammenhang gelegentlich verwendete Bezeichnung für einen Typ von Grammatik, der die grammatischen Eigenschaften einer Sprache als die einer →**Zielsprache** in den Blick nimmt und hinsichtlich der Ausbildung →**kommunikativer Kompetenz** in der Fremdsprache organisiert und kommentiert (vgl. dazu ggf. a. →**didaktische Grammatik**; →**kommunikative Grammatik**).

Hans Barkowski

produktiv/Produktivität, die: in verschiedenen Kontexten unterschiedlich belegter Terminus; im Kontext von DaF/DaZ findet **P.** besonders in den folgenden fachlichen Zusammenhängen Verwendung: **1.** zur Bezeichnung der Qualität bestimmter →**Wortbildungsmorpheme**, auf der Basis vorhandener Wörter neue Wörter zu bilden; als dzgl. besonders **p.** gelten die auf Verben und/oder Adjektive aufsetzenden Morpheme *-ung*, *-heit* u. *-keit* (vgl. z.B. *Bewegung*; *Schönheit*, *Einigkeit*, *Kleidung*) und *-bar* (*essbar*, *googelbar*). **2.** als methodisch-didaktisch motivierter Begriff zur Bewertung zielsprachlicher Grammatikregeln hinsichtlich ihrer Eigenschaft, von Fremdsprachenlernenden bzw. -sprechern selbstständig und zielführend angewendet werden zu können; in diesem Sinne ist z.B. die Regel zur Bildung des Partizip II von Verben, deren Stamm auf *...-ier* endet, eine **p.** Regel (es gilt: Stamm-ier+t: wie in *reparier*-t für nahezu alle Mitglieder dieser Subklasse), während die Regel, die der Bildung von z.B. *gehen – gegangen* zugrunde liegt, als →**unproduktiv** einzustufen ist, weil deren Kenntnis für den weiteren DaF-/DaZ-Erwerb kaum einen Mehrwert bedeutet (vgl. etwa die Nichtübertragbarkeit auf Verben wie *stehen*, *wehen*, *sehen* usw.). **P.** ist damit ein wichtiges Entscheidungskriterium dafür, inwieweit und bei welchen Lerngegenständen die explizite Beherrschung von Regeln zum Lehr-/Lernziel gemacht werden sollte.

Hans Barkowski

Proficiency Test, der: auch: Qualifikations-, Niveau- oder Feststellungsprüfung; Test, der den Ausprägungsgrad von vorab definierten Anforderungen sprachlicher Handlungsfähigkeit in Bezug auf abschätzbare Verwendungssituationen erfasst. **P.T.** überprüfen im Unterschied zu →**Lernfortschrittstests** unabhängig von Kursen oder Lehrwerken punktuell und kriterienorientiert (→**Testverfahren**). **P.T.** sind standardisierte Tests, d.h. sie müssen international festgelegten Qualitäts- und →**Gütekriterien** genügen und sich an transparenten Lernzielen, wie z.B. den Niveaubeschreibungen des →**GeR**, orientieren. Zusätzlich müssen detaillierte Testspezifikationen und Musterprüfungen vorliegen. Damit sind **P.T.** im Gegensatz zu normbezogener, nicht standardisierter Leistungsmessung für Außenstehende (Arbeitgeber, Bildungsbehörden) aussagekräftig. **P.T.** für DaF sind z.B. der →**TESTDAF** sowie die Prüfungen des →**Goethe-Instituts**, des →**Österreichischen Sprachdiploms (ÖSD)** oder der →**Telc** GmbH.

Bachman, L.F. (1990), *Fundamental Considerations in Language Testing*, Oxford. – Bausch, K.-R./Christ, H./Krumm, H.-J., Hrsg. (4. Aufl. 2003), „Großkapitel H: Leistungsmessung, Lernerfolgskontrolle und Selbstkontrolle", in: *Handbuch Fremdsprachenunterricht*, Tübingen/Basel, 365–390.

Manuela Glaboniat

Profilanalyse, die: Profilanalysen basieren auf der Beobachtung, dass →**Spracherwerb** in beschreibbaren Stadien abläuft. Das Verfahren vergleicht eine sprachliche Stichprobe eines Lerners mit den Regularitaten der Erwerbsstadien. Pienemann et al. (1988) wandten die **P.** erstmals auf eine →**Zweitsprache** an. Die **P.** gibt eine empirisch fundierte Beschreibung des Sprachentwicklungsstandes und der sprachlichen Mittel (Grammatik, Lexik), die der Lerner erworben hat. Diese Diagnose ermöglicht es, die für diesen Lerner möglichen →**Lernziele** genau zu bestimmen. Die **P.** ist kein Instrument zur Leistungsmessung, sondern zur Diagnose und lernerorientierten Sprachförderung. Ein empirisch getestetes Verfahren zur **P.** ist Rapid Profile, ein computerbasiertes Expertensystem, das in verschiedenen Schulen zur Erstellung von Sprachprofilen eingesetzt wird (siehe auch Keßler 2006).

Keßler, J.-U. (2006), *Englischerwerb im Anfangsunterricht diagnostizieren. Linguistische Profilanalysen und der Übergang von der Primarstufe in die Sekundarstufe I*, Giessener Beiträge zur Fremdsprachendidaktik, Tübingen. – Pienemann, M. (2006), „Spracherwerb in der Schule. Was in den Köpfen der Kinder vorgeht", in: Pienemann, M./Keßler, J./Roos, E., Hrsg. (2006), *Englischerwerb in der Grundschule*, Schöningh, 33–63. – Pienemann, M./Johnston, M./Brindley, G. (1988) „Constructing an Acquisition-based Procedure for Second Language Assessment", in: *Studies in Second Language Acquisition*, Jg. 10, Nr. 2, 217–243.

Manfred Pienemann/Jörg-U. Keßler

Profile deutsch: CD-ROM mit Begleitbuch, die die allgemeinen Niveaubeschreibungen des →**GeR** für die deutsche Sprache konkretisiert. In einer elektronischen Datenbank (CD-ROM) werden die einzelnen Kompetenzen auf den Niveaus A1 bis C2 detailliert beschrieben. In Abstimmung mit diesen Kann-Beschreibungen bietet das Programm ausführliche Listen zu den dafür jeweils erforderlichen sprachlichen Mitteln (Sprachhandlungen, Wortschatz, Grammatik). Hinzu kommen auch niveauunabhängige Komponenten, wie z.B. Listen zu strategischen Kompetenzen (Kommunikations-, Lernstrategien) oder ausführliche Angaben zu Textsorten und -mustern.

Glaboniat, M. u.a. (2005), *Profile deutsch. Niveaustufen A1–C2*, Version 2.0, Berlin.

Manuela Glaboniat

Proform, die: bezeichnet Pronomina und andere Ausdrücke, die für („pro") andere stehen und auf andere verweisen können. Zu den **P.** gehören →**Pronomina** (*die Sonne = sie*), Pronominaladverbien (*daran, darüber*; z.B.: *an das Fest denken = daran denken*), Konjunktionaladverbien (*deshalb, trotzdem*; z.B.: *Sie hat keine Zeit. Deshalb* [...].) und bestimmte generalisierende Adverbien (vor allem *da, so*; z.B.: *Sie argumentierte mit allem Nachdruck: So konnte sie ihn überzeugen.*); seltener sind bestimmte Adjektive (wie *solch*) oder Verben (*Er sitzt in seinem Zimmer, spricht nicht, isst nicht, hört laute Musik. Seit zwei Tagen macht er das.*). **P.** können →**anaphorisch** (rückverweisend) oder →**kataphorisch** (vorverweisend) verwendet werden.

Maria Thurmair

Programme for International Student Assessment: s. PISA

programmierte Instruktion, die/programmierter Unterricht, der: ein in den 1950er und 1960er Jahren auf der Basis lernpsychologischer Erkenntnisse des →**Behaviorismus** entwickeltes Lehr-Lernverfahren, bei dem der Lernstoff in kleine Untereinheiten gegliedert durch Bücher, Lehrmaschinen oder Computer dargeboten wird. Indem die Lernschritte aufeinander aufbauen und auf jede Lernaktivität eine Rückmeldung erfolgt, sollten sich die Lernenden das Wissen im Selbststudium nach eigenem Lerntempo aneignen und den Lernerfolg selbst kontrollieren. Fehler sollten durch die Programmierung ausgeschaltet werden und Erfolge zum Weiterlernen motivieren. Lehrende sollten nur beratend tätig werden. Nach Prinzipien des **p.U.** wurde vor allem im →**Sprachlabor** verfahren. Die Erwartungen an die **p.I.** haben sich vor allem wegen mangelnder Kreativität und Erkenntnis nicht erfüllt. Durch PC-gestützte Sprachlernprogramme erfuhr die **p.I.** eine Art Comeback. Während die ersten Lernprogramme noch stark fremdgesteuerten Charakter hatten, zielen neuere Programme zunehmend auf die Realisierung individueller Lernwege und das selbstgesteuerte Lernen.

Correll, W. (1969), *Programmiertes Lernen und schöpferisches Denken*, München. – Lamérand, R. (1971), *Programmierter Unterricht und Sprachlabor. Theorien und Methoden*, München. – Spolsky, B. (1970), „Programmiertes Lehren von Fremdsprachen“, in: *Sprache im technischen Zeitalter* 33, 1–10.

Christina Kuhn

progredient: gleichbleibender (schwebender) Sprechmelodieverlauf (→**Melodie**, →**Kadenz**); er zeigt an, dass eine (Teil-)Äußerung noch nicht abgeschlossen worden ist, z.B. *Hans war hier → und ist dann …* Im Gegensatz zum →**terminalen** und →**interrogativen** ist der **p.** Melodieverlauf nicht bedeutungsunterscheidend, er kann jedoch ein Grenzsignal (→**Pausierung**) sein. In frei gesprochenen Äußerungen tritt eine **p.** Melodie häufig am Ende einer syntaktischen und/oder inhaltlich-semantischen Einheit auf – das bedeutet, dass ein Sprecher weitersprechen und noch keinen Sprecherwechsel zulassen will.

Ursula Hirschfeld

Progression, die:

1. Begriffsklärung

Die **P.** eines Sprachkurses oder eines Lehrwerkes beschreibt den Verlauf des geplanten Lernprozesses hinsichtlich der Abfolge einzelner Lernschritte innerhalb eines zeitlichen Rahmens. Die Festlegung der **P.** ist ein wichtiges Element bei der Erstellung von Curricula und der Planung von Unterrichtseinheiten. Der Begriff wird auf unterschiedliche Unterrichtsbereiche angewandt. Zentrale Bereiche sind die Grammatik- und die Wortschatz-**P.** Doch auch in anderen Bereichen wie dem Fertigkeitstraining, der Textauswahl und der Übungsgestaltung wird die Abfolge einzelner Lernschritte nach begründeten Kriterien festgelegt.

2. Funktion

Durch gut überlegte Progressionsleisten soll der Unterricht vor allem in zwei Bereichen optimiert werden: Erstens soll ein möglichst effizientes Erlernen der Fremdsprache ermöglicht werden, bei dem die auf der Basis einer umfassenden Bedürfnisanalyse erhobenen Lernziele möglichst rasch erreicht werden. Im Rahmen der Grammatikprogression kann das z.B. bedeuten, nicht das komplette Paradigma eines grammatikalischen Phänomens zu präsentieren, sondern nur die Teilbereiche, die für das Erreichen eines kommunikativen Lehrzieles wichtig sind. Zu einem späteren Zeitpunkt wird dann das Paradigma erweitert (= zyklische **P.**). Zweitens sollen Progressionsleisten die individuellen Lernvoraussetzungen der jeweiligen Lernenden berücksichtigen, was z.B. mehr oder weniger flache Progressionskurven mit eingeplanten Wiederholungsschleifen erfordert. Im Rahmen eines lernendenzentrierten →**Curriculums** werden auch die Lernenden in die Erstellung der Progressionsleisten einbezogen.

3. Kriterien für die Erstellung von Progressionsleisten

Fachorientierte Kriterien: Erkenntnisse aus den Bezugswissenschaften, die eine bestimmte Reihenfolge von Lerninhalten bzw. Aufgabenstellungen nahe legen (z.B. einfache vor schwierigen Inhalten, kommunikativ relevante vor weniger relevanten Inhalten, Berücksichtigung von →**Erwerbssequenzen**, Berücksichtigung von Übungstypologien, usw.); übergeordnete Referenzsysteme wie der →**GeR** oder regionale Lehrpläne; Konventionen des DaF/DaZ-Unterrichts.

Lernendenorientierte Kriterien: subjektive und objektive Bedürfnisanalysen; Analyse der Lernvoraussetzungen (Verarbeitungskapazität der Lernenden, Motivation und Zeitressourcen der Lernenden, usw.).

Lehrendenorientierte Kriterien: subjektive Theorien der Lehrperson über das Lehren und Lernen von Sprachen; Rahmenbedingungen des Unterrichts.

Appel, J./Schumann, J./Rösler, D. (1983), *Progression im Fremdsprachenunterricht*, Heidelberg.

Wilfried Krenn

Projektarbeit, die/Projektunterricht, der: **Pa.**: besondere Arbeitsform, die inzwischen in fast allen Disziplinen, wo Menschen lernend, forschend und entwickelnd tätig sind, angewandt wird; anders als der Begriff **Pu.** impliziert **Pa.** begrifflich auch den temporären Einsatz dieser Arbeitsform in einem komplexeren Lehr-/Lernszenario, in dem noch weitere Arbeitsformen zum Einsatz gelangen. Der Begriff „Projekt" selbst wird dabei uneinheitlich gebraucht, fokussiert aber im Kern ein produktähnliches Resultat sowie eine kooperative Arbeitsweise in einer Gruppe.

Pu. ist eine prozess- und produktorientierte, offene Unterrichtsform, die im Gegensatz zum Frontalunterricht versucht, ganzheitliche, selbst bestimmte, wissensvernetzte und handlungsorientierte Ansätze zu verfolgen und umzusetzen und die Kreativität der Lernenden abzurufen und zu entwickeln. Die Lerner bestimmen dabei selbst, wann, wo, wie und mit wem – häufig auch an welchem Thema/mit welchem Ziel – sie arbeiten und erwerben/entwickeln so neben den Inhalten auch organisatorische, methodische, und soziale Kompetenzen; darüber hinaus ermöglicht **Pu.** →**Binnendifferenzierung** sowie die Integration unterschiedlicher persönlicher Spezialbegabungen und deren Weiterentwicklung. Die Rolle der Lehrperson ist eine koordinierende, sie versteht sich als teilnehmender Leiter und beratender Experte. Für DaF und DaZ ist **Pu.** besonders geeignet, weil hier Sprache selbstständig in realen Lebenssituationen und authentischen Kommunikationszusammenhängen angeeignet, bzw. angewandt und die so wichtige direkte Beziehung zwischen unterrichtlichem und nichtunterrichtlichem Spracherwerb hergestellt werden kann.

Apel, H./Knoll, M. (2001), *Aus Projekten lernen. Grundlegung und Anregungen*, München. – Schart, M. (2003), *Projektunterricht – subjektiv betrachtet, eine qualitative Studie mit Lehrenden für Deutsch als Fremdsprache*, Esslingen.

Elfie Pennauer

Pronomen, das: eine Wortklasse, die jene Wörter umfasst, die als Begleiter oder Stellvertreter von →**Nomen** auftreten. Sie sind flektierbar (nach →**Kasus**, →**Numerus**, →**Genus**) und passen sich als Begleiter in Genus und Numerus ihrem Bezugsnomen an. Als Begleiter (z.B. *diese Grammatik*) geben sie Auskunft über Bestimmtheit, Zugehörigkeit, Bekanntheit, Anzahl usw., als Stellvertreter dagegen verweisen sie entweder auf bekannte oder aber auf nicht näher bekannte Nomen. Daneben haben **P.** auch zeigende, quantifizierende und fragende Funktion. **P.** werden in zehn Unterarten untergliedert: →**Personalpronomen** (z.B. *ich, mir, mich*), →**Reflexivpronomen** (z.B. *sich, mir, mich*), →**Possessivpronomen** (z.B. *mein, dein*), Demonstrativpronomen (z.B. *dieser, jener, derselbe*), →**Interrogativpronomen** (z.B. *wer, welcher, was für ein*), →**Relativpronomen** (z.B. *wer, was, der, die, das*), bestimmte Artikel (z.B. *der, die, das*), bestimmte Zahlpronomen (z.B. *ein, zwei, drei*), unbestimmte Artikel (z.B. *ein, eine*) und →**Indefinitpronomen** (z.B. *ein, irgendein, kein, niemand, manche*). Die Dudengrammatik bezeichnet diese Klasse von Wörtern als Klasse der Artikelwörter und **P.**

Die Dudenredaktion, Hrsg. (2006), *Duden, Die Grammatik*, Bd. 4, 7. Aufl., Mannheim.

Mandy Höhle

Pronominalisierung, die: die Ersetzung von zusammengehörigen Elementen (Substantive, Nominalgruppen, ganze Sätze) im Satz durch ein →**Pronomen** oder eine andere Pro-Form (z.B. Pro-Adverb). Die **P.** dient in Texten dazu, Redegegenstände sprachlich in Kurzform zu repräsentieren, ohne sie aber dabei sprachlich zu duplizieren. Die Beziehungen zwischen den Inhalten und den durch ein Pronomen ersetzten Ausdrücken kommen durch Phorik zustande: Bezieht sich das Pronomen auf ein Inhaltswort im Vortext, liegt ein →**anaphorischer** Verweis vor: *Klaus redet gerne, aber er kann auch zuhören*. Die Redegegenstände, die das Pronomen ersetzt, werden hier als bekannt vorausgesetzt. Richtet das Pronomen die Perspektive auf den Folgetext aus, wird →**kataphorisch** verwiesen: *Es ist wirklich ein Skandal, dass sich Abgeordnete in diesen Zeiten ihre Diäten erhöhen*. Insbesondere für solche DaF-/DaZ-Lerner, deren Herkunftssprachen Pronominalisierung nicht erfordern, stellt die im Deutschen verbindlich geregelte **P.** bis in hohe Niveaus ein Lernproblem dar.

Mandy Höhle

Pronominalisierungsprobe, die: operationales Verfahren, mit dem man Satzglieder bestimmen kann (Satzgliedtest; →**Satzanalyse**), indem man sie durch →**Proformen** (z.B. Pronomina wie *sie, das*, Pronominaladverbien wie *daran, darauf* oder Adverbien wie *da, so*) ersetzt; z.B. *Die schmale Studentin mit der schweren Tasche wartete vor der Bibliothek. = Sie wartete da., Sie dachte an die Prüfung. = Sie dachte daran., Sie wusste, dass es nicht leicht werden würde. = Sie wusste das*. Die Wortgruppe, die durch das Pronomen ersetzt werden kann, stellt ein →**Satzglied** dar. Letztlich handelt es sich bei der **P.** um eine Austauschprobe (→**Substitution**), genau wie bei der Frageprobe (*Die schmale Studentin mit der schweren Tasche wartete vor der Bibliothek. = Wer wartete vor der Bibliothek?*).

Maria Thurmair

Proposition, die/propositionaler Gehalt, der: bezeichnet in der Linguistik (→**Sprechakttheorie** und →**Semantik**) den Inhalt eines Satzes, den durch einen Satz ausgedrückten Sachverhalt, d.h. das, was in einem geäußerten Satz über bestimmte Gegenstände, Personen oder Sachverhalte der Welt gesagt wird. Damit wird mit der **P.** auf Außersprachliches (→**Referenz**) Bezug genommen und dem Referenzgegenstand eine Eigenschaft zugesprochen (→**Prädikation**). So wird beispielsweise in den entsprechenden Äußerungen der Sätze *Peter kommt morgen., Kommt Peter morgen?, Kommt Peter morgen wirklich?, Käme Peter doch morgen., Ich vermute, dass Peter morgen kommt.* jeweils die gleiche Referenz < Peter> und die gleiche Prädikation < kommt morgen> vollzogen, damit auf den gleichen Sachverhalt Bezug genommen, unabhängig davon, ob dass im Rahmen einer „Feststellung", einer „Frage", eines „Zweifels", „Wunsches" oder einer „Vermutung" geschieht.

Hindelang, G. (2000), *Einführung in die Sprechakttheorie*, Tübingen.

Renate Freudenberg-Findeisen

Prosodie, die/Prosodik, die/prosodisches Merkmal, das: auch: →**Intonation** im weiteren Sinne, →**suprasegmentale Phonetik**. Kann sowohl der →**Phonologie** als auch der →**Phonetik** zugeordnet werden. Aus phonologischer Sicht ist die bedeutungsunterscheidende Funktion der **P.** relevant, sie erfolgt auf verschiedenen Ebenen, so im Bereich der →**Akzentuierung** (*umfahren* vs. *umfahren, heute so, morgen so* vs. *heute so, morgen so*), der Gliederung (*er, nicht sie* vs. *er nicht, sie*) und der Melodisierung (*Kommen Sie?* vs. *Kommen Sie!*). Aus phonetischer Sicht sind Auftreten, Kombination und Variation der **p.M.** interessant: Sprechmelodie (→**Melodie**, →**Kadenz**), Lautstärke, Dauer, Sprechtempo (→**Sprechgeschwindigkeit**), Sprechspannung sowie, quasi als Nichtvorhandensein dieser Merkmale, die Pausen (→**Pausierung**). Als aus allen Mitteln – je nach Sprechintention und -situation – spezifisch kombinierte, komplexe suprasegmentale Gestaltungsmerkmale gesprochener Äußerungen sind →**Akzentuierung** und Rhythmisierung (→**Rhythmus**) anzusehen. Ob der Stimmklang zu den **p.M.** zählt, ist umstritten, in jüngeren Arbeiten (vgl. Neuber 2002) wird er ihnen zugeordnet. Neben der Bedeutungsunterscheidung sind folgende Funktionen der Prosodie zu nennen: Hervorhebung (z.B. *das ist mein Buch* vs. *das ist mein Buch*), Strukturierung (Gliederung) und expressive, affektive Funktion.

Hirschfeld, U./Stock, E., Hrsg. (2000), *Phonothek interaktiv*, München, (CD-ROM). – Neuber, B. (2002), *Prosodische Formen in Funktion*, Frankfurt a.M.

Ursula Hirschfeld

Protosprache, die: s. Ursprache

Prototyp, der: mentale Repräsentation eines typischen Vertreters eines Konzeptes/Begriffes (→**Stereotyp**, Familienähnlichkeit). Lexikalische und grammatische Kategorien umfassen eine Menge von Mitgliedern, einige sind für die Sprachgemeinschaft prototypischere (zentrale) Mitglieder der Kategorie. So ist im mitteleuropäischen Kontext in der Kategorie VOGEL der *Spatz* ein typischerer Vertreter als der *Zebrafink* und gilt als **P.** Andererseits umfasst eine Kategorie auch Grenzfälle oder periphere Mitglieder: *Der Pinguin* gilt z.B. generell nicht als typischer Vogel, da er flugunfähig ist und die Fähigkeit, fliegen zu können, im Kern des VOGEL-Konzepts liegt; er wird aber auf dem Hintergrund seiner stammesgeschichtlich-biologischen Zuordnung gleichwohl zu den Vögeln gerechnet. **P.** werden ihrer Kategorie schneller zugeordnet, früher als komplexere und speziellere Mitglieder erworben und dienen als Bezugspunkt für Gedächtnisleistungen.

Rosch, E. (1978), „Principles of Categorization", in: Rosch, E./Lloyd, B. (Hrsg.), *Cognition and Categorization*, Hillsdale, 27–48. – Blutner, R. (1985), „Prototyp-Theorien und strukturelle Prinzipien der mentalen Kategorisierung", in: *Linguistische Studien* 125, 86–135. – Kleiber, G. (1993), *Prototypensemantik. Eine Einführung*, Tübingen.

Christine Römer

Proxemik, die: beschreibt das menschliche Raum- und Distanzverhalten. Drei Raumkategorien werden nach Hall (1976) unterschieden: 1. feste Raumstrukturen (Wände, Zäune etc.), 2. halbfixierte Raumstrukturen (Möbel etc.) und 3. persönlicher Raum.

Die ersten beiden Raumstrukturen geben die Positionierung des Körpers im Raum vollständig oder teilweise vor. Die dritte Kategorie bezieht sich auf das hochgradig unbewusste Distanz- und Territorialverhalten eines Menschen. Hall unterscheidet dabei vier Distanzzonen, die Menschen in face-to-face-Interaktionen zueinander einnehmen: 1. intim (bis 45 cm); 2. persönlich

(45–120 cm); 3. sozial-konsultativ (120–360 cm); 4. öffentlich (> 360 cm).

Die Wahrnehmung des persönlichen Raums wird u.a. beeinflusst durch den situativen Kontext einer Interaktion, das Geschlecht der Interaktionspartner und kulturell geprägte Normen, d.h. hier besteht auch die Möglichkeit interkultureller Konflikte.

Hall, E.T. (1976), *Die Sprache des Raumes*, Düsseldorf.

Manuela Knötig

prozedurales Wissen, das: Begriff der Kognitionspsychologie zur Informationsverarbeitung, der das sog. „Wissen wie", das Handlungswissen/Fertigkeitswissen charakterisiert. Das **p.W.** stellt Operationen zur Nutzung und zum Erwerb von Wissen bereit. Die Unterscheidung von deklarativem und prozeduralem Wissen ist bei Anderson im Rahmen seines Modells des *Adaptive Control of Thought* (*ACT*) zu sehen (vgl. Grotjahn 1997, 38). Neben dem **p.W.** wirkt das →**deklarative Wissen** („Wissen was") bei der →**Top-down-Verarbeitung**. Beide Wissenskomponenten sind für die Sprachverarbeitung doppelt ausgelegt, einmal als Sprachwissen und zum anderen als Weltwissen. Das **p.** Sprachwissen ist Wissen darüber, wie man Sprache verarbeitet oder produziert, dazu gehören →**Strategien** wie z.B. das Antizipieren, Inferieren, Generalisieren. **P.** Weltwissen ist Wissen darüber, wie man sich angemessen in der umgebenden Welt verhält (vgl. Wolff 1990, 614).

Grotjahn, R. (1997), „Strategiewissen und Strategiegebrauch. Das Informationsverarbeitungsparadigma als Metatheorie der L2-Strategieforschung", in: Rampillon, U./Zimmermann, G., *Strategien und Techniken beim Erwerb fremder Sprachen*, Ismaning, 33–76. – Wolff, D. (1990), „Zur Bedeutung des prozeduralen Wissens bei Verstehens- und Lernprozessen im schulischen Fremdsprachenunterricht", in: *Die Neueren Sprachen*, Jg. 89, 610–625.

Barbara Biechele

Prüfung, die: Leistungsmessung zur Feststellung der Leistungsfähigkeit oder des Kenntnisstands von Personen, wird häufig synonym gebraucht mit →**Test**. Im Gegensatz zum Test impliziert **P.** einen gewissen Mindestumfang, eine institutionelle Einbettung und unterstreicht das Erreichen einer Qualifikation, häufig in Form eines Zertifikats. Eine erfolgreich abgelegte **P.** ist häufig Voraussetzung für den Zugang zu einer Ausbildung, einem Studiengang etc. (→**Sprachprüfung**).

Michaela Perlmann-Balme

Prüfungssatz, der: Anzahl von Testaufgaben, die zu einer Version einer bestimmten →**Sprachprüfung** (z.B. →**DSH**, →**ZOP**) zusammengestellt sind und zu einem bestimmten Termin an einem Prüfungsort (dem Prüfungsereignis) zum Einsatz kommen. Bei den bundes- bzw. weltweit eingesetzten, international anerkannten Feststellungsprüfungen gibt es i.d.R. eine Anzahl von Parallel-Versionen. Prüfungssätze unterscheiden sich hinsichtlich der Themen und Inhalte der einzelnen Items, nicht jedoch hinsichtlich des Formats der Aufgaben und hinsichtlich der sprachlichen Grundlagen. Sie sollten innerhalb eines festgelegten Rahmens keine Abweichungen im Schwierigkeitsgrad aufweisen.

Michaela Perlmann-Balme

Prüfung zum Nachweis deutscher Sprachkenntnisse, die (PNdS): s. Deutsche Sprachprüfung für den Hochschulzugang (DSH)

Psychodramaturgie, die: auch: Sprachpsychodramaturgie, Psychodramaturgie Linguistique. Zählt zu den alternativen Methoden der Fremdsprachenvermittlung. Seit 1977 von Bernard und Marie Dufeu in Mainz entwickelt. Die **P.** verfolgt einen ganzheitlichen Ansatz und ist sowohl teilnehmer- als auch gruppenorientiert; im Zentrum stehen die Ausdrucksinteressen und Imaginationen der Lernenden.

Dufeu, B. (2003), *Wege zu einer Pädagogik des Seins*, Mainz. – Ortner, B. (1998), *Alternative Methoden im Fremdsprachenunterricht*, Ismaning. – Sippel, V. (2003), *Ganzheitliches Lernen im Rahmen der Simulation globale. Grundlagen – Erfahrungen – Anregungen*, Tübingen.

Silke Hofer

Psycholinguistik, die:

1. Anfänge in den USA

Bis in die 1950er Jahre hinein waren →**Linguistik** und Psychologie in den USA gleichermaßen vom →**Behaviorismus** beherrscht – eine Ära, die allmählich zu Ende ging. Symptomatisch für das wachsende Unbehagen an der Vernachlässigung anthropologischer und mentaler Strukturen war ein Treffen von Vertretern beider Disziplinen im Jahr 1953 an der Universität Indiana. Hier wurde quasi aus dem Stand die **P.** kreiert und auf den Weg gebracht. Allerdings hatten die Psychologen in dieser interdisziplinären Szene zunächst nur einen kurzen Auftritt, denn bald darauf fand am Massachusetts Institute of Technology ein weiteres Treffen statt, bei dem die im Entstehen begriffene →**generative Grammatik** mit am Tisch saß, um alsbald die amerikanische Variante des deskriptiven →**Strukturalismus** in der Linguistik abzulösen. Sie beanspruchte die Deutungshoheit nicht nur für die Strukturen der Sprache, sondern auch für die Strategien ihrer Verarbeitung. Daraus ging eine Arbeitsteilung hervor, in der die Linguistik die Theorie der Sprache lieferte und damit die führende Rolle einnahm, während die **P.** sich um den Nachweis der psychischen Realität der linguistischen Regelsysteme (den ‚kleinen Linguisten im Kopf') bemühte (vgl. List 1972).

2. Weiterentwicklung
Etwa zwei Jahrzehnte hielt die starke Wirkung der generativen Grammatiktheorie auf die **P.** an. Thematisiert wurde vor allem die →**Kompetenz**, verstanden als ein separates Modul der menschlichen Ausstattung, dessen Mechanismen als wesentlich angeboren galten. Damit waren alle →**nonverbalen** und →**paralingualen** Komponenten realer sprachlicher Interaktion zur Nebensächlichkeit erklärt (vgl. Reber 1987). Innerhalb der Psychologie entwickelte sich indessen, vor allem als Teil der →**Kognitionswissenschaften** und als →**Spracherwerbsforschung**, großes Interesse an den komplexen psychischen Prozessen, die dem →**Sprachhandeln** zu Grunde liegen. →**Spracherwerb**, sprachliches Wissen und →**Sprachgebrauch** wurden so im Zentrum der Psychologie wieder entdeckt, also da, wo sie gerade im deutschen Sprachraum während des späten 19. und frühen 20. Jhs. als →**Sprachpsychologie** beheimatet gewesen waren (vgl. List 1974). Weil mit der Zeit auch Linguisten und Sprachdidaktiker im Zeichen der **P.** auf das Gebiet der Sprachpsychologie übergegriffen haben (z.B. Dietrich 2002, Wode 1988) und inzwischen auch die an Sprache interessierte Psychologie verstärkt unter diesem Arbeitsbegriff publiziert, ist mit **P.** heute ein weites Feld bezeichnet (vgl. Rickheit u.a. 2002), an dem auch DaF und DaZ partizipieren (vgl. Butzkamm 2002).

Butzkamm, W. (2002), *Psycholinguistik des Fremdsprachenunterrichts*, 3. Aufl., Tübingen. – Dietrich, R. (2002), *Psycholinguistik*, Stuttgart. – List, G. (1972), *Psycholinguistik*, Stuttgart. – List, G. (1974), *Syntagmatische Sprachpsychologie. Sprache als System von Kommunikation und Lernerfahrung*, Stuttgart. – Reber, A. S. (1987), „The rise and (surprisingly rapid) fall of psycholinguistics", in: *Synthese: An International Journal of Epistemology, Methodology and Philosophy of Science*, Jg. 72, 325–339. – Rickheit, G./Herrmann, T./Deutsch, W., Hrsg. (2003), *Psycholinguistik. Ein internationales Handbuch*, Berlin. – Wode, H. (1988), *Einführung in die Psycholingustik: Theorien, Methoden, Ergebnisse*, Ismaning.

Gudula List

Psychopädie, die: ist eine Variante der →**Suggestopädie**. Sie wurde federführend von Ruprecht S. Baur entwickelt und 1990 erstmals ausführlich beschrieben. Ihre Hauptmerkmale sind die großen Textkorpora pro Lektion, der eng vorgegebene Ablauf von vier Präsentations- und zwei Aktivierungsphasen. Auch das Konzept des entspannten Lernens mit Musik und die Autorität der Lehrperson übernimmt die **P.** von der Suggestopädie. Abweichend von ihr betont **P.** den Einsatz nonverbaler Mittel von Seiten der Lehrperson in der ersten und zweiten Präsentationsphase. Die Imitation dieser nonverbalen Mittel wie Bewegung, Gestik, Mimik, Blickkontakt und körpersprachliche Zuwendung durch die Lernenden wird als konstitutiv für die Behaltens- und Produktionsleistung angenommen.

Baur, R.S. (1990), *Superlearning und Suggestopädie. Grundlagen – Anwendung – Perspektiven*, Berlin.

Brigitte Ortner

Q

QSE: s. Qualitätssicherung und Entwicklung

Qualitätsmanagement, das: ersetzt zunehmend den Begriff →**Qualitätssicherung** und umfasst nach der internationalen Norm DIN EN ISO 9000 die aufeinander abgestimmten Tätigkeiten zur Leitung und Lenkung einer Organisation (z.B. Schule, Unterricht) bezüglich Qualität, z.B. die Qualitätspolitik, -planung, -lenkung, -sicherung und -verbesserung.

Christina Kuhn

qualitative Forschungsmethode: s. Forschungsmethoden, Forschungsansätze

Qualitätssicherung, die: die Summe aller Maßnahmen, die sicherstellen sollen, dass der Unterricht bestimmte Qualitätsziele, definierte Anforderungen und Vorgaben erfüllt. Neben der Sicherung von Mindeststandards kann **Q.** auch auf ihre Weiterentwicklung (→**Qualitätssicherung und -entwicklung**) gerichtet sein (vgl. auch →**Qualitätsmanagement**). **Q.** erfolgt in einem laufenden Evaluationsprozess. Als Verantwortliche für die Unterrichtsqualität definieren Lehrende die Ziele der Lehr-Lernprozesse und die Maßnahmen zu ihrem zielgerichteten Verlauf. Sie legen Kriterien zur regelmäßigen Überprüfung und Evaluation fest und verändern entsprechend die Lehr-Lernprozesse auf Basis dieser Daten. **Q.** kann z.B. bezogen auf die Leistungen der Lernenden, die Kompetenz der Lehrenden oder die Qualität der Kursgestaltung erfolgen. **Q.** setzt die Kenntnis sprachbezogener Evaluations- und **Q.**-Instrumente wie des →**Europäischen Sprachenportfolios** oder von →**Profile deutsch** voraus.

Q. richtet sich nach innen auf die Beseitigung von Qualitätsdefiziten im Lehr-Lernprozess, oft aber auch auf die Dokumentation von Qualität z.B. gegenüber externen **Q.**-Systemen wie →**EAQUALS** oder Eltern und Mitbewerbern. Der Qualitätsnachweis erfolgt z.B. durch Offenlegung von Lernzielen, Methoden und Materialien.

Arnold, K.-H., Hrsg. (2007), *Unterrichtsqualität und Fachdidaktik*, Bad Heilbrunn. – Lasnier, J.-C. et al. (2000), *Quality Guide. A quality guide for the evaluation and design of language learning and teaching programmes and materials*, http://quiltnetwork.org [12.08.2008].

Christina Kuhn

Qualitätsicherung und -entwicklung, die (QSE): umfasst alle Verfahren zur Sicherung einer Mindestqualität bzw. zu deren Weiterentwicklung als System. Bildungs-**Q.** wird im Gegensatz zur Produkt-**Q.** in erster Linie über Prozesse definiert und erfasst die komplexe Interaktion zwischen Lernenden (Bedürfnisse, Voraussetzungen, Kosten), Unterrichtenden (Aus-/Fortbildung, Arbeitsbedingungen), Bildungseinrichtung (Ressourcen) und übergeordnetem Bildungskontext (Bedarfe, Vorgaben, vereinbarte Standards) als System. Ein Höchstmaß an Verbindlichkeit und Vergleichbarkeit wird mit der Beteiligung einer Einrichtung an einem bekannten Qualitätsverbund erreicht. Der wichtigste **Q.**-Verbund für Sprachlernangebote auf europäischer Ebene ist →**EAQUALS**. Im schulischen Bereich verfügen die Bundesländer über entsprechende Einrichtungen (z.B. das ISQ, s. Lit. Angabe). Für Bildungsangebote in der Weiterbildung ist insbesondere das LQW-System (s. Lit. Angabe) zu nennen. Weitere Zertifizierungsmöglichkeiten speziell für den Bildungsbereich sind über DIN EN ISO 9000ff. und CERTQUA (s. Lit. Angabe) gegeben. Neben solchen externen Evaluationen durch neutrale Einrichtungen spielt die einrichtungsinterne Selbstevaluation insbesonders bei der Weiterentwicklung eine wichtige Rolle.

Internetadressen: CERTQUA: Gesellschaft der Deutschen Wirtschaft zur Förderung und Zertifizierung von Qualitätssicherungssystemen in der Beruflichen Bildung GmbH: www.certqua.de – DIN EN ISO 9000ff.: www.beuth.de/cmd?level=tpl-artikel&cmstextid=30755&languageid=de – EAQUALS: The European Association for Language Quality Services: www.eaquals.org/ – ISQ: Institut für Schulqualität der Länder Berlin und Brandenburg: www.isq-bb.de – LQW: Lernerorientierte Qualitätsorientierung in der Weiterbildung: www.artset-lqw.de/lqwcms/index.php

Gerhard von der Handt

quantitative Forschungsmethode: s. **Forschungsmethoden, Forschungsansätze**

Querschnittstudie, die: Forschungsdesign, in dessen Rahmen Daten über Personen oder andere Forschungsgegenstände zu einem bestimmten Zeitpunkt erhoben werden. **Q.** haben zum Ziel, einen statischen Zustand zu beschreiben, Variablen zueinander in Beziehung zu setzen und/oder Gruppen miteinander zu vergleichen; auch einige frühe Studien zum sog. →**Gastarbeiterdeutsch** basieren auf **Q.** Aussagen über Kausalzusammenhänge sowie über Verläufe können auf Grundlage von **Q.** nur bedingt getroffen werden. Hier sind →**Längsschnittstudien** geeigneter, gleichzeitig allerdings auch wesentlich aufwändiger in der Durchführung.

Julia Settinieri

R

RBSG: s. **Robert Bosch Stiftung**

Realienkunde, die: ein vom letzten Drittel des 19. bis zum ersten Drittel des 20. Jh. aktuelles und partiell bis in die Gegenwart nachwirkendes Konzept fremdsprachlicher →**Landeskunde** mit dem Ziel der Vermittlung von als nützlich betrachtetem Faktenwissen über ‚Land und Leute', über Bevölkerung, Handel, Industrie, Gesellschaft und Institutionen eines Landes bzw. Staates der Zielsprache.

Lüsebrink, H.-J. (2007), „Kultur-und Landeswissenschaften", in: Bausch, K.-R./Christ, H./Krumm, H.-J. (Hrsg.), *Handbuch Fremdsprachenunterricht*, 5. Aufl., Tübingen, 60–65.

Rainer Bettermann

Rechtschreibreform, die: Die deutsche Rechtschreibregelung aus dem Jahr 1902 war bis 1998 in Deutschland, Österreich und der Schweiz gültig. Unter **R.** werden der Prozess und das Ergebnis einer dzgl. Neuregelung verstanden, wie sie in den deutschsprachigen Ländern ratifiziert und am 1. Juli 1996 durch die Wiener Absichtserklärung verabschiedet wurde. Für die Umsetzung wurde ein Übergangszeitraum bis zum 31. Juli 2005 festgelegt. Eine zwischenstaatliche Kommission, bestehend aus Sprachexperten aus Deutschland, Österreich und der Schweiz, sollte die Einführung der Neuregelung begleiten, die künftige Sprachentwicklung beobachten sowie Vorschläge zur Anpassung des Regelwerks ausarbeiten (vgl. Augst/Blüml/Gallmann 2007, 9). Die Kommission legte zw. 1997 und 2005 vier Berichte vor, in denen die Kritik der Reformgegner berücksichtigt und Kompromissvorschläge vorgebracht wurden. Die Änderungsvorschläge aus dem vierten Bericht der Kommission vom November 2003 wurden von den deutschen, österreichischen und schweizerischen Instanzen Anfang Juni 2004 gebilligt und in das neue Regelwerk aufgenommen, das seit dem Schuljahr 2006/2007 gültig ist. Über Sinn und/oder Details der Reform wurde und wird jedoch in Expertenkreisen kontrovers diskutiert.

Augst, G./Blüml, K./Gallmann, P., Hrsg. (2007), *Die Arbeit der zwischenstaatlichen Kommission für deutsche Rechtschreibung von 1997 bis 2004 (Documenta Orthographica Bd. 12)*, Hildesheim. – Bauer, G. (1996), *Stichwort Rechtschreibreform*, München. – Internetadresse: www.rechtscheibkommission.de

Verena Merlingen

Rechtschreibung, die: auch: Orthographie; bezeichnet **1.** die amtliche Festlegung der korrekten Schreibweise der deutschen Sprache, **2.** die konkrete schriftsprachliche Praxis als Gegenstand von Normsetzungen, →**Fehleranalyse** u. **-korrektur** u.a.m. Die **R.** wird in folgende Bereiche unterteilt: die Laut-Buchstaben-Zuordnung; die Getrennt- und Zusammenschreibung; die Schreibung mit Bindestrich; die Groß- und Kleinschreibung; die Zeichensetzung; die Worttrennung am Zeilenende.

Bis zum 18. Jh. existierte im deutschen Sprachraum keine einheitliche Schreibregelung. Als einer der ersten Sprachnormierer gilt Konrad Adelung, der in den Jahren 1774–1801 den fünfbändigen „Versuch eines vollständigen grammatisch-kritischen Wörterbuches der Hochdeutschen Mundart" und 1788 seine „Vollständige Anweisung zur deutschen Orthographie" veröffentlichte. Seine Schreibweise galt bis ins 19. Jh. für den Schulunterricht als verbindlich (zu weiteren geschichtlichen Details s. Ernst 2005). Zuletzt wurde die Rechtschreibung für Deutsch mit Geltung für alle deutschsprachigen Regionen mit Wirkung ab 01. Juli 1998 grundlegend reformiert, die aktuelle **R.** gilt in der amtlichen Regelung von 2006 (→**Rechtschreibreform**).

Ernst, P. (2005), *Deutsche Sprachgeschichte*, Wien. – Nerius, D., Hrsg. (2005), *Konrad Dudens orthographische Schriften (Documenta Orthographica Bd. 4)*, Hildesheim.

Verena Merlingen

Rechtstendenz, die/rechtsversetzend: **1.** Im Gegensatz zu →**Linkstendenz** meint **R.** die Versetzung eines koreferenten Ausdrucks zu einer Konstituente im Satz, nachgestellt hinter die rechte Satzklammer, z.B. *Das kann ich noch nicht sagen, ob das klappt*.

2. Bezogen auf die Stellung von Dativ- und Akkusativobjekten im Satz bezeichnet **R.** die Tendenz von neuer Information (Rhema), eine Position rechts einzunehmen: *Ich übergebe dem Partner/ihm ein Geschenk*., während Bekanntes (z.B. dann als →**Pronomen** im Akkusativ) Linkstendenz aufweist: *Ich übergebe es ihm.*

Mandy Höhle

Rectum, das: gelegentlich verwendeter allgemeiner grammatischer Terminus für den Teil eines komplexen Ausdrucks, der hinsichtlich seiner morphologisch-syntaktischen Form von anderen Wörtern dieses Ausdrucks bestimmt, also regiert wird (→**Rektion**). Z.B. ist *Wetters* in *wegen des Wetters* von der Präposition *wegen* hinsichtlich des →**Kasus** (hier: Genitiv) regiert, verhält sich also wie ein **R.** zu einem →**Regens.**

Hans Barkowski

Reduktion, die: →Lautreduzierung; Abschwächung der Artikulationsmerkmale (→**Artikulation**) für einen Laut, meist unter dem Einfluss anderer Laute, im Zusammenhang mit Erscheinungen der →**Assimilation** und abhängig von der Akzentuierung und der →**Sprechgeschwindigkeit. R.** können verschieden stark sein (**R.**stufen) und bis zum Verschwinden eines Lautes führen, so etwa bei *leben* [bm̩] (→**Elision**). Im Deutschen sind vorrangig unbetonte →**Präfixe** und Endsilben betroffen. In Abhängigkeit von phonostilistischen Besonderheiten können auch andere Laute reduziert und elidiert werden, z.B. werden im Wortauslaut und an Silbengrenzen →**Explosive** nicht aspiriert (*nicht*), →**Frikative** und →**Nasale** verkürzt ausgesprochen (*annehmen*). Bei DaF-/DaZ-Lernenden, denen aus ihrer Ausgangssprache derartige Reduktionsvorgänge unbekannt sind, stellen sich notwendige **R.** meist nicht automatisch/spontan ein, sondern müssen geübt werden.

Kerstin Reinke

Reduktionsvokal, der: Im engeren Sinne werden das vokalische r [ɐ] (*Uhr*) und der →**Murmelvokal**/Schwa-Laut [ə] (*Blume*) als **R.** bezeichnet; im weiteren Sinne alle aufgrund assimilatorischer Vorgänge in ihren Artikulationsmerkmalen reduzierten →**Vokale**. Da im Deutschen der Phonemstatus (→**Phonem**) des Schwa-Lautes [ə] umstritten ist, wird häufig allein vokalisches r [ɐ] als **R.** bezeichnet. Dieser ist die lautliche Realisierung 1. für r nach langem Vokal, der ihm innerhalb derselben Silbe vorangeht (vgl. *Uhr* [ɐ], aber *Uh-ren* [ʁ]) und 2. für →**Affixe**, die die Graphemfolge er enthalten (*erzählen, besser*). Das vokalische r ist – wie der Schwa-Laut – ein mit geringer Mundöffnung, halbhoch aufgewölbter Zunge und ungespannter Artikulationsmuskulatur gebildeter zentraler Vokal (→**Artikulation**). DaF-/DaZ-Lernende, denen aus ihrer Ausgangssprache keine Reduktionsvokale geläufig sind, realisieren häufig den Schwa-Laut [ə] als kurzes/offenes [ɛ] und das vokalische r [ɐ] als konsonantisches r.

Kerstin Reinke

Referendariat, das: Vorbereitungsdienst für Anwärter auf die höhere Beamtenlaufbahn. Bei Lehrerinnen und Lehrern die zweite Ausbildungsphase, aufbauend auf einem Lehramtsstudium an einer Universität. Das **R.** wird in Deutschland in Verantwortung der Bundesländer an staatlichen Studienseminaren durchgeführt. Die Länge des **R.** liegt, abhängig von der Schulform bzw. -stufe, für die ein Referendar qualifiziert wird, zwischen 12 und 24 Monaten. Im **R.** unterrichten die Auszubildenden unter Anleitung z.T. eines Mentors/einer Mentorin, z.T. selbstständig bedarfsdeckend an einer Schule. Die didaktisch-methodische Ausbildung findet begleitend in Seminargruppen statt. Abschluss: Zweites Staatsexamen. In Österreich und der Schweiz existiert kein **R.** in dieser Form.

Ursula Neumann

Referenzrahmen, der: s. GeR

reflexiv: bezieht sich auf die Eigenschaft der Rückbezüglichkeit von →**Pronomina.** Die Pronomina in *Emil kauft sich ein Buch.* und *Ich kaufe mir ein Buch.* sind →**Reflexivpronomina.** Die Pronomina in *Du kaufst mir ein Buch., Emil kauft ihm ein Buch.* sind →**Personalpronomina**, vgl. auch →**reflexives Verb.**

Klaus Welke

reflexives Verb: bezieht sich auf Verben, bei denen das →**Reflexivpronomen** nicht mehr vollsemantisch rückbezüglich aufgefasst werden kann, sondern zu einem Bestandteil des Verbs geworden ist. Z.B. wird man das Reflexivpronomen in *Othello tötet sich.* vollsemantisch rückbezüglich auffassen und als →**Objekt** analysieren, vgl.: *Othello tötet erst Desdemona und dann sich.* Das Reflexivum in *Othello ärgert sich.* kann man nicht so auffassen. *Othello* tut hier nichts ausdrücklich mit sich selbst (steht also z.B. nicht vor dem Spiegel, streckt die Zunge raus und ärgert sich darüber). Bei einem **r.V.** hat das Verb nicht Handlungsbedeutung, sondern Vorgangsbedeutung (oder Tätigkeitsbedeutung). Besonders deutlich wird das, wenn das Subjekt nicht belebt ist, vgl. *Der Zweig biegt sich., Das Loch vergrößert sich.* Die meisten Vorgangsverben des Deutschen sind **r.V.** Entsprechende Übergänge von Handlungsverben in Vorgangsverben (oder Tätigkeitsverben) gibt es in vielen Sprachen. Sie werden übereinzelsprachlich ‚Medialisierung' genannt, und die betreffenden Verben heißen ‚Medialverben'. Nicht immer spielt das Reflexivpronomen eine Rolle, vgl. dt.: *Hans öffnete die Tür. – Die Tür öffnete sich.* und engl: *John opened the door. – The door opened.*

Klaus Welke

Reflexivität, die: bezeichnet die Möglichkeit des Sichrückbeziehens. →**Reflexive Verben** treten zusammen mit dem →**Reflexivpronomen** auf, z.B. *sich verlieben.* Die im Verb ausgedrückte Handlung bezieht sich auf den Subjektreferenten selbst.

Mandy Höhle

Reflexivpronomen, das: bezeichnet das →**Pronomen** *sich* (bzw. *mich, dich, uns, euch, mir, dir*), das sich auf das Subjekt des jeweiligen (Teil-) Satzes bezieht. Lediglich die 3. Person Sg./Pl. hat eine eigene Form: *sich.* Es kennt keine Genus- und Numerusunterschiede und kann sowohl in Akkusativ- als auch in Dativkontexten gebraucht werden. Alle anderen Formen stimmen mit den Personalpronomen überein. Man kann daher das eigentliche **R.** *sich* (**R.** i.e.S.) von den reflexiv gebrauchten Personalpronomen (**R.** i.w.S.) unterscheiden. Zur Hervorhebung kann das **R.** mit *selber* oder *selbst* verstärkt werden (Ausnahme: →**reflexive Verben**): *Susanne betrachtete sich (selbst) im Spiegel.* vs. reflexives Verb: *Susanne beeilte sich (*selbst).*). Um ein Wechselverhältnis zu verdeutlichen kann das **R.** mit *gegenseitig* oder dem reziproken Pronomen *einander* verbunden werden: *Klaus und Susanne liebten einander sehr., Die Kinder ärgerten sich gegenseitig.* Obligatorisch tritt das **R.** bei bestimmten Verben und Ausdrücken mit Adjektiv auf, z.B. *Ich begebe mich nach draußen. Ich war mir keiner Schuld bewusst.*

Mandy Höhle

Reformpädagogik, die: Unter **R.** werden verschiedene Ansätze und Bewegungen zur Reform von allgemeiner Erziehung, Schule und Unterricht zusammengefasst. Die **R.** kam vor allem Ende des 19. und im ersten Drittel des 20. Jh. auf. Ihr Ziel war die Veränderung der vorherrschenden „Paukschule", die als autoritär und lebensfremd kritisiert wurde. Als wichtige Prinzipien der **R.** gelten z.B. die Selbstbestimmung, die Selbsttätigkeit und Eigenverantwortung der Lernenden, praktisches Tun oder Lernen durch Handeln, die Erlebnispädagogik, die Verbindung von Schule und Leben. „Reformpädagogik ist (auch) eine pädagogische Reflexions- und Handlungsform, die gegen unreflektierte, einschränkende Zwänge der Institution ein Konzept des Lernens entwerfen und durchsetzen will, das angstfreies Lernen ermöglicht." (Skiera 2003, 10). Die Rezeption reformpädagogischer Einflüsse in der Fremdsprachendidaktik geschieht bis heute punktuell, so z.B. in Bezug auf die Arbeit Freinets (→**Freinet-Pädagogik**).

Skiera, E. (2003), *Reformpädagogik in Geschichte und Gegenwart. Eine kritische Einführung*, München.

Barbara Biechele

regelmäßiges Verb: s. schwaches Verb

Regens, das: 1. Gelegentlich verwendeter allgemeiner grammatischer Terminus für Verben, Präpositionen und Adjektive hinsichtlich ihrer Fähigkeit, die morphologisch-syntaktische Form von Wörtern/Wortgruppen, die in ihrer Nachbarschaft vorkommen, zu regieren (→**Rektion**). Z.B. regiert die Präposition *wegen* das ihr zugeordnete Substantiv hinsichtlich →**Kasus** (hier: Genitiv): *wegen des Wetters*. Die Präposition verhält sich also wie ein **R.** zu seinem →**Rectum. 2.** In der →**Dependenzgrammatik** wird im Anschluss an Tesnière das in der Dependenzstruktur übergeordnete Wort **R.** und das abhängige Wort Dependens genannt, unabhängig davon, ob Rektion im engeren Sinne vorliegt. So ist z.B. ein Verb auch gegenüber einem von ihm abhängigen Adverb oder adverbialen Adjektiv in diesem allgemeinen Sinne **R.** (*Er hört schlecht.*).

Tesnière, L. (1980), *Grundzüge der strukturalen Syntax*, Stuttgart, (frz. [1]1959).

Hans Barkowski/Klaus Welke

Register, das: soziolinguistischer Terminus zur Beschreibung, Analyse und typologischen Differenzierung des Sprachhandelns; anders als →**Dialekt** und →**Soziolekt** und quer zu diesen fokussiert **R.** die Ebene alltäglicher Sprachereignisse und deren konkrete Geformtheit im Hinblick auf Faktoren und Kontexte, wie Beruf, Fachwissen, Bildung, Schichtzugehörigkeit, Rollen, Gruppenzugehörigkeit, Öffentlichkeit – Privatheit u.a.m.. Die angemessene Registerwahl ist dabei mitentscheidend über gelingende Kommunikation und ggf. auch die Voraussetzung sozialer Akzeptanz. Die Sprachereignisse selbst lassen sich in Anlehnung an M.A.K. Halliday in den Dimensionen ‚field' (gesellschaftliche Situiertheit), ‚tenor' (auch ‚manner', ‚style': Kommunikationsstil, inkl. der sprachlichen Ausformung) und ‚mode' (Ebene/Medium der sprachl. Kommunikation, z.B. mdl./Telefon.; schriftl./Mail; mdl./präsent u.a.m.) beschreiben und analysieren.

Bspw. im Falle einer Bewerbung wäre deren allgemeine und konkrete soziale Situierung das ‚field', wozu z.B. auch der Grad des Interesses des Bewerbers an gerade dieser Stelle und die Bedeutung der qualifizierten Besetzung der Stelle im Gesamtkontext des einstellenden Betriebes u.ä. gehören würden; ‚tenor' bezöge sich auf die Rollen Bewerber und in die Entscheidung über die Bewerbung einbezogene und letztentscheidende Personen; ‚mode' beträfe das Medium der Kommunikation, also ob die Bewerbung schriftlich oder auch mündlich erfolgt. Der angemessene Umgang mit **R.** ist Teil umfassender, ggf. auch interkulturell zu reflektierender →**kommunika-**

tiver Kompetenz und sollte in Zusammenhängen des FSU thematisiert werden.

Halliday, M.A.K. (1975), *Beiträge zur funktionalen Sprachbetrachtung*, Hannover.

Claudia Zellmann

Reiz-Reaktions-Modell, das: auch: Stimulus-Response-Modell, S-R-Modell, Black-Box-Modell. Das **R.-R.-M.** als Grundlage der behavioristischen Lerntheorien (Skinner) versteht das Verhalten eines Organismus als Reaktion (R) auf einen vorausgehenden Reiz (Stimulus, S). Die Reaktionen als Folge des Reizes treten als Reflex auf (operante Konditionierung). Über die Verarbeitung des Stimulus im Gehirn trifft das **R.-R.-M.** keine Aussage (deshalb auch Black-Box-Modell). Die zugrunde liegende Vorstellung geht davon aus, dass ein direkter Reiz-Wirkungszusammenhang gegeben ist, d.h. ein bestimmter Reiz kann eindeutig einer bestimmten Wirkung zugeordnet werden. Wäre das **R.-R.-M.** uneingeschränkt gültig, könnte man jedes Verhalten eines Organismus exakt vorhersagen. Auf Grundlage des →**Behaviorismus** und der Prinzipien des operanten Konditionierens hoffte man in den 1960er und 1970er Jahren Lehr- und Lernprozesse optimieren zu können und damit die traditionelle Praxis des Unterrichts (z.B. durch die Einrichtung von →**Sprachlabors**) grundlegend zu verändern. Bloomfield konstruierte ein nach den Regeln des **R.-R.-M.** funktionierendes behavioristisches Sprachlernmodell, in dem Sprache als Reaktion einer Person auf einen Stimulus einer anderen Person bestimmt ist. Chomsky kritisierte die behavioristische Spracherwerbsauffassung, was Anstoß zu seinem generativen Grammatikprogramm gab: Sprachentwicklung sei nicht einfach nach den Prinzipien des operanten Lernens beschreibbar. Eine psychologische Theorie müsse die zugrunde liegenden Prozesse der Sprache und eben nicht die an der Oberfläche beobachtbaren Prozesse untersuchen.

Sator, H. (1980), *Mythos Sprache. Aspekte ideologischer Sprachwissenschaft in den erkenntnistheoretischen Grundlagen von N. Chomsky und B.F. Skinner*, Frankfurt a.M. – Wendt, M. (1993), *Strategien des fremdsprachlichen Handelns, Lerntheoretische Studien zur begrifflichen Systematik*, Bd. 1, Tübingen.

Mandy Höhle

Rektion, die:
1. Allgemeine Definition
Grammatischer Terminus, der das Abhängigkeitsverhältnis zwischen Konstituenten innerhalb komplexer Ausdrücke/Strukturen und dessen Gestaltung auf der Ausdrucksebene betrifft; insofern stimmt **R.** mit dem modernen Begriff der →**Dependenz** überein. Das →**Regens** kann darüber hinaus einem ihm untergeordneten →**Rectum** („Dependens") ggf. Formmerkmale zuweisen. In Bezug auf die **R.** von Formmerkmalen kann man zwischen einem engen (traditionellen) und einem erweiterten Verständnis von **R.** unterscheiden.

2. Die „**R.** der Verben"
Im traditionellen Verständnis wird **R.** weitgehend mit „Kasusrektion der Verben" gleichgesetzt. Das gilt dem Umstand, dass manche Verben alternativ zu anderen Akkusativobjekte (z.B. *jemanden fragen*), andere Dativobjekte (*jemandem antworten*) usw. verlangen.

3. Der erweiterte Rektionsbegriff
Da auch bestimmte →**Adjektive** (z.B. *jemanden betreffend*), und →**Präpositionen** (z.B. *zu* + Dativ) →**Kasus** verlangen, wird in einer ersten Erweiterung auch für diese **R.** geltend gemacht. Weitere Extensionen legitimieren sich aus der Definition von **R.** als **R.** von Formmerkmalen und betreffen das Verhältnis zwischen Verben, Adjektiven, Substantiven einerseits und Präpositionalgruppen (sogenannte Präpositionalkasus →**Kasus**) andererseits wie in *Er denkt an jemanden.*; *der Gedanke an jemanden, Er ist stolz auf seine Zensur.* Analoges gilt für die alternative **R.** von Infinitivkonstruktionen (*Ich möchte faulenzen.*; *Hör' auf zu schlafen!*) und Nebensätze: *Ich weiß, dass ich nichts weiß.*; *Ich frage, ob du kommst.*

Klaus Welke

Rektions- und Bindungstheorie, die: s. **Government and Binding Theorie**

Relativadverb, das: leitet einen →**Relativsatz** ein. Es nimmt immer auf eine vorgenannte Größe Bezug, z.B.: *Das ist genau die Stelle, wo das Verbrechen geschah.* Es treten die gleichen Formen auf wie bei den →**Interrogativadverbien** (*wo, wie, warum, weshalb, weswegen, wieso, wohin*; Ausnahme: *wann* tritt nicht auf). Komplexe **R.**, die aus *wo-* und einer Präposition bestehen, verhalten sich ebenso, z.B. *Er ist für einen Spaziergang im Park, wogegen sie nichts hat.*

Mandy Höhle

Relativpronomen, das: auch: bezügliches Fürwort. Gehört der Klasse der →**Pronomen** an, **R.**

leiten grundsätzlich attributive Nebensätze, die →**Relativsätze**, ein. Ein übergeordneter Satz enthält dabei immer einen Bezugspunkt für **R.** Durch diesen Bezug werden beide Teilsätze miteinander verbunden: *Es ist ein schönes Haus, das er gemietet hat.* Hinsichtlich Genus und Numerus entspricht das **R.** dem jeweiligen Bezugspunkt; der Kasus des **R.** wird allerdings durch den Inhalt im Nebensatz bestimmt: *Es ist ein schönes Haus, dem er einen Besuch abstattet.* Bei dem Bezugspunkt handelt es sich zumeist um ein vorangegangenes Substantiv, eine vorangegangene Nominalphrase oder auch den übergeordneten Satz als Ganzen. Zu den **R.** zählen im Deutschen die Wörter *der, die, das, welcher, welche, welches, wer* und *was.*

Judith Hellmann

Relativsatz, der: auch: Relativnebensatz. Ein →**Nebensatz**, der etwas über ein Element des übergeordneten Satzes aussagt. Der **R.** nimmt dieses Bezugselement wieder auf und wird durch ein →**Relativpronomen** (z.B. *der, die, das, welches, wer, was,* usw.) oder durch ein relatives Pro-Adverb (*wo, wie, womit, wodurch, woran* usw.) eingeleitet. Vor dem Relativpronomen kann eine →**Präposition** auftreten: *Die Familie, in der häufig gestritten wird, ...*. **R.** beziehen sich unterschiedlich eng auf ihr Bezugselement. Man unterscheidet restriktive **R.** und nicht restriktive bzw. appositive **R.** Restriktive **R.** sind notwendig, um zu verstehen, was mit dem Bezugselement gemeint ist bzw. damit der Satz den gemeinten Sinn wiedergibt: *Kleidung, die reduziert ist, wird nicht zurückgenommen.* Ohne den **R.** ergäbe sich eine falsche Information (*Kleidung wird nicht zurückgenommen.*). Ein nicht restriktiver **R.** liefert dagegen lediglich illustrierende oder erläuternde Zusatzinformationen, z.B. *Klaus, der Anfang zwanzig geheiratet hat, feiert heute Goldene Hochzeit.*

Mandy Höhle

Reliabilität, die: messtheoretisches →**Gütekriterium** im Rahmen quantitativer →**Forschungsansätze**, das die Zuverlässigkeit (Genauigkeit) und Stabilität eines Datenerhebungsinstruments und der damit gewonnenen Daten betrifft. **R.** wird beeinträchtigt durch Messfehler, die z.B. durch ungenaue Frageformulierungen, Einwirkungen unterschiedlicher Beobachter, Interviewer und Datenauswerter oder situative Einflüsse verursacht werden.

I.d.R. wird **R.** mittels der Berechnung von **R.**-Koeffizienten (Korrelationsanalyse) geschätzt. Die Wiederholungs-**R.** wird ermittelt, wenn die zeitliche Stabilität der Werte überprüft werden soll. Hierfür wird die Datenerhebung mit demselben Instrument in zeitlichem Abstand wiederholt und die Werte der beiden Erhebungen werden miteinander korreliert; angenommene Erinnerungs- und Lerneffekte schränken die Güte des so ermittelten **R.**-Koeffizienten ein. Paralleltest-**R.** schätzt die Übereinstimmung der Messergebnisse, die mittels unterschiedlicher Instrumentarien gewonnen wurden, von denen angenommen wird, dass sie dieselbe →**Variable** operationalisieren. Die Schätzung der internen Konsistenz überprüft die Homogenität der Items, mit denen ein Merkmal erhoben wird; hierfür werden u.a. die split-half reliability (Korrelation der Werte von zwei zufällig unterteilten Testhälften) oder Cronbachs α (mittlerer Korrelationskoeffizient aus allen möglichen Split-half-Koeffizienten) berechnet. Interrater-**R.** überprüft, in welchem Ausmaß die Werte unterschiedlicher Beobachter, Tester oder Datenauswerter übereinstimmen.

Brown, J.D. (1988), *Understanding Research in Second Language Learning. A Teacher's Guide to Statistics and Research Design*, Cambridge.

Claudia Riemer

Reparatur, die: steht beim Fremdsprachenerwerb in Abgrenzung zu Korrektur (→**Fehlerkorrektur**). Der Begriff **R.** wurde durch Rehbein und v. Lier in die fachwissenschaftliche Diskussion gebracht. Während Korrekturen als lehrerseitige Interventionen beim Lerner zu einer Sinnveränderung oder Aufgabe der ursprünglichen Mitteilungsabsicht führen können, werden **R.** als lehrerseitige Formulierungshilfen bei der Realisierung einer Äußerungsintention verstanden. Einige Autoren sehen Korrekturen eher auf die Form der Sprache bezogen, während **R.** stärker den inhaltlichen Aspekt betreffen.

Kleppin, K. (1998), *Fehler und Fehlerkorrektur*, Berlin. – Rehbein, J. (1984), *Reparative Handlungsmuster und ihre Verwendung im Fremdsprachenunterricht*, Roskilde.

Silke Demme

Repräsentativität, die: Qualitätsmerkmal von Forschungsergebnissen, die Rückschlüsse auf Grundgesamtheiten erlauben, also Verallgemeinerbarkeit beanspruchen. **R.** spielt insbesondere im Zusammenhang der wissenschaftlichen Bewertung quantitativer empirischer Untersuchungen (→**Empirie**) eine wichtige Rolle und ist insbesondere auf statistischer Basis zu erreichen/abzusichern. Voraussetzung für **R.** ist dabei die Qualität einer →**Stichprobe**, in der eine möglichst gleiche Verteilung von Merkmalen vorliegt, die im Hinblick auf die Forschungsfrage relevant sind („repräsentative Stichprobe"). Ein großer Stichprobenumfang allein ist daher kein Garant für **R.** Eine Untersuchung ist dann eingeschränkt repräsentativ, wenn zentrale Merkmale der Stichprobe von der zugrunde gelegten Grundgesamtheit abweichen: So sind etwa Untersuchungsergebnisse aus DaF-Kontexten nur sehr eingeschränkt repräsentativ für DaZ-Kontexte oder Untersuchungsergebnisse zum kindlichen DaZ-Erwerb nicht repräsentativ für DaZ-Lernprozesse allgemein. Im Rahmen des qualitativen →**Forschungsansatzes** spielt **R.** keine entscheidende Rolle; hier wird eher funktionale **R.** bzw. Repräsentanz angestrebt, was dadurch erreicht wird, dass anhand theoretisch relevanter Faktoren eine gezielte Auswahl von Untersuchungsteilnehmern erfolgt („theoretisches Sampling").

Glaser, B.G./Strauss, A.S. (1998), *Grounded Theory. Strategien qualitativer Forschung*, Bern u.a. – Kromrey, H. (2006), *Empirische Sozialforschung. Modelle und Methoden der standardisierten Datenerhebung und Datenauswertung*, 11. Aufl., Opladen.

Claudia Riemer

restringiert: bezeichnet im Gegensatz zu →**elaboriert** in der →**Kodetheorie** eine vergleichsweise beschränkte Sprachverwendung, erfasst somit eine Sprechweise, die sich eher an einer weniger komplexen Satzstruktur, eingeschränktem Wortschatz und vielen starren Wortfolgen festmachen lässt, damit stärker vorstrukturiert und in höherem Maße voraussagbar ist. Mit Blick auf Spracherwerb und Fremdsprachenunterricht wurde die These vom schichtenspezifischen Sprachgebrauch besonders in den 1970er Jahren diskutiert. Man ging davon aus, dass Kinder, die ausschließlich über den **r.** Kode verfügen, schlechtere Bildungschancen haben. Die sprachlichen „Defizite" und die damit verbundene soziale Chancenungleichheit versuchte man über eine gezielte sprachliche Förderung auszugleichen (→**Defizit-Hypothese**).

Bernstein, B. (1972), *Studien zur sprachlichen Sozialisation*, Düsseldorf. – Schlieben-Lange, B. (1990), *Soziolinguistik. Eine Einführung*, 3. erw. Aufl., Stuttgart.

Renate Freudenberg-Findeisen

Rezeption, die/rezeptiv: s. Sprachrezeption, Fertigkeiten

Rezeptionsästhetik, die: ein im Wesentlichen von Hans Robert Jauß (1967) und Wolfgang Iser („Appellstruktur der Texte" 1974) eingeleiteter Paradigmenwechsel in der Literaturwissenschaft (Konstanzer Schule), der zwei heterogene Ansätze, eine hermeneutische Rezeptionstheorie (Gadamer) und eine phänomenologische Wirkungstheorie (Ingarden, Husserl) zusammenbringt. Die **R.** begreift die Geschichte der Literatur und der Künste als Prozess ästhetischer Kommunikation, an dem die drei Instanzen Autor, Werk und Rezipient gleichermaßen beteiligt sind, und schließt so eine Lücke zwischen Darstellungs- und Produktionsästhetik. Ziel ist, die Leistung der ästhetischen Tätigkeit zum einen im Spielraum des impliziten Lesers (als Gesamtheit aller Vorentscheidungen, die ein fiktionaler Text seinen möglichen Lesern als Rezeptionsbedingung anbietet), zum anderen im Horizontwandel des Verstehens des historischen Lesers zu erfassen. Einen entscheidenden Beitrag liefert Harald Weinrichs Plädoyer für eine Literaturgeschichte des Lesers (1967) als Geschichte des Dialogs, den ein Werk mit den Lesern historischer Epochen führt. Der durch das Wechselspiel zwischen Rezeptionskonstanz und Rezeptionsvarianz initiierte hermeneutische Prozess steht im Zentrum des (interkulturellen) Lesergesprächs, wie es für die Theoriebildung der →**interkulturellen Germanistik** modellbildend wird.

Warning, R., Hrsg. (1994), *Rezeptionsästhetik*, 4. Aufl., München.

Andrea Bogner

Rezipient, der: s. Adressat

reziprok: Im linguistischen Sinn weist Reziprozität auf eine wechselseitige Beziehung zwischen zwei oder mehreren Subjekten und Objekten in einem Satz hin (z.B. *Klaus und Annemarie streiten sich ständig*). Einige deutsche Verben können sowohl **r.** als auch →**reflexiv** verwendet werden z.B. *Otto und Maria waschen sich die Haare.*: a) jeder die eigenen Haare; b) jeder die des anderen; die Verwendung des →**Reflexivpronomens** alleine klärt die intendierte Bedeutung ggf. nicht; dagegen kann die **r.** Bedeutung durch die Verwendung von *einander* gesichert werden (*Liebet einander!*).

Christiane Rausch

Rhema, das: s. Thema-Rhema-Gliederung

Rhythmus, der: **R.** ist die dynamisch-temporale Gestaltung des Gesprochenen mittels Gliederung in rhythmische Gruppen, die durch ihren Silbenumfang und die Zahl und Position der →**Akzente** charakterisiert sind. Diese rhythmischen Gruppen bilden sog. rhythmische Muster. Die einzelnen rhythmischen Muster unterscheiden sich durch die Position des Akzentgipfels innerhalb der Silbenfolge. Sie sind sprachenspezifisch, hängen aber auch von der →**Textsorte** und anderen Einflüssen ab. Hinsichtlich der sogenannten Isochroniehypothese, die wissenschaftlich umstritten ist, unterscheidet man Sprachen mit akzentzählendem **R.** (z.B. Französisch, Spanisch) vs. silbenzählendem **R.** (z.B. Deutsch, Englisch). Die Isochronizität (Zeitgleichheit) soll in akzentzählenden Sprachen geprägt sein durch Isochronie der Akzente bzw. Akzentgruppen (gleiche Zeitdauer der Abstände zwischen den Akzenten bzw. der gesamten Akzentgruppe), in silbenzählenden Sprachen durch Isochronie der Silben (gleiche Silbendauer). Möglich scheint auch eine graduelle Klassifizierung der Sprachen auf einer Skala mit den Eckpunkten silbenzählend vs. akzentzählend. Im Deutschen wird der als akzentzählend klassifizierte **R.** dadurch geprägt, dass die Akzentstellen intonatorisch sehr stark ausgezeichnet werden, während die akzentlosen Silben deutlich abfallen und flüchtiger artikuliert werden. Diese Eigenschaften und Unterschiede zu anderen Sprachen machen es empfehlenswert, dem **R.** im DaF-/DaZ-Kontext sowohl in der empirischen Forschung und Theoriebildung (→**Spracherwerb**; →**Grammatik**; →**Methodikdidaktik**; Sprechwirkung) als auch in der Vermittlungspraxis (→**Grammatikvermittlung**; Aussprachevermittlung, Übungsgestaltung; →**Fertigkeiten**) besondere Aufmerksamkeit zu schenken, zumal auch die Gehirnforschung überzeugende Befunde zur besonderen Bedeutung von **R.** für Spracherwerb, Sprachverarbeitung und Gedächtnis erbracht hat (→**Prosodie**; →**Suprasegmentalia**).

Auer, P./Uhmann, S. (1988), „Silben- und akzentzählende Sprachen", in: *Zeitschrift für Sprachwissenschaft 7*, 214–259. – Hirschfeld, U./Stock, E., Hrsg. (2000), *Phonothek interaktiv. Das Phonetikprogramm für Deutsch als Fremdsprache*, München, (CD-ROM, Regelteil).

Kerstin Reinke

Richtlinien, die: staatliche Regelungen für den (Fremdsprachen-)Unterricht in Schulen. **R.** beschreiben Inhalte, Methoden und Ziele. Der ältere Begriff →**Lehrplan** wird entweder synonym mit **R.** gebraucht oder er bezeichnet eine Textsorte, die **R.** für einzelne Schulen konkretisiert. Die im Hinblick auf die Implementation der →**Bildungsstandards** entwickelten Kernlehrpläne sollen diejenigen Unterrichtsinhalte beschreiben, auf deren Grundlage Schüler überprüft werden können. **R.** und Lehrpläne sind also Instrumente der Bildungspolitik und der Schulsprachenpolitik und geben Auskunft über deren konkrete, sich im Verlauf der Geschichte wandelnde Ziele. Zur Geschichte der **R.** und Lehrpläne und ihrer Bedeutung für die Entwicklung des Fremdsprachenunterrichts s. Christ & Rang (1985).

Bausch, K.-R./Christ, H./Hüllen, W./Krumm, H.-J., Hrsg. (1985), *Forschungsgegenstand Richtlinien*, Tübingen, – Christ, H./Rang, H.-J., Hrsg. (1985), *Fremdsprachenunterricht unter staatlicher Verwaltung 1700–1945*, 7 Bände, Tübingen.

Herbert Christ

Robert Bosch Stiftung, die (RBS): Die 1964 gegründete **RBS** verfolgt als unternehmensverbundene Stiftung gemeinnützige Zwecke, indem sie Projekte fördert und die Entwicklung und Durchführung von Programmen in den Bereichen Wissenschaft und Forschung, Gesundheit und Humanitäre Hilfe, Bildung, Gesellschaft und Kultur sowie Völkerverständigung initiiert. Für DaF sind besonders die Programme im Bereich Völkerverständigung wichtig, in denen durch die Entsendung deutschsprachiger Studierender und Absolventen an Schulen, Hochschulen und Kultureinrichtungen der Deutschunterricht und Kulturprojekte gefördert bzw. unterstützt werden, z.B. „Völkerverständigung macht Schule", „Lektorenprogramm an Hochschulen in Osteuropa und China", „Kulturmanager in Mittel- und Osteuropa" oder „DeutschMobil" in Frankreich. Die **RBS** hat ihren Sitz in Stuttgart.

Internetadresse: http://www.bosch-stiftung.de

Ulrike Würz

Rollenspiel, das: Die Funktion des **R.** im Fremdsprachenunterricht ist es, sprachliches Verhalten in bestimmten Situationen und Rollenkonstellationen nach Vorgaben oder in freier Gestaltung zu erproben und/oder einzuüben. Die Lernenden übernehmen in einem →**Szenario** konkrete Rollen und führen die rollen- und situationsadäquaten →**Sprachhandlungen** aus. Das **R.** soll einerseits auf reale Situationen vorbereiten und die Fähigkeit entwickeln, sich flexibel auf unbekannte (soziokulturelle) Umgebungen einzustellen und sein Kommunikationsverhalten danach auszurichten. Andererseits sollen durch **R.** auch Sprechhemmungen abgebaut und Freude am Lernen durch eine möglicherweise fantasievolle Gestaltung der Rollen geweckt werden. Vorbereitung, Durchführung und Nachbereitung sowie die Arbeits- und Rollenspielformate sind abhängig von Lernerfaktoren wie Alter, Lernstufe und Rollenspielerfahrung, von Lerngruppengröße und -zusammensetzung sowie von den gewählten Domänen und Themen. Es ist darauf zu achten, ob ein eventuell vorhandenes Spielziel und Sprachlerneffekte in einem sinnvollen Verhältnis stehen.

Kilp, E. (2003), *Spiele für den Fremdsprachenunterricht. Aspekte einer Spielandragogik*, Tübingen. – Prange, L. (1993), *44 Sprechspiele für Deutsch als Fremdsprache*, Ismaning. – Tselikas, E.I. (1999), *Dramapädagogik im Sprachunterricht*, Zürich.

Karin Kleppin

Routine (sprachliche), die: Mit R. werden i.A. verfestigte Prozeduren bezeichnet, auf die die Handelnden nach Bedarf zurückgreifen können. Sie entstehen durch Wiederholung und Gewöhnung und unterstützen ökonomisches Handeln, insofern den einzelnen Schritten zur Erreichung eines Handlungsziels nicht mehr die gleiche Aufmerksamkeit gewidmet werden muss. Dies gilt für sprachliche Aktivitäten ebenso wie für nichtsprachliche. Dank habitualisierter Muster lassen sich viele Formulierungsprobleme rasch und mit geringem Aufwand bewältigen. Sprachliche **R.** kommen besonders dort zum Tragen, wo es um die Bewältigung von Standardaufgaben geht. Dies ist einmal an exponierten Stellen der →**Kommunikation** der Fall, z.B. bei der Kontakteröffnung und -beendigung. Hinzu kommen Situationen, wo es um den Austausch von Höflichkeit, um Respektbezeugung oder Sympathiebekundung geht. Zu nennen sind schließlich **R.**, die helfen, den kognitiven Aufwand bei der Äußerungsproduktion und der Textbildung gering zu halten, z.B. metakommunikative Formeln der Korrektur, der Verständnissicherung, der Kommentierung (→**Metakommunikation**).

Coulmas, F. (1981), *Routine im Gespräch*, Wiesbaden. – Lüger, H.H. (2007), „Pragmatische Phraseme: Routineformeln", in: Burger, H. u.a. (Hrsg.), *Phraseologie/ Phraseology (Handbücher zur Sprach- und Kommunikationswissenschaft, 28.1)*, Berlin, 444–459.

Heinz-Helmut Lüger

Routineformel, die: feste Wortverbindung, die den Sprachteilnehmern für die Bewältigung standardisierter kommunikativer Aufgaben zur Verfügung steht. Sie entlastet beim Sprechen/ Schreiben die Konstruktionskomponente und kommt vor allem in rekurrenten Situationen zum Einsatz. Typische Beispiele sind Formeln der Kontakteröffnung und -beendigung (*Grüß dich!*, *Mach's gut!*), der Ausdruck von Bedauern (*Es tut mir leid.*), Höflichkeit (*Würdest du bitte* [...].), aber auch Formeln der Aufmerksamkeitssteuerung (*Hören Sie mal!*), der Gesprächssteuerung (*Wenn ich das noch sagen darf.*) oder der metakommunikativen Einordnung (*anders ausgedrückt, meines Erachtens*).

Heinz-Helmut Lüger

rückbezügliches Fürwort: s. Reflexivpronomen

rückläufiges Wörterbuch: Spezialwörterbuch, das die Wörter entgegen der Leserichtung, d.h. nach dem Endbuchstaben sortiert (z.B. d, ad, bad usw.). Es erleichtert die Suche und das Auffinden von Wörtern mit bestimmten →**Suffixen** (z.B. „-heit", „-keit", „-lich", „-ung"), unterstützt die Suche nach Reim-Passungen und verdeutlicht u.a. das System der →**Wortbildung**. Für DaF-/ DaZ-Lernende kann ein **r.W.** z.B. Hilfe beim Schreiben von Gedichten bieten oder es lässt sich herausfinden, ob ein Wort, das ein Lerner in Kenntnis anderer Wortbildungen selbstständig ableitet bzw. kreiert, in der Zielsprache zum Lexikonbestand gehört.

Christiane Rausch

Rückmeldung, die: s. Feedback

S

Salienz, die: In der Psychologie Eigenschaft eines Reizes, der aus seinem Kontext herausragt und damit dem Bewusstsein leichter zugänglich ist als ein nicht-salienter Reiz; **S.** ist neben →**Frequenz**, Komplexität, →**Kotext** und →**Kontext** einer der zentralen Einflussfaktoren im Spracherwerb und fokussiert den Grad der Wahrscheinlichkeit und Intensität, mit der Sprachereignisse wahrgenommen werden: so sind z.B. betonte Elemente salienter als unbetonte, Elemente am Anfang oder am Ende einer Äußerungseinheit salienter als solche innerhalb einer Äußerungseinheit u.a.m.

Erwin Tschirner

Sapir-Whorf-Hypothese, die: Die **S.-W.-H.** besagt, dass die Art und Weise, wie ein Mensch wahrnimmt und denkt, durch seine Muttersprache beeinflusst wird. Unterschieden wird eine starke Form der **S.-W.-H.**, wonach das Denken eines Menschen durch seine Sprache bestimmt wird (sprachlicher Determinismus); allgemein akzeptiert und empirisch belegt ist eine abgeschwächte Form der **S.-W.-H.**, wonach Wahrnehmung und Konstruktion von Realität durch Sprache gelenkt wird (sprachlicher Relativismus; zu entsprechenden Untersuchungen vgl. Werlen 2002). Die **S.-W.-H.** trägt ihren Namen nach den Positionen zweier amerikanischer Ethnolinguisten. Edward Sapir (1884–1939) vertrat die Ansicht, Menschen seien „sehr stark der Einzelsprache ausgeliefert, welche das Ausdrucksmedium ihrer Gesellschaft geworden ist" (zit. nach Werlen 2002, 195). Im Anschluss an Sapir postulierte Benjamin Lee Whorf (1837–1941) das linguistische Relativitätsprinzip: „Wie wir die Natur aufgliedern, sie in Begriffen organisieren und ihnen Bedeutungen zuschreiben, das ist weitgehend davon bestimmt, daß wir an einem Abkommen beteiligt sind, sie in dieser Weise zu organisieren – einem Abkommen, das für unsere ganze Sprachgemeinschaft gilt und in den Strukturen unserer Sprache kodifiziert ist" (Whorf 1963, 12). Eine Weiterentwicklung theoretischer Zugänge zum Verhältnis Sprache-Denken-Wirklichkeit und dessen kultureller Situierung und Geprägtheit legte Lakoff 1987 vor.

Lakoff, G. (1987), *Women, Fire, and Dangerous Things. What Categories Reveal about the Mind*, Chicago/London. – Werlen, I. (2002), *Sprachliche Relativität. Eine problemorientierte Einführung*, Tübingen/Basel. – Whorf, B.L. (1963), *Sprache, Denken, Wirklichkeit. Beiträge zur Metalinguistik und Sprachphilosophie*, Reinbek.

Dirk Skiba

Satz, der: vielfach und uneinheitlich belegter und verwendeter Begriff. Im Kontext des Lehrens und Lernens von Sprachen wird **S.** zumeist als grammatischer Terminus verwendet; danach ist ein sprachlicher Ausdruck v.a. dann ein **S.**, wenn er mindestens aus einem Nomen im Nominativ sowie einem finiten, d.h. auf dieses Nomen formal referenzierenden Verbausdruck besteht (vgl. z.B. *Sigrid schläft.*; *Schläft Sigrid?*; […], *weil Sigrid schläft.* usw. →**Satzart**). Der Form nach subjektlose imperativische Ausdrücke wie *Mach' bitte das Fenster auf!* werden mit Blick auf die besonderen pragmatisch-semantischen Binnenverhältnisse (= unmittelbare Anwesenheit von Sprecher und Adressat in einem direktiven →**Sprechakt**), die die explizite Nennung eines Subjekts nicht erforderlich machen, ebenfalls zu den **S.** gerechnet, nicht aber Ausdrücke wie *Fertig, Endlich!*, *Stimmt!*, *Ach du meine Güte!* oder Kurzantworten wie z.B. *Gleich sechs!* auf eine Frage nach der Uhrzeit u.v.a.m. (vgl. dazu ggf. →**Ellipse**, →**satzwertig** sowie, in Abgrenzung zu **S.**, →**Äußerung**).

Hans Barkowski

Satzadverb, das: auch: Modalwort; Untergruppe der →**Adverbien**, die v.a. semantisch definiert ist. **S.** bringen die subjektive Einschätzung des Sprechers/Schreibers zum Sachverhalt zum Ausdruck; sie bezeichnen entweder den Geltungsgrad der Aussage (*wahrscheinlich, vermutlich, sicher*) oder die subjektive Einstellung des Sprechers (*hoffentlich, leider, glücklicherweise, natürlich*). **S.** beziehen sich auf den ganzen →**Satz**, sie haben →**Satzskopus**. **S.** treten vor allem in Aussagesätzen auf, kaum in Fragesätzen oder Aufforderungssätzen.

Maria Thurmair

Satzadverbial, das: gehört zur großen Klasse der →**Adverbiale** und bezeichnet wie diese eine syntaktische Funktion; das **S.** bezieht sich auf den gesamten →**Satz**, hat →**Satzskopus**, stellt einen „Satz über einen Satz" dar. Das **S.** modifiziert oder kommentiert die gesamte Aussage: dies kann sich auf den Geltungsgrad beziehen (*vielleicht, sicher, unter Umständen, mit großer Wahrscheinlichkeit*; z.B. *Vielleicht/Sicher hat sie bestanden.*) oder auf eine subjektive Einstellung des Sprechers (*hoffentlich, zum Glück*; z.B. *Leider/Zum Glück kommt er morgen.*). Auch Adverbialen, die textuelle Zusammenhänge und Beziehungen herstellen (*zum einen – zum anderen*), wird oft **S.**-Funktion zugeschrieben. Formal erscheinen vor allem →**Satzadverbien**, →**Adjektive** und →**Präpositionalgruppen** in der Funktion eines **S.**

Maria Thurmair

Satzakzent, der: bedeutet Hervorhebung des sinnwichtigsten Wortes eines Satzes (d.h. genauer von dessen Akzentsilbe bzw. -vokal). Obgleich der Begriff **S.** häufig verwendet wird, ist es günstiger, von Äußerungsakzenten (und Wortgruppenakzenten) zu sprechen, da in frei gesprochener Sprache Satzgrenzen schwer bestimmbar sind, in längeren Äußerungen oft mehrere gleichstarke →**Akzente** auftreten und nicht immer grammatikalisch korrekte und vollständige Sätze gebildet werden.

Während die Position von Wortakzenten im Deutschen meist eindeutig festgelegt ist, hängen Wortgruppen- und Äußerungsakzente von verschiedenen Faktoren ab, u.a. von der Position der Äußerung im Gesamtkontext (→**Thema-Rhema-Gliederung**), von der syntaktischen Struktur der Äußerung und, vor allem, von der Intention des Sprechers. Es werden Haupt- und Nebenakzente unterschieden, für deren Auftreten es in den Einzelsprachen Regeln gibt, im Deutschen z.B., dass der Hauptakzent häufig auf dem letzten akzentuierbaren (nicht akzentuierbar sind →**Synsemantika**) Wort einer Wortgruppe und einer Äußerung liegt z.B. *immer am Freitag, Heute ist Freitag. Heute ist Freitag, der 10. August*. Hervorhebungen auf Wortgruppen- und Äußerungsebene werden im Deutschen durch die Kombination und Variation der →**suprasegmentalen** (→**prosodischen**) Mittel gestaltet (→**Akzent**).

Hirschfeld, U./Stock, E., Hrsg. (2000), *Phonothek interaktiv. Das Phonetikprogramm für Deutsch als Fremdsprache*, München, (CD-ROM).

Ursula Hirschfeld

Satzanalyse, die: Die **S.** ist ein Verfahren, den Aufbau von →**Sätzen** deutlich zu machen, die Bestandteile von Sätzen, nämlich →**Morpheme**, →**Worte**, →**Satzglieder** festzustellen, deren Form und deren Funktion und deren Beziehung zueinander zu bestimmen. Je nach →**Grammatiktheorie** unterscheiden sich Verfahren und Ziele der **S.**: Ausgangspunkt für die traditionelle Grammatik ist die Subjekt-Prädikat-Beziehung, →**Dependenz-** und →**Valenzgrammatik** gehen vom →**Verb** als Zentrum und den davon abhängigen Elementen aus, in strukturalistischen Ansätzen werden Sätze in unmittelbare Konstituenten zerlegt usw. Zur **S.** und insbes. zur Bestimmung von Satzgliedern gibt es verschiedene Tests (→**Operationalisierung**) wie etwa →**Umformprobe**, →**Pronominalisierungsprobe** u.a.m.

Maria Thurmair

Satzäquivalent; das: Das **S.** bezeichnet unterschiedliche Ausdrücke und Strukturen, die Sätzen äquivalent sind, ohne – aus Gründen der formalen Bestimmung von →**Satz**-Haftigkeit – (formal) Sätze zu sein. a) →**Partikeln** wie *ja, nein, doch* sind **S.**, insofern sie als Antwort auf eine Entscheidungsfrage (→**Satzart**) den Satz in seiner Geltung bestätigen oder nicht bestätigen und somit einem Satz äquivalent sind. b) →**Interjektionen** wie *aua, oh, pfui* etc. können als **S.** bezeichnet werden, da sie syntaktisch autonom sind und pragmatisch als eigenständige →**Äußerungen** fungieren und so Sätzen äquivalent sind. c) Elliptische Ausdrücke (→**Ellipse**) wie *Hilfe! Schneller! Den Hammer!* fungieren ebenfalls pragmatisch als vollständige Äußerungen und werden oft als **S.** eingeordnet. d) →**Satzwertige** Ausdrücke, denen bestimmte Elemente (z.B. Finitheit des Verbs) fehlen, gelten ebenfalls oft als **S.**, etwa Infinitivkonstruktionen (wie *Alle mal herhören!*) oder Partizipialkonstruktionen (wie *Aufgepasst!*). e) Auch lernersprachliche Äußerungen, denen bestimmte morphosyntaktische Merkmale fehlen, können als **S.** bezeichnet werden, insofern sie pragmatisch vollständige Äußerungen darstellen, auch wenn sie – am traditionellen linguistischen Satzmodell gemessen – nicht vollständig sind. In diesem Fall ist das Kontextwissen besonders wichtig; z.B. *Finale schauen kann nicht, arbeit Restaurant. ~ Ich kann das Finale nicht anschauen, weil ich im Restaurant arbeiten muss.*

Maria Thurmair

Satzart, die: Als **S.** werden nach Form und Grundfunktion unterscheidbare →**Sätze** bezeichnet. Traditionell wird unterschieden zwischen Aussagesatz (auch: Deklarativsatz), Fragesatz (auch: Interrogativsatz) mit den beiden Typen: Entscheidungsfragesatz und Ergänzungsfragesatz, Aufforderungssatz (auch: Imperativsatz), Wunschsatz (auch: Optativsatz) und Ausrufesatz (auch: Exklamativsatz). Typische formale Unterscheidungskriterien sind Stellung des →**finiten Verbs**, →**Modus** des finiten Verbs, →**Intonation** bzw. auf der graphischen Ebene Satzzeichen und bestimmte Modalpartikeln.

Die einzelnen **S.** und ihre Charakteristika: Aussagesatz (finites Verb an 2. Position, fallende Intonation: *Ein neues Geschäft macht auf.*), Entscheidungsfragesatz (finites Verb an 1. Position, steigende Intonation, oft →**Partikel** *denn*: *Haben Sie denn genug Geld?*), Ergänzungsfragesatz (finites Verb an 2. Position, *w*-Wort an 1. Position, fallende Intonation, oft Partikel *denn*: *Was wird denn dort verkauft?*), Aufforderungssatz (finites Verb an 1. Position, imperativisch markiert, Partikeln wie *mal, doch, nur, bloß* etc.: *Machen Sie doch mal die Türen auf!*), Wunschsatz (finites Verb an

1. Position, konjunktivisch markiert, Partikeln wie *doch, bloß, nur*: *Könnte ich bloß in die Zukunft sehen!*), Exklamativsatz (finites Verb an 1. o. 2. Position, Partikeln wie *aber, vielleicht*: *Die sind vielleicht mutig!*). Pragmatisch können diese Satzarten auch im Gebrauch „umgedeutet" werden (ein Fragesatz kann also etwa als Aufforderung intendiert sein: *Gibst du mir dein Handy? Wer gibt mir denn mal sein Handy?* etc.).

Zu den meisten Satzarten gibt es auch sog. selbstständige Verbletztsätze, d.h. unabhängige Sätze, die mit einer →**Subjunktion** eingeleitet sind; etwa Fragen: *Ob er mich wohl noch kennt? Wann sie wohl kommt?*, Aufforderungen: *Dass du ja nichts davon erzählst!*, Wünsche: *Wenn ich nur mehr Zeit hätte!* und Exklamative: *Dass du aber auch so naiv bist!*

Altmann, H. (1993), „Satzmodus", in: Jacobs, J. et al. (Hrsg.), *Syntax. Ein internationales Handbuch zeitgenössischer Forschung*, Berlin, 1006–1029.

Maria Thurmair

Satzattribut, das: Der Begriff meint einmal „Attribut zum Satz" und bezeichnet dann sog. „weiterführende Relativsätze", d.h. →**Relativsätze**, die kein direktes Bezugselement im Hauptsatz haben, sich auf den ganzen Hauptsatz beziehen und diesen inhaltlich weiterführen; sie werden oft mit *was* eingeleitet: *Ich habe heute morgen den Bus verpasst, was mir leider schon öfter passiert ist., Der Zug entgleiste, was zu einer unglücklichen Kettenreaktion führte*. In einer (selteneren) Verwendung werden mit **S.** auch „satzförmige Attribute" bezeichnet, also attributive →**Nebensätze** (*Der Plan, dass Marie alleine nach Atlanta fliegen will, gefällt mir nicht.*) und (ganz selten) auch attributive Relativsätze (*Das Flugzeug, das auf dem Rollfeld steht, muss erst aufgetankt werden.*).

Maria Thurmair

Satzaussage, die: traditioneller schulgrammatischer Ausdruck mit Verwendung im Kontext der →**Satzanalyse**; Der Terminus entspricht der traditionellen Logik, für die der Satz grundsätzlich aus zwei Teilen, dem →**Subjekt** und dem →**Prädikat** besteht. Das Prädikat umfasst in dieser Version alles, was nicht Subjekt ist. Das Verb zusammen mit allen weiteren Satzbestandteilen ergibt als Prädikat die **S.** über das Subjekt als den ‚Satzgegenstand'. In heutigen Grammatiken und auch in der Satzgliedanalyse wird das Prädikat enger gefasst, was wiederum der modernen Logik entspricht. Der Terminus **S.** kann deswegen nicht synonym zum Prädikatbegriff heutiger Eingrenzung verwendet werden.

Klaus Welke

Satzbauplan, der: auch: →**Stellenplan**; der **S.** ergibt sich aus der →**Valenz** des Verbs. Verben eröffnen sog. Leerstellen, die durch →**Ergänzungen** (E.) zu besetzen sind. Das Verb mit seinen Leerstellen ergibt den **S.** als Grundgerüst des Satzes. Die wichtigsten **S.** des Deutschen, die auf der Grundlage von dreiwertigen Vollverben (→**Wertigkeit**) gebildet werden, sind: Verb, Nominativ-E., Dativ-E., Akkusativ-E.: *Emil schenkt Erna Blumen.*; Verb, Nominativ-E., Akkusativ-E., Präpositional-E. (→**Direktiv**, →**Präpositionalobjekt**): *Emil stellt die Blumen auf den Tisch., Emil informiert Paul über die Blumen.*; Verb, Nominativ-E., Akkusativ-E., Objektsprädikativ: *Emil streicht die Wand braun., Emil nennt Anton einen Lügner., Emil betrachtet den Unfall als problematisch/als ein Problem.*

Klaus Welke

Satzfrage, die: auch: Entscheidungsfrage; eine Frage, mit der der Sachverhalt des ganzen Satzes hinterfragt wird und die als Antwort entweder *ja* oder *nein* verlangt. Die **S.** enthält kein Fragewort. Sie zeichnet sich im Deutschen durch die Erststellung des →**finiten Verbs** und durch steigende →**Intonation** aus, z.B. *Haben Sie dieses Buch schon gelesen?*. Eine Besonderheit der deutschen Sprache besteht darin, dass der in **S.** mit →**Negation** nachgefragte Sachverhalt mit „doch" zurückgewiesen wird z.B.: *Hast du nichts zu tun? Doch, ich habe ganz viel zu tun.*. Die **S.** kann aber auch die Wortfolge eines Aussagesatzes haben, d.h. das finite Verb steht an der zweiten Stelle, die Intonation bleibt aber interrogativ (Vergewisserungsfrage), z.B. *Du kommst aber bald?*. In Nebensatzform (→**indirekter Fragesatz**) wird die **S.** durch die →**Konjunktion** „ob" eingeleitet, z.B. *Ich weiß noch nicht, ob ich komme.*

Marina Matthey

Satzglied, das: Das **S.** bezeichnet eine Einheit zwischen →**Wort** und →**Satz**, nämlich die Bestandteile, aus denen Sätze zusammengesetzt sind. a) **S.** lassen sich nach ihrer Form bestimmen: sie können aus einem Wort (*Sie kommt heute.*), aus Wortgruppen (*Die Sendung kommt am Dienstag.*) oder aus (Neben-)Sätzen, sog. Gliedsätzen (*Sie kommt, wenn* *alles fertig ist.*), bestehen. b) **S.** lassen sich nach ihrer grammatischen Funktion bestimmen, die wichtigsten **S.** sind: →**Prädikat** (→**finites Verb** + dazugehörige Elemente: *Sie kauft ein., Sie hat eingekauft.*); →**Subjekt** (im Nominativ, →**Agens**: *Sie/Die Lehrerin hat eingekauft.*); →**Objekt**, genauer: Akkusativobjekt (*Sie hat Äpfel eingekauft.*), Dativobjekt (*Sie schenkt den Kindern Bücher.*), →**Präpositionalobjekt** (*Sie verzichtet auf Hausaufgaben.*), Genitivobjekt (*Sie bezichtigt den Schüler des Unterschleifs.*); →**Adverbial** (auch: Umstandsbestimmung), z.B. lokal (*Dort/Auf der Wiese stehen drei Rehe.*), temporal (*Abends/In der Dämmerung/Wenn die Sonne untergegangen ist, kommen die Rehe aus dem Wald.*), modal (*Sie bewegen sich vorsichtig/mit aller Vorsicht/ohne einen Laut zu machen.*), kausal (*Sie bleiben vor Schreck/weil sie Witterung aufgenommen haben, stehen.*).

Altmann, H./Hahnemann, S. (1999), *Syntax fürs Examen*, Wiesbaden. – Musan, R. (2008), *Satzgliedanalyse*, Heidelberg. – Habermann, M./Diewald, G./Thurmair, M. (2009), *Fit für das Bachelorstudium: Grundwissen Grammatik*, Mannheim etc.

Maria Thurmair

Satzintonation, die: S. bezeichnet im engeren Sinne die →**Satzmelodie** und damit den Tonhöhenverlauf innerhalb eines gesprochenen →**Satzes** im grammatischen Sinn; im weiteren Sinne die Gesamtheit der phonetischen Mittel, die eine Wortfolge zu einem Ganzen formen und auch einen →**Text** gliedern. Diese Mittel sind die →**Melodie**, die Lautheit, die →**Sprechgeschwindigkeit** und die →**Pausierung**. In einer Äußerung charakterisiert die **S.** vor allem die Akzentstellen (→**Akzent**) und das Ende von (Teil-)äußerungen. Sie zeigt an, ob eine Wortfolge abgeschlossen oder nicht abgeschlossen ist, ob sie als Aussage oder als Frage zu verstehen ist und ob der Sprecher sach- oder spezifisch gefühlsbetont spricht. Innerhalb von Texten macht die **S.** deutlich, wo Abschnittsgrenzen liegen, welches Gewicht einzelne Abschnitte haben und ob ein Sprecher einen →**Sprecherwechsel** zulassen will. In Sätzen bzw. Äußerungen lassen sich spezifische Muster der **S.** beschreiben – diese werden als Tonhöhenverlauf im gesamten Satz oder Endläufe (→**Intoneme**, Tonhöhenverlauf ab der letzten Akzentsilbe) bezeichnet. Folgende Intoneme werden für das Deutsche unterschieden: →**terminal** (steigend-fallend), →**interrogativ** (fallend-steigend), →**progredient** (gleichbleibend und weiterweisend). Dabei ist der Tonhöhenverlauf eng mit den anderen phonetischen Mitteln verknüpft, d.h. Tonhöhenvariation geht auch mit Variation der Lautheit, des Sprechtempos, der Artikulationsspannung einher. Zur besonderen Bedeutung von **S.** für den DaF-/DaZ-Kontext vgl. v.a. →**Rhythmus**; →**Prosodie**.

Kerstin Reinke

Satzklammer, die: auch: Satzrahmen, Verbklammer. Die **S.** bildet das wichtigste Prinzip der →**Wortstellung** im Deutschen: die Teile eines mehrteiligen →**Prädikats** stehen dabei im Hauptsatz in maximaler Distanz zueinander, sie bilden eine Klammer. a) In Hauptsätzen wird die **S.** vom →**finiten Verb** und den infiniten Verbteilen (z.B. →**Partizip**, →**Infinitiv**, trennbare →**Partikeln** oder Präpositionalgruppen bei →**Funktionsverbgefügen**) gebildet: *Sie hat dem Kollegen gestern die Unterlagen gegeben., Sie muss dem Kollegen die Unterlagen geben., Sie gibt die Leitung des Projekts ab., Sie stellt die Arbeitszeit in Rechnung.* Die beiden Teile der Satzklammer werden meist „finites Verb", „V1", „klammeröffnendes Element" einerseits und „infiniter Verbteil", „V2", „klammerschließendes Element" andererseits genannt. Die Teile der **S.** konstituieren die drei Stellungsfelder des deutschen Satzes: →**Vorfeld** (vor dem finiten Verb), Mittelfeld (zwischen finitem Verb und infiniten Verbteilen) und →**Nachfeld** (nach dem infiniten Verbteil). b) In →**Nebensätzen** wird eine **S.** angenommen zwischen der →**Subjunktion** als klammeröffnendem Element und allen Verbteilen/Prädikatsteilen als klammerschließendem Element ([...], *weil sie ihn gestern unbedingt sehen wollte,* [...].).

Das Prinzip der **S.** stellt spezifische kognitive Anforderungen an die Rezeption und Produktion, vor allem auch gesprochener Sprache und gehört zu den klassischen Lernproblemen beim Erwerb des Deutschen als Fremd- und Zweitsprache, weswegen ihr besondere methodisch-didaktische Anstrengung gelten sollte.

Maria Thurmair

Satzmelodie, die: auch: →**Stimmführung**, →**Intonation**; mit **S.** wird der Tonhöhenverlauf innerhalb einer sprachlichen →**Äußerung** im Allgemeinen oder in seiner musterhaften Ausprägung bezeichnet. Die **S.**, bzw. der Tonhöhenverlauf, ergibt sich aus den Schwingungsvorgängen der Stimmlippen während des Sprechens und kann auf dieser Basis auch akustisch (Grundfrequenz) gemessen werden. In →**Sätzen** charakterisiert die

S. v.a. die Akzentstellen (→**Akzent**) und das Ende von Wortfolgen bzw. Teiläußerungen, hat aber auch eine Ausdrucksfunktion und zeigt z.B. die emotionale Gestimmtheit des Sprechenden an. Hinsichtlich des Melodieverlaufes lassen sich für das Deutsche spezifische Muster der **S.** (sog. →**Intoneme**) beschreiben, z.B. 1. steigend-fallend/ →**terminal**: kennzeichnet Abgeschlossenheit, Aussagesätze und Ergänzungsfragen, Sicherheit und Kompetenz; 2. fallend-steigend/→**interrogativ**: kennzeichnet Abgeschlossenheit, Entscheidungsfragen, Kontaktbereitschaft; 3. weiterweisend/gleichbleibend/→**progredient**: kennzeichnet Nichtabgeschlossenheit, Unsicherheit. Typisch für das Deutsche ist relativ zügiges An- oder Absteigen der Tonhöhe in Sätzen. Die **S.** steigt nach der Akzentsilbe in interrogativen Sätzen am Satzende rasch an und fällt in terminalen Sätzen rasch und tief ans untere Ende des physiologischen Sprechstimmumfanges (Lösungstiefe). Die **S.** hängt eng zusammen mit anderen phonetischen Mitteln (Lautheit, Intensität, Dauer, Spannungsgrad, usw.). Für DaF-/DaZ-Lernende, denen das Erlernen der deutschen **S.** wegen deutlicher Unterschiede zu ihrer Herkunftssprache besonders schwer fällt, sollte der Unterricht zusätzliche Übungen und Übungsmöglichkeiten vorsehen.

Kerstin Reinke

Satznegation, die: Die →**Negation** in einem Satz (z.B. durch *nicht, niemand, kein*) verneint den Inhalt einer Aussage. Traditionell wird zwischen **S.** und Sondernegation unterschieden. Die **S.** bezieht sich immer auf den gesamten Satz (z.B. *Klaus kommt heute nicht.*). Die Sondernegation dagegen negiert bestimmte Teile eines Satzes (z.B. *Klaus kommt heute <u>nicht pünktlich</u>.* = Klaus kommt, aber nicht pünktlich.). Die Bedeutung dieser beiden Negationsarten lässt sich folgendermaßen voneinander unterscheiden: 1. *Nicht alle Studenten sind verheiratet.* (Sondernegation: Weniger als 100% der Studenten sind verheiratet.) 2. *Alle Studenten sind nicht verheiratet.* (**S.**: 100% der Studenten sind nicht verheiratet.)

Der Unterschied zwischen **S.** und Sondernegation ergibt sich hier durch die Stellung des Negationswortes *nicht*. Dies gilt jedoch nur für den neutralen Akzent. Durch die Akzentuierung eines Wortes kann die **S.** zur Sondernegation werden: 3. *A'lle Studenten sind nícht verheiratet.* (Sondernegation: Nicht alle Studenten sind verheiratet.).

Erst Stellung, Akzentuierung und Zugehörigkeit zu einem bestimmten Satzglied legen fest, ob es sich um eine Satz- oder eine Sondernegation handelt. **S.** und Negation sind Gegenstand zahlreicher kontrastiver Untersuchungen, da sie als besonderes Lernproblem für DaF gelten (vgl. Helbig/Albrecht 1993).

Helbig, G./Albrecht, H. (1993), *Die Negation*, 6. Aufl., Leipzig.

Mandy Höhle

Satzrahmen, der: s. Satzklammer

Satzskopus, der: Bezugsbereich bestimmter sprachlicher Ausdrücke, die sich semantisch auf den ganzen Satz beziehen. **S.** wird oft durch die →**Intonation** markiert. **S.** können haben: a) Negationspartikel *nicht* wie in: *Das Buch hat sie in der Stadt nicht bekommen.* (→**Satznegation**) im Unterschied etwa zu: *Das Buch hat sie nicht in der Stadt bekommen.* (Skopus von *nicht* hier *in der Stadt*; Sondernegation); b) Adverbiale wie in: *<u>Gestern</u> kaufte sie die Geschenke in der Stadt.* im Unterschied etwa zu: *<u>Heimlich</u> kaufte sie die Geschenke in der Stadt.* (*heimlich* hat hier das Prädikat *kaufte* als Bezugsbereich); c) Satzadverbiale, die den Geltungsgrad einer Aussage (*wahrscheinlich, vielleicht*) oder die subjektive Einstellung des Sprechers/Schreibers (*leider, zum Glück*) betreffen, haben immer **S.**; z.B. *Wahrscheinlich kommt er heute wieder später., Leider hat sie ihn nach 5 Jahren verlassen.*; d) Modalpartikeln wie *ja, doch, denn* etc. haben immer **S.**; z.B. *Er ist ja immer noch da., Sie kann doch noch nicht laufen.*

Maria Thurmair

Satztyp, der: s. Satzart

Satzverknüpfung, die: auch: Satzverbindung, Satzreihe, parataktische Verbindung. Verknüpfung von zwei oder mehr →**Hauptsätzen** oder auch gleichrangigen →**Nebensätzen**, entweder (syndetisch) mit (koordinierenden) →**Konjunktionen** (*Er geht nach Hause und sie bleibt noch.; [Ich muss jetzt gehen,] weil meine Tochter zu Hause wartet und (weil) ich noch was arbeiten will.*) oder (asyndetisch) ohne Konjunktion, d.h. durch →**Intonation** bzw. Kommata: *Der Vater kocht, die Oma schmückt den Christbaum.*. Gleiche Elemente können bei **S.** ausgelassen werden (Koordinationsreduktion, →**Ellipse**): *Die Kinder langweilen sich und (die Kinder) fordern*

Aufmerksamkeit.. Koordinierende Konjunktionen, die der **S.** dienen, sind vor allem *und, oder, aber, denn*; sie stehen zwischen den verbundenen Sätzen und damit vor dem →**Vorfeld** des verknüpften Folgesatzes. **S.** ist zu unterscheiden von Satzgefügen, der (subordinierenden, hypotaktischen) Verbindung von Hauptsätzen und Nebensätzen (→**Hypotaxe**).

Maria Thurmair

satzwertig: Einheiten, die in Grammatiken als →**Sätze** betrachtet werden, werden **s.** genannt. **S.** sind nicht nur Gebilde, die eine bestimmte syntaktische Struktur (finites Verb + Ergänzungen) besitzen wie *Emil liest ein Buch.*, also →**Hauptsätze**, sondern auch →**Nebensätze** wie (*Er sagt,*) *dass Emil das Buch gelesen hat.* sowie Infinitivkonstruktionen wie *Ihn zu sehen* (*war schon das Eintrittsgeld wert.*) und Partizipialkonstruktionen wie *Kaum im Urlaub angekommen,* (*sitzt H. schon wieder an seinem Laptop.*). In der Satzgliedanalyse werden **s.** Einheiten wiederum in →**Subjekt**, →**Prädikat**, →**Objekt** usw. aufgegliedert und nicht in Gliedkern und →**Attribut** wie nicht-**s.** Einheiten.

Welke, K. (2007), *Einführung in die Satzanalyse. Die Bestimmung der Satzglieder im Deutschen*, Kap. 1, Berlin.

Klaus Welke

satzwertiger Infinitiv: Infinitivkonstruktion, die satzwertig ist; i.A. wird darunter eine Infinitivkonstruktion verstanden, die den Status von →**Nebensätzen** bzw. Gliedsätzen hat, also z.B. als →**Subjekt** (*Ihn zu sehen macht mir nichts aus.*) oder →**Objekt** (*Sie bat ihn, das nicht weiter zu erzählen., Er behauptet, davon nichts gewusst zu haben.*) fungiert. Manche bezeichnen auch sog. infinite Hauptsatzstrukturen wie *Nicht auf den Boden aschen!, Rasen nicht betreten!, Bitte Fenster schließen!* als satzwertige, genauer: hauptsatzwertige Infinitive (→**Satzäquivalent**).

Maria Thurmair

satzwertiges Partizip: Partizipialgruppe, d.h. (durch →**Objekte**, →**Adverbiale**) erweitertes →**Partizip**, das satzwertig ist, also bestimmte syntaktische Funktionen übernehmen kann; z.B. *Mit den Händen aufgeregt gestikulierend, betrat er den Hörsaal., Vom plötzlichen Lärm geweckt, schrie das Baby laut.* Die syntaktische Funktion dieser satzwertigen Partizipialgruppen wird als prädikatives →**Attribut** oder sekundäres →**Prädikat** bezeichnet. Eher elliptisch zu interpretieren sind hauptsatzwertige Partizipialgruppen wie *Stillgestanden!* oder *Aufgepasst!* (→**Satzäquivalent**).

Maria Thurmair

Scanning, das: einen Text (eine Liste usw.) schnell, systematisch und zielgerichtet nach einer bestimmten Information absuchen, beispielsweise nach einem Wort (oder einigen Wörtern), einem Eigennamen, einer Zahl. **S.** wird deswegen auch als suchendes oder selektives Lesen bezeichnet und ist eine →**Lesestrategie** bzw. ein Lesestil. Beim Vorgang des **S.** handelt es sich um eine Art →**Mustererkennung**, wobei sich die Augen schnell über den Text hin und her bewegen. Die Absicht ist, schnell herauszufinden, ob der Text ein bestimmtes Thema behandelt. Erst, wenn dies der Fall ist, wird der Text bzw. die Textstelle ggf. gründlicher gelesen. Bei elektronisch gespeicherten Texten kann ein **S.** auch mit Hilfe der Suchfunktion erfolgen, was allerdings zu dessen Gelingen die Festlegung textkompatibler Suchbegriffe voraussetzt. Bei einer Internetsuche ist vor allem das →**Skimming** der gefundenen Stellen wichtig, um die Informationsmenge bewältigen zu können. **S.** und Skimming werden in der Fachliteratur gelegentlich verwechselt.

Madeline Lutjeharms

Schaltsatz, der: auch: Parenthese; selbstständiger Satz, der in einen anderen Satz eingeschoben (eingeschaltet) ist, z.B. *Die Gründung der Universität Jena – wann war das doch gleich nochmal? – wird in diesem Jahr schon wieder gefeiert.* **S.** treten auch in Form satzwertiger Fügungen auf, z.B. *In den größeren Städten hat die CDU – ein überraschendes Ergebnis – Wähler verloren.*

Mandy Höhle

schemageleitetes Lernen: Sprachverarbeitungsmodelle der kognitiven Wissenschaften gehen davon aus, dass das →**deklarative** wie das →**prozedurale** Sprach- und Weltwissen in Form von Schemata gespeichert sind. Unter kognitiven Schemata sind interne Datenstrukturen zu verstehen, in denen Erfahrungen verallgemeinert sind und die typische Sachverhalte bzw. zu erwartende Zusammenhänge aus einem bestimmten Realitätsbereich repräsentieren. Dabei kann es sich um Sachverhalte von unterschiedlichster Komplexität aus den verschiedensten Inhaltsbereichen handeln, z.B. um physische Gegenstände, Buchstaben, äußere Tätigkeiten oder komplexe soziale Ereignisse bis hin zu abstrakten philosophischen Prinzipien. Auch das Wissen um die eigene Person, die Art des eigenen Denkens, Handelns, Fühlens usw. ist dieser Auffassung zufolge in Form von Schemata gespeichert (vgl. Schnotz 1994, 61). **S.L.** umfasst alle Prozesse und Strategien, die das deklarative und prozedurale Sprach- wie Weltwissen in Sprachverarbeitungs- und Lernprozessen aktivieren. Didaktisch gilt es, das entsprechende Wissen für das Verstehen nutzbar zu machen, sodass der Lerner es an den Text heranträgt und auf verschiedenen Textebenen Textinformationen antizipiert.

Schnotz, W. (1994), *Aufbau von Wissensstrukturen*, Jena. – Wolff, D. (1990), „Zur Bedeutung des prozeduralen Wissens bei Verstehens- und Lernprozessen im schulischen Fremdsprachenunterricht", in: *Die Neueren Sprachen*, Jg. 89, 610–625.

Barbara Biechele

Schema-Theorie, die: Schemata sind mentale Datenstrukturen höherer Ordnung, die Resultat von früheren Verarbeitungsprozessen sind und einen Realitätsbereich prototypisch repräsentieren. Bestimmte obligatorische Elemente eines Schemas sind **→invariant**, fakultative Elemente sind quasi **→Leerstellen**, die durch die Wahrnehmung eines Realitätsbereiches spezifisch ausgefüllt werden. Eine Kernannahme der kognitiven Psychologie/Wissenspsychologie ist, dass die im Gedächtnis gespeicherten kognitiven Strukturen/Schemata, die äußere Welt mental repräsentieren und direkten Einfluss auf Wahrnehmung, Verarbeitung und Lernen nehmen. Eine der frühesten Untersuchungen zum Einfluss von Wissensstrukturen/Schemata auf das Verstehen von Texten stammt von Bartlett (1932). „Er verfolgte die Annahme, dass das, was wir verstehen, durch das beeinflusst wird, was wir schon wissen und erwarten ... Wann Wissen genau ein Schema bildet, bleibt ebenso unklar wie die Antwort auf die Frage, wie Schemawissen im Detail strukturiert ist." (Engelkamp/Zimmer 2006, 177).

Engelkamp, J./Zimmer, H.D. (2006), *Lehrbuch der Kognitiven Psychologie*, Göttingen. – Rickheit, G./Strohner, H. (1993), *Grundlagen der kognitiven Sprachverarbeitung*, Tübingen/Basel.

Barbara Biechele

Schlüsselqualifikation, die: Fähigkeiten, Einstellungen und Strategien, die Menschen brauchen, um sich an wechselnde persönliche, soziale und berufliche Anforderungen anzupassen bzw. auf diese bedarfsgerecht und problemlösend zu reagieren, z.B. Kooperations- und Kommunikationsfähigkeit, Organisations- und Planungsfähigkeit. Die Wissensexpansion und -differenzierung erfordert berufliche Handlungskompetenz, für die einmal erworbenes Fachwissen nicht ausreicht. In den 1970er Jahren wurde das **S.**-Konzept bezogen auf die notwendige Förderung breit anwendbarer Qualifikationen zur Erschließung neuen beruflichen Wissens entwickelt und in den 1980er Jahren um personale und soziale Aspekte im Sinne der ganzheitlichen Persönlichkeitsentwicklung erweitert. Das Training von **S.** ist immer inhaltsbezogen. Ziele sind u.a. die Förderung von Informationsverarbeitungskompetenz, Teamfähigkeit, Evaluations- und interkultureller Kompetenz. Durch Globalisierung und Medialisierung wird das Fremdsprachenlernen selbst zur **S.** In neueren kompetenzorientierten Ansätzen werden **S.** auch als „dynamische Kompetenzen" bezeichnet. Für DaZ ist in jüngster Zeit die **→Textkompetenz** als eine **S.** für den Bildungserfolg von Kindern mit Migrationshintergrund betont worden.

Jampert, K. u.a. (2005), *Schlüsselkompetenz Sprache. Sprachliche Bildung und Förderung im Kindergarten. Konzepte, Projekte und Maßnahmen*, Berlin.

Christina Kuhn

Schreibdidaktik, die:

1. Schreiben in der Fremdsprachendidaktik

In der Geschichte der Fremdsprachendidaktik wurde dem Schreiben unterschiedlicher Wert beigemessen, bei Betonung der Mündlichkeit (Direkte Methode, Audiolinguale Methode, Audio-Visuelle Methode, Kommunikativer Ansatz) kein hoher Stellenwert, seit den 1980er Jahren wird Schreiben zunehmend wichtiger. Schreiben verlangsamt den Prozess des Denkens, es entstehen Wechselbeziehungen aller vier **→Fertigkeiten**, im Schreiben sind Komponenten aller Fertigkeiten integriert. Schreiben ist Lernhilfe, aber auch Wissensspeicher, stützt den Behaltenseffekt und spielt eine große Rolle für die Memorisierung. Schreibende mit generell schwacher Sprachkompetenz haben Probleme bei der Textproduktion.

Während die **S.** die Wichtigkeit des freien und kreativen Schreibens für die Schreibentwicklung auch in der Fremdsprache betont, tendieren Sprachprüfungen (und damit vielfach auch der Unterricht) auf eine Begrenzung der Schreibaktivitäten auf das funktionale Schreiben (Formulare, Reklamationsschreiben, Bestellungen als Haupttextsorten).

2. Schreibdidaktische Entwicklungslinien

Portmann (1991) unterscheidet die folgenden Ansätze: a) Direktive Ansätze: Schreiben wird durch Vorgaben gelenkt; b) Textlinguistische Ansätze: Die Struktur von Texten wird analysiert und mit Hilfe entsprechender Schreibaufgaben geübt; c) Prozessorientierte Ansätze: nicht das Produkt, der fertige Text, sondern der Schreibprozess steht im Zentrum des Schreibens.

3. Lernzielbestimmung (vgl. Bohn 2001)

Schreiben ist unmittelbares Lernziel (Schreiben als Zielfertigkeit) und Mittel, um andere sprachliche Lernziele zu erreichen (Schreiben als Mittlerfertigkeit). Lernziele ergeben sich aus den Funktionen, die für Gesellschaft und Einzelne bedeutsam sind: a) Kommunikativ-funktionales Schreiben: Ziel = Verfassen normierter Textsorten, die Leser/Adressat im Blick haben; b) Personales und kreatives Schreiben, Ziel = Schreiben als Möglichkeit der Reflexion, der Persönlichkeitsentfaltung; c) Instrumentales Schreiben: Ziel = Unterstützung der Entwicklung anderer Sprachtätigkeiten, Hilfe bei Grammatik- und Wortschatzlernen; d) Interkulturelles Schreiben: Übergeordnetes Lernziel = interkulturelle Kompetenz, ist sowohl Unterrichtsprinzip als auch methodische Vorgehensweise.

Bohn, R. (2001), „Schriftliche Sprachproduktion“, in: Helbig, G./Götze, L./Henrici, G./Krumm, H.-J. (Hrsg.), *Deutsch als Fremdsprache. Ein internationales Handbuch*, Berlin, 921–931. – Portmann, P.R. (1991), *Schreiben und lernen. Grundlagen der fremdsprachlichen Schreibdidaktik*, Tübingen. – Kast, B. (1995), *Fertigkeit Schreiben* (Fernstudieneinheit 12), Berlin.

Renate Faistauer

Schreiben, das: elementare Kulturtechnik und grundlegende Sprachfertigkeit (→**Fertigkeiten**), mittels der sprachlich gefasste Denk- und Kommunikationsinhalte unter Einhaltung vorgegebener, häufig kultur- und sprachenspezifischer Konventionen und Regeln (Zeichenrepertoire/„Alphabet“; →**Rechtschreibung**; →**Grammatik**; →**Pragmatik**) zu unterschiedlichen Zwecken in eine lesbare Form gebracht werden. **S.** steht häufig in einer Wechselbeziehung mit anderen Sprachfertigkeiten (z.B. Anfertigen von Notizen während einer Vorlesung). Nach dem „knowledge-transforming“-Modell (vgl. Hayes/Flowers 1980) hat der Schreibprozess mehrere Komponenten: 1. Wissensspeicher (Weltwissen, Kenntnisse über Adressaten, →**Textsorten** und Textbaupläne), 2. Aufgabenumgebung (→**Thema-Rhema-Gliederung**, Adressat/Schreibabsicht, gefertigter →**Text**), 3. Schreibprozess (Planung, Formulierung, Überarbeitung). Der Schreibunterricht in der Fremdsprache sollte den Komponenten des Schreibprozesses nachmodelliert sein und in entsprechende Teilprozesse segmentiert werden, mit angemessenen Pausen zur Reflexion (vgl. Pogner 1993).

Hayes, J.R./Flowers, L.S (1980), „Identifying the organisation of writing processes“, in: Gregg, L.W./Steinberg, E.R. (Hrsg.), *Cognitive processes in writing*, Hillsdale. – Pogner, K.-H. (1993), „Texten. Auf dem Weg zu einer (fremdsprachlichen) Schreibdidaktik“, in: *Schreiben im DaF-Unterricht an Hochschulen und Studienkollegs*, Materialien Deutsch als Fremdsprache, Heft 37, 63–86.

Wolfgang Wegner

Schreibstrategie, die: Handlungsplan zur Erstellung eines →**Textes**, der sich auf einzelne Bereiche des Textes (z.B. Aufbau) oder den Schreibprozess (z.B. Umgang mit einem Defizit) beziehen kann. Nach dem gängigen Schreibprozess-Modell (→**Schreiben**), dem „knowledge-transforming“-Modell nach Hayes/Flowers 1980, werden inhaltliche Überlegungen versprachlicht, wobei textstrukturelle und adressatenbezogene Anforderungen berücksichtigt werden. Dem Modell des „knowledge-telling“ (Bereiter/Scardamalia 1987) zufolge setzt das Thema automatische Suchprozesse im Wissensspeicher in Gang, die bei einem Schreibproblem erneut begonnen werden. Grundsätzlich lassen sich zwei Phasen unterscheiden, in denen **S.** eingesetzt werden: 1. Globalplanung (Erstellen der Gliederung, Anfertigen von Notizen), 2. Schreiben des Textes. In dieser Phase finden zwei Arten von Strategien statt: Verschiebungsstrategien, bei denen ein Schreibproblem entweder zurückgestellt wird, oder der Schreiber eine Lösung erstellt, die für ihn selbst noch unbefriedigend ist, sowie Strategien zur Vermeidung von Wiederholungen (vgl. Plag 1996).

Bereiter, C./Scardamalia, M. (1987), *The psychology of written composition*, Hillsdale. – Hayes, J.R./Flowers, L.S. (1980), „Identifying the organisation of writing processes“, in: Gregg, L.W./Steinberg, E.R. (Hrsg.), *Cognitive processes in writing*, Hillsdale. – Plag, I. (1996), „Individuelle Schreibstrategien beim Verfassen mutter- und fremdsprachlicher Texte (Deutsch/Englisch)“, in: Börner, W./Vogel, K. (Hrsg.), *Texte im Fremdsprachenerwerb*, Tübingen, 237–252.

Wolfgang Wegner

Schrift, die:
1. Begriffsklärung
Der Begriff der **S.** bezeichnet gemeinhin die Form der graphischen Fixierung von Sprache. I.e.S. wird unter **S.** das Schriftsystem einer spezifischen Schriftsprache verstanden, das auf einem konventionalisierten Inventar von graphischen →**Zeichen** (Schriftzeichen) basiert. Die Schriftzeichen korrespondieren mit einem sprachlichen Element und werden so zu →**Graphemen** dieser Einzelsprache. Das Grapheminventar einer Schriftsprache wird durch die →**Graphematik** beschrieben. Die das Schriftsystem einer Schriftsprache konstituierenden Regeln werden in der Orthographie der jeweiligen Sprache festgehalten.

2. Schrifttypen
Grundsätzlich lassen sich zwei Ansätze unterscheiden: a) Logographische **S.** (auch: Wortschrift): Die dominante Bezugsebene ist das →**Lexikon**: Ein Schriftzeichen (Logogramm) repräsentiert im Prinzip ein lexikalisches Bedeutungselement, b) Phonographische **S.** (auch: alphabetische **S.**): Die Schriftzeichen korrelieren mit Elementen der phonologischen Ebene. Man unterscheidet zwischen Silbenschriften (auch: Syllabographie), bei denen ein Zeichen (Syllabogramm) einer Silbe entspricht, und Alphabetschriften (auch: Buchstabenschrift), bei denen angestrebt wird, jedem Zeichen (Buchstabe) genau ein →**Phonem** zuzuordnen. Silbenschriften und Buchstabenschriften beruhen auf einem Inventar graphischer Zeichen, die Alphabete heißen. Zu unterscheiden sind phonologisch flache alphabetische **S.** mit einer hohen Korrespondenz von Lauten und Schriftzeichen (z.B. im Türkischen) und phonologisch tiefe alphabetische **S.**, bei denen über phonologische Prinzipien hinaus v.a. die morphologische und lexikalische Ebene in der **S.** abgebildet werden und die →**Graphem-Phonem-Korrespondenz** überlagern (z.B. im Französischen). Alle modernen alphabetischen **S.** greifen neben den primären Schriftzeichen auf logographische Inventare wie Ziffern oder Begriffszeichen (z.B. % oder §) zurück.

3. Schriftsystem des Deutschen
Die **S.** des Deutschen gehört zum Typ der Alphabetschrift und beruht auf dem lateinischen Alphabet, dessen Grapheminventar durch zusätzliche Buchstaben (j, ß, w), durch abgeleitete Buchstaben (ä, ö, ü) und durch Etablierung kombinierter Grapheme wie z.B. ⟨sch⟩ und ⟨ch⟩ erweitert wurde. Die **S.** des Deutschen belegt eine mittlere Position zwischen phonologisch flachen und tiefen **S.** und zeichnet sich durch unregelmäßige Graphem-Phonem-Korrespondenz aus, woraus für DaF-/DaZ-Lernende besondere Lernprobleme resultieren.

Coulmas, F. (1996), „Typology of Writing Systems", in: Günther, H./Ludwig, O. (Hrsg.), *Schrift und Schriftlichkeit. Ein interdisziplinäres Handbuch internationaler Forschung, 2. Halbbd.*, Berlin/New York, 1380–1387. – Coulmas, F. (2003), *Writing Systems: An introduction to their linguistic analysis*, Cambridge. – Dürscheid, C. (2006), *Einführung in die Schriftlinguistik*, 3. überarb. u. erg. Aufl., Göttingen.

Thomas Stahl

Schriftlichkeit, die: Der Begriff **S.** bezeichnet ganz generell alle mit geschriebener und schriftlicher Sprache in Verbindung zu bringenden Aspekte. Häufig wird **S.** mit →**Literalität** gleichgesetzt. Als Gegenbegriff zu Mündlichkeit zeichnet sich der Terminus **S.** aus durch eine mediale sowie eine konzeptionelle Dimension (vgl. Koch/Oesterreicher 1994, 587). Während sich mediale **S.** auf die graphische Realisierung sprachlicher Äußerungen durch →**Schrift** bezieht und damit auf die geschriebene Sprache, versteht man unter konzeptioneller **S.** die Realisierung sprachlicher Äußerungen unter Berücksichtigung der charakteristischen Merkmale schriftlicher Sprache (zu prototypischen Merkmalen geschriebener schriftlicher Sprache s. Dürscheid 2006, 24–35; →**Schreiben**). Eine sprachliche Äußerung muss nicht zwingend hinsichtlich beider Dimensionen dem Bereich der **S.** zugeordnet werden, es besteht keine strenge Korrelation. Z.B. ist Chatkommunikation, obwohl medial schriftlich, als konzeptionell (eher) mündlich zu kategorisieren; für einen wissenschaftlichen Vortrag bspw. gilt (eher) der umgekehrte Fall. Aus Sicht von DaF/DaZ s. auch →**Schreibdidaktik**.

Dürscheid, C. (2006), *Einführung in die Schriftlinguistik*, 3. überarb. u. erg. Aufl., Göttingen. – Koch, P./Oesterreicher, W. (1994), „Schriftlichkeit und Sprache", in: Günther, H./Ludwig, O. (Hrsg.), *Schrift und Schriftlichkeit. Ein interdisziplinäres Handbuch internationaler Forschung, 1. Halbbd.*, Berlin/New York, 587–604.

Thomas Stahl

Schriftsprache, die: sprachliche Erscheinungsform des formellen →**Registers**. **S.** hat Bedeutung in allen öffentlichen Kommunikationssituationen wie Schule, Beruf usw. Sie ist konzeptionell literat (→**Literalität**), ihre Schreibung und ihre

Grammatik sind systematisch erfasst. **S.** wird als spezifische Form der Sprachpraxis beschrieben, in der (die eigene) Sprache und Gedanken bearbeitet und weiterentwickelt werden können. Sie ermöglicht das Kommunizieren über den unmittelbaren Kontext hinweg; wird eher langsam produziert, wodurch die Schreibenden die sprachliche Form fokussieren können. Aus diesem Grund ist **S.** grammatisch und stilistisch komplex und elaboriert. Kinder lernen zumeist noch vor Schulbeginn Formen der **S.** kennen.

Eine Zweitsprache, die im informellen Register sowie für den alltäglichen Sprachgebrauch angemessen entwickelt ist, bietet keine hinreichende Grundlage für die Entwicklung der schriftsprachlichen Varietät dieser Zweitsprache. Ihr Erwerb ist besonders schwierig für diejenigen, die in ihrer Familie keinen Zugang zu **S.** erfahren (auch nicht zu der ihrer Erstsprachen) und für jene, deren Erstsprachen keine schriftsprachliche Varietät haben, weil sich im Herkunftsland diejenige einer anderen Sprache durchgesetzt hat (vgl. Schroeder 2008, 8). Auch im Kontext des fremdsprachlichen Lernens und Lehrens ist dem Aufbau schriftsprachlicher Kompetenz(en) in spezifischer Weise methodisch-didaktisch Rechnung zu tragen (→**Schreiben**; →**Schreibdidaktik**).

Schroeder, Ch. (2008), „Integration und Sprache“, in: *Aus Politik und Zeitgeschichte*, 22–23/2007, 6–12.

Imke Mohr

Schulsprachenpolitik, die: bezeichnet die Regelungen, die das Bildungswesen für das Sprachenangebot im Schulbereich trifft und umfasst sowohl den muttersprachlichen als auch den fremdsprachlichen Unterricht. **S.** legt zunächst einmal die →**Unterrichtssprache** fest, sodann auch, welche weiteren Sprachen als Pflicht- oder Wahlangebote bis zu welchen Stufen im Schulwesen angeboten werden. Während z.B. in Deutschland das Sprachenspektrum an Schulen i.d.R. durch die jeweiligen Bundesländer einheitlich geregelt ist, wobei Englisch als erste Fremdsprache dominiert, ist die erste Fremdsprache in Österreich nicht festgelegt. Vielmehr könnten Schulen auch Nachbarsprachen anbieten, allerdings lernen auch hier nahezu alle Schüler Englisch als erste Fremdsprache. In der Schweiz gehören die Schweizer Landessprachen zum festen Sprachangebot. Die Europäische Kommission fordert von allen Mitgliedsländern, dass sie schon in der Schule drei Sprachen (Muttersprache plus zwei lebende Fremdsprachen) für alle vorschreiben – noch allerdings sind die meisten Ländern von dieser Zielsetzung weit entfernt.

Eine nach wie vor ungelöste Frage ist der Umgang des Bildungswesens mit den Familiensprachen von Kindern mit Migrationshintergrund. Der →**Herkunftssprachenunterricht** wird keineswegs für alle Migrantensprachen angeboten, ist vielfach unattraktiv am Nachmittag als „unverbindliche Übung“ (so in Österreich) institutionalisiert, so dass Gogolin (1994) vom „monolingualen Habitus der multilingualen Schule“ spricht.

Europäische Kommission (2008), *Mehrsprachigkeit – Trumpfkarte Europas, aber auch gemeinsame Verpflichtung.* – http://europa.eu/languages/de/document/112 – Gogolin, I. (1994), *Der monolinguale Habitus der multilingualen Schule*, Münster.

Hans-Jürgen Krumm

schwaches Verb: →**Verben** lassen sich in verschiedene Konjugationsklassen einteilen. Dies richtet sich vor allem danach, wie die Formen des →**Präteritums** und das →**Partizip** II gebildet werden. Unterschieden wird zwischen **s.V.** und →**starkem Verb**. Diese Termini gehen auf Jacob Grimm zurück, der die schwache Konjugation im Vergleich zur überlieferten ablautenden, starken Konjugation als Erscheinung des sprachlichen Verfalls betrachtete (→**Konjugation**). **S.V.** bilden ihre Präteritumsformen mit dem Dentalsuffix *-t-* (z.B. *Susanne lach-t-e*). Das Partizip II wird mit dem Suffix *-(e)t* geformt (z.B. *Susanne hat gelacht.*). **S.V.** zeigen i.d.R. keine Alternation des Stammvokals; aus diesem Grund werden sie z.T. auch als regelmäßige Verben, ihre Flexion als Normalkonjugation bezeichnet. Neben der starken und der schwachen gibt es eine dritte Konjugationsklasse: die gemischte Konjugation. Diese beschränkt sich auf einige wenige Verben. Das Präteritum wird mit Ablaut und dem Suffix *-t*, also einer Mischung aus schwacher und starker Bildungsweise, geformt. Das Partizip II wird schwach gebildet, also mit dem Suffix *-t* (z.B. *nennen, kennen, brennen, rennen, wenden, senden;* zusätzlich konsonantischer Wechsel bei: *bringen, denken*). Für den DaF-Unterricht stellen die Konjugation generell und die Unterscheidung starker und **s.V.** ein Lernproblem dar; manche Lernende neigen zur Übergeneralisierung der schwachen Konjugation (*Der Wind wehte. – *Das Kind gehte.*).

Mandy Höhle

Schwa-Laut, der: s. **Murmelvokal**

Schweizerdeutsch, das: zweideutiger Terminus, der sowohl →**Schwyzerdütsch** als auch →**Schweizer Standarddeutsch** bedeuten kann.

Sara Hägi

Schweizer Standarddeutsch, das: auch: Schweizer Hochdeutsch bzw. Schweizerhochdeutsch genannt. **S.** bezeichnet die →**Standardvarietät** der Deutschschweiz. Sie wird auf Grund der →**Diglossie** in erster Linie geschrieben. Gesprochen wird **S.** im Umgang mit nicht →**Schwyzerdütsch** Sprechenden und in formalen Situationen. **S.** unterscheidet sich vom deutsch(ländisch)en und →**österreichischen Deutsch** durch →**Helvetismen**, die sich auf allen sprachlichen Ebenen finden.

Ammon, U. (1995), *Die deutsche Sprache in Deutschland, Österreich und der Schweiz. Das Problem der nationalen Varietäten*, Berlin/New York. – Dürscheid, C./Businger, M., Hrsg. (2006), *Schweizer Standarddeutsch. Beiträge zur Varietätenlinguistik*. Tübingen.

Sara Hägi

Schwellenhypothese, die: Die von Cummins 1977 stammende **S.** besagt, dass ein zweisprachig aufwachsendes Kind eine Schwelle der Sprachkompetenz in beiden Sprachen überschreiten muss, um kognitive Defizite zu vermeiden und eine positive Entwicklung in seinen beiden Sprachen zu vollziehen. Es werden drei Stufen von →**Bilingualismus** unterschieden, die von zwei Schwellen getrennt werden. Die unterste Stufe – der Semilingualismus, auch →**doppelseitige Halbsprachigkeit**, – ist von einem niedrigen Niveau in beiden Sprachen gekennzeichnet. Bei der mittleren Stufe – dem dominanten Bilingualismus – wird in einer Sprache das Niveau einer Erstsprache erreicht. Für die dritte Stufe, den additiven Bilingualismus, ist ein hohes Niveau in der Erst- und in der Zweitsprache charakteristisch. Die Schwellen werden mit dem jeweiligen Entwicklungsstand des Kindes in Beziehung gesetzt: Der Semilingualismus wirkt sich negativ, der additive Bilingualismus positiv auf die kognitive Entwicklung des Kindes aus. Die mittlere Stufe dagegen verhält sich neutral zur Entwicklung der kindlichen Kognition, wirkt sich also – im Vergleich zu einem monolingualen Kind – weder positiv noch negativ aus.

Fthenakis, W.E. u.a. (1985), *Bilingual-bikulturelle Entwicklung des Kindes: ein Handbuch für Psychologen, Pädagogen und Linguisten*, München.

Mandy Höhle

Schwyzerdütsch, das: Als eigenständige →**Varietät** wahrgenommen, aber nicht kodifiziert, umfasst **S.** als Sammelbegriff die in der Deutschschweiz gesprochenen alemannischen Dialekte (Baseldeutsch, Berndeutsch etc.). Der linguistische Abstand der Dialekte ist relativ gering und ermöglicht die polydialektale Kommunikation bzw. (mediale) →**Diglossie**. Als mündliche Verkehrssprache wird **S.** unabhängig von Thema und Bildungsgrad verwendet und in außerhalb der Deutschschweiz gezeigten Fernsehbeiträgen oder Spielfilmen untertitelt. Geschrieben findet sich **S.** in der Dialektliteratur und in Texten mit stark mündlichem Charakter (z.B. Werbung, SMS). Nicht zuletzt als Abgrenzung zu Deutschland ist **S.** identitätsstiftend und positiv besetzt.

Sara Hägi

Script, das: auch: Skript; formalisierte Beschreibung einer alltäglichen Situation/Handlung (→**Schema-Theorie**). **S.** ist eine detailliert ausgearbeitete, stereotypisierende Darstellung/Modellierung einer Handlungssequenz, wobei mögliche Alternativen als Kausalkette antizipiert werden; typischer Anwendungsbereich: Künstliche Intelligenz – dient dort der Mustererkennung in dzgl. motivierten Datenabgleichsprozeduren. Auf Menschen bezogen fungieren **S.** als Gedächtnisstruktur für stereotype gesellschaftliche Handlungen (z.B. Restaurantbesuch). Im FSU hatte die **S.**-Idee um 1980 einigen Erfolg als Grundlage für Dialoge in Lehrbüchern.

Schank, R.C./Abelson, R.P. (1977), *Scripts, plans, goals and understanding*, Hillsdale.

Madeline Lutjeharms

segmentale Phonetik: Teilbereich der →**Phonetik**, der sich mit den segmentalen (lautlichen) Einheiten und deren Merkmalen unter artikulatorischen (→**Artikulation**), auditiven (hörbaren, wahrnehmbaren) und akustischen (physikalischen, messbaren) Aspekten beschäftigt, was bedeutet, dass die phonetischen Merkmale sehr unterschiedlich erfasst und bezeichnet werden können. Im Bereich DaF werden meist artikulatorische Bezeichnungen verwendet, z.B. Lippenrundung, Zungenhebung, Kieferöffnung.

Einheiten der **s.P.** sind Allophone (Lautklassen) und die konkreten Realisierungen der →**Vokale** und →**Konsonanten**.

Hirschfeld, U./Stock, E., Hrsg. (2000), *Phonothek interaktiv*, München, (CD-ROM).

Ursula Hirschfeld

Sehverstehen, das: die →**Fertigkeit**, visuelle Medien, d.h. Bilder aller Gattungen, im Fremdsprachenunterricht verstehen zu können. Schwerdtfeger (1989, 24) hat **S.** als fünfte Fertigkeit des Fremdsprachenunterrichts gefordert und beschrieben. **S.** umfasst als Fertigkeit die Wissens- und Könnenskomponenten, die auch als visual literacy, „die erlernte Fertigkeit, visuelle Botschaften zutreffend zu interpretieren ..." (Pettersson 1993, 215), bekannt sind. **S.** als Fertigkeit zu beschreiben, ist mit Blick auf die lernpsychologische Bedeutung von Bildern, vgl. z.B. die „Dual-Coding-Theory" (Paivio 1971, 1986), auf die immer reichere und differenziertere →**Visualisierung** in Lehrwerken (z.B. Biechele 1996), durch die Bedeutung von Visualisierungen im digitalen Zeitalter und in der Lebenswirklichkeit überhaupt unverzichtbar.

Biechele, B. (1996), „Bilder als Kommunikate und Lernmedien im Fremdsprachenunterricht/DaF", in: *Informationen Deutsch als Fremdsprache*, Jg. 23, Nr. 6, 746–757. – Paivio, A. (1986), *Mental representation. A dual-coding approach*, New York. – Pettersson, R. (1993), „Visual Literacy und Infologie", in: Weidenmann, B. (Hrsg.), *Wissenserwerb mit Bildern*, Bern, 215–235. – Schwerdtfeger, I.C. (1989), *Sehen und Verstehen. Arbeit mit Filmen im Unterricht Deutsch als Fremdsprache*, Berlin/München et al.

Barbara Biechele

Sekundarbereich, der/Sekundarstufe, die: Terminus für einen bestimmten Abschnitt des allgemeinbildenden Lernangebots im Rahmen des deutschen Schulsystems (ähnlich in Österreich). Dabei wird innerhalb des **S.** noch einmal zwischen den Stufen **S. I** und **S. II** differenziert. **S. I** schließt an den →**Primarbereich**, die ersten vier Schuljahre, an und bezieht sich auf die drei Schulformen Hauptschule, Realschule und Gymnasium. In der Gesamtschule als vierter Schulform werden die nebeneinander stehenden drei Schulformen des **S. I** vereinigt.

Der **S. II** beginnt mit der elften Klassenstufe, in Ländern mit Abiturabschluss nach insgesamt 12 Schuljahren mit der zehnten Klassenstufe, ab der die allgemeinbildende gymnasiale Oberstufe und verschiedene Formen des beruflichen Schulwesens nebeneinander treten. Der **S. II** ist als übergreifende, auch das berufliche Lernen umfassende Organisationseinheit aufzufassen, wobei von multiplen Lernorten wie z.B. Schule, Betrieb, Lehrwerkstatt ausgegangen werden soll. Nachdem über lange Zeit (ca. 1960–1980) der besondere Bedarf der Förderung von Kindern mit nichtdeutscher Erstsprache vornehmlich außerhalb des schulischen Regelangebots in zeitlich begrenzten Modellprojekten Beachtung fand, gibt es inzwischen in der Mehrzahl der deutschen Bundesländer sowie in Österreich im Lehrplan verankerten Förderunterricht in Deutsch als Zweitsprache, wobei der Schwerpunkt im Primarbereich liegt, gefolgt von Förderprogrammen für den **S. I**. Im Kontext der föderalen Zuständigkeit für das Schulwesen unterscheiden sich ggf. die Angebote(einen ersten Zugang mit zahlreichen Links bietet der Deutsche Bildungsserver). Auch die Schweiz verfügt über ein kantonal differenziertes Angebot zur Förderung von DaZ, z.T. auch von DaF in den vergleichbaren Schulstufen.

Finkbeiner, C. (2003), „Fremdsprachenunterricht im Sekundarbereich I", in: Bausch, K.-R./Christ, H./Krumm, H.-J. (Hrsg.), *Handbuch Fremdsprachenunterricht*, 5. Aufl., Tübingen, 203–208. – Schröder, K. (2003), „Fremdsprachenunterricht im Sekundarbereich II", in: ebd., 208–214. – Internetadressen: www.bildungsserver.de/zeigen.html?seite=3270 (Deutschland) – www.bmukk.gv.at/schulen/recht/info_interkult_lernen.xml (Schweiz) – www.bildungsdirektion.zh.ch (Schweiz)

Désirée Ruge

Selbstkonzept, das: „Summe der Urteile einer Person über sich selbst" (Stahlberg et al. 2001, 680); **S.** wird in der sozialpsychologischen Literatur nicht einheitlich verwendet; in der Zweitspracherwerbsforschung ist es noch wenig etabliert, stattdessen werden Begriffe wie „Selbstvertrauen", „Selbstbewusstsein" und „Selbstbild" verwendet. Aufbau und Veränderungen des **S.** hängen mit der Ich-Bildung und daher mit Identitätskonzepten zusammen. Das **S.** wird als relativ stabil betrachtet, wobei kurzfristige Schwankungen oder tiefer greifende Veränderungen durch kritische Lebensereignisse möglich sind.

S. und das Erlernen einer Zweitsprache hängen insofern zusammen, als 1. Studien darauf hinweisen, dass das bildungssprachliche **S.** von Schülern mit Migrationshintergrund deren Erwerb der Bildungssprache wesentlich beeinflusst (vgl. Müller 1997). 2. Testverfahren, die spezielle Gruppen benachteiligen, wirken sich negativ auf das **S.** ihrer Mitglieder aus, ein Aspekt, der im Rahmen von Sprachstandserhebungen von Kindern eine wichtige Rolle spielt (vgl. Fried 2004). 3. die Abwertung der Herkunftssprache(n) und Kultur(en) von Migranten zu einem negativen **S.** führen kann (Portes/Rumbaut 2001) und 4. die Abwertung der mitgebrachten Kompetenzen und Qualifikationen von Migranten sowie die Erfahrung von Diskriminierung das sprachliche **S.** beeinflussen (vgl. Norton 2000). Die Interrelationen zwischen **S.** und Zweitspracherwerb bedürfen i.Ü. weiterer, v.a. empirischer Erforschung.

Fried, L. (2004), *Expertise zu Sprachstandserhebungen für Kindergartenkinder und Schulanfänger*, München. – Müller, R. (1997), *Sozialpsychologische Grundlagen des schulischen Zweitspracherwerbs bei MigrantenschülerInnen*, Aarau. – Norton, B. (2000), *Identity in Language Learning*, London. – Portes, A./Rumbaut, R. (2001), *Legacies. The Story of the Immigrant Second Generation*, Berkeley. – Stahlberg, D./Gothe, L./Frey, D. (2001), „Selbstkonzept", in: Wenninger, G. (Hrsg.), *Lexikon der Psychologie in 5 Bänden*, Heidelberg/Berlin, 680–684.

Verena Plutzar

Selbstlaut, der: s. Vokal

Selektionsbeschränkung, die/Selektionsmerkmal, das: semantische Beschränkungen von →**Ergänzungen** in Abhängigkeit vom regierenden Valenzträger. Z.B. setzt das Adjektiv *heiß* typischerweise eine Ergänzung mit dem semantischen Merkmal „Ding" voraus und das Adjektiv *schnell* eine Ergänzung mit dem Merkmal „Vorgang": *Der Verkäufer trinkt schnell den heißen Kaffee*. Eine anderweitige Verwendung, z.B. der Bezug von *schnell* auf eine Person oder von *heiß* auf einen Vorgang, verletzt die Selektionsbedingungen von *schnell* oder *heiß* und verlangt eine sog. konzeptuelle Anpassung: *Der schnelle Verkäufer trinkt den Kaffee heiß*.

Klaus Welke

Sem, das: Terminus für Bausteine (→**semantische Merkmale**) von Bedeutungen (→**Semem**), in die man diese zerlegen kann, z.B. kann man das Verb *geben* aufgliedern in die **S.** caus (machen), poss (haben), vgl.: *geben* = machen, dass jmd. etwas hat.

Klaus Welke

Semantem, das: mehrfach belegter linguistischer Begriff mit Fokus auf den Bedeutungsanteil von sprachlichen Zeichen bzw. Wörtern (Ggs. →**Morphem**). 1925 von Vendryes eingeführt, wird **S.** je nach theoretischem Kontext synonym zu →**Sem** bzw. →**Semem** oder auch →**Lexem** verwendet. **S.** fokussiert demgemäß, etwa mit Bezug auf das Wort *Katze*, ausschließlich die Eigenschaft dieses Wortes, das begriffliche Konzept der außersprachlichen Entität KATZE (+ belebt, + Säugetier, + Raubtier etc.), zu versprachlichen, nicht aber die morphologischen und syntaktischen Eigenschaften dieses Wortes wie +2-silbig; +Substantiv usw.

Vendryes, J. (1996), *Language: a linguistic introduction to history*, Reprint [der Ausg.] 1925, London u.a.

Tina Stein

Semantik, die: Bedeutungslehre; bezieht sich auf die Bedeutung von Zeichen (Einzelzeichen und Zeichenketten bis hin zu Sätzen und Texten). Im Unterschied zur traditionellen →**Semasiologie** und →**Onomasiologie**, die sich primär auf das einzelne →**Wort** orientierten, bezieht sich die moderne **S.** primär auf den →**Satz**. Während die →**Syntax** die formale Struktur von Sätzen betont, betont die **S.** die semantische Struktur. Gewisse über Syntax und **S.** hinausgehende zusätzliche Aspekte der Verwendung von Sätzen in der Kommunikation sind Gegenstand der →**Pragmatik**. Es handelt sich bei **S.**, Syntax und Pragmatik um Aspekte des Satzes. In der modernen **S.** gibt es eine große Zahl unterschiedlicher Ansätze und Beschreibungsaspekte von **S.** Die formale **S.** steht im inhaltlichen und methodologischen Zusammenhang mit der Logik und betont formale Methoden der Darstellung der Satzbedeutung. Die Merkmal-**S.** bezieht sich auf den Umstand des Aufbaus von Wortbedeutungen aus kleineren Bedeutungsbestandteilen, den →**semantischen Merkmalen** oder →**Semen**. Auf dieser Grundlage beschreibt man Prinzipien der Kombination von Wortbedeutungen zu Satzbedeutungen, vgl. z.B. solche Begriffe wie →**Selektionsbeschränkung** oder →**semantische Relation**. Andere Möglichkeiten der Darstellung sind →**semantische Netze** und die Formulierung von sog. Bedeutungspostulaten. Die Prototypen-**S.** betont den Aspekt der Vagheit und Unschärfe von Bedeutungen und ihrer Veränderbarkeit. Die Ereignis-**S.** setzt bei dem Umstand an, dass Sätze typischerweise Ereignisse beschreiben. Wegen der Kulturspezifik sprachlicher Bedeutungen gehört die Bedeutungsbeschreibung mittels →**Sprach(en)vergleich** zu den Kernaufgaben des Fremd- und Zweitsprachenlernens und deren Förderung.

Löbner, S. (2003), *Semantik. Eine Einführung*, Berlin/ New York. – von Stechow, A./Wunderlich, D., Hrsg. (1990), *Semantik. Ein internationales Handbuch zeitgenössischer Forschung*, Berlin/New York.

Klaus Welke

semantische Relation/Rolle: Rollen wie ‚Agens', ‚Patiens', ‚Adressat', die eine →**Ergänzung** (ein Argument) im Satz zugewiesen erhalten. Die Zuordnung von **s.R.** und Ergänzungen ist ein zentrales Problem von →**Syntaxtheorien.** Im Lexikon sind **s.R.** noch nicht zugeordnet, sonst müsste es bspw. so viele Bezeichnungen für ein und dasselbe Ding geben, wie es Rollen in einer Situation übernehmen kann. Wenn also ein Hörer/Leser einen Satz wie *Emil beleidigt Anton.* vernimmt, dann muss er dem Satz gewisse Anweisungen entnehmen können, wer welche Rolle hat, wer also im gegebenen Fall Agens und wer Patiens ist. Formale Kodierungsmittel sind u.a. →**Kasus**, →**Präpositionen** und →**Wortstellung**. Die inhaltliche Bestimmung der einzelnen **s.R.** ist, wenn man über einfache Ausgangsbeispiele hinausgeht, kompliziert. Es gibt zahlreiche Vorschläge dazu. Die Mehrheit der Rollenkonzepte sind →**extensional** (→**denotativ**). Es gibt aber auch Vorschläge einer →**intensionalen** (und →**prototypischen**) Auffassung von **s.R.** (vgl. Dowty 1991, Welke 2005). Z.B. setzt Fillmore (1968) die **s.R.** von *mit dem Schlüssel* und *der Schlüssel* in *Er öffnete die Tür <u>mit dem Schlüssel</u>.* und *<u>Der Schlüssel</u> öffnete die Tür.* als ‚Instrumental' extensional gleich. In intensionaler Hinsicht sind die **s.R.** in den beiden Sätzen jedoch verschieden. Nur im ersten Satz handelt es sich intensional um die Rolle ‚Instrumental'. Im zweiten Satz liegt intensional die Rolle ‚Agens' vor. *Schlüssel* wird prototypisch als eine Art Agens gedeutet.

Dowty, D. (1991), „Thematic Proto-Roles and Argument Selection", in: *Language 67*, 547–619. – Fillmore, Ch.J. (1968), „The Case for Case", in: Bach E./Harms R.J. (Hrsg.), *Universals in Linguistic Theory*, New York, 1–88. – Welke, K. (2005), *Deutsche Syntax funktional. Perspektiviertheit syntaktischer Strukturen*, Kap. 2, 2. Aufl, Tübingen.

Klaus Welke

semantisches Differential: auch: Eindrucksdifferential, Polaritätenprofil. Das **s.D.** ist ein Skalierungsverfahren, das aus bipolaren graphischen Rating-Skalen besteht, wobei die Pole mit gegensätzlichen Substantiven oder Adjektiven besetzt sind, z.B. *redselig – verschwiegen, optimistisch – pessimistisch, gesund – krank* usw. Die Gegensatzpaare sind als Kontinuum aufzufassen, innerhalb dessen der zu beurteilende Aspekt (Person, Produkt, Unterricht, Referat etc.) eingeordnet werden soll. Die Probanden werden aufgefordert, das Objekt auf der mit meist sieben Kategorien angelegten Skala einzuschätzen, wobei diejenigen Punkte angekreuzt werden sollen, die am ehesten zutreffen. Die Auswertung erfolgt im einfachsten Fall über die Errechnung des Mittelwerts für jedes Gegensatzpaar, was für jedes beurteilte Objekt ein Profil auf dem **s.D.** ergibt, welches mit anderen verglichen werden kann. Eine andere Möglichkeit ein **s.D.** auszuwerten, ist eine Faktorenanalyse durchzuführen. Angenommen wird dann, dass dem Urteil der Probanden drei voneinander unabhängige Dimensionen zugrunde liegen: Bewertung (z.B. *gut – schlecht*), Macht (z.B. *stark – schwach*), Aktivität (z.B. *aktiv – passiv*). **S.D.** werden im Fach DaF/DaZ insbesondere für Einstellungsuntersuchungen (Sprache, Landeskunde, Interkulturalität) benutzt.

Stier, W. (1999), *Empirische Forschungsmethoden*, 2. Aufl., Berlin.

Mandy Höhle

semantisches Dreieck: eine häufig gewählte, auf Ogden/Richards (1923) zurückgehende Darstellung, in der 1. eine Zeichenform (ein Ausdruck, z.B. *Baum*), 2. die Bedeutung dieses Ausdrucks und 3. das vom Ausdruck vermöge seiner Bedeutung Bezeichnete (das Denotat, →**Denotation**) aufeinander bezogen werden. Der Bezug zwischen Ausdruck und Bezeichnetem kann nur über die Bedeutung erfolgen. Denn, wenn man etwas z.B. als *Baum* bezeichnen will, muss man wissen, auf Grund welcher Kriterien man das tun kann, muss also wissen, was es bedeutet. Diese Kriterien, die die Bezeichnung vermitteln, sind die Bedeutung (→**Semem**, →**semantische Merkmale**) des Zeichens.

Klaus Welke

semantisches Merkmal: auch: →**Sem** (→**Semantik**). Man kann Bedeutungen und im engeren Sinne Wortbedeutungen (→**Sememe**) als Merkmale beschreiben, mit deren Hilfe man etwas bezeichnet. Diese Merkmale (Bedeutungen) kann man sich wiederum in kleinere **s.M.** zerlegt denken. Sie kommen zum Vorschein, wenn man die Bedeutung eines Wortes in einem Satz umschreibt (→**Paraphrase**). Z.B. kann man eine TASSE umschreiben als ein Gefäß für Flüssigkeiten, typischerweise mit einem Henkel und typischerweise aus Porzellan oder Steingut, aus dem man trinkt. TASSE: [+Gefäß, +Henkel, +aus Porzellan/Steingut, +für Flüssigkeiten, +zum Trinken]. Bedeutungen scheinen also wie „Moleküle" aus den **s.M.** als den „Atomen" zusammengesetzt zu sein. Andererseits sind die Einheiten, die die **s.M.** in der Beschreibung vertreten, oft Wörter (Wortgruppen). In einer konkurrierenden Auffassung stellt man sich daher Bedeutungen als →**semantische Netze** von Bedeutungen vor. Der Ausdruck „typischerweise", vgl. oben, verweist auf →**Prototypik**. Die meisten Bedeutungen kann man nicht →**invariant** definieren. Selbst das Standardbeispiel ‚Junggeselle' aus Einführungen in die Semantik ist nicht problemlos aufzugliedern in [+erwachsen, +männlich, –verheiratet], vgl. *Emil ist und bleibt eine Junggeselle, obwohl er seit drei Jahren verheiratet ist.*

Klaus Welke

semantisches Netz: →**Semantik**, →**semantisches Merkmal**. Bedeutungen sprachlicher Einheiten determinieren einander. Dieses Determinationsgefüge kann man sich als ein **s.N.** von Wörtern (Wortbedeutungen) vorstellen. Man kann zwischen →**paradigmatischen** und →**syntagmatischen** Bedeutungsbeziehungen unterscheiden. Die für das mentale →**Lexikon** der Sprecher einer Sprache wichtigste paradigmatische Bedeutungsbeziehung ist das Verhältnis von Ober- und Unterbegriffen (→**Hyperonym** – →**Hyponym**) zueinander: ‚Pflanze' – ‚Blume' – ‚Rose' und von Nebenbegriffen (Kohyponymen) untereinander: ‚Rose' – ‚Tulpe' –‚Nelke'. Hinzu kommen Beziehungen der Meronymie (Teil – Ganzes, →**Meronym**): ‚Tasse' – ‚Henkel', der →**Antonymie**: ‚gut' – ‚schlecht' und der →**Synonymie**: ‚gut' – ‚prima'. Zu den syntagmatischen Bedeutungsbeziehungen gehören alle möglichen →**Kollokationen**, also typische Wortverbindungen. Diese weiten sich zu dem aus, was man in der Psychologie ‚Frames' ‚Schemata' oder ‚Geschehenstypen' nennt und worauf man sich in der Linguistik u.a. mit dem Begriff der →**semantischen Relation** bezieht. So wird z.B. die Bedeutung von *legen* dadurch determiniert, dass ‚legen' einen i.d.R. menschlichen Täter (Agens) verlangt, einen Gegenstand des Legens (Patiens) und einen Ort des Legens (Lokativ). Im DaF-Unterricht wird das **s.N.** paradigmatischer und syntagmatischer Bedeutungsbeziehungen systematisch ausgenutzt, wenn neue Wörter eingeführt und gefestigt werden.

Klaus Welke

Semasiologie, die: Lehre von der Bedeutung sprachlicher Zeichen; **1. S.** wird im 19., teilweise bis Mitte des 20. Jhs. im Sinne der umfassenden wissenschaftlichen Beschäftigung mit Bedeutungsaspekten der Sprache gebraucht. **2.** Nach heutigem Verständnis ist **S.** eine Teildisziplin der sprachwissenschaftlichen →**Semantik** sowie eine zentrale Bezugswissenschaft der →**Lexikographie** und fokussiert – in einem weiten Verständnis – die Untersuchung aller an der Konstitution von Bedeutung beteiligten Merkmale und Eigenschaften sprachlicher Zeichen bzw. Zeichenketten. Zentraler Gegenstand der **S.** sind somit die Einzelwörter natürlicher Sprachen, ggf. auch in sprach- und kulturvergleichender Absicht. Vgl. ergänzend, mit anderem semantischem Fokus, →**Onomasiologie**. Im Kontext von DaF/DaZ gehört **S.** zu den Bezugswissenschaften im Hinblick auf den Erwerb und die Vermittlung des Lexikons sowie die Systematik moderner Valenzwörterbücher (s. ggf. u. →**Valenz**).

Henne, H. (1972), *Semantik und Lexikographie*, Berlin/New York.

Azelarabe Lahkim Bennani

Semem, das: Bedeutung eines Wortes oder Morphems, im Unterschied zur Komponente einer Wortbedeutung, dem →**Sem**. Man kann die Bedeutung eines Wortes als ein Merkmal von etwas auffassen, das seinerseits durch elementarere semantische Merkmale (Sem) und/oder den Bezug auf andere Wörter (→**semantisches Netz**) definiert ist. So ist etwa ‚Tisch' bestimmt durch Merkmale wie [+auf (meist) vier Beinen stehend, +zum daran Sitzen/davon Essen] und/oder durch den Bezug auf andere Wörter im →**Lexikon**, z.B. Oberbegriffe, Nebenbegriffe (→**Hyperonym**/→**Hyponym**) wie *Möbel, Stuhl,* Teilbegriffe (→**Meronym**) wie *Platte, Bein/Fuß.* u.a.m. Auch im DaF-Unterricht werden Bedeutungen bei Lernern dadurch erzeugt, dass ein Wort in einen aussagekräftigen definierenden Kontext anderer Wörter gestellt wird.

Klaus Welke

Semilingualismus, der: s. doppelseitige Halbsprachigkeit

Semiologie, die: auch: →**Semiotik** bzw. Zeichenlehre. Anfang des 20. Jhs. wurden an unterschiedlichen Orten Konzepte einer modernen Semiotik als Wissenschaft von Zeichen im Allgemeinen entwickelt. Der Terminus **S.** stammt von F. de Saussure.

Saussure, F. de (1967), *Grundfragen der Sprachwissenschaft*, Berlin (frz. [1]1916).

Klaus Welke

Semiotik, die: Die in der antiken Philosophie (Platon, Aristoteles) und medizinischen Diagnostik (Symptomatologie) begründete Lehre von den Zeichen, von Zeichensystemen (→**Kode**) und Zeichenprozessen in Natur und Kultur. Seit dem frühen 17. Jh. ist die terminologische Variante →**Semiologie** in Gebrauch. Seit F. de Saussure in seinem „Cours de linguistique générale" (1916) die Semiologie als Grundlagenwissenschaft der Linguistik konzipierte, findet der Begriff noch in der romanischen Tradition Verwendung, während die angelsächsische Tradition sich eher auf die umfassende „Semiotik" von C. S. Peirce und deren Fortentwicklung von C. Morris beruft. Seit der Gründung der International Association of Semiotic Studies (IASS) 1969 setzte sich die Bezeichnung **S.** für die Wissenschaft vom Zeichen(gebrauch) international durch. Für DaF/DaZ wird sie insofern relevant, als sie den komplexen Prozess kommunikativer Verständigung (ggf. zwischen Angehörigen verschiedener Kulturen) unter Einschluss aller daran beteiligten Kodes und Zeichenkanäle nicht-reduktionistisch zu erfassen und methodologisch kohärent zu beschreiben erlaubt.

Eco, U. (1987), *Semiotik. Entwurf einer Theorie der Zeichen*, München. – Nöth, W. (2000), *Handbuch der Semiotik*, Stuttgart/Weimar. – Posner, R. u.a., Hrsg. (1997–2004), *Semiotik. Ein Handbuch zu den zeichentheoretischen Grundlagen von Natur und Kultur*, 4 Bde., Berlin/New York. – Trabant, J. (1996), *Elemente der Semiotik*, Tübingen/Basel.

Ernest W. B. Hess-Lüttich

Sequenzierung, die/sequenzielle Organisation: in der →**Konversationsanalyse** die Abfolge sprachlicher Einheiten in Gesprächen. Gespräche sind durch →**Sprecherwechsel** gekennzeichnet, welcher durch einen Mechanismus mit einer Menge von Regeln gesteuert wird. Jeder Redebeitrag macht Vorgaben für die Äußerung des Folgebeitrags (konditionelle Relevanz). Diese Vorgaben betreffen zum einen die kommunikative Handlung selbst, zum anderen den Inhalt des folgenden Beitrags. Die ein Gespräch strukturierenden Regeln greifen auf das Handlungswissen der Gesprächspartner zurück, steuern den Übergang vom jetzigen Sprecher zum nächsten und vermeiden Überlappungen von Gesprächseinheiten. Eine grundlegende Komponente dieser Gesprächsstrukturierung stellt die Paarsequenz (adjacency pairs) dar, wie beispielsweise Angebot-Annahme, Gruß-Gegengruß, Frage-Antwort. Diese Paarsequenzen sind verfestigte, kommunikative und sozial standardisierte Muster. Sie stellen Abfolgen kommunikativer und mentaler Handlungen dar, die im Gespräch dazu dienen, den Zweck der Kommunikation zu realisieren. Im Sprachunterricht dagegen dominieren dreischrittige Muster: Frage – Antwort – Rückmeldung.

Brandt, M./Rosengren, I. (1991), „Zur Handlungsstruktur des Textes", in: *Sprache und Pragmatik 24*, 3–46. – Motsch, W. (1996), „Zur Sequenzierung von Illokutionen", in: Motsch, W. (Hrsg.), *Ebenen der Textstruktur, sprachliche und kommunikative Prinzipien*, Tübingen, 189–208.

Mandy Höhle

Serialisierung/Serialität, die: s. Linearisierung/Linearität

Signifiant, das/Signifikant, der: Ferdinand de Saussure (1857–1913) definierte Sprache als ein System unterschiedlicher Zeichen, die unterschiedlichen Vorstellungen entsprechen. Das sprachliche Zeichen setzt sich aus zwei Aspekten zusammen: dem Zeichenausdruck (**S.**, das Lautbild, die Bezeichnung, das Bezeichnende) und dem Zeicheninhalt (→**Signifié**, Vorstellung, Bedeutung, Bezeichnetes). Das sprachliche Zeichen vereinige demnach nicht Namen und dazugehörige Sache, sondern eine Vorstellung und ein Lautbild. Das **S.** ist materiell und messbar, es entstammt der menschlichen Artikulation und bezeichnet stimmliche Laute. Das Signifié dagegen muss aus dem Sprachgebrauch erschlossen werden. Beide Aspekte sind untrennbar miteinander verknüpft, aus diesem Grund wird häufig auch vom bilateralen Zeichenbegriff gesprochen.

Saussure, F. de (1967 [2001]), *Grundfragen der allgemeinen Sprachwissenschaft*, hrsg. von Bally, C./Sechehaye, A., 3. Aufl., Berlin/New York.

Mandy Höhle

Signifié, das/Signifikat, das: Fachbegriff der Sprachwissenschaft, der von Ferdinand de Saussure (1857–1913) geprägt wurde. Er fasste Sprache als System unterschiedlicher Zeichen mit unterschiedlichen Vorstellungen auf. Diese sprachlichen Zeichen könne man systematisch nach zwei Seiten unterscheiden: dem Zeichenausdruck (→**Signifiant**, das Lautbild) und dem Zeicheninhalt (**S.**, Vorstellung, Bedeutung, Bezeichnetes). Das **S.** ist im Gegensatz zum Signifiant nicht materiell und messbar, sondern entspricht einer konzeptuellen Vorstellung, die nur aus dem Sprachgebrauch erschlossen werden kann.

Saussure, F. de (1967 [2001]), *Grundfragen der allgemeinen Sprachwissenschaft*, hrsg. von Bally, C./Sechehaye, A. (Hrsg.), 3. Aufl., Berlin.

Mandy Höhle

sign language: s. Gebärdensprache

silbenzählend: s. Rhythmus

Silent Way: →**alternative Methode** des Lehrens und Lernens, die in den 1960er Jahren von Caleb Gattegno zunächst für den Mathematik- und danach für den Fremdsprachenunterricht entwickelt wurde. Zentrales Merkmal der Methode ist, dass der Lehrende nicht spricht, sondern Lerneraktivitäten mittels eines Zeigestabs hervorruft und steuert. Zu Beginn eines Kurses werden →**Laut-Buchstaben-Beziehungen** der Fremdsprache anhand einer Wandtafel erlernt. Dabei zeigt der Lehrende auf Buchstaben(-kombinationen) aus der →**Zielsprache** und der Muttersprache der Lernenden, die lautlich gleich realisiert werden (z.B. auf <ea> in engl. *heat* und <ie> in dt. *Lied*), und wartet, bis aus der Lernergruppe eine zutreffende Aussprachevariante vorliegt. Grammatische Strukturen werden mithilfe eines Sets unterschiedlich langer und farbiger Stäbchen (Cuisenaire-Stäbchen) erlernt, deren Eigenschaften und Beziehungen zueinander verbalisiert werden: *Das rote Stäbchen ist länger als das grüne. Das rote Stäbchen liegt auf dem grünen Stäbchen*. Lernen wird nach der **S.W.**-Methode als vornehmlich kognitiv vorgehender Konstruktionsprozess verstanden. Auf Imitation gründende Übungsformen spielen i.d.R. keine Rolle. Ein Kritikpunkt an der **S.W.**-Methode ist, dass gemäß ihrem theoretischen Selbstverständnis besonderer Wert auf →**Lernerautonomie** gelegt wird, das gesamte Unterrichtsgeschehen aber durch die nonverbalen Instruktionen des Lehrenden gesteuert wird (vgl. Ortner 1998).

Gattegno, C. (1976), *The Common Sense of Teaching Foreign Languages*, New York. – Gattegno, C. (1972), *Teaching Foreign Languages in Schools: The Silent Way*, New York. – Ortner, B. (1998), *Alternative Methoden im Fremdsprachenunterricht. Lerntheoretischer Hintergrund und praktische Umsetzung*, Ismaning.

Anna Peterwerth

Simulation globale: aus Frankreich stammende ganzheitliche →**alternative Methode** des Fremd- und Muttersprachenunterrichts. Die wichtigsten, mit den Teilnehmern zu erarbeitenden Elemente der **S.g.** sind die örtliche und zeitliche Platzierung der Handlung sowie die fiktive Identität der Teilnehmer, an die sich das Handeln im fiktiv geschaffenen Ort (*faire comme si;* s.a. →**Rollenspiel**) anschließt. Durch die Möglichkeit der thematischen Spezialisierung bietet sich die **S.g.** besonders für die berufsbezogene Fort- und Weiterbildung, auch im fremdsprach(enunterricht)lichen Kontext, an.

Sippel, V. (2003), *Ganzheitliches Lernen im Rahmen der Simulation globale: Grundlagen – Erfahrungen – Anregungen*, Tübingen.

Kerstin Rische

Simultandolmetschen, das: Form des Dolmetschens, bei der Ausgangs- und Zieltext in einem Stück und mit einem zeitlichen Abstand von nur wenigen Sekunden dargebracht und wiedergegeben werden. Haupteinsatzgebiet des **S.** sind Konferenzen. Das **S.** ist psychisch und physisch sehr belastend, weshalb sich auf längeren Konferenzen gewöhnlich mehrere Dolmetschende abwechseln. Eine weitere Form des **S.** ist das Flüsterdolmetschen, bei dem der Dolmetschende ein bis zwei Personen den Zieltext leise zuspricht.

Jens Reimann

Singular, der: auch: Einzahl; Kategorie der linguistischen Beschreibung von Eigenschaften von Sprachen hinsichtlich →**Numerus**; **S.** orientiert dabei auf das Merkmal „Einzelelement einer Menge" (z.B. *das/ein Mädchen, ein guter Gedanke* usw.); komplementär dazu →**Plural**. Der **S.** wird im Deutschen sowohl am →**Verb** wie auch an den nominalen Wortarten →**Substantiv**, →**Adjektiv**, →**Artikel** und →**Pronomen** markiert, wobei der **S.** der Substantive der Form nach mit ihrem jeweiligen unmarkierten Stammwort/→**Paradigma**

identisch ist (z.B. *ich spiele; eine schöne Blume; mein Buch*). Ein Substantiv, welches nur im **S.** gebraucht wird, nennt man →**Singularetantum** (z.B. *(das) Obst*).

Christiane Rausch

Singularetantum, das: Pl. Singulariatantum; bezeichnet ein Wort, das nur im →**Singular** existiert. **S.** sind u.a. Stoffbezeichnungen (z.B. *(das) Kupfer, (der) Schnee, (die) Milch*), Sammelbezeichnungen (auch Kollektiva/z.B. *(die) Bevölkerung, (das) Gepäck, (die) Polizei, (das) Geflügel*), Begriffswörter (auch Abstrakta) als ungegliederte Allgemeinbegriffe (z.B. *(der) Fleiß, (die) Erziehung, (das) Glück*) und Eigennamen (z.B. *Klaus, Hans Barkowski, (der Hund) Bello, Jena, die Saale*). Der Gegenbegriff von **S.** ist →**Pluraletantum**.

Christiane Rausch

Situativergänzung, die: im Kontext der →**Verbvalenz** verwendeter zusammenfassender Terminus für →**Lokal-** bzw. →**Temporalergänzungen**. **S.** werden dabei zumeist in der Form von Präpositionalausdrücken realisiert, z.B. *Die Bücher stehen im Regal.* (lokale **S.**); *Der Zug fährt um zwei Uhr.* (temporale **S.**), aber auch mit Adverbien wie z.B. *mittags* und Nominalen wie in *Schachpartien können halbe Tage dauern* oder durch Relativsätze wie in *Ich sitze, wo ich niemanden störe.* u.a.m.

Gundula Scherf

Skimming, das: auf das →**Lesen** angewandt bedeutet es „überfliegendes Lesen" und bezeichnet eine Technik des Lesens, die man einsetzt, wenn man global wissen will, welche Information ein →**Text** enthält, sodass man z.B. beurteilen kann, ob es sich lohnt, ihn detaillierter zu lesen. Andere Bezeichnungen sind: globales, kursorisches, extensives, orientierendes oder auch diagonales Lesen.

Ein Charakteristikum des **S.** ist die höhere Lesegeschwindigkeit (ca. 3- bis 4-mal schneller als normal). Die Geschwindigkeit kann durch Üben erhöht werden. Deswegen ist **S.** oft ein wichtiger Bestandteil von Schnell-Lesekursen. Allerdings bezahlt man für den Zeitgewinn mit niedrigeren Verstehensergebnissen, namentlich bei Texten mit hoher Informationsdichte. Als →**Lesestrategie** ist **S.** geeignet, um sich von dem zu erwartenden Inhalt einen vorläufigen Eindruck zu verschaffen (vgl. komplementär dazu →**Scanning**). Diese Orientierung ermöglicht es zudem, effizienter und zielorientierter Vorkenntnisse zu mobilisieren. Dies ist namentlich beim Lesen von fremdsprachlichen Texten vorteilhaft, weil man in dieser Weise sprachliche Kenntnislücken kompensieren kann (vgl. Westhoff 1997).

Westhoff, G.J. (1997), *Fertigkeit Lesen*, Berlin/München.

Gerard J. Westhoff

Skopus, der: s. **Satzskopus**

Slang, der: auch: Jargon; **S.** im engeren Sinne wird im Englischen als Ausdruck für die Vulgärsprache verwendet, im Deutschen bedeutet **S.** lediglich saloppe →**Umgangssprache**, also eine nicht standardisierte Sprachvarietät. **S.** weist dabei insbesondere Eigentümlichkeiten im Wortschatz auf, kann aber auch grammatikalisch markiert sein; **S.** im weiteren Sinne bezeichnet die →**Sondersprachen** bestimmter beruflich, gesellschaftlich oder kulturell abgegrenzter Gruppen (→**Sprachmischung**), sozialer Milieus oder Subkulturen (auch Szenen), die durch neue Wortprägungen und neuartige Verwendung gebräuchlicher Wörter (z.B. *Theater-, Soldaten-, Juristen-, Jugend-, Werbeslang*, u.a.m.), aber auch Abkürzungen (oft international gebräuchlicher) bzw. Zeichen und Sonderzeichen, denen eine neue Bedeutung zugeordnet wird (z.B. *Chat-Slang, Hacker-Slang*) geprägt sind. Für den DaF- bzw. DaZ-Kontext ist **S.** im engeren und weiteren Sinne insofern von Bedeutung, als die in **S.** geltenden Abweichungen von der Standardsprache (Zielsprache) zu Lernerschwernissen und Missverständnissen führen können.

Wippermann, Peter (2000), *Wörterbuch der Szenesprache*, Mannheim.

Alexandra Rösner

Sondersprache, die: 1. gebräuchliche Bezeichnung für unterschiedliche Varietäten, deren gemeinsames Merkmal ist, dass sie von der Standardsprache/→**Kultursprache** abweichen (→**Ideolekt**; →**Soziolekt**; →**Slang**); **2.** In der →**Variationslinguistik** steht **S.** für Geheimsprachen (auch Arkansprache, Tarnsprache); also Sprachvarianten, denen die Intention sprachlicher „Verdunkelung" implizit ist. Einige Motive für **S.** in diesem Verständnis: das Bedürfnis der sozialen Abgrenzung nach außen (z.B. Jugendsprachen, Schülersprachen); die Sicherung des Überlebens sozial benachteiligter Gruppen (z.B. Rotwelsch-Dialekte); gesellschaftliche o. private (oft in kindlichen Spielkontexten stehende) „Geheimbündelei“. Die **S.** wird v.a. gesprochen, seltener geschrieben und ist meist regional begrenzt. Die sprachlichen Möglichkeiten der **S.** sind Laut- und Silbenmetathese (*Meister* → *Steimer*); Umkehrung der Phonemfolge (Rückwärtsreden, -lesen); silbenbrechende Erweiterung (z.B. Bi-Sprache, *Silber* → *Sibilbeber*); Austausch des Grundmorphems und morphologische Verfremdung (Verwendung eines konnotativ oder sachlich mit dem ausgetauschten Grundmorphem verbundenen Lexems und morphologische Veränderung durch Derivation oder Komposition, z.B. *Fisch* → *Flößling*, *Käse* → *Stinkert*); Verfremdung durch Lexeme oder Morpheme aus fremden Sprachen, z.B. *Arbeit* → *Maloche* aus dem Hebräischen *m*^{e}*lā(°)kā(h)*, *Geld* → *Lobe* aus Sinti *lowi*.

Siewert, K. (2003), *Grundlagen und Methoden der Sondersprachenforschung*, Wiesbaden.

Alexandra Rösner

Sozialformen: spezielle Formen der Zusammenarbeit zwischen Lernenden bzw. von Lehrenden und Lernenden. **S.** initiieren, strukturieren und steuern soziale Prozesse des Lernens. Folgende **S.** werden unterschieden und sind als die Grundformen anzusehen, die in unterschiedlicher Weise kombiniert werden können: Plenum/Frontalunterricht, Gruppenarbeit, Partnerarbeit und Einzelarbeit.

Barbara Biechele

Soziolekt, der: Subvarietät einer Sprache, die von den Angehörigen einer bestimmten gesellschaftlichen Gruppe innerhalb einer Sprachgemeinschaft verwendet wird. Steinig charakterisiert **S.** als Beziehung zw. soziologischen Variablen und sprachlichen Varianten und somit als einen Ausdruck der sozioökonomischen und situativen Bedingungen derer, die ihn sprechen (vgl. Steinig 1976, 11). Wie auch andere →**Varietäten** unterscheiden sich **S.** durch bestimmte linguistische (phonologische, morphologische, syntaktische und lexikalische) Merkmale voneinander, die aus dem historischen Prozess der gegenseitigen Beeinflussung von Sprache und Sozialstruktur hervorgegangen sind (vgl. Dittmar 1993, 132). **S.** unterliegen innerhalb der Sprachgemeinschaft im Hinblick auf Schichtenzugehörigkeit, Sozialprestige und Gebildetheit oft der gesellschaftlichen Bewertung und fungieren u.a. im Sinne gegenseitiger Abgrenzung und Identitätspflege. Auch →**bilinguale** Mischvarietäten, insbesondere in Migrationskontexten herausgebildete Mischsprachen (s. dazu Hinnenkamp/Meng 2005; →**Sprachmischung**) weisen soziolektale Merkmale und Eigenschaften auf.

Dittmar, N. (1973), *Soziolinguistik*, Frankfurt a.M. – Steinig, W. (1976), *Soziolekt und soziale Rolle*, Düsseldorf. – Hinnenkamp, V./Meng, K., Hrsg. (2005), *Sprachgrenzen überspringen*, Tübingen.

Verena Merlingen

Soziolinguistik, die: untersucht das Spannungsverhältnis von institutionell festgelegten sprachlichen →**Normen** und dem natürlichen →**Sprachgebrauch** im sozialen Bedingungsgefüge von Gruppen und Kommunikationsgemeinschaften. Ihr zentrales Anliegen ist die deskriptive und evaluative Differenzierung einer Einzelsprache in →**Varietäten**, die nach den Parametern Person (→**Idiolekt**), Raum (→**Dialekt**), Gruppe (→**Soziolekt**), Kodifizierung (Standard), Situation (→**Register**), generationsspezifische Identität (Stil) und Kontakt (z.B. →**Pidgin**- und →**Kreolsprache**, Ethnolekt) erfolgt (Dittmar 1997). In der Manifestation einer Varietät (konzeptionell mündlich vs. konzeptionell schriftlich) können sich diese Dimensionen überschneiden. Daher muss für jede soziolinguistische Untersuchung der Varietätenraum festgelegt werden, z.B. „Stil der Generation zw. 12 und 18 J.“ im „Dialektgebiet Unterfranken“ in einer „informellen Redesituation“ ohne „Kodifizierung“ im „Kontakt mit Sprechern des Deutschen als Zweitsprache“. Das kommunikative Verhalten von Sprechern wird korpuslinguistisch (Lexikon, Phonetik/Phonologie, Morpho-Syntax, Semantik, Pragmatik) im IST-Gebrauch beschrieben und je nach gewählter normativer Orientierung in Bezug auf seine angemessene praktische Nutzung bewertet.

Schwerpunkte der modernen **S.** sind Beschreibungen des gesprochenen Deutsch als a) überregionale Standardvarietät, b) Substandard (Dialekte, Soziolekte), c) identitätsspezifische (Stil) und d) situationsspezifische (Register) Sprechweisen. Aktuelle Untersuchungen widmen sich vor allem den hybriden kommunikativen Praktiken von zweisprachigen Migrantengruppen und den Prozessen der Substandardisierung ehemals regelhaft ausgeprägter lokaler und regionaler Dialekte. Die realexistierenden kommunikativen Praktiken von Sprechern einer Einzelsprache sollten die Lerner des Deutschen als Fremdsprache nicht selber verwenden müssen, aber ihre gute passive Kenntnis erhöht erheblich ihre Chancen als Hörer in der alltäglichen Kommunikation an unterschiedlichen Orten in der Verständigung erfolgreich zu sein.

Ammon, U./Dittmar, N./Mattheier, K./Trudgill, P., Hrsg. (2004–2006), *Soziolinguistik. Ein Internationales Handbuch der Wissenschaft von Sprache und Gesellschaft*, Bd. 1–3, Berlin. – Dittmar, N. (1997), *Grundlagen der Soziolinguistik. Ein Arbeitsbuch mit Aufgaben*, Tübingen. – Dittmar, N./Schmidt-Regener, I. (2001), „Soziale Varianten und Normen", in: Helbig, G./Götze, L./Henrici, G./Krumm, H.-J. (Hrsg.), *Deutsch als Fremdsprache. Ein Internationales Handbuch*, Bd. 1, Berlin, 520–532.

Norbert Dittmar

Spannsatz, der: in erster Linie Bezeichnung für einen →**Nebensatz** mit dem finiten Verb am Ende. I.d.R. wird diese Satzart Verbletztsatz genannt. Er stellt den Grundtyp des Nebensatzes dar und ist gewöhnlich eingeleitet durch eine →**Subjunktion**, ein →**Relativpronomen** oder ein →**Interrogativpronomen**. Der Begriff **S.** referiert auf die →**Satzklammer**. Diese wird vom Einleitewort (linke Satzklammer) geöffnet und von den am Ende stehenden Prädikatsteilen (rechte Satzklammer) geschlossen. Die Satzklammer „spannt" sich also um den Satz. Da im DaF-Unterricht i.d.R. zunächst die Verbzweitstellung im Hauptsatz erarbeitet wird, verwirrt die Lernenden die Verbletztstellung. Auch für die Bedeutungserschließung stellt das „Warten auf das Verb" (vgl. ..., *obwohl wir nun schon seit ewigen Zeiten in Deutschland leben*.) ein Lernproblem dar.

Mandy Höhle

Sprachatlas, der: Sammlung von Karten, die die geographische Verteilung von Sprachen, regionalen →**Varietäten** einer Sprache oder regionalen Varianten einer sprachlichen Variable zu einer bestimmten Zeit zeigen. Sprachkarten sind Ergebnisse systematischer Erhebungen zu sprachlichen Phänomen im geographischen Raum; neben Sprachen und Varietäten können sowohl Einzelphänomene (z.B. Varianten von germ. anlautend *p* im dt. Sprachraum) als auch Kombinationen ähnlicher Phänomene (z.B. Varianten aller germ. anlautender stl. Plosive im dt. Sprachraum) dargestellt sein. Hauptkartierungstypen sind a) Punktsymbolkarten, auf denen für die Erhebungsorte die dort jeweils gültigen sprachlichen Formen vermerkt sind und erst im Auge des Betrachters Räume mit gleichen Formen entstehen (z.B. die Karten des *AdA*), und b) Flächenkarten, auf denen die Interpretation von Räumen bereits dadurch vorweggenommen ist, dass Zonen mit unterschiedlichen Formen durch eingezeichnete Isoglossen voneinander getrennt sind (z.B. die Wortkarten in König 2007, 166 ff.). Der **S.** ist das klassische Darstellungsformat und Untersuchungsobjekt der Dialektologie sowie der auf Variation im Raum ausgerichteten Sozio- und Variationslinguistik (vgl. Niebaum/Macha 2006, 31 ff., 148 ff.).

AdA = Elspaß, S./Möller, R. (2003 ff.), *Atlas zur deutschen Alltagssprache*, URL: www.uni-augsburg.de/alltagssprache. – König, W. (2007), *dtv Atlas Deutsche Sprache*, 16. Aufl., München. – Niebaum, H./Macha, J. (2006), *Einführung in die Dialektologie des Deutschen*, 2. Aufl., Tübingen.

Stephan Elspaß

Sprachaufmerksamkeit, die: auch: language awareness. Als Fähigkeit, die Beobachtung von Formaspekten der Sprache bewusst zu betreiben, ist **S.** eine notwendige Voraussetzung zur wissenschaftlichen Untersuchung der menschlichen Sprachfähigkeit. **S.** wird in diversen Ansätzen zur Fremdsprachendidaktik als ein entscheidendes Moment des Lernprozesses angesehen. Geht man davon aus, dass der Erwerb einer Fremdsprache (zum Teil) anderen Gesetzmäßigkeiten folgt als jener der Erstsprache, stellt sich die Frage, welche Rolle der **S.** darin zukommt: Der „Focus on Form"-Ansatz sieht die an sprachlichen Formen orientierte Präsentation des Sprachmaterials als grundlegend an, während der „Focus on Function" genannte Ansatz dem sinnorientierten Zugang zu sprachlichen Dokumenten Vorrang gibt (→**Fokus auf Form**), wobei der **S.** die Aufgabe zufällt, beobachtbare Phänomene zu notieren, in der Hoffnung, dahinterliegende Struktureigenschaften der Fremdsprache besser im Gedächtnis zu verankern. In der Fremdsprachendidaktik werden die Begriffe **S.** bzw. „language awareness" auch benutzt, um didaktische Konzepte zu charakterisieren, die eine positive Einstellung zu und den kreativen Umgang mit Mehrsprachigkeit zum Ziel haben.

Portmann-Tselikas, P.R./Schmölzer-Eibinger, S., Hrsg. (2001), *Grammatik und Sprachaufmerksamkeit*, Innsbruck/Wien. – Rastner, E.M., Hrsg. (2002), *Sprachaufmerksamkeit = Language Awareness*, Innsbruck/Wien.

Alfred Knapp

Sprachbad, das: s. **Immersion**, s. **Content and Language Integrated Learning**

Sprachbarriere, die: In der Verständigung zwischen sozialen Schichten (z.B. schriftferne vs. literarisch gebildete Schichten), Muttersprachlern und Nicht-Muttersprachlern sowie gelegentlich zwischen den Geschlechtern können **S.** auftreten, die gegenseitiges Verstehen aufgrund von unterschiedlichen sprachlichen Ausdrucksmitteln und Asymmetrien im sprachlichen Wissen be- oder verhindern. **S.** liegen offenbar dann besonders auffällig vor, wenn das Bildungssystem nicht darauf eingestellt ist, solche meist sozialisatorisch bedingten Unterschiede in den Bedingungen der Erlernung der (Schrift-)Sprache auszugleichen. Im Falle von zweisprachigen Migrantenkindern, die in bildungs- und schriftfernen Milieus aufwachsen, ist die **S.** zur deutschsprachigen Gesellschaft oft groß. Die Schere zwischen literaten und illiteraten Muttersprachlern ist in den letzten Jahren aufgrund der blinden Vermarktung neuer Medien erheblich größer geworden. Es gibt auch Studien, die behaupten, dass zwischen den Geschlechtern aufgrund ungleicher Behandlungen im Bildungssystem **S.** aufkommen können. In all diesen Fällen klagen Soziolinguisten mangelnde Anstrengungen der Bildungspolitik ein, eine angemessene Lehrerbildung zu garantieren und das Schulsystem so zu konzipieren, dass derartigen **S.** kompensatorisch vorgebeugt werden kann.

Ahrenholz, B., Hrsg. (2006), *Kinder mit Migrationshintergrund. Spracherwerb und Fördermöglichkeiten*, Freiburg. – Löffler, H. (2005), 3. Aufl., *Germanistische Soziolinguistik*, Berlin.

Norbert Dittmar

Sprachbewusstheit, die/Sprachbewusstsein, das: Diese Begriffe umfassen die metasprachlichen, dem Bewusstsein zugänglichen Denkinhalte, die Sprache im weiteren Sinne betreffen. Dabei ist es wichtig festzuhalten, dass ein beträchtlicher Teil der sehr komplexen Regelmäßigkeiten der Sprache in den Bereichen Syntax, Lexikon, Phonologie, Pragmatik und Semantik bereits im Alter von fünf Jahren beherrscht wird, lange bevor Kinder Sprache als Objekt abstrakter Analyse bewusst isolieren und bezeichnen können. Sprachbewusstheit ist daher an ein bereits vorhandenes unbewusstes und äußerst komplexes Sprachwissen gebunden. Letzteres wird gewöhnlich mit dem Begriff der Sprachkompetenz (→**Kompetenz**) erfasst. Diese wird vom prozeduralen Gedächtnissystem gesteuert und ist nur indirekt zugänglich. Die der **S.** zugänglichen Kenntnisse sind hingegen metalinguistischer Natur, werden bewusst erworben, können kontrolliert abgerufen und angewandt werden: Es sind in erster Linie Kenntnisse von Regeln und markanten Aspekten hinsichtlich der Wortstellung, der Morphologie, der Aussprache, der Rhetorik und Stilistik sowie der Pragmatik.

S. spielt im Gegensatz zum L1-Erwerb eine bedeutendere Rolle im Zweit- und Fremdsprachenerwerb, insbesondere im institutionellen Kontext sowie beim Erwerb der Lese- und Schreibfähigkeit. Der weiter gefasste und eher alltagssprachliche Begriff „Sprachbewusstsein" wird stärker im Zusammenhang mit der bewussten Reflexion über sprachliche Manifestationen sozialer Beziehungsmuster (Herrschaftsansprüche, Diskriminierung, Manipulation, Humor und Ironie ...) verwendet.

Hinneberg, S. (2005), *Sprachbewusstheit und Aphasie*, Hamburg.

Alfred Knapp

Sprachdidaktik, die: bezeichnet die Wissenschaften, die sich mit dem Erwerb und der Vermittlung von Sprachen beschäftigen. Während **S.** sich meist auf den Unterricht von Deutsch als Muttersprache bezieht, werden für Fragen des Erwerbs und der Vermittlung von Fremd- und Zweitsprachen i.d.R. die präziseren Begriffe →**Fremdsprachendidaktik** und →**Zweitsprachendidaktik** benutzt.

Hans-Jürgen Krumm

Sprachenfolge, die: die – meist chronologisch gemeinte – Reihung von Sprachen im individuellen Sprachenrepertoire von Lernenden und von Sprachen in einem konkreten Schulcurriculum (→**Sprachenpolitik**). Aus spracherwerbstheoretischer Sicht ist die Untersuchung von **S.** relevant, um beispielsweise festzustellen, ob Deutsch immer gleichartig gelernt wird, egal, an welcher Position es in individuellen oder institutionell festgelegten Sprachenfolgen steht. Inzwischen weiß man, dass andere Ausgangsbedingungen das Lernen von Deutsch konturieren, wenn es beispielsweise als zweite und nicht als erste Fremdsprache gelernt wird (→**Deutsch als zweite oder weitere Fremdsprache**). Aus diesen Erkenntnissen könnten auch curriculare und didaktisch-methodische Konsequenzen für das Lehren von Deutsch als zweite oder weitere Fremdsprache (oft nach Englisch als erste Fremdsprache) gezogen werden:

Einbezug von vorgängigen Sprachen und Sprachlernerfahrungen und ihrer Bewusstmachung, Sensibilisierung für sprachenlernstrategische Verfahren, systematisches Ausloten von Gemeinsamkeiten und Identifizieren von Synergien zwischen den Sprachen einer bestimmten Sprachenfolge (→**Mehrsprachigkeitsdidaktik**).

Britta Hufeisen

Sprachenpolitik, die: Bezeichnung sowohl für staatliche Regelungen, was Gebrauch und Verbreitung von Sprachen betrifft, als auch die Bemühungen von nichtstaatlichen Einrichtungen (Wirtschaft, Medien) und Individuen, die Verwendung bestimmter Sprachen zu fördern oder zu unterdrücken. Zu unterscheiden ist eine **S.** nach innen, die z.B. das Angebot von Sprachen im Bildungswesen (→**Schulsprachenpolitik**) oder auch die Sprachanforderungen für Zuwanderer (→**Integrationssprachkurse**) und Minderheiten umfasst, sowie eine **S.** nach außen, auch Sprachverbreitungspolitik genannt, die regelt, welche Sprachen bei internationalen Organisationen zugelassen werden bzw. wie weit ein Staat das Erlernen seiner Sprache durch Anderssprachige fördert.

S. ist ein relativ junger Begriff in der europäischen Bildungspolitik. Tatsächlich jedoch ist Sprachenpolitik ein fester Bestandteil des öffentlichen Lebens, der Innen- und Außenpolitik ebenso wie des Bildungs- und Erziehungswesens – nicht zuletzt, weil Mehrsprachigkeit die Entwicklung der Menschheit und das Entstehen von Staaten von Anfang an begleitet hat.

Die Europäische Union hat die Förderung der →**Mehrsprachigkeit** zum obersten sprachenpolitischen Ziel erklärt. Jeder europäische Bürger soll bereits während der Schulzeit zwei lebende Fremdsprachen lernen. Seit 2007 ist ein eigenes Kommissariat für Mehrsprachigkeit eingerichtet. Auch die deutschsprachigen Länder haben sich zu dieser Zielsetzung bekannt, wenn auch die Realisierung erst in den Anfängen steht. Für die deutsche Sprache ist eine Orientierung an Mehrsprachigkeit wichtig, denn würden Lernende nur eine Fremdsprache wählen können, so wäre dies sicher zur Zeit Englisch. Erst das Angebot mehrerer Sprachen im Bildungswesen schafft einen Platz für das Erlernen der deutschen Sprache.

Für die Verbreitung der deutschen Sprache im Ausland, die in die Zuständigkeit der jeweiligen Außenministerien fällt, wurden mit dem →**Goethe-Institut** bzw. sehr viel später und erheblich kleiner, mit dem →**Österreich Institut** spezifische Institutionen geschaffen. Darüber hinaus existieren weitere Instrumente einer **S.** nach außen wie z.B. Kulturabkommen mit einzelnen Ländern, Entsendeprogramme für Sprachassistenten, Auslandslektoren und Lehrer an Auslandsschulen (vgl. u.a. →**DAAD**, →**OeAD**, →**ZfA**).

Ammon, U. (1991), *Die internationale Stellung der deutschen Sprache,* Berlin. – Christ, H. (1980), *Fremdsprachenunterricht und Sprachenpolitik,* Stuttgart. – Besters-Dilger, J. u.a., Hrsg. (2003), *Mehrsprachigkeit in der erweiterten Europäischen Union,* Klagenfurt. – Internetadresse: http://ec.europa.eu/commission_barroso/orban/index_de.htm

Hans-Jürgen Krumm

Sprachenportfolio, das: s. **Europäisches Sprachenportfolio**

Sprachenrecht, das: Das **S.** regelt einerseits den Gebrauch von Sprachen in einem Staat, z.B. als Amts- oder als Unterrichtssprache(n), stellt dabei aber kein eigenes Rechtsgebiet dar. Andererseits sind **S.** individuelle und kollektive Rechte von Minderheiten, die jedoch nur in sehr geringem Ausmaß in nationalen oder internationalen Gesetzen kodifiziert sind. **S.** sind in Erklärungen auf 1. nationaler Ebene (z.B. das Volksgruppengesetz in Österreich), 2. grenzüberschreitender Ebene („European Charter on Regional and Minority Languages", 1992 und „Framework Convention for the Protection of National Minorities", 1995) sowie 3. universeller Ebene („Declaration on the Rights of Persons Belonging to National or Ethnic, Religious and Linguistic Minorities", 1992) formuliert, wobei die rechtliche Verbindlichkeit der Umsetzung mit der Internationalität der Ebene abnimmt.

Die umfassendste Beschreibung von **S.** ist die „Allgemeine Erklärung der Sprachenrechte", 1996. Sie wurde von NROs und Sprachwissenschaftlern gemeinsam erarbeitet und mit der Unterstützung der UNESCO als Beitrag zum Erhalt von sprachlicher Vielfalt und zur Friedenssicherung verabschiedet. Sie unterscheidet 1. individuelle Menschenrechte, z.B. das Recht, als Mitglied einer Sprachgemeinschaft anerkannt zu werden, seine eigene Sprache sowohl privat als auch öffentlich zu verwenden, seinen eigenen Namen zu verwenden; sowie 2. kollektive Minderheitenrechte, z.B. das Recht auf Unterricht in der eigenen Sprache, auf kulturelle Dienstleistungen, auf eine angemessene Präsenz der Sprache und Kultur in den Kommunikationsmedien sowie darauf, im Umgang mit Behörden die eigene Sprache gebrauchen zu können.

Internetadresse: Universal Declaration of Linguistic Rights, Barcelona (1996): www.linguistic-declaration.org – Skutnabb-Kangas, T./Phillipson, R., Hrsg. (1995), *Linguistic Human Rights*, Berlin/New York.

Verena Plutzar

sprachenteilige Gesellschaft, die: s. Homburger Empfehlungen

Sprachentwicklung, die:
1. Sequenzielle Organisation
In dieser Bedeutung steht **S.** für den Ablauf des Spracherwerbs in so genannten Lern- oder →**Erwerbssequenzen**, einem festen Ablauf folgenden Stadien, die durch bestimmte, teils fehlerhafte bzw. unvollständige sprachliche Produktionen der Erwerbenden/Lernenden gekennzeichnet sind und für den Erst- und Zweitspracherwerb zumindest teilweise empirisch nachgewiesen werden konnten. Im L1-Erwerb sind die Entwicklung außer- bzw. parasprachlicher Kompetenzen wie Gestik und Mimik, konversationelle und diskursive Fähigkeiten mit der **S.** verknüpft (Klann-Delius 2008). Im L2-Erwerb werden Fehler, die nicht durch Interferenz oder anders erklärt werden können, u.a. als „entwicklungsbedingt" bezeichnet.

2. **S.** (*Development*) versus *Acquisition*
Cook (1985) führt diese Unterscheidung ein. Dabei ist **S.** der real von Faktoren wie Aufnahmekapazität der Erwerbenden beeinflusste, →**Acquisition** der reine, von Reifung und anderen Faktoren unbeeinflusste Sprachlernprozess, der ausschließlich auf dem Spracherwerbsmechanismus beruht und daher nicht empirisch untersucht werden kann (Ellis 1995, 438).

Cook, V.J. (1985), „Chomsky's universal grammar and second-language learning", in: *Applied Linguistics*, Jg. 6, Nr. 2–18. – Ellis, R. (1995), *The Study of Second Language Acquisition*, Oxford/New York. – Klann-Delius, G. (2008), *Spracherwerb* (2., aktualis. u. erw. Aufl.), Stuttgart.

Klaus-Börge Boeckmann

Sprachentwicklungsstörung, spezifische (SSES): Noch im führenden deutschsprachigen „Handbuch der Sprachtherapie" (Grohnfeldt 1991) wurden Störungen kindlicher →**Sprachentwicklung**, die insbesondere die morphosyntaktischen Strukturen betreffen, als „Dysgrammatismus" oder als „Entwicklungs-Dysphasie" bezeichnet. Mit dem „Lehrbuch der Sprachheilpädagogik und Logopädie" (Dannenbauer 2003) hat sich auch in der deutschen Terminologie eine dem angloamerikanischen Muster folgende Bezeichnung (SLI, specific language impairment) durchgesetzt. Kinder mit **SSES** (geschätzte Prävalenzrate 5–8 %) beginnen verspätet zu sprechen und sind häufig schwer zu verstehen. Als Leitsymptome gelten jedoch Probleme bei der altersgemäßen Erzeugung (und Verarbeitung) von Mehrwortkonstruktionen.

Im Deutschen verursachen vor allem die Verbstellung in Sätzen, die Aufspaltung von Präfixverben sowie die morphologischen Anpassungen von Nomen, Funktionspartikeln und Verben Schwierigkeiten. Langfristige Folgen im Bereich schriftsprachlicher Kompetenzen werden befürchtet und sind teilweise nachgewiesen. Als Verursachungen werden eine genetische Komponente, abweichende Entwicklungen der →**Hemisphären**-Asymmetrien und Schwierigkeiten bei der auditiven Verarbeitung rasch dargebotener sequenzieller Strukturen vermutet.

Erste Untersuchungen bei simultan zweisprachig aufwachsenden Kindern (Französisch-Englisch) mit **SSES** deuten darauf hin, dass in beiden Sprachen mit entsprechenden Symptomen zu rechnen ist, vergleichbar also einsprachigen Kindern mit dieser Störung (vgl. Rothweiler 2007). **SSES** dürfte daher von einem frühen Angebot zweier Sprachen nicht verstärkt oder gar verursacht werden. Da im Deutschen die markanten Symptome zugleich „Stolpersteine" beim Erwerb von DaZ sind, besteht das Risiko von Fehldiagnosen bei Kindern mit anderen Ausgangssprachen. Vor einer Zuweisung zur →**Sprachtherapie** sollte daher nach Möglichkeit eine **SSES** in der Ausgangssprache abgeklärt sein.

Im Forschungskontext der Modellierung von Prozeduren des →**Spracherwerbs** sowie der →**Sprachverarbeitung** werden die mit **SSES** einhergehenden Sprachstörungsbilder zudem als eines der Indizien für die physiologische Basiertheit einer dual organisierten Verarbeitung von Wörtern und Regeln im menschlichen Gehirn herangezogen (vgl. Pinker 2000, 345 ff.).

Grohnfeldt, M., Hrsg. (1991), *Störungen der Grammatik. Handbuch der Sprachtherapie, Bd. 4*, Berlin. – Dannenbauer, F.M. (2003), „Spezifische Sprachentwicklungsstörung", in: Grohnfeldt, M. (Hrsg.), *Lehrbuch der Sprachpädagogik und Logopädie, Bd. 2*, 2. Aufl., Stuttgart, 48–74. – Pinker, S. (2000), *Wörter und Regeln: die Natur der Sprache*, Heidelberg; Berlin. – Rothweiler, M. (2007),

„„Mistaken Identity" – Zum Problem der Unterscheidung typischer grammatischer Strukturen bei spezifischer Sprachentwicklungsstörung", in: de Langen-Müller, U./ Maihack, V. (Hrsg.), *Früh genug – aber wie? Sprachförderung per Erlass oder Sprachtherapie auf Rezept?*, Köln, 110–124.

Gudula List

Spracherwerb, der:

1. Lernen-Erwerben-Debatte

S. steht hier nach Krashen (1986) im Sinne von →**Acquisition** für das Gegenteil von →**Lernen** (Learning) und bezeichnet Sprachaneignung, die beiläufig, ungeplant, ungesteuert und unkontrolliert im natürlichen Kommunikationsprozess erfolgt, so wie sich Kinder im Vorschulalter ihre Muttersprache aneignen.

2. **S.** als Oberbegriff

Hier stellt **S.** das Hyperonym für Erstsprach(en)-erwerb, Zweitspracherwerb und Fremdsprachenerwerb dar. Diese verschiedenen Formen von **S.** haben zumindest drei Komponenten gemeinsam: Sprachlernvermögen, Input und Antrieb (Motivation). Sie sind bei den verschiedenen Formen verschieden ausgeprägt: Nur beim Zweit- und Fremdsprachenerwerb ist z.B. das Phänomen der Fossili(si)erung bekannt. Beim gesteuerten **S.** (Fremdsprachenunterricht) ist hingegen der Input gänzlich anders geartet (nämlich kontrolliert und gefiltert) als bei den beiden anderen, die Formen →**ungesteuerten S.** sind. Der Antrieb ist schließlich beim L1-Erwerb naturgegeben, bei anderen **S.**-Formen unterschiedlich ausgeprägt.

3. **S.**-prozess

Der Verlauf des **S.** ist bis zu einem gewissen Grad variabel, z.B. abhängig von Intensität und Art des Input oder vom Lernstil. Aber der Verlauf ist nicht beliebig, der Erwerb mancher Elemente setzt die vorherige Beherrschung anderer Elemente voraus (Klein 2001, 611), so dass die Abfolge des Erwerbs teilweise vorgegeben ist. Auch gesteuerter S., der nach einem Curriculum erfolgt, muss das berücksichtigen. Es gibt Hinweise, dass **S.** nach festen Stadien, den Erwerbssequenzen, vor sich geht, die teilweise unabhängig von äußerer Steuerung zu sein scheinen. In diesem Zusammenhang wird versucht, die Teachability/Learnability von bestimmten sprachlichen Strukturen zu erforschen.

Klann-Delius, G. (2008), *Spracherwerb* (2., aktualis. u. erw. Aufl.), Stuttgart. – Klein, W. (2001), „Typen und Konzepte des Spracherwerbs", in: Helbig, G./Götze, L./ Henrici, G./Krumm, H.-J. (Hrsg.) (2001), *Deutsch als Fremdsprache. Ein internationales Handbuch*, (Bd. 19.2), Berlin/New York, 604–617. – Krashen, S.D. (1986), *Principles and practice in second language acquisition*, New York, NY u.a.

Klaus-Börge Boeckmann

Spracherwerbsforschung, die:

1. Grundbedeutung

Wissenschaftliche, besonders empirische Beschäftigung mit dem Spracherwerb. Die sich im strengen Sinne auf natürlichen, ungesteuerten Erwerb (→**Acquisition**) beziehende **S.**, besonders in der →**Zweitspracherwerbsforschung**, geriet teilweise in Konflikt mit der →**Sprachlehr- und -lernforschung**, da diese die Übertragung von Forschungsergebnissen auf Kontexte des gesteuerten Spracherwerbs durch einige Vertreter der **S.** als nicht legitim ansah.

2. Geschichte

Erste Aktivitäten der Kindersprachforschung ab der zweiten Hälfte des 19. Jhs. (zumeist ohne Beteiligung von Linguisten) waren Tagebuchstudien, in denen Forschende den Spracherwerb der eigenen Kinder dokumentierten. Stern/Stern (1928) z.B. sprechen in ihrer Studie bereits von einem „Kinderdialekt", mit dem sie das Konzept der Lernervarietät vorwegnehmen. Die zweite Phase der **S.** (ca. 1920–1960) war von Studien mit großen Stichproben im Sinne des Behaviorismus geprägt, die versuchten, durchschnittliche und für bestimmte Populationen typische Spracherwerbsverläufe darzustellen. In der dritten Phase (ab 1955) wurden erstmals linguistische Konzepte in die **S.** eingebracht und das Sprachsystem als Bedingungsrahmen des Spracherwerbs verstanden. Als widerstreitende Erklärungsmodelle etablierten sich Nativismus, Konstruktivismus und Interaktionismus (Klann-Delius 2008).

3. Forschungsmethoden

Die elterliche Beobachtung, die in Tagebuchaufzeichnungen dokumentiert wird, hat neben einigen Vorteilen auch Nachteile, z.B. sind die Aufzeichnungen i.d.R. lückenhaft, unsystematisch und beziehen sich nur auf Einzelfälle. Vergleichende statistische Untersuchungen mit großen Stichproben versuchen Erkenntnisse über die „normale" →**Sprachentwicklung** zu gewinnen. Diese werden i.d.R. als Querschnittstudien einmalig zu einem bestimmten Zeitpunkt durchgeführt. Longitudinalstudien untersuchen dieselben Personen zu verschiedenen Zeitpunkten und können so auch Veränderungen dokumentieren. Eine wichtige Informationsquelle sind verschiedene Formen von Experimenten, die Sprachverhalten unter künstlichen, kontrollierten Bedingungen untersuchen. Grundsätzlich sind Beobachtungen und andere Erhebungen von Sprachdaten immer interpretativ und können auch bei Einsatz von Audio- und Videoaufnahmen keine Objektivität gewährleisten (Klann-Delius 2008).

Klann-Delius, G. (2008), *Spracherwerb* (2., aktualis. u. erw. Aufl.), Stuttgart. – Oksaar, E. (2003), *Zweitspracherwerb: Wege zur Mehrsprachigkeit und zur interkulturellen Verständigung*, Stuttgart. – Stern, C./Stern, W. (1928), *Die Kindersprache* (4. Aufl.), Leipzig.

Klaus-Börge Boeckmann

Spracherwerbstheorie, die:
1. Allgemein
Erklärungsmodelle für Spracherwerb. Abgesehen von den **S.** auf Basis des Behaviorismus (der im Konnektionismus in neuer Form auftritt) lassen sich drei große Richtungen festhalten: Nativismus, Kognitivismus und Interaktionismus. Daneben gibt es einige spezifisch entwickelte Ansätze im Rahmen der Zweit- bzw. der Fremdsprachenerwerbstheorie. Die empirische Überprüfung der verschiedenen Modelle der **S.** erfolgt in der →**Spracherwerbsforschung**.

2. Nativismus (auch Innatismus)
Beruht auf den Spracherwerbsmodellen Chomskys und geht von einer Angeborenheit eines sprachspezifischen kognitiven Systems aus, das oft als →**LAD (language acquisition device)** bezeichnet wird. Der Erwerb findet durch das Setzen von Parametern innerhalb der Prinzipien der Universalgrammatik statt. Der Input allein enthält nicht genügend Information und dient lediglich als „trigger" (Auslöser) einer prädeterminierten Entwicklung. Die Verarbeitbarkeit eines Phänomens zu einem bestimmten Erwerbszeitpunkt betrachtet der „Processability"-Ansatz von Pienemann.

3. Kognitivismus (auch Konstruktivismus)
Geht auf Piaget zurück und versteht die →**Sprachentwicklung** als eng zusammenhängend mit der kognitiven Entwicklung, bei Piaget als „sensomotorische Entwicklung" bezeichnet. Sie spielt sich zwischen den Polen der Assimilation von Umweltreizen an kognitive Schemata und der Akkomodation von kognitiven Schemata auf Grund von nicht assimilierbaren Umweltreizen ab und hat eine egozentrische Komponente: Kognition ist eine individuelle Konstruktion. Denken geht dem Sprechen voraus und Sprache ist ein System von kognitiven Werkzeugen im Dienste des Denkens.

4. Interaktionismus
Vorläufer dieser recht heterogenen Richtung waren Vygotskij mit seinem Konzept der Entwicklung von Sprache und Denken und Stern mit seinem Konvergenzansatz. Grundsatz ist, dass Sprachentwicklung von Anfang an sozial verläuft und durch die Interaktion mit Bezugspersonen geprägt ist. Dabei spielt das sogenannte „Mutterische" (Motherese), eine spezielle Art des Sprachgebrauchs mit einfacher Syntax, übertriebener Prosodie, vielen Wiederholungen sowie einer Reihe weiterer Merkmale, eine wichtige Rolle. Eine weitere Dimension dieser Richtung ist die Interaktion zwischen sprachlicher Umgebung und mentalen Fähigkeiten (Oksaar 2003, 87 f.).

Barkowski, H. (2006), „Processability – Words & Rules – Konnektionismus: Drei Modellierungen der Sprachverarbeitung und ihre Bedeutung für das Lernen und Lehren von Fremdsprachen", in: *Theorie und Praxis. Österreichische Beiträge zu Deutsch als Fremdsprache* Bd. 9/2005, 27–42. – Oksaar, E. (2003), *Zweitspracherwerb: Wege zur Mehrsprachigkeit und zur interkulturellen Verständigung*, Stuttgart.

Klaus-Börge Boeckmann

Sprachfamilie, die: eine Gruppe von Sprachen, die auf eine gemeinsame Ausgangssprache (Protosprache/Ursprache) zurück gehen; man spricht daher auch von genetisch verwandten Sprachen (→**Sprachverwandtschaft**). Die zu einer **S.** gehörenden Sprachen weisen Gemeinsamkeiten im Lautsystem sowie im Wort- und Formenbestand auf. Bodmer (1997) beschreibt unter etymologischem Aspekt folgende große Sprachfamilien: →**Indogermanisch**, Finnisch-Ugrisch, Semitisch, Hamitisch, Tibeto-Chinesisch, Malaio-Polynesisch, Turko-Tatarisch, Dravidisch, Bantu. Die zahlenmäßigen Angaben über Sprachfamilien sind unterschiedlich und gehen über die genannten hinaus. Aus jeder einzelnen **S.** haben sich verschiedene Sprachzweige und Einzelsprachen entwickelt, wobei nicht immer eindeutig ist, ob es sich um Einzelsprachen oder Varietäten/Dialekte einer Sprache handelt. Die Gemeinsamkeiten zwischen den Sprachen einer **S.** haben sich im Laufe ihrer Entwicklungsgeschichte unterschiedlich ausdifferenziert. So sind heute in den modernen europäischen Sprachen deren Gemeinsamkeiten aus dem Indogermanischen erkennbar, wenn auch nicht auf den ersten Blick (vgl. Deutsch, Italienisch, Russisch). Dennoch ergeben sich beim Fremdsprachenlernen Transfermöglichkeiten beim Wortschatzerwerb oder beim Erwerb morphologischer und syntaktischer Phänomene, weil den Sprachen einer **S.** bestimmte gemeinsame Merkmale zu Grunde liegen (→**EuroComGerm**).

Bodmer, F. (1997), *Die Sprachen der Welt*, Köln. – Wandruszka, M. (1990), *Die europäische Sprachengemeinschaft*, Tübingen.

Silke Demme

Sprachgebrauch, der: Eine in vielen sprachwissenschaftlichen Konzeptualisierungen grundlegende analytische Unterscheidung ist die Opposition von **S.** und einem vom individuellen Sprecher im Wesentlichen unabhängigen Sprachsystem (→**Langue** bei Saussure, →**Kompetenz** als das Sprachwissen eines idealen Sprechers/Hörers bei Chomsky). **S.**, auch Sprachverwendung (→**Parole** bei Saussure, →**Performanz** bei Chomsky) meint die variable, kontextabhängige Realisierung der sprachlichen Mittel durch konkrete Äußerungen in sozialen Situationen. Er variiert regelmäßig in Abhängigkeit von sprachexternen Variablen (z.B. schichtspezifischer **S.**, geschlechtstypischer **S.**) und ist ein wichtiger Forschungsbereich der Soziolinguistik.

Rudolf de Cillia

Sprachgemeinschaft, die: Abhängig von theoretischem Bezugsrahmen, Erkenntnisinteresse und Abstraktionsgrad der Analyse kann **S.** Unterschiedliches bedeuten: Zunächst die „Gesamtheit der Personen, denen als Muttersprache ein bestimmtes sprachliches Diasystem in seinen verschiedenen dialektalen, soziolektalen usw. Varianten gemeinsam ist" (Kloss 1977, 225). Die deutsche **S.** umfasst so die Sprecher der deutschen Sprache mit ihren soziolektalen und regionalen Subsystemen. Zweitens kann **S.** dialektsoziologisch als Gruppe von Sprechern definiert werden, die nach eigener Anschauung eine Gemeinschaft aufgrund der zeitweilig verwendeten Sprache bilden, drittens als „Einstellungsgemeinschaft", als eine Gruppe von Sprechern, die eine Anzahl sozialer Einstellungen in Bezug auf Sprache teilt. Ethnolinguistische Definitionen stellen das Kriterium der Interaktionsgemeinschaft und die gemeinsamen linguistischen Repertoires von sozialen Gruppen in den Vordergrund. Schließlich kann **S.** als „psychologisch-subjektive Eigeninterpretation" verstanden werden (Raith 2004), wonach ein Individuum Angehöriger einer großen Anzahl von **S.** sein kann.

Kloss, H. (1977), „Über einige Terminologie-Probleme der interlingualen Soziolinguistik", in: *Deutsche Sprache* 3, 224–237. – Raith, J. (2004), „Sprachgemeinschaft – Kommunikationsgemeinschaft. Speech Community – Communication Community", in: *Sociolinguistics/ Soziolinguistik. An International Handbook of the Science of Language and Society/Ein internationales Handbuch zur Wissenschaft von Sprache und Gesellschaft*. 2., vollständig neu bearbeitete und erweiterte Aufl., Hrsg. von Ammon, U. u.a., Bd. 1, Berlin, 146–158.

Rudolf de Cillia

Sprachhandlung, die: im Kontext der Auffassung von und der wissenschaftlichen Beschäftigung mit menschlicher Sprachtätigkeit als Teil gesellschaftlichen Handelns gebräuchlicher, die einzelnen produktiven →**Fertigkeiten** (Sprechen – Schreiben – Lesen) übergreifender Oberbegriff; dabei gilt **S.** a) der Bezeichnung von konkreten Sprachereignissen – wie z.B. X lädt Y gesprächsweise zum Geburtstag ein – als Gegenstand der →**pragmalinguistischen** Analyse und b) der abstrakten, qualitativ-typologisch differenzierenden Bezeichnung von Sprachereignissen, wonach etwa ein Sprachhandlungstyp ‚Schriftliche Geburtstagseinladung' identifiziert und in seinen allgemeinen (invarianten) und spezifischen (varianten) Eigenschaften bestimmt wird. Insbesondere hinsichtlich der schriftlichen **S.** ist die Abgrenzung zum Terminus →**Textsorte** unscharf.

(Vgl. ggf. auch →**Sprechakt/~theorie**; →**Pragmalinguistik/Pragmatik**).

Hans Barkowski

Sprachidentität, die:

1. **S.** in der aktuellen Bedeutung

Sprache (soziolektale, dialektale, sondersprachliche Gruppensprache) kann sowohl im Selbstverständnis einer Person als auch in der Identifikation einer Person durch Andere als Merkmal für Zugehörigkeit zu einer bestimmten Gruppe gewertet werden. Sprache kann als politisches, soziales, kulturelles Mittel zur Identitätsstiftung bzw. -sicherung verstanden und instrumentalisiert werden.

Während es in diskursanalytisch geprägten Zugängen vor allem um die Konstruktion sozialer Identitäten geht, fokussiert die Konversationsanalyse darauf, wie sich Interaktionspartner ihres gesamten sprachlichen Repertoires bedienen, um in bestimmten situationalen und konversationalen Kontexten Zugehörigkeiten zum Ausdruck zu bringen.

2. **S.** in der historischen Bedeutung
In der Tradition der Romantik, die Sprachen eine Art Eigenleben zuschrieb und sich einer Personifikationsmetaphorik bediente, wird **S.** einer Sprache zugeschrieben, um ihre Eigenheiten zu kennzeichnen, die sie als solche identifizierbar und von anderen Sprachen abgrenzbar macht.

Gumperz, J./Cook-Gumperz, J. (1982), *Language and Social Identity,* Cambridge. – Janich, N./Thim-Mabrey, C., Hrsg. (2003), *Sprachidentität – Identität durch Sprache,* Tübingen. – Wodak, R./de Cillia R./Reisigl, M./Liebhart, K./Hofstätter, K./Kargl, M. (1998), *Zur diskursiven Konstruktion nationaler Identität,* Frankfurt a. M.

Brigitta Busch

Sprachinsel, die: Der Begriff **S.** bezeichnet ein von einer →**sprachlichen Minderheit** bewohntes, relativ kleines, zusammenhängendes oder fragmentiertes und zumeist ländliches Siedlungsgebiet innerhalb einer größeren anderssprachigen und kulturellen Umgebung. **S.** sind infolge von ökonomisch, konfessionell, ethnisch oder politisch motivierten Wanderungsbewegungen kleinerer Bevölkerungsgruppen entstanden. In Abhängigkeit von ihrer Entstehungszeit wird zwischen mittelalterlichen (12.–14. Jh.) und neuzeitlichen (16.–19. Jh.) **S.** unterschieden. Deutsche **S.** finden sich in Mittel-, Ost-, und Südosteuropa sowie in Nord- und Südamerika und Australien. Viele sind heutzutage durch Abwanderungsbewegungen und/oder einen bereits weit vorangeschrittenen sprachlich-kulturellen Assimilationsprozess ihrer Bewohner an die Umgebungs- und Kontaktgesellschaft von →**Sprachverlust** und Sprachtod bedroht.

Mattheier, K.J. (2003), „Sprachinseltod: Überlegungen zur Entwicklungsdynamik von Sprachinseln", in: Keel, W.D./Mattheier, K.J. (Hrsg.), *Deutsche Sprachinseln weltweit: Interne und externe Perspektiven,* Frankfurt a. M., 13–31. – Wiesinger, P. (1983), „Deutsche Dialektgebiete außerhalb des deutschen Sprachgebietes: Mittel-, Südost- und Osteuropa", in: Besch, W./Knoop, U./Putschke, W./Wiegand, H.E. (Hrsg.), *Dialektologie. Ein Handbuch zur deutschen und allgemeinen Dialektforschung,* Berlin/New York, Bd. 1.2, 900–929.

Svenja Brünger

Sprachkompetenz, die: s. **Kompetenz, kommunikative Kompetenz**

Sprachkontakt, der: die wechselseitige Beeinflussung von zwei oder mehreren Sprachen. Die beteiligten Sprachen stehen dabei in einem Verhältnis der Gleichberechtigung oder Dominanz und Unterordnung; unabhängig davon kann die Beeinflussung in beide Richtungen verlaufen. **S.** steht begrifflich in einem engen Zusammenhang mit →**Bilingualismus** und →**Mehrsprachigkeit,** wobei **S.** als Ergebnis von Mehrsprachigkeit verstanden wird (Riehl 2004, 11). **S.** umfasst den individuellen mehrsprachigen Sprecher, mehrsprachige Gruppen/Gesellschaften, die am **S.** beteiligten Sprachen und die sich aus dem **S.** ergebenden Veränderungen in den beteiligten Sprachsystemen und im Sprachgebrauch sowie den Zusammenhang von **S.** und Kulturkontakt. Riehl (2004, 11) unterscheidet hinsichtlich der Begriffsbestimmung von **S.** zwei Ausrichtungen: a) eine psycholinguistische, die danach fragt, was sich im Kopf eines Individuums beim Wechsel von einer Sprache in die andere oder zwischen mehreren Sprachen abspielt; b) eine soziolinguistische, die die Menschen als Sprachträger in mehrsprachigen Gruppen und Gesellschaften in den Mittelpunkt stellt.

Beide Ausrichtungen sind für DaF/DaZ relevant, u.a. auch, weil Deutsch häufig als zweite oder dritte Fremdsprache gelernt wird (→**Tertiärsprachendidaktik**).

Goebl, H. et al., Hrsg. (1996/1997), *Kontaktlinguistik. Ein internationales Handbuch zeitgenössischer Forschung,* Berlin. – Riehl, C.M. (2. Aufl. 2009), *Sprachkontaktforschung,* Tübingen.

Silke Demme

Sprachkontaktforschung, die: auch: →**Kontaktlinguistik;** hat als Teildisziplin der →**angewandten Linguistik** die Erforschung von Ursachen, Ausprägungen und Formen des →**Sprachkontakts** zum Gegenstand. Sie folgt einem interdisziplinären Forschungsansatz und steht in enger Verbindung zur Psychologie, Psycholinguistik, Neurolinguistik, Ethnologie sowie der Soziologie, sie bedient sich der Forschungsmethoden dieser Wissenschaftsdisziplinen. Zentrale Forschungsfelder sind: Sprachgeographie, Ethnographie und Makrosoziologie, soziolinguistische, sozialpsychologische, psycholinguistische und neurolinguistische Untersuchungen. Für die Fremd- und Zweitsprachenerwerbsforschung und Belange von DaF/DaZ sind u.a. folgende Bereiche der **S.** relevant: Wege zum Erwerb von Mehrsprachigkeit, Mechanismen der Sprachverarbeitung, mentale Präsentation von Sprachen bei Mehrsprachigkeit, die Bedingungen für gesellschaftliche Mehrsprachigkeit, die wechselseitige Beeinflussung der Sprachen auf sprachsystematischer und pragmatischer Ebene (→**Transferenz**), die Funktion von Codeswitching, Borrowing, die Entstehung von Pidgins, Kreolsprachen, Ausländerregister/Foreigner Talk, der Umgang mit Sprachminderheiten und Migranten, der Spracherhalt und Sprachwechsel sowie der Erhalt der sprachlich-kulturellen Identität der Sprachträger.

Odlin, T. (1989), *Language transfer: Cross linguistic influence in language learning*, Cambridge. – Riehl, C.M. (2009), 2. Aufl., *Sprachkontaktforschung*, Tübingen.

Silke Demme

Sprachlabor, das: in der ehem. DDR Fremdsprachenkabinett. Ein mit spezifischen Tonbandgeräten zur Übertragung, Aufzeichnung und Wiedergabe von gesprochener Sprache ausgestatteter Raum zum Üben des Hörverstehens und Sprechens. In den 1960er Jahren aus den USA nach Deutschland gekommen, wurden vor allem das HS- und das HSA-System (Hören – Sprechen – Aufnehmen) im **S.** eingesetzt. Dazu waren die Lernerarbeitsplätze mit Kassettenrekorder, Kopfhörern und Mikrophon ausgestattet. Die Übungen wurden zentral vom Lehrertisch aus übertragen und gleichschrittig oder in individuellem Tempo von den Lernenden bearbeitet (→**programmierter Unterricht**). **S.**-Übungen folgten der →**audiolingualen Methode.** Gebräuchlich war der 4-Phasen-Drill, bei dem die Lernenden auf eine Tonbandäußerung reagierten, sich die richtige Antwort anhörten und wiederholten. Durch Zuschaltung konnten Lehrende die Äußerungen kontrollieren (→**pattern drill**). Trotz der Entwicklung kommunikativer Übungen vor allem im schulischen Bereich wurden **S.** im →**kommunikativen Fremdsprachenunterricht** kaum noch verwendet. Derzeit lösen Multimedia-**S.** unter Nutzung digitaler Kommunikationsfunktionen das konventionelle **S.** ab.

Nübold, P. (2006), „Vom Sprachlabor zum Multimedia-Sprachlabor“, in: Jung, U.O.H. (Hrsg.), *Praktische Handreichung für Fremdsprachenlehrer*, 4. Aufl., Frankfurt a.M., 299–304. – Thaler, E. (2004), „MMSL statt HSAH – Plädoyer für ein Multimedia-Sprachlabor im Fremdsprachenunterricht“, in: *nm – Neusprachliche Mitteilungen aus Wissenschaft und Praxis* 2, 57. Jg., 92–100.

Christina Kuhn

Sprachlehrforschung/Sprachlernforschung, die: begegnet auch als Doppelbegriff „Sprachlehr- und -lernforschung“ und fokussiert die Prozesse des Lehrens und Lernens von fremden Sprachen in institutionalisierten und intentionalen Kontexten (Gruppen- und Einzelunterricht).

1. Gegenstandsbereich

SLLF. befasst sich mit dem Lehren und Lernen von Sprachen im Unterricht, die von dem Lernenden nicht als Muttersprache, sondern als Fremd- oder Zweitsprache gelernt werden.

Insofern insbesondere der →**Zweitsprachenerwerb** mindestens zu Anteilen immer auch in nicht-unterrichtlichen Kontexten und ohne lehrgesteuerte Förderung geschieht, weist **SLLF.** deutliche Schnittmengen zu →**Spracherwerbsforschung** und →**Zweitspracherwerbsforschung** auf.

2. Erkenntnisinteresse

Ziel der **SLLF.** ist es, die Faktoren und deren Bezug zueinander zu verstehen (→**Faktorenanalyse**), die den →**Lernprozess** im Fremdsprachenunterricht beeinflussen und entsprechende Kenntnisse einerseits in eine fachspezifische Theorie einmünden zu lassen und andererseits darauf aufbauend Vorschläge für eine möglichst zielführende Gestaltung des Lehrens und Lernens von Fremdsprachen zu entwickeln bzw. weiterzuentwickeln.

3. Vorgehen

Insofern das Lernen und Lehren von Fremdsprachen ein komplex beeinflusstes und strukturiertes Handlungsfeld darstellt (vgl. →**DaF**; →**DaZ**), hat **SLLF.** sich v.a. an den folgenden Grundprinzipien zu orientieren: a) Lernerbezug – Prinzipien des Lehrverhaltens können kaum festgelegt werden, ohne die Auswirkungen auf die Lerner zu erforschen; b) →**Empirische** Ausrichtung – Einsichten und →**Hypothesen** müssen aus der Beobachtung und Analyse realer Lehr- und Lernprozesse und deren Interaktion erwachsen; c) Interdisziplinäre Verfasstheit – die Komplexität des Gegenstandes erfordert die integrative Berücksichtigung unterschiedlichster Disziplinen und Wissensstände, um insbesondere die linguistischen, kulturwissenschaftlichen, soziologischen, psychologischen und pädagogischen Aspekte/Implikationen des Lehrens und Lernens von Fremdsprachen in der Anlage von Forschungstätigkeiten angemessen zu erfassen und zu berücksichtigen (→**Forschungsmethoden/-methodologie**).

Koordinierungsgremium, Hrsg. (1983), *Sprachlehr- und Sprachlernforschung: Begründung einer Disziplin*, Tübingen.

Désirée Ruge

Sprachlernblog, das: s. Blog

Sprachlerntandem, das: alternatives Sprachlernkonzept, bei dem sich zwei Personen unterschiedlicher Muttersprache jeweils gegenseitig einem Sprach- und Kulturaustausch unterziehen, der von einer Beraterstelle organisiert und begleitet wird. Der Ablauf ist im Idealfall folgender: Fragebogen und individuelles Gespräch mit dem Berater, Einführungstreffen, Feedbacktreffen, evtl. Gruppentandemtreffen, Endbilanztreffen. Beim **S.** kommen das Gegenseitigkeitsprinzip (regelmäßiger Rollentausch in der Lehrer- und Lernerrolle, wobei für beide Phasen die gleiche Zeit aufgewendet werden sollte) und Lernerautonomieprinzip (wie z.B. regelmäßige Treffen) zum Tragen. Es wird zwischen Präsenztandem (persönliche Treffen) und Distanztandem (→**E-Mail-Tandems**, Telefon, Chat etc.) unterschieden. Tandem kann eine Unterrichtsform sein (Tandemkurse oder Gruppentandems) oder in der Partnerarbeit außerhalb einer Bildungseinrichtung stattfinden. Es gibt freie (kursunabhängige), kursbegleitende und kursintegrierte **S.** Adressaten sind vor allem Sprachschüler und Studenten, aber auch Berufstätige aller Berufsrichtungen, die diese Methode zur Fremdsprachenverbesserung aus fachlichen Gründen nutzen möchten (Fachtandem).

Brammerts, H./Kleppin, K., Hrsg. (2001), *Selbstgesteuertes Lernen im Tandem: Ein Handbuch*, Tübingen.

Claudia Biemelt

sprachliche Minderheit, die: s. Minderheit

Sprachmischung, die: **1.** Im weiteren Sinn als Überbegriff für so unterschiedliche mündliche und schriftliche Phänomene wie →**Interferenz**, →**Codeswitching**, fremdsprachiger Einfluss bis hin zu Pidginisierungs- und Kreolisierungsprozessen bzw. →**Pidgin-** und →**Kreolsprachen** verwendet;

2. Im engeren Sinn im Unterschied insbesondere zu Codeswitching betrachtet als im Gespräch nicht-funktionale Form der Mischung, die aus Gründen der →**Kompetenz** stattfindet, z.B. bei Wortfindungsproblemen. Neben klar definierbaren einzelsprachlichen Mischungen (z.B. deutsch-englisch *because meine Kollegen* oder deutsch-türkisch *zwei zu bir*) sind viele Mischungen aber nicht eindeutig zuzuordnen (z.B. *doytsch* aus der deutsch-türkischen Chatsprache). Neben den konventionellen Sprachgrenzen kommt **S.** aber auch zwischen Hochsprache und dialektalen, ethnolektalen und soziolektalen →**Varietäten** vor. **S.** kann einseitig (Herkunftssprache von Migranten durch Mehrheitssprache) oder wechselseitig sein. Quellen der **S.** sind eine anderssprachige Umgebung (z.B. Migranten, Grenzregionen, Touristen), mediale und kulturelle Einflüsse (das Angloamerikanische), Eroberungen (Entstehung des Englischen), Sklaverei, Kolonialismus u.a.

Hinnenkamp, V. (2005), *„Zwei zu bir miydi? – Mischsprachliche Varietäten von Migrantenjugendlichen im Hybriditätsdiskurs“*, in: Hinnenkamp, V./Meng, K. (Hrsg.), *Sprachgrenzen überspringen*, Tübingen, 51–103.

Volker Hinnenkamp

Sprachmittlung, die: Oberbegriff für Übersetzen und Dolmetschen (auch Translation). Übersetzen bezieht sich hierbei auf die Übertragung eines Ausgangstextes in einer Ausgangssprache in einen Zieltext in einer Zielsprache in schriftlicher Form, beim Dolmetschen erfolgt diese Sprachübertragung mündlich, jedoch nur, wenn es sich bei dem zu übertragenden Sprachmaterial um einen Text mit einer aktuellen Funktion handelt. Wird nur ein Begriff oder ein kleines Textsegment mündlich übertragen, spricht man auch hier von Übersetzen. Darüber hinaus gibt es Mischformen zwischen dem Übersetzen und dem Dolmetschen, bspw. das Stegreifübersetzen, bei dem Übersetzer (oder Dolmetscher) einen schriftlich vorliegenden Text möglichst schnell mündlich in eine andere Sprache übertragen. Das durch **S.** entstandene Produkt wird als „Translat“ bezeichnet.

Jens Reimann

Sprachnorm, die: s. Norm

Sprachökologie, die: untersucht die sozialen Existenzbedingungen und Organisationsformen von Sprachen bzw. die Wechselwirkungen zwischen Sprachen und ihren Benutzern (→**Sprachenpolitik**). Begriff geprägt von Einar Haugen (1972). In Analogie zur Bedeutung von Artenvielfalt in der Biologie wird auch die Rolle von Sprache(n) beim Erhalt von Vielfalt thematisiert. Von besonderem Forschungsinteresse sind dabei multiethnische Regionen und mehrsprachige Menschen, deren Sprachenrechte es zu schützen gilt.

Fill, A. (1993), *Ökolinguistik: Eine Einführung*, Tübingen. – Finke, P. (1996), „Sprache als *missing link* zwischen natürlichen und kulturellen Ökosystemen", in: Fill, A., Hrsg., *Sprachökologie und Ökolinguistik*, Tübingen, 27–48.

Silke Hofer

Sprachökonomie, die: bezeichnet das Einsparen von Teilen eines sprachlichen Ausdrucks und findet sich auf nahezu allen Ebenen des Sprachsystems, insbesondere in der gesprochenen Sprache sowie in auf Kürze angewiesenen Medien (Telegramm, E-Mail, SMS). Ferner ist **S.** ein Kennzeichen der Fachkommunikation.

1. **S.** nutzt im Bereich der Lexik vor allem Komposita und Derivate, die Ausdruckseinheiten komprimieren, so dass mehr Inhaltskomponenten enthalten sind, als die Ausdrucksseite repräsentiert: *Bionade* (aus biologischen Zutaten hergestellte Limonade). Die semantische Beziehung zwischen den Konstituenten wird meist aus den Informationen des Kontextes und dem Wissen der Sprecher mitverstanden.

2. Auch die Kurzwortbildung ist eine Form der **S.** Hier werden Abkürzungen (z.B. *ADAC* für *Allgemeiner Deutscher Automobilclub*) mit anderen Nomen zusammengesetzt. Diese Formen unterscheiden sich semantisch nicht von ihren Vollformen (z.B. *ADAC-Schutzbrief*).

3. **S.** kann sich auch auf verkürzte Ausdrücke in der gesprochenen Sprache beziehen, wobei häufig mit weniger Worten der Redezweck erfüllt werden kann. (z.B. *Ich liebe Dich – Ich Ø dich auch.*) Dazu trägt die Anwesenheit des Gesprächspartners bei. Die gesprochene Sprache tendiert dazu, sprachliche Ausdrücke zu verkürzen bzw. zusammenzufügen, um schneller zu kommunizieren (z.B. *Kommste mit?* statt *Kommst du mit?*). Dies kann Ausdruck der Zugehörigkeit zu einer bestimmten sozialen Gruppe sein, aber auch Zeichen von (sprachlicher) Modernität, z.T. ist dies aber auch auf regionale Varietäten zurückzuführen.

4. **S.** i.w.S. umfasst regelhafte Strukturen einer Sprache, mithilfe derer Fremdsprachenlerner in der Lage sind, grammatisch korrekte Sätze zu produzieren, ohne jede einzelne Form auswendig lernen zu müssen. (z.B. Dentalsuffix *-t* bei Präteritumsformen der schwachen Verben + Endung).

Die Bedeutungserschließung sprachökonomischer Komprimierungen und Auslassungen setzt i.d.R. eine detaillierte Grammatikkenntnis, eine Vertrautheit mit Registern und spezifischen Textsorten sowie die Fähigkeit, Bedeutung aus dem Kontext zu erschließen, voraus, weshalb sich hier besondere Lernprobleme für Deutschlernende ergeben.

Hausperger, B. (2003), *Sprachökonomie in Grammatik und Pragmatik: Die Ellipse*, München. – Steinhauer, A. (2000), *Sprachökonomie durch Kurzwörter: Bildung und Verwendung in der Fachkommunikation*, Tübingen.

Mandy Höhle

Sprachpathologie, die: Bezeichnung sowohl für den Gesamtbereich der Sprach-, Sprech- und Stimmstörungen als auch für die damit befasste Wissenschaft. Unter **S.** versteht man Störungen und Zerstörungen, die die →**Sprachverarbeitung** betreffen, wie sie etwa als →**Aphasien** (Sprachstörungen bei organischen Läsionen in sprachrelevanten Regionen des Gehirns), bei psychotischen und neurotischen Störungen oder im Rahmen demenzieller Abbauprozesse auftreten. Zum Weiteren rechnet man die Sprachentwicklungsstörungen bei Kindern und Jugendlichen dazu.

Leischner, A. (1981), *Klinische Sprachpathologie, Ausgewählte Aufsätze*, (Patholinguistica 10), München.

Nadja Zuzok

Sprachpflege, die: Bündel von Aktivitäten, die der Erhaltung eines Zustands einer Sprache oder Varietät oder ihrer Entwicklung in eine gewünschte Richtung dienen sollen. Über Ziele und Wege der **S.** herrscht in den deutschsprachigen Ländern Uneinigkeit. In der nicht-wissenschaftlichen Sprachöffentlichkeit wird **S.** häufig als Aufgabe verstanden, ‚Fremdes' aus dem Wortschatz fernzuhalten sowie tradierte grammatische Formen der heutigen →**Standardsprache** oder eines vergangenen Zustands des Deutschen zu bewahren bzw. wiederzubeleben. Dies lehnen viele Sprachwissenschaftler mit Hinweis auf allgemeine, nicht aufhaltbare Prozesse des →**Sprachwandels**, auf den grundsätzlich präskriptiven und elitären Charakter der **S.** und/oder auch auf Auswüchse des Sprachpurismus in der jüngeren Sprachgeschichte des Deutschen ab. Es gab vereinzelte Versuche, den Begriff der **S.** wissenschaftlich neu zu begründen oder mit modernen kulturpolitischen Inhalten zu füllen; als dringlichere Aufgabe wird heute vielfach die Sprachkritik als Instrument der Ideologie- oder Kulturkritik angesehen (vgl. im Überblick von Polenz 1999).

von Polenz, P. (1999), „6.6. Allgemeine Sprachnormierungen", „6.7. Fremdwortpurismus und Sprachpflege. Sprachvereine und Sprachinstitutionen" und „6.8.

Sprachkritik und öffentliche Sprachsensibilität", in: ders., *Deutsche Sprachgeschichte vom Spätmittelalter bis zur Gegenwart. Bd. III: 19. und 20. Jahrhundert*, Berlin/New York, 229–263, 264–293 u. 294–337.

Stephan Elspaß

Sprachphilosophie, die: Unter dem Begriff **S.** werden unterschiedliche Erkenntnisinteressen der Beschäftigung mit der Wesenheit von Sprache verfolgt; für den hier zu berücksichtigenden Fachkontext sind die philosophischen Diskurse über die Qualität des sprachlichen →**Zeichens** in seinem Verhältnis zur objektiven Wirklichkeit und zu deren Wahrnehmung und begrifflichen Verarbeitung durch den Menschen von besonderer Bedeutung. Die dazu entwickelten Positionen bewegen sich i.W. zwischen folgenden Auffassungen: a) Die sprachunabhängig existierende Wirklichkeit ist Gegenstand der Wahrnehmung und Erkenntnis des Menschen und wird darin zutreffend abgebildet; die Sprache selbst „benennt" die Realität. b) Der wahrnehmende und erkennende Mensch begegnet der außersprachlichen Wirklichkeit souverän und nach Maßgabe der ihm gattungseigenen Voraussetzungen und Fähigkeiten, wobei sich die Ergebnisse dieser Begegnung je nach philosophischer Auffassung zur objektiven Realität defizitär bis schöpferisch verwandelnd verhalten, diese aber in keinem Fall abbilden (vgl. dazu bspw. so unterschiedliche Positionen wie den Sprachbegriff W. v. Humboldts und den des →**Konstruktivismus**).

Auffassung a) gilt im Fachdiskurs der Gegenwart als konsensuell unzutreffend. Auffassung b) ist im Kontext von DaF/DaZ in einem um die Aspekte der kulturellen und individuellen Prägung erweiterten Verständnis von Bedeutung und bildet dort eine der Grundlagen der mit →**Mehrsprachigkeit** und →**Sprachvergleich** sowie mit →**Pragmatik** und →**Interkulturalität** befassten Konzepte, wobei die letztgenannten gleichzeitig dem Gegenstandsbereich der Philosophie der normalen bzw. der Alltagssprache zuzurechnen sind.

Weitere Gegenstandsbereiche der **S.**: Ursprung der Sprache, Formale (Ideale) Sprache.

Borsche, T., Hrsg., (2002), *Klassiker der Sprachphilosophie. Von Platon bis Noam Chomsky*, München. – Kutschera, F. v. (1993), *Sprachphilosophie*, Tübingen/Basel. – Wellmer, A. (2004), *Sprachphilosophie. Eine Vorlesung*, Frankfurt a.M.

Azelarabe Lahkim Bennani

Sprachphysiologie, die: Teilgebiet der Sprachwissenschaft; beschäftigt sich mit der Anatomie, den Eigenschaften und Funktionen aller an der Wahrnehmung, Verarbeitung und Produktion sprachlicher Äußerungen (i.F. sprl. Ä.) beteiligten Organe. Die Wahrnehmung sprl. Ä. in visueller (u.a. →**Schrift**, Mimik) oder auditorischer (Schall) Reizform erfolgt mittels der Seh- und Hörorgane. Bei sehbehinderten Menschen ist für die Wahrnehmung von Schrift der Tastsinn bedeutend (vgl. Silbernagl/Despopoulos 2007, 342). Entscheidend für die Weiterverarbeitung der Reize (u.a. Erkennen, Verständnis, Speicherung) und die Bildung sprl. Ä. ist das Zusammenspiel bestimmter Gehirnregionen (→**Gehirnforschung**). U.a. spielen der visuelle Kortex, das →**Brocasche Zentrum** und das →**Wernickesche Feld** sowie der Gyrus angularis (Koordinierung verschiedener Sinnesorgane) eine Rolle. Bei Schädigungen des Brocaschen Zentrums und/oder des Wernickeschen Feldes kommt es zu erheblichen Beeinträchtigungen der Sprachrezeption bzw. -produktion (→**Aphasie**, vgl. Silbernagl/Despopoulos 2007, 376). Neben den neuropsychologischen Voraussetzungen sprachlicher Produktion, beschäftigt sich die **S.** mit den an der Sprechmotorik beteiligten und zur stimmlichen Sprachproduktion notwendigen Organen. Dabei handelt es sich um die Respirationsorgane (Lunge, Nase), die Stimmorgane (Kehlkopf) sowie Organe des Mund- und Rachenraumes. Beim Zusammenspiel der Sprechwerkzeuge kommt es zur Lautbildung (→**Artikulation**, vgl. Crystal 1993, 130f.). Detaillierte Kenntnisse über die Erzeugung von Lauten und ihre einzelnen Eigenschaften sowie über die Stimmbildung und →**Intonation** liefert die →**Phonetik**. Die Wissensbestände und Forschungsanstrengungen der **S.** kommen außer den Sprachwissenschaften und der Sprachlehr- und -lernforschung auch jenen Wissenschaften und Professionen zugute, die sich mit krankhaft veränderten oder gestörten Funktionsweisen der genannten Organe beschäftigen (→**Sprachpathologie**) und diese zu therapieren versuchen (u.a. →**Sprachtherapie**, →**Logopädie**).

Crystal, D. (1993), „Anatomische und physiologische Grundlagen der Sprache", in: *Die Cambridge-Enzyklopädie der Sprache*, (Kap. IV.22), 124–131, Frankfurt a.M. – Silbernagl, S./Despopoulos, A. (2007), „Zentralnervensystem und Sinne", in: *Taschenatlas Physiologie, Kap. 12*, 312–377, Stuttgart.

Tina Stein

Sprachplanung, die: meint den bewussten Einfluss auf die Entwicklung einer Sprache. Bei Einführung oder Förderung einer Sprache spricht man von **S.** als Statusplanung, z.B. Einführung einer neutralen Sprache wie Esperanto zur internationalen Verständigung oder Förderung von Minderheitensprachen. Nimmt man Einfluss auf die Form einer Sprache wie Struktur, Grammatik, evtl. das Verbot von Fremdwörtern o.ä., handelt es sich um **S.** als Korpusplanung.

Coulmas, F. (1985), *Sprache und Staat: Studien zur Sprachplanung*, Berlin u.a.

Viktoria Grgurin

Sprachproduktion, die: Sprachaktivität, die in mündlicher, schriftlicher oder in beiden Formen erfolgt, sie umfasst das Sprechen und Schreiben. Der Produktionsprozess besteht aus zwei Teilen: einerseits der Formulierungskomponente, die den Output regelt, d.h. Planung und Formulierung in eine sprachliche Form umsetzt und dabei lexikalische, grammatische, phonologische und orthographische Prozesse umfasst, andererseits der Artikulationskomponente, die bei mündlicher Produktion die Motorik des Stimmapparats und bei schriftlicher Produktion die motorische Anregung der Handmuskulatur steuert. **S.** umfasst drei Phasen, wobei der Sprecher/Schreiber dazu über bestimmte Fertigkeiten verfügen muss: 1. Planung und Organisation einer Mitteilung: kognitive Fertigkeiten, 2. Formulierung einer Mitteilung: sprachliche Fertigkeiten, 3. Artikulation bzw. motorische Umsetzung der Mitteilung: phonetische bzw. manuelle Fertigkeiten. Produktive Aktivitäten sind das →**Sprechen** (auditiv – produktiv) und das →**Schreiben** (visuell – produktiv). Beim Sprechen werden gesprochene Texte, die von einem oder mehreren Sprechern artikuliert werden, beim Schreiben geschriebene Texte, die von einem oder mehreren Autoren verfasst werden, produziert. Der Einfluss des Schreibens auf das Sprechen ist größer, da der Schreibprozess latent-artikulatorische, visuelle und motorische Komponenten integriert. Gesprochene Sprache wird als Mittel direkter Kommunikation, geschriebene Sprache als Mittel indirekter Kommunikation angesehen.

Die →**Output-Hypothese** betont die entscheidende Rolle der Sprachproduktion für einen erfolgreichen Spracherwerb.

Renate Faistauer

Sprachprüfung, die:

1. Definition

Leistungsmessung zur Feststellung der sprachlichen Fähigkeit sowie des sprachlichen Kenntnisstandes von Personen durch mündliche und/oder schriftliche Aufgaben. Je nachdem, zu welchem Zweck die gesammelte Information verwendet werden soll, unterscheidet man verschiedene Prüfungsarten, die wiederum bestimmte Formen der Leistungsmessung bedingen.

2. Inhalte

Lernfortschritts- und Kursabschlussprüfungen beziehen sich auf die Inhalte des verwendeten Lehrbuchs, des Unterrichts oder eines Curriculums. Sprachstands- bzw. →**Feststellungsprüfungen** sind unabhängig davon, wo, wie und wie lange in der Vergangenheit gelernt wurde. Ziel ist in diesem Fall eine Voraussage über die sprachliche Leistungsfähigkeit einer geprüften Person in der realen Welt. Grundlage für sie sind →**Niveaubeschreibungen** mit Inventaren zu →**Sprachhandlungen**, →**Notionen**, →**Wortschatz**, →**Grammatik**, wie z.B. **„Profile deutsch"**.

3. Ergebnisse und Konsequenzen

Die Resultate von →**Einstufungstests** sind nur von interner Bedeutung in einem Kursbetrieb, →**Lernfortschrittstests** nur im Rahmen eines laufenden Kurses oder Schuljahres. Die Ergebnisse von Zulassungsprüfungen wie →**DSH** und →**TestDaF** dienen dagegen z.B. den deutschen Hochschulen zur – fächerspezifisch differenzierenden – Einschätzung der „Studierfähigkeit auf Deutsch" als eines der Zulassungskriterien.

Andere Sprachnachweise entscheiden darüber, ob eine Person in die Bundesrepublik einreisen und sich dauerhaft dort aufhalten darf: Der Nachweis „Start Deutsch 1" ist beispielsweise seit 2007 Teil des für die deutschen Auslandsvertretungen festgelegten Visaverfahrens und dient als Grundlage für die Erteilung einer Aufenthaltserlaubnis zum Zweck des Ehegattennachzugs. Auf der Basis der Ergebnisse von dgl. Sprachnachweisen werden also lebensgeschichtlich und rechtlich bedeutsame Entscheidungen getroffen, womit eine besondere Verantwortung auch auf Seiten fachlicher Mitwirkung (Testentwicklung, Politikberatung u.a.m.) verbunden ist.

4. Gütekriterien

Je schwerwiegender die Konsequenzen sind, die sich aus einem Prüfungsergebnis für das Leben eines Teilnehmenden ergeben, umso höher sind die Ansprüche an die →**Validität** und →**Reliabilität** der Prüfung. Hier spielt insbesondere die Frage der Eignung für die spezifische Zielgruppe eine entscheidende Rolle. Erhöht sind auch die Ansprüche an die Genauigkeit und Zuverlässigkeit der Ergebnisse. Je höher die geforderte Genauigkeit, desto aufwändiger das Prüfungsverfahren im Hinblick auf die vorgesehenen Prüfungserstellungs- bzw. Bewertungsverfahren. Idealerweise sollte eine **S.** wie ein Metermaß funktionieren: So wie dieses bei wiederholter Messung eines Gegenstandes immer die gleichen Maße anzeigt, so sollte eine **S.** für eine bestimmte Leistung immer die gleiche Punktzahl oder Note ergeben.

Glaboniat et al. (2005), *Profile deutsch*, Berlin/München. – Perlmann-Balme, M./Kiefer, P. (2004), *Start Deutsch: Prüfungsziele, Testbeschreibung*, München. – Rost, J. (2004), *Lehrbuch Testtheorie – Testkonstruktion*, Bern. – UCLES, Hrsg. (1998), *Multilingual glossary of language testing terms*, Cambridge.

Michaela Perlmann-Balme

Sprachpsychologie, die: s. Psycholinguistik

Sprachrezeption, die: Sprachaktivität, die auf das Verstehen mündlicher, schriftlicher oder in beiden Formen vorkommender Sprachereignisse fokussiert; sie umfasst das Hören, Lesen und Sehen. Bei der **S.** wird ein Kontext auf der Basis vorhandenen Weltwissens identifiziert, wobei aus dem sprachlichen und nicht-sprachlichen Gesamtkontext Hinweise für die Entschlüsselung des Textes herausgelesen werden. Es werden →**Schemata** aktiviert und Erwartungen aufgebaut. Durch Bildung von Hypothesen, die getestet und notfalls revidiert werden, findet der Verstehensprozess statt. Der Rezeptionsprozess umfasst vier Phasen, wobei der Hörer/Leser dazu über bestimmte Fertigkeiten verfügen muss: 1. Wahrnehmen gesprochener bzw. geschriebener Sprache (Laute, Buchstaben, Wörter): auditive phonetische und visuelle Fertigkeiten, 2. Identifikation des Textes als Ganzes oder in einzelnen Teilen: linguistische und orthographische Fertigkeiten, 3. Verstehen des Textes als sprachliche Einheit: semantische Fertigkeiten, 4. Interpretation im Kontext: kognitive Fertigkeiten. Der Prozess läuft auf Basis einer Interaktion ab: einerseits vom Text zum Hörer/Leser (→**bottom up**/aufsteigend), andererseits muss Wissen vom Hörer/Leser an den Text herangetragen werden (→**top down**/absteigend). Rezeptive Aktivitäten sind das →**Hören** (auditiv-rezeptiv), das →**Lesen** (visuell-rezeptiv), und das →**Hör-Sehverstehen** (audiovisuell-rezeptiv). Beim Hören wird gesprochener Input, der von einem oder mehreren Sprechern produziert wird, empfangen und verarbeitet. Der (Zu)Hörer kann diese Hörtexte global, selektiv oder detailliert verstehen wollen. Beim Lesen wird geschriebener Input, der von einem oder mehreren Autoren verfasst wurde, von Lesenden empfangen und verarbeitet. Die Lesenden können diese Texte, je nach Absicht, global, selektiv oder detailliert verstehen. Beim Sehen wird gleichzeitig ein auditiver und ein visueller Input empfangen, auch hier kann das Verstehen global, selektiv und detailliert erfolgen. **S.** ist die Voraussetzung für →**Sprachproduktion**, da Texte zuerst verstanden werden müssen, bevor sie mündlich oder schriftlich produziert werden können, allerdings gibt es auch die Auffassung, dass der „Zwang zur Produktion" von Anfang an eine wirksame Form des Sprachenlernens sei (→**Output-Hypothese**, →**Interaktions-Hypothese**).

Renate Faistauer

Sprachsoziologie, die: Im Unterschied zur →**Soziolinguistik** beschäftigt sich die **S.** mit dem sozialen Status der Sprecher von Sprach- und Kommunikationsgemeinschaften. Sprache als →**Kode** (und nicht als System von Gebrauchsregeln) wird nach dem forschungsleitenden Prinzip „Sprachsystem x hat Funktion (Status) y im Sozialsystem z" untersucht (vgl. Ammon 2004). Je nach Dominanzkonfigurationen in →**Domänen** wie Familie, Kirche, Arbeit(splatz), Institutionen, Freizeit werden Sprachgemeinschaften hinsichtlich →**Diglossie** oder →**Polyglossie** klassifiziert. Für DaF/DaZ-Lerner ist es nützlich zu wissen, ob z.B. zwei Sprachen wie Katalanisch und Spanisch in Barcelona oder Französisch und Englisch in Montréal mit sozial markierten Werten in urbanen Kontexten benutzt werden.

Ammon, U. (2004), „Funktionale Typen und Statustypen von Sprachsystemen", in: Ammon, U. u.a. (Hrsg.), *Soziolinguistik. Ein Internationales Handbuch der Wissenschaft von Sprache und Gesellschaft*, Bd. 1, Berlin, 179–188.

Norbert Dittmar

Sprachstandsdiagnose, die/Sprachstandsmessung, die: Unter **S.** wird jeglicher Versuch der Erfassung des Sprachstandes eines Lernenden mit Hilfe eines Verfahrens, das im Hinblick auf diese Zielsetzung entwickelt worden ist, verstanden. Der Sprachstand ist eine eigenaktiv aufgebaute →**Va-**

rietät zum Erhebungszeitpunkt t_0. Diese Varietät besteht aus Strukturen und →**Strategien**, die normgerecht/korrekt oder nicht normgerecht/inkorrekt (s.a. →**Fehler**) sein können (vgl. Bredel 2005, 97ff.). Eine S. kann zu verschiedenen Zwecken eingesetzt werden. Für →**DaF** und →**DaZ** sind v.a. globale Aussagen über Sprachkenntnisse, meist ohne Unterrichtsbezug, relevant. Ergebnisse einer solchen **S.** können dabei zur Niveaubestimmung und Selektion (z.B. Einteilung von Lernergruppen nach den Stufen des →**Gemeinsamen Europäischen Referenzrahmens**; Feststellung von Sprachkenntnissen im Zusammenhang von Einbürgerungsverfahren) oder als Grundlage für pädagogische Maßnahmen (z.B. Förderunterricht/-maßnahmen für Kinder mit nichtdeutscher →**Muttersprache**) dienen. Zum anderen kann das Interesse auf Unterrichtsresultate bezogen sein. Dann stehen die →**Prüfung** und die Bewertung des erbrachten →**Lernfortschritts** im Mittelpunkt (vgl. Gogolin 2001, 1007ff.).

Bundesministerium für Bildung und Forschung, Hrsg., (2005), *Bildungsforschung Bd. 11 Anforderungen an Verfahren der regelmäßigen Sprachstandsfeststellung als Grundlage für die frühe und individuelle Förderung von Kindern mit und ohne Migrationshintergrund*, Bonn. – Gogolin, I. (2001), „Sprachstandsdiagnosen", in: Helbig, G. Götze, L./Henrici, G./Krumm, H.-J. (Hrsg.), *Deutsch als Fremdsprache – ein internationales Handbuch*, Berlin, 1007–1016.

Diana Maak

Sprachstatistik, die: empirisch ausgerichtete Teildisziplin der Linguistik, die sich mit statistischen Erhebungen zu sprachlichen Phänomenen beschäftigt (auch: statistische oder quantitative Linguistik), u.a. mit Häufigkeitsverteilungen phonetischer, graphemischer, lexikalischer, morphologischer und syntaktischer Art in unterschiedlichen Textsorten. Insbesondere dient **S.** der Entwicklung von Frequenzwörterbüchern und →**Fachwortschätzen**, der Messung von Lesbarkeit und Verständlichkeit von Texten (Lesbarkeitsindexe, für das Dt. u.a. die Wiener Sachtextformel, s. Bamberger/Vanecek 1984) sowie der Beschreibung und Analyse vielfältiger weiterer sprachlicher Vorkommen und Relationen aus dem Kontext der Sprachuntersuchungen, darunter zum Wortschatzwachstum im muttersprachlichen und fremdsprachlichen →**Spracherwerb**; zum Verhältnis von Wortschatzumfang und Textverständnis; zur Bewertung von Texten bezügl. Vielfältigkeit und Wortschatzreichtum im Verhältnis zur Textlänge (→**Type-Token-Relation**); zu häufigkeitsbasierten stilistischen Untersuchungen (quantitative Stilistik, quantitative Literaturwissenschaft). Einige interessante Details aus den Ergebnissen der **S.**: Die häufigsten fünf Wörter im Dt. sind *die, und, der, in* und *ich*; die häufigsten 100 Wörter des Dt. umfassen ca. 53% der →**Tokens** eines Textes, die häufigsten 1.000 ca. 73%, 2000 ca. 79%, 3.000 ca. 82%, 4.000 ca. 84% und 5.000 ca. 85%.

Bamberger, R./Vanecek, E. (1984), *Lesen, Verstehen, Lernen, Schreiben. Die Schwierigkeitsstufen von Texten in deutscher Sprache*, Wien. – Köhler, R./Altmann, G./Piotrowski, R., Hrsg. (2005), *Quantitative Linguistik: ein internationales Handbuch*, Berlin/New York.

Erwin Tschirner

Sprachsystem, das: das der →**Sprachverwendung** zu Grunde liegende System miteinander in Beziehung stehender Subsysteme von Lauten, Wörtern, wortübergreifenden Einheiten, Regeln ihrer Anordnung, Veränderung und Verknüpfung usw. usf. Es ist das Bestreben vieler linguistischer Theorien, das **S.** – sei es im Sinne grundlegender Bauprinzipien aller natürlichen und denkbaren Sprachen (→**Universalgrammatik**), sei es, auf natürliche Einzelsprachen oder Sprachgruppen bezogen – möglichst vollständig und widerspruchsfrei zu rekonstruieren. Als zentrale Gegenstände dieser Bestrebungen gelten Phoneminventar (→**Phonem**), →**Lexikon**, →**Syntax** und →**Morphologie** in ihrem systemischen Zusammenwirken bei der Konstituierung bedeutungsvoller →**Sätze** bzw. →**Äußerungen**. Die Trennung von **S.** und Sprachverwendung und die Hervorhebung des **S.** als eigentlichen Gegenstand der Linguistik geht zurück auf F. de Saussure (1857–1913) (vgl. →**Langue** – →**Parole**). Von den das **S.** systematisch betrachtenden Sprachbeschreibungsmodellen erfahren im Kontext von DaF/DaZ vor allem die →**funktional(istisch)e Grammatik** (so etwa das Systematisierungsangebot nach Eisenberg 2004) sowie →**valenzgrammatische** Ansätze besondere Aufmerksamkeit und anwendungsbezogene Umsetzung.

Eisenberg, P. (2004), *Grundriß der deutschen Grammatik, Bd. 2: Der Satz*, Stuttgart/Weimar.

Hans Barkowski/Klaus Welke

Sprachtest, der: Ein **S.** ist eine Momentaufnahme der sprachlichen Fähigkeiten und Fertigkeiten.

Damit die Ergebnisse eines **S.** aussagekräftig für den jeweiligen bildungspolitischen Zusammenhang sind, muss gewährleistet sein, dass die Rückschlüsse, die aus diesen gezogen werden, auch begründbar sind. Wird beispielsweise von Bewerberinnen und Bewerbern ein bestimmtes sprachliches Niveau verlangt, um einen Arbeits- oder Studienplatz zu bekommen, so muss gesichert sein, dass der Test die sprachlichen Anforderungen, die hier notwendig sind, auch abbildet und die Testkandidaten soweit wie möglich durch die Interaktivität und Authentizität der Aufgaben dazu befähigt werden, ihre sprachlichen Fähigkeiten und Fertigkeiten in der Fremdsprache zu zeigen. Weiterhin muss die Bewertung des **S.** zu Ergebnissen führen, die für den Zusammenhang, in dem er angewendet wird, auch relevant, das heißt verständlich und anwendbar sind.

Der Prozess der Erstellung eines standardisierten **S.** ist in mehrere Phasen der Erprobung, Begutachtung und Überarbeitung gegliedert (Perlmann-Balme, 1996, 331 ff.). Diejenigen Sprachtests, die eine selektive Funktion in bildungspolitischen Zusammenhängen haben, sollten außerdem durch eine unabhängige wissenschaftliche Begleitforschung evaluiert werden. Solche **S.** unterliegen darüber hinaus hohen Anforderungen in Bezug auf Gütekriterien und ethische Aspekte. **S.** können nach ihrem Zweck klassifiziert werden: →**Einstufungstest**, →**Lernfortschrittstest**, Sprachstandstest (→**Sprachstandsdiagnose**), und danach, ob die sprachlichen Handlungen direkt beobachtbar sind, wie es z.B. in vielen mündlichen Prüfungen der Fall ist (→**Performanztest**) oder ob sie einem Modell fremdsprachlicher Kompetenz folgen, die nur indirekt im Test beobachtbar ist (→**Kompetenztest**).

Bachman, L.F./Palmer, A.S. (1996), *Language Testing in Practice. Designing and Developing Useful Language Tests*, Oxford. – Perlmann-Balme, M. (1996), „Die Revision der zentralen Mittelstufenprüfung. Prinzipien der Prüfungsentwicklung", in: *Jahrbuch Deutsch als Fremdsprache* 22, 311–334. – Spolsky, B. (1997), „The ethics of gatekeeping tests: what have we learned in a hundred years?" in: *Language Testing* 14, 342–247.

Silvia Demmig

Sprachtheorie, die: In Ansehung der uneinheitlichen Auffassungen darüber, was alles zu **S.** gehört, wird i.F. eine Kernbestimmung des Anliegens der **S.** fokussiert. Danach geht es in sprachtheoretischen Bemühungen v.a. um allgemeine Aussagen darüber, was Sprache einerseits universell, die einzelnen natürlichen Sprachen übergreifend, charakterisiert, und dabei andererseits auf jede einzelne natürliche Sprache zutrifft. Insofern versteht sich **S.** als theoretischer Überbau der Linguistik in all ihren Teildisziplinen und einzelsprachlichen Gegenständen. Ziel ist die Ermittlung der linguistischen Universalien im Sinne allgemeinster Merkmale von Sprachen – als da z.B. sind: Funktion als Mittel der Kommunikation und des Denkens; Einzelwörter; Modi der Verknüpfung von Einzelwörtern zu komplexen Sinneinheiten; Phoneminventar – per se sowie als Basis von Beschreibung, Vergleich und Klassifizierung der Einzelsprachen. Aus DaF/DaZ-Sicht ist **S.** im obigen Verständnis insbesondere in den Fachkontexten →**Mehrsprachigkeit**, →**Bi-/Multilingualismus** und →**Sprachvergleich** sowie für dazu einschlägige methodisch-didaktische Empfehlungen von Bedeutung.

Bartsch, R./Vennemann, T. (1982), *Grundzüge der Sprachtheorie. Eine Einführung*, Tübingen.

Azelarabe Lahkim Bennani

Sprachtherapie, die: Behandlung einer Sprachstörung auf phonologischer, semantischer und/oder grammatischer Ebene durch Sprachtherapeuten, Sprachheiler, Logopäden, Klinische Linguisten u.a. Sprachstörungen sind z.B. →**Aphasien**, Dyslalien oder Dysphagien (Schluckstörungen). Wesentliche Bestandteile der Therapie sind Diagnose, Beratung und schließlich die Therapie im engeren Sinne, wobei sowohl Einzel- als auch Gruppentherapien Anwendung finden. Abzugrenzen von der **S.** ist die Sprachförderung. Während erstere bei pathologischen Ursachen greift, richtet sich letztere an Menschen (zumeist im Kindes- und Jugendalter) mit sozial- und/oder bildungsbedingtem Förderbedarf. Im Kontext des →**Deutschen als Zweitsprache** muss deswegen, auch unter Berücksichtigung der L1-Kompetenzen, diagnostisch geklärt werden, ob L2-Sprecher Sprachförderung oder **S.** benötigen.

Baumgartner, S./Füssenich, I., Hrsg. (2002), *Sprachtherapie mit Kindern*, 5. Aufl., München. – Grohnfeldt, M., Hrsg. (1989), *Grundlagen der Sprachtherapie*, Berlin. – Kany, W./Schöer, H. (2007), *Fokus: Sprachdiagnostik. Leitfaden zur Sprachstandsbestimmung im Kindergarten*, Berlin.

Julia Settinieri

Sprachtypologie, die: eine der verschiedenen Klassifikationsmöglichkeiten von Sprachen. Die

S. klassifiziert Sprachen nach ihren morphologischen Eigenschaften/strukturellen Ähnlichkeiten, unabhängig von geographischen oder genetischen Beeinflussungen. Folgende vier Grundtypen werden unterschieden:

1. Der isolierende oder amorphe Typ: Die Wörter sind unveränderlich, grammatikalische Beziehungen werden durch die Wortstellung angezeigt, Bsp.: Vietnamesisch, Chinesisch.

2. Der agglutinierende Typ: Die Wörter bestehen aus einer langen Abfolge von Einheiten, wobei jede Einheit/Morphem nur eine bestimmte Bedeutung hat, Bsp.: Finnisch, Türkisch, Japanisch.

3. Der flektierende oder synthetische Typ: Die grammatikalischen Beziehungen werden durch Veränderung der inneren Struktur von Wörten verdeutlicht (häufig Flexion), die mehrere grammatikalische Bedeutungen ausdrücken können, Bsp.: Griechisch, Arabisch, Deutsch.

4. Der inkorporierende oder polysynthetische Typ: Charakteristisch ist die „Einverleibung" anderer Satzteile, z.B. der Objekte, in den Verbalkern. Bsp.: Die Nordamerikanischen Indianersprachen, Einzelmerkmale finden sich auch bei indoeuropäischen Sprachen, wie z.B. im Französischen und im Portugiesischen, portugiesisch: *cantâ-lo-hei* = wörtlich: *singen-es-ich werde*.

Die **S.** ist eine relativ junge sprachwissenschaftliche Disziplin: A.W. Schlegel (1818) und Wilhelm von Humboldt(1836) gelten als ihre Begründer.

Ineichen, G. (1991), *Allgemeine Sprachtypologie: Ansätze und Methoden*, Darmstadt.

Silke Demme

Sprachunterricht, der: s. **Methodik, Didaktik**

Sprachvarietät, die: s. Varietät

Sprachverarbeitung, die: verweist auf Prozesse, mit denen Sprache (gesprochene Sprache, Texte und Zeichensprache) analysiert, kategorisiert und verarbeitet wird. **S.** verläuft bei gesunden Erwachsenen meist fließend, schnell, automatisiert sowie unbewusst und ist das Produkt eines erfolgreichen →**Spracherwerbs**. Von besonderer Bedeutung für den DaF-/DaZ-Kontext sind grundlagenwissenschaftliche Forschungsaktivitäten zu **S.**, darunter die →**Spracherwerbsforschung** sowie die →**Gehirnforschung** und die →**Neurolinguistik**, insofern dort gewonnene Befunde und Erkenntnisse zunehmend Rückschlüsse auf den Erwerb und die Vermittlung von Sprachen zulassen.

Claudia Keßler

Sprachverarbeitungsstrategie, die: In der Fremdsprachendidaktik werden **S.** zu den →**Lernstrategien** gerechnet und als Teil der ‚direkten Strategien' aufgefasst, mit denen Lerner die Analyse und Aneignung sprachlicher Strukturen unterstützen können. Hierzu gehören Strategien der Bedeutungserschließung und Verstehenssicherung beim produktiven oder rezeptiven Sprachgebrauch wie z.B. Formen des Strukturierens, des Analysierens, des Regel-Anwendens, der Vergleich von Sprachen, die Nutzung von Kenntnissen anderer Sprachen oder die Verwendung von Formeln. In der Psycholinguistik hingegen werden Prozesse der Sprachverarbeitung zumeist nicht mit dem Strategiebegriff, sondern mit Sprachverarbeitungsprozessen im Gehirn in Verbindung gebracht (s. dazu ggf. →**Gehirnforschung**; →**Konnektionismus**).

Bernt Ahrenholz

Sprachverband Deutsch für ausländische Arbeitnehmer e.V.: Mitgliederverein (Geschäftsstelle in Mainz), 1974 gegründet. a) Vorstand: Bundesministerium für Arbeit und Sozialordnung (BMAS) und Bundesamt für Arbeit; Fördermittel des BMAS; Schließung 2003. b) Aufgabe: bundesweite Förderung von Deutschunterricht in außerschulischen Bildungseinrichtungen für jugendliche und erwachsene →**Arbeitsmigranten** und deren Familienangehörige aus den ehemaligen Anwerbestaaten, aus den EU-Mitgliedsstaaten, sowie (ab 1990) für ehemalige Vertragsarbeitnehmer der früheren DDR. c) Kursangebot: Grund- und Aufbaukurse, Intensivsprachkurse, Sprachkurse mit Alphabetisierung und berufsorientierte Deutschkurse; Förderbausteine: sozialpädagogische Begleitung und team-teaching, Kinderbetreuung; bis 2000 einschließlich wurden 1,5 Millionen Teilnehmer unterrichtet. d) weitere Aktivitäten: „Projekt Kursleiterqualifizierung DfaA" beim →**Goethe-Institut** München; Herausgabe der Fachzeitschriften „Deutsch lernen" (seit 1976), „Bildungsarbeit in der Zweitsprache Deutsch" (bis 1984 „Bildungsarbeit mit ausländischen Jugendlichen") – ab 2002 zusammengeführt in „Deutsch als Zweitsprache"; Publikationsreihen: „Extrablätter für den Unterricht", „Materialdienst Alphabet", Buchreihen:

„Texte in zwei Sprachen", „Lernen mit Ausländern", „Europäische Migration/Aspekte", „Zwischen Sprachen und Kulturen"; Erstellung und Veröffentlichung von Gutachten zu →**Lehrwerken** für →**Deutsch als Fremd-** und →**Zweitsprache** mit Blick auf ihre Eignung für den Einsatz in Kursen des **S.**

Die früheren Aufgaben des **S.** werden seit dessen Auflösung in Teilen vom →**Bundesamt für Migration und Flüchtlinge** (**BAMF**) wahrgenommen.

Szablewski-Çavuş, P. (2001), „Skizze einer Profilierung: Der Unterricht Deutsch für ausländische Arbeitnehmer", in: *Deutsch als Zweitsprache Extraheft*, 23–33. Als Download unter www.daz-didaktik.de/profilierungPSC.pdf

Petra Szablewski-Çavuş

Sprachvergleich, der: findet in verschiedenen Disziplinen und mit unterschiedlichen Zielsetzungen statt. U.a. beschäftigen sich die (historisch-) →**vergleichende Sprachwissenschaft**, die →**Sprachtypologie** und die →**kontrastive Linguistik** mit Ähnlichkeiten und Unterschieden zwischen Sprachen und sprachlichen Teilsystemen.

Für DaF/DaZ ist **S.** darüber hinaus als →**Lern-** bzw. **Kommunikationsstrategie** wichtig. Die meisten Lernenden vergleichen die Zielsprache (v.a. in den Bereichen Lexik und Grammatik) teils bewusst, teils unbewusst mit ihnen bereits bekannten Sprachen, z.B. der Muttersprache und/oder zuvor gelernten Fremdsprachen (Wildenauer-Józsa 2005). Der **S.** ist dabei nicht auf genetisch oder typologisch verwandte Sprachen beschränkt und dient zu Beginn des Fremd- oder Zweitsprachenerwerbsprozesses vor allem der Lernerleichterung oder wird als Strategie zur Überbrückung von Lücken im System der Lernersprache eingesetzt; später nützt er der Festigung bereits gelernter Strukturen und fördert die →**Sprachbewusstheit**.

Hufeisen, B. (2004), „Deutsch und die anderen Fremdsprachen im Kopf der Lernenden. Wie man dieses Potenzial im Deutschunterricht nutzen kann", in: *Fremdsprache Deutsch*, Nr. 31, 19–23. – Vater, H. (2002), *Einführung in die Sprachwissenschaft*, 4. Aufl., München. – Wildenauer-Józsa, D. (2005), *Sprachvergleich als Lernerstrategie*, Freiburg.

Sabine Dengscherz

Sprachverlust, der: **1.** findet sich in mehrsprachigen Kontexten, in denen eine Sprache die Funktionen einer anderen oder mehrerer anderer Sprachen übernimmt und zu partiellen oder hochgradigen Funktionsverlusten dieser L2-Sprache führt. Typisch ist eine solche Form des →**Sprachwechsels** in Migrationskontexten, in denen die →**Herkunftssprache** bei den nachfolgenden Generationen verloren geht. Wenn keine anderen Sprachen die Funktion des **S.** übernehmen, kann es individuell auch zur sog. →**doppelseitigen Halbsprachigkeit** oder gesellschaftlich zur →**Diglossie** kommen. Fast immer ist **S.** verbunden mit Ungleichverteilung von Ressourcen, einseitiger Dominanz und mit Diskriminierung bestimmter Sprachen bzw. ihrer Sprecher. **2.** Individueller **S.** auf Grund einer Störung der sprachdominanten Großhirnhemisphäre (durch Hirnverletzungen u.a.): →**Aphasie.**

Volker Hinnenkamp

Sprachvermittlungsmethoden, die: s. Fremdsprachenmethodik

Sprachvermögen, das: insbesondere im Kontext von Sprachstandsuntersuchungen bzw. -einschätzungen gebräuchlicher Terminus zur Bezeichnung der je erreichten Fähigkeit/→**Kompetenz** von Fremd- bzw. Zweitsprache-Sprechern, sich in der →**Zielsprache** ausdrücken zu können.

Hans Barkowski

Sprachverwandtschaft, die: die Zusammengehörigkeit einer Gruppe von Sprachen, die von einer gemeinsamen Protosprache/Ursprache abstammen (→**Sprachfamilie**, →**Sprachtypologie**). Methode der Ermittlung von **S.** ist der Vergleich und die Rekonstruktion des phonetischen, morphologischen und lexikalischen Sprachmaterials.

Sprachgeschichtlich entwickelten sich innerhalb der einzelnen großen Sprachfamilien weitere Sprachzweige, aus denen wiederum verschiedene Sprachen hervorgingen, sog. Tochter- und Enkelsprachen, deren Gemeinsamkeiten heute zwar unterschiedlich ausgeprägt, aber oft klar erkennbar sind. Stellvertretend soll dies am germanischen und italischen Zweig der →**indogermanischen Sprachfamilie** gezeigt werden: Der germanische Zweig gliedert sich in Ostgermanisch (dazu gehört das heute nicht mehr gesprochene Gotisch), Nordgermanisch (mit Isländisch, Norwegisch, Schwedisch, Dänisch) und Westgermanisch (mit Englisch, Friesisch, Niederländisch, Niederdeutsch, Hochdeutsch, Jiddisch). Aus dem italischen Zweig des →**Indogermani-**

schen haben sich z.B. das Französische, Spanische, Italienische und Rumänische entwickelt. Für DaF/DaZ ergeben sich aus den **S.** je nach Nähe der Sprachen verschiedene Implikationen, z.B. Anknüpfungs- und Transfermöglichkeiten zur Unterstützung des Sprachlernprozesses oder die Notwendigkeit, vorhandene Konzepte von Sprache zu modifizieren.

Wandruszka, M. (1990), *Die europäische Sprachengemeinschaft*, Tübingen.

Silke Demme

Sprachverwendung, die: Realisierung des →**Sprachsystems** in der aktuellen sprachlichen Tätigkeit (→**Parole**; →**Performanz**). Insofern **S.** unmittelbar und untrennbar in die Kontexte menschlicher Sprachhandlungstätigkeit eingebunden ist, wirken darin mit Blick auf den Erwerb und die Vermittlung von Fremdsprachen sämtliche Faktoren, die im Zusammenhang des Makrolernziels →**kommunikative Kompetenz** bedeutsam und methodisch-didaktisch zu berücksichtigen sind (vgl. insbesondere auch →**Register**; →**Routine**; →**Pragmatik**). Die Beachtung der Regeln der **S.** ist insbesondere mitentscheidend über die Akzeptanz von Äußerungen und ihre Handlungswirksamkeit.

Hans Barkowski/Klaus Welke

Sprachverwendungsstrategien, die: Strategien, die Lernende einsetzen, um kommunizieren bzw. um fehlendes fremdsprachliches Wissen und Können im Interesse der Aufrechterhaltung der Kommunikation kompensieren zu können (Kompensationsstrategien). Dazu zählen der Einsatz von Gestik und Mimik, Paraphrasierungen, Rückgriff auf die L1 oder andere fremdsprachliche Wissensbestände, Codeswitching, Foreignizing, Übergeneralisierungen, Analogiebildungen, Nachfragen oder Bitten um Hilfe. **S.** können durch das Feedback des Kommunikationspartners eine lernfördernde Wirkung haben. **S.** sollten im DaF/DaZ-Unterricht trainiert und die Lernenden zum Einsatz bei der Bewältigung von Kommunikationsproblemen ermutigt werden.

Silke Demme

Sprachwahrnehmung, die: Darunter werden jene Prozesse verstanden, die zwischen der Aufnahme des (akustischen, visuellen oder taktil-gestischen) Signals und der Zuweisung von Bedeutung ablaufen. Diese Prozesse sind der bewussten Introspektion nicht zugänglich. Es ist anzunehmen, dass bei diesem komplexen Vorgang mehrere Etappen durchschritten werden: Sprachliche Impulse (Wörter, Wortgruppen) werden auf verschiedenen Ebenen dargestellt (phonetisch, phonologisch, lexikalisch, syntaktisch, semantisch), wobei den Schnittstellen zwischen den Ebenen eine besondere Bedeutung zukommt, da dort die entscheidende Übersetzungsarbeit von einer Ebene zur anderen geleistet wird. Die →**Perzeption** der phonologischen Eigenheiten ist bereits am Ende des ersten Lebensjahres weitgehend auf die Strukturen der L1 abgestimmt: Kontraste in anderen Sprachen werden von nun an zunehmend weniger genau wahrgenommen.

Jusczyk, P.W. (1997), *The discovery of spoken language*, Cambridge, MA.

Alfred Knapp

Sprachwandel, der: Prozess der Veränderung einer natürlichen Sprache. Es gehört zum Wesen jeder lebenden Sprache, dass sie variabel ist und Veränderungen unterliegt. Diese ergeben sich a) durch Veränderungen der Lebenswelt einer Sprachbevölkerung, die v.a. den Wandel ihres Wortschatzes betreffen (Zunahme einerseits, Außer-Gebrauch-Kommen von Wörtern andererseits), b) durch quantitative und qualitative Ökonomisierung, die sich z.B. in lautlichen Assimilationen (z.B. ahd. *hintberi* → nhd. *Himbeere* oder nhd. *wir haben* → *wir ham*) oder Formvereinfachungen (z.B. mhd. *ich half, wir hulfen* → nhd. *ich half, wir halfen*) zeigt (→**Sprachökonomie**), oder c) durch auf →**Sprachkontakt** basierende Einflüsse anderer Sprachen und Varietäten. Sprachwandel ist nur selten gesteuert (z.B. durch eine Orthografiereform); zumeist vollzieht er sich unterhalb der Ebene sozialer und individueller Bewusstheit (Labov 1975, 328), als kumulatives Ergebnis vieler, voneinander unabhängiger Sprachhandlungen.

Keller, R. (2003), *Sprachwandel. Von der unsichtbaren Hand in der Sprache*, 3. Aufl., Tübingen/Basel. – Labov, W. (1975), „Zum Mechanismus des Sprachwandels“, in: Cherubim, D. (Hrsg.), *Sprachwandel. Reader zur diachronen Sprachwissenschaft*, Berlin/New York, 305–334. – Nübling, D. et al. (2007), *Historische Sprachwissenschaft des Deutschen. Eine Einführung in die Prinzipien des Sprachwandels*, 2. Aufl., Tübingen. – Paul, H. (1995 [1920]), *Prinzipien der Sprachgeschichte*, 10. Aufl., Tübingen.

Stephan Elspaß

Sprachwechsel, der: 1. Funktionswandel innerhalb einer mehrsprachigen Konstellation, sodass die eine Sprache Funktionen der anderen übernimmt und somit zur dominanten Sprache wird. **S.** im gesellschaftlichen Sinne impliziert z.B. die Übernahme der Mehrheitensprache durch Minderheiten (z.B. bei Migrantenkindern). Fast immer geht **S.** mit partiellem oder totalem →**Sprachverlust** einher. Großen Einfluss auf den **S.** haben eine monolinguale Bildung und die Medien in der dominanten Sprache, mangelnde institutionelle Unterstützung sowie damit einhergehend eine Verlagerung von sozialer Anerkennung und Prestige auf die hegemoniale Sprache. Allerdings ist **S.** nicht unumkehrbar und kann durch die stabile Etablierung von anderssprachigen Minderheiten-Gemeinschaften (vgl. z.B. deutsche Sprachinseln in Ungarn oder Kasachstan,) und/ oder durch anerkannte Zwei- und Mehrsprachigkeit verhindert werden.

2. Ein weiteres Verständnis von **S.** ist rein situativ und gleichzusetzen mit →**Codeswitching**.

Volker Hinnenkamp

Sprachwissenschaft, die: s. Linguistik

Sprachzentrum, das: Unter dem Begriff **S.** werden die Teile des Gehirns subsumiert, die an der Sprachrezeption bzw. -produktion beteiligt sind. Die „klassischen" **S.** sind die →**Brocasche Region** und das →**Wernickesche Feld**. Darüber hinaus sind sowohl an der Sprachrezeption als auch an der Sprachproduktion eine Reihe weiterer kortikaler und sub-kortikaler Strukturen beteiligt. Kotz (2006) zeigt z.B. die Rolle der sub-kortikal gelegenen Basalganglien bei der Sprachrezeption. Alle an der Sprachproduktion und -rezeption beteiligten Strukturen dienen ferner nicht exklusiv der Sprachverarbeitung, so dass die topologisch-modulare Sichtweise auf Gehirnstrukturen und deren Aufgaben zumindest kritisch hinterfragt werden sollte.

Herrmann, C./Fiebach, C. (2007), *Gehirn & Sprache*, 2. Aufl., Frankfurt a.M. – Kotz, S.A. (2006), *The role of the basal ganglia in auditory language processing: Evidence from ERP lesion studies and functional neuroimaging*, Leipzig.

Martin G. Döpel

Sprechakt, der: bezeichnet in der →**Sprechakttheorie** eine Einheit des sprachlichen Handelns (→**Sprechhandlung**, →**Sprachhandlung**). Mit Sprechen vollzieht man bestimmte Sprechhandlungen (Akte). Wichtig ist dabei die Einsicht, dass derselben Äußerung in unterschiedlichen Situationen andere Bedeutung zukommen kann. So kann der Satz *Peter kommt morgen.* eine Feststellung, Frage oder Drohung sein, je nachdem, was der Sprecher damit erreichen will. Austin folgert daraus, dass mit einem **S.** mehrere Teilakte gleichzeitig vollzogen werden: der lokutionäre, der illokutionäre und der perlokutionäre Akt (→**Lokution**, →**Illokution**, →**Perlokution**). In den ersten kommunikativen DaF-Lehrwerken orientierte sich die →**Progression** an **S.**, im Referenzrahmen (→**GeR**) sind sie ein konstitutives Element für Kompetenzbeschreibungen.

Hindelang, G. (2000), *Einführung in die Sprechakttheorie*, Tübingen.

Renate Freudenberg-Findeisen

Sprechaktklassifikation, die: Typen oder Klassen, in die →**Sprechakte** hinsichtlich ihrer →**Illokution** eingeteilt werden können. Aufgrund verschiedener grammatischer und pragmatischer Kriterien, die v.a. das Interaktionsverhältnis zwischen Sprecher und Hörer in Bezug auf eine →**Proposition** vom Standpunkt des Sprechers analysieren, unterteilt Searle die Illokutionen in folgende fünf Klassen:

- Repräsentative: Die Intention des Sprechers ist es, sich auf die Wahrheit der ausgedrückten Proposition festzulegen. (*feststellen, behaupten, berichten*),
- Direktive: Die Intention des Sprechers ist es, den Hörer zur Ausführung einer bestimmten Handlung zu verpflichten. (*anordnen, bitten, raten*),
- Kommissive: Der Sprecher verpflichtet sich auf eine zukünftige Handlung. (*versprechen, geloben, drohen*),
- Expressive: Der Sprecher bringt seinen Gefühlszustand zum Ausdruck; stellt soziale Kontakte her bzw. hält sie aufrecht. (*danken, gratulieren, entschuldigen*),
- Deklarative: Auf der Grundlage einer bestimmten sozialen Institution (z.B. Schule, Kirche, Gericht etc.) wird ein bestimmter Zustand hergestellt. (*schuldig sprechen, taufen, ernennen*).

Hindelang, G. (2000), *Einführung in die Sprechakttheorie*, Tübingen.

Renate Freudenberg-Findeisen

Sprechakttheorie, die: Beeinflusst durch die Philosophie der normalen Sprache (Wittgenstein) entwickeln Austin (1962) und Searle (1969) die **S.** Ihr liegt die Auffassung zugrunde, dass Sprache essenziell Handlungscharakter besitzt. So weist Austin darauf hin, dass jedes Sprechen bedeutet, Handlungen (Akte) zu vollziehen, und dass diese →**Sprechhandlungen** generell partnerorientiert, damit sozial geprägt und intentional, zielgerichtet sind. Und Searle erklärt, dass Sprechakte nach konstitutiven Regeln geäußert werden und dass Konventionen (im Zusammenspiel mit Intentionen) über den Erfolg von Sprechakten entscheiden. Im Mittelpunkt ihrer Untersuchungen stehen deshalb nicht einzelne Wörter oder Sätze, sondern →**Sprechakte,** die im Laufe einer Äußerung vollzogen werden, wie z.B. *etwas anordnen* (Befehl, gerichtliche Verfügung), *jemanden um etwas bitten* (Bitte, Gefallen) oder *jemanden auf eine Gefahr hinweisen* (Warnung). Die **S.** untersucht somit das Wesen sprachlicher Handlungen, versucht die Regeln zu erfassen, die diesen verschiedenen sprachlichen Handlungen wie Anordnen, Bitten oder Warnen zugrunde liegen, und sie versucht, diese Handlungen zu klassifizieren (→**Sprechaktklassifikation**). Der →**kommunikative Fremdsprachenunterricht** orientiert sich in seinen Anfängen an der **S.** bzw. →**Pragmalinguistik** als neuer →**Bezugswissenschaft.**

Hindelang, G. (2000), *Einführung in die Sprechakttheorie*, Tübingen.

Renate Freudenberg-Findeisen

Sprechen, das: eine der vier sprachlichen →**Fertigkeiten.** Sie wird im Gemeinsamen europäischen Referenzrahmen für Sprachen (→**GeR**) in zwei Unterfertigkeiten gegliedert, das zusammenhängende und das interaktive Sprechen (an Gesprächen teilnehmen). Merkmale des **S.** sind seine Kontextabhängigkeit, der ungeplante Charakter der Texte sowie seine dynamische und vergängliche Form. Aus dem Blickwinkel des sozialen Handelns ist das **S.** ein wesentlicher Baustein für zwischenmenschliche Interaktion und das Herstellen und Erhalten von Beziehungen.

Beim Erlernen einer Fremdsprache ist **S.** eine sehr komplexe Fertigkeit. Lernende haben das Ziel, spontan und kreativ zu sein, und den Anspruch, korrekt zu sprechen. Aussprache und Diskursverhalten sollen adäquat sein und kulturelle Gesprächselemente wie Anspielungen, Metaphern etc. sollen passend verwendet werden. Das **S.** geschieht in einem Tempo, das gar nicht ermöglicht, dies alles zu planen, zu kontrollieren und bewusst zu steuern (vgl. Bolton 2008). Dies bedeutet, dass vor allem beim **S.** das implizite, intuitive Wissen von Lernenden gefordert ist.

Bolton, S. u.a. (2008), *Mündlich. Mündliche Produktion und Interaktion Deutsch. Illustration der Niveaustufen des Gemeinsamen europäischen Referenzrahmens*, Berlin. – Schatz, H. (2006), *Fertigkeit Sprechen. (Fernstudieneinheit 20)*, Berlin.

Thomas Fritz

Sprecherwechsel, der: bezeichnet den Übergang des Rederechts von einem Sprecher an einen Hörer. **S.** sind das konstitutive Merkmal von Gesprächen. Sie kommen durch Fremdzuweisung, d.h. durch Signale des Sprechers an den Hörer (verbal: z.B. eine Frage; nonverbal: z.B. Kopfnicken), oder durch Selbstzuweisung, d.h. auf Initiative des Hörers, zustande. Eine Selbstzuweisung mit Unterbrechung des laufenden Redebeitrags kann zu einem simultanen Sprechen führen, das andauert, bis sich ein Sprecher durchsetzt.

Für den „Mechanismus" des **S.** hat die →**Konversationsanalyse** allgemeine Regeln formuliert (→**Turn**), die aber von spezifischen Interaktionsbedingungen beeinflusst werden (vgl. Brinker/Sager 2006, 65–68). Dazu zählen die Art der Sprechsituation (Spontaneität, Öffentlichkeitsgrad, Rollenverhältnisse: z.B. Gespräch unter Freunden vs. Unterrichtsgespräch), der vorgegebene soziale Status der Interaktanten (z.B. Asymmetrie in Prüfungsgesprächen und bei mdl. →**Behördenkommunikation**) und die Organisiertheit des Gesprächs (z.B. unverbindliche Plauderei vs. formal geregelte Debatte) – vgl. zum Kontext insgesamt ggf. auch →**Register**). Im Unterricht werden Quantität und Qualität des Sprecherwechsels und damit auch die Optionen für Lernende, sich aus Eigeninitiative an Gesprächen zu beteiligen und diese mitzugestalten, von der gewählten Gesprächsform (gelenktes Unterrichtsgespräch, Plenumsdiskussion, Arbeitsgruppengespräch etc.) vorbestimmt.

Brinker, K./Sager, S.F. (2006), *Linguistische Gesprächsanalyse. Eine Einführung*, 4. Aufl., Berlin.

Udo Ohm

Sprechgeschwindigkeit, die: auch: Artikulationsrate, Silbenrate; temporaler Parameter **1.** für die allgemeine Produktion und Wahrnehmung des Gesprochenen (schnell vs. langsam, wechselnd schnell, ...) und **2.** für die konkrete auditive und akustische Messung der zeitlichen Struktur gesprochener Sprache. Dabei wird ein Verhältnis zwischen produziertem sprachlichem Segment (Laut, →**Phonem**, Silbe, →**Wort**) und Zeiteinheit (Sekunde, Minute) ermittelt – der ermittelte Wert wird z.B. in Silben/Minute (= Silbenrate) oder Lauten/Minute (= Artikulationsrate) angegeben. **S.** gilt u.a. als Indikator für →**Flüssigkeit/fluency**, ihrerseits ein bedeutsames Merkmal fremdsprachlicher Kompetenz.

Kerstin Reinke

Sprechhandlung, die: in unterschiedlichen Diskursen der →**Pragmalinguistik** uneinheitlich belegter Terminus, von denen insbesondere drei im DaF-/DaZ-Kontext begegnen: **1. S.** als Synonym zu →**Sprechakt** mit der im Kontext der →**Sprechakttheorie** festgelegten Bedeutung; **2.** als Synonym zu →**Sprachhandlung** (s. dort); **3.** als Terminus, der im Zusammenhang einer Kritik der frühen Sprechakttheorie angelsächsischer Herkunft (Austin; Searle) **S.** als sozial und historisch verfasste, umfassend kontextualisierte komplexe Einheiten versteht, die mit den traditionellen Sprechakt-Klassifikationen nicht angemessen erfasst werden (vgl. dazu ausführlich Ehlich 2007, B, 55 ff.).

Ehlich, K. (2007), *Sprache und sprachliches Handeln Bd. 1: Pragmatik und Sprachtheorie*, Berlin/New York.

Hans Barkowski

Sprechrhythmus, der: s. Rhythmus

Sprechsprache, die: auch: gesprochene Sprache; bezeichnet die in mündlichen →**Äußerungen** meist spontan, d.h. ohne schriftliche Vorformulierung realisierte Sprache; **S.** unterscheidet sich von geschriebener Sprache durch weniger strenge Normbindung in allen formal-linguistischen Merkmalen und ist z.B. charakterisiert durch Reduktionen im syntaktischen Bereich (→**Ellipsen**, Satzabbrüche und Fehler in der Satzkonstruktion), im lexikalischen Bereich (Füllwörter, häufiger Gebrauch von →**Abtönungspartikeln** und deiktischen Elementen) und im phonetischen Bereich (Assimilation und Elision von Lauten, Vokalveränderungen und phonetische Ellipsen). Ergänzend dazu s. ggf. →**Sprechen**.

Beate Redecker

Sprechtätigkeit, die: s. Sprachhandlung, Sprechakt

Sprechwissenschaft, die: beschäftigt sich als wissenschaftliche Disziplin fächerübergreifend im weitesten Sinne mit sämtlichen Belangen der gesprochenen Sprache und deren Theorie, Praxis und Didaktik. Die **S.** ist in Dt. zu Beginn des 20. Jh. als „Sprechkunde" (Ergebnisse aus Theorie und Praxis unterschiedlicher wiss. Disziplinen) entstanden und hat sich im Laufe der Jahre inhaltlich in verschiedene Teilbereiche ausdifferenziert:

1. phonetischer/linguistischer Bereich – untersucht die Produktion, Übertragung und Wahrnehmung von gesprochener Sprache und deren phonetische und phonologische Beschreibung, sowie die akustische Beschaffenheit von Sprachschall.

2. rhetorischer Bereich – thematisiert verschiedene Formen mündlicher Kommunikation und Strukturen von Äußerungen in Rede und Gespräch in komplexen Tätigkeitsfeldern aus diachroner und synchroner Sicht.

3. Bereich des ästhetischen Sprechens und Hörens – beschäftigt sich mit Elementarprozessen der Stimm-, Artikulations- und Sprechausdrucksschulung, sowie mit der sprechkünstlerischen Gestaltung von literarischen Texten.

4. Therapie – umfasst die Auseinandersetzung mit der Anatomie und Physiologie der Phonationsorgane im weitesten Sinne. Hinzu kommen die Klassifikation und Beschreibung wesentlicher Störungsbilder in Diagnostik und Therapie und das Erproben ausgewählter Diagnoseverfahren im Bereich Stimm-, Sprach-, Sprech-, Hör- und Schluckstörungen.

Beate Redecker

Sprechzeit, die: der Zeitpunkt der Äußerung des Sprechers; dieser Zeitpunkt fällt (mit Ausnahme der Referenz/indirekte Rede) mit der Sprechergegenwart zusammen. Beim Präsens fallen **S.** und →**Aktzeit** zusammen (→**Gleichzeitigkeit**), wohingegen beim Präteritum und Plusquamperfekt die Aktzeit vor der **S.** liegt (→**Vorzeitigkeit**). Die Futurformen drücken häufig zukünftiges Geschehen aus (→**Nachzeitigkeit**), sind aber vor allem modale Kategorien (Wahrscheinlichkeit, Sicherheit, Hoffnung usw.).

Lutz Götze

Staatssprache, die: ein heute eher seltener, aber in der russischen Fachliteratur (bei wörtlicher Übersetzung) gängiger Ausdruck (*gosudarstvennyi jazyk*). Er hat i.d.R. die gleiche Bedeutung wie die sonst „nationale →**Amtssprache**". Dies gilt auch für die österreichische Bundesverfassung, wo Deutsch in Art. 8 als „Staatssprache der Republik" deklariert ist. Damit ist wie bei einer nationalen Amtssprache gemeint, dass Deutsch Sprache der zentralen Staatsverwaltung, der Regierung, aber auch der Schule (als Fach und als Unterrichtssprache), des Militärs und anderer wichtiger Institutionen ist. Die **S.** dient zudem also als Symbol sowohl der staatlichen Organe als auch – wie eine →**Nationalsprache** – der Identität der Staatsbürger und ihrer Kultur.

Ulrich Ammon

StADaF (Ständige Arbeitsgruppe Deutsch als Fremdsprache), die: Steuerungsgremium, in dem die wichtigsten Akteure im Bereich der Förderung der deutschen Sprache im Ausland das weltweite Interesse an der deutschen Sprache beobachten, den Bedarf an Förderung evaluieren und entsprechende Maßnahmen abstimmen und koordinieren. Die Mitglieder der **StADaF** sind: Das Auswärtige Amt (AA), der →**Deutsche Akademische Austauschdienst e.V.** (DAAD), das →**Goethe-Institut e.V.** (GI); die Zentralstelle für das Auslandsschulwesen (→**ZfA**). Die zentrale **StADaF** findet im Ausland ihre Entsprechung in der lokalen **StADaF** unter der Leitung der deutschen Auslandsvertretung in Zusammenarbeit mit örtlichen Vertretern der o.g. Mittlerorganisationen und weiterer Kooperationspartner, einschließlich der Vertreter der deutschen Schulen im Ausland.

Werner Roggausch

Stamm, der: s. Wortstamm

Stammbaum, der: s. Strukturbaum

Stammvokal, der: →**Vokal** der →**Wortwurzel** bzw. des →**Wortstamms** (z.B. *finden, alt,* der *Topf*); bei einsilbigen Wörtern liegt die Betonung (→**Akzent**) auf dem **S.** Der **S.** wechselt in gewisser Regelhaftigkeit bei →**Ablaut** oder →**Umlaut**, in der Konjugation unregelmäßiger Verben (z.B. *finden – fand – gefunden*), der Komparation von Adjektiven (z.B. *alt – älter*) sowie der Pluralbildung einiger Substantive (z.B. der *Topf – die Töpfe*). Für DaF-/DaZ-Lerner stellt die richtige Verwendung der Vokalwechsel eine besondere Herausforderung dar. Automatisierendes Training der Formen oder ein Hinweis auf Vokalwechsel (z.B. Wechsel des Vokals unregelmäßiger Verben in 2. und 3. Person →**Singular** Präsens: e zu i(e), a zu ä, au zu äu, *gebe – gibst – gibt, fahre – fährst – fährt, laufe – läufst – läuft)* kann u.a. das Erlernen der Formen erleichtern.

Christiane Rausch

Standardaussprache, die: umfasst die phonetische Realisierung, d.h. die →**segmentale** (→**Artikulation**) und die →**suprasegmentale** (→**Prosodie**) Ebene gesprochener Äußerungen entsprechend den Normen, die für die betreffende Sprache als →**Ausspracheststandard** festgelegt sind. **S.** ist überregional und unterscheidet sich dadurch und in ihrer Kodifikation von →**Umgangssprache** und →**Dialekt**. In verschiedenen →**Varietäten** einer Sprache kann es unterschiedliche **S.** geben. Die **S.** ist für bestimmte, medial vermittelte oder öffentliche Kommunikationssituationen (Theater, Film, Nachrichten) verbindlich, sie sollte auch im DaF-Unterricht erlernt werden. **S.** wird in Aussprachewörterbüchern kodifiziert, die ein Wörterverzeichnis mit transkribierten Einträgen (→**Transkription**, →**IPA**) sowie Übersichten und Regeln für die →**Laut-Buchstabe-Beziehungen**, für die Lautbildung und zu situationsabhängigen Besonderheiten der **S.** enthalten.

Hirschfeld, U./Stock, E. (2004), „Aussprache", in: Pabst-Weinschenk, M. (Hrsg.), *Grundlagen der Sprechwissenschaft und Sprecherziehung,* München, 31–47. – Stock, E. (2001), „Die Standardaussprache des Deutschen", in: Helbig, G. u.a. (Hrsg.), *Deutsch als Fremdsprache. Ein internationales Handbuch,* (1. Halbband); Berlin/New York, 162–174. – Hirschfeld, U./Stock, E. (2007), „Aussprachewörterbuch und DaF-Unterricht", in: *Zeitschrift für Interkulturellen Fremdsprachenunterricht* 12: 2 (20 S.). www.ualberta.ca/~german/ejournal/33/beitra33.htm

Ursula Hirschfeld

Standardsprache, die: die in den Grammatiken und Wörterbüchern einer Sprache kodifizierte Ausprägung einer Einzelsprache, die für die betreffende Sprachgemeinschaft einer Nation verbindlich ist und in öffentlichen Situationen als sprachliche →**Norm** gilt. Sie wird schriftlich und mündlich gebraucht und in formalen und Bildungskontexten als angemessen angesehen. Einzigartig, im Gegensatz zu den weiteren Varietäten der Einzelsprache, ist das Verhältnis der **S.** zum Staat, der ihren Normen zu einem höheren Verbindlichkeitsgrad verhilft. Die Entwicklung der deutschen **S.** setzt etwa um die Mitte des 14. Jhs. ein. Aus einer Vielzahl von Schreibdialekten kommt es zur Ausbildung einer gemeinsamen, auf ostmitteldeutscher Grundlage entstehenden Schriftsprache. Auf dieser sich in der Folgezeit stetig weiter entwickelnden Schriftsprache formiert sich über die Jahrhunderte hinweg schließlich auch eine gemeinsame gesprochene Sprache, die aber in den verschiedenen Territorien bis heute erhebliche Unterschiede aufweist. Zur Herausbildung und Durchsetzung einer einheitlichen Aussprache, die als Lautstandard angesehen wird, tragen im 20. Jh. neben Orthografieregeln vor allem die Massenmedien bei. Deutsch als →**plurizentrische Sprache** verfügt über mehrere →**Standardvarietäten**, was für den DaF-Unterricht und Sprachprüfungen die Frage aufwirft, welche vermittelt werden soll.

Neuland, E., Hrsg. (2006), *Variation im heutigen Deutsch. Perspektiven für den Sprachunterricht*, Frankfurt a.M. – Spiekermann, H. (2007), „Standardsprache im DaF-Unterricht: Normstandard – nationale Standardvarietäten – regionale Standardvarietäten", in: *Linguistik online* 32, 3.

Mandy Höhle

Standardvarietät, die: Ausprägung einer Einzelsprache, die in einem bestimmten Gebiet kodifiziert und als →**Norm** anerkannt und durchgesetzt ist. Die deutsche →**Standardsprache** existiert als Abstraktion, da Deutsch als →**plurizentrische Sprache** über mehrere nationale **S.** verfügt, die sich durch intonatorische, lautliche, lexikalische, morphologische, pragmatische und syntaktische Besonderheiten unterscheiden. Im DaF-Unterricht wird meist die **S.** des größten Sprachraums, also Deutschlands, vermittelt, doch werden zunehmend auch die österreichische und die Schweizer **S.** zumindest rezeptiv einbezogen (→**österreichisches Deutsch**, →**Schweizer Standarddeutsch**).

Ammon, U. (1995), *Die deutsche Sprache in Deutschland, Österreich und der Schweiz. Das Problem der nationalen Varietäten*, Berlin/New York.

Mandy Höhle

starkes Verb: auch: unregelmäßiges/irreguläres Verb. Je nach Bildung der Präteritumsformen und des Partizips II lassen sich →**Verben** in →**schwache Verben** und **s.V.** einteilen. **St.V.** treten seltener auf als schwache, gehören aber zu den am häufigsten gebrauchten Verben. **St.V.** markieren ihre Präteritumformen durch Vokalalternation, d.h. mit →**Ablaut** im Wortstamm (z.B. *rufen – rief, finden – fand*). Das Partizip II wird mit dem Suffix *-en* gebildet, bei einigen **s.V.** tritt der Ablaut im Wortstamm beim Partizip II ebenfalls auf (z.B. *reiten – ritt – geritten* vs. *rufen – rief – gerufen*). Dem Infinitiv kann man nicht entnehmen, ob ein Verb stark oder schwach konjugiert wird. **St.V.** und ihre Formen wurden und werden daher im Fremdsprachenunterricht zumeist auswendig gelernt. Besondere Lernprobleme ergeben sich bei nichtflektierenden Ausgangssprachen, deren Wortstamm unveränderlich ist.

Mandy Höhle

Steigerungspartikel, die: auch: Gradpartikel oder Intensitätspartikel. **S.** geben den Intensitätsgrad eines bestimmten Sachverhalts oder einer Eigenschaft an. Die Intensität, die mit **S.** ausgedrückt wird, kann von schwacher bis hin zu starker Intensität reichen, aber auch das Höchst- oder Übermaß betreffen (z.B. Adverbien: *wenig, etwas, einigermaßen, fast, ziemlich, so sehr, ausgesprochen, besonders, ungemein, überaus, ganz, äußerst, zutiefst, höchst, zu,* Adjektive: *ungewöhnlich, extrem, absolut, vollkommen*). **S.** stehen vor Adjektiven, Adverbien und Verben (z.B. *Der Sommer ist sehr kalt. Die Sonne scheint sehr oft. Die Sonne brennt sehr.*). Einige **S.** sind auf nachfolgende Komparative beschränkt (z.B. *Susanne spielt viel* → *besser.* vs. **Klaus spielt viel gut.*) oder nur in Verbindung mit bestimmten Einzelwörtern zulässig (z.B. *sehr bedauern* vs. **sehr essen*). **S.** können weggelassen werden, ohne dass der Satz →**ungrammatisch** wird. Gerade diese Gebrauchseinschränkungen stellen eine große Fehlerquelle für Deutschlernende dar.

Mandy Höhle

Stellenplan, der: auch: →**Satzbauplan**, Satzmuster. Die →**Valenz** eines →**Valenzträgers** (Verbs) bezeichnet man als den **S.** für den Bau eines Satzes.

Klaus Welke

Stemma, das: Pl. Stemmata; s. **Strukturbaum**

Stereotyp, das: in zahlreichen wissenschaftlichen, fachlichen und gesellschaftlichen Kontexten sowie in der Alltagskommunikation verwendeter Begriff mit unterschiedlichen Belegungen, deren gemeinsamer Kern auf „feste" bzw. schwer oder gar nicht veränderliche, reproduzierbare und konventionalisierte „Form/Gestalt" referiert. Insofern Stereotypisieren auch eine kognitive Operation zur Ermittlung und Bestimmung grundlegender und klassifizierender gemeinsamer Merkmale darstellt, ist **S.** nicht einfach ein Synonym zu „Vorurteil", kann aber in entsprechenden Kontexten synonym konnotiert sein.

In sprachwissenschaftlichen sowie im DaF-/DaZ-Kontext wird **S.** v.a. in den folgenden Bedeutungen gebraucht:

1. Als Bezeichnung für routinisierte, ggf. auch gruppenspezifisch gebrauchte formelhafte sprachliche Wendungen (vgl. z.B. →**Phraseologismus**; →**Register** bzw. das dzgl. einschlägige Arbeitsgebiet →**Pragmalinguistik/Pragmatik**).

2. Im Kontext des →**Kulturvergleichs-** und →**Interkulturalitäts-** sowie des (Anti-)Diskriminierungsdiskurses, worin **S.** noch am ehesten syn. zu „Vorurteil" Verwendung findet, aber im Gegensatz zum stärker gefühlsbesetzten Vorurteil eine vergleichsweise neutrale Form der Verallgemeinerung (*die Deutschen lieben die Ordnung*) darstellt. **S.** sind kognitive Repräsentationen der Wirklichkeit, wobei Bausinger darauf hinweist, dass Stereotypisierung sich nicht nur auf soziale Gruppen bezieht, sondern „in der Wahrnehmung der gesamten außersprachlichen und sprachlichen Wirklichkeit eine Rolle spielt." (1988: 160)

Seit der interkulturellen Orientierung des Faches DaF/DaZ in den 1980er Jahren stellt sich die Frage nach dem Umgang mit **S.** im und dem didaktischen Nutzen für den Unterricht. Einerseits sollen durch die Bewusstmachung von und die kritische Auseinandersetzung mit **S.** von der fremden Kultur auf die eigene reflektiert und **S.** so abgebaut werden; andererseits wird befürchtet, dass durch die Thematisierung von **S.** ebendiese erst aufgebaut würden.

Althaus, H.-J. (2001), „Fremdbilder und Fremdwahrnehmung", in: Helbig, G. et al. (Hrsg.), *Deutsch als Fremdsprache. Ein internationales Handbuch, 19.2*, Berlin/New York: 1168–1178. – Bausinger, H. (1988), „Stereotypie und Wirklichkeit", in: *Jahrbuch Deutsch als Fremdsprache 14*, München, 157–170.

Hans Barkowski/Manuela Knötig

Stereotypensemantik, die: konzeptueller Ansatz der Bedeutungsbeschreibung, zurückgehend auf den amerikanischen Philosophen H. Putnam („The meaning of meaning", 1975). **S.** geht von der Existenz sprachlicher →**Stereotypen** aus und berücksichtigt die Erkenntnis, dass Wörter nicht nur rein sprachliche Informationen beinhalten, sondern darüber hinaus eine gesellschaftliche Dimension haben. Daher werden zur Erfassung der lexikalischen Bedeutung neben den kognitiven auch die sozialen Aspekte, die den Bedeutungen und somit dem Verständnis und dem Gebrauch alltäglicher Begriffe zugrunde liegen, herangezogen (→**Routine**).

Schmid, H.-J. (2002), „Die Stereotypensemantik", in: Cruse, D.A. u.a. (Hrsg.), *Lexikologie. Ein internationales Handbuch zur Natur und Struktur von Wörtern und Wortschätzen. Halbbd. 1. (Handbücher zur Sprach- und Kommunikationswissenschaft, Bd. 21.1)*, Berlin/New York, 291–296.

Thomas Stahl

Stichprobe, die: 1. Auswahl von Untersuchungsteilnehmern für eine empirische Untersuchung; **2.** Bezeichnung f. im Rahmen empirischer Untersuchungen fungierende konkrete Probandengruppen. Im Rahmen des quantitativen →**Forschungsansatzes** ist eine **S.** so zusammenzustellen, dass sie für die Grundgesamtheit, für die Schlüsse aus der **S.** möglich sein sollen, →**repräsentativ** ist, was entweder durch Zufallsauswahl oder bewusste Auswahlverfahren (z.B. geschichtete **S.** nach ausgewählten Einheiten) sowie durch mittels Schätzverfahren berechneten Umfang der **S.** erreicht wird. Im Rahmen des qualitativen Forschungsansatzes spielt weniger die Quantität als vielmehr die Qualität (z.B. theoretisches Sampling: Auswahl typischer Fälle, Kontrastierung von Extremfällen, maximale Variation) für die Qualität der **S.** eine wichtige Rolle.

Glaser, B.G./Strauss, A.S. (1998), *Grounded Theory. Strategien qualitativer Forschung*, Bern u.a. – Kromrey, H. (2006), *Empirische Sozialforschung. Modelle und Methoden der standardisierten Datenerhebung und Datenauswertung*, 11. Aufl., Opladen.

Claudia Riemer

Stimmführung, die: Syn. →**Intonation**, Tonhöhenverlauf, Melodie; Der Terminus **S.** wird vorrangig in der Musik verwendet und bedeutet hier die Führung der einzelnen Stimmen im Verhältnis zu sich selbst als auch zu den anderen Stimmen im Zusammenklang. Darüber hinaus verwendet man diesen Terminus in der Sprecherziehung und besonders der Leselehre zur Kennzeichnung von spezifischen Tonhöhenbewegungen bezüglich bestimmter Sprechsilben. In der Phonetik wird **S.**

(seltener) synonym zu Melodie bzw. Tonhöhenverlauf verwendet.

Kerstin Reinke

stimmhaft: Syn. sonor; Bezeichnung für den möglichen Stimmanteil von Lauten, die gebildet werden, während die Stimmlippen schwingen. Dies zeigt sich akustisch durch periodische Signale. Klanglaute (→**Vokale**, →**Nasale** und der →**Liquid** [l]) sind generell **s.**, →**Lenis**-→**Explosive** (z.B. [b d])) und Lenis-→**Frikative** (z.B. [z v]) können **s.** oder →**stimmlos** gebildet werden. **S.** ist im Deutschen kein →**distinktives** →**phonologisches** Merkmal; distinktiv ist das Merkmal lenis. Lenis-Explosive und -Frikative sind nur **s.**, wenn ein Klanglaut (Vokal, Nasal, Liquid) vorausgeht, z.B. *mein Brot* [b] (im Gegensatz zu *das Brot* [b̥]) (→**Stimmlosigkeitsassimilation**).

Kerstin Reinke

stimmlos: Bezeichnung für die Abwesenheit von Stimmklang bei Lauten, d.h., während der Lautbildung schwingen die Stimmlippen nicht. Das zeigt sich akustisch durch Abwesenheit periodischer Schwingungen, bei →**Frikativen** (z.B. [f s]) durch verstärkte Geräuschhaftigkeit, bei →**Explosiven** (z.B. [p t]) durch eine Phase der Stille (während der Verschlussbildung). Im Deutschen sind Fortislaute (→**fortis**) generell **s.** Auch Leniskonsonanten (→**lenis**) können – v.a. in Verbindung mit Assimilationserscheinungen (→**Assimilation**) – **s.** sein. Das ist der Fall, wenn ein **s.** Laut vorausgeht (*das Brot* [s b̥], im Gegensatz zu *ein Brot* [n b]) oder der Leniskonsonant auf eine Sprechpause folgt (→**Stimmlosigkeitsassimilation**).

Kerstin Reinke

Stimmlosigkeitsassimilation, die: Kontakt-Assimilation, bei der →**stimmhafte** →**Explosive** oder →**Frikative** ihre Stimmhaftigkeit verlieren und sich – im Deutschen – nur noch im Merkmal „lenis" (ungespannt, geräuscharm) von den →**Fortis-Konsonanten**, die immer stimmlos sind, unterscheiden. Typisch für die deutsche →**Standardaussprache** ist die progressive **S.**, z.B. in *das Bad* ([sb̥]), *wegsehen* ([kz̥]). In anderen, z.B. den slawischen Sprachen, kann die **S.** auch regressiv verlaufen, d.h. ein Konsonant beeinflusst den vorangegangenen.

Ursula Hirschfeld

Stimulus-Response-Modell, das: s. Reiz-Reaktions-Modell

Storyboard, das: in der Phase der Vorproduktion für die Film- und Fernsehindustrie angefertigte Zeichnungen, die die einzelnen Szenen eines Drehbuchs visualisieren. Die Skizzen planen alle Einstellungen voraus, meist konzentriert auf Kamerawinkel und Bildkomposition. Das **S.** legt die Schnittfolgen der Aufnahmen fest und dient bei den Dreharbeiten als Orientierung für alle Beteiligten. In der →**Fremdsprachendidaktik** versteht man unter einem **S.** eine mündliche Übung, bei der ein unbekannter kurzer Text in Gruppenaktivität rekonstruiert wird. Die einzelnen Elemente des Textes sind zur visuellen Unterstützung auf Karteikarten notiert, die auf Zuruf aufgedeckt werden.

Begleiter, M. (2003), *Storyboards. Vom Text zur Zeichnung zum Film*, Frankfurt a. M.

Tina Welke

Strategie, die: „Eine **S.** besteht aus der Kombination von spezifischen Techniken, die bewusst im Hinblick auf Ziele ausgewählt werden und deren Ausführung überwacht wird." (Mandl/Friedrich 2006, 66) Der Terminus **S.** wird in Bezug auf das Fremdsprachenlernen sowohl für →**Lernstrategien** als auch für →**Sprachverwendungsstrategien** eingesetzt. In der fachwissenschaftlichen Diskussion zum strategieorientierten Fremdsprachenlernen existieren unterschiedliche und umfangreiche Klassifikationslisten, wobei sich die aus der Pädagogischen Psychologie stammende Unterscheidung von →**kognitiven S.** zur Informationsverarbeitung und →**metakognitiven S.** der Planung, Überwachung und Evaluation weitgehend durchgesetzt hat. Hinzu kommen soziale **S.**, die das Lernen mit anderen beschreiben.

Mandl, H./Friedrich, H. F., Hrsg. (2006), *Handbuch Lernstrategien*, Göttingen et al. – Oxford, R.L. (1990), *Language Learning Strategies, What Every Teacher Should Know*, New York. – Grotjahn, R. (1997), „Strategiewissen und Strategiegebrauch. Das Informationsverarbeitungsparadigma als Metatheorie der L2-Strategieforschung", in: Rampillon, U./Zimmermann, G. (Hrsg.), *Strategien und Techniken beim Erwerb fremder Sprachen*, Ismaning, 33–76.

Barbara Biechele

Strukturalismus, der: breit gefächerte Richtung der Sprachwissenschaft, die – in der ersten Hälfte des 20. Jhs. entstanden – das Verständnis über

Gegenstand und Methode der Sprachwissenschaft bis heute bestimmt. Der **S.** zielt, wie der Name sagt, auf Struktur, System, Relation. Eine Gegenposition ist die Perspektive auf einzelne sprachliche Einheiten und Klassen von sprachlichen Einheiten jeweils für sich. Als Klassiker der modernen Sprachwissenschaft und des **S.** gilt allgemein F. de Saussure. Der Paradigmenwechsel ist zunächst an folgendem äußerlichen Faktum ablesbar: Die Sprachwissenschaft des 19. Jhs. war mit der historisch-vergleichenden Sprachwissenschaft und der →**junggrammatischen** Richtung vor allem →**diachrone** Sprachwissenschaft und sie fokussierte innerhalb der Grammatik die →**Morphologie**, d.h., sie war auf das einzelne Wort (einschließlich seiner lautlichen Gestalt) und seine Abwandelbarkeit gerichtet. Nur am Rande kam →**Syntax** z.B. mit Begriffen wie →**Rektion** und →**Kongruenz** in den Blick. Typisch für die Sprachwissenschaft der Folgezeit ist die Fokussierung auf →**Synchronie** und Syntax. Der **S.** bildet die Grundlage zahlreicher Ansätze der modernen Sprachwissenschaft, vgl. z.B. →**Dependenzgrammatik**, →**Konstituentengrammatik**, →**Valenztheorie**, →**generative Grammatik**, →**Konstruktionsgrammatik**.

Klaus Welke

Strukturanalyse, die: auch: Strukturbeschreibung. Der →**generativen Transformationsgrammatik (TG)** geht es um die Nachbildung von Sprachkompetenz als kognitiver Fähigkeit, d.h. die Beschreibung sprachlicher Strukturen steht nicht primär im Vordergrund, sondern es werden jene Kenntnisse modelliert, die Sprecher dazu befähigen, sprachliche Strukturen zu generieren. Hierzu leitet die TG die →**Oberflächenstruktur** – die konkrete Wort- und Satzgliedfolge – aus einer →**Tiefenstruktur** ab. Diese Ableitung erfolgt über Transformationen, d.h. Veränderungen der syntaktischen Struktur, die die Tiefenstruktur in die jeweilige Oberflächenstruktur überführen.

Sternefeld, W. (2007), *Syntax. Eine morphologisch motivierte generative Beschreibung des Deutschen*, Bd. 1, 2. Aufl., Tübingen.

Mandy Höhle

Strukturbaum, der: auch: Stammbaum, Stemma; graphische Darstellung der Satzstruktur, bei der sich diese von einer Spitze, dem obersten ‚Knoten' aus verzweigt, so dass die untergeordneten Knoten nur über die übergeordneten miteinander verbunden sind. Meist wird der **S.** mit der Spitze nach oben gezeichnet. Die einzelnen Punkte im **S.** werden ‚Knoten' genannt, ihre Verbindungen ‚Zweige', ‚Äste' oder ‚Kanten'. Intention von **S.** ist dabei nicht, die Wortfolge realer Sätze 1 : 1 abzubilden, sondern die syntaktischen Verhältnisse zu klären, ohne dass es graphisch zu Überschneidungen der ‚Zweige' kommt.

Es gibt zwei Grundtypen von **S.**: Dependenzbäume (Abhängigkeitsbäume) und Phrasenstrukturbäume (Konstituentenstrukturbäume), entsprechend den beiden Grundtypen von Grammatiken: →**Dependenzgrammatiken** und →**Phrasenstrukturgrammatiken**. In Dependenzgrammatiken stehen einzelne Wörter (bzw. Symbole für einzelne Wörter) an den Knoten des **S.** und ggf. Wortgruppen, die wie Einzelwörter behandelt werden (z.B. →**analytische Verbformen**).

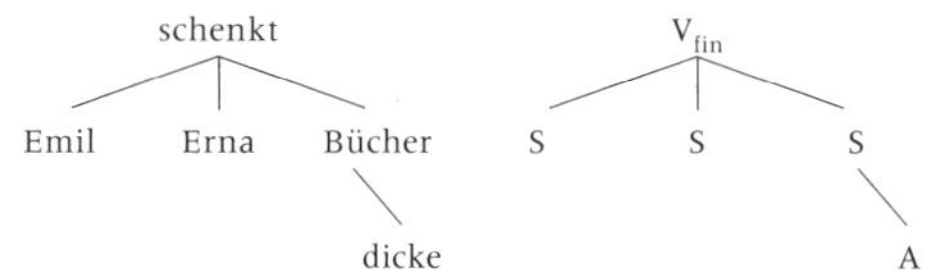

In Phrasenstrukturgrammatiken stehen nur an den Endknoten Symbole für einzelne Wörter (oder →**Morpheme**). An den übergeordneten Knoten stehen Symbole für Wortgruppen (sog. komplexe Symbole), In Phrasenstrukturgrammatiken handelt es sich (neben einfachen) i.d.R. um binäre Verzweigungen, vgl.:

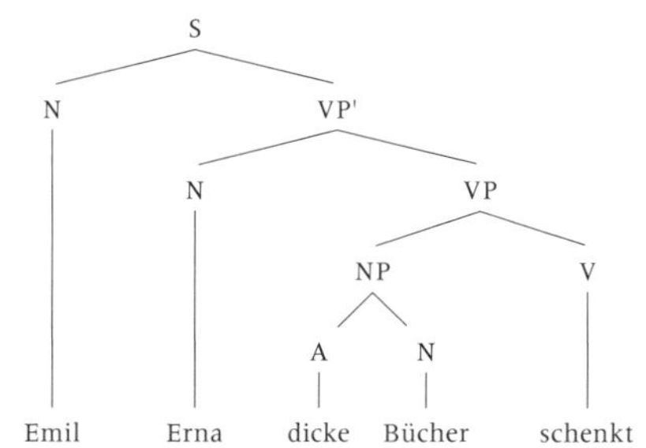

S = Satz, N = Nomen = Substantiv, NP = Nominalphrase, V = Verb, VP = Verbalphrase, A = Adjektiv

Klaus Welke

strukturelle Semantik/strukturale Semantik, die: linguistische Disziplin, dem →**Strukturalismus** zuzuordnen. Die **s.S.** analysiert die Bedeutungsstrukturen des →**Lexikons** mittels Ordnungsprinzipien (→**Hyponymie**, →**Hyperonomie** u.a.) und der Beziehungen der →**Lexeme** untereinander (→**Paradigma**, →**Syntagma**). Ziel der Bedeutungsanalyse ist es, distinktive Merkmale (→**Sem**) für jedes Lexem zu definieren. Die Kombination dieser ergibt dessen Gesamtbedeutung (→**Semem**).

Bühler, A. (1992), „The structuralist approaches", in: Dascal, M. u.a. (Hrsg.), *Sprachphilosophie: ein internationales Handbuch zeitgenössischer Forschung*, (Handbücher zur Sprach- und Kommunikationswissenschaft Bd. 7), Halbbd. 1, Berlin, 718–731.

Tina Stein

strukturelle Syntax, die: s. Strukturalismus

Strukturmuster, das: s. Pattern

Studienkolleg, das: SK sind Institutionen, die den deutschen Hochschulen vorgelagert sind und an denen ausländische Studienbewerber die Hochschulzugangsberechtigung für eine deutsche Hochschule erwerben können. In den meist einjährigen Vorbereitungskursen werden bis zu fünf Fächer pro Kurstyp unterrichtet. Je nach Fachbindung sind das DaF, Mathematik, Physik, Chemie, Informatik, Biologie, Geographie, Soziologie, Literatur, Geschichte, Wirtschaft, Englisch. Dazu stehen die SK u.a. vor der Anforderung, die z.T. sehr unterschiedlichen Bildungsvoraussetzungen (Wissensbestände, Lerntraditionen, Methodenwissen) der Studienbewerber zu berücksichtigen sowie die soziale und kulturelle →**Integration** der v.a. aus klassischen Entwicklungsländern in Asien, Afrika, Südamerika bzw. aus Ost- und Südosteuropa stammenden Klientel in das akademische Leben an einer deutschen Hochschule zu unterstützen und dazu hilfreiches Handlungswissen zu vermitteln. Die für die derzeit 45 (Stand 2008) **SK** verbindliche Rahmenordnung wird von der Konferenz der Kultusminister der Länder Deutschlands (→**KMK**) festgelegt. In einigen kontinentaleuropäischen (für Österreich s. z.B. →**Vorstudienlehrgang**) und in den meisten angelsächsisch geprägten Hochschulsystemen gibt es den **SK** vergleichbare Strukturen. Mit der zunehmenden Internationalisierung deutscher Hochschulen übernehmen **SK** neue Aufgaben und entwickeln standortspezifische Profile (für länderübergreifende Empfehlungen – curriculum guidelines – und Best-Practice-Beispiele s. CHAGAL).

CHAGAL: www.vwu.at/chagal/dokumente/German.pdf

Mattheus Wollert

Subjekt, das: Satzglied neben →**Objekt**, →**Prädikat**, →**Adverbialbestimmung** usw. Als „Satzgegenstand" hat das **S.** eine ausgezeichnete Position unter den →**Ergänzungen** des Verbs (Prädikats). Diese Vorrangstellung des **S.** wird im Deutschen neben der Erststellung im Satz dadurch formal ausgedrückt, dass **S.** und →**finites Verb** in Person und Numerus kongruieren: *Kleine Kind<u>er</u> brauch<u>en</u> kleine Klassen.* Ein Substantiv oder Pronomen steht als **S.** im →**Nominativ**, dem Grundkasus des Deutschen. Sätze wie *Ihm wird geholfen.*, *Mir ist kalt.* sind Sätze ohne **S.** Da das Dativobjekt in diesen Fällen an die erste Stelle im Satz rückt und zum Satz- →**Thema** wird und da das Subjekt typischerweise Thema ist, wird dieses Dativobjekt gelegentlich als „Dativsubjekt" bezeichnet. **S.** des übergeordneten Satzes können auch Nebensätze und Infinitive (und Infinitivkonstruktionen) sein (→**Subjektsatz**, →**Subjektsinfinitiv**). Nach traditioneller Terminologie kann man zwischen grammatischem und logischem **S.** (**S.** in formal-syntaktischer und semantischer Hinsicht) unterscheiden. In *Emil gewinnt.* ist Emil grammatisches und logisches Subjekt zu *gewinnt*. In *Emil scheint zu gewinnen.* ist *Emil* grammatisches **S.** zu *scheint* und logisches Subjekt zu *gewinnen*.

Klaus Welke

subjektive Theorien: Der Begriff **ST** ist aus dem sog. „Forschungsprogramm Subjektive Theorien (FST)" hervorgegangen. Das FST gehört in den Bereich der empirischen und qualitativ orientierten →**Forschungsmethoden**. Grundlegend für das Konzept von **ST** ist die Annahme der Reflexionsfähigkeit des bewusst handelnden Individuums (Scheele/Groeben 1998, 13). Es werden Meinungen und Kognitionen über unterschiedlichste Kontexte und Modalitäten des Fremdsprachenlernens sowohl seitens der Lernenden als auch seitens der Lehrenden erhoben. Das Forschungsdesign zur Erhebung **ST** gliedert sich in zwei Forschungsschritte: Eine erste Phase mit wenig gesteuerten Interviews und eine nachgeordnete Phase, in der die Aussagen der befragten Subjekte, deren **ST** also, auf ihr Zutreffen in realen Handlungszusammenhängen überprüft werden. **ST** werden verstanden in Abgrenzung zu sog. „objektiven Theorien", d.h. denjenigen Theorien, die auf die Berücksichtigung subjektiver Daten (→**Introspektion**) verzichten.

Grotjahn, R. (1998), „Subjektive Theorien in der Fremdsprachenforschung: Methodologische Grundlagen und

Perspektiven", in: *Fremdsprachen Lehren und Lernen*, Jg. 27, 33–59. – Scheele, B./Groeben, N. (1998), „Das Forschungsprogramm Subjektive Theorien: Theoretische und methodologische Grundzüge in ihrer Relevanz für den Fremdsprachenunterricht", in: *Fremdsprachen Lehren und Lernen*, Jg. 27, 12–32.

Annette Berndt

Subjektsatz, der: →**Nebensatz**, der sich in der →**syntaktischen Relation** des →**Subjekts** seines übergeordneten Satzes befindet, z.B. *Dass das Spiel 3:2 ausging* (**S.**), *war eine Überraschung.*; *Wer zuerst kommt* (**S.**), *mahlt zuerst.*. Im Kontext von Satzanalysen im DaF-/DaZ-Unterricht erschließt sich die Subjektfunktion dieser Nebensätze am einfachsten aus der Frage, ob der übergeordnete Satz bereits ein Subjekt enthält.

Klaus Welke

Subjektsinfinitiv, der: →**Infinitiv** oder Infinitivkonstruktion in der →**syntaktischen Relation** des →**Subjekts**. Es kann sich um einen Infinitiv bzw. eine Infinitivkonstruktion mit oder ohne „zu" handeln: *(Zu) verlieren ist ärgerlich.*, *Solch ein Spiel (zu) verlieren, ist ärgerlich.*

Klaus Welke

Subjunktion, die: ordnet →**Nebensätze** oder Infinitivphrasen unter. Leitet eine **S.** einen Nebensatz ein, steht das →**finite Verb** an letzter Stelle. Im Gegensatz dazu leiten →**Konjunktionen** Verbzweitsätze ein (z.B. mit **S.**: *Susanne lässt die Wäsche hängen, da sie noch nicht trocken ist.* mit Konjunktion: *Susanne lässt die Wäsche hängen, denn sie ist noch nicht trocken.*). *Anstatt, außer, ohne* und *um* sind den nebensatzeinleitenden **S.** in Gebrauch und Bedeutung vergleichbar, leiten jedoch nur Infinitivphrasen ein (z.B. *Susanne lässt die Wäsche hängen, anstatt sie abzunehmen.*).

Mandy Höhle

Subklassenspezifik, die: Der – interdisziplinär verwendete – Terminus fokussiert in seiner allgemeinen Bedeutung die Tatsache, dass bestimmte Klassen von Erscheinungen, die sich qua Definition durch allen ihren Mitgliedern gemeinsame Eigenschaften auszeichnen, Unterklassen bilden, die ihrerseits durch weitere Merkmale definiert sind, in denen sie sich von den Mitgliedern anderer Unterklassen unterscheiden. Im sprachwissenschaftlichen Kontext gilt **S.** u.a. für die Klasse der Verben, insoweit diese Unterklassen bilden, z.B. →**transitive** vs. →**intransitive** Verben, Vollverben, Hilfsverben und Modalverben oder Verben mit unterschiedlicher Wertigkeit (→**Valenz**) u.a.m. Dabei wirken neben formalen Merkmalen auch semantische Merkmale subklassenbildend: so konstituieren etwa *sagen, sprechen, reden* u.ä. die Gruppe der verba dicendi, die gleichzeitig für die ihnen zugeordneten Subjekte die Beschränkung implizieren, dass nur solche Ausdrücke zugelassen sind, die über die Fähigkeit zu sprachlicher Kommunikation verfügen, also nicht [...], *fluchte die *Mohrrübe.* – außer in dzgl. lizenzierten Kontexten wie Märchen o.ä.

Hans Barkowski/KlausWelke

Submersion, die: bezeichnet eine Situation, in der eine Zweitsprache gelernt wird, ohne dass Herkunftssprache und -kultur der Lernenden anerkannt und berücksichtigt werden. Die Teilnahme am Unterricht im Medium der Zweitsprache ist dabei oft nicht erfolgreich. Hierfür verantwortlich gemacht werden u.a. sprachheterogene Lernergruppen, einsprachige Lehrer, die weder über die sprachlichen noch die kulturellen Lernvoraussetzungen informiert sind, so dass eine Anpassung an die (Sprach-)Lernvoraussetzungen der Zweitsprachenlerner nicht erfolgt (→**doppelseitige Halbsprachigkeit**, →**Interdependenz-Hypothese**). Im deutschsprachigen Raum wird ein großer Teil der Kinder mit Migrationshintergrund in deutschsprachigen Regelklassen und damit unter Submersionsbedingungen beschult.

Fthenakis, W.E. u.a., Hrsg. (1985), *Bilingual-bikulturelle Entwicklung des Kindes. Ein Handbuch für Psychologen, Pädagogen und Linguisten*, München. – Sarter, H. (1991), *Sprache, Spracherwerb, Kultur. Das Beispiel der Migrantenkinder in Frankreich*, Tübingen.

Katharina Kuhs

Subordination, die: bezeichnet die Verhältnisse innerhalb eines Satzgefüges, in dem nicht alle Teilsätze gleichberechtigt sind (→**Hypotaxe**). Der untergeordnete Teilsatz erfüllt gegenüber dem übergeordneten Teilsatz eine syntaktische Funktion, er kann funktional einem Satzglied oder auch einem Gliedteil des übergeordneten Teilsatzes entsprechen (z.B. untergeordneter Teilsatz = Subjektsatz: *Susanne fiel nicht auf, dass Klaus vom frischgebackenen Pflaumenkuchen genascht hatte.*). Der untergeordnete →**Nebensatz** kann neben dem Subjekt, auch ein Objekt, eine Adverbiale, ein Prädikativ oder ein Attribut ersetzen. Meist wird ein Nebensatz einem Hauptsatz untergeordnet, es ist aber auch möglich, einen Nebensatz einem anderen unterzuordnen: *Klaus gefiel*$_{HS}$, *dass Susanne*$_{NS1}$, *die ihr schönstes Kleid trug*$_{NS2}$ (NS2 = Attributsatz, dem Subjektsatz untergeordnet), *sich für das Theater zurecht gemacht hatte*$_{NS1}$ (NS1 = Subjektsatz). Auch bei der Verbindung von adjektivischen und partizipialen →**Attributen** spricht man von **S.**, wenn zwei Attribute zu einem substantivischen Bezugswort nicht frei austauschbar sind und das untergeordnete Attribut vor dem übergeordneten steht (z.B. *ein interessanter deutscher Film* → **ein deutscher, interessanter Film* → **ein interessanter und deutscher Film*). Die **S.** gehört zu den besonderen Lernproblemen, da es nicht immer leicht ist, die Bezüge der einzelnen Teilelemente zu erkennen, insbesondere, wenn keine →**Subjunktion** vorhanden ist, sondern Pronominalnebensätze, →**uneingeleitete Nebensätze**, satzwertige Infinitiv- und Partizipphrasen subordiniert sind.

Mandy Höhle

Substandard, der: meint alle nicht standardsprachlichen Sprachvarietäten und -formen (→**Varietät**), wie z.B. →**Dialekte**, →**Soziolekte**, →**Umgangssprachen**. Da diese weite Bereiche der Alltagskommunikation besetzen, sollten im DaF-Unterricht neben der →**Standardsprache** ausgewählte **S.** mindestens rezeptiv angeboten werden (→**Fertigkeiten**; →**Hörverstehen**).

Christiane Rausch

Substantiv, das: auch: →**Nomen**, seltener Hauptwort. Die groß zu schreibenden **S.** haben ein festes →**Genus** und sind nach dem →**Numerus** bestimmt. Im Satz werden sie nach dem →**Kasus** flektiert (→**Flexion**). **S.** lassen sich nach ihrer Semantik in gegenständlich (*Auto*), nicht-gegenständlich (*Liebe*), belebt, unbelebt, klassenbildend (z.B. *Stuhl* als Gattungsbezeichnung) und nichtklassenbildend (z.B. Eigennamen) einteilen. Z.T. wird auch nach Gegliedertheit bzw. Ungegliedertheit differenziert. Ein weiteres semantisches Unterscheidungsmerkmal ist die Zählbarkeit (Abgrenzbarkeit) z.B. *das Schaf* → *zwei Schafe* vs. *das Obst* → **zwei Obst*. Für Deutschlernende kann die Großschreibung der Substantive ein Lernproblem sein, andererseits ist sie eine Hilfe bei der Analyse von Sätzen.

Mandy Höhle

Substantivierung, die: auch: →**Nominalisierung**. Die **S.** ist eine Wortbildungsart, bei der neue →**Substantive** aus Adjektiven, Verben, Präpositionen usw. durch syntaktische Umkategorisierung entstehen. Bei Rückbildungen ist das Verb älter als das Nomen (z.B. *schauen* → *Schau*), die Infinitivendung wird beim Wortartenwechsel weggelassen. →**Konversion** liegt vor, wenn bei der Überführung von Ausgangswort zum Substantiv keine formalen Änderungen auftreten (z.B. *laufen* → *das Laufen*). Bei der Umkategorisierung von Adjektiven kommt es zuweilen zu Formen wie *das Deutsche*. Die **S.** ist insbesondere in der Verwaltungs- und Amtssprache ein beliebtes Wortbildungsmittel (→**Nominalstil**).

Mandy Höhle

Substituendum, das: Einheit, die bei einer →**Substitution** (Ersatzprobe) durch eine andere Einheit (→**Substituens**/→**Substitut**), ersetzt wird.

Klaus Welke

Substituens, das/Substitut, das: diejenige Einheit, die bei einer →**Substitution** (Ersatzprobe) eine andere Einheit (→**Substituendum**) ersetzt.

Klaus Welke

Substitution, die: auch: Kommutation, →**Austauschprobe**, Ersatzprobe. Grundtest zur Ermittlung von Distributionsklassen. Distributionsklassen sind Klassen syntaktischer Einheiten (von Morphemen, Wörtern, Wortgruppen), die sich hinsichtlich ihres Vorkommens in Sätzen, gleich verhalten. Auf Tests wie **S.**, Permutation (→**Verschiebeprobe**), Omission (→**Weglassprobe**), Transformation (→**Umformprobe**) beruht der →**Distributionalismus** des klassischen amerikanischen Strukturalismus. Unabhängig davon hatte Glinz (1965), auf den die deutschen Termini für die einzelnen Tests zurückgehen, seine empirische Methode begründet. Die Einheit, die substituiert bzw. ersetzt wird, ist das Substituendum. Die substituierende Einheit ist das Substituens bzw. Substitut. Wenn z.B. in *Er bezeichnet ihn als Glückspilz*. das Wort *Glückspilz* Substituendum ist, dann ist bspw. *glücklich* oder *einen Glückpilz* oder *das, was er immer war* Substituens bzw. Substitut.

Glinz, H. (1965), *Die innere Form des Deutschen. Eine neue deutsche Grammatik*, Bern/München ([1]1952).

Klaus Welke

subsymbolisch: Begriff aus den Kognitionswissenschaften; bedeutet etwa „unterhalb der Ebene, auf der Bedeutungen identifiziert werden bzw. sind". Entsprechend wird unter **s.** Verarbeitung von Gegenständen der Wahrnehmung ein Prozess verstanden, bei dem ebendiese Gegenstände als zunächst bedeutungslose Entitäten mit bestimmten, sie von anderen Entitäten unterscheidenden materiellen und kontextuellen Eigenschaften und Merkmalen (z.B. visuelle, auditorische, räumliche etc.) sensuell und kognitiv erfahren und mittels neuronaler Prozeduren Repräsentationen „gelernt" und gespeichert werden (→**Konnektionismus**).

Lernen in **s.** Modellen erfolgt induktiv, graduell, erfahrungsabhängig und ähnlichkeitsbasiert. Auf Prozesse der →**Sprachverarbeitung** bezogen, werden Bedeutungen und Regularitäten innerhalb des Sprachsystems durch die Konnektivität des Netzwerkes erschlossen und bilden keinen gesonderten Wissensbestand. Im Gegensatz hierzu stehen symbolische Verarbeitungsmodelle (Duale Modelle), die Informationen in zwei gesonderten Systemkomponenten verarbeiten und durch Regelabstraktion sowie die Etablierung rigider Schemata bestimmt sind.

Pospeschill, M. (2004), *Konnektionismus und Kognition. Eine Einführung*, Stuttgart.

Hans Barkowski/Claudia Keßler

Suffigierung, die/Suffixbildung, die: Unter **Suffigierung** wird das Anfügen eines →**Suffixes** (einer Endung) zum Zwecke der →**Flexion** (Beugung) oder der →**Derivation** (Ableitung)verstanden. Die dadurch entstandenen Wortformen werden →**Suffixbildungen** genannt. In →**agglutinierenden Sprachen** ist die Aneinanderreihung mehrerer Suffixe keine Seltenheit, im Deutschen werden dagegen meist nur ein oder zwei Suffixe an eine Basis angefügt.

Manche Suffixe bewirken dabei Veränderungen des Wortstamms (z.B.: Maus – Mäus-*chen*). Bei Nomen und Adjektiven wird die **S.** sowohl bei der Derivation als auch bei der Deklination wirksam. Bei der Derivation wird die Wortart von jenem Suffix bestimmt, das am Wortende steht. Z.B.: *Gesund-heit* (Nomen), *gesundheit-lich* (Adj.), *gründ-lich* (Adj.), *Gründlich-keit* (Nomen). Bei der Deklination ändert sich die Wortart nicht. Z.B.: *gründlich-er* (Adj., Komparativ), *Krankheit-en* (Nomen, Pl.), *im Namen des Gesetz-es* (Nomen, Genetiv). In der Kategorie der Verben tritt **S.** bei der Konjugation (z.B. *du mach-st*) und bei der Derivation auf: *tröpf-eln*; *rang-ier-en* (die Endung *-en* ist hingegen kein Ableitungssuffix, sondern die Flexionsendung des Infinitivs). Auch in der Bildung von Adverbien spielt **S.** eine Rolle: *abend-s*, *rück-lings*, *oft-mals*.

Donalies, E. (2002), *Die Wortbildung des Deutschen*, Tübingen. – Lohde, M. (2006), *Wortbildung des modernen Deutschen*, Tübingen.

Sabine Dengscherz

Suffix, das: ein →**Affix**, das der Basis folgt; zuweilen auch als Endung, →**Postfix** oder Nachsilbe bezeichnet. Die Basis kann dabei der Wortstamm oder eine bereits durch →**Suffigierung** erweiterte Form sein. Es wird zwischen Ableitungssuffixen und Flexionssuffixen unterschieden (Simmler 1998, 83ff.). Bsp. f. Ableitungssuffixe: *Klug-<u>heit</u>*, *Verzeih-<u>ung</u>* (Subst.); *lust-<u>ig</u>*, *ärger-<u>lich</u>* (Adj.); *fris-<u>ier</u>-en* (Verb); *oft-<u>mals</u>* (Adverb); Bsp. f. Flexionssuffixe: *frisier-<u>t</u>* (Konjugation); *des schön<u>en</u> Haus-<u>es</u>* (Deklination).

Fleischer, W./Barz, I. (1995), *Wortbildung der deutschen Gegenwartssprache*, Tübingen. – Simmler, F. (1998), *Morphologie des Deutschen*, Berlin.

Sabine Dengscherz

Suggestopädie, die: geht auf den bulgarischen Psychotherapeuten Georgi Lozanov zurück. (Lozanov 1978) Die **S.** nach Lozanov läuft in vier festen Phasen ab: 1. Lehrer liest vor, Schüler lesen still mit. 2. das aktive Konzert: Lehrer trägt den Text auf dem Hintergrund einer expressiven klassischen Musik vor, Schüler lesen mit. 3. das passive Konzert: Lehrer liest den Text mit entspannender Musik vor, Schüler hören zu. Danach folgen Aktivierungsphasen. Die **S.** hat im Westen Veränderungen erfahren, ihre Verfahren (Musik, Entspannung, Kreativität) wurden vielfach übernommen.

Baur, R.S. (1996), „Die Suggestopädie", in: *Fremdsprachen Lehren und Lernen*, Jg. 25, 106–137. – Lozanov, G. (1978), *Suggestology and Outlines of Suggestopedy*, New York/London.

Rupprecht S. Baur

Superlativ, der: höchste Stufe der Steigerung von Adjektiven (→**Komparation**), d.h. man kann zu ihrer Grundform (→**Positiv**) einen →**Komparativ** und einen **S.** bilden (z.B. *klein – kleiner – am kleinsten*). Gebildet wird der **S.** mit dem Suffix *-est* oder *-st*. Bei einigen Adjektiven tritt auch der Umlaut auf (z.B. *alt – älter – am ältesten*). Beim adverbialen und prädikativen Gebrauch wird die feste Verbindung mit *am* verwendet (z.B. *Klaus blieb am längsten.*). Bei einer kleinen Zahl von Adjektiven treten unregelmäßige Formen auf (z.B. *groß – größte, nah – nächst, gut – am besten, viel – am meisten*). Lernende versuchen, Steigerungsformen zu vermeiden und weichen beim **S.** auf *mehr* und *sehr* aus (*sehr gut, *mehr alt*).

Mandy Höhle

Suppletion, die: Bildung von Flexionsformen mit Hilfe von unterschiedlichen Stämmen, z.B. *gut – besser – am besten*. Die **S.** ist eine Form der inneren →**Flexion** (neben →**Ablaut** und →**Umlaut**). Suppletive Formen gibt es in vielen Sprachen und bei verschiedenen →**Wortarten**. Im Deutschen betrifft die **S.** v.a. →**Adjektive** und →**Adverbien** (*viel – mehr – am meisten*), aber auch →**Verben** (*sein – bin – war*) und →**Pronomina** (*ich – mir, er – ihn*).

Marina Matthey

suprasegmentale Merkmale: Pl. Suprasegmentalia, die; Als **S.** werden lautübergreifende Phänomene von Sprechen und Sprache bezeichnet, sie erfassen das Zusammenwirken von Melodieverläufen, Schallstärke und Schallstärkekontrasten, Lautdauer und Silbendauer sowie der Sprechgeschwindigkeit (→**Prosodie**). **S.** werden bisweilen der Intonation im weiteren Sinne gleichgesetzt. **S.** des Sprechens sind die Betonung, die Sprechmelodie und der Sprechrhythmus. Funktionale **S.** im Sprachsystem des Deutschen sind Silbenstruktur, Wortakzent und Satzakzent, Quantität und Quantitätsrelationen sowie Intonation im engeren Sinne (Satzmelodie).

Man ist sich darüber einig, dass die ungenügende Aneignung der **S.** in der Fremdsprache das Verstehen und Verstanden-Werden stärker behindert als die fehlerhafte Aussprache einzelner Laute oder nicht sinnstörende Abweichungen vom Standard der grammatischen Regeln der Zielsprache. Jedoch erweisen sich das Lernen und Lehren dieser Phänomene als besonders schwierig. Auch die Übungsliteratur weist hier noch manche Desiderata auf.

Beate Lex

suprasegmentale Phonetik, die: Teilbereich der →**Phonetik**, der sich mit den →**suprasegmentalen** (d.h. lautübergreifenden, nicht auf das einzelne Segment bezogenen) Einheiten und Merkmalen befasst (→**Prosodie**, →**Intonation** i. weiteren Sinne). Dazu gehören →**Melodie** (s. auch →**Kadenz**), Lautstärke, Dauer, Sprechgeschwindigkeit, Sprechspannung, Pausierung sowie die aus allen Mitteln kombinierten Phänomene Akzentuierung und Rhythmisierung. Ob der Stimmklang zu den suprasegmentalen Merkmalen zählt, ist umstritten (vgl. Neuber 2002). Für das Gelingen →**interkultureller Kommunikation** ist die **s.P.** besonders wichtig, weil manche suprasegmentalen Merkmale in verschiedenen Sprachen gegensätzliche Bedeutung haben (z.B. Lautstärke = Sicherheit in den USA bzw. Unsicherheit im asiatischen Raum).

Hirschfeld, U./Stock, E., Hrsg. (2000), *Phonothek interaktiv*, München, (CD-ROM) – Neuber, B. (2002), *Prosodische Formen in Funktion*, Frankfurt a.M.

Ursula Hirschfeld

Synchronische Sprachwissenschaft, die: Wissenschaftszweig bzw. sprachwissenschaftliche Orientierung, der/die die Untersuchung und Betrachtung einer Sprache zu einem bestimmten Zeitpunkt und in ihrer systemhaften Struktur vornimmt. Im Gegensatz dazu betrachtet die →**diachronische Sprachwissenschaft** die Sprache historisch und versucht Sprachwandel zu erfassen. Erst mit Ferdinand de Saussure (→**Strukturalismus**) etablierte sich die moderne, **s.S.** Sofern synchronische Sprachbetrachtung sprachliche Entwicklungen ausklammert, ist sie in Gefahr, die synchronische Perspektive in eine statische, ahistorische einmünden zu lassen und idealtypische Strukturmodelle zu konstruieren. Moderne deskriptive Grammatiken verfolgen deswegen in ihrer Mehrheit Ansätze, die Sprache systemisch betrachten und dabei synchron. und diachron. Betrachtungsweisen kombinieren (vgl. z.B. Eisenbergs „Grundriß der deutschen Grammatik"). Die **s.S.** ist in verschiedene Betrachtungsebenen bzw. Bereiche untergliedert, die jeweils unterschiedliche Aspekte von Sprache untersuchen, u.a. die →**Phonologie**, die →**Morphologie**, die →**Syntax**, die →**Semantik**, die →**Pragmatik**, die →**Psycholinguistik**, die →**Neurolinguistik** usw. Auch für DaF/DaZ ist die synchronische Betrachtung der Sprache unter Einschluss der Betrachtung des Sprachwandels die zentrale Grundlage.

Mandy Höhle

Synekdoche, die: ein Mittel der uneigentlichen Ausdrucksweise. Hierbei wird der eigentliche Begriff durch einen zu seinem engeren oder weiteren Bedeutungsfeld gehörenden Begriff ersetzt, z.B. steht der Teil für das Ganze (pars pro toto: *Dach* für *Haus*) oder seltener das Ganze für den Teil (totum pro parte: *ein Haus führen*), der Singular für den Plural (*der Deutsche* für *alle Deutschen*). Die Grenzen zur nächstverwandten, weitere Bezugsfelder umgreifenden →**Metonymie** sind fließend. Stilistisch dient die **S.** häufig zur Vermeidung von Wiederholungen desselben Begriffs, in logischer Hinsicht ist sie Grundlage der Gleichnis- und Symbolbildung. Im DaF/DaZ-Unterricht können **S.** ein Problem darstellen, da Lerner dazu tendieren, lediglich die wörtliche Ebene zu erfassen. Die eigentliche Bedeutung wird aufgrund falscher Referenzbezüge nicht erkannt.

Mandy Höhle

Synkretismus, der: auch: Formenzusammenfall. Die Anzahl der vorhandenen Endungen reicht nicht aus, um sämtliche Kombinationsmöglichkeiten im Konjugationsparadigma formal zu differenzieren. Die verbalen Endungen sind aus diesem Grund mehrdeutig, d.h. eine einzelne Endung kann an der Generierung verschiedener Formen beteiligt sein. So bildet das Deutsche die 1. P. Sg. Indikativ und die 1./3. P. Sg. Konjunktiv mit dem Personalsuffix *-e* (→**Konjugation**). Im DaF-Unterricht wird die Verbendung daher i.d.R. im Zusammenhang mit den Personalpronomen vermittelt.

Mandy Höhle

Synonym, das: bezeichnet ein Wort oder eine Gruppe von Wörtern (*Viel Glück! Alles Gute!*), die mit einem oder mehreren anderen Wörtern a) bedeutungsgleich oder b) bedeutungsähnlich (teilweise synonym) sind. Ggs. →**Antonym**. Im selteneren Falle a) *Schnur/Leine, Kasten/Kiste, Apfelsine/Orange*, sind die Wörter in allen Kontexten austauschbar und unterscheiden sich im Gebrauch nicht. Im Falle b) ist die Austauschbarkeit nur partiell möglich. Abweichungen können zum Beispiel stilistisch bedingt sein (mündliche vs. schriftsprachliche Verwendung, fachsprachliche vs. umgangssprachliche), durch technische Entwicklungen (*ablichten, fotografieren, scannen*) und die Übernahme von Fremdwörtern (*Geldbörse/Portemonnaie*) oder regionale Unterschiede begründet (*Brötchen/Semmeln/Schrippen*) sein.

In der fremdsprachlichen Wortschatzarbeit werden **S.** oft zur Erklärung der Bedeutung von Wörtern und Ausdrücken verwendet. Im individuellen →**mentalen Lexikon** sind Verbindungen zwischen **S.** allerdings schwach entwickelt und daher als Hilfe beim Memorisieren, anders als bei Antonymen weniger geeignet. Sie werden offensichtlich in getrennten semantischen Feldern gespeichert, da die nur partielle Austauschbarkeit (*einen Plan verfolgen/*jagen*) als Fehlerquelle keine wesentliche Rolle spielt (vgl. Aitchison S. 116f.).

Aitchison, J. (1997), *Wörter im Kopf*, Tübingen. – Bulitta, E. und H. (2005), *Das große Lexikon der Synonyme*, Frankfurt.

Hermann Funk

Synsemantikon, das/synsemantisch: Bezeichnung für Wörter, die allein, ohne Kontext keine oder eine geringe lexikalische Bedeutung haben (Gegensatz: →**Autosemantikon**). **Synsemantika** haben primär eine grammatische Funktion, hinter die die lexikalische Bedeutung zurücktritt. Dabei reicht das Spektrum von einer größeren Inhaltskomponente (z.B. bei Präpositionen wie *unter, neben, unbeschadet* u.a.) bis zu keiner Bedeutung (→**Hilfsverben**, die Infinitivpartikel *zu* oder die Konjunktion *dass*).

Braußе, U. (1994), *Lexikalische Funktionen der Synsemantika*, Tübingen.

Christine Römer

Syntagma, das: komplexe sprachliche Struktur, deren Bestandteile sowohl Buchstaben, Morpheme, Wörter bzw. Wortgruppen sein können. Die auf F. de Saussure zurückgehende Syntagmatik (= syntaktische Theorie der Syntagmen) zerlegt sprachliche Strukturen in jeweils zwei Konstituenten, in ein determinierendes und ein determiniertes Glied (auch determinative Syntagmen). Beispielsweise beinhaltet das **S.** „rotes Buch" das Determinans „rotes" und das Determinatum „Buch".

Christine Römer

syntaktische Funktion, die: allgemein jede relationale (syntaktische) Bestimmung von syntaktischen Einheiten, im Engeren →**syntaktische Relation**.

Klaus Welke

syntaktische Relation, die: auch: syntaktische Funktion; Terminus für Relationen zwischen syntaktischen Einheiten. **S.R.** der traditionellen →**Satzglied**-Theorie sind →**Prädikat**, →**Subjekt**, →**Objekt** usw. Satzglieder sind also Namen für **s.R.** In der →**Phrasenstrukturgrammatik** (X'-Theorie) entsprechen den Satzgliedern die **s.R.** ‚Kopf' der Phrase, ‚Spezifikator', ‚Komplement' und ‚Adjunkt'. Die →**Valenztheorie** arbeitet mit drei grundlegenden **s.R.**: →**Valenzträger**, →**Ergänzung** und →**Angabe**, die →**Dependenzgrammatik** nur mit zwei: →**Regens** und Dependens. In der →**Semantik** entsprechen den **s.R.** der Valenztheorie die **s.R.** ‚Prädikat', ‚Argument' und ‚Modifikator'. Besonderheiten der Satzgliedtheorie ergeben sich aus dem Begriff des →**Attributs**. Bestandteile von Satzgliedern unterhalb der Ebene der →**Satzwertigkeit** werden als Gliedkern + Attribute analysiert. In anderen Grammatiktypen wird in Bezug auf alle Konstruktionen, also nicht nur in Bezug auf satzwertige Konstruktionen, mit **s.R.** wie den oben genannten gearbeitet, also nicht mit Attributen.

Klaus Welke

Syntax, die: Kerngebiet der modernen Linguistik; Die **S.** beschäftigt sich mit dem Bilden und Verstehen von →**Sätzen**. Die Fähigkeit, Sätze in beliebiger Anzahl und Komplexität zu bilden und zu verstehen, und zwar Sätze, die ein Sprecher im Prinzip zuvor noch nie gebildet oder vernommen hat, kann man mit Chomsky als den Kern der menschlichen Sprachfähigkeit und als das Wesen der Sprache ansehen. In der Tradition der →**generativen Grammatik** sind **S.** und →**Sprachtheorie** daher annähernd synonym. **S.** kann autonom oder funktional definiert werden. Die generative Grammatik hat **S.** zunächst nur autonom verstanden, d.h. als von →**Semantik** und →**Pragmatik** unabhängig. Der Zusammenhang mit Semantik und Pragmatik wird modular als Zusammenwirken der **S.** mit weiteren relativ selbstständigen Modulen aufgefasst. Häufig geschieht das durch die Trennung von, z.B. einer syntaktischen, einer semantischen und einer kommunikativen Ebene des Satzes. →**Funktionale Grammatiken** (funktionale Syntaxtheorien) beschreiben das Verhältnis von Form und Funktion unmittelbarer. Man kann die **S.** als Teilgebiet der Grammatik neben der →**Morphologie** auffassen. Wenn man **S.** als Kombination von →**Wörtern** zu Sätzen betrachtet, kann man die Morphologie auch als Teilgebiet der **S.** ansehen. Morphologie beschäftigt sich mit der Bildung der syntaktischen Grundeinheiten (Wörter) und der Abwandlung von Wörtern zum Zwecke ihrer Kombination mit anderen Wörtern. Notwendiger Bestandteil der **S.** sind auch Lexik und →**Lexikon**. Auch hier gibt es eine enge Verzahnung. Für viele Syntaxtheorien, z.B. für die →**Valenztheorie**, ist das Lexikon nicht nur die Bereitstellung der syntaktischen Einheiten mit ihren →**idiosynkratischen** (individuellen) Eigenschaften, sondern das Lexikon enthält mit Informationen über die →**Valenz** verallgemeinerte Informationen über Kombinationsmöglichkeiten von Wörtern. Eine dazu alternative Position nimmt die →**Konstruktionsgrammatik** ein. Sie gelangt nicht wie die Valenztheorie oder die generative Grammatik von Wörtern zu Konstruktionen (Phrasen), sondern sie geht von Konstruktionen als bilateralen Zeichen aus Form und Bedeutung aus und kommt von der Konstruktion zum Wort.

Klaus Welke

Syntaxtheorie, die: Teil der modernen →**Sprachtheorie** (→**Syntax**). Eine **S.** soll erklären, wie es möglich ist, dass die Sprecher/Hörer auf der Grundlage eines begrenzten Zeicheninventars eine unbegrenzte Menge von Sätzen bilden und verstehen können, und zwar Sätze, die sie im Prinzip noch nie zuvor gebildet und vernommen haben.

Klaus Welke

synthetische Sprache, die: Sprache, in der syntaktische – implizit auch semantische – Beziehungen durch →**Flexion** bzw. morphologische Markierung am (→**Affigierung**) oder im →**Wortstamm** ausgedrückt werden. Es gibt drei Typen von **s.S.** (vgl. Çapar 2006, 5f.): a) →**flektierende Sprachen** (Bsp. Deutsch): Schon der Wortstamm kann veränderlich sein, ein Affix kann mehrere gramm. Kategorien ausdrücken; b) →**agglutinierende Sprachen** (Bsp. Türkisch): Die Affixe sind leicht zu segmentieren und drücken meist nur eine gramm. Kategorie aus; c) →**polysynthetische Sprachen** (Bsp. Grönländisch): Die Morphologie ist äußerst komplex, bspw. können Subjekt- und Objektverhältnisse direkt im Verb ausgedrückt werden. Weitere Sprachtypen: →**analytisch**; →**isolierend**.

Çapar, A. (2006), *Sprachtypologie*, Hamburg (nats-www.informatik.uni-hamburg.de/~vhahn/German/WortundBegriff/CaparBeispiele.pdf), Zugriff: 01.03.2009.

Jens Reimann

Szenario, das: Der Begriff **S.** wird in verschiedenen Kontexten verwendet; im hier zu bedenkenden fachlichen Kontext sind folgende Verwendungsweisen relevant:

1. Die Verwendung in Planungskontexten: dabei bezeichnet **S.** die zur Einschätzung möglicher zukünftiger Entwicklungen bzw. zu treffender Entscheidungen jeweils vorgenommenen Simulationen, anhand derer Handlungsalternativen und Strategien im Hinblick auf jeweils definierte Ziele/Effekte geprüft werden.

2. In der kognitiven Linguistik wird der Begriff **S.** für Wissensmuster verwendet, die Leser aufgrund linguistischer Signale direkt aus dem Langzeitgedächtnis (**→Gehirnforschung**) abrufen (vgl. Sanford/Garrod 1981, 127) Als Beispiele für solche Signale führen die Autoren Titel an. Trägt ein Text etwa den Titel „Gerichtsverhandlung", wird beim Leser ein **S.** aktiviert, das situationales Wissen, vor allem aber Wissen über die kommunikativen Rollen der beteiligten Personen umfasst, das die Interpretation des Textes steuert. Das **S.** dient daher bei diesem Modell als Ausgangsbasis des Leseverstehens.

3. Im Kontext von auf Bedeutung fokussierenden Theorien über Lernprozesse im Allgemeinen, aber auch im Besonderen (z.B. beim **→Lexikonerwerb**, vgl. Aitchison 1997) fasst der Begriff des **S.** ferner kontextuell begründete Wirklichkeitsausschnitte mitsamt ihren Inventaren und Akteuren: zum **S.** Krankenhaus gehören demgemäß u.a. Patient, Arzt, Krankenschwester, Operation, Spritze usw. usf. Das Konzept des **S.** ist insoweit auch für das Arrangement von fremdsprachlichen Lerngegenständen von Bedeutung (s. z.B. **→Chunk**). Im **→Zertifikat Deutsch** werden **S.** entsprechend als „sprachliche Handlungsmuster" bezeichnet, die als Grundlagen für handlungsorientierte Prüfungsaufgaben dienen (z.B. mündlich/schriftlich *etwas reklamieren*).

4. In der **→Fremdsprachendidaktik** bezeichnet der Begriff **S.** zudem eine offene Form der Organisation von Lehren und Lernen, die dem aufgaben- bzw. handlungsorientierten Unterricht (**→Handlungsorientierung**) nahe steht. Die traditionelle Lehrwerkseinheit wird dabei zugunsten einer individuellen und in hohem Maße autonomen Bearbeitung einzelner Aspekte aufgegeben. Das **S.**-Konzept findet wegen seiner Eignung für **→binnendifferenzierenden** Unterricht häufig im Kontext **→Deutsch als Zweitsprache** Anwendung.

Aitchison, J. (1997), *Wörter im Kopf. Eine Einführung in das mentale Lexikon*, Tübingen. – Hölscher, P./Piepho, H.E./Roche, J. (2006), *Handlungsorientierter Unterricht mit Lernszenarien. Kernfragen zum Spracherwerb*, Oberursel. – Sanford, A.J./Garrod, S.C. (1981), *Understanding Written Language. Explorations of Comprehension beyond the Sentence*, Chichester/New York/Brisbane/Toronto.

Ingo Thonhauser

T

Tabu, das: Ein **T.** als „kräftig Bezeichnetes" (polynesisch. Sprachraum) bezieht sich ursprünglich auf Orte, Objekte und Handlungen, die zugleich „heilig" und „verboten" sind (vgl. Schröder 2003, 308). Heute wird ein **T.** allgemein als Teil des sozialen Kodex betrachtet, der festschreibt, welche Handlungen, welche Themen und welche Wörter vermieden werden sollen. Zwar kennen alle Kulturen **T.**, jedoch sind viele davon kulturspezifisch, was unmittelbare Auswirkungen auf das Fach Deutsch als Fremdsprache hat. Da in einzelnen Kulturen ein vielschichtiger, gruppenspezifisch und individuell variierender Umgang mit **T.**vorschriften in öffentlichen und privaten Handlungskontexten existiert und **T.** auch bewusst verletzt werden können (z.B. in Textgattungen wie der Satire), lässt sich dieser Umgang kaum durch Regelvermittlung lehren und lernen (vgl. Luchtenberg 1997, 220). Daher empfiehlt es sich, Lehrer wie Lerner allgemein für **T.** zu sensibilisieren und Toleranzfähigkeit zu entwickeln (vgl. Schröder 2003, 314). Außerdem sollten Euphemismen und andere sprachliche Ersatzmittel für **T.**diskurse erlernt (vgl. Luchtenberg 1999, 70) und Reparaturstrategien trainiert werden, damit im Falle unbeabsichtigter **T.**verletzungen kein Abbruch der Kommunikation erfolgt. Entsprechende Kompetenzen sind mithin Ziele der Ausbildung **→interkultureller Kompetenz** bei Lehrenden und Lernenden.

Luchtenberg, S. (1997), „Tabus in Interkultureller Kommunikation. Bedeutung für Deutsch als Fremdsprache", in: *Deutsch lernen 22 (3)*, 211–223. – Luchtenberg, S. (1999), *Interkulturelle kommunikative Kompetenz. Kommunikationsfelder in Schule und Gesellschaft*, Opladen. – Schröder, H. (2003), „Tabu", in: Wielacher, A./Bogner, A. (Hrsg.), *Handbuch interkulturelle Germanistik*, Stuttgart/Weimar, 307–315.

Dirk Skiba

Tachistoskop, das: Schnellst-Seh-Gerät; Experimentalgerät der Wahrnehmungspsychologie, mit dessen Hilfe vorbewusste (präattentive) Wahrnehmungsprozesse experimentell untersucht werden. **T.** wurde u.a. bekannt im Zusammenhang der Untersuchung der Wirksamkeit unterschwelliger Werbung. **T.** ermöglicht sehr kurze Darbietungszeiten (im Millisekundenbereich) von Stimuli (bes. Bilder und Graphiken) und dient im Kontext von Forschungen zu →**Spracherwerb** und →**Sprachverarbeitung** zur Untersuchung der Verarbeitung visuell (= in Schriftform) dargebotener sprachlicher Reize.

Daniela Zahn

Tandem, das: s. Sprachlerntandem

Tätigkeitsverb, das: auch: Handlungsverb, bezeichnet i. Ggs. zum →**Vorgangsverb** eine aktiv ausgeführte Handlung eines Subjekts (→**Agens**), wie z.B.: *Er singt ein Lied.* Weitere Tätigkeitsverben sind: *lesen, schreien, rennen, trinken* u.v.a.m.

Kerstin Rische

Tautologie, die: bezeichnet den Ausdruck eines Wortes, Gedankens oder Sachverhalts durch gleichbedeutende Wiederholung oder Variation derselben innerhalb eines Konstituenten/einer →**Phrase** oder in deren Kontext (z.B. *nie und nimmer; Angst und Bange; Eine Frau ist eine Frau.*). **T.** kommt dabei sowohl als stilistisches oder rhetorisches Mittel vor, z.B. um das Gesagte zu verstärken und hervorzuheben (→**Emphase**), kann aber auch ein Denk- oder Stilfehler sein (z.B. *Ich habe bereits schon gefrühstückt., der graue Schimmel*). Der **T.** eng verwandt ist der →**Pleonasmus**.

Christiane Rausch

Taxonomie, die: allgemein: systematisch angelegtes Ordnungssystem;

1. In der Sprachwissenschaft Bezeichnung für einen bestimmten Typ systematischer Sprachbeschreibung; taxonomisch aufgebaut sind z.B. die meisten Grammatiken (→**taxonomische Grammatik**) oder auch hierarchisch angelegte, semantisch zusammengehörende Begriffsfelder, die systematisch segmentiert und klassifiziert werden können (→**Hyperonyme** und →**Hyponyme** in Wortfeldern, z.B. Körper – Kopf, Rumpf, Bein, Arm; Kopf – Gesicht, Augen usw., →**Protoypen**). Vor allem konnektionistisch angelegte Sprachmodelle gehen von einem taxonomischen Aufbau des Sprachsystems aus (→**Konnektionismus**).

2. In der Curriculumforschung bezeichnet Lernziel-**T.** im Anschluss an Benjamin Bloom (1971) die Anordnung von Lernzielen nach einer Hierarchie kognitiver Entwicklungsstufen (z.B. Faktenwissen – Begriffsbildung – Analyse ...).

Cruse, D.A. (1986), *Lexical Semantics*, Cambridge. – Bloom, B.S. (1976), *Taxonomie von Lernzielen im kognitiven Bereich*, 5. Aufl., Weinheim.

Mandy Höhle

taxonomische Grammatik, die: Eine Sammelbezeichnung für verschiedene linguistische Grammatiktraditionen des →**Strukturalismus**, die sich aus der Sprachtheorie von de Saussure und Bloomfields Arbeiten entwickelt haben und die die Verteilung einer sprachlichen Einheit im Satz und deren Zugehörigkeit zu anderen sprachlichen Einheiten untersuchen. Zentrale Fragestellung ist, an welcher Position eine sprachliche Struktur vorkommt. Hierzu werden syntaktische Tests, so genannte Konstituententests, durchgeführt (→**Konstituentengrammatik**), die die in einem Satz zusammengehörenden Elemente bestimmen (→**Phrasenstrukturgrammatik**).

Schlobinski, P. (2003), *Grammatikmodelle, Positionen und Perspektiven*, Wiesbaden.

Mandy Höhle

Teachability-Hypothese, die: In empirischen Studien wurde vielfach belegt, dass Zweitsprachen nach lerner-internen Regularitäten erworben werden, die vor allem von lernpsychologischen Faktoren und der Architektur der menschlichen Sprachverarbeitung abhängen (s. dazu ggf. auch →**processability theory**). Diese Mechanismen führen dazu, dass Zweit- und Fremdsprachen in universellen Stufen gelernt werden. Die **T.-H.** (Pienemann) besagt, dass diese Stufen durch Unterricht nicht übersprungen werden können. Jedoch kann der Unterricht den Erwerb beschleunigen; er kann ferner simplifizierte Lernervarietäten und Stabilisierung/→**Fossili(sie)rung** überwinden helfen.

Pienemann, M. (1989), „Is language teachable? Psycholinguistic Experiments and Hypotheses", in: *Applied Linguistics*, Vol. 10, No. 1, 52–79.

Manfred Pienemann

Teacher Talk: Lehrersprache; der Begriff fokussiert die Qualität und den Anteil sprachlichen Handelns der Lehrenden im Unterrichtsgeschehen. Im FSU ist **TT.** als sprachlicher Input und durch seine Sprachvorbildfunktion bedeutsam. **TT.** sollte möglichst an das je vorliegende Niveau der Lernergruppe bzgl. Sprechtempo, syntaktische und semantische Komplexität angepasst werden; zudem ist auf interkulturelle Angemessenheit (→**Interkulturelle Kompetenz**) zu achten. Ältere Untersuchungen (vgl. Lörscher 1983, 284ff.; Bertrand 1984, 24) zur Lehrersprache gehen noch von einer deutlichen Asymmetrie der Unterrichts- bzw. Redeanteile aus, wonach die Lehrenden etwa 70–80% einer Unterrichtsstunde verbal bestreiten; leider liegen keine neueren Studien vor, die ablesbar machen könnten, ob/inwieweit sich im Zuge veränderter methodisch-didaktischer Orientierungen (vermehrte →**Gruppenarbeit**; →**autonomes Lernen** u.ä.m.) die dzgl. Relationen verändert haben. Als weitere Forschungsgegenstände in Bezug auf **TT.**, aber auch für die Unterrichtspraxis selbst, werden u.a. die Lehrerfragen und das →**Feedback**/Korrekturverhalten des Lehrers fokussiert.

Bertrand, Y. (1984), „Was tun, um die Sprechzeit eines jeden Lerners zu verlängern?", in: *Informationen Deutsch als Fremdsprache*, Nr. 11,4; Jg. 84/85, 24–30. – Lörscher, W. (1983), *Linguistische Beschreibung und Analyse von Fremdsprachenunterricht als Diskurs*, Tübingen. – Wulf, H. (2001), *Communicative teacher talk: Vorschläge zu einer effektiven Unterrichtssprache*, Ismaning.

Tina Stein

Team Teaching, das: Das **T.T.** ist eine kooperative Lehr-Lern-Form, bei der mindestens zwei Lehrende gemeinsam Unterricht für eine Gruppe von Lernenden vorbereiten, durchführen und nachbereiten. Dabei ist die Zusammenarbeit durch häufige Rollenwechsel gekennzeichnet, etwa zwischen der des Unterrichtenden und der des kritischen Beobachters. Die praktische Umsetzung des Konzepts **T.T.** kann stark variieren. Voraussetzungen für eine erfolgreiche Zusammenarbeit der Lehrenden sind neben Kooperationswilligkeit, klarer Rollenverteilung, Kommunikationsfähigkeit und Kompromissbereitschaft auch, dass sie einander respektieren und vertrauen. Als methodisches Werkzeug kann **T.T.** im DaF-Bereich eine wichtige Rolle im fächerübergreifenden Unterricht, z.B. im fremdsprachlichen Fachunterricht, spielen. Für DaZ-Kontexte ist der Einsatz von zwei Lehrenden mit unterschiedlichen Muttersprachen sinnvoll. Aufgrund von organisatorischen und finanziellen Hindernissen ist **T.T.** noch keine sehr verbreitete Lehrform.

Diana Maak

Teekesselchen, das: Ein **T.** ist ein Ratespiel, das darauf basiert, dass es Wörter gibt, zu denen →**homophone** bzw. →**homographe** Varianten mit unterschiedlichen Bedeutungen existieren. Die Spielaufgabe besteht darin, dass die Bedeutungsvarianten genannt werden und dazu deren homophones →**Synonym** erraten werden soll (Muster: *Mein T. ist sowohl Sitzgelegenheit als auch Geldinstitut.*, die richtige Lösung: *Dein T. ist die Bank.*). Das Spiel, das in mehreren Varianten existiert, trainiert die Fähigkeit, Wortbedeutungen im Kontext zu klären und zu erfassen und fördert die bewusste Wahrnehmung von →**Homonymie** und →**Polysemie**. Die dem **T.** zugrunde liegende Beziehung – Formgleichheit bei Bedeutungsverschiedenheit – lässt sich in unterrichtlichen Zusammenhängen u.a. für die Wortschatzerweiterung nutzen und eignet sich zudem als Gegenstand des →**Sprach(en)vergleichs** im Umgang mit →**Mehrsprachigkeit**.

Christiane Rausch

TELC: s. **The European Language Certificates**

Temporaladverb, das: semantisch bestimmte Untergruppe der →**Adverbien** (Umstandswörter), die zeitliches Geschehen markiert. Vergangenes Geschehen: *gestern, seither*; gleichzeitiges Geschehen: *jetzt, momentan*; zukünftiges Geschehen: *morgen, demnächst*. **T.** werden nicht dekliniert. Ihre Klassifizierung in einzelnen Grammatiken ist unterschiedlich.

Lutz Götze

Temporalangabe, die/Temporalbestimmung, die: Je nach zugrunde liegender →**Grammatiktheorie** bezeichnen beide Kategorien zeitliches Geschehen im Satz: Die **Temporalbestimmung** ist eine Untergruppe der adverbialen Bestimmungen (eines des fünf Satzglieder der traditionellen Grammatik), die **Temporalangabe** hingegen bezeichnet in der Valenzsyntax/Dependenzsyntax (→**Dependenzgrammatik**) nicht konstitutive zeitliche Markierungen im Satz im Gegensatz zu den →**Temporalergänzungen** (konstitutives Satzglied/Aktant): *Er fuhr vier Stunden über die Auto-*

bahn. (Ta) *Die Vorstellung dauerte vier Stunden lang.* (Temporalergänzung/Modifikator zum Verb).

Lutz Götze

Temporaldeixis, die: Mit Deixis wird der Vorgang des Zeigens bezeichnet, also das Verweisen mittels sprachlicher Ausdrücke, Gesten oder Mimik auf Personen, Zeit und Raum (→**deiktisch/Deixis**). Entsprechend wird unterschieden in →**Person(al)deixis** (*ich, du*), Raumdeixis (*dort, oben*) und **T.** (*jetzt, letzte Woche*). Diese temporaldeiktischen Mittel gliedern die Aussage in →**Vorzeitigkeit** (*letzte Woche, gestern*), →**Gleichzeitigkeit** (*jetzt*) und →**Nachzeitigkeit** (*nächsten Monat, 2028*). Im Zeigefeld der Sprache untersucht K. Bühler die Relation ausführlich.

Fillmore, Ch. (1998), *Lectures of Deixis*, Stanford/CA. – Bühler, K. (1934), *Sprachtheorie*, Jena.

Lutz Götze

Temporalergänzung, die: Ein Satzglied ist →**Ergänzung** einer Konstituente, wenn es von dieser valenzabhängig ist (→**Valenz**). Gemeinhin wird heute zwischen obligatorischen Ergänzungen, fakultativen Ergänzungen (Modifikatoren des verbalen Geschehens) und Angaben (nicht valenzabhängige Elemente) unterschieden: **T.**: *Die Operation dauerte zwei Stunden.* (Modifikator des Verbs); →**Temporalangabe**: *Er arbeitete drei Stunden im Garten.*

Lutz Götze

Temporalsatz, der: semantisch charakterisierter Nebensatz in der Funktion eines →**Adverbialsatzes**. Dabei steht der **T.** zum Hauptsatz entweder in der Relation der →**Vorzeitigkeit** (*Nachdem wir gegessen hatten, tranken wir Kaffee*), →**Gleichzeitigkeit** (*Während er las, schlief sie*) oder der →**Nachzeitigkeit** (*Als sie am Hotel ankamen, waren alle Gäste längst abgereist*). **T.** werden durch Konjunktionen eingeleitet.

Lutz Götze

Tempus, das/Temporalität, die: zentrale grammatische Kategorie des →**Verbs**, die das Verhältnis zwischen dem sprachlichen Mittel und dem bezeichneten Sachverhalt kennzeichnet. Zwischen den drei Zeitstufen (→**Vergangenheit**, →**Gegenwart**, →**Zukunft**) und den sechs Tempusformen im Deutschen (→**Präsens**, →**Präteritum**, →**Perfekt**, →**Plusquamperfekt**, →**Futur I**, →**Futur II**) ist das Verhältnis arbiträr. Die Tempusformen (Zeitformen) unterscheiden die Aussage entsprechend der Kategorien →**Aktzeit**, →**Sprechzeit**(punkt) und →**Betrachtzeit**: So liegen beim Präteritum und Plusquamperfekt die Aktzeit vor der Sprechzeit = Vorzeitigkeit (*Er las das Buch./Er hatte das Buch gelesen.*), beim Präsens fallen Aktzeit und Sprechzeit häufig zusammen = →**Gleichzeitigkeit** (*Er liest das Buch*); Futur I und Futur II verlagern die Aussage häufig in die Zukunft = →**Nachzeitigkeit** (*Er wird das Buch lesen/gelesen haben.*) Deutlich wird aber, dass in den Tempora neben Zeitlichem auch →**Modus** und →**Aspekt** ausgedrückt werden, so beim Perfekt: *Bis morgen habe ich das Buch gelesen* (abgeschlossene Handlung, pragmatisch: ein Versprechen oder eine Zusage). Das Temporaladverb situiert hier die Handlung in der Zukunft. Ähnlich ist das Präsens im Deutschen, das keinerlei zeitlichen Bezug markiert, sondern lediglich signalisiert, dass überhaupt etwas geschieht: in der Vergangenheit (*Brecht stirbt 1956*), in der Gegenwart (*Er liest eine Zeitung*) oder Zukunft (*Morgen bin ich in Frankfurt*). Zur genauen Kennzeichnung der Zeitangabe gibt es deshalb neben den Tempusformen des Verbs →**Temporaladverbien** (*morgen*), →**Konjunktionen** (*nachdem*), →**Präpositionen** (*vor*) oder Nominalgefüge (*nach Weihnachten, im Jahre 1956*). Für die Wahl des **T.** in der →**Hypotaxe** (Satzgefüge) gibt es im Deutschen teilweise verbindliche Regeln (→**Consecutio temporum**).

Die **T.** (Zeitlichkeit) ist der Oberbegriff für alle zeitlichen Aussagen in Sätzen und Texten und damit Teilbereich der Adverbialität neben der Kausalität und Modalität.

Götze, L. u.a., Hrsg. (2009), *Kulturkontrastive Grammatik*, Frankfurt a.M.

Lutz Götze

Tempusgebrauch, der: bezeichnet die Verwendung der Tempusformen der Verben. So dient das →**Präsens**, weil tempusindifferent, zum Ausdruck von vergangenem (→**historisches Präsens**), gegenwärtigem und zukünftigem Geschehen, sind →**Präteritum** und →**Plusquamperfekt** immer vergangenheitsbezogen, während das →**Perfekt** eine abgeschlossene Handlung (→**Aspekt**) in Vergangenheit, Gegenwart oder Zukunft ausdrückt. →**Futur I** und →**Futur II** sind vor allem Ausdruck modaler Aussagen (Sicherheit, Wahrscheinlichkeit, Unsicherheit, Hoffnung, Erwartung usw.), jeweils abhängig von Ko- und Kontext.

Götze, L. (2009), „Über die Gegenwart", in: Götze, L. u.a. (Hrsg.), *Kulturkontrastive Grammatik*, Frankfurt a.M.

Lutz Götze

Tempussystem, das: →**Tempus;** System der Tempusformen der deutschen Sprache, das die Relation zwischen →**Sprechzeitpunkt** und →**Aktzeit** (bezeichneter Sachverhalt) regelt. Es wird unterschieden in die sechs Tempora →**Präsens**, →**Präteritum**, →**Perfekt**, →**Plusquamperfekt**, →**Futur I** und →**Futur II**. Streng zu trennen sind von diesen einzelsprachlich unterschiedlichen Tempora/Tempusformen (→**Tempus**) als Ausdruck des **T.** die universalen Kategorien der Zeit/Zeitstufen: So drückt das Präsens alle drei Zeitstufen aus, Präteritum und Plusquamperfekt nur Vergangenheit, das Perfekt abgeschlossene Handlungen in allen drei Zeitstufen, Futur I und, noch stärker, Futur II modales Geschehen (Wahrscheinlichkeit, Unsicherheit usw.), das, durch Konventionen, im Regelfall zukünftigen Charakter hat.

Götze, L. (2004), *Zeitkulturen*, Frankfurt a.M.

Lutz Götze

terminal: fallender Sprechmelodieverlauf (→**Melodie**, →**Kadenz**). Der **t.** Melodieverlauf hat eine bedeutungsunterscheidende Funktion (→**Intonem**), er unterscheidet z.B. Aussagen und Ergänzungsfragen (mit Fragewort) von Entscheidungs-/Ja-Nein-Fragen (**t.** *Hans war hier.* ↘ vs. →**interrogativ**: *Hans war hier?* ↗.) Die **t.** Sprechmelodie gilt als Grenzsignal (→**Pausierung**), bei gelesenen und vorformulierten Äußerungen findet sie sich am Ende einer (Teil-)Äußerung, d.h. sie zeigt die Grenzen einer syntaktischen und/oder inhaltlich-semantischen Einheit an.

Ursula Hirschfeld

Tertiärsprache, die: in der Spracherwerbsforschung unterschiedlich verwendeter Begriff. Im Tertiärsprachenprojekt von Bahr et al. 1996 bezeichnet er die dritten Schulfremdsprachen Italienisch und Spanisch nach Französisch als zweiter und Englisch als erster Fremdsprache. Im Forschungsgebiet DaF etablierte sich der Begriff **T.** zur Bezeichnung von Deutsch, wenn es eine zweite oder weitere Fremdsprache (oft nach Englisch) darstellt (→**Deutsch als zweite oder weitere Fremdsprache**). Aus spracherwerbstheoretischer Sicht ist es sinnvoll, die erste Fremdsprache terminologisch von den Folgefremdsprachen abzugrenzen, weil für sie andere Parameter zu gelten scheinen.

Bahr, A./Bausch, K.-R./Kleppin, K./Königs, F.G./Tönshoff, W. (1996), *Forschungsgegenstand Tertiärsprachenunterricht. Ergebnisse und Perspektiven eines empirischen Projekts*, Bochum. – Hufeisen, B./Lindemann, B., Hrsg. (1998), *Tertiärsprachen. Theorien, Modelle, Methoden*, Tübingen.

Britta Hufeisen

Tertiärsprachendidaktik, die: eine Teildisziplin der →**Fremdsprachendidaktik** und →**Sprachlehr- und Lernforschung**, die sich mit spezifischen Fragen beschäftigt, die sich aus dem Umstand ergeben, dass Deutsch i.d.R. als eine zweite oder weitere Fremdsprache gelehrt und gelernt wird, häufig nach Englisch als erster Fremdsprache, weshalb man auch hin und wieder von einer „DaF nach Englisch-Didaktik" spricht (→**Deutsch als zweite oder weitere Fremdsprache**). Spracherwerbstheoretisch nimmt man an, dass die Modalitäten des Lernens dieser zweiten und weiteren Fremdsprachen andere sind als die des Lernens erster Fremdsprachen. Dabei geht es um die Untersuchung von Vorerfahrungen im Fremdsprachenlernen; Möglichkeiten, ob auf diese Vorerfahrungen zurückgegriffen werden kann, um Synergien zu nutzen und Zeit und Raum für spezifische zielsprachliche Aspekte zu schaffen; die Sensibilisierung für und die Bewusstmachung von Sprachlernstrategien und die Ausbildung von interlingualem Vergleichen. Der Begriff wird im Sinne eines →**Gesamtsprachenkonzeptes** zunehmend vom Begriff →**Mehrsprachigkeitsdidaktik** abgelöst.

Marx, N. (2005), *Hörverstehensleistungen im Deutschen als Tertiärsprache. Zum Nutzen eines Sensibilisierungsunterrichts in „DaFnE"*, Baltmannsweiler. – Gibson, M./Hufeisen, B./Personne, C., Hrsg. (2008), *Mehrsprachigkeit: Lernen und Lehren*, Baltmannsweiler.

Britta Hufeisen

TestDaF, der: 2001 eingeführter standardisierter Test, um einen international akzeptierten →**Sprachtest** für den Zugang zu deutschen Hochschulen zu haben. Teilnehmer erhalten vom TestDaF-Institut ein Zeugnis, das sprachliche Fähigkeiten nach den →**Fertigkeiten** Leseverstehen, Hörverstehen, Schriftlicher Ausdruck und Mündlicher Ausdruck (TestDaF-Niveaustufen, TDN 3 bis 5) differenziert ausweist. Im Unterschied zur →**Deutschen Sprachprüfung Hochschule (DSH)** handelt es sich bei **T.** um einen Test, der testtheoretisch höchsten Ansprüchen gerecht wird, dessen Aufgabenstellungen systematisch erprobt und kalibriert werden und dessen Bewertung mit ausgefeilten psychometrischen Verfahren validiert wird (→**Gütekriterien**).

Casper-Hehne, H./Koreik, U., Hrsg. (2004), *DSH und TestDaF als hochschulbezogene Prüfungssysteme für Deutsch als Fremdsprache*, Baltmannsweiler.

Uwe Koreik

Testverfahren: je nach Zielsetzung unterschiedliche methodische Verfahren der →**Leistungsmessung** zur Feststellung sprachlicher Fähigkeiten, Leistungen oder Lernfortschritte (Die Begriffe Prüfung und Test werden in der deutschen Testtheorie meist synonym verwendet). Die Qualität einzelner **T.** wird durch drei →**Gütekriterien** festgelegt: 1. →**Validität** (die Gültigkeit); 2. →**Reliabilität** (Zuverlässigkeit und Reproduzierbarkeit von Testergebnissen); 3. →**Objektivität.** Inwieweit diese Gütekriterien eingefordert werden, hängt von der Relevanz und Funktion einer Prüfung ab. So werden standardisierte Tests (internationale →**Proficiency Tests** wie z.B. das →**Zertifikat Deutsch**) nach strengen wissenschaftlichen Standards konstruiert, überprüft und geeicht. Zu den drei Hauptarten von →**Sprachtests** gehören: 1. →**Diagnostische Tests** (v.a. als Einstufungstests); 2. →**Lernfortschrittstests** (auch: *achievement test, Leistungstest*); 3. →**Proficiency Tests** (auch Feststellungs-, Niveau- oder Qualifikationsprüfungen). **T.** unterliegen den Konzepten der jeweiligen Sprach- und Testtheorie. Grundsätzlich werden drei Phasen unterschieden: Als nicht-theoriegeleitete **T.** der vorwissenschaftlichen Phase werden nicht-standardisierte, informelle **T.** mit hohem subjektiven Charakter bezeichnet (auch heute noch v.a. in schulischer Leistungsmessung). In der psychometrisch-strukturalistischen Phase stehen Objektivität und Reliabilität an erster Stelle. Kennzeichnend für diese Phase ist das isolierte Abprüfen einzelner Teilbereiche (descrete-point-tests) anhand von →**M.C.-Tests**, auch wenn die Validität dieser **T.** sehr unbefriedigend ist. In der psycholinguistisch-soziolinguistischen Phase wird Sprache wieder ganzheitlicher betrachtet und demgemäß werden einerseits integrative und holistische **T.**, wie z.B. →**Cloze** oder →**C-Tests** eingesetzt. Andererseits steht der Begriff kommunikatives Testens im Mittelpunkt, das im Sinne des *real life approach* die Überprüfung funktionaler Sprachverwendung in unterschiedlich komplexen und realitätsbezogenen Handlungskontexten fordert.

Bachman, L.F. (1990), *Fundamental Considerations in Language Testing*, Oxford 1990. – Bausch, K.-R./Christ, H./Krumm, H.-J., Hrsg. (4. Aufl. 2003), „Großkapitel H: Leistungsmessung, Lernerfolgskontrolle und Selbstkontrolle", in: *Handbuch Fremdsprachenunterricht*, Tübingen/Basel, 365–390. – Glaboniat, M. (1998), *Kommunikatives Testen im Bereich Deutsch als Fremdsprache. Eine Untersuchung am Beispiel des Österreichischen Sprachdiploms Deutsch*, Innsbruck/Wien.

Manuela Glaboniat

Teutonismus, der: auch: Deutschlandismus; analog zu →**Austriazismen** und →**Helvetismen** gibt es auch für Deutschland spezifische nationale →**Varianten** (z.B. ['kø:nıç], ['ste:k], *Azubi, Tüte, Rinderbraten, die SMS, in trockenen Tüchern sein*), die aufgrund der →**plurizentrischen** Asymmetrie oft fälschlich für gemeindeutsch gehalten werden. Auch Deutschen selbst sind **T.** kaum bewusst; sie markieren unbewusst die Varietätszugehörigkeit. **T.** sind, wie Austriazismen und Helvetismen, standardsprachlich und finden sich auf allen Sprachebenen. Sie können, wie z.B. *Abitur*, in ganz Deutschland gelten oder auch nur in Teilen des Landes. So sind viele **T.** wie *Apfelsine, Harke, Sonnabend* typisch für Norddeutschland.

Ammon, U. (1995), *Die deutsche Sprache in Deutschland, Österreich und der Schweiz. Das Problem der nationalen Varietäten*, Berlin/New York. – Ammon, U. et al. (2004), *Das Variantenwörterbuch des Deutschen. Die Standardsprache in Österreich, der Schweiz und Deutschland sowie in Liechtenstein, Luxemburg, Ostbelgien und Südtirol*, Berlin/New York.

Sara Hägi

Text, der: **T.** wird oft als abgegrenzte, inhaltlich und grammatikalisch zusammenhängende (sprachliche) Äußerung (in mündlicher oder schriftlicher Form) mit erkennbarer kommunikativer Funktion definiert. Wichtige, oft stark divergierende Beschreibungsversuche des Phänomens **T.** stammen aus der Literatur- und Sprachwissenschaft.

1. T. in der Sprachwissenschaft

Die →**Textlinguistik** betrachtet **T.** als die höchste sprachliche Einheit, versucht ihn durch Merkmale von →**Textualität** (z.B. →**Kohäsion**, →**Ko-**

härenz usw.) vom Nicht-T. abzugrenzen und unterschiedliche →**Textsorten** herauszuarbeiten. Während T. in der frühen →**Textgrammatik** als Folge von Sätzen begriffen und analog zu diesen untersucht wurde, verbinden neuere Forschungsansätze textinterne und textexterne Kriterien, beziehen also z.B. kommunikative Aspekte mit ein.

2. T. in der Literaturwissenschaft
Die Literaturwissenschaft differenziert zwischen fiktionalen und nicht-fiktionalen **T.** In Hinblick auf die →**Literaturdidaktik** ist hier v.a. der Ansatz der →**Rezeptionsästhetik** von Bedeutung, wonach der Sinn eines **T.** erst durch den Leser erschlossen werden muss. **T.** sind also keine fertigen Produkte, sondern entstehen immer wieder neu und können auch nicht, wie etwa dekonstruktive Analysen zeigen, auf eine Bedeutung festgelegt werden. Mit der kulturwissenschaftlichen Wende Ende der 1980er Jahre wird außerdem der →**Kontext** von **T.** stärker berücksichtigt.

3. T. in der Fremdsprachendidaktik
Sprachunterricht ist immer bis zu einem gewissen Grad Textarbeit: **T.** sollen verstanden, beurteilt und produziert werden, wobei man zwischen Lehr(buch)texten und authentischen (Gebrauchs- und literarischen) **T.** einerseits sowie Lese- und Hörtexten andererseits unterschieden. Obwohl mit der kommunikativen Wende in den 1970er Jahren der Einsatz authentischer **T.** an Bedeutung gewann, werden fiktionale **T.**, die zuletzt in der →**Grammatik-Übersetzungsmethode** eine wichtige Rolle gespielt hatten, erst seit Ende der 1980er Jahre (v.a. im Rahmen des Interkulturellen Ansatzes) wieder stärker in den DaF/DaZ-Unterricht integriert.

Gansl, C./Jürgens, F. (2007), *Textlinguistik und Textgrammatik*, 2. Aufl., Göttingen. – Krusche, D. (1993), „Text und Erfahrung", in: *Jahrbuch Deutsch als Fremdsprache*, 19, 390–401.

Anita Schütz

Textbaustein, der: 1. Begriff aus der →**Textlinguistik** und Textsortenforschung; bezeichnet Bestandteile, aus denen →**Texte** zusammengesetzt sind; bestimmte **T.** (auch: Teiltexte) sind etwa für bestimmte →**Textsorten** spezifisch (fakultativ oder obligatorisch); die Textsorte „Bedienungsanleitung" enthält u.a. einen **T.** „Sicherheitshinweise" (meist obligatorisch) sowie **T.** wie die eigentliche „Anleitung", „Pflege, Wartung, Störung" und ähnliches. **2.** In der Textverarbeitung meint **T.** einen vorgefertigten Text, der in einen anderen Text eingefügt werden kann. Mit **T.** wird das Erstellen schematisierter Texte vereinfacht.

Maria Thurmair

Textgrammatik, die: T. kann sehr unterschiedlich verstanden werden und „transphrastisch" (also über den →**Satz** hinausgehend) nur formale Kohäsionsphänomene (→**Kohäsion**) wie Proformen, Konnexionen, Rekurrenz (*das Auto ... die alte Rostlaube ... es ... das Auto ... das*) oder auch →**Kohärenz** als semantisches Phänomen (Isotopien, Makrostrukturen etc.; z.B. *das Auto ... die Bremsen ... die Werkstatt ... schnell ... Mobilität*) einbeziehen bis hin zur Untersuchung textexterner, situativer und pragmatischer Faktoren; →**Texte** können eher als abgeschlossene Gebilde analysiert werden oder – bei einem dynamischen Textbegriff – stärker hinsichtlich ihres Produktions- und Rezeptionsprozesses; schließlich kann **T.** auch darauf abzielen, jede grammatische Erscheinung vom Text her zu erklären (wie dies etwa Weinrich 2003 tut). Eine **T.** für →**Deutsch als Fremdsprache** bzw. eine Pädagogische **T.** ist immer noch ein Desiderat; im Fremdsprachenunterricht sind textgrammatisch betrachtet alle diejenigen sprachlichen Phänomene relevant, die dazu beitragen, dass sprachliche Gebilde als situationsadäquate Texte (geschrieben oder gesprochen) produziert und als solche auch rezipiert werden. Eine **T.** kann und sollte dann Folgendes umfassen: a) satzübergreifende Phänomene, die der Kohäsion dienen wie Proformen, Verweisformen; b) Phänomene, die an der Oberfläche nicht satzübergreifend sind, aber deren genauere Spezifik nur satzübergreifend erklärt werden kann (etwa →**Artikel**, Satzgliedstellung); c) Phänomene, die sich mit Bezug auf das Textuelle besser erklären lassen (etwa →**Passiv**); d) Erscheinungen, die über die Satzgrammatik hinausgehen, etwa die Textstruktur oder auch →**Textsorten** sowie pragmatische Phänomene.

Gansel, C./Jürgens, F. (2007), *Textlinguistik und Textgrammatik*, 2. Aufl., Göttingen. – Hausendorf, H./Kesselheim, W. (2008), *Textlinguistik fürs Examen*, Göttingen. – Thurmair, M./Willkop, E.-M., Hrsg. (2003), *Am Anfang war der Text. 10 Jahre Textgrammatik der deutschen Sprache*, München. – Vater, H. (2001), *Einführung in die Textlinguistik*, München. – Weinrich, H. (2003), *Textgrammatik der deutschen Sprache*, 2. Aufl., Hildesheim. – Zifonun, G. et al. (1997), *Grammatik der deutschen Gegenwartssprache*, Mannheim.

Maria Thurmair

Textkompetenz, die: Unter **T.** wird traditionell (z.B. Portmann-Tselikas 2002) die Fähigkeit verstanden, schriftlich vorliegende Texte verstehend lesen und eigene Texte textsortenangemessen schriftlich verfassen zu können. Kern dieser Kompetenz sind Strategien, mit denen sowohl der Zugang zur Einzelinformation als auch zum Bedeutungszusammenhang des Textes gelingt.

T. wird im Fremd- und Zweitsprachenunterricht in der Interaktion mit Texten und Aufgaben aufgebaut. **T.** ist u.a. die Basiskompetenz für erfolgreiches Lernen in der deutschsprachigen Schule, soweit Lerngegenstände durch schriftlich vorliegende Texte und schriftsprachlich geprägte mündliche →**Äußerungen** vermittelt werden. **T.** umfasst zudem die Fähigkeit, sich im Lernfeld zu orientieren und die kommunikativen Aktivitäten, durch die Wissen erarbeitet wird, zu gestalten (vgl. ebd. 19ff.).

Der in internationalen Leistungsstudien nachgewiesene Unterschied zwischen den Lernergebnissen derer, die in der Muttersprache bzw. die in der Zweitsprache lernen, wird u.a. mit den gering ausgebildeten literaten Techniken der Zweit-/Fremdsprachigen erklärt; der Erwerb der Unterrichtssprache und parallel dazu das Sachlernen in der Zweit-/Fremdsprache kann nur gelingen, wenn Lerner sich mittels Texten das entsprechende Sprach- und Sachwissen aneignen können; dies setzt geeignete Formen der methodisch-didaktischen Unterstützung voraus. Auf erweiterte Textbegriffe, die u.a. Schriftlichkeit nicht mehr als Basis der Definition von Text postulieren, lässt sich das argumentierte Verständnis von **T.** nicht anwenden (zum dzgl. Stand des Fachdiskurses vgl. u.a. Bausch u.a. 2007).

Bausch, K.-R./Burwitz-Melzer, E./Königs, F. G./Krumm, H.-J., Hrsg. (2007), *Textkompetenzen, Arbeitspapiere der 27. Frühjahrskonferenz zur Erforschung des Fremdsprachenunterrichts*, Tübingen. – Portmann-Tselikas, P. (2002), „Textkompetenz und unterrichtlicher Spracherwerb", in: Portmann-Tselikas, P./Schmölzer-Eibinger, S. (Hrsg.), *Textkompetenz*, Innsbruck u.a., 13–44.

Imke Mohr

Textlinguistik, die: ca. 1970 entstanden; fokussiert morphosyntaktische und funktional-semantische Eigenschaften von Sprachen satzübergreifend im Hinblick auf die Struktur von Texten und →**Textsorten**. Dazu gehören insbesondere:

1. Referenz/Textverweis: →**Anaphern** (v.a. Artikel und Pronomina) verweisen auf etwas aus dem Kontext, der Situation oder dem Weltwissen Bekanntes. Im FU: Artikelsetzung und Entwicklung von Referenzketten durch Pronomina etc.

2. →**Thema-Rhema-Gliederung**/Funktionale Satzperspektive: Verteilung von Aussagebestandteilen einer Äußerung im Satz; dabei wird das →**Thema** als der bekannte oder unwichtigere Satzgegenstand eher an dessen Anfang gestellt und das unbekannte oder für den Textverlauf wichtigere →**Rhema** ans Satzende.

3. Tempusfunktionen: Präsens, Perfekt und Futur fordern Aufmerksamkeit. Präteritum, Plusquamperfekt und Konjunktiv II erlauben entspannte Rezeptionshaltung. Erklärung für z.B. szenisches Präsens (*Ich war gerade in Gedanken, da springt plötzlich ein Reh auf die Straße.*) oder höfliches Präteritum (*Wie war doch gleich Ihr Name?*). Im FU: v.a. Abgrenzung von monologischem Präteritum und dialogischem Perfekt.

4. →**Isotopien**: Wortnetze, die den Text durchziehen. Im FU: zur Entschlüsselung literarischer oder metaphorischer Sachtexte.

5. Makrostruktur: Mikropropositionen, d.h. Inhalte auf Textebene, werden durch Makroregeln wie Auslassen oder Generalisieren in abstraktere Makropropositionen überführt. Im FU: relevant beim Textverstehen und für Zusammenfassungen des Textinhaltes, z.B.: *Partikeln sind unflektierbar. Die meisten Partikeln können betont werden. Eine Ausnahme sind Modalpartikeln, die zudem nur im Mittelfeld stehen können. Gradpartikeln hingegen* ... Zusammengefasst als: *Partikeln sind unflektierbar. Die verschiedenen Gruppen lassen sich nach Betonbarkeit, Stellung ... unterscheiden.*

6. Weitere Bereiche der **T.**: thematische Textentfaltung, Erforschung der Textstrukturierung bestimmter →**Textsorten**.

Blühdorn, H./Breindl, E./Waßner, U., Hrsg. (2006), *Text – Verstehen*, Berlin. – Brinker, K./Antos, G. u.a., Hrsg. (2000), *Text- und Gesprächslinguistik*, HSK 16.1, Berlin. – Janich, N., Hrsg. (2008), *Textlinguistik. 15 Einführungen*, Tübingen. – Scherner, M./Ziegler, A., Hrsg. (2006), *Angewandte Textlinguistik. Perspektiven für den Deutsch- und Fremdsprachenunterricht*, Tübingen. – Willkop, E.-M. (2001), „Linguistische Analyseverfahren von Texten", in: Helbig, G. et al. (Hrsg.), *Deutsch als Fremdsprache*, HSK 19.1, Berlin, 314–323.

Eva-Maria Willkop

Textsorte, die: Der Begriff **T.** bezeichnet eine Klasse von →**Texten**, die als konventionell geltende Muster bestimmten (komplexen) sprachlichen Handlungen zuzuordnen sind. Texte können aufgrund textexterner Kriterien (wie Textfunktion, Kommunikationssituation, Verwendungsbereich) und textinterner Kriterien (wie sprachsystematische und textstrukturelle Merkmale) bestimmten **T.** zugeordnet werden. Die Textfunktion wird oft als dominantes Unterscheidungskriterium für **T.** gesehen; z.B. unterscheidet Brinker (2001) fünf textuelle Grundfunktionen und ihnen zugeordnet fünf Text(sorten)klassen, nämlich: 1. Informationstexte (z.B. Nachricht, Bericht, Beschreibung), 2. Appelltexte (z.B. Werbeanzeige, Propagandatext), 3. Obligationstexte (z.B. Vertrag, Vereinbarung, Garantieschein), 4. Kontakt- und „Partizipationstexte" (wie Gratulations- und Kondolenzbrief) sowie 5. Deklarationstexte (z.B. Ernennungsurkunde, Testament, Schuldspruch). Oft wird hier ein globalerer Texttyp von spezifischeren **T.** unterschieden. Die einzelnen Merkmale unterscheiden sich im Hinblick auf die je spezifischen **T.**, insofern es textsortenkonstitutive (also obligatorische) Merkmale gibt und textsortentypische Merkmale, die für eine (oder mehrere) **T.** typisch sind. Für den Bereich DaF sind **T.** unerlässlich, da zu einer umfassenden Sprachkompetenz auch eine angemessene Textsortenkompetenz gehört, da in den verschiedenen **T.** je verschiedene sprachliche Mittel in Funktion vorkommen und dort in ihrer Funktion angemessen erfasst und erworben werden können, da an **T.** die verschiedenen →**Fertigkeiten** angemessen und situationsadäquat vermittelt und erworben werden können und da **T.** kulturspezifische Ausprägungen zeigen.

Adamzik, K. (2004), *Textlinguistik*, Tübingen. – Brinker, K. (2001), *Linguistische Textanalyse*, 5. Aufl., Berlin. – Brinker, K. et al., Hrsg. (2000), *Text- und Gesprächslinguistik*, Berlin, New York. – Fandrych, C./Thurmair, M. (i. Vorb.), *Textsorten: Linguistische und sprachdidaktische Untersuchungen*. – Lenk, H. (2006), *Praktische Textsortenlehre*, 4. Aufl., Helsinki. – Thurmair, M. (i. Vorb.), „Textsorten", in: Krumm, H.-J. et al. (Hrsg.), *Deutsch als Fremdsprache*, 2. Aufl., Berlin/New York.

Maria Thurmair

Textsyntax, die: in Abgrenzung zu Textsemantik und Textpragmatik der Bereich der Textlinguistik, der sich mit formalen Mitteln der Textverknüpfung beschäftigt; oft auch Textgrammatik genannt. **T.** i.e.S. ist identisch mit →**Kohäsion** und beschäftigt sich mit Phänomenen wie Referenz (→**Anaphora** etc., Funktionale Satzperspektive, Thematische Progression), Konnexion, →**Tempus** und →**Ellipse** (s.a. →**Textlinguistik**). Da andere Sprachen z.T. weniger häufig und explizit an der Textoberfläche Signale der Verkettung von z.B. sich wiederholenden Begriffen oder Gedanken einsetzen, ist für den DaF-Unterricht neben den Konnektoren insbesondere die adäquate Verwendung der verschiedenen Artikel und →**Pronomina**/Pronominaladverbien von Bedeutung.

Eva-Maria Willkop

Texttheorie, die: Teil der →**Sprachtheorie** und Grundlage der →**Textlinguistik**. Die moderne **T.** erklärt →**Textualität** in einem integrativen Ansatz, der die Aspekte der Sprachstruktur (→**Textgrammatik** u. -semantik, s.a. →**Kohäsion**), der kognitiv-prozeduralen Verarbeitung (Textproduktion und -rezeption) und des kommunikativen Handlungsgehalts (Textfunktion, s.a. →**Pragmatik**) aufeinander bezieht. Als Realisierungen von →**Textsorten** und Teil von Kommunikationssituationen werden →**Texte** im Hinblick auf sprachpragmatische Handlungszusammenhänge erläutert. Texte werden zudem als kognitive Spuren, als Zeichen der geistigen Tätigkeit der Produzenten aufgefasst. I.d.R. sind Texte unterspezifiziert, d.h. nicht alle verstehensrelevanten Informationen sind verbalisiert: Textproduzenten drücken insbesondere nicht explizit aus, was sie als Wissensbestände beim Textrezipienten voraussetzen können. Um →**Kohärenz** zu etablieren, d.h. einen inhaltlich plausiblen Zusammenhang zu erzeugen, werden die expliziten Textinformationen von den Rezipienten im Verstehensprozess mit relevanten Weltwissensinformationen (Standardwissen über Gegenstände, Sachverhalte, Situationen, s.a. →**Schema-Theorie**) angereichert.

Brinker, K. et al., Hrsg. (2000), *Text- und Gesprächslinguistik* (Handbücher zur Sprach- und Kommunikationswissenschaft 16.1), Berlin/New York. – Schwarz-Friesel, M. (2007), „Text- und Gesprächsanalyse", in: Steinbach, M. et al. (Hrsg.), *Schnittstellen der germanistischen Linguistik*, Stuttgart, 219–256.

Helge Skirl

Texttypologie, die: Die **T.** ist ein Teilbereich der →**Textlinguistik**, der →**Textsorten** identifiziert, klassifiziert und in einem hierarchischen System auf mehreren Abstraktionsebenen darstellt: a) Texttypen bezeichnen hierbei Textklassen mit großem Geltungsbereich und einer relativ hohen Abstraktionsstufe (z.B. „informierende Texte"); b) Textsortenklassen bezeichnen Textklassen mit geringerem Geltungsbereich und einer niedrigeren Abstraktionsstufe (z.B. „journalistische Texte"); c) Basisklassen von Texten sind Textsorten mit einer großen Zahl konkreter Merkmale und einer relativ geringen Abstraktionsstufe (z.B. „Wetterbericht"). Als grundlegend für mehrdimensionale Klassifikationen von Textsorten können mit Heinemann/Viehweger (1991) vier Ebenen angenommen werden: Funktionalität, Situativität, Thematizität und Formulierungsadäquatheit. Empirische, v.a. auch kontrastiv angelegte Untersuchungen zu Texten, gerade auch solchen, die als fremdsprachliche Texte verfasst wurden, müssen insofern berücksichtigen, dass Merkmale und Merkmalskombinationen analoger Textsorten sowie etablierte **T.** historischem Wandel unterworfen und kulturell markiert sind (vgl. Fix/Habscheid/Klein 2001).

Fix, U./Habscheid, S./Klein, J., Hrsg. (2001), *Zur Kulturspezifik von Textsorten*, Tübingen. – Heinemann, M./ Heinemann, W. (2002), *Grundlagen der Textlinguistik. Interaktion – Text – Diskurs*, Tübingen. – Heinemann, W./ Viehweger, D. (1991), *Textlinguistik. Eine Einführung*, Tübingen.

Dirk Skiba

Textualität, die: T. bezeichnet das, was einen →**Text** konstituiert, was Texte von „Nicht-Texten" unterscheidet. Beaugrande/Dressler (1981) nennen Text eine „kommunikative Okkurenz", die sieben Kriterien erfüllt: 1. →**Kohäsion** und 2. →**Kohärenz** als textinterne Kriterien, und als textexterne oder verwender- bzw. kommunikationsbezogene Kriterien 3. Intentionalität (als Einstellung des Textproduzenten), 4. Akzeptabilität (als Einstellung des Textrezipienten), 5. Informativität, 6. Situationalität (Relevanz in einer Kommunikationssituation) und 7. →**Intertextualität**. Ein Gebilde, das einem der sieben Kriterien nicht genügt, ist nicht kommunikativ und somit ein „Nicht-Text". Viele der etablierten Kriterien sind aber nicht textspezifisch, sondern beschreiben Kommunikationsbedingungen allgemein und können somit das Spezifische eines Textes nicht trennscharf von anderen kommunikativen Ereignissen abgrenzen (vgl. dazu die Kritik bei Vater 2001). Eine Gewichtung der Kriterien, wonach Kohärenz das zentrale und unverzichtbare Kriterium für **T.** ist, aus der sich alle anderen ableiten lassen, scheint plausibel.

Adamzik, K. (2004), *Textlinguistik*, Tübingen. – Beaugrande, R. de/Dressler, W.U. (1981), *Einführung in die Textlinguistik*, Tübingen. – Heinemann, M./Heinemann, W. (2002), *Grundlagen der Textlinguistik. Interaktion – Text – Diskurs*, Tübingen – Hausendorf, H./Kesselheim, W. (2008), *Textlinguistik fürs Examen*, Göttingen. – Vater, H. (2001), *Einführung in die Textlinguistik*, 3. Aufl., München.

Maria Thurmair

The European Association for Quality Language Services: s. EAQUALS

The European Language Certificates, TELC: einer der großen Anbieter von standardisierten Sprachentests in Deutschland und Europa, teilweise darüber hinaus, z.B. in China. Hervorgegangen ist **TELC** aus der Prüfungszentrale der Pädagogischen Arbeitsstelle des **DVV** (→**DIE**). DaF- und DaZ-Tests auf fast allen Stufen des →**GeR** stellen einen Großteil des Angebots dar (allgemein- und berufssprachlich, teilweise zielgruppenbezogen, z.B. Einwanderer). **TELC** ist Mitglied der Association of Language Testers in Europe/→**Association of Language Testers in Europe (ALTE)** und kooperiert eng mit anderen DaF/DaZ-relevanten Institutionen zusammen (z.B. Goethe-Institut, BAMF, ÖSD).

Internetadressen: ALTE: www.alte.org – TELC: www.telc.net

Gerhard von der Handt

Thema, das: s. Thema-Rhema-Gliederung

Thema-Rhema-Gliederung, die: Grundprinzip der funktionalen Satzperspektive; Eine Mitteilung verlangt einen Gegenstand, über den geredet wird (Thema), und eine Aussage über diesen Gegenstand (Rhema). **Thema (T.)** und **Rhema (R.)** sind also →**Diskurskategorien**. Das →**Subjekt** ist ein syntaktifiziertes **T.**, d.h. eine Diskurskategorie, die im Laufe der Sprachgeschichte eine stabile syntaktisch-morphologische Form erhalten hat und zu einer grammatischen (syntaktischen) Kategorie geworden ist. Die Zuordnung kann aber im Diskurs korrigiert werden. **T.** und Subjekt entsprechen sich daher oft nicht. In dem Satz *Die Schweiz grenzt an Frankreich.* ist das Subjekt **T.** In dem Satz *An Frankreich grenzt die Schweiz.* ist das Subjekt Teil des **R.** – ohne allerdings seine Qualität als „Satzgegenstand" grundsätzlich einzubüßen. Nach einer elementaren kommunikativen Maxime sollte man bei einer Mitteilung vom Bekannten, Gegebenen, Vorerwähnten, ausgehen, sollte man also das Bekannte zum **T.** machen. Aus dieser Maxime wiederum folgt, dass das **T.**

am Anfang der Mitteilung stehen sollte. Theorien der **T.-R.-G.** unterscheiden sich darin, ob sie grundsätzlich Erstplatzierung des **T.** annehmen oder nicht. Im ersten Fall wird **T.** als Gegenstand definiert, bei dessen Setzung der Sprecher – wenn er z.B. Aufmerksamkeit erzielen will – von der Maxime abweichen kann, dass das **T.** das Bekannte sein sollte: *Eine schwimmende Milchfarm* (**T.**) *ist bei Singapur vor Anker gegangen* (**R.**). Im zweiten Fall wird das **T.** als Bekanntes definiert, bei dessen Nennung der Sprecher von der Maxime der Erstplatzierung abweichen kann: *Eine schwimmende Milchfarm* (**R.**) *ist bei Singapur* (**T.**) *vor Anker gegangen.*.

Eroms, H.-W. (1986), *Funktionale Satzperspektive*, Tübingen. – Welke, K. (1992), *Funktionale Satzperspektive. Ansätze und Probleme der funktionalen Grammatik*, Münster.

Klaus Welke

thematische Rolle, die/Theta-Rolle, die: entspricht in der →**generativen Grammatik** der →**semantischen Rolle**. **T.R.** sind Gegenstand der Theta-Theorie, einer Teiltheorie der modular aufgefassten Theorie der generativen Grammatik. Dort werden **t.R.** entsprechend der These von der Autonomie der Syntax (Unabhängigkeit von Semantik und Pragmatik) als syntaktische Relationen aufgefasst. Das geschieht dadurch, dass sie nur abstrahiert als unterschiedliche syntaktische Positionen Θ_1, Θ_2, Θ_3 betrachtet werden.

Chomsky, N. (1981), *Lectures on Government and Binding*, Dordrecht.

Klaus Welke

Thesaurus, der: mehrfach belegter, u.a. in Linguistik, Lexikologie und Informationswissenschaft für unterschiedlich motivierte Wörter- bzw. Textsammlungen gebrauchter Terminus. **T.** enthalten zumeist Synonyme und Antonyme zu einem →**Lemma**, oft auch Hinweise zur Bedeutungsunterscheidung teilsynonymer Begriffe. In sprachwissenschaftlichen Kontexten sind v.a. folgende **T.**-Varianten von Bedeutung: **1.** lexikalisch-semantisch organisiertes Wörterbuch sinn- und sachverwandter Wörter (Onomasiologie); ältester bekannter **T.**: *Roget's Thesaurus of English Words and Phrases*, seit 1852; wichtiger deutschsprachiger **T.**: *Dornseiff. Der deutsche Wortschatz nach Sachgruppen.* **2.** Bezeichnung für einsprachig oder zweisprachig angelegte Lexika von – häufig philologisch kommentierten – Gesamtwortschätzen von Einzelsprachen (z.B. Thesaurus Linguae Latinae; Deutsches Wörterbuch von J. u. W. Grimm); **3. T.** im Sinne von exakt definierten, vernetzt und hierarchisiert angelegten Vokabularien für die elektronische Ablage von ausgewählten Informationsbeständen sowie zu deren IT-gestützter Nutzung (vgl. den Open Thesaurus zur Erfassung des deutschen Wortschatzes).

Brühl, B. (2005), *Thesauri und Klassifikationen*, Berlin. – www.openthesaurus.de

Erwin Tschirner

Theta-Rolle, die: s. thematische Rolle

Threshold Level: von J. van Ek (1975) für den Europarat zusammengestelltes erstes kommunikatives Curriculum; beschreibt Situationen im Land der Zielsprache und welche sprachlichen Mittel dafür benötigt werden: 1. Sprechintentionen/functions (z.B. *expressing gratitude = Thank you*); 2. Allgemeine Kategorien/general notions (z.B. *time, place, quality* = Zeitensystem, Lexis wie *yesterday, here, nice*); 3. Thematische Kategorien/specific notions (z.B. *weather = rain, hot, sunny*).

Das **TL** gilt heute als Beschreibung des Referenzniveaus B1 im →**GeR**. Es existieren parallele Projekte für andere Sprachen z.B. →**Kontaktschwelle** Deutsch.

van Ek, J.A. (1975), *The Threshold Level*, Strasbourg.

Jürgen Quetz

Tiefenkasus, der: von Fillmore geprägter Begriff für Funktionen, die sich in einer flektierenden Sprache mit Kasusformen verbinden, vgl. →**semantische Relation**, →**Kasusgrammatik**.

Fillmore, Ch.J. (1968), „The Case for Case", in: Bach E./Harms R.J., *Universals in Linguistic Theory*, New York, 1–88.

Klaus Welke

Tiefenstruktur, die: Gegensatz zu →**Oberflächenstruktur**. Das Begriffspaar **T.** – Oberflächenstruktur wurde von Chomsky (1965) eingeführt. Die Begriffsbildung geht auf die frühere Auffassung von →**generativer Grammatik** als Transformationsgrammatik zurück, in der zunächst →**Phrasenstrukturen** in Form von Strukturbeschreibungen sog. Kernsätze generiert wurden. Auf diesen operierten Transformationen, die die Phrasenstrukturen (Kernstrukturen) abwandelten. Z.B. stellte man durch Transformationsregeln aus Strukturbeschreibungen von Aktivsätzen Strukturbeschreibungen von Passivsätzen her. Die Interpretation der Kernstrukturen als **T.** war ein folgenreicher Schritt. Jetzt wurden Strukturbeschreibungen von bspw. Passivsätzen nicht mehr aus Strukturbeschreibungen von Aktivsätzen abgeleitet. Die Kernstruktur wurde als eine abstrakte **T.** interpretiert, die beiden Satztypen, Aktivsatz und Passivsatz gleichermaßen zu Grunde liegt. Damit war ursprünglich die Hypothese verbunden, dass nur die **T.** für die →**Semantik** des Satzes zuständig ist, d.h. dass unterschiedliche Oberflächenstrukturen semantisch identisch sind.

Chomsky, N. (1965), *Aspects of the Theory of Syntax*, Cambridge. – Chomsky, N. (1981), *Lectures on Government and Binding*, Dordrecht.

Klaus Welke

Tilgung, die: s. ggf. auch →**Elision**; →**Reduktion**; →**Assimilation**: **1. T.** in sprechwiss./phonetischer Bedeutung: Ausfall eines Lautes oder einer Lautgruppe, meist infolge höherer Sprechgeschwindigkeit und zur Sprecherleichterung. Betroffen sind →**Vokale** (z.B. v.a. →**Schwa-Elision**: *reden* [ˈreːdn̩]) oder →**Konsonanten** (z.B. Entdoppelung von →**Plosiven**: *abputzen* [ˈapʊtsn̩]). Im Hinblick auf die **T.** von Vokalen unterscheidet man zudem Synkope (**T.** unbetonter Vokale im Wortinneren, z.B. *unsere* [ˈʊnsrə]) und Apokope (**T.** unbetonter Vokale, bzw. sogar mehrerer Laute am Ende eines Wortes, z.B. *ich sage* [...ˈzak], *wir kommen* [... ˈkɔm]). **2.** Terminus für eine Grundprozedur der →**Generativen Transformationsgrammatik** im Umgang mit Satzbestandteilen, die auf dem Wege der sukzessiven Umwandlung von sog. Tiefen- zu Oberflächenstrukturen obsolet bzw. ersetzt werden (vgl. etwa *Peter liest und Peter raucht Pfeife* → *Peter liest und/Tilgung/raucht Pfeife*.

Kerstin Reinke

Token, das: laufende Wörter oder Wortformen eines Textes. Da das Wort „Wort" mehrdeutig ist, wird zur genaueren Unterscheidung zwischen →**Lexem** (das Wort als Wörterbucheintrag) und **T.** (das Wort als Texteinheit) unterschieden. Wenn man erfassen will, aus wie vielen Wörtern ein Text besteht, zählt man die laufenden Wörter oder **Tokens**. Ein weiterer Begriff, der vor allem in der Korpuslinguistik gebraucht wird, ist Type (die Menge unterschiedlicher Wortformen eines Textes; →**Type-Token-Relation**).

Erwin Tschirner

Tonhöhe, die: beruht auf der Frequenz, mit der die Stimmlippen geöffnet und geschlossen werden: Je schneller die regelmäßige Abfolge der Stimmlippenschwingung, desto höher die **T.** Im Dt. ist sie nicht an lexikalische Einheiten gebunden wie in →**Tonsprachen**, z.B. Mandarin-Chinesisch. Die Veränderung der **T.** dient der Gestaltung von →**Akzenten**, Gliederungsstellen und Satzschlussphasen. Dies wird durch den Tonhöhenverlauf und den →**Tonhöhenakzent** realisiert. Die **T.** gehört zur suprasegmentalen Struktur (→**Suprasegmentalia**) einer Äußerung und damit zu den Mitteln, mit denen im Dt. semantische und syntaktische Markierung erfolgt (vgl. dazu sowie zur Bedeutung von **T.** für den Spracherwerb auch →**Prosodie**).

Ulrike Würz

Tonhöhenakzent, der: Neben Dynamik, Dauer, Timbre ist die Variation der →**Tonhöhe** ein Baustein zur Realisierung von →**Akzenten**. Das Deutsche kennt Hochtöne H und Tieftöne L (nach engl. *high/low*). Akzenttöne (bezeichnet mit *) tragen den Haupt- oder Nebenakzent einer Äußerung auf einer Kernsilbe. Fakultativ können sie mit Begleittönen auftreten, die für die Komplexität des **T.** verantwortlich sind. Akzenttöne und deren Begleittöne bilden gemeinsam den **T.**, vgl. z.B. in:

Ist	er	Je	nen	ser?
L →			H*L	H

T. ist im Dt. ein Merkmal des Tonhöhenverlaufs und gehört zur suprasegmentalen Struktur einer Äußerung (→**Suprasegmentalia**, →**Prosodie**).

Ulrike Würz

Tonhöhenverlauf, der: s. Satzmelodie

Tonsprache, die: Als **T.** werden Sprachen bezeichnet, in denen die Tonhöhe bzw. der spezifische Tonhöhenverlauf bezüglich einzelner Silben oder auch →**Wörter** (gemäßigte **T.**) phonologisch →**distinktiv**, d.h. bedeutungsunterscheidend sind. Man unterscheidet Sprachen, in denen die Tonhöhe im Sinne von Tonstufen wie hoch vs. tief distinktiv ist (z.B. Zulu) von Sprachen, in denen (ggf. zusätzlich) unterschiedliche Tonhöhenverlaufsformen wie steigend, fallend, steigend-fallend, fallend-steigend (z.B. Mandarin) distinktiv sind. Zuweilen treten noch Merkmale der Stimmqualität hinzu.

Es gibt drei Arten von **T.**, wobei diese Merkmale auch kombiniert vorkommen können: 1. Register-**T.**, bei denen die jeweilige relative Tonhöhe auf dem Silbenkern entscheidend ist (z.B. Yoruba); 2. Kontur-**T.**, in denen der Tonhöhenverlauf in Bezug zur einzelnen Silbe wichtig ist (z.B. Mandarin); 3. Tonakzentsprachen, bei denen zwar Wörter durch Betonung verschiedener Silben unterschieden werden, die Betonung jedoch durch eine spezifische Tonhöhe realisiert wird (z.B. Japanisch).

In einigen Sprachen bezieht sich die spezifische Tonhöhe nicht prinzipiell auf eine Silbe, sondern auf ein ganzes Wort (z.B. Schwedisch). Phonologisch distinktive Töne werden als Toneme bezeichnet. **T.** unterscheiden minimal zwei, maximal fünf Toneme. Die meisten Sprachen der Welt sind **T.**, v.a. in Ost- und Südostasien und in Westafrika, sie verfügen jedoch nicht über eine große Zahl von Sprechern. Auch einzelne deutsche Dialekte weisen Merkmale einer **T.** auf (z.B. Ripuarisch).

Weidert, A. (1981), *Tonologie. Ergebnisse, Analysen, Vermutungen*, Tübingen.

Kerstin Reinke

top down: Begriff der Kognitionspsychologie. **T.d.**-Verarbeitung (auch wissensgeleitete Verarbeitung genannt) subsumiert Prozesse der Hypothesenbildung bei der Informationsverarbeitung, d.h. gespeicherte mentale Wissensstrukturen (z.B. Schemata, →**Skripts**, →**Frames**) leiten die Auswahl, Organisation und Interpretation von verschiedenen sensorischen Informationen. Bei der Verarbeitung von Textinformationen werden mentale Repräsentationen des Weltwissens und des Sprachwissens aktiviert und als Hypothesen an die →**Bottom-up**-Informationen herangetragen.

Barbara Biechele

Topic, das: 1. Terminus für das erstplatzierte Element eines Satzes →**Topikalisierung**; **2.** Synonym zum Terminus Thema, wie er im →**Thema-Rhema-Konzept** verwendet wird; in diesem Verständnis ist **T.** Komplementärbegriff zu ‚Focus', der wiederum dem Terminus ‚Rhema' entspricht. **3.** In Bezug auf Kasus und →**semantische Relationen** bezieht sich die Unterscheidung **T.** – Focus auf die Reihenfolge der Ergänzungen im →**Stellenplan** des Verbs: *Emil* (**T.**), *schenkt* <u>*Anita*</u> (second Focus) <u>*einen Fahrradhelm*</u> (Focus).

Li, Ch.N. (1976), *Subject and Topic*, New York. – Plank, F. (1984), *Objects. Towards a Theory of Grammatical Relations*, London.

Klaus Welke

Topikalisierung, die: Umstellung (Permutation) einer syntaktischen Einheit in die Erstposition (→**Verschiebeprobe**).

Klaus Welke

Topos, der: Pl. Topoi; **1.** Terminus für eine Klasse von in stereotypisierender Weise verwendeten und in ihrem Bedeutungsrahmen festgelegten, zumeist auch sprachlich fixierten Themen und Motiven (z.B. „gehörnter Ehemann"; „die Schöne und die Bestie"; „der Märchenprinz" u.v.a.m.). **T.** sind wegen ihrer kulturellen und historischen Gebundenheit ggf. ein interessanter Gegenstand →**interkulturell** orientierten Fremdsprachenunterrichts – man denke etwa an den **T.** des „guten Wilden". **2.** In Bezug auf die →**Grammatik** spricht man von **T.** als einem konkreten Ort für die Stellung von →**Wörtern** und →**Satzgliedern**. In der deutschen Sprache ist es möglich den ursprünglichen **T.** eines Wortes/eines Satzglieds aus stilistischen und/oder semantisch-funktionalen Gründen zu verändern; ein prominentes Beispiel dafür ist die variabel entscheidbare Besetzung der 1. Stelle in Hauptsätzen (→**Thema-Rhema**; →**Topikalisierung**).

Christiane Rausch

Total Physical Response (TPR): Methode des Anfängerunterrichts; wird den sog. →**alternativen Methoden** zugeordnet; **TPR** wurde zu Beginn der 1960er Jahre von J.J. Asher entwickelt und basiert auf lerntheoretischen Annahmen des →**Behaviorismus** sowie auf den Theorien des →**Nativismus**, den →**Erstsprachenerwerb** betreffend. **TPR** baut i.W. auf der →**audiolingualen Methode** auf und legt den Schwerpunkt auf die Entwicklung von →**Hörverstehensfertigkeiten**. Mithilfe von an Bewegungen und Gesten gebundenen, meist imperativischen →**chunks** (*„Geh zum Fenster!"*) sollen die Art des kindlichen Spracherwerbs simuliert und verschiedene Wahrnehmungskanäle (auditiv, kinästhetisch, visuell) gleichzeitig aktiviert bzw. durch Kontextualisierung zur Steigerung von Lern- und Behaltenseffekten verknüpft werden. Produktive Fertigkeiten wie das Schreiben oder Sprechen gewinnen im **TPR**-Unterricht erst spät an Bedeutung. Während mehrkanaliges Vorgehen inzwischen zum methodenweiten Fachkonsens gerechnet werden kann, werden dem **TPR** kritisch u.a. die starke Lehrerzentrierung sowie die Gefahr einer Infantilisierung und Entmündigung ihrer Klientel („Lernende als Befehlsempfänger") entgegengehalten (s. Ortner, 1998).

Ortner, B. (1998), *Alternative Methoden im Fremdsprachenunterricht*, Ismaning.

Kerstin Rische

Totum pro parte: rhetorisches Mittel aus der Gruppe der →**Tropen**, wobei ein Ganzes an Stelle eines gemeinten Teils tritt, wie z.B. in *Deutschland liegt 0:2 im Rückstand.*, wo die Bezeichnung der Nation für deren Nationalmannschaft steht (Ggs. →**Pars pro toto**).

Christiane Rausch

Transfer, der/Transferenz, die: Der enge Transferbegriff des Behaviorismus unterscheidet bei der Übertragung sprachlicher Elemente: a) positiven Transfer: strukturelle Identität = korrekte zielsprachliche Äußerung, und b) negativen Transfer: strukturelle Differenz = fehlerhafte zielsprachliche Äußerung (→**Interferenz**). Selinker (1972) erweitert den Transferbegriff und beschreibt Sprachtransfer als einen der psycholinguistischen Prozesse in der →**Interlanguage**. Transferenz bezeichnet den Prozess jeglicher Übertragung sprachlicher Elemente. Die aktuelle Forschung erfasst mit **T.** vielschichtige Formen zwischensprachlicher Interaktion, dies schließt **T.** von sprachstrukturellem und spracherwerbsstrategischem Wissen ein.

Selinker, L. (1972), *Interlanguage*, International Review of Applied Linguistics in Language Teaching 10/3.

Silke Demme

Transformation, die: s. Umformungsprobe

Transformationsgrammatik (TG): s. generative Transformationsgrammatik

transitiv: meist in Bezug auf →**Verben** gebraucht; Diese gliedern sich in **t.** und →**intransitive** Verben. **T.** werden Verben genannt, die ein →**Objekt** im Akkusativ allein oder neben anderen Objekten regieren. Wird ein **t.** Verb ohne sein Akkusativobjekt verwendet, so spricht man traditionell von einem ‚intransitiv gebrauchten' **t.** Verb: *Er liebt sie – Er liebt*, vgl. auch →**fakultative Ergänzung**, →**Valenz**, →**Valenzreduktion**.

Klaus Welke

Transitivierung, die: Überführung →**intransitiver** Verben durch morphologische Veränderung – meist →**Präfigierung** – in abgeleitete →**transitive** Varianten bei gleichzeitiger Veränderung der Bedeutung und der syntaktischen Struktur, wobei ein →**Kasus** (ein Dativ, Genitiv oder ein Präpositionalkasus) durch den Akkusativ ersetzt wird, vgl. z.B.: *Er liefert ihm Waren. Er beliefert ihn (mit Waren); Ich antworte auf seine Fragen./Ich beantworte seine Fragen.*

Klaus Welke

Transkription, die: 1. **T.** als →**phonetische Umschrift** (Lautschrift, →**International Phonetic Alphabet (IPA)**): Wiedergabe der Aussprache von Wörtern oder Texten als schriftlich vorliegende (z.B. in Wörter- oder Lehrbüchern) bzw. real gesprochene Äußerungen mit Hilfe von international verwendeten Transkriptionszeichen. Es kann zwischen weiter, phonologischer (bei der nur →**Phoneme** in Schrägstrichen /.../), und enger, phonetischer **T.** von Lauten bzw. →**Allophonen** (in eckigen Klammern [...]) unterschieden werden. Die phonetische **T.** der →**Standardaussprache** ist in Ausspracheworterbüchern festgelegt.

2. „Verschriftung" gesprochener Sprache (in Buchstabenschrift, ohne IPA-Zeichen): In diesem Sinne wird die **T.** in den unterschiedlichsten wissenschaftlichen Disziplinen verwendet, deren Forschungsanlagen u.a. die Elizitierung und Analyse von Sprachdaten erfordern, darunter auch in der Gesprächsanalyse, die ein eigenes System entwickelt hat (GAT = Gesprächsanalytisches Transkriptionssystem, vgl. Selting u.a. 1998) und eine Reihe zusätzlicher Zeichen verwendet, mit denen sich paraverbale und nonverbale Merkmale beschreiben lassen. Neben weiteren kodifizierten Transkriptionssystemen werden viele Verschriftungspraxen im Forschungsprozess ad hoc entwickelt.

Selting, M. (1998), „Gesprächsanalytisches Transkriptionssystem (GAT)", in: *Linguistische Berichte* 173, 91–122.

Ursula Hirschfeld

Translation, die: s. Übersetzung

transnationale Germanistik, die: Der Ausdruck betont den Wissenschaftscharakter des universitären Faches →**Deutsch als Fremdsprache** und bestimmt dessen Aufgaben im Kontext einer (in ihrem faktischen Selbstverständnis noch immer) auf das Nationale (im weiteren Sinn) bezogenen Germanistik (vgl. →**Inlandsgermanistik**). Die **t.G.** als Wissenschaft innerhalb der deutschsprachigen Länder bearbeitet die deutsche Sprache, die deutsche Literatur, die deutsche Kultur aus der Perspektive der Fremdheit.

Ehlich, K. (2007), *Transnationale Germanistik*, München.

Konrad Ehlich

trennbares Verb, das: Verb mit einer betonten Vorsilbe, die bei vielen konjugierten Formen vom Verb getrennt wird (*vorwerfen, sie wirft vor*, aber: *weil er vorwirft – vorgeworfen*). Die getrennten Teile bilden eine →**Satzklammer** (*Schon lange stellt die Fabrik das Produkt nicht mehr her.*). Die trennbaren Vorsilben sind häufig Präpositionen, aber nicht in allen Fällen sind Präpositionen abtrennbar, vgl. *Konto überzogen* und *Jacke übergezogen*, was wegen der damit verbundenen Lernschwierigkeit im DaF/DaZ-Unterricht methodisch-didaktisch berücksichtigt werden sollte. Andere Vorsilben der **t.V.** gehen zurück auf Adverbien (*hineinfahren*), Adjektive (*feststellen*) und Substantive (*preisgeben*). Der →**Rechtschreibreform** folgend werden **t.V.** des Typs Adjektiv+Verb (*leicht nehmen*) teilweise und **t.V.** des Typs Verb+Verb (*kennen lernen*) meist getrennt geschrieben.

Madeline Lutjeharms

Triangulation/Triangulierung, die: Verfahren in der empirischen Forschung, das Schwächen und Verzerrungen von →**Forschungsmethoden** durch Einsatz von mehrmethodischen →**Forschungsansätzen** zu überwinden versucht (→**Validierungsstrategie**) und/oder reichhaltigere Einsichten in den Forschungsgegenstand anstrebt. Der Begriff **T.** wird in zwei zu unterscheidenden Kontexten verwendet: 1. zur Verbesserung der Qualität qualitativer Forschung durch die Verwendung mehrmethodischer Ansätze. Unterschieden wird zwischen Methoden-**T.** (unterschiedliche Methoden zur Untersuchung desselben Gegenstands: multiple →**Operationalisierung**), Daten-**T.** (unterschiedliche Datenquellen für das gleiche Phänomen: unterschiedliche Orte, Zeitpunkte, Personen unterschiedlicher Herkunft), Forscher-**T.** (unterschiedliche Beobachter, Interviewer, Datenauswerter etc.) und Theorien-**T.** (Datenanalyse unter Einbeziehung unterschiedlicher theoretischer Ansätze); 2. zur Kombination von qualitativer und quantitativer Forschung, z.B. Verknüpfung einer →**Stichprobe** mit ergänzenden Fallstudien; sukzessive Abfolge von qualitativer Pilotstudie und quantitativer Querschnittstudie u.v.a.m.

Flick, U. (2004), *Triangulation. Eine Einführung*, Wiesbaden.

Claudia Riemer

Tropus, der/Trope, die: Pl. Tropen oder Tropoi; Oberbegriff für rhetorische Stilmittel – darunter auch solche, die für die Wortbildung produktiv sind –, die auf einer semantischen Verschiebung beruhen, bei der etwas Gemeintes mit einem z.B. bildhaften Ausdruck bezeichnet wird (vgl. etwa den →**metaphorischen** Ausdruck *Blauer Planet* für Erde) oder ein Lebewesen, vermittelt über Ähnlichkeitsbeziehungen, seinen Namen erhält (vgl. *Hammerhai*). **T.** stellen im Kontext fremdsprachlichen Lernens gleichzeitig ein spezifisches Lernproblem sowie einen interessanten Gegenstand der →**interkulturellen** Begegnung von Sprachen und Kulturen dar.

Christiane Rausch

Turn, der/turntaking: Begriff aus der *conversation analysis* (→**Konversationsanalyse**), der sowohl den →**Sprecherwechsel** als auch den Sprecher- bzw. Redebeitrag bezeichnet. Ein **T.** (a. Gesprächsschritt) ist als Übergang des Rederechts von einem Sprecher auf einen Hörer definiert und somit mit einem Rollenwechsel verbunden. **T.-t.** (Redeübernahme) ist eine grundlegende Form der Organisation mündlicher Konversation. Es ist strikt geregelt und erfolgt durch Fremd- oder Selbstzuweisung des Rederechts (vgl. Sacks et al. 1974). Die Analyse des Sprecherwechsels in Unterrichtsgesprächen kann Aufschluss über die impliziten Regeln der →**Kommunikation** im Fremdsprachenunterricht geben.

Sacks, H./Schegloff, E. A./Jefferson, G. (1974), „A simplest systematics for the organization of turn-taking for conversation", in: *Language* Vol. 50, No 4, 696–735.

Udo Ohm

Type-Token-Relation, die: quantitatives Maß der Wortwiederholung in Texten (engl., type-token-ratio); Verhältnis unterschiedlicher Wortformen (Types) zur Menge der in einem Text enthaltenen laufenden Wortformen (→**Token**). Dieser Text enthält z.B. 75 Tokens und 57 Types. Die Type-Token-Relation ist demnach 57:75 = 0,76. Die

TTR wird als Qualitätsmerkmal von Texten verwendet, z.B. im Hinblick darauf, ob ein Text in Anbetracht seiner Länge eher wortschatzarm oder -reich ist. Sie ist aus sprachstatistischen Gründen erst ab einer Textlänge von 300 Tokens aussagekräftig und wenn Texte gleicher Länge miteinander verglichen werden.

Erwin Tschirner

U

Übergeneralisierung, die: gehört zu den zentralen psycholinguistischen Prozessen, die eine →**Interlanguage** charakterisieren. Für DaF/DaZ bedeutet dies die Anwendung lernersprachlichen Regelwissens über das Deutsche auf Strukturen, für die diese Regeln nicht zutreffen. Z.B. wird die Bildung des Präteritums regelmäßiger Verben auch auf unregelmäßige Verben angewandt: *lern-te/*schreib-te.* **Ü.** oder auch falsche Analogiebildungen (z.B. Pl.: *Hut/Hüte – Schmuck/*Schmücke*) führen zu intralingualen Fehlern. Aus spracherwerblicher Sicht handelt es sich dabei um kreative Fehler, weil Sprachwissen aktiv beim Bilden und Testen von Hypothesen über die Zielsprache eingesetzt wird.

Silke Demme

Übersetzungswissenschaft, die: auch: Translatologie; Ende der 1940er Jahre entstandene Wissenschaft des Übersetzens, später auch des Dolmetschens. Die **Ü.** bezieht sich heute vorwiegend auf zwei Bereiche: Darstellung des Übersetzens und Dolmetschens als Prozess sowie Analyse der durch Übersetzen und Dolmetschen entstandenen Produkte (vgl. Kautz 2000, 40f.). Die verschiedenen Übersetzungstheorien lehnten sich oft an die jeweiligen linguistischen Theorien an (→**Zeichentheorie**, →**Textlinguistik**, →**Pragmatik**). Heute steht bei der Übersetzungsanalyse vor allem die Frage im Mittelpunkt, welchen Zweck (Funktion) eine Übersetzung für das Zielpublikum hat (Skopostheorie).

Kautz, U. (2000), *Handbuch Didaktik des Übersetzens und Dolmetschens,* München.

Jens Reimann

Übung, die: Arbeitsweise, die zur Aneignung oder Anwendung und Einprägung von Kenntnissen und Fertigkeiten nach Einführung oder Erarbeitung eines Lernstoffs dient. Im Fremdsprachenunterricht dient die **Ü.** dem Verstehensvorgang, dem Bewusstmachen und Automatisieren von Formen, Sprachstrukturen und Fertigkeiten (z.B. Wortschatz**ü.**, Grammatik**ü.**, Hörverstehens**ü.**). Sie soll die korrekte Anwendung und rasche Verfügbarkeit eines klar umrissenen Sprachlernstoffs bei geringer Fehlertoleranz für andere Zusammenhänge vorbereiten. Das gesteuerte Lernverhalten der **Ü.** mit genau festgelegtem Lern- und Lösungsweg lässt im Gegensatz zur →**Aufgabe** keine individuelle Sprachverwendung mit unterschiedlichen Lösungsansätzen zu. Insbesondere die kommunikative Wende in der Methodik der 1980er Jahre hat die Rolle der **Ü.** im Unterricht verändert. Die Abkehr von reproduktiven Übungsformen (→**Pattern Drill**) zugunsten von Alltagskommunikation unter Einbeziehung aller Fertigkeiten und die weitere Entwicklung lernerzentrierter Unterrichtskonzepte (→**Lernerautonomie**) führte zur Einbettung der **Ü.** in übergreifende, kommunikative Aufgabenstellungen in einem situativen Kontext (→**Übungstypologie**, Neuner u.a. 1996, 7).

Häussermann, U./Piepho, H.-E. (1996), *Aufgaben-Handbuch Deutsch als Fremdsprache. Abriss einer Aufgaben- und Übungstypologie,* München. – Neuner, G. u.a., (1996), *Übungstypologie zum kommunikativen Deutschunterricht,* München.

Andrea Dorner

Übungstypologie, die: ordnet, differenziert und systematisiert den Aufbau von →**Übungen** oder von Übungssequenzen als Grundlage für die Unterrichtsplanung. Die **Ü.** bietet eine systematische Zusammenstellung von Übungsmöglichkeiten nach den jeweiligen Kriterien, an denen sich das Lehr- und Lernziel orientiert. Vor dem Hintergrund unterschiedlicher linguistischer und lerntheoretischer Grundlagen hat jede →**Fremdsprachenmethodik** ihre eigene **Ü.** entwickelt.

Neuner, G. u.a. (1996), *Übungstypologie zum kommunikativen Deutschunterricht,* München. – Rampillon, U. (1999), *Aufgabentypologie zum autonomen Lernen,* Ismaning.

Andrea Dorner

Umformprobe, die: auch: Transformation, ein Test der dazu dient, durch bestimmte kontrollierte syntaktisch-morphologische Veränderungen, die u.a. in Permutationen, Substitutionen und Omissionen bestehen (→**Verschiebeprobe**, →**Ersatzprobe**, →**Weglassprobe**), systematische Beziehungen zwischen Konstruktionen aufzudecken, vgl. z.B. Passivtransformationen (Transformationen eines Aktivsatzes in einen Passivsatz): *Er kauft ihr das Buch* → *Das Buch wird ihr (von ihm) gekauft* (Vorgangspassiv); *Hier wird nur gekauft* (unpersönliches Passiv); *Sie bekommt das Buch gekauft* (Rezipientenpassiv); *Das Buch ist gekauft* (Zustandspassiv).

Klaus Welke

Umgangssprache, die: **1.** Phonetisch: ist **U.** eine mündliche, alltägliche Variante der Schriftsprache, wie sie in einer größeren Region des deutschen Sprachgebiets benutzt wird. Die Ausspracheformen weichen dabei z.T. stark von denen der Standardaussprache ab, während die anderen Sprachebenen nur sehr selten Normverstöße zeigen. Die Aussprachevarianten der **U.** basieren dabei auf den phonetischen Formen der regionalen Dialekte. **2.** Soziologisch: ist **U.** die Sprache, die von einer bestimmten Gruppe von Menschen verwendet wird und u.a. regional und sozial ist (→**Dialekt**; →**Soziolekt**).

Beate Lex

Umlaut, der: Im Gegensatz zum →**Ablaut** bezeichnet der **U.** die Veränderung des →**Stammvokals** durch →**Assimilation** an den Vokal der Folgesilbe. Im Deutschen tritt dieses Phänomen auf, wenn die Folgesilbe den Vokal „i" oder den Halbvokal „j" enthielt, z.B.: *ich falle* – ahd. *vallu*; *du fällst* – ahd. *vellis*. Deswegen wird der heute für das Deutsche typische **U.** als „i-Umlaut" bezeichnet. Die umgelauteten Vokale werden im heutigen Deutsch durch spezielle Buchstaben dargestellt: „ä", „ö" und „ü". Der **U.** ist eine Form der inneren →**Flexion** (neben Ablaut und →**Suppletion**) und wirkt mit bei der Markierung einiger Plurale (z.B. *Garten – Gärten, Sohn – Söhne*), Steigerungsstufen (z.B. *groß – größer*), Kennzeichnungen der Person (*ich fahre – du fährst*) und des Modus (*ich konnte – ich könnte*) Außerdem spielt der **U.** eine wichtige Rolle in der →**Wortbildung** (*Kuss – küssen, kalt – Kälte, Haus – Häuschen, Macht – mächtig* usw.).

Marina Matthey

Umschrift, die: s. Transkription

Umstandsbestimmung, die: s. Adverbial

uneingeleiteter Nebensatz: →Nebensatz, der nicht durch ein →**Pronomen** oder eine →**Konjunktion** eingeleitet wird. Obwohl diese formalen Signale der Unterordnung fehlen, wird die Abhängigkeit zum Hauptsatz durch die im Satz entfaltete Semantik deutlich. Das finite Verb steht an erster (z.B. *Hätte ich das gewusst, wäre ich nicht gekommen*, mit Konjunktion: *Wenn ich das gewusst hätte, wäre ...*) oder an zweiter Stelle des Satzes (z.B. *Otto meint, Anna esse zu wenig*, mit Konjunktor: *Otto meint, dass Anna ...*).

Mandy Höhle

unflektierbar: Bezeichnung für Wörter, die sich weder konjugieren noch deklinieren lassen. Dazu zählen Präpositionen, Partikeln, Adverbien, Konjunktionen und Subjunktionen. Häufig kommt es bei **u.** Wortarten zu →**Homonymien**. Das gleiche Wort kann unterschiedlichen Klassen angehören, da es im Satz unterschiedliche Funktionen ausüben kann, z.B. *Sie wohnt außerhalb der Stadt.* (Präposition) vs. *Sie wohnt außerhalb.* (Adverb).

Mandy Höhle

ungesteuerter Spracherwerb, der: im Kontext der Unterscheidung unterschiedlicher Situierungen des Lernens/Erwerbens von Sprachen gebräuchlicher Terminus für Formen außerunterrichtlichen →**Spracherwerbs**; dazu zählen insbesondere der →**Erstspracherwerb** und der →**Zweitspracherwerb**. Komplementär dazu fokussiert der Begriff →**gesteuerter Spracherwerb** den unterrichtlich bzw. – im erweiterten Sinne – durch explizites Lehrhandeln und/oder einschlägige Lehr- und Lernmaterialien systematisch organisierten und begleiteten →**Fremdsprachenerwerb.** (Zur Problematik der Begrifflichkeit s. →**gesteuerter Spracherwerb**).

Hans Barkowski

ungrammatisch: eine sprachliche Struktur (Satz, Phrase), die gegen die sprachliche →**Norm** verstößt (→**Grammatikalität**), d.h. die nicht den Regeln einer Sprache entspricht und von kompetenten Sprechern dieser Sprache als sprachlich inkorrekt eingestuft wird. Die →**Generative Transformationsgrammatik** spricht von **u.** Sätzen, wenn Verstöße gegen strukturaufbauende Regeln auftreten (→**Wohlgeformtheit**). Für den Sprachunterricht stellt sich die Frage, welche Norm zu Grunde gelegt werden soll und wie weit Grammatikalität gegenüber der →**Flüssigkeit** Vorrang hat, ob also auch **u.** Strukturen, soweit sie verständlich sind, akzeptiert werden können (→**Akzeptabilität**; →**Fehler**).

Mandy Höhle

UNICERT: ein für Deutschland entwickeltes, hochschulspezifisches (nicht-philologisches) sprachen-, institutionen- und fächerübergreifendes Fremdsprachen-Zertifikatssystem des Arbeitskreises der Sprachzentren, Sprachlehr- und Fremdsprachen-institute (→**AKS**) für eine transparentere Einschätzung fremdsprachlicher Abschlüsse; die Zertifizierung nach **U.** erlaubt den durchführenden Institutionen eine flexible Handhabung, aber bedarf einer Akkreditierung (Laufzeit: drei Jahre). S.a. →**Sprachprüfung.**

Eggensperger, K.-H./Fischer, J., Hrsg. (1998), *Handbuch UNICERT (Fremdsprachen in Lehre und Forschung 22)*, Bochum. – Internetadresse: http://rcswww.urz.tu-dresden.de/~unicert/

Gundula Scherf

Universalgrammatik, die: Das Konzept der **UG** wurde von dem amerikanischen Linguisten und Sprachphilosophen Noam Chomsky erstmals in „Aspects of the Theory of Syntax" (1965) vorgestellt Die **UG** ist ein zentraler Bestandteil der →**Government and Binding Theorie**, der Theorie der Minimalistischen Syntax und der Optimaliätstheorie. Die **UG** bezeichnet die angeborene Fähigkeit von Menschen, Sprachen zu erwerben; sie ist die Charakterisierung eines spezifischen Systems mentaler Strukturen, das die Voraussetzung für den Spracherwerb bildet (→**LAD**). Die **UG** ist damit die Vorspezifizierung des menschlichen Gehirns, die Spracherwerb erst ermöglicht, d.h. der Mechanismus, der den sprachlichen Input aus dem Umfeld in das grammatikalische System der jeweiligen Sprache verarbeitet. Im Kontext der Government and Binding Theorie wird sie als ein System bestehend aus universellen Prinzipien in den Bereichen Lexikon, Syntax, Phonologie und Semantik definiert, die bestimmen, was eine mögliche Grammatik einer menschlichen Sprache ist. Neben den Prinzipien werden →**Parameter** definiert, welche die spezifische Grammatik einer Sprache bestimmen und im Prozess des Spracherwerbs gesetzt werden.

Chomsky, N. (1965), *Aspects of the Theory of Syntax*, Cambridge/Massachusetts. – Chomsky, N. (1988), *Lectures on Government and Binding*, Dordrecht. – Chomsky, N. (1994), *A Minimalist Program for Linguistic Theory*, in: Hale, K./Keyser, S.J. (Hrsg.), *The View from Building 20. Essays in Linguistics in Honor of Sylvain Bromberger*, Cambridge, 1–52.

Thomas Fritz

unpersönliches Verb: auch: Impersonal, traditionelle Bezeichnung für Verben, die keine Subjektleerstelle eröffnen oder die als →**Subjekt** das Pronomen *es* verlangen, diesem aber keine eindeutige, semantische Rolle zuordnen. Zu diesen Verben gehören insbesondere die Witterungsverben: *es regnet* (auch als unpersönliche Konstruktion bezeichnet).

Je nach Ausgangssprache ist es für Lernende schwer einzusehen, dass im Deutschen ein Satz auch dann ein (syntaktisches) Subjekt braucht, wenn dieses inhaltsleer ist.

Mandy Höhle

unproduktiv: in unterschiedlichen Kontexten unterschiedlich belegter Terminus; im Kontext von DaF/DaZ findet der Begriff besonders in den folgenden fachlichen Zusammenhängen Verwendung: **1.** zur Qualifizierung von Wortbildungsmodellen (→**Wortbildung**); diese sind **u.**, wenn nach ihnen (vgl. *Begierde; Schlaf; Fahrt*) keine Neubildungen (mehr) erfolgen. **2.** zur methodisch-didaktischen Qualifizierung zielsprachlicher Grammatikregeln: Diese sind dann als **u.** zu werten, wenn sie von Fremdsprachenlernenden bzw. -sprechern nicht selbstständig und zielführend angewendet werden können (vgl. ausführl. →**produktiv**). Die Bewertung einer Regel als **u.** folgert insofern die Empfehlung, deren explizite Beherrschung nicht zum Lehr-/Lernziel des FSU zu machen.

Hans Barkowski

unregelmäßiges Verb, das: s. starkes Verb

Unterrichtsanalyse, die: **U.** erfasst verschiedene Aspekte von Unterricht auf den Ebenen Beschreibung, Interpretation und Bewertung. Zur **U.** werden verschiedene methodische Verfahren (Protokoll, Beobachtungsbogen, Interview, Videografie etc.) eingesetzt und häufig kombiniert, wobei die Perspektiven verschiedener Akteure (Lehrer, Lerner, Kollegen, Experten, Schulaufsicht etc.) Berücksichtigung finden können (vgl. Helmke 2003). Zwar richten sich Analysekriterien immer nach konkreten Handlungskontexten, dennoch bietet die Fachliteratur viele praxiserprobte „Checklisten" zur Beurteilung des eigenen Unterrichts (→**Selbstevaluation**), zur Erfassung von Schülerangaben (Lernerfeedback) und zur Expertenanalyse.

Altrichter, H./Posch, P. (2007), *Lehrerinnen und Lehrer erforschen ihren Unterricht. Unterrichtsentwicklung und Unterrichtsevaluation durch Aktionsforschung*, Bad Heilbrunn. – Helmke, A. (2003), *Unterrichtsqualität erfassen, bewerten, verbessern*, Seelze.

Dirk Skiba

Unterrichtssprache, die: 1. Die Sprache, in der der Unterricht in allen Fächern stattfindet, i.d.R. die jeweilige →**Amtssprache** eines Landes. **2.** Fremdsprache als **U.** in verschiedenen Fächern, z.B. Englisch als Arbeitssprache im Chemieunterricht mit dem Ziel, gleichzeitig das Inhalts- und das Sprachlernen zu forcieren. Dieser →**bilinguale Sachfachunterricht** wird als ein probates Mittel zur Förderung der →**Mehrsprachigkeit** angesehen (→**Content and Language Integrated Learning**). **3.** Die spezifische Kommunikation zwischen Lehrenden und Lernenden, die als institutionelle Kommunikation bestimmten sprachlichen Mustern folgt, z.B. hat i.d.R. nur der Lehrende das Fragerecht und das Recht zur Bewertung sprachlicher Äußerungen.

Ins Zentrum der Diskussion gerückt ist Deutsch als **U.** u.a. durch die →**PISA-Studie**: Lernende, insbesondere Kinder mit Migrationshintergrund, scheitern auch in sog. nichtsprachlichen Fächern, weil ihnen entscheidende Kenntnisse in der **U.** fehlen. Diese kann nicht als automatisch vorhandenes Transportmedium für die Fachinhalte vorausgesetzt, sondern muss mittels eines sprachsensiblen Unterrichts systematisch in allen Fächern aufgebaut werden (→**Languages across the curriculum**).

Becker-Mrotzek, M./Vogt, R. (2001), *Unterrichtskommunikation – Linguistische Analysemethoden und Forschungsergebnisse*, Tübingen. – Portmann-Tselikas, P.R. (1998), *Sprachförderung im Unterricht. Handbuch für den Sach- und Sprachunterricht in mehrsprachigen Klassen*, Zürich. – Schmölzer-Eibinger, S. (2008), *Lernen in der Zweitsprache. Grundlagen und Verfahren der Förderung von Textkompetenz in mehrsprachigen Klassen*, Tübingen. – Vollmer, H.J. (2006), *Towards a Common European Instrument for Language(s) of Education*, Strasbourg.

Barbara Haider

V

Valenz/Valenzgrammatik, die: Teiltheorie der →**Dependenzgrammatik.** In der **Vg.** nimmt man wie in der Dependenzgrammatik an, dass der Satz vom →**finiten Verb** aus organisiert wird. Das Verb prädeterminiert kraft seiner **V.** die →**Satzstruktur.** Verben eröffnen Leerstellen, die durch Ergänzungen besetzt werden (→**Stellenplan**, →**Wertigkeit**). Verben können im Regelfall ein-, zwei- oder dreiwertig sein. Verben fordern eine →**Ergänzung** (i.d.R. ein →**Subjekt**) oder mehrere Ergänzungen (neben dem Subjekt, →**Objekte** und weitere valenzgeforderte Satzglieder). Von der **V.** nicht erfasst sind die →**Angaben.** Einem Kreis von →**obligatorischen** Ergänzungen steht ferner eine unbestimmte Anzahl →**fakultativer** Ergänzungen gegenüber. Fakultative Ergänzungen müssen, wie der Name sagt, nicht realisiert werden. Über Verben hinaus ist noch mindestens den drei anderen Hauptwortarten (→**Adjektiv**, →**Substantiv** und →**Adverb**) **V.** zuzuschreiben. **V.** tragende Substantive sind meist von Verben oder Adjektiven abgeleitet. Die Substantive erben die **V.** der Verben oder Adjektive. Man spricht von →**Valenzvererbung.** Die Realisierung der Ergänzungen unterliegt dabei bestimmten Bedingungen. Bspw. steht den vier Kasus der Verbergänzungen nur der Genitiv in der substantivischen Wortgruppe gegenüber, und nur der Nominativ oder der Akkusativ kann durch den Genitiv ersetzt werden, vgl. *Eduard vererbt ein Vermögen. – die Vererbung eines Vermögens, *die Vererbung Eduards; Eduard dankt Erwin. – der Dank Eduards, der Dank *Erwins/an Erwin.* (→**Genitivus obiectivus**, →**Genitivus subiectivus**). Das Konzept der **V.** gehört zu den im DaF-Kontext besonders aufmerksam rezipierten Sprachbeschreibungsmodellen und bestimmt, basierend auf den Wertigkeitsklassen der Verben, implizit den Progressionsaufbau der meisten Lehrwerke und hat bei der Vermittlung von Verben den Rektionsansatz abgelöst (→**Progression**, →**Rektion**).

Ágel, V. (2000), *Valenztheorie*, Tübingen. – Ágel, V./Eichinger, L.M./Eroms, H.-W. et al. (2003), *Dependenz und Valenz. Ein internationales Handbuch der zeitgenössischen Forschung*, 1. Halbbd., Berlin/New York. – Herbst, Th./Götz-Votteler, K. (2007), *Valency. Theoretical, Descriptive and Cognitive Issues*, Berlin/New York. – Welke, K. (1988), *Einführung in die Valenz- und Kasustheorie*, Leipzig.

Klaus Welke

Valenzreduktion, die: Begriff der →**Valenzgrammatik**; vgl. auch →**Valenz**; Gegensatz: Valenzerweiterung. Der Begriff beruht auf der Annahme, dass es im →**Lexikon** von Verben und anderen

Valenzträgern eine „Grundvalenz" gibt. Gegenüber dieser Grundvalenz kann es **V.** geben, vgl. auch →**fakultative Ergänzung**, z.B. *Emil hilft Anton*. – *Emil hilft*. Um eine Erweiterung gegenüber der Grundvalenz handelt es sich z.B. in *Emil hilft Anton über die Straße/in den Mantel*.

Klaus Welke

Valenzstruktur, die: die von einem Valenzträger determinierte Struktur einer Konstruktion, die aus dem Valenzträger und dessen →**Ergänzungen** (E.) besteht. Im Falle eines Verbs ist das die Satzstruktur (→**Satzbauplan**, →**Stellenplan**). Zu dieser Grundstruktur aus Valenzträger + Ergänzungen können im Prinzip beliebig →**Angaben** (A.) hinzugefügt werden. *Emil* (1. E.) *hat das Buch* (2. E.) *in der Küche* (A.) *auf den Tisch* (3. E.) *gelegt*.

Klaus Welke

Valenztheorie, die: →**Valenz/Valenzgrammatik**. Teiltheorie der →**Dependenzgrammatik**. Der Tesnière'sche Valenzbegriff wurde innerhalb der germanistischen Linguistik in den 1960er Jahren zu einer eigenständigen Grammatiktheorie, der **V.**, ausgebaut.

Tesnière, L. (1980), *Grundzüge der strukturalen Syntax*, Stuttgart.

Klaus Welke

Valenzträger, der: s. Valenz

Valenzvererbung, die: Terminus der →**Valenz/Valenzgrammatik**. Mit **V.** bezeichnet man den Umstand, dass sich die Valenz eines Verbs oder Adjektivs auf ein Substantiv vererbt, das von dem jeweiligen Verb oder Adjektiv abgeleitet ist.

Klaus Welke

Valenzwörterbuch, das: ein Wörterbuch, in dem Eintragungen zur →**Valenz** eines Wortes enthalten sind; Es gibt einsprachige und mehrsprachige Verb-, Adjektiv- und Substantiv-**V.**. **V.** sind als Hilfsmittel für Lehrende und Lernende im Bereich des Fremdsprachenlernens gedacht. Sie gehen davon aus, dass im Lexikoneintrag eines Verbs, Adjektivs oder Substantivs Informationen zur Zahl der →**Ergänzungen** und ihrer →**Obligatheit** bzw. Fakultativität sowie zu den syntaktischen Realisierungen (→**Subklassenspezifik**) und den semantischen Realisierungen (→**Selektionsbeschränkungen**) der Ergänzungen gespeichert sind. Man findet im Lexikoneintrag im Falle von **V.** also Informationen über das Grundgerüst, den →**Stellenplan** des Satzes, den →**Satzbauplan**. In Adjektiv- und Substantivvalenzwörterbüchern findet man die entsprechenden Informationen zu den syntaktischen und semantischen Bedingungen der jeweiligen Konstruktion. U.a. folgende **V.**, die im Übrigen unterschiedlichen lexikographischen Konzepten folgen, stehen derzeit zur Verfügung:

Engel, U./Schumacher, H. (1976), *Kleines Valenzlexikon deutscher Verben*, Tübingen. – Helbig, G./Schenkel, W. (1969), *Wörterbuch zur Valenz und Distribution deutscher Verben*, Leipzig. – Schumacher, H. (1986), *Verben in Feldern. Valenzwörterbuch zur Syntax und Semantik deutscher Verben*, Berlin/New York. – Schumacher, H. u.a. (2004), *VALBU – Valenzwörterbuch deutscher Verben*, Tübingen. – Sommerfeld, K.-E./Schreiber, H. (1974), *Wörterbuch zur Valenz und Distribution deutscher Adjektive*, Leipzig. – Sommerfeld, K.-E./Schreiber, H. (1977), *Wörterbuch zur Valenz und Distribution der Substantive*, Leipzig.

Klaus Welke

Validierung, die: Die →**Validität** eines Tests muss zunächst theoretisch und anhand einer Bedarfsanalyse begründet werden. Der Prozess der **V.** eines Tests ist ein komplexes wissenschaftliches Verfahren, bei dem untersucht wird, ob die Testergebnisse eine gültige Aussage über die fremdsprachlichen Fähigkeiten und Fertigkeiten der Testteilnehmenden zulassen. Ein Test ist nicht an sich und für alle Zeiten valide; der Prozess der **V.** ist vielmehr ein fortlaufender, der immer wieder rückgekoppelt werden muss an die Bedingungen und Ziele, denen der Test unterliegt (vgl. Bachman/Palmer 1996, 39).

Bachman, L.F./Palmer, A.S. (1996), *Language Testing in Practice. Designing and Developing Useful Language Tests*, Oxford.

Silvia Demmig

Validität, die: das wichtigste unter den drei →**Gütekriterien** (**V.**, →**Reliabilität**, →**Objektivität**), die zur Beurteilung von Tests herangezogen werden. Ein Test ist valide, wenn er genau das misst, was er zu messen vorgibt. Entscheidend dabei ist die Konstruktvalidität, die im Wesentlichen auf zwei Arten hergestellt werden kann, die ergänzend zu verstehen sind: einerseits durch eine Bedarfsanalyse des sprachlichen Handlungsfeldes, für das der Test konzipiert wird, und auf das die Testinhalte und Aufgaben abgestimmt sein müssen, und andererseits durch eine theoretische Begründung und Erklärung des Konstrukts, etwa beruhend auf der Beschreibung eines Modells der fremdsprachlichen Handlungsfähigkeit.

Silvia Demmig

VALS: Vereinigung Angewandte Linguistik in der Schweiz (weitere Details s. Internetadresse: www.vals-asla.ch).

Variable, die: Konstrukt, das spezifische Merkmale (z.B. menschliche Charakteristika und Kompetenzen) widerspiegelt, die zeitlich und/oder individuell variieren. **V.** sind im Rahmen empirischer Forschung zu →**operationalisieren**, d.h., sie müssen beobachtbar, messbar gemacht werden. **V.** sind außerdem im Rahmen eines theoretischen Modells vorab zu definieren als a) unabhängige **V.**, wenn ihnen Effekte auf b) abhängige **V.** unterstellt werden; c) als Moderator-**V.**, wenn erwartet wird, dass sie die Beziehung zwischen unabhängigen und abhängigen **V.** beeinflussen; d) als Kontroll-**V.**, wenn sie im Rahmen einer Untersuchung ausgeschlossen werden, damit sie deren Ergebnisse nicht verfälschen. Intervenierende **V.** sind weitere Einflussvariablen, die im Rahmen einer Untersuchung nicht kontrolliert werden, aber die Güte der Ergebnisse beeinträchtigen.

Claudia Riemer

Variationslinguistik/Varietätenlinguistik, die: urspr. ein Begriff der →**Diachronie** (→**Sprachwandel**, ‚linguistic change') wurde die sprachliche Variation (‚linguistic variation', ‚language variation') zum Grundlagenbegriff der Soziolinguistik und allg. Linguistik: Sprache ist danach eine →**Varietät** (Diasystem), sie variiert bzw. unterliegt der Variation. Das Konstrukt der Varietät begründet sich auf Dimensionen wie die Diachronie (z.B. Sprachwandel), Regionalität (→**Dialekt**), Funktionalstile, Gruppen-/Schichtenspezifik, Fachsprachenspezifik, Generation (z.B. altersgebundene Sprechstile; vgl. Neuland 2006, Chambers 2002, 333 ff.), Nähe-Distanz (vgl. Oesterreicher 1988, 374), Textsortenspezifik und Diasystematik (vgl. Endruschat/Schmidt-Radefeldt 2008). Im Prinzip stellen die diasystematischen Dimensionen des Sprachgebrauchs (Variationen) einer Varietät/Sprache interessengeleitete wissenschaftliche Fokussierungen dar und sind aufgrund sprachlicher Polyfunktionalität jederzeit erweiterbar.

Chambers, J.K. u.a., Hrsg. (2002), *The Handbook of Language Variation and Change*, Malden/Oxford. – Endruschat, A./Schmidt-Radefeldt, J. ([2]2008), *Einführung in die portugiesische Sprachwissenschaft*, Tübingen, 204–230. – Neuland, E., Hrsg. (2006), *Variation im heutigen Deutsch: Perspektiven für den Sprachunterricht*, Frankfurt/Berlin. – Oesterreicher, W. (1988), „Sprechtätigkeit, Einzelsprache, Diskurs und vier Dimensionen der Sprachvarietät", in: Albrecht, J. u.a. (Hrsg.), *Energeia und Ergon. Studia in honorem E. Coseriu*, Bd. 1, Tübingen, 355–386.

Jürgen Schmidt-Radefeldt

Varietät, die: linguistischer Fachbegriff für die je spezifischen realen Vorkommen des dzgl. unmarkierten Oberbegriffs „Sprache"; dient deren Differenzierung/Typologisierung in Bezug auf Funktionen, Verwendungszusammenhänge und Eigentümlichkeiten. In übergreifender Kategorisierung unterscheidet man Standardvarietät und Nicht-Standard-Varietät (z.B. →**Slang**): Standardvarietät ist ein mehrdimensionales System (→**Variationslinguistik**), das ein ethnisch-historisches Sprachsystem darstellt und von einer territorial begrenzten Sprachgemeinschaft verwendet wird. Jede **V.** kann mithilfe unterschiedlicher Merkmale auf allen ling. Beschreibungsebenen gekennzeichnet werden.

Ammon, U. u.a., Hrsg. (2004), *Variantenwörterbuch des Deutschen. Die Standardsprache in Österreich, der Schweiz und Deutschland sowie in Liechtenstein, Luxemburg, Ostbelgien und Tirol*, Berlin/New York. – Barbour, St./Stevenson, P. (1998), *Variation im Deutschen. Soziolinguistische Perspektiven*, Berlin/New York.

Jürgen Schmidt-Radefeldt

Varietätengrammatik, die: Eine erste transformationsgrammatische Beschreibung unterschiedlicher →**Varietäten** einer Sprache legte Wolfgang Klein 1974 vor: Mithilfe außersprachlicher Kriterien (makrosoziale, situative, zeitliche, räumliche Parameter) wurden unterschiedlich dimensionierte „Varietätenräume" festgelegt. Eine Bezugsgrammatik umfasst alle (phonologischen, morphologischen, syntaktischen) Regeln, die in sämtlichen Varietäten vorkommen können. Anwendungshäufigkeiten der einzelnen Regeln in den jeweiligen Varietäten führen zu „probabilistischen Grammatiken". Diese Konzeption der **V.** zielte vor allem auf den Zweitspracherwerb ausländischer Arbeiter in Deutschland und entstand im Kontext der – inzwischen obsoleten – Hypothese, beim sog. →**Gastarbeiterdeutsch** handle es sich um eine →**Pidginsprache**.

Klein, W. (1974), *Variation in der Sprache*, Kronberg/ Ts. – Ders. (1998), „Ein Blick zurück auf die Varietätengrammatik", in: Ammon, U. u.a., *Soziolinguistica* 12 (1998), 22–38.

Jürgen Schmidt-Radefeldt

Verb, das: auch Tätigkeits-, Tu(n)- oder Zeitwort genannt. Ein **V.** bezeichnet Tätigkeiten, Zustände und Vorgänge und kann gemeinsam mit nur einem Nomen einen Satz bilden: „*Emil lacht*."

1. Semantische Klassifizierung
Bei der Klassifizierung nach sem. Aspekten unterscheidet man Zustands**v.** (statisch: *stehen, bleiben*) und nicht-Zustands**v.**, wie etwa Handlungs-, Vorgangs-, Witterungs-/Wetter-, Ereignis**v.**

2. Formale Klassifizierungen
In erster Linie wird zwischen →**Voll-** (*spielen, lesen*), →**Hilfs-** (*haben, sein, werden*), →**Modal-** (*dürfen, können* etc.) und →**Kopulaverben** (*sein* etc.) unterschieden, wobei die dazu in den unterschiedlichen Sprachbeschreibungs- und Analysemodellen jeweils definierten Abgrenzungskriterien z.T. voneinander abweichen und in der Folge zu unterschiedlichen und kontrovers diskutierten Klassifikationen führen. Unter syntaktischen Gesichtpunkten werden **V.** ferner als →**transitiv** bzw. →**intransitiv**, →**absolut** und relativ (= nur mit Ergänzungen funktionsfähig) sowie →**reflexiv** klassifiziert.

3. Das verbale Paradigma
Das →**finite Verb** ist im Dt. nach fünf Kategorisierungen (Person, →**Numerus**, →**Tempus**, →**Modus**, →**Genus verbi**,) flektiert, z.B.: *lebtest*: 2. Ps. Sg. Prät. Konj. Akt.. Bezüglich der →**Konjugation** differenziert man zw. den →**schwachen**/ regelmäßigen **V.** (*lieben – liebte – geliebt*) und den – in der deutschen Sprache hoch frequenten – →**starken**/unregelmäßigen **V.** (z.B. *denken – dachte – gedacht*), wobei die →**analytischen V.formen**, bestehend aus Hilfsverb und infiniter Form eines Vollverbs häufiger auftreten als die synthetischen (nur Präs. und Prät.).

Die Gruppe der →**infiniten** Verbformen ist nicht flektierbar und besteht aus dem Infinitiv: (*lachen*) sowie den Partizipien I: (*lachend*)und II (*gelacht*).

4. Die Satzebene
Die Bewertung der Funktion des Prädikatsverbs auf Satzebene wird je nach Sprachbeschreibungsmodell unterschiedlich akzentuiert bzw. definiert; nach dem Modell der →**Valenz** wird die Struktur von Sätzen z.B. formal wie semantisch vom Prädikatsverb aus (re)konstruiert, während in →**Konstituentengrammatiken** die verbalen Ausdrücke eher nur als ein – wenn auch zentraler – Baustein im semantischen und syntaktischen Zusammenwirken unterschiedlicher Wortarten und Satzglieder gesehen werden.

Hans Barkowski/Kerstin Rische

Verbaladjektiv, das: auch: Gerundivum oder „zu -Partizip"; Variante der Verwendung des →**Partizip I** (Partizip Präsens); bezeichnet eine gegenüber Personen, Dingen, Sachverhalten etc. auszuführende Aktivität, was diese Verwendungsvariante auf Verben mit entsprechender Bedeutung beschränkt. In semantischer Bewertung gehört das **V.** zu den →**Modalität** (Zwang, Pflicht und andere vergleichbare Hintergründe) ausdrückenden Sprachmitteln und setzt sein Bezugsnomen in eine →**passive** Rolle. Die Bildung erfolgt, indem dem beteiligten Partizip die →**Partikel** „zu" vorangestellt wird, z.B.: *der zu schreibende Brief*; bei →**trennbaren Verben** wird „zu" in das Partizip eingefügt (inkorporiert): *der aufzurufende Patient*. Das beteiligte Partizip wird jeweils →**attributiv** gebraucht und kongruiert (→**Kongruenz**) mit seinem Bezugsnomen, verhält sich also dzgl. wie attributiv verwendete →**Adjektive**.

Kerstin Rische

Verbadverbial, das: auch: Adjunkt oder freie Angabe; besondere Unterklasse des →**Adverbials**; bezieht sich als Bezeichnung für eine syntaktische Funktion ausschließlich auf das →**Verb** oder die →**Verbalphrase** eines Satzes und – anders als das →**Satzadverbial** – nicht auf den gesamten →**Satz**. Nicht zu den **V.** zählen formgleiche Angaben, die der →**Valenz** eines Verbs zuzurechnen sind wie z.B. die Angabe *bei ihren Eltern* in dem Satz *Viele Studenten wohnen bei ihren Eltern.*; hier fungiert die Lokalangabe als →**obligatorische Ergänzung** im Rahmen der →**Wertigkeit** des Verbs *wohnen*.

Kerstin Rische

verbale Klammer, die: s. Satzklammer

Verbalisierung, die: 1. Das Versprachlichen, Aufzeichnen oder Aussprechen von Gedanken. **2.** Linguistischer Fachterminus für: Bildung eines →**Verbs** aus einem einer anderen →**Wortklasse** zugehörigen Wort durch →**Ableitung** oder →**Konversion**, wie z.B.: *Kur – kuren*.

Kerstin Rische

Verbalphrase, die (VP): Der Terminus **VP** wird in der →**generativen Grammatik** verwendet und bezeichnet eine →**Phrase** (einen Satzteil), die in ihrer einfachsten Form aus einem Verb (V) besteht. Das Verb bildet den sogenannten Kopf der Phrase, oder wie in der →**Government and Binding Theorie** bezeichnet, es dominiert die Phrase: VP → V *schläft*.

VP können andere Phrasen – Nominalphrasen (NP), Präpositionalphrasen (PP), Adjektivphrasen (AP) und Sätze, die wiederum aus mehreren Phrasen bestehen können, dominieren.

VP → V; XP.
VP → V; NP. *baut ein Haus*
VP → V; PP. *lebt in Gallneukirchen*
VP → V; S. *denkt, dass Herbert sie liebt*

Ob **VP** andere Phrasen dominieren, hängt von ihrer semantischen Bedeutung (in der Government and Binding Theorie: Theta-Theorie) und den damit einhergehenden strukturellen Notwendigkeiten (→**Theta-Rollen**) ab. Die Theta-Theorie besagt, dass V aus dem Lexikon bestimmte Rollen zugewiesen bekommen. So muss das V *geben* drei Rollen besetzen, die der Geberin (1), die des gegebenen Gegenstands (2) und die der Empfängerin (3): *Ich* (1) *habe Mario* (2) *ein Buch* (3) *gegeben*.

Im Deutschen müssen bestimmte V ein oder mehrere Objekte haben, d.h. eine oder mehrere →**Nominalphrasen** dominieren. Zum Beispiel: *Ich baue ein Haus*. Andere V dürfen kein Objekt haben, können daher keine Nominalphrase dominieren, zum Beispiel *schlafen*.

Thomas Fritz

Verbalsubstantiv, das: auch: nomen actionis; Tätigkeitsnomen oder Verbalabstraktum; bezeichnet den nominalisierten →**Infinitiv** eines →**Verbs**, der durch →**deverbale Ableitung** wie z.B.: *begrüßen/die Begrüßung* oder durch →**Konversion** *malen/das Malen* gebildet wird, wobei das Affix -ung eher das Szenario und die Infinitiv-Form den Vorgang selbst fokussiert. Bei dieser Form der →**Substantivierung** aus der Gruppe der →**Deverbativa** bleibt die ursprüngliche Bedeutung des Verbs erhalten.

Kerstin Rische

Verbum sentiendi: s. Wahrnehmungsverb

Verbvalenz, die: →Valenz von Verben. Verben sind auf Grund ihrer →**prädikativen** Funktion die wichtigsten Valenzträger. Die Termini Valenz und **V.** werden daher häufig synonym verwendet. Neben Verben sind aber auch →**Adjektive** und →**Substantive** Valenzträger und in einem erweiterten Sinne auch →**Adverbien** und bestimmte →**Funktionswörter** wie →**Präpositionen** oder →**Konjunktionen**. Im Kontext von DaF/DaZ ist allerdings **V.** am eingehendsten rezipiert worden und hat u.a. die Gestaltung von Lehrmaterialien nicht unwesentlich beeinflusst, und zwar zum einen bei der Darstellung syntaktischer Satzverhältnisse und syntaktischer →**Progression** in Anlehnung an die →**Stellenpläne** von Verben, zum anderen bei der Vermittlung der Verben selbst, wo nicht mehr ausschließlich →**Rektionsangaben** angeboten werden (z.B. *jmd.em etw. schenken*), sondern die weiteren →**Ergänzungen** einbezogen sind: *jmd. schenkt jmd.em etw. (zu…)*.

Hans Barkowski/Klaus Welke

Verbzusatz, der: auch: Präverb, (Verb-)→**Partikel**, abtrennbares Verbpräfix; bezeichnet den vorderen Teil eines →**Verbalkompositums** oder →**Partikelverbs** (→**trennbares Verb**), welcher in der →**Satzklammer** die klammerschließende Funktion übernimmt, z.B. Partikel „ein" bei *einschenken*: *„Er schenkt mehr Wein ein."* Der **Vz.** ist immer betont (→**Intonation**).

Kerstin Rische

Vergangenheit, die: universale Zeit/Zeitstufe, die in der deutschen Sprache durch die →**Tempusformen** →**Präteritum** und →**Plusquamperfekt**, in Teilen auch →**Perfekt**, sowie durch →**Temporalangaben** (*gestern, letzte Woche, mein 20. Geburtstag, 1789*) und andere zeitlich markierte sprachliche Mittel (*vor vier Jahren, nachdem* usw.) gekennzeichnet wird. Die Zeitstufe **V.** steht in Opposition zu Gegenwart und Zukunft, die durch unterschiedliche Formen (→**Tempussystem**) gekennzeichnet werden.

Götze, L. (2004), *Zeitkulturen*, Frankfurt a.M.

Lutz Götze

vergleichende Sprachwissenschaft, die: s. kontrastive Linguistik

Vergleichssatz, der: s. Komparativsatz

Verhältniswort, das: s. Präposition

Verifikation, die: s. Falsifikation

verkappter Nebensatz, der: s. uneingeleiteter Nebensatz

Verkehrssprache, die: überregionale Sprache und Hauptverständigungsmittel der jeweiligen Gruppe(n), Gemeinschaft(en) und Umgebung. Die **V.** kann identisch mit der offiziellen Sprache eines Landes oder einer Gemeinschaft sein und wird auch in heterogenen Gruppen, Siedlungen oder Kommunikationsräumen, die einzeln andere Sprachen sprechen, als gemeinsames Verständigungsmittel verwendet. Als **V.** kann auch eine Sprache verwendet werden, die weder eine Erstsprache von einzelnen Kommunikationsteilnehmenden noch die Umgebungssprache ist, sondern die zur Erreichung gemeinsamer Ziele (z.B. erfolgreich miteinander Handel betreiben) benutzt wird (→**Lingua Franca**).

Britta Hufeisen

Verkleinerungsform, die: s. Diminutivum

Verschiebeprobe, die: auch: Umstellprobe, Permutation; Verfahren zur Ermittlung syntaktischer Einheiten und Distributionsklassen (→**Distributionalismus**). Im Deutschen wird die **V.** vor allem zur Ermittlung der →**Satzgliedwertigkeit** von syntaktischen Einheiten eingesetzt. Grundlage ist die sog. Zweitstellung des →**finiten Verbs** im deutschen Aussagesatz. Aus ihr folgt, dass im Aussage-Hauptsatz typischerweise nur ein Satzglied vor dem finiten Verb steht. Bspw. ist in *Er besteht auf dem Recht auf Selbstbestimmung* die Einheit *auf Selbstbestimmung* Attribut zu *Recht* und nicht (selbstständiges) Satzglied, da sie nicht allein verschoben werden kann, vgl.: **Auf Selbstbestimmung besteht er auf dem Recht.* Aber: *Auf dem Recht auf Selbstbestimmung besteht er.* Zu weiteren Verfahren der Distributionsanalyse: →**Substitution** und →**Weglassprobe**.

Klaus Welke

Verschleifung, die/Verschmelzung, die: s. Assimilation, sprechwissenschaftlich

Verträglichkeit, die: s. Kompatibilität

Videokurs, der: bezieht sich auf audiovisuelle Medien (authentische Filme und didaktische Filmproduktionen aller Genres), die für Lern- und Lehrzwecke produziert oder didaktisch-methodisch bearbeitet wurden und mittels Videoprojektor und Videoband eingesetzt werden. Seit Ende der 1970er Jahre eröffnete die Videotechnik Räume für den Film als Lehr- und Lernmedium im Fremdsprachenunterricht. Die Bezeichnung **V.** zielt auf einen Einsatz des Mediums in didaktisch-methodischer Aufbereitung sowie curricular und zeitlich definiertem Rahmen.

Barbara Biechele

Visualisierung: Überführung von primär nicht visuell vorliegenden Informationsbeständen durch Graphiken, Diagramme, Schemata, Bilder, Filme usw. in anschauliche Formen; **V.** berücksichtigt damit die lernunterstützenden Eigenschaften visueller Wahrnehmung und Informationsverarbeitung. Zielführende **V.** setzt die angemessene Interpretation der zu visualisierenden Informationsbestände voraus und ergänzt oder illustriert diese; sie dient der Intention nach der schnelleren und fokussierten Wahrnehmung und Verarbeitung von Informationen sowie einer effektiven Aufmerksamkeitslenkung.

Doelker, C. (2002), *Ein Bild ist mehr als ein Bild. Visuelle Kompetenz in der Multimedia-Gesellschaft,* Stuttgart.

Tina Welke

Visualität, die: umfasst den Gesamtbereich der optischen Wahrnehmung, Vorstellung und Abbildung. **V.** betrifft den Prozess des Visualisierens, aber auch dessen visuelle Produkte, z.B. Bilder, Grafiken sowie die visuelle Kommunikation als Informationsvermittlung durch visuelle Codes. **V.** meint die Anwendung unterschiedlicher Symbolsysteme als kulturell konventionalisierte Zeichensysteme (Weidenmann 1997, 72). Der Lernvorteil von **V.** ergibt sich daraus, dass Bildmarken zu den ‚Referenzobjekten' (Wissen über den wahrgenommenen Gegenstand) einen unmittelbareren Zugang haben als Wortmarken (ebd. 70).

Weidenmann, B. (1997), „Multicodierung und Multimodalität im Lernprozess", in: Issing, L.J./Klimsa, P. (Hrsg.), *Information und Lernen mit Multimedia,* Weinheim, 64–84.

Barbara Biechele

Vokal, der: Öffnungs-, Selbstlaut, in Bildung, Klang und Verwendung von einem →**Konsonanten** abgrenzbares →**Phonem** bzw. →**Phon** (Laut). →**Distinktive Merkmale** der deutschen **V.** sind: 1. Quantität: kurz – lang; 2. Qualität: ungespannt (offen) – gespannt (geschlossen); 3. Grad der

Zungenhebung: hoch – mittelhoch – flach; 4. Richtung der Zungenhebung: vorn – zentral – hinten, 5. Lippenrundung: gerundet – ungerundet. [i:] ist zum Beispiel ein langer, gespannter, ungerundeter vorderer Vokal mit hoher Zungenhebung und geringer Kieferöffnung (geschlossen). **V.** sind silbenbildend und tragen den →**Akzent**. Anlautende Vokale können im Deutschen mit einem →**Knacklaut** beginnen, z.B. alle (im Gegensatz zu *Halle*).

Ursula Hirschfeld

Vokalbuchstabe, der: Schriftzeichen des →**Alphabets** und kleinster grafischer Bestandteil eines geschriebenen Wortes, mit dem →**Vokale** (Laute bzw. →**Phoneme**) dargestellt werden, die i.d.R. silbisch sind. Im deutschen Alphabet gibt es neun **V.**: <a, e, i, o, u, y, ä, ö, ü>. Die **V.** können verdoppelt (<aa, ee, ie> usw.) und miteinander zu →**Diphthongen** kombiniert werden (<ai, au, ei> usw.), wobei der zweite Vokal dann nichtsilbisch ist. <ä, ö, ü> werden als Umlautbuchstaben bezeichnet. Die Verbindung **V.** mit nachfolgendem <h> innerhalb einer Silbe zeigt die Dehnung des Vokals an. Die einzelnen **V.** und **V.**-Verbindungen stehen für unterschiedliche →**Laut-Buchstaben-Beziehungen**.

Ursula Hirschfeld

Vokalneueinsatz, der: Als **V.** (Zeichen: |) wird das Einsetzen der Stimmlippenschwingungen bei einem →**Vokal** bezeichnet, der am Beginn einer Silbe oder eines →**Wortes** steht und an einen vorausgehenden Vokal oder →**Konsonanten** gebunden werden könnte: *das |ess |ich* (vs. *Essig*). Dabei können die Stimmlippen allmählich und weich oder mit dem Verschluss der Stimmlippen und nachfolgender Sprengung (→**Knacklaut**) zu schwingen beginnen. Beim langsamen und sorgfältigen Sprechen wird der **V.** häufiger gebraucht, besonders wenn der Vokal zu einer akzentuierten Silbe gehört. Beim schnellen Sprechen wird er oft nicht beachtet. Der **V.** ist in vielen anderen Sprachen nicht adäquat wie im Deutschen üblich und bereitet DaF/DaZ-Lernenden Probleme. Fehlender **V.** kann zu Missverständnissen führen, z.B. *beim |Essen* vs. *beim‿Messen*.

Kerstin Reinke

Vokalviereck, das: auch: Vokaltrapez. Vereinfachte schematische Darstellung des Mundraumes zur Verdeutlichung der Vokalartikulation (→**Artikulation**); es zeigt die Richtung (vorn – hinten) und den Grad der Zungenhebung (hoch – niedrig) bzw. den Grad der Kieferöffnung (offen – geschlossen). [i:] ist zum Beispiel ein vorderer Vokal mit hoher Zungenhebung und geringer Kieferöffnung (geschlossen). Aus der Anordnung der →**Vokale** einer Sprache im **V.** kann man ablesen, wie sie sich in diesen Merkmalen unterscheiden. Die Eck- bzw. Bezugspunkte werden Kardinalvokale genannt. Das **V.** kann zwei →**distinktive Merkmale** der deutschen Vokale nicht anzeigen: die Quantität (Dauer) und die Lippenrundung.

Ursula Hirschfeld

vollendete Gegenwart, die: s. Perfekt

vollendete Vergangenheit, die: s. Plusquamperfekt

vollendete Zukunft, die: s. Futur

Vollverb, das: Der Begriff bezeichnet die Mitglieder des größten Teils der syntaktischen Verbfunktionsklasse des Deutschen. Das **V.** bildet in →**finiter Form** das →**Prädikat** eines →**Satzes** (z.B. *Lola rennt*) besitzt, anders als das →**Hilfsverb**, eine feste lexikalische Bedeutung und ist Träger von →**Valenz**. In infiniter Form (→**infinites Verb**) bildet es zusammen mit einem →**Hilfsverb** oder →**Modalverb** eine(n) Verbalkomplex/→**Verbalphrase** wie z.B. *L. ist gerannt./L. kann rennen.*

Kerstin Rische

Vorfeld, das: bezeichnet das Stellungsfeld vor dem →**finiten Verb** (→**Satzklammer**, →**Satzstruktur**). Im **V.** kann genau ein →**Satzglied** stehen, das aber unterschiedliche Formen haben kann: *Gestern/Am Donnerstag/Als die Prüfungen vorbei waren, ist sie in Urlaub gefahren.* Textuell kann das **V.** als Schaltstelle gesehen werden, da es einerseits den Anschluss zum Vortext herstellt, andererseits oft Hinweise zur Einordnung des Folgenden leistet (s.a. →**Thema-Rhema-Gliederung**). Deshalb steht sehr häufig das →**Subjekt** im **V.** (Anschluss), aber auch bestimmte →**Adverbiale**, die eine situative (lokale und temporale) Einordnung oder eine metakommunikative Einordnung des Folgenden leisten (*Nächste Woche kann ich nicht kommen.*, *Ehrlich gesagt/Leider kann ich nicht kommen.*). In der gesprochenen Sprache werden manchmal beide Funktionen kombiniert (*Um die*

<u>Wahrheit zu sagen ich</u> *habe keine Lust.*); manche sprechen dann von doppelter Vorfeldbesetzung oder von Vorvorfeld. (Nebenordnende) →**Konjunktionen** stehen ebenfalls vor dem **V.** (<u>*Denn ich*</u> *weiß genau, was passiert.*).

Maria Thurmair

Vorfeldbesetzung, die: s. Topikalisierung

Vorgangspassiv, das: s. Passiv

Vorgangsverb, das: bezeichnet aus →**semantischer** Perspektive einen Vorgang, eine Veränderung, die sich am →**Subjekt** vollzieht (und nicht eine selbstständige Handlung), wodurch dieses seinen Zustand ändert: z.B. *erröten, einschlafen, sterben*. Das **V.** ist im Gegensatz zum →**Zustandsverb** dynamisch, es weist kein →**Agens** auf, ist meistens →**intransitiv** und bildet kein →**Passiv**.

Kerstin Rische

Vorstudienlehrgang, der (VWU): Die **V.** in Wien, Graz und Leoben dienen der Studienvorbereitung von internationalen Studierenden aus Drittstaaten/Entwicklungsländern, die – als außerordentliche Studierende an der Universität zugelassen – vor Beginn des Studiums Deutsch lernen bzw. über Ergänzungsprüfungen die Gleichwertigkeit ihres Reifezeugnisses herstellen. Gefördert vom Unterrichtsministerium werden die Lehrgänge in Zusammenarbeit mit den beteiligten Universitäten und der →**Österreichischen Austauschdienst-GmbH (OeAD-GmbH)** als Universitätslehrgänge geführt. Sie bieten Intensivkurse für Deutsch sowie für andere Fächer und unterstützen die soziale und (wissenschafts)kulturelle Integration der Studierenden (→**Studienkolleg**).

Internetadresse: www.vwu.at

Grete Kernegger

Vorvergangenheit, die: s. Plusquamperfekt

Vorzeitigkeit, die: Die Tempusformen (→**Tempussystem**) sowie Adverbien, Konjunktionen und andere Sprachmittel unterscheiden vergangenes, gegenwärtiges und zukünftiges Geschehen nach den Kriterien →**Aktzeit** und →**Sprechzeit**. Dabei verweisen →**Präteritum** und →**Plusquamperfekt**, mit Einschränkung auch das →**Perfekt** auf **V.**, also Aktzeit vor Sprechzeit(punkt): <u>Er kam zu Hause an/ist zu Hause angekommen/war zu Hause angekommen</u>. Eine Besonderheit ist das →**epische/**→**historische Präsens**, also der Ausdruck vergangenen Geschehens vor allem in der schönen Literatur.

Lutz Götze

Vulgarismus, der: Ausdruck, der als tabu- und schamverletzend empfunden wird (vgl. *vulgär*). Die grundsätzlich expressiven **V.** werden auf Grund ihrer ausgeprägt emotionalen →**Konnotation** auch als Beleidigung (*Arschloch*) oder Interjektionen (*Scheiße!*) verwendet; ihr Gebrauch kann – v.a. in der Öffentlichkeit – soziale wie juristische Sanktionen nach sich ziehen. **V.** entstammen i.d.R. kulturspezifisch tabuisierten Themenbereichen wie Sexualität, körperlicher Intimbereich und Körperfunktionen. In bestimmten Domänen (Schule, Sportverein, Privatsphäre) ist die Verwendung von **V.** nicht tabuisiert bzw. dient ggf. sogar der Etablierung und Aufrechterhaltung der Gruppenidentität. **V.** werden von Fremdsprachenlernenden aufmerksam rezipiert und lösen häufig Klärungsbedarf aus bzw. sind Gegenstand interkultureller Kommentierungen und Bedeutungsaushandlungen.

Jan Claas Freienstein

W

Wahrnehmung, die: umfasst die Gesamtheit der Prozesse, wie mit den Sinnesorganen aufgenommene Information verstanden und interpretiert wird. Die **W.** und die Wahrnehmungsforschung nehmen in der modernen Psychologie eine zentrale Position ein. Bei der Begriffsbestimmung von **W.** sind physiologische Aspekte, psychophysische Gesetze sowie kognitiv-konstruktivistische Annahmen zu berücksichtigen (Spada 2006). Die Art und Weise, wie im Prozess der **W.** unsere Umgebung in bedeutungsvolle Gestalten und Geschehnisse gegliedert wird, ist eine Folge von Versuch und Irrtum, von Konstruktions- und Interpretationsversuchen, von Bestätigung und Korrektur (Roth 2003, 84).

Spada, H. (2006), *Allgemeine Psychologie*, 3. Aufl., Bern. – Roth, G. (2003), *Aus Sicht des Gehirns*, Frankfurt a. M.

Barbara Biechele

Wahrnehmungsverb, das: auch: Empfindungsverb, verbum sentiendi; Bezeichnung für Verben, die Sinneseindrücke wie z.B. *hören, sehen, riechen* oder geistige Empfindungen wie z.B. *fühlen, empfinden, glauben* oder *meinen* wiedergeben. **W.** ziehen – neben mit „dass“ oder „wie“ eingeleiteten →**Nebensätzen** – häufig →**Infinitivkonstruktionen** nach sich, z.B. *Ich glaube, diesen Film schon einmal gesehen zu haben.; Auf dem Überwachungsvideo sieht man zwei Vermummte die Bank betreten.*

Kerstin Rische

Web 2.0, das: bezeichnet eine auf aktiver Teilhabe und Partizipation basierende interaktive und kollaborative Nutzung verschiedenster Internet-Anwendungen. Durch Blogs, Podcasts, Wikis oder Anwendungen wie flickr oder youtube hat sich das Internet von einem vorwiegend zur Information genutzten Angebot zu einem auf Vernetzung von Inhalten und Menschen beruhenden „Mitmachmedium“ entwickelt, dessen Nutzer Inhalte erstellen, bearbeiten und miteinander teilen.

Der sozial-kommunikative Fokus der **W.**-Anwendungen fördert das Fremdsprachenlernen. Podcasts und z.B. youtube-Videos bieten authentisches Hör- und Bildmaterial in der Zielsprache, Blogs lassen sich als Lerntagebücher einrichten, an denen die Lerngruppe durch die Kommentarfunktion partizipiert. Wikis eignen sich für die gemeinsame Bearbeitung von online-Texten. Durch Kombination von **W.**-Anwendungen und die Festlegung privater, öffentlicher und gruppenbezogener Seiten können sich Lehrende und Lernende personalisierte Lehr-Lernumgebungen zusammenstellen (→**Lernplattform**), die neben der fremdsprachlichen Entwicklung zum Training von →**Schlüsselqualifikationen** wie Informationsverarbeitung und Wissensmanagement beitragen.

Biechele, M., Hrsg. (2005), *Lust auf Internet* (= *Fremdsprache Deutsch*, Heft 33). – Lange, C. (2007), *Web 2.0 zum Mitmachen*, Köln ftp://ftp.oreilly.de/pub/katalog/web20_broschuere.pdf [07.08.2008] – Rüddigkeit, V. (2006), *Web 2.0 – das „neue“ Internet macht Schule!*, Frankfurt a.M. – http://download.bildung.hessen.de/medien/service_medien/web20/web20-voru.pdf [19.06.2009]

Christina Kuhn

Wechselpräposition, die: s. Präpositionalkasus

Weglassprobe, die: Verfahren zur Ermittlung syntaktischer Einheiten und von Distributionsklassen (→**Distributionalismus**). U.a. dient die **W.** zur Ermittlung der →**Valenz** und der Unterscheidung von →**Ergänzungen** und →**Angaben**, sowie von →**obligatorischen** und →**fakultativen** Ergänzungen. Ergänzungen sind obligatorisch und/oder regiert, Angaben sind fakultativ und nicht regiert. (Zu weiteren Verfahren der Distributionsanalyse: →**Substitution** und →**Verschiebeprobe**).

Klaus Welke

Weiterbildung, die: s. Erwachsenenbildung

weiterführender Nebensatz, der: steht funktional nicht für ein einzelnes Satzglied des Hauptsatzes, sondern bezieht sich auf den gesamten Hauptsatz. **W.N.** können nicht erfragt werden und sind nicht pronominalisierbar. I.d.R. sind **w.N.** nachgestellt und können nicht ins Vorfeld gerückt werden. Inhaltlich handelt es sich um zwei unabhängig voneinander existierende Sachverhalte. Der **w.N.** ist dem Hauptsatz formal aber trotzdem untergeordnet, z.B.: *Er arbeitet selbstständig, was mir gefällt.*

Mandy Höhle

Werbesprache, die: Sprache der Werbung, zu der i.a. Text und Bild, z.T. auch Musik gehören. Das sog. AIDA-Prinzip umfasst vier Aufgabenschritte erfolgreicher Werbung: attention, interest, desire, action. **W.** enthält einen hohen Anteil an (auch ungrammatischen) Wortneubildungen (z.B. „unkaputtbar“), verwendet häufig Fremdsprachen (vor allem Englisch, z.B. “Test the West“) und Sprachspiele sowie unterschiedliche Varietäten. Produktnamen sollen sich durch Wiederholung in der Werbung einprägen (z.B. „Alles Müller, oder was?“). Werbetexte sind häufig soziokulturell geprägt (z.B. „Heiße Ware aus Kalabrien“ für Pizzen) und insofern eine attraktive Textsorte für den →**interkulturell** orientierten DaF/DaZ-Unterricht.

Sigrid Luchtenberg

Werden-Passiv, das: s. Passiv

Wernickesches Feld, das: eine nach Carl Wernicke (1848–1905) benannte Hirnregion in der sekundären Hörrinde der dominanten →**Hemisphäre**. Es besteht eine starke Verbindung vom **W.F.** zum →**Brocaschen Zentrum**. Im **W.F.** werden vor allem die semantischen Aspekte der Sprache verarbeitet. Patienten mit Beeinträchtigungen im **W.F.** leiden daher unter einem eingeschränkten

Sprachverständnis und einer eingeschränkten Produktionsfähigkeit. Das **W.F.** ist auch an der Rezeption semantischer Aspekte der Musik beteiligt. Die Aktivität des **W.F.** bei der Semantikverarbeitung findet seinen Niederschlag in der N400 im Friederici-Modell der Sprachverarbeitung (Friederici & Kotz, 2003).

Friederici, A.D./Kotz, S.A. (2003), „The brain basis of syntactic processes: functional imaging and lesion studies", in: *Neuroimage*, Jg. 20, Supplement 1, S8–S17. – Herrmann, C./Fiebach, C. (2007), *Sprache & Gehirn*, 2. Aufl., Frankfurt a.M. – Koelsch, S./Gunter, T.C./v. Cramon, D.Y./Zysset, S./Lohmann, G./Friederici, A.D. (2002), „Bach speaks: A cortical ‚language network' serves the processing of music", in: *Neuroimage*, Jg. 17, Nr. 2, 956–966.

Martin G. Döpel

Wertigkeit, die: Terminus der →**Valenzgrammatik**; bezieht sich auf den Umstand, dass →**Verben** und andere sog. Valenzträger eine bestimmte Zahl von →**obligatorischen** oder →**fakultativen** →**Ergänzungen** verlangen. Es gibt einwertige, zweiwertige, dreiwertige Verben: *jmd. schläft, jmd. baut ein Haus, jmd. gibt jemandem ein Buch*. Auch →**Substantive**, die von Verben oder Adjektiven abgeleitet sind (*die Freude der Studenten über witzige Bemerkungen*), und →**Adjektive** *auf ihre Zensuren stolze Studenten*) besitzen unterschiedliche **W.**

Klaus Welke

W-Frage, die: auch: Ergänzungsfrage. Bei der **W.** ist (mindestens) ein Teil des Sachverhalts unbekannt, der nun ermittelt werden soll (*Wann/wohin/wie/warum fährst du?*). Im Gegensatz dazu wird bei →**Satzfragen** nach dem Zutreffen eines Sachverhalts gefragt (*Fährst du?*). Die **W.** wird durch ein →**Interrogativpronomen** oder ein →**Interrogativadverb** eingeleitet. Diesem W-Wort folgt normalerweise das finite Verb, z.B. *Wann fährst du?* Bei Nachfragen zu einer vorhergehenden Äußerung kann sich die Reihenfolge ändern, z.B. *Du fährst wann?* Möglich sind auch abhängige **W.** mit dem finiten Verb in Endstellung (*Weißt du schon, wann du fährst?*)

Reis, M./Rosengren, I., Hrsg. (1991), *Fragesätze und Fragen*, Tübingen.

Julia Brade

WGDaF (Wissenschaftliche Gesellschaft zur Förderung des Deutschen als Fremdsprache in Österreich), die: gegründet 1996; Ziel: Forcierung der wissenschaftlichen und didaktischen Arbeit (Inland und Ausland), Koordination der Studiengänge und Forschungsaktivitäten in Österreich, Organisation von Veranstaltungen und Publikation; seit 1997 Herausgabe der Buchreihe „Theorie und Praxis. Österreichische Beiträge zu Deutsch als Fremdsprache" in zwei Serien (Jahrbücher und Monographien, oft Dissertationen) als grenzübergreifendes Forum mit dem Schwerpunkt Österreich.

Internetadresse: www-gewi.kfunigraz.ac.at/uldaf/wgdaf

Ines Wondraczek

Wiewort, das: s. Adverb

Wissenschaftliche Gesellschaft zur Förderung des Deutschen als Fremdsprache in Österreich, die: s. WGDaF

Wohlgeformtheit, die: s. Akzeptabilität, s. Grammatikalität

Wohlgeformtheitsbedingung, die: auch: Beschränkung, Constraint. Angenommen wird, dass bestimmte Anforderungen an eine sprachliche Struktur auf Laut-, Wort- und Satzebene erfüllt sein müssen, damit diese natürlichsprachlich korrekt, d.h. für den Sprecher akzeptabel und grammatisch ist. Die →**generative Transformationsgrammatik** sieht folgende **W.** für sprachlich korrekte Strukturen vor: 1. Vollständigkeit: Alle vom Verb geforderten syntaktischen Funktionen müssen generiert sein, z.B. *Klaus sucht den Schlüssel.* vs. **Klaus sucht.* 2. Kohärenz: Keine zusätzlichen Funktionen dürfen spezifiziert sein, z.B. **Klaus schläft das Bett.*. 3. Konsistenz: Jede Funktion ist genau einmal besetzt, z.B. **Klaus gibt mir dir den Schlüssel.* Die Optimalitätstheorie gewichtet **W.** sprachenspezifisch. Damit kann erklärt werden, warum eine sprachliche Struktur in einer Sprache wohlgeformt ist, in einer anderen dagegen nicht.

Mandy Höhle

Wort, das: kleinste lexikalische Einheit. Ein prototypisches **W.** ist als Element des mentalen Lexikons (auch Listem) gekennzeichnet durch: a) seine Isolierbarkeit in der Rede und Schrift; b) seine selbstständige lexikalische Bedeutung; c) seine Morphemstruktur; d) seine syntaktische Fähigkeit, ein Satzglied zu konstituieren (z.B. *das verrückte Huhn*); e) seinen kommunikativen Charakter, etwas (einen Gegenstand/Sachverhalt/ein Lebewesen/eine

Eigenschaft usw. usf.) darzustellen und/oder Gefühle auszudrücken und/oder eine Intention zu transportieren.

Da nicht jedes **W.** sämtliche Wortcharakteristika erfüllt, sind nicht alle prototypisch: So sind etwa Hilfswörter wie Artikel oder Hilfsverben keine semantischen **W.** und haben **W.** in phraseologischen Wendungen (wie *blauer Planet*) nur zusammen eine lexikalische Bedeutung. Ein **W.** existiert als System- (auch Lexem, lexikalisches **W.**, Nennform) und Textwort (auch Flexions-, Wortform oder syntaktisches **W.**). Das Systemwort (z.B. *der Läufer*) kann in der Sprachverwendung in einer formativischen (*des Läufers*) und/oder semantischen Variante (MENSCH vs. SCHACHFIGUR vs. ...) auftreten.

Christine Römer

Wortart, die: Basisbegriff der Klassifikation typologisch unterschiedlicher Wörter im jeweiligen Gesamtsystem natürlicher Sprachen. Der Festlegung von **W.** liegt die sprachwissenschaftliche Ermittlung und Festlegung phonetisch-phonologischer, morphologischer, syntaktischer und semantischer Eigenschaften von Wörtern zu deren klassifikatorischer Unterscheidung zugrunde. Für die deutsche Sprache gelten über alle Sprachbeschreibungsmodelle (→**Sprachbeschreibung**) und konkrete →**Grammatiken** hinweg folgende **W.** als für den linguistischen und sprachpädagogischen Diskurs nützlich: →**Verb**, →**Substantiv**, →**Artikel**(wörter), →**Pronomen**, →**Adjektiv**, →**Adverb**, →**Präposition**, →**Konjunktion**. Eine Restkategorie bilden die →**Partikeln**.

Diese Klassifizierung basiert dabei auf merkmalsgemischten Eigenschaften von Wörtern; weitere Gruppierungen der **W.** nach selektiven Eigenschaften sind möglich und üblich wie z.B. – um zwei der wichtigsten zu nennen – nach eher offenen Wortklassen wie Verben, Substantiven etc. und eher (bis weitgehend) geschlossenen (Präposition, Konjunktion) oder flektierbaren und unflektierbaren (z.B. Substantiv vs. Adverb usw.). Vielfältige und damit auch in DaF-/DaZ-Kontexten für die Wortschatzerweiterung sowie die variable Nutzung in unterschiedlichen syntaktisch-semantischen Funktionen produktive Möglichkeiten bieten der **W.**-„Verkehr" zwischen den Wortarten, insbes. zwischen Verben, Substantiven, Adjektiven – vgl. etwa *Freund/freundlich/sich anfreunden* – (s.a. →**Wortbildung**) oder auch Mehrfachfunktionen wie z.B. die des Adjektivs in attributiver bzw. adverbialer bzw. prädikativer Verwendung: *freundliche Helfer/ Er sah sie freundlich an/Das Wetter wird freundlich.*

Hans Barkowski

Wortbedeutungslehre, die: s. **Semasiologie**

Wortbildung, die: bezeichnet die Prozesse und Resultate der Schaffung neuer Wörter aus bereits vorhandenen sinnhaltigen lexikalischen Einheiten (Wörter, Wortbildungsmorphemen, Wortgruppen und Konfixen). Sie ist abzugrenzen von der Wortschöpfung, die völlig neue Lautformen Begriffen zuordnet. Das der **W.** zugrunde liegende Regelwerk, auch das die **W.** fokussierende Segment der Sprachwissenschaft, werden entsprechend als ‚Wortbildungslehre' bezeichnet.

Im Deutschen sind die Kombination von Wörtern (→**Kompositum**), die Ableitung von Wörtern mit Wortbildungsmorphemen (→**Derivation**) und die Kurzwortbildung die zentralen Wortbildungsmöglichkeiten. Bei der Komposition und Derivation entstehen komplexe Wörter, bei der Kurzwortbildung kommen zu äquivalenten komplexen Lexemen durch Formativreduzierungen bedeutungsäquivalente Kurzwörter hinzu. Beispielsweise wurden von *schießen* das Substantiv *Schuss* implizit mit einem Nullmorphem und *Vorschuss* explizit mit dem Wortbildungsmorphem *Vor-* (Präfigierung) abgeleitet und *Schuss* mit *schnell* zu dem Determinativkompositum *Schnellschuss* verbunden. Für *Asien-Pazifik-Ausschuss der Deutschen Wirtschaft (APA)* wurde die Wortgruppe *Asien (und) Pazifik* mit *Ausschuss* zu einem Phrasenkompositum verknüpft, die gesamte Bezeichnung wurde andererseits zu dem Initalkurzwort *APA* reduziert.

Christine Römer

Wortbildungsmorphem, das: dient der Bildung neuer Wörter (→**Wortbildung**) und bringt sowohl lexikalisch-begriffliche, gelegentlich auch wertende (*<u>Erz</u>-* [+ negativ]: *<u>Erz</u>feind*) oder konnotative (*-ismus* [+ fachsprachlich]) als auch grammatische Informationen (*-ung* [+ N, + feminin] *die Prüfung*) ein. Es ist morpho-syntaktisch unfrei, d.h. es kann nicht alleine in einem Satz auftreten und wird deshalb als gebundenes Morphem bezeichnet. Nach der Positionierung am Wortbildungsstamm werden →**Präfix** (Vorsilbe: *<u>Un</u>-sinn*), →**Suffix** (Nachsilbe: *mach-<u>bar</u>*) und Zirkumfix (Präfix + Suffix: *<u>ge</u>-räum-<u>ig</u>*) unterschieden.

Christine Römer

Wortbildungsmuster, das: auch: Baumuster, Wortbildungsart, -modell, -typ. Es ist gekennzeichnet durch eine typische, unterscheidbare Kombination der Wortbildungsmittel und eine spezifische Morphemstruktur. Auch wenn sich die angenommenen **W.** bei den einzelnen Wissenschaftlern und Forschungsrichtungen unterscheiden, wird meist die syntagmatische Relation der unmittelbaren Wortkonstituenten und der kategoriale Status der unmittelbaren Konstituenten als Klassifikationsausgangspunkt genommen: Wort/Wortgruppe + Wort = Komposition (*Wind* + *Rad* → *Windrad*; →**Kompositum**), Wort/Wortgruppe + Wortbildungsmorphem = →**Derivation** (*Wind* + *-ig* → *windig*), etc. (→**Wortbildung**).

Christine Römer

Wortbildungsregel, die: Regel im Lexikon zum Erzeugen eines neuen komplexen Wortes mit Hilfe des vorhandenen morphologischen Inventars (Wörter, Stämme, Wortgruppen, Wortbildungsmorpheme). Für die deutsche Sprache wird beispielsweise eine spezielle Kompositionsregel angenommen: $\text{Wort}_x + \text{Wort}_y = \text{Wort}_z$. Dieser liegt die allgemeinere Regel der Rechtsköpfigkeit für deutsche Wortbildungen zu Grunde. Diese legt fest, dass die zweite, rechte, unmittelbare Wortbildungskonstituente die grammatischen Merkmale des Gesamtwortes prägt (*das Wort* + *die Bildung* → *die Wortbildung*).

Christine Römer

Wörterbuchforschung, die: s. **Lexikographie**

wörtliche Rede, die: auch: direkte Rede; eine Form der Darstellung einer sprachlichen Äußerung, in der das Geäußerte als Zitat wiedergegeben wird: *„Das kann doch nicht wahr sein!", seufzte sie.*. Zitate werden durch sog. Anführungszeichen „" markiert, die den zitierten Text umschließen (s. Beispiel).

Sabira Levin

Wortfamilie, die: Gruppe von Wörtern, die etymologisch verwandt sind und deren Kernwort (auch als Stamm-, Wurzelmorphem bezeichnet) noch existiert (*ziehen*: *erziehen, Beziehung, Zug, ...*). Teilweise führte die sprachgeschichtliche Entwicklung dazu, dass die Zusammenhänge zwischen Wörtern einer Familie verdunkelt sind (z.B. *Geselle/Saal*). Zur typologischen Unterscheidung von **W.** vgl. ggf. Augst 2002.

Augst, Gerhard (2002), „Typen von Wortfamilien", in: Cruse, D.A. et al. (Hrsg.), *Lexikologie/Lexicology. Ein internationales Handbuch*, Bd. 21.1., Berlin/New York.

Christine Römer

Wortfeld, das: 1931 von Trier eingeführte Bezeichnung für Gruppen von sinnverwandten Wörtern wie z.B. *rufen/schreien/brüllen* usw. In der inhaltsbezogenen Grammatik (Weisgerber) wurde die Wortfeldtheorie zu einer zentralen Komponente. In jüngerer Zeit finden am Konstrukt des **W.** orientierte Ansätze durch fachnahe Projekte und Publikationen (z.B. *Verben in Feldern; Feldergrammatik* – s. Lit.-Angaben), aber auch wegen ihrer Bedeutung im Kontext →**konnektionistischer** Lernmodelle in der Sprachlehr- und Lernforschung neue Beachtung. Ferner lässt sich eine Extension der Reichweite des Begriffs bis hin zu ganze Handlungsfelder fokussierenden Szenarios wie etwa *Arzt – Patient – Sprechzimmer – Medikament* usw. beobachten.

Buscha, J./Freudenberg-Findeisen, R., Hrsg. (2007), *Feldergrammatik in der Diskussion*, Frankfurt a.M. – Schumacher, H., Hrsg. (1986), *Verben in Feldern. Valenzwörterbuch zur Syntax und Semantik deutscher Verben*, Berlin/New York.

Christine Römer

Wortform, die: realisiertes Wort im Satz. Eine im Lexikon gespeicherte Grundform eines Wortes (Nennform, Lexem) kann bei Flektierbarkeit im Satz in unterschiedlichen **W.** auftreten (z.B. *das Buch, des Buches, die Bücher*), deshalb werden die **W.** auch Flexionsformen genannt. Für die Unterscheidbarkeit der **W.** sorgen im Deutschen angefügte Flexionsaffixe (*sag-te, ge-sag-t, sag-en, ...*) und Wechsel im Stammvokal (*Mutter* vs. *Mütter, gehen* vs. *ging*). Die **W.** eines lexikalischen Wortes bilden ein Formenparadigma.

Christine Römer

Wortgrenze, die: der Anfang und das Ende eines Wortes. In der Schriftsprache wird sie durch Leerzeichen angezeigt. In der mündlichen Kommunikation übernehmen suprasegmentale Strukturierungsmarker (wie Akzentuierungen, Pausen oder Rhythmusveränderungen im Sprechfluss) die Wortgrenzenmarkierung.

Christine Römer

Wortklasse, die: Gruppierung von Wörtern mit gemeinsamen grammatischen Eigenschaften (auch →**Wortart** oder Redeteil genannt). Schon in der

Antike wurden Wörter aus Einzelsprachen klassifiziert. Die bei Dionysios Thrax (ca. 170–90 v. Chr.) zu findenden acht Redeteile (Nomen, Verbum, Partizip, Artikel, Pronomen, Präposition, Adverb, Konjunktion) sind noch heute die Grundlage der Wortartenklassifizierungen der indoeuropäischen Sprachen. In der aktuellen Grammatiktheorie gibt es unterschiedliche Auffassungen zu den Klassifizierungskriterien, deren Anwendung und über die Wortklassensysteme. Für die Wortklassenmodelle zur deutschen Sprache werden morphologische, syntaktische, semantische und/oder pragmatische Kriterien angewendet.

Christine Römer

Wortmischung, die: Kreuzung aus zwei (oder mehr) Wörtern, oft auch aus unterschiedlichen Sprachen oder deutlich unterscheidbaren Varietäten, z.B. *Mathe<u>öğretmen</u>* dt.-türk. für *Mathelehrer* aus der Mischsprache Jugendlicher mit türkischer Herkunft; *doyc* für *Deutsch* in türkischer Orthographie aus der Chat-Sprache. Der *Teuro* ist ein einsprachiges Produkt aus *teuer* und *Euro*. Beliebte **W.**en entstehen auch durch die grammatische Integration von Anglizismen wie bei *<u>chill</u>en* oder *ge<u>highlight</u>et*. Die beteiligten Konstituenten sind dabei mehr oder weniger zu erkennen. **W.** kann Bestandteil von →**Wortbildung**, →**Sprachmischung** oder auch →**Interferenz** sein. Andere gängige Bezeichnungen sind Portmanteau-Wort bzw. Koffer-Wort (→**Wortverschmelzung**).

Volker Hinnenkamp

Wortschatz, der: Gesamtheit der →**Lexeme** (Wörter, Phraseologismen) einer Sprache, beschrieben und erforscht von der →**Lexikologie**. Trotz der Wortzentriertheit des Terminus soll an **W.** aufgrund seines Gebrauchs in DaF und DaZ festgehalten werden. Angaben über den Umfang des **W.** des Deutschen sind aus unterschiedlichen Gründen (Definition von Wort, →**Polysemie**, Einbezug von →**Varietäten**, Dynamik des **W.**) nur schwer begründbar, ebenso wie Zahlenwerte, die den **W.** (rezeptiv, produktiv) des sog. Durchschnittssprechers des Dt. beschreiben. Wortbildung, Phraseologisierung und Entlehnungen sind die wichtigsten Prozesse zum Ausbau und zur Differenzierung des **W.** Der dt. **W.** ist vielfach – national, regional, sozial, funktional, historisch – gegliedert. Im sprachdidaktischen Kontext werden lernerorientierte Auswahlkriterien des **W.** (Brauchbarkeit, Lernbarkeit, Verstehbarkeit; Neuner 1991) und das Kriterium der Frequenz diskutiert (Jones/Tschirner 2008). Der zu erlernende Wortschatz wird in einen Verstehensw. (rezeptive Kenntnis), einen Mitteilungsw. (produktive Beherrschung) und einen potenziellen **W.** (Kenntnis von Wortbildungsregeln und Erschließungsstrategien) unterschieden. Dem Konzept des →**Grundwortschatzes** liegt die Vorstellung eines produktiv zu beherrschenden lexikalischen Minimums zugrunde.

Jones, R. L./Tschirner, E. (2008), *A Frequency Dictionary of German. Core Vocabulary for Learners*, London. – Neuner, G. (1991), „Lernerorientierte Wortschatzauswahl und -vermittlung", in: *Deutsch als Fremdsprache*, Jg. 28, 76–83.

Lutz Köster

Wortschöpfung, die: auch: Urschöpfung. Erzeugung eines neuen sprachlichen Zeichens, indem einem bislang nicht vorhandenen Ausdruck arbiträr ein Inhalt zugeordnet wird, z.B. *Fa* (‚Seife'), *Schlumpf* (‚Comicfigur') oder *Kuckuck* (onomatopoetisch für den Vogel). Durch Konventionalisierung einer **W.** entsteht ein Simplex. Den **W.** werden auch Simplizia zugerechnet, die an Wortbildungen grenzen, deren Motivation aber zumeist intransparent bleibt, z.B. Worterfindungen nach vorhandenem Sprachmaterial wie *Gas* (aus griech. *cháos*) und abkürzende Kunstwörter wie *Eduscho* (aus *Eduard Schopf*). **W.** spielen vor allem im Bereich der Produktbezeichnungen eine Rolle, ihr Beitrag zur Erweiterung des Wortschatzes ist als gering einzuschätzen.

Jan Claas Freienstein

Wortstamm, der: vieldeutig verwendeter Terminus. Er wurde im 17. Jh. für eine Ableitung in einer →**Wortfamilie** eingeführt. Später kam in der Flexionsmorphologie eine weitere Verwendung von **W.** hinzu: der Wortteil, an den die Flexionsendung tritt (*<u>schön</u>-es*). Außerdem auch als Basis für eine →**Wortbildung** (*<u>Schön</u>-heit*) verstanden (z.T. überlappend mit →**Wortwurzel**).

Römer, Ch. (2006), *Morphologie der deutschen Sprache*. Tübingen.

Christine Römer

Wortstellung, die: Anordnung von Wörtern in Konstruktionen und Sätzen; eines der Mittel zur Formung syntaktischer Ordnungen und zur Klärung semantischer Binnenverhältnisse in Sprachen. Im Deutschen ist die **W.** relativ frei. Dennoch gibt es eine Reihe struktureller Prinzipien. Diese betreffen die Stellung des →**finiten Verbs** in Abhängigkeit vom jeweiligen →**Satztyp**, ferner eine Tendenz zur Klammerform, insbesondere zur verbalen Klammer. Weitere Regelungen: →**attributive** Adjektive werden dem Substantiv vorangestellt, dgl. die meisten →**Präpositionen** (daher ihre Bezeichnung, im Unterschied zu Postpositionen). Auch die übrige **W.** folgt bestimmten Prinzipien wie Thema vor Rhema (*das Buch auf den Tisch legen*) – vgl. →**Thema-Rhema-Gliederung**; Subjekt vor Objekt (*Peter raucht Zigarren.*), indirektes Objekt vor direktem Objekt (*der Freundin einen Strauß schenken*), definit vor indefinit (*das Buch einem Freund schenken*), Agens vor Patiens (*Emil ruft Anton an.*), belebt vor unbelebt (*der Freundin ein Buch schenken*), Pronomen vor Nomen (*ihn der Freundin schenken*). Die Prinzipien überlagern sich, stimmen teilweise überein, können sich aber auch widersprechen. Die Sprecher berücksichtigen bei der Fixierung der realen Wortfolge den Wettstreit der Prinzipien, ohne im Einzelnen sklavisch an sie gebunden zu sein. Man unterscheidet Normalfolgen und Abweichungen. Wenn eine Folge nicht die Normalfolge ist, gibt es →**pragmatische** Gründe für die Abweichung, z.B. *Emil* (Objekt) *rufe ich* (Subjekt) *nie mehr an!*

Klaus Welke

Wortstellungstypologie, die: Unterscheidung der Sprachen nach bestimmten für eine jeweilige Sprache typischen Grundreihenfolgen. Am bekanntesten ist eine Typologie der Reihenfolge, in der die Satzglieder →**Subjekt**, →**Objekt**, →**Prädikat** (Verb) vorkommen. So unterscheidet man insbesondere S-O-V-Sprachen von S-V-O-Sprachen und V-S-O-Sprachen. Ursprünglich wurde diese Typologie auf alle Sprachen angewandt. Im Engeren gilt sie wahrscheinlich nur für Nominativ-Akkusativ-Sprachen und nicht für Sprachen mit syntaktischer Ergativität (→**Ergativsprache**). Ob das Deutsche eine S-V-O- oder eine S-O-V-Sprache ist, ist umstritten.

Klaus Welke

Wortverdopplung, die: s. Iteration

Wortverschmelzung, die: →Wortmischung, bei der im Gegensatz zur Zusammensetzung nur Teile zweier Wörter (oder Wortstämme) zu einem neuen Wort verschmelzen und die Bestandteile oft nicht mehr erkennbar sind (Amalgamierung). So ist etwa *vorwiegend* eine **W.** aus *vorherrschend* und *überwiegend, Denglisch* aus *Deutsch* und *Englisch*. Besonders in der Sprache der Neuen Medien sind **W.** produktiv: *bit* hat die Verschmelzung von *binary* und *digit* zur Grundlage.

Volker Hinnenkamp

Wortwanderung, die: Bezeichnung für das Phänomen, dass einzelne Lexeme aus ihren ursprünglichen Sprachen in andere Sprachen „einwandern" und dort in unterschiedlichen Existenzformen – als Fremdwörter oder →**Lehnwörter** – und neu kontextualisierten Bedeutungen in deren Sprachbestand eingehen; in diesem Sinne sind z.B. deutsche Wörter wie *Kindergarten* in andere Sprachen wie z.B. das Englische „ausgewandert", während z.B. *Tollpatsch* aus dem Ungarischen ins Deutsche „eingewandert" ist. Vom Phänomen der **W.** sind alle Sprachen betroffen; Ursache sind die →**Sprach(en)kontakte** in der zwischenmenschlichen/interkulturellen Kommunikation. Populär wurde der Begriff der **W.** u.a. durch die weltweiten Wettbewerbe des Goethe-Instituts „Ausgewanderte Wörter" 2007 und „Das beste eingewanderte Wort" 2008 und die daraus entstandenen, gleichnamigen Publikationen.

Katharina von Ruckteschell

Wortwurzel, die: vieldeutig verwendeter Terminus. Aus sprachhistorischer Sicht die historische Ausgangsform eines Wortes, die lautlich und inhaltlich Ausgangspunkt einer Wortfamilie ist. Synchron betrachtet, ist **W.** das Basismorphem, das den Bedeutungskern eines komplexen Wortes bildet (*Gold* → *vergolden*).

Römer, Ch. (2006), *Morphologie der deutschen Sprache*, Tübingen.

Christine Römer

WTB (Weiterbildung Testsysteme GmbH): s. The European Language Certificates

Wurzelnomen, das: auch: Wurzelsubstantiv oder Simplex; ein →**Nomen**, das aus nur einem freien Morphem besteht, z.B. *Tisch, Stamm*.

Mandy Höhle

W-Wort, das: s. Interrogativadverb, s. Interrogativpronomen, s. Interrogativartikel

X

Xenologie, die: Fremdheitsforschung und -lehre; X. ist die zentrale Querschnittskomponente des Faches →**interkulturelle Germanistik**, aber auch ein prominentes Arbeitsfeld anderer Geistes- und Sozialwissenschaften, darunter der Philosophie (vgl. z.B. Waldenfels 1997) und der Ethnopsychoanalyse (s. u.a. Erdheim 1991). Teil des interdisziplinär geführten xenologischen Fachdiskurses ist die Auseinandersetzung mit dem Begriff „Fremdheit" sowie eine vertiefte Beschäftigung mit methodischen Zugängen zur eigenen und fremden Kultur (vgl. Albrecht 2003). Xenologische Fragestellungen bilden zwar ein eigenes Forschungsfeld, gleichzeitig bietet die X. jedoch vielfältige Anschlussmöglichkeiten an einzelne Teilbereiche des Faches →**Deutsch als Fremdsprache** und ist ein zentraler Gegenstand und Ausgangspunkt des fachbezogenen Interkulturalitätsdiskurses. Auch die fremdsprachenspezifische →**Literaturdidaktik** profitiert von Erkenntnissen der X.

Albrecht, C. (2003), „Fremdheitsforschung und Fremdheitslehre (Xenologie)", in: Wierlacher, A./Bogner, A. (Hrsg.), *Handbuch interkulturelle Germanistik*, Stuttgart; Weimar, 541–547. – Erdheim, M. (1991), *Psychoanalyse und Unbewusstheit in der Kultur*, Frankfurt a. M. – Waldenfels, B. (1997), *Topographie des Fremden. Studien zur Phänomenologie des Fremden 1*, Frankfurt a. M.

Dirk Skiba

Xenophilie, die: bezeichnet in neutraler Konnotation eine freundliche, in kritischer eine distanzlos-„überfreundliche" Haltung gegenüber Fremden. Die Sozialpsychologie führt die Herausbildung eines übersteigert positiven →**Fremdbildes** auf ein Ungenügen an der eigenen Kultur zurück, die Ethnopsychoanalyse zudem auf starre, aushandlungsunfähige Familienstrukturen in der Adoleszenz (vgl. Erdheim 1991). Die übersteigerte Form der X. geht häufig einher mit einer romantisierenden, verzerrten Wahrnehmung der Fremdkultur, bei der allein deren exotisch (→**Exotismus**) anmutende Eigenschaften Beachtung finden. In einer übersteigerten X. offenbart sich ähnlich wie in der →**Xenophobie** ein Mangel an →**interkultureller Kompetenz**.

Erdheim, M. (1991), *Psychoanalyse und Unbewußtheit in der Kultur*, Frankfurt a. M.

Dirk Skiba

Xenophobie, die: bezeichnet die pauschale Ablehnung fremder bzw. subjektiv als „fremd" empfundener Personen oder Gruppen. Sozialpsychologisch betrachtet dient die Herausbildung/das Praktizieren von X. der Aufwertung des Selbstbildes sowie der Projektion von Ursachen für gesellschaftliche Missstände und persönliche Notlagen auf den o.g. Personenkreis („Sündenbock"-Funktion). Aus ethnopsychoanalytischer Sicht rührt X. zudem von der Abspaltung negativer Gefühle gegenüber der Mutter in der symbiotischen Kleinkindphase her (vgl. Erdheim 1991). X. ist Gegenbegriff zu →**Xenophilie** in seiner übersteigerten Variante und wie diese von dem Unvermögen bestimmt, Fremdheit als bloße Differenz wahrzunehmen und ein ausgewogenes →**Fremdbild** zu entwickeln (→**Interkulturelle Kompetenz**).

Erdheim, M. (1991), *Psychoanalyse und Unbewußtheit in der Kultur*, Frankfurt a. M.

Dirk Skiba

Z

Zahladverb, das: wie ein →**Adverb** gebrauchtes Zahlwort (→**Numerale**), das eine bestimmte oder eine unbestimmte Zahl ausdrückt. Zu den bestimmten Z. gehören *erstens, zweitens*, usw., ebenso *einmal, zweimal, einfach, zweifach* usw. (*bitte kommen Sie zweimal zur Behandlung*), zu den unbestimmten Z. zählt man *zunächst, zuletzt* u.ä.

Mandy Höhle

ZD, das: s. Zertifikat Deutsch

Zeichen, das: etwas, das für etwas anderes steht, also eine komplexe Einheit von Zeichenträger, Bedeutung und Bezeichnung (→**Semiotik**). Den sog. monadischen (magischer Zeichenbegriff) und dyadischen (bilateralen) Zeichenmodellen – mit dem Akzent entweder auf der Bezeichnungsfunktion oder auf der Bedeutungsfunktion – werden heute die triadischen gegenübergestellt. Die Einteilung wird dort axiomatisch aus den drei an einem Semioseprozess beteiligten Instanzen (Zeicheninterpret, Zeichenträger, Referenzobjekt) abgeleitet. Unterschieden werden die syntaktische, semantische und pragmatische Dimension des Zeichens, seine symbolische, ikonische und indexikalische Modalität, seine verbale, paraverbale oder nonverbale Kodierung, seine repräsentativen, expressiven und appellativen Funktionen. Im DaF/DaZ-Kontext werden alle vier Unterscheidungen relevant: die syntaktischen Bezüge zwischen den Zeichen, die semantischen zwischen Zeichen und Bezeichnetem, die pragmatischen zwischen Zeichen und Zeichennutzer (in Kontexten); die durch Konvention, Ähnlichkeit oder Kausalität definierte Weise der Bezeichnung; die Bezüge zwischen sprachlichen, suprasegmentalen (Intonation usw.) und nichtsprachlichen (Mimik, Gestik usw.) Elementen der Kommunikation; deren Funktionen der Darstellung von etwas, des Selbstausdrucks und des Adressatenbezugs (Bühler).

Nöth, W. (2000), *Handbuch der Semiotik*, Stuttgart/Weimar. – Posner, R. u.a., Hrsg. (1997–2004), *Semiotik. Ein Handbuch zu den zeichentheoretischen Grundlagen von Natur und Kultur*, 4 Bde., Berlin/New York.

Ernest W. B. Hess-Lüttich

Zeichensetzung, die: strukturiert die schriftliche Kommunikation auf Wort-, Satz- und Textebene (in mündlicher Sprache durch →**Stimmführung** charakterisiert). Die Verwendung der **Z.** ist großteils formell geregelt, kann jedoch im Einzelfall auch der stilistischen Gestaltungsfreiheit des Schreibers obliegen. Wichtige Strukturierungsmittel für das Deutsche sind der Punkt *.*, das Fragezeichen *?*, das Ausrufezeichen *!*, der Strichpunkt *;*, das Komma *,*, der Doppelpunkt *:*, der Gedankenstrich – und die Anführungszeichen „".

Tina Stein

Zeichensprache, die: veraltet für →**Gebärdensprache**.

Zeichentheorie, die: s. Semiotik

Zeigefeld, das: eine vorgegebene Person-Raum-Struktur (Ich – Jetzt – Hier – Origo), innerhalb derer ein Sprecher durch →**deiktische** Ausdrücke auf einen Zielpunkt verweist. Bühler (1934) sieht einige lautsprachliche Zeichen als „Wegweiser" der Sprache, die in diesem **Z.** dem Sprecher und Hörer als Orientierung dienen. Diese Ausdrücke können nach Bühler wie folgt realisiert werden: 1. „Demonstratio ad oculos" als umgebender Wahrnehmungsraum von Sprecher und Hörer mittels Gesten, Demonstrativ- und Personalpronomen, 2. „Deixis am Phantasma" – ein Vorstellungsraum im Bereich des Gedächtnisses, der Erinnerung und Phantasie, 3. „Anaphora" durch Kontextverweise mithilfe deiktischer Partikel.

Fricke, E. (2007), *Origo, Geste, Raum, Lokaldeixis im Deutschen*, Berlin/New York.

Mandy Höhle

Zeigewort, das: Im weiteren Sinne referiert das **Z.** auf Personen, Raum und Zeit und setzt sie zu einer „gemeinsamen" Situation in Beziehung (→**Deixis**). Nimmt in einer gemeinsamen Situation der Sprecher mit *ich* auf sich selbst Bezug, macht er deutlich, auf wen die Handlung, der Vorgang, die Situation zutrifft. Mit *hier* etc. kann auf die Position, mit *jetzt* etc. auf den gegenwärtigen Zeitpunkt hingewiesen werden. Im engeren Sinne sind mit **Z.** →**Demonstrativpronomen** (*diese, jene, welche*) gemeint, die dem rück- oder vorwärtsweisenden Zeigen im Text oder dem Verweisen auf Sprecher sowie auf Gegenstände der Welt dienen.

Mandy Höhle

Zeit, die: s. Tempus

Zeitadverb, das: s. Temporaladverb

Zeitenfolge, die: s. consecutio temporum

Zeitwort, das: s. Verb

zentrale Mittelstufenprüfung, die: s. ZMP

zentrale Oberstufenprüfung, die: s. ZOP

Zentralstelle für Auslandsschulwesen, die: s. ZfA

Zertifikat Deutsch, das (ZD): kommunikative DaF-Prüfung (→**Proficiency Test**) für Lernende ab 16 Jahren, auf dem Niveau B1 des →**GeR**. Das **ZD** wird in trinationaler Kooperation erstellt und herausgegeben vom →**Goethe-Institut**, der Schweizerischen Konferenz der Kantonalen Erziehungsdirektoren (EDK), vertreten durch die Universität Fribourg, dem →**Österreichischen Sprachdiplom Deutsch (ÖSD)** und der telc GmbH. Das **ZD** folgt dem Konzept der →**Plurizentrik** und berücksichtigt die Standardvarietäten in Deutschland, in Österreich und in der Schweiz. Mit dem Bestehen der Prüfung zum **ZD** weisen Lernende nach, dass sie über solide Deutschkenntnisse verfügen, die es ihnen ermöglichen, sich in allen wichtigen Alltagssituationen sprachlich zurecht zu finden. Sie zeigen, dass sie die wesentlichen grammatikalischen Strukturen beherrschen und im Stande sind, ein Gespräch über Situationen des täglichen Lebens zu verstehen und sich daran zu beteiligen. Ebenso sind sie fähig, einfache Sachverhalte mündlich und schriftlich darzustellen und Texte zu Alltagsthemen zu verstehen. Das **ZD** hat weltweit einen hohen Bekanntheitsgrad und wird in verschiedenen Bereichen (Arbeitsmarkt, Bildungsbereich) anerkannt, in Deutschland auch als Nachweis zur Erlangung der deutschen Staatsangehörigkeit.

Für Kinder und Jugendliche unter 16 Jahren wird die Prüfung „Zertifikat Deutsch für Jugendliche" (ZDJ) angeboten, die sich vom **ZD** nur durch jugendspezifischere Inhalte und Themen unterscheidet.

Zertifikat Deutsch. Lernziele und Testformat (1999), hrsg. von GI; ÖSD; EDK, WBT. – Internetadresse: www.osd.at/downloads/ZDjLernzieleTestformat.pdf

Manuela Glaboniat

Zeugma, das: rhetorische Figur der Worteinsparung bzw. eine Sonderform der →**Ellipse**. Hierbei wird ein Satzglied (Wort) zwei (oder mehr) syntaktisch oder semantisch verschiedenen Satzteilen zugeordnet. Tritt ein **Z.** unbeabsichtigt im Text auf, wird das als grammatischer Verstoß oder Stilfehler gewertet. Man unterscheidet: 1. syntaktisches **Z.**: Ein Satzglied wird auf zwei oder mehr nach Genus, Numerus oder Kasus inkongruente Satzteile bezogen, obwohl es nur zu einem passt und eigentlich neu gesetzt werden müsste: *Ich gehe meinen Weg, ihr den euren.* 2. semantisches **Z.**: Ein Satzglied wird auf zwei Wörter oder Satzteile bezogen, die entweder verschiedenen Sinnen angehören oder in der eigentlichen und in der übertragenen Bedeutung verstanden werden müssten: *Er warf die Zigarre in den Aschenbecher und einen Blick aus dem Fenster.*

Mandy Höhle

ZfA (Zentralstelle für das Auslandsschulwesen), die: Die **ZfA** ist eine Abteilung des Bundesverwaltungsamtes, die deutsche Schulen und andere schulische Einrichtungen im Ausland pädagogisch, fachlich und wirtschaftlich berät sowie finanziell und materiell fördert. Sie untersteht der Fachaufsicht des Schulreferates im Auswärtigen Amt und arbeitet eng mit den Schul- und Kultusverwaltungen der Bundesländer zusammen (→**Mittlerorganisation**).

Zu weiteren Informationen siehe:

Internetadresse: www.auslandsschulwesen.de

Rainer Wicke

Zielsprache, die: Oft synonym gebraucht mit dem Begriff →**Fremd-** oder **Zweitsprache** und in Opposition zum Begriff der →**Herkunftssprache**/→**Erstsprache**/Muttersprache, bezeichnet **Z.** die Sprache, die ein Lernender erwerben möchte. In der →**Übersetzungswissenschaft** bezeichnet **Z.** auch die Sprache, in die von der Ausgangssprache übersetzt werden soll. Der Begriff der **Z.** ist nicht unumstritten, da die Vermittlung einer komplexen Kultur- und Sprachhandlungskompetenz in einer Fremd- bzw. Zweitsprache mit dem Begriff nicht angemessen erfasst wird (vgl. Boeckmann 2006, 28).

Boeckmann, K. (2006), *Kommunikativer Fremdsprachenunterricht und regionale Lehr- und Lernkultur*, Innsbruck.

Verena Merlingen

Zirkumfix, das: dient der Bildung neuer Wörter (→**Wortbildung**) und besteht aus einem Präfix- und Suffixbestandteil (→**Affix**), die sich beide gleichzeitig mit der Ausgangsbasis verbinden: *Ge-red-e*. Bildungen mit Zirkumfix sind produktiv, vor allem *Ge-...-e, ge-...-ig* (*gehässig*) und *be-...-ig* (*befestigen*) und deswegen auch für den DaF-/DaZ-Erwerb von Interesse.

Christine Römer

ZISA-Projekt, das: Forschungsprojekt zum „Zweitspracherwerb italienischer, (portugiesischer) und spanischer Arbeiter", in dem 1977–1982 in einer Längsschnittuntersuchung Daten zum Spracherwerb erwachsener Arbeitsmigranten erhoben wurden (ZISA-Korpus). Diese Daten bildeten die Grundlage für zahlreiche Arbeiten zum Spracherwerb von Arbeitsmigranten (→**Erwerbssequenzen**).

Clahsen, H./Meisel, J./Pienemann, M. (1983), *Deutsch als Zweitsprache. Der Spracherwerb ausländischer Arbeiter*, Tübingen.

Hans-Jürgen Krumm

ZMP (Zentrale Mittelstufenprüfung), die: Nachweis allgemeinsprachlicher Deutschkenntnisse auf der fünften Stufe der sechsstufigen Skala des „Gemeinsamen europäischen Referenzrahmens für Sprachen" (→**GeR**), dem Niveau C1. Seit 2007

unter dem Namenszusatz Goethe-Zertifikat C1 bezeichnet sie gemäß GeR die „kompetente Sprachverwendung". Mit erfolgreichem Abschluss weisen Teilnehmende nach, dass sie die deutsche Sprache sicher verwenden und ihre persönlichen Belange im privaten, öffentlichen und beruflichen Leben adäquat ausdrücken können. Die →**Prüfung** wird seit den 1970er Jahren vom →**Goethe-Institut** weltweit eingesetzt. Das Zeugnis berechtigt zum Hochschulzugang an deutschen Fachhochschulen.

Bolton et al. (2007), *Goethe-Zertifikat C1 (ZMP) Prüfungsziele, Testbeschreibung*, München.

Michaela Perlmann-Balme

ZOP (Zentrale Oberstufenprüfung), die: Nachweis allgemeinsprachlicher Deutschkenntnisse auf der obersten Stufe der sechsstufigen Skala des „Gemeinsamen europäischen Referenzrahmens für Sprachen" (→**GeR**), C2. Sie bezeichnet die kompetente Sprachverwendung, jedoch nicht muttersprachliche Kompetenz. Mit erfolgreichem Abschluss weisen Teilnehmende nach, dass sie sprachlich komplexe Texte verstehen und in schriftlicher Produktion bzw. mündlicher Kommunikation komplexe Sachverhalte darstellen können. Die →**Prüfung** wird seit den 1980er Jahren vom →**Goethe-Institut** weltweit eingesetzt, seit 2007 unter dem Namenszusatz Goethe-Zertifikat C2. Das Zeugnis berechtigt zum Zugang zu deutschen Hochschulen.

Goethe-Institut, Hrsg. (2002), *Zentrale Oberstufenprüfung Prüfungsziele, Testbeschreibung*, 2. Aufl., München.

Michaela Perlmann-Balme

Zukunft, die: s. Futur, s. Tempus

Zusammengesetzter Satz, der: syntaktisches Gebilde aus mindestens zwei Teilsätzen. In der Syntax unterscheidet man zwei Arten von **z.S.**: 1. Die Satzverbindung (Satzreihe, Parataxe) besteht aus zwei oder mehreren selbstständigen, isolierbaren Sätzen, sog. Hauptsätzen. Ihre Verbindung wird →**Satzverknüpfung**/Koordination genannt. 2. Das Satzgefüge (Periode, Hypotaxe) besteht aus mindestens einem selbstständigen Satzteil (Hauptsatz, Obersatz, Matrixsatz) und mindestens einer untergeordneten nicht selbstständigen Satzform (Gliedsatz, Nebensatz, Konstituentensatz). Diese Art der syntaktischen Unterordnung wird →**Subordination** genannt. Darüber hinaus können auch Nebensätze parataktisch (bei Gleichrangigkeit: [...] *weil sie Konzerte hasste und weil (sie) außerdem Hunger hatte.*) oder hypotaktisch (z.B. Folge von Nebensätzen 1+2, wobei 2 von 1 abhängig ist: [...] *obwohl er keine Zeit hatte* (1), *weil er noch einen Termin wahrnehmen musste* (2).) gereiht sein.

Eroms, H.-W. (2000), *Syntax der deutschen Sprache*, Berlin.

Sabine Dengscherz

zusammengesetzte Verbform, die: zwei- oder mehrteilige finite Verbform. Im Gegensatz zur synthetischen Verbform (bei der Bedeutung und grammatische Funktion(en) gemeinsam in einem Wort ausgedrückt werden) sind bei der analytischen oder **z.V.** die Bedeutung und die grammatischen Funktionen auf zwei oder mehrere Wörter verteilt (Hentschel/Weydt 2003, 94). Im Deutschen werden z.B. einige Tempora (Perfekt, Plusquamperfekt, Futur I + II) sowie Vorgangspassiv und Zustandspassiv durch **z.V.** realisiert.

Eisenberg, P. (2006), *Grundriß der deutschen Grammatik, Bd. 1: Das Wort*, 3. Aufl., Stuttgart. – Hentschel, E./ Weydt, H. (2003), *Handbuch der deutschen Grammatik*, 3. Aufl., Berlin.

Sabine Dengscherz

Zustandspassiv, das: s. Passiv

Zustandsverb, das: auch als statisches Verb bezeichnet, da es nach semantischen Kriterien – im Ggs. etwa zu den →**Tätigkeits-** und →**Vorgangsverben** – eine Unveränderlichkeit oder ein Verharren des Subjekts ausdrückt, wie z.B.: *Das Bild hängt an der Wand.* **Z.** sind qua Bedeutung nicht →**passivfähig** (vgl. dazu →**Vorgangsverb**).

Kerstin Rische

Zuwanderungsgesetz, das: Das „Gesetz zur Steuerung und Begrenzung der Zuwanderung und zur Regelung des Aufenthalts und der Integration von Unionsbürgern und Ausländern", kurz: **Z.**, trat am 01.01.2005 in Kraft und regelt Einreise, Aufenthalt, Erwerbstätigkeit und →**Integration** von Ausländern in der Bundesrepublik Deutschland. Zentrale Teile sind das Aufenthaltsgesetz (Nicht-EU-Bürger), das Freizügigkeitsgesetz/EU (EU-Bürger) und Neuregelungen zu anderen Gesetzen (u.a. Asyl, Staatsbürgerschaft). Das **Z.** schaffte erstmals eine gesetzliche Grundlage für

Maßnahmen zur Integration von Zuwanderern (→**Integrations(sprach)kurs**, §43ff. und dazugehörend die →**Integrationskursverordnung**), welche vom →**BAMF** gebündelt und koordiniert werden. Die Reform des **Z.** wurde am 28.08.2007 wirksam.

Internetadresse: www.zuwanderung.de (Bundesministerium des Inneren (BMI).

Manuela Knötig

zweisprachige Alphabetisierung, die: Z.A. bezeichnet den parallelen und methodisch-didaktisch vernetzten Erwerb der Schriftsprache in einer Erstsprache und einer →**Zweitsprache**; **z.A.** wird bspw. an Europaschulen und Bilingualen Schulen angeboten, vorwiegend in den dominierenden Sprachen Europas (wie Engl., Franz.) aber auch in Sprachen autochthoner Minderheiten, durch Zuwanderung entstehender neuer Minderheiten oder in Gebärdensprache.

Z.A. fördert bei Kindern wie auch bei Erwachsenen die bilingual-bikulturelle Identitätsbildung sowie den Schrift- und Spracherwerb in der Zweitsprache (für die deutschsprachigen Regionen →**DaZ**). Für Erwachsene werden derzeit vornehmlich Alphabetisierungsprogramme in der Zweitsprache gefördert (→**Integrationskurse**), nur sehr reduziert die **z.A.** Erwachsenen Zugewanderten, auch solchen mit guter mündlicher Sprachhandlungskompetenz in der Zweitsprache, eröffnen durch nachholende Alphabetisierung erworbene Schriftkenntnisse insbesondere erweiterte gesellschaftliche Partizipationsgelegenheiten und -kompetenzen und einen verbesserten Zugang zum Arbeitsmarkt und zu Weiterbildungsangeboten.

Gogolin, I./Neumann, U./Roth, H.-J. (2007), *Schulversuch bilinguale Grundschulklassen in Hamburg – Wissenschaftliche Begleitung*, Hamburg. – Karajoli, E./Nehr, M. (1996), „Schriftspracherwerb unter Bedingungen der Mehrsprachigkeit“, in: Günther H., Ludwig, O. (Hrsg.), *Schrift und Schriftlichkeit*, Berlin, New York, 1191–1205. – Nehr, M./Birnkott-Rixius, K./Kabat, L./Masuch, S. (1988), *In zwei Sprachen lesen lernen, geht denn das?* Weinheim/Basel.

Monika Ritter

Zweitsprache, die: **Z.** bezeichnet im weiteren Sinne alle Sprachen, die nach einer →**Erstsprache** angeeignet werden. Im engeren Sinne bezeichnet **Z.** im Gegensatz zur Fremdsprache eine Sprache, die meist im Kontext von →**Migration** angeeignet und verwendet wird und für die Lernenden im alltäglichen Lebensvollzug von existenzieller Bedeutung ist (→**kommunikative Kompetenz**). Von **Z.** wird nicht nur dann gesprochen, wenn die Aneignung ungesteuert, sondern auch wenn sie in Kontexten institutionalisierten Unterrichts erfolgt bzw. erfolgt ist. Beim gegenwärtigen Stand der Forschung ist insbesondere eine klare Abgrenzung von (früher) **Z.** und Erstsprache nicht möglich (→**Zweitspracherwerb**).

Gesa Siebert-Ott

Zweitsprachendidaktik:
1. Begriffsklärung
Die **Z.** versteht sich als Spezialgebiet der Sprachlehr- und -lernforschung und gilt deren besonderen curricularen Gegenständen; wie die →**Zweitsprachenmethodik** hat **Z.** – in diesen Aspekten abweichend von der allgemeinen →**Fremdsprachendidaktik** – Voraussetzungen zu berücksichtigen, die mit dem Erwerb einer →**Zweitsprache** und deren spezifischen Verwendungszusammenhängen verbunden sind. Dazu gehören insbesondere: a) der lebensweltliche Kommunikationsbedarf im Land der Zielsprache, u.a. in den Kontexten von Schule und Beruf; b) die Bildungsvoraussetzungen und Lernerfahrungen der Lernenden; c) die außerunterrichtlich erworbenen Zweitsprachenkenntnisse (DaZ; →**Zweitspracherwerb**); d) die Heterogenität der Lernergruppen bezüglich a) bis c) sowie hinsichtlich der sprachlichen und kulturellen Herkunft; e) die Diversifizierungen, wie sie sich zusätzlich aus Unterschieden des Lernalters, der Lebenskontexte und nicht zuletzt der integrationsbezogenen Zwänge und Orientierungen ergeben (Stichworte: Kindergarten; Vorschule; Schule; Berufsausbildung; Beruf; Familie).

Für den Bereich Schule gilt zudem, dass die Aneignung der Zweitsprache häufig in Kontexten geschieht, in denen Zweitsprachenlerner gemeinsam mit Muttersprachlern unterrichtet werden und/oder die Förderung der Zweitsprache nicht das fokussierte Unterrichtsziel darstellt. (Für die Situation der Umsetzung von Erfordernissen, wie sie sich aus **Z.** ergeben, in Lehr-/Lernmaterialien →**Fachsprachendidaktik**; →**CLIL**, DaZ).

2. Aktuelle Tendenzen in der fachdidaktischen Diskussion
Die aktuelle Entwicklung der **Z.** steht insbesondere in Deutschland im Kontext von Neuorientierungen, wie sie mit den Stichworten →**Bildungsstandards**, →**berufsorientierter Fremdsprachenunterricht** und →**Integrations(sprach)kurse** ver-

bunden sind. Dies gilt zum einen für die Diskussion um die Beschreibung von Kompetenzen und die Entwicklung von Kompetenzmodellen (f.d. Kontext „Schule" vgl. z.B. Ossner 2006), zum anderen für die Hinwendung zur →**Empirie**, verbunden mit der Forderung, v.a. auch Erkenntnisse der Zweitspracherwerbsforschung (→**Spracherwerbsforschung**) bei der Entwicklung von Curricula, insbesondere auch in deren Progressionskonzepten (→**Progression**) zu berücksichtigen und auch selbst zu generieren (vgl. Kniffka/ Siebert-Ott 2008).

Kniffka, G./Siebert-Ott, G. (2008), *Deutsch als zweite Sprache – Lehren und lernen*, 2. Aufl., Paderborn. – Ossner, J. (2006), „Kompetenzen und Kompetenzmodelle im Deutschunterricht", in: *Didaktik Deutsch*, Jg. 12, Nr. 21, 5–19.

Hans Barkowski/Gesa Siebert-Ott

Zweitsprachenerwerb italienischer, (portugiesischer) und spanischer Arbeiter: s. ZISA-Projekt

Zweitsprachenerwerbstheorie, die: Fachuneinheitlich fokussierter Terminus; in einem umfassenderen Verständnis thematisiert **Z.**, in Anlehnung an Second Language (L2) Acquisition, alle Fälle des Erwerbs von Sprachen nach der Erstsprache (L1). Im engeren Sinne werden nur solche Theorien als **Z.** bezeichnet, die sich mit dem außerunterrichtlichen Erwerb fremder Sprachen, z.B. in Migrationskontexten, befassen (vgl. z.B. →**Deutsch als Zweitsprache**). Eine umfassende **Z.** gibt es weder für den ungesteuerten noch für den gesteuerten Erwerb bzw. bestimmte Mischformen, da sie alle →**Erwerbstypen** und alle sprachspezifischen, individuellen und sozial-kulturellen Faktoren mit berücksichtigen und deren Bedeutung im Spracherwerbsprozess abbilden müsste. Stattdessen gibt es eine Anzahl von Theorien, Modellen, Beschreibungsansätzen und Hypothesen, die zumeist Einzelaspekte fokussieren wie die Rolle des Inputs oder Outputs, der Interaktion, der Sprachaufmerksamkeit, der kognitiven Sprachverarbeitung, vorhandener Sprachkenntnisse, individueller oder soziokultureller Faktoren oder die Frage nach Ähnlichkeiten mit dem Erstspracherwerb oder sprachübergreifender Aspekte u.a.m.

Zu den empirischen Befunden, die **Z.** berücksichtigen müssen, gehören: sprachübergreifende und überindividuelle Merkmale in der L2-Syntax Erwachsener zu Beginn des Erwerbs (Basisvarietät), systematische →**Erwerbssequenzen** in Syntax und Morphologie oder bei Funktionswörtern, z.T. mit Merkmalen der Diskontinuität. Individuelle und altersabhängige Variation in Geschwindigkeit und Endzustand, Variation im Verlauf für einige Sprachbereiche in Abhängigkeit von der L1 oder einer L2.

Die Rolle der Ausgangssprache wird unterschiedlich gewichtet. Während in früheren Annahmen der →**Kontrastivitätshypothese** ein zentrales Gewicht eingeräumt wurde, ist sie heute stark relativiert. Die früher von einigen Autoren angenommene Identität von Erst- und Zweitspracherwerb (→**Identitätshypothese**) kann als widerlegt gelten; Ähnlichkeiten und Parallelen gehen aber weiter in die Theoriebildung ein. In nativistischen Arbeiten wird davon ausgegangen, dass Spracherwerb auf die Wirkung allgemeiner Prinzipien einer →**Universalgrammatik** und das Erlernen sprachspezifischer Parameter zurückgeht, die im L2-Erwerb neu fixiert werden müssten. Die →**Interlanguage-Hypothese** beschreibt Lernersprachen als systematisch und zugleich dynamisch und bildet die Grundlage u.a. funktionaler, konzeptorientierter Ansätze. Lerneräußerungen werden dabei als Ausdruck eigenständiger Varietäten behandelt und nicht als defizitär eingestuft. Für die Entwicklung von Lernervarietäten werden zuweilen die Art des →**Inputs** und die Bedeutungsaushandlung in →**Interaktionen** als wesentlich angesehen, auch wenn empirische Nachweise schwierig sind. Andere kognitivistische Modelle fokussieren Sprachaneignungsprozesse unter dem Gesichtspunkt kognitiver Komplexität. Die Rolle von Sprachwissen und der Übergang von →**Lernen** und **Erwerben** werden dabei in der →**Interface-Position** diskutiert.

Klein, W. (1987), *Zweitspracherwerb. Eine Einführung*, Frankfurt a.M. – Mitchell, R./Myles, F. (1998), *Second Language Learning Theories*, London. – VanPatten, B./ Williams, J., Hrsg. (2007), *Theories in Second Language Acquisition*, Mahwah, New Jersey.

Bernt Ahrenholz

Zweitsprachenmethodik, die: **Z.** fokussiert die besonderen Weisen der Vermittlung und des unterrichtsunterstützten Erwerbs von Zweitsprachen und hat dazu den gleichen Umständen Rechnung zu tragen, wie sie für die →**Zweitsprachendidaktik** gelten und sich v.a. aus der Heterogenität der Zielgruppen hinsichtlich Bildungs- und Sprachlernvoraussetzungen, lebensweltlicher Mehrsprachigkeit und Lebensalter ergeben. Daraus resultieren – in Auswahl und mit Fokus auf der

Vermittlung des →**Deutschen als Zweitsprache** (DaZ) – u.a. folgende Anforderungen: a) Verbindung des →**Zweitsprachenunterrichts** mit vorgeschalteten oder integrierten Alphabetisierungsangeboten für Lernende ohne Kenntnisse des lateinischen Schriftsystems; b) →**Binnendifferenzierung** und →**Team Teaching**; c) Integration der Vermittlung basaler Lernkompetenzen (→**Lernstrategien**; Lerntechniken); d) Verankerung der Vermittlung der Zweitsprache in bi- und multilingual ausgerichteten Sprachförderkonzepten; e) die Vermittlung von Grundkenntnissen der **Z.** innerhalb der Aus- und Weiterbildung von Lehrern aller Fächer.

Die unterrichtliche Förderung des Zweitspracherwerbs im Kontext Schule sowie deren angemessene methodische Gestaltung gehört in allen deutschsprachigen Ländern – forciert durch die Ergebnisse aus →**PISA**, →**IGLU** und →**DESI** – zu den vorrangigen Agenda aktueller Bildungspolitik, was u.a. in Großprojekten wie →**FörMig** seinen Ausdruck findet. Im Erwachsenenbereich ist **Z.**, konzentriert auf DaZ, seit Mitte der 1970er Jahre Gegenstand eines kontinuierlichen Fachdiskurses (→**Sprachverband**), mit den Schwerpunkten: Entwicklung angemessenen methodischen Umgangs mit den Voraussetzungen lernungeübter Lerner; berufsorientiertes und -begleitendes Zweitsprachenlernen. Eine aktuelle Belebung, teilweise auch Wiederholung dieses Diskurses ist im Kontext der Integrationsdebatten in den deutschsprachigen Ländern zu beobachten (→**Integrations(sprach)kurse**; →**Integrationsvereinbarung**).

Barkowski, H./Harnisch, U./Kumm, S. (1986), *Handbuch für den Deutschunterricht mit ausländischen Arbeitnehmern*, 2. Aufl., Mainz. – Kniffka, G./Siebert-Ott, G. (2008), *Deutsch als zweite Sprache – Lehren und lernen*, 2. Aufl., Paderborn. – Willenberg, H., Hrsg. (2007), *Kompetenzhandbuch für den Deutschunterricht auf der empirischen Basis des DESI-Projekts*, Baltmannsweiler.

Hans Barkowski/Gesa Siebert-Ott

Zweitsprachenunterricht, der: **1.** Anknüpfend an die Unterscheidung von →**Zweitsprache** und →**Fremdsprache** wird von **Z.** gesprochen, wenn der Unterricht nicht innerhalb der Ausgangs-, sondern innerhalb der Zielkultur erfolgt. Der **Z.** sollte die komplexen und in der Gesamtgruppe hoch diversifizierten Voraussetzungen und Bedarfe der Lernenden angemessen berücksichtigen (→**Zweitsprachendidaktik**;→**Zweitsprachenmethodik**).

2. Im schulischen Bereich wurde **Z.** lange nicht als Regelaufgabe angesehen. Erst in jüngster Zeit ist eine Verbesserung der Rahmenbedingungen im Hinblick auf Curriculum-Entwicklung, Entwicklung von Lehrwerken, Lehreraus- und -fortbildung usw. feststellbar (→**FörMig**). Dies trägt erkennbar zur Verbesserung der Qualität des **Z.** bei. Entsprechendes gilt für den vorschulischen Bereich (vgl. Kniffka/Siebert-Ott 2008, Reich 2001).

3. Hauptadressat des **Z.** in der →**Erwachsenenbildung** sind Zuwanderer (→**Migration**; →**Arbeitsmigrant/in**). Sprachkurse für diese Zielgruppe werden in den deutschsprachigen Ländern seit dem II. Weltkrieg, in Deutschland verstärkt seit Beginn der 1960er Jahre angeboten (DaZ) und sind aktuell Kernbestandteil staatlicher Integrationspolitik – vgl. für Österreich die sog. →**Integrationsvereinbarung**, für Deutschland die →**Integrationskursverordnung**.

Kniffka, G./Siebert-Ott, G. (2008), *Deutsch als zweite Sprache – Lehren und lernen*, 2. Aufl., Paderborn. – Reich, H.H. (2001), „Entwicklungen des Unterrichts in Deutsch als Fremd- und Deutsch als Zweitsprache in Deutschland", in: Helbig, G./Götze, L./Henrici, G./Krumm, H.-J. (Hrsg.), *Deutsch als Fremdsprache. Ein internationales Handbuch*, Halbbd. 1, Berlin [u.a.], 56–68.

Gesa Siebert-Ott

Zweitspracherwerb, der: **Z.** bezeichnet im weiteren Sinne den sukzessiven Erwerb von Sprachen nach der →**Erstsprache.** Im engeren Sinne wird zwischen der Aneignung einer →**Zweitsprache** und einer Fremdsprache (→**Fremdsprachenerwerb**) unterschieden. Der **Z.** kann völlig ungesteuert oder mit Hilfe einer Steuerung durch Unterricht erfolgen. Der frühe Erwerb einer Zweitsprache (Alter bei Erwerbsbeginn ca. 3–6 Jahre) weist noch deutliche Ähnlichkeiten mit dem →**Erstsprach(en)erwerb** auf. Ab diesem Alter nehmen die Unterschiede im Hinblick auf die Art und Weise der →**Sprachverarbeitung** sowie Entwicklungsverlauf, -geschwindigkeit und -erfolg deutlich zu. Als Ursachen gelten entwicklungspsychologische Reifungsprozesse sowie die Rolle der Ausgangssprache(n), der lernerspezifischen Variablen und der sozialen Rahmenbedingungen.

Gesa Siebert-Ott

Zwischensprache, die: s. Interlanguage, s. Lernersprache

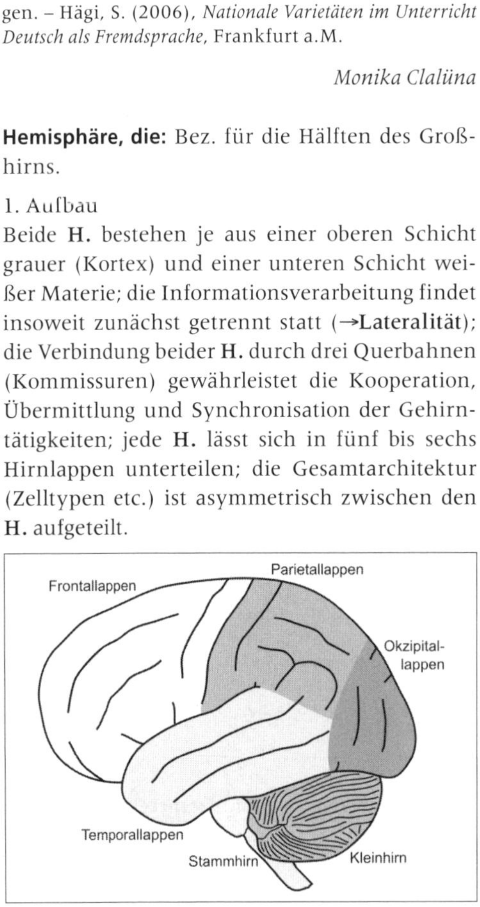

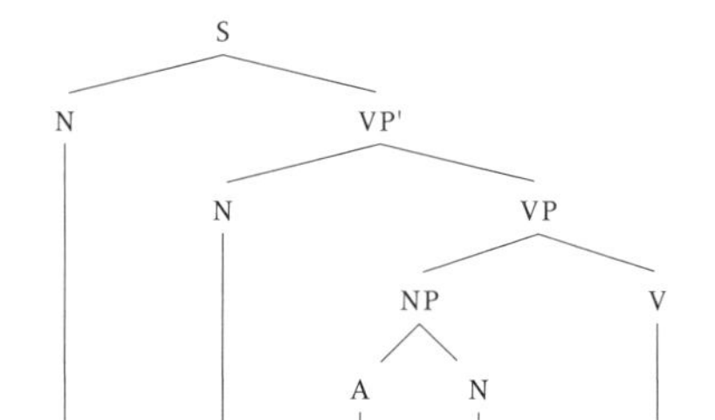

Verzeichnis der Autorinnen und Autoren

Karin Aguado, Kassel/D
Bernt Ahrenholz, Jena/D
Hans-Joachim Althaus, München/D
Ulrich Ammon, Duisburg-Essen/D
Tatjana Atanasoska, Wien/A
Hans Barkowski, Jena/D
Rupprecht Baur, Duisburg-Essen/D
Elena Bellavia, Potenza/I
Annette Berndt, Bochum/D
Christel Bettermann, Jena/D
Rainer Bettermann, Jena/D
Barbara Biechele, Jena/D
Werner Biechele, Jena/D
Claudia Biemelt, Málaga/E
Klaus-Börge Boeckmann, Wien/A
Andrea Bogner, Göttingen/D
Jürgen Bolten, Jena/D
Julia Brade, Vitoria-Gasteiz/E
Svenja Brünger, Jena/D
Agnieszka Brzezinska, Wien/A
Brigitta Busch, Wien/A
Eva Chen, Jena/D
Herbert Christ, Gießen/D
Pavel Chromcak, Jena/D
Monika Clalüna, Luzern/CH
Marcella Costa, Turin/I
Rudolf de Cillia, Wien/A
Silke Demme, Jena/D
Silvia Demmig, Duisburg-Essen/D
Sabine Dengscherz, Wien/A
İnci Dirim, Wien/A
Norbert Dittmar, Berlin/D
Martin G. Döpel, Singapur/SIN
Andrea Dorner, Wien/A
Margit Doubek, Wien/A
Ulrike Eder, Wien/A
Swantje Ehlers, Gießen/D
Konrad Ehlich, Berlin/D
Ludwig Eichinger, Mannheim/D
Stephan Elspaß, Augsburg/D
Karin Ende, München/D
Ruth Eßer, Jena/D
Renate Faistauer, Wien/A
Christian Fandrych, Leipzig/D
Ilona Feld-Knapp, Budapest/H
Roland Fischer, Fischlham/A
Jacqueline Fiuza da Silva Regis, Brasilia/BRA
Csaba Földes, Veszprém/H
Jan Claas Freienstein, Augsburg/D
Renate Freudenberg-Findeisen, Trier/D
Thomas Fritz, Wien/A
Hermann Funk, Jena/D
Manuela Glaboniat, Klagenfurt/A
Helmut Glück, Bamberg/D
Ingrid Gogolin, Hamburg/D
Lutz Götze, Saarbrücken/D
Viktoria Grgurin, Wien/A
Thomas Grimm, Erlangen-Nürnberg/D
Rüdiger Grotjahn, Bochum/D
Franciszek Grucza, Warschau/PL
Bärbel Gutzat, Köln/D
Kim Haataja, Tampere/FL
Sara Hägi, Siegen/D
Barbara Haider, Wien/A
Judith Hellmann, Dresden/D
Ernest W. B. Hess-Lüttich, Bern/CH
Volker Hinnenkamp, Fulda/D
Ursula Hirschfeld, Halle-Wittenberg/D
Silke Hofer, Wien/A
Mandy Höhle, Jena/D
Adelheid Hu, Hamburg/D
Britta Hufeisen, Darmstadt/D
Eva-Maria Jenkins-Krumm, Wien/A
Tomáš Káňa, Brno/CZ
Grete Kernegger, Wien/A
Nadja Kerschhofer-Puhalo, Wien/A
Nancy Kersten, Eberswalde/D
Claudia Keßler, Basel/CH
Jörg-U. Keßler, Ludwigsburg/D
Karin Kleppin, Bochum/D
Arnulf Knafl, Wien/A
Alfred Knapp, Paris/F
Karlfried Knapp, Erfurt/D
Manuela Knötig, Jena/D
Andrea Koban, Wien/A
Charlotte Köhler, Jena/D
Frank G. Königs, Marburg/D
Uwe Koreik, Bielefeld/D
Lutz Köster, Bielefeld/D
Verena Krausneker, Wien/A
Wilfried Krenn, Graz/A
Hans-Jürgen Krumm, Wien/A
Christina Kuhn, Jena/D
Katharina Kuhs, Landau/D

Stephanie Kurtenbach, Halle/D
Azelarabe Lahkim Bennani, Fès/M
Claudia Lang, Jena/D
Michael Legutke, Gießen/D
Sabira Levin, Jena/D
Beate Lex, Jena/D
Gudula List, Berlin/D
Sigrid Luchtenberg, Duisburg-Essen/D
Heinz-Helmut Lüger, Landau/D
Madeline Lutjeharms, Brüssel/B
Diana Maak, Jena/D
Anna Majorosi, Wien/A
Eva Mandl, Wien/A
Marina Matthey, Marienberg/D
Boris Menrath, Köln/D
Verena Merlingen, Wien/A
Wolfgang Miltner, Jena/D
Imke Mohr, Wien/A
Thomas Müller, Jena/D
Bernd Müller-Jacquier, Bayreuth/D
Laura Muresan, Bukarest/RO
Ursula Neumann, Hamburg/D
Knuth Noke, München/D
Udo Ohm, Bielefeld/D
Ingelore Oomen-Welke, Freiburg/D
Brigitte Ortner, Wien/A
Sandy Pannwitz, Jena/D
Elfie Pennauer, Wien/A
Michaela Perlmann-Balme, München/D
Anna Peterwerth, Jena/D
Manfred Pienemann, Paderborn/D
Verena Plutzar, Wien/A
Gabriele Pommerin-Götze, Erlangen-Nürnberg/D
Jürgen Quetz, Frankfurt/D
Christiane Rausch, Jena/D
Beate Redecker, Jena/D
Jens Reimann, Nürnberg/D
Kerstin Reinke, Leipzig/D
Claudia Riemer, Bielefeld/D
Kerstin Rische, Jena/D
Monika Ritter, Wien/A
Werner Roggausch, Bonn/D
Christine Römer, Jena/D
Heidi Rösch, Karlsruhe/D
Alexandra Rösner, Lauterach/A
Andrea Rössler, Berlin/D
Martina Rost-Roth, Augsburg/D
Evelyn Röttger, Berlin/D
Désirée Ruge, Jena/D
Milica Sabo, Jena/D
Katharina Schalber, Wien/A
Gundula Scherf, Jena/D
Manfred Schifko, Graz/A
Torsten Schlak, Berlin/D
Jürgen Schmidt-Radefeldt, Rostock/D
Guido Schmitt, Freiburg/D
Nicole Schramm, Wien/A
Anita Schütz, Wien/A
Hans-Jörg Schwenk, Warschau/P
Julia Settinieri, Bielefeld/D
Gesa Siebert-Ott, Siegen/D
Dirk Skiba, Jena/D
Helge Skirl, Jena/D
Susanna Slivensky, Graz/A
Brigitte Sorger, Brno/CZ
Thomas Stahl, Bayreuth/D
Tina Stein, Jena/D
Petra Szablewski-Çavuş, Hamburg/D
Walter Thalhammer, Wien/A
Alexander Thomas, Regensburg/D
Ingo Thonhauser, Genf/CH
Maria Thurmair, Regensburg/D
Erwin Tschirner, Leipzig/D
Doris van de Sand, München/D
Gerhard von der Handt, Bonn/D
Katharina von Ruckteschell, Johannesburg/ZA
Franziska Wallner, Jena/D
Heide Wegener, Potsdam/D
Wolfgang Wegner, Karlsruhe/D
Klaus Welke, Berlin/D
Tina Welke, Wien/A
Gerard Westhoff, Utrecht/NL
Harald Weydt, Berlin/D
Rainer Wicke, Köln/D
Beate Widlok, München/D
Eva-Maria Willkop, Mainz/D
Christin Winter, Jena/D
Britta Winzer-Kiontke, Jena/D
Mattheus Wollert, Frankfurt am Main/D
Ines Wondraczek, Wien/A
Ulrike Würz, Jena/D
Daniela Zahn, Glasgow/GB
Claudia Zellmann, Jena/D
Gertrude Zhao-Heissenberger, Wien/A
Wolfgang Zippel, Tbilissi/GE
Nadja Zuzok, Poznań/PL